刑事诉讼法
一本通

法规应用研究中心 编

中国法制出版社
CHINA LEGAL PUBLISHING HOUSE

编辑说明

“法律一本通”系列丛书自2005年出版以来，以其科学的体系、实用的内容，深受广大读者的喜爱。2007年、2011年、2014年、2016年、2018年、2019年我们对其进行了改版，丰富了其内容，增强了其实用性，博得了广大读者的赞誉。

我们秉承“以法释法”的宗旨，在保持原有的体例之上，2021年再次对“法律一本通”系列丛书进行改版，以达到“应办案所需，适学习所用”的目标。新版丛书具有以下特点：

1. 丛书以主体法的条文为序，逐条穿插关联的现行有效的法律、行政法规、部门规章、司法解释、请示答复和部分地方规范性文件，以方便读者理解和适用。尤其是请示答复，因其往往是针对个案而抽象出来的一般性规则，实践中具有操作指导意义。

2. 丛书紧扣实践和学习两个主题，在目录上标注了重点法条，并在某些重点法条的相关规定之前，对收录的相关文件进行分类，再按分类归纳核心要点，以便读者最便捷地查找使用。

3. 丛书紧扣法律条文，在主法条的相关规定之后附上案例指引，收录最高人民法院、最高人民检察院指导性案例、公报案例以及相关机构公布的典型案例的裁判摘要和案例要旨。通过相关案例，可以进一步领会和把握法律条文的适用，从而作为解决实际问题的参考。并对案例指引制作索引目录，方便读者查找。

4. 丛书以脚注的形式，对各类法律文件之间或者同一法律文件不同条文之间的适用关系、重点法条疑难之处进行说明，以便读者系统地理解我国现行各个法律部门的规则体系，从而更好地为教学科研和司法实践服务。

5. 丛书结合二维码技术的应用为广大读者提供增值服务，扫描前勒口二维码，即可免费部分使用中国法制出版社最新推出的【法融】数据库。【法融】数据库中“国家法律法规”栏目便于读者查阅法律文件准确全文及效力的同时，更有部分法律文件权威英文译本等独家资源分享。“最高法指导案例”和“最高检指导案例”两个栏目提供最高人民法院和最高人民检察院指导性案例的全文，为读者提供更多增值服务。

中国法制出版社
2021年6月

目　录

第一编　总　　则

第一章　任务和基本原则

第二章　管　　辖

第三章　回　　避

第四章　辩护与代理

第六章 强制措施

第七章 附带民事诉讼

第八章 期间、送达

第九章 其他规定

第二编 立案、侦查和提起公诉

第一章 立 案

第二章 侦 查

第一节 一般规定

第二节 讯问犯罪嫌疑人

第三编　审　判

第一章　审判组织

第二章　第一审程序

第一节　公 诉 案 件

第三章 第二审程序

第四章　死刑复核程序

第五章　审判监督程序

第四编　执　　行

第五编　特别程序

第一章　未成年人刑事案件诉讼程序

第二章　当事人和解的公诉案件诉讼程序

第三章　缺席审判程序

第四章　犯罪嫌疑人、被告人逃匿、死亡案件违法所得的没收程序

第五章　依法不负刑事责任的精神病人的强制医疗程序

附　则

案例索引目录

中华人民共和国刑事诉讼法

（1979年7月1日第五届全国人民代表大会第二次会议通过　根据1996年3月17日第八届全国人民代表大会第四次会议《关于修改〈中华人民共和国刑事诉讼法〉的决定》第一次修正　根据2012年3月14日第十一届全国人民代表大会第五次会议《关于修改〈中华人民共和国刑事诉讼法〉的决定》第二次修正　根据2018年10月26日第十三届全国人民代表大会常务委员会第六次会议《关于修改〈中华人民共和国刑事诉讼法〉的决定》第三次修正）

目　　录

第一编　总　　则

第一章　任务和基本原则

第一条　立法宗旨[①]

为了保证刑法的正确实施，惩罚犯罪，保护人民，保障国家安全和社会公共安全，维护社会主义社会秩序，根据宪法，制定本法。

● *司法解释及文件*

《最高人民法院印发〈关于全面推进以审判为中心的刑事诉讼制度改革的实施意见〉的通知》（2017年2月17日　法发〔2017〕5号）

各省、自治区、直辖市高级人民法院，解放军军事法院，新疆维吾尔自治区高级人民法院生产建设兵团分院；全国地方各中级人民法院，各大单位军事法院，新疆生产建设兵团各中级法院：

为贯彻落实《最高人民法院、最高人民检察院、公安部、国家安全部、司法部关于推进以审判为中心的刑事诉讼制度改革的意见》，全面推进改革工作，最高人民法院制定了《关于全面推进以审判为中心的刑事诉讼制度改革的实施意见》（以下简称《实施意见》），现印发给你们，请结合审判工作实际参照执行。

为了在审判实践中更好地贯彻执行《实施意见》，现提出以下要求：

1. 充分认识改革意义，明确改革方向。推进以审判为中心的刑事诉讼制度改革，是中央十八届四中全会作出的重大决策，是坚持严格司法、确保刑事司法公正的现实需要，是完善人权司法保障的必然要求，体现了中央对司法性质和规律的科学认识和准确把握。各级人民法院要充分认识改革的重要意义，准确把握改革精神，抓好各项改革措施的落实。要充分发挥审判程序的职能作用，确保侦查、审查起诉的案件事实证据经得起法律的检验，通

① 条文主旨为编者所加，下同。

过法庭审判的程序公正实现案件裁判的实体公正，提高司法公信力。

2. 加强组织领导和协调，确保改革取得成效。推进以审判为中心的刑事诉讼制度改革，牵涉到政法工作全局，各级人民法院要紧紧依靠党委领导和人大监督，密切与其他政法机关的沟通、协调，确保各项改革统筹推进，落到实处。各高级人民法院要高度重视，成立由主要领导负责的领导小组，统一领导改革工作，加强对下指导，制定具体可行的实施方案，扎实推进本辖区的改革工作。

3. 注重制度探索，及时总结改革经验。在改革过程中，要遵循刑事诉讼规律，处理好惩罚犯罪与保障人权、实体公正与程序公正、司法公正与司法效率、互相配合与互相制约等关系，确保改革稳步推进。要以庭审实质化改革为核心，以强化证人、鉴定人、侦查人员出庭作证和律师辩护为重点，着力推进庭审制度改革。在贯彻执行过程中遇到的新情况、新问题和探索的新经验、新做法，要认真加以总结，并及时层报最高人民法院。

特此通知。

最高人民法院关于全面推进以审判为中心的刑事诉讼制度改革的实施意见

为贯彻落实《最高人民法院、最高人民检察院、公安部、国家安全部、司法部关于推进以审判为中心的刑事诉讼制度改革的意见》，确保有罪的人受到公正惩罚、无罪的人不受刑事追究，实现公正司法，依照法律规定，结合审判实际，对人民法院全面推进以审判为中心的刑事诉讼制度改革提出如下意见：

一、坚持严格司法原则，树立依法裁判理念

1. 坚持证据裁判原则，认定案件事实，必须以证据为根据。重证据，重调查研究，不轻信口供，没有证据不得认定案件事实。

2. 坚持非法证据排除原则，不得强迫任何人证实自己有罪。经审查认定的非法证据，应当依法予以排除，不得作为定案的根据。

3. 坚持疑罪从无原则，认定被告人有罪，必须达到犯罪事实清楚，证据确实、充分的证明标准。不得因舆论炒作、上访闹访等压力作出违反法律的裁判。

4. 坚持程序公正原则，通过法庭审判的程序公正实现案件裁判的实体公正。发挥庭审在查明事实、认定证据、保护诉权、公正裁判中的决定性作

用，确保诉讼证据出示在法庭、案件事实查明在法庭、诉辩意见发表在法庭、裁判结果形成在法庭。

二、规范庭前准备程序，确保法庭集中审理

5. 对被告人及其辩护人申请排除非法证据，证据材料较多、案情重大复杂，或者社会影响重大等案件，人民法院可以召开庭前会议。

庭前会议在法庭或者其他办案场所进行，由审判人员主持，控辩双方参加，必要时可以通知被告人到场。

6. 人民法院可以在庭前会议中组织控辩双方展示证据，听取控辩双方对在案证据的意见，并梳理存在争议的证据。对控辩双方在庭前会议中没有争议的证据，可以在庭审中简化举证、质证。

人民法院可以在庭前会议中听取控辩双方对与审判相关问题的意见，询问控辩双方是否提出申请或者异议，并归纳控辩双方的争议焦点。对控辩双方没有争议或者达成一致意见的事项，可以在庭审中简化审理。

被害方提起附带民事诉讼的，可以在庭前会议中进行调解。

7. 控辩双方对管辖、回避、出庭证人名单等事项提出申请或者异议，可能导致庭审中断的，人民法院可以在庭前会议中对有关事项依法作出处理，确保法庭集中、持续审理。

对案件中被告人及其辩护人申请排除非法证据的情形，人民法院可以在庭前会议中核实情况、听取意见。人民检察院可以决定撤回有关证据；撤回的证据，没有新的理由，不得在庭审中出示。被告人及其辩护人可以撤回排除非法证据的申请；撤回申请后，没有新的线索或者材料，不得再次对有关证据提出排除申请。

8. 人民法院在庭前会议中听取控辩双方对案件事实证据的意见后，对明显事实不清、证据不足的案件，可以建议人民检察院补充侦查或者撤回起诉。

对人民法院在庭前会议中建议撤回起诉的案件，人民检察院不同意的，人民法院开庭审理后，没有新的事实和理由，一般不准许撤回起诉。

9. 控辩双方在庭前会议中就相关事项达成一致意见，又在庭审中提出异议的，应当说明理由。

召开庭前会议应当制作笔录，由参加人员核对后签名。

审判人员应当制作庭前会议报告，说明庭前会议的基本情况、程序性事项的处理结果、控辩双方的争议焦点以及就相关事项达成的一致意见。

10. 对召开庭前会议的案件，在法庭调查开始前，法庭应当宣布庭前会议报告的主要内容，实现庭前会议与庭审的衔接。

三、规范普通审理程序，确保依法公正审判

11. 证明被告人有罪或者无罪、罪轻或者罪重的证据，都应当在法庭上出示，依法保障控辩双方的质证权。

对影响定罪量刑的关键证据和控辩双方存在争议的证据，一般应当单独质证。

12. 法庭应当依照法定程序审查、核实、认定证据。证据未经当庭出示、辨认、质证等法庭调查程序查证属实，不得作为定案的根据。

13. 采取技术侦查措施收集的证据，当庭质证可能危及有关人员的人身安全，或者可能产生其他严重后果的，应当采取不暴露有关人员身份、不公开技术侦查措施和方法等保护措施。

法庭决定在庭外对技术侦查证据进行核实的，可以召集公诉人、侦查人员和辩护律师到场。在场人员应当履行保密义务。

14. 控辩双方对证人证言有异议，人民法院认为证人证言对案件定罪量刑有重大影响的，应当通知证人出庭作证。控辩双方申请证人出庭的，人民法院通知证人出庭后，申请方应当负责协助相关证人到庭。

证人没有正当理由不出庭作证的，人民法院在必要时可以强制证人到庭。

根据案件情况，可以实行远程视频作证。

15. 控辩双方对鉴定意见有异议，人民法院认为鉴定人有必要出庭的，应当通知鉴定人出庭作证。

16. 证人、鉴定人、被害人因出庭作证，本人或者其近亲属的人身安全面临危险的，人民法院应当采取不公开其真实姓名、住址、工作单位和联系方式等个人信息，或者不暴露其外貌、真实声音等保护措施。必要时，可以建议有关机关采取专门性保护措施。

人民法院应当建立证人出庭作证补助专项经费机制，对证人出庭作证所支出的交通、住宿、就餐等合理费用给予补助。

17. 人民法院应当依法履行指定辩护和通知辩护职责，确保被告人依法获得法律援助。

配合有关部门逐步扩大法律援助范围，健全法律援助值班律师制度，为派驻人民法院的值班律师提供办公场所及必要的工作条件。

18. 法庭应当依法保障控辩双方在庭审中的发问、质证、辩论等诉讼权利。对控辩双方当庭提出的申请或者异议，法庭应当作出处理。

法庭可以在审理过程中归纳控辩双方的争议焦点，引导控辩双方针对影响定罪量刑的实质性问题进行辩论。对控辩双方的发言与案件无关、重复或者扰乱法庭秩序等情形，法庭应当予以提醒、制止。

19. 法庭应当充分听取控辩双方的量刑建议和意见，根据查明的事实、情节，参照量刑指导意见规范量刑，保证量刑公正。

20. 法庭应当加强裁判说理，通过裁判文书展现法庭审理过程。对控辩双方的意见和争议，应当说明采纳与否的理由。对证据采信、事实认定、定罪量刑等实质性问题，应当阐释裁判的理由和依据。

四、完善证据认定规则，切实防范冤假错案

21. 采取刑讯逼供、暴力、威胁等非法方法收集的言词证据，应当予以排除。

收集物证、书证不符合法定程序，可能严重影响司法公正，不能补正或者作出合理解释的，对有关证据应当予以排除。

22. 被告人在侦查终结前接受检察人员对讯问合法性的核查询问时，明确表示侦查阶段不存在刑讯逼供、非法取证情形，在审判阶段又提出排除非法证据申请，法庭经审查对证据收集的合法性没有疑问的，可以驳回申请。

检察人员在侦查终结前未对讯问合法性进行核查，或者未对核查过程全程同步录音录像，被告人在审判阶段提出排除非法证据申请，人民法院经审查对证据收集的合法性存在疑问的，应当依法进行调查。

23. 法庭决定对证据收集的合法性进行调查的，应当先行当庭调查。但为防止庭审过分迟延，也可以在法庭调查结束前进行调查。

24. 法庭对证据收集的合法性进行调查的，应当重视对讯问过程录音录像的审查。讯问笔录记载的内容与讯问录音录像存在实质性差异的，以讯问录音录像为准。

对于法律规定应当对讯问过程录音录像的案件，公诉人没有提供讯问录音录像，或者讯问录音录像存在选择性录制、剪接、删改等情形，现有证据不能排除以非法方法收集证据情形的，对有关供述应当予以排除。

25. 现有证据材料不能证明证据收集合法性的，人民法院可以通知有关侦查人员出庭说明情况。不得以侦查人员签名并加盖公章的说明材料替代侦查人员出庭。

经人民法院通知，侦查人员不出庭说明情况，不能排除以非法方法收集证据情形的，对有关证据应当予以排除。

26. 法庭对证据收集的合法性进行调查后，应当当庭作出是否排除有关证据的决定。必要时，可以宣布休庭，由合议庭评议或者提交审判委员会讨论，再次开庭时宣布决定。

在法庭作出是否排除有关证据的决定前，不得对有关证据宣读、质证。

27. 通过勘验、检查、搜查等方式收集的物证、书证等证据，未通过辨认、鉴定等方式确定其与案件事实的关联的，不得作为定案的根据。

28. 收集证据的程序、方式存在瑕疵，严重影响证据真实性，不能补正或者作出合理解释的，有关证据不得作为定案的根据。

29. 证人没有出庭作证，其庭前证言真实性无法确认的，不得作为定案的根据。证人当庭作出的证言与其庭前证言矛盾，证人能够作出合理解释，并与相关证据印证的，可以采信其庭审证言；不能作出合理解释，而其庭前证言与相关证据印证的，可以采信其庭前证言。

经人民法院通知，鉴定人拒不出庭作证的，鉴定意见不得作为定案的根据。

30. 人民法院作出有罪判决，对于定罪事实应当综合全案证据排除合理怀疑。

定罪证据不足的案件，不能认定被告人有罪，应当作出证据不足、指控的犯罪不能成立的无罪判决。定罪证据确实、充分，量刑证据存疑的，应当作出有利于被告人的认定。

五、完善繁简分流机制，优化司法资源配置

31. 推进速裁程序改革，逐步扩大速裁程序适用范围，完善速裁程序运行机制。

对被告人认罪的轻微案件，探索实行快速审理和简便裁判机制。

32. 推进认罪认罚从宽制度改革，对适用速裁程序、简易程序或者普通程序简化审理的被告人认罪案件，法庭应当告知被告人享有的诉讼权利，依法审查被告人认罪认罚的自愿性和真实性，确认被告人了解认罪认罚的性质和法律后果。

法庭确认被告人自愿认罪认罚，同意适用简化审理程序的，应当落实从宽处罚的法律制度。被告人当庭不认罪或者不同意适用简化审理程序的，应当适用普通程序审理。

33. 适用速裁程序审理的案件，应当当庭宣判。适用简易程序审理的案件，一般应当当庭宣判。适用普通程序审理的案件，逐步提高当庭宣判率。

第二条 本法任务

中华人民共和国刑事诉讼法的任务，是保证准确、及时地查明犯罪事实，正确应用法律，惩罚犯罪分子，保障无罪的人不受刑事追究，教育公民自觉遵守法律，积极同犯罪行为作斗争，维护社会主义法制，尊重和保障人权，保护公民的人身权利、财产权利、民主权利和其他权利，保障社会主义建设事业的顺利进行。

第三条 专门机关职权 严格遵守法律程序原则

对刑事案件的侦查、拘留、执行逮捕、预审，由公安机关负责。检察、批准逮捕、检察机关直接受理的案件的侦查、提起公诉，由人民检察院负责。审判由人民法院负责。除法律特别规定的以外，其他任何机关、团体和个人都无权行使这些权力。

人民法院、人民检察院和公安机关进行刑事诉讼，必须严格遵守本法和其他法律的有关规定。①

● 法 律

1. **《人民检察院组织法》**（2018 年 10 月 26 日修订）

第 20 条 人民检察院行使下列职权：

（一）依照法律规定对有关刑事案件行使侦查权；

（二）对刑事案件进行审查，批准或者决定是否逮捕犯罪嫌疑人；

① 本条中“法律特别规定的以外”是指全国人大及其常委会从实际需要出发，在特殊情况下以立法形式作出公、检、法以外的机关可以行使这些权力的例外规定，例如：《国家安全法》第 4 条、第 6 条规定了国家安全机关所管辖的案件类型及其权力。

（三）对刑事案件进行审查，决定是否提起公诉，对决定提起公诉的案件支持公诉；

（四）依照法律规定提起公益诉讼；

（五）对诉讼活动实行法律监督；

（六）对判决、裁定等生效法律文书的执行工作实行法律监督；

（七）对监狱、看守所的执法活动实行法律监督；

（八）法律规定的其他职权。

2.《人民法院组织法》（2018年10月26日修订）

第2条 人民法院是国家的审判机关。

人民法院通过审判刑事案件、民事案件、行政案件以及法律规定的其他案件，惩罚犯罪，保障无罪的人不受刑事追究，解决民事、行政纠纷，保护个人和组织的合法权益，监督行政机关依法行使职权，维护国家安全和社会秩序，维护社会公平正义，维护国家法制统一、尊严和权威，保障中国特色社会主义建设的顺利进行。

第4条 人民法院依照法律规定独立行使审判权，不受行政机关、社会团体和个人的干涉。

第12条 人民法院分为：

（一）最高人民法院；

（二）地方各级人民法院；

（三）专门人民法院。

● 部门规章及文件

3.《公安机关办理刑事案件程序规定》（2020年7月20日修正　公安部令第159号）

第1条 为了保障《中华人民共和国刑事诉讼法》的贯彻实施，保证公安机关在刑事诉讼中正确履行职权，规范办案程序，确保办案质量，提高办案效率，制定本规定。

第2条 公安机关在刑事诉讼中的任务，是保证准确、及时地查明犯罪事实，正确应用法律，惩罚犯罪分子，保障无罪的人不受刑事追究，教育公民自觉遵守法律，积极同犯罪行为作斗争，维护社会主义法制，尊重和保障人权，保护公民的人身权利、财产权利、民主权利和其他权利，保障社会主义建设事业的顺利进行。

第3条 公安机关在刑事诉讼中的基本职权，是依照法律对刑事案件立案、侦查、预审；决定、执行强制措施；对依法不追究刑事责任的不予立案，已经追究的撤销案件；对侦查终结应当起诉的案件，移送人民检察院审查决定；对不够刑事处罚的犯罪嫌疑人需要行政处理的，依法予以处理或者移送有关部门；对被判处有期徒刑的罪犯，在被交付执行刑罚前，剩余刑期在三个月以下的，代为执行刑罚；执行拘役、剥夺政治权利、驱逐出境。

● *司法解释及文件*

4.《最高人民法院、最高人民检察院、公安部、国家安全部、司法部、全国人大常委会法制工作委员会关于实施刑事诉讼法若干问题的规定》（2012年12月26日）

16. 刑事诉讼法规定，拘留由公安机关执行。对于人民检察院直接受理的案件，人民检察院作出的拘留决定，应当送达公安机关执行，公安机关应当立即执行，人民检察院可以协助公安机关执行。

第四条 国家安全机关职权

国家安全机关依照法律规定，办理危害国家安全的刑事案件，行使与公安机关相同的职权。

● *法　律*

《国家安全法》（2015年7月1日修订）

第42条 国家安全机关、公安机关依法搜集涉及国家安全的情报信息，在国家安全工作中依法行使侦查、拘留、预审和执行逮捕以及法律规定的其他职权。

有关军事机关在国家安全工作中依法行使相关职权。

第五条 独立行使审判权、检察权

人民法院依照法律规定独立行使审判权，人民检察院依照法律规定独立行使检察权，不受行政机关、社会团体和个人的干涉。

● 核心要点

1. **法院独立行使审判权**：《人民法院组织法》4；《法官法》11

2. **检察院独立行使检察权**：《检察院组织法》4；《检察官法》11

● 法　律

1. **《人民检察院组织法》**（2018 年 10 月 26 日修订）

第 9 条　人民检察院依照法律规定独立行使检察权，不受行政机关、社会团体和个人的干涉。

2. **《人民法院组织法》**（2018 年 10 月 26 日修订）

第 4 条　人民法院依照法律规定独立行使审判权，不受行政机关、社会团体和个人的干涉。

3. **《法官法》**（2019 年 4 月 23 日修订）

第 11 条　法官享有下列权利：

（一）履行法官职责应当具有的职权和工作条件；

（二）非因法定事由、非经法定程序，不被调离、免职、降职、辞退或者处分；

（三）履行法官职责应当享有的职业保障和福利待遇；

（四）人身、财产和住所安全受法律保护；

（五）提出申诉或者控告；

（六）法律规定的其他权利。

4. **《检察官法》**（2019 年 4 月 23 日修订）

第 11 条　检察官享有下列权利：

（一）履行检察官职责应当具有的职权和工作条件；

（二）非因法定事由、非经法定程序，不被调离、免职、降职、辞退或者处分；

（三）履行检察官职责应当享有的职业保障和福利待遇；

（四）人身、财产和住所安全受法律保护；

（五）提出申诉或者控告；

（六）法律规定的其他权利。

第六条 以事实为依据　以法律为准绳原则　平等适用法律原则

人民法院、人民检察院和公安机关进行刑事诉讼，必须依靠群众，必须以事实为根据，以法律为准绳。对于一切公民，在适用法律上一律平等，在法律面前，不允许有任何特权。

● *法　律*

1. **《人民检察院组织法》**（2018 年 10 月 26 日修订）

第 5 条　人民检察院行使检察权在适用法律上一律平等，不允许任何组织和个人有超越法律的特权，禁止任何形式的歧视。

2. **《人民法院组织法》**（2018 年 10 月 26 日修订）

第 5 条　人民法院审判案件在适用法律上一律平等，不允许任何组织和个人有超越法律的特权，禁止任何形式的歧视。

3. **《刑法》**（2020 年 12 月 26 日修正）

第 4 条　对任何人犯罪，在适用法律上一律平等。不允许任何人有超越法律的特权。

第七条 分工负责　互相配合　互相监督原则

人民法院、人民检察院和公安机关进行刑事诉讼，应当分工负责，互相配合，互相制约，以保证准确有效地执行法律。

第八条 检察院法律监督原则

人民检察院依法对刑事诉讼实行法律监督。

● *司法解释及文件*

《人民检察院刑事诉讼规则》（2019 年 12 月 30 日　高检发释字〔2019〕4 号）

第十三章　刑事诉讼法律监督

第一节　一般规定

第 551 条　人民检察院对刑事诉讼活动实行法律监督，发现违法情形的，依法提出抗诉、纠正意见或者检察建议。

人民检察院对于涉嫌违法的事实，可以采取以下方式进行调查核实：

（一）讯问、询问犯罪嫌疑人；

（二）询问证人、被害人或者其他诉讼参与人；

（三）询问办案人员；

（四）询问在场人员或者其他可能知情的人员；

（五）听取申诉人或者控告人的意见；

（六）听取辩护人、值班律师意见；

（七）调取、查询、复制相关登记表册、法律文书、体检记录及案卷材料等；

（八）调取讯问笔录、询问笔录及相关录音、录像或其他视听资料；

（九）进行伤情、病情检查或者鉴定；

（十）其他调查核实方式。

人民检察院在调查核实过程中不得限制被调查对象的人身、财产权利。

第552条 人民检察院发现刑事诉讼活动中的违法行为，对于情节较轻的，由检察人员以口头方式提出纠正意见；对于情节较重的，经检察长决定，发出纠正违法通知书。对于带有普遍性的违法情形，经检察长决定，向相关机关提出检察建议。构成犯罪的，移送有关机关、部门依法追究刑事责任。

有申诉人、控告人的，调查核实和纠正违法情况应予告知。

第553条 人民检察院发出纠正违法通知书的，应当监督落实。被监督单位在纠正违法通知书规定的期限内没有回复纠正情况的，人民检察院应当督促回复。经督促被监督单位仍不回复或者没有正当理由不纠正的，人民检察院应当向上一级人民检察院报告。

第554条 被监督单位对纠正意见申请复查的，人民检察院应当在收到被监督单位的书面意见后七日以内进行复查，并将复查结果及时通知申请复查的单位。经过复查，认为纠正意见正确的，应当及时向上一级人民检察院报告；认为纠正意见错误的，应当及时予以撤销。

上一级人民检察院经审查，认为下级人民检察院纠正意见正确的，应当及时通报被监督单位的上级机关或者主管机关，并建议其督促被监督单位予以纠正；认为下级人民检察院纠正意见错误的，应当书面通知下级人民检察院予以撤销，下级人民检察院应当执行，并及时向被监督单位说明情况。

第555条 当事人和辩护人、诉讼代理人、利害关系人对于办案机关及其工作人员有刑事诉讼法第一百一十七条规定的行为，向该机关申诉或者控告，对该机关作出的处理不服或者该机关未在规定时间内作出答复，而向人民检察院申诉的，办案机关的同级人民检察院应当受理。

人民检察院直接受理侦查的案件，当事人和辩护人、诉讼代理人、利害关系人对办理案件的人民检察院的处理不服的，可以向上一级人民检察院申诉，上一级人民检察院应当受理。

未向办案机关申诉或者控告，或者办案机关在规定时间内尚未作出处理决定，直接向人民检察院申诉的，人民检察院应当告知其向办案机关申诉或者控告。人民检察院在审查逮捕、审查起诉中发现有刑事诉讼法第一百一十七规定的违法情形的，可以直接监督纠正。

当事人和辩护人、诉讼代理人、利害关系人对刑事诉讼法第一百一十七条规定情形之外的违法行为提出申诉或者控告的，人民检察院应当受理，并及时审查，依法处理。

第556条 对人民检察院及其工作人员办理案件中违法行为的申诉、控告，由负责控告申诉检察的部门受理和审查办理。对其他司法机关处理决定不服向人民检察院提出的申诉，由负责控告申诉检察的部门受理后，移送相关办案部门审查办理。

审查办理的部门应当在受理之日起十五日以内提出审查意见。人民检察院对刑事诉讼法第一百一十七条的申诉，经审查认为需要其他司法机关说明理由的，应当要求有关机关说明理由，并在收到理由说明后十五日以内提出审查意见。

人民检察院及其工作人员办理案件中存在的违法情形属实的，应当予以纠正；不存在违法行为的，书面答复申诉人、控告人。

其他司法机关对申诉、控告的处理不正确的，人民检察院应当通知有关机关予以纠正；处理正确的，书面答复申诉人、控告人。

第二节 刑事立案监督

第557条 被害人及其法定代理人、近亲属或者行政执法机关，认为公安机关对其控告或者移送的案件应当立案侦查而不立案侦查，或者当事人认为公安机关不应当立案而立案，向人民检察院提出的，人民检察院应当受理并进行审查。

人民检察院发现公安机关可能存在应当立案侦查而不立案侦查情形的，应当依法进行审查。

人民检察院接到控告、举报或者发现行政执法机关不移送涉嫌犯罪案件的，经检察长批准，应当向行政执法机关提出检察意见，要求其按照管辖规定向公安机关移送涉嫌犯罪案件。

第558条 人民检察院负责控告申诉检察的部门受理对公安机关应当立案而不立案或者不应当立案而立案的控告、申诉，应当根据事实、法律进行审查。认为需要公安机关说明不立案或者立案理由的，应当及时将案件移送负责捕诉的部门办理；认为公安机关立案或者不立案决定正确的，应当制作相关法律文书，答复控告人、申诉人。

第559条 人民检察院经审查，认为需要公安机关说明不立案理由的，应当要求公安机关书面说明不立案的理由。

对于有证据证明公安机关可能存在违法动用刑事手段插手民事、经济纠纷，或者利用立案实施报复陷害、敲诈勒索以及谋取其他非法利益等违法立案情形，尚未提请批准逮捕或者移送起诉的，人民检察院应当要求公安机关书面说明立案理由。

第560条 人民检察院要求公安机关说明不立案或者立案理由，应当书面通知公安机关，并且告知公安机关在收到通知后七日以内，书面说明不立案或者立案的情况、依据和理由，连同有关证据材料回复人民检察院。

第561条 公安机关说明不立案或者立案的理由后，人民检察院应当进行审查。认为公安机关不立案或者立案理由不能成立的，经检察长决定，应当通知公安机关立案或者撤销案件。

人民检察院认为公安机关不立案或者立案理由成立的，应当在十日以内将不立案或者立案的依据和理由告知被害人及其法定代理人、近亲属或者行政执法机关。

第562条 公安机关对当事人的报案、控告、举报或者行政执法机关移送的涉嫌犯罪案件受理后未在规定期限内作出是否立案决定，当事人或者行政执法机关向人民检察院提出的，人民检察院应当受理并进行审查。经审查，认为尚未超过规定期限的，应当移送公安机关处理，并答复报案人、控告人、举报人或者行政执法机关；认为超过规定期限的，应当要求公安机关在七日以内书面说明逾期不作出是否立案决定的理由，连同有关证据材料回复人民检察院。公安机关在七日以内不说明理由也不作出立案或者不立案决定的，人民检察院应当提出纠正意见。人民检察院经审查有关证据材料认为符合立案条件的，应当通知公安机关立案。

第 563 条 人民检察院通知公安机关立案或者撤销案件，应当制作通知立案书或者通知撤销案件书，说明依据和理由，连同证据材料送达公安机关，并且告知公安机关应当在收到通知立案书后十五日以内立案，对通知撤销案件书没有异议的应当立即撤销案件，并将立案决定书或者撤销案件决定书及时送达人民检察院。

第 564 条 人民检察院通知公安机关立案或者撤销案件的，应当依法对执行情况进行监督。

公安机关在收到通知立案书或者通知撤销案件书后超过十五日不予立案或者未要求复议、提请复核也不撤销案件的，人民检察院应当发出纠正违法通知书。公安机关仍不纠正的，报上一级人民检察院协商同级公安机关处理。

公安机关立案后三个月以内未侦查终结的，人民检察院可以向公安机关发出立案监督案件催办函，要求公安机关及时向人民检察院反馈侦查工作进展情况。

第 565 条 公安机关认为人民检察院撤销案件通知有错误，要求同级人民检察院复议的，人民检察院应当重新审查。在收到要求复议意见书和案卷材料后七日以内作出是否变更的决定，并通知公安机关。

公安机关不接受人民检察院复议决定，提请上一级人民检察院复核的，上级人民检察院应当在收到提请复核意见书和案卷材料后十五日以内作出是否变更的决定，通知下级人民检察院和公安机关执行。

上级人民检察院复核认为撤销案件通知有错误的，下级人民检察院应当立即纠正；上级人民检察院复核认为撤销案件通知正确的，应当作出复核决定并送达下级公安机关。

第 566 条 人民检察院负责捕诉的部门发现本院负责侦查的部门对应当立案侦查的案件不立案侦查或者对不应当立案侦查的案件立案侦查的，应当建议负责侦查的部门立案侦查或者撤销案件。建议不被采纳的，应当报请检察长决定。

第三节 侦查活动监督

第 567 条 人民检察院应当对侦查活动中是否存在以下违法行为进行监督：

（一）采用刑讯逼供以及其他非法方法收集犯罪嫌疑人供述的；

（二）讯问犯罪嫌疑人依法应当录音或者录像而没有录音或者录像，或者未在法定羁押场所讯问犯罪嫌疑人的；

（三）采用暴力、威胁以及非法限制人身自由等非法方法收集证人证言、被害人陈述，或者以暴力、威胁等方法阻止证人作证或者指使他人作伪证的；

（四）伪造、隐匿、销毁、调换、私自涂改证据，或者帮助当事人毁灭、伪造证据的；

（五）违反刑事诉讼法关于决定、执行、变更、撤销强制措施的规定，或者强制措施法定期限届满，不予释放、解除或者变更的；

（六）应当退还取保候审保证金不退还的；

（七）违反刑事诉讼法关于讯问、询问、勘验、检查、搜查、鉴定、采取技术侦查措施等规定的；

（八）对与案件无关的财物采取查封、扣押、冻结措施，或者应当解除查封、扣押、冻结而不解除的；

（九）贪污、挪用、私分、调换、违反规定使用查封、扣押、冻结的财物及其孳息的；

（十）不应当撤案而撤案的；

（十一）侦查人员应当回避而不回避的；

（十二）依法应当告知犯罪嫌疑人诉讼权利而不告知，影响犯罪嫌疑人行使诉讼权利的；

（十三）对犯罪嫌疑人拘留、逮捕、指定居所监视居住后依法应当通知家属而未通知的；

（十四）阻碍当事人、辩护人、诉讼代理人、值班律师依法行使诉讼权利的；

（十五）应当对证据收集的合法性出具说明或者提供证明材料而不出具、不提供的；

（十六）侦查活动中的其他违反法律规定的行为。

第568条 人民检察院发现侦查活动中的违法情形已涉嫌犯罪，属于人民检察院管辖的，依法立案侦查；不属于人民检察院管辖的，依照有关规定移送有管辖权的机关。

第569条 人民检察院负责捕诉的部门发现本院负责侦查的部门在侦查活动中有违法情形，应当提出纠正意见。需要追究相关人员违法违纪责任的，应当报告检察长。

上级人民检察院发现下级人民检察院在侦查活动中有违法情形，应当通知其纠正。下级人民检察院应当及时纠正，并将纠正情况报告上级人民检察院。

第四节　审判活动监督

第570条 人民检察院应当对审判活动中是否存在以下违法行为进行监督：

（一）人民法院对刑事案件的受理违反管辖规定的；

（二）人民法院审理案件违反法定审理和送达期限的；

（三）法庭组成人员不符合法律规定，或者依照规定应当回避而不回避的；

（四）法庭审理案件违反法定程序的；

（五）侵犯当事人、其他诉讼参与人的诉讼权利和其他合法权利的；

（六）法庭审理时对有关程序问题所作的决定违反法律规定的；

（七）违反法律规定裁定发回重审的；

（八）故意毁弃、篡改、隐匿、伪造、偷换证据或者其他诉讼材料，或者依据未经法定程序调查、质证的证据定案的；

（九）依法应当调查收集相关证据而不收集的；

（十）徇私枉法，故意违背事实和法律作枉法裁判的；

（十一）收受、索取当事人及其近亲属或者其委托的律师等人财物或者其他利益的；

（十二）违反法律规定采取强制措施或者采取强制措施法定期限届满，不予释放、解除或者变更的；

（十三）应当退还取保候审保证金不退还的；

（十四）对与案件无关的财物采取查封、扣押、冻结措施，或者应当解除查封、扣押、冻结而不解除的；

（十五）贪污、挪用、私分、调换、违反规定使用查封、扣押、冻结的财物及其孳息的；

（十六）其他违反法律规定的行为。

第571条 人民检察院检察长或者检察长委托的副检察长，可以列席同级人民法院审判委员会会议，依法履行法律监督职责。

第572条 人民检察院在审判活动监督中，发现人民法院或者审判人员审理案件违反法律规定的诉讼程序，应当向人民法院提出纠正意见。

人民检察院对违反程序的庭审活动提出纠正意见，应当由人民检察院在庭审后提出。出席法庭的检察人员发现法庭审判违反法律规定的诉讼程序，应当在休庭后及时向检察长报告。

第五节 羁押必要性审查

第573条 犯罪嫌疑人、被告人被逮捕后，人民检察院仍应当对羁押的必要性进行审查。

第574条 人民检察院在办案过程中可以依职权主动进行羁押必要性审查。

犯罪嫌疑人、被告人及其法定代理人、近亲属或者辩护人可以申请人民检察院进行羁押必要性审查。申请时应当说明不需要继续羁押的理由，有相关证据或者其他材料的应当提供。

看守所根据在押人员身体状况，可以建议人民检察院进行羁押必要性审查。

第575条 负责捕诉的部门依法对侦查和审判阶段的羁押必要性进行审查。经审查认为不需要继续羁押的，应当建议公安机关或者人民法院释放犯罪嫌疑人、被告人或者变更强制措施。

审查起诉阶段，负责捕诉的部门经审查认为不需要继续羁押的，应当直接释放犯罪嫌疑人或者变更强制措施。

负责刑事执行检察的部门收到有关材料或者发现不需要继续羁押的，应当及时将有关材料和意见移送负责捕诉的部门。

第576条 办案机关对应的同级人民检察院负责控告申诉检察的部门或者负责案件管理的部门收到羁押必要性审查申请后，应当在当日移送本院负责捕诉的部门。

其他人民检察院收到羁押必要性审查申请的，应当告知申请人向办案机关对应的同级人民检察院提出申请，或者在二日以内将申请材料移送办案机关对应的同级人民检察院，并告知申请人。

第577条 人民检察院可以采取以下方式进行羁押必要性审查：

（一）审查犯罪嫌疑人、被告人不需要继续羁押的理由和证明材料；

（二）听取犯罪嫌疑人、被告人及其法定代理人、辩护人的意见；

（三）听取被害人及其法定代理人、诉讼代理人的意见，了解是否达成和解协议；

（四）听取办案机关的意见；

（五）调查核实犯罪嫌疑人、被告人的身体健康状况；

（六）需要采取的其他方式。

必要时，可以依照有关规定进行公开审查。

第578条 人民检察院应当根据犯罪嫌疑人、被告人涉嫌的犯罪事实、主观恶性、悔罪表现、身体状况、案件进展情况、可能判处的刑罚和有无再危害社会的危险等因素，综合评估有无必要继续羁押犯罪嫌疑人、被告人。

第579条 人民检察院发现犯罪嫌疑人、被告人具有下列情形之一的，应当向办案机关提出释放或者变更强制措施的建议：

（一）案件证据发生重大变化，没有证据证明有犯罪事实或者犯罪行为系犯罪嫌疑人、被告人所为的；

（二）案件事实或者情节发生变化，犯罪嫌疑人、被告人可能被判处拘役、管制、独立适用附加刑、免予刑事处罚或者判决无罪的；

（三）继续羁押犯罪嫌疑人、被告人，羁押期限将超过依法可能判处的刑期的；

（四）案件事实基本查清，证据已经收集固定，符合取保候审或者监视居住条件的。

第580条 人民检察院发现犯罪嫌疑人、被告人具有下列情形之一，且具有悔罪表现，不予羁押不致发生社会危险性的，可以向办案机关提出释放或者变更强制措施的建议：

（一）预备犯或者中止犯；

（二）共同犯罪中的从犯或者胁从犯；

（三）过失犯罪的；

（四）防卫过当或者避险过当的；

（五）主观恶性较小的初犯；

（六）系未成年人或者已满七十五周岁的人；

（七）与被害方依法自愿达成和解协议，且已经履行或者提供担保的；

（八）认罪认罚的；

（九）患有严重疾病、生活不能自理的；

（十）怀孕或者正在哺乳自己婴儿的妇女；

（十一）系生活不能自理的人的唯一扶养人；

（十二）可能被判处一年以下有期徒刑或者宣告缓刑的；

（十三）其他不需要继续羁押的情形。

第581条 人民检察院向办案机关发出释放或者变更强制措施建议书的，应当说明不需要继续羁押犯罪嫌疑人、被告人的理由和法律依据，并要求办案机关在十日以内回复处理情况。

人民检察院应当跟踪办案机关对释放或者变更强制措施建议的处理情况。办案机关未在十日以内回复处理情况的，应当提出纠正意见。

第582条 对于依申请审查的案件，人民检察院办结后，应当将提出建议的情况和公安机关、人民法院的处理情况，或者有继续羁押必要的审查意见和理由及时书面告知申请人。

第六节 刑事判决、裁定监督

第583条 人民检察院依法对人民法院的判决、裁定是否正确实行法律监督，对人民法院确有错误的判决、裁定，应当依法提出抗诉。

第584条 人民检察院认为同级人民法院第一审判决、裁定具有下列情形之一的，应当提出抗诉：

（一）认定的事实确有错误或者据以定罪量刑的证据不确实、不充分的；

（二）有确实、充分证据证明有罪判无罪，或者无罪判有罪的；

（三）重罪轻判，轻罪重判，适用刑罚明显不当的；

（四）认定罪名不正确，一罪判数罪、数罪判一罪，影响量刑或者造成严重社会影响的；

（五）免除刑事处罚或者适用缓刑、禁止令、限制减刑等错误的；

（六）人民法院在审理过程中严重违反法律规定的诉讼程序的。

第585条 人民检察院在收到人民法院第一审判决书或者裁定书后，应当及时审查。对于需要提出抗诉的案件，应当报请检察长决定。

第586条 人民检察院对同级人民法院第一审判决的抗诉，应当在接到判决书后第二日起十日以内提出；对第一审裁定的抗诉，应当在接到裁定书后第二日起五日以内提出。

第587条 人民检察院对同级人民法院第一审判决、裁定的抗诉，应当制作抗诉书，通过原审人民法院向上一级人民法院提出，并将抗诉书副本连同案卷材料报送上一级人民检察院。

第588条 被害人及其法定代理人不服地方各级人民法院第一审的判决，在收到判决书后五日以内请求人民检察院提出抗诉的，人民检察院应当立即进行审查，在收到被害人及其法定代理人的请求后五日以内作出是否抗诉的决定，并且答复请求人。经审查认为应当抗诉的，适用本规则第五百八十四条至第五百八十七条的规定办理。

被害人及其法定代理人在收到判决书五日以后请求人民检察院提出抗诉的，由人民检察院决定是否受理。

第589条 上一级人民检察院对下级人民检察院按照第二审程序提出抗诉的案件，认为抗诉正确的，应当支持抗诉。

上一级人民检察院认为抗诉不当的，应当听取下级人民检察院的意见。听取意见后，仍然认为抗诉不当的，应当向同级人民法院撤回抗诉，并且通知下级人民检察院。

上一级人民检察院在上诉、抗诉期限内，发现下级人民检察院应当提出抗诉而没有提出抗诉的案件，可以指令下级人民检察院依法提出抗诉。

上一级人民检察院支持或者部分支持抗诉意见的，可以变更、补充抗诉理由，及时制作支持抗诉意见书，并通知提出抗诉的人民检察院。

第590条 第二审人民法院发回原审人民法院按照第一审程序重新审判的案件，如果人民检察院认为重新审判的判决、裁定确有错误的，可以按照第二审程序提出抗诉。

第591条 人民检察院认为人民法院已经发生法律效力的判决、裁定确有错误，具有下列情形之一的，应当按照审判监督程序向人民法院提出抗诉：

（一）有新的证据证明原判决、裁定认定的事实确有错误，可能影响定罪量刑的；

（二）据以定罪量刑的证据不确实、不充分的；

（三）据以定罪量刑的证据依法应当予以排除的；

（四）据以定罪量刑的主要证据之间存在矛盾的；

（五）原判决、裁定的主要事实依据被依法变更或者撤销的；

（六）认定罪名错误且明显影响量刑的；

（七）违反法律关于追诉时效期限的规定的；

（八）量刑明显不当的；

（九）违反法律规定的诉讼程序，可能影响公正审判的；

（十）审判人员在审理案件的时候有贪污受贿，徇私舞弊，枉法裁判行为的。

对于同级人民法院已经发生法律效力的判决、裁定，人民检察院认为可能有错误的，应当另行指派检察官或者检察官办案组进行审查。经审查，认为有前款规定情形之一的，应当提请上一级人民检察院提出抗诉。

对已经发生法律效力的判决、裁定的审查，参照本规则第五百八十五条的规定办理。

第592条 对于高级人民法院判处死刑缓期二年执行的案件，省级人民检察院认为确有错误提请抗诉的，一般应当在收到生效判决、裁定后三个月以内提出，至迟不得超过六个月。

第593条 当事人及其法定代理人、近亲属认为人民法院已经发生法律效力的判决、裁定确有错误，向人民检察院申诉的，由作出生效判决、裁定的人民法院的同级人民检察院依法办理。

当事人及其法定代理人、近亲属直接向上级人民检察院申诉的，上级人民检察院可以交由作出生效判决、裁定的人民法院的同级人民检察院受理；案情重大、疑难、复杂的，上级人民检察院可以直接受理。

当事人及其法定代理人、近亲属对人民法院已经发生法律效力的判决、裁定提出申诉，经人民检察院复查决定不予抗诉后继续提出申诉的，上一级人民检察院应当受理。

第594条 对不服人民法院已经发生法律效力的判决、裁定的申诉，经两级人民检察院办理且省级人民检察院已经复查的，如果没有新的证据，人民检察院不再复查，但原审被告人可能被宣告无罪或者判决、裁定有其他重大错误可能的除外。

第595条 人民检察院对已经发生法律效力的判决、裁定的申诉复查后，认为需要提请或者提出抗诉的，报请检察长决定。

地方各级人民检察院对不服同级人民法院已经发生法律效力的判决、裁定的申诉复查后，认为需要提出抗诉的，应当提请上一级人民检察院抗诉。

上级人民检察院对下一级人民检察院提请抗诉的申诉案件进行审查后，认为需要提出抗诉的，应当向同级人民法院提出抗诉。

人民法院开庭审理时，同级人民检察院应当派员出席法庭。

第596条 人民检察院对不服人民法院已经发生法律效力的判决、裁定的申诉案件复查终结后，应当制作刑事申诉复查通知书，在十日以内通知申诉人。

经复查向上一级人民检察院提请抗诉的，应当在上一级人民检察院作出是否抗诉的决定后制作刑事申诉复查通知书。

第597条 最高人民检察院发现各级人民法院已经发生法律效力的判决或者裁定，上级人民检察院发现下级人民法院已经发生法律效力的判决或者裁定确有错误时，可以直接向同级人民法院提出抗诉，或者指令作出生效判决、裁定人民法院的上一级人民检察院向同级人民法院提出抗诉。

第598条 人民检察院按照审判监督程序向人民法院提出抗诉的，应当将抗诉书副本报送上一级人民检察院。

第599条 对按照审判监督程序提出抗诉的案件，人民检察院认为人民法院再审作出的判决、裁定仍然确有错误的，如果案件是依照第一审程序审判的，同级人民检察院应当按照第二审程序向上一级人民法院提出抗诉；如果案件是依照第二审程序审判的，上一级人民检察院应当按照审判监督程序向同级人民法院提出抗诉。

第600条 人民检察院办理按照第二审程序、审判监督程序抗诉的案件，认为需要对被告人采取强制措施的，参照本规则相关规定。决定采取强制措施应当经检察长批准。

第601条 人民检察院对自诉案件的判决、裁定的监督，适用本节的规定。

第七节　死刑复核监督

第602条 最高人民检察院依法对最高人民法院的死刑复核活动实行法律监督。

省级人民检察院依法对高级人民法院复核未上诉且未抗诉死刑立即执行案件和死刑缓期二年执行案件的活动实行法律监督。

第603条 最高人民检察院、省级人民检察院通过办理下列案件对死刑复核活动实行法律监督：

（一）人民法院向人民检察院通报的死刑复核案件；

（二）下级人民检察院提请监督或者报告重大情况的死刑复核案件；

（三）当事人及其近亲属或者受委托的律师向人民检察院申请监督的死刑复核案件；

（四）认为应当监督的其他死刑复核案件。

第604条 省级人民检察院对于进入最高人民法院死刑复核程序的案件，发现具有下列情形之一的，应当及时向最高人民检察院提请监督：

（一）案件事实不清、证据不足，依法应当发回重新审判或者改判的；

（二）被告人具有从宽处罚情节，依法不应当判处死刑的；

（三）适用法律错误的；

（四）违反法律规定的诉讼程序，可能影响公正审判的；

（五）其他应当提请监督的情形。

第605条 省级人民检察院发现死刑复核案件被告人有自首、立功、怀孕或者被告人家属与被害人家属达成赔偿谅解协议等新的重大情况，影响死刑适用的，应当及时向最高人民检察院报告。

第606条 当事人及其近亲属或者受委托的律师向最高人民检察院提出不服死刑裁判的申诉，由负责死刑复核监督的部门审查。

第607条 对于适用死刑存在较大分歧或者在全国有重大影响的死刑第二审案件，省级人民检察院应当及时报最高人民检察院备案。

第608条 高级人民法院死刑复核期间，设区的市级人民检察院向省级人民检察院报告重大情况、备案等程序，参照本规则第六百零五条、第六百零七条规定办理。

第609条 对死刑复核监督案件的审查可以采取下列方式：

（一）审查人民法院移送的材料、下级人民检察院报送的相关案卷材料、当事人及其近亲属或者受委托的律师提交的材料；

（二）向下级人民检察院调取案件审查报告、公诉意见书、出庭意见书等，了解案件相关情况；

（三）向人民法院调阅或者查阅案卷材料；

（四）核实或者委托核实主要证据；

（五）讯问被告人、听取受委托的律师的意见；

（六）就有关技术性问题向专门机构或者有专门知识的人咨询，或者委托进行证据审查；

（七）需要采取的其他方式。

第610条 审查死刑复核监督案件，具有下列情形之一的，应当听取下级人民检察院的意见：

（一）对案件主要事实、证据有疑问的；

（二）对适用死刑存在较大争议的；

（三）可能引起司法办案重大风险的；

（四）其他应当听取意见的情形。

第611条 最高人民检察院经审查发现死刑复核案件具有下列情形之一的，应当经检察长决定，依法向最高人民法院提出检察意见：

（一）认为适用死刑不当，或者案件事实不清、证据不足，依法不应当核准死刑的；

（二）认为不予核准死刑的理由不成立，依法应当核准死刑的；

（三）发现新的事实和证据，可能影响被告人定罪量刑的；

（四）严重违反法律规定的诉讼程序，可能影响公正审判的；

（五）司法工作人员在办理案件时，有贪污受贿，徇私舞弊，枉法裁判等行为的；

（六）其他需要提出检察意见的情形。

同意最高人民法院核准或者不核准意见的，应当经检察长批准，书面回复最高人民法院。

对于省级人民检察院提请监督、报告重大情况的案件，最高人民检察院认为具有影响死刑适用情形的，应当及时将有关材料转送最高人民法院。

第八节　羁押期限和办案期限监督

第612条 人民检察院依法对羁押期限和办案期限是否合法实行法律监督。

第613条 对公安机关、人民法院办理案件相关期限的监督，犯罪嫌疑人、被告人被羁押的，由人民检察院负责刑事执行检察的部门承担；犯罪嫌疑人、被告人未被羁押的，由人民检察院负责捕诉的部门承担。对人民检察院办理案件相关期限的监督，由负责案件管理的部门承担。

第614条 人民检察院在办理案件过程中，犯罪嫌疑人、被告人被羁押，具有下列情形之一的，办案部门应当在作出决定或者收到决定书、裁定书后十日以内通知本院负有监督职责的部门：

（一）批准或者决定延长侦查羁押期限的；

（二）对于人民检察院直接受理侦查的案件，决定重新计算侦查羁押期限、变更或者解除强制措施的；

（三）对犯罪嫌疑人、被告人进行精神病鉴定的；

（四）审查起诉期间改变管辖、延长审查起诉期限的；

（五）案件退回补充侦查，或者补充侦查完毕移送起诉后重新计算审查起诉期限的；

（六）人民法院决定适用简易程序、速裁程序审理第一审案件，或者将案件由简易程序转为普通程序，由速裁程序转为简易程序、普通程序重新审理的；

（七）人民法院改变管辖，决定延期审理、中止审理，或者同意人民检察院撤回起诉的。

第615条　人民检察院发现看守所的羁押期限管理活动具有下列情形之一的，应当依法提出纠正意见：

（一）未及时督促办案机关办理换押手续的；

（二）未在犯罪嫌疑人、被告人羁押期限届满前七日以内向办案机关发出羁押期限即将届满通知书的；

（三）犯罪嫌疑人、被告人被超期羁押后，没有立即书面报告人民检察院并通知办案机关的；

（四）收到犯罪嫌疑人、被告人及其法定代理人、近亲属或者辩护人提出的变更强制措施、羁押必要性审查、羁押期限届满要求释放或者变更强制措施的申请、申诉、控告后，没有及时转送有关办案机关或者人民检察院的；

（五）其他违法情形。

第616条　人民检察院发现公安机关的侦查羁押期限执行情况具有下列情形之一的，应当依法提出纠正意见：

（一）未按规定办理换押手续的；

（二）决定重新计算侦查羁押期限、经批准延长侦查羁押期限，未书面通知人民检察院和看守所的；

（三）对犯罪嫌疑人进行精神病鉴定，没有书面通知人民检察院和看守所的；

（四）其他违法情形。

第617条 人民检察院发现人民法院的审理期限执行情况具有下列情形之一的，应当依法提出纠正意见：

（一）在一审、二审和死刑复核阶段未按规定办理换押手续的；

（二）违反刑事诉讼法的规定重新计算审理期限、批准延长审理期限、改变管辖、延期审理、中止审理或者发回重审的；

（三）决定重新计算审理期限、批准延长审理期限、改变管辖、延期审理、中止审理、对被告人进行精神病鉴定，没有书面通知人民检察院和看守所的；

（四）其他违法情形。

第618条 人民检察院发现同级或者下级公安机关、人民法院超期羁押的，应当向该办案机关发出纠正违法通知书。

发现上级公安机关、人民法院超期羁押的，应当及时层报该办案机关的同级人民检察院，由同级人民检察院向该办案机关发出纠正违法通知书。

对异地羁押的案件，发现办案机关超期羁押的，应当通报该办案机关的同级人民检察院，由其依法向办案机关发出纠正违法通知书。

第619条 人民检察院发出纠正违法通知书后，有关办案机关未回复意见或者继续超期羁押的，应当及时报告上一级人民检察院。

对于造成超期羁押的直接责任人员，可以书面建议其所在单位或者有关主管机关依照法律或者有关规定予以处分；对于造成超期羁押情节严重，涉嫌犯罪的，应当依法追究其刑事责任。

第620条 人民检察院办理直接受理侦查的案件或者审查逮捕、审查起诉案件，在犯罪嫌疑人侦查羁押期限、办案期限即将届满前，负责案件管理的部门应当依照有关规定向本院办案部门进行期限届满提示。发现办案部门办理案件超过规定期限的，应当依照有关规定提出纠正意见。

第664条 人民检察院负责案件管理的部门对检察机关办理案件的受理、期限、程序、质量等进行管理、监督、预警。

第665条 人民检察院负责案件管理的部门发现本院办案活动具有下列情形之一的，应当及时提出纠正意见：

（一）查封、扣押、冻结、保管、处理涉案财物不符合有关法律和规定的；

（二）法律文书制作、使用不符合法律和有关规定的；

（三）违反羁押期限、办案期限规定的；

（四）侵害当事人、辩护人、诉讼代理人的诉讼权利的；

（五）未依法对立案、侦查、审查逮捕、公诉、审判等诉讼活动以及执行活动中的违法行为履行法律监督职责的；

（六）其他应当提出纠正意见的情形。

情节轻微的，可以口头提示；情节较重的，应当发送案件流程监控通知书，提示办案部门及时查明情况并予以纠正；情节严重的，应当同时向检察长报告。

办案部门收到案件流程监控通知书后，应当在十日以内将核查情况书面回复负责案件管理的部门。

第666条 人民检察院负责案件管理的部门对以本院名义制发法律文书实施监督管理。

第667条 人民检察院办理的案件，办结后需要向其他单位移送案卷材料的，统一由负责案件管理的部门审核移送材料是否规范、齐备。负责案件管理的部门认为材料规范、齐备，符合移送条件的，应当立即由办案部门按照规定移送；认为材料不符合要求的，应当及时通知办案部门补送、更正。

第668条 监察机关或者公安机关随案移送涉案财物及其孳息的，人民检察院负责案件管理的部门应当在受理案件时进行审查，并及时办理入库保管手续。

第669条 人民检察院负责案件管理的部门对扣押的涉案物品进行保管，并对查封、扣押、冻结、处理涉案财物工作进行监督管理。对违反规定的行为提出纠正意见；涉嫌违法违纪的，报告检察长。

第670条 人民检察院办案部门需要调用、移送、处理查封、扣押、冻结的涉案财物的，应当按照规定办理审批手续。审批手续齐全的，负责案件管理的部门应当办理出库手续。

第九条 使用本民族语言文字原则

各民族公民都有用本民族语言文字进行诉讼的权利。人民法院、人民检察院和公安机关对于不通晓当地通用的语言文字的诉讼参与人，应当为他们翻译。

在少数民族聚居或者多民族杂居的地区，应当用当地通用的语言进行审讯，用当地通用的文字发布判决书、布告和其他文件。

● 宪 法

1.《宪法》(2018年3月11日修正)

第139条 各民族公民都有用本民族语言文字进行诉讼的权利。人民法院和人民检察院对于不通晓当地通用的语言文字的诉讼参与人，应当为他们翻译。

在少数民族聚居或者多民族共同居住的地区，应当用当地通用的语言进行审理；起诉书、判决书、布告和其他文书应当根据实际需要使用当地通用的一种或者几种文字。

● 法 律

2.《民族区域自治法》(2001年2月28日修正)

第47条 民族自治地方的人民法院和人民检察院应当用当地通用的语言审理和检察案件，并合理配备通晓当地通用的少数民族语言文字的人员。对于不通晓当地通用的语言文字的诉讼参与人，应当为他们提供翻译。法律文书应当根据实际需要，使用当地通用的一种或者几种文字。保障各民族公民都有使用本民族语言文字进行诉讼的权利。

第十条 两审终审制

人民法院审判案件，实行两审终审制。

第十一条 审判公开原则 辩护原则

人民法院审判案件，除本法另有规定的以外，一律公开进行。被告人有权获得辩护，人民法院有义务保证被告人获得辩护。

● *核心要点*

1. **审判公开**：《刑事诉讼法》188；《人民法院组织法》7；《最高人民法院关于适用〈中华人民共和国刑事诉讼法〉的解释》222；《最高人民法院关于严格执行公开审判制度的若干规定》；《最高人民法院关于加强人民法院审判公开工作的若干意见》

2. **不公开审理**：《刑事诉讼法》285

3. 相对不公开审理：《刑事诉讼法》11、188；《人民法院组织法》7；《最高人民法院关于严格执行公开审判制度的若干规定》2

● 法 律

1.《人民法院组织法》（2018年10月26日修订）

第7条 人民法院实行司法公开，法律另有规定的除外。

● 司法解释及文件

2.《最高人民法院关于严格执行公开审判制度的若干规定》（1999年3月8日 法发〔1999〕3号）

一、人民法院进行审判活动，必须坚持依法公开审判制度，做到公开开庭，公开举证、质证，公开宣判。

二、人民法院对于第一审案件，除下列案件外，应当依法一律公开审理：

（一）涉及国家秘密的案件；

（二）涉及个人隐私的案件；

（三）14岁以上不满16岁未成年人犯罪的案件；经人民法院决定不公开审理的16岁以上不满18岁未成年人犯罪的案件；[①]

（四）经当事人申请，人民法院决定不公开审理的涉及商业秘密的案件；

（五）经当事人申请，人民法院决定不公开审理的离婚案件；

（六）法律另有规定的其他不公开审理的案件。

对于不公开审理的案件，应当当庭宣布不公开审理的理由。

三、下列第二审案件应当公开审理：

（一）当事人对不服公开审理的第一审案件的判决、裁定提起上诉的，但因违反法定程序发回重审的和事实清楚依法迳行判决、裁定的除外。

（二）人民检察院对公开审理的案件的判决、裁定提起抗诉的，但需发回重审的除外。

四、依法公开审理案件应当在开庭3日以前公告。公告应当包括案由、当事人姓名或者名称、开庭时间和地点。

五、依法公开审理案件，案件事实未经法庭公开调查不能认定。

---

① 《最高人民法院关于适用〈中华人民共和国刑事诉讼法〉的解释》（2012年12月20日 法释〔2012〕21号）第467条规定，开庭审理时被告人不满十八周岁的案件，一律不公开审理。

证明案件事实的证据未在法庭公开举证、质证，不能进行认证，但无需举证的事实除外。缺席审理的案件，法庭可以结合其他事实和证据进行认证。

法庭能够当庭认证的，应当当庭认证。

六、人民法院审理的所有案件应当一律公开宣告判决。

宣告判决，应当对案件事实和证据进行认定，并在此基础上正确适用法律。

七、凡应当依法公开审理的案件没有公开审理的，应当按下列规定处理：

（一）当事人提起上诉或者人民检察院对刑事案件的判决、裁定提起抗诉的，第二审人民法院应当裁定撤销原判决，发回重审；

（二）当事人申请再审的，人民法院可以决定再审；人民检察院按照审判监督程序提起抗诉的，人民法院应当决定再审。

上述发回重审或者决定再审的案件应当依法公开审理。

八、人民法院公开审理案件，庭审活动应当在审判法庭进行。需要巡回依法公开审理的，应当选择适当的场所进行。

九、审判法庭和其他公开进行案件审理活动的场所，应当按照最高人民法院关于法庭布置的要求悬挂国徽，设置审判席和其他相应的席位。

十、依法公开审理案件，公民可以旁听，但精神病人、醉酒的人和未经人民法院批准的未成年人除外。

根据法庭场所和参加旁听人数等情况，旁听人需要持旁听证进入法庭的，旁听证由人民法院制发。

外国人和无国籍人持有效证件要求旁听的，参照中国公民旁听的规定办理。

旁听人员必须遵守《中华人民共和国人民法院法庭规则》的规定，并应当接受安全检查。十一、依法公开审理案件，经人民法院许可，新闻记者可以记录、录音、录像、摄影、转播庭审实况。

外国记者的旁听按照我国有关外事管理规定办理。

3. **《最高人民法院关于加强人民法院审判公开工作的若干意见》**（2007年6月4日　法发〔2007〕20号）

三、切实加强人民法院审判公开工作的基本要求

6. 人民法院应当以设置宣传栏或者公告牌、建立网站等方便查阅的形式，公布本院管辖的各类案件的立案条件、由当事人提交的法律文书的样式、诉讼费用的收费标准及缓、减、免交诉讼费的基本条件和程序、案件审理与执行工作流程等事项。

7. 对当事人起诉材料、手续不全的，要尽量做到一次性全面告知当事人应当提交的材料和手续，有条件的人民法院应当采用书面形式告知。能够当场补齐的，立案工作人员应当指导当事人当场补齐。

8. 对决定受理适用普通程序的案件，应当在案件受理通知书和应诉通知书中，告知当事人所适用的审判程序及有关的诉讼权利和义务。决定由适用简易程序转为适用普通程序的，应当在作出决定后及时将决定的内容及事实和法律根据告知当事人。

9. 当事人及其诉讼代理人请求人民法院调查取证的，应当提出书面申请。人民法院决定调查收集证据的，应当及时告知申请人及其他当事人。决定不调查收集证据的，应当制作书面通知，说明不调查收集证据的理由，并及时送达申请人。

10. 人民法院裁定采取财产保全措施或者先予执行的，应当在裁定书中写明采取财产保全措施或者先予执行所依据的事实和法律根据，及申请人提供担保的种类、金额或者免予担保的事实和法律根据。人民法院决定不采取财产保全措施或者先予执行的，应当作出书面裁定，并在裁定书中写明有关事实和法律根据。

11. 人民法院必须严格执行《中华人民共和国刑事诉讼法》、《中华人民共和国民事诉讼法》、《中华人民共和国行政诉讼法》及相关司法解释关于公开审理的案件范围的规定，应当公开审理的，必须公开审理。当事人提出案件涉及个人隐私或者商业秘密的，人民法院应当综合当事人意见、社会一般理性认识等因素，必要时征询专家意见，在合理判断基础上作出决定。

12. 审理刑事二审案件，应当积极创造条件，逐步实现开庭审理；被告人一审被判处死刑的上诉案件和检察机关提出抗诉的案件，应当开庭审理。要逐步加大民事、行政二审案件开庭审理的力度。

13. 刑事二审案件不开庭审理的，人民法院应当在全面审查案卷材料和证据基础上讯问被告人，听取辩护人、代理人的意见，核实证据，查清事实；民事、行政二审案件不开庭审理的，人民法院应当全面审查案卷，充分听取当事人意见，核实证据，查清事实。

14. 要逐步提高当庭宣判比率，规范定期宣判、委托宣判。人民法院审理案件，能够当庭宣判的，应当当庭宣判。定期宣判、委托宣判的，应当在裁判文书签发或者收到委托函后及时进行，宣判前应当通知当事人和其他诉讼参与人。宣判时允许旁听，宣判后应当立即送达法律文书。

15. 依法公开审理的案件，我国公民可以持有效证件旁听，人民法院应当妥善安排好旁听工作。因审判场所、安全保卫等客观因素所限发放旁听证的，应当作出必要的说明和解释。

16. 对群众广泛关注、有较大社会影响或者有利于社会主义法治宣传教育的案件，可以有计划地通过相关组织安排群众旁听，邀请人大代表、政协委员旁听，增进广大群众、人大代表、政协委员了解法院审判工作，方便对审判工作的监督。

17. 申请执行人向人民法院提供被执行人财产线索的，人民法院应当在收到有关线索后尽快决定是否调查，决定不予调查的，应当告知申请执行人具体理由。人民法院根据申请执行人提供的线索或依职权调查被执行人财产状况的，应当在调查结束后及时将调查结果告知申请执行人。被执行人向人民法院申报财产的，人民法院应当在收到申报后及时将被执行人申报的财产状况告知申请执行人。

18. 人民法院应当公告选择评估、拍卖等中介机构的条件和程序，公开进行选定，并及时公告选定的中介机构名单。人民法院应当向当事人、利害关系人公开评估、拍卖、变卖的过程和结果；不能及时拍卖、变卖的，应当向当事人、利害关系人说明原因。

19. 对办案过程中涉及当事人或案外人重大权益的事项，法律没有规定办理程序的，各级人民法院应当根据实际情况，建立灵活、方便的听证机制，举行听证。对当事人、利害关系人提出的执行异议、变更或追加被执行人的请求、经调卷复查认为符合再审条件的申诉申请再审案件，人民法院应当举行听证。

20. 人民法院应当建立和公布案件办理情况查询机制，方便当事人及其委托代理人及时了解与当事人诉讼权利、义务相关的审判和执行信息。

21. 有条件的人民法院对于庭审活动和相关重要审判活动可以录音、录像，建立审判工作的声像档案，当事人可以按规定查阅和复制。

22. 各高级人民法院应当根据本辖区内的情况制定通过出版物、局域网、互联网等方式公布生效裁判文书的具体办法，逐步加大生效裁判文书公开的力度。

23. 通过电视、互联网等媒体对人民法院公开审理案件进行直播、转播的，由高级人民法院批准后进行。

四、规范审判公开工作，维护法律权威和司法形象

24. 人民法院公开审理案件，庭审活动应当在审判法庭进行。巡回审理案件，有固定审判场所的，庭审活动应当在该固定审判场所进行；尚无固定审判场所的，可根据实际条件选择适当的场所。

25. 人民法院裁判文书是人民法院公开审判活动、裁判理由、裁判依据和裁判结果的重要载体。裁判文书的制作应当符合最高人民法院颁布的裁判文书样式要求，包含裁判文书的必备要素，并按照繁简得当、易于理解的要求，清楚地反映裁判过程、事实、理由和裁判依据。

26. 人民法院工作人员实施公务活动，应当依据有关规定着装，并主动出示工作证。

27. 人民法院应当向社会公开审判、执行工作纪律规范，公开违法审判、违法执行的投诉办法，便于当事人及社会监督。

4.《最高人民法院关于适用〈中华人民共和国刑事诉讼法〉的解释》（2021年1月26日　法释〔2021〕1号）

第40条　人民法院审判案件，应当充分保障被告人依法享有的辩护权利。

被告人除自己行使辩护权以外，还可以委托辩护人辩护。下列人员不得担任辩护人：

（一）正在被执行刑罚或者处于缓刑、假释考验期间的人；

（二）依法被剥夺、限制人身自由的人；

（三）被开除公职或者被吊销律师、公证员执业证书的人；

（四）人民法院、人民检察院、监察机关、公安机关、国家安全机关、监狱的现职人员；

（五）人民陪审员；

（六）与本案审理结果有利害关系的人；

（七）外国人或者无国籍人；

（八）无行为能力或者限制行为能力的人。

前款第三项至第七项规定的人员，如果是被告人的监护人、近亲属，由被告人委托担任辩护人的，可以准许。

第41条 审判人员和人民法院其他工作人员从人民法院离任后二年内，不得以律师身份担任辩护人。

审判人员和人民法院其他工作人员从人民法院离任后，不得担任原任职法院所审理案件的辩护人，但系被告人的监护人、近亲属的除外。

审判人员和人民法院其他工作人员的配偶、子女或者父母不得担任其任职法院所审理案件的辩护人，但系被告人的监护人、近亲属的除外。

第42条 对接受委托担任辩护人的，人民法院应当核实其身份证明和授权委托书。

第43条 一名被告人可以委托一至二人作为辩护人。

一名辩护人不得为两名以上的同案被告人，或者未同案处理但犯罪事实存在关联的被告人辩护。

第44条 被告人没有委托辩护人的，人民法院自受理案件之日起三日以内，应当告知其有权委托辩护人；被告人因经济困难或者其他原因没有委托辩护人的，应当告知其可以申请法律援助；被告人属于应当提供法律援助情形的，应当告知其将依法通知法律援助机构指派律师为其提供辩护。

被告人没有委托辩护人，法律援助机构也没有指派律师为其提供辩护的，人民法院应当告知被告人有权约见值班律师，并为被告人约见值班律师提供便利。

告知可以采取口头或者书面方式。

第45条 审判期间，在押的被告人要求委托辩护人的，人民法院应当在三日以内向其监护人、近亲属或者其指定的人员转达要求。被告人应当提供有关人员的联系方式。有关人员无法通知的，应当告知被告人。

第46条 人民法院收到在押被告人提出的法律援助或者法律帮助申请，应当依照有关规定及时转交法律援助机构或者通知值班律师。

第47条 对下列没有委托辩护人的被告人，人民法院应当通知法律援助机构指派律师为其提供辩护：

（一）盲、聋、哑人；

（二）尚未完全丧失辨认或者控制自己行为能力的精神病人；

（三）可能被判处无期徒刑、死刑的人。

高级人民法院复核死刑案件，被告人没有委托辩护人的，应当通知法律援助机构指派律师为其提供辩护。

死刑缓期执行期间故意犯罪的案件，适用前两款规定。

第48条 具有下列情形之一，被告人没有委托辩护人的，人民法院可以通知法律援助机构指派律师为其提供辩护：

（一）共同犯罪案件中，其他被告人已经委托辩护人的；

（二）案件有重大社会影响的；

（三）人民检察院抗诉的；

（四）被告人的行为可能不构成犯罪的；

（五）有必要指派律师提供辩护的其他情形。

第49条 人民法院通知法律援助机构指派律师提供辩护的，应当将法律援助通知书、起诉书副本或者判决书送达法律援助机构；决定开庭审理的，除适用简易程序或者速裁程序审理的以外，应当在开庭十五日以前将上述材料送达法律援助机构。

法律援助通知书应当写明案由、被告人姓名、提供法律援助的理由、审判人员的姓名和联系方式；已确定开庭审理的，应当写明开庭的时间、地点。

第50条 被告人拒绝法律援助机构指派的律师为其辩护，坚持自己行使辩护权的，人民法院应当准许。

属于应当提供法律援助的情形，被告人拒绝指派的律师为其辩护的，人民法院应当查明原因。理由正当的，应当准许，但被告人应当在五日以内另行委托辩护人；被告人未另行委托辩护人的，人民法院应当在三日以内通知法律援助机构另行指派律师为其提供辩护。

第51条 对法律援助机构指派律师为被告人提供辩护，被告人的监护人、近亲属又代为委托辩护人的，应当听取被告人的意见，由其确定辩护人人选。

第52条 审判期间，辩护人接受被告人委托的，应当在接受委托之日起三日以内，将委托手续提交人民法院。

接受法律援助机构指派为被告人提供辩护的，适用前款规定。

第53条 辩护律师可以查阅、摘抄、复制案卷材料。其他辩护人经人民法院许可，也可以查阅、摘抄、复制案卷材料。合议庭、审判委员会的讨论记录以及其他依法不公开的材料不得查阅、摘抄、复制。

辩护人查阅、摘抄、复制案卷材料的，人民法院应当提供便利，并保证必要的时间。

值班律师查阅案卷材料的，适用前两款规定。

复制案卷材料可以采用复印、拍照、扫描、电子数据拷贝等方式。

第54条 对作为证据材料向人民法院移送的讯问录音录像，辩护律师申请查阅的，人民法院应当准许。

第55条 查阅、摘抄、复制案卷材料，涉及国家秘密、商业秘密、个人隐私的，应当保密；对不公开审理案件的信息、材料，或者在办案过程中获悉的案件重要信息、证据材料，不得违反规定泄露、披露，不得用于办案以外的用途。人民法院可以要求相关人员出具承诺书。

违反前款规定的，人民法院可以通报司法行政机关或者有关部门，建议给予相应处罚；构成犯罪的，依法追究刑事责任。

第56条 辩护律师可以同在押的或者被监视居住的被告人会见和通信。其他辩护人经人民法院许可，也可以同在押的或者被监视居住的被告人会见和通信。

第57条 辩护人认为在调查、侦查、审查起诉期间监察机关、公安机关、人民检察院收集的证明被告人无罪或者罪轻的证据材料未随案移送，申请人民法院调取的，应当以书面形式提出，并提供相关线索或者材料。人民法院接受申请后，应当向人民检察院调取。人民检察院移送相关证据材料后，人民法院应当及时通知辩护人。

第58条 辩护律师申请向被害人及其近亲属、被害人提供的证人收集与本案有关的材料，人民法院认为确有必要的，应当签发准许调查书。

第59条 辩护律师向证人或者有关单位、个人收集、调取与本案有关的证据材料，因证人或者有关单位、个人不同意，申请人民法院收集、调取，或者申请通知证人出庭作证，人民法院认为确有必要的，应当同意。

第60条 辩护律师直接申请人民法院向证人或者有关单位、个人收集、调取证据材料，人民法院认为确有必要，且不宜或者不能由辩护律师收集、调取的，应当同意。

人民法院向有关单位收集、调取的书面证据材料，必须由提供人签名，并加盖单位印章；向个人收集、调取的书面证据材料，必须由提供人签名。

人民法院对有关单位、个人提供的证据材料，应当出具收据，写明证据材料的名称、收到的时间、件数、页数以及是否为原件等，由书记员、法官助理或者审判人员签名。

收集、调取证据材料后，应当及时通知辩护律师查阅、摘抄、复制，并告知人民检察院。

第61条　本解释第五十八条至第六十条规定的申请，应当以书面形式提出，并说明理由，写明需要收集、调取证据材料的内容或者需要调查问题的提纲。

对辩护律师的申请，人民法院应当在五日以内作出是否准许、同意的决定，并通知申请人；决定不准许、不同意的，应当说明理由。

第62条　人民法院自受理自诉案件之日起三日以内，应当告知自诉人及其法定代理人、附带民事诉讼当事人及其法定代理人，有权委托诉讼代理人，并告知其如果经济困难，可以申请法律援助。

第63条　当事人委托诉讼代理人的，参照适用刑事诉讼法第三十三条和本解释的有关规定。

第64条　诉讼代理人有权根据事实和法律，维护被害人、自诉人或者附带民事诉讼当事人的诉讼权利和其他合法权益。

第65条　律师担任诉讼代理人的，可以查阅、摘抄、复制案卷材料。其他诉讼代理人经人民法院许可，也可以查阅、摘抄、复制案卷材料。

律师担任诉讼代理人，需要收集、调取与本案有关的证据材料的，参照适用本解释第五十九条至第六十一条的规定。

第66条　诉讼代理人接受当事人委托或者法律援助机构指派后，应当在三日以内将委托手续或者法律援助手续提交人民法院。

第67条　辩护律师向人民法院告知其委托人或者其他人准备实施、正在实施危害国家安全、公共安全以及严重危害他人人身安全犯罪的，人民法院应当记录在案，立即转告主管机关依法处理，并为反映有关情况的辩护律师保密。

第222条　审判案件应当公开进行。

案件涉及国家秘密或者个人隐私的，不公开审理；涉及商业秘密，当事人提出申请的，法庭可以决定不公开审理。

不公开审理的案件，任何人不得旁听，但具有刑事诉讼法第二百八十五条规定情形的除外。

第十二条 未经法院判决不得确定有罪原则

未经人民法院依法判决，对任何人都不得确定有罪。

第十三条 人民陪审制度

人民法院审判案件，依照本法实行人民陪审员陪审的制度。①

● 法 律

《人民陪审员法》（2018 年 4 月 27 日通过）

第 1 条 为了保障公民依法参加审判活动，促进司法公正，提升司法公信，制定本法。

第 2 条 公民有依法担任人民陪审员的权利和义务。

人民陪审员依照本法产生，依法参加人民法院的审判活动，除法律另有规定外，同法官有同等权利。

第 3 条 人民陪审员依法享有参加审判活动、独立发表意见、获得履职保障等权利。

人民陪审员应当忠实履行审判职责，保守审判秘密，注重司法礼仪，维护司法形象。

第 4 条 人民陪审员依法参加审判活动，受法律保护。

人民法院应当依法保障人民陪审员履行审判职责。

人民陪审员所在单位、户籍所在地或者经常居住地的基层群众性自治组织应当依法保障人民陪审员参加审判活动。

第 5 条 公民担任人民陪审员，应当具备下列条件：

（一）拥护中华人民共和国宪法；

（二）年满二十八周岁；

---

① 相关司法解释可参阅《关于人民陪审员选任、培训、考核工作的实施意见》《最高人民法院关于人民陪审员管理办法（试行）》。

（三）遵纪守法、品行良好、公道正派；

（四）具有正常履行职责的身体条件。

担任人民陪审员，一般应当具有高中以上文化程度。

第6条 下列人员不能担任人民陪审员：

（一）人民代表大会常务委员会的组成人员，监察委员会、人民法院、人民检察院、公安机关、国家安全机关、司法行政机关的工作人员；

（二）律师、公证员、仲裁员、基层法律服务工作者；

（三）其他因职务原因不适宜担任人民陪审员的人员。

第7条 有下列情形之一的，不得担任人民陪审员：

（一）受过刑事处罚的；

（二）被开除公职的；

（三）被吊销律师、公证员执业证书的；

（四）被纳入失信被执行人名单的；

（五）因受惩戒被免除人民陪审员职务的；

（六）其他有严重违法违纪行为，可能影响司法公信的。

第8条 人民陪审员的名额，由基层人民法院根据审判案件的需要，提请同级人民代表大会常务委员会确定。

人民陪审员的名额数不低于本院法官数的三倍。

第9条 司法行政机关会同基层人民法院、公安机关，从辖区内的常住居民名单中随机抽选拟任命人民陪审员数五倍以上的人员作为人民陪审员候选人，对人民陪审员候选人进行资格审查，征求候选人意见。

第10条 司法行政机关会同基层人民法院，从通过资格审查的人民陪审员候选人名单中随机抽选确定人民陪审员人选，由基层人民法院院长提请同级人民代表大会常务委员会任命。

第11条 因审判活动需要，可以通过个人申请和所在单位、户籍所在地或者经常居住地的基层群众性自治组织、人民团体推荐的方式产生人民陪审员候选人，经司法行政机关会同基层人民法院、公安机关进行资格审查，确定人民陪审员人选，由基层人民法院院长提请同级人民代表大会常务委员会任命。

依照前款规定产生的人民陪审员，不得超过人民陪审员名额数的五分之一。

第12条 人民陪审员经人民代表大会常务委员会任命后，应当公开进行就职宣誓。宣誓仪式由基层人民法院会同司法行政机关组织。

第13条 人民陪审员的任期为五年，一般不得连任。

第14条 人民陪审员和法官组成合议庭审判案件，由法官担任审判长，可以组成三人合议庭，也可以由法官三人与人民陪审员四人组成七人合议庭。

第15条 人民法院审判第一审刑事、民事、行政案件，有下列情形之一的，由人民陪审员和法官组成合议庭进行：

（一）涉及群体利益、公共利益的；

（二）人民群众广泛关注或者其他社会影响较大的；

（三）案情复杂或者有其他情形，需要由人民陪审员参加审判的。

人民法院审判前款规定的案件，法律规定由法官独任审理或者由法官组成合议庭审理的，从其规定。

第16条 人民法院审判下列第一审案件，由人民陪审员和法官组成七人合议庭进行：

（一）可能判处十年以上有期徒刑、无期徒刑、死刑，社会影响重大的刑事案件；

（二）根据民事诉讼法、行政诉讼法提起的公益诉讼案件；

（三）涉及征地拆迁、生态环境保护、食品药品安全，社会影响重大的案件；

（四）其他社会影响重大的案件。

第17条 第一审刑事案件被告人、民事案件原告或者被告、行政案件原告申请由人民陪审员参加合议庭审判的，人民法院可以决定由人民陪审员和法官组成合议庭审判。

第18条 人民陪审员的回避，适用审判人员回避的法律规定。

第19条 基层人民法院审判案件需要由人民陪审员参加合议庭审判的，应当在人民陪审员名单中随机抽取确定。

中级人民法院、高级人民法院审判案件需要由人民陪审员参加合议庭审判的，在其辖区内的基层人民法院的人民陪审员名单中随机抽取确定。

第20条 审判长应当履行与案件审判相关的指引、提示义务，但不得妨碍人民陪审员对案件的独立判断。

合议庭评议案件，审判长应当对本案中涉及的事实认定、证据规则、法律规定等事项及应当注意的问题，向人民陪审员进行必要的解释和说明。

第21条 人民陪审员参加三人合议庭审判案件，对事实认定、法律适用，独立发表意见，行使表决权。

第22条 人民陪审员参加七人合议庭审判案件，对事实认定，独立发表意见，并与法官共同表决；对法律适用，可以发表意见，但不参加表决。

第23条 合议庭评议案件，实行少数服从多数的原则。人民陪审员同合议庭其他组成人员意见分歧的，应当将其意见写入笔录。

合议庭组成人员意见有重大分歧的，人民陪审员或者法官可以要求合议庭将案件提请院长决定是否提交审判委员会讨论决定。

第24条 人民法院应当结合本辖区实际情况，合理确定每名人民陪审员年度参加审判案件的数量上限，并向社会公告。

第25条 人民陪审员的培训、考核和奖惩等日常管理工作，由基层人民法院会同司法行政机关负责。

对人民陪审员应当有计划地进行培训。人民陪审员应当按照要求参加培训。

第26条 对于在审判工作中有显著成绩或者有其他突出事迹的人民陪审员，依照有关规定给予表彰和奖励。

第27条 人民陪审员有下列情形之一，经所在基层人民法院会同司法行政机关查证属实的，由院长提请同级人民代表大会常务委员会免除其人民陪审员职务：

（一）本人因正当理由申请辞去人民陪审员职务的；

（二）具有本法第六条、第七条所列情形之一的；

（三）无正当理由，拒绝参加审判活动，影响审判工作正常进行的；

（四）违反与审判工作有关的法律及相关规定，徇私舞弊，造成错误裁判或者其他严重后果的。

人民陪审员有前款第三项、第四项所列行为的，可以采取通知其所在单位、户籍所在地或者经常居住地的基层群众性自治组织、人民团体，在辖区范围内公开通报等措施进行惩戒；构成犯罪的，依法追究刑事责任。

第28条 人民陪审员的人身和住所安全受法律保护。任何单位和个人不得对人民陪审员及其近亲属打击报复。

对报复陷害、侮辱诽谤、暴力侵害人民陪审员及其近亲属的，依法追究法律责任。

第29条 人民陪审员参加审判活动期间，所在单位不得克扣或者变相克扣其工资、奖金及其他福利待遇。

人民陪审员所在单位违反前款规定的，基层人民法院应当及时向人民陪审员所在单位或者所在单位的主管部门、上级部门提出纠正意见。

第30条 人民陪审员参加审判活动期间，由人民法院依照有关规定按实际工作日给予补助。

人民陪审员因参加审判活动而支出的交通、就餐等费用，由人民法院依照有关规定给予补助。

第31条 人民陪审员因参加审判活动应当享受的补助，人民法院和司法行政机关为实施人民陪审员制度所必需的开支，列入人民法院和司法行政机关业务经费，由相应政府财政予以保障。具体办法由最高人民法院、国务院司法行政部门会同国务院财政部门制定。

第32条 本法自公布之日起施行。2004年8月28日第十届全国人民代表大会常务委员会第十一次会议通过的《全国人民代表大会常务委员会关于完善人民陪审员制度的决定》同时废止。

第十四条 诉讼权利的保障与救济

人民法院、人民检察院和公安机关应当保障犯罪嫌疑人、被告人和其他诉讼参与人依法享有的辩护权和其他诉讼权利。

诉讼参与人对于审判人员、检察人员和侦查人员侵犯公民诉讼权利和人身侮辱的行为，有权提出控告。

● 法　律

《人民法院组织法》（2018年10月26日修订）

第6条 人民法院坚持司法公正，以事实为根据，以法律为准绳，遵守法定程序，依法保护个人和组织的诉讼权利和其他合法权益，尊重和保障人权。

第十五条 认罪认罚从宽制度

犯罪嫌疑人、被告人自愿如实供述自己的罪行，承认指控的犯罪事实，愿意接受处罚的，可以依法从宽处理。

● 法　律

1.《监察法》(2018 年 3 月 20 日通过)

第 31 条　涉嫌职务犯罪的被调查人主动认罪认罚，有下列情形之一的，监察机关经领导人员集体研究，并报上一级监察机关批准，可以在移送人民检察院时提出从宽处罚的建议：

(一) 自动投案，真诚悔罪悔过的；

(二) 积极配合调查工作，如实供述监察机关还未掌握的违法犯罪行为的；

(三) 积极退赃，减少损失的；

(四) 具有重大立功表现或者案件涉及国家重大利益等情形的。

第 32 条　职务违法犯罪的涉案人员揭发有关被调查人职务违法犯罪行为，查证属实的，或者提供重要线索，有助于调查其他案件的，监察机关经领导人员集体研究，并报上一级监察机关批准，可以在移送人民检察院时提出从宽处罚的建议。

● 司法解释及文件

2. **《最高人民法院、最高人民检察院、公安部、国家安全部、司法部关于适用认罪认罚从宽制度的指导意见》**(2019 年 10 月 11 日　高检发〔2019〕13 号)

二、适用范围和适用条件

5. 适用阶段和适用案件范围。认罪认罚从宽制度贯穿刑事诉讼全过程，适用于侦查、起诉、审判各个阶段。

认罪认罚从宽制度没有适用罪名和可能判处刑罚的限定，所有刑事案件都可以适用，不能因罪轻、罪重或者罪名特殊等原因而剥夺犯罪嫌疑人、被告人自愿认罪认罚获得从宽处理的机会。但“可以”适用不是一律适用，犯罪嫌疑人、被告人认罪认罚后是否从宽，由司法机关根据案件具体情况决定。

6. “认罪”的把握。认罪认罚从宽制度中的“认罪”，是指犯罪嫌疑人、被告人自愿如实供述自己的罪行，对指控的犯罪事实没有异议。承认指控的主要犯罪事实，仅对个别事实情节提出异议，或者虽然对行为性质提出辩解但表示接受司法机关认定意见的，不影响“认罪”的认定。犯罪嫌疑人、被告人犯数罪，仅如实供述其中一罪或部分罪名事实的，全案不作

“认罪”的认定，不适用认罪认罚从宽制度，但对如实供述的部分，人民检察院可以提出从宽处罚的建议，人民法院可以从宽处罚。

7. “认罚”的把握。认罪认罚从宽制度中的“认罚”，是指犯罪嫌疑人、被告人真诚悔罪，愿意接受处罚。“认罚”，在侦查阶段表现为表示愿意接受处罚；在审查起诉阶段表现为接受人民检察院拟作出的起诉或不起诉决定，认可人民检察院的量刑建议，签署认罪认罚具结书；在审判阶段表现为当庭确认自愿签署具结书，愿意接受刑罚处罚。

“认罚”考察的重点是犯罪嫌疑人、被告人的悔罪态度和悔罪表现，应当结合退赃退赔、赔偿损失、赔礼道歉等因素来考量。犯罪嫌疑人、被告人虽然表示“认罚”，却暗中串供、干扰证人作证、毁灭、伪造证据或者隐匿、转移财产，有赔偿能力而不赔偿损失，则不能适用认罪认罚从宽制度。犯罪嫌疑人、被告人享有程序选择权，不同意适用速裁程序、简易程序的，不影响“认罚”的认定。

三、认罪认罚后“从宽”的把握

8. “从宽”的理解。从宽处理既包括实体上从宽处罚，也包括程序上从简处理。“可以从宽”，是指一般应当体现法律规定和政策精神，予以从宽处理。但可以从宽不是一律从宽，对犯罪性质和危害后果特别严重、犯罪手段特别残忍、社会影响特别恶劣的犯罪嫌疑人、被告人，认罪认罚不足以从轻处罚的，依法不予从宽处罚。

办理认罪认罚案件，应当依照刑法、刑事诉讼法的基本原则，根据犯罪的事实、性质、情节和对社会的危害程度，结合法定、酌定的量刑情节，综合考虑认罪认罚的具体情况，依法决定是否从宽、如何从宽。对于减轻、免除处罚，应当于法有据；不具备减轻处罚情节的，应当在法定幅度以内提出从轻处罚的量刑建议和量刑；对其中犯罪情节轻微不需要判处刑罚的，可以依法作出不起诉决定或者判决免予刑事处罚。

9. 从宽幅度的把握。办理认罪认罚案件，应当区别认罪认罚的不同诉讼阶段、对查明案件事实的价值和意义、是否确有悔罪表现，以及罪行严重程度等，综合考量确定从宽的限度和幅度。在刑罚评价上，主动认罪优于被动认罪，早认罪优于晚认罪，彻底认罪优于不彻底认罪，稳定认罪优于不稳定认罪。

认罪认罚的从宽幅度一般应当大于仅有坦白，或者虽认罪但不认罚的从宽幅度。对犯罪嫌疑人、被告人具有自首、坦白情节，同时认罪认罚的，应当在法定刑幅度内给予相对更大的从宽幅度。认罪认罚与自首、坦白不作重复评价。

对罪行较轻、人身危险性较小的，特别是初犯、偶犯，从宽幅度可以大一些；罪行较重、人身危险性较大的，以及累犯、再犯，从宽幅度应当从严把握。

四、犯罪嫌疑人、被告人辩护权保障

10. 获得法律帮助权。人民法院、人民检察院、公安机关办理认罪认罚案件，应当保障犯罪嫌疑人、被告人获得有效法律帮助，确保其了解认罪认罚的性质和法律后果，自愿认罪认罚。

犯罪嫌疑人、被告人自愿认罪认罚，没有辩护人的，人民法院、人民检察院、公安机关（看守所）应当通知值班律师为其提供法律咨询、程序选择建议、申请变更强制措施等法律帮助。符合通知辩护条件的，应当依法通知法律援助机构指派律师为其提供辩护。

人民法院、人民检察院、公安机关（看守所）应当告知犯罪嫌疑人、被告人有权约见值班律师，获得法律帮助，并为其约见值班律师提供便利。犯罪嫌疑人、被告人及其近亲属提出法律帮助请求的，人民法院、人民检察院、公安机关（看守所）应当通知值班律师为其提供法律帮助。

11. 派驻值班律师。法律援助机构可以在人民法院、人民检察院、看守所派驻值班律师。人民法院、人民检察院、看守所应当为派驻值班律师提供必要办公场所和设施。

法律援助机构应当根据人民法院、人民检察院、看守所的法律帮助需求和当地法律服务资源，合理安排值班律师。值班律师可以定期值班或轮流值班，律师资源短缺的地区可以通过探索现场值班和电话、网络值班相结合，在人民法院、人民检察院毗邻设置联合工作站，省内和市内统筹调配律师资源，以及建立政府购买值班律师服务机制等方式，保障法律援助值班律师工作有序开展。

12. 值班律师的职责。值班律师应当维护犯罪嫌疑人、被告人的合法权益，确保犯罪嫌疑人、被告人在充分了解认罪认罚性质和法律后果的情况下，自愿认罪认罚。值班律师应当为认罪认罚的犯罪嫌疑人、被告人提供下列法律帮助：

（一）提供法律咨询，包括告知涉嫌或指控的罪名、相关法律规定，认罪认罚的性质和法律后果等；

（二）提出程序适用的建议；

（三）帮助申请变更强制措施；

（四）对人民检察院认定罪名、量刑建议提出意见；

（五）就案件处理，向人民法院、人民检察院、公安机关提出意见；

（六）引导、帮助犯罪嫌疑人、被告人及其近亲属申请法律援助；

（七）法律法规规定的其他事项。

值班律师可以会见犯罪嫌疑人、被告人，看守所应当为值班律师会见提供便利。危害国家安全犯罪、恐怖活动犯罪案件，侦查期间值班律师会见在押犯罪嫌疑人的，应当经侦查机关许可。自人民检察院对案件审查起诉之日起，值班律师可以查阅案卷材料、了解案情。人民法院、人民检察院应当为值班律师查阅案卷材料提供便利。

值班律师提供法律咨询、查阅案卷材料、会见犯罪嫌疑人或者被告人、提出书面意见等法律帮助活动的相关情况应当记录在案，并随案移送。

13. 法律帮助的衔接。对于被羁押的犯罪嫌疑人、被告人，在不同诉讼阶段，可以由派驻看守所的同一值班律师提供法律帮助。对于未被羁押的犯罪嫌疑人、被告人，前一诉讼阶段的值班律师可以在后续诉讼阶段继续为犯罪嫌疑人、被告人提供法律帮助。

14. 拒绝法律帮助的处理。犯罪嫌疑人、被告人自愿认罪认罚，没有委托辩护人，拒绝值班律师帮助的，人民法院、人民检察院、公安机关应当允许，记录在案并随案移送。但是审查起诉阶段签署认罪认罚具结书时，人民检察院应当通知值班律师到场。

15. 辩护人职责。认罪认罚案件犯罪嫌疑人、被告人委托辩护人或者法律援助机构指派律师为其辩护的，辩护律师在侦查、审查起诉和审判阶段，应当与犯罪嫌疑人、被告人就是否认罪认罚进行沟通，提供法律咨询和帮助，并就定罪量刑、诉讼程序适用等向办案机关提出意见。

五、被害方权益保障

16. 听取意见。办理认罪认罚案件，应当听取被害人及其诉讼代理人的意见，并将犯罪嫌疑人、被告人是否与被害方达成和解协议、调解协议或者赔偿被害方损失，取得被害方谅解，作为从宽处罚的重要考虑因素。人民检察院、公安机关听取意见情况应当记录在案并随案移送。

17. 促进和解谅解。对符合当事人和解程序适用条件的公诉案件，犯罪嫌疑人、被告人认罪认罚的，人民法院、人民检察院、公安机关应当积极促进当事人自愿达成和解。对其他认罪认罚案件，人民法院、人民检察院、公安机关可以促进犯罪嫌疑人、被告人通过向被害方赔偿损失、赔礼道歉等方式获得谅解，被害方出具的谅解意见应当随案移送。

人民法院、人民检察院、公安机关在促进当事人和解谅解过程中，应当向被害方释明认罪认罚从宽、公诉案件当事人和解适用程序等具体法律规定，充分听取被害方意见，符合司法救助条件的，应当积极协调办理。

18. 被害方异议的处理。被害人及其诉讼代理人不同意对认罪认罚的犯罪嫌疑人、被告人从宽处理的，不影响认罪认罚从宽制度的适用。犯罪嫌疑人、被告人认罪认罚，但没有退赃退赔、赔偿损失，未能与被害方达成调解或者和解协议的，从宽时应当予以酌减。犯罪嫌疑人、被告人自愿认罪并且愿意积极赔偿损失，但由于被害方赔偿请求明显不合理，未能达成调解或者和解协议的，一般不影响对犯罪嫌疑人、被告人从宽处理。

六、强制措施的适用

19. 社会危险性评估。人民法院、人民检察院、公安机关应当将犯罪嫌疑人、被告人认罪认罚作为其是否具有社会危险性的重要考虑因素。对于罪行较轻、采用非羁押性强制措施足以防止发生刑事诉讼法第八十一条第一款规定的社会危险性的犯罪嫌疑人、被告人，根据犯罪性质及可能判处的刑罚，依法可不适用羁押性强制措施。

20. 逮捕的适用。犯罪嫌疑人认罪认罚，公安机关认为罪行较轻、没有社会危险性的，应当不再提请人民检察院审查逮捕。对提请逮捕的，人民检察院认为没有社会危险性不需要逮捕的，应当作出不批准逮捕的决定。

21. 逮捕的变更。已经逮捕的犯罪嫌疑人、被告人认罪认罚的，人民法院、人民检察院应当及时审查羁押的必要性，经审查认为没有继续羁押必要的，应当变更为取保候审或者监视居住。

七、侦查机关的职责

22. 权利告知和听取意见。公安机关在侦查过程中，应当告知犯罪嫌疑人享有的诉讼权利、如实供述罪行可以从宽处理和认罪认罚的法律规定，听取犯罪嫌疑人及其辩护人或者值班律师的意见，记录在案并随案移送。

对在非讯问时间、办案人员不在场情况下，犯罪嫌疑人向看守所工作人员或者辩护人、值班律师表示愿意认罪认罚的，有关人员应当及时告知办案单位。

23. 认罪教育。公安机关在侦查阶段应当同步开展认罪教育工作，但不得强迫犯罪嫌疑人认罪，不得作出具体的从宽承诺。犯罪嫌疑人自愿认罪，愿意接受司法机关处罚的，应当记录在案并附卷。

24. 起诉意见。对移送审查起诉的案件，公安机关应当在起诉意见书中写明犯罪嫌疑人自愿认罪认罚情况。认为案件符合速裁程序适用条件的，可以在起诉意见书中建议人民检察院适用速裁程序办理，并简要说明理由。

对可能适用速裁程序的案件，公安机关应当快速办理，对犯罪嫌疑人未被羁押的，可以集中移送审查起诉，但不得为集中移送拖延案件办理。

对人民检察院在审查逮捕期间或者重大案件听取意见中提出的开展认罪认罚工作的意见或建议，公安机关应当认真听取，积极开展相关工作。

25. 执法办案管理中心建设。加快推进公安机关执法办案管理中心建设，探索在执法办案管理中心设置速裁法庭，对适用速裁程序的案件进行快速办理。

八、审查起诉阶段人民检察院的职责

26. 权利告知。案件移送审查起诉后，人民检察院应当告知犯罪嫌疑人享有的诉讼权利和认罪认罚的法律规定，保障犯罪嫌疑人的程序选择权。告知应当采取书面形式，必要时应当充分释明。

27. 听取意见。犯罪嫌疑人认罪认罚的，人民检察院应当就下列事项听取犯罪嫌疑人、辩护人或者值班律师的意见，记录在案并附卷：

（一）涉嫌的犯罪事实、罪名及适用的法律规定；

（二）从轻、减轻或者免除处罚等从宽处罚的建议；

（三）认罪认罚后案件审理适用的程序；

（四）其他需要听取意见的情形。

人民检察院未采纳辩护人、值班律师意见的，应当说明理由。

28. 自愿性、合法性审查。对侦查阶段认罪认罚的案件，人民检察院应当重点审查以下内容：

（一）犯罪嫌疑人是否自愿认罪认罚，有无因受到暴力、威胁、引诱而违背意愿认罪认罚；

（二）犯罪嫌疑人认罪认罚时的认知能力和精神状态是否正常；

（三）犯罪嫌疑人是否理解认罪认罚的性质和可能导致的法律后果；

（四）侦查机关是否告知犯罪嫌疑人享有的诉讼权利，如实供述自己罪行可以从宽处理和认罪认罚的法律规定，并听取意见；

（五）起诉意见书中是否写明犯罪嫌疑人认罪认罚情况；

（六）犯罪嫌疑人是否真诚悔罪，是否向被害人赔礼道歉。

经审查，犯罪嫌疑人违背意愿认罪认罚的，人民检察院可以重新开展认罪认罚工作。存在刑讯逼供等非法取证行为的，依照法律规定处理。

29. 证据开示。人民检察院可以针对案件具体情况，探索证据开示制度，保障犯罪嫌疑人的知情权和认罪认罚的真实性及自愿性。

30. 不起诉的适用。完善起诉裁量权，充分发挥不起诉的审前分流和过滤作用，逐步扩大相对不起诉在认罪认罚案件中的适用。对认罪认罚后没有争议，不需要判处刑罚的轻微刑事案件，人民检察院可以依法作出不起诉决定。人民检察院应当加强对案件量刑的预判，对其中可能判处免刑的轻微刑事案件，可以依法作出不起诉决定。

对认罪认罚后案件事实不清、证据不足的案件，应当依法作出不起诉决定。

31. 签署具结书。犯罪嫌疑人自愿认罪，同意量刑建议和程序适用的，应当在辩护人或者值班律师在场的情况下签署认罪认罚具结书。犯罪嫌疑人被羁押的，看守所应当为签署具结书提供场所。具结书应当包括犯罪嫌疑人如实供述罪行、同意量刑建议、程序适用等内容，由犯罪嫌疑人、辩护人或者值班律师签名。

犯罪嫌疑人认罪认罚，有下列情形之一的，不需要签署认罪认罚具结书：

（一）犯罪嫌疑人是盲、聋、哑人，或者是尚未完全丧失辨认或者控制自己行为能力的精神病人的；

（二）未成年犯罪嫌疑人的法定代理人、辩护人对未成年人认罪认罚有异议的；

（三）其他不需要签署认罪认罚具结书的情形。

上述情形犯罪嫌疑人未签署认罪认罚具结书的，不影响认罪认罚从宽制度的适用。

32. 提起公诉。人民检察院向人民法院提起公诉的，应当在起诉书中写明被告人认罪认罚情况，提出量刑建议，并移送认罪认罚具结书等材料。量刑建议书可以另行制作，也可以在起诉书中写明。

33. 量刑建议的提出。犯罪嫌疑人认罪认罚的，人民检察院应当就主刑、附加刑、是否适用缓刑等提出量刑建议。人民检察院提出量刑建议前，应当充分听取犯罪嫌疑人、辩护人或者值班律师的意见，尽量协商一致。

办理认罪认罚案件，人民检察院一般应当提出确定刑量刑建议。对新类型、不常见犯罪案件，量刑情节复杂的重罪案件等，也可以提出幅度刑量刑建议。提出量刑建议，应当说明理由和依据。

犯罪嫌疑人认罪认罚没有其他法定量刑情节的，人民检察院可以根据犯罪的事实、性质等，在基准刑基础上适当减让提出确定刑量刑建议。有其他法定量刑情节的，人民检察院应当综合认罪认罚和其他法定量刑情节，参照相关量刑规范提出确定刑量刑建议。

犯罪嫌疑人在侦查阶段认罪认罚的，主刑从宽的幅度可以在前款基础上适当放宽；被告人在审判阶段认罪认罚的，在前款基础上可以适当缩减。建议判处罚金刑的，参照主刑的从宽幅度提出确定的数额。

34. 速裁程序的办案期限。犯罪嫌疑人认罪认罚，人民检察院经审查，认为符合速裁程序适用条件的，应当在十日以内作出是否提起公诉的决定；对可能判处的有期徒刑超过一年的，可以在十五日以内作出是否提起公诉的决定。

九、社会调查评估

35. 侦查阶段的社会调查。犯罪嫌疑人认罪认罚，可能判处管制、宣告缓刑的，公安机关可以委托犯罪嫌疑人居住地的社区矫正机构进行调查评估。

公安机关在侦查阶段委托社区矫正机构进行调查评估，社区矫正机构在公安机关移送审查起诉后完成调查评估的，应当及时将评估意见提交受理案件的人民检察院或者人民法院，并抄送公安机关。

36. 审查起诉阶段的社会调查。犯罪嫌疑人认罪认罚，人民检察院拟提出缓刑或者管制量刑建议的，可以及时委托犯罪嫌疑人居住地的社区矫正机构进行调查评估，也可以自行调查评估。人民检察院提起公诉时，已收到调查材料的，应当将材料一并移送，未收到调查材料的，应当将委托文书随案移送；在提起公诉后收到调查材料的，应当及时移送人民法院。

37. 审判阶段的社会调查。被告人认罪认罚，人民法院拟判处管制或者宣告缓刑的，可以及时委托被告人居住地的社区矫正机构进行调查评估，也可以自行调查评估。

社区矫正机构出具的调查评估意见，是人民法院判处管制、宣告缓刑的重要参考。对没有委托社区矫正机构进行调查评估或者判决前未收到社区矫正机构调查评估报告的认罪认罚案件，人民法院经审理认为被告人符合管制、缓刑适用条件的，可以判处管制、宣告缓刑。

38. 司法行政机关的职责。受委托的社区矫正机构应当根据委托机关的要求，对犯罪嫌疑人、被告人的居所情况、家庭和社会关系、一贯表现、犯罪行为的后果和影响、居住地村（居）民委员会和被害人意见、拟禁止的事项等进行调查了解，形成评估意见，及时提交委托机关。

十、审判程序和人民法院的职责

39. 审判阶段认罪认罚自愿性、合法性审查。办理认罪认罚案件，人民法院应当告知被告人享有的诉讼权利和认罪认罚的法律规定，听取被告人及其辩护人或者值班律师的意见。庭审中应当对认罪认罚的自愿性、具结书内容的真实性和合法性进行审查核实，重点核实以下内容：

（一）被告人是否自愿认罪认罚，有无因受到暴力、威胁、引诱而违背意愿认罪认罚；

（二）被告人认罪认罚时的认知能力和精神状态是否正常；

（三）被告人是否理解认罪认罚的性质和可能导致的法律后果；

（四）人民检察院、公安机关是否履行告知义务并听取意见；

（五）值班律师或者辩护人是否与人民检察院进行沟通，提供了有效法律帮助或者辩护，并在场见证认罪认罚具结书的签署。

庭审中审判人员可以根据具体案情，围绕定罪量刑的关键事实，对被告人认罪认罚的自愿性、真实性等进行发问，确认被告人是否实施犯罪，是否真诚悔罪。

被告人违背意愿认罪认罚，或者认罪认罚后又反悔，依法需要转换程序的，应当按照普通程序对案件重新审理。发现存在刑讯逼供等非法取证行为的，依照法律规定处理。

40. 量刑建议的采纳。对于人民检察院提出的量刑建议，人民法院应当依法进行审查。对于事实清楚，证据确实、充分，指控的罪名准确，量刑建议适当的，人民法院应当采纳。具有下列情形之一的，不予采纳：

（一）被告人的行为不构成犯罪或者不应当追究刑事责任的；

（二）被告人违背意愿认罪认罚的；

（三）被告人否认指控的犯罪事实的；

（四）起诉指控的罪名与审理认定的罪名不一致的；

（五）其他可能影响公正审判的情形。

对于人民检察院起诉指控的事实清楚，量刑建议适当，但指控的罪名与审理认定的罪名不一致的，人民法院可以听取人民检察院、被告人及其辩护人对审理认定罪名的意见，依法作出裁判。

人民法院不采纳人民检察院量刑建议的，应当说明理由和依据。

41. 量刑建议的调整。人民法院经审理，认为量刑建议明显不当，或者被告人、辩护人对量刑建议有异议且有理有据的，人民法院应当告知人民检察院，人民检察院可以调整量刑建议。人民法院认为调整后的量刑建议适当的，应当予以采纳；人民检察院不调整量刑建议或者调整后仍然明显不当的，人民法院应当依法作出判决。

适用速裁程序审理的，人民检察院调整量刑建议应当在庭前或者当庭提出。调整量刑建议后，被告人同意继续适用速裁程序的，不需要转换程序处理。

42. 速裁程序的适用条件。基层人民法院管辖的可能判处三年有期徒刑以下刑罚的案件，案件事实清楚，证据确实、充分，被告人认罪认罚并同意适用速裁程序的，可以适用速裁程序，由审判员一人独任审判。人民检察院提起公诉时，可以建议人民法院适用速裁程序。

有下列情形之一的，不适用速裁程序办理：

（一）被告人是盲、聋、哑人，或者是尚未完全丧失辨认或者控制自己行为能力的精神病人的；

（二）被告人是未成年人的；

（三）案件有重大社会影响的；

（四）共同犯罪案件中部分被告人对指控的犯罪事实、罪名、量刑建议或者适用速裁程序有异议的；

（五）被告人与被害人或者其法定代理人没有就附带民事诉讼赔偿等事项达成调解或者和解协议的；

（六）其他不宜适用速裁程序办理的案件。

43. 速裁程序的审理期限。适用速裁程序审理案件，人民法院应当在受理后十日以内审结；对可能判处的有期徒刑超过一年的，应当在十五日以内审结。

44. 速裁案件的审理程序。适用速裁程序审理案件，不受刑事诉讼法规定的送达期限的限制，一般不进行法庭调查、法庭辩论，但在判决宣告前应当听取辩护人的意见和被告人的最后陈述意见。

人民法院适用速裁程序审理案件，可以在向被告人送达起诉书时一并送达权利义务告知书、开庭传票，并核实被告人自然信息等情况。根据需要，可以集中送达。

人民法院适用速裁程序审理案件，可以集中开庭，逐案审理。人民检察院可以指派公诉人集中出庭支持公诉。公诉人简要宣读起诉书后，审判人员应当当庭询问被告人对指控事实、证据、量刑建议以及适用速裁程序的意见，核实具结书签署的自愿性、真实性、合法性，并核实附带民事诉讼赔偿等情况。

适用速裁程序审理案件，应当当庭宣判。集中审理的，可以集中当庭宣判。宣判时，根据案件需要，可以由审判员进行法庭教育。裁判文书可以简化。

45. 速裁案件的二审程序。被告人不服适用速裁程序作出的第一审判决提出上诉的案件，可以不开庭审理。第二审人民法院审查后，按照下列情形分别处理：

（一）发现被告人以事实不清、证据不足为由提出上诉的，应当裁定撤销原判，发回原审人民法院适用普通程序重新审理，不再按认罪认罚案件从宽处罚；

（二）发现被告人以量刑不当为由提出上诉的，原判量刑适当的，应当裁定驳回上诉，维持原判；原判量刑不当的，经审理后依法改判。

46. 简易程序的适用。基层人民法院管辖的被告人认罪认罚案件，事实清楚、证据充分，被告人对适用简易程序没有异议的，可以适用简易程序审判。

适用简易程序审理认罪认罚案件，公诉人可以简要宣读起诉书，审判人员当庭询问被告人对指控的犯罪事实、证据、量刑建议及适用简易程序的意见，核实具结书签署的自愿性、真实性、合法性。法庭调查可以简化，但对有争议的事实和证据应当进行调查、质证，法庭辩论可以仅围绕有争议的问题进行。裁判文书可以简化。

47. 普通程序的适用。适用普通程序办理认罪认罚案件，可以适当简化法庭调查、辩论程序。公诉人宣读起诉书后，合议庭当庭询问被告人对指控的犯罪事实、证据及量刑建议的意见，核实具结书签署的自愿性、真实性、合法性。公诉人、辩护人、审判人员对被告人的讯问、发问可以简化。对控辩双方无异议的证据，可以仅就证据名称及证明内容进行说明；对控辩双方有异议，或者法庭认为有必要调查核实的证据，应当出示并进行质证。法庭辩论主要围绕有争议的问题进行，裁判文书可以适当简化。

48. 程序转换。人民法院在适用速裁程序审理过程中，发现有被告人的行为不构成犯罪或者不应当追究刑事责任、被告人违背意愿认罪认罚、被告人否认指控的犯罪事实情形的，应当转为普通程序审理。发现其他不宜适用速裁程序但符合简易程序适用条件的，应当转为简易程序重新审理。

发现有不宜适用简易程序审理情形的，应当转为普通程序审理。

人民检察院在人民法院适用速裁程序审理案件过程中，发现有不宜适用速裁程序审理情形的，应当建议人民法院转为普通程序或者简易程序重新审理；发现有不宜适用简易程序审理情形的，应当建议人民法院转为普通程序重新审理。

49. 被告人当庭认罪认罚案件的处理。被告人在侦查、审查起诉阶段没有认罪认罚，但当庭认罪，愿意接受处罚的，人民法院应当根据审理查明的事实，就定罪和量刑听取控辩双方意见，依法作出裁判。

50. 第二审程序中被告人认罪认罚案件的处理。被告人在第一审程序中未认罪认罚，在第二审程序中认罪认罚的，审理程序依照刑事诉讼法规定的第二审程序进行。第二审人民法院应当根据其认罪认罚的价值、作用决定是否从宽，并依法作出裁判。确定从宽幅度时应当与第一审程序认罪认罚有所区别。

十一、认罪认罚的反悔和撤回

51. 不起诉后反悔的处理。因犯罪嫌疑人认罪认罚，人民检察院依照刑事诉讼法第一百七十七条第二款作出不起诉决定后，犯罪嫌疑人否认指控的犯罪事实或者不积极履行赔礼道歉、退赃退赔、赔偿损失等义务的，人民检察院应当进行审查，区分下列情形依法作出处理：

（一）发现犯罪嫌疑人没有犯罪事实，或者符合刑事诉讼法第十六条规定的情形之一的，应当撤销原不起诉决定，依法重新作出不起诉决定；

（二）认为犯罪嫌疑人仍属于犯罪情节轻微，依照刑法规定不需要判处刑罚或者免除刑罚的，可以维持原不起诉决定；

（三）排除认罪认罚因素后，符合起诉条件的，应当根据案件具体情况撤销原不起诉决定，依法提起公诉。

52. 起诉前反悔的处理。犯罪嫌疑人认罪认罚，签署认罪认罚具结书，在人民检察院提起公诉前反悔的，具结书失效，人民检察院应当在全面审查事实证据的基础上，依法提起公诉。

53. 审判阶段反悔的处理。案件审理过程中，被告人反悔不再认罪认罚的，人民法院应当根据审理查明的事实，依法作出裁判。需要转换程序的，依照本意见的相关规定处理。

54. 人民检察院的法律监督。完善人民检察院对侦查活动和刑事审判活动的监督机制，加强对认罪认罚案件办理全过程的监督，规范认罪认罚案件的抗诉工作，确保无罪的人不受刑事追究、有罪的人受到公正处罚。

十二、未成年人认罪认罚案件的办理

55. 听取意见。人民法院、人民检察院办理未成年人认罪认罚案件，应当听取未成年犯罪嫌疑人、被告人的法定代理人的意见，法定代理人无法到场的，应当听取合适成年人的意见，但受案时犯罪嫌疑人已经成年的除外。

56. 具结书签署。未成年犯罪嫌疑人签署认罪认罚具结书时，其法定代理人应当到场并签字确认。法定代理人无法到场的，合适成年人应当到场签字确认。法定代理人、辩护人对未成年人认罪认罚有异议的，不需要签署认罪认罚具结书。

57. 程序适用。未成年人认罪认罚案件，不适用速裁程序，但应当贯彻教育、感化、挽救的方针，坚持从快从宽原则，确保案件及时办理，最大限度保护未成年人合法权益。

58. 法治教育。办理未成年人认罪认罚案件，应当做好未成年犯罪嫌疑人、被告人的认罪服法、悔过教育工作，实现惩教结合目的。

3. **《人民检察院办理认罪认罚案件监督管理办法》**（2020 年 5 月 11 日）

第 3 条 办理认罪认罚案件，检察官应当依法履行听取犯罪嫌疑人、被告人及其辩护人或者值班律师、被害人及其诉讼代理人的意见等各项法定职责，依法保障犯罪嫌疑人、被告人诉讼权利和认罪认罚的自愿性、真实性和合法性。

听取意见可以采取当面或者电话、视频等方式进行，听取情况应当记录在案，对提交的书面意见应当附卷。对于有关意见，办案检察官应当认真审查，并将审查意见写入案件审查报告。

第4条 辩护人、被害人及其诉讼代理人要求当面反映意见的，检察官应当在工作时间和办公场所接待。确因特殊且正当原因需要在非工作时间或者非办公场所接待的，检察官应当依照相关规定办理审批手续并获批准后方可会见。因不明情况或者其他原因在非工作时间或者非工作场所接触听取相关意见的，应当在当日或者次日向本院检务督察部门报告有关情况。

辩护人、被害人及其诉讼代理人当面提交书面意见、证据材料的，检察官应当了解其提交材料的目的、材料的来源和主要内容等有关情况并记录在案，与相关材料一并附卷，并出具回执。

当面听取意见时，检察人员不得少于二人，必要时可进行同步录音或者录像。

第5条 办理认罪认罚案件，检察官应当依法在权限范围内提出量刑建议。在确定和提出量刑建议前，应当充分听取犯罪嫌疑人、被告人、辩护人或者值班律师的意见，切实开展量刑协商工作，保证量刑建议依法体现从宽、适当，并在协商一致后由犯罪嫌疑人签署认罪认罚具结书。

第6条 检察官提出量刑建议，应当与审判机关对同一类型、情节相当案件的判罚尺度保持基本均衡。在起诉文书中，应当对量刑建议说明理由和依据，其中拟以速裁程序审理的案件可以在起诉书中概括说明，拟以简易程序、普通程序审理的案件应当在起诉书或者量刑建议书中充分叙明。

第7条 案件提起公诉后，出现新的量刑情节，或者法官经审理认为量刑建议明显不当建议检察官作出调整的，或者被告人、辩护人对量刑建议提出异议的，检察官可以视情作出调整。若原量刑建议由检察官提出的，检察官调整量刑建议后应当向部门负责人报告备案；若原量刑建议由检察长（分管副检察长）决定的，由检察官报请检察长（分管副检察长）决定。

第8条 办理认罪认罚案件，出现以下情形的，检察官应当向部门负责人报告：

（一）案件处理结果可能与同类案件或者关联案件处理结果明显不一致的；

（二）案件处理与监察机关、侦查机关、人民法院存在重大意见分歧的；

（三）犯罪嫌疑人、被告人签署认罪认罚具结书后拟调整量刑建议的；

（四）因案件存在特殊情形，提出的量刑建议与同类案件相比明显失衡的；

（五）变更、补充起诉的；

（六）犯罪嫌疑人、被告人自愿认罪认罚，拟不适用认罪认罚从宽制度办理的；

（七）法院建议调整量刑建议，或者判决未采纳量刑建议的；

（八）被告人、辩护人、值班律师对事实认定、案件定性、量刑建议存在重大意见分歧的；

（九）一审判决后被告人决定上诉的；

（十）其他应当报告的情形。

部门负责人、分管副检察长承办案件遇有以上情形的，应当向上一级领导报告。

第9条 对于犯罪嫌疑人罪行较轻且认罪认罚，检察官拟作出不批准逮捕或者不起诉决定的案件，应当报请检察长决定。报请检察长决定前，可以提请部门负责人召开检察官联席会议研究讨论。检察官联席会议可以由本部门全体检察官组成，也可以由三名以上检察官（不包括承办检察官）组成。

参加联席会议的检察官应当根据案件的类型、讨论重点等情况，通过查阅卷宗、案件审查报告、听取承办检察官介绍等方式，在全面准确掌握案件事实、情节的基础上参加讨论、发表意见，供承办检察官决策参考，并在讨论笔录上签字确认。

检察官联席会议讨论意见一致或者形成多数意见的，由承办检察官自行决定或者按检察官职权配置规定报请决定。承办检察官与多数意见分歧的，应当提交部门负责人审核后报请检察长（分管副检察长）决定。

第10条 对于下列拟作不批捕、不起诉的认罪认罚从宽案件，可以进行公开听证：

（一）被害人不谅解、不同意从宽处理的；

（二）具有一定社会影响，有必要向社会释法介绍案件情况的；

（三）当事人多次涉诉信访，引发的社会矛盾尚未化解的；

（四）食品、医疗、教育、环境等领域与民生密切相关，公开听证有利于宣扬法治、促进社会综合治理的；

（五）具有一定典型性，有法治宣传教育意义的。

人民检察院办理认罪认罚案件应当按照规定接受人民监督员的监督。对公开听证的认罪认罚案件，可以邀请人民监督员参加，听取人民监督员对案件事实、证据认定和案件处理的意见。

第11条 检察长、分管副检察长和部门负责人要认真履行检察官办案中的监督管理责任，承担全面从严治党、全面从严治检主体责任，检务督察、案件管理等有关部门承担相应的监督管理责任，自觉接受派驻纪检监察机构的监督检查，对涉嫌违纪违法的依照规定及时移交派驻纪检监察机构处理。

第12条 部门负责人除作为检察官承办案件，履行检察官职责外，还应当履行以下监督管理职责：

（一）听取或者要求检察官报告办案情况；

（二）对检察官办理的认罪认罚案件进行监督管理，必要时审阅案卷，调阅与案件有关材料，要求承办检察官对案件情况进行说明，要求检察官复核、补充、完善证据；

（三）召集或者根据检察官申请召集并主持检察官联席会议；

（四）对于应当由检察长（分管副检察长）决定的事项，经审核并提出处理意见后报检察长（分管副检察长）决定；

（五）定期组织分析、汇总通报本部门办案情况，指导检察官均衡把握捕与不捕、诉与不诉法律政策、量刑建议等问题，提请检察委员会审议作出决定；

（六）其他应当履行的职责，或者依据检察长（分管副检察长）授权履行的职责。

第13条 部门负责人、分管副检察长对检察官办理案件出现以下情形的，应当报请检察长决定：

（一）处理意见与检察官联席会议多数检察官意见存在分歧的；

（二）案件处理与监察机关、侦查机关、人民法院存在重大意见分歧需要报请检察长（分管副检察长）决定的；

（三）发现检察官提出的处理意见错误，量刑建议明显不当，或者明显失衡的，应当及时提示检察官，经提示后承办检察官仍然坚持原处理意见或者量刑建议的；

（四）变更、补充起诉的；

（五）其他应当报告的情形。

第14条 检察长（分管副检察长）除作为检察官承办案件，履行检察官职责外，还应当履行以下职责：

（一）听取或者要求检察官报告办案情况；

（二）对检察官的办案活动进行监督管理；

（三）发现检察官不正确履行职责的，应当予以纠正；

（四）依据职权清单，在职权范围内对检察官办理的认罪认罚案件作出决定；

（五）听取部门负责人关于认罪认罚案件办理情况的报告；

（六）要求部门负责人对本院办理的认罪认罚案件定期分析、汇总通报，涉及法律、政策理解、适用的办案经验总结、规则明确等，提请检察委员会审议，必要时向上级检察院汇报；

（七）其他应当履行的职责。

第15条 检察长（分管副检察长）发现检察官办理认罪认罚案件不适当的，可以要求检察官复核，也可以直接作出决定或者提请检察委员会讨论决定。检察长（分管副检察长）要求复核的意见、决定应当以书面形式作出并附卷。

第16条 案件管理部门对认罪认罚案件办理应当履行以下监督管理职责：

（一）进行案件流程监控，对案件办理期限、诉讼权利保障、文书制作的规范化等进行监督；

（二）组织案件评查，对评查中发现的重要情况及时向检察长报告；

（三）发现违反检察职责行为、违纪违法线索的，及时向相关部门移送；

（四）其他应当履行的职责。

第17条 下列情形的案件应当作为重点评查案件，经检察长（分管副检察长）批准后进行评查，由案件管理部门或者相关办案部门组织开展：

（一）检察官超越授权范围、职权清单作出处理决定的；

（二）经复议、复核、复查后改变原决定的；

（三）量刑建议明显不当的；

（四）犯罪嫌疑人、被告人认罪认罚后又反悔的；

（五）当事人对人民检察院的处理决定不服提出申诉的；

（六）人民法院裁判宣告无罪、改变指控罪名或者新发现影响定罪量刑重要情节的；

（七）其他需要重点评查的。

第18条 检务督察部门应当指导办案部门做好认罪认罚案件廉政风险防控和检察官履职督查和失责惩戒工作，重点履行以下监督职责：

（一）对检察官办理认罪认罚案件执行法律、规范性文件和最高人民检察院规定、决定等情况进行执法督察；

（二）在执法督察、巡视巡察、追责惩戒、内部审计中发现以及有关单位、个人举报投诉办案检察官违反检察职责的，依职权进行调查，提出处理意见；

（三）对检察官违反检察职责和违规过问案件，不当接触当事人及其律师、特殊关系人、中介组织等利害关系人的，依职权进行调查，提出处理意见；

（四）针对认罪认罚案件办案廉政风险，加强廉政风险防控制度建设和工作指导，开展司法办案廉政教育；

（五）其他应当监督的情形。

第19条 上级人民检察院要履行对下级人民检察院办理认罪认罚案件指导、监督管理责任，定期分析、汇总通报本辖区内办案整体情况，通过案件指导、备案备查、专项检查、错案责任倒查、审核决定等方式，对下级人民检察院办理认罪认罚案件进行监督。对存在严重瑕疵或者不规范司法行为，提出监督纠正意见。案件处理决定确有错误的，依法通过指令下级人民检察院批准逮捕、提起公诉、提出抗诉或者撤销逮捕、撤回起诉等方式予以纠正。

第20条 人民检察院办理认罪认罚案件，应当按照规定公开案件程序性信息、重要案件信息和法律文书，接受社会监督。

第21条 严格落实领导干部干预司法活动、插手具体案件处理，司法机关内部或者其他人员过问案件，司法人员不正当接触交往的记录报告和责任追究等相关规定，对违反规定的严肃追责问责。

检察官对存在过问或者干预、插手办案活动，发现有与当事人、律师、特殊关系人、中介组织不当接触交往行为情况的，应当如实记录并及时报告部门负责人。

检察长、分管副检察长和部门负责人口头或者短信、微信、电话等形式向检察官提出指导性意见的，检察官记录在案后，依程序办理。

第22条 当事人、律师等举报、投诉检察官违反法律规定办理认罪认罚案件或者有过失行为并提供相关线索或者证据的，检察长（分管副检察长）可以要求检察官报告办案情况。检察长（分管副检察长）认为确有必要的，可以更换承办案件的检察官，将涉嫌违反检察职责行为、违纪违法线索向有关部门移送，并将相关情况记录在案。

第23条 对检察官办理认罪认罚案件的质量效果、办案活动等情况进行绩效考核，考核结果纳入司法业绩档案，作为检察官奖惩、晋升、调整职务职级和工资、离岗培训、免职、降职、辞退的重要依据。

第24条 检察官因故意违反法律法规或者因重大过失导致案件办理出现错误并造成严重后果的，应当承担司法责任。

检察官在事实认定、证据采信、法律适用、办案程序、文书制作以及司法作风等方面不符合法律和有关规定，存在司法瑕疵但不影响案件结论的正确性和效力的，依照相关纪律规定处理。

第25条 负有监督管理职责的检察人员因故意或者重大过失怠于行使或者不当行使职责，造成严重后果的，应当承担司法责任。

第十六条 不追究刑事责任的法定情形

有下列情形之一的，不追究刑事责任，已经追究的，应当撤销案件，或者不起诉，或者终止审理，或者宣告无罪：

（一）情节显著轻微、危害不大，不认为是犯罪的；

（二）犯罪已过追诉时效期限的；

（三）经特赦令免除刑罚的；

（四）依照刑法告诉才处理的犯罪，没有告诉或者撤回告诉的；[①]

（五）犯罪嫌疑人、被告人死亡的；

（六）其他法律规定免予追究刑事责任的。

---

① 告诉才处理的案件，由《最高人民法院关于适用〈中华人民共和国刑事诉讼法〉的解释》第一条予以规定，告诉才处理的案件包括：侮辱、诽谤案（刑法第246条规定的，但是严重危害社会秩序和国家利益的除外）；暴力干涉婚姻自由案（刑法第257条第1款规定的）；虐待案（刑法第260条第1款规定的）；侵占案（刑法第270条规定的）。

● 法 律

1.《刑法》(2020 年 12 月 26 日修正)

第 87 条 犯罪经过下列期限不再追诉:

(一)法定最高刑为不满五年有期徒刑的,经过五年;

(二)法定最高刑为五年以上不满十年有期徒刑的,经过十年;

(三)法定最高刑为十年以上有期徒刑的,经过十五年;

(四)法定最高刑为无期徒刑、死刑的,经过二十年。如果二十年以后认为必须追诉的,须报请最高人民检察院核准。

● 司法解释及文件

2.《人民检察院刑事诉讼规则》(2019 年 12 月 30 日 高检发释字〔2019〕4 号)

第 237 条 人民检察院经过侦查,认为犯罪事实清楚,证据确实、充分,依法应当追究刑事责任的,应当写出侦查终结报告,并且制作起诉意见书。

犯罪嫌疑人自愿认罪的,应当记录在案,随案移送,并在起诉意见书中写明有关情况。

对于犯罪情节轻微,依照刑法规定不需要判处刑罚或者免除刑罚的案件,应当写出侦查终结报告,并且制作不起诉意见书。

侦查终结报告和起诉意见书或者不起诉意见书应当报请检察长批准。

第 241 条 上级人民检察院侦查终结的案件,依照刑事诉讼法的规定应当由下级人民检察院提起公诉或者不起诉的,应当将有关决定、侦查终结报告连同案卷材料交由下级人民检察院审查。

下级人民检察院认为上级人民检察院的决定有错误的,可以向上级人民检察院报告。上级人民检察院维持原决定的,下级人民检察院应当执行。

第 370 条 人民检察院对于犯罪情节轻微,依照刑法规定不需要判处刑罚或者免除刑罚的,经检察长批准,可以作出不起诉决定。

3.《最高人民法院关于适用〈中华人民共和国刑事诉讼法〉的解释》(2021 年 1 月 26 日 法释〔2021〕1 号)

第 218 条 对提起公诉的案件,人民法院应当在收到起诉书(一式八份,每增加一名被告人,增加起诉书五份)和案卷、证据后,审查以下内容:

(一)是否属于本院管辖;

（二）起诉书是否写明被告人的身份，是否受过或者正在接受刑事处罚、行政处罚、处分，被采取留置措施的情况，被采取强制措施的时间、种类、羁押地点，犯罪的时间、地点、手段、后果以及其他可能影响定罪量刑的情节；有多起犯罪事实的，是否在起诉书中将事实分别列明；

（三）是否移送证明指控犯罪事实及影响量刑的证据材料，包括采取技术调查、侦查措施的法律文书和所收集的证据材料；

（四）是否查封、扣押、冻结被告人的违法所得或者其他涉案财物，查封、扣押、冻结是否逾期；是否随案移送涉案财物、附涉案财物清单；是否列明涉案财物权属情况；是否就涉案财物处理提供相关证据材料；

（五）是否列明被害人的姓名、住址、联系方式；是否附有证人、鉴定人名单；是否申请法庭通知证人、鉴定人、有专门知识的人出庭，并列明有关人员的姓名、性别、年龄、职业、住址、联系方式；是否附有需要保护的证人、鉴定人、被害人名单；

（六）当事人已委托辩护人、诉讼代理人或者已接受法律援助的，是否列明辩护人、诉讼代理人的姓名、住址、联系方式；

（七）是否提起附带民事诉讼；提起附带民事诉讼的，是否列明附带民事诉讼当事人的姓名、住址、联系方式等，是否附有相关证据材料；

（八）监察调查、侦查、审查起诉程序的各种法律手续和诉讼文书是否齐全；

（九）被告人认罪认罚的，是否提出量刑建议、移送认罪认罚具结书等材料；

（十）有无刑事诉讼法第十六条第二项至第六项规定的不追究刑事责任的情形。

第十七条　外国人刑事责任的追究

对于外国人犯罪应当追究刑事责任的，适用本法的规定。

对于享有外交特权和豁免权的外国人犯罪应当追究刑事责任的，通过外交途径解决。[①]

① 外国人在我国犯罪，适用我国《刑事诉讼法》。但根据《外交特权与豁免条例》以及我国加入的有关国际条约的规定，对实施犯罪，但享有外交或领事特权和豁免的外国人可以采用的方式有宣布为不受欢迎的人或者不可接受并拒绝承认其外交或领事人员身份，责令其限期出境。

● 法 律

1. **《刑法》**(2020 年 12 月 26 日修正)

第 8 条 外国人在中华人民共和国领域外对中华人民共和国国家或者公民犯罪，而按本法规定的最低刑为三年以上有期徒刑的，可以适用本法，但是按照犯罪地的法律不受处罚的除外。

第 9 条 对于中华人民共和国缔结或者参加的国际条约所规定的罪行，中华人民共和国在所承担条约义务的范围内行使刑事管辖权的，适用本法。

第 10 条 凡在中华人民共和国领域外犯罪，依照本法应当负刑事责任的，虽然经过外国审判，仍然可以依照本法追究，但是在外国已经受过刑罚处罚的，可以免除或者减轻处罚。

● 司法解释及文件

2. **《最高人民法院关于适用〈中华人民共和国刑事诉讼法〉的解释》**(2021 年 1 月 26 日　法释〔2021〕1 号)

第 475 条 本解释所称的涉外刑事案件是指：

(一) 在中华人民共和国领域内，外国人犯罪或者我国公民对外国、外国人犯罪的案件；

(二) 符合刑法第七条、第十条规定情形的我国公民在中华人民共和国领域外犯罪的案件；

(三) 符合刑法第八条、第十条规定情形的外国人犯罪的案件；

(四) 符合刑法第九条规定情形的中华人民共和国在所承担国际条约义务范围内行使管辖权的案件。

第 476 条 第一审涉外刑事案件，除刑事诉讼法第二十一条至第二十三条规定的以外，由基层人民法院管辖。必要时，中级人民法院可以指定辖区内若干基层人民法院集中管辖第一审涉外刑事案件，也可以依照刑事诉讼法第二十四条的规定，审理基层人民法院管辖的第一审涉外刑事案件。

第 477 条 外国人的国籍，根据其入境时持用的有效证件确认；国籍不明的，根据公安机关或者有关国家驻华使领馆出具的证明确认。

国籍无法查明的，以无国籍人对待，适用本章有关规定，在裁判文书中写明“国籍不明”。

第 478 条 在刑事诉讼中，外国籍当事人享有我国法律规定的诉讼权利并承担相应义务。

第479条　涉外刑事案件审判期间，人民法院应当将下列事项及时通报同级人民政府外事主管部门，并依照有关规定通知有关国家驻华使领馆：

（一）人民法院决定对外国籍被告人采取强制措施的情况，包括外国籍当事人的姓名（包括译名）、性别、入境时间、护照或者证件号码、采取的强制措施及法律依据、羁押地点等；

（二）开庭的时间、地点、是否公开审理等事项；

（三）宣判的时间、地点。

涉外刑事案件宣判后，应当将处理结果及时通报同级人民政府外事主管部门。

对外国籍被告人执行死刑的，死刑裁决下达后执行前，应当通知其国籍国驻华使领馆。

外国籍被告人在案件审理中死亡的，应当及时通报同级人民政府外事主管部门，并通知有关国家驻华使领馆。

第480条　需要向有关国家驻华使领馆通知有关事项的，应当层报高级人民法院，由高级人民法院按照下列规定通知：

（一）外国籍当事人国籍国与我国签订有双边领事条约的，根据条约规定办理；未与我国签订双边领事条约，但参加《维也纳领事关系公约》的，根据公约规定办理；未与我国签订领事条约，也未参加《维也纳领事关系公约》，但与我国有外交关系的，可以根据外事主管部门的意见，按照互惠原则，根据有关规定和国际惯例办理；

（二）在外国驻华领馆领区内发生的涉外刑事案件，通知有关外国驻该地区的领馆；在外国领馆领区外发生的涉外刑事案件，通知有关外国驻华使馆；与我国有外交关系，但未设使领馆的国家，可以通知其代管国家驻华使领馆；无代管国家、代管国家不明的，可以不通知；

（三）双边领事条约规定通知时限的，应当在规定的期限内通知；没有规定的，应当根据或者参照《维也纳领事关系公约》和国际惯例尽快通知，至迟不得超过七日；

（四）双边领事条约没有规定必须通知，外国籍当事人要求不通知其国籍国驻华使领馆的，可以不通知，但应当由其本人出具书面声明。

高级人民法院向外国驻华使领馆通知有关事项，必要时，可以请人民政府外事主管部门协助。

第481条 人民法院受理涉外刑事案件后，应当告知在押的外国籍被告人享有与其国籍国驻华使领馆联系，与其监护人、近亲属会见、通信，以及请求人民法院提供翻译的权利。

第482条 涉外刑事案件审判期间，外国籍被告人在押，其国籍国驻华使领馆官员要求探视的，可以向受理案件的人民法院所在地的高级人民法院提出。人民法院应当根据我国与被告人国籍国签订的双边领事条约规定的时限予以安排；没有条约规定的，应当尽快安排。必要时，可以请人民政府外事主管部门协助。

涉外刑事案件审判期间，外国籍被告人在押，其监护人、近亲属申请会见的，可以向受理案件的人民法院所在地的高级人民法院提出，并依照本解释第四百八十六条的规定提供与被告人关系的证明。人民法院经审查认为不妨碍案件审判的，可以批准。

被告人拒绝接受探视、会见的，应当由其本人出具书面声明。拒绝出具书面声明的，应当记录在案；必要时，应当录音录像。

探视、会见被告人应当遵守我国法律规定。

第483条 人民法院审理涉外刑事案件，应当公开进行，但依法不应公开审理的除外。

公开审理的涉外刑事案件，外国籍当事人国籍国驻华使领馆官员要求旁听的，可以向受理案件的人民法院所在地的高级人民法院提出申请，人民法院应当安排。

第484条 人民法院审判涉外刑事案件，使用中华人民共和国通用的语言、文字，应当为外国籍当事人提供翻译。翻译人员应当在翻译文件上签名。

人民法院的诉讼文书为中文本。外国籍当事人不通晓中文的，应当附有外文译本，译本不加盖人民法院印章，以中文本为准。

外国籍当事人通晓中国语言、文字，拒绝他人翻译，或者不需要诉讼文书外文译本的，应当由其本人出具书面声明。拒绝出具书面声明的，应当记录在案；必要时，应当录音录像。

第485条 外国籍被告人委托律师辩护，或者外国籍附带民事诉讼原告人、自诉人委托律师代理诉讼的，应当委托具有中华人民共和国律师资格并依法取得执业证书的律师。

外国籍被告人在押的，其监护人、近亲属或者其国籍国驻华使领馆可以代为委托辩护人。其监护人、近亲属代为委托的，应当提供与被告人关系的有效证明。

外国籍当事人委托其监护人、近亲属担任辩护人、诉讼代理人的，被委托人应当提供与当事人关系的有效证明。经审查，符合刑事诉讼法、有关司法解释规定的，人民法院应当准许。

外国籍被告人没有委托辩护人的，人民法院可以通知法律援助机构为其指派律师提供辩护。被告人拒绝辩护人辩护的，应当由其出具书面声明，或者将其口头声明记录在案；必要时，应当录音录像。被告人属于应当提供法律援助情形的，依照本解释第五十条规定处理。

第486条 外国籍当事人从中华人民共和国领域外寄交或者托交给中国律师或者中国公民的委托书，以及外国籍当事人的监护人、近亲属提供的与当事人关系的证明，必须经所在国公证机关证明，所在国中央外交主管机关或者其授权机关认证，并经中华人民共和国驻该国使领馆认证，或者履行中华人民共和国与该所在国订立的有关条约中规定的证明手续，但我国与该国之间有互免认证协定的除外。

第487条 对涉外刑事案件的被告人，可以决定限制出境；对开庭审理案件时必须到庭的证人，可以要求暂缓出境。限制外国人出境的，应当通报同级人民政府外事主管部门和当事人国籍国驻华使领馆。

人民法院决定限制外国人和中国公民出境的，应当书面通知被限制出境的人在案件审理终结前不得离境，并可以采取扣留护照或者其他出入境证件的办法限制其出境；扣留证件的，应当履行必要手续，并发给本人扣留证件的证明。

需要对外国人和中国公民在口岸采取边控措施的，受理案件的人民法院应当按照规定制作边控对象通知书，并附有关法律文书，层报高级人民法院办理交控手续。紧急情况下，需要采取临时边控措施的，受理案件的人民法院可以先向有关口岸所在地出入境边防检查机关交控，但应当在七日以内按照规定层报高级人民法院办理手续。

第488条 涉外刑事案件，符合刑事诉讼法第二百零八条第一款、第二百四十三条规定的，经有关人民法院批准或者决定，可以延长审理期限。

第489条 涉外刑事案件宣判后，外国籍当事人国籍国驻华使领馆要求提供裁判文书的，可以向受理案件的人民法院所在地的高级人民法院提出，人民法院可以提供。

第490条 涉外刑事案件审理过程中的其他事项，依照法律、司法解释和其他有关规定办理。

● ***部门规章及文件***

3.《公安机关办理刑事案件程序规定》（2020年7月20日修正 公安部令第159号）

第十二章 外国人犯罪案件的办理

第357条 办理外国人犯罪案件，应当严格依照我国法律、法规、规章，维护国家主权和利益，并在对等互惠原则的基础上，履行我国所承担的国际条约义务。

第358条 外国籍犯罪嫌疑人在刑事诉讼中，享有我国法律规定的诉讼权利，并承担相应的义务。

第359条 外国籍犯罪嫌疑人的国籍，以其在入境时持用的有效证件予以确认；国籍不明的，由出入境管理部门协助予以查明。国籍确实无法查明的，以无国籍人对待。

第360条 确认外国籍犯罪嫌疑人身份，可以依照有关国际条约或者通过国际刑事警察组织、警务合作渠道办理。确实无法查明的，可以按其自报的姓名移送人民检察院审查起诉。

第361条 犯罪嫌疑人为享有外交或者领事特权和豁免权的外国人的，应当层报公安部，同时通报同级人民政府外事办公室，由公安部商请外交部通过外交途径办理。

第362条 公安机关办理外国人犯罪案件，使用中华人民共和国通用的语言文字。犯罪嫌疑人不通晓我国语言文字的，公安机关应当为他翻译；犯罪嫌疑人通晓我国语言文字，不需要他人翻译的，应当出具书面声明。

第363条 外国人犯罪案件，由犯罪地的县级以上公安机关立案侦查。

第364条 外国人犯中华人民共和国缔结或者参加的国际条约规定的罪行后进入我国领域内的，由该外国人被抓获地的设区的市一级以上公安机关立案侦查。

第365条 外国人在中华人民共和国领域外对中华人民共和国国家或者公民犯罪，应当受刑罚处罚的，由该外国人入境地或者入境后居住地的县级以上公安机关立案侦查；该外国人未入境的，由被害人居住地的县级以上公安机关立案侦查；没有被害人或者是对中华人民共和国国家犯罪的，由公安部指定管辖。

第366条 发生重大或者可能引起外交交涉的外国人犯罪案件的，有关省级公安机关应当及时将案件办理情况报告公安部，同时通报同级人民政府外事办公室。必要时，由公安部商外交部将案件情况通知我国驻外使馆、领事馆。

第367条 对外国籍犯罪嫌疑人依法作出取保候审、监视居住决定或者执行拘留、逮捕后，应当在四十八小时以内层报省级公安机关，同时通报同级人民政府外事办公室。

重大涉外案件应当在四十八小时以内层报公安部，同时通报同级人民政府外事办公室。

第368条 对外国籍犯罪嫌疑人依法作出取保候审、监视居住决定或者执行拘留、逮捕后，由省级公安机关根据有关规定，将其姓名、性别、入境时间、护照或者证件号码、案件发生的时间、地点，涉嫌犯罪的主要事实，已采取的强制措施及其法律依据等，通知该外国人所属国家的驻华使馆、领事馆，同时报告公安部。经省级公安机关批准，领事通报任务较重的副省级城市公安局可以直接行使领事通报职能。

外国人在公安机关侦查或者执行刑罚期间死亡的，有关省级公安机关应当通知该外国人国籍国的驻华使馆、领事馆，同时报告公安部。

未在华设立使馆、领事馆的国家，可以通知其代管国家的驻华使馆、领事馆；无代管国家或者代管国家不明的，可以不予通知。

第369条 外国籍犯罪嫌疑人委托辩护人的，应当委托在中华人民共和国的律师事务所执业的律师。

第370条 公安机关侦查终结前，外国驻华外交、领事官员要求探视被监视居住、拘留、逮捕或者正在看守所服刑的本国公民的，应当及时安排有关探视事宜。犯罪嫌疑人拒绝其国籍国驻华外交、领事官员探视的，公安机关可以不予安排，但应当由其本人提出书面声明。

在公安机关侦查羁押期间，经公安机关批准，外国籍犯罪嫌疑人可以与其近亲属、监护人会见、与外界通信。

第371条 对判处独立适用驱逐出境刑罚的外国人，省级公安机关在收到人民法院的刑事判决书、执行通知书的副本后，应当指定该外国人所在地的设区的市一级公安机关执行。

被判处徒刑的外国人，主刑执行期满后应当执行驱逐出境附加刑的，省级公安机关在收到执行监狱的上级主管部门转交的刑事判决书、执行通知书副本或者复印件后，应当通知该外国人所在地的设区的市一级公安机关或者指定有关公安机关执行。

我国政府已按照国际条约或者《中华人民共和国外交特权与豁免条例》的规定，对实施犯罪，但享有外交或者领事特权和豁免权的外国人宣布为不受欢迎的人，或者不可接受并拒绝承认其外交或者领事人员身份，责令限期出境的人，无正当理由逾期不自动出境的，由公安部凭外交部公文指定该外国人所在地的省级公安机关负责执行或者监督执行。

第372条 办理外国人犯罪案件，本章未规定的，适用本规定其他各章的有关规定。

第373条 办理无国籍人犯罪案件，适用本章的规定。

第十八条 刑事司法协助

根据中华人民共和国缔结或者参加的国际条约，或者按照互惠原则，我国司法机关和外国司法机关可以相互请求刑事司法协助。

● *司法解释及文件*

1.《最高人民检察院关于检察机关办理司法协助案件有关问题的通知》（1997年4月23日 高检发外字〔1997〕26号）

二、最高人民检察院外事局负责检察机关司法协助工作的管理、协调及对外联络。

三、高检院有关业务部门负责检察机关司法协助案件的审查和办理。

四、各省、自治区、直辖市人民检察院和军事检察院负责承办高检院交办的司法协助案件。根据案件情况，可指定下级检察院作为具体办理机关。

五、高检院外事局收到外国请求司法协助的案件后，对案件是否符合我国与外国签订的司法协助条约和引渡条约的规定进行审查。对不符合有关条约或法律规定的，退回外国有关请求机构；对符合规定的，按案件管辖分工移送有关业务部门就案件内容进行审查。案情简单的，外事局可直接办理。

六、有关业务部门收到移送的案件后，就案情及适用法律提出审查意见，与外事局会签后报请主管检察长审批。经主管检察长审批同意后，由有关业务部门以高检院函的形式交有关省级检察院办理，函件同时抄送外事局。

七、省级检察院接到高检院交办司法协助案件函后，可直接办理案件，也可指定下级检察院办理。在案件办结后，由省级检察院将案件材料及报告书上报高检院交办部门。交办部门对案件材料进行审查，制作答复请求国的文书，送外事局会签。

八、会签的答复文书呈报主管检察长审批同意后，由外事局将有关材料译成请求国文字或条约规定的文字，转交请求国有关部门。

九、我国其他司法机关作为条约规定的中方中央机关，移送检察机关办理外国请求提供司法协助的，应归口高检院外事局进行。

十、高检院有关业务部门办理的案件，需请求外国司法机关提供司法协助的，应当制作请求书，连同调查提纲和有关材料送外事局审核。

十一、各级地方检察机关办理的案件，需请求外国司法机关提供司法协助的，由省级检察院制作请求书，连同调查提纲和有关材料报高检院有关业务部门；有关业务部门审查提出意见后，送外事局审核。

十二、凡条约规定高检院为中央机关的，我国其他司法机关请求有关国家提供司法协助的，应通过其主管部门与高检院外事局联系。

十三、高检院外事局收到上述部门移送的请求外国提供司法协助的案件材料后，审查确认案件材料是否齐全，请求书和调查提纲的内容、格式是否符合条约的规定，提出书面意见，呈报院主管检察长审批。在主管检察长审批同意后，将有关文书翻译成被请求国文字或条约规定的文字，送被请求国有关司法机关。

十四、凡办理与我国尚未签订司法协助条约国家的司法协助案件，在检察系统内部仍按本通知规定程序办理。

十五、各有关业务部门审查案件一般应在一周内完成，负责具体调查取证的部门一般应在 3 个月内完成。由于案件复杂不能在 3 个月内完成的，应及时向交办部门说明理由。翻译、送达时间不计在内。

2.《人民检察院刑事诉讼规则》(2019 年 12 月 30 日　高检发释字〔2019〕4 号)

第十六章　刑事司法协助

第 671 条　人民检察院依据国际刑事司法协助法等有关法律和有关刑事司法协助条约进行刑事司法协助。

第 672 条　人民检察院刑事司法协助的范围包括刑事诉讼文书送达，调查取证，安排证人作证或者协助调查，查封、扣押、冻结涉案财物，返还违法所得及其他涉案财物，移管被判刑人以及其他协助。

第 673 条　最高人民检察院是检察机关开展国际刑事司法协助的主管机关，负责审核地方各级人民检察院向外国提出的刑事司法协助请求，审查处理对外联系机关转递的外国提出的刑事司法协助请求，审查决定是否批准执行外国的刑事司法协助请求，承担其他与国际刑事司法协助相关的工作。

办理刑事司法协助相关案件的地方各级人民检察院应当向最高人民检察院层报需要向外国提出的刑事司法协助请求，执行最高人民检察院交办的外国提出的刑事司法协助请求。

第 674 条　地方各级人民检察院需要向外国请求刑事司法协助的，应当制作刑事司法协助请求书并附相关材料。经省级人民检察院审核同意后，报送最高人民检察院。

刑事司法协助请求书应当依照相关刑事司法协助条约的规定制作；没有条约或者条约没有规定的，可以参照国际刑事司法协助法第十三条的规定制作。被请求方有特殊要求的，在不违反我国法律的基本原则的情况下，可以按照被请求方的特殊要求制作。

第 675 条　最高人民检察院收到地方各级人民检察院刑事司法协助请求书及所附相关材料后，应当依照国际刑事司法协助法和有关条约进行审查。对符合规定、所附材料齐全的，最高人民检察院是对外联系机关的，应当及时向外国提出请求；不是对外联系机关的，应当通过对外联系机关向外国提出请求。对不符合规定或者材料不齐全的，应当退回提出请求的人民检察院或者要求其补充、修正。

第 676 条　最高人民检察院收到外国提出的刑事司法协助请求后，应当对请求书及所附材料进行审查。对于请求书形式和内容符合要求的，应当按照职责分工，将请求书及所附材料转交有关主管机关或者省级人民检察院处理；对于请求书形式和内容不符合要求的，可以要求请求方补充材料或者重新提出请求。

外国提出的刑事司法协助请求明显损害我国主权、安全和社会公共利益的，可以直接拒绝提供协助。

第677条 最高人民检察院在收到对外联系机关转交的刑事司法协助请求书及所附材料后，经审查，分别作出以下处理：

（一）根据国际刑事司法协助法和刑事司法协助条约的规定，认为可以协助执行的，作出决定并安排有关省级人民检察院执行；

（二）根据国际刑事司法协助法或者刑事司法协助条约的规定，认为应当全部或者部分拒绝协助的，将请求书及所附材料退回对外联系机关并说明理由；

（三）对执行请求有保密要求或者有其他附加条件的，通过对外联系机关向外国提出，在外国接受条件并且作出书面保证后，决定附条件执行；

（四）需要补充材料的，书面通过对外联系机关要求请求方在合理期限内提供。

第678条 有关省级人民检察院收到最高人民检察院交办的外国刑事司法协助请求后，应当依法执行，或者交由下级人民检察院执行。

负责执行的人民检察院收到刑事司法协助请求书和所附材料后，应当立即安排执行，并将执行结果及有关材料报经省级人民检察院审查后，报送最高人民检察院。

对于不能执行的，应当将刑事司法协助请求书和所附材料，连同不能执行的理由，通过省级人民检察院报送最高人民检察院。

因请求书提供的地址不详或者材料不齐全，人民检察院难以执行该项请求的，应当立即通过最高人民检察院书面通知对外联系机关，要求请求方补充提供材料。

第679条 最高人民检察院应当对执行结果进行审查。对于符合请求要求和有关规定的，通过对外联系机关转交或者转告请求方。

3.《最高人民法院关于适用〈中华人民共和国刑事诉讼法〉的解释》（2021年1月26日 法释〔2021〕1号）

第12条 对中华人民共和国缔结或者参加的国际条约所规定的罪行，中华人民共和国在所承担条约义务的范围内行使刑事管辖权的，由被告人被抓获地、登陆地或者入境地的人民法院管辖。

第491条 请求和提供司法协助，应当依照《中华人民共和国国际刑事司法协助法》、我国与有关国家、地区签订的刑事司法协助条约、移管被判刑人条约和有关法律规定进行。

对请求书的签署机关、请求书及所附材料的语言文字、有关办理期限和具体程序等事项，在不违反中华人民共和国法律的基本原则的情况下，可以按照刑事司法协助条约规定或者双方协商办理。

第493条 人民法院请求外国提供司法协助的，应当层报最高人民法院，经最高人民法院审核同意后交由有关对外联系机关及时向外国提出请求。

外国法院请求我国提供司法协助，有关对外联系机关认为属于人民法院职权范围的，经最高人民法院审核同意后转有关人民法院办理。

第494条 人民法院请求外国提供司法协助的请求书，应当依照刑事司法协助条约的规定提出；没有条约或者条约没有规定的，应当载明法律规定的相关信息并附相关材料。请求书及其所附材料应当以中文制作，并附有被请求国官方文字的译本。

外国请求我国法院提供司法协助的请求书，应当依照刑事司法协助条约的规定提出；没有条约或者条约没有规定的，应当载明我国法律规定的相关信息并附相关材料。请求书及所附材料应当附有中文译本。

4.《人民检察院办理网络犯罪案件规定》（2021年1月22日）

第56条 办理跨国网络犯罪案件应当依照《中华人民共和国国际刑事司法协助法》及我国批准加入的有关刑事司法协助条约，加强国际司法协作，维护我国主权、安全和社会公共利益，尊重协作国司法主权、坚持平等互惠原则，提升跨国司法协作质效。

第57条 地方人民检察院在案件办理中需要向外国请求刑事司法协助的，应当制作刑事司法协助请求书并附相关材料，经报最高人民检察院批准后，由我国与被请求国间司法协助条约规定的对外联系机关向外国提出申请。没有刑事司法协助条约的，通过外交途径联系。

第58条 人民检察院参加现场移交境外证据的检察人员不少于二人，外方有特殊要求的除外。

移交、开箱、封存、登记的情况应当制作笔录，由最高人民检察院或者承办案件的人民检察院代表、外方移交人员签名或者盖章，一般应当全程录音录像。有其他见证人的，在笔录中注明。

第59条 人民检察院对境外收集的证据，应当审查证据来源是否合法、手续是否齐备以及证据的移交、保管、转换等程序是否连续、规范。

第60条 人民检察院办理涉香港特别行政区、澳门特别行政区、台湾地区的网络犯罪案件，需要当地有关部门协助的，可以参照本规定及其他相关规定执行。

● *部门规章及文件*

5. **《公安机关办理刑事案件程序规定》**（2020年7月20日修正 公安部令第159号）

第十三章 刑事司法协助和警务合作

第374条 公安部是公安机关进行刑事司法协助和警务合作的中央主管机关，通过有关法律、国际条约、协议规定的联系途径、外交途径或者国际刑事警察组织渠道，接收或者向外国提出刑事司法协助或者警务合作请求。

地方各级公安机关依照职责权限办理刑事司法协助事务和警务合作事务。

其他司法机关在办理刑事案件中，需要外国警方协助的，由其中央主管机关与公安部联系办理。

第375条 公安机关进行刑事司法协助和警务合作的范围，主要包括犯罪情报信息的交流与合作，调查取证，安排证人作证或者协助调查，查封、扣押、冻结涉案财物，没收、返还违法所得及其他涉案财物，送达刑事诉讼文书，引渡、缉捕和递解犯罪嫌疑人、被告人或者罪犯，以及国际条约、协议规定的其他刑事司法协助和警务合作事宜。

第376条 在不违背我国法律和有关国际条约、协议的前提下，我国边境地区设区的市一级公安机关和县级公安机关与相邻国家的警察机关，可以按照惯例相互开展执法会晤、人员往来、边境管控、情报信息交流等警务合作，但应当报省级公安机关批准，并报公安部备案；开展其他警务合作的，应当报公安部批准。

第377条 公安部收到外国的刑事司法协助或者警务合作请求后，应当依据我国法律和国际条约、协议的规定进行审查。对于符合规定的，交有关省级公安机关办理，或者移交其他有关中央主管机关；对于不符合条约或者协议规定的，通过接收请求的途径退回请求方。

对于请求书的签署机关、请求书及所附材料的语言文字、有关办理期限和具体程序等事项，在不违反我国法律基本原则的情况下，可以按照刑事司法协助条约、警务合作协议规定或者双方协商办理。

第378条 负责执行刑事司法协助或者警务合作的公安机关收到请求书和所附材料后，应当按照我国法律和有关国际条约、协议的规定安排执行，并将执行结果及其有关材料报经省级公安机关审核后报送公安部。

在执行过程中，需要采取查询、查封、扣押、冻结等措施或者返还涉案财物，且符合法律规定的条件的，可以根据我国有关法律和公安部的执行通知办理有关法律手续。

请求书提供的信息不准确或者材料不齐全难以执行的，应当立即通过省级公安机关报请公安部要求请求方补充材料；因其他原因无法执行或者具有应当拒绝协助、合作的情形等不能执行的，应当将请求书和所附材料，连同不能执行的理由通过省级公安机关报送公安部。

第379条 执行刑事司法协助和警务合作，请求书中附有办理期限的，应当按期完成。未附办理期限的，调查取证应当在三个月以内完成；送达刑事诉讼文书，应当在十日以内完成。不能按期完成的，应当说明情况和理由，层报公安部。

第380条 需要请求外国警方提供刑事司法协助或者警务合作的，应当按照我国有关法律、国际条约、协议的规定提出刑事司法协助或者警务合作请求书，所附文件及相应译文，经省级公安机关审核后报送公安部。

第381条 需要通过国际刑事警察组织查找或者缉捕犯罪嫌疑人、被告人或者罪犯，查询资料、调查取证的，应当提出申请层报国际刑事警察组织中国国家中心局。

第382条 公安机关需要外国协助安排证人、鉴定人来中华人民共和国作证或者通过视频、音频作证，或者协助调查的，应当制作刑事司法协助请求书并附相关材料，经公安部审核同意后，由对外联系机关及时向外国提出请求。

来中华人民共和国作证或者协助调查的证人、鉴定人离境前，公安机关不得就其入境前实施的犯罪进行追究；除因入境后实施违法犯罪而被采取强制措施的以外，其人身自由不受限制。

证人、鉴定人在条约规定的期限内或者被通知无需继续停留后十五日内没有离境的，前款规定不再适用，但是由于不可抗力或者其他特殊原因未能离境的除外。

第383条 公安机关提供或者请求外国提供刑事司法协助或者警务合作，应当收取或者支付费用的，根据有关国际条约、协议的规定，或者按照对等互惠的原则协商办理。

第384条 办理引渡案件，依照《中华人民共和国引渡法》等法律规定和有关条约执行。

第二章 管 辖

第十九条 立案管辖

刑事案件的侦查由公安机关进行，法律另有规定的除外。

人民检察院在对诉讼活动实行法律监督中发现的司法工作人员利用职权实施的非法拘禁、刑讯逼供、非法搜查等侵犯公民权利、损害司法公正的犯罪，可以由人民检察院立案侦查。对于公安机关管辖的国家机关工作人员利用职权实施的重大犯罪案件，需要由人民检察院直接受理的时候，经省级以上人民检察院决定，可以由人民检察院立案侦查。

自诉案件，由人民法院直接受理。

● ***核心要点***

1. 一般解释和规定：《公安机关办理刑事案件程序规定》；《人民检察院刑事诉讼规则》；《最高人民法院关于适用〈中华人民共和国刑事诉讼法〉的解释》；《最高人民法院、最高人民检察院、公安部关于旅客列车上发生的刑事案件管辖问题的通知》；《最高人民法院、最高人民检察院、公安部、国家工商行政管理局关于依法查处盗窃、抢劫机动车案件的规定》；《人民检察院办理行政执法机关移送涉嫌犯罪案件的规定》；《最高人民法院、最高人民检察院、公安部、司法部、海关总署关于走私犯罪侦查机关办理走私犯罪案件适用刑事诉讼程序若干问题的通知》；《中国人民解放军总政治部、军事法院、军事检察院关于〈中华人民共和国刑法〉第十章所列刑事案件管辖范围的通知》

2. 公安机关侦查的案件：《刑事诉讼法》19；《公安机关办理刑事案件程序规定》14～21；《最高人民法院、最高人民检察院、公安部关于旅客列车上发生的刑事案件管辖问题的通知》；《最高人民法院、最高人民检察院、公安部、国家工商行政管理局关于依法查处盗窃、抢劫机动车案件的规定》

3. 由人民检察院立案侦查的案件：《刑事诉讼法》19；《公安机关办理刑事案件程序规定》14；《最高人民法院、最高人民检察院、公安部、国家安全部、司法部、全国人大常委会法制工作委员会关于实施刑事诉讼法若干问题的规定》；《人民检察院刑事诉讼规则》；《人民检察院办理行政执法机关移送涉嫌犯罪案件的规定》

4. 人民法院直接受理的刑事案件：《刑事诉讼法》19、104、204；《最高人民法院、最高人民检察院、公安部、国家安全部、司法部、全国人大常委会法制工作委员会关于实施刑事诉讼法若干问题的规定》；《最高人民法院关于适用〈中华人民共和国刑事诉讼法〉的解释》1

5. 走私犯罪的侦查机关：《最高人民法院、最高人民检察院、公安部、司法部、海关总署关于走私犯罪侦查机关办理走私犯罪案件适用刑事诉讼程序若干问题的通知》

6. 军人违反职责案件的管辖：《中国人民解放军总政治部、军事法院、军事检察院关于〈中华人民共和国刑法〉第十章所列刑事案件管辖范围的通知》

● 法　律

1. **《监狱法》**（2012年10月26日修正）

第60条　对罪犯在监狱内犯罪的案件，由监狱进行侦查。侦查终结后，写出起诉意见书，连同案卷材料、证据一并移送人民检察院。

● *司法解释及文件*

2. **《最高人民法院、最高人民检察院、公安部、国家工商行政管理局关于依法查处盗窃、抢劫机动车案件的规定》**（1998年5月8日　公通字〔1998〕31号）

十五、盗窃、抢劫机动车案件，由案件发生地公安机关立案侦查，赃车流入地公安机关应当予以配合。跨地区系列盗窃、抢劫机动车案件，由最初受理的公安机关立案侦查；必要时，可由主要犯罪地公安机关立案侦查，或者由上级公安机关指定立案侦查。

3.《中国人民解放军总政治部、军事法院、军事检察院关于〈中华人民共和国刑法〉第十章所列刑事案件管辖范围的通知》（1998年8月12日〔1998〕军检字第17号）

各军区、各军、兵种、各总部、军事科学院、国防大学、武警部队政治部保卫部，各军区、海军、空军、总直属队、总直属队第二、武警部队军事法院、军事检察院：

为了保证修订的《中华人民共和国刑法》分则第十章关于军人违反职责罪规定的贯彻实施，根据《中华人民共和国刑事诉讼法》第十八条的规定，以及最高人民法院、最高人民检察院、公安部、国家安全部、司法部、全国人大常委会法制工作委员会《关于刑事诉讼法实施中若干问题的规定》中关于刑事案件管辖分工的规定精神，结合军队司法工作的实际情况，对军人违反职责罪一章所列案件的管辖分工范围通知如下：

一、保卫部门负责侦查下列案件：

1. 战时违抗命令案（第421条）；
2. 隐瞒、谎报军情案（第422条）；
3. 拒传、假传军令案（第422条）；
4. 投降案（第423条）；
5. 战时临阵脱逃案（第424条）；
6. 阻碍执行军事职务案（第426条）；
7. 军人叛逃案（第430条）；
8. 非法获取军事秘密案（第431条第1款）；
9. 为境外窃取、刺探、收买、非法提供军事秘密案（第431条第2款）；
10. 故意泄露军事秘密案（第432条）；
11. 战时造谣惑众案（第433条）；
12. 战时自伤案（第434条）；
13. 逃离部队案（第435条）；
14. 武器装备肇事案（第436条）；
15. 盗窃、抢夺武器装备、军用物资案（第438条）；
16. 非法出卖、转让武器装备案（第439条）；
17. 遗弃武器装备案（第440条）；

18. 遗失武器装备案（第441条）；

19. 战时残害居民、掠夺居民财物案（第446条）；

20. 私放俘虏案（第447条）。

二、军事检察院直接受理下列案件：

1. 擅离、玩忽军事职守案（第425条）；

2. 指使部属违反职责案（第427条）；

3. 违令作战消极案（第428条）；

4. 拒不救援友邻部队案（第429条）；

5. 过失泄露军事秘密案（第432条）；

6. 擅自改变武器装备编配用途案（第437条）；

7. 擅自出卖、转让军队房地产案（第442条）；

8. 虐待部属案（第443条）；

9. 战时拒不救治伤病军人案（第445条）；

10. 军官、警官、文职干部利用职权实施的其他重大的犯罪案件，需要由军事检察院受理的时候，经解放军军事检察院决定，可以由军事检察院立案侦查。

三、军事法院直接受理下列案件：

1. 遗弃伤病军人案（第444条）；

2. 虐待俘虏案（第448条）。

本通知自1998年8月12日起施行，原《关于惩治军人违反职责罪暂行条例所列案件的管辖范围的通知》即日废止。

4. **《最高人民检察院关于新疆生产建设兵团各级人民检察院案件管辖权的规定》**（2001年6月21日　高检发研字〔2001〕2号）

一、兵团所属的国家工作人员职务犯罪案件，属检察机关管辖的，由兵团检察机关立案侦查。

二、兵团各级检察机关的案件管辖范围，由兵团人民检察院依照《刑事诉讼法》、《人民检察院刑事诉讼规则》以及最高人民检察院其他有关案件管辖问题的规定另行规定。

三、兵团检察机关直接立案侦查的案件侦查终结后，依照刑事诉讼法有关管辖的规定，由与审判管辖相适应的兵团检察机关或者地方检察机关审查起诉。

四、对于兵团所属的国家工作人员与地方国家工作人员共同实施的职务犯罪案件，依据主要犯罪地或者在共同犯罪中起主要作用的犯罪嫌疑人工作单位所在地确定侦查管辖。侦查终结后，由与审判管辖相适应的兵团检察机关或者地方检察机关审查起诉。

五、发生在垦区内的案件，由兵团检察机关依照刑事诉讼法关于管辖的规定审查起诉。

六、兵团单位发生贪污贿赂、渎职等职务犯罪案件以外的其他刑事案件，所在城区未设兵团检察分院和基层检察院的，由地方人民检察院依照刑事诉讼法的有关规定审查逮捕、审查起诉。

七、根据宪法和法律关于上级检察机关领导下级检察机关的规定，兵团检察机关与新疆地方检察机关对案件管辖有争议的，由自治区人民检察院决定。

5.**《最高人民法院、最高人民检察院、公安部关于旅客列车上发生的刑事案件管辖问题的通知》**（2001年8月23日　公通字〔2001〕70号）

一、旅客列车上发生的刑事案件，由负责该车乘务的乘警队所属的铁路公安机关立案，列车乘警应及时收集案件证据，填写有关法律文书。对于已经查获犯罪嫌疑人的，列车乘警应对犯罪嫌疑人认真盘查，制作盘查笔录。对被害人、证人要进行询问，制作询问笔录，或者由被害人、证人书写被害经过、证言。取证结束后，列车乘警应当将犯罪嫌疑人及盘查笔录、被害人、证人的证明材料以及其他与案件有关证据一并移交前方停车站铁路公安机关。对于未查获犯罪嫌疑人的案件，列车乘警应当及时收集案件线索及证据，并由负责该车乘务的乘警队所属的铁路公安机关继续侦查。

二、车站铁路公安机关对于法律手续齐全并附有相关证据材料的交站处理案件应当受理。经审查和进一步侦查，认为需要逮捕犯罪嫌疑人或者移送审查起诉的，应当依法向同级铁路运输检察院提请批准逮捕或者移送审查起诉。

三、铁路运输检察院对同级公安机关提请批准逮捕或者移送审查起诉的交站处理案件应当受理。经审查符合逮捕条件的，应当依法批准逮捕；符合起诉条件的，应当依法提起公诉或者将案件移送有管辖权的铁路运输检察院审查起诉。

四、铁路运输法院对铁路运输检察院提起公诉的交站处理案件，经审查认为符合受理条件的，应当受理并依法审判。

各地接本通知后，请认真贯彻执行。执行中遇到的问题，请及时分别报告最高人民法院、最高人民检察院、公安部。

6.《人民检察院办理行政执法机关移送涉嫌犯罪案件的规定》（2001 年 12 月 3 日　高检发释字〔2001〕4 号）

一、对于行政执法机关移送检察机关的涉嫌犯罪案件，统一由人民检察院控告检察部门受理。

人民检察院控告检察部门受理行政执法机关移送的涉嫌犯罪案件后，应当登记，并指派二名以上检察人员进行初步审查。

二、人民检察院控告检察部门审查行政执法机关移送的涉嫌犯罪案件，应当根据不同情况，提出移送有关部门的处理意见，3 日内报主管副检察长或者检察长批准，并通知移送的行政执法机关：

（一）对于不属于检察机关管辖的案件，移送其他有管辖权的机关处理；

（二）对于属于检察机关管辖，但不属于本院管辖的案件，移送有管辖权的人民检察院办理；

（三）对于属于本院管辖的案件，转本院反贪、渎职侵权检察部门办理。

对于性质不明、难以归口办理的案件，可以先由控告检察部门进行必须的调查。

三、对于不属于本院管辖但又必须采取紧急措施的案件，人民检察院控告检察部门在报经主管副检察长或者检察长批准后，应当先采取紧急措施，再行移送。

四、对于行政执法机关移送的涉嫌犯罪案件，人民检察院反贪、渎职侵权检察部门应当审查是否附有下列材料：

（一）涉嫌犯罪案件移送书；

（二）涉嫌犯罪案件情况的调查报告；

（三）涉案物品清单；

（四）有关检验报告或者鉴定结论；

（五）其他有关涉嫌犯罪的材料。

人民检察院可以要求移送案件的行政执法机关补充上述材料和证据。

五、对于行政执法机关移送的涉嫌犯罪案件，人民检察院经审查，认为符合立案条件的，应当及时作出立案决定，并通知移送的行政执法机关。

六、对于行政执法机关移送的涉嫌犯罪案件，人民检察院经审查，认为不符合立案条件的，可以作出不立案决定；对于需要给予有关责任人员行政处分、行政处罚或者没收违法所得的，可以提出检察意见，移送有关主管部门处理，并通知移送的行政执法机关。

七、对于人民检察院的不立案决定，移送涉嫌犯罪案件的行政执法机关可以在收到不立案决定书后5日内要求作出不立案决定的人民检察院复议。人民检察院刑事申诉检察部门应当指派专人进行审查，并在收到行政执法机关要求复议意见书后7日内作出复议决定。

行政执法机关对复议决定不服的，可以在收到人民检察院复议决定书后5日内向上一级人民检察院提请复核。上一级人民检察院应当在收到行政执法机关提请复核意见书后15日内作出复核决定。对于原不立案决定错误的，应当及时纠正，并通知作出不立案决定的下级人民检察院执行。

八、对于人民检察院决定立案侦查的案件，办理案件的人民检察院应当将立案决定和案件的办理结果及时通知移送案件的行政执法机关。

九、移送涉嫌犯罪案件的行政执法机关对公安机关不予立案决定或者不予立案的复议决定有异议，建议人民检察院依法进行立案监督的，统一由人民检察院侦查监督部门办理。

十、人民检察院应当依法对公安机关办理行政执法机关移送涉嫌犯罪案件进行立案监督。对于具有下列情形之一的，人民检察院应当要求公安机关在收到人民检察院《要求说明不立案理由通知书》后7日内将关于不立案理由的说明书面答复人民检察院：

（一）人民检察院认为公安机关对应当立案侦查的案件而不立案侦查的；

（二）被害人认为公安机关对应当立案侦查的案件而不立案侦查，向人民检察院提出的；

（三）移送涉嫌犯罪案件的行政执法机关对公安机关不予立案决定或者不予立案的复议决定有异议，建议人民检察院依法进行立案监督的。

人民检察院认为公安机关不立案理由不能成立，应当通知公安机关在收到《通知立案书》后15日内决定立案，并将立案决定书送达人民检察院。

十一、对于人民检察院认为公安机关不立案理由成立的，或者认为公安机关的不立案理由不成立而通知公安机关立案，公安机关已经立案的，人民检察院应当及时通知提出立案监督建议的行政执法机关。

十二、各级人民检察院对行政执法机关不移送涉嫌犯罪案件，具有下列情形之一的，可以提出检察意见：

（一）检察机关发现行政执法机关应当移送的涉嫌犯罪案件而不移送的；

（二）有关单位和个人举报的行政执法机关应当移送的涉嫌犯罪案件而不移送的；

（三）隐匿、销毁涉案物品或者私分涉案财物的；

（四）以行政处罚代替刑事追究而不移送的。

有关行政执法人员涉嫌犯罪的，依照刑法的有关规定，追究刑事责任。

十三、各级人民检察院对公安机关不接受行政执法机关移送的涉嫌犯罪案件，或者逾期不作出立案或者不予立案决定，在检察机关依法实施立案监督后，仍不接受或者不作出决定的，可以向公安机关提出检察意见。

有关公安人员涉嫌犯罪的，依照刑法的有关规定，追究刑事责任。

十四、最高人民检察院对地方各级人民检察院，上级人民检察院对下级人民检察院办理的行政执法机关移送的涉嫌犯罪案件，应加强指导和监督，对不依法办理以及办理过程中的违法违纪问题，要依照有关规定严肃处理；构成犯罪的，依法追究刑事责任。

十五、各级人民检察院对于其他机关和部门移送的涉嫌犯罪案件，依照本规定办理。

7.《人民检察院刑事诉讼规则》（2019年12月30日　高检发释字〔2019〕4号）

第13条　人民检察院在对诉讼活动实行法律监督中发现的司法工作人员利用职权实施的非法拘禁、刑讯逼供、非法搜查等侵犯公民权利、损害司法公正的犯罪，可以由人民检察院立案侦查。

对于公安机关管辖的国家机关工作人员利用职权实施的重大犯罪案件，需要由人民检察院直接受理的，经省级以上人民检察院决定，可以由人民检察院立案侦查。

第18条　人民检察院办理直接受理侦查的案件涉及公安机关管辖的刑事案件，应当将属于公安机关管辖的刑事案件移送公安机关。如果涉嫌的主罪属于公安机关管辖，由公安机关为主侦查，人民检察院予以配合；如果涉嫌的主罪属于人民检察院管辖，由人民检察院为主侦查，公安机关予以配合。

对于一人犯数罪、共同犯罪、共同犯罪的犯罪嫌疑人还实施其他犯罪、多个犯罪嫌疑人实施的犯罪存在关联，并案处理有利于查明案件事实和诉讼进行的，人民检察院可以在职责范围内对相关犯罪案件并案处理。

第156条 下列案件，由人民检察院负责案件管理的部门统一受理：

（一）公安机关提请批准逮捕、移送起诉、提请批准延长侦查羁押期限、要求复议、提请复核、申请复查、移送申请强制医疗、移送申请没收违法所得的案件；

（二）监察机关移送起诉、提请没收违法所得、对不起诉决定提请复议的案件；

（三）下级人民检察院提出或者提请抗诉、报请指定管辖、报请核准追诉、报请核准缺席审判或者提请死刑复核监督的案件；

（四）人民法院通知出席第二审法庭或者再审法庭的案件；

（五）其他依照规定由负责案件管理的部门受理的案件。

第157条 人民检察院负责案件管理的部门受理案件时，应当接收案卷材料，并立即审查下列内容：

（一）依据移送的法律文书载明的内容确定案件是否属于本院管辖；

（二）案卷材料是否齐备、规范，符合有关规定的要求；

（三）移送的款项或者物品与移送清单是否相符；

（四）犯罪嫌疑人是否在案以及采取强制措施的情况；

（五）是否在规定的期限内移送案件。

第158条 人民检察院负责案件管理的部门对接收的案卷材料审查后，认为具备受理条件的，应当及时进行登记，并立即将案卷材料和案件受理登记表移送办案部门办理。

经审查，认为案卷材料不齐备的，应当及时要求移送案件的单位补送相关材料。对于案卷装订不符合要求的，应当要求移送案件的单位重新装订后移送。

对于移送起诉的案件，犯罪嫌疑人在逃的，应当要求公安机关采取措施保证犯罪嫌疑人到案后再移送起诉。共同犯罪案件中部分犯罪嫌疑人在逃的，对在案犯罪嫌疑人的移送起诉应当受理。

第159条 对公安机关送达的执行情况回执和人民法院送达的判决书、裁定书等法律文书，人民检察院负责案件管理的部门应当接收，即时登记。

第160条 人民检察院直接受理侦查的案件，移送审查逮捕、移送起诉的，按照本规则第一百五十六条至第一百五十八条的规定办理。

第161条 人民检察院负责控告申诉检察的部门统一接受报案、控告、举报、申诉和犯罪嫌疑人投案自首，并依法审查，在七日以内作出以下处理：

（一）属于本院管辖且符合受理条件的，应当予以受理；

（二）不属于本院管辖的报案、控告、举报、自首，应当移送主管机关处理。必须采取紧急措施的，应当先采取紧急措施，然后移送主管机关。不属于本院管辖的申诉，应当告知其向有管辖权的机关提出；

（三）案件情况不明的，应当进行必要的调查核实，查明情况后依法作出处理。

负责控告申诉检察的部门可以向下级人民检察院交办控告、申诉、举报案件，并依照有关规定进行督办。

第162条 控告、申诉符合下列条件的，人民检察院应当受理：

（一）属于人民检察院受理案件范围；

（二）本院具有管辖权；

（三）申诉人是原案的当事人或者其法定代理人、近亲属；

（四）控告、申诉材料符合受理要求。

控告人、申诉人委托律师代理控告、申诉，符合上述条件的，应当受理。

控告、申诉材料不齐备的，应当告知控告人、申诉人补齐。受理时间从控告人、申诉人补齐相关材料之日起计算。

第163条 对于收到的群众来信，负责控告申诉检察的部门应当在七日以内进行程序性答复，办案部门应当在三个月以内将办理进展或者办理结果答复来信人。

第164条 负责控告申诉检察的部门对受理的刑事申诉案件应当根据事实、法律进行审查，必要时可以进行调查核实。认为原案处理可能错误的，应当移送相关办案部门办理；认为原案处理没有错误的，应当书面答复申诉人。

第165条 办案部门应当在规定期限内办结控告、申诉案件，制作相关法律文书，送达报案人、控告人、申诉人、举报人、自首人，并做好释法说理工作。

8.《最高人民法院关于适用〈中华人民共和国刑事诉讼法〉的解释》（2021年1月26日　法释〔2021〕1号）

第1条 人民法院直接受理的自诉案件包括：

（一）告诉才处理的案件：

1. 侮辱、诽谤案（刑法第二百四十六条规定的，但严重危害社会秩序和国家利益的除外）；

2. 暴力干涉婚姻自由案（刑法第二百五十七条第一款规定的）；

3. 虐待案（刑法第二百六十条第一款规定的，但被害人没有能力告诉或者因受到强制、威吓无法告诉的除外）；

4. 侵占案（刑法第二百七十条规定的）。

（二）人民检察院没有提起公诉，被害人有证据证明的轻微刑事案件：

1. 故意伤害案（刑法第二百三十四条第一款规定的）；

2. 非法侵入住宅案（刑法第二百四十五条规定的）；

3. 侵犯通信自由案（刑法第二百五十二条规定的）；

4. 重婚案（刑法第二百五十八条规定的）；

5. 遗弃案（刑法第二百六十一条规定的）；

6. 生产、销售伪劣商品案（刑法分则第三章第一节规定的，但严重危害社会秩序和国家利益的除外）；

7. 侵犯知识产权案（刑法分则第三章第七节规定的，但严重危害社会秩序和国家利益的除外）；

8. 刑法分则第四章、第五章规定的，可能判处三年有期徒刑以下刑罚的案件。

本项规定的案件，被害人直接向人民法院起诉的，人民法院应当依法受理。对其中证据不足，可以由公安机关受理的，或者认为对被告人可能判处三年有期徒刑以上刑罚的，应当告知被害人向公安机关报案，或者移送公安机关立案侦查。

（三）被害人有证据证明对被告人侵犯自己人身、财产权利的行为应当依法追究刑事责任，且有证据证明曾经提出控告，而公安机关或者人民检察院不予追究被告人刑事责任的案件。

第2条 犯罪地包括犯罪行为地和犯罪结果地。

针对或者主要利用计算机网络实施的犯罪，犯罪地包括用于实施犯罪行为的网络服务使用的服务器所在地，网络服务提供者所在地，被侵害的信息网络系统及其管理者所在地，犯罪过程中被告人、被害人使用的信息网络系统所在地，以及被害人被侵害时所在地和被害人财产遭受损失地等。

第3条 被告人的户籍地为其居住地。经常居住地与户籍地不一致的，经常居住地为其居住地。经常居住地为被告人被追诉前已连续居住一年以上的地方，但住院就医的除外。

被告单位登记的住所地为其居住地。主要营业地或者主要办事机构所在地与登记的住所地不一致的，主要营业地或者主要办事机构所在地为其居住地。

9.**《最高人民法院、最高人民检察院、公安部、国家安全部、司法部、全国人大常委会法制工作委员会关于实施刑事诉讼法若干问题的规定》**（2012年12月26日）

1. 公安机关侦查刑事案件涉及人民检察院管辖的贪污贿赂案件时，应当将贪污贿赂案件移送人民检察院；人民检察院侦查贪污贿赂案件涉及公安机关管辖的刑事案件，应当将属于公安机关管辖的刑事案件移送公安机关。在上述情况中，如果涉嫌主罪属于公安机关管辖，由公安机关为主侦查，人民检察院予以配合；如果涉嫌主罪属于人民检察院管辖，由人民检察院为主侦查，公安机关予以配合。

3. 具有下列情形之一的，人民法院、人民检察院、公安机关可以在其职责范围内并案处理：

（一）一人犯数罪的；

（二）共同犯罪的；

（三）共同犯罪的犯罪嫌疑人、被告人还实施其他犯罪的；

（四）多个犯罪嫌疑人、被告人实施的犯罪存在关联，并案处理有利于查明案件事实的。

● *部门规章及文件*

10.**《公安机关办理刑事案件程序规定》**（2020年7月20日修正　公安部令第159号）

第14条 根据刑事诉讼法的规定，除下列情形外，刑事案件由公安机关管辖：

（一）监察机关管辖的职务犯罪案件；

（二）人民检察院管辖的在对诉讼活动实行法律监督中发现的司法工作人员利用职权实施的非法拘禁、刑讯逼供、非法搜查等侵犯公民权利、损害司法公正的犯罪，以及经省级以上人民检察院决定立案侦查的公安机关管辖的国家机关工作人员利用职权实施的重大犯罪案件；

（三）人民法院管辖的自诉案件。对于人民法院直接受理的被害人有证据证明的轻微刑事案件，因证据不足驳回起诉，人民法院移送公安机关或者被害人向公安机关控告的，公安机关应当受理；被害人直接向公安机关控告的，公安机关应当受理；

（四）军队保卫部门管辖的军人违反职责的犯罪和军队内部发生的刑事案件；

（五）监狱管辖的罪犯在监狱内犯罪的刑事案件；

（六）海警部门管辖的海（岛屿）岸线以外我国管辖海域内发生的刑事案件。对于发生在沿海港岙口、码头、滩涂、台轮停泊点等区域的，由公安机关管辖；

（七）其他依照法律和规定应当由其他机关管辖的刑事案件。

第15条 刑事案件由犯罪地的公安机关管辖。如果由犯罪嫌疑人居住地的公安机关管辖更为适宜的，可以由犯罪嫌疑人居住地的公安机关管辖。

法律、司法解释或者其他规范性文件对有关犯罪案件的管辖作出特别规定的，从其规定。

第16条 犯罪地包括犯罪行为发生地和犯罪结果发生地。犯罪行为发生地，包括犯罪行为的实施地以及预备地、开始地、途经地、结束地等与犯罪行为有关的地点；犯罪行为有连续、持续或者继续状态的，犯罪行为连续、持续或者继续实施的地方都属于犯罪行为发生地。犯罪结果发生地，包括犯罪对象被侵害地、犯罪所得的实际取得地、藏匿地、转移地、使用地、销售地。

居住地包括户籍所在地、经常居住地。经常居住地是指公民离开户籍所在地最后连续居住一年以上的地方，但住院就医的除外。单位登记的住所地为其居住地。主要营业地或者主要办事机构所在地与登记的住所地不一致的，主要营业地或者主要办事机构所在地为其居住地。

第17条 针对或者主要利用计算机网络实施的犯罪，用于实施犯罪行为的网络服务使用的服务器所在地，网络服务提供者所在地，被侵害的网络信息系统及其管理者所在地，以及犯罪过程中犯罪嫌疑人、被害人使用的网络信息系统所在地，被害人被侵害时所在地和被害人财产遭受损失地公安机关可以管辖。

第18条 行驶中的交通工具上发生的刑事案件，由交通工具最初停靠地公安机关管辖；必要时，交通工具始发地、途经地、目的地公安机关也可以管辖。

第19条 在中华人民共和国领域外的中国航空器内发生的刑事案件，由该航空器在中国最初降落地的公安机关管辖。

第20条 中国公民在中国驻外使、领馆内的犯罪，由其主管单位所在地或者原户籍地的公安机关管辖。

中国公民在中华人民共和国领域外的犯罪，由其入境地、离境前居住地或者现居住地的公安机关管辖；被害人是中国公民的，也可由被害人离境前居住地或者现居住地的公安机关管辖。

第21条 几个公安机关都有权管辖的刑事案件，由最初受理的公安机关管辖。必要时，可以由主要犯罪地的公安机关管辖。

具有下列情形之一的，公安机关可以在职责范围内并案侦查：

（一）一人犯数罪的；

（二）共同犯罪的；

（三）共同犯罪的犯罪嫌疑人还实施其他犯罪的；

（四）多个犯罪嫌疑人实施的犯罪存在关联，并案处理有利于查明犯罪事实的。

第22条 对管辖不明确或者有争议的刑事案件，可以由有关公安机关协商。协商不成的，由共同的上级公安机关指定管辖。

对情况特殊的刑事案件，可以由共同的上级公安机关指定管辖。

提请上级公安机关指定管辖时，应当在有关材料中列明犯罪嫌疑人基本情况、涉嫌罪名、案件基本事实、管辖争议情况、协商情况和指定管辖理由，经公安机关负责人批准后，层报有权指定管辖的上级公安机关。

第23条 上级公安机关指定管辖的，应当将指定管辖决定书分别送达被指定管辖的公安机关和其他有关的公安机关，并根据办案需要抄送同级人民法院、人民检察院。

原受理案件的公安机关，在收到上级公安机关指定其他公安机关管辖的决定书后，不再行使管辖权，同时应当将犯罪嫌疑人、涉案财物以及案卷材料等移送被指定管辖的公安机关。

对指定管辖的案件，需要逮捕犯罪嫌疑人的，由被指定管辖的公安机关提请同级人民检察院审查批准；需要提起公诉的，由该公安机关移送同级人民检察院审查决定。

第24条 县级公安机关负责侦查发生在本辖区内的刑事案件。

设区的市一级以上公安机关负责下列犯罪中重大案件的侦查：

（一）危害国家安全犯罪；

（二）恐怖活动犯罪；

（三）涉外犯罪；

（四）经济犯罪；

（五）集团犯罪；

（六）跨区域犯罪。

上级公安机关认为有必要的，可以侦查下级公安机关管辖的刑事案件；下级公安机关认为案情重大需要上级公安机关侦查的刑事案件，可以请求上一级公安机关管辖。

第25条 公安机关内部对刑事案件的管辖，按照刑事侦查机构的设置及其职责分工确定。

第26条 铁路公安机关管辖铁路系统的机关、厂、段、院、校、所、队、工区等单位发生的刑事案件，车站工作区域内、列车内发生的刑事案件，铁路沿线发生的盗窃或者破坏铁路、通信、电力线路和其他重要设施的刑事案件，以及内部职工在铁路线上工作时发生的刑事案件。

铁路系统的计算机信息系统延伸到地方涉及铁路业务的网点，其计算机信息系统发生的刑事案件由铁路公安机关管辖。

对倒卖、伪造、变造火车票的刑事案件，由最初受理案件的铁路公安机关或者地方公安机关管辖。必要时，可以移送主要犯罪地的铁路公安机关或者地方公安机关管辖。

在列车上发生的刑事案件，犯罪嫌疑人在列车运行途中被抓获的，由前方停靠站所在地的铁路公安机关管辖；必要时，也可以由列车始发站、终点站所在地的铁路公安机关管辖。犯罪嫌疑人不是在列车运行途中被抓获的，由负责该列车乘务的铁路公安机关管辖；但在列车运行途经的车站被抓获的，也可以由该车站所在地的铁路公安机关管辖。

在国际列车上发生的刑事案件，根据我国与相关国家签订的协定确定管辖；没有协定的，由该列车始发或者前方停靠的中国车站所在地的铁路公安机关管辖。

铁路建设施工工地发生的刑事案件由地方公安机关管辖。

第 27 条 民航公安机关管辖民航系统的机关、厂、段、院、校、所、队、工区等单位、机场工作区域内、民航飞机内发生的刑事案件。

重大飞行事故刑事案件由犯罪结果发生地机场公安机关管辖。犯罪结果发生地未设机场公安机关或者不在机场公安机关管辖范围内的，由地方公安机关管辖，有关机场公安机关予以协助。

第 28 条 海关走私犯罪侦查机构管辖中华人民共和国海关关境内发生的涉税走私犯罪和发生在海关监管区内的非涉税走私犯罪等刑事案件。

第 29 条 公安机关侦查的刑事案件的犯罪嫌疑人涉及监察机关管辖的案件时，应当及时与同级监察机关协商，一般应当由监察机关为主调查，公安机关予以协助。

第 30 条 公安机关侦查的刑事案件涉及人民检察院管辖的案件时，应当将属于人民检察院管辖的刑事案件移送人民检察院。涉嫌主罪属于公安机关管辖的，由公安机关为主侦查；涉嫌主罪属于人民检察院管辖的，公安机关予以配合。

公安机关侦查的刑事案件涉及其他侦查机关管辖的案件时，参照前款规定办理。

第 31 条 公安机关和军队互涉刑事案件的管辖分工按照有关规定办理。

公安机关和武装警察部队互涉刑事案件的管辖分工依照公安机关和军队互涉刑事案件的管辖分工的原则办理。

第二十条 基层法院管辖[①]

基层人民法院管辖第一审普通刑事案件，但是依照本法由上级人民法院管辖的除外。

---

① 本条至第 24 条都是有关级别管辖的规定，其中本条规定的是基层人民法院的管辖。在适用时需要注意：其他关于管辖的条款是本条的限制，符合其他条件的应当遵循其他条款的管辖规定。基层人民法院管辖除法律规定由上级人民法院管辖之外的第一审普通刑事案件。此外，《最高人民法院关于适用〈中华人民共和国刑事诉讼法〉的解释》第 3 条规定，被告人的户籍地为其居住地。经常居住地与户籍地不一致的，经常居住地为其居住地。经常居住地为被告人被追诉前已连续居住一年以上的地方，但住院就医的除外。被告单位登记的住所地为其居住地。主要营业地或者主要办事机构所在地与登记的住所地不一致的，主要营业地或者主要办事机构所在地为其居住地。

● *部门规章及文件*

《公安机关办理刑事案件程序规定》（2020 年 7 月 20 日修正　公安部令第 159 号）

第 24 条　县级公安机关负责侦查发生在本辖区内的刑事案件。

设区的市一级以上公安机关负责下列犯罪中重大案件的侦查：

（一）危害国家安全犯罪；

（二）恐怖活动犯罪；

（三）涉外犯罪；

（四）经济犯罪；

（五）集团犯罪；

（六）跨区域犯罪。

上级公安机关认为有必要的，可以侦查下级公安机关管辖的刑事案件；下级公安机关认为案情重大需要上级公安机关侦查的刑事案件，可以请求上一级公安机关管辖。

第 25 条　公安机关内部对刑事案件的管辖，按照刑事侦查机构的设置及其职责分工确定。

第二十一条　中级法院管辖

中级人民法院管辖下列第一审刑事案件：

（一）危害国家安全、恐怖活动案件；

（二）可能判处无期徒刑、死刑的案件。

● *司法解释及文件*

《人民检察院刑事诉讼规则》（2019 年 12 月 30 日　高检发释字〔2019〕4 号）

第 14 条　人民检察院办理直接受理侦查的案件，由设区的市级人民检察院立案侦查。基层人民检察院发现犯罪线索的，应当报设区的市级人民检察院决定立案侦查。

设区的市级人民检察院根据案件情况也可以将案件交由基层人民检察院立案侦查，或者要求基层人民检察院协助侦查。对于刑事执行派出检察院辖区内与刑事执行活动有关的犯罪线索，可以交由刑事执行派出检察院立案侦查。

最高人民检察院、省级人民检察院发现犯罪线索的，可以自行立案侦查，也可以将犯罪线索交由指定的省级人民检察院或者设区的市级人民检察院立案侦查。

第二十二条 高级法院管辖

高级人民法院管辖的第一审刑事案件，是全省（自治区、直辖市）性的重大刑事案件。

第二十三条 最高法院管辖

最高人民法院管辖的第一审刑事案件，是全国性的重大刑事案件。

第二十四条 级别管辖变通

上级人民法院在必要的时候，可以审判下级人民法院管辖的第一审刑事案件；下级人民法院认为案情重大、复杂需要由上级人民法院审判的第一审刑事案件，可以请求移送上一级人民法院审判。

● 法 律

1.《人民法院组织法》（2018年10月26日修订）

第16条 最高人民法院审理下列案件：

（一）法律规定由其管辖的和其认为应当由自己管辖的第一审案件；

（二）对高级人民法院判决和裁定的上诉、抗诉案件；

（三）按照全国人民代表大会常务委员会的规定提起的上诉、抗诉案件；

（四）按照审判监督程序提起的再审案件；

（五）高级人民法院报请核准的死刑案件。

第17条 死刑除依法由最高人民法院判决的以外，应当报请最高人民法院核准。

第19条 最高人民法院可以设巡回法庭，审理最高人民法院依法确定的案件。

巡回法庭是最高人民法院的组成部分。巡回法庭的判决和裁定即最高人民法院的判决和裁定。

第20条 高级人民法院包括：

(一) 省高级人民法院；

(二) 自治区高级人民法院；

(三) 直辖市高级人民法院。

第21条 高级人民法院审理下列案件：

(一) 法律规定由其管辖的第一审案件；

(二) 下级人民法院报请审理的第一审案件；

(三) 最高人民法院指定管辖的第一审案件；

(四) 对中级人民法院判决和裁定的上诉、抗诉案件；

(五) 按照审判监督程序提起的再审案件；

(六) 中级人民法院报请复核的死刑案件。

第22条 中级人民法院包括：

(一) 省、自治区辖市的中级人民法院；

(二) 在直辖市内设立的中级人民法院；

(三) 自治州中级人民法院；

(四) 在省、自治区内按地区设立的中级人民法院。

第23条 中级人民法院审理下列案件：

(一) 法律规定由其管辖的第一审案件；

(二) 基层人民法院报请审理的第一审案件；

(三) 上级人民法院指定管辖的第一审案件；

(四) 对基层人民法院判决和裁定的上诉、抗诉案件；

(五) 按照审判监督程序提起的再审案件。

第24条 基层人民法院包括：

(一) 县、自治县人民法院；

(二) 不设区的市人民法院；

(三) 市辖区人民法院。

第25条 基层人民法院审理第一审案件，法律另有规定的除外。

基层人民法院对人民调解委员会的调解工作进行业务指导。

● *司法解释及文件*

2.《人民检察院刑事诉讼规则》（2019 年 12 月 30 日　高检发释字〔2019〕4 号）

第 16 条　上级人民检察院在必要的时候，可以直接立案侦查或者组织、指挥、参与侦查下级人民检察院管辖的案件。下级人民检察院认为案情重大、复杂，需要由上级人民检察院立案侦查的案件，可以请求移送上级人民检察院立案侦查。

3.《最高人民法院关于适用〈中华人民共和国刑事诉讼法〉的解释》（2021 年 1 月 26 日　法释〔2021〕1 号）

第 14 条　人民检察院认为可能判处无期徒刑、死刑，向中级人民法院提起公诉的案件，中级人民法院受理后，认为不需要判处无期徒刑、死刑的，应当依法审判，不再交基层人民法院审判。

第 15 条　一人犯数罪、共同犯罪或者其他需要并案审理的案件，其中一人或者一罪属于上级人民法院管辖的，全案由上级人民法院管辖。

第 16 条　上级人民法院决定审判下级人民法院管辖的第一审刑事案件的，应当向下级人民法院下达改变管辖决定书，并书面通知同级人民检察院。

第 17 条　基层人民法院对可能判处无期徒刑、死刑的第一审刑事案件，应当移送中级人民法院审判。

基层人民法院对下列第一审刑事案件，可以请求移送中级人民法院审判：

（一）重大、复杂案件；

（二）新类型的疑难案件；

（三）在法律适用上具有普遍指导意义的案件。

需要将案件移送中级人民法院审判的，应当在报请院长决定后，至迟于案件审理期限届满十五日以前书面请求移送。中级人民法院应当在接到申请后十日以内作出决定。不同意移送的，应当下达不同意移送决定书，由请求移送的人民法院依法审判；同意移送的，应当下达同意移送决定书，并书面通知同级人民检察院。

第 18 条　有管辖权的人民法院因案件涉及本院院长需要回避或者其他原因，不宜行使管辖权的，可以请求移送上一级人民法院管辖。上一级人民法院可以管辖，也可以指定与提出请求的人民法院同级的其他人民法院管辖。

4. **《关于规范上下级人民法院审判业务关系的若干意见》**（2010 年 12 月 28 日 法发〔2010〕61 号）

第 3 条 基层人民法院和中级人民法院对于已经受理的下列第一审案件，必要时可以根据相关法律规定，书面报请上一级人民法院审理：

（1）重大、疑难、复杂案件；

（2）新类型案件；

（3）具有普遍法律适用意义的案件；

（4）有管辖权的人民法院不宜行使审判权的案件。

第 4 条 上级人民法院对下级人民法院提出的移送审理请求，应当及时决定是否由自己审理，并下达同意移送决定书或者不同意移送决定书。

第 5 条 上级人民法院认为下级人民法院管辖的第一审案件，属于本意见第三条所列类型，有必要由自己审理的，可以决定提级管辖。

第 6 条 第一审人民法院已经查清事实的案件，第二审人民法院原则上不得以事实不清、证据不足为由发回重审。

第二审人民法院作出发回重审裁定时，应当在裁定书中详细阐明发回重审的理由及法律依据。

第 7 条 第二审人民法院因原审判决事实不清、证据不足将案件发回重审的，原则上只能发回重审一次。

第二十五条 地区管辖

刑事案件由犯罪地的人民法院管辖。如果由被告人居住地的人民法院审判更为适宜的，可以由被告人居住地的人民法院管辖。

● 司法解释及文件

1. **《人民检察院刑事诉讼规则》**（2019 年 12 月 30 日 高检发释字〔2019〕4 号）

第 19 条 本规则第十三条规定的案件，由犯罪嫌疑人工作单位所在地的人民检察院管辖。如果由其他人民检察院管辖更为适宜的，可以由其他人民检察院管辖。

2.《最高人民法院关于适用〈中华人民共和国刑事诉讼法〉的解释》（2021年1月26日　法释〔2021〕1号）

第2条　犯罪地包括犯罪行为地和犯罪结果地。

针对或者主要利用计算机网络实施的犯罪，犯罪地包括用于实施犯罪行为的网络服务使用的服务器所在地，网络服务提供者所在地，被侵害的信息网络系统及其管理者所在地，犯罪过程中被告人、被害人使用的信息网络系统所在地，以及被害人被侵害时所在地和被害人财产遭受损失地等。

第3条　被告人的户籍地为其居住地。经常居住地与户籍地不一致的，经常居住地为其居住地。经常居住地为被告人被追诉前已连续居住一年以上的地方，但住院就医的除外。

被告单位登记的住所地为其居住地。主要营业地或者主要办事机构所在地与登记的住所地不一致的，主要营业地或者主要办事机构所在地为其居住地。

第4条　在中华人民共和国内水、领海发生的刑事案件，由犯罪地或者被告人登陆地的人民法院管辖。由被告人居住地的人民法院审判更为适宜的，可以由被告人居住地的人民法院管辖。

第5条　在列车上的犯罪，被告人在列车运行途中被抓获的，由前方停靠站所在地负责审判铁路运输刑事案件的人民法院管辖。必要时，也可以由始发站或者终点站所在地负责审判铁路运输刑事案件的人民法院管辖。

被告人不是在列车运行途中被抓获的，由负责该列车乘务的铁路公安机关对应的审判铁路运输刑事案件的人民法院管辖；被告人在列车运行途经车站被抓获的，也可以由该车站所在地负责审判铁路运输刑事案件的人民法院管辖。

第6条　在国际列车上的犯罪，根据我国与相关国家签订的协定确定管辖；没有协定的，由该列车始发或者前方停靠的中国车站所在地负责审判铁路运输刑事案件的人民法院管辖。

第7条　在中华人民共和国领域外的中国船舶内的犯罪，由该船舶最初停泊的中国口岸所在地或者被告人登陆地、入境地的人民法院管辖。

第8条　在中华人民共和国领域外的中国航空器内的犯罪，由该航空器在中国最初降落地的人民法院管辖。

第9条　中国公民在中国驻外使领馆内的犯罪，由其主管单位所在地或者原户籍地的人民法院管辖。

第10条 中国公民在中华人民共和国领域外的犯罪，由其登陆地、入境地、离境前居住地或者现居住地的人民法院管辖；被害人是中国公民的，也可以由被害人离境前居住地或者现居住地的人民法院管辖。

第11条 外国人在中华人民共和国领域外对中华人民共和国国家或者公民犯罪，根据《中华人民共和国刑法》应当受处罚的，由该外国人登陆地、入境地或者入境后居住地的人民法院管辖，也可以由被害人离境前居住地或者现居住地的人民法院管辖。

第12条 对中华人民共和国缔结或者参加的国际条约所规定的罪行，中华人民共和国在所承担条约义务的范围内行使刑事管辖权的，由被告人被抓获地、登陆地或者入境地的人民法院管辖。

第13条 正在服刑的罪犯在判决宣告前还有其他罪没有判决的，由原审地人民法院管辖；由罪犯服刑地或者犯罪地的人民法院审判更为适宜的，可以由罪犯服刑地或者犯罪地的人民法院管辖。

罪犯在服刑期间又犯罪的，由服刑地的人民法院管辖。

罪犯在脱逃期间又犯罪的，由服刑地的人民法院管辖。但是，在犯罪地抓获罪犯并发现其在脱逃期间犯罪的，由犯罪地的人民法院管辖。

3.《最高人民法院、最高人民检察院、公安部、国家安全部、司法部、全国人大常委会法制工作委员会关于实施刑事诉讼法若干问题的规定》（2012年12月26日）

2. 刑事诉讼法第二十四条[①]中规定："刑事案件由犯罪地的人民法院管辖。"刑事诉讼法规定的"犯罪地"，包括犯罪的行为发生地和结果发生地。

4.《最高人民法院、最高人民检察院、中国海警局关于海上刑事案件管辖等有关问题的通知》（2020年2月20日　海警〔2020〕1号）

一、对海上发生的刑事案件，按照下列原则确定管辖：

（一）在中华人民共和国内水、领海发生的犯罪，由犯罪地或者被告人登陆地的人民法院管辖，如果由被告人居住地的人民法院审判更为适宜的，可以由被告人居住地的人民法院管辖；

（二）在中华人民共和国领域外的中国船舶内的犯罪，由该船舶最初停

---

① 对应《中华人民共和国刑事诉讼法》（2018年修正）第二十五条。

泊的中国口岸所在地或者被告人登陆地、入境地的人民法院管辖；

（三）中国公民在中华人民共和国领海以外的海域犯罪，由其登陆地、入境地、离境前居住地或者现居住地的人民法院管辖；被害人是中国公民的，也可以由被害人离境前居住地或者现居住地的人民法院管辖；

（四）外国人在中华人民共和国领海以外的海域对中华人民共和国国家或者公民犯罪，根据《中华人民共和国刑法》应当受到处罚的，由该外国人登陆地、入境地、入境后居住地的人民法院管辖，也可以由被害人离境前居住地或者现居住地的人民法院管辖；

（五）对中华人民共和国缔结或者参加的国际条约所规定的罪行，中华人民共和国在所承担的条约义务的范围内行使刑事管辖权的，由被告人被抓获地、登陆地或者入境地的人民法院管辖。

前款第一项规定的犯罪地包括犯罪行为发生地和犯罪结果发生地。前款第二项至第五项规定的入境地，包括进入我国陆地边境、领海以及航空器降落在我国境内的地点。

二、海上发生的刑事案件的立案侦查，由海警机构根据本通知第一条规定的管辖原则进行。

依据第一条规定确定的管辖地未设置海警机构的，由有关海警局商同级人民检察院、人民法院指定管辖。

三、沿海省、自治区、直辖市海警局办理刑事案件，需要提请批准逮捕或者移送起诉的，依法向所在地省级人民检察院提请或者移送。

沿海省、自治区、直辖市海警局下属海警局，中国海警局各分局、直属局办理刑事案件，需要提请批准逮捕或者移送起诉的，依法向所在地设区的市级人民检察院提请或者移送。

海警工作站办理刑事案件，需要提请批准逮捕或者移送起诉的，依法向所在地基层人民检察院提请或者移送。

四、人民检察院对于海警机构移送起诉的海上刑事案件，按照刑事诉讼法、司法解释以及本通知的有关规定进行审查后，认为应当由其他人民检察院起诉的，应当将案件移送有管辖权的人民检察院。

需要按照刑事诉讼法、司法解释以及本通知的有关规定指定审判管辖的，海警机构应当在移送起诉前向人民检察院通报，由人民检察院协商同级人民法院办理指定管辖有关事宜。

五、对人民检察院提起公诉的海上刑事案件，人民法院经审查认为符合刑事诉讼法、司法解释以及本通知有关规定的，应当依法受理。

六、海警机构办理刑事案件应当主动接受检察机关监督，与检察机关建立信息共享平台，定期向检察机关通报行政执法与刑事司法衔接，刑事立案、破案，采取强制措施等情况。

海警机构所在地的人民检察院依法对海警机构的刑事立案、侦查活动实行监督。

海警机构办理重大、疑难、复杂的刑事案件，可以商请人民检察院介入侦查活动，并听取人民检察院的意见和建议。人民检察院认为确有必要时，可以派员介入海警机构的侦查活动，对收集证据、适用法律提出意见，监督侦查活动是否合法，海警机构应当予以配合。

本通知自印发之日起施行。各地接本通知后，请认真贯彻执行。执行中遇到的问题，请及时分别报告最高人民法院、最高人民检察院、中国海警局。

5.《最高人民检察院、公安部关于公安机关办理经济犯罪案件的若干规定》（2017年11月24日　公通字〔2017〕25号）

第8条　经济犯罪案件由犯罪地的公安机关管辖。如果由犯罪嫌疑人居住地的公安机关管辖更为适宜的，可以由犯罪嫌疑人居住地的公安机关管辖。

犯罪地包括犯罪行为发生地和犯罪结果发生地。犯罪行为发生地，包括犯罪行为的实施地以及预备地、开始地、途经地、结束地等与犯罪行为有关的地点；犯罪行为有连续、持续或者继续状态的，犯罪行为连续、持续或者继续实施的地方都属于犯罪行为发生地。犯罪结果发生地，包括犯罪对象被侵害地、犯罪所得的实际取得地、藏匿地、转移地、使用地、销售地。

居住地包括户籍所在地、经常居住地。户籍所在地与经常居住地不一致的，由经常居住地的公安机关管辖。经常居住地是指公民离开户籍所在地最后连续居住一年以上的地方，但是住院就医的除外。

单位涉嫌经济犯罪的，由犯罪地或者所在地公安机关管辖。所在地是指单位登记的住所地。主要营业地或者主要办事机构所在地与登记的住所地不一致的，主要营业地或者主要办事机构所在地为其所在地。

法律、司法解释或者其他规范性文件对有关经济犯罪案件的管辖作出特别规定的，从其规定。

第9条 非国家工作人员利用职务上的便利实施经济犯罪的，由犯罪嫌疑人工作单位所在地公安机关管辖。如果由犯罪行为实施地或者犯罪嫌疑人居住地的公安机关管辖更为适宜的，也可以由犯罪行为实施地或者犯罪嫌疑人居住地的公安机关管辖。

第10条 上级公安机关必要时可以立案侦查或者组织、指挥、参与侦查下级公安机关管辖的经济犯罪案件。

对重大、疑难、复杂或者跨区域性经济犯罪案件，需要由上级公安机关立案侦查的，下级公安机关可以请求移送上一级公安机关立案侦查。

第11条 几个公安机关都有权管辖的经济犯罪案件，由最初受理的公安机关管辖。必要时，可以由主要犯罪地的公安机关管辖。对管辖不明确或者有争议的，应当协商管辖；协商不成的，由共同的上级公安机关指定管辖。

主要利用通讯工具、互联网等技术手段实施的经济犯罪案件，由最初发现、受理的公安机关或者主要犯罪地的公安机关管辖。

第12条 公安机关办理跨区域性涉众型经济犯罪案件，应当坚持统一指挥协调、统一办案要求的原则。

对跨区域性涉众型经济犯罪案件，犯罪地公安机关应当立案侦查，并由一个地方公安机关为主侦查，其他公安机关应当积极协助。必要时，可以并案侦查。

第13条 上级公安机关指定下级公安机关立案侦查的经济犯罪案件，需要逮捕犯罪嫌疑人的，由侦查该案件的公安机关提请同级人民检察院审查批准；需要移送审查起诉的，由侦查该案件的公安机关移送同级人民检察院审查起诉。

人民检察院受理公安机关移送审查起诉的经济犯罪案件，认为需要依照刑事诉讼法的规定指定审判管辖的，应当协商同级人民法院办理指定管辖有关事宜。

对跨区域性涉众型经济犯罪案件，公安机关指定管辖的，应当事先向同级人民检察院、人民法院通报和协商。

第57条 办理经济犯罪案件需要异地公安机关协作的，委托地公安机关应当对案件的管辖、定性、证据认定以及所采取的侦查措施负责，办理有关的法律文书和手续，并对协作事项承担法律责任。但是协作地公安机关超权限、超范围采取相关措施的，应当承担相应的法律责任。

第58条 办理经济犯罪案件需要异地公安机关协作的，由委托地的县级以上公安机关制作办案协作函件和有关法律文书，通过协作地的县级以上公安机关联系有关协作事宜。协作地公安机关接到委托地公安机关请求协作的函件后，应当指定主管业务部门办理。

各省、自治区、直辖市公安机关根据本地实际情况，就需要外省、自治区、直辖市公安机关协助对犯罪嫌疑人采取强制措施或者查封、扣押、冻结涉案财物事项制定相关审批程序。

第59条 协作地公安机关应当对委托地公安机关出具的法律文书和手续予以审核，对法律文书和手续完备的，协作地公安机关应当及时无条件予以配合，不得收取任何形式的费用。

第60条 委托地公安机关派员赴异地公安机关请求协助查询资料、调查取证等事项时，应当出具办案协作函件和有关法律文书。

委托地公安机关认为不需要派员赴异地的，可以将办案协作函件和有关法律文书寄送协作地公安机关，协作地公安机关协查不得超过十五日；案情重大、情况紧急的，协作地公安机关应当在七日以内回复；因特殊情况不能按时回复的，协作地公安机关应当及时向委托地公安机关说明情况。

必要时，委托地公安机关可以将办案协作函件和有关法律文书通过电传、网络等保密手段或者相关工作机制传至协作地公安机关，协作地公安机关应当及时协查。

第61条 委托地公安机关派员赴异地公安机关请求协助采取强制措施或者搜查，查封、扣押、冻结涉案财物等事项时，应当持办案协作函件、有关侦查措施或者强制措施的法律文书、工作证件及相关案件材料，与协作地县级以上公安机关联系，协作地公安机关应当派员协助执行。

第62条 对不及时采取措施，有可能导致犯罪嫌疑人逃匿，或者有可能转移涉案财物以及重要证据的，委托地公安机关可以商请紧急协作，将办案协作函件和有关法律文书通过电传、网络等保密手段传至协作地县级以上公安机关，协作地公安机关收到协作函件后，应当及时采取措施，落实协作事项。委托地公安机关应当立即派员携带法律文书前往协作地办理有关事宜。

第63条 协作地公安机关在协作过程中，发现委托地公安机关明显存在违反法律规定的行为时，应当及时向委托地公安机关提出并报上一级公安机关。跨省协作的，应当通过协作地的省级公安机关通报委托地的省级公安机关，协商处理。未能达成一致意见的，协作地的省级公安机关应当及时报告公安部。

第64条 立案地公安机关赴其他省、自治区、直辖市办案，应当按照有关规定呈报上级公安机关审查批准。

第78条 本规定所称的“涉众型经济犯罪案件”，是指基于同一法律事实、利益受损人数众多、可能影响社会秩序稳定的经济犯罪案件，包括但不限于非法吸收公众存款，集资诈骗，组织、领导传销活动，擅自设立金融机构，擅自发行股票、公司企业债券等犯罪。

第79条 本规定所称的“跨区域性”，是指涉及两个以上县级行政区域。

6.《最高人民法院、最高人民检察院、公安部、司法部关于办理“套路贷”刑事案件若干问题的意见》（2019年2月28日 法发〔2019〕11号）

11.“套路贷”犯罪案件一般由犯罪地公安机关侦查，如果由犯罪嫌疑人居住地公安机关立案侦查更为适宜的，可以由犯罪嫌疑人居住地公安机关立案侦查。犯罪地包括犯罪行为发生地和犯罪结果发生地。

“犯罪行为发生地”包括为实施“套路贷”所设立的公司所在地、“借贷”协议或相关协议签订地、非法讨债行为实施地、为实施“套路贷”而进行诉讼、仲裁、公证的受案法院、仲裁委员会、公证机构所在地，以及“套路贷”行为的预备地、开始地、途经地、结束地等。

“犯罪结果发生地”包括违法所得财物的支付地、实际取得地、藏匿地、转移地、使用地、销售地等。

除犯罪地、犯罪嫌疑人居住地外，其他地方公安机关对于公民扭送、报案、控告、举报或者犯罪嫌疑人自首的“套路贷”犯罪案件，都应当立即受理，经审查认为有犯罪事实的，移送有管辖权的公安机关处理。

黑恶势力实施的“套路贷”犯罪案件，由侦办黑社会性质组织、恶势力或者恶势力犯罪集团案件的公安机关进行侦查。

12. 具有下列情形之一的，有关公安机关可以在其职责范围内并案侦查：

（1）一人犯数罪的；

（2）共同犯罪的；

（3）共同犯罪的犯罪嫌疑人还实施其他犯罪的；

（4）多个犯罪嫌疑人实施的犯罪存在直接关联，并案处理有利于查明案件事实的。

● *部门规章及文件*

7.《公安机关办理刑事案件程序规定》（2020年7月20日修正　公安部令第159号）

第15条　刑事案件由犯罪地的公安机关管辖。如果由犯罪嫌疑人居住地的公安机关管辖更为适宜的，可以由犯罪嫌疑人居住地的公安机关管辖。

法律、司法解释或者其他规范性文件对有关犯罪案件的管辖作出特别规定的，从其规定。

第16条　犯罪地包括犯罪行为发生地和犯罪结果发生地。犯罪行为发生地，包括犯罪行为的实施地以及预备地、开始地、途经地、结束地等与犯罪行为有关的地点；犯罪行为有连续、持续或者继续状态的，犯罪行为连续、持续或者继续实施的地方都属于犯罪行为发生地。犯罪结果发生地，包括犯罪对象被侵害地、犯罪所得的实际取得地、藏匿地、转移地、使用地、销售地。

居住地包括户籍所在地、经常居住地。经常居住地是指公民离开户籍所在地最后连续居住一年以上的地方，但住院就医的除外。单位登记的住所地为其居住地。主要营业地或者主要办事机构所在地与登记的住所地不一致的，主要营业地或者主要办事机构所在地为其居住地。

第17条　针对或者主要利用计算机网络实施的犯罪，用于实施犯罪行为的网络服务使用的服务器所在地，网络服务提供者所在地，被侵害的网络信息系统及其管理者所在地，以及犯罪过程中犯罪嫌疑人、被害人使用的网络信息系统所在地，被害人被侵害时所在地和被害人财产遭受损失地公安机关可以管辖。

第18条　行驶中的交通工具上发生的刑事案件，由交通工具最初停靠地公安机关管辖；必要时，交通工具始发地、途经地、目的地公安机关也可以管辖。

第19条　在中华人民共和国领域外的中国航空器内发生的刑事案件，

由该航空器在中国最初降落地的公安机关管辖。

第20条 中国公民在中国驻外使、领馆内的犯罪，由其主管单位所在地或者原户籍地的公安机关管辖。

中国公民在中华人民共和国领域外的犯罪，由其入境地、离境前居住地或者现居住地的公安机关管辖；被害人是中国公民的，也可由被害人离境前居住地或者现居住地的公安机关管辖。

第346条 公安机关在异地执行传唤、拘传、拘留、逮捕，开展勘验、检查、搜查、查封、扣押、冻结、讯问等侦查活动，应当向当地公安机关提出办案协作请求，并在当地公安机关协助下进行，或者委托当地公安机关代为执行。

开展查询、询问、辨认等侦查活动或者送达法律文书的，也可以向当地公安机关提出办案协作请求，并按照有关规定进行通报。

第347条 需要异地公安机关协助的，办案地公安机关应当制作办案协作函件，连同有关法律文书和人民警察证复印件一并提供给协作地公安机关。必要时，可以将前述法律手续传真或者通过公安机关有关信息系统传输至协作地公安机关。

请求协助执行传唤、拘传、拘留、逮捕的，应当提供传唤证、拘传证、拘留证、逮捕证；请求协助开展搜查、查封、扣押、查询、冻结等侦查活动的，应当提供搜查证、查封决定书、扣押决定书、协助查询财产通知书、协助冻结财产通知书；请求协助开展勘验、检查、讯问、询问等侦查活动的，应当提供立案决定书。

第348条 公安机关应当指定一个部门归口接收协作请求，并进行审核。对符合本规定第三百四十七条规定的协作请求，应当及时交主管业务部门办理。

异地公安机关提出协作请求的，只要法律手续完备，协作地公安机关就应当及时无条件予以配合，不得收取任何形式的费用或者设置其他条件。

第349条 对协作过程中获取的犯罪线索，不属于自己管辖的，应当及时移交有管辖权的公安机关或者其他有关部门。

第350条 异地执行传唤、拘传的，协作地公安机关应当协助将犯罪嫌疑人传唤、拘传到本市、县公安机关执法办案场所或者到他的住处进行讯问。

异地执行拘留、逮捕的，协作地公安机关应当派员协助执行。

第 351 条 已被决定拘留、逮捕的犯罪嫌疑人在逃的，可以通过网上工作平台发布犯罪嫌疑人相关信息、拘留证或者逮捕证。各地公安机关发现网上逃犯的，应当立即组织抓捕。

协作地公安机关抓获犯罪嫌疑人后，应当立即通知办案地公安机关。办案地公安机关应当立即携带法律文书及时提解，提解的侦查人员不得少于二人。

办案地公安机关不能及时到达协作地的，应当委托协作地公安机关在拘留、逮捕后二十四小时以内进行讯问。

第 352 条 办案地公安机关请求代为讯问、询问、辨认的，协作地公安机关应当制作讯问、询问、辨认笔录，交被讯问、询问人和辨认人签名、捺指印后，提供给办案地公安机关。

办案地公安机关可以委托协作地公安机关协助进行远程视频讯问、询问，讯问、询问过程应当全程录音录像。

第 353 条 办案地公安机关请求协查犯罪嫌疑人的身份、年龄、违法犯罪经历等情况的，协作地公安机关应当在接到请求后七日以内将协查结果通知办案地公安机关；交通十分不便的边远地区，应当在十五日以内将协查结果通知办案地公安机关。

办案地公安机关请求协助调查取证或者查询犯罪信息、资料的，协作地公安机关应当及时协查并反馈。

第 354 条 对不履行办案协作程序或者协作职责造成严重后果的，对直接负责的主管人员和其他直接责任人员，应当给予处分；构成犯罪的，依法追究刑事责任。

第 355 条 协作地公安机关依照办案地公安机关的协作请求履行办案协作职责所产生的法律责任，由办案地公安机关承担。但是，协作行为超出协作请求范围，造成执法过错的，由协作地公安机关承担相应法律责任。

第 356 条 办案地和协作地公安机关对于案件管辖、定性处理等发生争议的，可以进行协商。协商不成的，提请共同的上级公安机关决定。

第二十六条 优先管辖 移送管辖

几个同级人民法院都有权管辖的案件，由最初受理的人民法院审判。在必要的时候，可以移送主要犯罪地的人民法院审判。

● *司法解释及文件*

1.《人民检察院刑事诉讼规则》（2019年12月30日　高检发释字〔2019〕4号）

第20条　对管辖不明确的案件，可以由有关人民检察院协商确定管辖。

第21条　几个人民检察院都有权管辖的案件，由最初受理的人民检察院管辖。必要时，可以由主要犯罪地的人民检察院管辖。

2.《最高人民法院关于适用〈中华人民共和国刑事诉讼法〉的解释》（2021年1月26日　法释〔2021〕1号）

第19条　两个以上同级人民法院都有管辖权的案件，由最初受理的人民法院审判。必要时，可以移送主要犯罪地的人民法院审判。

管辖权发生争议的，应当在审理期限内协商解决；协商不成的，由争议的人民法院分别层报共同的上级人民法院指定管辖。

第20条　管辖不明的案件，上级人民法院可以指定下级人民法院审判。

有关案件，由犯罪地、被告人居住地以外的人民法院审判更为适宜的，上级人民法院可以指定下级人民法院管辖。

第21条　上级人民法院指定管辖，应当将指定管辖决定书送达被指定管辖的人民法院和其他有关的人民法院。

第22条　原受理案件的人民法院在收到上级人民法院改变管辖决定书、同意移送决定书或者指定其他人民法院管辖的决定书后，对公诉案件，应当书面通知同级人民检察院，并将案卷材料退回，同时书面通知当事人；对自诉案件，应当将案卷材料移送被指定管辖的人民法院，并书面通知当事人。

第23条　第二审人民法院发回重新审判的案件，人民检察院撤回起诉后，又向原第一审人民法院的下级人民法院重新提起公诉的，下级人民法院应当将有关情况层报原第二审人民法院。原第二审人民法院根据具体情况，可以决定将案件移送原第一审人民法院或者其他人民法院审判。

● *部门规章及文件*

3.《公安机关办理刑事案件程序规定》（2020年7月20日修正　公安部令第159号）

第21条　几个公安机关都有权管辖的刑事案件，由最初受理的公安机关管辖。必要时，可以由主要犯罪地的公安机关管辖。

具有下列情形之一的，公安机关可以在职责范围内并案侦查：

（一）一人犯数罪的；

（二）共同犯罪的；

（三）共同犯罪的犯罪嫌疑人还实施其他犯罪的；

（四）多个犯罪嫌疑人实施的犯罪存在关联，并案处理有利于查明犯罪事实的。

第二十七条 指定管辖

上级人民法院可以指定下级人民法院审判管辖不明的案件，也可以指定下级人民法院将案件移送其他人民法院审判。

● *司法解释及文件*

1. **《人民检察院刑事诉讼规则》**（2019年12月30日　高检发释字〔2019〕4号）

第22条　对于下列案件，上级人民检察院可以指定管辖：

（一）管辖有争议的案件；

（二）需要改变管辖的案件；

（三）需要集中管辖的特定类型的案件；

（四）其他需要指定管辖的案件。

对前款案件的审查起诉指定管辖的，人民检察院应当与相应的人民法院协商一致。对前款第三项案件的审查逮捕指定管辖的，人民检察院应当与相应的公安机关协商一致。

● *部门规章及文件*

2. **《公安机关办理刑事案件程序规定》**（2020年7月20日修正　公安部令第159号）

第22条　对管辖不明确或者有争议的刑事案件，可以由有关公安机关协商。协商不成的，由共同的上级公安机关指定管辖。

对情况特殊的刑事案件，可以由共同的上级公安机关指定管辖。

提请上级公安机关指定管辖时，应当在有关材料中列明犯罪嫌疑人基本情况、涉嫌罪名、案件基本事实、管辖争议情况、协商情况和指定管辖理由，经公安机关负责人批准后，层报有权指定管辖的上级公安机关。

第23条 上级公安机关指定管辖的，应当将指定管辖决定书分别送达被指定管辖的公安机关和其他有关的公安机关，并根据办案需要抄送同级人民法院、人民检察院。

原受理案件的公安机关，在收到上级公安机关指定其他公安机关管辖的决定书后，不再行使管辖权，同时应当将犯罪嫌疑人、涉案财物以及案卷材料等移送被指定管辖的公安机关。

对指定管辖的案件，需要逮捕犯罪嫌疑人的，由被指定管辖的公安机关提请同级人民检察院审查批准；需要提起公诉的，由该公安机关移送同级人民检察院审查决定。

第二十八条 专门管辖

专门人民法院案件的管辖另行规定。

● 司法解释及文件

1. **《人民检察院刑事诉讼规则》**（2019年12月30日 高检发释字〔2019〕4号）

第23条 军事检察院等专门人民检察院的管辖以及军队与地方互涉刑事案件的管辖，按照有关规定执行。

2. **《最高人民法院关于适用〈中华人民共和国刑事诉讼法〉的解释》**（2021年1月26日 法释〔2021〕1号）

第26条 军队和地方互涉刑事案件，按照有关规定确定管辖。

● 部门规章及文件

3. **《公安机关办理刑事案件程序规定》**（2020年7月20日修正 公安部令第159号）

第26条 铁路公安机关管辖铁路系统的机关、厂、段、院、校、所、队、工区等单位发生的刑事案件，车站工作区域内、列车内发生的刑事案件，铁路沿线发生的盗窃或者破坏铁路、通信、电力线路和其他重要设施的刑事案件，以及内部职工在铁路线上工作时发生的刑事案件。

铁路系统的计算机信息系统延伸到地方涉及铁路业务的网点，其计算机信息系统发生的刑事案件由铁路公安机关管辖。

对倒卖、伪造、变造火车票的刑事案件，由最初受理案件的铁路公安机关或者地方公安机关管辖。必要时，可以移送主要犯罪地的铁路公安机关或者地方公安机关管辖。

在列车上发生的刑事案件，犯罪嫌疑人在列车运行途中被抓获的，由前方停靠站所在地的铁路公安机关管辖；必要时，也可以由列车始发站、终点站所在地的铁路公安机关管辖。犯罪嫌疑人不是在列车运行途中被抓获的，由负责该列车乘务的铁路公安机关管辖；但在列车运行途经的车站被抓获的，也可以由该车站所在地的铁路公安机关管辖。

在国际列车上发生的刑事案件，根据我国与相关国家签订的协定确定管辖；没有协定的，由该列车始发或者前方停靠的中国车站所在地的铁路公安机关管辖。

铁路建设施工工地发生的刑事案件由地方公安机关管辖。

第27条 民航公安机关管辖民航系统的机关、厂、段、院、校、所、队、工区等单位、机场工作区域内、民航飞机内发生的刑事案件。

重大飞行事故刑事案件由犯罪结果发生地机场公安机关管辖。犯罪结果发生地未设机场公安机关或者不在机场公安机关管辖范围内的，由地方公安机关管辖，有关机场公安机关予以协助。

第28条 海关走私犯罪侦查机构管辖中华人民共和国海关关境内发生的涉税走私犯罪和发生在海关监管区内的非涉税走私犯罪等刑事案件。

第三章　回　　避

第二十九条　回避的法定情形

审判人员、检察人员、侦查人员有下列情形之一的，应当自行回避，当事人及其法定代理人也有权要求他们回避：

（一）是本案的当事人或者是当事人的近亲属的；

（二）本人或者他的近亲属和本案有利害关系的；

（三）担任过本案的证人、鉴定人、辩护人、诉讼代理人的；
（四）与本案当事人有其他关系，可能影响公正处理案件的。

● *司法解释及文件*

1.**《检察人员任职回避和公务回避暂行办法》**（2000年7月17日　高检发〔2000〕18号）

第9条　检察人员从事检察活动，具有下列情形之一的，应当自行回避，当事人及其法定代理人也有权要求其回避：

（一）是本案的当事人或者是当事人的近亲属的；

（二）本人或者他的近亲属和本案有利害关系的；

（三）担任过本案的证人、鉴定人、辩护人、诉讼代理人的；

（四）与本案当事人有其他关系，可能影响公正处理案件的。

第15条　检察人员离任后2年内，不得担任诉讼代理人和辩护人。

2.**《最高人民法院关于审判人员在诉讼活动中执行回避制度若干问题的规定》**（2011年6月10日　法释〔2011〕12号）

第1条　审判人员具有下列情形之一的，应当自行回避，当事人及其法定代理人有权以口头或者书面形式申请其回避：

（一）是本案的当事人或者与当事人有近亲属关系的；

（二）本人或者其近亲属与本案有利害关系的；

（三）担任过本案的证人、翻译人员、鉴定人、勘验人、诉讼代理人、辩护人的；

（四）与本案的诉讼代理人、辩护人有夫妻、父母、子女或者兄弟姐妹关系的；

（五）与本案当事人之间存在其他利害关系，可能影响案件公正审理的。

本规定所称近亲属，包括与审判人员有夫妻、直系血亲、三代以内旁系血亲及近姻亲关系的亲属。

3.**《人民检察院刑事诉讼规则》**（2019年12月30日　高检发释字〔2019〕4号）

第24条　检察人员在受理举报和办理案件过程中，发现有刑事诉讼法第二十九条或者第三十条规定的情形之一的，应当自行提出回避；没有自行提出回避的，人民检察院应当决定其回避，当事人及其法定代理人有权要求其回避。

第25条 检察人员自行回避的，应当书面或者口头提出，并说明理由。口头提出的，应当记录在案。

第26条 人民检察院应当告知当事人及其法定代理人有依法申请回避的权利，并告知办理相关案件的检察人员、书记员等人员的姓名、职务等有关情况。

4.《最高人民法院关于适用〈中华人民共和国刑事诉讼法〉的解释》（2021年1月26日 法释〔2021〕1号）

第27条 审判人员具有下列情形之一的，应当自行回避，当事人及其法定代理人有权申请其回避：

（一）是本案的当事人或者是当事人的近亲属的；

（二）本人或者其近亲属与本案有利害关系的；

（三）担任过本案的证人、鉴定人、辩护人、诉讼代理人、翻译人员的；

（四）与本案的辩护人、诉讼代理人有近亲属关系的；

（五）与本案当事人有其他利害关系，可能影响公正审判的。

第28条 审判人员具有下列情形之一的，当事人及其法定代理人有权申请其回避：

（一）违反规定会见本案当事人、辩护人、诉讼代理人的；

（二）为本案当事人推荐、介绍辩护人、诉讼代理人，或者为律师、其他人员介绍办理本案的；

（三）索取、接受本案当事人及其委托的人的财物或者其他利益的；

（四）接受本案当事人及其委托的人的宴请，或者参加由其支付费用的活动的；

（五）向本案当事人及其委托的人借用款物的；

（六）有其他不正当行为，可能影响公正审判的。

第29条 参与过本案调查、侦查、审查起诉工作的监察、侦查、检察人员，调至人民法院工作的，不得担任本案的审判人员。

在一个审判程序中参与过本案审判工作的合议庭组成人员或者独任审判员，不得再参与本案其他程序的审判。但是，发回重新审判的案件，在第一审人民法院作出裁判后又进入第二审程序、在法定刑以下判处刑罚的复核程序或者死刑复核程序的，原第二审程序、在法定刑以下判处刑罚的复核程序或者死刑复核程序中的合议庭组成人员不受本款规定的限制。

第30条 依照法律和有关规定应当实行任职回避的，不得担任案件的审判人员。

第31条 人民法院应当依法告知当事人及其法定代理人有权申请回避，并告知其合议庭组成人员、独任审判员、法官助理、书记员等人员的名单。

第32条 审判人员自行申请回避，或者当事人及其法定代理人申请审判人员回避的，可以口头或者书面提出，并说明理由，由院长决定。

院长自行申请回避，或者当事人及其法定代理人申请院长回避的，由审判委员会讨论决定。审判委员会讨论时，由副院长主持，院长不得参加。

第33条 当事人及其法定代理人依照刑事诉讼法第三十条和本解释第二十八条的规定申请回避的，应当提供证明材料。

5.《人民检察院司法警察执行职务规则》（2015年6月1日）

第3条 人民检察院司法警察在执行职务过程中，遇有可能影响其公正履行职责的情形，应当按照规定回避，当事人及其法定代理人也有权要求其回避。

6.《最高人民法院关于对配偶父母子女从事律师职业的法院领导干部和审判执行人员实行任职回避的规定》（2020年4月17日　法发〔2020〕13号）

第1条 人民法院工作人员的配偶、父母、子女、兄弟姐妹、配偶的父母、配偶的兄弟姐妹、子女的配偶、子女配偶的父母具有律师身份的，该工作人员应当主动向所在人民法院组织（人事）部门报告。

第2条 人民法院领导干部和审判执行人员的配偶、父母、子女有下列情形之一的，法院领导干部和审判执行人员应当实行任职回避：

（一）担任该领导干部和审判执行人员所任职人民法院辖区内律师事务所的合伙人或者设立人的；

（二）在该领导干部和审判执行人员所任职人民法院辖区内以律师身份担任诉讼代理人、辩护人，或者为诉讼案件当事人提供其他有偿法律服务的。

第3条 人民法院在选拔任用干部时，不得将符合任职回避条件的人员作为法院领导干部和审判执行人员的拟任人选。

第4条　人民法院在招录补充工作人员时，应当向拟招录补充的人员释明本规定的相关内容。

第5条　符合任职回避条件的法院领导干部和审判执行人员，应当自本规定生效之日或者任职回避条件符合之日起三十日内主动向法院组织（人事）部门提出任职回避申请，相关人民法院应当按照有关规定为其另行安排工作岗位，确定职务职级待遇。

第6条　符合任职回避条件的法院领导干部和审判执行人员没有按规定主动提出任职回避申请的，相关人民法院应当按照有关程序免去其所任领导职务或者将其调离审判执行岗位。

第7条　应当实行任职回避的法院领导干部和审判执行人员的任免权限不在人民法院的，相关人民法院应当向具有干部任免权的机关提出为其办理职务调动或者免职等手续的建议。

第8条　符合任职回避条件的法院领导干部和审判执行人员具有下列情形之一的，应当根据情节给予批评教育、诫勉、组织处理或者处分：

（一）隐瞒配偶、父母、子女从事律师职业情况的；

（二）不按规定主动提出任职回避申请的；

（三）采取弄虚作假手段规避任职回避的；

（四）拒不服从组织调整或者拒不办理公务交接的；

（五）具有其他违反任职回避规定行为的。

第9条　法院领导干部和审判执行人员的配偶、父母、子女采取隐名代理等方式在该领导干部和审判执行人员所任职人民法院辖区内从事律师职业的，应当责令该法院领导干部和审判执行人员辞去领导职务或者将其调离审判执行岗位，其本人知情的，应当根据相关规定从重处理。

第10条　因任职回避调离审判执行岗位的法院工作人员，任职回避情形消失后，可以向法院组织（人事）部门申请调回审判执行岗位。

第11条　本规定所称父母，是指生父母、养父母和有扶养关系的继父母。

本规定所称子女，是指婚生子女、非婚生子女、养子女和有扶养关系的继子女。

本规定所称从事律师职业，是指担任律师事务所的合伙人、设立人，或者以律师身份担任诉讼代理人、辩护人，或者以律师身份为诉讼案件当事人提供其他有偿法律服务。

本规定所称法院领导干部，是指各级人民法院的领导班子成员及审判委员会委员。

本规定所称审判执行人员，是指各级人民法院立案、审判、执行、审判监督、国家赔偿等部门的领导班子成员、法官、法官助理、执行员。

本规定所称任职人民法院辖区，包括法院领导干部和审判执行人员所任职人民法院及其所辖下级人民法院的辖区。专门人民法院及其他管辖区域与行政辖区不一致的人民法院工作人员的任职人民法院辖区，由解放军军事法院和相关高级人民法院根据有关规定或者实际情况确定。

● *部门规章及文件*

7.《公安机关办理刑事案件程序规定》（2020 年 7 月 20 日修正　公安部令第 159 号）

第 32 条　公安机关负责人、侦查人员有下列情形之一的，应当自行提出回避申请，没有自行提出回避申请的，应当责令其回避，当事人及其法定代理人也有权要求他们回避：

（一）是本案的当事人或者是当事人的近亲属的；

（二）本人或者他的近亲属和本案有利害关系的；

（三）担任过本案的证人、鉴定人、辩护人、诉讼代理人的；

（四）与本案当事人有其他关系，可能影响公正处理案件的。

● *案例指引*

郭某等妨害公务案（广东省深圳市中级人民法院刑事裁定书［2010］深中法刑一终字第 487 号）

裁判要旨：关于侦查人员回避的问题，《中华人民共和国刑事诉讼法》第 28 条第 4 项[①]规定，与本案当事人有其他关系，可能影响公正处理案件的，在本案中，被害人为盐田派出所的民警和巡防队员，而侦查人员与被害人虽为同事关系，但事实上并没有影响本案的公正处理，在侦查人员向上诉人作询问笔录的时候，上诉人业已知道侦查人员的身份并没有提出质疑及回避申请，而且也在询问笔录上签字，说明上诉人对侦查人员对案件的处理是予以认可的，现在其提出回避的理由，法院不予采纳。

---

① 对应《中华人民共和国刑事诉讼法》（2018 年修正）第 29 条第 4 项。

第三十条 办案人员违反禁止行为的回避

审判人员、检察人员、侦查人员不得接受当事人及其委托的人的请客送礼，不得违反规定会见当事人及其委托的人。

审判人员、检察人员、侦查人员违反前款规定的，应当依法追究法律责任。当事人及其法定代理人有权要求他们回避。

● *司法解释及文件*

1. **《检察人员任职回避和公务回避暂行办法》**（2000 年 7 月 17 日　高检发〔2000〕18 号）

第 10 条　检察人员在检察活动中，接受当事人及其委托的人的请客送礼或者违反规定会见当事人及其委托的人的，当事人及其法定代理人有权要求其回避。

2. **《最高人民法院关于适用〈中华人民共和国刑事诉讼法〉的解释》**（2021 年 1 月 26 日　法释〔2021〕1 号）

第 28 条　审判人员具有下列情形之一的，当事人及其法定代理人有权申请其回避：

（一）违反规定会见本案当事人、辩护人、诉讼代理人的；

（二）为本案当事人推荐、介绍辩护人、诉讼代理人，或者为律师、其他人员介绍办理本案的；

（三）索取、接受本案当事人及其委托的人的财物或者其他利益的；

（四）接受本案当事人及其委托的人的宴请，或者参加由其支付费用的活动的；

（五）向本案当事人及其委托的人借用款物的；

（六）有其他不正当行为，可能影响公正审判的。

● *部门规章及文件*

3. **《公安机关办理刑事案件程序规定》**（2020 年 7 月 20 日修正　公安部令第 159 号）

第 33 条　公安机关负责人、侦查人员不得有下列行为：

（一）违反规定会见本案当事人及其委托人；

（二）索取、接受本案当事人及其委托人的财物或者其他利益；

（三）接受本案当事人及其委托人的宴请，或者参加由其支付费用的活动；

（四）其他可能影响案件公正办理的不正当行为。

违反前款规定的，应当责令其回避并依法追究法律责任。当事人及其法定代理人有权要求其回避。

第三十一条　决定回避的程序

审判人员、检察人员、侦查人员的回避，应当分别由院长、检察长、公安机关负责人决定；院长的回避，由本院审判委员会决定；检察长和公安机关负责人的回避，由同级人民检察院检察委员会决定。

对侦查人员的回避作出决定前，侦查人员不能停止对案件的侦查。

对驳回申请回避的决定，当事人及其法定代理人可以申请复议一次。

● *司法解释及文件*

1.**《人民检察院刑事诉讼规则》**（2019年12月30日　高检发释字〔2019〕4号）

第24条　检察人员在受理举报和办理案件过程中，发现有刑事诉讼法第二十九条或者第三十条规定的情形之一的，应当自行提出回避；没有自行提出回避的，人民检察院应当决定其回避，当事人及其法定代理人有权要求其回避。

第25条　检察人员自行回避的，应当书面或者口头提出，并说明理由。口头提出的，应当记录在案。

第26条　人民检察院应当告知当事人及其法定代理人有依法申请回避的权利，并告知办理相关案件的检察人员、书记员等人员的姓名、职务等有关情况。

第27条　当事人及其法定代理人要求检察人员回避的，应当书面或者口头向人民检察院提出，并说明理由。口头提出的，应当记录在案。根据刑事诉讼法第三十条的规定要求检察人员回避的，应当提供有关证明材料。

人民检察院经过审查或者调查，认为检察人员符合回避条件的，应当作出回避决定；不符合回避条件的，应当驳回申请。

第28条 在开庭审理过程中，当事人及其法定代理人向法庭申请出庭的检察人员回避的，在收到人民法院通知后，人民检察院应当作出回避或者驳回申请的决定。不属于刑事诉讼法第二十九条、第三十条规定情形的回避申请，出席法庭的检察人员应当建议法庭当庭驳回。

第29条 检察长的回避，由检察委员会讨论决定。检察委员会讨论检察长回避问题时，由副检察长主持，检察长不得参加。

其他检察人员的回避，由检察长决定。

第30条 当事人及其法定代理人要求公安机关负责人回避，向同级人民检察院提出，或者向公安机关提出后，公安机关移送同级人民检察院的，由检察长提交检察委员会讨论决定。

第31条 检察长应当回避，本人没有自行回避，当事人及其法定代理人也没有申请其回避的，检察委员会应当决定其回避。

其他检察人员有前款规定情形的，检察长应当决定其回避。

第32条 人民检察院作出驳回申请回避的决定后，应当告知当事人及其法定代理人如不服本决定，有权在收到驳回申请回避的决定书后五日以内向原决定机关申请复议一次。

第33条 当事人及其法定代理人对驳回申请回避的决定不服申请复议的，决定机关应当在三日以内作出复议决定并书面通知申请人。

第34条 对人民检察院直接受理的案件进行侦查的人员或者进行补充侦查的人员在回避决定作出以前和复议期间，不得停止对案件的侦查。

2.**《最高人民法院关于适用〈中华人民共和国刑事诉讼法〉的解释》**（2021年1月26日　法释〔2021〕1号）

第34条 应当回避的审判人员没有自行回避，当事人及其法定代理人也没有申请其回避的，院长或者审判委员会应当决定其回避。

第35条 对当事人及其法定代理人提出的回避申请，人民法院可以口头或者书面作出决定，并将决定告知申请人。

当事人及其法定代理人申请回避被驳回的，可以在接到决定时申请复议一次。不属于刑事诉讼法第二十九条、第三十条规定情形的回避申请，由法庭当庭驳回，并不得申请复议。

第 36 条 当事人及其法定代理人申请出庭的检察人员回避的，人民法院应当区分情况作出处理：

（一）属于刑事诉讼法第二十九条、第三十条规定情形的回避申请，应当决定休庭，并通知人民检察院尽快作出决定；

（二）不属于刑事诉讼法第二十九条、第三十条规定情形的回避申请，应当当庭驳回，并不得申请复议。

第 37 条 本章所称的审判人员，包括人民法院院长、副院长、审判委员会委员、庭长、副庭长、审判员和人民陪审员。

● *部门规章及文件*

3.**《公安机关办理刑事案件程序规定》**（2020 年 7 月 20 日修正 公安部令第 159 号）

第 35 条 侦查人员的回避，由县级以上公安机关负责人决定；县级以上公安机关负责人的回避，由同级人民检察院检察委员会决定。

第 36 条 当事人及其法定代理人对侦查人员提出回避申请的，公安机关应当在收到回避申请后二日以内作出决定并通知申请人；情况复杂的，经县级以上公安机关负责人批准，可以在收到回避申请后五日以内作出决定。

当事人及其法定代理人对县级以上公安机关负责人提出回避申请的，公安机关应当及时将申请移送同级人民检察院。

第 37 条 当事人及其法定代理人对驳回申请回避的决定不服的，可以在收到驳回申请回避决定书后五日以内向作出决定的公安机关申请复议。

公安机关应当在收到复议申请后五日以内作出复议决定并书面通知申请人。

第 38 条 在作出回避决定前，申请或者被申请回避的公安机关负责人、侦查人员不得停止对案件的侦查。

作出回避决定后，申请或者被申请回避的公安机关负责人、侦查人员不得再参与本案的侦查工作。

第三十二条 回避制度的准用规定

本章关于回避的规定适用于书记员、翻译人员和鉴定人。

辩护人、诉讼代理人可以依照本章的规定要求回避、申请复议。

核心要点

1. 一般解释和规定：《公安机关办理刑事案件程序规定》；《最高人民法院关于适用〈中华人民共和国刑事诉讼法〉的解释》；《最高人民法院、最高人民检察院、公安部、国家安全部、司法部、全国人大常委会法制工作委员会关于实施刑事诉讼法若干问题的规定》；《人民检察院刑事诉讼规则》；《检察人员任职回避和公务回避暂行办法》

2. 翻译人员、鉴定人、书记员的回避：《刑事诉讼法》190、204；《公安机关办理刑事案件程序规定》40、41；《人民检察院刑事诉讼规则》37；《检察人员任职回避和公务回避暂行办法》17；《最高人民法院关于适用〈中华人民共和国刑事诉讼法〉的解释》27、28

司法解释及文件

1. **《检察人员任职回避和公务回避暂行办法》**（2000 年 7 月 17 日　高检发〔2000〕18 号）

第 2 条　检察人员之间有下列亲属关系之一的，必须按规定实行任职回避：

（一）夫妻关系；

（二）直系血亲关系；

（三）三代以内旁系血亲关系，包括伯叔姑舅姨、兄弟姐妹、堂弟兄姐妹、表兄弟姐妹、侄子女、甥子女；

（四）近姻亲关系，包括配偶的父母、配偶的兄弟姐妹及其配偶、子女的配偶及子女配偶的父母、三代以内旁系血亲的配偶。

第 3 条　检察人员之间凡具有本办法第二条所列亲属关系的，不得同时担任下列职务：

（一）同一人民检察院的检察长、副检察长、检察委员会委员；

（二）同一人民检察院的检察长、副检察长和检察员、助理检察员、书记员、司法警察、司法行政人员；

（三）同一工作部门的检察员、助理检察员、书记员、司法警察、司法行政人员；

（四）上下相邻两级人民检察院的检察长、副检察长。

第 4 条　担任县一级人民检察院检察长的，一般不得在原籍任职。但是，民族自治地方县一级人民检察院的检察人员除外。

第5条 检察人员任职回避按照以下程序进行：

（一）本人提出回避申请或者所在人民检察院的人事管理部门提出回避要求；

（二）按照管理权限进行审核，需要回避的，予以调整，并按照法律及有关规定办理任免手续。

第6条 检察人员任职回避，职务不同的，由职务较低的一方回避，个别因工作特殊需要的，经所在人民检察院批准，也可以由职务较高的一方回避；职务相同的，由所在人民检察院根据工作需要和检察人员的情况决定其中一方回避。

在本检察院内无法调整的，可以与其他单位协商调整；与其他单位协商调整确有困难的，商请有关管理部门或者上级人民检察院协调解决。

第7条 检察人员在录用、晋升、调配过程中应当如实地向人民检察院申报应回避的亲属情况。各级人民检察院在检察人员录用、晋升、调配过程中应当按照回避规定严格审查。对原已形成的应回避的关系，应当制定计划，逐步调整；对因婚姻、职务变化等新形成的应回避关系，应当及时调整。

第8条 检察人员从事人事管理、财务管理、监察、审计等公务活动，涉及本人或与本人有本办法第二条所列亲属关系人员的利害关系时，必须回避，不得参加有关考核、调查、讨论、审核、决定，也不得以任何形式施加影响。

第9条 检察人员从事检察活动，具有下列情形之一的，应当自行回避，当事人及其法定代理人也有权要求其回避：

（一）是本案的当事人或者是当事人的近亲属的；

（二）本人或者他的近亲属和本案有利害关系的；

（三）担任过本案的证人、鉴定人、辩护人、诉讼代理人的；

（四）与本案当事人有其他关系，可能影响公正处理案件的。

第10条 检察人员在检察活动中，接受当事人及其委托的人的请客送礼或者违反规定会见当事人及其委托的人的，当事人及其法定代理人有权要求其回避。

第11条 检察人员在检察活动中的回避，按照以下程序进行：

（一）检察人员自行回避申请的，可以书面或者口头向所在人民检察院提出回避申请，并说明理由；当事人及其法定代理人要求检察人员回避的，应当向该检察人员所在人民检察院提出书面或者口头申请，并说明理由，根据本办法第十条的规定提出回避的，应当提供有关证明材料。

（二）检察人员所在人民检察院有关工作部门对回避申请进行审查，调查核实有关情况，提出是否回避的意见。

（三）检察长作出是否同意检察人员回避的决定；对检察长的回避，由检察委员会作出决定并报上一级人民检察院备案。检察委员会讨论检察长回避问题时，由副检察长主持会议，检察长不得参加。

应当回避的检察人员，本人没有自行回避，当事人及其法定代理人也没有要求其回避的，检察长或者检察委员会应当决定其回避。

第 12 条　对人民检察院作出的驳回回避申请的决定，当事人及其法定代理人不服的，可以在收到驳回回避申请决定的 5 日内，向作出决定的人民检察院申请复议。

人民检察院对当事人及其法定代理人的复议申请，应当在 3 日内作出复议决定，并书面通知申请人。

第 13 条　检察人员自行回避或者被申请回避，在检察长或者检察委员会作出决定前，应当暂停参与案件的办理；但是，对人民检察院直接受理案件进行侦查或者补充侦查的检察人员，在回避决定作出前不能停止对案件的侦查。

第 14 条　因符合本办法第九条或者第十条规定的情形之一而决定回避的检察人员，在回避决定作出前所取得的证据和进行诉讼的行为是否有效，由检察长或者检察委员会根据案件的具体情况决定。

第 15 条　检察人员离任后 2 年内，不得担任诉讼代理人和辩护人。

第 16 条　检察人员在检察活动中具有以下情形的，视情予以批评教育、组织调整或者给予相应的纪律处分：

（一）明知具有本办法第九条或者第十条规定的情形，故意不依法自行回避或者对符合回避条件的申请故意不作出回避决定的；

（二）明知诉讼代理人、辩护人具有本办法第十五条规定情形，故意隐瞒的；

（三）拒不服从回避决定，继续参与办案或者干预办案的。

第 17 条　当事人、诉讼代理人，辩护人或者其他知情人认为检察人员有违反法律、法规有关回避规定行为的，可以向检察人员所在人民检察院监察部门举报。受理举报的部门应当及时处理，并将有关意见反馈举报人。

第18条 本规定所称检察人员，是指各级人民检察院检察官、书记员、司法行政人员和司法警察。

人民检察院聘请或者指派的翻译人员、司法鉴定人员，勘验人员在诉讼活动中的回避，参照检察人员回避的有关规定执行。

第19条 各级人民检察院的监察和人事管理部门负责检察人员回避工作的监督检查。

2.《人民检察院刑事诉讼规则》（2019年12月30日　高检发释字〔2019〕4号）

第37条 本规则关于回避的规定，适用于书记员、司法警察和人民检察院聘请或者指派的翻译人员、鉴定人。

书记员、司法警察和人民检察院聘请或者指派的翻译人员、鉴定人的回避由检察长决定。

辩护人、诉讼代理人可以依照刑事诉讼法及本规则关于回避的规定要求回避、申请复议。

3.《最高人民法院关于适用〈中华人民共和国刑事诉讼法〉的解释》（2021年1月26日　法释〔2021〕1号）

第38条 法官助理、书记员、翻译人员和鉴定人适用审判人员回避的有关规定，其回避问题由院长决定。

第39条 辩护人、诉讼代理人可以依照本章的有关规定要求回避、申请复议。

● ***部门规章及文件***

4.《公安机关办理刑事案件程序规定》（2020年7月20日修正　公安部令第159号）

第40条 本章关于回避的规定适用于记录人、翻译人员和鉴定人。

记录人、翻译人员和鉴定人需要回避的，由县级以上公安机关负责人决定。

第41条 辩护人、诉讼代理人可以依照本章的规定要求回避、申请复议。

第四章　辩护与代理

第三十三条　自行辩护与委托辩护　辩护人的范围

犯罪嫌疑人、被告人除自己行使辩护权以外，还可以委托一至二人作为辩护人。下列的人可以被委托为辩护人：

（一）律师；

（二）人民团体或者犯罪嫌疑人、被告人所在单位推荐的人；

（三）犯罪嫌疑人、被告人的监护人、亲友。

正在被执行刑罚或者依法被剥夺、限制人身自由的人，不得担任辩护人。

被开除公职和被吊销律师、公证员执业证书的人，不得担任辩护人，但系犯罪嫌疑人、被告人的监护人、近亲属的除外。

● 核心要点

1. **一般解释和规定：**《人民检察院刑事诉讼规则》38～40；《最高人民法院关于适用〈中华人民共和国刑事诉讼法〉的解释》40～43

2. **不得担任辩护人的情形：**《律师法》41；《最高人民法院关于适用〈中华人民共和国刑事诉讼法〉的解释》40

3. **辩护权：**《人民检察院刑事诉讼规则》40；《最高人民法院关于适用〈中华人民共和国刑事诉讼法〉的解释》53；《最高人民法院、最高人民检察院、公安部、国家安全部、司法部、全国人大常委会法制工作委员会关于实施刑事诉讼法若干问题的规定》4

● 法　律

1. **《律师法》**（2017年9月1日修正）

第41条　曾担任法官、检察官的律师，从人民法院、人民检察院离任后两年内，不得担任诉讼代理人或者辩护人。

● *司法解释及文件*

2.《**人民检察院刑事诉讼规则**》（2019年12月30日　高检发释字〔2019〕4号）

第38条　人民检察院在办案过程中，应当依法保障犯罪嫌疑人行使辩护权利。

第39条　辩护人、诉讼代理人向人民检察院提出有关申请、要求或者提交有关书面材料的，负责案件管理的部门应当接收并及时移送办案部门或者与办案部门联系，具体业务由办案部门负责办理，本规则另有规定的除外。

第40条　人民检察院负责侦查的部门在第一次讯问犯罪嫌疑人或者对其采取强制措施时，应当告知犯罪嫌疑人有权委托辩护人，并告知其如果因经济困难或者其他原因没有委托辩护人的，可以申请法律援助。属于刑事诉讼法第三十五条规定情形的，应当告知犯罪嫌疑人有权获得法律援助。

人民检察院自收到移送起诉案卷材料之日起三日以内，应当告知犯罪嫌疑人有权委托辩护人，并告知其如果因经济困难或者其他原因没有委托辩护人的，可以申请法律援助。属于刑事诉讼法第三十五条规定情形的，应当告知犯罪嫌疑人有权获得法律援助。

当面口头告知的，应当记入笔录，由被告知人签名；电话告知的，应当记录在案；书面告知的，应当将送达回执入卷。

第41条　在押或者被指定居所监视居住的犯罪嫌疑人向人民检察院提出委托辩护人要求的，人民检察院应当及时向其监护人、近亲属或者其指定的人员转达要求，并记录在案。

第42条　人民检察院办理直接受理侦查案件和审查起诉案件，发现犯罪嫌疑人是盲、聋、哑人或者是尚未完全丧失辨认或者控制自己行为能力的精神病人，或者可能被判处无期徒刑、死刑，没有委托辩护人的，应当自发现之日起三日以内书面通知法律援助机构指派律师为其提供辩护。

第43条　人民检察院收到在押或者被指定居所监视居住的犯罪嫌疑人提出的法律援助申请，应当在二十四小时以内将申请材料转交法律援助机构，并通知犯罪嫌疑人的监护人、近亲属或者其委托的其他人员协助提供有关证件、证明等材料。

第44条　属于应当提供法律援助的情形，犯罪嫌疑人拒绝法律援助机构指派的律师作为辩护人的，人民检察院应当查明拒绝的原因。有正当理由的，予以准许，但犯罪嫌疑人需另行委托辩护人；犯罪嫌疑人未另行委托辩护人的，应当书面通知法律援助机构另行指派律师为其提供辩护。

第45条 辩护人接受委托后告知人民检察院，或者法律援助机构指派律师后通知人民检察院的，人民检察院负责案件管理的部门应当及时登记辩护人的相关信息，并将有关情况和材料及时通知、移交办案部门。

负责案件管理的部门对办理业务的辩护律师，应当查验其律师执业证书、律师事务所证明和授权委托书或者法律援助公函。对其他辩护人、诉讼代理人，应当查验其身份证明和授权委托书。

第46条 人民检察院负责案件管理的部门应当依照法律规定对辩护人、诉讼代理人的资格进行审查，办案部门应当予以协助。

第47条 自人民检察院对案件审查起诉之日起，应当允许辩护律师查阅、摘抄、复制本案的案卷材料。案卷材料包括案件的诉讼文书和证据材料。

人民检察院直接受理侦查案件移送起诉，审查起诉案件退回补充侦查、改变管辖、提起公诉的，应当及时告知辩护律师。

第48条 自人民检察院对案件审查起诉之日起，律师以外的辩护人向人民检察院申请查阅、摘抄、复制本案的案卷材料或者申请同在押、被监视居住的犯罪嫌疑人会见和通信的，由人民检察院负责捕诉的部门进行审查并作出是否许可的决定，在三日以内书面通知申请人。

人民检察院许可律师以外的辩护人同在押或者被监视居住的犯罪嫌疑人通信的，可以要求看守所或者公安机关将书信送交人民检察院进行检查。

律师以外的辩护人申请查阅、摘抄、复制案卷材料或者申请同在押、被监视居住的犯罪嫌疑人会见和通信，具有下列情形之一的，人民检察院可以不予许可：

（一）同案犯罪嫌疑人在逃的；

（二）案件事实不清，证据不足，或者遗漏罪行、遗漏同案犯罪嫌疑人需要补充侦查的；

（三）涉及国家秘密或者商业秘密的；

（四）有事实表明存在串供、毁灭、伪造证据或者危害证人人身安全可能的。

第 49 条 辩护律师或者经过许可的其他辩护人到人民检察院查阅、摘抄、复制本案的案卷材料，由负责案件管理的部门及时安排，由办案部门提供案卷材料。因办案部门工作等原因无法及时安排的，应当向辩护人说明，并自即日起三个工作日以内安排辩护人阅卷，办案部门应当予以配合。

人民检察院应当为辩护人查阅、摘抄、复制案卷材料设置专门的场所或者电子卷宗阅卷终端设备。必要时，人民检察院可以派员在场协助。

辩护人复制案卷材料可以采取复印、拍照、扫描、刻录等方式，人民检察院不收取费用。

第 50 条 案件提请批准逮捕或者移送起诉后，辩护人认为公安机关在侦查期间收集的证明犯罪嫌疑人无罪或者罪轻的证据材料未提交，申请人民检察院向公安机关调取的，人民检察院负责捕诉的部门应当及时审查。经审查，认为辩护人申请调取的证据已收集并且与案件事实有联系的，应当予以调取；认为辩护人申请调取的证据未收集或者与案件事实没有联系的，应当决定不予调取并向辩护人说明理由。公安机关移送相关证据材料的，人民检察院应当在三日以内告知辩护人。

人民检察院办理直接受理侦查的案件，适用前款规定。

第 51 条 在人民检察院侦查、审查逮捕、审查起诉过程中，辩护人收集的有关犯罪嫌疑人不在犯罪现场、未达到刑事责任年龄、属于依法不负刑事责任的精神病人的证据，告知人民检察院的，人民检察院应当及时审查。

第 52 条 案件移送起诉后，辩护律师依据刑事诉讼法第四十三条第一款的规定申请人民检察院收集、调取证据的，人民检察院负责捕诉的部门应当及时审查。经审查，认为需要收集、调取证据的，应当决定收集、调取并制作笔录附卷；决定不予收集、调取的，应当书面说明理由。

人民检察院根据辩护律师的申请收集、调取证据时，辩护律师可以在场。

第 53 条 辩护律师申请人民检察院许可其向被害人或者其近亲属、被害人提供的证人收集与本案有关材料的，人民检察院负责捕诉的部门应当及时进行审查。人民检察院应当在五日以内作出是否许可的决定，通知辩护律师；不予许可的，应当书面说明理由。

第 54 条 在人民检察院侦查、审查逮捕、审查起诉过程中，辩护人要求听取其意见的，办案部门应当及时安排。辩护人提出书面意见的，办案部门应当接收并登记。

听取辩护人意见应当制作笔录或者记录在案，辩护人提出的书面意见应当附卷。

辩护人提交案件相关材料的，办案部门应当将辩护人提交材料的目的、来源及内容等情况记录在案，一并附卷。

3.《最高人民法院关于适用〈中华人民共和国刑事诉讼法〉的解释》（2021年1月26日　法释〔2021〕1号）

第40条　人民法院审判案件，应当充分保障被告人依法享有的辩护权利。

被告人除自己行使辩护权以外，还可以委托辩护人辩护。下列人员不得担任辩护人：

（一）正在被执行刑罚或者处于缓刑、假释考验期间的人；

（二）依法被剥夺、限制人身自由的人；

（三）被开除公职或者被吊销律师、公证员执业证书的人；

（四）人民法院、人民检察院、监察机关、公安机关、国家安全机关、监狱的现职人员；

（五）人民陪审员；

（六）与本案审理结果有利害关系的人；

（七）外国人或者无国籍人；

（八）无行为能力或者限制行为能力的人。

前款第三项至第七项规定的人员，如果是被告人的监护人、近亲属，由被告人委托担任辩护人的，可以准许。

第41条　审判人员和人民法院其他工作人员从人民法院离任后二年内，不得以律师身份担任辩护人。

审判人员和人民法院其他工作人员从人民法院离任后，不得担任原任职法院所审理案件的辩护人，但系被告人的监护人、近亲属的除外。

审判人员和人民法院其他工作人员的配偶、子女或者父母不得担任其任职法院所审理案件的辩护人，但系被告人的监护人、近亲属的除外。

第42条　对接受委托担任辩护人的，人民法院应当核实其身份证明和授权委托书。

第43条　一名被告人可以委托一至二人作为辩护人。

一名辩护人不得为两名以上的同案被告人，或者未同案处理但犯罪事实存在关联的被告人辩护。

4.《最高人民法院、最高人民检察院、公安部、国家安全部、司法部、全国人大常委会法制工作委员会关于实施刑事诉讼法若干问题的规定》（2012年12月26日）

4. 人民法院、人民检察院、公安机关、国家安全机关、监狱的现职人员，人民陪审员，外国人或者无国籍人，以及与本案有利害关系的人，不得担任辩护人。但是，上述人员系犯罪嫌疑人、被告人的监护人或者近亲属，犯罪嫌疑人、被告人委托其担任辩护人的，可以准许。无行为能力或者限制行为能力的人，不得担任辩护人。

一名辩护人不得为两名以上的同案犯罪嫌疑人、被告人辩护，不得为两名以上的未同案处理但实施的犯罪存在关联的犯罪嫌疑人、被告人辩护。

5.《关于依法保障律师执业权利的规定》（2015年9月16日　司发〔2015〕14号）

第2条　人民法院、人民检察院、公安机关、国家安全机关、司法行政机关应当尊重律师，健全律师执业权利保障制度，依照刑事诉讼法、民事诉讼法、行政诉讼法及律师法的规定，在各自职责范围内依法保障律师知情权、申请权、申诉权，以及会见、阅卷、收集证据和发问、质证、辩论等方面的执业权利，不得阻碍律师依法履行辩护、代理职责，不得侵害律师合法权利。

第3条　人民法院、人民检察院、公安机关、国家安全机关、司法行政机关和律师协会应当建立健全律师执业权利救济机制。

律师因依法执业受到侮辱、诽谤、威胁、报复、人身伤害的，有关机关应当及时制止并依法处理，必要时对律师采取保护措施。

第4条　人民法院、人民检察院、公安机关、国家安全机关、司法行政机关应当建立和完善诉讼服务中心、立案或受案场所、律师会见室、阅卷室，规范工作流程，方便律师办理立案、会见、阅卷、参与庭审、申请执行等事务。探索建立网络信息系统和律师服务平台，提高案件办理效率。

第5条　办案机关在办理案件中应当依法告知当事人有权委托辩护人、诉讼代理人。对于符合法律援助条件而没有委托辩护人或者诉讼代理人的，办案机关应当及时告知当事人有权申请法律援助，并按照相关规定向法律援助机构转交申请材料。办案机关发现犯罪嫌疑人、被告人属于依法应当提供法律援助的情形的，应当及时通知法律援助机构指派律师为其提供辩护。

第6条　辩护律师接受犯罪嫌疑人、被告人委托或者法律援助机构的指派后，应当告知办案机关，并可以依法向办案机关了解犯罪嫌疑人、被告人涉嫌或者被指控的罪名及当时已查明的该罪的主要事实，犯罪嫌疑人、被告人被采取、变更、解除强制措施的情况，侦查机关延长侦查羁押期限等情况，办案机关应当依法及时告知辩护律师。

办案机关作出移送审查起诉、退回补充侦查、提起公诉、延期审理、二审不开庭审理、宣告判决等重大程序性决定的，以及人民检察院将直接受理立案侦查案件报请上一级人民检察院审查决定逮捕的，应当依法及时告知辩护律师。

第7条 辩护律师到看守所会见在押的犯罪嫌疑人、被告人，看守所在查验律师执业证书、律师事务所证明和委托书或者法律援助公函后，应当及时安排会见。能当时安排的，应当当时安排；不能当时安排的，看守所应当向辩护律师说明情况，并保证辩护律师在四十八小时以内会见到在押的犯罪嫌疑人、被告人。

看守所安排会见不得附加其他条件或者变相要求辩护律师提交法律规定以外的其他文件、材料，不得以未收到办案机关通知为由拒绝安排辩护律师会见。

看守所应当设立会见预约平台，采取网上预约、电话预约等方式为辩护律师会见提供便利，但不得以未预约会见为由拒绝安排辩护律师会见。

辩护律师会见在押的犯罪嫌疑人、被告人时，看守所应当采取必要措施，保障会见顺利和安全进行。律师会见在押的犯罪嫌疑人、被告人的，看守所应当保障律师履行辩护职责需要的时间和次数，并与看守所工作安排和办案机关侦查工作相协调。辩护律师会见犯罪嫌疑人、被告人时不被监听，办案机关不得派员在场。在律师会见室不足的情况下，看守所经辩护律师书面同意，可以安排在讯问室会见，但应当关闭录音、监听设备。犯罪嫌疑人、被告人委托两名律师担任辩护人的，两名辩护律师可以共同会见，也可以单独会见。辩护律师可以带一名律师助理协助会见。助理人员随同辩护律师参加会见的，应当出示律师事务所证明和律师执业证书或申请律师执业人员实习证。办案机关应当核实律师助理的身份。

第8条 在押的犯罪嫌疑人、被告人提出解除委托关系的，办案机关应当要求其出具或签署书面文件，并在三日以内转交受委托的律师或者律师事务所。辩护律师可以要求会见在押的犯罪嫌疑人、被告人，当面向其确认解除委托关系，看守所应当安排会见；但犯罪嫌疑人、被告人书面拒绝会见的，看守所应当将有关书面材料转交辩护律师，不予安排会见。

在押的犯罪嫌疑人、被告人的监护人、近亲属解除代为委托辩护律师关系的，经犯罪嫌疑人、被告人同意的，看守所应当允许新代为委托的辩护律师会见，由犯罪嫌疑人、被告人确认新的委托关系；犯罪嫌疑人、被告人不同意解除原辩护律师的委托关系的，看守所应当终止新代为委托的辩护律师会见。

第9条 辩护律师在侦查期间要求会见危害国家安全犯罪、恐怖活动犯罪、特别重大贿赂犯罪案件在押的犯罪嫌疑人的，应当向侦查机关提出申请。侦查机关应当依法及时审查辩护律师提出的会见申请，在三日以内将是否许可的决定书面答复辩护律师，并明确告知负责与辩护律师联系的部门及工作人员的联系方式。对许可会见的，应当向辩护律师出具许可决定文书；因有碍侦查或者可能泄露国家秘密而不许可会见的，应当向辩护律师说明理由。有碍侦查或者可能泄露国家秘密的情形消失后，应当许可会见，并及时通知看守所和辩护律师。对特别重大贿赂案件在侦查终结前，侦查机关应当许可辩护律师至少会见一次犯罪嫌疑人。

侦查机关不得随意解释和扩大前款所述三类案件的范围，限制律师会见。

第10条 自案件移送审查起诉之日起，辩护律师会见犯罪嫌疑人、被告人，可以向其核实有关证据。

第11条 辩护律师会见在押的犯罪嫌疑人、被告人，可以根据需要制作会见笔录，并要求犯罪嫌疑人、被告人确认无误后在笔录上签名。

第12条 辩护律师会见在押的犯罪嫌疑人、被告人需要翻译人员随同参加的，应当提前向办案机关提出申请，并提交翻译人员身份证明及其所在单位出具的证明。办案机关应当及时审查并在三日以内作出是否许可的决定。许可翻译人员参加会见的，应当向辩护律师出具许可决定文书，并通知看守所。不许可的，应当向辩护律师书面说明理由，并通知其更换。

翻译人员应当持办案机关许可决定文书和本人身份证明，随同辩护律师参加会见。

第13条 看守所应当及时传递辩护律师同犯罪嫌疑人、被告人的往来信件。看守所可以对信件进行必要的检查，但不得截留、复制、删改信件，不得向办案机关提供信件内容，但信件内容涉及危害国家安全、公共安全、严重危害他人人身安全以及涉嫌串供、毁灭证据等情形的除外。

第14条 辩护律师自人民检察院对案件审查起诉之日起，可以查阅、摘抄、复制本案的案卷材料，人民检察院检察委员会的讨论记录、人民法院合议庭、审判委员会的讨论记录以及其他依法不能公开的材料除外。人民检察院、人民法院应当为辩护律师查阅、摘抄、复制案卷材料提供便利，有条件的地方可以推行电子化阅卷，允许刻录、下载材料。侦查机关应当在案件移送审查起诉后三日以内，人民检察院应当在提起公诉后三日以内，将案件移送情况告知辩护律师。案件提起公诉后，人民检察院对案卷所附证据材料有调整或者补充的，应当及时告知辩护律师。辩护律师对调整或者补充的证据材料，有权查阅、摘抄、复制。辩护律师办理申诉、抗诉案件，在人民检察院、人民法院经审查决定立案后，可以持律师执业证书、律师事务所证明和委托书或者法律援助公函到案卷档案管理部门、持有案卷档案的办案部门查阅、摘抄、复制已经审理终结案件的案卷材料。

辩护律师提出阅卷要求的，人民检察院、人民法院应当当时安排辩护律师阅卷，无法当时安排的，应当向辩护律师说明并安排其在三个工作日以内阅卷，不得限制辩护律师阅卷的次数和时间。有条件的地方可以设立阅卷预约平台。

人民检察院、人民法院应当为辩护律师阅卷提供场所和便利，配备必要的设备。因复制材料发生费用的，只收取工本费用。律师办理法律援助案件复制材料发生的费用，应当予以免收或者减收。辩护律师可以采用复印、拍照、扫描、电子数据拷贝等方式复制案卷材料，可以根据需要带律师助理协助阅卷。办案机关应当核实律师助理的身份。

辩护律师查阅、摘抄、复制的案卷材料属于国家秘密的，应当经过人民检察院、人民法院同意并遵守国家保密规定。律师不得违反规定，披露、散布案件重要信息和案卷材料，或者将其用于本案辩护、代理以外的其他用途。

第15条 辩护律师提交与案件有关材料的，办案机关应当在工作时间和办公场所予以接待，当面了解辩护律师提交材料的目的、材料的来源和主要内容等有关情况并记录在案，与相关材料一并附卷，并出具回执。辩护律师应当提交原件，提交原件确有困难的，经办案机关准许，也可以提交复印件，经与原件核对无误后由辩护律师签名确认。辩护律师通过服务平台网上提交相关材料的，办案机关应当在网上出具回执。辩护律师应当及时向办案机关提供原件核对，并签名确认。

第16条 在刑事诉讼审查起诉、审理期间，辩护律师书面申请调取公安机关、人民检察院在侦查、审查起诉期间收集但未提交的证明犯罪嫌疑人、被告人无罪或者罪轻的证据材料的，人民检察院、人民法院应当依法及时审查。经审查，认为辩护律师申请调取的证据材料已收集并且与案件事实有联系的，应当及时调取。相关证据材料提交后，人民检察院、人民法院应当及时通知辩护律师查阅、摘抄、复制。经审查决定不予调取的，应当书面说明理由。

第17条 辩护律师申请向被害人或者其近亲属、被害人提供的证人收集与本案有关的材料的，人民检察院、人民法院应当在七日以内作出是否许可的决定，并通知辩护律师。辩护律师书面提出有关申请时，办案机关不许可的，应当书面说明理由；辩护律师口头提出申请的，办案机关可以口头答复。

第18条 辩护律师申请人民检察院、人民法院收集、调取证据的，人民检察院、人民法院应当在三日以内作出是否同意的决定，并通知辩护律师。辩护律师书面提出有关申请时，办案机关不同意的，应当书面说明理由；辩护律师口头提出申请的，办案机关可以口头答复。

第19条 辩护律师申请向正在服刑的罪犯收集与案件有关的材料的，监狱和其他监管机关在查验律师执业证书、律师事务所证明和犯罪嫌疑人、被告人委托书或法律援助公函后，应当及时安排并提供合适的场所和便利。

正在服刑的罪犯属于辩护律师所承办案件的被害人或者其近亲属、被害人提供的证人的，应当经人民检察院或者人民法院许可。

第20条 在民事诉讼、行政诉讼过程中，律师因客观原因无法自行收集证据的，可以依法向人民法院申请调取。经审查符合规定的，人民法院应当予以调取。

第21条 侦查机关在案件侦查终结前，人民检察院、人民法院在审查批准、决定逮捕期间，最高人民法院在复核死刑案件期间，辩护律师提出要求的，办案机关应当听取辩护律师的意见。人民检察院审查起诉、第二审人民法院决定不开庭审理的，应当充分听取辩护律师的意见。

辩护律师要求当面反映意见或者提交证据材料的，办案机关应当依法办理，并制作笔录附卷。辩护律师提出的书面意见和证据材料，应当附卷。

第22条 辩护律师书面申请变更或者解除强制措施的，办案机关应当在三日以内作出处理决定。辩护律师的申请符合法律规定的，办案机关应当及时变更或者解除强制措施；经审查认为不应当变更或者解除强制措施的，应当告知辩护律师，并书面说明理由。

第23条 辩护律师在侦查、审查起诉、审判期间发现案件有关证据存在刑事诉讼法第五十四条规定的情形的，可以向办案机关申请排除非法证据。

辩护律师在开庭以前申请排除非法证据，人民法院对证据收集合法性有疑问的，应当依照刑事诉讼法第一百八十二条第二款的规定召开庭前会议，就非法证据排除问题了解情况，听取意见。

辩护律师申请排除非法证据的，办案机关应当听取辩护律师的意见，按照法定程序审查核实相关证据，并依法决定是否予以排除。

第24条 辩护律师在开庭以前提出召开庭前会议、回避、补充鉴定或者重新鉴定以及证人、鉴定人出庭等申请的，人民法院应当及时审查作出处理决定，并告知辩护律师。

第25条 人民法院确定案件开庭日期时，应当为律师出庭预留必要的准备时间并书面通知律师。律师因开庭日期冲突等正当理由申请变更开庭日期的，人民法院应当在不影响案件审理期限的情况下，予以考虑并调整日期，决定调整日期的，应当及时通知律师。

律师可以根据需要，向人民法院申请带律师助理参加庭审。律师助理参加庭审仅能从事相关辅助工作，不得发表辩护、代理意见。

第26条 有条件的人民法院应当建立律师参与诉讼专门通道，律师进入人民法院参与诉讼确需安全检查的，应当与出庭履行职务的检察人员同等对待。有条件的人民法院应当设置专门的律师更衣室、休息室或者休息区域，并配备必要的桌椅、饮水及上网设施等，为律师参与诉讼提供便利。

第27条 法庭审理过程中，律师对审判人员、检察人员提出回避申请的，人民法院、人民检察院应当依法作出处理。

第28条 法庭审理过程中，经审判长准许，律师可以向当事人、证人、鉴定人和有专门知识的人发问。

第29条 法庭审理过程中，律师可以就证据的真实性、合法性、关联性，从证明目的、证明效果、证明标准、证明过程等方面，进行法庭质证和相关辩论。

第30条 法庭审理过程中，律师可以就案件事实、证据和适用法律等问题，进行法庭辩论。

第31条 法庭审理过程中，法官应当注重诉讼权利平等和控辩平衡。对于律师发问、质证、辩论的内容、方式、时间等，法庭应当依法公正保障，以便律师充分发表意见，查清案件事实。

法庭审理过程中，法官可以对律师的发问、辩论进行引导，除发言过于重复、相关问题已在庭前会议达成一致、与案件无关或者侮辱、诽谤、威胁他人，故意扰乱法庭秩序的情况外，法官不得随意打断或者制止律师按程序进行的发言。

第32条 法庭审理过程中，律师可以提出证据材料，申请通知新的证人、有专门知识的人出庭，申请调取新的证据，申请重新鉴定或者勘验、检查。在民事诉讼中，申请有专门知识的人出庭，应当在举证期限届满前向人民法院申请，经法庭许可后才可以出庭。

第33条 法庭审理过程中，遇有被告人供述发生重大变化、拒绝辩护等重大情形，经审判长许可，辩护律师可以与被告人进行交流。

第34条 法庭审理过程中，有下列情形之一的，律师可以向法庭申请休庭：

（一）辩护律师因法定情形拒绝为被告人辩护的；

（二）被告人拒绝辩护律师为其辩护的；

（三）需要对新的证据作辩护准备的；

（四）其他严重影响庭审正常进行的情形。

第35条 辩护律师作无罪辩护的，可以当庭就量刑问题发表辩护意见，也可以庭后提交量刑辩护意见。

第36条 人民法院适用普通程序审理案件，应当在裁判文书中写明律师依法提出的辩护、代理意见，以及是否采纳的情况，并说明理由。

第37条 对于诉讼中的重大程序信息和送达当事人的诉讼文书，办案机关应当通知辩护、代理律师。

第38条 法庭审理过程中，律师就回避，案件管辖，非法证据排除，申请通知证人、鉴定人、有专门知识的人出庭，申请通知新的证人到庭，调取新的证据，申请重新鉴定、勘验等问题当庭提出申请，或者对法庭审理程序提出异议的，法庭原则上应当休庭进行审查，依照法定程序作出决定。其他律师有相同异议的，应一并提出，法庭一并休庭审查。法庭决定驳回申请或者异议的，律师可当庭提出复议。经复议后，律师应当尊重法庭的决定，服从法庭的安排。

律师不服法庭决定保留意见的内容应当详细记入法庭笔录，可以作为上诉理由，或者向同级或者上一级人民检察院申诉、控告。

第39条 律师申请查阅人民法院录制的庭审过程的录音、录像的，人民法院应当准许。

第40条 侦查机关依法对在诉讼活动中涉嫌犯罪的律师采取强制措施后，应当在四十八小时以内通知其所在的律师事务所或者所属的律师协会。

第41条 律师认为办案机关及其工作人员明显违反法律规定，阻碍律师依法履行辩护、代理职责，侵犯律师执业权利的，可以向该办案机关或者其上一级机关投诉。

办案机关应当畅通律师反映问题和投诉的渠道，明确专门部门负责处理律师投诉，并公开联系方式。

办案机关应当对律师的投诉及时调查，律师要求当面反映情况的，应当当面听取律师的意见。经调查情况属实的，应当依法立即纠正，及时答复律师，做好说明解释工作，并将处理情况通报其所在地司法行政机关或者所属的律师协会。

第42条 在刑事诉讼中，律师认为办案机关及其工作人员的下列行为阻碍律师依法行使诉讼权利的，可以向同级或者上一级人民检察院申诉、控告：

（一）未依法向律师履行告知、转达、通知和送达义务的；

（二）办案机关认定律师不得担任辩护人、代理人的情形有误的；

（三）对律师依法提出的申请，不接收、不答复的；

（四）依法应当许可律师提出的申请未许可的；

（五）依法应当听取律师的意见未听取的；

（六）其他阻碍律师依法行使诉讼权利的行为。

律师依照前款规定提出申诉、控告的，人民检察院应当在受理后十日以内进行审查，并将处理情况书面答复律师。情况属实的，通知有关机关予以纠正。情况不属实的，做好说明解释工作。

人民检察院应当依法严格履行保障律师依法执业的法律监督职责，处理律师申诉控告。在办案过程中发现有阻碍律师依法行使诉讼权利行为的，应当依法、及时提出纠正意见。

第43条 办案机关或者其上一级机关、人民检察院对律师提出的投诉、申诉、控告，经调查核实后要求有关机关予以纠正，有关机关拒不纠正或者累纠累犯的，应当由相关机关的纪检监察部门依照有关规定调查处理，相关责任人构成违纪的，给予纪律处分。

第44条 律师认为办案机关及其工作人员阻碍其依法行使执业权利的，可以向其所执业律师事务所所在地的市级司法行政机关、所属的律师协会申请维护执业权利。情况紧急的，可以向事发地的司法行政机关、律师协会申请维护执业权利。事发地的司法行政机关、律师协会应当给予协助。

司法行政机关、律师协会应当建立维护律师执业权利快速处置机制和联动机制，及时安排专人负责协调处理。律师的维权申请合法有据的，司法行政机关、律师协会应当建议有关办案机关依法处理，有关办案机关应当将处理情况及时反馈司法行政机关、律师协会。

司法行政机关、律师协会持有关证明调查核实律师权益保障或者违纪有关情况的，办案机关应当予以配合、协助，提供相关材料。

第45条 人民法院、人民检察院、公安机关、国家安全机关、司法行政机关和律师协会应当建立联席会议制度，定期沟通保障律师执业权利工作情况，及时调查处理侵犯律师执业权利的突发事件。

第46条 依法规范法律服务秩序，严肃查处假冒律师执业和非法从事法律服务的行为。对未取得律师执业证书或者已经被注销、吊销执业证书的人员以律师名义提供法律服务或者从事相关活动的，或者利用相关法律关于公民代理的规定从事诉讼代理或者辩护业务非法牟利的，依法追究责任，造成严重后果的，依法追究刑事责任。

第47条 本规定所称"办案机关"，是指负责侦查、审查逮捕、审查起诉和审判工作的公安机关、国家安全机关、人民检察院和人民法院。

第48条 本规定所称"律师助理"，是指辩护、代理律师所在律师事务所的其他律师和申请律师执业实习人员。

6.《最高人民法院关于依法切实保障律师诉讼权利的规定》（2015年12月29日　法发〔2015〕16号）

为深入贯彻落实全面推进依法治国战略，充分发挥律师维护当事人合法权益、促进司法公正的积极作用，切实保障律师诉讼权利，根据中华人民共和国刑事诉讼法、民事诉讼法、行政诉讼法、律师法和《最高人民法院、最高人民检察院、公安部、国家安全部、司法部关于依法保障律师执业权利的规定》，作出如下规定：

一、依法保障律师知情权。人民法院要不断完善审判流程公开、裁判文书公开、执行信息公开“三大平台”建设，方便律师及时获取诉讼信息。对诉讼程序、诉权保障、调解和解、裁判文书等重要事项及相关进展情况，应当依法及时告知律师。

二、依法保障律师阅卷权。对律师申请阅卷的，应当在合理时间内安排。案卷材料被其他诉讼主体查阅的，应当协调安排各方阅卷时间。律师依法查阅、摘抄、复制有关卷宗材料或者查看庭审录音录像的，应当提供场所和设施。有条件的法院，可提供网上卷宗查阅服务。

三、依法保障律师出庭权。确定开庭日期时，应当为律师预留必要的出庭准备时间。因特殊情况更改开庭日期的，应当提前三日告知律师。律师因正当理由请求变更开庭日期的，法官可在征询其他当事人意见后准许。律师带助理出庭的，应当准许。

四、依法保障律师辩论、辩护权。法官在庭审过程中应合理分配诉讼各方发问、质证、陈述和辩论、辩护的时间，充分听取律师意见。除律师发言过于重复、与案件无关或者相关问题已在庭前达成一致等情况外，不应打断律师发言。

五、依法保障律师申请排除非法证据的权利。律师申请排除非法证据并提供相关线索或者材料，法官经审查对证据收集合法性有疑问的，应当召开庭前会议或者进行法庭调查。经审查确认存在法律规定的以非法方法收集证据情形的，对有关证据应当予以排除。

六、依法保障律师申请调取证据的权利。律师因客观原因无法自行收集证据的，可以依法向人民法院书面申请调取证据。律师申请调取证据符合法定条件的，法官应当准许。

七、依法保障律师的人身安全。案件审理过程中出现当事人矛盾激化，可能危及律师人身安全情形的，应当及时采取必要措施。对在法庭上发生的殴打、威胁、侮辱、诽谤律师等行为，法官应当及时制止，依法处置。

八、依法保障律师代理申诉的权利。对律师代理当事人对案件提出申诉的，要依照法律规定的程序认真处理。认为原案件处理正确的，要支持律师向申诉人做好释法析理、息诉息访工作。

九、为律师依法履职提供便利。要进一步完善网上立案、缴费、查询、阅卷、申请保全、提交代理词、开庭排期、文书送达等功能。有条件的法院要为参加庭审的律师提供休息场所，配备桌椅、饮水及其他必要设施。

十、完善保障律师诉讼权利的救济机制。要指定专门机构负责处理律师投诉，公开联系方式，畅通投诉渠道。对投诉要及时调查，依法处理，并将结果及时告知律师。对司法行政机关、律师协会就维护律师执业权利提出的建议，要及时予以答复。

第三十四条　委托辩护的时间　辩护告知

犯罪嫌疑人自被侦查机关第一次讯问或者采取强制措施之日起，有权委托辩护人；在侦查期间，只能委托律师作为辩护人。被告人有权随时委托辩护人。

侦查机关在第一次讯问犯罪嫌疑人或者对犯罪嫌疑人采取强制措施的时候，应当告知犯罪嫌疑人有权委托辩护人。人民检察院自收到移送审查起诉的案件材料之日起三日以内，应当告知犯罪嫌疑人有权委托辩护人。人民法院自受理案件之日起三日以内，应当告知被告人有权委托辩护人。犯罪嫌疑人、被告人在押期间要求委托辩护人的，人民法院、人民检察院和公安机关应当及时转达其要求。

犯罪嫌疑人、被告人在押的，也可以由其监护人、近亲属代为委托辩护人。

辩护人接受犯罪嫌疑人、被告人委托后，应当及时告知办理案件的机关。

● ***司法解释及文件***

1.**《人民检察院刑事诉讼规则》**（2019年12月30日　高检发释字〔2019〕4号）

第40条　人民检察院负责侦查的部门在第一次讯问犯罪嫌疑人或者对其采取强制措施时，应当告知犯罪嫌疑人有权委托辩护人，并告知其如果因经济困难或者其他原因没有委托辩护人的，可以申请法律援助。属于刑事诉讼法第三十五条规定情形的，应当告知犯罪嫌疑人有权获得法律援助。

人民检察院自收到移送起诉案卷材料之日起三日以内，应当告知犯罪嫌疑人有权委托辩护人，并告知其如果因经济困难或者其他原因没有委托辩护人的，可以申请法律援助。属于刑事诉讼法第三十五条规定情形的，应当告知犯罪嫌疑人有权获得法律援助。

当面口头告知的，应当记入笔录，由被告知人签名；电话告知的，应当记录在案；书面告知的，应当将送达回执入卷。

第41条 在押或者被指定居所监视居住的犯罪嫌疑人向人民检察院提出委托辩护人要求的，人民检察院应当及时向其监护人、近亲属或者其指定的人员转达要求，并记录在案。

第45条 辩护人接受委托后告知人民检察院，或者法律援助机构指派律师后通知人民检察院的，人民检察院负责案件管理的部门应当及时登记辩护人的相关信息，并将有关情况和材料及时通知、移交办案部门。

负责案件管理的部门对办理业务的辩护律师，应当查验其律师执业证书、律师事务所证明和授权委托书或者法律援助公函。对其他辩护人、诉讼代理人，应当查验其身份证明和授权委托书。

第46条 人民检察院负责案件管理的部门应当依照法律规定对辩护人、诉讼代理人的资格进行审查，办案部门应当予以协助。

2.《最高人民法院关于适用〈中华人民共和国刑事诉讼法〉的解释》（2021年1月26日　法释〔2021〕1号）

第44条 被告人没有委托辩护人的，人民法院自受理案件之日起三日以内，应当告知其有权委托辩护人；被告人因经济困难或者其他原因没有委托辩护人的，应当告知其可以申请法律援助；被告人属于应当提供法律援助情形的，应当告知其将依法通知法律援助机构指派律师为其提供辩护。

被告人没有委托辩护人，法律援助机构也没有指派律师为其提供辩护的，人民法院应当告知被告人有权约见值班律师，并为被告人约见值班律师提供便利。

告知可以采取口头或者书面方式。

第45条 审判期间，在押的被告人要求委托辩护人的，人民法院应当在三日以内向其监护人、近亲属或者其指定的人员转达要求。被告人应当提供有关人员的联系方式。有关人员无法通知的，应当告知被告人。

● *部门规章及文件*

3. **《公安机关办理刑事案件程序规定》**（2020年7月20日修正　公安部令第159号）

第43条　公安机关在第一次讯问犯罪嫌疑人或者对犯罪嫌疑人采取强制措施的时候，应当告知犯罪嫌疑人有权委托律师作为辩护人，并告知其如果因经济困难或者其他原因没有委托辩护律师的，可以向法律援助机构申请法律援助。告知的情形应当记录在案。

对于同案的犯罪嫌疑人委托同一名辩护律师的，或者两名以上未同案处理但实施的犯罪存在关联的犯罪嫌疑人委托同一名辩护律师的，公安机关应当要求其更换辩护律师。

第44条　犯罪嫌疑人可以自己委托辩护律师。犯罪嫌疑人在押的，也可以由其监护人、近亲属代为委托辩护律师。

犯罪嫌疑人委托辩护律师的请求可以书面提出，也可以口头提出。口头提出的，公安机关应当制作笔录，由犯罪嫌疑人签名、捺指印。

第45条　在押的犯罪嫌疑人向看守所提出委托辩护律师要求的，看守所应当及时将其请求转达给办案部门，办案部门应当及时向犯罪嫌疑人委托的辩护律师或者律师事务所转达该项请求。

在押的犯罪嫌疑人仅提出委托辩护律师的要求，但提不出具体对象的，办案部门应当及时通知犯罪嫌疑人的监护人、近亲属代为委托辩护律师。犯罪嫌疑人无监护人或者近亲属的，办案部门应当及时通知当地律师协会或者司法行政机关为其推荐辩护律师。

第三十五条　法律援助机构指派辩护

犯罪嫌疑人、被告人因经济困难或者其他原因没有委托辩护人的，本人及其近亲属可以向法律援助机构提出申请。对符合法律援助条件的，法律援助机构应当指派律师为其提供辩护。

犯罪嫌疑人、被告人是盲、聋、哑人，或者是尚未完全丧失辨认或者控制自己行为能力的精神病人，没有委托辩护人的，人民法院、人民检察院和公安机关应当通知法律援助机构指派律师为其提供辩护。

犯罪嫌疑人、被告人可能被判处无期徒刑、死刑，没有委托辩护人的，人民法院、人民检察院和公安机关应当通知法律援助机构指派律师为其提供辩护。

〔行政法规〕

1.《法律援助条例》(2003年7月21日通过)

第2条 符合本条例规定的公民，可以依照本条例获得法律咨询、代理、刑事辩护等无偿法律服务。

第11条 刑事诉讼中有下列情形之一的，公民可以向法律援助机构申请法律援助：

(一) 犯罪嫌疑人在被侦查机关第一次讯问后或者采取强制措施之日起，因经济困难没有聘请律师的；

(二) 公诉案件中的被害人及其法定代理人或者近亲属，自案件移送审查起诉之日起，因经济困难没有委托诉讼代理人的；

(三) 自诉案件的自诉人及其法定代理人，自案件被人民法院受理之日起，因经济困难没有委托诉讼代理人的。

第12条 公诉人出庭公诉的案件，被告人因经济困难或者其他原因没有委托辩护人，人民法院为被告人指定辩护时，法律援助机构应当提供法律援助。

被告人是盲、聋、哑人或者未成年人而没有委托辩护人的，或者被告人可能被判处死刑而没有委托辩护人的，人民法院为被告人指定辩护时，法律援助机构应当提供法律援助，无须对被告人进行经济状况的审查。

第13条 本条例所称公民经济困难的标准，由省、自治区、直辖市人民政府根据本行政区域经济发展状况和法律援助事业的需要规定。

申请人住所地的经济困难标准与受理申请的法律援助机构所在地的经济困难标准不一致的，按照受理申请的法律援助机构所在地的经济困难标准执行。

第15条 本条例第十一条所列人员申请法律援助的，应当向审理案件的人民法院所在地的法律援助机构提出申请。被羁押的犯罪嫌疑人的申请由看守所在24小时内转交法律援助机构，申请法律援助所需提交的有关证件、证明材料由看守所通知申请人的法定代理人或者近亲属协助提供。

第16条 申请人为无民事行为能力人或者限制民事行为能力人的，由其法定代理人代为提出申请。

无民事行为能力人或者限制民事行为能力人与其法定代理人之间发生诉讼或者因其他利益纠纷需要法律援助的，由与该争议事项无利害关系的其他法定代理人代为提出申请。

第17条 公民申请代理、刑事辩护的法律援助应当提交下列证件、证明材料：

（一）身份证或者其他有效的身份证明，代理申请人还应当提交有代理权的证明；

（二）经济困难的证明；

（三）与所申请法律援助事项有关的案件材料。

申请应当采用书面形式，填写申请表；以书面形式提出申请确有困难的，可以口头申请，由法律援助机构工作人员或者代为转交申请的有关机构工作人员作书面记录。

第18条 法律援助机构收到法律援助申请后，应当进行审查；认为申请人提交的证件、证明材料不齐全的，可以要求申请人作出必要的补充或者说明，申请人未按要求作出补充或者说明的，视为撤销申请；认为申请人提交的证件、证明材料需要查证的，由法律援助机构向有关机关、单位查证。

对符合法律援助条件的，法律援助机构应当及时决定提供法律援助；对不符合法律援助条件的，应当书面告知申请人理由。

第19条 申请人对法律援助机构作出的不符合法律援助条件的通知有异议的，可以向确定该法律援助机构的司法行政部门提出，司法行政部门应当在收到异议之日起5个工作日内进行审查，经审查认为申请人符合法律援助条件的，应当以书面形式责令法律援助机构及时对该申请人提供法律援助。

第20条 由人民法院指定辩护的案件，人民法院在开庭10日前将指定辩护通知书和起诉书副本或者判决书副本送交其所在地的法律援助机构；人民法院不在其所在地审判的，可以将指定辩护通知书和起诉书副本或者判决书副本送交审判地的法律援助机构。

第21条 法律援助机构可以指派律师事务所安排律师或者安排本机构的工作人员办理法律援助案件；也可以根据其他社会组织的要求，安排其所属人员办理法律援助案件。对人民法院指定辩护的案件，法律援助机构应当在开庭3日前将确定的承办人员名单回复作出指定的人民法院。

第22条 办理法律援助案件的人员，应当遵守职业道德和执业纪律，提供法律援助不得收取任何财物。

第23条 办理法律援助案件的人员遇有下列情形之一的，应当向法律援助机构报告，法律援助机构经审查核实的，应当终止该项法律援助：

（一）受援人的经济收入状况发生变化，不再符合法律援助条件的；

（二）案件终止审理或者已被撤销的；

（三）受援人又自行委托律师或者其他代理人的；

（四）受援人要求终止法律援助的。

第24条 受指派办理法律援助案件的律师或者接受安排办理法律援助案件的社会组织人员在案件结案时，应当向法律援助机构提交有关的法律文书副本或者复印件以及结案报告等材料。

法律援助机构收到前款规定的结案材料后，应当向受指派办理法律援助案件的律师或者接受安排办理法律援助案件的社会组织人员支付法律援助办案补贴。

法律援助办案补贴的标准由省、自治区、直辖市人民政府司法行政部门会同同级财政部门，根据当地经济发展水平，参考法律援助机构办理各类法律援助案件的平均成本等因素核定，并可以根据需要调整。

第25条 法律援助机构对公民申请的法律咨询服务，应当即时办理；复杂疑难的，可以预约择时办理。

● *司法解释及文件*

2.《最高人民法院、最高人民检察院、公安部、国家安全部、司法部关于规范量刑程序若干问题的意见》（2020年11月5日　法发〔2020〕38号）

第11条 人民法院、人民检察院、侦查机关应当告知犯罪嫌疑人、被告人申请法律援助的权利，对符合法律援助条件的，依法通知法律援助机构指派律师为其提供辩护或者法律帮助。

3.《人民检察院刑事诉讼规则》（2019年12月30日　高检发释字〔2019〕4号）

第40条 人民检察院负责侦查的部门在第一次讯问犯罪嫌疑人或者对

其采取强制措施时，应当告知犯罪嫌疑人有权委托辩护人，并告知其如果因经济困难或者其他原因没有委托辩护人的，可以申请法律援助。属于刑事诉讼法第三十五条规定情形的，应当告知犯罪嫌疑人有权获得法律援助。

人民检察院自收到移送起诉案卷材料之日起三日以内，应当告知犯罪嫌疑人有权委托辩护人，并告知其如果因经济困难或者其他原因没有委托辩护人的，可以申请法律援助。属于刑事诉讼法第三十五条规定情形的，应当告知犯罪嫌疑人有权获得法律援助。

当面口头告知的，应当记入笔录，由被告知人签名；电话告知的，应当记录在案；书面告知的，应当将送达回执入卷。

第42条 人民检察院办理直接受理侦查案件和审查起诉案件，发现犯罪嫌疑人是盲、聋、哑人或者是尚未完全丧失辨认或者控制自己行为能力的精神病人，或者可能被判处无期徒刑、死刑，没有委托辩护人的，应当自发现之日起三日以内书面通知法律援助机构指派律师为其提供辩护。

4.《最高人民法院关于适用〈中华人民共和国刑事诉讼法〉的解释》（2021年1月26日　法释〔2021〕1号）

第44条 被告人没有委托辩护人的，人民法院自受理案件之日起三日以内，应当告知其有权委托辩护人；被告人因经济困难或者其他原因没有委托辩护人的，应当告知其可以申请法律援助；被告人属于应当提供法律援助情形的，应当告知其将依法通知法律援助机构指派律师为其提供辩护。

被告人没有委托辩护人，法律援助机构也没有指派律师为其提供辩护的，人民法院应当告知被告人有权约见值班律师，并为被告人约见值班律师提供便利。

告知可以采取口头或者书面方式。

第45条 审判期间，在押的被告人要求委托辩护人的，人民法院应当在三日以内向其监护人、近亲属或者其指定的人员转达要求。被告人应当提供有关人员的联系方式。有关人员无法通知的，应当告知被告人。

第46条 人民法院收到在押被告人提出的法律援助或者法律帮助申请，应当依照有关规定及时转交法律援助机构或者通知值班律师。

第47条 对下列没有委托辩护人的被告人，人民法院应当通知法律援助机构指派律师为其提供辩护：

（一）盲、聋、哑人；

（二）尚未完全丧失辨认或者控制自己行为能力的精神病人；

（三）可能被判处无期徒刑、死刑的人。

高级人民法院复核死刑案件，被告人没有委托辩护人的，应当通知法律援助机构指派律师为其提供辩护。

死刑缓期执行期间故意犯罪的案件，适用前两款规定。

第48条 具有下列情形之一，被告人没有委托辩护人的，人民法院可以通知法律援助机构指派律师为其提供辩护：

（一）共同犯罪案件中，其他被告人已经委托辩护人的；

（二）案件有重大社会影响的；

（三）人民检察院抗诉的；

（四）被告人的行为可能不构成犯罪的；

（五）有必要指派律师提供辩护的其他情形。

第49条 人民法院通知法律援助机构指派律师提供辩护的，应当将法律援助通知书、起诉书副本或者判决书送达法律援助机构；决定开庭审理的，除适用简易程序或者速裁程序审理的以外，应当在开庭十五日以前将上述材料送达法律援助机构。

法律援助通知书应当写明案由、被告人姓名、提供法律援助的理由、审判人员的姓名和联系方式；已确定开庭审理的，应当写明开庭的时间、地点。

第50条 被告人拒绝法律援助机构指派的律师为其辩护，坚持自己行使辩护权的，人民法院应当准许。

属于应当提供法律援助的情形，被告人拒绝指派的律师为其辩护的，人民法院应当查明原因。理由正当的，应当准许，但被告人应当在五日以内另行委托辩护人；被告人未另行委托辩护人的，人民法院应当在三日以内通知法律援助机构另行指派律师为其提供辩护。

第51条 对法律援助机构指派律师为被告人提供辩护，被告人的监护人、近亲属又代为委托辩护人的，应当听取被告人的意见，由其确定辩护人人选。

第52条 审判期间，辩护人接受被告人委托的，应当在接受委托之日起三日以内，将委托手续提交人民法院。

接受法律援助机构指派为被告人提供辩护的，适用前款规定。

5.《最高人民法院、最高人民检察院、公安部、国家安全部、司法部、全国人大常委会法制工作委员会关于实施刑事诉讼法若干问题的规定》（2012 年 12 月 26 日）

5. 刑事诉讼法第三十四条①、第二百六十七条②、第二百八十六条③对法律援助作了规定。对于人民法院、人民检察院、公安机关根据上述规定，通知法律援助机构指派律师提供辩护或者法律帮助的，法律援助机构应当在接到通知后三日以内指派律师，并将律师的姓名、单位、联系方式书面通知人民法院、人民检察院、公安机关。

6.《最高人民法院、最高人民检察院、公安部、司法部关于刑事诉讼法律援助工作的规定》（2013 年 2 月 4 日　司发通〔2013〕18 号）

第 1 条　为加强和规范刑事诉讼法律援助工作，根据《中华人民共和国刑事诉讼法》、《中华人民共和国律师法》、《法律援助条例》以及其他相关规定，结合法律援助工作实际，制定本规定。

第 2 条　犯罪嫌疑人、被告人因经济困难没有委托辩护人的，本人及其近亲属可以向办理案件的公安机关、人民检察院、人民法院所在地同级司法行政机关所属法律援助机构申请法律援助。

具有下列情形之一，犯罪嫌疑人、被告人没有委托辩护人的，可以依照前款规定申请法律援助：

（一）有证据证明犯罪嫌疑人、被告人属于一级或者二级智力残疾的；

（二）共同犯罪案件中，其他犯罪嫌疑人、被告人已委托辩护人的；

（三）人民检察院抗诉的；

（四）案件具有重大社会影响的。

第 3 条　公诉案件中的被害人及其法定代理人或者近亲属，自诉案件中的自诉人及其法定代理人，因经济困难没有委托诉讼代理人的，可以向办理案件的人民检察院、人民法院所在地同级司法行政机关所属法律援助机构申请法律援助。

第 4 条　公民经济困难的标准，按案件受理地所在的省、自治区、直辖市人民政府的规定执行。

---

① 对应《中华人民共和国刑事诉讼法》（2018 年修正）第三十五条。

② 对应《中华人民共和国刑事诉讼法》（2018 年修正）第二百七十八条。

③ 对应《中华人民共和国刑事诉讼法》（2018 年修正）第三百零四条。

第5条 公安机关、人民检察院在第一次讯问犯罪嫌疑人或者采取强制措施的时候，应当告知犯罪嫌疑人有权委托辩护人，并告知其如果符合本规定第二条规定，本人及其近亲属可以向法律援助机构申请法律援助。

人民检察院自收到移送审查起诉的案件材料之日起3日内，应当告知犯罪嫌疑人有权委托辩护人，并告知其如果符合本规定第二条规定，本人及其近亲属可以向法律援助机构申请法律援助；应当告知被害人及其法定代理人或者近亲属有权委托诉讼代理人，并告知其如果经济困难，可以向法律援助机构申请法律援助。

人民法院自受理案件之日起3日内，应当告知被告人有权委托辩护人，并告知其如果符合本规定第二条规定，本人及其近亲属可以向法律援助机构申请法律援助；应当告知自诉人及其法定代理人有权委托诉讼代理人，并告知其如果经济困难，可以向法律援助机构申请法律援助。人民法院决定再审的案件，应当自决定再审之日起3日内履行相关告知职责。

犯罪嫌疑人、被告人具有本规定第九条规定情形的，公安机关、人民检察院、人民法院应当告知其如果不委托辩护人，将依法通知法律援助机构指派律师为其提供辩护。

第6条 告知可以采取口头或者书面方式，告知的内容应当易于被告知人理解。口头告知的，应当制作笔录，由被告知人签名；书面告知的，应当将送达回执入卷。对于被告知人当场表达申请法律援助意愿的，应当记录在案。

第7条 被羁押的犯罪嫌疑人、被告人提出法律援助申请的，公安机关、人民检察院、人民法院应当在收到申请24小时内将其申请转交或者告知法律援助机构，并于3日内通知申请人的法定代理人、近亲属或者其委托的其他人员协助向法律援助机构提供有关证件、证明等相关材料。犯罪嫌疑人、被告人的法定代理人或者近亲属无法通知的，应当在转交申请时一并告知法律援助机构。

第8条 法律援助机构收到申请后应当及时进行审查并于7日内作出决定。对符合法律援助条件的，应当决定给予法律援助，并制作给予法律援助决定书；对不符合法律援助条件的，应当决定不予法律援助，制作不予法律援助决定书。给予法律援助决定书和不予法律援助决定书应当及时发送申请人，并函告公安机关、人民检察院、人民法院。

对于犯罪嫌疑人、被告人申请法律援助的案件，法律援助机构可以向公安机关、人民检察院、人民法院了解案件办理过程中掌握的犯罪嫌疑人、被告人是否具有本规定第二条规定情形等情况。

第9条 犯罪嫌疑人、被告人具有下列情形之一没有委托辩护人的，公安机关、人民检察院、人民法院应当自发现该情形之日起3日内，通知所在地同级司法行政机关所属法律援助机构指派律师为其提供辩护：

(一) 未成年人；

(二) 盲、聋、哑人；

(三) 尚未完全丧失辨认或者控制自己行为能力的精神病人；

(四) 可能被判处无期徒刑、死刑的人。

第10条 公安机关、人民检察院、人民法院通知辩护的，应当将通知辩护公函和采取强制措施决定书、起诉意见书、起诉书、判决书副本或者复印件送交法律援助机构。

通知辩护公函应当载明犯罪嫌疑人或者被告人的姓名、涉嫌的罪名、羁押场所或者住所、通知辩护的理由、办案机关联系人姓名和联系方式等。

第11条 人民法院自受理强制医疗申请或者发现被告人符合强制医疗条件之日起3日内，对于被申请人或者被告人没有委托诉讼代理人的，应当向法律援助机构送交通知代理公函，通知其指派律师担任被申请人或被告人的诉讼代理人，为其提供法律帮助。

人民检察院申请强制医疗的，人民法院应当将强制医疗申请书副本一并送交法律援助机构。

通知代理公函应当载明被申请人或者被告人的姓名、法定代理人的姓名和联系方式、办案机关联系人姓名和联系方式。

第12条 法律援助机构应当自作出给予法律援助决定或者自收到通知辩护公函、通知代理公函之日起3日内，确定承办律师并函告公安机关、人民检察院、人民法院。

法律援助机构出具的法律援助公函应当载明承办律师的姓名、所属单位及联系方式。

第13条 对于可能被判处无期徒刑、死刑的案件，法律援助机构应当指派具有一定年限刑事辩护执业经历的律师担任辩护人。

对于未成年人案件，应当指派熟悉未成年人身心特点的律师担任辩护人。

第14条 承办律师接受法律援助机构指派后，应当按照有关规定及时办理委托手续。

承办律师应当在首次会见犯罪嫌疑人、被告人时，询问是否同意为其辩护，并制作笔录。犯罪嫌疑人、被告人不同意的，律师应当书面告知公安机关、人民检察院、人民法院和法律援助机构。

第15条 对于依申请提供法律援助的案件，犯罪嫌疑人、被告人坚持自己辩护，拒绝法律援助机构指派的律师为其辩护的，法律援助机构应当准许，并作出终止法律援助的决定；对于有正当理由要求更换律师的，法律援助机构应当另行指派律师为其提供辩护。

对于应当通知辩护的案件，犯罪嫌疑人、被告人拒绝法律援助机构指派的律师为其辩护的，公安机关、人民检察院、人民法院应当查明拒绝的原因，有正当理由的，应当准许，同时告知犯罪嫌疑人、被告人需另行委托辩护人。犯罪嫌疑人、被告人未另行委托辩护人的，公安机关、人民检察院、人民法院应当及时通知法律援助机构另行指派律师为其提供辩护。

第16条 人民检察院审查批准逮捕时，认为犯罪嫌疑人具有应当通知辩护的情形，公安机关未通知法律援助机构指派律师的，应当通知公安机关予以纠正，公安机关应当将纠正情况通知人民检察院。

第17条 在案件侦查终结前，承办律师提出要求的，侦查机关应当听取其意见，并记录在案。承办律师提出书面意见的，应当附卷。

第18条 人民法院决定变更开庭时间的，应当在开庭3日前通知承办律师。承办律师有正当理由不能按时出庭的，可以申请人民法院延期开庭。人民法院同意延期开庭的，应当及时通知承办律师。

第19条 人民法院决定不开庭审理的案件，承办律师应当在接到人民法院不开庭通知之日起10日内向人民法院提交书面辩护意见。

第20条 人民检察院、人民法院应当对承办律师复制案卷材料的费用予以免收或者减收。

第21条 公安机关在撤销案件或者移送审查起诉后，人民检察院在作出提起公诉、不起诉或者撤销案件决定后，人民法院在终止审理或者作出裁决后，以及公安机关、人民检察院、人民法院将案件移送其他机关办理后，应当在5日内将相关法律文书副本或者复印件送达承办律师，或者书面告知承办律师。

公安机关的起诉意见书，人民检察院的起诉书、不起诉决定书，人民法院的判决书、裁定书等法律文书，应当载明作出指派的法律援助机构名称、承办律师姓名以及所属单位等情况。

第22条 具有下列情形之一的，法律援助机构应当作出终止法律援助决定，制作终止法律援助决定书发送受援人，并自作出决定之日起3日内函告公安机关、人民检察院、人民法院：

（一）受援人的经济收入状况发生变化，不再符合法律援助条件的；

（二）案件终止办理或者已被撤销的；

（三）受援人自行委托辩护人或者代理人的；

（四）受援人要求终止法律援助的，但应当通知辩护的情形除外；

（五）法律、法规规定应当终止的其他情形。

公安机关、人民检察院、人民法院在案件办理过程中发现有前款规定情形的，应当及时函告法律援助机构。

第23条 申请人对法律援助机构不予援助的决定有异议的，可以向主管该法律援助机构的司法行政机关提出。司法行政机关应当在收到异议之日起5个工作日内进行审查，经审查认为申请人符合法律援助条件的，应当以书面形式责令法律援助机构及时对该申请人提供法律援助，同时通知申请人；认为申请人不符合法律援助条件的，应当维持法律援助机构不予援助的决定，并书面告知申请人。

受援人对法律援助机构终止法律援助的决定有异议的，按照前款规定办理。

第24条 犯罪嫌疑人、被告人及其近亲属、法定代理人，强制医疗案件中的被申请人、被告人的法定代理人认为公安机关、人民检察院、人民法院应当告知其可以向法律援助机构申请法律援助而没有告知，或者应当通知法律援助机构指派律师为其提供辩护或者诉讼代理而没有通知的，有权向同级或者上一级人民检察院申诉或者控告。人民检察院应当对申诉或者控告及时进行审查，情况属实的，通知有关机关予以纠正。

第25条 律师应当遵守有关法律法规和法律援助业务规程，做好会见、阅卷、调查取证、解答咨询、参加庭审等工作，依法为受援人提供法律服务。

律师事务所应当对律师办理法律援助案件进行业务指导，督促律师在办案过程中尽职尽责，恪守职业道德和执业纪律。

第26条 法律援助机构依法对律师事务所、律师开展法律援助活动进行指导监督，确保办案质量。

司法行政机关和律师协会根据律师事务所、律师履行法律援助义务情况实施奖励和惩戒。

公安机关、人民检察院、人民法院在案件办理过程中发现律师有违法或者违反职业道德和执业纪律行为，损害受援人利益的，应当及时向法律援助机构通报有关情况。

第27条 公安机关、人民检察院、人民法院和司法行政机关应当加强协调，建立健全工作机制，做好法律援助咨询、申请转交、组织实施等方面的衔接工作，促进刑事法律援助工作有效开展。

第28条 本规定自2013年3月1日起施行。2005年9月28日最高人民法院、最高人民检察院、公安部、司法部下发的《关于刑事诉讼法律援助工作的规定》同时废止。

7.《最高人民法院、最高人民检察院、公安部、国家安全部、司法部关于依法保障律师执业权利的规定》（2015年9月16日　司发〔2015〕14号）

第5条 办案机关在办理案件中应当依法告知当事人有权委托辩护人、诉讼代理人。对于符合法律援助条件而没有委托辩护人或者诉讼代理人的，办案机关应当及时告知当事人有权申请法律援助，并按照相关规定向法律援助机构转交申请材料。办案机关发现犯罪嫌疑人、被告人属于依法应当提供法律援助的情形的，应当及时通知法律援助机构指派律师为其提供辩护。

第三十六条 值班律师制度

法律援助机构可以在人民法院、看守所等场所派驻值班律师。犯罪嫌疑人、被告人没有委托辩护人，法律援助机构没有指派律师为其提供辩护的，由值班律师为犯罪嫌疑人、被告人提供法律咨询、程序选择建议、申请变更强制措施、对案件处理提出意见等法律帮助。

人民法院、人民检察院、看守所应当告知犯罪嫌疑人、被告人有权约见值班律师，并为犯罪嫌疑人、被告人约见值班律师提供便利。

● *部门规章及文件*

1. **《公安机关办理刑事案件程序规定》**（2020 年 7 月 20 日　公安部令第 159 号）

第 49 条　犯罪嫌疑人、被告人入所羁押时没有委托辩护人，法律援助机构也没有指派律师提供辩护的，看守所应当告知其有权约见值班律师，获得法律咨询、程序选择建议、申请变更强制措施、对案件处理提出意见等法律帮助，并为犯罪嫌疑人、被告人约见值班律师提供便利。

没有委托辩护人、法律援助机构没有指派律师提供辩护的犯罪嫌疑人、被告人，向看守所申请由值班律师提供法律帮助的，看守所应当在二十四小时内通知值班律师。

2. **《全国刑事法律援助服务规范》**（2019 年 2 月 25 日）

7. 值班律师法律帮助

根据刑诉法、司发通〔2017〕84 号和司办通〔2018〕2 号文件，值班律师法律帮助要求如下：

a）法律援助机构根据实际需要可在人民法院、看守所等场所派驻值班律师，为没有辩护人的犯罪嫌疑人、刑事被告人提供法律帮助；

b）法律援助值班律师应主要提供以下法律服务：

1）解答法律咨询，提供程序选择建议、申请变更强制措施、对案件处理提出意见；

2）引导和帮助犯罪嫌疑人、刑事被告人及其近亲属申请法律援助，转交申请材料；

3）在审查起诉阶段，依照刑事诉讼法第一百七十三条规定，就案件处理向检察机关提出意见；

4）在认罪认罚案件中，依照刑事诉讼法第一百七十四条规定，在犯罪嫌疑人签署认罪认罚具结书时在场；

5）法律援助机构交办的其他任务。

c）在审查起诉阶段，犯罪嫌疑人认罪认罚的，值班律师可对以下事项提出意见：

1）涉嫌的犯罪事实、罪名及适用的法律规定；

2）从轻、减轻或者免除处罚等从宽处罚的建议；

3）认罪认罚后案件审理适用的程序；

4）其他需要听取意见的事项。

d）值班律师依照刑事诉讼法第一百七十三条规定就案件处理提出意见的，有权要求检察机关依法提前为其了解案件有关情况提供必要的便利；

e）值班律师为犯罪嫌疑人、被告人提供法律咨询时，应持律师执业证书（法律援助机构专职律师持律师工作证），实行挂牌上岗。

f）值班律师在接待当事人时，应现场记录犯罪嫌疑人、被告人涉嫌罪名、咨询的法律问题和提供的法律解答；解释法律援助的条件和范围，对认为符合法律援助条件的当事人引导其申请法律援助。值班律师工作站应建立工作台账。

g）法律援助值班律师不提供出庭辩护服务。符合法律援助条件的，可依犯罪嫌疑人、被告人及其近亲属的申请或者办案机关的通知，由法律援助机构为其指派律师提供辩护。

第三十七条 辩护人的责任

辩护人的责任是根据事实和法律，提出犯罪嫌疑人、被告人无罪、罪轻或者减轻、免除其刑事责任的材料和意见，维护犯罪嫌疑人、被告人的诉讼权利和其他合法权益。

第三十八条 侦查期间的辩护

辩护律师在侦查期间可以为犯罪嫌疑人提供法律帮助；代理申诉、控告；申请变更强制措施；向侦查机关了解犯罪嫌疑人涉嫌的罪名和案件有关情况，提出意见。

● *司法解释及文件*

1.**《最高人民法院、最高人民检察院、公安部、国家安全部、司法部、全国人大常委会法制工作委员会关于实施刑事诉讼法若干问题的规定》**（2012年12月26日）

6. 刑事诉讼法第三十六条[①]规定："辩护律师在侦查期间可以为犯罪嫌疑人提供法律帮助；代理申诉、控告；申请变更强制措施；向侦查机关了解

① 对应《中华人民共和国刑事诉讼法》（2018年修正）第三十八条。

犯罪嫌疑人涉嫌的罪名和案件有关情况，提出意见。”根据上述规定，辩护律师在侦查期间可以向侦查机关了解犯罪嫌疑人涉嫌的罪名及当时已查明的该罪的主要事实，犯罪嫌疑人被采取、变更、解除强制措施的情况，侦查机关延长侦查羁押期限等情况。

● 部门规章及文件

2.《公安机关办理刑事案件程序规定》（2020 年 7 月 20 日修正　公安部令第 159 号）

第 50 条　辩护律师向公安机关了解案件有关情况的，公安机关应当依法将犯罪嫌疑人涉嫌的罪名以及当时已查明的该罪的主要事实，犯罪嫌疑人被采取、变更、解除强制措施，延长侦查羁押期限等案件有关情况，告知接受委托或者指派的辩护律师，并记录在案。

3.《最高人民检察院、公安部关于公安机关办理经济犯罪案件的若干规定》（2017 年 11 月 24 日　公通字〔2017〕25 号）

第 66 条　辩护律师向公安机关了解犯罪嫌疑人涉嫌的罪名以及现已查明的该罪的主要事实，犯罪嫌疑人被采取、变更、解除强制措施，延长侦查羁押期限、移送审查起诉等案件有关情况的，公安机关应当依法将上述情况告知辩护律师，并记录在案。

第 67 条　辩护律师向公安机关提交与经济犯罪案件有关的申诉、控告等材料的，公安机关应当在执法办案场所予以接收，当面了解有关情况并记录在案。对辩护律师提供的材料，公安机关应当及时依法审查，并在三十日以内予以答复。

第 68 条　被害人、犯罪嫌疑人及其法定代理人、近亲属或者律师对案件管辖有异议，向立案侦查的公安机关提出申诉的，接受申诉的公安机关应当在接到申诉后的七日以内予以答复。

第 69 条　犯罪嫌疑人及其法定代理人、近亲属或者辩护人认为公安机关所采取的强制措施超过法定期限，有权向原批准或者决定的公安机关提出申诉，接受该项申诉的公安机关应当在接到申诉之日起三十日以内审查完毕并作出决定，将结果书面通知申诉人。对超过法定期限的强制措施，应当立即解除或者变更。

第 70 条　辩护人、诉讼代理人认为公安机关阻碍其依法行使诉讼权利并向人民检察院申诉或者控告，人民检察院经审查情况属实后通知公安机关予以纠正的，公安机关应当立即纠正，并将监督执行情况书面答复人民检察院。

第71条 辩护人、诉讼代理人对公安机关侦查活动有异议的，可以向有关公安机关提出申诉、控告，或者提请人民检察院依法监督。

第三十九条 辩护人会见、通信

辩护律师可以同在押的犯罪嫌疑人、被告人会见和通信。其他辩护人经人民法院、人民检察院许可，也可以同在押的犯罪嫌疑人、被告人会见和通信。

辩护律师持律师执业证书、律师事务所证明和委托书或者法律援助公函要求会见在押的犯罪嫌疑人、被告人的，看守所应当及时安排会见，至迟不得超过四十八小时。

危害国家安全犯罪、恐怖活动犯罪案件，在侦查期间辩护律师会见在押的犯罪嫌疑人，应当经侦查机关许可。上述案件，侦查机关应当事先通知看守所。

辩护律师会见在押的犯罪嫌疑人、被告人，可以了解案件有关情况，提供法律咨询等；自案件移送审查起诉之日起，可以向犯罪嫌疑人、被告人核实有关证据。辩护律师会见犯罪嫌疑人、被告人时不被监听。

辩护律师同被监视居住的犯罪嫌疑人、被告人会见、通信，适用第一款、第三款、第四款的规定。

● 法 律

1.《律师法》(2017年9月1日修正)

第33条 律师担任辩护人的，有权持律师执业证书、律师事务所证明和委托书或者法律援助公函，依照刑事诉讼法的规定会见在押或者被监视居住的犯罪嫌疑人、被告人。辩护律师会见犯罪嫌疑人、被告人时不被监听。

第34条 律师担任辩护人的，自人民检察院对案件审查起诉之日起，有权查阅、摘抄、复制本案的案卷材料。

第35条 受委托的律师根据案情的需要，可以申请人民检察院、人民法院收集、调取证据或者申请人民法院通知证人出庭作证。

律师自行调查取证的，凭律师执业证书和律师事务所证明，可以向有关单位或者个人调查与承办法律事务有关的情况。

第36条 律师担任诉讼代理人或者辩护人的，其辩论或者辩护的权利依法受到保障。

第37条 律师在执业活动中的人身权利不受侵犯。

律师在法庭上发表的代理、辩护意见不受法律追究。但是，发表危害国家安全、恶意诽谤他人、严重扰乱法庭秩序的言论除外。

律师在参与诉讼活动中涉嫌犯罪的，侦查机关应当及时通知其所在的律师事务所或者所属的律师协会；被依法拘留、逮捕的，侦查机关应当依照刑事诉讼法的规定通知该律师的家属。

第38条 律师应当保守在执业活动中知悉的国家秘密、商业秘密，不得泄露当事人的隐私。

律师对在执业活动中知悉的委托人和其他人不愿泄露的有关情况和信息，应当予以保密。但是，委托人或者其他人准备或者正在实施危害国家安全、公共安全以及严重危害他人人身安全的犯罪事实和信息除外。

第39条 律师不得在同一案件中为双方当事人担任代理人，不得代理与本人或者其近亲属有利益冲突的法律事务。

● *司法解释及文件*

2. **《人民检察院刑事诉讼规则》**（2019年12月30日　高检发释字〔2019〕4号）

第45条 辩护人接受委托后告知人民检察院，或者法律援助机构指派律师后通知人民检察院的，人民检察院负责案件管理的部门应当及时登记辩护人的相关信息，并将有关情况和材料及时通知、移交办案部门。

负责案件管理的部门对办理业务的辩护律师，应当查验其律师执业证书、律师事务所证明和授权委托书或者法律援助公函。对其他辩护人、诉讼代理人，应当查验其身份证明和授权委托书。

第48条 自人民检察院对案件审查起诉之日起，律师以外的辩护人向人民检察院申请查阅、摘抄、复制本案的案卷材料或者申请同在押、被监视居住的犯罪嫌疑人会见和通信的，由人民检察院负责捕诉的部门进行审查并作出是否许可的决定，在三日以内书面通知申请人。

人民检察院许可律师以外的辩护人同在押或者被监视居住的犯罪嫌疑人通信的，可以要求看守所或者公安机关将书信送交人民检察院进行检查。

律师以外的辩护人申请查阅、摘抄、复制案卷材料或者申请同在押、被监视居住的犯罪嫌疑人会见和通信，具有下列情形之一的，人民检察院可以不予许可：

（一）同案犯罪嫌疑人在逃的；

（二）案件事实不清，证据不足，或者遗漏罪行、遗漏同案犯罪嫌疑人需要补充侦查的；

（三）涉及国家秘密或者商业秘密的；

（四）有事实表明存在串供、毁灭、伪造证据或者危害证人人身安全可能的。

3.**《最高人民法院关于适用〈中华人民共和国刑事诉讼法〉的解释》**（2021年1月26日　法释〔2021〕1号）

第55条　查阅、摘抄、复制案卷材料，涉及国家秘密、商业秘密、个人隐私的，应当保密；对不公开审理案件的信息、材料，或者在办案过程中获悉的案件重要信息、证据材料，不得违反规定泄露、披露，不得用于办案以外的用途。人民法院可以要求相关人员出具承诺书。

违反前款规定的，人民法院可以通报司法行政机关或者有关部门，建议给予相应处罚；构成犯罪的，依法追究刑事责任。

第56条　辩护律师可以同在押的或者被监视居住的被告人会见和通信。其他辩护人经人民法院许可，也可以同在押的或者被监视居住的被告人会见和通信。

第58条　辩护律师申请向被害人及其近亲属、被害人提供的证人收集与本案有关的材料，人民法院认为确有必要的，应当签发准许调查书。

4.**《最高人民法院、最高人民检察院、公安部、国家安全部、司法部、全国人大常委会法制工作委员会关于实施刑事诉讼法若干问题的规定》**（2012年12月26日）

7. 刑事诉讼法第三十七条第二款①规定：“辩护律师持律师执业证书、

① 对应《中华人民共和国刑事诉讼法》（2018年修正）第三十九条第二款。

律师事务所证明和委托书或者法律援助公函要求会见在押的犯罪嫌疑人、被告人的，看守所应当及时安排会见，至迟不得超过四十八小时。”根据上述规定，辩护律师要求会见在押的犯罪嫌疑人、被告人的，看守所应当及时安排会见，保证辩护律师在四十八小时以内见到在押的犯罪嫌疑人、被告人。

5.《最高人民法院、最高人民检察院、公安部、国家安全部、司法部关于依法保障律师执业权利的规定》（2015年9月16日　司发〔2015〕14号）

第7条　辩护律师到看守所会见在押的犯罪嫌疑人、被告人，看守所在查验律师执业证书、律师事务所证明和委托书或者法律援助公函后，应当及时安排会见。能当时安排的，应当当时安排；不能当时安排的，看守所应当向辩护律师说明情况，并保证辩护律师在四十八小时以内会见到在押的犯罪嫌疑人、被告人。

看守所安排会见不得附加其他条件或者变相要求辩护律师提交法律规定以外的其他文件、材料，不得以未收到办案机关通知为由拒绝安排辩护律师会见。

看守所应当设立会见预约平台，采取网上预约、电话预约等方式为辩护律师会见提供便利，但不得以未预约会见为由拒绝安排辩护律师会见。

辩护律师会见在押的犯罪嫌疑人、被告人时，看守所应当采取必要措施，保障会见顺利和安全进行。律师会见在押的犯罪嫌疑人、被告人的，看守所应当保障律师履行辩护职责需要的时间和次数，并与看守所工作安排和办案机关侦查工作相协调。辩护律师会见犯罪嫌疑人、被告人时不被监听，办案机关不得派员在场。在律师会见室不足的情况下，看守所经辩护律师书面同意，可以安排在讯问室会见，但应当关闭录音、监听设备。犯罪嫌疑人、被告人委托两名律师担任辩护人的，两名辩护律师可以共同会见，也可以单独会见。辩护律师可以带一名律师助理协助会见。助理人员随同辩护律师参加会见的，应当出示律师事务所证明和律师执业证书或申请律师执业人员实习证。办案机关应当核实律师助理的身份。

第9条　辩护律师在侦查期间要求会见危害国家安全犯罪、恐怖活动犯罪、特别重大贿赂犯罪案件在押的犯罪嫌疑人的，应当向侦查机关提出申请。侦查机关应当依法及时审查辩护律师提出的会见申请，在三日以内将是否许可的决定书面答复辩护律师，并明确告知负责与辩护律师联系的部门及工作人员的联系方式。对许可会见的，应当向辩护律师出具许可决定文书；

因有碍侦查或者可能泄露国家秘密而不许可会见的，应当向辩护律师说明理由。有碍侦查或者可能泄露国家秘密的情形消失后，应当许可会见，并及时通知看守所和辩护律师。对特别重大贿赂案件在侦查终结前，侦查机关应当许可辩护律师至少会见一次犯罪嫌疑人。

侦查机关不得随意解释和扩大前款所述三类案件的范围，限制律师会见。

第 10 条 自案件移送审查起诉之日起，辩护律师会见犯罪嫌疑人、被告人，可以向其核实有关证据。

第 11 条 辩护律师会见在押的犯罪嫌疑人、被告人，可以根据需要制作会见笔录，并要求犯罪嫌疑人、被告人确认无误后在笔录上签名。

第 12 条 辩护律师会见在押的犯罪嫌疑人、被告人需要翻译人员随同参加的，应当提前向办案机关提出申请，并提交翻译人员身份证明及其所在单位出具的证明。办案机关应当及时审查并在三日以内作出是否许可的决定。许可翻译人员参加会见的，应当向辩护律师出具许可决定文书，并通知看守所。不许可的，应当向辩护律师书面说明理由，并通知其更换。

翻译人员应当持办案机关许可决定文书和本人身份证明，随同辩护律师参加会见。

● *部门规章及文件*

6.《公安机关办理刑事案件程序规定》（2020 年 7 月 20 日修正　公安部令第 159 号）

第 50 条 辩护律师向公安机关了解案件有关情况的，公安机关应当依法将犯罪嫌疑人涉嫌的罪名以及当时已查明的该罪的主要事实，犯罪嫌疑人被采取、变更、解除强制措施，延长侦查羁押期限等案件有关情况，告知接受委托或者指派的辩护律师，并记录在案。

第 51 条 辩护律师可以同在押或者被监视居住的犯罪嫌疑人会见、通信。

第 52 条 对危害国家安全犯罪案件、恐怖活动犯罪案件，办案部门应当在将犯罪嫌疑人送看守所羁押时书面通知看守所；犯罪嫌疑人被监视居住的，应当在送交执行时书面通知执行机关。

辩护律师在侦查期间要求会见前款规定案件的在押或者被监视居住的犯罪嫌疑人，应当向办案部门提出申请。

对辩护律师提出的会见申请，办案部门应当在收到申请后三日以内，报经县级以上公安机关负责人批准，作出许可或者不许可的决定，书面通知辩护律师，并及时通知看守所或者执行监视居住的部门。除有碍侦查或者可能泄露国家秘密的情形外，应当作出许可的决定。

公安机关不许可会见的，应当说明理由。有碍侦查或者可能泄露国家秘密的情形消失后，公安机关应当许可会见。

有下列情形之一的，属于本条规定的“有碍侦查”：

（一）可能毁灭、伪造证据，干扰证人作证或者串供的；

（二）可能引起犯罪嫌疑人自残、自杀或者逃跑的；

（三）可能引起同案犯逃避、妨碍侦查的；

（四）犯罪嫌疑人的家属与犯罪有牵连的。

第53条 辩护律师要求会见在押的犯罪嫌疑人，看守所应当在查验其律师执业证书、律师事务所证明和委托书或者法律援助公函后，在四十八小时以内安排律师会见到犯罪嫌疑人，同时通知办案部门。

侦查期间，辩护律师会见危害国家安全犯罪案件、恐怖活动犯罪案件在押或者被监视居住的犯罪嫌疑人时，看守所或者监视居住执行机关还应当查验侦查机关的许可决定文书。

第54条 辩护律师会见在押或者被监视居住的犯罪嫌疑人需要聘请翻译人员的，应当向办案部门提出申请。办案部门应当在收到申请后三日以内，报经县级以上公安机关负责人批准，作出许可或者不许可的决定，书面通知辩护律师。对于具有本规定第三十二条所列情形之一的，作出不予许可的决定，并通知其更换；不具有相关情形的，应当许可。

翻译人员参与会见的，看守所或者监视居住执行机关应当查验公安机关的许可决定文书。

第55条 辩护律师会见在押或者被监视居住的犯罪嫌疑人时，看守所或者监视居住执行机关应当采取必要的管理措施，保障会见顺利进行，并告知其遵守会见的有关规定。辩护律师会见犯罪嫌疑人时，公安机关不得监听，不得派员在场。

辩护律师会见在押或者被监视居住的犯罪嫌疑人时，违反法律规定或者会见的规定的，看守所或者监视居住执行机关应当制止。对于严重违反规定或者不听劝阻的，可以决定停止本次会见，并及时通报其所在的律师事务所、所属的律师协会以及司法行政机关。

7.《公安部、司法部关于进一步保障和规范看守所律师会见工作的通知》(2019年10月18日　公监管〔2019〕372号)

一、依法安排及时会见，保障律师正常执业。辩护律师到看守所要求会见在押的犯罪嫌疑人、被告人，看守所在核验律师执业证书、律师事务所证明和委托书或者法律援助公函后，应当及时安排会见，能当时安排的应当时安排，不能当时安排的应向辩护律师说明情况，并保证辩护律师在48小时内会见到在押的犯罪嫌疑人、被告人。看守所安排会见不得附加其他条件或者变相要求辩护律师提交法律规定以外的其他文件、材料，不得以未收到办案部门通知为由拒绝安排辩护律师会见。在押犯罪嫌疑人、被告人提出解除委托关系的，辩护律师要求当面向其确认解除委托关系的，看守所应当安排会见；犯罪嫌疑人、被告人书面拒绝会见的，看守所应当将有关书面材料转交辩护律师。

二、加强制度硬件建设，满足律师会见需求。要加强制度建设，看守所应设立律师会见预约平台，在确保在押人员信息安全的前提下，通过网络、微信、电话等方式为律师预约会见，但不得以未预约为由拒绝安排律师会见，有条件的地方可以探索视频会见。要加强会见场所建设，新建看守所律师会见室数量要按照设计押量每百人4间的标准建设，老旧看守所要因地制宜、挖掘潜力，通过改建、扩建等办法，进一步增加律师会见室数量。在律师会见室不足的情况下，经书面征得律师同意，可以使用讯问室安排律师会见，但应当关闭录音、监听设备。律师会见量较大的看守所可设置快速会见室，对于会见时间不超过30分钟的会见申请，看守所应安排快速会见。要加强服务保障，有条件的看守所可设立律师等候休息区，并配备一些必要的服务设施及办公设备，最大限度为律师会见提供便利。律师可以携带个人电脑会见，但应当遵守相关法律法规的规定，确保会见安全。在正常工作时间内无法满足律师会见需求的，经看守所所长批准可适当延长工作时间，或利用公休日安排律师会见。

三、加强信息共享和协作配合，确保羁押秩序和安全。公安部、司法部建立全国律师信息共享机制，共享全国律师的执业资格、执业状态等相关信息，并进一步规范辩护委托书、会见介绍信和刑事法律援助辩护（代理）函等文书的格式。律师应当遵守看守所安全管理规定，严禁携带违禁物品进入会见区，严禁带经办案单位核实或许可的律师助理、翻译以外的其他人员参加会见，严禁将通讯工具提供给犯罪嫌疑人、被告人使用或者传递违禁物品、文件。发现律师在会见中有违规行为的，看守所应立即制止，并及时通报同级司法行政机关、律师协会。律师认为自己的会见权利受到侵害的，可以向看守所及所属公安机关、司法行政机关、律师协会或者检察机关投诉，公安机关应当公开受理律师投诉的机构名称和具体联系人、联系方式等。司法行政机关和律师协会要协同相关部门依法整治看守所周边违法设点执业的律师事务所，严肃查处违规执业、以不正当手段争揽业务和扰乱正常会见秩序等行为。

各地贯彻落实情况及工作中遇到的问题，请及时报公安部监所管理局、司法部律师工作局。

● *请示答复*

8.《最高人民法院关于人民法院应保障被告人辩护律师依法享有的诉讼权利的函》（1983年3月15日　〔1983〕法研字第7号）

人民法院在审理一、二审和依照审判监督程序提审或再审的刑事案件中，均应保障被告人的辩护律师依法享有的诉讼权利。律师为被告人辩护或上诉的理由，正确的予以采纳，不正确的不予采纳。如果人民法院认为律师在参与诉讼活动中有错误，可向律师工作机构和司法行政部门反映。在判决书、裁定书中对辩护律师进行指责，是不符合审判文书的规格的，也是不利于辩护制度的推行和律师工作开展的。希望你院和怀化地区中级人民法院对祝造峰、罗建华两案的判决书、裁定书中指责律师的词句进行检查纠正，并将处理结果和你们的意见报告我院。

第四十条　辩护人查阅、摘抄、复制卷宗材料

辩护律师自人民检察院对案件审查起诉之日起，可以查阅、摘抄、复制本案的案卷材料。其他辩护人经人民法院、人民检察院许可，也可以查阅、摘抄、复制上述材料。

● *司法解释及文件*

1.《人民检察院刑事诉讼规则》（2019年12月30日　高检发释字〔2019〕4号）

第47条　自人民检察院对案件审查起诉之日起，应当允许辩护律师查

阅、摘抄、复制本案的案卷材料。案卷材料包括案件的诉讼文书和证据材料。

人民检察院直接受理侦查案件移送起诉，审查起诉案件退回补充侦查、改变管辖、提起公诉的，应当及时告知辩护律师。

第48条 自人民检察院对案件审查起诉之日起，律师以外的辩护人向人民检察院申请查阅、摘抄、复制本案的案卷材料或者申请同在押、被监视居住的犯罪嫌疑人会见和通信的，由人民检察院负责捕诉的部门进行审查并作出是否许可的决定，在三日以内书面通知申请人。

人民检察院许可律师以外的辩护人同在押或者被监视居住的犯罪嫌疑人通信的，可以要求看守所或者公安机关将书信送交人民检察院进行检查。

律师以外的辩护人申请查阅、摘抄、复制案卷材料或者申请同在押、被监视居住的犯罪嫌疑人会见和通信，具有下列情形之一的，人民检察院可以不予许可：

（一）同案犯罪嫌疑人在逃的；

（二）案件事实不清，证据不足，或者遗漏罪行、遗漏同案犯罪嫌疑人需要补充侦查的；

（三）涉及国家秘密或者商业秘密的；

（四）有事实表明存在串供、毁灭、伪造证据或者危害证人人身安全可能的。

第49条 辩护律师或者经过许可的其他辩护人到人民检察院查阅、摘抄、复制本案的案卷材料，由负责案件管理的部门及时安排，由办案部门提供案卷材料。因办案部门工作等原因无法及时安排的，应当向辩护人说明，并自即日起三个工作日以内安排辩护人阅卷，办案部门应当予以配合。

人民检察院应当为辩护人查阅、摘抄、复制案卷材料设置专门的场所或者电子卷宗阅卷终端设备。必要时，人民检察院可以派员在场协助。

辩护人复制案卷材料可以采取复印、拍照、扫描、刻录等方式，人民检察院不收取费用。

2. **《最高人民法院关于适用〈中华人民共和国刑事诉讼法〉的解释》**（2021年1月26日　法释〔2021〕1号）

第53条 辩护律师可以查阅、摘抄、复制案卷材料。其他辩护人经人民法院许可，也可以查阅、摘抄、复制案卷材料。合议庭、审判委员会的讨论记录以及其他依法不公开的材料不得查阅、摘抄、复制。

辩护人查阅、摘抄、复制案卷材料的，人民法院应当提供便利，并保证必要的时间。

值班律师查阅案卷材料的，适用前两款规定。

复制案卷材料可以采用复印、拍照、扫描、电子数据拷贝等方式。

3.《最高人民法院、最高人民检察院、公安部、国家安全部、司法部关于依法保障律师执业权利的规定》（2015年9月16日　司发〔2015〕14号）

第14条　辩护律师自人民检察院对案件审查起诉之日起，可以查阅、摘抄、复制本案的案卷材料，人民检察院检察委员会的讨论记录、人民法院合议庭、审判委员会的讨论记录以及其他依法不能公开的材料除外。人民检察院、人民法院应当为辩护律师查阅、摘抄、复制案卷材料提供便利，有条件的地方可以推行电子化阅卷，允许刻录、下载材料。侦查机关应当在案件移送审查起诉后三日以内，人民检察院应当在提起公诉后三日以内，将案件移送情况告知辩护律师。案件提起公诉后，人民检察院对案卷所附证据材料有调整或者补充的，应当及时告知辩护律师。辩护律师对调整或者补充的证据材料，有权查阅、摘抄、复制。辩护律师办理申诉、抗诉案件，在人民检察院、人民法院经审查决定立案后，可以持律师执业证书、律师事务所证明和委托书或者法律援助公函到案卷档案管理部门、持有案卷档案的办案部门查阅、摘抄、复制已经审理终结案件的案卷材料。

辩护律师提出阅卷要求的，人民检察院、人民法院应当当时安排辩护律师阅卷，无法当时安排的，应当向辩护律师说明并安排其在三个工作日以内阅卷，不得限制辩护律师阅卷的次数和时间。有条件的地方可以设立阅卷预约平台。

人民检察院、人民法院应当为辩护律师阅卷提供场所和便利，配备必要的设备。因复制材料发生费用的，只收取工本费用。律师办理法律援助案件复制材料发生的费用，应当予以免收或者减收。辩护律师可以采用复印、拍照、扫描、电子数据拷贝等方式复制案卷材料，可以根据需要带律师助理协助阅卷。办案机关应当核实律师助理的身份。

辩护律师查阅、摘抄、复制的案卷材料属于国家秘密的，应当经过人民检察院、人民法院同意并遵守国家保密规定。律师不得违反规定，披露、散布案件重要信息和案卷材料，或者将其用于本案辩护、代理以外的其他用途。

第四十一条　辩护人向办案机关申请调取证据

辩护人认为在侦查、审查起诉期间公安机关、人民检察院收集的证明犯罪嫌疑人、被告人无罪或者罪轻的证据材料未提交的，有权申请人民检察院、人民法院调取。

● *司法解释及文件*

1. **《人民检察院刑事诉讼规则》**（2019年12月30日　高检发释字〔2019〕4号）

第50条　案件提请批准逮捕或者移送起诉后，辩护人认为公安机关在侦查期间收集的证明犯罪嫌疑人无罪或者罪轻的证据材料未提交，申请人民检察院向公安机关调取的，人民检察院负责捕诉的部门应当及时审查。经审查，认为辩护人申请调取的证据已收集并且与案件事实有联系的，应当予以调取；认为辩护人申请调取的证据未收集或者与案件事实没有联系的，应当决定不予调取并向辩护人说明理由。公安机关移送相关证据材料的，人民检察院应当在三日以内告知辩护人。

人民检察院办理直接受理侦查的案件，适用前款规定。

2. **《最高人民法院关于适用〈中华人民共和国刑事诉讼法〉的解释》**（2021年1月26日　法释〔2021〕1号）

第57条　辩护人认为在调查、侦查、审查起诉期间监察机关、公安机关、人民检察院收集的证明被告人无罪或者罪轻的证据材料未随案移送，申请人民法院调取的，应当以书面形式提出，并提供相关线索或者材料。人民法院接受申请后，应当向人民检察院调取。人民检察院移送相关证据材料后，人民法院应当及时通知辩护人。

3. **《最高人民法院、最高人民检察院、公安部、国家安全部、司法部关于依法保障律师执业权利的规定》**（2015年9月16日　司发〔2015〕14号）

第16条　在刑事诉讼审查起诉、审理期间，辩护律师书面申请调取公安机关、人民检察院在侦查、审查起诉期间收集但未提交的证明犯罪嫌疑人、被告人无罪或者罪轻的证据材料的，人民检察院、人民法院应当依法及时审查。经审查，认为辩护律师申请调取的证据材料已收集并且与案件事实有联系的，应当及时调取。相关证据材料提交后，人民检察院、人民法院应当及时通知辩护律师查阅、摘抄、复制。经审查决定不予调取的，应当书面说明理由。

第四十二条 辩护人向办案机关告知证据

辩护人收集的有关犯罪嫌疑人不在犯罪现场、未达到刑事责任年龄、属于依法不负刑事责任的精神病人的证据，应当及时告知公安机关、人民检察院。

● *司法解释及文件*

《人民检察院刑事诉讼规则》（2019 年 12 月 30 日　高检发释字〔2019〕4 号）

第 51 条　在人民检察院侦查、审查逮捕、审查起诉过程中，辩护人收集的有关犯罪嫌疑人不在犯罪现场、未达到刑事责任年龄、属于依法不负刑事责任的精神病人的证据，告知人民检察院的，人民检察院应当及时审查。

第四十三条 辩护律师收集材料　辩护律师申请取证及证人出庭

辩护律师经证人或者其他有关单位和个人同意，可以向他们收集与本案有关的材料，也可以申请人民检察院、人民法院收集、调取证据，或者申请人民法院通知证人出庭作证。

辩护律师经人民检察院或者人民法院许可，并且经被害人或者其近亲属、被害人提供的证人同意，可以向他们收集与本案有关的材料。

● *司法解释及文件*

1. **《最高人民法院、司法部关于充分保障律师依法履行辩护职责确保死刑案件办理质量的若干规定》**（2008 年 5 月 21 日　法发〔2008〕14 号）

为确保死刑案件的办理质量，根据《中华人民共和国刑事诉讼法》及相关法律、法规和司法解释的有关规定，结合人民法院刑事审判和律师辩护、法律援助工作的实际，现就人民法院审理死刑案件，律师依法履行辩护职责的具体问题规定如下：

一、人民法院对可能被判处死刑的被告人，应当根据刑事诉讼法的规定，充分保障其辩护权及其他合法权益，并充分保障辩护律师依法履行辩护职责。司法行政机关、律师协会应当加强对死刑案件辩护工作的指导，积极争取政府财政部门落实并逐步提高法律援助工作经费。律师办理死刑案件应当恪尽职守，切实维护被告人的合法权益。

二、被告人可能被判处死刑而没有委托辩护人的，人民法院应当通过法律援助机构指定律师为其提供辩护。被告人拒绝指定的律师为其辩护，有正当理由的，人民法院应当准许，被告人可以另行委托辩护人；被告人没有委托辩护人的，人民法院应当通知法律援助机构为其另行指定辩护人；被告人无正当理由再次拒绝指定的律师为其辩护的，人民法院应当不予准许并记录在案。

三、法律援助机构在收到指定辩护通知书三日以内，指派具有刑事案件出庭辩护经验的律师担任死刑案件的辩护人。

四、被指定担任死刑案件辩护人的律师，不得将案件转由律师助理办理；有正当理由不能接受指派的，经法律援助机构同意，由法律援助机构另行指派其他律师办理。

五、人民法院受理死刑案件后，应当及时通知辩护律师查阅案卷，并积极创造条件，为律师查阅、复制指控犯罪事实的材料提供方便。

人民法院对承办法律援助案件的律师复制涉及被告人主要犯罪事实并直接影响定罪量刑的证据材料的复制费用，应当免收或者按照复制材料所必须的工本费减收。

律师接受委托或者被指定担任死刑案件的辩护人后，应当及时到人民法院阅卷；对于查阅的材料中涉及国家秘密、商业秘密、个人隐私、证人身份等情况的，应当保守秘密。

六、律师应当在开庭前会见在押的被告人，征询是否同意为其辩护，并听取被告人的陈述和意见。

七、律师书面申请人民法院收集、调取证据，申请通知证人出庭作证，申请鉴定或者补充鉴定、重新鉴定的，人民法院应当及时予以书面答复并附卷。

八、第二审开庭前，人民检察院提交新证据、进行重新鉴定或者补充鉴定的，人民法院应当至迟在开庭三日以前通知律师查阅。

九、律师出庭辩护应当认真做好准备工作，围绕案件事实、证据、适用法律、量刑、诉讼程序等，从被告人无罪、罪轻或者减轻、免除其刑事责任等方面提出辩护意见，切实保证辩护质量，维护被告人的合法权益。

十、律师接到人民法院开庭通知后，应当保证准时出庭。人民法院应当按时开庭。法庭因故不能按期开庭，或者律师确有正当理由不能按期出庭的，人民法院应当在不影响案件审理期限的情况下，另行安排开庭时间，并于开庭三日前通知当事人、律师和人民检察院。

十一、人民法院应当加强审判场所的安全保卫，保障律师及其他诉讼参与人的人身安全，确保审判活动的顺利进行。

十二、法官应当严格按照法定诉讼程序进行审判活动，尊重律师的诉讼权利，认真听取控辩双方的意见，保障律师发言的完整性。对于律师发言过于冗长、明显重复或者与案件无关，或者在公开开庭审理中发言涉及国家秘密、个人隐私，或者进行人身攻击的，法官应当提醒或者制止。

十三、法庭审理中，人民法院应当如实、详细地记录律师意见。法庭审理结束后，律师应当在闭庭三日以内向人民法院提交书面辩护意见。

十四、人民法院审理被告人可能被判处死刑的刑事附带民事诉讼案件，在对赔偿事项进行调解时，律师应当在其职责权限范围内，根据案件和当事人的具体情况，依法提出有利于案件处理、切实维护当事人合法权益的意见，促进附带民事诉讼案件调解解决。

十五、人民法院在裁判文书中应当写明指派律师担任辩护人的法律援助机构、律师姓名及其所在的执业机构。对于律师的辩护意见，合议庭、审判委员会在讨论案件时应当认真进行研究，并在裁判文书中写明采纳与否的理由。

人民法院应当按照有关规定将裁判文书送达律师。

十六、人民法院审理案件过程中，律师提出会见法官请求的，合议庭根据案件具体情况，可以在工作时间和办公场所安排会见、听取意见。会见活动，由书记员制作笔录，律师签名后附卷。

十七、死刑案件复核期间，被告人的律师提出当面反映意见要求或者提交证据材料的，人民法院有关合议庭应当在工作时间和办公场所接待，并制作笔录附卷。律师提出的书面意见，应当附卷。

十八、司法行政机关和律师协会应当加强对律师的业务指导和培训，以及职业道德和执业纪律教育，不断提高律师办理死刑案件的质量，并建立对律师从事法律援助工作的考核机制。

2.《人民检察院刑事诉讼规则》（2019年12月30日　高检发释字〔2019〕4号）

第52条　案件移送起诉后，辩护律师依据刑事诉讼法第四十三条第一款的规定申请人民检察院收集、调取证据的，人民检察院负责捕诉的部门应当及时审查。经审查，认为需要收集、调取证据的，应当决定收集、调取并制作笔录附卷；决定不予收集、调取的，应当书面说明理由。

人民检察院根据辩护律师的申请收集、调取证据时，辩护律师可以在场。

第53条　辩护律师申请人民检察院许可其向被害人或者其近亲属、被害人提供的证人收集与本案有关材料的，人民检察院负责捕诉的部门应当及时进行审查。人民检察院应当在五日以内作出是否许可的决定，通知辩护律师；不予许可的，应当书面说明理由。

3.《最高人民法院关于适用〈中华人民共和国刑事诉讼法〉的解释》（2021年1月26日　法释〔2021〕1号）

第58条　辩护律师申请向被害人及其近亲属、被害人提供的证人收集与本案有关的材料，人民法院认为确有必要的，应当签发准许调查书。

第59条　辩护律师向证人或者有关单位、个人收集、调取与本案有关的证据材料，因证人或者有关单位、个人不同意，申请人民法院收集、调取，或者申请通知证人出庭作证，人民法院认为确有必要的，应当同意。

第60条　辩护律师直接申请人民法院向证人或者有关单位、个人收集、调取证据材料，人民法院认为确有必要，且不宜或者不能由辩护律师收集、调取的，应当同意。

人民法院向有关单位收集、调取的书面证据材料，必须由提供人签名，并加盖单位印章；向个人收集、调取的书面证据材料，必须由提供人签名。

人民法院对有关单位、个人提供的证据材料，应当出具收据，写明证据材料的名称、收到的时间、件数、页数以及是否为原件等，由书记员、法官助理或者审判人员签名。

收集、调取证据材料后，应当及时通知辩护律师查阅、摘抄、复制，并告知人民检察院。

第61条　本解释第五十八条至第六十条规定的申请，应当以书面形式提出，并说明理由，写明需要收集、调取证据材料的内容或者需要调查问题的提纲。

对辩护律师的申请，人民法院应当在五日以内作出是否准许、同意的决定，并通知申请人；决定不准许、不同意的，应当说明理由。

4.《最高人民法院、最高人民检察院、公安部、国家安全部、司法部、全国人大常委会法制工作委员会关于实施刑事诉讼法若干问题的规定》（2012年12月26日）

8. 刑事诉讼法第四十一条第一款①规定："辩护律师经证人或者其他有关单位和个人同意，可以向他们收集与本案有关的材料，也可以申请人民检察院、人民法院收集、调取证据，或者申请人民法院通知证人出庭作证。"对于辩护律师申请人民检察院、人民法院收集、调取证据，人民检察院、人民法院认为需要调查取证的，应当由人民检察院、人民法院收集、调取证据，不得向律师签发准许调查决定书，让律师收集、调取证据。

5.《最高人民法院、最高人民检察院、公安部、国家安全部、司法部关于依法保障律师执业权利的规定》（2015年9月16日　司发〔2015〕14号）

第17条　辩护律师申请向被害人或者其近亲属、被害人提供的证人收集与本案有关的材料的，人民检察院、人民法院应当在七日以内作出是否许可的决定，并通知辩护律师。辩护律师书面提出有关申请时，办案机关不许可的，应当书面说明理由；辩护律师口头提出申请的，办案机关可以口头答复。

第18条　辩护律师申请人民检察院、人民法院收集、调取证据的，人民检察院、人民法院应当在三日以内作出是否同意的决定，并通知辩护律师。辩护律师书面提出有关申请时，办案机关不同意的，应当书面说明理由；辩护律师口头提出申请的，办案机关可以口头答复。

第四十四条　辩护人行为禁止　追究辩护人刑事责任的特别规定

辩护人或者其他任何人，不得帮助犯罪嫌疑人、被告人隐匿、毁灭、伪造证据或者串供，不得威胁、引诱证人作伪证以及进行其他干扰司法机关诉讼活动的行为。

① 对应《中华人民共和国刑事诉讼法》（2018年修正）第四十三条第一款。

违反前款规定的，应当依法追究法律责任，辩护人涉嫌犯罪的，应当由办理辩护人所承办案件的侦查机关以外的侦查机关办理。辩护人是律师的，应当及时通知其所在的律师事务所或者所属的律师协会。

● 法　律

1.《律师法》（2017年9月1日修正）

第40条　律师在执业活动中不得有下列行为：

（一）私自接受委托、收取费用，接受委托人的财物或者其他利益；

（二）利用提供法律服务的便利牟取当事人争议的权益；

（三）接受对方当事人的财物或者其他利益，与对方当事人或者第三人恶意串通，侵害委托人的权益；

（四）违反规定会见法官、检察官、仲裁员以及其他有关工作人员；

（五）向法官、检察官、仲裁员以及其他有关工作人员行贿，介绍贿赂或者指使、诱导当事人行贿，或者以其他不正当方式影响法官、检察官、仲裁员以及其他有关工作人员依法办理案件；

（六）故意提供虚假证据或者威胁、利诱他人提供虚假证据，妨碍对方当事人合法取得证据；

（七）煽动、教唆当事人采取扰乱公共秩序、危害公共安全等非法手段解决争议；

（八）扰乱法庭、仲裁庭秩序，干扰诉讼、仲裁活动的正常进行。

● 司法解释及文件

2.《人民检察院刑事诉讼规则》（2019年12月30日　高检发释字〔2019〕4号）

第60条　人民检察院发现辩护人有帮助犯罪嫌疑人、被告人隐匿、毁灭、伪造证据、串供，或者威胁、引诱证人作伪证以及其他干扰司法机关诉讼活动的行为，可能涉嫌犯罪的，应当将涉嫌犯罪的线索或者证据材料移送有管辖权的机关依法处理。

人民检察院发现辩护律师在刑事诉讼中违反法律、法规或者执业纪律的，应当及时向其所在的律师事务所、所属的律师协会以及司法行政机关通报。

3. **《最高人民法院、最高人民检察院、公安部、国家安全部、司法部、全国人大常委会法制工作委员会关于实施刑事诉讼法若干问题的规定》**（2012年12月26日）

9. 刑事诉讼法第四十二条第二款①中规定："违反前款规定的，应当依法追究法律责任，辩护人涉嫌犯罪的，应当由办理辩护人所承办案件的侦查机关以外的侦查机关办理。"根据上述规定，公安机关、人民检察院发现辩护人涉嫌犯罪，或者接受报案、控告、举报、有关机关的移送，依照侦查管辖分工进行审查后认为符合立案条件的，应当按照规定报请办理辩护人所承办案件的侦查机关的上一级侦查机关指定其他侦查机关立案侦查，或者由上一级侦查机关立案侦查。不得指定办理辩护人所承办案件的侦查机关的下级侦查机关立案侦查。

● *部门规章及文件*

4. **《公安机关办理刑事案件程序规定》**（2020年7月20日修正　公安部令第159号）

第56条　辩护人或者其他任何人在刑事诉讼中，违反法律规定，实施干扰诉讼活动行为的，应当依法追究法律责任。

辩护人实施干扰诉讼活动行为，涉嫌犯罪，属于公安机关管辖的，应当由办理辩护人所承办案件的公安机关报请上一级公安机关指定其他公安机关立案侦查，或者由上一级公安机关立案侦查。不得指定原承办案件公安机关的下级公安机关立案侦查。辩护人是律师的，立案侦查的公安机关应当及时通知其所在的律师事务所、所属的律师协会以及司法行政机关。

第四十五条　被告人拒绝辩护

在审判过程中，被告人可以拒绝辩护人继续为他辩护，也可以另行委托辩护人辩护。

● *法　律*

1. **《律师法》**（2017年9月1日修正）

第32条　委托人可以拒绝已委托的律师为其继续辩护或者代理，同时

① 对应《中华人民共和国刑事诉讼法》（2018年修正）第四十四条第二款。

可以另行委托律师担任辩护人或者代理人。

律师接受委托后，无正当理由的，不得拒绝辩护或者代理。但是，委托事项违法、委托人利用律师提供的服务从事违法活动或者委托人故意隐瞒与案件有关的重要事实的，律师有权拒绝辩护或者代理。

● *司法解释及文件*

2.《人民检察院刑事诉讼规则》（2019 年 12 月 30 日　高检发释字〔2019〕4 号）

第 44 条　属于应当提供法律援助的情形，犯罪嫌疑人拒绝法律援助机构指派的律师作为辩护人的，人民检察院应当查明拒绝的原因。有正当理由的，予以准许，但犯罪嫌疑人需另行委托辩护人；犯罪嫌疑人未另行委托辩护人的，应当书面通知法律援助机构另行指派律师为其提供辩护。

3.《最高人民法院关于适用〈中华人民共和国刑事诉讼法〉的解释》（2021 年 1 月 26 日　法释〔2021〕1 号）

第 311 条　被告人在一个审判程序中更换辩护人一般不得超过两次。

被告人当庭拒绝辩护人辩护，要求另行委托辩护人或者指派律师的，合议庭应当准许。被告人拒绝辩护人辩护后，没有辩护人的，应当宣布休庭；仍有辩护人的，庭审可以继续进行。

有多名被告人的案件，部分被告人拒绝辩护人辩护后，没有辩护人的，根据案件情况，可以对该部分被告人另案处理，对其他被告人的庭审继续进行。

重新开庭后，被告人再次当庭拒绝辩护人辩护的，可以准许，但被告人不得再次另行委托辩护人或者要求另行指派律师，由其自行辩护。

被告人属于应当提供法律援助的情形，重新开庭后再次当庭拒绝辩护人辩护的，不予准许。

第 312 条　法庭审理过程中，辩护人拒绝为被告人辩护，有正当理由的，应当准许；是否继续庭审，参照适用前条规定。

第 313 条　依照前两条规定另行委托辩护人或者通知法律援助机构指派律师的，自案件宣布休庭之日起至第十五日止，由辩护人准备辩护，但被告人及其辩护人自愿缩短时间的除外。

庭审结束后、判决宣告前另行委托辩护人的，可以不重新开庭；辩护人提交书面辩护意见的，应当接受。

第四十六条 诉讼代理

公诉案件的被害人及其法定代理人或者近亲属，附带民事诉讼的当事人及其法定代理人，自案件移送审查起诉之日起，有权委托诉讼代理人。自诉案件的自诉人及其法定代理人，附带民事诉讼的当事人及其法定代理人，有权随时委托诉讼代理人。

人民检察院自收到移送审查起诉的案件材料之日起三日以内，应当告知被害人及其法定代理人或者其近亲属、附带民事诉讼的当事人及其法定代理人有权委托诉讼代理人。人民法院自受理自诉案件之日起三日以内，应当告知自诉人及其法定代理人、附带民事诉讼的当事人及其法定代理人有权委托诉讼代理人。

● *司法解释及文件*

1. **《人民检察院刑事诉讼规则》**（2019 年 12 月 30 日　高检发释字〔2019〕4 号）

第 55 条　人民检察院自收到移送起诉案卷材料之日起三日以内，应当告知被害人及其法定代理人或者其近亲属、附带民事诉讼的当事人及其法定代理人有权委托诉讼代理人。被害人及其法定代理人、近亲属因经济困难没有委托诉讼代理人的，应当告知其可以申请法律援助。

当面口头告知的，应当记入笔录，由被告知人签名；电话告知的，应当记录在案；书面告知的，应当将送达回执入卷。被害人众多或者不确定，无法以上述方式逐一告知的，可以公告告知。无法告知的，应当记录在案。

被害人有法定代理人的，应当告知其法定代理人；没有法定代理人的，应当告知其近亲属。

法定代理人或者近亲属为二人以上的，可以告知其中一人。告知时应当按照刑事诉讼法第一百零八条第三项、第六项列举的顺序择先进行。

当事人及其法定代理人、近亲属委托诉讼代理人的，参照刑事诉讼法第三十三条等法律规定执行。

2. **《最高人民法院关于适用〈中华人民共和国刑事诉讼法〉的解释》**（2021年1月26日　法释〔2021〕1号）

第62条　人民法院自受理自诉案件之日起三日以内，应当告知自诉人及其法定代理人、附带民事诉讼当事人及其法定代理人，有权委托诉讼代理人，并告知其如果经济困难，可以申请法律援助。

第四十七条　委托诉讼代理人

委托诉讼代理人，参照本法第三十三条的规定执行。

● *司法解释及文件*

《最高人民法院关于适用〈中华人民共和国刑事诉讼法〉的解释》（2021年1月26日　法释〔2021〕1号）

第63条　当事人委托诉讼代理人的，参照适用刑事诉讼法第三十三条和本解释的有关规定。

第64条　诉讼代理人有权根据事实和法律，维护被害人、自诉人或者附带民事诉讼当事人的诉讼权利和其他合法权益。

第65条　律师担任诉讼代理人的，可以查阅、摘抄、复制案卷材料。其他诉讼代理人经人民法院许可，也可以查阅、摘抄、复制案卷材料。

律师担任诉讼代理人，需要收集、调取与本案有关的证据材料的，参照适用本解释第五十九条至第六十一条的规定。

第66条　诉讼代理人接受当事人委托或者法律援助机构指派后，应当在三日以内将委托手续或者法律援助手续提交人民法院。

第四十八条　辩护律师执业保密及例外

辩护律师对在执业活动中知悉的委托人的有关情况和信息，有权予以保密。但是，辩护律师在执业活动中知悉委托人或者其他人，准备或者正在实施危害国家安全、公共安全以及严重危害他人人身安全的犯罪的，应当及时告知司法机关。

● *司法解释及文件*

1. **《人民检察院刑事诉讼规则》**（2019 年 12 月 30 日　高检发释字〔2019〕4 号）

第 59 条　辩护律师告知人民检察院其委托人或者其他人员准备实施、正在实施危害国家安全、危害公共安全以及严重危及他人人身安全犯罪的，人民检察院应当接受并立即移送有关机关依法处理。

人民检察院应当为反映情况的辩护律师保密。

2. **《最高人民法院关于适用〈中华人民共和国刑事诉讼法〉的解释》**（2021 年 1 月 26 日　法释〔2021〕1 号）

第 67 条　辩护律师向人民法院告知其委托人或者其他人准备实施、正在实施危害国家安全、公共安全以及严重危害他人人身安全犯罪的，人民法院应当记录在案，立即转告主管机关依法处理，并为反映有关情况的辩护律师保密。

● *部门规章及文件*

3. **《公安机关办理刑事案件程序规定》**（2020 年 7 月 20 日修正　公安部令第 159 号）

第五十七条　辩护律师对在执业活动中知悉的委托人的有关情况和信息，有权予以保密。但是，辩护律师在执业活动中知悉委托人或者其他人，准备或者正在实施危害国家安全、公共安全以及严重危害他人人身安全的犯罪的，应当及时告知司法机关。

第一编　第四章

第四十九条　妨碍辩护人、诉讼代理人行使诉讼权利的救济

辩护人、诉讼代理人认为公安机关、人民检察院、人民法院及其工作人员阻碍其依法行使诉讼权利的，有权向同级或者上一级人民检察院申诉或者控告。人民检察院对申诉或者控告应当及时进行审查，情况属实的，通知有关机关予以纠正。

● *司法解释及文件*

1. **《人民检察院刑事诉讼规则》**（2019 年 12 月 30 日　高检发释字〔2019〕4 号）

第 57 条　辩护人、诉讼代理人认为公安机关、人民检察院、人民法院

及其工作人员具有下列阻碍其依法行使诉讼权利行为之一，向同级或者上一级人民检察院申诉或者控告的，人民检察院负责控告申诉检察的部门应当接受并依法办理，其他办案部门应当予以配合：

（一）违反规定，对辩护人、诉讼代理人提出的回避要求不予受理或者对不予回避决定不服的复议申请不予受理的；

（二）未依法告知犯罪嫌疑人、被告人有权委托辩护人的；

（三）未转达在押或者被监视居住的犯罪嫌疑人、被告人委托辩护人的要求或者未转交其申请法律援助材料的；

（四）应当通知而不通知法律援助机构为符合条件的犯罪嫌疑人、被告人或者被申请强制医疗的人指派律师提供辩护或者法律援助的；

（五）在规定时间内不受理、不答复辩护人提出的变更强制措施申请或者解除强制措施要求的；

（六）未依法告知辩护律师犯罪嫌疑人涉嫌的罪名和案件有关情况的；

（七）违法限制辩护律师同在押、被监视居住的犯罪嫌疑人、被告人会见和通信的；

（八）违法不允许辩护律师查阅、摘抄、复制本案的案卷材料的；

（九）违法限制辩护律师收集、核实有关证据材料的；

（十）没有正当理由不同意辩护律师收集、调取证据或者通知证人出庭作证的申请，或者不答复、不说明理由的；

（十一）未依法提交证明犯罪嫌疑人、被告人无罪或者罪轻的证据材料的；

（十二）未依法听取辩护人、诉讼代理人意见的；

（十三）未依法将开庭的时间、地点及时通知辩护人、诉讼代理人的；

（十四）未依法向辩护人、诉讼代理人及时送达本案的法律文书或者及时告知案件移送情况的；

（十五）阻碍辩护人、诉讼代理人在法庭审理过程中依法行使诉讼权利的；

（十六）其他阻碍辩护人、诉讼代理人依法行使诉讼权利的。

对于直接向上一级人民检察院申诉或者控告的，上一级人民检察院可以交下级人民检察院办理，也可以直接办理。

辩护人、诉讼代理人认为看守所及其工作人员有阻碍其依法行使诉讼权利的行为，向人民检察院申诉或者控告的，由负责刑事执行检察的部门接受并依法办理；其他办案部门收到申诉或者控告的，应当及时移送负责刑事执行检察的部门。

2.《最高人民法院、最高人民检察院、公安部、国家安全部、司法部、全国人大常委会法制工作委员会关于实施刑事诉讼法若干问题的规定》（2012 年 12 月 26 日）

10. 刑事诉讼法第四十七条[①]规定："辩护人、诉讼代理人认为公安机关、人民检察院、人民法院及其工作人员阻碍其依法行使诉讼权利的，有权向同级或者上一级人民检察院申诉或者控告。人民检察院对申诉或者控告应当及时进行审查，情况属实的，通知有关机关予以纠正。"人民检察院受理辩护人、诉讼代理人的申诉或者控告后，应当在十日以内将处理情况书面答复提出申诉或者控告的辩护人、诉讼代理人。

3.《最高人民法院、最高人民检察院、公安部、国家安全部、司法部关于依法保障律师执业权利的规定》（2015 年 9 月 16 日　司发〔2015〕14 号）

第 2 条　人民法院、人民检察院、公安机关、国家安全机关、司法行政机关应当尊重律师，健全律师执业权利保障制度，依照刑事诉讼法、民事诉讼法、行政诉讼法及律师法的规定，在各自职责范围内依法保障律师知情权、申请权、申诉权，以及会见、阅卷、收集证据和发问、质证、辩论等方面的执业权利，不得阻碍律师依法履行辩护、代理职责，不得侵害律师合法权利。

第 3 条　人民法院、人民检察院、公安机关、国家安全机关、司法行政机关和律师协会应当建立健全律师执业权利救济机制。

律师因依法执业受到侮辱、诽谤、威胁、报复、人身伤害的，有关机关应当及时制止并依法处理，必要时对律师采取保护措施。

第五章　证　　据

第五十条　证据的含义及法定种类

可以用于证明案件事实的材料，都是证据。

① 对应《中华人民共和国刑事诉讼法》（2018 年修正）第四十九条。

证据包括：

（一）物证；

（二）书证；

（三）证人证言；

（四）被害人陈述；

（五）犯罪嫌疑人、被告人供述和辩解；

（六）鉴定意见；

（七）勘验、检查、辨认、侦查实验等笔录；

（八）视听资料、电子数据。

证据必须经过查证属实，才能作为定案的根据。

● *司法解释及文件*

1.《最高人民法院、最高人民检察院、公安部、国家安全部、司法部关于办理死刑案件审查判断证据若干问题的规定》（2010 年 6 月 13 日　法发〔2010〕20 号）

1. 物证、书证

第 6 条　对物证、书证应当着重审查以下内容：

（一）物证、书证是否为原物、原件，物证的照片、录像或者复制品及书证的副本、复制件与原物、原件是否相符；物证、书证是否经过辨认、鉴定；物证的照片、录像或者复制品和书证的副本、复制件是否由二人以上制作，有无制作人关于制作过程及原件、原物存放于何处的文字说明及签名。

（二）物证、书证的收集程序、方式是否符合法律及有关规定；经勘验、检查、搜查提取、扣押的物证、书证，是否附有相关笔录或者清单；笔录或者清单是否有侦查人员、物品持有人、见证人签名，没有物品持有人签名的，是否注明原因；对物品的特征、数量、质量、名称等注明是否清楚。

（三）物证、书证在收集、保管及鉴定过程中是否受到破坏或者改变。

（四）物证、书证与案件事实有无关联。对现场遗留与犯罪有关的具备检验鉴定条件的血迹、指纹、毛发、体液等生物物证、痕迹、物品，是否通过 DNA 鉴定、指纹鉴定等鉴定方式与被告人或者被害人的相应生物检材、生物特征、物品等作同一认定。

（五）与案件事实有关联的物证、书证是否全面收集。

第7条 对在勘验、检查、搜查中发现与案件事实可能有关联的血迹、指纹、足迹、字迹、毛发、体液、人体组织等痕迹和物品应当提取而没有提取，应当检验而没有检验，导致案件事实存疑的，人民法院应当向人民检察院说明情况，人民检察院依法可以补充收集、调取证据，作出合理的说明或者退回侦查机关补充侦查，调取有关证据。

第8条 据以定案的物证应当是原物。只有在原物不便搬运、不易保存或者依法应当由有关部门保管、处理或者依法应当返还时，才可以拍摄或者制作足以反映原物外形或者内容的照片、录像或者复制品。物证的照片、录像或者复制品，经与原物核实无误或者经鉴定证明为真实的，或者以其他方式确能证明其真实的，可以作为定案的根据。原物的照片、录像或者复制品，不能反映原物的外形和特征的，不能作为定案的根据。

据以定案的书证应当是原件。只有在取得原件确有困难时，才可以使用副本或者复制件。书证的副本、复制件，经与原件核实无误或者经鉴定证明为真实的，或者以其他方式确能证明其真实的，可以作为定案的根据。书证有更改或者更改迹象不能作出合理解释的，书证的副本、复制件不能反映书证原件及其内容的，不能作为定案的根据。

第9条 经勘验、检查、搜查提取、扣押的物证、书证，未附有勘验、检查笔录，搜查笔录，提取笔录，扣押清单，不能证明物证、书证来源的，不能作为定案的根据。

物证、书证的收集程序、方式存在下列瑕疵，通过有关办案人员的补正或者作出合理解释的，可以采用：

（一）收集调取的物证、书证，在勘验、检查笔录，搜查笔录，提取笔录，扣押清单上没有侦查人员、物品持有人、见证人签名或者物品特征、数量、质量、名称等注明不详的；

（二）收集调取物证照片、录像或者复制品，书证的副本、复制件未注明与原件核对无异，无复制时间、无被收集、调取人（单位）签名（盖章）的；

（三）物证照片、录像或者复制品，书证的副本、复制件没有制作人关于制作过程及原物、原件存放于何处的说明或者说明中无签名的；

（四）物证、书证的收集程序、方式存在其他瑕疵的。

对物证、书证的来源及收集过程有疑问，不能作出合理解释的，该物证、书证不能作为定案的根据。

第10条 具备辨认条件的物证、书证应当交由当事人或者证人进行辨认，必要时应当进行鉴定。

2. 证人证言

第11条 对证人证言应当着重审查以下内容：

（一）证言的内容是否为证人直接感知。

（二）证人作证时的年龄、认知水平、记忆能力和表达能力，生理上和精神上的状态是否影响作证。

（三）证人与案件当事人、案件处理结果有无利害关系。

（四）证言的取得程序、方式是否符合法律及有关规定：有无使用暴力、威胁、引诱、欺骗以及其他非法手段取证的情形；有无违反询问证人应当个别进行的规定；笔录是否经证人核对确认并签名（盖章）、捺指印；询问未成年证人，是否通知了其法定代理人到场，其法定代理人是否在场等。

（五）证人证言之间以及与其他证据之间能否相互印证，有无矛盾。

第12条 以暴力、威胁等非法手段取得的证人证言，不能作为定案的根据。

处于明显醉酒、麻醉品中毒或者精神药物麻醉状态，以致不能正确表达的证人所提供的证言，不能作为定案的根据。

证人的猜测性、评论性、推断性的证言，不能作为证据使用，但根据一般生活经验判断符合事实的除外。

第13条 具有下列情形之一的证人证言，不能作为定案的根据：

（一）询问证人没有个别进行而取得的证言；

（二）没有经证人核对确认并签名（盖章）、捺指印的书面证言；

（三）询问聋哑人或者不通晓当地通用语言、文字的少数民族人员、外国人，应当提供翻译而未提供的。

第14条 证人证言的收集程序和方式有下列瑕疵，通过有关办案人员的补正或者作出合理解释的，可以采用：

（一）没有填写询问人、记录人、法定代理人姓名或者询问的起止时间、地点的；

（二）询问证人的地点不符合规定的；

（三）询问笔录没有记录告知证人应当如实提供证言和有意作伪证或者

隐匿罪证要负法律责任内容的；

（四）询问笔录反映出在同一时间段内，同一询问人员询问不同证人的。

第15条 具有下列情形的证人，人民法院应当通知出庭作证；经依法通知不出庭作证证人的书面证言经质证无法确认的，不能作为定案的根据：

（一）人民检察院、被告人及其辩护人对证人证言有异议，该证人证言对定罪量刑有重大影响的；

（二）人民法院认为其他应当出庭作证的。

证人在法庭上的证言与其庭前证言相互矛盾，如果证人当庭能够对其翻证作出合理解释，并有相关证据印证的，应当采信庭审证言。

对未出庭作证证人的书面证言，应当听取出庭检察人员、被告人及其辩护人的意见，并结合其他证据综合判断。未出庭作证证人的书面证言出现矛盾，不能排除矛盾且无证据印证的，不能作为定案的根据。

第16条 证人作证，涉及国家秘密或者个人隐私的，应当保守秘密。

证人出庭作证，必要时，人民法院可以采取限制公开证人信息、限制询问、遮蔽容貌、改变声音等保护性措施。

3. 被害人陈述

第17条 对被害人陈述的审查与认定适用前述关于证人证言的有关规定。

4. 被告人供述和辩解

第18条 对被告人供述和辩解应当着重审查以下内容：

（一）讯问的时间、地点、讯问人的身份等是否符合法律及有关规定，讯问被告人的侦查人员是否不少于二人，讯问被告人是否个别进行等。

（二）讯问笔录的制作、修改是否符合法律及有关规定，讯问笔录是否注明讯问的起止时间和讯问地点，首次讯问时是否告知被告人申请回避、聘请律师等诉讼权利，被告人是否核对确认并签名（盖章）、捺指印，是否有不少于二人的讯问人签名等。

（三）讯问聋哑人、少数民族人员、外国人时是否提供了通晓聋、哑手势的人员或者翻译人员，讯问未成年同案犯时，是否通知了其法定代理人到场，其法定代理人是否在场。

（四）被告人的供述有无以刑讯逼供等非法手段获取的情形，必要时可以调取被告人进出看守所的健康检查记录、笔录。

（五）被告人的供述是否前后一致，有无反复以及出现反复的原因；被告人的所有供述和辩解是否均已收集入卷；应当入卷的供述和辩解没有入卷的，是否出具了相关说明。

（六）被告人的辩解内容是否符合案情和常理，有无矛盾。

（七）被告人的供述和辩解与同案犯的供述和辩解以及其他证据能否相互印证，有无矛盾。

对于上述内容，侦查机关随案移送有录音录像资料的，应当结合相关录音录像资料进行审查。

第19条 采用刑讯逼供等非法手段取得的被告人供述，不能作为定案的根据。

第20条 具有下列情形之一的被告人供述，不能作为定案的根据：

（一）讯问笔录没有经被告人核对确认并签名（盖章）、捺指印的；

（二）讯问聋哑人、不通晓当地通用语言、文字的人员时，应当提供通晓聋、哑手势的人员或者翻译人员而未提供的。

第21条 讯问笔录有下列瑕疵，通过有关办案人员的补正或者作出合理解释的，可以采用：

（一）笔录填写的讯问时间、讯问人、记录人、法定代理人等有误或者存在矛盾的；

（二）讯问人没有签名的；

（三）首次讯问笔录没有记录告知被讯问人诉讼权利内容的。

第22条 对被告人供述和辩解的审查，应当结合控辩双方提供的所有证据以及被告人本人的全部供述和辩解进行。

被告人庭前供述一致，庭审中翻供，但被告人不能合理说明翻供理由或者其辩解与全案证据相矛盾，而庭前供述与其他证据能够相互印证的，可以采信被告人庭前供述。

被告人庭前供述和辩解出现反复，但庭审中供认的，且庭审中的供述与其他证据能够印证的，可以采信庭审中的供述；被告人庭前供述和辩解出现反复，庭审中不供认，且无其他证据与庭前供述印证的，不能采信庭前供述。

5. 鉴定意见

第23条 对鉴定意见应当着重审查以下内容：

（一）鉴定人是否存在应当回避而未回避的情形。

（二）鉴定机构和鉴定人是否具有合法的资质。

（三）鉴定程序是否符合法律及有关规定。

（四）检材的来源、取得、保管、送检是否符合法律及有关规定，与相关提取笔录、扣押物品清单等记载的内容是否相符，检材是否充足、可靠。

（五）鉴定的程序、方法、分析过程是否符合本专业的检验鉴定规程和技术方法要求。

（六）鉴定意见的形式要件是否完备，是否注明提起鉴定的事由、鉴定委托人、鉴定机构、鉴定要求、鉴定过程、检验方法、鉴定文书的日期等相关内容，是否由鉴定机构加盖鉴定专用章并由鉴定人签名盖章。

（七）鉴定意见是否明确。

（八）鉴定意见与案件待证事实有无关联。

（九）鉴定意见与其他证据之间是否有矛盾，鉴定意见与检验笔录及相关照片是否有矛盾。

（十）鉴定意见是否依法及时告知相关人员，当事人对鉴定意见是否有异议。

第24条 鉴定意见具有下列情形之一的，不能作为定案的根据：

（一）鉴定机构不具备法定的资格和条件，或者鉴定事项超出本鉴定机构项目范围或者鉴定能力的；

（二）鉴定人不具备法定的资格和条件、鉴定人不具有相关专业技术或者职称、鉴定人违反回避规定的；

（三）鉴定程序、方法有错误的；

（四）鉴定意见与证明对象没有关联的；

（五）鉴定对象与送检材料、样本不一致的；

（六）送检材料、样本来源不明或者确实被污染且不具备鉴定条件的；

（七）违反有关鉴定特定标准的；

（八）鉴定文书缺少签名、盖章的；

（九）其他违反有关规定的情形。

对鉴定意见有疑问的，人民法院应当依法通知鉴定人出庭作证或者由其出具相关说明，也可以依法补充鉴定或者重新鉴定。

6. 勘验、检查笔录

第25条 对勘验、检查笔录应当着重审查以下内容：

（一）勘验、检查是否依法进行，笔录的制作是否符合法律及有关规定的要求，勘验、检查人员和见证人是否签名或者盖章等。

（二）勘验、检查笔录的内容是否全面、详细、准确、规范：是否准确记录了提起勘验、检查的事由，勘验、检查的时间、地点，在场人员、现场方位、周围环境等情况；是否准确记载了现场、物品、人身、尸体等的位置、特征等详细情况以及勘验、检查、搜查的过程；文字记载与实物或者绘图、录像、照片是否相符；固定证据的形式、方法是否科学、规范；现场、物品、痕迹等是否被破坏或者伪造，是否是原始现场；人身特征、伤害情况、生理状况有无伪装或者变化等。

（三）补充进行勘验、检查的，前后勘验、检查的情况是否有矛盾，是否说明了再次勘验、检查的原由。

（四）勘验、检查笔录中记载的情况与被告人供述、被害人陈述、鉴定意见等其他证据能否印证，有无矛盾。

第26条 勘验、检查笔录存在明显不符合法律及有关规定的情形，并且不能作出合理解释或者说明的，不能作为证据使用。

勘验、检查笔录存在勘验、检查没有见证人的，勘验、检查人员和见证人没有签名、盖章的，勘验、检查人员违反回避规定的等情形，应当结合案件其他证据，审查其真实性和关联性。

7. 视听资料

第27条 对视听资料应当着重审查以下内容：

（一）视听资料的来源是否合法，制作过程中当事人有无受到威胁、引诱等违反法律及有关规定的情形；

（二）是否载明制作人或者持有人的身份，制作的时间、地点和条件以及制作方法；

（三）是否为原件，有无复制及复制份数；调取的视听资料是复制件的，是否附有无法调取原件的原因、制作过程和原件存放地点的说明，是否有制作人和原视听资料持有人签名或者盖章；

（四）内容和制作过程是否真实，有无经过剪辑、增加、删改、编辑等伪造、变造情形；

（五）内容与案件事实有无关联性。

对视听资料有疑问的，应当进行鉴定。

对视听资料，应当结合案件其他证据，审查其真实性和关联性。

第28条 具有下列情形之一的视听资料，不能作为定案的根据：

（一）视听资料经审查或者鉴定无法确定真伪的；

（二）对视听资料的制作和取得的时间、地点、方式等有异议，不能作出合理解释或者提供必要证明的。

8. 其他规定

第29条 对于电子邮件、电子数据交换、网上聊天记录、网络博客、手机短信、电子签名、域名等电子证据，应当主要审查以下内容：

（一）该电子证据存储磁盘、存储光盘等可移动存储介质是否与打印件一并提交；

（二）是否载明该电子证据形成的时间、地点、对象、制作人、制作过程及设备情况等；

（三）制作、储存、传递、获得、收集、出示等程序和环节是否合法，取证人、制作人、持有人、见证人等是否签名或者盖章；

（四）内容是否真实，有无剪裁、拼凑、篡改、添加等伪造、变造情形；

（五）该电子证据与案件事实有无关联性。

对电子证据有疑问的，应当进行鉴定。

对电子证据，应当结合案件其他证据，审查其真实性和关联性。

第30条 侦查机关组织的辨认，存在下列情形之一的，应当严格审查，不能确定其真实性的，辨认结果不能作为定案的根据：

（一）辨认不是在侦查人员主持下进行的；

（二）辨认前使辨认人见到辨认对象的；

（三）辨认人的辨认活动没有个别进行的；

（四）辨认对象没有混杂在具有类似特征的其他对象中，或者供辨认的对象数量不符合规定的；尸体、场所等特定辨认对象除外。

（五）辨认中给辨认人明显暗示或者明显有指认嫌疑的。

有下列情形之一的，通过有关办案人员的补正或者作出合理解释的，辨认结果可以作为证据使用：

（一）主持辨认的侦查人员少于二人的；

（二）没有向辨认人详细询问辨认对象的具体特征的；

（三）对辨认经过和结果没有制作专门的规范的辨认笔录，或者辨认笔录没有侦查人员、辨认人、见证人的签名或者盖章的；

（四）辨认记录过于简单，只有结果没有过程的；

（五）案卷中只有辨认笔录，没有被辨认对象的照片、录像等资料，无法获悉辨认的真实情况的。

第31条 对侦查机关出具的破案经过等材料，应当审查是否有出具该说明材料的办案人、办案机关的签字或者盖章。

对破案经过有疑问，或者对确定被告人有重大嫌疑的根据有疑问的，应当要求侦查机关补充说明。

2.《人民检察院刑事诉讼规则》（2019年12月30日 高检发释字〔2019〕4号）

第64条 行政机关在行政执法和查办案件过程中收集的物证、书证、视听资料、电子数据等证据材料，经人民检察院审查符合法定要求的，可以作为证据使用。

行政机关在行政执法和查办案件过程中收集的鉴定意见、勘验、检查笔录，经人民检察院审查符合法定要求的，可以作为证据使用。

3.《最高人民法院关于适用〈中华人民共和国刑事诉讼法〉的解释》（2021年1月26日 法释〔2021〕1号）

第71条 证据未经当庭出示、辨认、质证等法庭调查程序查证属实，不得作为定案的根据。

第72条 应当运用证据证明的案件事实包括：

（一）被告人、被害人的身份；

（二）被指控的犯罪是否存在；

（三）被指控的犯罪是否为被告人所实施；

（四）被告人有无刑事责任能力，有无罪过，实施犯罪的动机、目的；

（五）实施犯罪的时间、地点、手段、后果以及案件起因等；

（六）是否系共同犯罪或者犯罪事实存在关联，以及被告人在犯罪中的地位、作用；

（七）被告人有无从重、从轻、减轻、免除处罚情节；

（八）有关涉案财物处理的事实；

（九）有关附带民事诉讼的事实；

（十）有关管辖、回避、延期审理等的程序事实；

（十一）与定罪量刑有关的其他事实。

认定被告人有罪和对被告人从重处罚，适用证据确实、充分的证明标准。

第73条 对提起公诉的案件，人民法院应当审查证明被告人有罪、无罪、罪重、罪轻的证据材料是否全部随案移送；未随案移送的，应当通知人民检察院在指定时间内移送。人民检察院未移送的，人民法院应当根据在案证据对案件事实作出认定。

第74条 依法应当对讯问过程录音录像的案件，相关录音录像未随案移送的，必要时，人民法院可以通知人民检察院在指定时间内移送。人民检察院未移送，导致不能排除属于刑事诉讼法第五十六条规定的以非法方法收集证据情形的，对有关证据应当依法排除；导致有关证据的真实性无法确认的，不得作为定案的根据。

第75条 行政机关在行政执法和查办案件过程中收集的物证、书证、视听资料、电子数据等证据材料，经法庭查证属实，且收集程序符合有关法律、行政法规规定的，可以作为定案的根据。

根据法律、行政法规规定行使国家行政管理职权的组织，在行政执法和查办案件过程中收集的证据材料，视为行政机关收集的证据材料。

第76条 监察机关依法收集的证据材料，在刑事诉讼中可以作为证据使用。

对前款规定证据的审查判断，适用刑事审判关于证据的要求和标准。

第77条 对来自境外的证据材料，人民检察院应当随案移送有关材料来源、提供人、提取人、提取时间等情况的说明。经人民法院审查，相关证据材料能够证明案件事实且符合刑事诉讼法规定的，可以作为证据使用，但提供人或者我国与有关国家签订的双边条约对材料的使用范围有明确限制的除外；材料来源不明或者真实性无法确认的，不得作为定案的根据。

当事人及其辩护人、诉讼代理人提供来自境外的证据材料的，该证据材料应当经所在国公证机关证明，所在国中央外交主管机关或者其授权机关认证，并经中华人民共和国驻该国使领馆认证，或者履行中华人民共和国与该所在国订立的有关条约中规定的证明手续，但我国与该国之间有互免认证协定的除外。

第78条 控辩双方提供的证据材料涉及外国语言、文字的，应当附中文译本。

第79条 人民法院依照刑事诉讼法第一百九十六条的规定调查核实证据，必要时，可以通知检察人员、辩护人、自诉人及其法定代理人到场。上述人员未到场的，应当记录在案。

人民法院调查核实证据时，发现对定罪量刑有重大影响的新的证据材料的，应当告知检察人员、辩护人、自诉人及其法定代理人。必要时，也可以直接提取，并及时通知检察人员、辩护人、自诉人及其法定代理人查阅、摘抄、复制。

第80条 下列人员不得担任见证人：

（一）生理上、精神上有缺陷或者年幼，不具有相应辨别能力或者不能正确表达的人；

（二）与案件有利害关系，可能影响案件公正处理的人；

（三）行使勘验、检查、搜查、扣押、组织辨认等监察调查、刑事诉讼职权的监察、公安、司法机关的工作人员或者其聘用的人员。

对见证人是否属于前款规定的人员，人民法院可以通过相关笔录载明的见证人的姓名、身份证件种类及号码、联系方式以及常住人口信息登记表等材料进行审查。

由于客观原因无法由符合条件的人员担任见证人的，应当在笔录材料中注明情况，并对相关活动进行全程录音录像。

第81条 公开审理案件时，公诉人、诉讼参与人提出涉及国家秘密、商业秘密或者个人隐私的证据的，法庭应当制止；确与本案有关的，可以根据具体情况，决定将案件转为不公开审理，或者对相关证据的法庭调查不公开进行。

第二节 物证、书证的审查与认定

第82条 对物证、书证应当着重审查以下内容：

（一）物证、书证是否为原物、原件，是否经过辨认、鉴定；物证的照片、录像、复制品或者书证的副本、复制件是否与原物、原件相符，是否由二人以上制作，有无制作人关于制作过程以及原物、原件存放于何处的文字说明和签名；

（二）物证、书证的收集程序、方式是否符合法律、有关规定；经勘验、检查、搜查提取、扣押的物证、书证，是否附有相关笔录、清单，笔录、清单是否经调查人员或者侦查人员、物品持有人、见证人签名，没有签名的，是否注明原因；物品的名称、特征、数量、质量等是否注明清楚；

（三）物证、书证在收集、保管、鉴定过程中是否受损或者改变；

（四）物证、书证与案件事实有无关联；对现场遗留与犯罪有关的具备鉴定条件的血迹、体液、毛发、指纹等生物样本、痕迹、物品，是否已作DNA鉴定、指纹鉴定等，并与被告人或者被害人的相应生物特征、物品等比对；

（五）与案件事实有关联的物证、书证是否全面收集。

第83条 据以定案的物证应当是原物。原物不便搬运、不易保存、依法应当返还或者依法应当由有关部门保管、处理的，可以拍摄、制作足以反映原物外形和特征的照片、录像、复制品。必要时，审判人员可以前往保管场所查看原物。

物证的照片、录像、复制品，不能反映原物的外形和特征的，不得作为定案的根据。

物证的照片、录像、复制品，经与原物核对无误、经鉴定或者以其他方式确认真实的，可以作为定案的根据。

第84条 据以定案的书证应当是原件。取得原件确有困难的，可以使用副本、复制件。

对书证的更改或者更改迹象不能作出合理解释，或者书证的副本、复制件不能反映原件及其内容的，不得作为定案的根据。

书证的副本、复制件，经与原件核对无误、经鉴定或者以其他方式确认真实的，可以作为定案的根据。

第85条 对与案件事实可能有关联的血迹、体液、毛发、人体组织、指纹、足迹、字迹等生物样本、痕迹和物品，应当提取而没有提取，应当鉴定而没有鉴定，应当移送鉴定意见而没有移送，导致案件事实存疑的，人民法院应当通知人民检察院依法补充收集、调取、移送证据。

第86条 在勘验、检查、搜查过程中提取、扣押的物证、书证，未附笔录或者清单，不能证明物证、书证来源的，不得作为定案的根据。

物证、书证的收集程序、方式有下列瑕疵，经补正或者作出合理解释的，可以采用：

（一）勘验、检查、搜查、提取笔录或者扣押清单上没有调查人员或者侦查人员、物品持有人、见证人签名，或者对物品的名称、特征、数量、质量等注明不详的；

（二）物证的照片、录像、复制品，书证的副本、复制件未注明与原件核对无异，无复制时间，或者无被收集、调取人签名的；

（三）物证的照片、录像、复制品，书证的副本、复制件没有制作人关于制作过程和原物、原件存放地点的说明，或者说明中无签名的；

（四）有其他瑕疵的。

物证、书证的来源、收集程序有疑问，不能作出合理解释的，不得作为定案的根据。

第三节　证人证言、被害人陈述的审查与认定

第87条　对证人证言应当着重审查以下内容：

（一）证言的内容是否为证人直接感知；

（二）证人作证时的年龄，认知、记忆和表达能力，生理和精神状态是否影响作证；

（三）证人与案件当事人、案件处理结果有无利害关系；

（四）询问证人是否个别进行；

（五）询问笔录的制作、修改是否符合法律、有关规定，是否注明询问的起止时间和地点，首次询问时是否告知证人有关权利义务和法律责任，证人对询问笔录是否核对确认；

（六）询问未成年证人时，是否通知其法定代理人或者刑事诉讼法第二百八十一条第一款规定的合适成年人到场，有关人员是否到场；

（七）有无以暴力、威胁等非法方法收集证人证言的情形；

（八）证言之间以及与其他证据之间能否相互印证，有无矛盾；存在矛盾的，能否得到合理解释。

第88条　处于明显醉酒、中毒或者麻醉等状态，不能正常感知或者正确表达的证人所提供的证言，不得作为证据使用。

证人的猜测性、评论性、推断性的证言，不得作为证据使用，但根据一般生活经验判断符合事实的除外。

第89条　证人证言具有下列情形之一的，不得作为定案的根据：

（一）询问证人没有个别进行的；

（二）书面证言没有经证人核对确认的；

（三）询问聋、哑人，应当提供通晓聋、哑手势的人员而未提供的；

（四）询问不通晓当地通用语言、文字的证人，应当提供翻译人员而未提供的。

第90条 证人证言的收集程序、方式有下列瑕疵，经补正或者作出合理解释的，可以采用；不能补正或者作出合理解释的，不得作为定案的根据：

（一）询问笔录没有填写询问人、记录人、法定代理人姓名以及询问的起止时间、地点的；

（二）询问地点不符合规定的；

（三）询问笔录没有记录告知证人有关权利义务和法律责任的；

（四）询问笔录反映出在同一时段，同一询问人员询问不同证人的；

（五）询问未成年人，其法定代理人或者合适成年人不在场的。

第91条 证人当庭作出的证言，经控辩双方质证、法庭查证属实的，应当作为定案的根据。

证人当庭作出的证言与其庭前证言矛盾，证人能够作出合理解释，并有其他证据印证的，应当采信其庭审证言；不能作出合理解释，而其庭前证言有其他证据印证的，可以采信其庭前证言。

经人民法院通知，证人没有正当理由拒绝出庭或者出庭后拒绝作证，法庭对其证言的真实性无法确认的，该证人证言不得作为定案的根据。

第92条 对被害人陈述的审查与认定，参照适用本节的有关规定。

第四节　被告人供述和辩解的审查与认定

第93条 对被告人供述和辩解应当着重审查以下内容：

（一）讯问的时间、地点，讯问人的身份、人数以及讯问方式等是否符合法律、有关规定；

（二）讯问笔录的制作、修改是否符合法律、有关规定，是否注明讯问的具体起止时间和地点，首次讯问时是否告知被告人有关权利和法律规定，被告人是否核对确认；

（三）讯问未成年被告人时，是否通知其法定代理人或者合适成年人到场，有关人员是否到场；

（四）讯问女性未成年被告人时，是否有女性工作人员在场；

（五）有无以刑讯逼供等非法方法收集被告人供述的情形；

（六）被告人的供述是否前后一致，有无反复以及出现反复的原因；

（七）被告人的供述和辩解是否全部随案移送；

（八）被告人的辩解内容是否符合案情和常理，有无矛盾；

（九）被告人的供述和辩解与同案被告人的供述和辩解以及其他证据能否相互印证，有无矛盾；存在矛盾的，能否得到合理解释。

必要时，可以结合现场执法音视频记录、讯问录音录像、被告人进出看守所的健康检查记录、笔录等，对被告人的供述和辩解进行审查。

第94条 被告人供述具有下列情形之一的，不得作为定案的根据：

（一）讯问笔录没有经被告人核对确认的；

（二）讯问聋、哑人，应当提供通晓聋、哑手势的人员而未提供的；

（三）讯问不通晓当地通用语言、文字的被告人，应当提供翻译人员而未提供的；

（四）讯问未成年人，其法定代理人或者合适成年人不在场的。

第95条 讯问笔录有下列瑕疵，经补正或者作出合理解释的，可以采用；不能补正或者作出合理解释的，不得作为定案的根据：

（一）讯问笔录填写的讯问时间、讯问地点、讯问人、记录人、法定代理人等有误或者存在矛盾的；

（二）讯问人没有签名的；

（三）首次讯问笔录没有记录告知被讯问人有关权利和法律规定的。

第96条 审查被告人供述和辩解，应当结合控辩双方提供的所有证据以及被告人的全部供述和辩解进行。

被告人庭审中翻供，但不能合理说明翻供原因或者其辩解与全案证据矛盾，而其庭前供述与其他证据相互印证的，可以采信其庭前供述。

被告人庭前供述和辩解存在反复，但庭审中供认，且与其他证据相互印证的，可以采信其庭审供述；被告人庭前供述和辩解存在反复，庭审中不供认，且无其他证据与庭前供述印证的，不得采信其庭前供述。

第五节 鉴定意见的审查与认定

第97条 对鉴定意见应当着重审查以下内容：

（一）鉴定机构和鉴定人是否具有法定资质；

（二）鉴定人是否存在应当回避的情形；

（三）检材的来源、取得、保管、送检是否符合法律、有关规定，与相关提取笔录、扣押清单等记载的内容是否相符，检材是否可靠；

（四）鉴定意见的形式要件是否完备，是否注明提起鉴定的事由、鉴定委托人、鉴定机构、鉴定要求、鉴定过程、鉴定方法、鉴定日期等相关内容，是否由鉴定机构盖章并由鉴定人签名；

（五）鉴定程序是否符合法律、有关规定；

（六）鉴定的过程和方法是否符合相关专业的规范要求；

（七）鉴定意见是否明确；

（八）鉴定意见与案件事实有无关联；

（九）鉴定意见与勘验、检查笔录及相关照片等其他证据是否矛盾；存在矛盾的，能否得到合理解释；

（十）鉴定意见是否依法及时告知相关人员，当事人对鉴定意见有无异议。

第98条 鉴定意见具有下列情形之一的，不得作为定案的根据：

（一）鉴定机构不具备法定资质，或者鉴定事项超出该鉴定机构业务范围、技术条件的；

（二）鉴定人不具备法定资质，不具有相关专业技术或者职称，或者违反回避规定的；

（三）送检材料、样本来源不明，或者因污染不具备鉴定条件的；

（四）鉴定对象与送检材料、样本不一致的；

（五）鉴定程序违反规定的；

（六）鉴定过程和方法不符合相关专业的规范要求的；

（七）鉴定文书缺少签名、盖章的；

（八）鉴定意见与案件事实没有关联的；

（九）违反有关规定的其他情形。

第99条 经人民法院通知，鉴定人拒不出庭作证的，鉴定意见不得作为定案的根据。

鉴定人由于不能抗拒的原因或者有其他正当理由无法出庭的，人民法院可以根据情况决定延期审理或者重新鉴定。

鉴定人无正当理由拒不出庭作证的，人民法院应当通报司法行政机关或者有关部门。

第100条 因无鉴定机构，或者根据法律、司法解释的规定，指派、聘请有专门知识的人就案件的专门性问题出具的报告，可以作为证据使用。

对前款规定的报告的审查与认定，参照适用本节的有关规定。

经人民法院通知，出具报告的人拒不出庭作证的，有关报告不得作为定案的根据。

第101条 有关部门对事故进行调查形成的报告，在刑事诉讼中可以作为证据使用；报告中涉及专门性问题的意见，经法庭查证属实，且调查程序符合法律、有关规定的，可以作为定案的根据。

第六节 勘验、检查、辨认、侦查实验等笔录的审查与认定

第102条 对勘验、检查笔录应当着重审查以下内容：

（一）勘验、检查是否依法进行，笔录制作是否符合法律、有关规定，勘验、检查人员和见证人是否签名或者盖章；

（二）勘验、检查笔录是否记录了提起勘验、检查的事由，勘验、检查的时间、地点，在场人员、现场方位、周围环境等，现场的物品、人身、尸体等的位置、特征等情况，以及勘验、检查的过程；文字记录与实物或者绘图、照片、录像是否相符；现场、物品、痕迹等是否伪造、有无破坏；人身特征、伤害情况、生理状态有无伪装或者变化等；

（三）补充进行勘验、检查的，是否说明了再次勘验、检查的原由，前后勘验、检查的情况是否矛盾。

第103条 勘验、检查笔录存在明显不符合法律、有关规定的情形，不能作出合理解释的，不得作为定案的根据。

第104条 对辨认笔录应当着重审查辨认的过程、方法，以及辨认笔录的制作是否符合有关规定。

第105条 辨认笔录具有下列情形之一的，不得作为定案的根据：

（一）辨认不是在调查人员、侦查人员主持下进行的；

（二）辨认前使辨认人见到辨认对象的；

（三）辨认活动没有个别进行的；

（四）辨认对象没有混杂在具有类似特征的其他对象中，或者供辨认的对象数量不符合规定的；

（五）辨认中给辨认人明显暗示或者明显有指认嫌疑的；

（六）违反有关规定，不能确定辨认笔录真实性的其他情形。

第106条 对侦查实验笔录应当着重审查实验的过程、方法，以及笔录的制作是否符合有关规定。

第107条 侦查实验的条件与事件发生时的条件有明显差异，或者存在影响实验结论科学性的其他情形的，侦查实验笔录不得作为定案的根据。

第七节　视听资料、电子数据的审查与认定

第108条　对视听资料应当着重审查以下内容：

（一）是否附有提取过程的说明，来源是否合法；

（二）是否为原件，有无复制及复制份数；是复制件的，是否附有无法调取原件的原因、复制件制作过程和原件存放地点的说明，制作人、原视听资料持有人是否签名；

（三）制作过程中是否存在威胁、引诱当事人等违反法律、有关规定的情形；

（四）是否写明制作人、持有人的身份，制作的时间、地点、条件和方法；

（五）内容和制作过程是否真实，有无剪辑、增加、删改等情形；

（六）内容与案件事实有无关联。

对视听资料有疑问的，应当进行鉴定。

第109条　视听资料具有下列情形之一的，不得作为定案的根据：

（一）系篡改、伪造或者无法确定真伪的；

（二）制作、取得的时间、地点、方式等有疑问，不能作出合理解释的。

第110条　对电子数据是否真实，应当着重审查以下内容：

（一）是否移送原始存储介质；在原始存储介质无法封存、不便移动时，有无说明原因，并注明收集、提取过程及原始存储介质的存放地点或者电子数据的来源等情况；

（二）是否具有数字签名、数字证书等特殊标识；

（三）收集、提取的过程是否可以重现；

（四）如有增加、删除、修改等情形的，是否附有说明；

（五）完整性是否可以保证。

第111条　对电子数据是否完整，应当根据保护电子数据完整性的相应方法进行审查、验证：

（一）审查原始存储介质的扣押、封存状态；

（二）审查电子数据的收集、提取过程，查看录像；

（三）比对电子数据完整性校验值；

（四）与备份的电子数据进行比较；

（五）审查冻结后的访问操作日志；

（六）其他方法。

第112条 对收集、提取电子数据是否合法，应当着重审查以下内容：

（一）收集、提取电子数据是否由二名以上调查人员、侦查人员进行，取证方法是否符合相关技术标准；

（二）收集、提取电子数据，是否附有笔录、清单，并经调查人员、侦查人员、电子数据持有人、提供人、见证人签名或者盖章；没有签名或者盖章的，是否注明原因；对电子数据的类别、文件格式等是否注明清楚；

（三）是否依照有关规定由符合条件的人员担任见证人，是否对相关活动进行录像；

（四）采用技术调查、侦查措施收集、提取电子数据的，是否依法经过严格的批准手续；

（五）进行电子数据检查的，检查程序是否符合有关规定。

第113条 电子数据的收集、提取程序有下列瑕疵，经补正或者作出合理解释的，可以采用；不能补正或者作出合理解释的，不得作为定案的根据：

（一）未以封存状态移送的；

（二）笔录或者清单上没有调查人员或者侦查人员、电子数据持有人、提供人、见证人签名或者盖章的；

（三）对电子数据的名称、类别、格式等注明不清的；

（四）有其他瑕疵的。

第114条 电子数据具有下列情形之一的，不得作为定案的根据：

（一）系篡改、伪造或者无法确定真伪的；

（二）有增加、删除、修改等情形，影响电子数据真实性的；

（三）其他无法保证电子数据真实性的情形。

第115条 对视听资料、电子数据，还应当审查是否移送文字抄清材料以及对绰号、暗语、俗语、方言等不易理解内容的说明。未移送的，必要时，可以要求人民检察院移送。

4.《最高人民法院、最高人民检察院、公安部关于办理刑事案件收集提取和审查判断电子数据若干问题的规定》（2016年9月9日　法发〔2016〕22号）

为规范电子数据的收集提取和审查判断，提高刑事案件办理质量，根据《中华人民共和国刑事诉讼法》等有关法律规定，结合司法实际，制定本规定。

一、一般规定

第1条 电子数据是案件发生过程中形成的，以数字化形式存储、处理、传输的，能够证明案件事实的数据。

电子数据包括但不限于下列信息、电子文件：

（一）网页、博客、微博客、朋友圈、贴吧、网盘等网络平台发布的信息；

（二）手机短信、电子邮件、即时通信、通讯群组等网络应用服务的通信信息；

（三）用户注册信息、身份认证信息、电子交易记录、通信记录、登录日志等信息；

（四）文档、图片、音视频、数字证书、计算机程序等电子文件。

以数字化形式记载的证人证言、被害人陈述以及犯罪嫌疑人、被告人供述和辩解等证据，不属于电子数据。确有必要的，对相关证据的收集、提取、移送、审查，可以参照适用本规定。

第2条 侦查机关应当遵守法定程序，遵循有关技术标准，全面、客观、及时地收集、提取电子数据；人民检察院、人民法院应当围绕真实性、合法性、关联性审查判断电子数据。

第3条 人民法院、人民检察院和公安机关有权依法向有关单位和个人收集、调取电子数据。有关单位和个人应当如实提供。

第4条 电子数据涉及国家秘密、商业秘密、个人隐私的，应当保密。

第5条 对作为证据使用的电子数据，应当采取以下一种或者几种方法保护电子数据的完整性：

（一）扣押、封存电子数据原始存储介质；

（二）计算电子数据完整性校验值；

（三）制作、封存电子数据备份；

（四）冻结电子数据；

（五）对收集、提取电子数据的相关活动进行录像；

（六）其他保护电子数据完整性的方法。

第6条 初查过程中收集、提取的电子数据，以及通过网络在线提取的电子数据，可以作为证据使用。

二、电子数据的收集与提取

第7条 收集、提取电子数据，应当由二名以上侦查人员进行。取证方法应当符合相关技术标准。

第8条 收集、提取电子数据，能够扣押电子数据原始存储介质的，应当扣押、封存原始存储介质，并制作笔录，记录原始存储介质的封存状态。

封存电子数据原始存储介质，应当保证在不解除封存状态的情况下，无法增加、删除、修改电子数据。封存前后应当拍摄被封存原始存储介质的照片，清晰反映封口或者张贴封条处的状况。

封存手机等具有无线通信功能的存储介质，应当采取信号屏蔽、信号阻断或者切断电源等措施。

第9条 具有下列情形之一，无法扣押原始存储介质的，可以提取电子数据，但应当在笔录中注明不能扣押原始存储介质的原因、原始存储介质的存放地点或者电子数据的来源等情况，并计算电子数据的完整性校验值：

（一）原始存储介质不便封存的；

（二）提取计算机内存数据、网络传输数据等不是存储在存储介质上的电子数据的；

（三）原始存储介质位于境外的；

（四）其他无法扣押原始存储介质的情形。

对于原始存储介质位于境外或者远程计算机信息系统上的电子数据，可以通过网络在线提取。

为进一步查明有关情况，必要时，可以对远程计算机信息系统进行网络远程勘验。进行网络远程勘验，需要采取技术侦查措施的，应当依法经过严格的批准手续。

第10条 由于客观原因无法或者不宜依据第八条、第九条的规定收集、提取电子数据的，可以采取打印、拍照或者录像等方式固定相关证据，并在笔录中说明原因。

第11条 具有下列情形之一的，经县级以上公安机关负责人或者检察长批准，可以对电子数据进行冻结：

（一）数据量大，无法或者不便提取的；

（二）提取时间长，可能造成电子数据被篡改或者灭失的；

（三）通过网络应用可以更为直观地展示电子数据的；

（四）其他需要冻结的情形。

第12条 冻结电子数据，应当制作协助冻结通知书，注明冻结电子数据的网络应用账号等信息，送交电子数据持有人、网络服务提供者或者有关部门协助办理。解除冻结的，应当在三日内制作协助解除冻结通知书，送交电子数据持有人、网络服务提供者或者有关部门协助办理。

冻结电子数据，应当采取以下一种或者几种方法：

（一）计算电子数据的完整性校验值；

（二）锁定网络应用账号；

（三）其他防止增加、删除、修改电子数据的措施。

第13条 调取电子数据，应当制作调取证据通知书，注明需要调取电子数据的相关信息，通知电子数据持有人、网络服务提供者或者有关部门执行。

第14条 收集、提取电子数据，应当制作笔录，记录案由、对象、内容、收集、提取电子数据的时间、地点、方法、过程，并附电子数据清单，注明类别、文件格式、完整性校验值等，由侦查人员、电子数据持有人（提供人）签名或者盖章；电子数据持有人（提供人）无法签名或者拒绝签名的，应当在笔录中注明，由见证人签名或者盖章。有条件的，应当对相关活动进行录像。

第15条 收集、提取电子数据，应当根据刑事诉讼法的规定，由符合条件的人员担任见证人。由于客观原因无法由符合条件的人员担任见证人的，应当在笔录中注明情况，并对相关活动进行录像。

针对同一现场多个计算机信息系统收集、提取电子数据的，可以由一名见证人见证。

第16条 对扣押的原始存储介质或者提取的电子数据，可以通过恢复、破解、统计、关联、比对等方式进行检查。必要时，可以进行侦查实验。

电子数据检查，应当对电子数据存储介质拆封过程进行录像，并将电子数据存储介质通过写保护设备接入到检查设备进行检查；有条件的，应当制作电子数据备份，对备份进行检查；无法使用写保护设备且无法制作备份的，应当注明原因，并对相关活动进行录像。

电子数据检查应当制作笔录，注明检查方法、过程和结果，由有关人员签名或者盖章。进行侦查实验的，应当制作侦查实验笔录，注明侦查实验的条件、经过和结果，由参加实验的人员签名或者盖章。

第17条 对电子数据涉及的专门性问题难以确定的，由司法鉴定机构出具鉴定意见，或者由公安部指定的机构出具报告。对于人民检察院直接受理的案件，也可以由最高人民检察院指定的机构出具报告。

具体办法由公安部、最高人民检察院分别制定。

三、电子数据的移送与展示

第18条 收集、提取的原始存储介质或者电子数据，应当以封存状态随案移送，并制作电子数据的备份一并移送。

对网页、文档、图片等可以直接展示的电子数据，可以不随案移送打印件；人民法院、人民检察院因设备等条件限制无法直接展示电子数据的，侦查机关应当随案移送打印件，或者附展示工具和展示方法说明。

对冻结的电子数据，应当移送被冻结电子数据的清单，注明类别、文件格式、冻结主体、证据要点、相关网络应用账号，并附查看工具和方法的说明。

第19条 对侵入、非法控制计算机信息系统的程序、工具以及计算机病毒等无法直接展示的电子数据，应当附电子数据属性、功能等情况的说明。

对数据统计量、数据同一性等问题，侦查机关应当出具说明。

第20条 公安机关报请人民检察院审查批准逮捕犯罪嫌疑人，或者对侦查终结的案件移送人民检察院审查起诉的，应当将电子数据等证据一并移送人民检察院。人民检察院在审查批准逮捕和审查起诉过程中发现应当移送的电子数据没有移送或者移送的电子数据不符合相关要求的，应当通知公安机关补充移送或者进行补正。

对于提起公诉的案件，人民法院发现应当移送的电子数据没有移送或者移送的电子数据不符合相关要求的，应当通知人民检察院。

公安机关、人民检察院应当自收到通知后三日内移送电子数据或者补充有关材料。

第21条 控辩双方向法庭提交的电子数据需要展示的，可以根据电子数据的具体类型，借助多媒体设备出示、播放或者演示。必要时，可以聘请具有专门知识的人进行操作，并就相关技术问题作出说明。

四、电子数据的审查与判断

第22条 对电子数据是否真实，应当着重审查以下内容：

（一）是否移送原始存储介质；在原始存储介质无法封存、不便移动时，有无说明原因，并注明收集、提取过程及原始存储介质的存放地点或者电子数据的来源等情况；

（二）电子数据是否具有数字签名、数字证书等特殊标识；

（三）电子数据的收集、提取过程是否可以重现；

（四）电子数据如有增加、删除、修改等情形的，是否附有说明；

（五）电子数据的完整性是否可以保证。

第23条 对电子数据是否完整，应当根据保护电子数据完整性的相应方法进行验证：

（一）审查原始存储介质的扣押、封存状态；

（二）审查电子数据的收集、提取过程，查看录像；

（三）比对电子数据完整性校验值；

（四）与备份的电子数据进行比较；

（五）审查冻结后的访问操作日志；

（六）其他方法。

第24条 对收集、提取电子数据是否合法，应当着重审查以下内容：

（一）收集、提取电子数据是否由二名以上侦查人员进行，取证方法是否符合相关技术标准；

（二）收集、提取电子数据，是否附有笔录、清单，并经侦查人员、电子数据持有人（提供人）、见证人签名或者盖章；没有持有人（提供人）签名或者盖章的，是否注明原因；对电子数据的类别、文件格式等是否注明清楚；

（三）是否依照有关规定由符合条件的人员担任见证人，是否对相关活动进行录像；

（四）电子数据检查是否将电子数据存储介质通过写保护设备接入到检查设备；有条件的，是否制作电子数据备份，并对备份进行检查；无法制作备份且无法使用写保护设备的，是否附有录像。

第25条 认定犯罪嫌疑人、被告人的网络身份与现实身份的同一性，可以通过核查相关IP地址、网络活动记录、上网终端归属、相关证人证言以及犯罪嫌疑人、被告人供述和辩解等进行综合判断。

认定犯罪嫌疑人、被告人与存储介质的关联性，可以通过核查相关证人证言以及犯罪嫌疑人、被告人供述和辩解等进行综合判断。

第 26 条 公诉人、当事人或者辩护人、诉讼代理人对电子数据鉴定意见有异议，可以申请人民法院通知鉴定人出庭作证。人民法院认为鉴定人有必要出庭的，鉴定人应当出庭作证。

经人民法院通知，鉴定人拒不出庭作证的，鉴定意见不得作为定案的根据。对没有正当理由拒不出庭作证的鉴定人，人民法院应当通报司法行政机关或者有关部门。

公诉人、当事人或者辩护人、诉讼代理人可以申请法庭通知有专门知识的人出庭，就鉴定意见提出意见。

对电子数据涉及的专门性问题的报告，参照适用前三款规定。

第 27 条 电子数据的收集、提取程序有下列瑕疵，经补正或者作出合理解释的，可以采用；不能补正或者作出合理解释的，不得作为定案的根据：

（一）未以封存状态移送的；

（二）笔录或者清单上没有侦查人员、电子数据持有人（提供人）、见证人签名或者盖章的；

（三）对电子数据的名称、类别、格式等注明不清的；

（四）有其他瑕疵的。

第 28 条 电子数据具有下列情形之一的，不得作为定案的根据：

（一）电子数据系篡改、伪造或者无法确定真伪的；

（二）电子数据有增加、删除、修改等情形，影响电子数据真实性的；

（三）其他无法保证电子数据真实性的情形。

五、附则

第 29 条 本规定中下列用语的含义：

（一）存储介质，是指具备数据信息存储功能的电子设备、硬盘、光盘、优盘、记忆棒、存储卡、存储芯片等载体。

（二）完整性校验值，是指为防止电子数据被篡改或者破坏，使用散列算法等特定算法对电子数据进行计算，得出的用于校验数据完整性的数据值。

（三）网络远程勘验，是指通过网络对远程计算机信息系统实施勘验，发现、提取与犯罪有关的电子数据，记录计算机信息系统状态，判断案件性质，分析犯罪过程，确定侦查方向和范围，为侦查破案、刑事诉讼提供线索和证据的侦查活动。

（四）数字签名，是指利用特定算法对电子数据进行计算，得出的用于验证电子数据来源和完整性的数据值。

（五）数字证书，是指包含数字签名并对电子数据来源、完整性进行认证的电子文件。

（六）访问操作日志，是指为审查电子数据是否被增加、删除或者修改，由计算机信息系统自动生成的对电子数据访问、操作情况的详细记录。

● 部门规章及文件

5.《公安机关办理刑事案件程序规定》（2020年7月20日修正　公安部令第159号）

第59条　可以用于证明案件事实的材料，都是证据。

证据包括：

（一）物证；

（二）书证；

（三）证人证言；

（四）被害人陈述；

（五）犯罪嫌疑人供述和辩解；

（六）鉴定意见；

（七）勘验、检查、侦查实验、搜查、查封、扣押、提取、辨认等笔录；

（八）视听资料、电子数据。

证据必须经过查证属实，才能作为认定案件事实的根据。

6.《公安机关办理刑事案件电子数据取证规则》（2019年）

第6条　收集、提取电子数据，应当由二名以上侦查人员进行。必要时，可以指派或者聘请专业技术人员在侦查人员主持下进行收集、提取电子数据。

第7条　收集、提取电子数据，可以根据案情需要采取以下一种或者几种措施、方法：

（一）扣押、封存原始存储介质；

（二）现场提取电子数据；

（三）网络在线提取电子数据；

（四）冻结电子数据；

（五）调取电子数据。

第8条 具有下列情形之一的，可以采取打印、拍照或者录像等方式固定相关证据：

（一）无法扣押原始存储介质并且无法提取电子数据的；

（二）存在电子数据自毁功能或装置，需要及时固定相关证据的；

（三）需现场展示、查看相关电子数据的。

根据前款第二、三项的规定采取打印、拍照或者录像等方式固定相关证据后，能够扣押原始存储介质的，应当扣押原始存储介质；不能扣押原始存储介质但能够提取电子数据的，应当提取电子数据。

第9条 采取打印、拍照或者录像方式固定相关证据的，应当清晰反映电子数据的内容，并在相关笔录中注明采取打印、拍照或者录像等方式固定相关证据的原因，电子数据的存储位置、原始存储介质特征和所在位置等情况，由侦查人员、电子数据持有人（提供人）签名或者盖章；电子数据持有人（提供人）无法签名或者拒绝签名的，应当在笔录中注明，由见证人签名或者盖章。

第二节 扣押、封存原始存储介质

第10条 在侦查活动中发现的可以证明犯罪嫌疑人有罪或者无罪、罪轻或者罪重的电子数据，能够扣押原始存储介质的，应当扣押、封存原始存储介质，并制作笔录，记录原始存储介质的封存状态。

勘验、检查与电子数据有关的犯罪现场时，应当按照有关规范处置相关设备，扣押、封存原始存储介质。

第11条 对扣押的原始存储介质，应当按照以下要求封存：

（一）保证在不解除封存状态的情况下，无法使用或者启动被封存的原始存储介质，必要时，具备数据信息存储功能的电子设备和硬盘、存储卡等内部存储介质可以分别封存；

（二）封存前后应当拍摄被封存原始存储介质的照片。照片应当反映原始存储介质封存前后的状况，清晰反映封口或者张贴封条处的状况；必要时，照片还要清晰反映电子设备的内部存储介质细节；

（三）封存手机等具有无线通信功能的原始存储介质，应当采取信号屏蔽、信号阻断或者切断电源等措施。

第12条 对扣押的原始存储介质，应当会同在场见证人和原始存储介质持有人（提供人）查点清楚，当场开列《扣押清单》一式三份，写明原始存储介质名称、编号、数量、特征及其来源等，由侦查人员、持有人（提供人）和见证人签名或者盖章，一份交给持有人（提供人），一份交给公安机关保管人员，一份附卷备查。

第13条 对无法确定原始存储介质持有人（提供人）或者原始存储介质持有人（提供人）无法签名、盖章或者拒绝签名、盖章的，应当在有关笔录中注明，由见证人签名或者盖章。由于客观原因无法由符合条件的人员担任见证人的，应当在有关笔录中注明情况，并对扣押原始存储介质的过程全程录像。

第14条 扣押原始存储介质，应当收集证人证言以及犯罪嫌疑人供述和辩解等与原始存储介质相关联的证据。

第15条 扣押原始存储介质时，可以向相关人员了解、收集并在有关笔录中注明以下情况：

（一）原始存储介质及应用系统管理情况，网络拓扑与系统架构情况，是否由多人使用及管理，管理及使用人员的身份情况；

（二）原始存储介质及应用系统管理的用户名、密码情况；

（三）原始存储介质的数据备份情况，有无加密磁盘、容器，有无自毁功能，有无其它移动存储介质，是否进行过备份，备份数据的存储位置等情况；

（四）其他相关的内容。

第三节　现场提取电子数据

第16条 具有下列无法扣押原始存储介质情形之一的，可以现场提取电子数据：

（一）原始存储介质不便封存的；

（二）提取计算机内存数据、网络传输数据等不是存储在存储介质上的电子数据的；

（三）案件情况紧急，不立即提取电子数据可能会造成电子数据灭失或者其他严重后果的；

（四）关闭电子设备会导致重要信息系统停止服务的；

（五）需通过现场提取电子数据排查可疑存储介质的；

（六）正在运行的计算机信息系统功能或者应用程序关闭后，没有密码无法提取的；

（七）其他无法扣押原始存储介质的情形。

无法扣押原始存储介质的情形消失后，应当及时扣押、封存原始存储介质。

第17条 现场提取电子数据可以采取以下措施保护相关电子设备：

（一）及时将犯罪嫌疑人或者其他相关人员与电子设备分离；

（二）在未确定是否易丢失数据的情况下，不能关闭正在运行状态的电子设备；

（三）对现场计算机信息系统可能被远程控制的，应当及时采取信号屏蔽、信号阻断、断开网络连接等措施；

（四）保护电源；

（五）有必要采取的其他保护措施。

第18条 现场提取电子数据，应当遵守以下规定：

（一）不得将提取的数据存储在原始存储介质中；

（二）不得在目标系统中安装新的应用程序。如果因为特殊原因，需要在目标系统中安装新的应用程序的，应当在笔录中记录所安装的程序及目的；

（三）应当在有关笔录中详细、准确记录实施的操作。

第19条 现场提取电子数据，应当制作《电子数据现场提取笔录》，注明电子数据的来源、事由和目的、对象、提取电子数据的时间、地点、方法、过程、不能扣押原始存储介质的原因、原始存储介质的存放地点，并附《电子数据提取固定清单》，注明类别、文件格式、完整性校验值等，由侦查人员、电子数据持有人（提供人）签名或者盖章；电子数据持有人（提供人）无法签名或者拒绝签名的，应当在笔录中注明，由见证人签名或者盖章。

第20条 对提取的电子数据可以进行数据压缩，并在笔录中注明相应的方法和压缩后文件的完整性校验值。

第21条 由于客观原因无法由符合条件的人员担任见证人的，应当在《电子数据现场提取笔录》中注明情况，并全程录像，对录像文件应当计算完整性校验值并记入笔录。

第22条 对无法扣押的原始存储介质且无法一次性完成电子数据提取的，经登记、拍照或者录像后，可以封存后交其持有人（提供人）保管，并且开具《登记保存清单》一式两份，由侦查人员、持有人（提供人）和见证人签名或者盖章，一份交给持有人（提供人），另一份连同照片或者录像资料附卷备查。

持有人（提供人）应当妥善保管，不得转移、变卖、毁损，不得解除封存状态，不得未经办案部门批准接入网络，不得对其中可能用作证据的电子数据增加、删除、修改。必要时，应当保持计算机信息系统处于开机状态。

对登记保存的原始存储介质，应当在七日以内作出处理决定，逾期不作出处理决定的，视为自动解除。经查明确实与案件无关的，应当在三日以内解除。

第四节　网络在线提取电子数据

第23条　对公开发布的电子数据、境内远程计算机信息系统上的电子数据，可以通过网络在线提取。

第24条　网络在线提取应当计算电子数据的完整性校验值；必要时，可以提取有关电子签名认证证书、数字签名、注册信息等关联性信息。

第25条　网络在线提取时，对可能无法重复提取或者可能会出现变化的电子数据，应当采用录像、拍照、截获计算机屏幕内容等方式记录以下信息：

（一）远程计算机信息系统的访问方式；

（二）提取的日期和时间；

（三）提取使用的工具和方法；

（四）电子数据的网络地址、存储路径或者数据提取时的进入步骤等；

（五）计算完整性校验值的过程和结果。

第26条　网络在线提取电子数据应当在有关笔录中注明电子数据的来源、事由和目的、对象，提取电子数据的时间、地点、方法、过程，不能扣押原始存储介质的原因，并附《电子数据提取固定清单》，注明类别、文件格式、完整性校验值等，由侦查人员签名或者盖章。

第27条　网络在线提取时需要进一步查明下列情形之一的，应当对远程计算机信息系统进行网络远程勘验：

（一）需要分析、判断提取的电子数据范围的；

（二）需要展示或者描述电子数据内容或者状态的；

（三）需要在远程计算机信息系统中安装新的应用程序的；

（四）需要通过勘验行为让远程计算机信息系统生成新的除正常运行数据外电子数据的；

（五）需要收集远程计算机信息系统状态信息、系统架构、内部系统关系、文件目录结构、系统工作方式等电子数据相关信息的；

（六）其他网络在线提取时需要进一步查明有关情况的情形。

第28条 网络远程勘验由办理案件的县级公安机关负责。上级公安机关对下级公安机关刑事案件网络远程勘验提供技术支援。对于案情重大、现场复杂的案件，上级公安机关认为有必要时，可以直接组织指挥网络远程勘验。

第29条 网络远程勘验应当统一指挥，周密组织，明确分工，落实责任。

第30条 网络远程勘验应当由符合条件的人员作为见证人。由于客观原因无法由符合条件的人员担任见证人的，应当在《远程勘验笔录》中注明情况，并按照本规则第二十五条的规定录像，录像可以采用屏幕录像或者录像机录像等方式，录像文件应当计算完整性校验值并记入笔录。

第31条 远程勘验结束后，应当及时制作《远程勘验笔录》，详细记录远程勘验有关情况以及勘验照片、截获的屏幕截图等内容。由侦查人员和见证人签名或者盖章。

远程勘验并且提取电子数据的，应当按照本规则第二十六条的规定，在《远程勘验笔录》注明有关情况，并附《电子数据提取固定清单》。

第32条 《远程勘验笔录》应当客观、全面、详细、准确、规范，能够作为还原远程计算机信息系统原始情况的依据，符合法定的证据要求。

对计算机信息系统进行多次远程勘验的，在制作首次《远程勘验笔录》后，逐次制作补充《远程勘验笔录》。

第33条 网络在线提取或者网络远程勘验时，应当使用电子数据持有人、网络服务提供者提供的用户名、密码等远程计算机信息系统访问权限。

采用技术侦查措施收集电子数据的，应当严格依照有关规定办理批准手续。收集的电子数据在诉讼中作为证据使用时，应当依照刑事诉讼法第一百五十四条规定执行。

第34条 对以下犯罪案件，网络在线提取、远程勘验过程应当全程同步录像：

（一）严重危害国家安全、公共安全的案件；

（二）电子数据是罪与非罪、是否判处无期徒刑、死刑等定罪量刑关键证据的案件；

（三）社会影响较大的案件；

（四）犯罪嫌疑人可能被判处五年有期徒刑以上刑罚的案件；

（五）其他需要全程同步录像的重大案件。

第35条 网络在线提取、远程勘验使用代理服务器、点对点传输软件、下载加速软件等网络工具的，应当在《网络在线提取笔录》或者《远程勘验笔录》中注明采用的相关软件名称和版本号。

第五节 冻结电子数据

第36条 具有下列情形之一的，可以对电子数据进行冻结：

（一）数据量大，无法或者不便提取的；

（二）提取时间长，可能造成电子数据被篡改或者灭失的；

（三）通过网络应用可以更为直观地展示电子数据的；

（四）其他需要冻结的情形。

第37条 冻结电子数据，应当经县级以上公安机关负责人批准，制作《协助冻结电子数据通知书》，注明冻结电子数据的网络应用账号等信息，送交电子数据持有人、网络服务提供者或者有关部门协助办理。

第38条 不需要继续冻结电子数据时，应当经县级以上公安机关负责人批准，在三日以内制作《解除冻结电子数据通知书》，通知电子数据持有人、网络服务提供者或者有关部门执行。

第39条 冻结电子数据的期限为六个月。有特殊原因需要延长期限的，公安机关应当在冻结期限届满前办理继续冻结手续。每次续冻期限最长不得超过六个月。继续冻结的，应当按照本规则第三十七条的规定重新办理冻结手续。逾期不办理继续冻结手续的，视为自动解除。

第40条 冻结电子数据，应当采取以下一种或者几种方法：

（一）计算电子数据的完整性校验值；

（二）锁定网络应用账号；

（三）采取写保护措施；

（四）其他防止增加、删除、修改电子数据的措施。

第六节 调取电子数据

第41条 公安机关向有关单位和个人调取电子数据，应当经办案部门负责人批准，开具《调取证据通知书》，注明需要调取电子数据的相关信息，通知电子数据持有人、网络服务提供者或者有关部门执行。被调取单位、个人应当在通知书回执上签名或者盖章，并附完整性校验值等保护电子数据完整性方法的说明，被调取单位、个人拒绝盖章、签名或者附说明的，公安机关应当注明。必要时，应当采用录音或者录像等方式固定证据内容及取证过程。

公安机关应当协助因客观条件限制无法保护电子数据完整性的被调取单位、个人进行电子数据完整性的保护。

第42条 公安机关跨地域调查取证的，可以将《办案协作函》和相关法律文书及凭证传真或者通过公安机关信息化系统传输至协作地公安机关。协作地办案部门经审查确认后，在传来的法律文书上加盖本地办案部门印章后，代为调查取证。

协作地办案部门代为调查取证后，可以将相关法律文书回执或者笔录邮寄至办案地公安机关，将电子数据或者电子数据的获取、查看工具和方法说明通过公安机关信息化系统传输至办案地公安机关。

办案地公安机关应当审查调取电子数据的完整性，对保证电子数据的完整性有疑问的，协作地办案部门应当重新代为调取。

第三章 电子数据的检查和侦查实验

第一节 电子数据检查

第43条 对扣押的原始存储介质或者提取的电子数据，需要通过数据恢复、破解、搜索、仿真、关联、统计、比对等方式，以进一步发现和提取与案件相关的线索和证据时，可以进行电子数据检查。

第44条 电子数据检查，应当由二名以上具有专业技术的侦查人员进行。必要时，可以指派或者聘请有专门知识的人参加。

第45条 电子数据检查应当符合相关技术标准。

第46条 电子数据检查应当保护在公安机关内部移交过程中电子数据的完整性。移交时，应当办理移交手续，并按照以下方式核对电子数据：

（一）核对其完整性校验值是否正确；

（二）核对封存的照片与当前封存的状态是否一致。

对于移交时电子数据完整性校验值不正确、原始存储介质封存状态不一致或者未封存可能影响证据真实性、完整性的，检查人员应当在有关笔录中注明。

第47条 检查电子数据应当遵循以下原则：

（一）通过写保护设备接入到检查设备进行检查，或者制作电子数据备份、对备份进行检查；

（二）无法使用写保护设备且无法制作备份的，应当注明原因，并全程录像；

（三）检查前解除封存、检查后重新封存前后应当拍摄被封存原始存储介质的照片，清晰反映封口或者张贴封条处的状况；

（四）检查具有无线通信功能的原始存储介质，应当采取信号屏蔽、信号阻断或者切断电源等措施保护电子数据的完整性。

第48条 检查电子数据，应当制作《电子数据检查笔录》，记录以下内容：

（一）基本情况。包括检查的起止时间，指挥人员、检查人员的姓名、职务，检查的对象，检查的目的等；

（二）检查过程。包括检查过程使用的工具，检查的方法与步骤等；

（三）检查结果。包括通过检查发现的案件线索、电子数据等相关信息。

（四）其他需要记录的内容。

第49条 电子数据检查时需要提取电子数据的，应当制作《电子数据提取固定清单》，记录该电子数据的来源、提取方法和完整性校验值。

第二节 电子数据侦查实验

第50条 为了查明案情，必要时，经县级以上公安机关负责人批准可以进行电子数据侦查实验。

第51条 电子数据侦查实验的任务包括：

（一）验证一定条件下电子设备发生的某种异常或者电子数据发生的某种变化；

（二）验证在一定时间内能否完成对电子数据的某种操作行为；

（三）验证在某种条件下使用特定软件、硬件能否完成某种特定行为、造成特定后果；

（四）确定一定条件下某种计算机信息系统应用或者网络行为能否修改、删除特定的电子数据；

（五）其他需要验证的情况。

第52条 电子数据侦查实验应当符合以下要求：

（一）应当采取技术措施保护原始存储介质数据的完整性；

（二）有条件的，电子数据侦查实验应当进行二次以上；

（三）侦查实验使用的电子设备、网络环境等应当与发案现场一致或者基本一致；必要时，可以采用相关技术方法对相关环境进行模拟或者进行对照实验；

（四）禁止可能泄露公民信息或者影响非实验环境计算机信息系统正常运行的行为。

第53条 进行电子数据侦查实验，应当使用拍照、录像、录音、通信数据采集等一种或多种方式客观记录实验过程。

第54条 进行电子数据侦查实验，应当制作《电子数据侦查实验笔录》，记录侦查实验的条件、过程和结果，并由参加侦查实验的人员签名或者盖章。

第四章 电子数据委托检验与鉴定

第55条 为了查明案情，解决案件中某些专门性问题，应当指派、聘请有专门知识的人进行鉴定，或者委托公安部指定的机构出具报告。

需要聘请有专门知识的人进行鉴定，或者委托公安部指定的机构出具报告的，应当经县级以上公安机关负责人批准。

第56条 侦查人员送检时，应当封存原始存储介质、采取相应措施保护电子数据完整性，并提供必要的案件相关信息。

第57条 公安部指定的机构及其承担检验工作的人员应当独立开展业务并承担相应责任，不受其他机构和个人影响。

第58条 公安部指定的机构应当按照法律规定和司法审判机关要求承担回避、保密、出庭作证等义务，并对报告的真实性、合法性负责。

公安部指定的机构应当运用科学方法进行检验、检测，并出具报告。

第59条 公安部指定的机构应当具备必需的仪器、设备并且依法通过资质认定或者实验室认可。

第60条 委托公安部指定的机构出具报告的其他事宜，参照《公安机关鉴定规则》等有关规定执行。

● 请示答复

7.《最高人民检察院关于CPS多道心理测试鉴定结论能否作为诉讼证据使用问题的批复》（1999年9月10日　高检发研字〔1999〕12号）

CPS多道心理测试（俗称测谎）鉴定结论与刑事诉讼法规定的鉴定结

论不同，不属于刑事诉讼法规定的证据种类。人民检察院办理案件，可以使用 CPS 多道心理测试鉴定结论帮助审查、判断证据，但不能将 CPS 多道心理测试鉴定结论作为证据使用。

8.《最高人民检察院关于"骨龄鉴定"能否作为确定刑事责任年龄证据使用的批复》（2000 年 2 月 21 日　高检发研字〔2000〕6 号）

犯罪嫌疑人不讲真实姓名、住址，年龄不明的，可以委托进行骨龄鉴定或其他科学鉴定，经审查，鉴定结论能够准确确定犯罪嫌疑人实施犯罪行为时的年龄的，可以作为判断犯罪嫌疑人年龄的证据使用。如果鉴定结论不能准确确定犯罪嫌疑人实施犯罪行为时的年龄，而且鉴定结论又表明犯罪嫌疑人年龄在刑法规定的应负刑事责任年龄上下的，应当依法慎重处理。

● 案例指引

1. 江苏省南通市人民检察院诉申某兰生产、销售假药，赵某侠等销售假药案（《中华人民共和国最高人民法院公报》2010 年第 12 期）

裁判要旨：根据最高人民法院《关于执行〈中华人民共和国刑事诉讼法〉若干问题的解释》第 144 条的规定，人民法院可以根据刑事案件鉴定结论的具体情况，准许鉴定人不出庭，且上诉人赵玉侠的一、二审辩护人亦未在一、二审庭审前提出要求鉴定人出庭说明的书面申请；其次，相关法规规定并未排除公安机关具有司法医学鉴定资质的人员和鉴定机构人体损伤程度鉴定资格；再次，中国疾病预防控制中心病毒预防控制所出具的《关于江苏省泰州市疑似狂犬病例实验室检测结果的报告》系具有鉴定资质的主体依程序作出的鉴定结论，符合《中华人民共和国刑事诉讼法》规定的证据形式，且该鉴定结论并未注明送检标本腐烂可能影响检测结果的准确性，故对该检测结果依法予以确认。

2. 陈某申诉案（最高人民检察院第七批指导性案例　检例第 26 号）

案例要旨：证据是刑事诉讼的基石，认定案件事实，必须以证据为根据。证据未经当庭出示、辨认、质证等法庭调查程序查证属实，不能作为定案的根据。对于在案发现场提取的物证等实物证据，未经鉴定，且在诉讼过程中丢失或者毁灭，无法在庭审中出示、质证，有罪供述的主要情节又得不到其他证据印证，而原审裁判认定被告人有罪的，应当依法进行监督。

第五十一条 举证责任

公诉案件中被告人有罪的举证责任由人民检察院承担，自诉案件中被告人有罪的举证责任由自诉人承担。

● *司法解释及文件*

《最高人民法院关于适用〈中华人民共和国刑事诉讼法〉的解释》（2021年1月26日　法释〔2021〕1号）

第72条　应当运用证据证明的案件事实包括：

（一）被告人、被害人的身份；

（二）被指控的犯罪是否存在；

（三）被指控的犯罪是否为被告人所实施；

（四）被告人有无刑事责任能力，有无罪过，实施犯罪的动机、目的；

（五）实施犯罪的时间、地点、手段、后果以及案件起因等；

（六）是否系共同犯罪或者犯罪事实存在关联，以及被告人在犯罪中的地位、作用；

（七）被告人有无从重、从轻、减轻、免除处罚情节；

（八）有关涉案财物处理的事实；

（九）有关附带民事诉讼的事实；

（十）有关管辖、回避、延期审理等的程序事实；

（十一）与定罪量刑有关的其他事实。

认定被告人有罪和对被告人从重处罚，适用证据确实、充分的证明标准。

第五十二条 依法收集证据　不得强迫任何人自证其罪

审判人员、检察人员、侦查人员必须依照法定程序，收集能够证实犯罪嫌疑人、被告人有罪或者无罪、犯罪情节轻重的各种证据。严禁刑讯逼供和以威胁、引诱、欺骗以及其他非法方法收集证据，不得强迫任何人证实自己有罪。必须保证一切与案件有关或者了解案情的公民，有客观地充分地提供证据的条件，除特殊情况外，可以吸收他们协助调查。

● *司法解释及文件*

1.《最高人民法院、最高人民检察院、公安部、国家安全部、司法部关于办理刑事案件排除非法证据若干问题的规定》（2010 年 6 月 13 日　法发〔2010〕20 号）

为规范司法行为，促进司法公正，根据刑事诉讼法和相关司法解释，结合人民法院、人民检察院、公安机关、国家安全机关和司法行政机关办理刑事案件工作实际，制定本规定。

第 1 条　采用刑讯逼供等非法手段取得的犯罪嫌疑人、被告人供述和采用暴力、威胁等非法手段取得的证人证言、被害人陈述，属于非法言词证据。

第 2 条　经依法确认的非法言词证据，应当予以排除，不能作为定案的根据。

第 3 条　人民检察院在审查批准逮捕、审查起诉中，对于非法言词证据应当依法予以排除，不能作为批准逮捕、提起公诉的根据。

第 4 条　起诉书副本送达后开庭审判前，被告人提出其审判前供述是非法取得的，应当向人民法院提交书面意见。被告人书写确有困难的，可以口头告诉，由人民法院工作人员或者其辩护人作出笔录，并由被告人签名或者捺指印。

人民法院应当将被告人的书面意见或者告诉笔录复印件在开庭前交人民检察院。

第 5 条　被告人及其辩护人在开庭审理前或者庭审中，提出被告人审判前供述是非法取得的，法庭在公诉人宣读起诉书之后，应当先行当庭调查。

法庭辩论结束前，被告人及其辩护人提出被告人审判前供述是非法取得的，法庭也应当进行调查。

第 6 条　被告人及其辩护人提出被告人审判前供述是非法取得的，法庭应当要求其提供涉嫌非法取证的人员、时间、地点、方式、内容等相关线索或者证据。

第 7 条　经审查，法庭对被告人审判前供述取得的合法性有疑问的，公诉人应当向法庭提供讯问笔录、原始的讯问过程录音录像或者其他证据，提请法庭通知讯问时其他在场人员或者其他证人出庭作证，仍不能排除刑讯逼供嫌疑的，提请法庭通知讯问人员出庭作证，对该供述取得的合法性予以证明。公诉人当庭不能举证的，可以根据刑事诉讼法第一百六十五条的规定，建议法庭延期审理。

经依法通知，讯问人员或者其他人员应当出庭作证。

公诉人提交加盖公章的说明材料，未经有关讯问人员签名或者盖章的，不能作为证明取证合法性的证据。

控辩双方可以就被告人审判前供述取得的合法性问题进行质证、辩论。

第8条 法庭对于控辩双方提供的证据有疑问的，可以宣布休庭，对证据进行调查核实。必要时，可以通知检察人员、辩护人到场。

第9条 庭审中，公诉人为提供新的证据需要补充侦查，建议延期审理的，法庭应当同意。

被告人及其辩护人申请通知讯问人员、讯问时其他在场人员或者其他证人到庭，法庭认为有必要的，可以宣布延期审理。

第10条 经法庭审查，具有下列情形之一的，被告人审判前供述可以当庭宣读、质证：

（一）被告人及其辩护人未提供非法取证的相关线索或者证据的；

（二）被告人及其辩护人已提供非法取证的相关线索或者证据，法庭对被告人审判前供述取得的合法性没有疑问的；

（三）公诉人提供的证据确实、充分，能够排除被告人审判前供述属非法取得的。

对于当庭宣读的被告人审判前供述，应当结合被告人当庭供述以及其他证据确定能否作为定案的根据。

第11条 对被告人审判前供述的合法性，公诉人不提供证据加以证明，或者已提供的证据不够确实、充分的，该供述不能作为定案的根据。

第12条 对于被告人及其辩护人提出的被告人审判前供述是非法取得的意见，第一审人民法院没有审查，并以被告人审判前供述作为定案根据的，第二审人民法院应当对被告人审判前供述取得的合法性进行审查。检察人员不提供证据加以证明，或者已提供的证据不够确实、充分的，被告人该供述不能作为定案的根据。

第13条 庭审中，检察人员、被告人及其辩护人提出未到庭证人的书面证言、未到庭被害人的书面陈述是非法取得的，举证方应当对其取证的合法性予以证明。

对前款所述证据，法庭应当参照本规定有关规定进行调查。

第 14 条　物证、书证的取得明显违反法律规定，可能影响公正审判的，应当予以补正或者作出合理解释，否则，该物证、书证不能作为定案的根据。

第 15 条　本规定自二〇一〇年七月一日起施行。

2. **《人民检察院刑事诉讼规则》**（2019 年 12 月 30 日　高检发释字〔2019〕4 号）

第 66 条　对采用刑讯逼供等非法方法收集的犯罪嫌疑人供述和采用暴力、威胁等非法方法收集的证人证言、被害人陈述，应当依法排除，不得作为移送审查逮捕、批准或者决定逮捕、移送起诉以及提起公诉的依据。

第 176 条　人民检察院办理直接受理侦查的案件，应当全面、客观地收集、调取犯罪嫌疑人有罪或者无罪、罪轻或者罪重的证据材料，并依法进行审查、核实。办案过程中必须重证据，重调查研究，不轻信口供。严禁刑讯逼供和以威胁、引诱、欺骗以及其他非法方法收集证据，不得强迫任何人证实自己有罪。

第 229 条　人民检察院采取技术侦查措施应当根据侦查犯罪的需要，确定采取技术侦查措施的种类和适用对象，按照有关规定报请批准。批准决定自签发之日起三个月以内有效。对于不需要继续采取技术侦查措施的，应当及时解除；对于复杂、疑难案件，期限届满仍有必要继续采取技术侦查措施的，应当在期限届满前十日以内制作呈请延长技术侦查措施期限报告书，写明延长的期限及理由，经过原批准机关批准，有效期可以延长，每次不得超过三个月。

采取技术侦查措施收集的材料作为证据使用的，批准采取技术侦查措施的法律文书应当附卷，辩护律师可以依法查阅、摘抄、复制。

● *部门规章及文件*

3. **《公安机关办理刑事案件程序规定》**（2020 年 7 月 20 日修正　公安部令第 159 号）

第 60 条　公安机关必须依照法定程序，收集、调取能够证实犯罪嫌疑人有罪或者无罪、犯罪情节轻重的各种证据。必须保证一切与案件有关或者了解案情的公民，有客观地充分地提供证据的条件，除特殊情况外，可以吸收他们协助调查。

第 71 条　采用刑讯逼供等非法方法收集的犯罪嫌疑人供述和采用暴力、威胁等非法方法收集的证人证言、被害人陈述，应当予以排除。

收集物证、书证、视听资料、电子数据违反法定程序，可能严重影响司法公正的，应当予以补正或者作出合理解释；不能补正或者作出合理解释的，对该证据应当予以排除。

在侦查阶段发现有应当排除的证据的，经县级以上公安机关负责人批准，应当依法予以排除，不得作为提请批准逮捕、移送审查起诉的依据。

人民检察院认为可能存在以非法方法收集证据情形，要求公安机关进行说明的，公安机关应当及时进行调查，并向人民检察院作出书面说明。

第五十三条 办案机关法律文书的证据要求

公安机关提请批准逮捕书、人民检察院起诉书、人民法院判决书，必须忠实于事实真象。故意隐瞒事实真象的，应当追究责任。

第五十四条 向单位和个人收集、调取证据　行政执法办案证据的使用　证据保密　伪造、隐匿、毁灭证据的责任

人民法院、人民检察院和公安机关有权向有关单位和个人收集、调取证据。有关单位和个人应当如实提供证据。

行政机关在行政执法和查办案件过程中收集的物证、书证、视听资料、电子数据等证据材料，在刑事诉讼中可以作为证据使用。

对涉及国家秘密、商业秘密、个人隐私的证据，应当保密。

凡是伪造证据、隐匿证据或者毁灭证据的，无论属于何方，必须受法律追究。

● 法　律

1. 《监察法》（2018 年 3 月 20 日通过）

第 33 条　监察机关依照本法规定收集的物证、书证、证人证言、被调查人供述和辩解、视听资料、电子数据等证据材料，在刑事诉讼中可以作为证据使用。

监察机关在收集、固定、审查、运用证据时，应当与刑事审判关于证据

的要求和标准相一致。

以非法方法收集的证据应当依法予以排除，不得作为案件处置的依据。

第41条 调查人员采取讯问、询问、留置、搜查、调取、查封、扣押、勘验检查等调查措施，均应当依照规定出示证件，出具书面通知，由二人以上进行，形成笔录、报告等书面材料，并由相关人员签名、盖章。

调查人员进行讯问以及搜查、查封、扣押等重要取证工作，应当对全过程进行录音录像，留存备查。

● *司法解释及文件*

2.《人民检察院刑事诉讼规则》（2019年12月30日　高检发释字〔2019〕4号）

第64条 行政机关在行政执法和查办案件过程中收集的物证、书证、视听资料、电子数据等证据材料，经人民检察院审查符合法定要求的，可以作为证据使用。

行政机关在行政执法和查办案件过程中收集的鉴定意见、勘验、检查笔录，经人民检察院审查符合法定要求的，可以作为证据使用。

第65条 监察机关依照法律规定收集的物证、书证、证人证言、被调查人供述和辩解、视听资料、电子数据等证据材料，在刑事诉讼中可以作为证据使用。

3.《最高人民法院关于适用〈中华人民共和国刑事诉讼法〉的解释》（2021年1月26日　法释〔2021〕1号）

第75条 行政机关在行政执法和查办案件过程中收集的物证、书证、视听资料、电子数据等证据材料，经法庭查证属实，且收集程序符合有关法律、行政法规规定的，可以作为定案的根据。

根据法律、行政法规规定行使国家行政管理职权的组织，在行政执法和查办案件过程中收集的证据材料，视为行政机关收集的证据材料。

第76条 监察机关依法收集的证据材料，在刑事诉讼中可以作为证据使用。

对前款规定证据的审查判断，适用刑事审判关于证据的要求和标准。

第81条 公开审理案件时，公诉人、诉讼参与人提出涉及国家秘密、商业秘密或者个人隐私的证据的，法庭应当制止；确与本案有关的，可以根据具体情况，决定将案件转为不公开审理，或者对相关证据的法庭调查不公开进行。

● 部门规章及文件

4.《**公安机关办理刑事案件程序规定**》（2020年7月20日修正　公安部令第159号）

第61条　公安机关向有关单位和个人收集、调取证据时，应当告知其必须如实提供证据。

对涉及国家秘密、商业秘密、个人隐私的证据，应当保密。

对于伪造证据、隐匿证据或者毁灭证据的，应当追究其法律责任。

第62条　公安机关向有关单位和个人调取证据，应当经办案部门负责人批准，开具调取证据通知书，明确调取的证据和提供时限。被调取单位及其经办人、持有证据的个人应当在通知书上盖章或者签名，拒绝盖章或者签名的，公安机关应当注明。必要时，应当采用录音录像方式固定证据内容及取证过程。

第63条　公安机关接受或者依法调取的行政机关在行政执法和查办案件过程中收集的物证、书证、视听资料、电子数据、鉴定意见、勘验笔录、检查笔录等证据材料，经公安机关审查符合法定要求的，可以作为证据使用。

第64条　收集、调取的物证应当是原物。只有在原物不便搬运、不易保存或者依法应当由有关部门保管、处理或者依法应当返还时，才可以拍摄或者制作足以反映原物外形或者内容的照片、录像或者复制品。

物证的照片、录像或者复制品经与原物核实无误或者经鉴定证明为真实的，或者以其他方式确能证明其真实的，可以作为证据使用。原物的照片、录像或者复制品，不能反映原物的外形和特征的，不能作为证据使用。

第65条　收集、调取的书证应当是原件。只有在取得原件确有困难时，才可以使用副本或者复制件。

书证的副本、复制件，经与原件核实无误或者经鉴定证明为真实的，或者以其他方式确能证明其真实的，可以作为证据使用。书证有更改或者更改迹象不能作出合理解释的，或者书证的副本、复制件不能反映书证原件及其内容的，不能作为证据使用。

第66条　收集、调取电子数据，能够扣押电子数据原始存储介质的，应当扣押原始存储介质，并制作笔录、予以封存。

确因客观原因无法扣押原始存储介质的，可以现场提取或者网络在线提取电子数据。无法扣押原始存储介质，也无法现场提取或者网络在线提取的，可以采取打印、拍照或者录音录像等方式固定相关证据，并在笔录中注明原因。

收集、调取的电子数据，足以保证完整性，无删除、修改、增加等情形的，可以作为证据使用。经审查无法确定真伪，或者制作、取得的时间、地点、方式等有疑问，不能提供必要证明或者作出合理解释的，不能作为证据使用。

第67条 物证的照片、录像或者复制品，书证的副本、复制件，视听资料、电子数据的复制件，应当附有关制作过程及原件、原物存放处的文字说明，并由制作人和物品持有人或者物品持有单位有关人员签名。

● *案例指引*

高某某等徇私枉法案（湖北省宜昌市中级人民法院［2009］宜中刑终字第00096号）

裁判要旨：在刑事诉讼中，证据包括定罪和量刑两方面的证据，其中立功表现是法定的量刑情节。上诉人晏某某作为刑事被告人王某某的辩护人，在王某某受贿案的刑事诉讼中，为达到使王某某获从轻或者减轻处罚的目的，贿买犯罪线索，同高某某一起共同实施伪造立功情节的证据，其行为构成辩护人伪造证据罪。上诉人高某某明知违背事实和违反法律，仍然按照晏某某之要求实施提供线索信息、篡改日期、添加虚假证明内容等行为，同晏某某一起伪造王某某立功的证据，其行为也构成辩护人伪造证据罪的共犯。

第五十五条 重证据、不轻信口供 证据确实、充分的法定条件

对一切案件的判处都要重证据，重调查研究，不轻信口供。只有被告人供述，没有其他证据的，不能认定被告人有罪和处以刑罚；没有被告人供述，证据确实、充分的，可以认定被告人有罪和处以刑罚。

证据确实、充分，应当符合以下条件：

（一）定罪量刑的事实都有证据证明；

（二）据以定案的证据均经法定程序查证属实；

（三）综合全案证据，对所认定事实已排除合理怀疑。

● *司法解释及文件*

1. **《人民检察院刑事诉讼规则》**（2019 年 12 月 30 日　高检发释字〔2019〕4 号）

第 63 条　人民检察院侦查终结或者提起公诉的案件，证据应当确实、充分。证据确实、充分，应当符合以下条件：

（一）定罪量刑的事实都有证据证明；

（二）据以定案的证据均经法定程序查证属实；

（三）综合全案证据，对所认定事实已排除合理怀疑。

2. **《最高人民法院关于适用〈中华人民共和国刑事诉讼法〉的解释》**（2021 年 1 月 26 日　法释〔2021〕1 号）

第 139 条　对证据的真实性，应当综合全案证据进行审查。

对证据的证明力，应当根据具体情况，从证据与案件事实的关联程度、证据之间的联系等方面进行审查判断。

第 140 条　没有直接证据，但间接证据同时符合下列条件的，可以认定被告人有罪：

（一）证据已经查证属实；

（二）证据之间相互印证，不存在无法排除的矛盾和无法解释的疑问；

（三）全案证据形成完整的证据链；

（四）根据证据认定案件事实足以排除合理怀疑，结论具有唯一性；

（五）运用证据进行的推理符合逻辑和经验。

第 141 条　根据被告人的供述、指认提取到了隐蔽性很强的物证、书证，且被告人的供述与其他证明犯罪事实发生的证据相互印证，并排除串供、逼供、诱供等可能性的，可以认定被告人有罪。

第 142 条　对监察机关、侦查机关出具的被告人到案经过、抓获经过等材料，应当审查是否有出具该说明材料的办案人员、办案机关的签名、盖章。

对到案经过、抓获经过或者确定被告人有重大嫌疑的根据有疑问的，应当通知人民检察院补充说明。

第 143 条　下列证据应当慎重使用，有其他证据印证的，可以采信：

（一）生理上、精神上有缺陷，对案件事实的认知和表达存在一定困难，但尚未丧失正确认知、表达能力的被害人、证人和被告人所作的陈述、证言和供述；

（二）与被告人有亲属关系或者其他密切关系的证人所作的有利于被告人的证言，或者与被告人有利害冲突的证人所作的不利于被告人的证言。

第 144 条 证明被告人自首、坦白、立功的证据材料，没有加盖接受被告人投案、坦白、检举揭发等的单位的印章，或者接受人员没有签名的，不得作为定案的根据。

对被告人及其辩护人提出有自首、坦白、立功的事实和理由，有关机关未予认定，或者有关机关提出被告人有自首、坦白、立功表现，但证据材料不全的，人民法院应当要求有关机关提供证明材料，或者要求有关人员作证，并结合其他证据作出认定。

第 145 条 证明被告人具有累犯、毒品再犯情节等的证据材料，应当包括前罪的裁判文书、释放证明等材料；材料不全的，应当通知人民检察院提供。

第 146 条 审查被告人实施被指控的犯罪时或者审判时是否达到相应法定责任年龄，应当根据户籍证明、出生证明文件、学籍卡、人口普查登记、无利害关系人的证言等证据综合判断。

证明被告人已满十二周岁、十四周岁、十六周岁、十八周岁或者不满七十五周岁的证据不足的，应当作出有利于被告人的认定。

3. **《关于办理死刑案件审查判断证据若干问题的规定》**（2010 年 6 月 13 日 法发〔2010〕20 号）

第 32 条 对证据的证明力，应当结合案件的具体情况，从各证据与待证事实的关联程度、各证据之间的联系等方面进行审查判断。

证据之间具有内在的联系，共同指向同一待证事实，且能合理排除矛盾的，才能作为定案的根据。

第 33 条 没有直接证据证明犯罪行为系被告人实施，但同时符合下列条件的可以认定被告人有罪：

（一）据以定案的间接证据已经查证属实；

（二）据以定案的间接证据之间相互印证，不存在无法排除的矛盾和无法解释的疑问；

（三）据以定案的间接证据已经形成完整的证明体系；

（四）依据间接证据认定的案件事实，结论是唯一的，足以排除一切合理怀疑；

（五）运用间接证据进行的推理符合逻辑和经验判断。

根据间接证据定案的，判处死刑应当特别慎重。

第34条 根据被告人的供述、指认提取到了隐蔽性很强的物证、书证，且与其他证明犯罪事实发生的证据互相印证，并排除串供、逼供、诱供等可能性的，可以认定有罪。

第35条 侦查机关依照有关规定采用特殊侦查措施所收集的物证、书证及其他证据材料，经法庭查证属实，可以作为定案的根据。

法庭依法不公开特殊侦查措施的过程及方法。

第36条 在对被告人作出有罪认定后，人民法院认定被告人的量刑事实，除审查法定情节外，还应审查以下影响量刑的情节：

（一）案件起因；

（二）被害人有无过错及过错程度，是否对矛盾激化负有责任及责任大小；

（三）被告人的近亲属是否协助抓获被告人；

（四）被告人平时表现及有无悔罪态度；

（五）被害人附带民事诉讼赔偿情况，被告人是否取得被害人或者被害人近亲属谅解；

（六）其他影响量刑的情节。

既有从轻、减轻处罚等情节，又有从重处罚等情节的，应当依法综合相关情节予以考虑。

不能排除被告人具有从轻、减轻处罚等量刑情节的，判处死刑应当特别慎重。

第37条 对于有下列情形的证据应当慎重使用，有其他证据印证的，可以采信：

（一）生理上、精神上有缺陷的被害人、证人和被告人，在对案件事实的认知和表达上存在一定困难，但尚未丧失正确认知、正确表达能力而作的陈述、证言和供述；

（二）与被告人有亲属关系或者其他密切关系的证人所作的对该被告人有利的证言，或者与被告人有利害冲突的证人所作的对该被告人不利的证言。

第38条 法庭对证据有疑问的，可以告知出庭检察人员、被告人及其辩护人补充证据或者作出说明；确有核实必要的，可以宣布休庭，对证据进行调查核实。法庭进行庭外调查时，必要时，可以通知出庭检察人员、辩护人到场。出庭检察人员、辩护人一方或者双方不到场的，法庭记录在案。

人民检察院、辩护人补充的和法庭庭外调查核实取得的证据，法庭可以庭外征求出庭检察人员、辩护人的意见。双方意见不一致，有一方要求人民法院开庭进行调查的，人民法院应当开庭。

第39条 被告人及其辩护人提出有自首的事实及理由，有关机关未予认定的，应当要求有关机关提供证明材料或者要求相关人员作证，并结合其他证据判断自首是否成立。

被告人是否协助或者如何协助抓获同案犯的证明材料不全，导致无法认定被告人构成立功的，应当要求有关机关提供证明材料或者要求相关人员作证，并结合其他证据判断立功是否成立。

被告人有检举揭发他人犯罪情形的，应当审查是否已经查证属实；尚未查证的，应当及时查证。

被告人累犯的证明材料不全，应当要求有关机关提供证明材料。

第40条 审查被告人实施犯罪时是否已满十八周岁，一般应当以户籍证明为依据；对户籍证明有异议，并有经查证属实的出生证明文件、无利害关系人的证言等证据证明被告人不满十八周岁的，应认定被告人不满十八周岁；没有户籍证明以及出生证明文件的，应当根据人口普查登记、无利害关系人的证言等证据综合进行判断，必要时，可以进行骨龄鉴定，并将结果作为判断被告人年龄的参考。

未排除证据之间的矛盾，无充分证据证明被告人实施被指控的犯罪时已满十八周岁且确实无法查明的，不能认定其已满十八周岁。

第五十六条 非法证据排除

采用刑讯逼供等非法方法收集的犯罪嫌疑人、被告人供述和采用暴力、威胁等非法方法收集的证人证言、被害人陈述，应当予以排除。收集物证、书证不符合法定程序，可能严重影响司法公正的，应当予以补正或者作出合理解释；不能补正或者作出合理解释的，对该证据应当予以排除。

在侦查、审查起诉、审判时发现有应当排除的证据的，应当依法予以排除，不得作为起诉意见、起诉决定和判决的依据。

● 司法解释及文件

1.《人民检察院刑事诉讼规则》（2019 年 12 月 30 日　高检发释字〔2019〕4 号）

第 70 条　收集物证、书证不符合法定程序，可能严重影响司法公正的，人民检察院应当及时要求公安机关补正或者作出书面解释；不能补正或者无法作出合理解释的，对该证据应当予以排除。

对公安机关的补正或者解释，人民检察院应当予以审查。经补正或者作出合理解释的，可以作为批准或者决定逮捕、提起公诉的依据。

2.《最高人民法院关于适用〈中华人民共和国刑事诉讼法〉的解释》（2021 年 1 月 26 日 法释〔2021〕1 号）

第 123 条　采用下列非法方法收集的被告人供述，应当予以排除：

（一）采用殴打、违法使用戒具等暴力方法或者变相肉刑的恶劣手段，使被告人遭受难以忍受的痛苦而违背意愿作出的供述；

（二）采用以暴力或者严重损害本人及其近亲属合法权益等相威胁的方法，使被告人遭受难以忍受的痛苦而违背意愿作出的供述；

（三）采用非法拘禁等非法限制人身自由的方法收集的被告人供述。

第 124 条　采用刑讯逼供方法使被告人作出供述，之后被告人受该刑讯逼供行为影响而作出的与该供述相同的重复性供述，应当一并排除，但下列情形除外：

（一）调查、侦查期间，监察机关、侦查机关根据控告、举报或者自己发现等，确认或者不能排除以非法方法收集证据而更换调查、侦查人员，其他调查、侦查人员再次讯问时告知有关权利和认罪的法律后果，被告人自愿供述的；

（二）审查逮捕、审查起诉和审判期间，检察人员、审判人员讯问时告知诉讼权利和认罪的法律后果，被告人自愿供述的。

第 125 条　采用暴力、威胁以及非法限制人身自由等非法方法收集的证人证言、被害人陈述，应当予以排除。

第 126 条　收集物证、书证不符合法定程序，可能严重影响司法公正的，应当予以补正或者作出合理解释；不能补正或者作出合理解释的，对该证据应当予以排除。

认定“可能严重影响司法公正”，应当综合考虑收集证据违反法定程序以及所造成后果的严重程度等情况。

第127条 当事人及其辩护人、诉讼代理人申请人民法院排除以非法方法收集的证据的，应当提供涉嫌非法取证的人员、时间、地点、方式、内容等相关线索或者材料。

第128条 人民法院向被告人及其辩护人送达起诉书副本时，应当告知其申请排除非法证据的，应当在开庭审理前提出，但庭审期间才发现相关线索或者材料的除外。

第129条 开庭审理前，当事人及其辩护人、诉讼代理人申请人民法院排除非法证据的，人民法院应当在开庭前及时将申请书或者申请笔录及相关线索、材料的复制件送交人民检察院。

第130条 开庭审理前，人民法院可以召开庭前会议，就非法证据排除等问题了解情况，听取意见。

在庭前会议中，人民检察院可以通过出示有关证据材料等方式，对证据收集的合法性加以说明。必要时，可以通知调查人员、侦查人员或者其他人员参加庭前会议，说明情况。

第131条 在庭前会议中，人民检察院可以撤回有关证据。撤回的证据，没有新的理由，不得在庭审中出示。

当事人及其辩护人、诉讼代理人可以撤回排除非法证据的申请。撤回申请后，没有新的线索或者材料，不得再次对有关证据提出排除申请。

3. **《关于办理刑事案件排除非法证据若干问题的规定》**（2010年6月13日 法发〔2010〕20号）

第9条 庭审中，公诉人为提供新的证据需要补充侦查，建议延期审理的，法庭应当同意。

被告人及其辩护人申请通知讯问人员、讯问时其他在场人员或者其他证人到庭，法庭认为有必要的，可以宣布延期审理。

第10条 经法庭审查，具有下列情形之一的，被告人审判前供述可以当庭宣读、质证：

（一）被告人及其辩护人未提供非法取证的相关线索或者证据的；

（二）被告人及其辩护人已提供非法取证的相关线索或者证据，法庭对被告人审判前供述取得的合法性没有疑问的；

（三）公诉人提供的证据确实、充分，能够排除被告人审判前供述属非法取得的。

对于当庭宣读的被告人审判前供述，应当结合被告人当庭供述以及其他证据确定能否作为定案的根据。

第11条 对被告人审判前供述的合法性，公诉人不提供证据加以证明，或者已提供的证据不够确实、充分的，该供述不能作为定案的根据。

第12条 对于被告人及其辩护人提出的被告人审判前供述是非法取得的意见，第一审人民法院没有审查，并以被告人审判前供述作为定案根据的，第二审人民法院应当对被告人审判前供述取得的合法性进行审查。检察人员不提供证据加以证明，或者已提供的证据不够确实、充分的，被告人该供述不能作为定案的根据。

第13条 庭审中，检察人员、被告人及其辩护人提出未到庭证人的书面证言、未到庭被害人的书面陈述是非法取得的，举证方应当对其取证的合法性予以证明。

对前款所述证据，法庭应当参照本规定有关规定进行调查。

第14条 物证、书证的取得明显违反法律规定，可能影响公正审判的，应当予以补正或者作出合理解释，否则，该物证、书证不能作为定案的根据。

4. **《关于办理刑事案件严格排除非法证据若干问题的规定》**（2017年6月20日 法发〔2017〕15号）

一、一般规定

第1条 严禁刑讯逼供和以威胁、引诱、欺骗以及其他非法方法收集证据，不得强迫任何人证实自己有罪。对一切案件的判处都要重证据，重调查研究，不轻信口供。

第2条 采取殴打、违法使用戒具等暴力方法或者变相肉刑的恶劣手段，使犯罪嫌疑人、被告人遭受难以忍受的痛苦而违背意愿作出的供述，应当予以排除。

第3条 采用以暴力或者严重损害本人及其近亲属合法权益等进行威胁的方法，使犯罪嫌疑人、被告人遭受难以忍受的痛苦而违背意愿作出的供述，应当予以排除。

第4条 采用非法拘禁等非法限制人身自由的方法收集的犯罪嫌疑人、被告人供述，应当予以排除。

第5条 采用刑讯逼供方法使犯罪嫌疑人、被告人作出供述，之后犯罪嫌疑人、被告人受该刑讯逼供行为影响而作出的与该供述相同的重复性供述，应当一并排除，但下列情形除外：

（一）侦查期间，根据控告、举报或者自己发现等，侦查机关确认或者不能排除以非法方法收集证据而更换侦查人员，其他侦查人员再次讯问时告知诉讼权利和认罪的法律后果，犯罪嫌疑人自愿供述的；

（二）审查逮捕、审查起诉和审判期间，检察人员、审判人员讯问时告知诉讼权利和认罪的法律后果，犯罪嫌疑人、被告人自愿供述的。

第6条 采用暴力、威胁以及非法限制人身自由等非法方法收集的证人证言、被害人陈述，应当予以排除。

第7条 收集物证、书证不符合法定程序，可能严重影响司法公正的，应当予以补正或者作出合理解释；不能补正或者作出合理解释的，对有关证据应当予以排除。

二、侦　　查

第8条 侦查机关应当依照法定程序开展侦查，收集、调取能够证实犯罪嫌疑人有罪或者无罪、罪轻或者罪重的证据材料。

第9条 拘留、逮捕犯罪嫌疑人后，应当按照法律规定送看守所羁押。犯罪嫌疑人被送交看守所羁押后，讯问应当在看守所讯问室进行。因客观原因侦查机关在看守所讯问室以外的场所进行讯问的，应当作出合理解释。

第10条 侦查人员在讯问犯罪嫌疑人的时候，可以对讯问过程进行录音录像；对于可能判处无期徒刑、死刑的案件或者其他重大犯罪案件，应当对讯问过程进行录音录像。

侦查人员应当告知犯罪嫌疑人对讯问过程录音录像，并在讯问笔录中写明。

第11条 对讯问过程录音录像，应当不间断进行，保持完整性，不得选择性地录制，不得剪接、删改。

第12条 侦查人员讯问犯罪嫌疑人，应当依法制作讯问笔录。讯问笔录应当交犯罪嫌疑人核对，对于没有阅读能力的，应当向他宣读。对讯问笔录中有遗漏或者差错等情形，犯罪嫌疑人可以提出补充或者改正。

第13条 看守所应当对提讯进行登记，写明提讯单位、人员、事由、起止时间以及犯罪嫌疑人姓名等情况。

看守所收押犯罪嫌疑人，应当进行身体检查。检查时，人民检察院驻看守所检察人员可以在场。检查发现犯罪嫌疑人有伤或者身体异常的，看守所应当拍照或者录像，分别由送押人员、犯罪嫌疑人说明原因，并在体检记录中写明，由送押人员、收押人员和犯罪嫌疑人签字确认。

第14条 犯罪嫌疑人及其辩护人在侦查期间可以向人民检察院申请排除非法证据。对犯罪嫌疑人及其辩护人提供相关线索或者材料的，人民检察院应当调查核实。调查结论应当书面告知犯罪嫌疑人及其辩护人。对确有以非法方法收集证据情形的，人民检察院应当向侦查机关提出纠正意见。

侦查机关对审查认定的非法证据，应当予以排除，不得作为提请批准逮捕、移送审查起诉的根据。

对重大案件，人民检察院驻看守所检察人员应当在侦查终结前询问犯罪嫌疑人，核查是否存在刑讯逼供、非法取证情形，并同步录音录像。经核查，确有刑讯逼供、非法取证情形的，侦查机关应当及时排除非法证据，不得作为提请批准逮捕、移送审查起诉的根据。

第15条 对侦查终结的案件，侦查机关应当全面审查证明证据收集合法性的证据材料，依法排除非法证据。排除非法证据后，证据不足的，不得移送审查起诉。

侦查机关发现办案人员非法取证的，应当依法作出处理，并可另行指派侦查人员重新调查取证。

三、审查逮捕、审查起诉

第16条 审查逮捕、审查起诉期间讯问犯罪嫌疑人，应当告知其有权申请排除非法证据，并告知诉讼权利和认罪的法律后果。

第17条 审查逮捕、审查起诉期间，犯罪嫌疑人及其辩护人申请排除非法证据，并提供相关线索或者材料的，人民检察院应当调查核实。调查结论应当书面告知犯罪嫌疑人及其辩护人。

人民检察院在审查起诉期间发现侦查人员以刑讯逼供等非法方法收集证据的，应当依法排除相关证据并提出纠正意见，必要时人民检察院可以自行调查取证。

人民检察院对审查认定的非法证据，应当予以排除，不得作为批准或者决定逮捕、提起公诉的根据。被排除的非法证据应当随案移送，并写明为依法排除的非法证据。

第18条 人民检察院依法排除非法证据后，证据不足，不符合逮捕、起诉条件的，不得批准或者决定逮捕、提起公诉。

对于人民检察院排除有关证据导致对涉嫌的重要犯罪事实未予认定，从而作出不批准逮捕、不起诉决定，或者对涉嫌的部分重要犯罪事实决定不起诉的，公安机关、国家安全机关可要求复议、提请复核。

四、辩　　护

第19条 犯罪嫌疑人、被告人申请提供法律援助的，应当按照有关规定指派法律援助律师。

法律援助值班律师可以为犯罪嫌疑人、被告人提供法律帮助，对刑讯逼供、非法取证情形代理申诉、控告。

第20条 犯罪嫌疑人、被告人及其辩护人申请排除非法证据，应当提供涉嫌非法取证的人员、时间、地点、方式、内容等相关线索或者材料。

第21条 辩护律师自人民检察院对案件审查起诉之日起，可以查阅、摘抄、复制讯问笔录、提讯登记、采取强制措施或者侦查措施的法律文书等证据材料。其他辩护人经人民法院、人民检察院许可，也可以查阅、摘抄、复制上述证据材料。

第22条 犯罪嫌疑人、被告人及其辩护人向人民法院、人民检察院申请调取公安机关、国家安全机关、人民检察院收集但未提交的讯问录音录像、体检记录等证据材料，人民法院、人民检察院经审查认为犯罪嫌疑人、被告人及其辩护人申请调取的证据材料与证明证据收集的合法性有联系的，应当予以调取；认为与证明证据收集的合法性没有联系的，应当决定不予调取并向犯罪嫌疑人、被告人及其辩护人说明理由。

五、审　　判

第23条 人民法院向被告人及其辩护人送达起诉书副本时，应当告知其有权申请排除非法证据。

被告人及其辩护人申请排除非法证据，应当在开庭审理前提出，但在庭审期间发现相关线索或者材料等情形除外。人民法院应当在开庭审理前将申请书和相关线索或者材料的复制件送交人民检察院。

第24条 被告人及其辩护人在开庭审理前申请排除非法证据，未提供相关线索或者材料，不符合法律规定的申请条件的，人民法院对申请不予受理。

第25条 被告人及其辩护人在开庭审理前申请排除非法证据，按照法律规定提供相关线索或者材料的，人民法院应当召开庭前会议。人民检察院应当通过出示有关证据材料等方式，有针对性地对证据收集的合法性作出说明。人民法院可以核实情况，听取意见。

人民检察院可以决定撤回有关证据，撤回的证据，没有新的理由，不得在庭审中出示。

被告人及其辩护人可以撤回排除非法证据的申请。撤回申请后，没有新的线索或者材料，不得再次对有关证据提出排除申请。

第26条 公诉人、被告人及其辩护人在庭前会议中对证据收集是否合法未达成一致意见，人民法院对证据收集的合法性有疑问的，应当在庭审中进行调查；人民法院对证据收集的合法性没有疑问，且没有新的线索或者材料表明可能存在非法取证的，可以决定不再进行调查。

第27条 被告人及其辩护人申请人民法院通知侦查人员或者其他人员出庭，人民法院认为现有证据材料不能证明证据收集的合法性，确有必要通知上述人员出庭作证或者说明情况的，可以通知上述人员出庭。

第28条 公诉人宣读起诉书后，法庭应当宣布开庭审理前对证据收集合法性的审查及处理情况。

第29条 被告人及其辩护人在开庭审理前未申请排除非法证据，在法庭审理过程中提出申请的，应当说明理由。

对前述情形，法庭经审查，对证据收集的合法性有疑问的，应当进行调查；没有疑问的，应当驳回申请。

法庭驳回排除非法证据申请后，被告人及其辩护人没有新的线索或者材料，以相同理由再次提出申请的，法庭不再审查。

第30条 庭审期间，法庭决定对证据收集的合法性进行调查的，应当先行当庭调查。但为防止庭审过分迟延，也可以在法庭调查结束前进行调查。

第31条 公诉人对证据收集的合法性加以证明，可以出示讯问笔录、提讯登记、体检记录、采取强制措施或者侦查措施的法律文书、侦查终结前对讯问合法性的核查材料等证据材料，有针对性地播放讯问录音录像，提请法庭通知侦查人员或者其他人员出庭说明情况。

被告人及其辩护人可以出示相关线索或者材料，并申请法庭播放特定时段的讯问录音录像。

侦查人员或者其他人员出庭，应当向法庭说明证据收集过程，并就相关情况接受发问。对发问方式不当或者内容与证据收集的合法性无关的，法庭应当制止。

公诉人、被告人及其辩护人可以对证据收集的合法性进行质证、辩论。

第32条 法庭对控辩双方提供的证据有疑问的，可以宣布休庭，对证据进行调查核实。必要时，可以通知公诉人、辩护人到场。

第33条 法庭对证据收集的合法性进行调查后，应当当庭作出是否排除有关证据的决定。必要时，可以宣布休庭，由合议庭评议或者提交审判委员会讨论，再次开庭时宣布决定。

在法庭作出是否排除有关证据的决定前，不得对有关证据宣读、质证。

第34条 经法庭审理，确认存在本规定所规定的以非法方法收集证据情形的，对有关证据应当予以排除。法庭根据相关线索或者材料对证据收集的合法性有疑问，而人民检察院未提供证据或者提供的证据不能证明证据收集的合法性，不能排除存在本规定所规定的以非法方法收集证据情形的，对有关证据应当予以排除。

对依法予以排除的证据，不得宣读、质证，不得作为判决的根据。

第35条 人民法院排除非法证据后，案件事实清楚，证据确实、充分，依据法律认定被告人有罪的，应当作出有罪判决；证据不足，不能认定被告人有罪的，应当作出证据不足、指控的犯罪不能成立的无罪判决；案件部分事实清楚，证据确实、充分的，依法认定该部分事实。

第36条 人民法院对证据收集合法性的审查、调查结论，应当在裁判文书中写明，并说明理由。

第37条 人民法院对证人证言、被害人陈述等证据收集合法性的审查、调查，参照上述规定。

第38条 人民检察院、被告人及其法定代理人提出抗诉、上诉，对第一审人民法院有关证据收集合法性的审查、调查结论提出异议的，第二审人民法院应当审查。

被告人及其辩护人在第一审程序中未申请排除非法证据，在第二审程序中提出申请的，应当说明理由。第二审人民法院应当审查。

人民检察院在第一审程序中未出示证据证明证据收集的合法性，第一审人民法院依法排除有关证据的，人民检察院在第二审程序中不得出示之前未出示的证据，但在第一审程序后发现的除外。

第39条 第二审人民法院对证据收集合法性的调查，参照上述第一审程序的规定。

第40条 第一审人民法院对被告人及其辩护人排除非法证据的申请未予审查，并以有关证据作为定案根据，可能影响公正审判的，第二审人民法院可以裁定撤销原判，发回原审人民法院重新审判。

第一审人民法院对依法应当排除的非法证据未予排除的，第二审人民法院可以依法排除非法证据。排除非法证据后，原判决认定事实和适用法律正确、量刑适当的，应当裁定驳回上诉或者抗诉，维持原判；原判决认定事实没有错误，但适用法律有错误，或者量刑不当的，应当改判；原判决事实不清楚或者证据不足的，可以裁定撤销原判，发回原审人民法院重新审判。

第41条 审判监督程序、死刑复核程序中对证据收集合法性的审查、调查，参照上述规定。

5. **《人民法院办理刑事案件排除非法证据规程（试行）》**（2017年11月27日　法发〔2017〕31号）

第1条 采用下列非法方法收集的被告人供述，应当予以排除：

（一）采用殴打、违法使用戒具等暴力方法或者变相肉刑的恶劣手段，使被告人遭受难以忍受的痛苦而违背意愿作出的供述；

（二）采用以暴力或者严重损害本人及其近亲属合法权益等进行威胁的方法，使被告人遭受难以忍受的痛苦而违背意愿作出的供述；

（三）采用非法拘禁等非法限制人身自由的方法收集的被告人供述。

采用刑讯逼供方法使被告人作出供述，之后被告人受该刑讯逼供行为影响而作出的与该供述相同的重复性供述，应当一并排除，但下列情形除外：

（一）侦查期间，根据控告、举报或者自己发现等，侦查机关确认或者不能排除以非法方法收集证据而更换侦查人员，其他侦查人员再次讯问时告知诉讼权利和认罪的法律后果，被告人自愿供述的；

（二）审查逮捕、审查起诉和审判期间，检察人员、审判人员讯问时告知诉讼权利和认罪的法律后果，被告人自愿供述的。

第2条 采用暴力、威胁以及非法限制人身自由等非法方法收集的证人证言、被害人陈述，应当予以排除。

第3条 采用非法搜查、扣押等违反法定程序的方法收集物证、书证，可能严重影响司法公正的，应当予以补正或者作出合理解释；不能补正或者作出合理解释的，对有关证据应当予以排除。

第4条 依法予以排除的非法证据，不得宣读、质证，不得作为定案的根据。

第5条 被告人及其辩护人申请排除非法证据，应当提供相关线索或者材料。“线索”是指内容具体、指向明确的涉嫌非法取证的人员、时间、地点、方式等；“材料”是指能够反映非法取证的伤情照片、体检记录、医院病历、讯问笔录、讯问录音录像或者同监室人员的证言等。

被告人及其辩护人申请排除非法证据，应当向人民法院提交书面申请。被告人书写确有困难的，可以口头提出申请，但应当记录在案，并由被告人签名或者捺印。

第6条 证据收集合法性的举证责任由人民检察院承担。

人民检察院未提供证据，或者提供的证据不能证明证据收集的合法性，经过法庭审理，确认或者不能排除以非法方法收集证据情形的，对有关证据应当予以排除。

第7条 开庭审理前，承办法官应当阅卷，并对证据收集的合法性进行审查：

（一）被告人在侦查、审查起诉阶段是否提出排除非法证据申请；提出申请的，是否提供相关线索或者材料；

（二）侦查机关、人民检察院是否对证据收集的合法性进行调查核实；调查核实的，是否作出调查结论；

（三）对于重大案件，人民检察院驻看守所检察人员在侦查终结前是否核查讯问的合法性，是否对核查过程同步录音录像；进行核查的，是否作出核查结论；

（四）对于人民检察院在审查逮捕、审查起诉阶段排除的非法证据，是否随案移送并写明为依法排除的非法证据。

人民法院对证据收集的合法性进行审查后，认为需要补充证据材料的，应当通知人民检察院在三日内补送。

第8条 人民法院向被告人及其辩护人送达起诉书副本时，应当告知其有权在开庭审理前申请排除非法证据并同时提供相关线索或者材料。上述情况应当记录在案。

被告人申请排除非法证据，但没有辩护人的，人民法院应当通知法律援助机构指派律师为其提供辩护。

第9条 被告人及其辩护人申请排除非法证据，应当在开庭审理前提出，但在庭审期间发现相关线索或者材料等情形除外。

第10条 被告人及其辩护人申请排除非法证据，并提供相关线索或者材料的，人民法院应当召开庭前会议，并在召开庭前会议三日前将申请书和相关线索或者材料的复制件送交人民检察院。

被告人及其辩护人申请排除非法证据，未提供相关线索或者材料的，人民法院应当告知其补充提交。被告人及其辩护人未能补充的，人民法院对申请不予受理，并在开庭审理前告知被告人及其辩护人。上述情况应当记录在案。

第11条 对于可能判处无期徒刑、死刑或者黑社会性质组织犯罪、严重毒品犯罪等重大案件，被告人在驻看守所检察人员对讯问的合法性进行核查询问时，明确表示侦查阶段没有刑讯逼供等非法取证情形，在审判阶段又提出排除非法证据申请的，应当说明理由。人民法院经审查对证据收集的合法性没有疑问的，可以驳回申请。

驻看守所检察人员在重大案件侦查终结前未对讯问的合法性进行核查询问，或者未对核查询问过程全程同步录音录像，被告人及其辩护人在审判阶段提出排除非法证据申请，提供相关线索或者材料，人民法院对证据收集的合法性有疑问的，应当依法进行调查。

第12条 在庭前会议中，人民法院对证据收集的合法性进行审查的，一般按照以下步骤进行：

（一）被告人及其辩护人说明排除非法证据的申请及相关线索或者材料；

（二）公诉人提供证明证据收集合法性的证据材料；

（三）控辩双方对证据收集的合法性发表意见；

（四）控辩双方对证据收集的合法性未达成一致意见的，审判人员归纳争议焦点。

第13条 在庭前会议中，人民检察院应当通过出示有关证据材料等方式，有针对性地对证据收集的合法性作出说明。人民法院可以对有关材料进行核实，经控辩双方申请，可以有针对性地播放讯问录音录像。

第14条 在庭前会议中，人民检察院可以撤回有关证据。撤回的证据，没有新的理由，不得在庭审中出示。

被告人及其辩护人可以撤回排除非法证据的申请。撤回申请后，没有新的线索或者材料，不得再次对有关证据提出排除申请。

第15条 控辩双方在庭前会议中对证据收集的合法性达成一致意见的，法庭应当在庭审中向控辩双方核实并当庭予以确认。对于一方在庭审中反悔的，除有正当理由外，法庭一般不再进行审查。

控辩双方在庭前会议中对证据收集的合法性未达成一致意见，人民法院应当在庭审中进行调查，但公诉人提供的相关证据材料确实、充分，能够排除非法取证情形，且没有新的线索或者材料表明可能存在非法取证的，庭审调查举证、质证可以简化。

第16条 审判人员应当在庭前会议报告中说明证据收集合法性的审查情况，主要包括控辩双方的争议焦点以及就相关事项达成的一致意见等内容。

第17条 被告人及其辩护人在开庭审理前未申请排除非法证据，在庭审过程中提出申请的，应当说明理由。人民法院经审查，对证据收集的合法性有疑问的，应当进行调查；没有疑问的，应当驳回申请。

人民法院驳回排除非法证据的申请后，被告人及其辩护人没有新的线索或者材料，以相同理由再次提出申请的，人民法院不再审查。

第18条 人民法院决定对证据收集的合法性进行法庭调查的，应当先行当庭调查。对于被申请排除的证据和其他犯罪事实没有关联等情形，为防止庭审过分迟延，可以先调查其他犯罪事实，再对证据收集的合法性进行调查。

在对证据收集合法性的法庭调查程序结束前，不得对有关证据宣读、质证。

第19条 法庭决定对证据收集的合法性进行调查的，一般按照以下步骤进行：

（一）召开庭前会议的案件，法庭应当在宣读起诉书后，宣布庭前会议中对证据收集合法性的审查情况，以及控辩双方的争议焦点；

（二）被告人及其辩护人说明排除非法证据的申请及相关线索或者材料；

（三）公诉人出示证明证据收集合法性的证据材料，被告人及其辩护人可以对相关证据进行质证，经审判长准许，公诉人、辩护人可以向出庭的侦查人员或者其他人员发问；

（四）控辩双方对证据收集的合法性进行辩论。

第20条 公诉人对证据收集的合法性加以证明，可以出示讯问笔录、提讯登记、体检记录、采取强制措施或者侦查措施的法律文书、侦查终结前对讯问合法性的核查材料等证据材料，也可以针对被告人及其辩护人提出异议的讯问时段播放讯问录音录像，提请法庭通知侦查人员或者其他人员出庭说明情况。不得以侦查人员签名并加盖公章的说明材料替代侦查人员出庭。

庭审中，公诉人当庭不能举证或者为提供新的证据需要补充侦查，建议延期审理的，法庭可以同意。

第21条 被告人及其辩护人可以出示相关线索或者材料，并申请法庭播放特定讯问时段的讯问录音录像。

被告人及其辩护人向人民法院申请调取侦查机关、人民检察院收集但未提交的讯问录音录像、体检记录等证据材料，人民法院经审查认为该证据材料与证据收集的合法性有关的，应当予以调取；认为与证据收集的合法性无关的，应当决定不予调取，并向被告人及其辩护人说明理由。

被告人及其辩护人申请人民法院通知侦查人员或者其他人员出庭说明情况，人民法院认为确有必要的，可以通知上述人员出庭。

第22条 法庭对证据收集的合法性进行调查的，应当重视对讯问录音录像的审查，重点审查以下内容：

（一）讯问录音录像是否依法制作。对于可能判处无期徒刑、死刑的案件或者其他重大犯罪案件，是否对讯问过程进行录音录像；

（二）讯问录音录像是否完整。是否对每一次讯问过程录音录像，录音录像是否全程不间断进行，是否有选择性录制、剪接、删改等情形；

（三）讯问录音录像是否同步制作。录音录像是否自讯问开始时制作，至犯罪嫌疑人核对讯问笔录、签字确认后结束；讯问笔录记载的起止时间是否与讯问录音录像反映的起止时间一致；

（四）讯问录音录像与讯问笔录的内容是否存在差异。对与定罪量刑有关的内容，讯问笔录记载的内容与讯问录音录像是否存在实质性差异，存在实质性差异的，以讯问录音录像为准。

第23条 侦查人员或者其他人员出庭的，应当向法庭说明证据收集过程，并就相关情况接受发问。对发问方式不当或者内容与证据收集的合法性无关的，法庭应当制止。

经人民法院通知，侦查人员不出庭说明情况，不能排除以非法方法收集证据情形的，对有关证据应当予以排除。

第24条 人民法院对控辩双方提供的证据来源、内容等有疑问的，可以告知控辩双方补充证据或者作出说明；必要时，可以宣布休庭，对证据进行调查核实。法庭调查核实证据，可以通知控辩双方到场，并将核实过程记录在案。

对于控辩双方补充的和法庭庭外调查核实取得的证据，未经当庭出示、质证等法庭调查程序查证属实，不得作为证明证据收集合法性的根据。

第25条 人民法院对证据收集的合法性进行调查后，应当当庭作出是否排除有关证据的决定。必要时，可以宣布休庭，由合议庭评议或者提交审判委员会讨论，再次开庭时宣布决定。

第26条 经法庭审理，具有下列情形之一的，对有关证据应当予以排除：

（一）确认以非法方法收集证据的；

（二）应当对讯问过程录音录像的案件没有提供讯问录音录像，或者讯问录音录像存在选择性录制、剪接、删改等情形，现有证据不能排除以非法方法收集证据的；

（三）侦查机关除紧急情况外没有在规定的办案场所讯问，现有证据不能排除以非法方法收集证据的；

（四）驻看守所检察人员在重大案件侦查终结前未对讯问合法性进行核查，或者未对核查过程同步录音录像，或者录音录像存在选择性录制、剪接、删改等情形，现有证据不能排除以非法方法收集证据的；

（五）其他不能排除存在以非法方法收集证据的。

第27条 人民法院对证人证言、被害人陈述、物证、书证等证据收集合法性的审查、调查程序，参照上述规定。

第28条 人民法院对证据收集合法性的审查、调查结论，应当在裁判文书中写明，并说明理由。

第29条 人民检察院、被告人及其法定代理人提出抗诉、上诉，对第一审人民法院有关证据收集合法性的审查、调查结论提出异议的，第二审人民法院应当审查。

第30条 被告人及其辩护人在第一审程序中未提出排除非法证据的申请，在第二审程序中提出申请，有下列情形之一的，第二审人民法院应当审查：

（一）第一审人民法院没有依法告知被告人申请排除非法证据的权利的；

（二）被告人及其辩护人在第一审庭审后发现涉嫌非法取证的相关线索或者材料的。

第31条 人民检察院应当在第一审程序中全面出示证明证据收集合法性的证据材料。

人民检察院在第一审程序中未出示证明证据收集合法性的证据，第一审人民法院依法排除有关证据的，人民检察院在第二审程序中不得出示之前未出示的证据，但在第一审程序后发现的除外。

第32条 第二审人民法院对证据收集合法性的调查，参照上述第一审程序的规定。

第33条 第一审人民法院对被告人及其辩护人排除非法证据的申请未予审查，并以有关证据作为定案的根据，可能影响公正审判的，第二审人民法院应当裁定撤销原判，发回原审人民法院重新审判。

第34条 第一审人民法院对依法应当排除的非法证据未予排除的，第二审人民法院可以依法排除相关证据。排除非法证据后，应当按照下列情形分别作出处理：

（一）原判决认定事实和适用法律正确、量刑适当的，应当裁定驳回上诉或者抗诉，维持原判；

（二）原判决认定事实没有错误，但适用法律有错误，或者量刑不当的，应当改判；

（三）原判决事实不清或者证据不足的，可以在查清事实后改判；也可以裁定撤销原判，发回原审人民法院重新审判。

第35条 审判监督程序、死刑复核程序中对证据收集合法性的审查、调查，参照上述规定。

● 部门规章及文件

6.《公安机关办理刑事案件程序规定》（2020年7月20日修正　公安部令第159号）

第71条 采用刑讯逼供等非法方法收集的犯罪嫌疑人供述和采用暴力、

威胁等非法方法收集的证人证言、被害人陈述，应当予以排除。

收集物证、书证、视听资料、电子数据违反法定程序，可能严重影响司法公正的，应当予以补正或者作出合理解释；不能补正或者作出合理解释的，对该证据应当予以排除。

在侦查阶段发现有应当排除的证据的，经县级以上公安机关负责人批准，应当依法予以排除，不得作为提请批准逮捕、移送审查起诉的依据。

人民检察院认为可能存在以非法方法收集证据情形，要求公安机关进行说明的，公安机关应当及时进行调查，并向人民检察院作出书面说明。

第72条 人民法院认为现有证据材料不能证明证据收集的合法性，通知有关侦查人员或者公安机关其他人员出庭说明情况的，有关侦查人员或者其他人员应当出庭。必要时，有关侦查人员或者其他人员也可以要求出庭说明情况。侦查人员或者其他人员出庭，应当向法庭说明证据收集过程，并就相关情况接受发问。

经人民法院通知，人民警察应当就其执行职务时目击的犯罪情况出庭作证。

7.《最高人民检察院、公安部关于公安机关办理经济犯罪案件的若干规定》
(2017年11月24日　公通字〔2017〕25号)

第四十三条 人民检察院在审查逮捕、审查起诉中发现公安机关办案人员以非法方法收集犯罪嫌疑人供述、被害人陈述、证人证言等证据材料的，应当依法排除非法证据并提出纠正意见。需要重新调查取证的，经县级以上公安机关负责人批准，应当另行指派办案人员重新调查取证。必要时，人民检察院也可以自行收集犯罪嫌疑人供述、被害人陈述、证人证言等证据材料。

公安机关发现收集物证、书证不符合法定程序，可能严重影响司法公正的，应当要求办案人员予以补正或者作出合理解释；不能补正或者作出合理解释的，应当依法予以排除，不得作为提请批准逮捕、移送审查起诉的依据。

人民检察院发现收集物证、书证不符合法定程序，可能严重影响司法公正的，应当要求公安机关予以补正或者作出合理解释，不能补正或者作出合理解释的，应当依法予以排除，不得作为批准逮捕、提起公诉的依据。

● *案例指引*

王某雷不批准逮捕案（最高人民检察院第七批指导性案例　检例第27号）

裁判要旨：检察机关办理审查逮捕案件，要严格坚持证据合法性原则，既要善于发现非法证据，又要坚决排除非法证据。非法证据排除后，其他在案证据不能证明犯罪嫌疑人实施犯罪行为的，应当依法对犯罪嫌疑人作出不批准逮捕的决定。要加强对审查逮捕案件的跟踪监督，引导侦查机关全面及时收集证据，促进侦查活动依法规范进行。

第五十七条　检察院对非法收集证据的法律监督

人民检察院接到报案、控告、举报或者发现侦查人员以非法方法收集证据的，应当进行调查核实。对于确有以非法方法收集证据情形的，应当提出纠正意见；构成犯罪的，依法追究刑事责任。

● *司法解释及文件*

《人民检察院刑事诉讼规则》（2019年12月30日　高检发释字〔2019〕4号）

第72条　人民检察院发现侦查人员以非法方法收集证据的，应当及时进行调查核实。

当事人及其辩护人或者值班律师、诉讼代理人报案、控告、举报侦查人员采用刑讯逼供等非法方法收集证据，并提供涉嫌非法取证的人员、时间、地点、方式和内容等材料或者线索的，人民检察院应当受理并进行审查。根据现有材料无法证明证据收集合法性的，应当及时进行调查核实。

上一级人民检察院接到对侦查人员采用刑讯逼供等非法方法收集证据的报案、控告、举报，可以直接进行调查核实，也可以交由下级人民检察院调查核实。交由下级人民检察院调查核实的，下级人民检察院应当及时将调查结果报告上一级人民检察院。

人民检察院决定调查核实的，应当及时通知公安机关。

第75条　对于公安机关立案侦查的案件，存在下列情形之一的，人民检察院在审查逮捕、审查起诉和审判阶段，可以调取公安机关讯问犯罪嫌疑人的录音、录像，对证据收集的合法性以及犯罪嫌疑人、被告人供述的真实性进行审查：

（一）认为讯问活动可能存在刑讯逼供等非法取证行为的；

（二）犯罪嫌疑人、被告人或者辩护人提出犯罪嫌疑人、被告人供述系非法取得，并提供相关线索或者材料的；

（三）犯罪嫌疑人、被告人提出讯问活动违反法定程序或者翻供，并提供相关线索或者材料的；

（四）犯罪嫌疑人、被告人或者辩护人提出讯问笔录内容不真实，并提供相关线索或者材料的；

（五）案情重大、疑难、复杂的。

人民检察院调取公安机关讯问犯罪嫌疑人的录音、录像，公安机关未提供，人民检察院经审查认为不能排除有刑讯逼供等非法取证行为的，相关供述不得作为批准逮捕、提起公诉的依据。

人民检察院直接受理侦查的案件，负责侦查的部门移送审查逮捕、移送起诉时，应当将讯问录音、录像连同案卷材料一并移送审查。

● 案例指引

于某生申诉案（最高人民检察院第七批指导性案例　案检例第25号）

案例要旨：坚守防止冤假错案底线，是保障社会公平正义的重要方面。检察机关既要依法监督纠正确有错误的生效刑事裁判，又要注意在审查逮捕、审查起诉等环节有效发挥监督制约作用，努力从源头上防止冤假错案发生。在监督纠正冤错案件方面，要严格把握纠错标准，对于被告人供述反复，有罪供述前后矛盾，且有罪供述的关键情节与其他在案证据存在无法排除的重大矛盾，不能排除有其他人作案可能的，应当依法进行监督。

第五十八条　对证据收集合法性的法庭调查　申请排除非法证据

法庭审理过程中，审判人员认为可能存在本法第五十六条规定的以非法方法收集证据情形的，应当对证据收集的合法性进行法庭调查。

当事人及其辩护人、诉讼代理人有权申请人民法院对以非法方法收集的证据依法予以排除。申请排除以非法方法收集的证据的，应当提供相关线索或者材料。

● *司法解释及文件*

1. **《最高人民法院、最高人民检察院、公安部、国家安全部、司法部、全国人大常委会法制工作委员会关于实施刑事诉讼法若干问题的规定》**（2012年12月26日）

11. 刑事诉讼法第五十六条第一款[①]规定："法庭审理过程中，审判人员认为可能存在本法第五十四条规定的以非法方法收集证据情形的，应当对证据收集的合法性进行法庭调查。"法庭经对当事人及其辩护人、诉讼代理人提供的相关线索或者材料进行审查后，认为可能存在刑事诉讼法第五十四条规定的以非法方法收集证据情形的，应当对证据收集的合法性进行法庭调查。法庭调查的顺序由法庭根据案件审理情况确定。

2. **《人民检察院刑事诉讼规则》**（2019年12月30日　高检发释字〔2019〕4号）

第75条　对于公安机关立案侦查的案件，存在下列情形之一的，人民检察院在审查逮捕、审查起诉和审判阶段，可以调取公安机关讯问犯罪嫌疑人的录音、录像，对证据收集的合法性以及犯罪嫌疑人、被告人供述的真实性进行审查：

（一）认为讯问活动可能存在刑讯逼供等非法取证行为的；

（二）犯罪嫌疑人、被告人或者辩护人提出犯罪嫌疑人、被告人供述系非法取得，并提供相关线索或者材料的；

（三）犯罪嫌疑人、被告人提出讯问活动违反法定程序或者翻供，并提供相关线索或者材料的；

（四）犯罪嫌疑人、被告人或者辩护人提出讯问笔录内容不真实，并提供相关线索或者材料的；

（五）案情重大、疑难、复杂的。

人民检察院调取公安机关讯问犯罪嫌疑人的录音、录像，公安机关未提供，人民检察院经审查认为不能排除有刑讯逼供等非法取证行为的，相关供述不得作为批准逮捕、提起公诉的依据。

人民检察院直接受理侦查的案件，负责侦查的部门移送审查逮捕、移送起诉时，应当将讯问录音、录像连同案卷材料一并移送审查。

---

① 对应《中华人民共和国刑事诉讼法》（2018年修正）第五十八条第一款。

第 76 条 对于提起公诉的案件，被告人及其辩护人提出审前供述系非法取得，并提供相关线索或者材料的，人民检察院可以将讯问录音、录像连同案卷材料一并移送人民法院。

第 77 条 在法庭审理过程中，被告人或者辩护人对讯问活动合法性提出异议，公诉人可以要求被告人及其辩护人提供相关线索或者材料。必要时，公诉人可以提请法庭当庭播放相关时段的讯问录音、录像，对有关异议或者事实进行质证。

需要播放的讯问录音、录像中涉及国家秘密、商业秘密、个人隐私或者含有其他不宜公开内容的，公诉人应当建议在法庭组成人员、公诉人、侦查人员、被告人及其辩护人范围内播放。因涉及国家秘密、商业秘密、个人隐私或者其他犯罪线索等内容，人民检察院对讯问录音、录像的相关内容进行技术处理的，公诉人应当向法庭作出说明。

第 78 条 人民检察院认为第一审人民法院有关证据收集合法性的审查、调查结论导致第一审判决、裁定错误的，可以依照刑事诉讼法第二百二十八条的规定向人民法院提出抗诉。

3.《最高人民法院关于适用〈中华人民共和国刑事诉讼法〉的解释》（2021 年 1 月 26 日 法释〔2021〕1 号）

第 132 条 当事人及其辩护人、诉讼代理人在开庭审理前未申请排除非法证据，在庭审过程中提出申请的，应当说明理由。人民法院经审查，对证据收集的合法性有疑问的，应当进行调查；没有疑问的，驳回申请。

驳回排除非法证据的申请后，当事人及其辩护人、诉讼代理人没有新的线索或者材料，以相同理由再次提出申请的，人民法院不再审查。

第 133 条 控辩双方在庭前会议中对证据收集是否合法未达成一致意见，人民法院对证据收集的合法性有疑问的，应当在庭审中进行调查；对证据收集的合法性没有疑问，且无新的线索或者材料表明可能存在非法取证的，可以决定不再进行调查并说明理由。

第 134 条 庭审期间，法庭决定对证据收集的合法性进行调查的，应当先行当庭调查。但为防止庭审过分迟延，也可以在法庭调查结束前调查。

第 135 条 法庭决定对证据收集的合法性进行调查的，由公诉人通过宣读调查、侦查讯问笔录、出示提讯登记、体检记录、对讯问合法性的核查材料等证据材料，有针对性地播放讯问录音录像，提请法庭通知有关调查人员、侦查人员或者其他人员出庭说明情况等方式，证明证据收集的合法性。

讯问录音录像涉及国家秘密、商业秘密、个人隐私或者其他不宜公开内容的，法庭可以决定对讯问录音录像不公开播放、质证。

公诉人提交的取证过程合法的说明材料，应当经有关调查人员、侦查人员签名，并加盖单位印章。未经签名或者盖章的，不得作为证据使用。上述说明材料不能单独作为证明取证过程合法的根据。

第136条 控辩双方申请法庭通知调查人员、侦查人员或者其他人员出庭说明情况，法庭认为有必要的，应当通知有关人员出庭。

根据案件情况，法庭可以依职权通知调查人员、侦查人员或者其他人员出庭说明情况。

调查人员、侦查人员或者其他人员出庭的，应当向法庭说明证据收集过程，并就相关情况接受控辩双方和法庭的询问。

第137条 法庭对证据收集的合法性进行调查后，确认或者不能排除存在刑事诉讼法第五十六条规定的以非法方法收集证据情形的，对有关证据应当排除。

第138条 具有下列情形之一的，第二审人民法院应当对证据收集的合法性进行审查，并根据刑事诉讼法和本解释的有关规定作出处理：

（一）第一审人民法院对当事人及其辩护人、诉讼代理人排除非法证据的申请没有审查，且以该证据作为定案根据的；

（二）人民检察院或者被告人、自诉人及其法定代理人不服第一审人民法院作出的有关证据收集合法性的调查结论，提出抗诉、上诉的；

（三）当事人及其辩护人、诉讼代理人在第一审结束后才发现相关线索或者材料，申请人民法院排除非法证据的。

● *部门规章及文件*

4.《公安机关办理刑事案件程序规定》（2020年7月20日修正　公安部令第159号）

第72条 人民法院认为现有证据材料不能证明证据收集的合法性，通知有关侦查人员或者公安机关其他人员出庭说明情况的，有关侦查人员或者其他人员应当出庭。必要时，有关侦查人员或者其他人员也可以要求出庭说明情况。侦查人员或者其他人员出庭，应当向法庭说明证据收集过程，并就相关情况接受发问。

经人民法院通知，人民警察应当就其执行职务时目击的犯罪情况出庭作证。

第五十九条　对证据收集合法性的证明[①]

在对证据收集的合法性进行法庭调查的过程中，人民检察院应当对证据收集的合法性加以证明。

现有证据材料不能证明证据收集的合法性的，人民检察院可以提请人民法院通知有关侦查人员或者其他人员出庭说明情况；人民法院可以通知有关侦查人员或者其他人员出庭说明情况。有关侦查人员或者其他人员也可以要求出庭说明情况。经人民法院通知，有关人员应当出庭。

● *司法解释及文件*

《最高人民法院关于适用〈中华人民共和国刑事诉讼法〉的解释》（2021年1月26日　法释〔2021〕1号）

第139条　对证据的真实性，应当综合全案证据进行审查。

对证据的证明力，应当根据具体情况，从证据与案件事实的关联程度、证据之间的联系等方面进行审查判断。

第六十条　庭审排除非法证据

对于经过法庭审理，确认或者不能排除存在本法第五十六条规定的以非法方法收集证据情形的，对有关证据应当予以排除。

第六十一条　证人证言的质证与查实　有意作伪证或隐匿罪证的责任

证人证言必须在法庭上经过公诉人、被害人和被告人、辩护人双方质证并且查实以后，才能作为定案的根据。法庭查明证人有意作伪证或者隐匿罪证的时候，应当依法处理。

① 人民检察院证明证据收集的合法性的方法，可以是向法庭提供讯问笔录、讯问过程的录音录像、羁押记录、体检记录，按照本条第2款的规定提请法庭通知有关侦查人员或者其他人员出庭说明情况等。如果人民检察院对于证据收集的合法性不能举证证明，或者举证之后仍然不能排除有采取非法方法收集证据情形的，人民法院应当依照本法第56条和第60条的规定对有关证据进行处理。

第六十二条　证人的范围和作证义务

凡是知道案件情况的人，都有作证的义务。

生理上、精神上有缺陷或者年幼，不能辨别是非、不能正确表达的人，不能作证人。

● *司法解释及文件*

1.《最高人民法院关于适用〈中华人民共和国刑事诉讼法〉的解释》（2021年1月26日　法释〔2021〕1号）

第80条　下列人员不得担任见证人：

（一）生理上、精神上有缺陷或者年幼，不具有相应辨别能力或者不能正确表达的人；

（二）与案件有利害关系，可能影响案件公正处理的人；

（三）行使勘验、检查、搜查、扣押、组织辨认等监察调查、刑事诉讼职权的监察、公安、司法机关的工作人员或者其聘用的人员。

对见证人是否属于前款规定的人员，人民法院可以通过相关笔录载明的见证人的姓名、身份证件种类及号码、联系方式以及常住人口信息登记表等材料进行审查。

由于客观原因无法由符合条件的人员担任见证人的，应当在笔录材料中注明情况，并对相关活动进行全程录音录像。

● *部门规章及文件*

2.《公安机关办理刑事案件程序规定》（2020年7月20日修正　公安部令第159号）

第73条　凡是知道案件情况的人，都有作证的义务。

生理上、精神上有缺陷或者年幼，不能辨别是非，不能正确表达的人，不能作证人。

对于证人能否辨别是非，能否正确表达，必要时可以进行审查或者鉴别。

● *案例指引*

郭某等妨害公务案（广东省深圳市中级人民法院刑事裁定书［2010］深中法刑一终字第487号）

裁判要旨：关于证人证言的问题，本案的现场证人为现场与被告人发生纠纷的保安人员，其作证完全符合法律规定，《中华人民共和国刑事诉讼法》中规定，凡是知道案件情况的人，都有作证的义务，而保安员正是目击整个案件情况的人，其作证是符合法律规定的，上诉人所提的问题，是证据的证明力的问题，证明力的问题是综合全案其他证据来统一考量的，并不能孤立去判定一个证据是否有证明力，且按上诉人说法，所有知道案件情况，但与案件有利害关系的证人都不能作证的话，案件事实是无法查清的，故上诉人所提该意见据理不足，法院不予采纳。

关于言词证据的矛盾问题，每一份证据虽然是孤立的，但要证明整个案件事实需要所有证据在整体上形成一个完整的证据链，并不能单独来看待，只有每个证据都共同指向的事实才能作为定案的依据，上诉人所提的理由只是片面地看待证据内容中不相符合的一面，却没有看见所有证据相互印证，共同反映案件事实的一面，其理由不予采纳。

第六十三条 证人及其近亲属的安全保障

人民法院、人民检察院和公安机关应当保障证人及其近亲属的安全。

对证人及其近亲属进行威胁、侮辱、殴打或者打击报复，构成犯罪的，依法追究刑事责任；尚不够刑事处罚的，依法给予治安管理处罚。

● *部门规章及文件*

《公安机关办理刑事案件程序规定》（2020 年 7 月 20 日修正 公安部令第 159 号）

第 74 条 公安机关应当保障证人及其近亲属的安全。

对证人及其近亲属进行威胁、侮辱、殴打或者打击报复，构成犯罪的，依法追究刑事责任；尚不够刑事处罚的，依法给予治安管理处罚。

第六十四条 对特定犯罪中有关诉讼参与人及其近亲属人身安全的保护措施

对于危害国家安全犯罪、恐怖活动犯罪、黑社会性质的组织犯罪、毒品犯罪等案件，证人、鉴定人、被害人因在诉讼中作证，本人或者其近亲属的人身安全面临危险的，人民法院、人民检察院和公安机关应当采取以下一项或者多项保护措施：

（一）不公开真实姓名、住址和工作单位等个人信息；

（二）采取不暴露外貌、真实声音等出庭作证措施；

（三）禁止特定的人员接触证人、鉴定人、被害人及其近亲属；

（四）对人身和住宅采取专门性保护措施；

（五）其他必要的保护措施。

证人、鉴定人、被害人认为因在诉讼中作证，本人或者其近亲属的人身安全面临危险的，可以向人民法院、人民检察院、公安机关请求予以保护。

人民法院、人民检察院、公安机关依法采取保护措施，有关单位和个人应当配合。

● *司法解释及文件*

1. **《人民检察院刑事诉讼规则》**（2019 年 12 月 30 日　高检发释字〔2019〕4 号）

第 79 条　人民检察院在办理危害国家安全犯罪、恐怖活动犯罪、黑社会性质的组织犯罪、毒品犯罪等案件过程中，证人、鉴定人、被害人因在诉讼中作证，本人或者其近亲属人身安全面临危险，向人民检察院请求保护的，人民检察院应当受理并及时进行审查。对于确实存在人身安全危险的，应当立即采取必要的保护措施。人民检察院发现存在上述情形的，应当主动采取保护措施。

人民检察院可以采取以下一项或者多项保护措施：

（一）不公开真实姓名、住址和工作单位等个人信息；

（二）建议法庭采取不暴露外貌、真实声音等出庭作证措施；

（三）禁止特定的人员接触证人、鉴定人、被害人及其近亲属；

（四）对人身和住宅采取专门性保护措施；

（五）其他必要的保护措施。

人民检察院依法决定不公开证人、鉴定人、被害人的真实姓名、住址和工作单位等个人信息的，可以在起诉书、询问笔录等法律文书、证据材料中使用化名。但是应当另行书面说明使用化名的情况并标明密级，单独成卷。

人民检察院依法采取保护措施，可以要求有关单位和个人予以配合。

对证人及其近亲属进行威胁、侮辱、殴打或者打击报复，构成犯罪或者应当给予治安管理处罚的，人民检察院应当移送公安机关处理；情节轻微的，予以批评教育、训诫。

2.《最高人民法院关于适用〈中华人民共和国刑事诉讼法〉的解释》（2021年1月26日　法释〔2021〕1号）

第120条　采取技术调查、侦查措施收集的证据材料，应当经过当庭出示、辨认、质证等法庭调查程序查证。

当庭调查技术调查、侦查证据材料可能危及有关人员的人身安全，或者可能产生其他严重后果的，法庭应当采取不暴露有关人员身份和技术调查、侦查措施使用的技术设备、技术方法等保护措施。必要时，审判人员可以在庭外对证据进行核实。

3.《最高人民法院、最高人民检察院、公安部、国家安全部、司法部、全国人大常委会法制工作委员会关于实施刑事诉讼法若干问题的规定》（2012年12月26日）

12. 刑事诉讼法第六十二条①规定，对证人、鉴定人、被害人可以采取“不公开真实姓名、住址和工作单位等个人信息”的保护措施。人民法院、人民检察院和公安机关依法决定不公开证人、鉴定人、被害人的真实姓名、住址和工作单位等个人信息的，可以在判决书、裁定书、起诉书、询问笔录等法律文书、证据材料中使用化名等代替证人、鉴定人、被害人的个人信息。但是，应当书面说明使用化名的情况并标明密级，单独成卷。辩护律师经法庭许可，查阅对证人、鉴定人、被害人使用化名情况的，应当签署保密承诺书。

● *部门规章及文件*

4.《公安机关办理刑事案件程序规定》（2020年7月20日修正　公安部令第159号）

第75条　对危害国家安全犯罪、恐怖活动犯罪、黑社会性质的组织犯

① 对应《中华人民共和国刑事诉讼法》（2018年修正）第六十四条。

罪、毒品犯罪等案件，证人、鉴定人、被害人因在侦查过程中作证，本人或者其近亲属的人身安全面临危险的，公安机关应当采取以下一项或者多项保护措施：

（一）不公开真实姓名、住址、通讯方式和工作单位等个人信息；

（二）禁止特定的人员接触被保护人；

（三）对被保护人的人身和住宅采取专门性保护措施；

（四）将被保护人带到安全场所保护；

（五）变更被保护人的住所和姓名；

（六）其他必要的保护措施。

证人、鉴定人、被害人认为因在侦查过程中作证，本人或者其近亲属的人身安全面临危险，向公安机关请求予以保护，公安机关经审查认为符合前款规定的条件，确有必要采取保护措施的，应当采取上述一项或者多项保护措施。

公安机关依法采取保护措施，可以要求有关单位和个人配合。

案件移送审查起诉时，应当将采取保护措施的相关情况一并移交人民检察院。

第76条 公安机关依法决定不公开证人、鉴定人、被害人的真实姓名、住址、通讯方式和工作单位等个人信息的，可以在起诉意见书、询问笔录等法律文书、证据材料中使用化名等代替证人、鉴定人、被害人的个人信息。但是，应当另行书面说明使用化名的情况并标明密级，单独成卷。

第77条 证人保护工作所必需的人员、经费、装备等，应当予以保障。

证人因履行作证义务而支出的交通、住宿、就餐等费用，应当给予补助。证人作证的补助列入公安机关业务经费。

5. **《公安机关办理刑事案件证人保护工作规定》**（2017年1月23日　公通字〔2017〕2号）

第2条 对危害国家安全犯罪、恐怖活动犯罪、黑社会性质的组织犯罪、毒品犯罪案件，证人、鉴定人、被害人（以下统称证人）因在侦查过程中作证，本人或者其近亲属的人身安全面临危险，确有必要采取保护措施的，公安机关应当依法采取相应的保护措施，保障有关人员安全。

第3条 公安机关证人保护工作应当遵循必要、适当、及时、有效的原则。

第4条 公安机关按照“谁办案、谁负责”的原则，由承办证人所涉案件的办案部门负责证人保护工作，被保护人居住地公安派出所或者其他部门根据工作需要予以配合，重大案件由公安机关统一组织部署。公安机关可以根据需要指定有关部门负责证人保护工作。

第5条 对于本规定第二条规定的案件，公安机关在侦办过程中发现证人因在侦查过程中作证，本人或者其近亲属的人身安全面临危险，或者证人向公安机关请求予以保护的，办案部门应当结合案件性质、犯罪嫌疑人的社会危险性、证人证言的重要性和真实性、证人自我保护能力、犯罪嫌疑人被采取强制措施的情况等，对证人人身安全面临危险的现实性、程度进行评估。

第6条 办案部门经评估认为确有必要采取保护措施的，应当制作呈请证人保护报告书，报县级以上公安机关负责人批准，实施证人保护措施。呈请证人保护报告书应当包括以下内容：

(一) 被保护人的姓名、性别、年龄、住址、工作单位、身份证件信息以及与案件、犯罪嫌疑人的关系；

(二) 案件基本情况以及作证事项有关情况；

(三) 保护的必要性；

(四) 保护的具体措施；

(五) 执行保护的部门；

(六) 其他有关内容。

证人或者其近亲属人身安全面临现实危险、情况紧急的，公安机关应当立即采取必要的措施予以保护，并同时办理呈请证人保护手续。

第7条 经批准，负责执行证人保护任务的部门（以下统称证人保护部门）可以对被保护人采取以下一项或者多项保护措施：

(一) 不公开真实姓名、住址、通讯方式和工作单位等个人信息；

(二) 禁止特定人员接触被保护人；

(三) 对被保护人的人身和住宅采取专门性保护措施；

(四) 将被保护人带到安全场所护；

(五) 变更被保护人的住所和姓名；

(六) 其他必要的保护措施。

第8条 经批准决定采取证人保护措施的，证人保护部门应当立即制定保护方案，明确具体保护措施、警力部署、处置预案、通信联络、装备器材等。

证人保护部门应当将采取的保护措施和需要被保护人配合的事项告知被保护人，并及时实施保护方案。

第9条 采取不公开个人信息保护措施的，公安机关在讯问犯罪嫌疑人时不得透露证人的姓名、住址、通讯方式、工作单位等个人信息，在制作讯问、询问笔录等证据材料或者提请批准逮捕书、起诉意见书等法律文书时，应当使用化名等代替证人的个人信息，签名以捺指印代替。

对于证人真实身份信息和使用化名的情况应当另行书面说明，单独成卷，标明密级，妥善保管。证人保护密卷不得提供给人民法院、人民检察院和公安机关的承办人员以外的人员查阅，法律另有规定的除外。

对上述证人询问过程制作同步录音录像的，应当对视音频资料进行处理，避免暴露证人外貌、声音等。在公安机关以外的场所询问证人时，应当对询问场所进行清理、控制，无关人员不得在场，并避免与犯罪嫌疑人接触。

第10条 采取禁止特定人员接触被保护人措施的，公安机关应当制作禁止令，书面告知特定人员，禁止其在一定期限内接触被保护人。

特定人员违反禁止令，接触被保护人，公安机关应当依法进行调查处理，对犯罪嫌疑人视情采取或者变更强制措施，其他人员构成违反治安管理行为的，依法给予治安管理处罚；涉嫌犯罪的，依法追究刑事责任。

第11条 被保护人面临重大人身安全危险的，经被保护人同意，公安机关可以在被保护人的人身或者住宅安装定位、报警、视频监控等装置。必要时，可以指派专门人员对被保护人的住宅进行巡逻、守护，或者在一定期限内开展贴身保护，防止侵害发生。

证人保护部门对人身和住宅采取专门性保护措施，需要由被保护人居住地辖区公安派出所或者公安机关其他部门协助落实的，应当及时将协助函送交有关派出所或者部门。有关派出所或部门应当及时安排人员协助证人保护部门落实证人保护工作。

有条件的地方，可以聘请社会安保力量承担具体保护工作。

第12条 被保护人面临急迫的人身安全危险的，经被保护人同意，公安机关可以在一定期限内将被保护人安置于能够保障其人身安全的适当环境，并采取必要的保护措施。

第13条 被保护人面临特别重大人身安全危险的，经被保护人同意，公安机关可以协调有关部门将被保护人在一定期限内或者长期安排到其他地方居住生活。确需变更姓名，被保护人提出申请的，公安机关应当依法办理。

第14条 证人保护部门应当根据案情进展情况和被保护人受到安全威胁程度的变化，及时调整保护方案。被保护人也可以向证人保护部门申请变更保护措施。

证人保护部门系办案部门以外的部门的，调整保护方案前应当商办案部门同意。

第15条 证人反映其本人或者近亲属受到威胁、侮辱、殴打或者受到打击报复的，公安机关应当依法进行调查处理。构成违反治安管理行为的，依法给予治安管理处罚；涉嫌犯罪的，依法追究刑事责任。

第16条 公安机关依法采取证人保护措施，需要证人及其近亲属所在单位以及财政、民政、社会保障、银行、通信、基层群众组织等单位或者个人提供便利、服务或者支持的，应当协调有关单位或者个人予以配合。

第17条 需要跨地区开展证人保护工作的，由办理案件的公安机关商被保护人居住地公安机关予以协助，被商请单位应当予以协助。必要时，由共同的上级公安机关统一协调部署。

第18条 具有下列情形之一，不再需要采取证人保护措施的，经县级以上公安机关负责人批准，证人保护工作终止：

（一）被保护人的人身安全危险消除的；

（二）被保护人主动提出书面终止保护申请的；

（三）证人有作虚假证明、诬告陷害或者其他不履行作证义务行为的；

（四）证人不再具备证人身份的。

证人保护工作终止的，应当及时告知被保护人和协助执行证人保护工作的部门。

第19条 证人所涉案件管辖发生变更的，证人保护工作同时移交，并办理移交手续。

第20条 证人保护工作所需的经费、装备等相关支出，公安机关应当予以保障。

第21条 参与案件办理以及证人保护工作的民警和其他工作人员对证

人信息、证人保护相关事项应当予以保密。

第22条 参与案件办理及证人保护工作的民警和其他工作人员泄露证人保护有关工作秘密或者因玩忽职守导致证人人身财产安全受到损害的，依照有关规定给予处分；构成犯罪的，依法追究刑事责任。

第23条 下列人员的人身安全面临危险，确有保护必要的，参照本规定予以保护：

（一）在本规定第二条规定的案件中作证的证人的未婚夫（妻）、共同居住人等其他与证人有密切关系的人员；

（二）参加危害国家安全犯罪、恐怖活动犯罪、黑社会性质的组织犯罪、毒品犯罪组织的犯罪嫌疑人，在查明有关犯罪组织结构和组织者、领导者的地位作用，追缴、没收赃款赃物等方面提供重要线索和证据的。

第24条 证人、鉴定人、被害人因在本规定第二条规定的案件范围以外的案件中作证，本人或者其近亲属的人身安全面临危险，确有保护必要的，参照本规定执行。

第25条 本规定第二条规定的证人，包括共同犯罪中指认同案犯的其他犯罪事实的犯罪嫌疑人

本规定第七条、第十条中的特定人员是指犯罪嫌疑人以及与犯罪组织、犯罪嫌疑人有一定关系，可能实施危害证人及其近亲属人身安全的人员。

第六十五条 证人作证补助与保障

证人因履行作证义务而支出的交通、住宿、就餐等费用，应当给予补助。证人作证的补助列入司法机关业务经费，由同级政府财政予以保障。

有工作单位的证人作证，所在单位不得克扣或者变相克扣其工资、奖金及其他福利待遇。

● *司法解释及文件*

1. **《人民检察院刑事诉讼规则》**（2019年12月30日　高检发释字〔2019〕4号）

第80条 证人在人民检察院侦查、审查逮捕、审查起诉期间因履行作证义务而支出的交通、住宿、就餐等费用，人民检察院应当给予补助。

● *部门规章及文件*

2.**《公安机关办理刑事案件程序规定》**（2020 年 7 月 20 日修正　公安部令第 159 号）

第 77 条　证人保护工作所必需的人员、经费、装备等，应当予以保障。

证人因履行作证义务而支出的交通、住宿、就餐等费用，应当给予补助。证人作证的补助列入公安机关业务经费。

第六章　强制措施

第六十六条　拘传、取保候审或者监视居住

人民法院、人民检察院和公安机关根据案件情况，对犯罪嫌疑人、被告人可以拘传、取保候审或者监视居住。

● *司法解释及文件*

1.**《人民检察院刑事诉讼规则》**（2019 年 12 月 30 日　高检发释字〔2019〕4 号）

第 81 条　人民检察院根据案件情况，对犯罪嫌疑人可以拘传。

第 82 条　拘传时，应当向被拘传的犯罪嫌疑人出示拘传证。对抗拒拘传的，可以使用戒具，强制到案。

执行拘传的人员不得少于二人。

第 83 条　拘传的时间从犯罪嫌疑人到案时开始计算。犯罪嫌疑人到案后，应当责令其在拘传证上填写到案时间，签名或者盖章，并捺指印，然后立即讯问。拘传结束后，应当责令犯罪嫌疑人在拘传证上填写拘传结束时间。犯罪嫌疑人拒绝填写的，应当在拘传证上注明。

一次拘传持续的时间不得超过十二小时；案情特别重大、复杂，需要采取拘留、逮捕措施的，拘传持续的时间不得超过二十四小时。两次拘传间隔的时间一般不得少于十二小时，不得以连续拘传的方式变相拘禁犯罪嫌疑人。

拘传犯罪嫌疑人，应当保证犯罪嫌疑人的饮食和必要的休息时间。

第 84 条　人民检察院拘传犯罪嫌疑人，应当在犯罪嫌疑人所在市、县内的地点进行。

犯罪嫌疑人工作单位与居住地不在同一市、县的，拘传应当在犯罪嫌疑

人工作单位所在的市、县内进行；特殊情况下，也可以在犯罪嫌疑人居住地所在的市、县内进行。

第 85 条 需要对被拘传的犯罪嫌疑人变更强制措施的，应当在拘传期限内办理变更手续。

在拘传期间决定不采取其他强制措施的，拘传期限届满，应当结束拘传。

2. **《最高人民法院关于适用〈中华人民共和国刑事诉讼法〉的解释》**（2021 年 1 月 26 日 法释〔2021〕1 号）

第 147 条 人民法院根据案件情况，可以决定对被告人拘传、取保候审、监视居住或者逮捕。

对被告人采取、撤销或者变更强制措施的，由院长决定；决定继续取保候审、监视居住的，可以由合议庭或者独任审判员决定。

第 148 条 对经依法传唤拒不到庭的被告人，或者根据案件情况有必要拘传的被告人，可以拘传。

拘传被告人，应当由院长签发拘传票，由司法警察执行，执行人员不得少于二人。

拘传被告人，应当出示拘传票。对抗拒拘传的被告人，可以使用戒具。

第 149 条 拘传被告人，持续的时间不得超过十二小时；案情特别重大、复杂，需要采取逮捕措施的，持续的时间不得超过二十四小时。不得以连续拘传的形式变相拘禁被告人。应当保证被拘传人的饮食和必要的休息时间。

3. **《人民检察院司法警察执行职务规则》**（2015 年 6 月 1 日）

第 11 条 人民检察院司法警察执行拘传任务，应当做到：

（一）执行拘传前，了解被拘传人的姓名、性别、年龄、工作单位、住址、身份证号码等基本情况；

（二）拘传犯罪嫌疑人时，应当向被拘传人出示拘传证，犯罪嫌疑人到案后，责令其在拘传证上填写到案时间、签名、捺指印或者盖章；犯罪嫌疑人拒绝填写的，应当在拘传证上注明；

（三）对抗拒拘传的，可以使用警械具，强制到案；

（四）拘传后，应当对犯罪嫌疑人的人身、随身携带的物品进行安全检查，发现与案件相关的证据或者可疑物品以及可能危害人身安全的物品，应当及时向案件承办人报告；

（五）拘传任务完成后，及时将相关法律文书交案件承办人。

第12条 人民检察院司法警察协助执行指定居所监视居住任务，应当做到：

（一）协助执行指定居所监视居住前，了解被监视居住对象的基本情况、监视居住的处所内部设施及周围环境，制定安全防范应急预案；对指定居所不符合安全条件的，及时向分管院领导报告，并提出整改建议；

（二）犯罪嫌疑人进入监视居住处所时，应当对犯罪嫌疑人的人身、随身携带的物品进行安全检查，发现与案件相关的证据或者可疑物品以及可能危害人身安全的物品，应当及时向案件承办人报告；

（三）协助执行指定居所监视居住时，应当加强与公安机关执行民警的协调，严格落实二十四小时值班制度，认真做好值班记录；交接班时，交班人员要向接班人员说明监管情况，并做好交接记录；

（四）协助执行指定居所监视居住时，必须坚守岗位，加强监管，重点做好犯罪嫌疑人就餐、如厕、就寝和就医等日常生活起居关键环节的监管工作，注意观察犯罪嫌疑人身体状况和情绪变化，对出现突发疾病、情绪波动等情况的，及时报告和处置，防止意外事件发生；

（五）辩护律师会见法律规定需经许可会见的犯罪嫌疑人时，应当要求其出示许可会见犯罪嫌疑人决定书，并做好安全防范工作；

（六）协助执行指定居所监视居住时，不得体罚、虐待或者变相体罚、虐待犯罪嫌疑人；发现办案人员有违法违规行为时，应当制止，制止无效的，及时向分管院领导报告。

● 部门规章及文件

4. **《公安机关办理刑事案件程序规定》**（2020年7月20日修正 公安部令第159号）

第78条 公安机关根据案件情况对需要拘传的犯罪嫌疑人，或者经过传唤没有正当理由不到案的犯罪嫌疑人，可以拘传到其所在市、县公安机关执法办案场所进行讯问。

需要拘传的，应当填写呈请拘传报告书，并附有关材料，报县级以上公安机关负责人批准。

第79条 公安机关拘传犯罪嫌疑人应当出示拘传证，并责令其在拘传证上签名、捺指印。

犯罪嫌疑人到案后，应当责令其在拘传证上填写到案时间；拘传结束后，应当由其在拘传证上填写拘传结束时间。犯罪嫌疑人拒绝填写的，侦查人员应当在拘传证上注明。

第80条 拘传持续的时间不得超过十二小时；案情特别重大、复杂，需要采取拘留、逮捕措施的，经县级以上公安机关负责人批准，拘传持续的时间不得超过二十四小时。不得以连续拘传的形式变相拘禁犯罪嫌疑人。

拘传期限届满，未作出采取其他强制措施决定的，应当立即结束拘传。

● 请示答复

5.《最高人民检察院关于对由军队保卫部门军事检察院立案的地方人员可否采取强制措施问题的批复》（1993年6月19日 高检发研字〔1993〕3号）

根据最高人民法院、最高人民检察院、公安部、总政治部《关于军队和地方互涉案件几个问题的规定》（1982政联字8号）第三条和《关于军队和地方互涉案件侦查工作的补充规定》（1987政联字第14号）第一条所规定的精神，对于发生在没有设置接受当地公安机关业务领导的保卫部门或治安保卫组织的由军队注册实行企业化管理的公司、厂矿、宾馆、饭店、影剧院以及军地合资经营企业的案件，如果作案人身份明确，是地方人员，应由地方公安机关、人民检察院管辖；如果是在立案后才查明作案人是地方人员的，应移交地方公安机关、人民检察院处理。军队保卫部门、军事检察院不能对地方人员采取强制措施。

第六十七条 取保候审的法定情形与执行

人民法院、人民检察院和公安机关对有下列情形之一的犯罪嫌疑人、被告人，可以取保候审：

（一）可能判处管制、拘役或者独立适用附加刑的；

（二）可能判处有期徒刑以上刑罚，采取取保候审不致发生社会危险性的；

（三）患有严重疾病、生活不能自理，怀孕或者正在哺乳自己婴儿的妇女，采取取保候审不致发生社会危险性的；

（四）羁押期限届满，案件尚未办结，需要采取取保候审的。

取保候审由公安机关执行。

● *核心要点*

1. 一般解释和规定：《公安机关办理刑事案件程序规定》;《最高人民法院关于适用〈中华人民共和国刑事诉讼法〉若干问题的解释》;《最高人民法院、最高人民检察院、公安部、国家安全部关于取保候审若干问题的规定》

2. 取保候审：《公安机关办理刑事案件程序规定》81;《最高人民法院、最高人民检察院、公安部、国家安全部关于取保候审若干问题的规定》

● *司法解释及文件*

1. **《人民检察院刑事诉讼规则》**（2019 年 12 月 30 日　高检发释字〔2019〕4 号）

第 86 条　人民检察院对于具有下列情形之一的犯罪嫌疑人，可以取保候审：

（一）可能判处管制、拘役或者独立适用附加刑的;

（二）可能判处有期徒刑以上刑罚，采取取保候审不致发生社会危险性的;

（三）患有严重疾病、生活不能自理，怀孕或者正在哺乳自己婴儿的妇女，采取取保候审不致发生社会危险性的;

（四）羁押期限届满，案件尚未办结，需要采取取保候审的。

第 87 条　人民检察院对于严重危害社会治安的犯罪嫌疑人，以及其他犯罪性质恶劣、情节严重的犯罪嫌疑人不得取保候审。

第 88 条　被羁押或者监视居住的犯罪嫌疑人及其法定代理人、近亲属或者辩护人向人民检察院申请取保候审，人民检察院应当在三日以内作出是否同意的答复。经审查符合本规则第八十六条规定情形之一的，可以对被羁押或者监视居住的犯罪嫌疑人依法办理取保候审手续。经审查不符合取保候审条件的，应当告知申请人，并说明不同意取保候审的理由。

2. **《最高人民法院关于适用〈中华人民共和国刑事诉讼法〉的解释》**（2021 年 1 月 26 日　法释〔2021〕1 号）

第 150 条　被告人具有刑事诉讼法第六十七条第一款规定情形之一的，人民法院可以决定取保候审。

对被告人决定取保候审的，应当责令其提出保证人或者交纳保证金，不得同时使用保证人保证与保证金保证。

第 151 条　对下列被告人决定取保候审的，可以责令其提出一至二名保证人：

（一）无力交纳保证金的；

（二）未成年或者已满七十五周岁的；

（三）不宜收取保证金的其他被告人。

3.《最高人民检察院、公安部关于适用刑事强制措施有关问题的规定》(2000年8月28日　高检会〔2000〕2号)

第1条　人民检察院决定对犯罪嫌疑人采取取保候审措施的，应当在向犯罪嫌疑人宣布后交由公安机关执行。对犯罪嫌疑人采取保证人担保形式的，人民检察院应当将有关法律文书和有关案由、犯罪嫌疑人基本情况、保证人基本情况的材料，送交犯罪嫌疑人居住地的同级公安机关；对犯罪嫌疑人采取保证金担保形式的，人民检察院应当在核实保证金已经交纳到公安机关指定的银行后，将有关法律文书、有关案由、犯罪嫌疑人基本情况的材料和银行出具的收款凭证，送交犯罪嫌疑人居住地的同级公安机关。

第2条　公安机关收到有关法律文书和材料后，应当立即交由犯罪嫌疑人居住地的县级公安机关执行。负责执行的县级公安机关应当在24小时以内核实被取保候审人、保证人的身份以及相关材料，并报告县级公安机关负责人后，通知犯罪嫌疑人居住地派出所执行。

第3条　执行取保候审的派出所应当指定专人负责对被取保候审人进行监督考察，并将取保候审的执行情况报告所属县级公安机关通知决定取保候审的人民检察院。

第4条　人民检察院决定对犯罪嫌疑人取保候审的案件，在执行期间，被取保候审人有正当理由需要离开所居住的市、县的，负责执行的派出所应当及时报告所属县级公安机关，由该县级公安机关征得决定取保候审的人民检察院同意后批准。

第5条　人民检察院决定对犯罪嫌疑人采取保证人担保形式取保候审的，如果保证人在取保候审期间不愿继续担保或者丧失担保条件，人民检察院应当在收到保证人不愿继续担保的申请或者发现其丧失担保条件后的3日以内，责令犯罪嫌疑人重新提出保证人或者交纳保证金，或者变更为其他强制措施，并通知公安机关执行。

公安机关在执行期间收到保证人不愿继续担保的申请或者发现其丧失担保条件的，应当在3日以内通知作出决定的人民检察院。

● *部门规章及文件*

4. **《公安机关办理刑事案件程序规定》**（2020年7月20日修正　公安部令第159号）

第81条　公安机关对具有下列情形之一的犯罪嫌疑人，可以取保候审：

（一）可能判处管制、拘役或者独立适用附加刑的；

（二）可能判处有期徒刑以上刑罚，采取取保候审不致发生社会危险性的；

（三）患有严重疾病、生活不能自理，怀孕或者正在哺乳自己婴儿的妇女，采取取保候审不致发生社会危险性的；

（四）羁押期限届满，案件尚未办结，需要继续侦查的。

对拘留的犯罪嫌疑人，证据不符合逮捕条件，以及提请逮捕后，人民检察院不批准逮捕，需要继续侦查，并且符合取保候审条件的，可以依法取保候审。

第82条　对累犯，犯罪集团的主犯，以自伤、自残办法逃避侦查的犯罪嫌疑人，严重暴力犯罪以及其他严重犯罪的犯罪嫌疑人不得取保候审，但犯罪嫌疑人具有本规定第八十一条第一款第三项、第四项规定情形的除外。

第六十八条　取保候审的方式

人民法院、人民检察院和公安机关决定对犯罪嫌疑人、被告人取保候审，应当责令犯罪嫌疑人、被告人提出保证人或者交纳保证金。

● *司法解释及文件*

1. **《人民检察院刑事诉讼规则》**（2019年12月30日　高检发释字〔2019〕4号）

第89条　人民检察院决定对犯罪嫌疑人取保候审，应当责令犯罪嫌疑人提出保证人或者交纳保证金。

对同一犯罪嫌疑人决定取保候审，不得同时使用保证人保证和保证金保证方式。

对符合取保候审条件，具有下列情形之一的犯罪嫌疑人，人民检察院决定取保候审时，可以责令其提供一至二名保证人：

（一）无力交纳保证金的；

（二）系未成年人或者已满七十五周岁的人；

（三）其他不宜收取保证金的。

第90条 采取保证人保证方式的，保证人应当符合刑事诉讼法第六十九条规定的条件，并经人民检察院审查同意。

第91条 人民检察院应当告知保证人履行以下义务：

（一）监督被保证人遵守刑事诉讼法第七十一条的规定；

（二）发现被保证人可能发生或者已经发生违反刑事诉讼法第七十一条规定的行为的，及时向执行机关报告。

保证人保证承担上述义务后，应当在取保候审保证书上签名或者盖章。

第92条 采取保证金保证方式的，人民检察院可以根据犯罪嫌疑人的社会危险性，案件的性质、情节，可能判处刑罚的轻重，犯罪嫌疑人的经济状况等，责令犯罪嫌疑人交纳一千元以上的保证金。对于未成年犯罪嫌疑人，可以责令交纳五百元以上的保证金。

第96条 采取保证人保证方式的，如果保证人在取保候审期间不愿继续保证或者丧失保证条件的，人民检察院应当在收到保证人不愿继续保证的申请或者发现其丧失保证条件后三日以内，责令犯罪嫌疑人重新提出保证人或者交纳保证金，并将变更情况通知公安机关。

第97条 采取保证金保证方式的，被取保候审人拒绝交纳保证金或者交纳保证金不足决定数额时，人民检察院应当作出变更取保候审措施、变更保证方式或者变更保证金数额的决定，并将变更情况通知公安机关。

2. **《最高人民法院关于适用〈中华人民共和国刑事诉讼法〉的解释》**（2021年1月26日　法释〔2021〕1号）

第154条 人民法院向被告人宣布取保候审决定后，应当将取保候审决定书等相关材料送交当地公安机关。

对被告人使用保证金保证的，应当在核实保证金已经存入公安机关指定银行的专门账户后，将银行出具的收款凭证一并送交公安机关。

● *部门规章及文件*

3. **《公安机关办理刑事案件程序规定》**（2020年7月20日修正　公安部令第159号）

第83条 需要对犯罪嫌疑人取保候审的，应当制作呈请取保候审报告书，说明取保候审的理由、采取的保证方式以及应当遵守的规定，经县级以上公安机关负责人批准，制作取保候审决定书。取保候审决定书应当向犯罪嫌疑人宣读，由犯罪嫌疑人签名、捺指印。

第84条 公安机关决定对犯罪嫌疑人取保候审的，应当责令犯罪嫌疑人提出保证人或者交纳保证金。

对同一犯罪嫌疑人，不得同时责令其提出保证人和交纳保证金。对未成年人取保候审，应当优先适用保证人保证。

第六十九条 保证人的法定条件

保证人必须符合下列条件：

（一）与本案无牵连；

（二）有能力履行保证义务；

（三）享有政治权利，人身自由未受到限制；

（四）有固定的住处和收入。

● *司法解释及文件*

1.《人民检察院刑事诉讼规则》（2019年12月30日　高检发释字〔2019〕4号）

第90条 采取保证人保证方式的，保证人应当符合刑事诉讼法第六十九条规定的条件，并经人民检察院审查同意。

2.《最高人民法院关于适用〈中华人民共和国刑事诉讼法〉的解释》（2021年1月26日　法释〔2021〕1号）

第152条 人民法院应当审查保证人是否符合法定条件。符合条件的，应当告知其必须履行的保证义务，以及不履行义务的法律后果，并由其出具保证书。

第155条 被告人被取保候审期间，保证人不愿继续履行保证义务或者丧失履行保证义务能力的，人民法院应当在收到保证人的申请或者公安机关的书面通知后三日以内，责令被告人重新提出保证人或者交纳保证金，或者变更强制措施，并通知公安机关。

● *部门规章及文件*

3. **《公安机关办理刑事案件程序规定》**（2020 年 7 月 20 日修正　公安部令第 159 号）

第 85 条　采取保证人保证的，保证人必须符合以下条件，并经公安机关审查同意：

（一）与本案无牵连；

（二）有能力履行保证义务；

（三）享有政治权利，人身自由未受到限制；

（四）有固定的住处和收入。

第七十条　保证人的法定义务

保证人应当履行以下义务：

（一）监督被保证人遵守本法第七十一条的规定；

（二）发现被保证人可能发生或者已经发生违反本法第七十一条规定的行为的，应当及时向执行机关报告。

被保证人有违反本法第七十一条规定的行为，保证人未履行保证义务的，对保证人处以罚款，构成犯罪的，依法追究刑事责任。

● *司法解释及文件*

1. **《人民检察院刑事诉讼规则》**（2019 年 12 月 30 日　高检发释字〔2019〕4 号）

第 91 条　人民检察院应当告知保证人履行以下义务：

（一）监督被保证人遵守刑事诉讼法第七十一条的规定；

（二）发现被保证人可能发生或者已经发生违反刑事诉讼法第七十一条规定的行为的，及时向执行机关报告。

保证人保证承担上述义务后，应当在取保候审保证书上签名或者盖章。

第 99 条　人民检察院发现保证人没有履行刑事诉讼法第七十条规定的义务，应当通知公安机关，要求公安机关对保证人作出罚款决定。构成犯罪的，依法追究保证人的刑事责任。

2.《最高人民法院、最高人民检察院、公安部、国家安全部、司法部、全国人大常委会法制工作委员会关于实施刑事诉讼法若干问题的规定》（2012年12月26日）

14. 对取保候审保证人是否履行了保证义务，由公安机关认定，对保证人的罚款决定，也由公安机关作出。

● *部门规章及文件*

3.《最高人民法院、最高人民检察院、公安部、国家安全部关于取保候审若干问题的规定》（1999年8月4日　公通字〔1999〕59号）

第16条　采取保证人形式取保候审的，被取保候审人违反刑事诉讼法第五十六条[①]的规定，保证人未及时报告的，经查证属实后，由县级以上执行机关对保证人处1000元以上2万元以下罚款，并将有关情况及时通知决定机关。

第18条　没收取保候审保证金和对保证人罚款均系刑事司法行为，不能提起行政诉讼。当事人如不服复核决定，可以依法向有关机关提出申诉。

4.《公安机关办理刑事案件程序规定》（2020年7月20日修正　公安部令第159号）

第86条　保证人应当履行以下义务：

（一）监督被保证人遵守本规定第八十九条、第九十条的规定；

（二）发现被保证人可能发生或者已经发生违反本规定第八十九条、第九十条规定的行为的，应当及时向执行机关报告。

保证人应当填写保证书，并在保证书上签名、捺指印。

第103条　被保证人违反应当遵守的规定，保证人未履行保证义务的，查证属实后，经县级以上公安机关负责人批准，对保证人处一千元以上二万元以下罚款；构成犯罪的，依法追究刑事责任。

第104条　决定对保证人罚款的，应当报经县级以上公安机关负责人批准，制作对保证人罚款决定书，在三日以内送达保证人，告知其如果对罚款决定不服，可以在收到决定书之日起五日以内向作出决定的公安机关申请复议。公安机关应当在收到复议申请后七日以内作出决定。

---

① 对应《中华人民共和国刑事诉讼法》（2018年修正）第七十一条。

保证人对复议决定不服的，可以在收到复议决定书后五日以内向上一级公安机关申请复核一次。上一级公安机关应当在收到复核申请后七日以内作出决定。对上级公安机关撤销或者变更罚款决定的，下级公安机关应当执行。

第105条 对于保证人罚款的决定已过复议期限，或者复议、复核后维持原决定或者变更罚款数额的，公安机关应当及时通知指定的银行将保证人罚款按照国家的有关规定上缴国库。人民法院、人民检察院决定取保候审的，还应当在三日以内通知决定取保候审的机关。

第七十一条 被取保候审人应遵守的一般规定和特别规定 对被取保候审人违反规定的处理

被取保候审的犯罪嫌疑人、被告人应当遵守以下规定：

（一）未经执行机关批准不得离开所居住的市、县；

（二）住址、工作单位和联系方式发生变动的，在二十四小时以内向执行机关报告；

（三）在传讯的时候及时到案；

（四）不得以任何形式干扰证人作证；

（五）不得毁灭、伪造证据或者串供。

人民法院、人民检察院和公安机关可以根据案件情况，责令被取保候审的犯罪嫌疑人、被告人遵守以下一项或者多项规定：

（一）不得进入特定的场所；

（二）不得与特定的人员会见或者通信；

（三）不得从事特定的活动；

（四）将护照等出入境证件、驾驶证件交执行机关保存。

被取保候审的犯罪嫌疑人、被告人违反前两款规定，已交纳保证金的，没收部分或者全部保证金，并且区别情形，责令犯罪嫌疑人、被告人具结悔过，重新交纳保证金、提出保证人，或者监视居住、予以逮捕。

对违反取保候审规定，需要予以逮捕的，可以对犯罪嫌疑人、被告人先行拘留。

● *司法解释及文件*

1.《人民检察院刑事诉讼规则》（2019年12月30日 高检发释字〔2019〕4号）

第94条 人民检察院应当向取保候审的犯罪嫌疑人宣读取保候审决定书，由犯罪嫌疑人签名或者盖章，并捺指印，责令犯罪嫌疑人遵守刑事诉讼法第七十一条的规定，告知其违反规定应负的法律责任。以保证金方式保证的，应当同时告知犯罪嫌疑人一次性将保证金存入公安机关指定银行的专门账户。

第95条 向犯罪嫌疑人宣布取保候审决定后，人民检察院应当将执行取保候审通知书送达公安机关执行，并告知公安机关在执行期间拟批准犯罪嫌疑人离开所居住的市、县的，应当事先征得人民检察院同意。以保证人方式保证的，应当将取保候审保证书同时送交公安机关。

人民检察院核实保证金已经交纳到公安机关指定银行的凭证后，应当将银行出具的凭证及其他有关材料与执行取保候审通知书一并送交公安机关。

第96条 采取保证人保证方式的，如果保证人在取保候审期间不愿继续保证或者丧失保证条件的，人民检察院应当在收到保证人不愿继续保证的申请或者发现其丧失保证条件后三日以内，责令犯罪嫌疑人重新提出保证人或者交纳保证金，并将变更情况通知公安机关。

第97条 采取保证金保证方式的，被取保候审人拒绝交纳保证金或者交纳保证金不足决定数额时，人民检察院应当作出变更取保候审措施、变更保证方式或者变更保证金数额的决定，并将变更情况通知公安机关。

第98条 公安机关在执行取保候审期间向人民检察院征询是否同意批准犯罪嫌疑人离开所居住的市、县时，人民检察院应当根据案件的具体情况及时作出决定，并通知公安机关。

第99条 人民检察院发现保证人没有履行刑事诉讼法第七十条规定的义务，应当通知公安机关，要求公安机关对保证人作出罚款决定。构成犯罪的，依法追究保证人的刑事责任。

第100条 人民检察院发现犯罪嫌疑人违反刑事诉讼法第七十一条的规定，已交纳保证金的，应当书面通知公安机关没收部分或者全部保证金，并且根据案件的具体情况，责令犯罪嫌疑人具结悔过，重新交纳保证金、提出保证人，或者决定对其监视居住、予以逮捕。

公安机关发现犯罪嫌疑人违反刑事诉讼法第七十一条的规定，提出没收保证金或者变更强制措施意见的，人民检察院应当在收到意见后五日以内作出决定，并通知公安机关。

重新交纳保证金的程序适用本规则第九十二条的规定；提出保证人的程序适用本规则第九十条、第九十一条的规定。对犯罪嫌疑人继续取保候审的，取保候审的时间应当累计计算。

对犯罪嫌疑人决定监视居住的，应当办理监视居住手续。监视居住的期限应当自执行监视居住决定之日起计算并告知犯罪嫌疑人。

第101条 犯罪嫌疑人有下列违反取保候审规定的行为，人民检察院应当对犯罪嫌疑人予以逮捕：

（一）故意实施新的犯罪；

（二）企图自杀、逃跑；

（三）实施毁灭、伪造证据，串供或者干扰证人作证，足以影响侦查、审查起诉工作正常进行；

（四）对被害人、证人、鉴定人、举报人、控告人及其他人员实施打击报复。

犯罪嫌疑人有下列违反取保候审规定的行为，人民检察院可以对犯罪嫌疑人予以逮捕：

（一）未经批准，擅自离开所居住的市、县，造成严重后果，或者两次未经批准，擅自离开所居住的市、县；

（二）经传讯不到案，造成严重后果，或者经两次传讯不到案；

（三）住址、工作单位和联系方式发生变动，未在二十四小时以内向公安机关报告，造成严重后果；

（四）违反规定进入特定场所、与特定人员会见或者通信、从事特定活动，严重妨碍诉讼程序正常进行。

有前两款情形，需要对犯罪嫌疑人予以逮捕的，可以先行拘留；已交纳保证金的，同时书面通知公安机关没收保证金。

第 102 条 人民检察院决定对犯罪嫌疑人取保候审，最长不得超过十二个月。

第 103 条 公安机关决定对犯罪嫌疑人取保候审，案件移送人民检察院审查起诉后，对于需要继续取保候审的，人民检察院应当依法重新作出取保候审决定，并对犯罪嫌疑人办理取保候审手续。取保候审的期限应当重新计算并告知犯罪嫌疑人。对继续采取保证金方式取保候审的，被取保候审人没有违反刑事诉讼法第七十一条规定的，不变更保证金数额，不再重新收取保证金。

第 104 条 在取保候审期间，不得中断对案件的侦查、审查起诉。

第 105 条 取保候审期限届满或者发现不应当追究犯罪嫌疑人的刑事责任的，应当及时解除或者撤销取保候审。

解除或者撤销取保候审的决定，应当及时通知执行机关，并将解除或者撤销取保候审的决定书送达犯罪嫌疑人；有保证人的，应当通知保证人解除保证义务。

第 106 条 犯罪嫌疑人在取保候审期间没有违反刑事诉讼法第七十一条的规定，或者发现不应当追究犯罪嫌疑人刑事责任的，变更、解除或者撤销取保候审时，应当告知犯罪嫌疑人可以凭变更、解除或者撤销取保候审的通知或者有关法律文书到银行领取退还的保证金。

2. **《最高人民法院关于适用〈中华人民共和国刑事诉讼法〉的解释》**（2021 年 1 月 26 日 法释〔2021〕1 号）

第 158 条 人民法院发现使用保证金保证的被取保候审人违反刑事诉讼法第七十一条第一款、第二款规定的，应当书面通知公安机关依法处理。

人民法院收到公安机关已经没收保证金的书面通知或者变更强制措施的建议后，应当区别情形，在五日以内责令被告人具结悔过，重新交纳保证金或者提出保证人，或者变更强制措施，并通知公安机关。

人民法院决定对被依法没收保证金的被告人继续取保候审的，取保候审的期限连续计算。

3. **《最高人民法院、最高人民检察院、公安部、国家安全部、司法部、全国人大常委会法制工作委员会关于实施刑事诉讼法若干问题的规定》**（2012 年 12 月 26 日）

13. 被取保候审、监视居住的犯罪嫌疑人、被告人无正当理由不得离开所居住的市、县或者执行监视居住的处所，有正当理由需要离开所居住的市、县或者执行监视居住的处所，应当经执行机关批准。如果取保候审、监视居住是由人民检察院、人民法院决定的，执行机关在批准犯罪嫌疑人、被告人离开所居住的市、县或者执行监视居住的处所前，应当征得决定机关同意。

● *部门规章及文件*

4.《**公安机关办理刑事案件程序规定**》（2020 年 7 月 20 日修正　公安部令第 159 号）

第 89 条　公安机关在宣布取保候审决定时，应当告知被取保候审人遵守以下规定：

（一）未经执行机关批准不得离开所居住的市、县；

（二）住址、工作单位和联系方式发生变动的，在二十四小时以内向执行机关报告；

（三）在传讯的时候及时到案；

（四）不得以任何形式干扰证人作证；

（五）不得毁灭、伪造证据或者串供。

第 90 条　公安机关在决定取保候审时，还可以根据案件情况，责令被取保候审人遵守以下一项或者多项规定：

（一）不得进入与其犯罪活动等相关联的特定场所；

（二）不得与证人、被害人及其近亲属、同案犯以及与案件有关联的其他特定人员会见或者以任何方式通信；

（三）不得从事与其犯罪行为等相关联的特定活动；

（四）将护照等出入境证件、驾驶证件交执行机关保存。

公安机关应当综合考虑案件的性质、情节、社会影响、犯罪嫌疑人的社会关系等因素，确定特定场所、特定人员和特定活动的范围。

第 91 条　公安机关决定取保候审的，应当及时通知被取保候审人居住地的派出所执行。必要时，办案部门可以协助执行。

采取保证人担保形式的，应当同时送交有关法律文书、被取保候审人基本情况、保证人基本情况等材料。采取保证金担保形式的，应当同时送交有关法律文书、被取保候审人基本情况和保证金交纳情况等材料。

第 92 条　人民法院、人民检察院决定取保候审的，负责执行的县级公安机关应当在收到法律文书和有关材料后二十四小时以内，指定被取保候审人居住地派出所核实情况后执行。

第93条 执行取保候审的派出所应当履行下列职责：

（一）告知被取保候审人必须遵守的规定，及其违反规定或者在取保候审期间重新犯罪应当承担的法律后果；

（二）监督、考察被取保候审人遵守有关规定，及时掌握其活动、住址、工作单位、联系方式及变动情况；

（三）监督保证人履行保证义务；

（四）被取保候审人违反应当遵守的规定以及保证人未履行保证义务的，应当及时制止、采取紧急措施，同时告知决定机关。

第94条 执行取保候审的派出所应当定期了解被取保候审人遵守取保候审规定的有关情况，并制作笔录。

第95条 被取保候审人无正当理由不得离开所居住的市、县。有正当理由需要离开所居住的市、县的，应当经负责执行的派出所负责人批准。

人民法院、人民检察院决定取保候审的，负责执行的派出所在批准被取保候审人离开所居住的市、县前，应当征得决定取保候审的机关同意。

第96条 被取保候审人在取保候审期间违反本规定第八十九条、第九十条规定，已交纳保证金的，公安机关应当根据其违反规定的情节，决定没收部分或者全部保证金，并且区别情形，责令其具结悔过、重新交纳保证金、提出保证人，变更强制措施或者给予治安管理处罚；需要予以逮捕的，可以对其先行拘留。

人民法院、人民检察院决定取保候审的，被取保候审人违反应当遵守的规定，负责执行的派出所应当及时通知决定取保候审的机关。

第97条 需要没收保证金的，应当经过严格审核后，报县级以上公安机关负责人批准，制作没收保证金决定书。

决定没收五万元以上保证金的，应当经设区的市一级以上公安机关负责人批准。

第98条 没收保证金的决定，公安机关应当在三日以内向被取保候审人宣读，并责令其在没收保证金决定书上签名、捺指印；被取保候审人在逃或者具有其他情形不能到场的，应当向其成年家属、法定代理人、辩护人或者单位、居住地的居民委员会、村民委员会宣布，由其成年家属、法定代理人、辩护人或者单位、居住地的居民委员会或者村民委员会的负责人在没收保证金决定书上签名。

被取保候审人或者其成年家属、法定代理人、辩护人或者单位、居民委员会、村民委员会负责人拒绝签名的，公安机关应当在没收保证金决定书上注明。

第99条 公安机关在宣读没收保证金决定书时，应当告知如果对没收保证金的决定不服，被取保候审人或者其法定代理人可以在五日以内向作出决定的公安机关申请复议。公安机关应当在收到复议申请后七日以内作出决定。

被取保候审人或者其法定代理人对复议决定不服的，可以在收到复议决定书后五日以内向上一级公安机关申请复核一次。上一级公安机关应当在收到复核申请后七日以内作出决定。对上级公安机关撤销或者变更没收保证金决定的，下级公安机关应当执行。

第100条 没收保证金的决定已过复议期限，或者复议、复核后维持原决定或者变更没收保证金数额的，公安机关应当及时通知指定的银行将没收的保证金按照国家的有关规定上缴国库。人民法院、人民检察院决定取保候审的，还应当在三日以内通知决定取保候审的机关。

第101条 被取保候审人在取保候审期间，没有违反本规定第八十九条、第九十条有关规定，也没有重新故意犯罪的，或者具有本规定第一百八十六条规定的情形之一的，在解除取保候审、变更强制措施的同时，公安机关应当制作退还保证金决定书，通知银行如数退还保证金。

被取保候审人可以凭退还保证金决定书到银行领取退还的保证金。被取保候审人委托他人领取的，应当出具委托书。

第102条 被取保候审人没有违反本规定第八十九条、第九十条规定，但在取保候审期间涉嫌重新故意犯罪被立案侦查的，负责执行的公安机关应当暂扣其交纳的保证金，待人民法院判决生效后，根据有关判决作出处理。

第103条 被保证人违反应当遵守的规定，保证人未履行保证义务的，查证属实后，经县级以上公安机关负责人批准，对保证人处一千元以上二万元以下罚款；构成犯罪的，依法追究刑事责任。

第104条 决定对保证人罚款的，应当报经县级以上公安机关负责人批准，制作对保证人罚款决定书，在三日以内送达保证人，告知其如果对罚款决定不服，可以在收到决定书之日起五日以内向作出决定的公安机关申请复议。公安机关应当在收到复议申请后七日以内作出决定。

保证人对复议决定不服的，可以在收到复议决定书后五日以内向上一级公安机关申请复核一次。上一级公安机关应当在收到复核申请后七日以内作出决定。对上级公安机关撤销或者变更罚款决定的，下级公安机关应当执行。

第105条 对于保证人罚款的决定已过复议期限，或者复议、复核后维持原决定或者变更罚款数额的，公安机关应当及时通知指定的银行将保证人罚款按照国家的有关规定上缴国库。人民法院、人民检察院决定取保候审的，还应当在三日以内通知决定取保候审的机关。

第106条 对于犯罪嫌疑人采取保证人保证的，如果保证人在取保候审期间情况发生变化，不愿继续担保或者丧失担保条件，公安机关应当责令被取保候审人重新提出保证人或者交纳保证金，或者作出变更强制措施的决定。

人民法院、人民检察院决定取保候审的，负责执行的派出所应当自发现保证人不愿继续担保或者丧失担保条件之日起三日以内通知决定取保候审的机关。

第七十二条 保证金数额的确定与执行

取保候审的决定机关应当综合考虑保证诉讼活动正常进行的需要，被取保候审人的社会危险性，案件的性质、情节，可能判处刑罚的轻重，被取保候审人的经济状况等情况，确定保证金的数额。

提供保证金的人应当将保证金存入执行机关指定银行的专门账户。

● 司法解释及文件

1.《最高人民法院关于适用〈中华人民共和国刑事诉讼法〉的解释》（2021年1月26日　法释〔2021〕1号）

第153条 对决定取保候审的被告人使用保证金保证的，应当依照刑事诉讼法第七十二条第一款的规定确定保证金的具体数额，并责令被告人或者为其提供保证金的单位、个人将保证金一次性存入公安机关指定银行的专门账户。

● *部门规章及文件*

2.《公安机关办理刑事案件程序规定》（2020 年 7 月 20 日修正　公安部令第 159 号）

第 96 条　被取保候审人在取保候审期间违反本规定第八十九条、第九十条规定，已交纳保证金的，公安机关应当根据其违反规定的情节，决定没收部分或者全部保证金，并且区别情形，责令其具结悔过、重新交纳保证金、提出保证人，变更强制措施或者给予治安管理处罚；需要予以逮捕的，可以对其先行拘留。

人民法院、人民检察院决定取保候审的，被取保候审人违反应当遵守的规定，负责执行的派出所应当及时通知决定取保候审的机关。

第 97 条　需要没收保证金的，应当经过严格审核后，报县级以上公安机关负责人批准，制作没收保证金决定书。

决定没收五万元以上保证金的，应当经设区的市一级以上公安机关负责人批准。

第 98 条　没收保证金的决定，公安机关应当在三日以内向被取保候审人宣读，并责令其在没收保证金决定书上签名、捺指印；被取保候审人在逃或者具有其他情形不能到场的，应当向其成年家属、法定代理人、辩护人或者单位、居住地的居民委员会、村民委员会宣布，由其成年家属、法定代理人、辩护人或者单位、居住地的居民委员会或者村民委员会的负责人在没收保证金决定书上签名。

被取保候审人或者其成年家属、法定代理人、辩护人或者单位、居民委员会、村民委员会负责人拒绝签名的，公安机关应当在没收保证金决定书上注明。

第 99 条　公安机关在宣读没收保证金决定书时，应当告知如果对没收保证金的决定不服，被取保候审人或者其法定代理人可以在五日以内向作出决定的公安机关申请复议。公安机关应当在收到复议申请后七日以内作出决定。

被取保候审人或者其法定代理人对复议决定不服的，可以在收到复议决定书后五日以内向上一级公安机关申请复核一次。上一级公安机关应当在收到复核申请后七日以内作出决定。对上级公安机关撤销或者变更没收保证金决定的，下级公安机关应当执行。

第100条 没收保证金的决定已过复议期限，或者复议、复核后维持原决定或者变更没收保证金数额的，公安机关应当及时通知指定的银行将没收的保证金按照国家的有关规定上缴国库。人民法院、人民检察院决定取保候审的，还应当在三日以内通知决定取保候审的机关。

第101条 被取保候审人在取保候审期间，没有违反本规定第八十九条、第九十条有关规定，也没有重新故意犯罪的，或者具有本规定第一百八十六条规定的情形之一的，在解除取保候审、变更强制措施的同时，公安机关应当制作退还保证金决定书，通知银行如数退还保证金。

被取保候审人可以凭退还保证金决定书到银行领取退还的保证金。被取保候审人委托他人领取的，应当出具委托书。

第102条 被取保候审人没有违反本规定第八十九条、第九十条规定，但在取保候审期间涉嫌重新故意犯罪被立案侦查的，负责执行的公安机关应当暂扣其交纳的保证金，待人民法院判决生效后，根据有关判决作出处理。

第七十三条 保证金的退还

犯罪嫌疑人、被告人在取保候审期间未违反本法第七十一条规定的，取保候审结束的时候，凭解除取保候审的通知或者有关法律文书到银行领取退还的保证金。

● *司法解释及文件*

1.《人民检察院刑事诉讼规则》（2019年12月30日　高检发释字〔2019〕4号）

第106条 犯罪嫌疑人在取保候审期间没有违反刑事诉讼法第七十一条的规定，或者发现不应当追究犯罪嫌疑人刑事责任的，变更、解除或者撤销取保候审时，应当告知犯罪嫌疑人可以凭变更、解除或者撤销取保候审的通知或者有关法律文书到银行领取退还的保证金。

2.《最高人民法院关于适用〈中华人民共和国刑事诉讼法〉的解释》（2021年1月26日　法释〔2021〕1号）

第159条 对被取保候审的被告人的判决、裁定生效后，如果保证金属于其个人财产，且需要用以退赔被害人、履行附带民事赔偿义务或者执行财产刑的，人民法院可以书面通知公安机关移交全部保证金，由人民法院作出处理，剩余部分退还被告人。

● *部门规章及文件*

3.《公安机关办理刑事案件程序规定》（2020年7月20日修正　公安部令第159号）

第101条　被取保候审人在取保候审期间，没有违反本规定第八十九条、第九十条有关规定，也没有重新故意犯罪的，或者具有本规定第一百八十六条规定的情形之一的，在解除取保候审、变更强制措施的同时，公安机关应当制作退还保证金决定书，通知银行如数退还保证金。

被取保候审人可以凭退还保证金决定书到银行领取退还的保证金。被取保候审人委托他人领取的，应当出具委托书。

第102条　被取保候审人没有违反本规定第八十九条、第九十条规定，但在取保候审期间涉嫌重新故意犯罪被立案侦查的，负责执行的公安机关应当暂扣其交纳的保证金，待人民法院判决生效后，根据有关判决作出处理。

第七十四条　监视居住的法定情形与执行

人民法院、人民检察院和公安机关对符合逮捕条件，有下列情形之一的犯罪嫌疑人、被告人，可以监视居住：

（一）患有严重疾病、生活不能自理的；

（二）怀孕或者正在哺乳自己婴儿的妇女；

（三）系生活不能自理的人的唯一扶养人；

（四）因为案件的特殊情况或者办理案件的需要，采取监视居住措施更为适宜的；

（五）羁押期限届满，案件尚未办结，需要采取监视居住措施的。

对符合取保候审条件，但犯罪嫌疑人、被告人不能提出保证人，也不交纳保证金的，可以监视居住。

监视居住由公安机关执行。

● *司法解释及文件*

1.《人民检察院刑事诉讼规则》（2019 年 12 月 30 日　高检发释字〔2019〕4 号）

第 95 条　向犯罪嫌疑人宣布取保候审决定后，人民检察院应当将执行取保候审通知书送达公安机关执行，并告知公安机关在执行期间拟批准犯罪嫌疑人离开所居住的市、县的，应当事先征得人民检察院同意。以保证人方式保证的，应当将取保候审保证书同时送交公安机关。

人民检察院核实保证金已经交纳到公安机关指定银行的凭证后，应当将银行出具的凭证及其他有关材料与执行取保候审通知书一并送交公安机关。

第 107 条　人民检察院对于符合逮捕条件，具有下列情形之一的犯罪嫌疑人，可以监视居住：

（一）患有严重疾病、生活不能自理的；

（二）怀孕或者正在哺乳自己婴儿的妇女；

（三）系生活不能自理的人的唯一扶养人；

（四）因为案件的特殊情况或者办理案件的需要，采取监视居住措施更为适宜的；

（五）羁押期限届满，案件尚未办结，需要采取监视居住措施的。

前款第三项中的扶养包括父母、祖父母、外祖父母对子女、孙子女、外孙子女的抚养和子女、孙子女、外孙子女对父母、祖父母、外祖父母的赡养以及配偶、兄弟姐妹之间的相互扶养。

对符合取保候审条件，但犯罪嫌疑人不能提出保证人，也不交纳保证金的，可以监视居住。

第 141 条　对符合刑事诉讼法第七十四条第一款规定的犯罪嫌疑人，人民检察院经审查认为不需要逮捕的，可以在作出不批准逮捕决定的同时，向公安机关提出采取监视居住措施的建议。

2.《最高人民法院关于适用〈中华人民共和国刑事诉讼法〉的解释》（2021 年 1 月 26 日　法释〔2021〕1 号）

第 160 条　对具有刑事诉讼法第七十四条第一款、第二款规定情形的被告人，人民法院可以决定监视居住。

人民法院决定对被告人监视居住的，应当核实其住处；没有固定住处的，应当为其指定居所。

第161条 人民法院向被告人宣布监视居住决定后，应当将监视居住决定书等相关材料送交被告人住处或者指定居所所在地的公安机关执行。

对被告人指定居所监视居住后，人民法院应当在二十四小时以内，将监视居住的原因和处所通知其家属；确实无法通知的，应当记录在案。

第162条 人民检察院、公安机关已经对犯罪嫌疑人取保候审、监视居住，案件起诉至人民法院后，需要继续取保候审、监视居住或者变更强制措施的，人民法院应当在七日以内作出决定，并通知人民检察院、公安机关。

决定继续取保候审、监视居住的，应当重新办理手续，期限重新计算；继续使用保证金保证的，不再收取保证金。

● 部门规章及文件

3.**《公安机关办理刑事案件程序规定》**（2020年7月20日修正　公安部令第159号）

第109条 公安机关对符合逮捕条件，有下列情形之一的犯罪嫌疑人，可以监视居住：

（一）患有严重疾病、生活不能自理的；

（二）怀孕或者正在哺乳自己婴儿的妇女；

（三）系生活不能自理的人的唯一扶养人；

（四）因案件的特殊情况或者办理案件的需要，采取监视居住措施更为适宜的；

（五）羁押期限届满，案件尚未办结，需要采取监视居住措施的。

对人民检察院决定不批准逮捕的犯罪嫌疑人，需要继续侦查，并且符合监视居住条件的，可以监视居住。

对于符合取保候审条件，但犯罪嫌疑人不能提出保证人，也不交纳保证金的，可以监视居住。

对于被取保候审人违反本规定第八十九条、第九十条规定的，可以监视居住。

第110条 对犯罪嫌疑人监视居住，应当制作呈请监视居住报告书，说明监视居住的理由、采取监视居住的方式以及应当遵守的规定，经县级以上公安机关负责人批准，制作监视居住决定书。监视居住决定书应当向犯罪嫌疑人宣读，由犯罪嫌疑人签名、捺指印。

第111条 监视居住应当在犯罪嫌疑人、被告人住处执行；无固定住处的，可以在指定的居所执行。对于涉嫌危害国家安全犯罪、恐怖活动犯罪，在住处执行可能有碍侦查的，经上一级公安机关批准，也可以在指定的居所执行。

有下列情形之一的，属于本条规定的“有碍侦查”：

（一）可能毁灭、伪造证据，干扰证人作证或者串供的；

（二）可能引起犯罪嫌疑人自残、自杀或者逃跑的；

（三）可能引起同案犯逃避、妨碍侦查的；

（四）犯罪嫌疑人、被告人在住处执行监视居住有人身危险的；

（五）犯罪嫌疑人、被告人的家属或者所在单位人员与犯罪有牵连的。

指定居所监视居住的，不得要求被监视居住人支付费用。

第112条 固定住处，是指被监视居住人在办案机关所在的市、县内生活的合法住处；指定的居所，是指公安机关根据案件情况，在办案机关所在的市、县内为被监视居住人指定的生活居所。

指定的居所应当符合下列条件：

（一）具备正常的生活、休息条件；

（二）便于监视、管理；

（三）保证安全。

公安机关不得在羁押场所、专门的办案场所或者办公场所执行监视居住。

第113条 指定居所监视居住的，除无法通知的以外，应当制作监视居住通知书，在执行监视居住后二十四小时以内，由决定机关通知被监视居住人的家属。

有下列情形之一的，属于本条规定的“无法通知”：

（一）不讲真实姓名、住址、身份不明的；

（二）没有家属的；

（三）提供的家属联系方式无法取得联系的；

（四）因自然灾害等不可抗力导致无法通知的。

无法通知的情形消失以后，应当立即通知被监视居住人的家属。

无法通知家属的，应当在监视居住通知书中注明原因。

第114条 被监视居住人委托辩护律师，适用本规定第四十三条、第四十四条、第四十五条规定。

第115条 公安机关在宣布监视居住决定时，应当告知被监视居住人必须遵守以下规定：

（一）未经执行机关批准不得离开执行监视居住的处所；

（二）未经执行机关批准不得会见他人或者以任何方式通信；

（三）在传讯的时候及时到案；

（四）不得以任何形式干扰证人作证；

（五）不得毁灭、伪造证据或者串供；

（六）将护照等出入境证件、身份证件、驾驶证件交执行机关保存。

第116条 公安机关对被监视居住人，可以采取电子监控、不定期检查等监视方法对其遵守监视居住规定的情况进行监督；在侦查期间，可以对被监视居住的犯罪嫌疑人的电话、传真、信函、邮件、网络等通信进行监控。

第117条 公安机关决定监视居住的，由被监视居住人住处或者指定居所所在地的派出所执行，办案部门可以协助执行。必要时，也可以由办案部门负责执行，派出所或者其他部门协助执行。

第118条 人民法院、人民检察院决定监视居住的，负责执行的县级公安机关应当在收到法律文书和有关材料后二十四小时以内，通知被监视居住人住处或者指定居所所在地的派出所，核实被监视居住人身份、住处或者居所等情况后执行。必要时，可以由人民法院、人民检察院协助执行。

负责执行的派出所应当及时将执行情况通知决定监视居住的机关。

第119条 负责执行监视居住的派出所或者办案部门应当严格对被监视居住人进行监督考察，确保安全。

第120条 被监视居住人有正当理由要求离开住处或者指定的居所以及要求会见他人或者通信的，应当经负责执行的派出所或者办案部门负责人批准。

人民法院、人民检察院决定监视居住的，负责执行的派出所在批准被监视居住人离开住处或者指定的居所以及与他人会见或者通信前，应当征得决定监视居住的机关同意。

第121条 被监视居住人违反应当遵守的规定，公安机关应当区分情形责令被监视居住人具结悔过或者给予治安管理处罚。情节严重的，可以予以逮捕；需要予以逮捕的，可以对其先行拘留。

人民法院、人民检察院决定监视居住的，被监视居住人违反应当遵守的规定，负责执行的派出所应当及时通知决定监视居住的机关。

第122条 在监视居住期间，公安机关不得中断案件的侦查，对被监视居住的犯罪嫌疑人，应当根据案情变化，及时解除监视居住或者变更强制措施。

监视居住最长不得超过六个月。

第123条 需要解除监视居住的，应当经县级以上公安机关负责人批准，制作解除监视居住决定书，并及时通知负责执行的派出所、被监视居住人和有关单位。

人民法院、人民检察院作出解除、变更监视居住决定的，负责执行的公安机关应当及时解除并通知被监视居住人和有关单位。

第七十五条 监视居住的执行处所与被监视居住人的权利保障

监视居住应当在犯罪嫌疑人、被告人的住处执行；无固定住处的，可以在指定的居所执行。对于涉嫌危害国家安全犯罪、恐怖活动犯罪，在住处执行可能有碍侦查的，经上一级公安机关批准，也可以在指定的居所执行。但是，不得在羁押场所、专门的办案场所执行。

指定居所监视居住的，除无法通知的以外，应当在执行监视居住后二十四小时以内，通知被监视居住人的家属。

被监视居住的犯罪嫌疑人、被告人委托辩护人，适用本法第三十四条的规定。

人民检察院对指定居所监视居住的决定和执行是否合法实行监督。

● ***司法解释及文件***

1. **《人民检察院刑事诉讼规则》**（2019年12月30日　高检发释字〔2019〕4号）

第116条 监视居住应当在犯罪嫌疑人的住处执行。犯罪嫌疑人无固定住处的，可以在指定的居所执行。

固定住处是指犯罪嫌疑人在办案机关所在地的市、县内工作、生活的合法居所。

指定的居所应当符合下列条件：

（一）具备正常的生活、休息条件；

（二）便于监视、管理；

（三）能够保证安全。

采取指定居所监视居住，不得在看守所、拘留所、监狱等羁押、监管场所以及留置室、讯问室等专门的办案场所、办公区域执行。

第117条 在指定的居所执行监视居住，除无法通知的以外，人民检察院应当在执行监视居住后二十四小时以内，将指定居所监视居住的原因通知被监视居住人的家属。无法通知的，应当将原因写明附卷。无法通知的情形消除后，应当立即通知。

无法通知包括下列情形：

（一）被监视居住人无家属；

（二）与其家属无法取得联系；

（三）受自然灾害等不可抗力阻碍。

第118条 对于公安机关、人民法院决定指定居所监视居住的案件，由批准或者决定的公安机关、人民法院的同级人民检察院负责捕诉的部门对决定是否合法实行监督。

人民检察院决定指定居所监视居住的案件，由负责控告申诉检察的部门对决定是否合法实行监督。

第119条 被指定居所监视居住人及其法定代理人、近亲属或者辩护人认为指定居所监视居住决定存在违法情形，提出控告或者举报的，人民检察院应当受理。

人民检察院可以要求有关机关提供指定居所监视居住决定书和相关案卷材料。经审查，发现存在下列违法情形之一的，应当及时通知其纠正：

（一）不符合指定居所监视居住的适用条件的；

（二）未按法定程序履行批准手续的；

（三）在决定过程中有其他违反刑事诉讼法规定的行为的。

第120条 对于公安机关、人民法院决定指定居所监视居住的案件，由人民检察院负责刑事执行检察的部门对指定居所监视居住的执行活动是否合法实行监督。发现存在下列违法情形之一的，应当及时提出纠正意见：

（一）执行机关收到指定居所监视居住决定书、执行通知书等法律文书后不派员执行或者不及时派员执行的；

（二）在执行指定居所监视居住后二十四小时以内没有通知被监视居住人的家属的；

（三）在羁押场所、专门的办案场所执行监视居住的；

（四）为被监视居住人通风报信、私自传递信件、物品的；

（五）违反规定安排辩护人同被监视居住人会见、通信，或者违法限制被监视居住人与辩护人会见、通信的；

（六）对被监视居住人刑讯逼供、体罚、虐待或者变相体罚、虐待的；

（七）有其他侵犯被监视居住人合法权利行为或者其他违法行为的。

被监视居住人及其法定代理人、近亲属或者辩护人认为执行机关或者执行人员存在上述违法情形，提出控告或者举报的，人民检察院应当受理。

人民检察院决定指定居所监视居住的案件，由负责控告申诉检察的部门对指定居所监视居住的执行活动是否合法实行监督。

2.《最高人民法院、最高人民检察院、公安部、国家安全部、司法部、全国人大常委会法制工作委员会关于实施刑事诉讼法若干问题的规定》（2012年12月26日）

15. 指定居所监视居住的，不得要求被监视居住人支付费用。

3.《最高人民检察院、公安部关于适用刑事强制措施有关问题的规定》（2000年8月28日　高检会〔2000〕2号）

第10条　人民检察院决定对犯罪嫌疑人采取监视居住措施的，应当核实犯罪嫌疑人的住处。犯罪嫌疑人没有固定住处的，人民检察院应当为其指定居所。

第11条　人民检察院核实犯罪嫌疑人住处或者为其指定居所后，应当制作监视居住执行通知书，将有关法律文书和有关案由、犯罪嫌疑人基本情况的材料，送交犯罪嫌疑人住处或者居所地的同级公安机关执行。人民检察院可以协助公安机关执行。

第12条　公安机关收到有关法律文书和材料后，应当立即交由犯罪嫌疑人住处或者居所地的县级公安机关执行。负责执行的县级公安机关应当在24小时以内，核实被监视居住人的身份和住处或者居所，报告县级公安机关负责人后，通知被监视居住人住处或者居所地的派出所执行。

第13条 负责执行监视居住的派出所应当指定专人对被监视居住人进行监督考察，并及时将监视居住的执行情况报告所属县级公安机关通知决定监视居住的人民检察院。

● ***部门规章及文件***

4.《公安机关办理刑事案件程序规定》（2020年7月20日修正 公安部令第159号）

第111条 监视居住应当在犯罪嫌疑人、被告人住处执行；无固定住处的，可以在指定的居所执行。对于涉嫌危害国家安全犯罪、恐怖活动犯罪，在住处执行可能有碍侦查的，经上一级公安机关批准，也可以在指定的居所执行。

有下列情形之一的，属于本条规定的“有碍侦查”：

（一）可能毁灭、伪造证据，干扰证人作证或者串供的；

（二）可能引起犯罪嫌疑人自残、自杀或者逃跑的；

（三）可能引起同案犯逃避、妨碍侦查的；

（四）犯罪嫌疑人、被告人在住处执行监视居住有人身危险的；

（五）犯罪嫌疑人、被告人的家属或者所在单位人员与犯罪有牵连的。

指定居所监视居住的，不得要求被监视居住人支付费用。

第112条 固定住处，是指被监视居住人在办案机关所在的市、县内生活的合法住处；指定的居所，是指公安机关根据案件情况，在办案机关所在的市、县内为被监视居住人指定的生活居所。

指定的居所应当符合下列条件：

（一）具备正常的生活、休息条件；

（二）便于监视、管理；

（三）保证安全。

公安机关不得在羁押场所、专门的办案场所或者办公场所执行监视居住。

第113条 指定居所监视居住的，除无法通知的以外，应当制作监视居住通知书，在执行监视居住后二十四小时以内，由决定机关通知被监视居住人的家属。

有下列情形之一的，属于本条规定的“无法通知”：

（一）不讲真实姓名、住址、身份不明的；

（二）没有家属的；

（三）提供的家属联系方式无法取得联系的；

（四）因自然灾害等不可抗力导致无法通知的。

无法通知的情形消失以后，应当立即通知被监视居住人的家属。

无法通知家属的，应当在监视居住通知书中注明原因。

第114条 被监视居住人委托辩护律师，适用本规定第四十三条、第四十四条、第四十五条规定。

第385条 本规定所称“危害国家安全犯罪”，包括刑法分则第一章规定的危害国家安全罪以及危害国家安全的其他犯罪；“恐怖活动犯罪”，包括以制造社会恐慌、危害公共安全或者胁迫国家机关、国际组织为目的，采取暴力、破坏、恐吓等手段，造成或者意图造成人员伤亡、重大财产损失、公共设施损坏、社会秩序混乱等严重社会危害的犯罪，以及煽动、资助或者以其他方式协助实施上述活动的犯罪。

第七十六条 监视居住期限的刑期折抵

指定居所监视居住的期限应当折抵刑期。被判处管制的，监视居住一日折抵刑期一日；被判处拘役、有期徒刑的，监视居住二日折抵刑期一日。

第七十七条 被监视居住人应遵守的规定 对被监视居住人违反规定的处理

被监视居住的犯罪嫌疑人、被告人应当遵守以下规定：

（一）未经执行机关批准不得离开执行监视居住的处所；

（二）未经执行机关批准不得会见他人或者通信；

（三）在传讯的时候及时到案；

（四）不得以任何形式干扰证人作证；

（五）不得毁灭、伪造证据或者串供；

（六）将护照等出入境证件、身份证件、驾驶证件交执行机关保存。

被监视居住的犯罪嫌疑人、被告人违反前款规定，情节严重的，可以予以逮捕；需要予以逮捕的，可以对犯罪嫌疑人、被告人先行拘留。

● *司法解释及文件*

1.《人民检察院刑事诉讼规则》(2019 年 12 月 30 日　高检发释字〔2019〕4 号)

第 108 条　人民检察院应当向被监视居住的犯罪嫌疑人宣读监视居住决定书，由犯罪嫌疑人签名或者盖章，并捺指印，责令犯罪嫌疑人遵守刑事诉讼法第七十七条的规定，告知其违反规定应负的法律责任。

指定居所监视居住的，不得要求被监视居住人支付费用。

第 109 条　人民检察院核实犯罪嫌疑人住处或者为其指定居所后，应当制作监视居住执行通知书，将有关法律文书和案由、犯罪嫌疑人基本情况材料，送交监视居住地的公安机关执行，必要时人民检察院可以协助公安机关执行。

人民检察院应当告知公安机关在执行期间拟批准犯罪嫌疑人离开执行监视居住的处所、会见他人或者通信的，应当事先征得人民检察院同意。

第 110 条　人民检察院可以根据案件的具体情况，商请公安机关对被监视居住的犯罪嫌疑人采取电子监控、不定期检查等监视方法，对其遵守监视居住规定的情况进行监督。

人民检察院办理直接受理侦查的案件对犯罪嫌疑人采取监视居住的，在侦查期间可以商请公安机关对其通信进行监控。

第 111 条　犯罪嫌疑人有下列违反监视居住规定的行为，人民检察院应当对犯罪嫌疑人予以逮捕：

(一) 故意实施新的犯罪行为；

(二) 企图自杀、逃跑；

(三) 实施毁灭、伪造证据或者串供、干扰证人作证行为，足以影响侦查、审查起诉工作正常进行；

(四) 对被害人、证人、鉴定人、举报人、控告人及其他人员实施打击报复。

犯罪嫌疑人有下列违反监视居住规定的行为，人民检察院可以对犯罪嫌疑人予以逮捕：

(一) 未经批准，擅自离开执行监视居住的处所，造成严重后果，或者两次未经批准，擅自离开执行监视居住的处所；

(二) 未经批准，擅自会见他人或者通信，造成严重后果，或者两次未经批准，擅自会见他人或者通信；

（三）经传讯不到案，造成严重后果，或者经两次传讯不到案。

有前两款情形，需要对犯罪嫌疑人予以逮捕的，可以先行拘留。

2.《最高人民法院、最高人民检察院、公安部、国家安全部、司法部、全国人大常委会法制工作委员会关于实施刑事诉讼法若干问题的规定》（2012 年 12 月 26 日）

13. 被取保候审、监视居住的犯罪嫌疑人、被告人无正当理由不得离开所居住的市、县或者执行监视居住的处所，有正当理由需要离开所居住的市、县或者执行监视居住的处所，应当经执行机关批准。如果取保候审、监视居住是由人民检察院、人民法院决定的，执行机关在批准犯罪嫌疑人、被告人离开所居住的市、县或者执行监视居住的处所前，应当征得决定机关同意。

3.《最高人民检察院、公安部关于适用刑事强制措施有关问题的规定》（2000 年 8 月 28 日　高检会〔2000〕2 号）

第 14 条　人民检察院决定对犯罪嫌疑人监视居住的案件，在执行期间，犯罪嫌疑人有正当理由需要离开住处或者指定居所的，负责执行的派出所应当及时报告所属县级公安机关，由该县级公安机关征得决定监视居住的人民检察院同意后予以批准。

第 15 条　人民检察院决定对犯罪嫌疑人监视居住的案件，犯罪嫌疑人违反应当遵守的规定的，执行监视居住的派出所应当及时报告县级公安机关通知决定监视居住的人民检察院。情节严重的，人民检察院应当决定予以逮捕，通知公安机关执行。

● ***部门规章及文件***

4.《公安机关办理刑事案件程序规定》（2020 年 7 月 20 日修正　公安部令第 159 号）

第 115 条　公安机关在宣布监视居住决定时，应当告知被监视居住人必须遵守以下规定：

（一）未经执行机关批准不得离开执行监视居住的处所；

（二）未经执行机关批准不得会见他人或者以任何方式通信；

（三）在传讯的时候及时到案；

（四）不得以任何形式干扰证人作证；

（五）不得毁灭、伪造证据或者串供；

（六）将护照等出入境证件、身份证件、驾驶证件交执行机关保存。

第116条 公安机关对被监视居住人，可以采取电子监控、不定期检查等监视方法对其遵守监视居住规定的情况进行监督；在侦查期间，可以对被监视居住的犯罪嫌疑人的电话、传真、信函、邮件、网络等通信进行监控。

第117条 公安机关决定监视居住的，由被监视居住人住处或者指定居所所在地的派出所执行，办案部门可以协助执行。必要时，也可以由办案部门负责执行，派出所或者其他部门协助执行。

第118条 人民法院、人民检察院决定监视居住的，负责执行的县级公安机关应当在收到法律文书和有关材料后二十四小时以内，通知被监视居住人住处或者指定居所所在地的派出所，核实被监视居住人身份、住处或者居所等情况后执行。必要时，可以由人民法院、人民检察院协助执行。

负责执行的派出所应当及时将执行情况通知决定监视居住的机关。

第119条 负责执行监视居住的派出所或者办案部门应当严格对被监视居住人进行监督考察，确保安全。

第120条 被监视居住人有正当理由要求离开住处或者指定的居所以及要求会见他人或者通信的，应当经负责执行的派出所或者办案部门负责人批准。

人民法院、人民检察院决定监视居住的，负责执行的派出所在批准被监视居住人离开住处或者指定的居所以及与他人会见或者通信前，应当征得决定监视居住的机关同意。

第121条 被监视居住人违反应当遵守的规定，公安机关应当区分情形责令被监视居住人具结悔过或者给予治安管理处罚。情节严重的，可以予以逮捕；需要予以逮捕的，可以对其先行拘留。

人民法院、人民检察院决定监视居住的，被监视居住人违反应当遵守的规定，负责执行的派出所应当及时通知决定监视居住的机关。

第七十八条 执行机关对被监视居住人的监督与监控

执行机关对被监视居住的犯罪嫌疑人、被告人，可以采取电子监控、不定期检查等监视方法对其遵守监视居住规定的情况进行监督；在侦查期间，可以对被监视居住的犯罪嫌疑人的通信进行监控。

● *司法解释及文件*

1.**《人民检察院刑事诉讼规则》**（2019年12月30日　高检发释字〔2019〕4号）

第110条　人民检察院可以根据案件的具体情况，商请公安机关对被监视居住的犯罪嫌疑人采取电子监控、不定期检查等监视方法，对其遵守监视居住规定的情况进行监督。

人民检察院办理直接受理侦查的案件对犯罪嫌疑人采取监视居住的，在侦查期间可以商请公安机关对其通信进行监控。

● *部门规章及文件*

2.**《公安机关办理刑事案件程序规定》**（2020年7月20日修正　公安部令第159号）

第116条　公安机关对被监视居住人，可以采取电子监控、不定期检查等监视方法对其遵守监视居住规定的情况进行监督；在侦查期间，可以对被监视居住的犯罪嫌疑人的电话、传真、信函、邮件、网络等通信进行监控。

第117条　公安机关决定监视居住的，由被监视居住人住处或者指定居所所在地的派出所执行，办案部门可以协助执行。必要时，也可以由办案部门负责执行，派出所或者其他部门协助执行。

第118条　人民法院、人民检察院决定监视居住的，负责执行的县级公安机关应当在收到法律文书和有关材料后二十四小时以内，通知被监视居住人住处或者指定居所所在地的派出所，核实被监视居住人身份、住处或者居所等情况后执行。必要时，可以由人民法院、人民检察院协助执行。

负责执行的派出所应当及时将执行情况通知决定监视居住的机关。

第119条　负责执行监视居住的派出所或者办案部门应当严格对被监视居住人进行监督考察，确保安全。

第120条　被监视居住人有正当理由要求离开住处或者指定的居所以及要求会见他人或者通信的，应当经负责执行的派出所或者办案部门负责人批准。

人民法院、人民检察院决定监视居住的，负责执行的派出所在批准被监视居住人离开住处或者指定的居所以及与他人会见或者通信前，应当征得决定监视居住的机关同意。

第七十九条　取保候审、监视居住的法定期限及其解除

人民法院、人民检察院和公安机关对犯罪嫌疑人、被告人取保候审最长不得超过十二个月，监视居住最长不得超过六个月。

在取保候审、监视居住期间，不得中断对案件的侦查、起诉和审理。对于发现不应当追究刑事责任或者取保候审、监视居住期限届满的，应当及时解除取保候审、监视居住。解除取保候审、监视居住，应当及时通知被取保候审、监视居住人和有关单位。

● *法　律*

1. **《治安管理处罚法》**（2012 年 10 月 26 日修正）

第 60 条　有下列行为之一的，处五日以上十日以下拘留，并处二百元以上五百元以下罚款：

（一）隐藏、转移、变卖或者损毁行政执法机关依法扣押、查封、冻结的财物的；

（二）伪造、隐匿、毁灭证据或者提供虚假证言、谎报案情，影响行政执法机关依法办案的；

（三）明知是赃物而窝藏、转移或者代为销售的；

（四）被依法执行管制、剥夺政治权利或者在缓刑、暂予监外执行中的罪犯或者被依法采取刑事强制措施的人，有违反法律、行政法规或者国务院有关部门有的督管理规定的行为。

第 92 条　对决定给予行政拘留处罚的人，在处罚前已经采取强制措施限制人身自由的时间，应当折抵。限制人身自由一日，折抵行政拘留一日。

● *司法解释及文件*

2. **《人民检察院刑事诉讼规则》**（2019 年 12 月 30 日　高检发释字〔2019〕4 号）

第 102 条　人民检察院决定对犯罪嫌疑人取保候审，最长不得超过十二个月。

第 103 条　公安机关决定对犯罪嫌疑人取保候审，案件移送人民检察院

审查起诉后，对于需要继续取保候审的，人民检察院应当依法重新作出取保候审决定，并对犯罪嫌疑人办理取保候审手续。取保候审的期限应当重新计算并告知犯罪嫌疑人。对继续采取保证金方式取保候审的，被取保候审人没有违反刑事诉讼法第七十一条规定的，不变更保证金数额，不再重新收取保证金。

第104条 在取保候审期间，不得中断对案件的侦查、审查起诉。

第105条 取保候审期限届满或者发现不应当追究犯罪嫌疑人的刑事责任的，应当及时解除或者撤销取保候审。

解除或者撤销取保候审的决定，应当及时通知执行机关，并将解除或者撤销取保候审的决定书送达犯罪嫌疑人；有保证人的，应当通知保证人解除保证义务。

第106条 犯罪嫌疑人在取保候审期间没有违反刑事诉讼法第七十一条的规定，或者发现不应当追究犯罪嫌疑人刑事责任的，变更、解除或者撤销取保候审时，应当告知犯罪嫌疑人可以凭变更、解除或者撤销取保候审的通知或者有关法律文书到银行领取退还的保证金。

3. **《最高人民法院关于适用〈中华人民共和国刑事诉讼法〉的解释》**（2021年1月26日　法释〔2021〕1号）

第161条 人民法院向被告人宣布监视居住决定后，应当将监视居住决定书等相关材料送交被告人住处或者指定居所所在地的公安机关执行。

对被告人指定居所监视居住后，人民法院应当在二十四小时以内，将监视居住的原因和处所通知其家属；确实无法通知的，应当记录在案。

第162条 人民检察院、公安机关已经对犯罪嫌疑人取保候审、监视居住，案件起诉至人民法院后，需要继续取保候审、监视居住或者变更强制措施的，人民法院应当在七日以内作出决定，并通知人民检察院、公安机关。

决定继续取保候审、监视居住的，应当重新办理手续，期限重新计算；继续使用保证金保证的，不再收取保证金。

● ***部门规章及文件***

4. **《公安机关办理刑事案件程序规定》**（2020年7月20日修正　公安部令第159号）

第101条 被取保候审人在取保候审期间，没有违反本规定第八十九条、第九十条有关规定，也没有重新故意犯罪的，或者具有本规定第一百八十六条规定的情形之一的，在解除取保候审、变更强制措施的同时，公安机关应当制作退还保证金决定书，通知银行如数退还保证金。

被取保候审人可以凭退还保证金决定书到银行领取退还的保证金。被取保候审人委托他人领取的，应当出具委托书。

第102条 被取保候审人没有违反本规定第八十九条、第九十条规定，但在取保候审期间涉嫌重新故意犯罪被立案侦查的，负责执行的公安机关应当暂扣其交纳的保证金，待人民法院判决生效后，根据有关判决作出处理。

第103条 被保证人违反应当遵守的规定，保证人未履行保证义务的，查证属实后，经县级以上公安机关负责人批准，对保证人处一千元以上二万元以下罚款；构成犯罪的，依法追究刑事责任。

第104条 决定对保证人罚款的，应当报经县级以上公安机关负责人批准，制作对保证人罚款决定书，在三日以内送达保证人，告知其如果对罚款决定不服，可以在收到决定书之日起五日以内向作出决定的公安机关申请复议。公安机关应当在收到复议申请后七日以内作出决定。

保证人对复议决定不服的，可以在收到复议决定书后五日以内向上一级公安机关申请复核一次。上一级公安机关应当在收到复核申请后七日以内作出决定。对上级公安机关撤销或者变更罚款决定的，下级公安机关应当执行。

第105条 对于保证人罚款的决定已过复议期限，或者复议、复核后维持原决定或者变更罚款数额的，公安机关应当及时通知指定的银行将保证人罚款按照国家的有关规定上缴国库。人民法院、人民检察院决定取保候审的，还应当在三日以内通知决定取保候审的机关。

第106条 对于犯罪嫌疑人采取保证人保证的，如果保证人在取保候审期间情况发生变化，不愿继续担保或者丧失担保条件，公安机关应当责令被取保候审人重新提出保证人或者交纳保证金，或者作出变更强制措施的决定。

人民法院、人民检察院决定取保候审的，负责执行的派出所应当自发现保证人不愿继续担保或者丧失担保条件之日起三日以内通知决定取保候审的机关。

第107条 公安机关在取保候审期间不得中断对案件的侦查，对取保候审的犯罪嫌疑人，根据案情变化，应当及时变更强制措施或者解除取保候审。

取保候审最长不得超过十二个月。

第108条 需要解除取保候审的，应当经县级以上公安机关负责人批准，制作解除取保候审决定书、通知书，并及时通知负责执行的派出所、被取保候审人、保证人和有关单位。

人民法院、人民检察院作出解除取保候审决定的，负责执行的公安机关应当根据决定书及时解除取保候审，并通知被取保候审人、保证人和有关单位。

第122条 在监视居住期间，公安机关不得中断案件的侦查，对被监视居住的犯罪嫌疑人，应当根据案情变化，及时解除监视居住或者变更强制措施。

监视居住最长不得超过六个月。

第123条 需要解除监视居住的，应当经县级以上公安机关负责人批准，制作解除监视居住决定书，并及时通知负责执行的派出所、被监视居住人和有关单位。

人民法院、人民检察院作出解除、变更监视居住决定的，负责执行的公安机关应当及时解除并通知被监视居住人和有关单位。

第八十条 逮捕的批准、决定与执行

逮捕犯罪嫌疑人、被告人，必须经过人民检察院批准或者人民法院决定，由公安机关执行。

● *司法解释及文件*

1. **《人民检察院刑事诉讼规则》**（2019年12月30日 高检发释字〔2019〕4号）

第134条 人民检察院办理审查逮捕案件，应当全面把握逮捕条件，对有证据证明有犯罪事实、可能判处徒刑以上刑罚的犯罪嫌疑人，除具有刑事诉讼法第八十一条第三款、第四款规定的情形外，应当严格审查是否具备社会危险性条件。

第135条 人民检察院审查认定犯罪嫌疑人是否具有社会危险性，应当以公安机关移送的社会危险性相关证据为依据，并结合案件具体情况综合认定。必要时，可以通过讯问犯罪嫌疑人、询问证人等诉讼参与人、听取辩护律师意见等方式，核实相关证据。

依据在案证据不能认定犯罪嫌疑人符合逮捕社会危险性条件的，人民检察院可以要求公安机关补充相关证据，公安机关没有补充移送的，应当作出不批准逮捕的决定。

2.《最高人民法院关于适用〈中华人民共和国刑事诉讼法〉的解释》（2021年1月26日　法释〔2021〕1号）

第167条　人民法院作出逮捕决定后，应当将逮捕决定书等相关材料送交公安机关执行，并将逮捕决定书抄送人民检察院。逮捕被告人后，人民法院应当将逮捕的原因和羁押的处所，在二十四小时以内通知其家属；确实无法通知的，应当记录在案。

3.《人民检察院司法警察执行职务规则》（2015年6月1日）

第13条　人民检察院司法警察协助执行拘留、逮捕任务，应当做到：

（一）凭拘留证、逮捕证以及公安机关委托书或者授权书协助执行；

（二）协助执行拘留、逮捕任务前，了解犯罪嫌疑人的姓名、性别、年龄、工作单位、住址、身份证号码等基本情况；

（三）协助执行拘留、逮捕任务时，应当向犯罪嫌疑人出示拘留证、逮捕证；

（四）经执行机关授权，可以向犯罪嫌疑人宣布纪律，告知权利，责令其在拘留证、逮捕证上签名或者捺指印，犯罪嫌疑人拒绝签名或者捺指印的，应当在拘留证、逮捕证上注明；

（五）协助拘留、逮捕犯罪嫌疑人时，应当对犯罪嫌疑人的人身、随身携带的物品进行安全检查，发现与案件相关的证据或者可疑物品以及可能危害人身安全的物品，应当及时向案件承办人报告；

（六）对抗拒拘留、逮捕的犯罪嫌疑人，可以依法采取适当的措施，防止其脱逃、行凶、自杀、自伤、被劫持等事故的发生，必要时可以使用武器；

（七）犯罪嫌疑人被拘留、逮捕后，应当及时送看守所羁押，并将相关法律文书交案件承办人。

第14条　人民检察院司法警察协助追捕在逃或者脱逃的犯罪嫌疑人，应当做到：

（一）详细了解在逃或者脱逃犯罪嫌疑人的基本情况、体貌特征、联系方式、可能藏匿的地点、有无凶器或者武器，以及相关联系人的单位、住址、电话等情况，拟制周密的追捕计划，准备相关的法律文书；

（二）追捕中要采取多种方式了解在逃或者脱逃犯罪嫌疑人行踪，注意隐蔽身份，严守保密纪律，防止走漏消息；

（三）捕获犯罪嫌疑人后，应当对其进行人身搜查，发现与案件相关的证据或者可疑物品以及可能危害人身安全的物品，应当及时向案件承办人报告；

（四）对拒捕的犯罪嫌疑人，可以依法采取约束性保护措施予以控制，防止犯罪嫌疑人再次脱逃或者行凶、自杀、自伤、被劫持等事故的发生；对携带枪支、爆炸、剧毒等危险物品拒捕的犯罪嫌疑人，立即向上级报告，并与当地公安机关联系，共同抓捕犯罪嫌疑人；

（五）如果捕获的犯罪嫌疑人意外受伤或者突发疾病，应当及时送医院治疗，并立即向上级报告；

（六）捕获犯罪嫌疑人后，应当按照有关规定立即将其押解归案，并将相关法律文书交案件承办人。

● 部门规章及文件

4.《公安机关办理刑事案件程序规定》（2020 年 7 月 20 日修正　公安部令第 159 号）

第 142 条　接到人民检察院批准逮捕决定书后，应当由县级以上公安机关负责人签发逮捕证，立即执行，并在执行完毕后三日以内将执行回执送达作出批准逮捕决定的人民检察院。如果未能执行，也应当将回执送达人民检察院，并写明未能执行的原因。

第 143 条　执行逮捕时，必须出示逮捕证，并责令被逮捕人在逮捕证上签名、捺指印，拒绝签名、捺指印的，侦查人员应当注明。逮捕后，应当立即将被逮捕人送看守所羁押。

执行逮捕的侦查人员不得少于二人。

第八十一条　逮捕的法定情形

对有证据证明有犯罪事实，可能判处徒刑以上刑罚的犯罪嫌疑人、被告人，采取取保候审尚不足以防止发生下列社会危险性的，应当予以逮捕：

（一）可能实施新的犯罪的；

（二）有危害国家安全、公共安全或者社会秩序的现实危险的；

（三）可能毁灭、伪造证据，干扰证人作证或者串供的；

（四）可能对被害人、举报人、控告人实施打击报复的；

（五）企图自杀或者逃跑的。

批准或者决定逮捕，应当将犯罪嫌疑人、被告人涉嫌犯罪的性质、情节，认罪认罚等情况，作为是否可能发生社会危险性的考虑因素。

对有证据证明有犯罪事实，可能判处十年有期徒刑以上刑罚的，或者有证据证明有犯罪事实，可能判处徒刑以上刑罚，曾经故意犯罪或者身份不明的，应当予以逮捕。

被取保候审、监视居住的犯罪嫌疑人、被告人违反取保候审、监视居住规定，情节严重的，可以予以逮捕。

● 法　律

1.《全国人民代表大会常务委员会关于〈中华人民共和国刑事诉讼法〉第七十九条第三款[①]的解释》（2014 年 4 月 24 日）

全国人民代表大会常务委员会根据司法实践中遇到的情况，讨论了刑事诉讼法第七十九条第三款关于违反取保候审、监视居住规定情节严重可以逮捕的规定，是否适用于可能判处徒刑以下刑罚的犯罪嫌疑人、被告人的问题，解释如下：

根据刑事诉讼法第七十九条第三款的规定，对于被取保候审、监视居住的可能判处徒刑以下刑罚的犯罪嫌疑人、被告人，违反取保候审、监视居住规定，严重影响诉讼活动正常进行的，可以予以逮捕。

现予公告。

① 对应《中华人民共和国刑事诉讼法》（2018 年修正）第八十一条第四款。

● *司法解释及文件*

2.《人民检察院刑事诉讼规则》（2019 年 12 月 30 日　高检发释字〔2019〕4 号）

第 128 条　人民检察院对有证据证明有犯罪事实，可能判处徒刑以上刑罚的犯罪嫌疑人，采取取保候审尚不足以防止发生下列社会危险性的，应当批准或者决定逮捕：

（一）可能实施新的犯罪的；

（二）有危害国家安全、公共安全或者社会秩序的现实危险的；

（三）可能毁灭、伪造证据，干扰证人作证或者串供的；

（四）可能对被害人、举报人、控告人实施打击报复的；

（五）企图自杀或者逃跑的。

有证据证明有犯罪事实是指同时具备下列情形：

（一）有证据证明发生了犯罪事实；

（二）有证据证明该犯罪事实是犯罪嫌疑人实施的；

（三）证明犯罪嫌疑人实施犯罪行为的证据已经查证属实。

犯罪事实既可以是单一犯罪行为的事实，也可以是数个犯罪行为中任何一个犯罪行为的事实。

第 129 条　犯罪嫌疑人具有下列情形之一的，可以认定为“可能实施新的犯罪”：

（一）案发前或者案发后正在策划、组织或者预备实施新的犯罪的；

（二）扬言实施新的犯罪的；

（三）多次作案、连续作案、流窜作案的；

（四）一年内曾因故意实施同类违法行为受到行政处罚的；

（五）以犯罪所得为主要生活来源的；

（六）有吸毒、赌博等恶习的；

（七）其他可能实施新的犯罪的情形。

第 130 条　犯罪嫌疑人具有下列情形之一的，可以认定为“有危害国家安全、公共安全或者社会秩序的现实危险”：

（一）案发前或者案发后正在积极策划、组织或者预备实施危害国家安全、公共安全或者社会秩序的重大违法犯罪行为的；

（二）曾因危害国家安全、公共安全或者社会秩序受到刑事处罚或者行政处罚的；

（三）在危害国家安全、黑恶势力、恐怖活动、毒品犯罪中起组织、策划、指挥作用或者积极参加的；

（四）其他有危害国家安全、公共安全或者社会秩序的现实危险的情形。

第131条 犯罪嫌疑人具有下列情形之一的，可以认定为“可能毁灭、伪造证据，干扰证人作证或者串供”：

（一）曾经或者企图毁灭、伪造、隐匿、转移证据的；

（二）曾经或者企图威逼、恐吓、利诱、收买证人，干扰证人作证的；

（三）有同案犯罪嫌疑人或者与其在事实上存在密切关联犯罪的犯罪嫌疑人在逃，重要证据尚未收集到位的；

（四）其他可能毁灭、伪造证据，干扰证人作证或者串供的情形。

第132条 犯罪嫌疑人具有下列情形之一的，可以认定为“可能对被害人、举报人、控告人实施打击报复”：

（一）扬言或者准备、策划对被害人、举报人、控告人实施打击报复的；

（二）曾经对被害人、举报人、控告人实施打击、要挟、迫害等行为的；

（三）采取其他方式滋扰被害人、举报人、控告人的正常生活、工作的；

（四）其他可能对被害人、举报人、控告人实施打击报复的情形。

第133条 犯罪嫌疑人具有下列情形之一的，可以认定为“企图自杀或者逃跑”：

（一）着手准备自杀、自残或者逃跑的；

（二）曾经自杀、自残或者逃跑的；

（三）有自杀、自残或者逃跑的意思表示的；

（四）曾经以暴力、威胁手段抗拒抓捕的；

（五）其他企图自杀或者逃跑的情形。

第134条 人民检察院办理审查逮捕案件，应当全面把握逮捕条件，对有证据证明有犯罪事实、可能判处徒刑以上刑罚的犯罪嫌疑人，除具有刑事诉讼法第八十一条第三款、第四款规定的情形外，应当严格审查是否具备社会危险性条件。

第135条 人民检察院审查认定犯罪嫌疑人是否具有社会危险性，应当以公安机关移送的社会危险性相关证据为依据，并结合案件具体情况综合认定。必要时，可以通过讯问犯罪嫌疑人、询问证人等诉讼参与人、听取辩护律师意见等方式，核实相关证据。

依据在案证据不能认定犯罪嫌疑人符合逮捕社会危险性条件的，人民检察院可以要求公安机关补充相关证据，公安机关没有补充移送的，应当作出不批准逮捕的决定。

第136条 对有证据证明有犯罪事实，可能判处十年有期徒刑以上刑罚的犯罪嫌疑人，应当批准或者决定逮捕。

对有证据证明有犯罪事实，可能判处徒刑以上刑罚，犯罪嫌疑人曾经故意犯罪或者不讲真实姓名、住址，身份不明的，应当批准或者决定逮捕。

第137条 人民检察院经审查认为被取保候审、监视居住的犯罪嫌疑人违反取保候审、监视居住规定，依照本规则第一百零一条、第一百一十一条的规定办理。

对于被取保候审、监视居住的可能判处徒刑以下刑罚的犯罪嫌疑人，违反取保候审、监视居住规定，严重影响诉讼活动正常进行的，可以予以逮捕。

第138条 对实施多个犯罪行为或者共同犯罪案件的犯罪嫌疑人，符合本规则第一百二十八条的规定，具有下列情形之一的，应当批准或者决定逮捕：

（一）有证据证明犯有数罪中的一罪的；

（二）有证据证明实施多次犯罪中的一次犯罪的；

（三）共同犯罪中，已有证据证明有犯罪事实的犯罪嫌疑人。

3.《最高人民法院关于适用〈中华人民共和国刑事诉讼法〉的解释》（2021年1月26日　法释〔2021〕1号）

第163条 对具有刑事诉讼法第八十一条第一款、第三款规定情形的被告人，人民法院应当决定逮捕。

第164条 被取保候审的被告人具有下列情形之一的，人民法院应当决定逮捕：

（一）故意实施新的犯罪的；

（二）企图自杀或者逃跑的；

（三）毁灭、伪造证据，干扰证人作证或者串供的；

（四）打击报复、恐吓滋扰被害人、证人、鉴定人、举报人、控告人等的；

（五）经传唤，无正当理由不到案，影响审判活动正常进行的；

（六）擅自改变联系方式或者居住地，导致无法传唤，影响审判活动正常进行的；

（七）未经批准，擅自离开所居住的市、县，影响审判活动正常进行，或者两次未经批准，擅自离开所居住的市、县的；

（八）违反规定进入特定场所、与特定人员会见或者通信、从事特定活动，影响审判活动正常进行，或者两次违反有关规定的；

（九）依法应当决定逮捕的其他情形。

第165条 被监视居住的被告人具有下列情形之一的，人民法院应当决定逮捕：

（一）具有前条第一项至第五项规定情形之一的；

（二）未经批准，擅自离开执行监视居住的处所，影响审判活动正常进行，或者两次未经批准，擅自离开执行监视居住的处所的；

（三）未经批准，擅自会见他人或者通信，影响审判活动正常进行，或者两次未经批准，擅自会见他人或者通信的；

（四）对因患有严重疾病、生活不能自理，或者因怀孕、正在哺乳自己婴儿而未予逮捕的被告人，疾病痊愈或者哺乳期已满的；

（五）依法应当决定逮捕的其他情形。

4.**《最高人民检察院、公安部关于逮捕社会危险性条件若干问题的规定（试行）》**（2015年10月9日 高检会〔2015〕9号）

第2条 人民检察院办理审查逮捕案件，应当全面把握逮捕条件，对有证据证明有犯罪事实、可能判处徒刑以上刑罚的犯罪嫌疑人，除刑诉法第七十九条第二、三款规定的情形外，应当严格审查是否具备社会危险性条件。公安机关侦查刑事案件，应当收集、固定犯罪嫌疑人是否具有社会危险性的证据。

第3条 公安机关提请逮捕犯罪嫌疑人的，应当同时移送证明犯罪嫌疑人具有社会危险性的证据。对于证明犯罪事实的证据能够证明犯罪嫌疑人具有社会危险性的，应当在提请批准逮捕书中专门予以说明。对于证明犯罪事实的证据不能证明犯罪嫌疑人具有社会危险性的，应当收集、固定犯罪嫌疑人具备社会危险性条件的证据，并在提请逮捕时随卷移送。

第4条 人民检察院审查认定犯罪嫌疑人是否具有社会危险性，应当以公安机关移送的社会危险性相关证据为依据，并结合案件具体情况综合认定。必要时可以通过讯问犯罪嫌疑人、询问证人等诉讼参与人、听取辩护律师意见等方式，核实相关证据。依据在案证据不能认定犯罪嫌疑人符合逮捕社会危险性条件的，人民检察院可以要求公安机关补充相关证据，公安机关没有补充移送的，应当作出不批准逮捕的决定。

第5条 犯罪嫌疑人“可能实施新的犯罪”，应当具有下列情形之一：

（一）案发前或者案发后正在策划、组织或者预备实施新的犯罪的；

（二）扬言实施新的犯罪的；

（三）多次作案、连续作案、流窜作案的；

（四）一年内曾因故意实施同类违法行为受到行政处罚的；

（五）以犯罪所得为主要生活来源的；

（六）有吸毒、赌博等恶习的；

（七）其他可能实施新的犯罪的情形。

第6条 犯罪嫌疑人“有危害国家安全、公共安全或者社会秩序的现实危险”，应当具有下列情形之一：

（一）案发前或者案发后正在积极策划、组织或者预备实施危害国家安全、公共安全或者社会秩序的重大违法犯罪行为的；

（二）曾因危害国家安全、公共安全或者社会秩序受到刑事处罚或者行政处罚的；

（三）在危害国家安全、黑恶势力、恐怖活动、毒品犯罪中起组织、策划、指挥作用或者积极参加的；

（四）其他有危害国家安全、公共安全或者社会秩序的现实危险的情形。

第7条 犯罪嫌疑人“可能毁灭、伪造证据，干扰证人作证或者串供”，应当具有下列情形之一：

（一）曾经或者企图毁灭、伪造、隐匿、转移证据的；

（二）曾经或者企图威逼、恐吓、利诱、收买证人，干扰证人作证的；

（三）有同案犯罪嫌疑人或者与其在事实上存在密切关联犯罪的犯罪嫌疑人在逃，重要证据尚未收集到位的；

（四）其他可能毁灭、伪造证据，干扰证人作证或者串供的情形。

第8条 犯罪嫌疑人“可能对被害人、举报人、控告人实施打击报复”，应当具有下列情形之一：

（一）扬言或者准备、策划对被害人、举报人、控告人实施打击报复的；

（二）曾经对被害人、举报人、控告人实施打击、要挟、迫害等行为的；

（三）采取其他方式滋扰被害人、举报人、控告人的正常生活、工作的；

（四）其他可能对被害人、举报人、控告人实施打击报复的情形。

第9条 犯罪嫌疑人“企图自杀或者逃跑”，应当具有下列情形之一：

（一）着手准备自杀、自残或者逃跑的；

（二）曾经自杀、自残或者逃跑的；

（三）有自杀、自残或者逃跑的意思表示的；

（四）曾经以暴力、威胁手段抗拒抓捕的；

（五）其他企图自杀或者逃跑的情形。

第10条 人民检察院对于以无社会危险性不批准逮捕的，应当向公安机关说明理由，必要时可以向被害人说明理由。对于社会关注的重大敏感案件或者可能引发群体性事件的，在作出不捕决定前应当进行风险评估并做好处置预案。

● *部门规章及文件*

5.**《公安机关办理刑事案件程序规定》**（2020年7月20日修正 公安部令第159号）

第133条 对有证据证明有犯罪事实，可能判处徒刑以上刑罚的犯罪嫌疑人，采取取保候审尚不足以防止发生下列社会危险性的，应当提请批准逮捕：

（一）可能实施新的犯罪的；

（二）有危害国家安全、公共安全或者社会秩序的现实危险的；

（三）可能毁灭、伪造证据，干扰证人作证或者串供的；

（四）可能对被害人、举报人、控告人实施打击报复的；

（五）企图自杀或者逃跑的。

对于有证据证明有犯罪事实，可能判处十年有期徒刑以上刑罚的，或者有证据证明有犯罪事实，可能判处徒刑以上刑罚，曾经故意犯罪或者身份不明的，应当提请批准逮捕。

公安机关在根据第一款的规定提请人民检察院审查批准逮捕时，应当对犯罪嫌疑人具有社会危险性说明理由。

第134条 有证据证明有犯罪事实，是指同时具备下列情形：

（一）有证据证明发生了犯罪事实；

（二）有证据证明该犯罪事实是犯罪嫌疑人实施的；

（三）证明犯罪嫌疑人实施犯罪行为的证据已有查证属实的。

前款规定的"犯罪事实"既可以是单一犯罪行为的事实，也可以是数个犯罪行为中任何一个犯罪行为的事实。

第135条 被取保候审人违反取保候审规定，具有下列情形之一的，可以提请批准逮捕：

（一）涉嫌故意实施新的犯罪行为的；

（二）有危害国家安全、公共安全或者社会秩序的现实危险的；

（三）实施毁灭、伪造证据或者干扰证人作证、串供行为，足以影响侦查工作正常进行的；

（四）对被害人、举报人、控告人实施打击报复的；

（五）企图自杀、逃跑，逃避侦查的；

（六）未经批准，擅自离开所居住的市、县，情节严重的，或者两次以上未经批准，擅自离开所居住的市、县的；

（七）经传讯无正当理由不到案，情节严重的，或者经两次以上传讯不到案的；

（八）违反规定进入特定场所、从事特定活动或者与特定人员会见、通信两次以上的。

第136条 被监视居住人违反监视居住规定，具有下列情形之一的，可以提请批准逮捕：

（一）涉嫌故意实施新的犯罪行为的；

（二）实施毁灭、伪造证据或者干扰证人作证、串供行为，足以影响侦查工作正常进行的；

（三）对被害人、举报人、控告人实施打击报复的；

（四）企图自杀、逃跑，逃避侦查的；

（五）未经批准，擅自离开执行监视居住的处所，情节严重的，或者两次以上未经批准，擅自离开执行监视居住的处所的；

（六）未经批准，擅自会见他人或者通信，情节严重的，或者两次以上未经批准，擅自会见他人或者通信的；

（七）经传讯无正当理由不到案，情节严重的，或者经两次以上传讯不到案的。

第八十二条 拘留的法定情形

公安机关对于现行犯或者重大嫌疑分子，如果有下列情形之一的，可以先行拘留：

（一）正在预备犯罪、实行犯罪或者在犯罪后即时被发觉的；

（二）被害人或者在场亲眼看见的人指认他犯罪的；

（三）在身边或者住处发现有犯罪证据的；

（四）犯罪后企图自杀、逃跑或者在逃的；

（五）有毁灭、伪造证据或者串供可能的；

（六）不讲真实姓名、住址，身份不明的；

（七）有流窜作案、多次作案、结伙作案重大嫌疑的。

● *司法解释及文件*

1. **《人民检察院刑事诉讼规则》**（2019年12月30日　高检发释字〔2019〕4号）

第121条　人民检察院对于具有下列情形之一的犯罪嫌疑人，可以决定拘留：

（一）犯罪后企图自杀、逃跑或者在逃的；

（二）有毁灭、伪造证据或者串供可能的。

2. **《最高人民法院、最高人民检察院、公安部、国家安全部、司法部、全国人大常委会法制工作委员会关于实施刑事诉讼法若干问题的规定》**（2012年12月26日）

25. 刑事诉讼法第一百八十一条[①]规定："人民法院对提起公诉的案件进

① 对应《中华人民共和国刑事诉讼法》（2018年修正）第一百八十六条。

行审查后，对于起诉书中有明确的指控犯罪事实的，应当决定开庭审判。”对于人民检察院提起公诉的案件，人民法院都应当受理。人民法院对提起公诉的案件进行审查后，对于起诉书中有明确的指控犯罪事实并且附有案卷材料、证据的，应当决定开庭审判，不得以上述材料不充足为由而不开庭审判。如果人民检察院移送的材料中缺少上述材料的，人民法院可以通知人民检察院补充材料，人民检察院应当自收到通知之日起三日内补送。

人民法院对提起公诉的案件进行审查的期限计入人民法院的审理期限。

● ***部门规章及文件***

3.**《公安机关办理刑事案件程序规定》**（2020 年 7 月 20 日修正　公安部令第 159 号）

第 124 条　公安机关对于现行犯或者重大嫌疑分子，有下列情形之一的，可以先行拘留：

（一）正在预备犯罪、实行犯罪或者在犯罪后即时被发觉的；

（二）被害人或者在场亲眼看见的人指认他犯罪的；

（三）在身边或者住处发现有犯罪证据的；

（四）犯罪后企图自杀、逃跑或者在逃的；

（五）有毁灭、伪造证据或者串供可能的；

（六）不讲真实姓名、住址，身份不明的；

（七）有流窜作案、多次作案、结伙作案重大嫌疑的。

第八十三条　异地拘留、逮捕

公安机关在异地执行拘留、逮捕的时候，应当通知被拘留、逮捕人所在地的公安机关，被拘留、逮捕人所在地的公安机关应当予以配合。

● ***部门规章及文件***

《公安机关办理刑事案件程序规定》（2020 年 7 月 20 日修正　公安部令第 159 号）

第 346 条　公安机关在异地执行传唤、拘传、拘留、逮捕，开展勘验、检查、搜查、查封、扣押、冻结、讯问等侦查活动，应当向当地公安机关提出办案协作请求，并在当地公安机关协助下进行，或者委托当地公安机关代为执行。

开展查询、询问、辨认等侦查活动或者送达法律文书的，也可以向当地公安机关提出办案协作请求，并按照有关规定进行通报。

第347条 需要异地公安机关协助的，办案地公安机关应当制作办案协作函件，连同有关法律文书和人民警察证复印件一并提供给协作地公安机关。必要时，可以将前述法律手续传真或者通过公安机关有关信息系统传输至协作地公安机关。

请求协助执行传唤、拘传、拘留、逮捕的，应当提供传唤证、拘传证、拘留证、逮捕证；请求协助开展搜查、查封、扣押、查询、冻结等侦查活动的，应当提供搜查证、查封决定书、扣押决定书、协助查询财产通知书、协助冻结财产通知书；请求协助开展勘验、检查、讯问、询问等侦查活动的，应当提供立案决定书。

第348条 公安机关应当指定一个部门归口接收协作请求，并进行审核。对符合本规定第三百四十七条规定的协作请求，应当及时交主管业务部门办理。

异地公安机关提出协作请求的，只要法律手续完备，协作地公安机关就应当及时无条件予以配合，不得收取任何形式的费用或者设置其他条件。

第349条 对协作过程中获取的犯罪线索，不属于自己管辖的，应当及时移交有管辖权的公安机关或者其他有关部门。

第350条 异地执行传唤、拘传的，协作地公安机关应当协助将犯罪嫌疑人传唤、拘传到本市、县公安机关执法办案场所或者到他的住处进行讯问。

异地执行拘留、逮捕的，协作地公安机关应当派员协助执行。

第351条 已被决定拘留、逮捕的犯罪嫌疑人在逃的，可以通过网上工作平台发布犯罪嫌疑人相关信息、拘留证或者逮捕证。各地公安机关发现网上逃犯的，应当立即组织抓捕。

协作地公安机关抓获犯罪嫌疑人后，应当立即通知办案地公安机关。办案地公安机关应当立即携带法律文书及时提解，提解的侦查人员不得少于二人。

办案地公安机关不能及时到达协作地的，应当委托协作地公安机关在拘留、逮捕后二十四小时以内进行讯问。

第八十四条 扭送的法定情形

对于有下列情形的人，任何公民都可以立即扭送公安机关、人民检察院或者人民法院处理：

（一）正在实行犯罪或者在犯罪后即时被发觉的；

（二）通缉在案的；

（三）越狱逃跑的；

（四）正在被追捕的。

第八十五条 拘留的程序与通知家属

公安机关拘留人的时候，必须出示拘留证。

拘留后，应当立即将被拘留人送看守所羁押，至迟不得超过二十四小时。除无法通知或者涉嫌危害国家安全犯罪、恐怖活动犯罪通知可能有碍侦查的情形以外，应当在拘留后二十四小时以内，通知被拘留人的家属。有碍侦查的情形消失以后，应当立即通知被拘留人的家属。

● *司法解释及文件*

1.《人民检察院刑事诉讼规则》（2019 年 12 月 30 日　高检发释字〔2019〕4 号）

第 122 条　人民检察院作出拘留决定后，应当将有关法律文书和案由、犯罪嫌疑人基本情况的材料送交同级公安机关执行。必要时，人民检察院可以协助公安机关执行。

拘留后，应当立即将被拘留人送看守所羁押，至迟不得超过二十四小时。

第 123 条　对犯罪嫌疑人拘留后，除无法通知的以外，人民检察院应当在二十四小时以内，通知被拘留人的家属。

无法通知的，应当将原因写明附卷。无法通知的情形消除后，应当立即通知其家属。

● 部门规章及文件

2.《公安机关办理刑事案件程序规定》（2020 年 7 月 20 日修正　公安部令第 159 号）

第 125 条　拘留犯罪嫌疑人，应当填写呈请拘留报告书，经县级以上公安机关负责人批准，制作拘留证。执行拘留时，必须出示拘留证，并责令被拘留人在拘留证上签名、捺指印，拒绝签名、捺指印的，侦查人员应当注明。

紧急情况下，对于符合本规定第一百二十四条所列情形之一的，经出示人民警察证，可以将犯罪嫌疑人口头传唤至公安机关后立即审查，办理法律手续。

第 126 条　拘留后，应当立即将被拘留人送看守所羁押，至迟不得超过二十四小时。

异地执行拘留，无法及时将犯罪嫌疑人押解回管辖地的，应当在宣布拘留后立即将其送抓获地看守所羁押，至迟不得超过二十四小时。到达管辖地后，应当立即将犯罪嫌疑人送看守所羁押。

第 127 条　除无法通知或者涉嫌危害国家安全犯罪、恐怖活动犯罪通知可能有碍侦查的情形以外，应当在拘留后二十四小时以内制作拘留通知书，通知被拘留人的家属。拘留通知书应当写明拘留原因和羁押处所。

本条规定的“无法通知”的情形适用本规定第一百一十三条第二款的规定。

有下列情形之一的，属于本条规定的“有碍侦查”：

（一）可能毁灭、伪造证据，干扰证人作证或者串供的；

（二）可能引起同案犯逃避、妨碍侦查的；

（三）犯罪嫌疑人的家属与犯罪有牵连的。

无法通知、有碍侦查的情形消失以后，应当立即通知被拘留人的家属。

对于没有在二十四小时以内通知家属的，应当在拘留通知书中注明原因。

● 请示答复

3.《公安部关于刑事拘留时间可否折抵行政拘留时间问题的批复》（2004 年 3 月 4 日　公复字〔2004〕1 号）

如果行为人依法被刑事拘留的行为与依法被行政拘留的行为系同一行

为，公安机关在依法对其裁决行政拘留时，应当将其刑事拘留的时间折抵行政拘留时间。如果行为人依法被刑事拘留的时间已超过依法被裁决的行政拘留时间的，则其行政拘留不再执行，但必须将行政拘留裁决书送达被处罚人。

对没有犯罪事实或者没有事实证明有犯罪重大嫌疑的人错误刑事拘留的，应当依法给予国家赔偿。但是，如果因同一行为依法被裁决行政拘留，且刑事拘留时间已经折抵行政拘留时间的，已经折抵的刑事拘留时间不再给予国家赔偿。

第八十六条　拘留后的讯问与释放

公安机关对被拘留的人，应当在拘留后的二十四小时以内进行讯问。在发现不应当拘留的时候，必须立即释放，发给释放证明。

● 法　律

1. **《未成年人保护法》**（2020 年 10 月 17 日修订）

第 110 条　公安机关、人民检察院、人民法院讯问未成年犯罪嫌疑人、被告人，询问未成年被害人、证人，应当依法通知其法定代理人或者其成年亲属、所在学校的代表等合适成年人到场，并采取适当方式，在适当场所进行，保障未成年人的名誉权、隐私权和其他合法权益。

人民法院开庭审理涉及未成年人案件，未成年被害人、证人一般不出庭作证；必须出庭的，应当采取保护其隐私的技术手段和心理干预等保护措施。

2. **《人民警察法》**（2012 年 10 月 26 日修正）

第 8 条　公安机关的人民警察对严重危害社会治安秩序或者威胁公共安全的人员，可以强行带离现场、依法予以拘留或者采取法律规定的其他措施。

第 17 条　县级以上人民政府公安机关，经上级公安机关和同级人民政府批准，对严重危害社会治安秩序的突发事件，可以根据情况实行现场管制。

公安机关的人民警察依照前款规定，可以采取必要手段强行驱散，并对拒不服从的人员强行带离现场或者立即予以拘留。

3.《**地方各级人民代表大会和地方各级人民政府组织法**》（2015年8月29日修正）

第35条 县级以上的地方各级人民代表大会代表，非经本级人民代表大会主席团许可，在大会闭会期间，非经本级人民代表大会常务委员会许可，不受逮捕或者刑事审判。如果因为是现行犯被拘留，执行拘留的公安机关应当立即向该级人民代表大会主席团或者常务委员会报告。

4.《**全国人民代表大会和地方各级人民代表大会代表法**》（2015年8月29日修正）

第32条 县级以上的各级人民代表大会代表，非经本级人民代表大会主席团许可，在本级人民代表大会闭会期间，非经本级人民代表大会常务委员会许可，不受逮捕或者刑事审判。如果因为是现行犯被拘留，执行拘留的机关应当立即向该级人民代表大会主席团或者人民代表大会常务委员会报告。

对县级以上的各级人民代表大会代表，如果采取法律规定的其他限制人身自由的措施，应当经该级人民代表大会主席团或者人民代表大会常务委员会许可。

人民代表大会主席团或者常务委员会受理有关机关依照本条规定提请许可的申请，应当审查是否存在对代表在人民代表大会各种会议上的发言和表决进行法律追究，或者对代表提出建议、批评和意见等其他执行职务行为打击报复的情形，并据此作出决定。

乡、民族乡、镇的人民代表大会代表，如果被逮捕、受刑事审判、或者被采取法律规定的其他限制人身自由的措施，执行机关应当立即报告乡、民族乡、镇的人民代表大会。

● *司法解释及文件*

5.《**人民检察院刑事诉讼规则**》（2019年12月30日　高检发释字〔2019〕4号）

第124条 对被拘留的犯罪嫌疑人，应当在拘留后二十四小时以内进行讯问。

第125条 对被拘留的犯罪嫌疑人，发现不应当拘留的，应当立即释放；依法可以取保候审或者监视居住的，按照本规则的有关规定办理取保候审或者监视居住手续。

对被拘留的犯罪嫌疑人，需要逮捕的，按照本规则的有关规定办理逮捕手续；决定不予逮捕的，应当及时变更强制措施。

● *部门规章及文件*

6.《公安机关适用刑事羁押期限规定》（2006年1月27日　公通字〔2006〕17号）

第5条　对犯罪嫌疑人第一次讯问开始时或者采取强制措施时，侦查人员应当向犯罪嫌疑人送达《犯罪嫌疑人诉讼权利义务告知书》，并在讯问笔录中注明或者由犯罪嫌疑人在有关强制措施附卷联中签收。犯罪嫌疑人拒绝签收的，侦查人员应当注明。

第8条　侦查人员应当在拘留或者逮捕犯罪嫌疑人后的二十四小时以内对其进行讯问，发现不应当拘留或者逮捕的，应当报经县级以上公安机关负责人批准，制作《释放通知书》送达看守所。看守所凭《释放通知书》发给被拘留或者逮捕人《释放证明书》，将其立即释放。

在羁押期间发现对犯罪嫌疑人拘留或者逮捕不当的，应当在发现后的十二小时以内，经县级以上公安机关负责人批准将被拘留或者逮捕人释放，或者变更强制措施。

释放被逮捕的人或者变更强制措施的，应当在作出决定后的三日以内，将释放或者变更的原因及情况通知原批准逮捕的人民检察院。

7.《公安机关办理刑事案件程序规定》（2020年7月20日修正　公安部令第159号）

第128条　对被拘留的人，应当在拘留后二十四小时以内进行讯问。发现不应当拘留的，应当经县级以上公安机关负责人批准，制作释放通知书，看守所凭释放通知书发给被拘留人释放证明书，将其立即释放。

第129条　对被拘留的犯罪嫌疑人，经过审查认为需要逮捕的，应当在拘留后的三日以内，提请人民检察院审查批准。在特殊情况下，经县级以上公安机关负责人批准，提请审查批准逮捕的时间可以延长一日至四日。

对流窜作案、多次作案、结伙作案的重大嫌疑分子，经县级以上公安机关负责人批准，提请审查批准逮捕的时间可以延长至三十日。

本条规定的“流窜作案”，是指跨市、县管辖范围连续作案，或者在居住地作案后逃跑到外市、县继续作案；“多次作案”，是指三次以上作案；“结伙作案”，是指二人以上共同作案。

第130条 犯罪嫌疑人不讲真实姓名、住址，身份不明的，应当对其身份进行调查。对符合逮捕条件的犯罪嫌疑人，也可以按其自报的姓名提请批准逮捕。

第131条 对被拘留的犯罪嫌疑人审查后，根据案件情况报经县级以上公安机关负责人批准，分别作出如下处理：

（一）需要逮捕的，在拘留期限内，依法办理提请批准逮捕手续；

（二）应当追究刑事责任，但不需要逮捕的，依法直接向人民检察院移送审查起诉，或者依法办理取保候审或者监视居住手续后，向人民检察院移送审查起诉；

（三）拘留期限届满，案件尚未办结，需要继续侦查的，依法办理取保候审或者监视居住手续；

（四）具有本规定第一百八十六条规定情形之一的，释放被拘留人，发给释放证明书；需要行政处理的，依法予以处理或者移送有关部门。

〔请示答复〕

8.《最高人民检察院关于对涉嫌盗窃的不满16周岁未成年人采取刑事拘留强制措施是否违法问题的批复》（2011年1月25日 高检发释字〔2011〕1号）

根据刑法、刑事诉讼法、未成年人保护法等有关法律规定，对于实施犯罪时未满16周岁的未成年人，且未犯刑法第十七条第二款规定之罪的，公安机关查明犯罪嫌疑人实施犯罪时年龄确系未满16周岁依法不负刑事责任后仍予以刑事拘留的，检察机关应当及时提出纠正意见。

第八十七条 提请逮捕

公安机关要求逮捕犯罪嫌疑人的时候，应当写出提请批准逮捕书，连同案卷材料、证据，一并移送同级人民检察院审查批准。必要的时候，人民检察院可以派人参加公安机关对于重大案件的讨论。

● *部门规章及文件*

《公安机关办理刑事案件程序规定》（2020 年 7 月 20 日修正　公安部令第 159 号）

第 129 条　对被拘留的犯罪嫌疑人，经过审查认为需要逮捕的，应当在拘留后的三日以内，提请人民检察院审查批准。在特殊情况下，经县级以上公安机关负责人批准，提请审查批准逮捕的时间可以延长一日至四日。

对流窜作案、多次作案、结伙作案的重大嫌疑分子，经县级以上公安机关负责人批准，提请审查批准逮捕的时间可以延长至三十日。

本条规定的"流窜作案"，是指跨市、县管辖范围连续作案，或者在居住地作案后逃跑到外市、县继续作案；"多次作案"，是指三次以上作案；"结伙作案"，是指二人以上共同作案。

第 137 条　需要提请批准逮捕犯罪嫌疑人的，应当经县级以上公安机关负责人批准，制作提请批准逮捕书，连同案卷材料、证据，一并移送同级人民检察院审查批准。

犯罪嫌疑人自愿认罪认罚的，应当记录在案，并在提请批准逮捕书中写明有关情况。

第八十八条　审查批准逮捕

人民检察院审查批准逮捕，可以讯问犯罪嫌疑人；有下列情形之一的，应当讯问犯罪嫌疑人：

（一）对是否符合逮捕条件有疑问的；

（二）犯罪嫌疑人要求向检察人员当面陈述的；

（三）侦查活动可能有重大违法行为的。

人民检察院审查批准逮捕，可以询问证人等诉讼参与人，听取辩护律师的意见；辩护律师提出要求的，应当听取辩护律师的意见。

● *司法解释及文件*

《人民检察院刑事诉讼规则》（2019 年 12 月 30 日　高检发释字〔2019〕4 号）

第 280 条　人民检察院办理审查逮捕案件，可以讯问犯罪嫌疑人；具有下列情形之一的，应当讯问犯罪嫌疑人：

（一）对是否符合逮捕条件有疑问的；

（二）犯罪嫌疑人要求向检察人员当面陈述的；

（三）侦查活动可能有重大违法行为的；

（四）案情重大、疑难、复杂的；

（五）犯罪嫌疑人认罪认罚的；

（六）犯罪嫌疑人系未成年人的；

（七）犯罪嫌疑人是盲、聋、哑人或者是尚未完全丧失辨认或者控制自己行为能力的精神病人的。

讯问未被拘留的犯罪嫌疑人，讯问前应当听取公安机关的意见。

办理审查逮捕案件，对被拘留的犯罪嫌疑人不予讯问的，应当送达听取犯罪嫌疑人意见书，由犯罪嫌疑人填写后及时收回审查并附卷。经审查认为应当讯问犯罪嫌疑人的，应当及时讯问。

第281条 对有重大影响的案件，可以采取当面听取侦查人员、犯罪嫌疑人及其辩护人等意见的方式进行公开审查。

第282条 对公安机关提请批准逮捕的犯罪嫌疑人，已经被拘留的，人民检察院应当在收到提请批准逮捕书后七日以内作出是否批准逮捕的决定；未被拘留的，应当在收到提请批准逮捕书后十五日以内作出是否批准逮捕的决定，重大、复杂案件，不得超过二十日。

第283条 上级公安机关指定犯罪地或者犯罪嫌疑人居住地以外的下级公安机关立案侦查的案件，需要逮捕犯罪嫌疑人的，由侦查该案件的公安机关提请同级人民检察院审查批准逮捕。人民检察院应当依法作出批准或者不批准逮捕的决定。

第284条 对公安机关提请批准逮捕的犯罪嫌疑人，人民检察院经审查认为符合本规则第一百二十八条、第一百三十六条、第一百三十八条规定情形，应当作出批准逮捕的决定，连同案卷材料送达公安机关执行，并可以制作继续侦查提纲，送交公安机关。

第285条 对公安机关提请批准逮捕的犯罪嫌疑人，具有本规则第一百三十九条至第一百四十一条规定情形，人民检察院作出不批准逮捕决定的，应当说明理由，连同案卷材料送达公安机关执行。需要补充侦查的，应当制作补充侦查提纲，送交公安机关。

人民检察院办理审查逮捕案件，不另行侦查，不得直接提出采取取保候审措施的意见。

对于因犯罪嫌疑人没有犯罪事实、具有刑事诉讼法第十六条规定的情形之一或者证据不足，人民检察院拟作出不批准逮捕决定的，应当经检察长批准。

第286条 人民检察院应当将批准逮捕的决定交公安机关立即执行，并要求公安机关将执行回执及时送达作出批准决定的人民检察院。如果未能执行，也应当要求其将回执及时送达人民检察院，并写明未能执行的原因。对于人民检察院不批准逮捕的，应当要求公安机关在收到不批准逮捕决定书后，立即释放在押的犯罪嫌疑人或者变更强制措施，并将执行回执在收到不批准逮捕决定书后三日以内送达作出不批准逮捕决定的人民检察院。

公安机关在收到不批准逮捕决定书后对在押的犯罪嫌疑人不立即释放或者变更强制措施的，人民检察院应当提出纠正意见。

第八十九条 审查批准逮捕的决定

人民检察院审查批准逮捕犯罪嫌疑人由检察长决定。重大案件应当提交检察委员会讨论决定。

第九十条 批准逮捕与不批准逮捕

人民检察院对于公安机关提请批准逮捕的案件进行审查后，应当根据情况分别作出批准逮捕或者不批准逮捕的决定。对于批准逮捕的决定，公安机关应当立即执行，并且将执行情况及时通知人民检察院。对于不批准逮捕的，人民检察院应当说明理由，需要补充侦查的，应当同时通知公安机关。

● *司法解释及文件*

1.《**人民检察院刑事诉讼规则**》（2019年12月30日　高检发释字〔2019〕4号）

第283条 上级公安机关指定犯罪地或者犯罪嫌疑人居住地以外的下级

公安机关立案侦查的案件，需要逮捕犯罪嫌疑人的，由侦查该案件的公安机关提请同级人民检察院审查批准逮捕。人民检察院应当依法作出批准或者不批准逮捕的决定。

第284条 对公安机关提请批准逮捕的犯罪嫌疑人，人民检察院经审查认为符合本规则第一百二十八条、第一百三十六条、第一百三十八条规定情形，应当作出批准逮捕的决定，连同案卷材料送达公安机关执行，并可以制作继续侦查提纲，送交公安机关。

第285条 对公安机关提请批准逮捕的犯罪嫌疑人，具有本规则第一百三十九条至第一百四十一条规定情形，人民检察院作出不批准逮捕决定的，应当说明理由，连同案卷材料送达公安机关执行。需要补充侦查的，应当制作补充侦查提纲，送交公安机关。

人民检察院办理审查逮捕案件，不另行侦查，不得直接提出采取取保候审措施的意见。

对于因犯罪嫌疑人没有犯罪事实、具有刑事诉讼法第十六条规定的情形之一或者证据不足，人民检察院拟作出不批准逮捕决定的，应当经检察长批准。

第286条 人民检察院应当将批准逮捕的决定交公安机关立即执行，并要求公安机关将执行回执及时送达作出批准决定的人民检察院。如果未能执行，也应当要求其将回执及时送达人民检察院，并写明未能执行的原因。对于人民检察院不批准逮捕的，应当要求公安机关在收到不批准逮捕决定书后，立即释放在押的犯罪嫌疑人或者变更强制措施，并将执行回执在收到不批准逮捕决定书后三日以内送达作出不批准逮捕决定的人民检察院。

公安机关在收到不批准逮捕决定书后对在押的犯罪嫌疑人不立即释放或者变更强制措施的，人民检察院应当提出纠正意见。

2.**《最高人民法院、最高人民检察院、公安部、国家安全部、司法部、全国人大常委会法制工作委员会关于实施刑事诉讼法若干问题的规定》**（2012年12月26日）

17. 对于人民检察院批准逮捕的决定，公安机关应当立即执行，并将执行回执及时送达批准逮捕的人民检察院。如果未能执行，也应当将回执送达人民检察院，并写明未能执行的原因。对于人民检察院决定不批准逮捕的，公安机关在收到不批准逮捕决定书后，应当立即释放在押的犯罪嫌疑人或者变更强制措施，并将执行回执在收到不批准逮捕决定书后的三日内送达作出不批准逮捕决定的人民检察院。

● *部门规章及文件*

3. **《公安机关办理刑事案件程序规定》**（2020年7月20日修正　公安部令第159号）

第139条　对于人民检察院不批准逮捕而未说明理由的，公安机关可以要求人民检察院说明理由。

第140条　对于人民检察院决定不批准逮捕的，公安机关在收到不批准逮捕决定书后，如果犯罪嫌疑人已被拘留的，应当立即释放，发给释放证明书，并在执行完毕后三日以内将执行回执送达作出不批准逮捕决定的人民检察院。

第141条　对人民检察院不批准逮捕的决定，认为有错误需要复议的，应当在收到不批准逮捕决定书后五日以内制作要求复议意见书，报经县级以上公安机关负责人批准后，送交同级人民检察院复议。

如果意见不被接受，认为需要复核的，应当在收到人民检察院的复议决定书后五日以内制作提请复核意见书，报经县级以上公安机关负责人批准后，连同人民检察院的复议决定书，一并提请上一级人民检察院复核。

第142条　接到人民检察院批准逮捕决定书后，应当由县级以上公安机关负责人签发逮捕证，立即执行，并在执行完毕后三日以内将执行回执送达作出批准逮捕决定的人民检察院。如果未能执行，也应当将回执送达人民检察院，并写明未能执行的原因。

第143条　执行逮捕时，必须出示逮捕证，并责令被逮捕人在逮捕证上签名、捺指印，拒绝签名、捺指印的，侦查人员应当注明。逮捕后，应当立即将被逮捕人送看守所羁押。

执行逮捕的侦查人员不得少于二人。

第144条　对被逮捕的人，必须在逮捕后的二十四小时以内进行讯问。发现不应当逮捕的，经县级以上公安机关负责人批准，制作释放通知书，送看守所和原批准逮捕的人民检察院。看守所凭释放通知书立即释放被逮捕人，并发给释放证明书。

第145条　对犯罪嫌疑人执行逮捕后，除无法通知的情形以外，应当在逮捕后二十四小时以内，制作逮捕通知书，通知被逮捕人的家属。逮捕通知书应当写明逮捕原因和羁押处所。

本条规定的“无法通知”的情形适用本规定第一百一十三条第二款的规定。

无法通知的情形消除后，应当立即通知被逮捕人的家属。

对于没有在二十四小时以内通知家属的，应当在逮捕通知书中注明原因。

第146条 人民法院、人民检察院决定逮捕犯罪嫌疑人、被告人的，由县级以上公安机关凭人民法院、人民检察院决定逮捕的法律文书制作逮捕证并立即执行。必要时，可以请人民法院、人民检察院协助执行。执行逮捕后，应当及时通知决定机关。

公安机关未能抓获犯罪嫌疑人、被告人的，应当将执行情况和未能抓获的原因通知决定逮捕的人民检察院、人民法院。对于犯罪嫌疑人、被告人在逃的，在人民检察院、人民法院撤销逮捕决定之前，公安机关应当组织力量继续执行。

第九十一条 提请批捕对其审查处理

公安机关对被拘留的人，认为需要逮捕的，应当在拘留后的三日以内，提请人民检察院审查批准。在特殊情况下，提请审查批准的时间可以延长一日至四日。

对于流窜作案、多次作案、结伙作案的重大嫌疑分子，提请审查批准的时间可以延长至三十日。

人民检察院应当自接到公安机关提请批准逮捕书后的七日以内，作出批准逮捕或者不批准逮捕的决定。人民检察院不批准逮捕的，公安机关应当在接到通知后立即释放，并且将执行情况及时通知人民检察院。对于需要继续侦查，并且符合取保候审、监视居住条件的，依法取保候审或者监视居住。

● *司法解释及文件*

1.《最高人民检察院、公安部关于依法适用逮捕措施有关问题的规定》（2001年8月6日 高检会〔2001〕10号）

四、对公安机关提请批准逮捕的犯罪嫌疑人，已被拘留的，人民检察院应当在接到提请批准逮捕书后的7日以内作出是否批准逮捕的决定；未被拘留的，应当在接到提请批准逮捕书后的15日以内作出是否批准逮捕的决定，重大、复杂的案件，不得超过20日。

2. **《人民检察院刑事诉讼规则》**（2019年12月30日　高检发释字〔2019〕4号）

第282条　对公安机关提请批准逮捕的犯罪嫌疑人，已经被拘留的，人民检察院应当在收到提请批准逮捕书后七日以内作出是否批准逮捕的决定；未被拘留的，应当在收到提请批准逮捕书后十五日以内作出是否批准逮捕的决定，重大、复杂案件，不得超过二十日。

第九十二条　公安机关对不批准逮捕的异议

公安机关对人民检察院不批准逮捕的决定，认为有错误的时候，可以要求复议，但是必须将被拘留的人立即释放。如果意见不被接受，可以向上一级人民检察院提请复核。上级人民检察院应当立即复核，作出是否变更的决定，通知下级人民检察院和公安机关执行。

● 司法解释及文件

《人民检察院刑事诉讼规则》（2019年12月30日　高检发释字〔2019〕4号）

第290条　对不批准逮捕的案件，公安机关要求复议的，人民检察院负责捕诉的部门应当另行指派检察官或者检察官办案组进行审查，并在收到要求复议意见书和案卷材料后七日以内，经检察长批准，作出是否变更的决定，通知公安机关。

第九十三条　逮捕的程序与通知家属

公安机关逮捕人的时候，必须出示逮捕证。

逮捕后，应当立即将被逮捕人送看守所羁押。除无法通知的以外，应当在逮捕后二十四小时以内，通知被逮捕人的家属。

● *部门规章及文件*

《公安机关办理刑事案件程序规定》（2020 年 7 月 20 日修正　公安部令第 159 号）

第 141 条　对人民检察院不批准逮捕的决定，认为有错误需要复议的，应当在收到不批准逮捕决定书后五日以内制作要求复议意见书，报经县级以上公安机关负责人批准后，送交同级人民检察院复议。

如果意见不被接受，认为需要复核的，应当在收到人民检察院的复议决定书后五日以内制作提请复核意见书，报经县级以上公安机关负责人批准后，连同人民检察院的复议决定书，一并提请上一级人民检察院复核。

第九十四条　逮捕后的讯问

人民法院、人民检察院对于各自决定逮捕的人，公安机关对于经人民检察院批准逮捕的人，都必须在逮捕后的二十四小时以内进行讯问。在发现不应当逮捕的时候，必须立即释放，发给释放证明。

● *司法解释及文件*

1. **《最高人民法院关于适用〈中华人民共和国刑事诉讼法〉的解释》**（2021 年 1 月 26 日　法释〔2021〕1 号）

第 168 条　人民法院对决定逮捕的被告人，应当在逮捕后二十四小时以内讯问。发现不应当逮捕的，应当立即释放。必要时，可以依法变更强制措施。

● *部门规章及文件*

2. **《公安机关办理刑事案件程序规定》**（2020 年 7 月 20 日修正　公安部令第 159 号）

第 144 条　对被逮捕的人，必须在逮捕后的二十四小时以内进行讯问。发现不应当逮捕的，经县级以上公安机关负责人批准，制作释放通知书，送看守所和原批准逮捕的人民检察院。看守所凭释放通知书立即释放被逮捕人，并发给释放证明书。

第九十五条　检察院对羁押必要性的审查

犯罪嫌疑人、被告人被逮捕后，人民检察院仍应当对羁押的必要性进行审查。对不需要继续羁押的，应当建议予以释放或者变更强制措施。有关机关应当在十日以内将处理情况通知人民检察院。

● *司法解释及文件*

《人民检察院刑事诉讼规则》（2019 年 12 月 30 日　高检发释字〔2019〕4 号）

第 573 条　犯罪嫌疑人、被告人被逮捕后，人民检察院仍应当对羁押的必要性进行审查。

第 574 条　人民检察院在办案过程中可以依职权主动进行羁押必要性审查。

犯罪嫌疑人、被告人及其法定代理人、近亲属或者辩护人可以申请人民检察院进行羁押必要性审查。申请时应当说明不需要继续羁押的理由，有相关证据或者其他材料的应当提供。

看守所根据在押人员身体状况，可以建议人民检察院进行羁押必要性审查。

第 575 条　负责捕诉的部门依法对侦查和审判阶段的羁押必要性进行审查。经审查认为不需要继续羁押的，应当建议公安机关或者人民法院释放犯罪嫌疑人、被告人或者变更强制措施。

审查起诉阶段，负责捕诉的部门经审查认为不需要继续羁押的，应当直接释放犯罪嫌疑人或者变更强制措施。

负责刑事执行检察的部门收到有关材料或者发现不需要继续羁押的，应当及时将有关材料和意见移送负责捕诉的部门。

第 576 条　办案机关对应的同级人民检察院负责控告申诉检察的部门或者负责案件管理的部门收到羁押必要性审查申请后，应当在当日移送本院负责捕诉的部门。

其他人民检察院收到羁押必要性审查申请的，应当告知申请人向办案机关对应的同级人民检察院提出申请，或者在二日以内将申请材料移送办案机关对应的同级人民检察院，并告知申请人。

第 577 条　人民检察院可以采取以下方式进行羁押必要性审查：

（一）审查犯罪嫌疑人、被告人不需要继续羁押的理由和证明材料；

（二）听取犯罪嫌疑人、被告人及其法定代理人、辩护人的意见；

（三）听取被害人及其法定代理人、诉讼代理人的意见，了解是否达成和解协议；

（四）听取办案机关的意见；

（五）调查核实犯罪嫌疑人、被告人的身体健康状况；

（六）需要采取的其他方式。

必要时，可以依照有关规定进行公开审查。

第九十六条　强制措施的撤销与变更

人民法院、人民检察院和公安机关如果发现对犯罪嫌疑人、被告人采取强制措施不当的，应当及时撤销或者变更。公安机关释放被逮捕的人或者变更逮捕措施的，应当通知原批准的人民检察院。

● 司法解释及文件

1.《最高人民检察院、公安部关于依法适用逮捕措施有关问题的规定》(2001 年 8 月 6 日)

九、人民检察院办理审查逮捕案件，发现应当逮捕而公安机关未提请批准逮捕的犯罪嫌疑人的，应当建议公安机关提请批准逮捕。公安机关认为建议正确的，应当立即提请批准逮捕；认为建议不正确的，应当将不提请批准逮捕的理由通知人民检察院。

2.《人民检察院刑事诉讼规则》（2019 年 12 月 30 日　高检发释字〔2019〕4 号）

第 579 条　人民检察院发现犯罪嫌疑人、被告人具有下列情形之一的，应当向办案机关提出释放或者变更强制措施的建议：

（一）案件证据发生重大变化，没有证据证明有犯罪事实或者犯罪行为系犯罪嫌疑人、被告人所为的；

（二）案件事实或者情节发生变化，犯罪嫌疑人、被告人可能被判处拘役、管制、独立适用附加刑、免予刑事处罚或者判决无罪的；

（三）继续羁押犯罪嫌疑人、被告人，羁押期限将超过依法可能判处的刑期的；

（四）案件事实基本查清，证据已经收集固定，符合取保候审或者监视居住条件的。

3.《最高人民法院关于适用〈中华人民共和国刑事诉讼法〉的解释》（2021年1月26日　法释〔2021〕1号）

第170条　被逮捕的被告人具有下列情形之一的，人民法院应当立即释放；必要时，可以依法变更强制措施：

（一）第一审人民法院判决被告人无罪、不负刑事责任或者免予刑事处罚的；

（二）第一审人民法院判处管制、宣告缓刑、单独适用附加刑，判决尚未发生法律效力的；

（三）被告人被羁押的时间已到第一审人民法院对其判处的刑期期限的；

（四）案件不能在法律规定的期限内审结的。

第171条　人民法院决定释放被告人的，应当立即将释放通知书送交公安机关执行。

第172条　被采取强制措施的被告人，被判处管制、缓刑的，在社区矫正开始后，强制措施自动解除；被单处附加刑的，在判决、裁定发生法律效力后，强制措施自动解除；被判处监禁刑的，在刑罚开始执行后，强制措施自动解除。

第173条　对人民法院决定逮捕的被告人，人民检察院建议释放或者变更强制措施的，人民法院应当在收到建议后十日以内将处理情况通知人民检察院。

● *部门规章及文件*

4.《人民检察院刑事诉讼规则》（2019年12月30日　高检发释字〔2019〕4号）

第158条　人民检察院负责案件管理的部门对接收的案卷材料审查后，认为具备受理条件的，应当及时进行登记，并立即将案卷材料和案件受理登记表移送办案部门办理。

经审查，认为案卷材料不齐备的，应当及时要求移送案件的单位补送相关材料。对于案卷装订不符合要求的，应当要求移送案件的单位重新装订后移送。

对于移送起诉的案件，犯罪嫌疑人在逃的，应当要求公安机关采取措施保证犯罪嫌疑人到案后再移送起诉。共同犯罪案件中部分犯罪嫌疑人在逃的，对在案犯罪嫌疑人的移送起诉应当受理。

第159条 对公安机关送达的执行情况回执和人民法院送达的判决书、裁定书等法律文书，人民检察院负责案件管理的部门应当接收，即时登记。

● *请示答复*

5.《公安部关于监视居住期满后能否对犯罪嫌疑人采取取保候审强制措施问题的批复》（2000年12月12日 公复字〔2000〕13号）

公安机关因侦查犯罪需要，对于监视居住期限届满的犯罪嫌疑人，如果确有必要采取取保候审强制措施，并且符合取保候审条件的，可以依法决定取保候审，但是不得未经依法变更就转为取保候审，不能中止对案件的侦查。

第九十七条 变更强制措施的申请与决定程序

犯罪嫌疑人、被告人及其法定代理人、近亲属或者辩护人有权申请变更强制措施。人民法院、人民检察院和公安机关收到申请后，应当在三日以内作出决定；不同意变更强制措施的，应当告知申请人，并说明不同意的理由。

● *司法解释及文件*

1.《人民检察院刑事诉讼规则》（2019年12月30日 高检发释字〔2019〕4号）

第151条 犯罪嫌疑人及其法定代理人、近亲属或者辩护人向人民检察院提出变更强制措施申请的，人民检察院应当在收到申请后三日以内作出决定。

经审查，同意变更强制措施的，应当在作出决定的同时通知公安机关执行；不同意变更强制措施的，应当书面告知申请人，并说明不同意的理由。

犯罪嫌疑人及其法定代理人、近亲属或者辩护人提出变更强制措施申请的，应当说明理由，有证据和其他材料的，应当附上相关材料。

2.《最高人民法院关于适用〈中华人民共和国刑事诉讼法〉的解释》（2021年1月26日　法释〔2021〕1号）

第174条　被告人及其法定代理人、近亲属或者辩护人申请变更、解除强制措施的，应当说明理由。人民法院收到申请后，应当在三日以内作出决定。同意变更、解除强制措施的，应当依照本解释规定处理；不同意的，应当告知申请人，并说明理由。

第九十八条　对不能按期结案强制措施的变更

犯罪嫌疑人、被告人被羁押的案件，不能在本法规定的侦查羁押、审查起诉、一审、二审期限内办结的，对犯罪嫌疑人、被告人应当予以释放；需要继续查证、审理的，对犯罪嫌疑人、被告人可以取保候审或者监视居住。

第九十九条　法定期限届满要求解除强制措施

人民法院、人民检察院或者公安机关对被采取强制措施法定期限届满的犯罪嫌疑人、被告人，应当予以释放、解除取保候审、监视居住或者依法变更强制措施。犯罪嫌疑人、被告人及其法定代理人、近亲属或者辩护人对于人民法院、人民检察院或者公安机关采取强制措施法定期限届满的，有权要求解除强制措施。

● *司法解释及文件*

《最高人民检察院、最高人民法院、公安部关于严格执行刑事诉讼法关于对犯罪嫌疑人、被告人羁押期限的规定坚决纠正超期羁押问题的通知》（1998年10月19日　高检会〔1998〕1号）

三、对复杂、疑难和重大案件，羁押期限届满的，应当分别不同情况，采取果断措施依法作出处理：（1）对于流窜作案、多次作案的犯罪嫌疑人、被告人的主要罪行或某一罪行事实清楚，证据确实充分，而其他罪行一时难以查清的，应当对已查清的主要罪行或某一罪行移送起诉、提起公诉或者进行审判；（2）对于共同犯罪案件中主犯或者从犯在逃，在押犯罪嫌疑人、被告人的犯罪事实清楚，证据确实充分的，应当对在押犯罪嫌疑人、被告人移送起诉、提起公诉或者进行审判；犯罪事实一时难以查清的，应当对在押犯罪嫌疑人、被告人依法变更强制措施；（3）对于司法机关之间有争议的案件通过协调后意见仍不能一致的，办案单位应按照各自的职权在法定期限内依法作出处理。

第一百条 侦查监督

人民检察院在审查批准逮捕工作中，如果发现公安机关的侦查活动有违法情况，应当通知公安机关予以纠正，公安机关应当将纠正情况通知人民检察院。

● *司法解释及文件*

1.《最高人民检察院关于对报请批准逮捕的案件可否侦查问题的批复》（1998 年 5 月 12 日　高检发释字〔1998〕2 号）

人民检察院审查公安机关提请逮捕的案件，经审查，应当作出批准或者不批准逮捕的决定，对报请批准逮捕的案件不另行侦查。人民检察院在审查批捕中如果认为报请批准逮捕的证据存有疑问的，可以复核有关证据，讯问犯罪嫌疑人、询问证人，以保证批捕案件的质量，防止错捕或漏捕。

2.《人民检察院刑事诉讼规则》（2019 年 12 月 30 日　高检发释字〔2019〕4 号）

第 340 条　人民检察院对监察机关或者公安机关移送的案件进行审查后，在人民法院作出生效判决之前，认为需要补充提供证据材料的，可以书面要求监察机关或者公安机关提供。

第 341 条　人民检察院在审查起诉中发现有应当排除的非法证据，应当依法排除，同时可以要求监察机关或者公安机关另行指派调查人员或者侦查人员重新取证。必要时，人民检察院也可以自行调查取证。

第 342 条　人民检察院认为犯罪事实不清、证据不足或者存在遗漏罪行、遗漏同案犯罪嫌疑人等情形需要补充侦查的，应当制作补充侦查提纲，连同案卷材料一并退回公安机关补充侦查。人民检察院也可以自行侦查，必要时可以要求公安机关提供协助。

第 343 条　人民检察院对于监察机关移送起诉的案件，认为需要补充调查的，应当退回监察机关补充调查。必要时，可以自行补充侦查。

需要退回补充调查的案件，人民检察院应当出具补充调查决定书、补充调查提纲，写明补充调查的事项、理由、调查方向、需补充收集的证据及其证明作用等，连同案卷材料一并送交监察机关。

人民检察院决定退回补充调查的案件，犯罪嫌疑人已被采取强制措施的，应当将退回补充调查情况书面通知强制措施执行机关。监察机关需要讯问的，人民检察院应当予以配合。

第 344 条　对于监察机关移送起诉的案件，具有下列情形之一的，人民检察院可以自行补充侦查：

（一）证人证言、犯罪嫌疑人供述和辩解、被害人陈述的内容主要情节一致，个别情节不一致的；

（二）物证、书证等证据材料需要补充鉴定的；

（三）其他由人民检察院查证更为便利、更有效率、更有利于查清案件事实的情形。

自行补充侦查完毕后，应当将相关证据材料入卷，同时抄送监察机关。人民检察院自行补充侦查的，可以商请监察机关提供协助。

第 345 条　人民检察院负责捕诉的部门对本院负责侦查的部门移送起诉的案件进行审查后，认为犯罪事实不清、证据不足或者存在遗漏罪行、遗漏同案犯罪嫌疑人等情形需要补充侦查的，应当制作补充侦查提纲，连同案卷材料一并退回负责侦查的部门补充侦查。必要时，也可以自行侦查，可以要求负责侦查的部门予以协助。

第七章　附带民事诉讼

第一百零一条　附带民事诉讼的提起

被害人由于被告人的犯罪行为而遭受物质损失的，在刑事诉讼过程中，有权提起附带民事诉讼。被害人死亡或者丧失行为能力的，被害人的法定代理人、近亲属有权提起附带民事诉讼。

如果是国家财产、集体财产遭受损失的，人民检察院在提起公诉的时候，可以提起附带民事诉讼。

● *司法解释及文件*

《最高人民法院关于适用〈中华人民共和国刑事诉讼法〉的解释》（2021年1月26日　法释〔2021〕1号）

第175条　被害人因人身权利受到犯罪侵犯或者财物被犯罪分子毁坏而遭受物质损失的，有权在刑事诉讼过程中提起附带民事诉讼；被害人死亡或者丧失行为能力的，其法定代理人、近亲属有权提起附带民事诉讼。

因受到犯罪侵犯，提起附带民事诉讼或者单独提起民事诉讼要求赔偿精神损失的，人民法院一般不予受理。

第176条　被告人非法占有、处置被害人财产的，应当依法予以追缴或者责令退赔。被害人提起附带民事诉讼的，人民法院不予受理。追缴、退赔的情况，可以作为量刑情节考虑。

第177条　国家机关工作人员在行使职权时，侵犯他人人身、财产权利构成犯罪，被害人或者其法定代理人、近亲属提起附带民事诉讼的，人民法院不予受理，但应当告知其可以依法申请国家赔偿。

第178条　人民法院受理刑事案件后，对符合刑事诉讼法第一百零一条和本解释第一百七十五条第一款规定的，可以告知被害人或者其法定代理人、近亲属有权提起附带民事诉讼。

有权提起附带民事诉讼的人放弃诉讼权利的，应当准许，并记录在案。

第179条　国家财产、集体财产遭受损失，受损失的单位未提起附带民事诉讼，人民检察院在提起公诉时提起附带民事诉讼的，人民法院应当受理。

人民检察院提起附带民事诉讼的，应当列为附带民事诉讼原告人。

被告人非法占有、处置国家财产、集体财产的，依照本解释第一百七十六条的规定处理。

第180条　附带民事诉讼中依法负有赔偿责任的人包括：

（一）刑事被告人以及未被追究刑事责任的其他共同侵害人；

（二）刑事被告人的监护人；

（三）死刑罪犯的遗产继承人；

（四）共同犯罪案件中，案件审结前死亡的被告人的遗产继承人；

（五）对被害人的物质损失依法应当承担赔偿责任的其他单位和个人。

附带民事诉讼被告人的亲友自愿代为赔偿的，可以准许。

第181条 被害人或者其法定代理人、近亲属仅对部分共同侵害人提起附带民事诉讼的，人民法院应当告知其可以对其他共同侵害人，包括没有被追究刑事责任的共同侵害人，一并提起附带民事诉讼，但共同犯罪案件中同案犯在逃的除外。

被害人或者其法定代理人、近亲属放弃对其他共同侵害人的诉讼权利的，人民法院应当告知其相应法律后果，并在裁判文书中说明其放弃诉讼请求的情况。

第182条 附带民事诉讼的起诉条件是：

（一）起诉人符合法定条件；

（二）有明确的被告人；

（三）有请求赔偿的具体要求和事实、理由；

（四）属于人民法院受理附带民事诉讼的范围。

第183条 共同犯罪案件，同案犯在逃的，不应列为附带民事诉讼被告人。逃跑的同案犯到案后，被害人或者其法定代理人、近亲属可以对其提起附带民事诉讼，但已经从其他共同犯罪人处获得足额赔偿的除外。

第184条 附带民事诉讼应当在刑事案件立案后及时提起。

提起附带民事诉讼应当提交附带民事起诉状。

第185条 侦查、审查起诉期间，有权提起附带民事诉讼的人提出赔偿要求，经公安机关、人民检察院调解，当事人双方已经达成协议并全部履行，被害人或者其法定代理人、近亲属又提起附带民事诉讼的，人民法院不予受理，但有证据证明调解违反自愿、合法原则的除外。

第186条 被害人或者其法定代理人、近亲属提起附带民事诉讼的，人民法院应当在七日以内决定是否受理。符合刑事诉讼法第一百零一条以及本解释有关规定的，应当受理；不符合的，裁定不予受理。

第187条 人民法院受理附带民事诉讼后，应当在五日以内将附带民事起诉状副本送达附带民事诉讼被告人及其法定代理人，或者将口头起诉的内容及时通知附带民事诉讼被告人及其法定代理人，并制作笔录。

人民法院送达附带民事起诉状副本时，应当根据刑事案件的审理期限，确定被告人及其法定代理人的答辩准备时间。

第188条 附带民事诉讼当事人对自已提出的主张，有责任提供证据。

第一百零二条　附带民事诉讼中的保全措施

人民法院在必要的时候，可以采取保全措施，查封、扣押或者冻结被告人的财产。附带民事诉讼原告人或者人民检察院可以申请人民法院采取保全措施。人民法院采取保全措施，适用民事诉讼法的有关规定。

● *司法解释及文件*

《最高人民法院关于适用〈中华人民共和国刑事诉讼法〉的解释》（2021年1月26日　法释〔2021〕1号）

第189条　人民法院对可能因被告人的行为或者其他原因，使附带民事判决难以执行的案件，根据附带民事诉讼原告人的申请，可以裁定采取保全措施，查封、扣押或者冻结被告人的财产；附带民事诉讼原告人未提出申请的，必要时，人民法院也可以采取保全措施。

有权提起附带民事诉讼的人因情况紧急，不立即申请保全将会使其合法权益受到难以弥补的损害的，可以在提起附带民事诉讼前，向被保全财产所在地、被申请人居住地或者对案件有管辖权的人民法院申请采取保全措施。申请人在人民法院受理刑事案件后十五日以内未提起附带民事诉讼的，人民法院应当解除保全措施。

人民法院采取保全措施，适用民事诉讼法第一百条至第一百零五条的有关规定，但民事诉讼法第一百零一条第三款的规定除外。

第一百零三条　附带民事诉讼的调解和裁判

人民法院审理附带民事诉讼案件，可以进行调解，或者根据物质损失情况作出判决、裁定。

● *司法解释及文件*

《最高人民法院关于适用〈中华人民共和国刑事诉讼法〉的解释》（2021年1月26日　法释〔2021〕1号）

第190条　人民法院审理附带民事诉讼案件，可以根据自愿、合法的原则进行调解。经调解达成协议的，应当制作调解书。调解书经双方当事人签收后即具有法律效力。

调解达成协议并即时履行完毕的，可以不制作调解书，但应当制作笔录，经双方当事人、审判人员、书记员签名后即发生法律效力。

第191条 调解未达成协议或者调解书签收前当事人反悔的，附带民事诉讼应当同刑事诉讼一并判决。

第一百零四条 附带民事诉讼一并审判及例外

附带民事诉讼应当同刑事案件一并审判，只有为了防止刑事案件审判的过分迟延，才可以在刑事案件审判后，由同一审判组织继续审理附带民事诉讼。

● 核心要点

1. 一般解释和规定：《人民检察院刑事诉讼规则》；《最高人民法院关于适用〈中华人民共和国刑事诉讼法〉的解释》；《最高人民法院关于审理未成年人刑事案件具体应用法律若干问题的解释》

2. 被害人提起附带民事诉讼：《刑法》36；《最高人民法院关于审理未成年人刑事案件具体应用法律若干问题的解释》19；《最高人民法院关于适用〈中华人民共和国刑事诉讼法〉的解释》175、176

3. 人民检察院提起附带民事诉讼：《人民检察院刑事诉讼规则》55；《最高人民法院关于适用〈中华人民共和国刑事诉讼法〉的解释》179

● 法 律

1. **《刑法》**（2020年12月26日修正）

第36条 由于犯罪行为而使被害人遭受经济损失的，对犯罪分子除依法给予刑事处罚外，并应根据情况判处赔偿经济损失。

承担民事赔偿责任的犯罪分子，同时被判处罚金，其财产不足以全部支付的，或者被判处没收财产的，应当先承担对被害人的民事赔偿责任。

● 司法解释及文件

2. **《最高人民法院关于审理未成年人刑事案件具体应用法律若干问题的解释》**（2006年1月11日 法释〔2006〕1号）

第19条 刑事附带民事案件的未成年被告人有个人财产的，应当由本人承担民事赔偿责任，不足部分由监护人予以赔偿，但单位担任监护人的除外。

被告人对被害人物质损失的赔偿情况，可以作为量刑情节予以考虑。

3.《人民检察院刑事诉讼规则》（2019 年 12 月 30 日　高检发释字〔2019〕4 号）

第 55 条　人民检察院自收到移送起诉案卷材料之日起三日以内，应当告知被害人及其法定代理人或者其近亲属、附带民事诉讼的当事人及其法定代理人有权委托诉讼代理人。被害人及其法定代理人、近亲属因经济困难没有委托诉讼代理人的，应当告知其可以申请法律援助。

当面口头告知的，应当记入笔录，由被告知人签名；电话告知的，应当记录在案；书面告知的，应当将送达回执入卷。被害人众多或者不确定，无法以上述方式逐一告知的，可以公告告知。无法告知的，应当记录在案。

被害人有法定代理人的，应当告知其法定代理人；没有法定代理人的，应当告知其近亲属。

法定代理人或者近亲属为二人以上的，可以告知其中一人。告知时应当按照刑事诉讼法第一百零八条第三项、第六项列举的顺序择先进行。

当事人及其法定代理人、近亲属委托诉讼代理人的，参照刑事诉讼法第三十三条等法律规定执行。

第 330 条　人民检察院审查移送起诉的案件，应当查明：

（一）犯罪嫌疑人身份状况是否清楚，包括姓名、性别、国籍、出生年月日、职业和单位等；单位犯罪的，单位的相关情况是否清楚；

（二）犯罪事实、情节是否清楚；实施犯罪的时间、地点、手段、危害后果是否明确；

（三）认定犯罪性质和罪名的意见是否正确；有无法定的从重、从轻、减轻或者免除处罚情节及酌定从重、从轻情节；共同犯罪案件的犯罪嫌疑人在犯罪活动中的责任认定是否恰当；

（四）犯罪嫌疑人是否认罪认罚；

（五）证明犯罪事实的证据材料是否随案移送；证明相关财产系违法所得的证据材料是否随案移送；不宜移送的证据的清单、复制件、照片或者其他证明文件是否随案移送；

（六）证据是否确实、充分，是否依法收集，有无应当排除非法证据的情形；

（七）采取侦查措施包括技术侦查措施的法律手续和诉讼文书是否完备；

（八）有无遗漏罪行和其他应当追究刑事责任的人；

（九）是否属于不应当追究刑事责任的；

（十）有无附带民事诉讼；对于国家财产、集体财产遭受损失的，是否需要由人民检察院提起附带民事诉讼；对于破坏生态环境和资源保护，食品药品安全领域侵害众多消费者合法权益，侵害英雄烈士的姓名、肖像、名誉、荣誉等损害社会公共利益的行为，是否需要由人民检察院提起附带民事公益诉讼；

（十一）采取的强制措施是否适当，对于已经逮捕的犯罪嫌疑人，有无继续羁押的必要；

（十二）侦查活动是否合法；

（十三）涉案财物是否查封、扣押、冻结并妥善保管，清单是否齐备；对被害人合法财产的返还和对违禁品或者不宜长期保存的物品的处理是否妥当，移送的证明文件是否完备。

4.《最高人民法院关于适用〈中华人民共和国刑事诉讼法〉的解释》（2021年1月26日　法释〔2021〕1号）

第175条　被害人因人身权利受到犯罪侵犯或者财物被犯罪分子毁坏而遭受物质损失的，有权在刑事诉讼过程中提起附带民事诉讼；被害人死亡或者丧失行为能力的，其法定代理人、近亲属有权提起附带民事诉讼。

因受到犯罪侵犯，提起附带民事诉讼或者单独提起民事诉讼要求赔偿精神损失的，人民法院一般不予受理。

第176条　被告人非法占有、处置被害人财产的，应当依法予以追缴或者责令退赔。被害人提起附带民事诉讼的，人民法院不予受理。追缴、退赔的情况，可以作为量刑情节考虑。

第177条　国家机关工作人员在行使职权时，侵犯他人人身、财产权利构成犯罪，被害人或者其法定代理人、近亲属提起附带民事诉讼的，人民法院不予受理，但应当告知其可以依法申请国家赔偿。

第178条　人民法院受理刑事案件后，对符合刑事诉讼法第一百零一条和本解释第一百七十五条第一款规定的，可以告知被害人或者其法定代理人、近亲属有权提起附带民事诉讼。

有权提起附带民事诉讼的人放弃诉讼权利的，应当准许，并记录在案。

第179条 国家财产、集体财产遭受损失，受损失的单位未提起附带民事诉讼，人民检察院在提起公诉时提起附带民事诉讼的，人民法院应当受理。

人民检察院提起附带民事诉讼的，应当列为附带民事诉讼原告人。

被告人非法占有、处置国家财产、集体财产的，依照本解释第一百七十六条的规定处理。

第180条 附带民事诉讼中依法负有赔偿责任的人包括：

（一）刑事被告人以及未被追究刑事责任的其他共同侵害人；

（二）刑事被告人的监护人；

（三）死刑罪犯的遗产继承人；

（四）共同犯罪案件中，案件审结前死亡的被告人的遗产继承人；

（五）对被害人的物质损失依法应当承担赔偿责任的其他单位和个人。

附带民事诉讼被告人的亲友自愿代为赔偿的，可以准许。

第181条 被害人或者其法定代理人、近亲属仅对部分共同侵害人提起附带民事诉讼的，人民法院应当告知其可以对其他共同侵害人，包括没有被追究刑事责任的共同侵害人，一并提起附带民事诉讼，但共同犯罪案件中同案犯在逃的除外。

被害人或者其法定代理人、近亲属放弃对其他共同侵害人的诉讼权利的，人民法院应当告知其相应法律后果，并在裁判文书中说明其放弃诉讼请求的情况。

第182条 附带民事诉讼的起诉条件是：

（一）起诉人符合法定条件；

（二）有明确的被告人；

（三）有请求赔偿的具体要求和事实、理由；

（四）属于人民法院受理附带民事诉讼的范围。

第183条 共同犯罪案件，同案犯在逃的，不应列为附带民事诉讼被告人。逃跑的同案犯到案后，被害人或者其法定代理人、近亲属可以对其提起附带民事诉讼，但已经从其他共同犯罪人处获得足额赔偿的除外。

第184条 附带民事诉讼应当在刑事案件立案后及时提起。

提起附带民事诉讼应当提交附带民事起诉状。

第185条 侦查、审查起诉期间，有权提起附带民事诉讼的人提出赔偿要求，经公安机关、人民检察院调解，当事人双方已经达成协议并全部履行，被害人或者其法定代理人、近亲属又提起附带民事诉讼的，人民法院不予受理，但有证据证明调解违反自愿、合法原则的除外。

第186条 被害人或者其法定代理人、近亲属提起附带民事诉讼的，人民法院应当在七日以内决定是否受理。符合刑事诉讼法第一百零一条以及本解释有关规定的，应当受理；不符合的，裁定不予受理。

第187条 人民法院受理附带民事诉讼后，应当在五日以内将附带民事起诉状副本送达附带民事诉讼被告人及其法定代理人，或者将口头起诉的内容及时通知附带民事诉讼被告人及其法定代理人，并制作笔录。

人民法院送达附带民事起诉状副本时，应当根据刑事案件的审理期限，确定被告人及其法定代理人的答辩准备时间。

第188条 附带民事诉讼当事人对自己提出的主张，有责任提供证据。

第189条 人民法院对可能因被告人的行为或者其他原因，使附带民事判决难以执行的案件，根据附带民事诉讼原告人的申请，可以裁定采取保全措施，查封、扣押或者冻结被告人的财产；附带民事诉讼原告人未提出申请的，必要时，人民法院也可以采取保全措施。

有权提起附带民事诉讼的人因情况紧急，不立即申请保全将会使其合法权益受到难以弥补的损害的，可以在提起附带民事诉讼前，向被保全财产所在地、被申请人居住地或者对案件有管辖权的人民法院申请采取保全措施。申请人在人民法院受理刑事案件后十五日以内未提起附带民事诉讼的，人民法院应当解除保全措施。

人民法院采取保全措施，适用民事诉讼法第一百条至第一百零五条的有关规定，但民事诉讼法第一百零一条第三款的规定除外。

第190条 人民法院审理附带民事诉讼案件，可以根据自愿、合法的原则进行调解。经调解达成协议的，应当制作调解书。调解书经双方当事人签收后即具有法律效力。

调解达成协议并即时履行完毕的，可以不制作调解书，但应当制作笔录，经双方当事人、审判人员、书记员签名后即发生法律效力。

第191条 调解未达成协议或者调解书签收前当事人反悔的，附带民事诉讼应当同刑事诉讼一并判决。

第192条 对附带民事诉讼作出判决，应当根据犯罪行为造成的物质损失，结合案件具体情况，确定被告人应当赔偿的数额。

犯罪行为造成被害人人身损害的，应当赔偿医疗费、护理费、交通费等为治疗和康复支付的合理费用，以及因误工减少的收入。造成被害人残疾的，还应当赔偿残疾生活辅助器具费等费用；造成被害人死亡的，还应当赔偿丧葬费等费用。

驾驶机动车致人伤亡或者造成公私财产重大损失，构成犯罪的，依照《中华人民共和国道路交通安全法》第七十六条的规定确定赔偿责任。

附带民事诉讼当事人就民事赔偿问题达成调解、和解协议的，赔偿范围、数额不受第二款、第三款规定的限制。

第193条 人民检察院提起附带民事诉讼的，人民法院经审理，认为附带民事诉讼被告人依法应当承担赔偿责任的，应当判令附带民事诉讼被告人直接向遭受损失的单位作出赔偿；遭受损失的单位已经终止，有权利义务继受人的，应当判令其向继受人作出赔偿；没有权利义务继受人的，应当判令其向人民检察院交付赔偿款，由人民检察院上缴国库。

第194条 审理刑事附带民事诉讼案件，人民法院应当结合被告人赔偿被害人物质损失的情况认定其悔罪表现，并在量刑时予以考虑。

第195条 附带民事诉讼原告人经传唤，无正当理由拒不到庭，或者未经法庭许可中途退庭的，应当按撤诉处理。

刑事被告人以外的附带民事诉讼被告人经传唤，无正当理由拒不到庭，或者未经法庭许可中途退庭的，附带民事部分可以缺席判决。

刑事被告人以外的附带民事诉讼被告人下落不明，或者用公告送达以外的其他方式无法送达，可能导致刑事案件审判过分迟延的，可以不将其列为附带民事诉讼被告人，告知附带民事诉讼原告人另行提起民事诉讼。

第196条 附带民事诉讼应当同刑事案件一并审判，只有为了防止刑事案件审判的过分迟延，才可以在刑事案件审判后，由同一审判组织继续审理附带民事诉讼；同一审判组织的成员确实不能继续参与审判的，可以更换。

第197条 人民法院认定公诉案件被告人的行为不构成犯罪，对已经提起的附带民事诉讼，经调解不能达成协议的，可以一并作出刑事附带民事判决，也可以告知附带民事原告人另行提起民事诉讼。

人民法院准许人民检察院撤回起诉的公诉案件，对已经提起的附带民事诉讼，可以进行调解；不宜调解或者经调解不能达成协议的，应当裁定驳回起诉，并告知附带民事诉讼原告人可以另行提起民事诉讼。

第198条 第一审期间未提起附带民事诉讼，在第二审期间提起的，第二审人民法院可以依法进行调解；调解不成的，告知当事人可以在刑事判决、裁定生效后另行提起民事诉讼。

第199条 人民法院审理附带民事诉讼案件，不收取诉讼费。

第200条 被害人或者其法定代理人、近亲属在刑事诉讼过程中未提起附带民事诉讼，另行提起民事诉讼的，人民法院可以进行调解，或者根据本解释第一百九十二条第二款、第三款的规定作出判决。

第八章　期间、送达

第一百零五条 期间及其计算

期间以时、日、月计算。

期间开始的时和日不算在期间以内。

法定期间不包括路途上的时间。上诉状或者其他文件在期满前已经交邮的，不算过期。

期间的最后一日为节假日的，以节假日后的第一日为期满日期，但犯罪嫌疑人、被告人或者罪犯在押期间，应当至期满之日为止，不得因节假日而延长。

● ***司法解释及文件***

《最高人民法院关于适用〈中华人民共和国刑事诉讼法〉的解释》（2021年1月26日　法释〔2021〕1号）

第202条 以月计算的期间，自本月某日至下月同日为一个月；期限起算日为本月最后一日的，至下月最后一日为一个月；下月同日不存在的，自本月某日至下月最后一日为一个月；半个月一律按十五日计算。

以年计算的刑期，自本年本月某日至次年同月同日的前一日为一年；次年同月同日不存在的，自本年本月某日至次年同月最后一日的前一日为一年。以月计算的刑期，自本月某日至下月同日的前一日为一个月；刑期起算日为本月最后一日的，至下月最后一日的前一日为一个月；下月同日不存在的，自本月某日至下月最后一日的前一日为一个月；半个月一律按十五日计算。

第一百零六条　期间的耽误及补救

当事人由于不能抗拒的原因或者有其他正当理由而耽误期限的，在障碍消除后五日以内，可以申请继续进行应当在期满以前完成的诉讼活动。

前款申请是否准许，由人民法院裁定。

● *司法解释及文件*

《最高人民法院关于适用〈中华人民共和国刑事诉讼法〉的解释》（2021年1月26日　法释〔2021〕1号）

第203条　当事人由于不能抗拒的原因或者有其他正当理由而耽误期限，依法申请继续进行应当在期满前完成的诉讼活动的，人民法院查证属实后，应当裁定准许。

第一百零七条　送达

送达传票、通知书和其他诉讼文件应当交给收件人本人；如果本人不在，可以交给他的成年家属或者所在单位的负责人员代收。

收件人本人或者代收人拒绝接收或者拒绝签名、盖章的时候，送达人可以邀请他的邻居或者其他见证人到场，说明情况，把文件留在他的住处，在送达证上记明拒绝的事由、送达的日期，由送达人签名，即认为已经送达。

● *司法解释及文件*

《最高人民法院关于适用〈中华人民共和国刑事诉讼法〉的解释》（2021年1月26日　法释〔2021〕1号）

第204条　送达诉讼文书，应当由收件人签收。收件人不在的，可以由其成年家属或者所在单位负责收件的人员代收。收件人或者代收人在送达回证上签收的日期为送达日期。

收件人或者代收人拒绝签收的，送达人可以邀请见证人到场，说明情况，在送达回证上注明拒收的事由和日期，由送达人、见证人签名或者盖章，将诉讼文书留在收件人、代收人的住处或者单位；也可以把诉讼文书留在受送达人的住处，并采用拍照、录像等方式记录送达过程，即视为送达。

第205条 直接送达诉讼文书有困难的，可以委托收件人所在地的人民法院代为送达或者邮寄送达。

第206条 委托送达的，应当将委托函、委托送达的诉讼文书及送达回证寄送受托法院。受托法院收到后，应当登记，在十日以内送达收件人，并将送达回证寄送委托法院；无法送达的，应当告知委托法院，并将诉讼文书及送达回证退回。

第207条 邮寄送达的，应当将诉讼文书、送达回证邮寄给收件人。签收日期为送达日期。

第208条 诉讼文书的收件人是军人的，可以通过其所在部队团级以上单位的政治部门转交。

收件人正在服刑的，可以通过执行机关转交。

收件人正在接受专门矫治教育等的，可以通过相关机构转交。

由有关部门、单位代为转交诉讼文书的，应当请有关部门、单位收到后立即交收件人签收，并将送达回证及时寄送人民法院。

第九章 其他规定

第一百零八条 本法用语解释

本法下列用语的含意是：

（一）“侦查”是指公安机关、人民检察院对于刑事案件，依照法律进行的收集证据、查明案情的工作和有关的强制性措施；

（二）“当事人”是指被害人、自诉人、犯罪嫌疑人、被告人、附带民事诉讼的原告人和被告人；

（三）“法定代理人”是指被代理人的父母、养父母、监护人和负有保护责任的机关、团体的代表；

（四）“诉讼参与人”是指当事人、法定代理人、诉讼代理人、辩护人、证人、鉴定人和翻译人员；

（五）“诉讼代理人”是指公诉案件的被害人及其法定代理人或者近亲属、自诉案件的自诉人及其法定代理人委托代为参加诉讼的人和附带民事诉讼的当事人及其法定代理人委托代为参加诉讼的人；

（六）“近亲属”是指夫、妻、父、母、子、女、同胞兄弟姊妹。

第二编　立案、侦查和提起公诉

第一章　立　　案

第一百零九条　立案侦查机关

公安机关或者人民检察院发现犯罪事实或者犯罪嫌疑人，应当按照管辖范围，立案侦查。

● *部门规章及文件*

1. **《公安机关办理刑事案件程序规定》**（2020 年 7 月 20 日修正　公安部令第 159 号）

第 186 条　经过侦查，发现具有下列情形之一的，应当撤销案件：

（一）没有犯罪事实的；

（二）情节显著轻微、危害不大，不认为是犯罪的；

（三）犯罪已过追诉时效期限的；

（四）经特赦令免除刑罚的；

（五）犯罪嫌疑人死亡的；

（六）其他依法不追究刑事责任的。

对于经过侦查，发现有犯罪事实需要追究刑事责任，但不是被立案侦查的犯罪嫌疑人实施的，或者共同犯罪案件中部分犯罪嫌疑人不够刑事处罚的，应当对有关犯罪嫌疑人终止侦查，并对该案件继续侦查。

2. **《公安机关受理行政执法机关移送涉嫌犯罪案件规定》**（2016 年 6 月 16 日　公通字〔2016〕16 号）

第 1 条　为规范公安机关受理行政执法机关移送涉嫌犯罪案件工作，完善行政执法与刑事司法衔接工作机制，根据有关法律、法规，制定本规定。

第 2 条　对行政执法机关移送的涉嫌犯罪案件，公安机关应当接受，及时录入执法办案信息系统，并检查是否附有下列材料：

（一）案件移送书，载明移送机关名称、行政违法行为涉嫌犯罪罪名、案件主办人及联系电话等。案件移送书应当附移送材料清单，并加盖移送机关公章；

（二）案件调查报告，载明案件来源、查获情况、嫌疑人基本情况、涉嫌犯罪的事实、证据和法律依据、处理建议等；

（三）涉案物品清单，载明涉案物品的名称、数量、特征、存放地等事项，并附采取行政强制措施、现场笔录等表明涉案物品来源的相关材料；

（四）附有鉴定机构和鉴定人资质证明或者其他证明文件的检验报告或者鉴定意见；

（五）现场照片、询问笔录、电子数据、视听资料、认定意见、责令整改通知书等其他与案件有关的证据材料。

移送材料表明移送案件的行政执法机关已经或者曾经作出有关行政处罚决定的，应当检查是否附有有关行政处罚决定书。

对材料不全的，应当在接受案件的二十四小时内书面告知移送的行政执法机关在三日内补正。但不得以材料不全为由，不接受移送案件。

第 3 条　对接受的案件，公安机关应当按照下列情形分别处理：

（一）对属于本公安机关管辖的，迅速进行立案审查；

（二）对属于公安机关管辖但不属于本公安机关管辖的，移送有管辖权的公安机关，并书面告知移送案件的行政执法机关；

（三）对不属于公安机关管辖的，退回移送案件的行政执法机关，并书面说明理由。

第 4 条　对接受的案件，公安机关应当立即审查，并在规定的时间内作出立案或者不立案的决定。

决定立案的，应当书面通知移送案件的行政执法机关。对决定不立案的，应当说明理由，制作不予立案通知书，连同案卷材料在三日内送达移送案件的行政执法机关。

第5条 公安机关审查发现涉嫌犯罪案件移送材料不全、证据不充分的，可以就证明有犯罪事实的相关证据要求等提出补充调查意见，商请移送案件的行政执法机关补充调查。必要时，公安机关可以自行调查。

第6条 对决定立案的，公安机关应当自立案之日起三日内与行政执法机关交接涉案物品以及与案件有关的其他证据材料。

对保管条件、保管场所有特殊要求的涉案物品，公安机关可以在采取必要措施固定留取证据后，商请行政执法机关代为保管。

移送案件的行政执法机关在移送案件后，需要作出责令停产停业、吊销许可证等行政处罚，或者在相关行政复议、行政诉讼中，需要使用已移送公安机关证据材料的，公安机关应当协助。

第7条 单位或者个人认为行政执法机关办理的行政案件涉嫌犯罪，向公安机关报案、控告、举报或者自首的，公安机关应当接受，不得要求相关单位或者人员先行向行政执法机关报案、控告、举报或者自首。

第8条 对行政执法机关移送的涉嫌犯罪案件，公安机关立案后决定撤销案件的，应当将撤销案件决定书连同案卷材料送达移送案件的行政执法机关。对依法应当追究行政法律责任的，可以同时向行政执法机关提出书面建议。

第9条 公安机关应当定期总结受理审查行政执法机关移送涉嫌犯罪案件情况，分析衔接工作中存在的问题，并提出意见建议，通报行政执法机关、同级人民检察院。必要时，同时通报本级或者上一级人民政府，或者实行垂直管理的行政执法机关的上一级机关。

第10条 公安机关受理行政执法机关移送涉嫌犯罪案件，依法接受人民检察院的法律监督。

第11条 公安机关可以根据法律法规，联合同级人民检察院、人民法院、行政执法机关制定行政执法机关移送涉嫌犯罪案件类型、移送标准、证据要求、法律文书等文件。

第12条 本规定自印发之日起实施。

第一百一十条 报案、举报、控告及自首的处理

任何单位和个人发现有犯罪事实或者犯罪嫌疑人，有权利也有义务向公安机关、人民检察院或者人民法院报案或者举报。

被害人对侵犯其人身、财产权利的犯罪事实或者犯罪嫌疑人，有权向公安机关、人民检察院或者人民法院报案或者控告。

公安机关、人民检察院或者人民法院对于报案、控告、举报，都应当接受。对于不属于自己管辖的，应当移送主管机关处理，并且通知报案人、控告人、举报人；对于不属于自己管辖而又必须采取紧急措施的，应当先采取紧急措施，然后移送主管机关。

犯罪人向公安机关、人民检察院或者人民法院自首的，适用第三款规定。

第一百一十一条 报案、控告、举报的形式、程序及保障

报案、控告、举报可以用书面或者口头提出。接受口头报案、控告、举报的工作人员，应当写成笔录，经宣读无误后，由报案人、控告人、举报人签名或者盖章。

接受控告、举报的工作人员，应当向控告人、举报人说明诬告应负的法律责任。但是，只要不是捏造事实，伪造证据，即使控告、举报的事实有出入，甚至是错告的，也要和诬告严格加以区别。

公安机关、人民检察院或者人民法院应当保障报案人、控告人、举报人及其近亲属的安全。报案人、控告人、举报人如果不愿公开自己的姓名和报案、控告、举报的行为，应当为他保守秘密。

● ***部门规章及文件***

《公安机关办理刑事案件程序规定》（2020 年 7 月 20 日修正　公安部令第 159 号）

第 169 条　公安机关对于公民扭送、报案、控告、举报或者犯罪嫌疑人自动投案的，都应当立即接受，问明情况，并制作笔录，经核对无误后，由扭送人、报案人、控告人、举报人、投案人签名、捺指印。必要时，应当对接受过程录音录像。

第170条 公安机关对扭送人、报案人、控告人、举报人、投案人提供的有关证据材料等应当登记，制作接受证据材料清单，由扭送人、报案人、控告人、举报人、投案人签名，并妥善保管。必要时，应当拍照或者录音录像。

第171条 公安机关接受案件时，应当制作受案登记表和受案回执，并将受案回执交扭送人、报案人、控告人、举报人。扭送人、报案人、控告人、举报人无法取得联系或者拒绝接受回执的，应当在回执中注明。

第172条 公安机关接受控告、举报的工作人员，应当向控告人、举报人说明诬告应负的法律责任。但是，只要不是捏造事实、伪造证据，即使控告、举报的事实有出入，甚至是错告的，也要和诬告严格加以区别。

第173条 公安机关应当保障扭送人、报案人、控告人、举报人及其近亲属的安全。

扭送人、报案人、控告人、举报人如果不愿意公开自己的身份，应当为其保守秘密，并在材料中注明。

第一百一十二条 对报案、控告、举报和自首的审查

人民法院、人民检察院或者公安机关对于报案、控告、举报和自首的材料，应当按照管辖范围，迅速进行审查，认为有犯罪事实需要追究刑事责任的时候，应当立案；认为没有犯罪事实，或者犯罪事实显著轻微，不需要追究刑事责任的时候，不予立案，并且将不立案的原因通知控告人。控告人如果不服，可以申请复议。

● *部门规章及文件*

1. **《最高人民检察院、公安部关于公安机关办理经济犯罪案件的若干规定》**（2017年11月24日 公通字〔2017〕25号）

第14条 公安机关对涉嫌经济犯罪线索的报案、控告、举报、自动投案，不论是否有管辖权，都应当接受并登记，由最初受理的公安机关依照法定程序办理，不得以管辖权为由推诿或者拒绝。

经审查，认为有犯罪事实，但不属于其管辖的案件，应当及时移送有管

辖权的机关处理。对于不属于其管辖又必须采取紧急措施的，应当先采取紧急措施，再移送主管机关。

第15条 公安机关接受涉嫌经济犯罪线索的报案、控告、举报、自动投案后，应当立即进行审查，并在七日以内决定是否立案；重大、疑难、复杂线索，经县级以上公安机关负责人批准，立案审查期限可以延长至三十日；特别重大、疑难、复杂或者跨区域性的线索，经上一级公安机关负责人批准，立案审查期限可以再延长三十日。

上级公安机关指定管辖或者书面通知立案的，应当在指定期限以内立案侦查。人民检察院通知立案的，应当在十五日以内立案侦查。

第17条 公安机关经立案审查，同时符合下列条件的，应当立案：

（一）认为有犯罪事实；

（二）涉嫌犯罪数额、结果或者其他情节符合经济犯罪案件的立案追诉标准，需要追究刑事责任；

（三）属于该公安机关管辖。

第18条 在立案审查中，发现案件事实或者线索不明的，经公安机关办案部门负责人批准，可以依照有关规定采取询问、查询、勘验、鉴定和调取证据材料等不限制被调查对象人身、财产权利的措施。经审查，认为有犯罪事实，需要追究刑事责任的，经县级以上公安机关负责人批准，予以立案。

公安机关立案后，应当采取调查性侦查措施，但是一般不得采取限制人身、财产权利的强制性措施。确有必要采取的，必须严格依照法律规定的条件和程序。严禁在没有证据的情况下，查封、扣押、冻结涉案财物或者拘留、逮捕犯罪嫌疑人。

公安机关立案后，在三十日以内经积极侦查，仍然无法收集到证明有犯罪事实需要对犯罪嫌疑人追究刑事责任的充分证据的，应当立即撤销案件或者终止侦查。重大、疑难、复杂案件，经上一级公安机关负责人批准，可以再延长三十日。

上级公安机关认为不应当立案，责令限期纠正的，或者人民检察院认为不应当立案，通知撤销案件的，公安机关应当及时撤销案件。

第19条 对有控告人的案件，经审查决定不予立案的，应当在立案审查的期限内制作不予立案通知书，并在三日以内送达控告人。

第20条 涉嫌经济犯罪的案件与人民法院正在审理或者作出生效裁判

文书的民事案件，属于同一法律事实或者有牵连关系，符合下列条件之一的，应当立案：

（一）人民法院在审理民事案件或者执行过程中，发现有经济犯罪嫌疑，裁定不予受理、驳回起诉、中止诉讼、判决驳回诉讼请求或者中止执行生效裁判文书，并将有关材料移送公安机关的；

（二）人民检察院依法通知公安机关立案的；

（三）公安机关认为有证据证明有犯罪事实，需要追究刑事责任，经省级以上公安机关负责人批准的。

有前款第二项、第三项情形的，公安机关立案后，应当严格依照法律规定的条件和程序采取强制措施和侦查措施，并将立案决定书等法律文书及相关案件材料复印件抄送正在审理或者作出生效裁判文书的人民法院并说明立案理由，同时通报与办理民事案件的人民法院同级的人民检察院，必要时可以报告上级公安机关。

在侦查过程中，不得妨碍人民法院民事诉讼活动的正常进行。

第21条 公安机关在侦查过程中、人民检察院在审查起诉过程中，发现具有下列情形之一的，应当将立案决定书、起诉意见书等法律文书及相关案件材料复印件抄送正在审理或者作出生效裁判文书的人民法院，由人民法院依法处理：

（一）侦查、审查起诉的经济犯罪案件与人民法院正在审理或者作出生效裁判文书的民事案件属于同一法律事实或者有牵连关系的；

（二）涉案财物已被有关当事人申请执行的。

有前款规定情形的，公安机关、人民检察院应当同时将有关情况通报与办理民事案件的人民法院同级的人民检察院。

公安机关将相关法律文书及案件材料复印件抄送人民法院后一个月以内未收到回复的，必要时，可以报告上级公安机关。

立案侦查、审查起诉的经济犯罪案件与仲裁机构作出仲裁裁决的民事案件属于同一法律事实或者有牵连关系，且人民法院已经受理与该仲裁裁决相关申请的，依照本条第一款至第三款的规定办理。

第22条 涉嫌经济犯罪的案件与人民法院正在审理或者作出生效裁判文书以及仲裁机构作出裁决的民事案件有关联但不属同一法律事实的，公安机关可以立案侦查，但是不得以刑事立案为由要求人民法院移送案件、裁定驳回起诉、中止诉讼、判决驳回诉讼请求、中止执行或者撤销判决、裁定，或者要求人民法院撤销仲裁裁决。

第25条 在侦查过程中，公安机关发现具有下列情形之一的，应当及时撤销案件：

（一）对犯罪嫌疑人解除强制措施之日起十二个月以内，仍然不能移送审查起诉或者依法作其他处理的；

（二）对犯罪嫌疑人未采取强制措施，自立案之日起二年以内，仍然不能移送审查起诉或者依法作其他处理的；

（三）人民检察院通知撤销案件的；

（四）其他符合法律规定的撤销案件情形的。

有前款第一项、第二项情形，但是有证据证明有犯罪事实需要进一步侦查的，经省级以上公安机关负责人批准，可以不撤销案件，继续侦查。

撤销案件后，公安机关应当立即停止侦查活动，并解除相关的侦查措施和强制措施。

撤销案件后，又发现新的事实或者证据，依法需要追究刑事责任的，公安机关应当重新立案侦查。

第26条 公安机关接报案件后，报案人、控告人、举报人、被害人及其法定代理人、近亲属查询立案情况的，应当在三日以内告知立案情况并记录在案。对已经立案的，应当告知立案时间、涉嫌罪名、办案单位等情况。

2.《公安机关办理刑事案件程序规定》（2020年7月20日修正　公安部令第159号）

第178条 公安机关接受案件后，经审查，认为有犯罪事实需要追究刑事责任，且属于自己管辖的，经县级以上公安机关负责人批准，予以立案；认为没有犯罪事实，或者犯罪事实显著轻微不需要追究刑事责任，或者具有其他依法不追究刑事责任情形的，经县级以上公安机关负责人批准，不予立案。

对有控告人的案件，决定不予立案的，公安机关应当制作不予立案通知书，并在三日以内送达控告人。

决定不予立案后又发现新的事实或者证据，或者发现原认定事实错误，需要追究刑事责任的，应当及时立案处理。

第179条 控告人对不予立案决定不服的，可以在收到不予立案通知书后七日以内向作出决定的公安机关申请复议；公安机关应当在收到复议申请后三十日以内作出决定，并将决定书送达控告人。

控告人对不予立案的复议决定不服的，可以在收到复议决定书后七日以内向上一级公安机关申请复核；上一级公安机关应当在收到复核申请后三十日以内作出决定。对上级公安机关撤销不予立案决定的，下级公安机关应当执行。

案情重大、复杂的，公安机关可以延长复议、复核时限，但是延长时限不得超过三十日，并书面告知申请人。

第180条 对行政执法机关移送的案件，公安机关应当自接受案件之日起三日以内进行审查，认为有犯罪事实，需要追究刑事责任，依法决定立案的，应当书面通知移送案件的行政执法机关；认为没有犯罪事实，或者犯罪事实显著轻微，不需要追究刑事责任，依法不予立案的，应当说明理由，并将不予立案通知书送达移送案件的行政执法机关，相应退回案件材料。

公安机关认为行政执法机关移送的案件材料不全的，应当在接受案件后二十四小时以内通知移送案件的行政执法机关在三日以内补正，但不得以材料不全为由不接受移送案件。

公安机关认为行政执法机关移送的案件不属于公安机关职责范围的，应当书面通知移送案件的行政执法机关向其他主管机关移送案件，并说明理由。

第181条 移送案件的行政执法机关对不予立案决定不服的，可以在收到不予立案通知书后三日以内向作出决定的公安机关申请复议；公安机关应当在收到行政执法机关的复议申请后三日以内作出决定，并书面通知移送案件的行政执法机关。

第一百一十三条 立案监督

人民检察院认为公安机关对应当立案侦查的案件而不立案侦查的，或者被害人认为公安机关对应当立案侦查的案件而不立案侦查，向人民检察院提出的，人民检察院应当要求公安机关说明不立案的理由。人民检察院认为公安机关不立案理由不能成立的，应当通知公安机关立案，公安机关接到通知后应当立案。

● *司法解释及文件*

1.《**最高人民法院、最高人民检察院、公安部、国家安全部、司法部、全国人大常委会法制工作委员会关于实施刑事诉讼法若干问题的规定**》(2012 年 12 月 26 日)

18. 刑事诉讼法第一百一十一条[①]规定:“人民检察院认为公安机关对应当立案侦查的案件而不立案侦查的,或者被害人认为公安机关对应当立案侦查的案件而不立案侦查,向人民检察院提出的,人民检察院应当要求公安机关说明不立案的理由。人民检察院认为公安机关不立案理由不能成立的,应当通知公安机关立案,公安机关接到通知后应当立案。”根据上述规定,公安机关收到人民检察院要求说明不立案理由通知书后,应当在七日内将说明情况书面答复人民检察院。人民检察院认为公安机关不立案理由不能成立,发出通知立案书时,应当将有关证明应当立案的材料同时移送公安机关。公安机关收到通知立案书后,应当在十五日内决定立案,并将立案决定书送达人民检察院。

● *部门规章及文件*

2.《**公安机关办理刑事案件程序规定**》(2020 年 7 月 20 日修正　公安部令第 159 号)

第 182 条　对人民检察院要求说明不立案理由的案件,公安机关应当在收到通知书后七日以内,对不立案的情况、依据和理由作出书面说明,回复人民检察院。公安机关作出立案决定的,应当将立案决定书复印件送达人民检察院。

人民检察院通知公安机关立案的,公安机关应当在收到通知书后十五日以内立案,并将立案决定书复印件送达人民检察院。

第 183 条　人民检察院认为公安机关不应当立案而立案,提出纠正意见的,公安机关应当进行调查核实,并将有关情况回复人民检察院。

第 184 条　经立案侦查,认为有犯罪事实需要追究刑事责任,但不属于自己管辖或者需要由其他公安机关并案侦查的案件,经县级以上公安机关负责人批准,制作移送案件通知书,移送有管辖权的机关或者并案侦查的公安机关,并在移送案件后三日以内书面通知扭送人、报案人、控告人、举报人或者移送案件的行政执法机关;犯罪嫌疑人已经到案的,应当依照本规定的有关规定通知其家属。

---

① 对应《中华人民共和国刑事诉讼法》(2018 年修正)第一百一十三条。

● *请示答复*

3.《最高人民检察院关于“人民检察院发出〈通知立案书〉时，应当将有关证明应该立案的材料移送公安机关”问题的批复》（1998年5月12日 高检发释字〔1998〕3号）

人民检察院向公安机关发出《通知立案书》时，应当将有关证明应该立案的材料同时移送公安机关。以上“有关证明应该立案的材料”主要是指被害人的控告材料，或者是检察机关在审查举报、审查批捕、审查起诉过程中发现的材料。人民检察院在立案监督中，不得进行侦查，但可以对通知公安机关立案所依据的有关材料，进行必要的调查核实。

第一百一十四条 自诉案件的起诉与受理

对于自诉案件，被害人有权向人民法院直接起诉。被害人死亡或者丧失行为能力的，被害人的法定代理人、近亲属有权向人民法院起诉。人民法院应当依法受理。

第二章 侦　　查

第一节 一 般 规 定

第一百一十五条 侦查

公安机关对已经立案的刑事案件，应当进行侦查，收集、调取犯罪嫌疑人有罪或者无罪、罪轻或者罪重的证据材料。对现行犯或者重大嫌疑分子可以依法先行拘留，对符合逮捕条件的犯罪嫌疑人，应当依法逮捕。

● *部门规章及文件*

《公安机关办理刑事案件程序规定》（2020年7月20日修正　公安部令第159号）

第124条　公安机关对于现行犯或者重大嫌疑分子，有下列情形之一的，可以先行拘留：

（一）正在预备犯罪、实行犯罪或者在犯罪后即时被发觉的；

（二）被害人或者在场亲眼看见的人指认他犯罪的；

（三）在身边或者住处发现有犯罪证据的；

（四）犯罪后企图自杀、逃跑或者在逃的；

（五）有毁灭、伪造证据或者串供可能的；

（六）不讲真实姓名、住址，身份不明的；

（七）有流窜作案、多次作案、结伙作案重大嫌疑的。

第191条 公安机关对已经立案的刑事案件，应当及时进行侦查，全面、客观地收集、调取犯罪嫌疑人有罪或者无罪、罪轻或者罪重的证据材料。

第192条 公安机关经过侦查，对有证据证明有犯罪事实的案件，应当进行预审，对收集、调取的证据材料的真实性、合法性、关联性及证明力予以审查、核实。

第193条 公安机关侦查犯罪，应当严格依照法律规定的条件和程序采取强制措施和侦查措施，严禁在没有证据的情况下，仅凭怀疑就对犯罪嫌疑人采取强制措施和侦查措施。

第194条 公安机关开展勘验、检查、搜查、辨认、查封、扣押等侦查活动，应当邀请有关公民作为见证人。

下列人员不得担任侦查活动的见证人：

（一）生理上、精神上有缺陷或者年幼，不具有相应辨别能力或者不能正确表达的人；

（二）与案件有利害关系，可能影响案件公正处理的人；

（三）公安机关的工作人员或者其聘用的人员。

确因客观原因无法由符合条件的人员担任见证人的，应当对有关侦查活动进行全程录音录像，并在笔录中注明有关情况。

第195条 公安机关侦查犯罪，涉及国家秘密、商业秘密、个人隐私的，应当保密。

第一百一十六条 预审

公安机关经过侦查，对有证据证明有犯罪事实的案件，应当进行预审，对收集、调取的证据材料予以核实。

第一百一十七条 对违法侦查的申诉、控告与处理

当事人和辩护人、诉讼代理人、利害关系人对于司法机关及其工作人员有下列行为之一的，有权向该机关申诉或者控告：

（一）采取强制措施法定期限届满，不予以释放、解除或者变更的；

（二）应当退还取保候审保证金不退还的；

（三）对与案件无关的财物采取查封、扣押、冻结措施的；

（四）应当解除查封、扣押、冻结不解除的；

（五）贪污、挪用、私分、调换、违反规定使用查封、扣押、冻结的财物的。

受理申诉或者控告的机关应当及时处理。对处理不服的，可以向同级人民检察院申诉；人民检察院直接受理的案件，可以向上一级人民检察院申诉。人民检察院对申诉应当及时进行审查，情况属实的，通知有关机关予以纠正。

● *部门规章及文件*

《公安机关办理刑事案件程序规定》（2020年7月20日修正　公安部令第159号）

第196条　当事人和辩护人、诉讼代理人、利害关系人对于公安机关及其侦查人员有下列行为之一的，有权向该机关申诉或者控告：

（一）采取强制措施法定期限届满，不予以释放、解除或者变更的；

（二）应当退还取保候审保证金不退还的；

（三）对与案件无关的财物采取查封、扣押、冻结措施的；

（四）应当解除查封、扣押、冻结不解除的；

（五）贪污、挪用、私分、调换、违反规定使用查封、扣押、冻结的财物的。

受理申诉或者控告的公安机关应当及时进行调查核实，并在收到申诉、控告之日起三十日以内作出处理决定，书面回复申诉人、控告人。发现公安机关及其侦查人员有上述行为之一的，应当立即纠正。

第197条　上级公安机关发现下级公安机关存在本规定第一百九十六条

第一款规定的违法行为或者对申诉、控告事项不按照规定处理的，应当责令下级公安机关限期纠正，下级公安机关应当立即执行。必要时，上级公安机关可以就申诉、控告事项直接作出处理决定。

第二节 讯问犯罪嫌疑人

第一百一十八条 讯问的主体 对被羁押犯罪嫌疑人讯问地点

讯问犯罪嫌疑人必须由人民检察院或者公安机关的侦查人员负责进行。讯问的时候，侦查人员不得少于二人。

犯罪嫌疑人被送交看守所羁押以后，侦查人员对其进行讯问，应当在看守所内进行。

● *司法解释及文件*

1. **《人民检察院刑事诉讼规则》**（2019 年 12 月 30 日　高检发释字〔2019〕4 号）

第 182 条　讯问犯罪嫌疑人，由检察人员负责进行。讯问时，检察人员或者检察人员和书记员不得少于二人。

讯问同案的犯罪嫌疑人，应当个别进行。

第 192 条　询问证人，应当由检察人员负责进行。询问时，检察人员或者检察人员和书记员不得少于二人。

● *部门规章及文件*

2. **《公安机关办理刑事案件程序规定》**（2020 年 7 月 20 日修正　公安部令第 159 号）

第 201 条　传唤、拘传、讯问犯罪嫌疑人，应当保证犯罪嫌疑人的饮食和必要的休息时间，并记录在案。

第 202 条　讯问犯罪嫌疑人，必须由侦查人员进行。讯问的时候，侦查人员不得少于二人。

讯问同案的犯罪嫌疑人，应当个别进行。

第一百一十九条 传唤、拘传讯问的地点、持续期间及权利保障①

对不需要逮捕、拘留的犯罪嫌疑人，可以传唤到犯罪嫌疑人所在市、县内的指定地点或者到他的住处进行讯问，但是应当出示人民检察院或者公安机关的证明文件。对在现场发现的犯罪嫌疑人，经出示工作证件，可以口头传唤，但应当在讯问笔录中注明。

传唤、拘传持续的时间不得超过十二小时；案情特别重大、复杂，需要采取拘留、逮捕措施的，传唤、拘传持续的时间不得超过二十四小时。

不得以连续传唤、拘传的形式变相拘禁犯罪嫌疑人。传唤、拘传犯罪嫌疑人，应当保证犯罪嫌疑人的饮食和必要的休息时间。

● *司法解释及文件*

1. **《人民检察院刑事诉讼规则》**（2019年12月30日 高检发释字〔2019〕4号）

第183条 对于不需要逮捕、拘留的犯罪嫌疑人，可以传唤到犯罪嫌疑人所在市、县内的指定地点或者到他的住处进行讯问。

传唤犯罪嫌疑人，应当出示传唤证和工作证件，并责令犯罪嫌疑人在传唤证上签名或者盖章，并捺指印。

犯罪嫌疑人到案后，应当由其在传唤证上填写到案时间。传唤结束时，应当由其在传唤证上填写传唤结束时间。拒绝填写的，应当在传唤证上注明。

对在现场发现的犯罪嫌疑人，经出示工作证件，可以口头传唤，并将传唤的原因和依据告知被传唤人。在讯问笔录中应当注明犯罪嫌疑人到案时间、到案经过和传唤结束时间。

本规则第八十四条第二款的规定适用于传唤犯罪嫌疑人。

---

① 2012年《刑事诉讼法》修订，在本条中首先是增加了口头传唤的规定，主要是针对在犯罪现场发现的犯罪嫌疑人。在犯罪现场及时获取相关的证据非常重要，这也是侦查人员把握获取证据的最佳时机来获取重要的相关证据。在这种情况下，侦查人员可以对犯罪嫌疑人进行口头传唤。同时，必须要出示工作证件，才能进行口头传唤，并应当在讯问笔录中注明。其次根据实践需要，对于少数严重的犯罪，将传唤、拘传的时间延长至不得超过二十四小时。

● *部门规章及文件*

2. **《公安机关办理刑事案件程序规定》**（2020 年 7 月 20 日修正　公安部令第 159 号）

第 198 条　讯问犯罪嫌疑人，除下列情形以外，应当在公安机关执法办案场所的讯问室进行：

（一）紧急情况下在现场进行讯问的；

（二）对有严重伤病或者残疾、行动不便的，以及正在怀孕的犯罪嫌疑人，在其住处或者就诊的医疗机构进行讯问的。

对于已送交看守所羁押的犯罪嫌疑人，应当在看守所讯问室进行讯问。

对于正在被执行行政拘留、强制隔离戒毒的人员以及正在监狱服刑的罪犯，可以在其执行场所进行讯问。

对于不需要拘留、逮捕的犯罪嫌疑人，经办案部门负责人批准，可以传唤到犯罪嫌疑人所在市、县公安机关执法办案场所或者到他的住处进行讯问。

第 201 条　传唤、拘传、讯问犯罪嫌疑人，应当保证犯罪嫌疑人的饮食和必要的休息时间，并记录在案。

第一百二十条　讯问程序

侦查人员在讯问犯罪嫌疑人的时候，应当首先讯问犯罪嫌疑人是否有犯罪行为，让他陈述有罪的情节或者无罪的辩解，然后向他提出问题。犯罪嫌疑人对侦查人员的提问，应当如实回答。但是对与本案无关的问题，有拒绝回答的权利。

侦查人员在讯问犯罪嫌疑人的时候，应当告知犯罪嫌疑人享有的诉讼权利，如实供述自己罪行可以从宽处理和认罪认罚的法律规定。

● *司法解释及文件*

《人民检察院刑事诉讼规则》（2019 年 12 月 30 日　高检发释字〔2019〕4 号）

第 187 条　讯问犯罪嫌疑人一般按照下列顺序进行：

（一）核实犯罪嫌疑人的基本情况，包括姓名、出生年月日、户籍地、公民身份号码、民族、职业、文化程度、工作单位及职务、住所、家庭情况、社会经历、是否属于人大代表、政协委员等；

（二）告知犯罪嫌疑人在侦查阶段的诉讼权利，有权自行辩护或者委托律师辩护，告知其如实供述自己罪行可以依法从宽处理和认罪认罚的法律规定；

（三）讯问犯罪嫌疑人是否有犯罪行为，让他陈述有罪的事实或者无罪的辩解，应当允许其连贯陈述。

犯罪嫌疑人对检察人员的提问，应当如实回答。但是对与本案无关的问题，有拒绝回答的权利。

讯问犯罪嫌疑人时，应当告知犯罪嫌疑人将对讯问进行全程同步录音、录像。告知情况应当在录音、录像中予以反映，并记明笔录。

讯问时，对犯罪嫌疑人提出的辩解要认真查核。严禁刑讯逼供和以威胁、引诱、欺骗以及其他非法的方法获取供述。

第一百二十一条　对聋、哑犯罪嫌疑人讯问的要求

讯问聋、哑的犯罪嫌疑人，应当有通晓聋、哑手势的人参加，并且将这种情况记明笔录。

● 司法解释及文件

《人民检察院办理未成年人刑事案件的规定》（2013 年 12 月 27 日　高检发研字〔2013〕7 号）

第 17 条　人民检察院办理未成年犯罪嫌疑人审查逮捕案件，应当讯问未成年犯罪嫌疑人，听取辩护律师的意见，并制作笔录附卷。

讯问未成年犯罪嫌疑人，应当根据该未成年人的特点和案件情况，制定详细的讯问提纲，采取适宜该未成年人的方式进行，讯问用语应当准确易懂。

讯问未成年犯罪嫌疑人，应当告知其依法享有的诉讼权利，告知其如实供述案件事实的法律规定和意义，核实其是否有自首、立功、坦白等情节，听取其有罪的供述或者无罪、罪轻的辩解。

讯问未成年犯罪嫌疑人，应当通知其法定代理人到场，告知法定代理人依法享有的诉讼权利和应当履行的义务。无法通知、法定代理人不能到场或者法定代理人是共犯的，也可以通知未成年犯罪嫌疑人的其他成年亲属，所在学校、单位或者居住地的村民委员会、居民委员会、未成年人保护组织的代表等合适成年人到场，并将有关情况记录在案。到场的法定代理人可以代

为行使未成年犯罪嫌疑人的诉讼权利，行使时不得侵犯未成年犯罪嫌疑人的合法权益。

未成年犯罪嫌疑人明确拒绝法定代理人以外的合适成年人到场，人民检察院可以准许，但应当另行通知其他合适成年人到场。

到场的法定代理人或者其他人员认为办案人员在讯问中侵犯未成年犯罪嫌疑人合法权益的，可以提出意见。讯问笔录应当交由到场的法定代理人或者其他人员阅读或者向其宣读，并由其在笔录上签字、盖章或者捺指印确认。

讯问女性未成年犯罪嫌疑人，应当有女性检察人员参加。

询问未成年被害人、证人，适用本条第四款至第七款的规定。

第18条 讯问未成年犯罪嫌疑人一般不得使用械具。对于确有人身危险性，必须使用械具的，在现实危险消除后，应当立即停止使用。

第23条 人民检察院审查起诉未成年人刑事案件，应当讯问未成年犯罪嫌疑人。讯问未成年犯罪嫌疑人适用本规定第十七条、第十八条的规定。

第56条 对提起公诉的未成年人刑事案件，应当认真做好下列出席法庭的准备工作：

（一）掌握未成年被告人的心理状态，并对其进行接受审判的教育，必要时，可以再次讯问被告人；

（二）与未成年被告人的法定代理人、合适成年人、辩护人交换意见，共同做好教育、感化工作；

（三）进一步熟悉案情，深入研究本案的有关法律政策问题，根据案件性质，结合社会调查情况，拟定讯问提纲、询问被害人、证人、鉴定人提纲、举证提纲、答辩提纲、公诉意见书和针对未成年被告人进行法制教育的书面材料。

第58条 在法庭审理过程中，公诉人的讯问、询问、辩论等活动，应当注意未成年人的身心特点。对于未成年被告人情绪严重不稳定，不宜继续接受审判的，公诉人可以建议法庭休庭。

第67条 人民检察院审查批准逮捕、审查起诉未成年犯罪嫌疑人，应当同时依法监督侦查活动是否合法，发现有下列违法行为的，应当提出纠正意见；构成犯罪的，依法追究刑事责任：

（一）违法对未成年犯罪嫌疑人采取强制措施或者采取强制措施不当的；

（二）未依法实行对未成年犯罪嫌疑人与成年犯罪嫌疑人分别关押、管理的；

（三）对未成年犯罪嫌疑人采取刑事拘留、逮捕措施后，在法定时限内未进行讯问，或者未通知其家属的；

（四）讯问未成年犯罪嫌疑人或者询问未成年被害人、证人时，未依法通知其法定代理人或者合适成年人到场的；

（五）讯问或者询问女性未成年人时，没有女性检察人员参加；

（六）未依法告知未成年犯罪嫌疑人有权委托辩护人的；

（七）未依法通知法律援助机构指派律师为未成年犯罪嫌疑人提供辩护的；

（八）对未成年犯罪嫌疑人威胁、体罚、侮辱人格、游行示众，或者刑讯逼供、指供、诱供的；

（九）利用未成年人认知能力低而故意制造冤、假、错案的；

（十）对未成年被害人、证人以暴力、威胁、诱骗等非法手段收集证据或者侵害未成年被害人、证人的人格尊严及隐私权等合法权益的；

（十一）违反羁押和办案期限规定的；

（十二）已作出不批准逮捕、不起诉决定，公安机关不立即释放犯罪嫌疑人的；

（十三）在侦查中有其他侵害未成年人合法权益行为的。

第一百二十二条　讯问笔录

讯问笔录应当交犯罪嫌疑人核对，对于没有阅读能力的，应当向他宣读。如果记载有遗漏或者差错，犯罪嫌疑人可以提出补充或者改正。犯罪嫌疑人承认笔录没有错误后，应当签名或者盖章。侦查人员也应当在笔录上签名。犯罪嫌疑人请求自行书写供述的，应当准许。必要的时候，侦查人员也可以要犯罪嫌疑人亲笔书写供词。

● 司法解释及文件

1. **《人民检察院刑事诉讼规则》**（2019 年 12 月 30 日　高检发释字〔2019〕4 号）

第 188 条　讯问犯罪嫌疑人，应当制作讯问笔录。讯问笔录应当忠实于原话，字迹清楚，详细具体，并交犯罪嫌疑人核对。犯罪嫌疑人没有阅读能力的，应当向他宣读。如果记载有遗漏或者差错，应当补充或者改正。犯罪嫌疑人认为讯问笔录没有错误的，由其在笔录上逐页签名或者盖章，并捺指印，在末页写明“以上笔录我看过（向我宣读过），和我说的相符”，同时签名或者盖章，并捺指印，注明日期。如果犯罪嫌疑人拒绝签名、盖章、捺指印的，应当在笔录上注明。讯问的检察人员、书记员也应当在笔录上签名。

● *部门规章及文件*

2.《公安机关办理刑事案件程序规定》（2020 年 7 月 20 日修正　公安部令第 159 号）

第 205 条　侦查人员应当将问话和犯罪嫌疑人的供述或者辩解如实地记录清楚。制作讯问笔录应当使用能够长期保持字迹的材料。

第 206 条　讯问笔录应当交犯罪嫌疑人核对；对于没有阅读能力的，应当向他宣读。如果记录有遗漏或者差错，应当允许犯罪嫌疑人补充或者更正，并捺指印。笔录经犯罪嫌疑人核对无误后，应当由其在笔录上逐页签名、捺指印，并在末页写明“以上笔录我看过（或向我宣读过），和我说的相符”。拒绝签名、捺指印的，侦查人员应当在笔录上注明。

讯问笔录上所列项目，应当按照规定填写齐全。侦查人员、翻译人员应当在讯问笔录上签名。

第 207 条　犯罪嫌疑人请求自行书写供述的，应当准许；必要时，侦查人员也可以要求犯罪嫌疑人亲笔书写供词。犯罪嫌疑人应当在亲笔供词上逐页签名、捺指印。侦查人员收到后，应当在首页右上方写明“于某年某月某日收到”，并签名。

第一百二十三条　讯问过程录音录像

侦查人员在讯问犯罪嫌疑人的时候，可以对讯问过程进行录音或者录像；对于可能判处无期徒刑、死刑的案件或者其他重大犯罪案件，应当对讯问过程进行录音或者录像。

录音或者录像应当全程进行，保持完整性。

● *司法解释及文件*

1.《人民检察院刑事诉讼规则》（2019 年 12 月 30 日　高检发释字〔2019〕4 号）

第 190 条　人民检察院办理直接受理侦查的案件，应当在每次讯问犯罪嫌疑人时，对讯问过程实行全程录音、录像，并在讯问笔录中注明。

2.《最高人民法院、最高人民检察院、公安部、国家安全部、司法部、全国人大常委会法制工作委员会关于实施刑事诉讼法若干问题的规定》（2012 年 12 月 26 日）

19. 刑事诉讼法第一百二十一条第一款[①]规定："侦查人员在讯问犯罪嫌疑人的时候，可以对讯问过程进行录音或者录像；对于可能判处无期徒刑、死刑的案件或者其他重大犯罪案件，应当对讯问过程进行录音或者录像。"侦查人员对讯问过程进行录音或者录像的，应当在讯问笔录中注明。人民检察院、人民法院可以根据需要调取讯问犯罪嫌疑人的录音或者录像，有关机关应当及时提供。

● *部门规章及文件*

3.《公安机关办理刑事案件程序规定》（2020 年 7 月 20 日修正　公安部令第 159 号）

第 208 条　讯问犯罪嫌疑人，在文字记录的同时，可以对讯问过程进行录音录像。对于可能判处无期徒刑、死刑的案件或者其他重大犯罪案件，应当对讯问过程进行录音录像。

前款规定的"可能判处无期徒刑、死刑的案件"，是指应当适用的法定刑或者量刑档次包含无期徒刑、死刑的案件。"其他重大犯罪案件"，是指致人重伤、死亡的严重危害公共安全犯罪、严重侵犯公民人身权利犯罪，以及黑社会性质组织犯罪、严重毒品犯罪等重大故意犯罪案件。

对讯问过程录音录像的，应当对每一次讯问全程不间断进行，保持完整性。不得选择性地录制，不得剪接、删改。

---

① 对应《中华人民共和国刑事诉讼法》（2018 年修正）第一百二十三条第一款。

第三节 询问证人

第一百二十四条 询问证人的地点、方式

侦查人员询问证人，可以在现场进行，也可以到证人所在单位、住处或者证人提出的地点进行，在必要的时候，可以通知证人到人民检察院或者公安机关提供证言。在现场询问证人，应当出示工作证件，到证人所在单位、住处或者证人提出的地点询问证人，应当出示人民检察院或者公安机关的证明文件。

询问证人应当个别进行。

● *司法解释及文件*

1.《人民检察院刑事诉讼规则》（2019 年 12 月 30 日 高检发释字〔2019〕4 号）

第 193 条 询问证人，可以在现场进行，也可以到证人所在单位、住处或者证人提出的地点进行。必要时，也可以通知证人到人民检察院提供证言。到证人提出的地点进行询问的，应当在笔录中记明。

询问证人应当个别进行。

在现场询问证人，应当出示工作证件。到证人所在单位、住处或者证人提出的地点询问证人，应当出示人民检察院的证明文件。

● *部门规章及文件*

2.《公安机关办理刑事案件程序规定》（2020 年 7 月 20 日修正 公安部令第 159 号）

第 210 条 询问证人、被害人，可以在现场进行，也可以到证人、被害人所在单位、住处或者证人、被害人提出的地点进行。在必要的时候，可以书面、电话或者当场通知证人、被害人到公安机关提供证言。

询问证人、被害人应当个别进行。

在现场询问证人、被害人，侦查人员应当出示人民警察证。到证人、被害人所在单位、住处或者证人、被害人提出的地点询问证人、被害人，应当经办案部门负责人批准，制作询问通知书。询问前，侦查人员应当出示询问通知书和人民警察证。

第 211 条 询问前，应当了解证人、被害人的身份，证人、被害人、犯罪嫌疑人之间的关系。询问时，应当告知证人、被害人必须如实地提供证据、证言和有意作伪证或者隐匿罪证应负的法律责任。

侦查人员不得向证人、被害人泄露案情或者表示对案件的看法，严禁采用暴力、威胁等非法方法询问证人、被害人。

第 212 条 本规定第二百零六条、第二百零七条的规定，也适用于询问证人、被害人。

第一百二十五条 询问证人的告知事项

询问证人，应当告知他应当如实地提供证据、证言和有意作伪证或者隐匿罪证要负的法律责任。

第一百二十六条 询问证人笔录

本法第一百二十二条的规定，也适用于询问证人。

第一百二十七条 询问被害人的法律适用

询问被害人，适用本节各条规定。

第四节 勘验、检查

第一百二十八条 勘验、检查的主体和范围

侦查人员对于与犯罪有关的场所、物品、人身、尸体应当进行勘验或者检查。在必要的时候，可以指派或者聘请具有专门知识的人，在侦查人员的主持下进行勘验、检查。

● *司法解释及文件*

1. **《人民检察院刑事诉讼规则》**（2019 年 12 月 30 日 高检发释字〔2019〕4 号）

第 196 条 检察人员对于与犯罪有关的场所、物品、人身、尸体应当进

行勘验或者检查。必要时，可以指派检察技术人员或者聘请其他具有专门知识的人，在检察人员的主持下进行勘验、检查。

● *部门规章及文件*

2. **《公安机关办理刑事案件程序规定》**（2020 年 7 月 20 日修正　公安部令第 159 号）

第 217 条　为了确定被害人、犯罪嫌疑人的某些特征、伤害情况或者生理状态，可以对人身进行检查，依法提取、采集肖像、指纹等人体生物识别信息，采集血液、尿液等生物样本。被害人死亡的，应当通过被害人近亲属辨认、提取生物样本鉴定等方式确定被害人身份。

犯罪嫌疑人拒绝检查、提取、采集的，侦查人员认为必要的时候，经办案部门负责人批准，可以强制检查、提取、采集。

检查妇女的身体，应当由女工作人员或者医师进行。

检查的情况应当制作笔录，由参加检查的侦查人员、检查人员、被检查人员和见证人签名。被检查人员拒绝签名的，侦查人员应当在笔录中注明。

第一百二十九条　犯罪现场保护

任何单位和个人，都有义务保护犯罪现场，并且立即通知公安机关派员勘验。

第一百三十条　勘验、检查的手续

侦查人员执行勘验、检查，必须持有人民检察院或者公安机关的证明文件。

● *部门规章及文件*

《公安机关办理刑事案件程序规定》（2020 年 7 月 20 日修正　公安部令第 159 号）

第 214 条　发案地派出所、巡警等部门应当妥善保护犯罪现场和证据，控制犯罪嫌疑人，并立即报告公安机关主管部门。

执行勘查的侦查人员接到通知后，应当立即赶赴现场；勘查现场，应当持有刑事犯罪现场勘查证。

第 215 条 公安机关对案件现场进行勘查，侦查人员不得少于二人。

第 216 条 勘查现场，应当拍摄现场照片、绘制现场图，制作笔录，由参加勘查的人和见证人签名。对重大案件的现场勘查，应当录音录像。

第一百三十一条 尸体解剖

对于死因不明的尸体，公安机关有权决定解剖，并且通知死者家属到场。

● *司法解释及文件*

1. **《人民检察院刑事诉讼规则》**（2019 年 12 月 30 日 高检发释字〔2019〕4 号）

第 198 条 人民检察院解剖死因不明的尸体，应当通知死者家属到场，并让其在解剖通知书上签名或者盖章。

死者家属无正当理由拒不到场或者拒绝签名、盖章的，不影响解剖的进行，但是应当在解剖通知书上记明。对于身份不明的尸体，无法通知死者家属的，应当记明笔录。

● *部门规章及文件*

2. **《公安机关办理刑事案件程序规定》**（2020 年 7 月 20 日修正 公安部令第 159 号）

第 218 条 为了确定死因，经县级以上公安机关负责人批准，可以解剖尸体，并且通知死者家属到场，让其在解剖尸体通知书上签名。

死者家属无正当理由拒不到场或者拒绝签名的，侦查人员应当在解剖尸体通知书上注明。对身份不明的尸体，无法通知死者家属的，应当在笔录中注明。

第 219 条 对已查明死因，没有继续保存必要的尸体，应当通知家属领回处理，对于无法通知或者通知后家属拒绝领回的，经县级以上公安机关负责人批准，可以及时处理。

第一百三十二条 对被害人、犯罪嫌疑人的人身检查

为了确定被害人、犯罪嫌疑人的某些特征、伤害情况或者

生理状态，可以对人身进行检查，可以提取指纹信息，采集血液、尿液等生物样本。

犯罪嫌疑人如果拒绝检查，侦查人员认为必要的时候，可以强制检查。

检查妇女的身体，应当由女工作人员或者医师进行。

● *司法解释及文件*

1. **《人民检察院刑事诉讼规则》**（2019 年 12 月 30 日　高检发释字〔2019〕4 号）

第 199 条　为了确定被害人、犯罪嫌疑人的某些特征、伤害情况或者生理状态，人民检察院可以对其人身进行检查，可以提取指纹信息，采集血液、尿液等生物样本。

必要时，可以指派、聘请法医或者医师进行人身检查。采集血液等生物样本应当由医师进行。

犯罪嫌疑人如果拒绝检查，检察人员认为必要时可以强制检查。

检查妇女的身体，应当由女工作人员或者医师进行。

人身检查不得采用损害被检查人生命、健康或者贬低其名誉、人格的方法。在人身检查过程中知悉的被检查人的个人隐私，检察人员应当予以保密。

● *部门规章及文件*

2. **《公安机关办理刑事案件程序规定》**（2020 年 7 月 20 日修正　公安部令第 159 号）

第 217 条　为了确定被害人、犯罪嫌疑人的某些特征、伤害情况或者生理状态，可以对人身进行检查，依法提取、采集肖像、指纹等人体生物识别信息，采集血液、尿液等生物样本。被害人死亡的，应当通过被害人近亲属辨认、提取生物样本鉴定等方式确定被害人身份。

犯罪嫌疑人拒绝检查、提取、采集的，侦查人员认为必要的时候，经办案部门负责人批准，可以强制检查、提取、采集。

检查妇女的身体，应当由女工作人员或者医师进行。

检查的情况应当制作笔录，由参加检查的侦查人员、检查人员、被检查人员和见证人签名。被检查人员拒绝签名的，侦查人员应当在笔录中注明。

第一百三十三条 勘验、检查笔录制作

勘验、检查的情况应当写成笔录，由参加勘验、检查的人和见证人签名或者盖章。

第一百三十四条 复验、复查

人民检察院审查案件的时候，对公安机关的勘验、检查，认为需要复验、复查时，可以要求公安机关复验、复查，并且可以派检察人员参加。

第一百三十五条 侦查实验

为了查明案情，在必要的时候，经公安机关负责人批准，可以进行侦查实验。

侦查实验的情况应当写成笔录，由参加实验的人签名或者盖章。

侦查实验，禁止一切足以造成危险、侮辱人格或者有伤风化的行为。

● *司法解释及文件*

《人民检察院刑事诉讼规则》（2019 年 12 月 30 日　高检发释字〔2019〕4 号）

第 200 条　为了查明案情，必要时经检察长批准，可以进行侦查实验。侦查实验，禁止一切足以造成危险、侮辱人格或者有伤风化的行为。

第 201 条　侦查实验，必要时可以聘请有关专业人员参加，也可以要求犯罪嫌疑人、被害人、证人参加。

第五节　搜　　查

第一百三十六条 搜查的主体和范围

为了收集犯罪证据、查获犯罪人，侦查人员可以对犯罪嫌疑人以及可能隐藏罪犯或者犯罪证据的人的身体、物品、住处和其他有关的地方进行搜查。

● *司法解释及文件*

1.《人民检察院刑事诉讼规则》（2019 年 12 月 30 日　高检发释字〔2019〕4 号）

第 203 条　为了收集犯罪证据，查获犯罪人，经检察长批准，检察人员可以对犯罪嫌疑人以及可能隐藏罪犯或者犯罪证据的人的身体、物品、住处、工作地点和其他有关的地方进行搜查。

2.《人民检察院司法警察执行职务规则》（2015 年 6 月 1 日）

第 15 条　人民检察院司法警察执行参与搜查任务，应当做到：

（一）参与搜查前，了解被搜查对象的基本情况、搜查现场及周围环境，确定搜查的范围和重点，明确分工和责任；

（二）侦查人员对犯罪嫌疑人、被告人的人身、住所、工作地点和其他有关地方进行搜查时，应当做好安全保障和警戒工作；

（三）对被搜查人及其家属进行严密监控，防止其隐匿、毁弃、转移犯罪证据；对以暴力、威胁或者其他方法阻碍搜查的，应当予以制止或者将其带离现场；

（四）对女性犯罪嫌疑人、被告人进行人身搜查时，应当由女性司法警察执行；

（五）协助侦查人员执行扣押、查封任务时，应当做好现场警戒，保护侦查人员安全，防止意外事件发生。

第一百三十七条　协助义务

任何单位和个人，有义务按照人民检察院和公安机关的要求，交出可以证明犯罪嫌疑人有罪或者无罪的物证、书证、视听资料等证据。

● *司法解释及文件*

《人民检察院刑事诉讼规则》（2019 年 12 月 30 日　高检发释字〔2019〕4 号）

第 202 条　人民检察院有权要求有关单位和个人，交出能够证明犯罪嫌疑人有罪或者无罪以及犯罪情节轻重的证据。

第一百三十八条 持证搜查与无证搜查

进行搜查，必须向被搜查人出示搜查证。

在执行逮捕、拘留的时候，遇有紧急情况，不另用搜查证也可以进行搜查。

● *司法解释及文件*

1. **《人民检察院刑事诉讼规则》**（2019年12月30日　高检发释字〔2019〕4号）

第205条　搜查时，应当向被搜查人或者他的家属出示搜查证。

在执行逮捕、拘留的时候，遇有下列紧急情况之一，不另用搜查证也可以进行搜查：

（一）可能随身携带凶器的；

（二）可能隐藏爆炸、剧毒等危险物品的；

（三）可能隐匿、毁弃、转移犯罪证据的；

（四）可能隐匿其他犯罪嫌疑人的；

（五）其他紧急情况。

搜查结束后，搜查人员应当在二十四小时以内补办有关手续。

● *部门规章及文件*

2. **《公安机关办理刑事案件程序规定》**（2020年7月20日修正　公安部令第159号）

第223条　进行搜查，必须向被搜查人出示搜查证，执行搜查的侦查人员不得少于二人。

第224条　执行拘留、逮捕的时候，遇有下列紧急情况之一的，不用搜查证也可以进行搜查：

（一）可能随身携带凶器的；

（二）可能隐藏爆炸、剧毒等危险物品的；

（三）可能隐匿、毁弃、转移犯罪证据的；

（四）可能隐匿其他犯罪嫌疑人的；

（五）其他突然发生的紧急情况。

第一百三十九条　搜查程序

在搜查的时候，应当有被搜查人或者他的家属，邻居或者其他见证人在场。

搜查妇女的身体，应当由女工作人员进行。

第一百四十条　搜查笔录制作

搜查的情况应当写成笔录，由侦查人员和被搜查人或者他的家属，邻居或者其他见证人签名或者盖章。如果被搜查人或者他的家属在逃或者拒绝签名、盖章，应当在笔录上注明。

● *部门规章及文件*

《最高人民检察院、公安部关于公安机关办理经济犯罪案件的若干规定》

（2017年11月24日　公通字〔2017〕25号）

第61条　委托地公安机关派员赴异地公安机关请求协助采取强制措施或者搜查，查封、扣押、冻结涉案财物等事项时，应当持办案协作函件、有关侦查措施或者强制措施的法律文书、工作证件及相关案件材料，与协作地县级以上公安机关联系，协作地公安机关应当派员协助执行。

第62条　对不及时采取措施，有可能导致犯罪嫌疑人逃匿，或者有可能转移涉案财物以及重要证据的，委托地公安机关可以商请紧急协作，将办案协作函件和有关法律文书通过电传、网络等保密手段传至协作地县级以上公安机关，协作地公安机关收到协作函件后，应当及时采取措施，落实协作事项。委托地公安机关应当立即派员携带法律文书前往协作地办理有关事宜。

第六节　查封、扣押物证、书证

第一百四十一条　查封、扣押的范围及保管、封存

在侦查活动中发现的可用以证明犯罪嫌疑人有罪或者无罪的各种财物、文件，应当查封、扣押；与案件无关的财物、文件，不得查封、扣押。

对查封、扣押的财物、文件，要妥善保管或者封存，不得使用、调换或者损毁。

● *司法解释及文件*

1.《人民检察院刑事诉讼规则》（2019 年 12 月 30 日　高检发释字〔2019〕4 号）

第 209 条　调取物证应当调取原物。原物不便搬运、保存，或者依法应当返还被害人，或者因保密工作需要不能调取原物的，可以将原物封存，并拍照、录像。对原物拍照或者录像应当足以反映原物的外形、内容。

调取书证、视听资料应当调取原件。取得原件确有困难或者因保密需要不能调取原件的，可以调取副本或者复制件。

调取书证、视听资料的副本、复制件和物证的照片、录像的，应当书面记明不能调取原件、原物的原因，制作过程和原件、原物存放地点，并由制作人员和原书证、视听资料、物证持有人签名或者盖章。

2.**《最高人民法院、最高人民检察院、公安部、国家安全部、司法部、全国人大常委会法制工作委员会关于实施刑事诉讼法若干问题的规定》**（2012 年 12 月 26 日）

36. 对于依照刑法规定应当追缴的违法所得及其他涉案财产，除依法返还被害人的财物以及依法销毁的违禁品外，必须一律上缴国库。查封、扣押的涉案财产，依法不移送的，待人民法院作出生效判决、裁定后，由人民法院通知查封、扣押机关上缴国库，查封、扣押机关应当向人民法院送交执行回单；冻结在金融机构的违法所得及其他涉案财产，待人民法院作出生效判决、裁定后，由人民法院通知有关金融机构上缴国库，有关金融机构应当向人民法院送交执行回单。

对于被扣押、冻结的债券、股票、基金份额等财产，在扣押、冻结期间权利人申请出售，经扣押、冻结机关审查，不损害国家利益、被害人利益，不影响诉讼正常进行的，以及扣押、冻结的汇票、本票、支票的有效期即将届满的，可以在判决生效前依法出售或者变现，所得价款由扣押、冻结机关保管，并及时告知当事人或者其近亲属。

3.《人民检察院刑事诉讼涉案财物管理规定》（2015 年 3 月 6 日 高检发〔2015〕6 号）

第一章 总 则

第 1 条 为了贯彻落实中央关于规范刑事诉讼涉案财物处置工作的要求，进一步规范人民检察院刑事诉讼涉案财物管理工作，提高司法水平和办案质量，保护公民、法人和其他组织的合法权益，根据刑法、刑事诉讼法、《人民检察院刑事诉讼规则（试行）》，结合检察工作实际，制定本规定。

第 2 条 本规定所称人民检察院刑事诉讼涉案财物，是指人民检察院在刑事诉讼过程中查封、扣押、冻结的与案件有关的财物及其孳息以及从其他办案机关接收的财物及其孳息，包括犯罪嫌疑人的违法所得及其孳息、供犯罪所用的财物、非法持有的违禁品以及其他与案件有关的财物及其孳息。

第 3 条 违法所得的一切财物，应当予以追缴或者责令退赔。对被害人的合法财产，应当依照有关规定返还。违禁品和供犯罪所用的财物，应当予以查封、扣押、冻结，并依法处理。

第 4 条 人民检察院查封、扣押、冻结、保管、处理涉案财物，必须严格依照刑事诉讼法、《人民检察院刑事诉讼规则（试行）》以及其他相关规定进行。不得查封、扣押、冻结与案件无关的财物。凡查封、扣押、冻结的财物，都应当及时进行审查；经查明确实与案件无关的，应当在三日内予以解除、退还，并通知有关当事人。

严禁以虚假立案或者其他非法方式采取查封、扣押、冻结措施。对涉案单位违规的账外资金但与案件无关的，不得查封、扣押、冻结，可以通知有关主管机关或者其上级单位处理。

查封、扣押、冻结涉案财物，应当为犯罪嫌疑人、被告人及其所扶养的亲属保留必需的生活费用和物品，减少对涉案单位正常办公、生产、经营等活动的影响。

第 5 条 严禁在立案之前查封、扣押、冻结财物。立案之前发现涉嫌犯罪的财物，符合立案条件的，应当及时立案，并采取查封、扣押、冻结措施，以保全证据和防止涉案财物转移、损毁。

个人或者单位在立案之前向人民检察院自首时携带涉案财物的，人民检察院可以根据管辖规定先行接收，并向自首人开具接收凭证，根据立案和侦查情况决定是否查封、扣押、冻结。

人民检察院查封、扣押、冻结涉案财物后，应当对案件及时进行侦查，不得在无法定理由情况下撤销案件或者停止对案件的侦查。

第6条 犯罪嫌疑人到案后，其亲友受犯罪嫌疑人委托或者主动代为向检察机关退还或者赔偿涉案财物的，参照《人民检察院刑事诉讼规则（试行）》关于查封、扣押、冻结的相关程序办理。符合相关条件的，人民检察院应当开具查封、扣押、冻结决定书，并由检察人员、代为退还或者赔偿的人员和有关规定要求的其他人员在清单上签名或者盖章。

代为退还或者赔偿的人员应当在清单上注明系受犯罪嫌疑人委托或者主动代为犯罪嫌疑人退还或者赔偿。

第7条 人民检察院实行查封、扣押、冻结、处理涉案财物与保管涉案财物相分离的原则，办案部门与案件管理、计划财务装备等部门分工负责、互相配合、互相制约。侦查监督、公诉、控告检察、刑事申诉检察等部门依照刑事诉讼法和其他相关规定对办案部门查封、扣押、冻结、保管、处理涉案财物等活动进行监督。

办案部门负责对涉案财物依法进行查封、扣押、冻结、处理，并对依照本规定第十条第二款、第十二条不移送案件管理部门或者不存入唯一合规账户的涉案财物进行管理；案件管理部门负责对办案部门和其他办案机关移送的涉案物品进行保管，并依照有关规定对查封、扣押、冻结、处理涉案财物工作进行监督管理；计划财务装备部门负责对存入唯一合规账户的扣押款项进行管理。

人民检察院监察部门依照有关规定对查封、扣押、冻结、保管、处理涉案财物工作进行监督。

第8条 人民检察院查封、扣押、冻结、处理涉案财物，应当使用最高人民检察院统一制定的法律文书，填写必须规范、完整。禁止使用不符合规定的文书查封、扣押、冻结、处理涉案财物。

第9条 查封、扣押、冻结、保管、处理涉及国家秘密、商业秘密、个人隐私的财物，应当严格遵守有关保密规定。

第二章 涉案财物的移送与接收

第10条 人民检察院办案部门查封、扣押、冻结涉案财物及其孳息后，应当及时按照下列情形分别办理，至迟不得超过三日，法律和有关规定另有规定的除外：

（一）将扣押的款项存入唯一合规账户；

（二）将扣押的物品和相关权利证书、支付凭证以及具有一定特征能够证明案情的现金等，送案件管理部门入库保管；

（三）将查封、扣押、冻结涉案财物的清单和扣押款项存入唯一合规账户的存款凭证等，送案件管理部门登记；案件管理部门应当对存款凭证复印保存，并将原件送计划财务装备部门。

扣押的款项或者物品因特殊原因不能按时存入唯一合规账户或者送案件管理部门保管的，经检察长批准，可以由办案部门暂时保管，在原因消除后及时存入或者移交，但应当将扣押清单和相关权利证书、支付凭证等依照本条第一款规定的期限送案件管理部门登记、保管。

第11条 案件管理部门接收人民检察院办案部门移送的涉案财物或者清单时，应当审查是否符合下列要求：

（一）有立案决定书和相应的查封、扣押、冻结法律文书以及查封、扣押清单，并填写规范、完整，符合相关要求；

（二）移送的财物与清单相符；

（三）移送的扣押物品清单，已经依照《人民检察院刑事诉讼规则（试行）》有关扣押的规定注明扣押财物的主要特征；

（四）移送的外币、金银珠宝、文物、名贵字画以及其他不易辨别真伪的贵重物品，已经依照《人民检察院刑事诉讼规则（试行）》有关扣押的规定予以密封，检察人员、见证人和被扣押物品持有人在密封材料上签名或者盖章，经过鉴定的，附有鉴定意见复印件；

（五）移送的存折、信用卡、有价证券等支付凭证和具有一定特征能够证明案情的现金，已经依照《人民检察院刑事诉讼规则（试行）》有关扣押的规定予以密封，注明特征、编号、种类、面值、张数、金额等，检察人员、见证人和被扣押物品持有人在密封材料上签名或者盖章；

（六）移送的查封清单，已经依照《人民检察院刑事诉讼规则（试行）》有关查封的规定注明相关财物的详细地址和相关特征，检察人员、见证人和持有人签名或者盖章，注明已经拍照或者录像及其权利证书是否已被扣押，注明财物被查封后由办案部门保管或者交持有人或者其近亲属保管，注明查封决定书副本已送达相关的财物登记、管理部门等。

第12条 人民检察院办案部门查封、扣押的下列涉案财物不移送案件管理部门保管，由办案部门拍照或者录像后妥善管理或者及时按照有关规定处理：

（一）查封的不动产和置于该不动产上不宜移动的设施等财物，以及涉案的车辆、船舶、航空器和大型机械、设备等财物，及时依照《人民检察院刑事诉讼规则（试行）》有关查封、扣押的规定扣押相关权利证书，将查封决定书副本送达有关登记、管理部门，并告知其在查封期间禁止办理抵押、转让、出售等权属关系变更、转移登记手续；

（二）珍贵文物、珍贵动物及其制品、珍稀植物及其制品，按照国家有关规定移送主管机关；

（三）毒品、淫秽物品等违禁品，及时移送有关主管机关，或者根据办案需要严格封存，不得擅自使用或者扩散；

（四）爆炸性、易燃性、放射性、毒害性、腐蚀性等危险品，及时移送有关部门或者根据办案需要委托有关主管机关妥善保管；

（五）易损毁、灭失、变质等不宜长期保存的物品，易贬值的汽车、船艇等物品，经权利人同意或者申请，并经检察长批准，可以及时委托有关部门先行变卖、拍卖，所得款项存入唯一合规账户。先行变卖、拍卖应当做到公开、公平。

人民检察院办案部门依照前款规定不将涉案财物移送案件管理部门保管的，应当将查封、扣押清单以及相关权利证书、支付凭证等依照本规定第十条第一款的规定送案件管理部门登记、保管。

第13条 人民检察院案件管理部门接收其他办案机关随案移送的涉案财物的，参照本规定第十一条、第十二条的规定进行审查和办理。

对移送的物品、权利证书、支付凭证以及具备一定特征能够证明案情的现金，案件管理部门审查后认为符合要求的，予以接收并入库保管。对移送的涉案款项，由其他办案机关存入检察机关指定的唯一合规账户，案件管理部门对转账凭证进行登记并联系计划财务装备部门进行核对。其他办案机关直接移送现金的，案件管理部门可以告知其存入指定的唯一合规账户，也可以联系计划财务装备部门清点、接收并及时存入唯一合规账户。计划财务装备部门应当在收到款项后三日以内将收款凭证复印件送案件管理部门登记。

对于其他办案机关移送审查起诉时随案移送的有关实物，案件管理部门经商公诉部门后，认为属于不宜移送的，可以依照刑事诉讼法第二百三十四条第一款、第二款的规定，只接收清单、照片或者其他证明文件。必要时，人民检察院案件管理部门可以会同公诉部门与其他办案机关相关部门进行沟通协商，确定不随案移送的实物。

第14条 案件管理部门应当指定专门人员，负责有关涉案财物的接收、管理和相关信息录入工作。

第15条 案件管理部门接收密封的涉案财物，一般不进行拆封。移送部门或者案件管理部门认为有必要拆封的，由移送人员和接收人员共同启封、检查、重新密封，并对全过程进行录像。根据《人民检察院刑事诉讼规则(试行)》有关扣押的规定应当予以密封的涉案财物，启封、检查、重新密封时应当依照规定有见证人、持有人或者单位负责人等在场并签名或者盖章。

第16条 案件管理部门对于接收的涉案财物、清单及其他相关材料，认为符合条件的，应当及时在移送清单上签字并制作入库清单，办理入库手续。认为不符合条件的，应当将原因告知移送单位，由移送单位及时补送相关材料，或者按照有关规定进行补正或者作出合理解释。

第三章 涉案财物的保管

第17条 人民检察院对于查封、扣押、冻结的涉案财物及其孳息，应当如实登记，妥善保管。

第18条 人民检察院计划财务装备部门对扣押款项及其孳息应当逐案设立明细账，严格收付手续。

计划财务装备部门应当定期对唯一合规账户的资金情况进行检查，确保账实相符。

第19条 案件管理部门对收到的物品应当建账设卡，一案一账，一物一卡（码)。对于贵重物品和细小物品，根据物品种类实行分袋、分件、分箱设卡和保管。

案件管理部门应当定期对涉案物品进行检查，确保账实相符。

第20条 涉案物品专用保管场所应当符合下列防火、防盗、防潮、防尘等要求：

(一）安装防盗门窗、铁柜和报警器、监视器；

(二）配备必要的储物格、箱、袋等设备设施；

(三）配备必要的除湿、调温、密封、防霉变、防腐烂等设备设施；

(四）配备必要的计量、鉴定、辨认等设备设施；

（五）需要存放电子存储介质类物品的，应当配备防磁柜；

（六）其他必要的设备设施。

第21条 人民检察院办案部门人员需要查看、临时调用涉案财物的，应当经办案部门负责人批准；需要移送、处理涉案财物的，应当经检察长批准。案件管理部门对于审批手续齐全的，应当办理查看、出库手续并认真登记。

对于密封的涉案财物，在查看、出库、归还时需要拆封的，应当遵守本规定第十五条的要求。

第四章 涉案财物的处理

第22条 对于查封、扣押、冻结的涉案财物及其孳息，除按照有关规定返还被害人或者经查明确实与案件无关的以外，不得在诉讼程序终结之前上缴国库或者作其他处理。法律和有关规定另有规定的除外。

在诉讼过程中，对权属明确的被害人合法财产，凡返还不损害其他被害人或者利害关系人的利益、不影响诉讼正常进行的，人民检察院应当依法及时返还。权属有争议的，应当在决定撤销案件、不起诉或者由人民法院判决时一并处理。

在扣押、冻结期间，权利人申请出售被扣押、冻结的债券、股票、基金份额等财产的，以及扣押、冻结的汇票、本票、支票的有效期即将届满的，人民检察院办案部门应当依照《人民检察院刑事诉讼规则（试行）》的有关规定及时办理。

第23条 人民检察院作出撤销案件决定、不起诉决定或者收到人民法院作出的生效判决、裁定后，应当在三十日以内对涉案财物作出处理。情况特殊的，经检察长批准，可以延长三十日。

前款规定的对涉案财物的处理工作，人民检察院决定撤销案件的，由侦查部门负责办理；人民检察院决定不起诉或者人民法院作出判决、裁定的案件，由公诉部门负责办理；对人民检察院直接立案侦查的案件，公诉部门可以要求侦查部门协助配合。

人民检察院按照本规定第五条第二款的规定先行接收涉案财物，如果决定不予立案的，侦查部门应当按照本条第一款规定的期限对先行接收的财物作出处理。

第24条 处理由案件管理部门保管的涉案财物，办案部门应当持经检察长批准的相关文书或者报告，到案件管理部门办理出库手续；处理存入唯一合规账户的涉案款项，办案部门应当持经检察长批准的相关文书或者报告，经案件管理部门办理出库手续后，到计划财务装备部门办理提现或者转账手续。案件管理部门或者计划财务装备部门对于符合审批手续的，应当及时办理。

对于依照本规定第十条第二款、第十二条的规定未移交案件管理部门保管或者未存入唯一合规账户的涉案财物，办案部门应当依照本规定第二十三条规定的期限报经检察长批准后及时作出处理。

第25条 对涉案财物，应当严格依照有关规定，区分不同情形，及时作出相应处理：

（一）因犯罪嫌疑人死亡而撤销案件、决定不起诉，依照刑法规定应当追缴其违法所得及其他涉案财产的，应当按照《人民检察院刑事诉讼规则（试行）》有关犯罪嫌疑人逃匿、死亡案件违法所得的没收程序的规定办理；对于不需要追缴的涉案财物，应当依照本规定第二十三条规定的期限及时返还犯罪嫌疑人、被不起诉人的合法继承人；

（二）因其他原因撤销案件、决定不起诉，对于查封、扣押、冻结的犯罪嫌疑人违法所得及其他涉案财产需要没收的，应当依照《人民检察院刑事诉讼规则（试行）》有关撤销案件时处理犯罪嫌疑人违法所得的规定提出检察建议或者依照刑事诉讼法第一百七十三条第三款的规定提出检察意见，移送有关主管机关处理；未认定为需要没收并移送有关主管机关处理的涉案财物，应当依照本规定第二十三条规定的期限及时返还犯罪嫌疑人、被不起诉人；

（三）提起公诉的案件，在人民法院作出生效判决、裁定后，对于冻结在金融机构的涉案财产，由人民法院通知该金融机构上缴国库；对于查封、扣押且依法未随案移送人民法院的涉案财物，人民检察院根据人民法院的判决、裁定上缴国库；

（四）人民检察院侦查部门移送审查起诉的案件，起诉意见书中未认定为与犯罪有关的涉案财物；提起公诉的案件，起诉书中未认定或者起诉书认定但人民法院生效判决、裁定中未认定为与犯罪有关的涉案财物，应当依照本条第二项的规定移送有关主管机关处理或者及时返还犯罪嫌疑人、被不起诉人、被告人；

（五）对于需要返还被害人的查封、扣押、冻结涉案财物，应当按照有关规定予以返还。

人民检察院应当加强与人民法院、公安机关、国家安全机关的协调配合，共同研究解决涉案财物处理工作中遇到的突出问题，确保司法工作顺利进行，切实保障当事人合法权益。

第26条 对于应当返还被害人的查封、扣押、冻结涉案财物，无人认领的，应当公告通知。公告满六个月无人认领的，依法上缴国库。上缴国库后有人认领，经查证属实的，人民检察院应当向人民政府财政部门申请退库予以返还。原物已经拍卖、变卖的，应当退回价款。

第27条 对于贪污、挪用公款等侵犯国有资产犯罪案件中查封、扣押、冻结的涉案财物，除人民法院判决上缴国库的以外，应当归还原单位或者原单位的权利义务继受单位。犯罪金额已经作为损失核销或者原单位已不存在且无权利义务继受单位的，应当上缴国库。

第28条 查封、扣押、冻结的涉案财物应当依法上缴国库或者返还有关单位和个人的，如果有孳息，应当一并上缴或者返还。

第五章 涉案财物工作监督

第29条 人民检察院监察部门应当对本院和下级人民检察院的涉案财物工作进行检查或者专项督察，每年至少一次，并将结果在本辖区范围内予以通报。发现违纪违法问题的，应当依照有关规定作出处理。

第30条 人民检察院案件管理部门可以通过受案审查、流程监控、案件质量评查、检察业务考评等途径，对本院和下级人民检察院的涉案财物工作进行监督管理。发现违法违规问题的，应当依照有关规定督促相关部门依法及时处理。

第31条 案件管理部门在涉案财物管理工作中，发现办案部门或者办案人员有下列情形之一的，可以进行口头提示；对于违规情节较重的，应当发送案件流程监控通知书；认为需要追究纪律或者法律责任的，应当移送本院监察部门处理或者向检察长报告：

（一）查封、扣押、冻结的涉案财物与清单存在不一致，不能作出合理解释或者说明的；

（二）查封、扣押、冻结涉案财物时，未按照有关规定进行密封、签名或者盖章，影响案件办理的；

（三）查封、扣押、冻结涉案财物后，未及时存入唯一合规账户、办理入库保管手续，或者未及时向案件管理部门登记，不能作出合理解释或者说明的；

（四）在立案之前采取查封、扣押、冻结措施的，或者未依照有关规定开具法律文书而采取查封、扣押、冻结措施的；

（五）对明知与案件无关的财物采取查封、扣押、冻结措施的，或者对经查明确实与案件无关的财物仍不解除查封、扣押、冻结或者不予退还的，或者应当将被查封、扣押、冻结的财物返还被害人而不返还的；

（六）违反有关规定，在诉讼程序依法终结之前将涉案财物上缴国库或者作其他处理的；

（七）在诉讼程序依法终结之后，未按照有关规定及时、依法处理涉案财物，经督促后仍不及时、依法处理的；

（八）因不负责任造成查封、扣押、冻结的涉案财物丢失、损毁或者泄密的；

（九）贪污、挪用、截留、私分、调换、违反规定使用查封、扣押、冻结的涉案财物的；

（十）其他违反法律和有关规定的情形。

人民检察院办案部门收到案件管理部门的流程监控通知书后，应当在十日以内将核查情况书面回复案件管理部门。

人民检察院侦查监督、公诉、控告检察、刑事申诉检察等部门发现本院办案部门有本条第一款规定的情形的，应当依照刑事诉讼法和其他相关规定履行监督职责。案件管理部门发现办案部门有上述情形，认为有必要的，可以根据案件办理所处的诉讼环节，告知侦查监督、公诉、控告检察或者刑事申诉检察等部门。

第32条 人民检察院查封、扣押、冻结、保管、处理涉案财物，应当按照有关规定做好信息查询和公开工作，并为当事人和其他诉讼参与人行使权利提供保障和便利。善意第三人等案外人与涉案财物处理存在利害关系的，人民检察院办案部门应当告知其相关诉讼权利。

当事人及其法定代理人和辩护人、诉讼代理人、利害关系人对人民检察院的查封、扣押、冻结不服或者对人民检察院撤销案件决定、不起诉决定中关于涉案财物的处理部分不服的，可以依照刑事诉讼法和《人民检察院刑事诉讼规则（试行）》的有关规定提出申诉或者控告；人民检察院控告检察部门对申诉或者控告应当依照有关规定及时受理和审查办理并反馈处理结果。人民检察院提起公诉的案件，被告人、自诉人、附带民事诉讼的原告人和被告人对涉案财物处理决定不服的，可以依照有关规定就财物处理部分提出上诉，被害人或者其他利害关系人可以依照有关规定请求人民检察院抗诉。

第33条 人民检察院刑事申诉检察部门在办理国家赔偿案件过程中，可以向办案部门调查核实相关查封、扣押、冻结等行为是否合法。国家赔偿决定对相关涉案财物作出处理的，有关办案部门应当及时执行。

第34条 人民检察院查封、扣押、冻结、保管、处理涉案财物，应当接受人民监督员的监督。

第35条 人民检察院及其工作人员在查封、扣押、冻结、保管、处理涉案财物工作中违反相关规定的，应当追究纪律责任；构成犯罪的，应当依法追究刑事责任；导致国家赔偿的，应当依法向有关责任人员追偿。

第六章 附 则

第36条 对涉案财物的保管、鉴定、估价、公告等支付的费用，列入人民检察院办案（业务）经费，不得向当事人收取。

第37条 本规定所称犯罪嫌疑人、被告人、被害人，包括自然人、单位。

第38条 本规定所称有关主管机关，是指对犯罪嫌疑人违反法律、法规的行为以及对有关违禁品、危险品具有行政管理、行政处罚、行政处分权限的机关和纪检监察部门。

第39条 本规定由最高人民检察院解释。

第40条 本规定自公布之日起施行。最高人民检察院2010年5月9日公布的《人民检察院扣押、冻结涉案款物工作规定》同时废止。

● *部门规章及文件*

4. **《公安机关办理刑事案件程序规定》**（2020年7月20日修正 公安部令第159号）

第227条 在侦查活动中发现的可用以证明犯罪嫌疑人有罪或者无罪的各种财物、文件，应当查封、扣押；但与案件无关的财物、文件，不得查封、扣押。

持有人拒绝交出应当查封、扣押的财物、文件的，公安机关可以强制查封、扣押。

第228条 在侦查过程中需要扣押财物、文件的，应当经办案部门负责人批准，制作扣押决定书；在现场勘查或者搜查中需要扣押财物、文件的，由现场指挥人员决定；但扣押财物、文件价值较高或者可能严重影响正常生产经营的，应当经县级以上公安机关负责人批准，制作扣押决定书。

在侦查过程中需要查封土地、房屋等不动产，或者船舶、航空器以及其他不宜移动的大型机器、设备等特定动产的，应当经县级以上公安机关负责人批准并制作查封决定书。

第229条 执行查封、扣押的侦查人员不得少于二人，并出示本规定第二百二十八条规定的有关法律文书。

查封、扣押的情况应当制作笔录，由侦查人员、持有人和见证人签名。对于无法确定持有人或者持有人拒绝签名的，侦查人员应当在笔录中注明。

第一百四十二条 查封、扣押清单

对查封、扣押的财物、文件，应当会同在场见证人和被查封、扣押财物、文件持有人查点清楚，当场开列清单一式二份，由侦查人员、见证人和持有人签名或者盖章，一份交给持有人，另一份附卷备查。

● *部门规章及文件*

《公安机关办理刑事案件程序规定》（2020年7月20日修正 公安部令第159号）

第230条 对查封、扣押的财物和文件，应当会同在场见证人和被查封、扣押财物、文件的持有人查点清楚，当场开列查封、扣押清单一式三份，写明财物或者文件的名称、编号、数量、特征及其来源等，由侦查人员、持有人和见证人签名，一份交给持有人，一份交给公安机关保管人员，一份附卷备查。

对于财物、文件的持有人无法确定，以及持有人不在现场或者拒绝签名的，侦查人员应当在清单中注明。

依法扣押文物、贵金属、珠宝、字画等贵重财物的，应当拍照或者录音录像，并及时鉴定、估价。

执行查封、扣押时，应当为犯罪嫌疑人及其所扶养的亲属保留必需的生活费用和物品。能够保证侦查活动正常进行的，可以允许有关当事人继续合理使用有关涉案财物，但应当采取必要的保值、保管措施。

第231条 对作为犯罪证据但不便提取或者没有必要提取的财物、文件，经登记、拍照或者录音录像、估价后，可以交财物、文件持有人保管或者封存，并且开具登记保存清单一式两份，由侦查人员、持有人和见证人签名，一份交给财物、文件持有人，另一份连同照片或者录音录像资料附卷备查。财物、文件持有人应当妥善保管，不得转移、变卖、毁损。

第232条 扣押犯罪嫌疑人的邮件、电子邮件、电报，应当经县级以上公安机关负责人批准，制作扣押邮件、电报通知书，通知邮电部门或者网络服务单位检交扣押。

不需要继续扣押的时候，应当经县级以上公安机关负责人批准，制作解除扣押邮件、电报通知书，立即通知邮电部门或者网络服务单位。

第233条 对查封、扣押的财物、文件、邮件、电子邮件、电报，经查明确实与案件无关的，应当在三日以内解除查封、扣押，退还原主或者原邮电部门、网络服务单位；原主不明确的，应当采取公告方式告知原主认领。在通知原主或者公告后六个月以内，无人认领的，按照无主财物处理，登记后上缴国库。

第234条 有关犯罪事实查证属实后，对于有证据证明权属明确且无争议的被害人合法财产及其孳息，且返还不损害其他被害人或者利害关系人的利益，不影响案件正常办理的，应当在登记、拍照或者录音录像和估价后，报经县级以上公安机关负责人批准，开具发还清单返还，并在案卷材料中注明返还的理由，将原物照片、发还清单和被害人的领取手续存卷备查。

领取人应当是涉案财物的合法权利人或者其委托的人；委托他人领取的，应当出具委托书。侦查人员或者公安机关其他工作人员不得代为领取。

查找不到被害人，或者通知被害人后，无人领取的，应当将有关财产及其孳息随案移送。

第235条 对查封、扣押的财物及其孳息、文件，公安机关应当妥善保管，以供核查。任何单位和个人不得违规使用、调换、损毁或者自行处理。

县级以上公安机关应当指定一个内设部门作为涉案财物管理部门，负责对涉案财物实行统一管理，并设立或者指定专门保管场所，对涉案财物进行集中保管。

对价值较低、易于保管，或者需要作为证据继续使用，以及需要先行返还被害人的涉案财物，可以由办案部门设置专门的场所进行保管。办案部门应当指定不承担办案工作的民警负责本部门涉案财物的接收、保管、移交等管理工作；严禁由侦查人员自行保管涉案财物。

第一百四十三条 扣押邮件、电报的程序

侦查人员认为需要扣押犯罪嫌疑人的邮件、电报的时候，经公安机关或者人民检察院批准，即可通知邮电机关将有关的邮件、电报检交扣押。

不需要继续扣押的时候，应即通知邮电机关。

● *部门规章及文件*

《公安机关办理刑事案件程序规定》（2020 年 7 月 20 日修正　公安部令第 159 号）

第 232 条　扣押犯罪嫌疑人的邮件、电子邮件、电报，应当经县级以上公安机关负责人批准，制作扣押邮件、电报通知书，通知邮电部门或者网络服务单位检交扣押。

不需要继续扣押的时候，应当经县级以上公安机关负责人批准，制作解除扣押邮件、电报通知书，立即通知邮电部门或者网络服务单位。

第 233 条　对查封、扣押的财物、文件、邮件、电子邮件、电报，经查明确实与案件无关的，应当在三日以内解除查封、扣押，退还原主或者原邮电部门、网络服务单位；原主不明确的，应当采取公告方式告知原主认领。在通知原主或者公告后六个月以内，无人认领的，按照无主财物处理，登记后上缴国库。

第一百四十四条 查询、冻结犯罪嫌疑人财产的程序

人民检察院、公安机关根据侦查犯罪的需要，可以依照规定查询、冻结犯罪嫌疑人的存款、汇款、债券、股票、基金份额等财产。有关单位和个人应当配合。

犯罪嫌疑人的存款、汇款、债券、股票、基金份额等财产已被冻结的，不得重复冻结。

● *司法解释及文件*

1.**《中国人民银行、最高人民法院、最高人民检察院、公安部关于查询、冻结、扣划企业事业单位、机关、团体银行存款的通知》**（1993 年 12 月 11 日 银发〔1993〕356 号）

中国人民银行各省、自治区、直辖市分行，计划单列市分行；中国工商银行，中国农业银行，中国银行，中国人民建设银行、交通银行；各省、自治区、直辖市高级人民法院、人民检察院、公安厅（局）；军事法院、军事检察院：

为维护社会经济秩序，保证司法部门严格执法，保障有关当事人的合法权益，根据国家有关法律、法规的规定，现就人民法院、人民检察院、公安机关在办理案件中需要通过银行查询、冻结、扣划企事业单位、机关、团体银行存款的问题通知如下：

一、关于查询单位存款、查阅有关资料的问题

人民法院因审理或执行案件，人民检察院、公安机关因查处经济违法犯罪案件，需要向银行查询企业事业单位、机关、团体与案件有关的银行存款或查阅有关的会计凭证、账簿等资料时，银行应积极配合。查询人必须出示本人工作证或执行公务证和出具县级（含）以上人民法院、人民检察院、公安局签发的“协助查询存款通知书”，由银行行长或其他负责人（包括城市分理处、农村营业所和城乡信用社主任。下同）签字后并指定银行有关业务部门凭此提供情况和资料，并派专人接待。查询人对原件不得借走，需要的资料可以抄录、复制或照相，并经银行盖章。人民法院、人民检察院、公安机关对银行提供的情况和资料，应当依法保守秘密。

二、关于冻结单位存款的问题

人民法院因审理或执行案件，人民检察院、公安机关因查处经济犯罪案件，需要冻结企业事业单位、机关、团体与案件直接有关的一定数额的银行存款，必须出具县级（含）以上人民法院、人民检察院、公安局签发的“协助冻结存款通知书”及本人工作证或执行公务证，经银行行长（主任）签字后，银行应当立即凭此并按照应冻结资金的性质，冻结当日单位银行账户上的同额存款（只能原账户冻结，不能转户）。如遇被冻结单位银行账户的存款不足冻结数额时，银行应在六个月的冻结期内冻结该单位银行账户可以冻结的存款，直至达到需要冻结的数额。

银行在受理冻结单位存款时，应审查“协助冻结存款通知书”填写的被冻结单位开户银行名称、户名和账号、大小写金额，发现不符的，应说明原因，退回“通知书”。

被冻结的款项在冻结期限内如需解冻，应以作出冻结决定的人民法院、人民检察院、公安机关签发的“解除冻结存款通知书”为凭，银行不得自行解冻。

冻结单位存款的期限不超过六个月。有特殊原因需要延长的，人民法院、人民检察院、公安机关应当在冻结期满前办理继续冻结手续。每次续冻期限最长不超过六个月。逾期不办理继续冻结手续的，视为自动撤销冻结。

人民法院、人民检察院、公安机关冻结单位银行存款发生失误，应及时予以纠正，并向被冻结银行存款的单位作出解释。

被冻结的款项，不属于赃款的，冻结期间应计付利息，在扣划时其利息应付给债权单位；属于赃款的，冻结期间不计付利息，如冻结有误，解除冻结时应补计冻结期间利息。

三、关于扣划单位存款的问题

人民法院审理或执行案件，人民检察院、公安机关对查处的经济犯罪案件作出免予起诉、不予起诉、撤销案件和结案处理的决定，在执行时，需要银行协助扣划企业事业单位、机关、团体的银行存款，必须出具县级（含）以上人民法院、人民检察院、公安局签发的“协助扣划存款通知书”（附人民法院发生法律效力的判决书、裁定书、调解书、支付令、制裁决定的副本或行政机关的行政处罚决定书副本，人民检察院的免予起诉决定书、不起诉决定书、撤销案件决定书的副本，公安机关的处理决定书、刑事案件立案报告表的副本）及本人工作证或执行公务证，银行应当凭此立即扣划单位有关存款。

银行受理扣划单位存款时，应审查“协助扣划存款通知书”填写的被执行单位的开户银行名称、户名和账号、大小写金额，如发现不符，或缺少应附的法律文书副本，以及法律文书副本有关内容与“通知书”的内容不符，应说明原因，退回“通知书”和所附的法律文书副本。

为使银行扣划单位存款得以顺利进行，人民法院、人民检察院、公安机关在需要银行协助扣划单位存款时，应向银行全面了解被执行单位的支付能力，银行应如实提供情况。人民法院、人民检察院、公安机关在充分掌握情况之后，实事求是地确定应予执行的期限，对于立即执行确有困难的，可以确定缓解或分期执行。在确定的执行期限内，被执行单位没有正当理由逾期不执行的，银行在接到“协助扣划存款通知”后，只要被执行单位银行账户有款可付，应当立即扣划，不得延误。当日无款或不足扣划的，银行应及时通知人民法院、人民检察院、公安机关，待单位账上有款时，尽快予以扣划。

扣划的款项，属于归还银行贷款的，应直接划给贷款银行，用于归还贷款；属于给付债权单位的款项，应直接划给债权单位；属于给付多个债权单位的款项，需要从多处扣划被转移的款项待结案归还或给付的，可暂扣划至办案单位在银行开立的机关团体一般存款科目赃款暂收户或代扣款户（不计付利息）。待追缴工作结束后，依法分割返还或给付；属于上缴国家的款项，应直接扣划上缴国库。

四、关于异地查询、冻结、扣划问题

作出查询、冻结、扣划决定的人民法院、人民检察院、公安机关与协助执行的银行不在同一辖区的，可以直接到协助执行的银行办理查询、冻结、扣划单位存款，不受辖区范围的限制。

五、关于冻结、扣划军队、武警部队存款的问题

军队、武警部队一类保密单位开设的“特种预算存款”、“特种其他存款”和连队账户的存款，原则上不采取冻结或扣划等项诉讼保全措施。但军队、武警部队的其余存款可以冻结和扣划。

六、关于冻结、扣划专业银行、其他银行和非银行金融机构在人民银行存款的问题

人民法院因审理经济纠纷案件或经济犯罪案件，人民检察院、公安机关因查处经济违法犯罪案件，需要执行专业银行、其他银行和非银行金融机构在人民银行的款项，应通知被执行的银行和非银行金融机构自动履行。

七、关于冻结、扣划单位存款遇有问题的处理原则

两家以上的人民法院、人民检察院、公安机关对同一存款冻结、扣划时，银行应根据最先收取的协助执行通知书办理冻结和扣划。在协助执行时，如对具体执行哪一个机关的冻结、扣划通知有争议，由争议的机关协商解决或者由其上级机关决定。

八、关于各单位的协调与配合

人民法院、人民检察院、公安机关、银行要依法行使职权和履行协助义务、积极配合。遇有问题或人民法院、人民检察院、公安机关与协助执行的银行意见不一致时，不应拘留银行人员，而应提请双方的上级部门共同协商解决。银行人员违反有关法律规定，无故拒绝协助执行、擅自转移或解冻已冻结的存款，为当事人通风报信、协助其转移、隐匿财产的，应依法承担责任。

以上各项规定，请认真贯彻执行。

过去的规定与本文有抵触的，以本规定为准。

2.《最高人民法院、最高人民检察院、公安部、中国证券监督管理委员会关于查询、冻结、扣划证券和证券交易结算资金有关问题的通知》（2008 年 1 月 10 日）

一、人民法院、人民检察院、公安机关在办理案件过程中，按照法定权限需要通过证券登记结算机构或者证券公司查询、冻结、扣划证券和证券交易结算资金的，证券登记结算机构或者证券公司应当依法予以协助。

二、人民法院要求证券登记结算机构或者证券公司协助查询、冻结、扣划证券和证券交易结算资金，人民检察院、公安机关要求证券登记结算机构或者证券公司协助查询、冻结证券和证券交易结算资金时，有关执法人员应当依法出具相关证件和有效法律文书。

执法人员证件齐全、手续完备的，证券登记结算机构或者证券公司应当签收有关法律文书并协助办理有关事项。

拒绝签收人民法院生效法律文书的，可以留置送达。

三、人民法院、人民检察院、公安机关可以依法向证券登记结算机构查询客户和证券公司的证券账户、证券交收账户和资金交收账户内已完成清算交收程序的余额、余额变动、开户资料等内容。

人民法院、人民检察院、公安机关可以依法向证券公司查询客户的证券账户和资金账户、证券交收账户和资金交收账户内的余额、余额变动、证券及资金流向、开户资料等内容。

查询自然人账户的，应当提供自然人姓名和身份证件号码；查询法人账户的，应当提供法人名称和营业执照或者法人注册登记证书号码。

证券登记结算机构或者证券公司应当出具书面查询结果并加盖业务专用章。查询机关对查询结果有疑问时，证券登记结算机构、证券公司在必要时应当进行书面解释并加盖业务专用章。

四、人民法院、人民检察院、公安机关按照法定权限冻结、扣划相关证券、资金时，应当明确拟冻结、扣划证券、资金所在的账户名称、账户号码、冻结期限，所冻结、扣划证券的名称、数量或者资金的数额。扣划时，还应当明确拟划入的账户名称、账号。

冻结证券和交易结算资金时，应当明确冻结的范围是否及于孳息。

本通知规定的以证券登记结算机构名义建立的各类专门清算交收账户不得整体冻结。

五、证券登记结算机构依法按照业务规则收取并存放于专门清算交收账户内的下列证券，不得冻结、扣划：

（一）证券登记结算机构设立的证券集中交收账户、专用清偿账户、专用处置账户内的证券；

（二）证券公司在证券登记结算机构开设的客户证券交收账户、自营证券交收账户和证券处置账户内的证券。

六、证券登记结算机构依法按照业务规则收取并存放于专门清算交收账户内的下列资金，不得冻结、扣划：

（一）证券登记结算机构设立的资金集中交收账户、专用清偿账户内的资金；

（二）证券登记结算机构依法收取的证券结算风险基金和结算互保金；

（三）证券登记结算机构在银行开设的结算备付金专用存款账户和新股发行验资专户内的资金，以及证券登记结算机构为新股发行网下申购配售对象开立的网下申购资金账户内的资金；

（四）证券公司在证券登记结算机构开设的客户资金交收账户内的资金；

（五）证券公司在证券登记结算机构开设的自营资金交收账户内最低限额自营结算备付金及根据成交结果确定的应付资金。

七、证券登记结算机构依法按照业务规则要求证券公司等结算参与人、投资者或者发行人提供的回购质押券、价差担保物、行权担保物、履约担保物等担保物，在交收完成之前，不得冻结、扣划。

八、证券公司在银行开立的自营资金账户内的资金可以冻结、扣划。

九、在证券公司托管的证券的冻结、扣划，既可以在托管的证券公司办理，也可以在证券登记结算机构办理。不同的执法机关同一交易日分别在证券公司、证券登记结算机构对同一笔证券办理冻结、扣划手续的，证券公司协助办理的为在先冻结、扣划。

冻结、扣划未在证券公司或者其他托管机构托管的证券或者证券公司自营证券的，由证券登记结算机构协助办理。

十、证券登记结算机构受理冻结、扣划要求后，应当在受理日对应的交收日交收程序完成后根据交收结果协助冻结、扣划。

证券公司受理冻结、扣划要求后，应当立即停止证券交易，冻结时已经下单但尚未撮合成功的应当采取撤单措施。冻结后，根据成交结果确定的用于交收的应付证券和应付资金可以进行正常交收。在交收程序完成后，对于剩余部分可以扣划。同时，证券公司应当根据成交结果计算出同等数额的应收资金或者应收证券交由执法机关冻结或者扣划。

十一、已被人民法院、人民检察院、公安机关冻结的证券或证券交易结算资金，其他人民法院、人民检察院、公安机关或者同一机关因不同案件可以进行轮候冻结。冻结解除的，登记在先的轮候冻结自动生效。

轮候冻结生效后，协助冻结的证券登记结算机构或者证券公司应当书面通知做出该轮候冻结的机关。

十二、冻结证券的期限不得超过二年，冻结交易结算资金的期限不得超过六个月。

需要延长冻结期限的，应当在冻结期限届满前办理续行冻结手续，每次续行冻结的期限不得超过前款规定的期限。

十三、不同的人民法院、人民检察院、公安机关对同一笔证券或者交易结算资金要求冻结、扣划或者轮候冻结时，证券登记结算机构或者证券公司应当按照送达协助冻结、扣划通知书的先后顺序办理协助事项。

十四、要求冻结、扣划的人民法院、人民检察院、公安机关之间，因冻结、扣划事项发生争议的，要求冻结、扣划的机关应当自行协商解决。协商不成的，由其共同上级机关决定；没有共同上级机关的，由其各自的上级机关协商解决。

在争议解决之前，协助冻结的证券登记结算机构或者证券公司应当按照争议机关所送达法律文书载明的最大标的范围对争议标的进行控制。

十五、依法应当予以协助而拒绝协助，或者向当事人通风报信，或者与当事人通谋转移、隐匿财产的，对有关的证券登记结算机构或者证券公司和直接责任人应当依法进行制裁。

十六、以前规定与本通知规定内容不一致的，以本通知为准。

十七、本通知中所规定的证券登记结算机构，是指中国证券登记结算有限责任公司及其分公司。

3.《最高人民法院、最高人民检察院、公安部关于对冻结、扣划企业事业单位、机关团体在银行、非银行金融机构存款的执法活动加强监督的通知》(1996年8月13日)

各省、自治区、直辖市高级人民法院、人民检察院、公安厅（局）；军事法院、军事检察院：

为了加强执法监督，必要时及时纠正地方人民法院、人民检察院、公安机关关于冻结、扣划有关单位在银行、非银行金融机构存款的错误决定，特通知如下：

一、最高人民法院、最高人民检察院、公安部发现地方各级人民法院、人民检察院、公安机关冻结、解冻、扣划有关单位在银行、非银行金融机构存款有错误时，上级人民法院、人民检察院、公安机关发现下级人民法院、人民检察院、公安机关冻结、解冻、扣划有关单位在银行、非银行金融机构存款有错误时，可以依照法定程序作出决定或者裁定，送达本系统地方各级或下级有关法院、检察院、公安机关限期纠正。有关法院、检察院、公安机关应当立即执行。

二、有关法院、检察院、公安机关认为上级机关的决定或者裁定有错误的，可在收到该决定或者裁定之日起5日以内向作出决定或裁定的人民法院、人民检察院、公安机关请求复议。最高人民法院、最高人民检察院、公安部或上级人民法院、人民检察院、公安机关经审查，认为请求复议的理由不能成立，依法有权直接向有关银行发出法律文书，纠正各自的下级机关所作的错误决定，并通知原作出决定的机关；有关银行、非银行金融机构接到此项法律文书后，应当立即办理，不得延误，不必征得原作出决定机关的同意。

4.《最高人民法院、最高人民检察院、公安部、国家安全部、司法部、全国人大常委会法制工作委员会关于实施刑事诉讼法若干问题的规定》(2012年12月26日)

37. 刑事诉讼法第一百四十二条第一款①中规定："人民检察院、公安机

① 对应《中华人民共和国刑事诉讼法》(2018年修正) 第一百四十四条第一款。

关根据侦查犯罪的需要，可以依照规定查询、冻结犯罪嫌疑人的存款、汇款、债券、股票、基金份额等财产。”根据上述规定，人民检察院、公安机关不能扣划存款、汇款、债券、股票、基金份额等财产。对于犯罪嫌疑人、被告人死亡，依照刑法规定应当追缴其违法所得及其他涉案财产的，适用刑事诉讼法第五编第三章规定的程序，由人民检察院向人民法院提出没收违法所得的申请。

● *部门规章及文件*

5. **《公安机关办理刑事案件程序规定》**（2020年7月20日修正　公安部令第159号）

第234条　有关犯罪事实查证属实后，对于有证据证明权属明确且无争议的被害人合法财产及其孳息，且返还不损害其他被害人或者利害关系人的利益，不影响案件正常办理的，应当在登记、拍照或者录音录像和估价后，报经县级以上公安机关负责人批准，开具发还清单返还，并在案卷材料中注明返还的理由，将原物照片、发还清单和被害人的领取手续存卷备查。

领取人应当是涉案财物的合法权利人或者其委托的人；委托他人领取的，应当出具委托书。侦查人员或者公安机关其他工作人员不得代为领取。

查找不到被害人，或者通知被害人后，无人领取的，应当将有关财产及其孳息随案移送。

第237条　公安机关根据侦查犯罪的需要，可以依照规定查询、冻结犯罪嫌疑人的存款、汇款、证券交易结算资金、期货保证金等资金，债券、股票、基金份额和其他证券，以及股权、保单权益和其他投资权益等财产，并可以要求有关单位和个人配合。

对于前款规定的财产，不得划转、转账或者以其他方式变相扣押。

第238条　向金融机构等单位查询犯罪嫌疑人的存款、汇款、证券交易结算资金、期货保证金等资金，债券、股票、基金份额和其他证券，以及股权、保单权益和其他投资权益等财产，应当经县级以上公安机关负责人批准，制作协助查询财产通知书，通知金融机构等单位协助办理。

第239条　需要冻结犯罪嫌疑人财产的，应当经县级以上公安机关负责人批准，制作协助冻结财产通知书，明确冻结财产的账户名称、账户号码、冻结数额、冻结期限、冻结范围以及是否及于孳息等事项，通知金融机构等单位协助办理。

冻结股权、保单权益的，应当经设区的市一级以上公安机关负责人批准。

冻结上市公司股权的，应当经省级以上公安机关负责人批准。

第240条 需要延长冻结期限的，应当按照原批准权限和程序，在冻结期限届满前办理继续冻结手续。逾期不办理继续冻结手续的，视为自动解除冻结。

第241条 不需要继续冻结犯罪嫌疑人财产时，应当经原批准冻结的公安机关负责人批准，制作协助解除冻结财产通知书，通知金融机构等单位协助办理。

第242条 犯罪嫌疑人的财产已被冻结的，不得重复冻结，但可以轮候冻结。

第243条 冻结存款、汇款、证券交易结算资金、期货保证金等财产的期限为六个月。每次续冻期限最长不得超过六个月。

对于重大、复杂案件，经设区的市一级以上公安机关负责人批准，冻结存款、汇款、证券交易结算资金、期货保证金等财产的期限可以为一年。每次续冻期限最长不得超过一年。

第244条 冻结债券、股票、基金份额等证券的期限为二年。每次续冻期限最长不得超过二年。

第245条 冻结股权、保单权益或者投资权益的期限为六个月。每次续冻期限最长不得超过六个月。

第246条 对冻结的债券、股票、基金份额等财产，应当告知当事人或者其法定代理人、委托代理人有权申请出售。

权利人书面申请出售被冻结的债券、股票、基金份额等财产，不损害国家利益、被害人、其他权利人利益，不影响诉讼正常进行的，以及冻结的汇票、本票、支票的有效期即将届满的，经县级以上公安机关负责人批准，可以依法出售或者变现，所得价款应当继续冻结在其对应的银行账户中；没有对应的银行账户的，所得价款由公安机关在银行指定专门账户保管，并及时告知当事人或者其近亲属。

第247条 对冻结的财产，经查明确实与案件无关的，应当在三日以内通知金融机构等单位解除冻结，并通知被冻结财产的所有人。

第一百四十五条　查封、扣押、冻结的解除

对查封、扣押的财物、文件、邮件、电报或者冻结的存款、汇款、债券、股票、基金份额等财产，经查明确实与案件无关的，应当在三日以内解除查封、扣押、冻结，予以退还。

● 司法解释及文件

1.**《人民检察院刑事诉讼规则》**（2019年12月30日　高检发释字〔2019〕4号）

第217条　对于扣押的款项和物品，应当在三日以内将款项存入唯一合规账户，将物品送负责案件管理的部门保管。法律或者有关规定另有规定的除外。

对于查封、扣押在人民检察院的物品、文件、邮件、电报，人民检察院应当妥善保管。经查明确实与案件无关的，应当在三日以内作出解除或者退还决定，并通知有关单位、当事人办理相关手续。

● 部门规章及文件

2.**《公安机关办理刑事案件程序规定》**（2020年7月20日修正　公安部令第159号）

第235条　对查封、扣押的财物及其孳息、文件，公安机关应当妥善保管，以供核查。任何单位和个人不得违规使用、调换、损毁或者自行处理。

县级以上公安机关应当指定一个内设部门作为涉案财物管理部门，负责对涉案财物实行统一管理，并设立或者指定专门保管场所，对涉案财物进行集中保管。

对价值较低、易于保管，或者需要作为证据继续使用，以及需要先行返还被害人的涉案财物，可以由办案部门设置专门的场所进行保管。办案部门应当指定不承担办案工作的民警负责本部门涉案财物的接收、保管、移交等管理工作；严禁由侦查人员自行保管涉案财物。

第七节 鉴 定

第一百四十六条 鉴定的启动

为了查明案情，需要解决案件中某些专门性问题的时候，应当指派、聘请有专门知识的人进行鉴定。

● 法 律

1.《全国人民代表大会常务委员会关于司法鉴定管理问题的决定》（2015年4月24日修正）

一、司法鉴定是指在诉讼活动中鉴定人运用科学技术或者专门知识对诉讼涉及的专门性问题进行鉴别和判断并提供鉴定意见的活动。

二、国家对从事下列司法鉴定业务的鉴定人和鉴定机构实行登记管理制度：

（一）法医类鉴定；

（二）物证类鉴定；

（三）声像资料鉴定；

（四）根据诉讼需要由国务院司法行政部门商最高人民法院、最高人民检察院确定的其他应当对鉴定人和鉴定机构实行登记管理的鉴定事项。

法律对前款规定事项的鉴定人和鉴定机构的管理另有规定的，从其规定。

三、国务院司法行政部门主管全国鉴定人和鉴定机构的登记管理工作。省级人民政府司法行政部门依照本决定的规定，负责对鉴定人和鉴定机构的登记、名册编制和公告。

四、具备下列条件之一的人员，可以申请登记从事司法鉴定业务：

（一）具有与所申请从事的司法鉴定业务相关的高级专业技术职称；

（二）具有与所申请从事的司法鉴定业务相关的专业执业资格或者高等院校相关专业本科以上学历，从事相关工作五年以上；

（三）具有与所申请从事的司法鉴定业务相关工作十年以上经历，具有较强的专业技能。

因故意犯罪或者职务过失犯罪受过刑事处罚的，受过开除公职处分的，以及被撤销鉴定人登记的人员，不得从事司法鉴定业务。

五、法人或者其他组织申请从事司法鉴定业务的，应当具备下列条件：

（一）有明确的业务范围；

（二）有在业务范围内进行司法鉴定所必需的仪器、设备；

（三）有在业务范围内进行司法鉴定所必需的依法通过计量认证或者实验室认可的检测实验室；

（四）每项司法鉴定业务有三名以上鉴定人。

六、申请从事司法鉴定业务的个人、法人或者其他组织，由省级人民政府司法行政部门审核，对符合条件的予以登记，编入鉴定人和鉴定机构名册并公告。

省级人民政府司法行政部门应当根据鉴定人或者鉴定机构的增加和撤销登记情况，定期更新所编制的鉴定人和鉴定机构名册并公告。

七、侦查机关根据侦查工作的需要设立的鉴定机构，不得面向社会接受委托从事司法鉴定业务。

人民法院和司法行政部门不得设立鉴定机构。

八、各鉴定机构之间没有隶属关系；鉴定机构接受委托从事司法鉴定业务，不受地域范围的限制。

鉴定人应当在一个鉴定机构中从事司法鉴定业务。

九、在诉讼中，对本决定第二条所规定的鉴定事项发生争议，需要鉴定的，应当委托列入鉴定人名册的鉴定人进行鉴定。鉴定人从事司法鉴定业务，由所在的鉴定机构统一接受委托。

鉴定人和鉴定机构应当在鉴定人和鉴定机构名册注明的业务范围内从事司法鉴定业务。

鉴定人应当依照诉讼法律规定实行回避。

十、司法鉴定实行鉴定人负责制度。鉴定人应当独立进行鉴定，对鉴定意见负责并在鉴定书上签名或者盖章。多人参加的鉴定，对鉴定意见有不同意见的，应当注明。

十一、在诉讼中，当事人对鉴定意见有异议的，经人民法院依法通知，鉴定人应当出庭作证。

十二、鉴定人和鉴定机构从事司法鉴定业务，应当遵守法律、法规，遵守职业道德和职业纪律，尊重科学，遵守技术操作规范。

十三、鉴定人或者鉴定机构有违反本决定规定行为的，由省级人民政府司法行政部门予以警告，责令改正。

鉴定人或者鉴定机构有下列情形之一的，由省级人民政府司法行政部门给予停止从事司法鉴定业务三个月以上一年以下的处罚；情节严重的，撤销登记：

（一）因严重不负责任给当事人合法权益造成重大损失的；

（二）提供虚假证明文件或者采取其他欺诈手段，骗取登记的；

（三）经人民法院依法通知，拒绝出庭作证的；

（四）法律、行政法规规定的其他情形。

鉴定人故意作虚假鉴定，构成犯罪的，依法追究刑事责任；尚不构成犯罪的，依照前款规定处罚。

十四、司法行政部门在鉴定人和鉴定机构的登记管理工作中，应当严格依法办事，积极推进司法鉴定的规范化、法制化。对于滥用职权、玩忽职守，造成严重后果的直接责任人员，应当追究相应的法律责任。

十五、司法鉴定的收费标准由省、自治区、直辖市人民政府价格主管部门会同同级司法行政部门制定。

十六、对鉴定人和鉴定机构进行登记、名册编制和公告的具体办法，由国务院司法行政部门制定，报国务院批准。

十七、本决定下列用语的含义是：

（一）法医类鉴定，包括法医病理鉴定、法医临床鉴定、法医精神病鉴定、法医物证鉴定和法医毒物鉴定。

（二）物证类鉴定，包括文书鉴定、痕迹鉴定和微量鉴定。

（三）声像资料鉴定，包括对录音带、录像带、磁盘、光盘、图片等载体上记录的声音、图像信息的真实性、完整性及其所反映的情况过程进行的鉴定和对记录的声音、图像中的语言、人体、物体作出种类或者同一认定。

十八、本决定自2005年10月1日起施行。

● *司法解释及文件*

2. **《人民法院司法鉴定工作暂行规定》**（2001年11月16日　法发〔2001〕23号）

第1条　为了规范人民法院司法鉴定工作，根据《中华人民共和国刑事诉讼法》、《中华人民共和国民事诉讼法》、《中华人民共和国行政诉讼法》、《中华人民共和国人民法院组织法》等法律，制定本规定。

第2条 本规定所称司法鉴定，是指在诉讼过程中，为查明案件事实，人民法院依据职权，或者应当事人及其他诉讼参与人的申请，指派或委托具有专门知识人，对专门性问题进行检验、鉴别和评定的活动。

第3条 司法鉴定应当遵循下列原则：

（一）合法、独立、公开；

（二）客观、科学、准确；

（三）文明、公正、高效。

第4条 凡需要进行司法鉴定的案件，应当由人民法院司法鉴定机构鉴定，或者由人民法院司法鉴定机构统一对外委托鉴定。

第5条 最高人民法院指导地方各级人民法院的司法鉴定工作，上级人民法院指导下级人民法院的司法鉴定工作。

第6条 最高人民法院、各高级人民法院和有条件的中级人民法院设立独立的司法鉴定机构。新建司法鉴定机构须报最高人民法院批准。

最高人民法院的司法鉴定机构为人民法院司法鉴定中心，根据工作需要可设立分支机构。

第7条 鉴定人权利：

（一）了解案情，要求委托人提供鉴定所需的材料；

（二）勘验现场，进行有关的检验，询问与鉴定有关的当事人。必要时，可申请人民法院依据职权采集鉴定材料，决定鉴定方法和处理检材；

（三）自主阐述鉴定观点，与其他鉴定人意见不同时，可不在鉴定文书上署名；

（四）拒绝受理违反法律规定的委托。

第8条 鉴定人义务：

（一）尊重科学，恪守职业道德；

（二）保守案件秘密；

（三）及时出具鉴定结论；

（四）依法出庭宣读鉴定结论并回答与鉴定相关的提问。

第9条 有下列情形之一的，鉴定人应当回避：

（一）鉴定人系案件的当事人，或者当事人的近亲属；

（二）鉴定人的近亲属与案件有利害关系；

（三）鉴定人担任过本案的证人、辩护人、诉讼代理人；

（四）其他可能影响准确鉴定的情形。

第10条 各级人民法院司法鉴定机构，受理本院及下级人民法院委托的司法鉴定。下级人民法院可逐级委托上级人民法院司法鉴定机构鉴定。

第11条 司法鉴定应当采用书面委托形式，提出鉴定目的、要求，提供必要的案情说明材料和鉴定材料。

第12条 司法鉴定机构应当在3日内做出是否受理的决定。对不予受理的，应当向委托人说明原因。

第13条 司法鉴定机构接受委托后，可根据情况自行鉴定，也可以组织专家、联合科研机构或者委托从相关鉴定人名册中随机选定的鉴定人进行鉴定。

第14条 有下列情形之一需要重新鉴定的，人民法院应当委托上级法院的司法鉴定机构做重新鉴定：

（一）鉴定人不具备相关鉴定资格的；

（二）鉴定程序不符合法律规定的；

（三）鉴定结论与其他证据有矛盾的；

（四）鉴定材料有虚假，或者原鉴定方法有缺陷的；

（五）鉴定人应当回避没有回避，而对其鉴定结论有持不同意见的；

（六）同一案件具有多个不同鉴定结论的；

（七）有证据证明存在影响鉴定人准确鉴定因素的。

第15条 司法鉴定机构可受人民法院的委托，对拟作为证据使用的鉴定文书、检验报告、勘验检查记录、医疗病情资料、会计资料等材料作文证审查。

第16条 鉴定工作一般应按下列步骤进行：

（一）审查鉴定委托书；

（二）查验送检材料、客体，审查相关技术资料；

（三）根据技术规范制定鉴定方案；

（四）对鉴定活动进行详细记录；

（五）出具鉴定文书。

第17条 对存在损耗检材的鉴定，应当向委托人说明。必要时，应由委托人出具检材处理授权书。

第18条 检验取样和鉴定取样时，应当通知委托人、当事人或者代理人到场。

第19条 进行身体检查时，受检人、鉴定人互为异性的，应当增派一名女性工作人员在场。

第20条 对疑难或者涉及多学科的鉴定，出具鉴定结论前，可听取有关专家的意见。

第21条 鉴定期限是指决定受理委托鉴定之日起，到发出鉴定文书之日止的时间。

一般的司法鉴定应当在30个工作日内完成；疑难的司法鉴定应当在60个工作日内完成。

第22条 具有下列情形之一，影响鉴定期限的，应当中止鉴定：

(一) 受检人或者其他受检物处于不稳定状态，影响鉴定结论的；

(二) 受检人不能在指定的时间、地点接受检验的；

(三) 因特殊检验需预约时间或者等待检验结果的；

(四) 须补充鉴定材料的。

第23条 具有下列情形之一的，可终结鉴定：

(一) 无法获取必要的鉴定材料的；

(二) 被鉴定人或者受检人不配合检验，经做工作仍不配合的；

(三) 鉴定过程中撤诉或者调解结案的；

(四) 其他情况使鉴定无法进行的。

在规定期限内，鉴定人因鉴定中止、终结或者其他特殊情况不能完成鉴定的，应当向司法鉴定机构申请办理延长期限或者终结手续。司法鉴定机构对是否中止、终结应当做出决定。做出中止、终结决定的，应当函告委托人。

第24条 人民法院司法鉴定机构工作人员因徇私舞弊、严重不负责任造成鉴定错误导致错案的，参照《人民法院审判人员违法审判责任追究办法（试行)》和《人民法院审判纪律处分办法（试行)》追究责任。

其他鉴定人因鉴定结论错误导致错案的，依法追究其法律责任。

第25条 司法鉴定按国家价格主管部门核定的标准收取费用。

第26条 人民法院司法鉴定中心根据本规定制定细则。

第27条 本规定自颁布之日起实行。

第28条 本规定由最高人民法院负责解释。

● *部门规章及文件*

3. **《公安机关办理刑事案件程序规定》**（2020年7月20日修正　公安部令第159号）

第248条　为了查明案情，解决案件中某些专门性问题，应当指派、聘请有专门知识的人进行鉴定。

需要聘请有专门知识的人进行鉴定，应当经县级以上公安机关负责人批准后，制作鉴定聘请书。

第249条　公安机关应当为鉴定人进行鉴定提供必要的条件，及时向鉴定人送交有关检材和对比样本等原始材料，介绍与鉴定有关的情况，并且明确提出要求鉴定解决的问题。

禁止暗示或者强迫鉴定人作出某种鉴定意见。

第250条　侦查人员应当做好检材的保管和送检工作，并注明检材送检环节的责任人，确保检材在流转环节中的同一性和不被污染。

4. **《公安机关鉴定规则》**（2017年2月16日　公通字〔2017〕6号）

第19条　委托鉴定单位应当向鉴定机构提交：

（一）鉴定委托书；

（二）证明送检人身份的有效证件；

（三）委托鉴定的检材；

（四）鉴定所需的比对样本；

（五）鉴定所需的其他材料。

委托鉴定单位应当指派熟悉案（事）件情况的两名办案人员送检。

第20条　委托鉴定单位提供的检材，应当是原物、原件。

无法提供原物、原件的，应当提供符合本专业鉴定要求的复印件、复制件。所提供的复印件、复制件应当有复印、复制无误的文字说明，并加盖委托鉴定单位公章。

送检的检材、样本应当使用规范包装，标识清楚。

第21条　委托鉴定单位及其送检人向鉴定机构介绍的情况、提供的检材和样本应当客观真实，来源清楚可靠。委托鉴定单位应当保证鉴定材料的真实性、合法性。

对受到污染、可能受到污染或者已经使用过的原始检材、样本，应当作出文字说明。

对具有爆炸性、毒害性、放射性、传染性等危险的检材、样本，应当作出文字说明和明显标识，并在排除危险后送检；因鉴定工作需要不能排除危险的，应当采取相应防护措施。不能排除危险或者无法有效防护，可能危及鉴定人员和机构安全的，不得送检。

第22条 委托鉴定单位及其送检人不得暗示或者强迫鉴定机构及其鉴定人作出某种鉴定意见。

第23条 具有下列情形之一的，公安机关办案部门不得委托该鉴定机构进行鉴定：

（一）未取得合法鉴定资格证书的；

（二）超出鉴定项目或者鉴定能力范围的；

（三）法律、法规规定的其他情形。

第五章 鉴定的受理

第24条 鉴定机构可以受理下列委托鉴定：

（一）公安系统内部委托的鉴定；

（二）人民法院、人民检察院、国家安全机关、司法行政机关、军队保卫部门，以及监察、海关、工商、税务、审计、卫生计生等其他行政执法机关委托的鉴定；

（三）金融机构保卫部门委托的鉴定；

（四）其他党委、政府职能部门委托的鉴定。

第25条 鉴定机构应当在公安机关登记管理部门核准的鉴定项目范围内受理鉴定事项。

第26条 鉴定机构可以内设专门部门或者专门人员负责受理委托鉴定工作。

第27条 鉴定机构受理鉴定时，按照下列程序办理：

（一）查验委托主体和委托文件是否符合要求；

（二）听取与鉴定有关的案（事）件情况介绍；

（三）查验可能具有爆炸性、毒害性、放射性、传染性等危险的检材或者样本，对确有危险的，应当采取措施排除或者控制危险。

（四）核对检材和样本的名称、数量和状态，了解检材和样本的来源、采集和包装方法等；

（五）确认是否需要补送检材和样本；

（六）核准鉴定的具体要求；

（七）鉴定机构受理人与委托鉴定单位送检人共同填写鉴定事项确认书，一式两份，鉴定机构和委托鉴定单位各持一份。

第28条 鉴定事项确认书应当包括下列内容：

（一）鉴定事项确认书编号；

（二）鉴定机构全称和受理人姓名；

（三）委托鉴定单位全称和委托书编号；

（四）送检人姓名、职务、证件名称及号码和联系电话；

（五）鉴定有关案（事）件名称、案件编号；

（六）案（事）件情况摘要；

（七）收到的检材和样本的名称、数量、性状、包装，检材的提取部位和提取方法等情况；

（八）鉴定要求；

（九）鉴定方法和技术规范；

（十）鉴定机构与委托鉴定单位对鉴定时间以及送检检材和样本等使用、保管、取回事项进行约定，并由送检人和受理人分别签字。

第29条 鉴定机构对检验鉴定可能造成检材、样本损坏或者无法留存的，应当事先征得委托鉴定单位同意，并在鉴定事项确认书中注明。

第30条 具有下列情形之一的，鉴定机构不予受理：

（一）超出本规则规定的受理范围的；

（二）违反鉴定委托程序的；

（三）委托其他鉴定机构正在进行相同内容鉴定的；

（四）超出本鉴定机构鉴定项目范围或者鉴定能力的；

（五）检材、样本不具备鉴定条件的或危险性未排除的；

（六）法律、法规规定的其他情形。

鉴定机构对委托鉴定不受理的，应当经鉴定机构负责人批准，并向委托鉴定单位出具《不予受理鉴定告知书》。

第六章 鉴定的实施

第31条 鉴定工作实行鉴定人负责制度。鉴定人应当独立进行鉴定。

鉴定的实施，应当由两名以上具有本专业鉴定资格的鉴定人负责。

第32条 必要时，鉴定机构可以聘请本机构以外的具有专门知识的人员参与，为鉴定提供专家意见。

第33条 鉴定机构应当在受理鉴定委托之日起十五个工作日内作出鉴定意见，出具鉴定文书。法律法规、技术规程另有规定，或者侦查破案、诉讼活动有特别需要，或者鉴定内容复杂、疑难及检材数量较大的，鉴定机构可以与委托鉴定单位另行约定鉴定时限。

需要补充检材、样本的，鉴定时限从检材、样本补充齐全之日起计算。

第34条 实施鉴定前，鉴定人应当查看鉴定事项确认书，核对受理鉴定的检材和样本，明确鉴定任务和鉴定方法，做好鉴定的各项准备工作。

第35条 鉴定人应当按照本专业的技术规范和方法实施鉴定，并全面、客观、准确地记录鉴定的过程、方法和结果。

多人参加鉴定，鉴定人有不同意见的，应当注明。

第36条 具有下列情形之一的，鉴定机构及其鉴定人应当中止鉴定：

（一）因存在技术障碍无法继续进行鉴定的；

（二）需补充鉴定材料无法补充的；

（三）委托鉴定单位书面要求中止鉴定的；

（四）因不可抗力致使鉴定无法继续进行的；

（五）委托鉴定单位拒不履行鉴定委托书规定的义务，被鉴定人拒不配合或者鉴定活动受到严重干扰，致使鉴定无法继续进行的。

中止鉴定原因消除后，应当继续进行鉴定。鉴定时限从批准继续鉴定之日起重新计算。

中止鉴定或者继续鉴定，由鉴定机构负责人批准。

第37条 中止鉴定原因确实无法消除的，鉴定机构应当终止鉴定，将有关检材和样本等及时退还委托鉴定单位，并出具书面说明。

终止鉴定，由鉴定机构负责人批准。

第38条 根据鉴定工作需要，省级以上公安机关可以依托所属鉴定机构按鉴定专业设立鉴定专家委员会。

鉴定专家委员会应当根据本规则规定，按照鉴定机构的指派对辖区有争议和疑难鉴定事项提供专家意见。

第39条 鉴定专家委员会的成员应当具有高级专业技术资格或者职称。鉴定专家委员会可以聘请公安机关外的技术专家。

鉴定专家委员会组织实施鉴定时，相同专业的鉴定专家人数应当是奇数且不得少于三人。

第40条 对鉴定意见，办案人员应当进行审查。

对经审查作为证据使用的鉴定意见，公安机关应当及时告知犯罪嫌疑人、被害人或者其法定代理人。

第41条 犯罪嫌疑人、被害人对鉴定意见有异议提出申请，以及办案部门或者办案人员对鉴定意见有疑义的，公安机关可以将鉴定意见送交其他有专门知识的人员提出意见。必要时，询问鉴定人并制作笔录附卷。

第七章 补充鉴定、重新鉴定

第42条 对有关人员提出的补充鉴定申请，经审查，发现有下列情形之一的，经县级以上公安机关负责人批准，应当补充鉴定：

（一）鉴定内容有明显遗漏的；

（二）发现新的有鉴定意义的证物的；

（三）对鉴定证物有新的鉴定要求的；

（四）鉴定意见不完整，委托事项无法确定的；

（五）其他需要补充鉴定的情形。

经审查，不存在上述情形的，经县级以上公安机关负责人批准，作出不准予补充鉴定的决定，并在作出决定后三日以内书面通知申请人。

第43条 对有关人员提出的重新鉴定申请，经审查，发现有下列情形之一的，经县级以上公安机关负责人批准，应当重新鉴定：

（一）鉴定程序违法或者违反相关专业技术要求的；

（二）鉴定机构、鉴定人不具备鉴定资质和条件的；

（三）鉴定人故意作出虚假鉴定或者违反回避规定的；

（四）鉴定意见依据明显不足的；

（五）检材虚假或者被损坏的；

（六）其他应当重新鉴定的情形。

重新鉴定，应当另行指派或者聘请鉴定人。

经审查，不存在上述情形的，经县级以上公安机关负责人批准，作出不准予重新鉴定的决定，并在作出决定后三日以内书面通知申请人。

第44条 进行重新鉴定，可以另行委托其他鉴定机构进行鉴定。鉴定机构应当从列入鉴定人名册的鉴定人中，选择与原鉴定人专业技术资格或者职称同等以上的鉴定人实施。

5.《司法鉴定程序通则》(2016 年 3 月 2 日修订　司法部令第 132 号)

第一章　总　　则

第 1 条　为了规范司法鉴定机构和司法鉴定人的司法鉴定活动，保障司法鉴定质量，保障诉讼活动的顺利进行，根据《全国人民代表大会常务委员会关于司法鉴定管理问题的决定》和有关法律、法规的规定，制定本通则。

第 2 条　司法鉴定是指在诉讼活动中鉴定人运用科学技术或者专门知识对诉讼涉及的专门性问题进行鉴别和判断并提供鉴定意见的活动。司法鉴定程序是指司法鉴定机构和司法鉴定人进行司法鉴定活动的方式、步骤以及相关规则的总称。

第 3 条　本通则适用于司法鉴定机构和司法鉴定人从事各类司法鉴定业务的活动。

第 4 条　司法鉴定机构和司法鉴定人进行司法鉴定活动，应当遵守法律、法规、规章，遵守职业道德和执业纪律，尊重科学，遵守技术操作规范。

第 5 条　司法鉴定实行鉴定人负责制度。司法鉴定人应当依法独立、客观、公正地进行鉴定，并对自己作出的鉴定意见负责。司法鉴定人不得违反规定会见诉讼当事人及其委托的人。

第 6 条　司法鉴定机构和司法鉴定人应当保守在执业活动中知悉的国家秘密、商业秘密，不得泄露个人隐私。

第 7 条　司法鉴定人在执业活动中应当依照有关诉讼法律和本通则规定实行回避。

第 8 条　司法鉴定收费执行国家有关规定。

第 9 条　司法鉴定机构和司法鉴定人进行司法鉴定活动应当依法接受监督。对于有违反有关法律、法规、规章规定行为的，由司法行政机关依法给予相应的行政处罚；对于有违反司法鉴定行业规范行为的，由司法鉴定协会给予相应的行业处分。

第 10 条　司法鉴定机构应当加强对司法鉴定人执业活动的管理和监督。司法鉴定人违反本通则规定的，司法鉴定机构应当予以纠正。

第二章　司法鉴定的委托与受理

第 11 条　司法鉴定机构应当统一受理办案机关的司法鉴定委托。

第 12 条　委托人委托鉴定的，应当向司法鉴定机构提供真实、完整、充分的鉴定材料，并对鉴定材料的真实性、合法性负责。司法鉴定机构应当核对并记录鉴定材料的名称、种类、数量、性状、保存状况、收到时间等。

诉讼当事人对鉴定材料有异议的，应当向委托人提出。

本通则所称鉴定材料包括生物检材和非生物检材、比对样本材料以及其他与鉴定事项有关的鉴定资料。

第13条 司法鉴定机构应当自收到委托之日起七个工作日内作出是否受理的决定。对于复杂、疑难或者特殊鉴定事项的委托，司法鉴定机构可以与委托人协商决定受理的时间。

第14条 司法鉴定机构应当对委托鉴定事项、鉴定材料等进行审查。对属于本机构司法鉴定业务范围，鉴定用途合法，提供的鉴定材料能够满足鉴定需要的，应当受理。

对于鉴定材料不完整、不充分，不能满足鉴定需要的，司法鉴定机构可以要求委托人补充；经补充后能够满足鉴定需要的，应当受理。

第15条 具有下列情形之一的鉴定委托，司法鉴定机构不得受理：

（一）委托鉴定事项超出本机构司法鉴定业务范围的；

（二）发现鉴定材料不真实、不完整、不充分或者取得方式不合法的；

（三）鉴定用途不合法或者违背社会公德的；

（四）鉴定要求不符合司法鉴定执业规则或者相关鉴定技术规范的；

（五）鉴定要求超出本机构技术条件或者鉴定能力的；

（六）委托人就同一鉴定事项同时委托其他司法鉴定机构进行鉴定的；

（七）其他不符合法律、法规、规章规定的情形。

第16条 司法鉴定机构决定受理鉴定委托的，应当与委托人签订司法鉴定委托书。司法鉴定委托书应当载明委托人名称、司法鉴定机构名称、委托鉴定事项、是否属于重新鉴定、鉴定用途、与鉴定有关的基本案情、鉴定材料的提供和退还、鉴定风险，以及双方商定的鉴定时限、鉴定费用及收取方式、双方权利义务等其他需要载明的事项。

第17条 司法鉴定机构决定不予受理鉴定委托的，应当向委托人说明理由，退还鉴定材料。

第三章　司法鉴定的实施

第18条 司法鉴定机构受理鉴定委托后，应当指定本机构具有该鉴定事项执业资格的司法鉴定人进行鉴定。

委托人有特殊要求的，经双方协商一致，也可以从本机构中选择符合条件的司法鉴定人进行鉴定。

委托人不得要求或者暗示司法鉴定机构、司法鉴定人按其意图或者特定目的提供鉴定意见。

第19条 司法鉴定机构对同一鉴定事项，应当指定或者选择二名司法鉴定人进行鉴定；对复杂、疑难或者特殊鉴定事项，可以指定或者选择多名司法鉴定人进行鉴定。

第20条 司法鉴定人本人或者其近亲属与诉讼当事人、鉴定事项涉及的案件有利害关系，可能影响其独立、客观、公正进行鉴定的，应当回避。

司法鉴定人曾经参加过同一鉴定事项鉴定的，或者曾经作为专家提供过咨询意见的，或者曾被聘请为有专门知识的人参与过同一鉴定事项法庭质证的，应当回避。

第21条 司法鉴定人自行提出回避的，由其所属的司法鉴定机构决定；委托人要求司法鉴定人回避的，应当向该司法鉴定人所属的司法鉴定机构提出，由司法鉴定机构决定。

委托人对司法鉴定机构作出的司法鉴定人是否回避的决定有异议的，可以撤销鉴定委托。

第22条 司法鉴定机构应当建立鉴定材料管理制度，严格监控鉴定材料的接收、保管、使用和退还。

司法鉴定机构和司法鉴定人在鉴定过程中应当严格依照技术规范保管和使用鉴定材料，因严重不负责任造成鉴定材料损毁、遗失的，应当依法承担责任。

第23条 司法鉴定人进行鉴定，应当依下列顺序遵守和采用该专业领域的技术标准、技术规范和技术方法：

（一）国家标准；

（二）行业标准和技术规范；

（三）该专业领域多数专家认可的技术方法。

第24条 司法鉴定人有权了解进行鉴定所需要的案件材料，可以查阅、复制相关资料，必要时可以询问诉讼当事人、证人。

经委托人同意，司法鉴定机构可以派员到现场提取鉴定材料。现场提取鉴定材料应当由不少于二名司法鉴定机构的工作人员进行，其中至少一名应为该鉴定事项的司法鉴定人。现场提取鉴定材料时，应当有委托人指派或者委托的人员在场见证并在提取记录上签名。

第25条 鉴定过程中，需要对无民事行为能力人或者限制民事行为能力人进行身体检查的，应当通知其监护人或者近亲属到场见证；必要时，可以通知委托人到场见证。

对被鉴定人进行法医精神病鉴定的，应当通知委托人或者被鉴定人的近亲属或者监护人到场见证。

对需要进行尸体解剖的，应当通知委托人或者死者的近亲属或者监护人到场见证。

到场见证人员应当在鉴定记录上签名。见证人员未到场的，司法鉴定人不得开展相关鉴定活动，延误时间不计入鉴定时限。

第26条 鉴定过程中，需要对被鉴定人身体进行法医临床检查的，应当采取必要措施保护其隐私。

第27条 司法鉴定人应当对鉴定过程进行实时记录并签名。记录可以采取笔记、录音、录像、拍照等方式。记录应当载明主要的鉴定方法和过程，检查、检验、检测结果，以及仪器设备使用情况等。记录的内容应当真实、客观、准确、完整、清晰，记录的文本资料、音像资料等应当存入鉴定档案。

第28条 司法鉴定机构应当自司法鉴定委托书生效之日起三十个工作日内完成鉴定。

鉴定事项涉及复杂、疑难、特殊技术问题或者鉴定过程需要较长时间的，经本机构负责人批准，完成鉴定的时限可以延长，延长时限一般不得超过三十个工作日。鉴定时限延长的，应当及时告知委托人。

司法鉴定机构与委托人对鉴定时限另有约定的，从其约定。

在鉴定过程中补充或者重新提取鉴定材料所需的时间，不计入鉴定时限。

第29条 司法鉴定机构在鉴定过程中，有下列情形之一的，可以终止鉴定：

（一）发现有本通则第十五条第二项至第七项规定情形的；

（二）鉴定材料发生耗损，委托人不能补充提供的；

（三）委托人拒不履行司法鉴定委托书规定的义务、被鉴定人拒不配合或者鉴定活动受到严重干扰，致使鉴定无法继续进行的；

（四）委托人主动撤销鉴定委托，或者委托人、诉讼当事人拒绝支付鉴定费用的；

（五）因不可抗力致使鉴定无法继续进行的；

（六）其他需要终止鉴定的情形。

终止鉴定的，司法鉴定机构应当书面通知委托人，说明理由并退还鉴定材料。

第30条 有下列情形之一的，司法鉴定机构可以根据委托人的要求进行补充鉴定：

（一）原委托鉴定事项有遗漏的；

（二）委托人就原委托鉴定事项提供新的鉴定材料的；

（三）其他需要补充鉴定的情形。

补充鉴定是原委托鉴定的组成部分，应当由原司法鉴定人进行。

第31条 有下列情形之一的，司法鉴定机构可以接受办案机关委托进行重新鉴定：

（一）原司法鉴定人不具有从事委托鉴定事项执业资格的；

（二）原司法鉴定机构超出登记的业务范围组织鉴定的；

（三）原司法鉴定人应当回避没有回避的；

（四）办案机关认为需要重新鉴定的；

（五）法律规定的其他情形。

第32条 重新鉴定应当委托原司法鉴定机构以外的其他司法鉴定机构进行；因特殊原因，委托人也可以委托原司法鉴定机构进行，但原司法鉴定机构应当指定原司法鉴定人以外的其他符合条件的司法鉴定人进行。

接受重新鉴定委托的司法鉴定机构的资质条件应当不低于原司法鉴定机构，进行重新鉴定的司法鉴定人中应当至少有一名具有相关专业高级专业技术职称。

第33条 鉴定过程中，涉及复杂、疑难、特殊技术问题的，可以向本机构以外的相关专业领域的专家进行咨询，但最终的鉴定意见应当由本机构的司法鉴定人出具。

专家提供咨询意见应当签名，并存入鉴定档案。

第34条 对于涉及重大案件或者特别复杂、疑难、特殊技术问题或者多个鉴定类别的鉴定事项，办案机关可以委托司法鉴定行业协会组织协调多个司法鉴定机构进行鉴定。

第35条 司法鉴定人完成鉴定后，司法鉴定机构应当指定具有相应资质的人员对鉴定程序和鉴定意见进行复核；对于涉及复杂、疑难、特殊技术问题或者重新鉴定的鉴定事项，可以组织三名以上的专家进行复核。

复核人员完成复核后，应当提出复核意见并签名，存入鉴定档案。

第四章　司法鉴定意见书的出具

第36条　司法鉴定机构和司法鉴定人应当按照统一规定的文本格式制作司法鉴定意见书。

第37条　司法鉴定意见书应当由司法鉴定人签名。多人参加的鉴定，对鉴定意见有不同意见的，应当注明。

第38条　司法鉴定意见书应当加盖司法鉴定机构的司法鉴定专用章。

第39条　司法鉴定意见书应当一式四份，三份交委托人收执，一份由司法鉴定机构存档。司法鉴定机构应当按照有关规定或者与委托人约定的方式，向委托人发送司法鉴定意见书。

第40条　委托人对鉴定过程、鉴定意见提出询问的，司法鉴定机构和司法鉴定人应当给予解释或者说明。

第41条　司法鉴定意见书出具后，发现有下列情形之一的，司法鉴定机构可以进行补正：

（一）图像、谱图、表格不清晰的；

（二）签名、盖章或者编号不符合制作要求的；

（三）文字表达有瑕疵或者错别字，但不影响司法鉴定意见的。

补正应当在原司法鉴定意见书上进行，由至少一名司法鉴定人在补正处签名。必要时，可以出具补正书。

对司法鉴定意见书进行补正，不得改变司法鉴定意见的原意。

第42条　司法鉴定机构应当按照规定将司法鉴定意见书以及有关资料整理立卷、归档保管。

第五章　司法鉴定人出庭作证

第43条　经人民法院依法通知，司法鉴定人应当出庭作证，回答与鉴定事项有关的问题。

第44条　司法鉴定机构接到出庭通知后，应当及时与人民法院确认司法鉴定人出庭的时间、地点、人数、费用、要求等。

第45条　司法鉴定机构应当支持司法鉴定人出庭作证，为司法鉴定人依法出庭提供必要条件。

第46条 司法鉴定人出庭作证，应当举止文明，遵守法庭纪律。

第六章 附 则

第47条 本通则是司法鉴定机构和司法鉴定人进行司法鉴定活动应当遵守和采用的一般程序规则，不同专业领域对鉴定程序有特殊要求的，可以依据本通则制定鉴定程序细则。

第48条 本通则所称办案机关，是指办理诉讼案件的侦查机关、审查起诉机关和审判机关。

第49条 在诉讼活动之外，司法鉴定机构和司法鉴定人依法开展相关鉴定业务的，参照本通则规定执行。

第50条 本通则自2016年5月1日起施行。司法部2007年8月7日发布的《司法鉴定程序通则》（司法部第107号令）同时废止。

第一百四十七条 鉴定意见的制作 故意作虚假鉴定的责任

鉴定人进行鉴定后，应当写出鉴定意见，并且签名。

鉴定人故意作虚假鉴定的，应当承担法律责任。

● *部门规章及文件*

《公安机关办理刑事案件程序规定》（2020年7月20日修正 公安部令第159号）

第249条 公安机关应当为鉴定人进行鉴定提供必要的条件，及时向鉴定人送交有关检材和对比样本等原始材料，介绍与鉴定有关的情况，并且明确提出要求鉴定解决的问题。

禁止暗示或者强迫鉴定人作出某种鉴定意见。

第250条 侦查人员应当做好检材的保管和送检工作，并注明检材送检环节的责任人，确保检材在流转环节中的同一性和不被污染。

第251条 鉴定人应当按照鉴定规则，运用科学方法独立进行鉴定。鉴定后，应当出具鉴定意见，并在鉴定意见书上签名，同时附上鉴定机构和鉴定人的资质证明或者其他证明文件。

多人参加鉴定，鉴定人有不同意见的，应当注明。

第252条 对鉴定意见，侦查人员应当进行审查。

对经审查作为证据使用的鉴定意见，公安机关应当及时告知犯罪嫌疑人、被害人或者其法定代理人。

第253条 犯罪嫌疑人、被害人对鉴定意见有异议提出申请，以及办案部门或者侦查人员对鉴定意见有疑义的，可以将鉴定意见送交其他有专门知识的人员提出意见。必要时，询问鉴定人并制作笔录附卷。

第一百四十八条 告知鉴定意见与补充鉴定、重新鉴定

侦查机关应当将用作证据的鉴定意见告知犯罪嫌疑人、被害人。如果犯罪嫌疑人、被害人提出申请，可以补充鉴定或者重新鉴定。

● 司法解释及文件

1.《人民检察院刑事诉讼规则》（2019年12月30日 高检发释字〔2019〕4号）

第220条 对于鉴定意见，检察人员应当进行审查，必要时可以进行补充鉴定或者重新鉴定。重新鉴定的，应当另行指派或者聘请鉴定人。

● 部门规章及文件

2.《公安机关办理刑事案件程序规定》（2020年7月20日修正 公安部令第159号）

第254条 经审查，发现有下列情形之一的，经县级以上公安机关负责人批准，应当补充鉴定：

（一）鉴定内容有明显遗漏的；

（二）发现新的有鉴定意义的证物的；

（三）对鉴定证物有新的鉴定要求的；

（四）鉴定意见不完整，委托事项无法确定的；

（五）其他需要补充鉴定的情形。

经审查，不符合上述情形的，经县级以上公安机关负责人批准，作出不准予补充鉴定的决定，并在作出决定后三日以内书面通知申请人。

第255条 经审查，发现有下列情形之一的，经县级以上公安机关负责人批准，应当重新鉴定：

（一）鉴定程序违法或者违反相关专业技术要求的；

（二）鉴定机构、鉴定人不具备鉴定资质和条件的；

（三）鉴定人故意作虚假鉴定或者违反回避规定的；

（四）鉴定意见依据明显不足的；

（五）检材虚假或者被损坏的；

（六）其他应当重新鉴定的情形。

重新鉴定，应当另行指派或者聘请鉴定人。

经审查，不符合上述情形的，经县级以上公安机关负责人批准，作出不准予重新鉴定的决定，并在作出决定后三日以内书面通知申请人。

第256条 公诉人、当事人或者辩护人、诉讼代理人对鉴定意见有异议，经人民法院依法通知的，公安机关鉴定人应当出庭作证。

鉴定人故意作虚假鉴定的，应当依法追究其法律责任。

第一百四十九条 对犯罪嫌疑人作精神病鉴定的期间

对犯罪嫌疑人作精神病鉴定的期间不计入办案期限。

● *司法解释及文件*

1. **《精神疾病司法鉴定暂行规定》**（1989年7月11日）

第一章 总 则

第1条 根据《中华人民共和国刑法》、《中华人民共和国刑事诉讼法》、《中华人民共和国民法通则》、《中华人民共和国民事诉讼法（试行）》、《中华人民共和国治安管理处罚条例》及其他有关法规，为司法机关依法正确处理案件，保护精神疾病患者的合法权益，特制定本规定。

第2条 精神疾病的司法鉴定，根据案件事实和被鉴定人的精神状态，作出鉴定结论，为委托鉴定机关提供有关法定能力的科学证据。

第二章 司法鉴定机构

第3条 为开展精神疾病的司法鉴定工作，各省、自治区、直辖市、地区、地级市，应当成立精神疾病司法鉴定委员会，负责审查、批准鉴定人，组织技术鉴定组，协调、开展鉴定工作。

第4条 鉴定委员会由人民法院、人民检察院和公安、司法、卫生机关的有关负责干部和专家若干人组成，人选由上述机关协商确定。

第5条 鉴定委员会根据需要，可以设置若干个技术鉴定组，承担具体鉴定工作，其成员由鉴定委员会聘请、指派。技术鉴定组不得少于2名成员参加鉴定。

第6条 对疑难案件，在省、自治区、直辖市内难以鉴定的，可以由委托鉴定机关重新委托其他省、自治区、直辖市鉴定委员会进行鉴定。

第三章 鉴定内容

第7条 对可能患有精神疾病的下列人员应当进行鉴定：

（一）刑事案件的被告人、被害人；

（二）民事案件的当事人；

（三）行政案件的原告人（自然人）；

（四）违反治安管理应当受拘留处罚的人员；

（五）劳动改造的罪犯；

（六）劳动教养人员；

（七）收容审查人员；

（八）与案件有关需要鉴定的其他人员。

第8条 鉴定委员会根据情况可以接受被鉴定人补充鉴定、重新鉴定、复核鉴定的要求。

第9条 刑事案件中，精神疾病司法鉴定包括：

（一）确定被鉴定人是否患有精神疾病，患何种精神疾病，实施危害行为时的精神状态，精神疾病和所实施的危害行为之间的关系，以及有无刑事责任能力。

（二）确定被鉴定人在诉讼过程中的精神状态以及有无诉讼能力。

（三）确定被鉴定人在服刑期间的精神状态以及对应当采取的法律措施的建议。

第10条 民事案件中精神疾病司法鉴定任务如下：

（一）确定被鉴定人是否患有精神疾病，患何种精神疾病，在进行民事活动时的精神状态，精神疾病对其意思表达能力的影响，以及有无民事行为能力。

（二）确定被鉴定人在调解或审理阶段期间的精神状态，以及有无诉讼能力。

第11条 确定各类案件的被害人等，在其人身、财产等合法权益遭受侵害时的精神状态，以及对侵犯行为有无辨认能力或者自我防卫、保护能力。

第12条 确定案件中有关证人的精神状态，以及有无作证能力。

第四章 鉴定人

第13条 具有下列资格之一的，可以担任鉴定人：

（一）具有5年以上精神科临床经验并具有司法精神病学知识的主治医师以上人员。

（二）具有司法精神病学知识、经验和工作能力的主检法医师以上人员。

第14条 鉴定人权利

（一）被鉴定人案件材料不充分时，可以要求委托鉴定机关提供所需要的案件材料。

（二）鉴定人有权通过委托鉴定机关，向被鉴定人的工作单位和亲属以及有关证人了解情况。

（三）鉴定人根据需要有权要求委托鉴定机关将被鉴定人移送至收治精神病人的医院住院检查和鉴定。

（四）鉴定机构可以向委托鉴定机关了解鉴定后的处理情况。

第15条 鉴定人义务

（一）进行鉴定时，应当履行职责，正确、及时地作出鉴定结论。

（二）解答委托鉴定机关提出的与鉴定结论有关的问题。

（三）保守案件秘密。

（四）遵守有关回避的法律规定。

第16条 鉴定人在鉴定过程中徇私舞弊、故意作虚假鉴定的，应当追究法律责任。

第五章 委托鉴定和鉴定书

第17条 司法机关委托鉴定时，需有《委托鉴定书》，说明鉴定的要求和目的，并应当提供下列材料：

（一）被鉴定人及其家庭情况；

（二）案件的有关材料；

（三）工作单位提供的有关材料；

（四）知情人对被鉴定人精神状态的有关证言；

（五）医疗记录和其他有关检查结果。

第18条 鉴定结束后，应当制作《鉴定书》。

《鉴定书》包括以下内容：

（一）委托鉴定机关的名称；

（二）案由、案号，鉴定书号；

（三）鉴定的目的和要求；

（四）鉴定的日期、场所、在场人；

（五）案情摘要；

（六）被鉴定人的一般情况；

（七）被鉴定人发案时和发案前后各阶段的精神状态；

（八）被鉴定人精神状态检查和其他检查所见；

（九）分析说明；

（十）鉴定结论；

（十一）鉴定人员签名，并加盖鉴定专用章；

（十二）有关医疗或监护的建议。

第六章　责任能力和行为能力的评定

第19条　刑事案件被鉴定人责任能力的评定：

被鉴定人实施危害行为时，经鉴定患有精神疾病，由于严重的精神活动障碍，致使不能辨认或者不能控制自己行为的，为无刑事责任能力。

被鉴定人实施危害行为时，经鉴定属于下列情况之一的，为具有责任能力：

1. 具有精神疾病的既往史，但实施危害行为时并无精神异常；

2. 精神疾病的间歇期，精神症状已经完全消失。

第20条　民事案件被鉴定人行为能力的评定：

（一）被鉴定人在进行民事活动时，经鉴定患有精神疾病，由于严重的精神活动障碍，致使不能辨认或者不能保护自己合法权益的，为无民事行为能力。

（二）被鉴定人在进行民事活动时，经鉴定患有精神疾病，由于精神活动障碍，致使不能完全辨认、不能控制或者不能完全保护自己合法权益的、为限制民事行为能力。

（三）被鉴定人在进行民事活动时，经鉴定属于下列情况之一的，为具有民事行为能力：

1. 具有精神疾病既往史，但在民事活动时并无精神异常；

2. 精精神疾病的间歇期，精神症状已经消失；

3. 虽患有精神疾病，但其病理性精神活动具有明显局限性，并对他所进行的民事活动具有辨认能力和能保护自己合法权益的；

4. 智能低下，但对自己的合法权益仍具有辨认能力和保护能力的。

第21条 诉讼过程中有关法定能力的评定

（一）被鉴定人为刑事案件的被告人，在诉讼过程中，经鉴定患有精神疾病，致使不能行使诉讼权利的，为无诉讼能力。

（二）被鉴定人为民事案件的当事人或者是刑事案件的自诉人，在诉讼过程中经鉴定患有精神疾病，致使不能行使诉讼权利的，为无诉讼能力。

（三）控告人、检举人、证人等提供不符合事实的证言，经鉴定患有精神疾病，致使缺乏对客观事实的理解力或判断力的，为无作证能力。

第22条 其他有关法定能力的评定

（一）被鉴定人是女性，经鉴定患有精神疾病，在她的性不可侵犯权遭到侵害时，对自身所受的侵害或严重后果缺乏实质性理解能力的，为无自我防卫能力。

（二）被鉴定人在服刑、劳动教养或者被裁决受治安处罚中，经鉴定患有精神疾病，由于严重的精神活动障碍，致使其无辨认能力或控制能力，为无服刑、受劳动教养能力或者无受处罚能力。

第七章 附 则

第23条 本规定自1989年8月1日起施行。

2.《人民检察院刑事诉讼规则》（2019年12月30日 高检发释字〔2019〕4号）

第222条 对犯罪嫌疑人作精神病鉴定的期间不计入羁押期限和办案期限。

3.《最高人民法院、最高人民检察院、公安部、国家安全部、司法部、全国人大常委会法制工作委员会关于实施刑事诉讼法若干问题的规定》（2012年12月26日）

40. 刑事诉讼法第一百四十七条[①]规定："对犯罪嫌疑人作精神病鉴定的期间不计入办案期限。"根据上述规定，犯罪嫌疑人、被告人在押的案件，除对犯罪嫌疑人、被告人的精神病鉴定期间不计入办案期限外，其他鉴定

① 对应《中华人民共和国刑事诉讼法》（2018年修正）第一百四十九条。

期间都应当计入办案期限。对于因鉴定时间较长，办案期限届满仍不能终结的案件，自期限届满之日起，应当对被羁押的犯罪嫌疑人、被告人变更强制措施，改为取保候审或者监视居住。

国家安全机关依照法律规定，办理危害国家安全的刑事案件，适用本规定中有关公安机关的规定。

本规定自2013年1月1日起施行。1998年1月19日发布的《最高人民法院、最高人民检察院、公安部、国家安全部、司法部、全国人大常委会法制工作委员会关于刑事诉讼法实施中若干问题的规定》同时废止。

第八节　技术侦查措施

第一百五十条　技术侦查措施的适用范围和批准手续

公安机关在立案后，对于危害国家安全犯罪、恐怖活动犯罪、黑社会性质的组织犯罪、重大毒品犯罪或者其他严重危害社会的犯罪案件，根据侦查犯罪的需要，经过严格的批准手续，可以采取技术侦查措施。

人民检察院在立案后，对于利用职权实施的严重侵犯公民人身权利的重大犯罪案件，根据侦查犯罪的需要，经过严格的批准手续，可以采取技术侦查措施，按照规定交有关机关执行。

追捕被通缉或者批准、决定逮捕的在逃的犯罪嫌疑人、被告人，经过批准，可以采取追捕所必需的技术侦查措施。

● *司法解释及文件*

1.**《人民检察院刑事诉讼规则》**（2019年12月30日　高检发释字〔2019〕4号）

第228条　人民检察院办理直接受理侦查的案件，需要追捕被通缉或者决定逮捕的在逃犯罪嫌疑人、被告人的，经过批准，可以采取追捕所必需的技术侦查措施，不受本规则第二百二十七条规定的案件范围的限制。

● *部门规章及文件*

2. **《公安机关办理刑事案件程序规定》**（2020 年 7 月 20 日修正　公安部令第 159 号）

第 263 条　公安机关在立案后，根据侦查犯罪的需要，可以对下列严重危害社会的犯罪案件采取技术侦查措施：

（一）危害国家安全犯罪、恐怖活动犯罪、黑社会性质的组织犯罪、重大毒品犯罪案件；

（二）故意杀人、故意伤害致人重伤或者死亡、强奸、抢劫、绑架、放火、爆炸、投放危险物质等严重暴力犯罪案件；

（三）集团性、系列性、跨区域性重大犯罪案件；

（四）利用电信、计算机网络、寄递渠道等实施的重大犯罪案件，以及针对计算机网络实施的重大犯罪案件；

（五）其他严重危害社会的犯罪案件，依法可能判处七年以上有期徒刑的。

公安机关追捕被通缉或者批准、决定逮捕的在逃的犯罪嫌疑人、被告人，可以采取追捕所必需的技术侦查措施。

第 264 条　技术侦查措施是指由设区的市一级以上公安机关负责技术侦查的部门实施的记录监控、行踪监控、通信监控、场所监控等措施。

技术侦查措施的适用对象是犯罪嫌疑人、被告人以及与犯罪活动直接关联的人员。

第一百五十一条　技术侦查措施的有效期限及其延长程序

批准决定应当根据侦查犯罪的需要，确定采取技术侦查措施的种类和适用对象。批准决定自签发之日起三个月以内有效。对于不需要继续采取技术侦查措施的，应当及时解除；对于复杂、疑难案件，期限届满仍有必要继续采取技术侦查措施的，经过批准，有效期可以延长，每次不得超过三个月。

● *司法解释及文件*

1. **《人民检察院刑事诉讼规则》**（2019 年 12 月 30 日　高检发释字〔2019〕4 号）

第 229 条　人民检察院采取技术侦查措施应当根据侦查犯罪的需要，确定采取技术侦查措施的种类和适用对象，按照有关规定报请批准。批准决定自签发之日起三个月以内有效。对于不需要继续采取技术侦查措施的，应当及时解除；对于复杂、疑难案件，期限届满仍有必要继续采取技术侦查措施的，应当在期限届满前十日以内制作呈请延长技术侦查措施期限报告书，写明延长的期限及理由，经过原批准机关批准，有效期可以延长，每次不得超过三个月。

采取技术侦查措施收集的材料作为证据使用的，批准采取技术侦查措施的法律文书应当附卷，辩护律师可以依法查阅、摘抄、复制。

2.《最高人民法院、最高人民检察院、公安部、国家安全部、司法部、全国人大常委会法制工作委员会关于实施刑事诉讼法若干问题的规定》（2012年12月26日）

20. 刑事诉讼法第一百四十九条[1]中规定："批准决定应当根据侦查犯罪的需要，确定采取技术侦查措施的种类和适用对象。"采取技术侦查措施收集的材料作为证据使用的，批准采取技术侦查措施的法律文书应当附卷，辩护律师可以依法查阅、摘抄、复制，在审判过程中可以向法庭出示。

● *部门规章及文件*

3.《公安机关办理刑事案件程序规定》（2020年7月20日修正　公安部令第159号）

第265条　需要采取技术侦查措施的，应当制作呈请采取技术侦查措施报告书，报设区的市一级以上公安机关负责人批准，制作采取技术侦查措施决定书。

人民检察院等部门决定采取技术侦查措施，交公安机关执行的，由设区的市一级以上公安机关按照规定办理相关手续后，交负责技术侦查的部门执行，并将执行情况通知人民检察院等部门。

第266条　批准采取技术侦查措施的决定自签发之日起三个月以内有效。

在有效期限内，对不需要继续采取技术侦查措施的，办案部门应当立即书面通知负责技术侦查的部门解除技术侦查措施；负责技术侦查的部门认为

---

① 对应《中华人民共和国刑事诉讼法》（2018年修正）第一百五十一条。

需要解除技术侦查措施的，报批准机关负责人批准，制作解除技术侦查措施决定书，并及时通知办案部门。

对复杂、疑难案件，采取技术侦查措施的有效期限届满仍需要继续采取技术侦查措施的，经负责技术侦查的部门审核后，报批准机关负责人批准，制作延长技术侦查措施期限决定书。批准延长期限，每次不得超过三个月。

有效期限届满，负责技术侦查的部门应当立即解除技术侦查措施。

第一百五十二条 技术侦查措施的执行、保密及获取材料的用途限制

采取技术侦查措施，必须严格按照批准的措施种类、适用对象和期限执行。

侦查人员对采取技术侦查措施过程中知悉的国家秘密、商业秘密和个人隐私，应当保密；对采取技术侦查措施获取的与案件无关的材料，必须及时销毁。

采取技术侦查措施获取的材料，只能用于对犯罪的侦查、起诉和审判，不得用于其他用途。

公安机关依法采取技术侦查措施，有关单位和个人应当配合，并对有关情况予以保密。

● 部门规章及文件

《公安机关办理刑事案件程序规定》（2020 年 7 月 20 日修正　公安部令第 159 号）

第 267 条　采取技术侦查措施，必须严格按照批准的措施种类、适用对象和期限执行。

在有效期限内，需要变更技术侦查措施种类或者适用对象的，应当按照本规定第二百六十五条规定重新办理批准手续。

第 268 条　采取技术侦查措施收集的材料在刑事诉讼中可以作为证据使用。使用技术侦查措施收集的材料作为证据时，可能危及有关人员的人身安全，或者可能产生其他严重后果的，应当采取不暴露有关人员身份和使用的技术设备、侦查方法等保护措施。

采取技术侦查措施收集的材料作为证据使用的，采取技术侦查措施决定书应当附卷。

第269条 采取技术侦查措施收集的材料，应当严格依照有关规定存放，只能用于对犯罪的侦查、起诉和审判，不得用于其他用途。

采取技术侦查措施收集的与案件无关的材料，必须及时销毁，并制作销毁记录。

第270条 侦查人员对采取技术侦查措施过程中知悉的国家秘密、商业秘密和个人隐私，应当保密。

公安机关依法采取技术侦查措施，有关单位和个人应当配合，并对有关情况予以保密。

第一百五十三条 隐匿身份侦查及其限制 控制下交付的适用范围

为了查明案情，在必要的时候，经公安机关负责人决定，可以由有关人员隐匿其身份实施侦查。但是，不得诱使他人犯罪，不得采用可能危害公共安全或者发生重大人身危险的方法。

对涉及给付毒品等违禁品或者财物的犯罪活动，公安机关根据侦查犯罪的需要，可以依照规定实施控制下交付。

● ***部门规章及文件***

《公安机关办理刑事案件程序规定》（2020年7月20日修正 公安部令第159号）

第271条 为了查明案情，在必要的时候，经县级以上公安机关负责人决定，可以由侦查人员或者公安机关指定的其他人员隐匿身份实施侦查。

隐匿身份实施侦查时，不得使用促使他人产生犯罪意图的方法诱使他人犯罪，不得采用可能危害公共安全或者发生重大人身危险的方法。

第272条 对涉及给付毒品等违禁品或者财物的犯罪活动，为查明参与该项犯罪的人员和犯罪事实，根据侦查需要，经县级以上公安机关负责人决定，可以实施控制下交付。

第273条 公安机关依照本节规定实施隐匿身份侦查和控制下交付收集的材料在刑事诉讼中可以作为证据使用。

使用隐匿身份侦查和控制下交付收集的材料作为证据时，可能危及隐匿身份人员的人身安全，或者可能产生其他严重后果的，应当采取不暴露有关人员身份等保护措施。

第一百五十四条 技术侦查措施收集材料用作证据的特别规定

依照本节规定采取侦查措施收集的材料在刑事诉讼中可以作为证据使用。如果使用该证据可能危及有关人员的人身安全，或者可能产生其他严重后果的，应当采取不暴露有关人员身份、技术方法等保护措施，必要的时候，可以由审判人员在庭外对证据进行核实。

● 司法解释及文件

1.《人民检察院刑事诉讼规则》（2019年12月30日 高检发释字〔2019〕4号）

第407条 必要时，公诉人可以建议法庭采取不暴露证人、鉴定人、被害人外貌、真实声音等出庭作证保护措施，或者建议法庭根据刑事诉讼法第一百五十四条的规定在庭外对证据进行核实。

● 部门规章及文件

2.《公安机关办理刑事案件程序规定》（2020年7月20日修正 公安部令第159号）

第268条 采取技术侦查措施收集的材料在刑事诉讼中可以作为证据使用。使用技术侦查措施收集的材料作为证据时，可能危及有关人员的人身安全，或者可能产生其他严重后果的，应当采取不暴露有关人员身份和使用的技术设备、侦查方法等保护措施。

采取技术侦查措施收集的材料作为证据使用的，采取技术侦查措施决定书应当附卷。

第269条 采取技术侦查措施收集的材料，应当严格依照有关规定存放，只能用于对犯罪的侦查、起诉和审判，不得用于其他用途。

采取技术侦查措施收集的与案件无关的材料，必须及时销毁，并制作销毁记录。

第九节　通　　缉

第一百五十五条　通缉令的发布

应当逮捕的犯罪嫌疑人如果在逃，公安机关可以发布通缉令，采取有效措施，追捕归案。

各级公安机关在自己管辖的地区以内，可以直接发布通缉令；超出自己管辖的地区，应当报请有权决定的上级机关发布。

● *司法解释及文件*

1.《最高人民检察院、公安部关于适用刑事强制措施有关问题的规定》（2000 年 8 月 28 日　高检会〔2000〕2 号）

第 33 条　人民检察院直接立案侦查的案件，需要通缉犯罪嫌疑人的，应当作出逮捕决定，并将逮捕决定书、通缉通知书和犯罪嫌疑人的照片、身份、特征等情况及简要案情，送达同级公安机关，由公安机关按照规定发布通缉令。人民检察院应当予以协助。

各级人民检察院需要在本辖区内通缉犯罪嫌疑人的，可以直接决定通缉；需要在本辖区外通缉犯罪嫌疑人的，由有决定权的上级人民检察院决定。

2.《人民检察院刑事诉讼规则》（2019 年 12 月 30 日　高检发释字〔2019〕4 号）

第 232 条　人民检察院办理直接受理侦查的案件，应当逮捕的犯罪嫌疑人在逃，或者已被逮捕的犯罪嫌疑人脱逃的，经检察长批准，可以通缉。

第 233 条　各级人民检察院需要在本辖区内通缉犯罪嫌疑人的，可以直接决定通缉；需要在本辖区外通缉犯罪嫌疑人的，由有决定权的上级人民检察院决定。

第 234 条　人民检察院应当将通缉通知书和通缉对象的照片、身份、特征、案情简况送达公安机关，由公安机关发布通缉令，追捕归案。

第 235 条　为防止犯罪嫌疑人等涉案人员逃往境外，需要在边防口岸采取边控措施的，人民检察院应当按照有关规定制作边控对象通知书，商请公安机关办理边控手续。

第236条 应当逮捕的犯罪嫌疑人潜逃出境的，可以按照有关规定层报最高人民检察院商请国际刑警组织中国国家中心局，请求有关方面协助，或者通过其他法律规定的途径进行追捕。

● *部门规章及文件*

3.《**公安机关办理刑事案件程序规定**》（2020年7月20日修正 公安部令第159号）

第274条 应当逮捕的犯罪嫌疑人在逃的，经县级以上公安机关负责人批准，可以发布通缉令，采取有效措施，追捕归案。

县级以上公安机关在自己管辖的地区内，可以直接发布通缉令；超出自己管辖的地区，应当报请有权决定的上级公安机关发布。

通缉令的发送范围，由签发通缉令的公安机关负责人决定。

第275条 通缉令中应当尽可能写明被通缉人的姓名、别名、曾用名、绰号、性别、年龄、民族、籍贯、出生地、户籍所在地、居住地、职业、身份证号码、衣着和体貌特征、口音、行为习惯，并附被通缉人近期照片，可以附指纹及其他物证的照片。除了必须保密的事项以外，应当写明发案的时间、地点和简要案情。

第276条 通缉令发出后，如果发现新的重要情况可以补发通报。通报必须注明原通缉令的编号和日期。

第277条 公安机关接到通缉令后，应当及时布置查缉。抓获犯罪嫌疑人后，报经县级以上公安机关负责人批准，凭通缉令或者相关法律文书羁押，并通知通缉令发布机关进行核实，办理交接手续。

第278条 需要对犯罪嫌疑人在口岸采取边控措施的，应当按照有关规定制作边控对象通知书，并附有关法律文书，经县级以上公安机关负责人审核后，层报省级公安机关批准，办理全国范围内的边控措施。需要限制犯罪嫌疑人人身自由的，应当附有关限制人身自由的法律文书。

紧急情况下，需要采取边控措施的，县级以上公安机关可以出具公函，先向有关口岸所在地出入境边防检查机关交控，但应当在七日以内按照规定程序办理全国范围内的边控措施。

第279条 为发现重大犯罪线索，追缴涉案财物、证据，查获犯罪嫌疑人，必要时，经县级以上公安机关负责人批准，可以发布悬赏通告。

悬赏通告应当写明悬赏对象的基本情况和赏金的具体数额。

第 280 条 通缉令、悬赏通告应当广泛张贴，并可以通过广播、电视、报刊、计算机网络等方式发布。

第 281 条 经核实，犯罪嫌疑人已经自动投案、被击毙或者被抓获，以及发现有其他不需要采取通缉、边控、悬赏通告的情形的，发布机关应当在原通缉、通知、通告范围内，撤销通缉令、边控通知、悬赏通告。

第 282 条 通缉越狱逃跑的犯罪嫌疑人、被告人或者罪犯，适用本节的有关规定。

第十节 侦查终结

第一百五十六条 一般侦查羁押期限

对犯罪嫌疑人逮捕后的侦查羁押期限不得超过二个月。案情复杂、期限届满不能终结的案件，可以经上一级人民检察院批准延长一个月。

● *司法解释及文件*

1. **《人民检察院刑事诉讼规则》**（2019 年 12 月 30 日 高检发释字〔2019〕4 号）

第 305 条 人民检察院办理直接受理侦查的案件，对犯罪嫌疑人逮捕后的侦查羁押期限不得超过二个月。案情复杂、期限届满不能终结的案件，可以经上一级人民检察院批准延长一个月。

第 306 条 设区的市级人民检察院和基层人民检察院办理直接受理侦查的案件，符合刑事诉讼法第一百五十八条规定，在本规则第三百零五条规定的期限届满前不能侦查终结的，经省级人民检察院批准，可以延长二个月。

省级人民检察院直接受理侦查的案件，有前款情形的，可以直接决定延长二个月。

第 307 条 设区的市级人民检察院和基层人民检察院办理直接受理侦查的案件，对犯罪嫌疑人可能判处十年有期徒刑以上刑罚，依照本规则第三百零六条的规定依法延长羁押期限届满，仍不能侦查终结的，经省级人民检察院批准，可以再延长二个月。

省级人民检察院办理直接受理侦查的案件，有前款情形的，可以直接决定再延长二个月。

第308条 最高人民检察院办理直接受理侦查的案件，依照刑事诉讼法的规定需要延长侦查羁押期限的，直接决定延长侦查羁押期限。

第309条 公安机关需要延长侦查羁押期限的，人民检察院应当要求其在侦查羁押期限届满七日前提请批准延长侦查羁押期限。

人民检察院办理直接受理侦查的案件，负责侦查的部门认为需要延长侦查羁押期限的，应当按照前款规定向本院负责捕诉的部门移送延长侦查羁押期限意见书及有关材料。

对于超过法定羁押期限提请延长侦查羁押期限的，不予受理。

第310条 人民检察院审查批准或者决定延长侦查羁押期限，由负责捕诉的部门办理。

受理案件的人民检察院对延长侦查羁押期限的意见审查后，应当提出是否同意延长侦查羁押期限的意见，将公安机关延长侦查羁押期限的意见和本院的审查意见层报有决定权的人民检察院审查决定。

第311条 对于同时具备下列条件的案件，人民检察院应当作出批准延长侦查羁押期限一个月的决定：

（一）符合刑事诉讼法第一百五十六条的规定；

（二）符合逮捕条件；

（三）犯罪嫌疑人有继续羁押的必要。

第312条 犯罪嫌疑人虽然符合逮捕条件，但经审查，公安机关在对犯罪嫌疑人执行逮捕后二个月以内未有效开展侦查工作或者侦查取证工作没有实质进展的，人民检察院可以作出不批准延长侦查羁押期限的决定。

犯罪嫌疑人不符合逮捕条件，需要撤销下级人民检察院逮捕决定的，上级人民检察院在作出不批准延长侦查羁押期限决定的同时，应当作出撤销逮捕的决定，或者通知下级人民检察院撤销逮捕决定。

第313条 有决定权的人民检察院作出批准延长侦查羁押期限或者不批准延长侦查羁押期限的决定后，应当将决定书交由最初受理案件的人民检察院送达公安机关。

最初受理案件的人民检察院负责捕诉的部门收到批准延长侦查羁押期限决定书或者不批准延长侦查羁押期限决定书，应当书面告知本院负责刑事执行检察的部门。

2.《最高人民法院、最高人民检察院、公安部、国家安全部、司法部、全国人大常委会法制工作委员会关于实施刑事诉讼法若干问题的规定》（2012年12月26日）

21. 公安机关对案件提请延长羁押期限的，应当在羁押期限届满七日前提出，并书面呈报延长羁押期限案件的主要案情和延长羁押期限的具体理由，人民检察院应当在羁押期限届满前作出决定。

3.《人民检察院办理延长侦查羁押期限案件的规定》（2016年7月1日　高检发侦监字〔2016〕9号）

第3条　侦查机关依照《中华人民共和国刑事诉讼法》第一百五十四条规定提请延长犯罪嫌疑人侦查羁押期限的案件，由同级人民检察院受理审查并提出意见后，报上一级人民检察院审查决定。

人民检察院直接受理立案侦查的案件，依照《中华人民共和国刑事诉讼法》第一百五十四条规定提请延长犯罪嫌疑人侦查羁押期限的，由本院审查提出意见后，报上一级人民检察院审查决定。

第4条　侦查机关需要延长侦查羁押期限的，应当在侦查羁押期限届满七日前，向同级人民检察院移送以下材料：

（一）提请批准延长侦查羁押期限意见书和延长侦查羁押期限案情报告；

（二）立案决定书、逮捕证以及重新计算侦查羁押期限决定书等相关法律文书复印件；

（三）罢免、辞去县级以上人大代表或者报请许可对其采取强制措施手续等文书；

（四）案件的其他情况说明。

人民检察院直接受理立案侦查的案件，需要延长侦查羁押期限的，侦查部门应当依照本条第一款的规定向本院侦查监督部门移送延长侦查羁押期限意见书和前款规定的有关材料。

第5条　侦查机关应当在延长侦查羁押期限案情报告中详细写明犯罪嫌疑人基本情况、采取强制措施的具体情况、主要案情和捕后侦查工作进展情况、下一步侦查工作计划、延长侦查羁押期限的具体理由和法律依据、继续羁押的必要以及提请批准延长侦查羁押期限的起止日期。

人民检察院直接受理立案侦查的案件，侦查部门应当在延长侦查羁押期限意见书中详细写明前款规定的内容。

第6条 受理案件的人民检察院侦查监督部门应当制作提请批准延长侦查羁押期限报告书和提请延长侦查羁押期限案件审查报告，连同审查逮捕意见书以及侦查机关（部门）移送的材料，经本院案件管理部门报上一级人民检察院审查。

第7条 上一级人民检察院案件管理部门收到案件材料后，应当及时审核，符合报送材料要求的，移交本院侦查监督部门办理。发现材料不全的，应当要求在规定的时间内予以补充。

对于未及时补充或者未按规定时间移送材料的，应当及时告知侦查监督部门，由侦查监督部门决定是否予以受理。

对于侦查机关（部门）超过法定羁押期限仍提请延长侦查羁押期限的，上一级人民检察院不予受理。

第8条 人民检察院侦查监督部门应当在提请延长侦查羁押期限案件审查报告中详细写明受案和审查过程、犯罪嫌疑人基本情况、采取强制措施的情况和羁押地点、主要案情、延长侦查羁押期限的理由和法律依据、继续羁押的必要、提请批准延长侦查羁押期限的起止日期以及审查意见。

第9条 人民检察院侦查监督部门办理延长侦查羁押期限案件，应当审查以下内容：

（一）本院或者下级人民检察院的逮捕决定是否符合法律规定；

（二）犯罪嫌疑人逮捕后侦查工作进展情况；

（三）下一步侦查计划是否具体明确；

（四）延长侦查羁押期限的理由、日期是否符合法律规定；

（五）犯罪嫌疑人有无继续羁押的必要；

（六）有无超期羁押等违法情况；

（七）其他需要审查的内容。

第10条 人民检察院侦查监督部门办理延长侦查羁押期限案件，应当由承办检察官提出审查意见，报检察长决定。

第11条 人民检察院侦查监督部门审查延长侦查羁押期限案件，对于案件是否符合延长侦查羁押期限条件有疑问或者侦查活动可能存在重大违法等情形的，可以讯问犯罪嫌疑人，听取律师意见、侦查机关（部门）意见，调取案卷及相关材料。

第12条 经审查，同时具备下列条件的案件，人民检察院应当作出批准延长侦查羁押期限一个月的决定：

（一）符合《中华人民共和国刑事诉讼法》第一百五十四条的规定；

（二）符合逮捕条件；

（三）犯罪嫌疑人有继续羁押的必要。

第13条 经审查，对于不符合《中华人民共和国刑事诉讼法》第一百五十四条规定、犯罪嫌疑人不符合逮捕条件或者犯罪嫌疑人没有继续羁押必要的，人民检察院应当作出不批准延长侦查羁押期限决定。

对于犯罪嫌疑人虽然符合逮捕条件，但经审查，侦查机关（部门）在犯罪嫌疑人逮捕后二个月以内未有效开展侦查工作或者侦查取证工作没有实质进展的，人民检察院可以作出不批准延长侦查羁押期限的决定。

对于犯罪嫌疑人不符合逮捕条件，需要撤销下级人民检察院逮捕决定的，上一级人民检察院作出不批准延长侦查羁押期限决定后，应当作出撤销逮捕决定，或者通知下级人民检察院撤销逮捕决定。

第14条 《中华人民共和国刑事诉讼法》第一百五十四条规定的“案情复杂、期限届满不能终结的案件”，包括以下情形之一：

（一）影响定罪量刑的重要证据无法在侦查羁押期限内调取到的；

（二）共同犯罪案件，犯罪事实需要进一步查清的；

（三）犯罪嫌疑人涉嫌多起犯罪或者多个罪名，犯罪事实需要进一步查清的；

（四）涉外案件，需要境外取证的；

（五）与其他重大案件有关联，重大案件尚未侦查终结，影响本案或者其他重大案件处理的。

第15条 有决定权的人民检察院在侦查羁押期限届满前作出是否批准延长侦查羁押期限的决定后，交由受理案件的人民检察院侦查监督部门送达侦查机关（部门）。

受理案件的人民检察院侦查监督部门在收到批准延长侦查羁押期限决定书或者不批准延长侦查羁押期限决定书的同时，应当书面告知本院刑事执行检察部门。

第16条 逮捕后侦查羁押期限日期的计算，应当自对犯罪嫌疑人执行逮捕的第二日起，至二个月后对应日期的前一日止，无对应日期的，以该月的最后一日为截止日。

延长侦查羁押期限的起始日应当与延长前侦查羁押期限的截止日连续计算。

第17条 人民检察院侦查监督部门在审查延长侦查羁押期限案件中发现侦查机关（部门）的侦查活动存在违法情形的，应当向侦查机关（部门）提出纠正违法意见。

第18条 依照《中华人民共和国刑事诉讼法》第一百五十六条、第一百五十七条规定提请批准延长侦查羁押期限的案件，参照本规定办理。

● ***部门规章及文件***

4.《公安机关办理刑事案件程序规定》（2020年7月20日修正 公安部令第159号）

第148条 对犯罪嫌疑人逮捕后的侦查羁押期限不得超过二个月。案情复杂、期限届满不能侦查终结的案件，应当制作提请批准延长侦查羁押期限意见书，经县级以上公安机关负责人批准后，在期限届满七日前送请同级人民检察院转报上一级人民检察院批准延长一个月。

第一百五十七条 特殊侦查羁押期限

因为特殊原因，在较长时间内不宜交付审判的特别重大复杂的案件，由最高人民检察院报请全国人民代表大会常务委员会批准延期审理。

第一百五十八条 重大复杂案件的侦查羁押期限

下列案件在本法第一百五十六条规定的期限届满不能侦查终结的，经省、自治区、直辖市人民检察院批准或者决定，可以延长二个月：

（一）交通十分不便的边远地区的重大复杂案件；

（二）重大的犯罪集团案件；

（三）流窜作案的重大复杂案件；

（四）犯罪涉及面广，取证困难的重大复杂案件。

● *司法解释及文件*

1. **《人民检察院刑事诉讼规则》**（2019 年 12 月 30 日　高检发释字〔2019〕4 号）

第 306 条　设区的市级人民检察院和基层人民检察院办理直接受理侦查的案件，符合刑事诉讼法第一百五十八条规定，在本规则第三百零五条规定的期限届满前不能侦查终结的，经省级人民检察院批准，可以延长二个月。

省级人民检察院直接受理侦查的案件，有前款情形的，可以直接决定延长二个月。

● *部门规章及文件*

2. **《公安机关办理刑事案件程序规定》**（2020 年 7 月 20 日修正　公安部令第 159 号）

第 149 条　下列案件在本规定第一百四十八条规定的期限届满不能侦查终结的，应当制作提请批准延长侦查羁押期限意见书，经县级以上公安机关负责人批准，在期限届满七日前送请同级人民检察院层报省、自治区、直辖市人民检察院批准，延长二个月：

（一）交通十分不便的边远地区的重大复杂案件；

（二）重大的犯罪集团案件；

（三）流窜作案的重大复杂案件；

（四）犯罪涉及面广，取证困难的重大复杂案件。

第一百五十九条　重刑案件的侦查羁押期限

对犯罪嫌疑人可能判处十年有期徒刑以上刑罚，依照本法第一百五十八条规定延长期限届满，仍不能侦查终结的，经省、自治区、直辖市人民检察院批准或者决定，可以再延长二个月。

● *司法解释及文件*

1. **《人民检察院刑事诉讼规则》**（2019 年 12 月 30 日　高检发释字〔2019〕4 号）

第 307 条　设区的市级人民检察院和基层人民检察院办理直接受理侦查的案件，对犯罪嫌疑人可能判处十年有期徒刑以上刑罚，依照本规则第三百零六条的规定依法延长羁押期限届满，仍不能侦查终结的，经省级人民检察院批准，可以再延长二个月。

省级人民检察院办理直接受理侦查的案件，有前款情形的，可以直接决定再延长二个月。

第308条 最高人民检察院办理直接受理侦查的案件，依照刑事诉讼法的规定需要延长侦查羁押期限的，直接决定延长侦查羁押期限。

● *部门规章及文件*

2.《公安机关办理刑事案件程序规定》（2020年7月20日修正 公安部令第159号）

第150条 对犯罪嫌疑人可能判处十年有期徒刑以上刑罚，依照本规定第一百四十九条规定的延长期限届满，仍不能侦查终结的，应当制作提请批准延长侦查羁押期限意见书，经县级以上公安机关负责人批准，在期限届满七日前送请同级人民检察院层报省、自治区、直辖市人民检察院批准，再延长二个月。

第一百六十条 侦查羁押期限的重新计算

在侦查期间，发现犯罪嫌疑人另有重要罪行的，自发现之日起依照本法第一百五十六条的规定重新计算侦查羁押期限。

犯罪嫌疑人不讲真实姓名、住址，身份不明的，应当对其身份进行调查，侦查羁押期限自查清其身份之日起计算，但是不得停止对其犯罪行为的侦查取证。对于犯罪事实清楚，证据确实、充分，确实无法查明其身份的，也可以按其自报的姓名起诉、审判。

● *司法解释及文件*

1.《人民检察院刑事诉讼规则》（2019年12月30日 高检发释字〔2019〕4号）

第315条 人民检察院在侦查期间发现犯罪嫌疑人另有重要罪行的，自发现之日起依照本规则第三百零五条的规定重新计算侦查羁押期限。

另有重要罪行是指与逮捕时的罪行不同种的重大犯罪或者同种的影响罪名认定、量刑档次的重大犯罪。

第 316 条 人民检察院重新计算侦查羁押期限，应当由负责侦查的部门提出重新计算侦查羁押期限的意见，移送本院负责捕诉的部门审查。负责捕诉的部门审查后应当提出是否同意重新计算侦查羁押期限的意见，报检察长决定。

第 317 条 对公安机关重新计算侦查羁押期限的备案，由负责捕诉的部门审查。负责捕诉的部门认为公安机关重新计算侦查羁押期限不当的，应当提出纠正意见。

第 318 条 人民检察院直接受理侦查的案件，不能在法定侦查羁押期限内侦查终结的，应当依法释放犯罪嫌疑人或者变更强制措施。

第 319 条 负责捕诉的部门审查延长侦查羁押期限、审查重新计算侦查羁押期限，可以讯问犯罪嫌疑人，听取辩护律师和侦查人员的意见，调取案卷及相关材料等。

2. **《最高人民法院、最高人民检察院、公安部、国家安全部、司法部、全国人大常委会法制工作委员会关于实施刑事诉讼法若干问题的规定》**（2012 年 12 月 26 日）

22. 刑事诉讼法第一百五十八条第一款[①]规定："在侦查期间，发现犯罪嫌疑人另有重要罪行的，自发现之日起依照本法第一百五十四条的规定重新计算侦查羁押期限。"公安机关依照上述规定重新计算侦查羁押期限的，不需要经人民检察院批准，但应当报人民检察院备案，人民检察院可以进行监督。

● 部门规章及文件

3. **《公安机关办理刑事案件程序规定》**（2020 年 7 月 20 日修正 公安部令第 159 号）

第 145 条 对犯罪嫌疑人执行逮捕后，除无法通知的情形以外，应当在逮捕后二十四小时以内，制作逮捕通知书，通知被逮捕人的家属。逮捕通知书应当写明逮捕原因和羁押处所。

本条规定的"无法通知"的情形适用本规定第一百一十三条第二款的规定。

无法通知的情形消除后，应当立即通知被逮捕人的家属。

对于没有在二十四小时以内通知家属的，应当在逮捕通知书中注明原因。

---

① 对应《中华人民共和国刑事诉讼法》（2018 年修正）第一百六十条第一款。

第146条 人民法院、人民检察院决定逮捕犯罪嫌疑人、被告人的，由县级以上公安机关凭人民法院、人民检察院决定逮捕的法律文书制作逮捕证并立即执行。必要时，可以请人民法院、人民检察院协助执行。执行逮捕后，应当及时通知决定机关。

公安机关未能抓获犯罪嫌疑人、被告人的，应当将执行情况和未能抓获的原因通知决定逮捕的人民检察院、人民法院。对于犯罪嫌疑人、被告人在逃的，在人民检察院、人民法院撤销逮捕决定之前，公安机关应当组织力量继续执行。

第147条 人民检察院在审查批准逮捕工作中发现公安机关的侦查活动存在违法情况，通知公安机关予以纠正的，公安机关应当调查核实，对于发现的违法情况应当及时纠正，并将纠正情况书面通知人民检察院。

第六节 羁 押

第148条 对犯罪嫌疑人逮捕后的侦查羁押期限不得超过二个月。案情复杂、期限届满不能侦查终结的案件，应当制作提请批准延长侦查羁押期限意见书，经县级以上公安机关负责人批准后，在期限届满七日前送请同级人民检察院转报上一级人民检察院批准延长一个月。

第149条 下列案件在本规定第一百四十八条规定的期限届满不能侦查终结的，应当制作提请批准延长侦查羁押期限意见书，经县级以上公安机关负责人批准，在期限届满七日前送请同级人民检察院层报省、自治区、直辖市人民检察院批准，延长二个月：

（一）交通十分不便的边远地区的重大复杂案件；

（二）重大的犯罪集团案件；

（三）流窜作案的重大复杂案件；

（四）犯罪涉及面广，取证困难的重大复杂案件。

第150条 对犯罪嫌疑人可能判处十年有期徒刑以上刑罚，依照本规定第一百四十九条规定的延长期限届满，仍不能侦查终结的，应当制作提请批准延长侦查羁押期限意见书，经县级以上公安机关负责人批准，在期限届满七日前送请同级人民检察院层报省、自治区、直辖市人民检察院批准，再延长二个月。

第151条 在侦查期间，发现犯罪嫌疑人另有重要罪行的，应当自发现之日起五日以内报县级以上公安机关负责人批准后，重新计算侦查羁押期限，制作变更羁押期限通知书，送达看守所，并报批准逮捕的人民检察院备案。

前款规定的“另有重要罪行”，是指与逮捕时的罪行不同种的重大犯罪以及同种犯罪并将影响罪名认定、量刑档次的重大犯罪。

第 152 条 犯罪嫌疑人不讲真实姓名、住址，身份不明的，应当对其身份进行调查。经县级以上公安机关负责人批准，侦查羁押期限自查清其身份之日起计算，但不得停止对其犯罪行为的侦查取证。

对于犯罪事实清楚，证据确实、充分，确实无法查明其身份的，按其自报的姓名移送人民检察院审查起诉。

第一百六十一条 听取辩护律师意见

在案件侦查终结前，辩护律师提出要求的，侦查机关应当听取辩护律师的意见，并记录在案。辩护律师提出书面意见的，应当附卷。

● 司法解释及文件

1. **《人民检察院刑事诉讼规则》**（2019 年 12 月 30 日　高检发释字〔2019〕4 号）

第 239 条 在案件侦查过程中，犯罪嫌疑人委托辩护律师的，检察人员可以听取辩护律师的意见。

辩护律师要求当面提出意见的，检察人员应当听取意见，并制作笔录附卷。辩护律师提出书面意见的，应当附卷。

侦查终结前，犯罪嫌疑人提出无罪或者罪轻的辩解，辩护律师提出犯罪嫌疑人无罪或者依法不应当追究刑事责任意见的，人民检察院应当依法予以核实。

案件侦查终结移送起诉时，人民检察院应当同时将案件移送情况告知犯罪嫌疑人及其辩护律师。

● 部门规章及文件

2. **《公安机关办理刑事案件程序规定》**（2020 年 7 月 20 日修正　公安部令第 159 号）

第 58 条 案件侦查终结前，辩护律师提出要求的，公安机关应当听取辩护律师的意见，根据情况进行核实，并记录在案。辩护律师提出书面意见的，应当附卷。

对辩护律师收集的犯罪嫌疑人不在犯罪现场、未达到刑事责任年龄、属于依法不负刑事责任的精神病人的证据，公安机关应当进行核实并将有关情况记录在案，有关证据应当附卷。

第一百六十二条 侦查终结的条件和手续

公安机关侦查终结的案件，应当做到犯罪事实清楚，证据确实、充分，并且写出起诉意见书，连同案卷材料、证据一并移送同级人民检察院审查决定；同时将案件移送情况告知犯罪嫌疑人及其辩护律师。

犯罪嫌疑人自愿认罪的，应当记录在案，随案移送，并在起诉意见书中写明有关情况。

● 司法解释及文件

1.《人民检察院刑事诉讼规则》（2019年12月30日　高检发释字〔2019〕4号）

第320条　法定最高刑为无期徒刑、死刑的犯罪，已过二十年追诉期限的，不再追诉。如果认为必须追诉的，须报请最高人民检察院核准。

第321条　须报请最高人民检察院核准追诉的案件，公安机关在核准之前可以依法对犯罪嫌疑人采取强制措施。

公安机关报请核准追诉并提请逮捕犯罪嫌疑人，人民检察院经审查认为必须追诉而且符合法定逮捕条件的，可以依法批准逮捕，同时要求公安机关在报请核准追诉期间不得停止对案件的侦查。

未经最高人民检察院核准，不得对案件提起公诉。

第322条　报请核准追诉的案件应当同时符合下列条件：

（一）有证据证明存在犯罪事实，且犯罪事实是犯罪嫌疑人实施的；

（二）涉嫌犯罪的行为应当适用的法定量刑幅度的最高刑为无期徒刑或者死刑；

（三）涉嫌犯罪的性质、情节和后果特别严重，虽然已过二十年追诉期限，但社会危害性和影响依然存在，不追诉会严重影响社会稳定或者产生其他严重后果，而必须追诉的；

（四）犯罪嫌疑人能够及时到案接受追诉。

第323条 公安机关报请核准追诉的案件，由同级人民检察院受理并层报最高人民检察院审查决定。

第324条 地方各级人民检察院对公安机关报请核准追诉的案件，应当及时进行审查并开展必要的调查。经检察委员会审议提出是否同意核准追诉的意见，制作报请核准追诉案件报告书，连同案卷材料一并层报最高人民检察院。

第325条 最高人民检察院收到省级人民检察院报送的报请核准追诉案件报告书及案卷材料后，应当及时审查，必要时指派检察人员到案发地了解案件有关情况。经检察长批准，作出是否核准追诉的决定，并制作核准追诉决定书或者不予核准追诉决定书，逐级下达至最初受理案件的人民检察院，由其送达报请核准追诉的公安机关。

第326条 对已经采取强制措施的案件，强制措施期限届满不能作出是否核准追诉决定的，应当对犯罪嫌疑人变更强制措施或者延长侦查羁押期限。

第327条 最高人民检察院决定核准追诉的案件，最初受理案件的人民检察院应当监督公安机关的侦查工作。

最高人民检察院决定不予核准追诉，公安机关未及时撤销案件的，同级人民检察院应当提出纠正意见。犯罪嫌疑人在押的，应当立即释放。

● *部门规章及文件*

2.《公安机关办理刑事案件程序规定》（2020年7月20日修正　公安部令第159号）

第58条 案件侦查终结前，辩护律师提出要求的，公安机关应当听取辩护律师的意见，根据情况进行核实，并记录在案。辩护律师提出书面意见的，应当附卷。

对辩护律师收集的犯罪嫌疑人不在犯罪现场、未达到刑事责任年龄、属于依法不负刑事责任的精神病人的证据，公安机关应当进行核实并将有关情况记录在案，有关证据应当附卷。

第68条 公安机关提请批准逮捕书、起诉意见书必须忠实于事实真象。故意隐瞒事实真象的，应当依法追究责任。

第二编 第二章

第69条 需要查明的案件事实包括：

（一）犯罪行为是否存在；

（二）实施犯罪行为的时间、地点、手段、后果以及其他情节；

（三）犯罪行为是否为犯罪嫌疑人实施；

（四）犯罪嫌疑人的身份；

（五）犯罪嫌疑人实施犯罪行为的动机、目的；

（六）犯罪嫌疑人的责任以及与其他同案人的关系；

（七）犯罪嫌疑人有无法定从重、从轻、减轻处罚以及免除处罚的情节；

（八）其他与案件有关的事实。

第70条 公安机关移送审查起诉的案件，应当做到犯罪事实清楚，证据确实、充分。

证据确实、充分，应当符合以下条件：

（一）认定的案件事实都有证据证明；

（二）认定案件事实的证据均经法定程序查证属实；

（三）综合全案证据，对所认定事实已排除合理怀疑。

对证据的审查，应当结合案件的具体情况，从各证据与待证事实的关联程度、各证据之间的联系等方面进行审查判断。

只有犯罪嫌疑人供述，没有其他证据的，不能认定案件事实；没有犯罪嫌疑人供述，证据确实、充分的，可以认定案件事实。

第283条 侦查终结的案件，应当同时符合以下条件：

（一）案件事实清楚；

（二）证据确实、充分；

（三）犯罪性质和罪名认定正确；

（四）法律手续完备；

（五）依法应当追究刑事责任。

第284条 对侦查终结的案件，公安机关应当全面审查证明证据收集合法性的证据材料，依法排除非法证据。排除非法证据后证据不足的，不得移送审查起诉。

公安机关发现侦查人员非法取证的，应当依法作出处理，并可另行指派侦查人员重新调查取证。

第285条 侦查终结的案件，侦查人员应当制作结案报告。

结案报告应当包括以下内容：

（一）犯罪嫌疑人的基本情况；

（二）是否采取了强制措施及其理由；

（三）案件的事实和证据；

（四）法律依据和处理意见。

第286条 侦查终结案件的处理，由县级以上公安机关负责人批准；重大、复杂、疑难的案件应当经过集体讨论。

第287条 侦查终结后，应当将全部案卷材料按照要求装订立卷。

向人民检察院移送案件时，只移送诉讼卷，侦查卷由公安机关存档备查。

第288条 对查封、扣押的犯罪嫌疑人的财物及其孳息、文件或者冻结的财产，作为证据使用的，应当随案移送，并制作随案移送清单一式两份，一份留存，一份交人民检察院。制作清单时，应当根据已经查明的案情，写明对涉案财物的处理建议。

对于实物不宜移送的，应当将其清单、照片或者其他证明文件随案移送。待人民法院作出生效判决后，按照人民法院送达的生效判决书、裁定书依法作出处理，并向人民法院送交回执。人民法院在判决、裁定中未对涉案财物作出处理的，公安机关应当征求人民法院意见，并根据人民法院的决定依法作出处理。

第289条 对侦查终结的案件，应当制作起诉意见书，经县级以上公安机关负责人批准后，连同全部案卷材料、证据，以及辩护律师提出的意见，一并移送同级人民检察院审查决定；同时将案件移送情况告知犯罪嫌疑人及其辩护律师。

犯罪嫌疑人自愿认罪的，应当记录在案，随案移送，并在起诉意见书中写明有关情况；认为案件符合速裁程序适用条件的，可以向人民检察院提出适用速裁程序的建议。

第290条 对于犯罪嫌疑人在境外，需要及时进行审判的严重危害国家安全犯罪、恐怖活动犯罪案件，应当在侦查终结后层报公安部批准，移送同级人民检察院审查起诉。

在审查起诉或者缺席审理过程中，犯罪嫌疑人、被告人向公安机关自动投案或者被公安机关抓获的，公安机关应当立即通知人民检察院、人民法院。

第291条 共同犯罪案件的起诉意见书，应当写明每个犯罪嫌疑人在共同犯罪中的地位、作用、具体罪责和认罪态度，并分别提出处理意见。

第292条 被害人提出附带民事诉讼的，应当记录在案；移送审查起诉时，应当在起诉意见书末页注明。

第293条 人民检察院作出不起诉决定的，如果被不起诉人在押，公安机关应当立即办理释放手续。除依法转为行政案件办理外，应当根据人民检察院解除查封、扣押、冻结财物的书面通知，及时解除查封、扣押、冻结。

人民检察院提出对被不起诉人给予行政处罚、处分或者没收其违法所得的检察意见，移送公安机关处理的，公安机关应当将处理结果及时通知人民检察院。

第294条 认为人民检察院作出的不起诉决定有错误的，应当在收到不起诉决定书后七日以内制作要求复议意见书，经县级以上公安机关负责人批准后，移送人民检察院复议。

要求复议的意见不被接受的，可以在收到人民检察院的复议决定书后七日以内制作提请复核意见书，经县级以上公安机关负责人批准后，连同人民检察院的复议决定书，一并提请上一级人民检察院复核。

3.**《最高人民法院、最高人民检察院、公安部关于公安部证券犯罪侦查局直属分局办理经济犯罪案件适用刑事诉讼程序若干问题的通知》**（2009年11月4日　公通字〔2009〕51号）

四、直属分局依照《刑事诉讼法》和《公安机关办理刑事案件程序规定》等有关规定出具和使用刑事法律文书，冠以“公安部证券犯罪侦查局第×分局”字样，加盖“公安部证券犯罪侦查局第×分局”印章，需要加盖直属分局局长印章的，加盖直属分局局长印章。

五、直属分局在侦查办案过程中，需要逮捕犯罪嫌疑人的，应当按照《刑事诉讼法》及《公安机关办理刑事案件程序规定》的有关规定，制作相应的法律文书，连同有关案卷材料、证据，一并移送犯罪地的人民检察院审查批准。如果由犯罪嫌疑人居住地的人民检察院办理更为适宜的，可以移送犯罪嫌疑人居住地的人民检察院审查批准。

六、直属分局对于侦查终结的案件，犯罪事实清楚，证据确实、充分的，应当按照《刑事诉讼法》的有关规定，制作《起诉意见书》，连同案卷材料、证据，一并移送犯罪地的人民检察院审查决定。如果由犯罪嫌疑人居住地的人民检察院办理更为适宜的，可以移送犯罪嫌疑人居住地的人民检察院审查决定。

4. **《公安部关于公安机关办理醉酒驾驶机动车犯罪案件的指导意见》**（2011年9月19日　公交管〔2011〕190号）

7. 严格办案时限。要建立醉酒驾驶机动车案件快侦快办工作制度，加强内部办案协作，严格办案时限要求。为提高办案效率，对现场发现的饮酒后或者醉酒驾驶机动车的嫌疑人，尚未立刑事案件的，可以口头传唤其到指定地点接受调查；有条件的，对当事人可以现场调查询问；对犯罪嫌疑人采取强制措施的，应当及时进行讯问。对案件事实清楚、证据确实充分的，应当在查获犯罪嫌疑人之日起7日内侦查终结案件并移送人民检察院审查起诉；情况特殊的，经县级公安机关负责人批准，可以适当延长办案时限。

11. 做好办案衔接。案件侦查终结后，对醉酒驾驶机动车犯罪事实清楚，证据确实、充分的，应当在案件移送人民检察院审查起诉前，依法吊销犯罪嫌疑人的机动车驾驶证。对其他道路交通违法行为应当依法给予行政处罚。案件移送审查起诉后，要及时了解掌握案件起诉和判决情况，收到法院的判决书或者有关的司法建议函后，应当及时归档。对检察机关决定不起诉或者法院判决无罪但醉酒驾驶机动车事实清楚，证据确实、充分的，应当依法给予行政处罚。

第一百六十三条　撤销案件及其处理

在侦查过程中，发现不应对犯罪嫌疑人追究刑事责任的，应当撤销案件；犯罪嫌疑人已被逮捕的，应当立即释放，发给释放证明，并且通知原批准逮捕的人民检察院。

● *司法解释及文件*

1. **《人民检察院刑事诉讼规则》**（2019年12月30日　高检发释字〔2019〕4号）

第242条　人民检察院在侦查过程中或者侦查终结后，发现具有下列情形之一的，负责侦查的部门应当制作拟撤销案件意见书，报请检察长决定：

（一）具有刑事诉讼法第十六条规定情形之一的；

（二）没有犯罪事实的，或者依照刑法规定不负刑事责任或者不是犯罪的；

（三）虽有犯罪事实，但不是犯罪嫌疑人所为的。

对于共同犯罪的案件，如有符合本条规定情形的犯罪嫌疑人，应当撤销对该犯罪嫌疑人的立案。

第243条 地方各级人民检察院决定撤销案件的，负责侦查的部门应当将撤销案件意见书连同本案全部案卷材料，在法定期限届满七日前报上一级人民检察院审查；重大、复杂案件在法定期限届满十日前报上一级人民检察院审查。

对于共同犯罪案件，应当将处理同案犯罪嫌疑人的有关法律文书以及案件事实、证据材料复印件等，一并报送上一级人民检察院。

上一级人民检察院负责侦查的部门应当对案件事实、证据和适用法律进行全面审查。必要时，可以讯问犯罪嫌疑人。

上一级人民检察院负责侦查的部门审查后，应当提出是否同意撤销案件的意见，报请检察长决定。

人民检察院决定撤销案件的，应当告知控告人、举报人，听取其意见并记明笔录。

● *部门规章及文件*

2.《公安机关办理刑事案件程序规定》（2020年7月20日修正　公安部令第159号）

第186条 经过侦查，发现具有下列情形之一的，应当撤销案件：

（一）没有犯罪事实的；

（二）情节显著轻微、危害不大，不认为是犯罪的；

（三）犯罪已过追诉时效期限的；

（四）经特赦令免除刑罚的；

（五）犯罪嫌疑人死亡的；

（六）其他依法不追究刑事责任的。

对于经过侦查，发现有犯罪事实需要追究刑事责任，但不是被立案侦查的犯罪嫌疑人实施的，或者共同犯罪案件中部分犯罪嫌疑人不够刑事处罚的，应当对有关犯罪嫌疑人终止侦查，并对该案件继续侦查。

第187条 需要撤销案件或者对犯罪嫌疑人终止侦查的，办案部门应当制作撤销案件或者终止侦查报告书，报县级以上公安机关负责人批准。

公安机关决定撤销案件或者对犯罪嫌疑人终止侦查时，原犯罪嫌疑人在押的，应当立即释放，发给释放证明书。原犯罪嫌疑人被逮捕的，应当通知原批准逮捕的人民检察院。对原犯罪嫌疑人采取其他强制措施的，应当立即解除强制措施；需要行政处理的，依法予以处理或者移交有关部门。

对查封、扣押的财物及其孳息、文件，或者冻结的财产，除按照法律和有关规定另行处理的以外，应当解除查封、扣押、冻结，并及时返还或者通知当事人。

第188条 犯罪嫌疑人自愿如实供述涉嫌犯罪的事实，有重大立功或者案件涉及国家重大利益，需要撤销案件的，应当层报公安部，由公安部商请最高人民检察院核准后撤销案件。报请撤销案件的公安机关应当同时将相关情况通报同级人民检察院。

公安机关根据前款规定撤销案件的，应当对查封、扣押、冻结的财物及其孳息作出处理。

第189条 公安机关作出撤销案件决定后，应当在三日以内告知原犯罪嫌疑人、被害人或者其近亲属、法定代理人以及案件移送机关。

公安机关作出终止侦查决定后，应当在三日以内告知原犯罪嫌疑人。

第190条 公安机关撤销案件以后又发现新的事实或者证据，或者发现原认定事实错误，认为有犯罪事实需要追究刑事责任的，应当重新立案侦查。

对犯罪嫌疑人终止侦查后又发现新的事实或者证据，或者发现原认定事实错误，需要对其追究刑事责任的，应当继续侦查。

3.《最高人民检察院、公安部关于公安机关办理经济犯罪案件的若干规定》（2017年11月24日　公通字〔2017〕25号）

第25条 在侦查过程中，公安机关发现具有下列情形之一的，应当及时撤销案件：

（一）对犯罪嫌疑人解除强制措施之日起十二个月以内，仍然不能移送审查起诉或者依法作其他处理的；

（二）对犯罪嫌疑人未采取强制措施，自立案之日起二年以内，仍然不能移送审查起诉或者依法作其他处理的；

（三）人民检察院通知撤销案件的；

（四）其他符合法律规定的撤销案件情形的。

有前款第一项、第二项情形，但是有证据证明有犯罪事实需要进一步侦查的，经省级以上公安机关负责人批准，可以不撤销案件，继续侦查。

撤销案件后，公安机关应当立即停止侦查活动，并解除相关的侦查措施和强制措施。

撤销案件后，又发现新的事实或者证据，依法需要追究刑事责任的，公安机关应当重新立案侦查。

第十一节 人民检察院对直接受理的案件的侦查

第一百六十四条 检察院自侦案件的法律适用

人民检察院对直接受理的案件的侦查适用本章规定。

● *司法解释及文件*

《人民检察院刑事诉讼规则》（2019年12月30日 高检发释字〔2019〕4号）

第九章 侦 查

第一节 一般规定

第176条 人民检察院办理直接受理侦查的案件，应当全面、客观地收集、调取犯罪嫌疑人有罪或者无罪、罪轻或者罪重的证据材料，并依法进行审查、核实。办案过程中必须重证据，重调查研究，不轻信口供。严禁刑讯逼供和以威胁、引诱、欺骗以及其他非法方法收集证据，不得强迫任何人证实自己有罪。

第177条 人民检察院办理直接受理侦查的案件，应当保障犯罪嫌疑人和其他诉讼参与人依法享有的辩护权和其他各项诉讼权利。

第178条 人民检察院办理直接受理侦查的案件，应当严格依照刑事诉讼法规定的程序，严格遵守刑事案件办案期限的规定，依法提请批准逮捕、移送起诉、不起诉或者撤销案件。

对犯罪嫌疑人采取强制措施，应当经检察长批准。

第179条 人民检察院办理直接受理侦查的案件，应当对侦查过程中知悉的国家秘密、商业秘密及个人隐私予以保密。

第180条 办理案件的人民检察院需要派员到本辖区以外进行搜查，调取物证、书证等证据材料，或者查封、扣押财物和文件的，应当持相关法律文书和证明文件等与当地人民检察院联系，当地人民检察院应当予以协助。

需要到本辖区以外调取证据材料的，必要时，可以向证据所在地的人民检察院发函调取证据。调取证据的函件应当注明具体的取证对象、地址和内容。证据所在地的人民检察院应当在收到函件后一个月以内将取证结果送达办理案件的人民检察院。

被请求协助的人民检察院有异议的，可以与办理案件的人民检察院进行协商。必要时，报请共同的上级人民检察院决定。

第181条 人民检察院对于直接受理案件的侦查，可以适用刑事诉讼法第二编第二章规定的各项侦查措施。

刑事诉讼法规定进行侦查活动需要制作笔录的，应当制作笔录。必要时，可以对相关活动进行录音、录像。

第二节 讯问犯罪嫌疑人

第182条 讯问犯罪嫌疑人，由检察人员负责进行。讯问时，检察人员或者检察人员和书记员不得少于二人。

讯问同案的犯罪嫌疑人，应当个别进行。

第183条 对于不需要逮捕、拘留的犯罪嫌疑人，可以传唤到犯罪嫌疑人所在市、县内的指定地点或者到他的住处进行讯问。

传唤犯罪嫌疑人，应当出示传唤证和工作证件，并责令犯罪嫌疑人在传唤证上签名或者盖章，并捺指印。

犯罪嫌疑人到案后，应当由其在传唤证上填写到案时间。传唤结束时，应当由其在传唤证上填写传唤结束时间。拒绝填写的，应当在传唤证上注明。

对在现场发现的犯罪嫌疑人，经出示工作证件，可以口头传唤，并将传唤的原因和依据告知被传唤人。在讯问笔录中应当注明犯罪嫌疑人到案时间、到案经过和传唤结束时间。

本规则第八十四条第二款的规定适用于传唤犯罪嫌疑人。

第184条 传唤犯罪嫌疑人时，其家属在场的，应当当场将传唤的原因和处所口头告知其家属，并在讯问笔录中注明。其家属不在场的，应当及时将传唤的原因和处所通知被传唤人家属。无法通知的，应当在讯问笔录中注明。

第185条 传唤持续的时间不得超过十二小时。案情特别重大、复杂，需要采取拘留、逮捕措施的，传唤持续的时间不得超过二十四小时。两次传唤间隔的时间一般不得少于十二小时，不得以连续传唤的方式变相拘禁犯罪嫌疑人。

传唤犯罪嫌疑人，应当保证犯罪嫌疑人的饮食和必要的休息时间。

第186条 犯罪嫌疑人被送交看守所羁押后，检察人员对其进行讯问，应当填写提讯、提解证，在看守所讯问室进行。

因辨认、鉴定、侦查实验或者追缴犯罪有关财物的需要，经检察长批准，可以提押犯罪嫌疑人出所，并应当由两名以上司法警察押解。不得以讯问为目的将犯罪嫌疑人提押出所进行讯问。

第187条 讯问犯罪嫌疑人一般按照下列顺序进行：

（一）核实犯罪嫌疑人的基本情况，包括姓名、出生年月日、户籍地、公民身份号码、民族、职业、文化程度、工作单位及职务、住所、家庭情况、社会经历、是否属于人大代表、政协委员等；

（二）告知犯罪嫌疑人在侦查阶段的诉讼权利，有权自行辩护或者委托律师辩护，告知其如实供述自己罪行可以依法从宽处理和认罪认罚的法律规定；

（三）讯问犯罪嫌疑人是否有犯罪行为，让他陈述有罪的事实或者无罪的辩解，应当允许其连贯陈述。

犯罪嫌疑人对检察人员的提问，应当如实回答。但是对与本案无关的问题，有拒绝回答的权利。

讯问犯罪嫌疑人时，应当告知犯罪嫌疑人将对讯问进行全程同步录音、录像。告知情况应当在录音、录像中予以反映，并记明笔录。

讯问时，对犯罪嫌疑人提出的辩解要认真查核。严禁刑讯逼供和以威胁、引诱、欺骗以及其他非法的方法获取供述。

第188条 讯问犯罪嫌疑人，应当制作讯问笔录。讯问笔录应当忠实于原话，字迹清楚，详细具体，并交犯罪嫌疑人核对。犯罪嫌疑人没有阅读能力的，应当向他宣读。如果记载有遗漏或者差错，应当补充或者改正。犯罪嫌疑人认为讯问笔录没有错误的，由其在笔录上逐页签名或者盖章，并捺指印，在末页写明“以上笔录我看过（向我宣读过），和我说的相符”，同时签名或者盖章，并捺指印，注明日期。如果犯罪嫌疑人拒绝签名、盖章、捺指印的，应当在笔录上注明。讯问的检察人员、书记员也应当在笔录上签名。

第189条 犯罪嫌疑人请求自行书写供述的，检察人员应当准许。必要时，检察人员也可以要求犯罪嫌疑人亲笔书写供述。犯罪嫌疑人应当在亲笔供述的末页签名或者盖章，并捺指印，注明书写日期。检察人员收到后，应当在首页右上方写明“于某年某月某日收到”，并签名。

第190条 人民检察院办理直接受理侦查的案件，应当在每次讯问犯罪嫌疑人时，对讯问过程实行全程录音、录像，并在讯问笔录中注明。

第三节 询问证人、被害人

第191条 人民检察院在侦查过程中，应当及时询问证人，并且告知证人履行作证的权利和义务。

人民检察院应当保证一切与案件有关或者了解案情的公民有客观充分地提供证据的条件，并为他们保守秘密。除特殊情况外，人民检察院可以吸收他们协助调查。

第192条 询问证人，应当由检察人员负责进行。询问时，检察人员或者检察人员和书记员不得少于二人。

第193条 询问证人，可以在现场进行，也可以到证人所在单位、住处或者证人提出的地点进行。必要时，也可以通知证人到人民检察院提供证言。到证人提出的地点进行询问的，应当在笔录中记明。

询问证人应当个别进行。

在现场询问证人，应当出示工作证件。到证人所在单位、住处或者证人提出的地点询问证人，应当出示人民检察院的证明文件。

第194条 询问证人，应当问明证人的基本情况以及与当事人的关系，并且告知证人应当如实提供证据、证言和故意作伪证或者隐匿罪证应当承担的法律责任，但是不得向证人泄露案情，不得采用拘禁、暴力、威胁、引诱、欺骗以及其他非法方法获取证言。

询问重大或者有社会影响的案件的重要证人，应当对询问过程实行全程录音、录像，并在询问笔录中注明。

第195条 询问被害人，适用询问证人的规定。

第四节 勘验、检查

第196条 检察人员对于与犯罪有关的场所、物品、人身、尸体应当进行勘验或者检查。必要时，可以指派检察技术人员或者聘请其他具有专门知识的人，在检察人员的主持下进行勘验、检查。

第197条 勘验时，人民检察院应当邀请两名与案件无关的见证人在场。

勘查现场，应当拍摄现场照片。勘查的情况应当写明笔录并制作现场图，由参加勘查的人和见证人签名。勘查重大案件的现场，应当录像。

第198条 人民检察院解剖死因不明的尸体，应当通知死者家属到场，并让其在解剖通知书上签名或者盖章。

死者家属无正当理由拒不到场或者拒绝签名、盖章的，不影响解剖的进行，但是应当在解剖通知书上记明。对于身份不明的尸体，无法通知死者家属的，应当记明笔录。

第199条 为了确定被害人、犯罪嫌疑人的某些特征、伤害情况或者生理状态，人民检察院可以对其人身进行检查，可以提取指纹信息，采集血液、尿液等生物样本。

必要时，可以指派、聘请法医或者医师进行人身检查。采集血液等生物样本应当由医师进行。

犯罪嫌疑人如果拒绝检查，检察人员认为必要时可以强制检查。

检查妇女的身体，应当由女工作人员或者医师进行。

人身检查不得采用损害被检查人生命、健康或者贬低其名誉、人格的方法。在人身检查过程中知悉的被检查人的个人隐私，检察人员应当予以保密。

第200条 为了查明案情，必要时经检察长批准，可以进行侦查实验。

侦查实验，禁止一切足以造成危险、侮辱人格或者有伤风化的行为。

第201条 侦查实验，必要时可以聘请有关专业人员参加，也可以要求犯罪嫌疑人、被害人、证人参加。

第五节　搜　查

第202条 人民检察院有权要求有关单位和个人，交出能够证明犯罪嫌疑人有罪或者无罪以及犯罪情节轻重的证据。

第203条 为了收集犯罪证据，查获犯罪人，经检察长批准，检察人员可以对犯罪嫌疑人以及可能隐藏罪犯或者犯罪证据的人的身体、物品、住处、工作地点和其他有关的地方进行搜查。

第204条 搜查应当在检察人员的主持下进行，可以有司法警察参加。必要时，可以指派检察技术人员参加或者邀请当地公安机关、有关单位协助进行。

执行搜查的人员不得少于二人。

第205条 搜查时，应当向被搜查人或者他的家属出示搜查证。

在执行逮捕、拘留的时候，遇有下列紧急情况之一，不另用搜查证也可以进行搜查：

（一）可能随身携带凶器的；

（二）可能隐藏爆炸、剧毒等危险物品的；

（三）可能隐匿、毁弃、转移犯罪证据的；

（四）可能隐匿其他犯罪嫌疑人的；

（五）其他紧急情况。

搜查结束后，搜查人员应当在二十四小时以内补办有关手续。

第206条 搜查时，应当有被搜查人或者其家属、邻居或者其他见证人在场，并且对被搜查人或者其家属说明阻碍搜查、妨碍公务应负的法律责任。

搜查妇女的身体，应当由女工作人员进行。

第207条 搜查时，如果遇到阻碍，可以强制进行搜查。对以暴力、威胁方法阻碍搜查的，应当予以制止，或者由司法警察将其带离现场。阻碍搜查构成犯罪的，应当依法追究刑事责任。

第六节 调取、查封、扣押、查询、冻结

第208条 检察人员可以凭人民检察院的证明文件，向有关单位和个人调取能够证明犯罪嫌疑人有罪或者无罪以及犯罪情节轻重的证据材料，并且可以根据需要拍照、录像、复印和复制。

第209条 调取物证应当调取原物。原物不便搬运、保存，或者依法应当返还被害人，或者因保密工作需要不能调取原物的，可以将原物封存，并拍照、录像。对原物拍照或者录像应当足以反映原物的外形、内容。

调取书证、视听资料应当调取原件。取得原件确有困难或者因保密需要不能调取原件的，可以调取副本或者复制件。

调取书证、视听资料的副本、复制件和物证的照片、录像的，应当书面记明不能调取原件、原物的原因，制作过程和原件、原物存放地点，并由制作人员和原书证、视听资料、物证持有人签名或者盖章。

第210条 在侦查活动中发现的可以证明犯罪嫌疑人有罪、无罪或者犯罪情节轻重的各种财物和文件，应当查封或者扣押；与案件无关的，不得查封或者扣押。查封或者扣押应当经检察长批准。

不能立即查明是否与案件有关的可疑的财物和文件，也可以查封或者扣押，但应当及时审查。经查明确实与案件无关的，应当在三日以内解除查封或者予以退还。

持有人拒绝交出应当查封、扣押的财物和文件的，可以强制查封、扣押。

对于犯罪嫌疑人、被告人到案时随身携带的物品需要扣押的，可以依照前款规定办理。对于与案件无关的个人用品，应当逐件登记，并随案移交或者退还其家属。

第211条 对犯罪嫌疑人使用违法所得与合法收入共同购置的不可分割的财产，可以先行查封、扣押、冻结。对无法分割退还的财产，应当在结案后予以拍卖、变卖，对不属于违法所得的部分予以退还。

第212条 人民检察院根据侦查犯罪的需要，可以依照规定查询、冻结犯罪嫌疑人的存款、汇款、债券、股票、基金份额等财产，并可以要求有关单位和个人配合。

查询、冻结前款规定的财产，应当制作查询、冻结财产通知书，通知银行或者其他金融机构、邮政部门执行。冻结财产的，应当经检察长批准。

第213条 犯罪嫌疑人的存款、汇款、债券、股票、基金份额等财产已冻结的，人民检察院不得重复冻结，可以轮候冻结。人民检察院应当要求有关银行或者其他金融机构、邮政部门在解除冻结或者作出处理前通知人民检察院。

第214条 扣押、冻结债券、股票、基金份额等财产，应当书面告知当事人或者其法定代理人、委托代理人有权申请出售。

对于被扣押、冻结的债券、股票、基金份额等财产，在扣押、冻结期间权利人申请出售，经审查认为不损害国家利益、被害人利益，不影响诉讼正常进行的，以及扣押、冻结的汇票、本票、支票的有效期即将届满的，经检察长批准，可以在案件办结前依法出售或者变现，所得价款由人民检察院指定的银行账户保管，并及时告知当事人或者其近亲属。

第215条 对于冻结的存款、汇款、债券、股票、基金份额等财产，经查明确实与案件无关的，应当在三日以内解除冻结，并通知财产所有人。

第216条 查询、冻结与案件有关的单位的存款、汇款、债券、股票、基金份额等财产的办法适用本规则第二百一十二条至第二百一十五条的规定。

第217条 对于扣押的款项和物品，应当在三日以内将款项存入唯一合规账户，将物品送负责案件管理的部门保管。法律或者有关规定另有规定的除外。

对于查封、扣押在人民检察院的物品、文件、邮件、电报，人民检察院应当妥善保管。经查明确实与案件无关的，应当在三日以内作出解除或者退还决定，并通知有关单位、当事人办理相关手续。

第七节 鉴 定

第218条 人民检察院为了查明案情，解决案件中某些专门性的问题，可以进行鉴定。

鉴定由人民检察院有鉴定资格的人员进行。必要时，也可以聘请其他有鉴定资格的人员进行，但是应当征得鉴定人所在单位同意。

第219条 人民检察院应当为鉴定人提供必要条件，及时向鉴定人送交有关检材和对比样本等原始材料，介绍与鉴定有关的情况，并明确提出要求鉴定解决的问题，但是不得暗示或者强迫鉴定人作出某种鉴定意见。

第220条 对于鉴定意见，检察人员应当进行审查，必要时可以进行补充鉴定或者重新鉴定。重新鉴定的，应当另行指派或者聘请鉴定人。

第221条 用作证据的鉴定意见，人民检察院办案部门应当告知犯罪嫌疑人、被害人；被害人死亡或者没有诉讼行为能力的，应当告知其法定代理人、近亲属或诉讼代理人。

犯罪嫌疑人、被害人或被害人的法定代理人、近亲属、诉讼代理人提出申请，可以补充鉴定或者重新鉴定，鉴定费用由请求方承担。但原鉴定违反法定程序的，由人民检察院承担。

犯罪嫌疑人的辩护人或者近亲属以犯罪嫌疑人有患精神病可能而申请对犯罪嫌疑人进行鉴定的，鉴定费用由申请方承担。

第222条 对犯罪嫌疑人作精神病鉴定的期间不计入羁押期限和办案期限。

第八节 辨 认

第223条 为了查明案情，必要时，检察人员可以让被害人、证人和犯罪嫌疑人对与犯罪有关的物品、文件、尸体或场所进行辨认；也可以让被害人、证人对犯罪嫌疑人进行辨认，或者让犯罪嫌疑人对其他犯罪嫌疑人进行辨认。

第224条 辨认应当在检察人员的主持下进行，执行辨认的人员不得少于二人。在辨认前，应当向辨认人详细询问被辨认对象的具体特征，避免辨认人见到被辨认对象，并应当告知辨认人有意作虚假辨认应负的法律责任。

第225条 几名辨认人对同一被辨认对象进行辨认时，应当由每名辨认人单独进行。必要时，可以有见证人在场。

第226条 辨认时，应当将辨认对象混杂在其他对象中。不得在辨认前向辨认人展示辨认对象及其影像资料，不得给辨认人任何暗示。

辨认犯罪嫌疑人时，被辨认的人数不得少于七人，照片不得少于十张。

辨认物品时，同类物品不得少于五件，照片不得少于五张。

对犯罪嫌疑人的辨认，辨认人不愿公开进行时，可以在不暴露辨认人的情况下进行，并应当为其保守秘密。

第九节　技术侦查措施

第227条 人民检察院在立案后，对于利用职权实施的严重侵犯公民人身权利的重大犯罪案件，经过严格的批准手续，可以采取技术侦查措施，交有关机关执行。

第228条 人民检察院办理直接受理侦查的案件，需要追捕被通缉或者决定逮捕的在逃犯罪嫌疑人、被告人的，经过批准，可以采取追捕所必需的技术侦查措施，不受本规则第二百二十七条规定的案件范围的限制。

第229条 人民检察院采取技术侦查措施应当根据侦查犯罪的需要，确定采取技术侦查措施的种类和适用对象，按照有关规定报请批准。批准决定自签发之日起三个月以内有效。对于不需要继续采取技术侦查措施的，应当及时解除；对于复杂、疑难案件，期限届满仍有必要继续采取技术侦查措施的，应当在期限届满前十日以内制作呈请延长技术侦查措施期限报告书，写明延长的期限及理由，经过原批准机关批准，有效期可以延长，每次不得超过三个月。

采取技术侦查措施收集的材料作为证据使用的，批准采取技术侦查措施的法律文书应当附卷，辩护律师可以依法查阅、摘抄、复制。

第230条 采取技术侦查措施收集的物证、书证及其他证据材料，检察人员应当制作相应的说明材料，写明获取证据的时间、地点、数量、特征以及采取技术侦查措施的批准机关、种类等，并签名和盖章。

对于使用技术侦查措施获取的证据材料，如果可能危及特定人员的人身安全、涉及国家秘密或者公开后可能暴露侦查秘密或者严重损害商业秘密、个人隐私的，应当采取不暴露有关人员身份、技术方法等保护措施。必要时，可以建议不在法庭上质证，由审判人员在庭外对证据进行核实。

第231条 检察人员对采取技术侦查措施过程中知悉的国家秘密、商业秘密和个人隐私，应当保密；对采取技术侦查措施获取的与案件无关的材料，应当及时销毁，并对销毁情况制作记录。

采取技术侦查措施获取的证据、线索及其他有关材料，只能用于对犯罪的侦查、起诉和审判，不得用于其他用途。

第十节 通 缉

第232条 人民检察院办理直接受理侦查的案件，应当逮捕的犯罪嫌疑人在逃，或者已被逮捕的犯罪嫌疑人脱逃的，经检察长批准，可以通缉。

第233条 各级人民检察院需要在本辖区内通缉犯罪嫌疑人的，可以直接决定通缉；需要在本辖区外通缉犯罪嫌疑人的，由有决定权的上级人民检察院决定。

第234条 人民检察院应当将通缉通知书和通缉对象的照片、身份、特征、案情简况送达公安机关，由公安机关发布通缉令，追捕归案。

第235条 为防止犯罪嫌疑人等涉案人员逃往境外，需要在边防口岸采取边控措施的，人民检察院应当按照有关规定制作边控对象通知书，商请公安机关办理边控手续。

第236条 应当逮捕的犯罪嫌疑人潜逃出境的，可以按照有关规定层报最高人民检察院商请国际刑警组织中国国家中心局，请求有关方面协助，或者通过其他法律规定的途径进行追捕。

第一百六十五条 检察院自侦案件的逮捕、拘留

人民检察院直接受理的案件中符合本法第八十一条、第八十二条第四项、第五项规定情形，需要逮捕、拘留犯罪嫌疑人的，由人民检察院作出决定，由公安机关执行。

● *司法解释及文件*

1.《最高人民法院、最高人民检察院、公安部、国家安全部、司法部、全国人大常委会法制工作委员会关于实施刑事诉讼法若干问题的规定》（2012 年 12 月 26 日）

16. 刑事诉讼法规定，拘留由公安机关执行。对于人民检察院直接受理的案件，人民检察院作出的拘留决定，应当送达公安机关执行，公安机关应当立即执行，人民检察院可以协助公安机关执行。

2.《人民检察院刑事诉讼规则》（2019 年 12 月 30 日　高检发释字〔2019〕4 号）

第 121 条　人民检察院对于具有下列情形之一的犯罪嫌疑人，可以决定拘留：

（一）犯罪后企图自杀、逃跑或者在逃的；

（二）有毁灭、伪造证据或者串供可能的。

第 122 条　人民检察院作出拘留决定后，应当将有关法律文书和案由、犯罪嫌疑人基本情况的材料送交同级公安机关执行。必要时，人民检察院可以协助公安机关执行。

拘留后，应当立即将被拘留人送看守所羁押，至迟不得超过二十四小时。

第 296 条　人民检察院办理直接受理侦查的案件，需要逮捕犯罪嫌疑人的，由负责侦查的部门制作逮捕犯罪嫌疑人意见书，连同案卷材料、讯问犯罪嫌疑人录音、录像一并移送本院负责捕诉的部门审查。犯罪嫌疑人已被拘留的，负责侦查的部门应当在拘留后七日以内将案件移送本院负责捕诉的部门审查。

第 297 条　对本院负责侦查的部门移送审查逮捕的案件，犯罪嫌疑人已被拘留的，负责捕诉的部门应当在收到逮捕犯罪嫌疑人意见书后七日以内，报请检察长决定是否逮捕，特殊情况下，决定逮捕的时间可以延长一日至三日；犯罪嫌疑人未被拘留的，负责捕诉的部门应当在收到逮捕犯罪嫌疑人意见书后十五日以内，报请检察长决定是否逮捕，重大、复杂案件，不得超过二十日。

第 298 条　对犯罪嫌疑人决定逮捕的，负责捕诉的部门应当将逮捕决定书连同案卷材料、讯问犯罪嫌疑人录音、录像移交负责侦查的部门，并可以对收集证据、适用法律提出意见。由负责侦查的部门通知公安机关执行，必要时可以协助执行。

第299条 对犯罪嫌疑人决定不予逮捕的，负责捕诉的部门应当将不予逮捕的决定连同案卷材料、讯问犯罪嫌疑人录音、录像移交负责侦查的部门，并说明理由。需要补充侦查的，应当制作补充侦查提纲。犯罪嫌疑人已被拘留的，负责侦查的部门应当通知公安机关立即释放。

第300条 对应当逮捕而本院负责侦查的部门未移送审查逮捕的犯罪嫌疑人，负责捕诉的部门应当向负责侦查的部门提出移送审查逮捕犯罪嫌疑人的建议。建议不被采纳的，应当报请检察长决定。

第301条 逮捕犯罪嫌疑人后，应当立即送看守所羁押。除无法通知的以外，负责侦查的部门应当把逮捕的原因和羁押的处所，在二十四小时以内通知其家属。对于无法通知的，在无法通知的情形消除后，应当立即通知其家属。

第302条 对被逮捕的犯罪嫌疑人，应当在逮捕后二十四小时以内进行讯问。

发现不应当逮捕的，应当经检察长批准，撤销逮捕决定或者变更为其他强制措施，并通知公安机关执行，同时通知负责捕诉的部门。

对按照前款规定被释放或者变更强制措施的犯罪嫌疑人，又发现需要逮捕的，应当重新移送审查逮捕。

第303条 已经作出不予逮捕的决定，又发现需要逮捕犯罪嫌疑人的，应当重新办理逮捕手续。

第304条 犯罪嫌疑人在异地羁押的，负责侦查的部门应当将决定、变更、撤销逮捕措施的情况书面通知羁押地人民检察院负责刑事执行检察的部门。

● *部门规章及文件*

3.《公安机关办理刑事案件程序规定》（2020年7月20日修正　公安部令第159号）

第146条 人民法院、人民检察院决定逮捕犯罪嫌疑人、被告人的，由县级以上公安机关凭人民法院、人民检察院决定逮捕的法律文书制作逮捕证并立即执行。必要时，可以请人民法院、人民检察院协助执行。执行逮捕后，应当及时通知决定机关。

公安机关未能抓获犯罪嫌疑人、被告人的，应当将执行情况和未能抓获的原因通知决定逮捕的人民检察院、人民法院。对于犯罪嫌疑人、被告人在逃的，在人民检察院、人民法院撤销逮捕决定之前，公安机关应当组织力量继续执行。

第一百六十六条 检察院自侦案件中对被拘留人的讯问

人民检察院对直接受理的案件中被拘留的人，应当在拘留后的二十四小时以内进行讯问。在发现不应当拘留的时候，必须立即释放，发给释放证明。

● *司法解释及文件*

《人民检察院刑事诉讼规则》（2019年12月30日 高检发释字〔2019〕4号）

第123条 对犯罪嫌疑人拘留后，除无法通知的以外，人民检察院应当在二十四小时以内，通知被拘留人的家属。

无法通知的，应当将原因写明附卷。无法通知的情形消除后，应当立即通知其家属。

第124条 对被拘留的犯罪嫌疑人，应当在拘留后二十四小时以内进行讯问。

第125条 对被拘留的犯罪嫌疑人，发现不应当拘留的，应当立即释放；依法可以取保候审或者监视居住的，按照本规则的有关规定办理取保候审或者监视居住手续。

对被拘留的犯罪嫌疑人，需要逮捕的，按照本规则的有关规定办理逮捕手续；决定不予逮捕的，应当及时变更强制措施。

第126条 人民检察院直接受理侦查的案件，拘留犯罪嫌疑人的羁押期限为十四日，特殊情况下可以延长一日至三日。

第127条 公民将正在实行犯罪或者在犯罪后即被发觉的、通缉在案的、越狱逃跑的、正在被追捕的犯罪嫌疑人或者犯罪人扭送到人民检察院的，人民检察院应当予以接受，并且根据具体情况决定是否采取相应的紧急措施。不属于自己管辖的，应当移送主管机关处理。

第一百六十七条　检察院自侦案件决定逮捕的期限

人民检察院对直接受理的案件中被拘留的人，认为需要逮捕的，应当在十四日以内作出决定。在特殊情况下，决定逮捕的时间可以延长一日至三日。对不需要逮捕的，应当立即释放；对需要继续侦查，并且符合取保候审、监视居住条件的，依法取保候审或者监视居住。

第一百六十八条　检察院自侦案件侦查终结的处理

人民检察院侦查终结的案件，应当作出提起公诉、不起诉或者撤销案件的决定。

● *司法解释及文件*

《人民检察院刑事诉讼规则》（2019年12月30日　高检发释字〔2019〕4号）

第237条　人民检察院经过侦查，认为犯罪事实清楚，证据确实、充分，依法应当追究刑事责任的，应当写出侦查终结报告，并且制作起诉意见书。

犯罪嫌疑人自愿认罪的，应当记录在案，随案移送，并在起诉意见书中写明有关情况。

对于犯罪情节轻微，依照刑法规定不需要判处刑罚或者免除刑罚的案件，应当写出侦查终结报告，并且制作不起诉意见书。

侦查终结报告和起诉意见书或者不起诉意见书应当报请检察长批准。

第238条　负责侦查的部门应当将起诉意见书或者不起诉意见书，查封、扣押、冻结的犯罪嫌疑人的财物及其孳息、文件清单以及对查封、扣押、冻结的涉案财物的处理意见和其他案卷材料，一并移送本院负责捕诉的部门审查。国家或者集体财产遭受损失的，在提出提起公诉意见的同时，可以提出提起附带民事诉讼的意见。

第239条　在案件侦查过程中，犯罪嫌疑人委托辩护律师的，检察人员可以听取辩护律师的意见。

辩护律师要求当面提出意见的，检察人员应当听取意见，并制作笔录附卷。辩护律师提出书面意见的，应当附卷。

侦查终结前，犯罪嫌疑人提出无罪或者罪轻的辩解，辩护律师提出犯罪嫌疑人无罪或者依法不应当追究刑事责任意见的，人民检察院应当依法予以核实。

案件侦查终结移送起诉时，人民检察院应当同时将案件移送情况告知犯罪嫌疑人及其辩护律师。

第240条 人民检察院侦查终结的案件，需要在异地起诉、审判的，应当在移送起诉前与人民法院协商指定管辖的相关事宜。

第241条 上级人民检察院侦查终结的案件，依照刑事诉讼法的规定应当由下级人民检察院提起公诉或者不起诉的，应当将有关决定、侦查终结报告连同案卷材料交由下级人民检察院审查。

下级人民检察院认为上级人民检察院的决定有错误的，可以向上级人民检察院报告。上级人民检察院维持原决定的，下级人民检察院应当执行。

第242条 人民检察院在侦查过程中或者侦查终结后，发现具有下列情形之一的，负责侦查的部门应当制作拟撤销案件意见书，报请检察长决定：

（一）具有刑事诉讼法第十六条规定情形之一的；

（二）没有犯罪事实的，或者依照刑法规定不负刑事责任或者不是犯罪的；

（三）虽有犯罪事实，但不是犯罪嫌疑人所为的。

对于共同犯罪的案件，如有符合本条规定情形的犯罪嫌疑人，应当撤销对该犯罪嫌疑人的立案。

第243条 地方各级人民检察院决定撤销案件的，负责侦查的部门应当将撤销案件意见书连同本案全部案卷材料，在法定期限届满七日前报上一级人民检察院审查；重大、复杂案件在法定期限届满十日前报上一级人民检察院审查。

对于共同犯罪案件，应当将处理同案犯罪嫌疑人的有关法律文书以及案件事实、证据材料复印件等，一并报送上一级人民检察院。

上一级人民检察院负责侦查的部门应当对案件事实、证据和适用法律进行全面审查。必要时，可以讯问犯罪嫌疑人。

上一级人民检察院负责侦查的部门审查后，应当提出是否同意撤销案件的意见，报请检察长决定。

人民检察院决定撤销案件的，应当告知控告人、举报人，听取其意见并记明笔录。

第244条 上一级人民检察院审查下级人民检察院报送的拟撤销案件，应当在收到案件后七日以内批复；重大、复杂案件，应当在收到案件后十日以内批复。情况紧急或者因其他特殊原因不能按时送达的，可以先行通知下级人民检察院执行。

第245条 上一级人民检察院同意撤销案件的，下级人民检察院应当作出撤销案件决定，并制作撤销案件决定书。上一级人民检察院不同意撤销案件的，下级人民检察院应当执行上一级人民检察院的决定。

报请上一级人民检察院审查期间，犯罪嫌疑人羁押期限届满的，应当依法释放犯罪嫌疑人或者变更强制措施。

第246条 撤销案件的决定，应当分别送达犯罪嫌疑人所在单位和犯罪嫌疑人。犯罪嫌疑人死亡的，应当送达犯罪嫌疑人原所在单位。如果犯罪嫌疑人在押，应当制作决定释放通知书，通知公安机关依法释放。

第247条 人民检察院作出撤销案件决定的，应当在三十日以内报经检察长批准，对犯罪嫌疑人的违法所得作出处理。情况特殊的，可以延长三十日。

第248条 人民检察院撤销案件时，对犯罪嫌疑人的违法所得及其他涉案财产应当区分不同情形，作出相应处理：

（一）因犯罪嫌疑人死亡而撤销案件，依照刑法规定应当追缴其违法所得及其他涉案财产的，按照本规则第十二章第四节的规定办理。

（二）因其他原因撤销案件，对于查封、扣押、冻结的犯罪嫌疑人违法所得及其他涉案财产需要没收的，应当提出检察意见，移送有关主管机关处理。

（三）对于冻结的犯罪嫌疑人存款、汇款、债券、股票、基金份额等财产需要返还被害人的，可以通知金融机构、邮政部门返还被害人；对于查封、扣押的犯罪嫌疑人的违法所得及其他涉案财产需要返还被害人的，直接决定返还被害人。

人民检察院申请人民法院裁定处理犯罪嫌疑人涉案财产的，应当向人民法院移送有关案卷材料。

第249条 人民检察院撤销案件时，对查封、扣押、冻结的犯罪嫌疑人的涉案财物需要返还犯罪嫌疑人的，应当解除查封、扣押或者书面通知有关金融机构、邮政部门解除冻结，返还犯罪嫌疑人或者其合法继承人。

第 250 条 查封、扣押、冻结的财物，除依法应当返还被害人或者经查明确实与案件无关的以外，不得在诉讼程序终结之前处理。法律或者有关规定另有规定的除外。

第 251 条 处理查封、扣押、冻结的涉案财物，应当由检察长决定。

第 252 条 人民检察院直接受理侦查的共同犯罪案件，如果同案犯罪嫌疑人在逃，但在案犯罪嫌疑人犯罪事实清楚，证据确实、充分的，对在案犯罪嫌疑人应当根据本规则第二百三十七条的规定分别移送起诉或者移送不起诉。

由于同案犯罪嫌疑人在逃，在案犯罪嫌疑人的犯罪事实无法查清的，对在案犯罪嫌疑人应当根据案件的不同情况分别报请延长侦查羁押期限、变更强制措施或者解除强制措施。

第 253 条 人民检察院直接受理侦查的案件，对犯罪嫌疑人没有采取取保候审、监视居住、拘留或者逮捕措施的，负责侦查的部门应当在立案后二年以内提出移送起诉、移送不起诉或者撤销案件的意见；对犯罪嫌疑人采取取保候审、监视居住、拘留或者逮捕措施的，负责侦查的部门应当在解除或者撤销强制措施后一年以内提出移送起诉、移送不起诉或者撤销案件的意见。

第 254 条 人民检察院直接受理侦查的案件，撤销案件以后，又发现新的事实或者证据，认为有犯罪事实需要追究刑事责任的，可以重新立案侦查。

第三章 提起公诉

第一百六十九条 检察院审查决定公诉

凡需要提起公诉的案件，一律由人民检察院审查决定。

● 法 律

1. **《监察法》**（2018 年 3 月 20 日通过）

第 31 条 涉嫌职务犯罪的被调查人主动认罪认罚，有下列情形之一的，监察机关经领导人员集体研究，并报上一级监察机关批准，可以在移送人民检察院时提出从宽处罚的建议：

（一）自动投案，真诚悔罪悔过的；

（二）积极配合调查工作，如实供述监察机关还未掌握的违法犯罪行为的；

（三）积极退赃，减少损失的；

（四）具有重大立功表现或者案件涉及国家重大利益等情形的。

第32条 职务违法犯罪的涉案人员揭发有关被调查人职务违法犯罪行为，查证属实的，或者提供重要线索，有助于调查其他案件的，监察机关经领导人员集体研究，并报上一级监察机关批准，可以在移送人民检察院时提出从宽处罚的建议。

第33条 监察机关依照本法规定收集的物证、书证、证人证言、被调查人供述和辩解、视听资料、电子数据等证据材料，在刑事诉讼中可以作为证据使用。

监察机关在收集、固定、审查、运用证据时，应当与刑事审判关于证据的要求和标准相一致。

以非法方法收集的证据应当依法予以排除，不得作为案件处置的依据。

第34条 人民法院、人民检察院、公安机关、审计机关等国家机关在工作中发现公职人员涉嫌贪污贿赂、失职渎职等职务违法或者职务犯罪的问题线索，应当移送监察机关，由监察机关依法调查处置。

被调查人既涉嫌严重职务违法或者职务犯罪，又涉嫌其他违法犯罪的，一般应当由监察机关为主调查，其他机关予以协助。

第五章 监察程序

第35条 监察机关对于报案或者举报，应当接受并按照有关规定处理。对于不属于本机关管辖的，应当移送主管机关处理。

第36条 监察机关应当严格按照程序开展工作，建立问题线索处置、调查、审理各部门相互协调、相互制约的工作机制。

监察机关应当加强对调查、处置工作全过程的监督管理，设立相应的工作部门履行线索管理、监督检查、督促办理、统计分析等管理协调职能。

第37条 监察机关对监察对象的问题线索，应当按照有关规定提出处置意见，履行审批手续，进行分类办理。线索处置情况应当定期汇总、通报，定期检查、抽查。

第38条 需要采取初步核实方式处置问题线索的，监察机关应当依法履行审批程序，成立核查组。初步核实工作结束后，核查组应当撰写初步核实情况报告，提出处理建议。承办部门应当提出分类处理意见。初步核实情况报告和分类处理意见报监察机关主要负责人审批。

第39条 经过初步核实，对监察对象涉嫌职务违法犯罪，需要追究法律责任的，监察机关应当按照规定的权限和程序办理立案手续。

监察机关主要负责人依法批准立案后，应当主持召开专题会议，研究确定调查方案，决定需要采取的调查措施。

立案调查决定应当向被调查人宣布，并通报相关组织。涉嫌严重职务违法或者职务犯罪的，应当通知被调查人家属，并向社会公开发布。

第40条 监察机关对职务违法和职务犯罪案件，应当进行调查，收集被调查人有无违法犯罪以及情节轻重的证据，查明违法犯罪事实，形成相互印证、完整稳定的证据链。

严禁以威胁、引诱、欺骗及其他非法方式收集证据，严禁侮辱、打骂、虐待、体罚或者变相体罚被调查人和涉案人员。

第41条 调查人员采取讯问、询问、留置、搜查、调取、查封、扣押、勘验检查等调查措施，均应当依照规定出示证件，出具书面通知，由二人以上进行，形成笔录、报告等书面材料，并由相关人员签名、盖章。

调查人员进行讯问以及搜查、查封、扣押等重要取证工作，应当对全过程进行录音录像，留存备查。

第42条 调查人员应当严格执行调查方案，不得随意扩大调查范围、变更调查对象和事项。

对调查过程中的重要事项，应当集体研究后按程序请示报告。

第43条 监察机关采取留置措施，应当由监察机关领导人员集体研究决定。设区的市级以下监察机关采取留置措施，应当报上一级监察机关批准。省级监察机关采取留置措施，应当报国家监察委员会备案。

留置时间不得超过三个月。在特殊情况下，可以延长一次，延长时间不得超过三个月。省级以下监察机关采取留置措施的，延长留置时间应当报上一级监察机关批准。监察机关发现采取留置措施不当的，应当及时解除。

监察机关采取留置措施，可以根据工作需要提请公安机关配合。公安机关应当依法予以协助。

第44条 对被调查人采取留置措施后，应当在二十四小时以内，通知被留置人员所在单位和家属，但有可能毁灭、伪造证据，干扰证人作证或者串供等有碍调查情形的除外。有碍调查的情形消失后，应当立即通知被留置人员所在单位和家属。

监察机关应当保障被留置人员的饮食、休息和安全，提供医疗服务。讯问被留置人员应当合理安排讯问时间和时长，讯问笔录由被讯问人阅看后签名。

被留置人员涉嫌犯罪移送司法机关后，被依法判处管制、拘役和有期徒刑的，留置一日折抵管制二日，折抵拘役、有期徒刑一日。

第45条 监察机关根据监督、调查结果，依法作出如下处置：

（一）对有职务违法行为但情节较轻的公职人员，按照管理权限，直接或者委托有关机关、人员，进行谈话提醒、批评教育、责令检查，或者予以诫勉；

（二）对违法的公职人员依照法定程序作出警告、记过、记大过、降级、撤职、开除等政务处分决定；

（三）对不履行或者不正确履行职责负有责任的领导人员，按照管理权限对其直接作出问责决定，或者向有权作出问责决定的机关提出问责建议；

（四）对涉嫌职务犯罪的，监察机关经调查认为犯罪事实清楚，证据确实、充分的，制作起诉意见书，连同案卷材料、证据一并移送人民检察院依法审查、提起公诉；

（五）对监察对象所在单位廉政建设和履行职责存在的问题等提出监察建议。

监察机关经调查，对没有证据证明被调查人存在违法犯罪行为的，应当撤销案件，并通知被调查人所在单位。

第46条 监察机关经调查，对违法取得的财物，依法予以没收、追缴或者责令退赔；对涉嫌犯罪取得的财物，应当随案移送人民检察院。

第47条 对监察机关移送的案件，人民检察院依照《中华人民共和国刑事诉讼法》对被调查人采取强制措施。

人民检察院经审查，认为犯罪事实已经查清，证据确实、充分，依法应当追究刑事责任的，应当作出起诉决定。

人民检察院经审查，认为需要补充核实的，应当退回监察机关补充调查，必要时可以自行补充侦查。对于补充调查的案件，应当在一个月内补充调查完毕。补充调查以二次为限。

人民检察院对于有《中华人民共和国刑事诉讼法》规定的不起诉的情

形的，经上一级人民检察院批准，依法作出不起诉的决定。监察机关认为不起诉的决定有错误的，可以向上一级人民检察院提请复议。

● *司法解释及文件*

2.《人民检察院刑事诉讼规则》（2019年12月30日　高检发释字〔2019〕4号）

第328条　各级人民检察院提起公诉，应当与人民法院审判管辖相适应。负责捕诉的部门收到移送起诉的案件后，经审查认为不属于本院管辖的，应当在发现之日起五日以内经由负责案件管理的部门移送有管辖权的人民检察院。

属于上级人民法院管辖的第一审案件，应当报送上级人民检察院，同时通知移送起诉的公安机关；属于同级其他人民法院管辖的第一审案件，应当移送有管辖权的人民检察院或者报送共同的上级人民检察院指定管辖，同时通知移送起诉的公安机关。

上级人民检察院受理同级公安机关移送起诉的案件，认为属于下级人民法院管辖的，可以交下级人民检察院审查，由下级人民检察院向同级人民法院提起公诉，同时通知移送起诉的公安机关。

一人犯数罪、共同犯罪和其他需要并案审理的案件，只要其中一人或者一罪属于上级人民检察院管辖的，全案由上级人民检察院审查起诉。

公安机关移送起诉的案件，需要依照刑事诉讼法的规定指定审判管辖的，人民检察院应当在公安机关移送起诉前协商同级人民法院办理指定管辖有关事宜。

第329条　监察机关移送起诉的案件，需要依照刑事诉讼法的规定指定审判管辖的，人民检察院应当在监察机关移送起诉二十日前协商同级人民法院办理指定管辖有关事宜。

3.《最高人民法院、最高人民检察院、公安部、司法部关于进一步严格依法办案确保办理死刑案件质量的意见》（2007年3月9日　法发〔2007〕11号）

三、认真履行法定职责，严格依法办理死刑案件

（一）侦查

8. 侦查机关应当依照刑事诉讼法、司法解释及其他有关规定所规定的程序，全面、及时收集证明犯罪嫌疑人有罪或者无罪、罪重或者罪轻等涉及案件事实的各种证据，严禁违法收集证据。

9. 对可能属于精神病人、未成年人或者怀孕的妇女的犯罪嫌疑人，应当及时进行鉴定或者调查核实。

10. 加强证据的收集、保全和固定工作。对证据的原物、原件要妥善保管，不得损毁、丢失或者擅自处理。对与查明案情有关需要鉴定的物品、文件、电子数据、痕迹、人身、尸体等，应当及时进行刑事科学技术鉴定，并将鉴定报告附卷。涉及命案的，应当通过被害人近亲属辨认、DNA鉴定、指纹鉴定等方式确定被害人身份。对现场遗留的与犯罪有关的具备同一认定检验鉴定条件的血迹、精斑、毛发、指纹等生物物证、痕迹、物品，应当通过DNA鉴定、指纹鉴定等刑事科学技术鉴定方式与犯罪嫌疑人的相应生物检材、生物特征、物品等作同一认定。侦查机关应当将用作证据的鉴定结论告知犯罪嫌疑人、被害人。如果犯罪嫌疑人、被害人提出申请，可以补充鉴定或者重新鉴定。

11. 提讯在押的犯罪嫌疑人，应当在羁押犯罪嫌疑人的看守所内进行。严禁刑讯逼供或者以其他非法方法获取供述。讯问犯罪嫌疑人，在文字记录的同时，可以根据需要录音录像。

12. 侦查人员询问证人、被害人，应当依照刑事诉讼法第九十七条的规定进行。严禁违法取证，严禁暴力取证。

13. 犯罪嫌疑人在被侦查机关第一次讯问后或者采取强制措施之日起，聘请律师或者经法律援助机构指派的律师为其提供法律咨询、代理申诉、控告的，侦查机关应当保障律师依法行使权利和履行职责。涉及国家秘密的案件，犯罪嫌疑人聘请律师或者申请法律援助，以及律师会见在押的犯罪嫌疑人，应当经侦查机关批准。律师发现有刑讯逼供情形的，可以向公安机关、人民检察院反映。

14. 侦查机关将案件移送人民检察院审查起诉时，应当将包括第一次讯问笔录及勘验、检查、搜查笔录在内的证明犯罪嫌疑人有罪或者无罪、罪重或者罪轻等涉及案件事实的所有证据一并移送。

15. 对于可能判处死刑的案件，人民检察院在审查逮捕工作中应当全面、客观地审查证据，对以刑讯逼供等非法方法取得的犯罪嫌疑人供述、被害人陈述、证人证言应当依法排除。对侦查活动中的违法行为，应当提出纠正意见。

（二）提起公诉

16. 人民检察院要依法履行审查起诉职责，严格把握案件的法定起诉标准。

17. 人民检察院自收到移送审查起诉的案件材料之日起三日以内，应当告知犯罪嫌疑人有权委托辩护人；犯罪嫌疑人经济困难的，应当告知其可以向法律援助机构申请法律援助。辩护律师自审查起诉之日起，可以查阅、摘抄、复制本案的诉讼文书、技术性鉴定材料，可以同在押的犯罪嫌疑人会见和通信。其他辩护人经人民检察院许可，也可以查阅、摘抄、复制上述材料，同在押的犯罪嫌疑人会见和通信。人民检察院应当为辩护人查阅、摘抄、复制材料提供便利。

18. 人民检察院审查案件，应当讯问犯罪嫌疑人，听取被害人和犯罪嫌疑人、被害人委托的人的意见，并制作笔录附卷。被害人和犯罪嫌疑人、被害人委托的人在审查起诉期间没有提出意见的，应当记明附卷。人民检察院对证人证言笔录存在疑问或者认为对证人的询问不具体或者有遗漏的，可以对证人进行询问并制作笔录。

19. 人民检察院讯问犯罪嫌疑人时，既要听取犯罪嫌疑人的有罪供述，又要听取犯罪嫌疑人无罪或罪轻的辩解。犯罪嫌疑人提出受到刑讯逼供的，可以要求侦查人员作出说明，必要时进行核查。对刑讯逼供取得的犯罪嫌疑人供述和以暴力、威胁等非法方法收集的被害人陈述、证人证言，不能作为指控犯罪的根据。

20. 对可能属于精神病人、未成年人或者怀孕的妇女的犯罪嫌疑人，应当及时委托鉴定或者调查核实。

21. 人民检察院审查案件的时候，对公安机关的勘验、检查，认为需要复验、复查的，应当要求公安机关复验、复查，人民检察院可以派员参加；也可以自行复验、复查，商请公安机关派员参加，必要时也可以聘请专门技术人员参加。

22. 人民检察院对物证、书证、视听资料、勘验、检查笔录存在疑问的，可以要求侦查人员提供获取、制作的有关情况。必要时可以询问提供物证、书证、视听资料的人员，对物证、书证、视听资料委托进行技术鉴定。询问过程及鉴定的情况应当附卷。

23. 人民检察院审查案件的时候，认为事实不清、证据不足或者遗漏罪行、遗漏同案犯罪嫌疑人等情形，需要补充侦查的，应当提出需要补充侦查的具体意见，连同案卷材料一并退回公安机关补充侦查。公安机关应当在一个月以内补充侦查完毕。人民检察院也可以自行侦查，必要时要求公安机关提供协助。

24. 人民检察院对案件进行审查后，认为犯罪嫌疑人的犯罪事实已经查清，证据确实、充分，依法应当追究刑事责任的，应当作出起诉决定。具有下列情形之一的，可以确认犯罪事实已经查清：(1) 属于单一罪行的案件，查清的事实足以定罪量刑或者与定罪量刑有关的事实已经查清，不影响定罪量刑的事实无法查清的；(2) 属于数个罪行的案件，部分罪行已经查清并符合起诉条件，其他罪行无法查清的；(3) 作案工具无法起获或者赃物去向不明，但有其他证据足以对犯罪嫌疑人定罪量刑的；(4) 证人证言、犯罪嫌疑人的供述和辩解、被害人陈述的内容中主要情节一致，只有个别情节不一致且不影响定罪的。对于符合第 (2) 项情形的，应当以已经查清的罪行起诉。

25. 人民检察院对于退回补充侦查的案件，经审查仍然认为不符合起诉条件的，可以作出不起诉决定。具有下列情形之一，不能确定犯罪嫌疑人构成犯罪和需要追究刑事责任的，属于证据不足，不符合起诉条件：(1) 据以定罪的证据存在疑问，无法查证属实的；(2) 犯罪构成要件事实缺乏必要的证据予以证明的；(3) 据以定罪的证据之间的矛盾不能合理排除的；(4) 根据证据得出的结论具有其他可能性的。

26. 人民法院认为人民检察院起诉移送的有关材料不符合刑事诉讼法第一百五十条规定的条件，向人民检察院提出书面意见要求补充提供的，人民检察院应当在收到通知之日起三日以内补送。逾期不能提供的，人民检察院应当作出书面说明。

(三) 辩护、提供法律帮助

27. 律师应当恪守职业道德和执业纪律，办理死刑案件应当尽职尽责，做好会见、阅卷、调查取证、出庭辩护等工作，提高辩护质量，切实维护犯罪嫌疑人、被告人的合法权益。

28. 辩护律师经证人或者其他有关单位和个人同意，可以向他们收集证明犯罪嫌疑人、被告人无罪或者罪轻的证据，申请人民检察院、人民法院收集、调取证据，或者申请人民法院通知证人出庭作证，也可以申请人民检察院、人民法院依法委托鉴定机构对有异议的鉴定结论进行补充鉴定或者重新鉴定。对于辩护律师的上述申请，人民检察院、人民法院应当及时予以答复。

29. 被告人可能被判处死刑而没有委托辩护人的，人民法院应当通过法律援助机构指定承担法律援助义务的律师为其提供辩护。法律援助机构应当在收到指定辩护通知书三日以内，指派有刑事辩护经验的律师提供辩护。

30. 律师在提供法律帮助或者履行辩护职责中遇到困难和问题，司法行政机关应及时与公安机关、人民检察院、人民法院协调解决，保障律师依法履行职责。

(四) 审判

31. 人民法院受理案件后，应当告知因犯罪行为遭受物质损失的被害人、已死亡被害人的近亲属、无行为能力或者限制行为能力被害人的法定代理人，有权提起附带民事诉讼和委托诉讼代理人。经济困难的，还应当告知其可以向法律援助机构申请法律援助。在审判过程中，注重发挥附带民事诉讼中民事调解的重要作用，做好被害人、被害人近亲属的安抚工作，切实加强刑事被害人的权益保护。

32. 人民法院应当通知下列情形的被害人、证人、鉴定人出庭作证：(一) 人民检察院、被告人及其辩护人对被害人陈述、证人证言、鉴定结论有异议，该被害人陈述、证人证言、鉴定结论对定罪量刑有重大影响的；(二) 人民法院认为其他应当出庭作证的。经人民法院依法通知，被害人、证人、鉴定人应当出庭作证；不出庭作证的被害人、证人、鉴定人的书面陈述、书面证言、鉴定结论经质证无法确认的，不能作为定案的根据。

33. 人民法院审理案件，应当注重审查证据的合法性。对有线索或者证据表明可能存在刑讯逼供或者其他非法取证行为的，应当认真审查。人民法院向人民检察院调取相关证据时，人民检察院应当在三日以内提交。人民检察院如果没有相关材料，应当向人民法院说明情况。

34. 第一审人民法院和第二审人民法院审理死刑案件，合议庭应当提请院长决定提交审判委员会讨论。最高人民法院复核死刑案件，高级人民法院复核死刑缓期二年执行的案件，对于疑难、复杂的案件，合议庭认为难以作出决定的，应当提请院长决定提交审判委员会讨论决定。审判委员会讨论案件，同级人民检察院检察长、受检察长委托的副检察长均可列席会议。

35. 人民法院应当根据已经审理查明的事实、证据和有关的法律规定，依法作出裁判。对案件事实清楚，证据确实、充分，依据法律认定被告人有罪的，应当作出有罪判决；对依据法律认定被告人无罪的，应当作出无罪判决；证据不足，不能认定被告人有罪的，应当作出证据不足、指控的犯罪不能成立的无罪判决；定罪的证据确实，但影响量刑的证据存有疑点，处刑时应当留有余地。

36. 第二审人民法院应当及时查明被判处死刑立即执行的被告人是否委托了辩护人。没有委托辩护人的，应当告知被告人可以自行委托辩护人或者通知法律援助机构指定承担法律援助义务的律师为其提供辩护。人民法院应当通知人民检察院、被告人及其辩护人在开庭五日以前提供出庭作证的证人、鉴定人名单，在开庭三日以前送达传唤当事人的传票和通知辩护人、证人、鉴定人、翻译人员的通知书。

37. 审理死刑第二审案件，应当依照法律和有关规定实行开庭审理。人民法院必须在开庭十日以前通知人民检察院查阅案卷。同级人民检察院应当按照人民法院通知的时间派员出庭。

38. 第二审人民法院作出判决、裁定后，当庭宣告的，应当在五日以内将判决书或者裁定书送达当事人、辩护人和同级人民检察院；定期宣告的，应当在宣告后立即送达。

39. 复核死刑案件，应当对原审裁判的事实认定、法律适用和诉讼程序进行全面审查。

40. 死刑案件复核期间，被告人委托的辩护人提出听取意见要求的，应当听取辩护人的意见，并制作笔录附卷。辩护人提出书面意见的，应当附卷。

41. 复核死刑案件，合议庭成员应当阅卷，并提出书面意见存查。对证据有疑问的，应当对证据进行调查核实，必要时到案发现场调查。

42. 高级人民法院复核死刑案件，应当讯问被告人。最高人民法院复核死刑案件，原则上应当讯问被告人。

43. 人民法院在保证办案质量的前提下，要进一步提高办理死刑复核案件的效率，公正、及时地审理死刑复核案件。

44. 人民检察院按照法律规定加强对办理死刑案件的法律监督。

（五）执行

45. 人民法院向罪犯送达核准死刑的裁判文书时，应当告知罪犯有权申请会见其近亲属。罪犯提出会见申请并提供具体地址和联系方式的，人民法院应当准许；原审人民法院应当通知罪犯的近亲属。罪犯近亲属提出会见申请的，人民法院应当准许，并及时安排会见。

46. 第一审人民法院将罪犯交付执行死刑前，应当将核准死刑的裁判文书送同级人民检察院，并在交付执行三日以前通知同级人民检察院派员临场监督。

47. 第一审人民法院在执行死刑前，发现有刑事诉讼法第二百一十一条规定的情形的，应当停止执行，并且立即报告最高人民法院，由最高人民法院作出裁定。临场监督执行死刑的检察人员在执行死刑前，发现有刑事诉讼法第二百一十一条规定的情形的，应当建议人民法院停止执行。

48. 执行死刑应当公布。禁止游街示众或者其他有辱被执行人人格的行为。禁止侮辱尸体。

第一百七十条 检察机关对监察机关移送起诉案件的审查和衔接规定

人民检察院对于监察机关移送起诉的案件，依照本法和监察法的有关规定进行审查。人民检察院经审查，认为需要补充核实的，应当退回监察机关补充调查，必要时可以自行补充侦查。

对于监察机关移送起诉的已采取留置措施的案件，人民检察院应当对犯罪嫌疑人先行拘留，留置措施自动解除。人民检察院应当在拘留后的十日以内作出是否逮捕、取保候审或者监视居住的决定。在特殊情况下，决定的时间可以延长一日至四日。人民检察院决定采取强制措施的期间不计入审查起诉期限。

● 法　律

《监察法》（2018 年 3 月 20 日通过）

第 45 条　监察机关根据监督、调查结果，依法作出如下处置：

（一）对有职务违法行为但情节较轻的公职人员，按照管理权限，直接或者委托有关机关、人员，进行谈话提醒、批评教育、责令检查，或者予以诫勉；

（二）对违法的公职人员依照法定程序作出警告、记过、记大过、降级、撤职、开除等政务处分决定；

（三）对不履行或者不正确履行职责负有责任的领导人员，按照管理权限对其直接作出问责决定，或者向有权作出问责决定的机关提出问责建议；

（四）对涉嫌职务犯罪的，监察机关经调查认为犯罪事实清楚，证据确实、充分的，制作起诉意见书，连同案卷材料、证据一并移送人民检察院依法审查、提起公诉；

（五）对监察对象所在单位廉政建设和履行职责存在的问题等提出监察建议。

监察机关经调查，对没有证据证明被调查人存在违法犯罪行为的，应当撤销案件，并通知被调查人所在单位。

第47条 对监察机关移送的案件，人民检察院依照《中华人民共和国刑事诉讼法》对被调查人采取强制措施。

人民检察院经审查，认为犯罪事实已经查清，证据确实、充分，依法应当追究刑事责任的，应当作出起诉决定。

人民检察院经审查，认为需要补充核实的，应当退回监察机关补充调查，必要时可以自行补充侦查。对于补充调查的案件，应当在一个月内补充调查完毕。补充调查以二次为限。

人民检察院对于有《中华人民共和国刑事诉讼法》规定的不起诉的情形的，经上一级人民检察院批准，依法作出不起诉的决定。监察机关认为不起诉的决定有错误的，可以向上一级人民检察院提请复议。

第一百七十一条 审查起诉的内容

人民检察院审查案件的时候，必须查明：

（一）犯罪事实、情节是否清楚，证据是否确实、充分，犯罪性质和罪名的认定是否正确；

（二）有无遗漏罪行和其他应当追究刑事责任的人；

（三）是否属于不应追究刑事责任的；

（四）有无附带民事诉讼；

（五）侦查活动是否合法。

● *司法解释及文件*

1.《人民检察院刑事诉讼规则》（2019年12月30日　高检发释字〔2019〕4号）

第271条　审查起诉阶段，对于在侦查阶段认罪认罚的案件，人民检察院应当重点审查以下内容：

（一）犯罪嫌疑人是否自愿认罪认罚，有无因受到暴力、威胁、引诱而违背意愿认罪认罚；

（二）犯罪嫌疑人认罪认罚时的认知能力和精神状态是否正常；

（三）犯罪嫌疑人是否理解认罪认罚的性质和可能导致的法律后果；

（四）公安机关是否告知犯罪嫌疑人享有的诉讼权利，如实供述自己罪行可以从宽处理和认罪认罚的法律规定，并听取意见；

（五）起诉意见书中是否写明犯罪嫌疑人认罪认罚情况；

（六）犯罪嫌疑人是否真诚悔罪，是否向被害人赔礼道歉。

经审查，犯罪嫌疑人违背意愿认罪认罚的，人民检察院可以重新开展认罪认罚工作。存在刑讯逼供等非法取证行为的，依照法律规定处理。

第330条　人民检察院审查移送起诉的案件，应当查明：

（一）犯罪嫌疑人身份状况是否清楚，包括姓名、性别、国籍、出生年月日、职业和单位等；单位犯罪的，单位的相关情况是否清楚；

（二）犯罪事实、情节是否清楚；实施犯罪的时间、地点、手段、危害后果是否明确；

（三）认定犯罪性质和罪名的意见是否正确；有无法定的从重、从轻、减轻或者免除处罚情节及酌定从重、从轻情节；共同犯罪案件的犯罪嫌疑人在犯罪活动中的责任认定是否恰当；

（四）犯罪嫌疑人是否认罪认罚；

（五）证明犯罪事实的证据材料是否随案移送；证明相关财产系违法所得的证据材料是否随案移送；不宜移送的证据的清单、复制件、照片或者其他证明文件是否随案移送；

（六）证据是否确实、充分，是否依法收集，有无应当排除非法证据的情形；

（七）采取侦查措施包括技术侦查措施的法律手续和诉讼文书是否完备；

（八）有无遗漏罪行和其他应当追究刑事责任的人；

（九）是否属于不应当追究刑事责任的；

（十）有无附带民事诉讼；对于国家财产、集体财产遭受损失的，是否需要由人民检察院提起附带民事诉讼；对于破坏生态环境和资源保护，食品药品安全领域侵害众多消费者合法权益，侵害英雄烈士的姓名、肖像、名誉、荣誉等损害社会公共利益的行为，是否需要由人民检察院提起附带民事公益诉讼；

（十一）采取的强制措施是否适当，对于已经逮捕的犯罪嫌疑人，有无继续羁押的必要；

（十二）侦查活动是否合法；

（十三）涉案财物是否查封、扣押、冻结并妥善保管，清单是否齐备；对被害人合法财产的返还和对违禁品或者不宜长期保存的物品的处理是否妥当，移送的证明文件是否完备。

第331条 人民检察院办理审查起诉案件应当讯问犯罪嫌疑人。

第332条 人民检察院认为需要对案件中某些专门性问题进行鉴定而监察机关或者公安机关没有鉴定的，应当要求监察机关或者公安机关进行鉴定。必要时，也可以由人民检察院进行鉴定，或者由人民检察院聘请有鉴定资格的人进行鉴定。

人民检察院自行进行鉴定的，可以商请监察机关或者公安机关派员参加，必要时可以聘请有鉴定资格或者有专门知识的人参加。

第333条 在审查起诉中，发现犯罪嫌疑人可能患有精神病的，人民检察院应当依照本规则的有关规定对犯罪嫌疑人进行鉴定。

犯罪嫌疑人的辩护人或者近亲属以犯罪嫌疑人可能患有精神病而申请对犯罪嫌疑人进行鉴定的，人民检察院也可以依照本规则的有关规定对犯罪嫌疑人进行鉴定。鉴定费用由申请方承担。

第334条 人民检察院对鉴定意见有疑问的，可以询问鉴定人或者有专门知识的人并制作笔录附卷，也可以指派有鉴定资格的检察技术人员或者聘请其他有鉴定资格的人进行补充鉴定或者重新鉴定。

人民检察院对鉴定意见等技术性证据材料需要进行专门审查的，按照有关规定交检察技术人员或者其他有专门知识的人进行审查并出具审查意见。

第335条 人民检察院审查案件时，对监察机关或者公安机关的勘验、检查，认为需要复验、复查的，应当要求其复验、复查，人民检察院可以派员参加；也可以自行复验、复查，商请监察机关或者公安机关派员参加，必要时也可以指派检察技术人员或者聘请其他有专门知识的人参加。

第336条 人民检察院对物证、书证、视听资料、电子数据及勘验、检查、辨认、侦查实验等笔录存在疑问的，可以要求调查人员或者侦查人员提供获取、制作的有关情况，必要时也可以询问提供相关证据材料的人员和见证人并制作笔录附卷，对物证、书证、视听资料、电子数据进行鉴定。

第337条 人民检察院在审查起诉阶段认为需要逮捕犯罪嫌疑人的，应当经检察长决定。

第338条 对于人民检察院正在审查起诉的案件，被逮捕的犯罪嫌疑人及其法定代理人、近亲属或者辩护人认为羁押期限届满，向人民检察院提出释放犯罪嫌疑人或者变更强制措施要求的，人民检察院应当在三日以内审查决定。经审查，认为法定期限届满的，应当决定释放或者依法变更强制措施，并通知公安机关执行；认为法定期限未满的，书面答复申请人。

第339条 人民检察院对案件进行审查后，应当依法作出起诉或者不起诉以及是否提起附带民事诉讼、附带民事公益诉讼的决定。

第340条 人民检察院对监察机关或者公安机关移送的案件进行审查后，在人民法院作出生效判决之前，认为需要补充提供证据材料的，可以书面要求监察机关或者公安机关提供。

第341条 人民检察院在审查起诉中发现有应当排除的非法证据，应当依法排除，同时可以要求监察机关或者公安机关另行指派调查人员或者侦查人员重新取证。必要时，人民检察院也可以自行调查取证。

第342条 人民检察院认为犯罪事实不清、证据不足或者存在遗漏罪行、遗漏同案犯罪嫌疑人等情形需要补充侦查的，应当制作补充侦查提纲，连同案卷材料一并退回公安机关补充侦查。人民检察院也可以自行侦查，必要时可以要求公安机关提供协助。

第343条 人民检察院对于监察机关移送起诉的案件，认为需要补充调查的，应当退回监察机关补充调查。必要时，可以自行补充侦查。

需要退回补充调查的案件，人民检察院应当出具补充调查决定书、补充调查提纲，写明补充调查的事项、理由、调查方向、需补充收集的证据及其证明作用等，连同案卷材料一并送交监察机关。

人民检察院决定退回补充调查的案件，犯罪嫌疑人已被采取强制措施的，应当将退回补充调查情况书面通知强制措施执行机关。监察机关需要讯问的，人民检察院应当予以配合。

第344条 对于监察机关移送起诉的案件，具有下列情形之一的，人民检察院可以自行补充侦查：

（一）证人证言、犯罪嫌疑人供述和辩解、被害人陈述的内容主要情节一致，个别情节不一致的；

（二）物证、书证等证据材料需要补充鉴定的；

（三）其他由人民检察院查证更为便利、更有效率、更有利于查清案件事实的情形。

自行补充侦查完毕后，应当将相关证据材料入卷，同时抄送监察机关。人民检察院自行补充侦查的，可以商请监察机关提供协助。

第345条 人民检察院负责捕诉的部门对本院负责侦查的部门移送起诉的案件进行审查后，认为犯罪事实不清、证据不足或者存在遗漏罪行、遗漏同案犯罪嫌疑人等情形需要补充侦查的，应当制作补充侦查提纲，连同案卷材料一并退回负责侦查的部门补充侦查。必要时，也可以自行侦查，可以要求负责侦查的部门予以协助。

第346条 退回监察机关补充调查、退回公安机关补充侦查的案件，均应当在一个月以内补充调查、补充侦查完毕。

补充调查、补充侦查以二次为限。

补充调查、补充侦查完毕移送起诉后，人民检察院重新计算审查起诉期限。

人民检察院负责捕诉的部门退回本院负责侦查的部门补充侦查的期限、次数按照本条第一款至第三款的规定执行。

第347条 补充侦查期限届满，公安机关未将案件重新移送起诉的，人民检察院应当要求公安机关说明理由。

人民检察院发现公安机关违反法律规定撤销案件的，应当提出纠正意见。

第348条 人民检察院在审查起诉中决定自行侦查的，应当在审查起诉期限内侦查完毕。

第349条 人民检察院对已经退回监察机关二次补充调查或者退回公安机关二次补充侦查的案件，在审查起诉中又发现新的犯罪事实，应当将线索移送监察机关或者公安机关。对已经查清的犯罪事实，应当依法提起公诉。

第350条 对于在审查起诉期间改变管辖的案件，改变后的人民检察院对于符合刑事诉讼法第一百七十五条第二款规定的案件，可以经原受理案件的人民检察院协助，直接退回原侦查案件的公安机关补充侦查，也可以自行侦查。改变管辖前后退回补充侦查的次数总共不得超过二次。

第351条 人民检察院对于移送起诉的案件，应当在一个月以内作出决定；重大、复杂的案件，一个月以内不能作出决定的，可以延长十五日。

人民检察院审查起诉的案件，改变管辖的，从改变后的人民检察院收到案件之日起计算审查起诉期限。

第352条 追缴的财物中，属于被害人的合法财产，不需要在法庭出示的，应当及时返还被害人，并由被害人在发还款物清单上签名或者盖章，注明返还的理由，并将清单、照片附卷。

第353条 追缴的财物中，属于违禁品或者不宜长期保存的物品，应当依照国家有关规定处理，并将清单、照片、处理结果附卷。

第354条 人民检察院在审查起诉阶段，可以适用本规则规定的侦查措施和程序。

2. **《人民检察院办理未成年人刑事案件的规定》**（2013年12月27日　高检发研字〔2013〕7号）

第22条 人民检察院审查起诉未成年人刑事案件，自收到移送审查起诉的案件材料之日起三日以内，应当告知被害人及其法定代理人或者其近亲属、附带民事诉讼的当事人及其法定代理人有权委托诉讼代理人。

对未成年被害人或者其法定代理人提出聘请律师意向，但因经济困难或者其他原因没有委托诉讼代理人的，应当帮助其申请法律援助。

未成年犯罪嫌疑人被羁押的，人民检察院应当审查是否有必要继续羁押。对不需要继续羁押的，应当予以释放或者变更强制措施。

审查起诉未成年犯罪嫌疑人，应当听取其父母或者其他法定代理人、辩护人、被害人及其法定代理人的意见。

第23条 人民检察院审查起诉未成年人刑事案件，应当讯问未成年犯罪嫌疑人。讯问未成年犯罪嫌疑人适用本规定第十七条、第十八条的规定。

第24条 移送审查起诉的案件具备以下条件之一，且其法定代理人、近亲属等与本案无牵连的，经公安机关同意，检察人员可以安排在押的未成年犯罪嫌疑人与其法定代理人、近亲属等进行会见、通话：

（一）案件事实已基本查清，主要证据确实、充分，安排会见、通话不会影响诉讼活动正常进行；

（二）未成年犯罪嫌疑人有认罪、悔罪表现，或者虽尚未认罪、悔罪，但通过会见、通话有可能促使其转化，或者通过会见、通话有利于社会、家庭稳定；

（三）未成年犯罪嫌疑人的法定代理人、近亲属对其犯罪原因、社会危害性以及后果有一定的认识，并能配合司法机关进行教育。

第25条 在押的未成年犯罪嫌疑人同其法定代理人、近亲属等进行会见、通话时，检察人员应当告知其会见、通话不得有串供或者其他妨碍诉讼的内容。会见、通话时检察人员可以在场。会见、通话结束后，检察人员应当将有关内容及时整理并记录在案。

第67条 人民检察院审查批准逮捕、审查起诉未成年犯罪嫌疑人，应当同时依法监督侦查活动是否合法，发现有下列违法行为的，应当提出纠正意见；构成犯罪的，依法追究刑事责任：

（一）违法对未成年犯罪嫌疑人采取强制措施或者采取强制措施不当的；

（二）未依法实行对未成年犯罪嫌疑人与成年犯罪嫌疑人分别关押、管理的；

（三）对未成年犯罪嫌疑人采取刑事拘留、逮捕措施后，在法定时限内未进行讯问，或者未通知其家属的；

（四）讯问未成年犯罪嫌疑人或者询问未成年被害人、证人时，未依法通知其法定代理人或者合适成年人到场的；

（五）讯问或者询问女性未成年人时，没有女性检察人员参加；

（六）未依法告知未成年犯罪嫌疑人有权委托辩护人的；

（七）未依法通知法律援助机构指派律师为未成年犯罪嫌疑人提供辩护的；

（八）对未成年犯罪嫌疑人威胁、体罚、侮辱人格、游行示众，或者刑讯逼供、指供、诱供的；

（九）利用未成年人认知能力低而故意制造冤、假、错案的；

（十）对未成年被害人、证人以暴力、威胁、诱骗等非法手段收集证据或者侵害未成年被害人、证人的人格尊严及隐私权等合法权益的；

（十一）违反羁押和办案期限规定的；

（十二）已作出不批准逮捕、不起诉决定，公安机关不立即释放犯罪嫌疑人的；

（十三）在侦查中有其他侵害未成年人合法权益行为的。

第一百七十二条　审查起诉的期限

人民检察院对于监察机关、公安机关移送起诉的案件，应当在一个月以内作出决定，重大、复杂的案件，可以延长十五日；犯罪嫌疑人认罪认罚，符合速裁程序适用条件的，应当在十日以内作出决定，对可能判处的有期徒刑超过一年的，可以延长至十五日。

人民检察院审查起诉的案件，改变管辖的，从改变后的人民检察院收到案件之日起计算审查起诉期限。

● *司法解释及文件*

《人民检察院刑事诉讼规则》（2019 年 12 月 30 日　高检发释字〔2019〕4 号）

第 273 条　犯罪嫌疑人认罪认罚，人民检察院经审查，认为符合速裁程序适用条件的，应当在十日以内作出是否提起公诉的决定，对可能判处的有期徒刑超过一年的，可以延长至十五日；认为不符合速裁程序适用条件的，应当在本规则第三百五十一条规定的期限以内作出是否提起公诉的决定。

对于公安机关建议适用速裁程序办理的案件，人民检察院负责案件管理的部门应当在受理案件的当日将案件移送负责捕诉的部门。

第 351 条　人民检察院对于移送起诉的案件，应当在一个月以内作出决定；重大、复杂的案件，一个月以内不能作出决定的，可以延长十五日。

人民检察院审查起诉的案件，改变管辖的，从改变后的人民检察院收到案件之日起计算审查起诉期限。

第一百七十三条　审查起诉程序

人民检察院审查案件，应当讯问犯罪嫌疑人，听取辩护人或者值班律师、被害人及其诉讼代理人的意见，并记录在案。辩护人或者值班律师、被害人及其诉讼代理人提出书面意见的，应当附卷。

犯罪嫌疑人认罪认罚的，人民检察院应当告知其享有的诉讼权利和认罪认罚的法律规定，听取犯罪嫌疑人、辩护人或者值班律师、被害人及其诉讼代理人对下列事项的意见，并记录在案：

（一）涉嫌的犯罪事实、罪名及适用的法律规定；

（二）从轻、减轻或者免除处罚等从宽处罚的建议；

（三）认罪认罚后案件审理适用的程序；

（四）其他需要听取意见的事项。

人民检察院依照前两款规定听取值班律师意见的，应当提前为值班律师了解案件有关情况提供必要的便利。

● *司法解释及文件*

1. **《人民检察院刑事诉讼规则》**（2019 年 12 月 30 日　高检发释字〔2019〕4 号）

第 267 条　人民检察院办理犯罪嫌疑人认罪认罚案件，应当保障犯罪嫌疑人获得有效法律帮助，确保其了解认罪认罚的性质和法律后果，自愿认罪认罚。

人民检察院受理案件后，应当向犯罪嫌疑人了解其委托辩护人的情况。犯罪嫌疑人自愿认罪认罚、没有辩护人的，在审查逮捕阶段，人民检察院应当要求公安机关通知值班律师为其提供法律帮助；在审查起诉阶段，人民检察院应当通知值班律师为其提供法律帮助。符合通知辩护条件的，应当依法通知法律援助机构指派律师为其提供辩护。

第 268 条　人民检察院应当商法律援助机构设立法律援助工作站派驻值班律师或者及时安排值班律师，为犯罪嫌疑人提供法律咨询、程序选择建议、申请变更强制措施、对案件处理提出意见等法律帮助。

人民检察院应当告知犯罪嫌疑人有权约见值班律师，并为其约见值班律师提供便利。

第 269 条　犯罪嫌疑人认罪认罚的，人民检察院应当告知其享有的诉讼权利和认罪认罚的法律规定，听取犯罪嫌疑人、辩护人或者值班律师、被害人及其诉讼代理人对下列事项的意见，并记录在案：

（一）涉嫌的犯罪事实、罪名及适用的法律规定；

（二）从轻、减轻或者免除处罚等从宽处罚的建议；

（三）认罪认罚后案件审理适用的程序；

（四）其他需要听取意见的事项。

依照前款规定听取值班律师意见的，应当提前为值班律师了解案件有关情况提供必要的便利。自人民检察院对案件审查起诉之日起，值班律师可以查阅案卷材料，了解案情。人民检察院应当为值班律师查阅案卷材料提供便利。

人民检察院不采纳辩护人或者值班律师所提意见的，应当向其说明理由。

第328条 各级人民检察院提起公诉，应当与人民法院审判管辖相适应。负责捕诉的部门收到移送起诉的案件后，经审查认为不属于本院管辖的，应当在发现之日起五日以内经由负责案件管理的部门移送有管辖权的人民检察院。

属于上级人民法院管辖的第一审案件，应当报送上级人民检察院，同时通知移送起诉的公安机关；属于同级其他人民法院管辖的第一审案件，应当移送有管辖权的人民检察院或者报送共同的上级人民检察院指定管辖，同时通知移送起诉的公安机关。

上级人民检察院受理同级公安机关移送起诉的案件，认为属于下级人民法院管辖的，可以交下级人民检察院审查，由下级人民检察院向同级人民法院提起公诉，同时通知移送起诉的公安机关。

一人犯数罪、共同犯罪和其他需要并案审理的案件，只要其中一人或者一罪属于上级人民检察院管辖的，全案由上级人民检察院审查起诉。

公安机关移送起诉的案件，需要依照刑事诉讼法的规定指定审判管辖的，人民检察院应当在公安机关移送起诉前协商同级人民法院办理指定管辖有关事宜。

第329条 监察机关移送起诉的案件，需要依照刑事诉讼法的规定指定审判管辖的，人民检察院应当在监察机关移送起诉二十日前协商同级人民法院办理指定管辖有关事宜。

第330条 人民检察院审查移送起诉的案件，应当查明：

（一）犯罪嫌疑人身份状况是否清楚，包括姓名、性别、国籍、出生年月日、职业和单位等；单位犯罪的，单位的相关情况是否清楚；

（二）犯罪事实、情节是否清楚；实施犯罪的时间、地点、手段、危害后果是否明确；

（三）认定犯罪性质和罪名的意见是否正确；有无法定的从重、从轻、减轻或者免除处罚情节及酌定从重、从轻情节；共同犯罪案件的犯罪嫌疑人在犯罪活动中的责任认定是否恰当；

（四）犯罪嫌疑人是否认罪认罚；

（五）证明犯罪事实的证据材料是否随案移送；证明相关财产系违法所得的证据材料是否随案移送；不宜移送的证据的清单、复制件、照片或者其他证明文件是否随案移送；

（六）证据是否确实、充分，是否依法收集，有无应当排除非法证据的情形；

（七）采取侦查措施包括技术侦查措施的法律手续和诉讼文书是否完备；

（八）有无遗漏罪行和其他应当追究刑事责任的人；

（九）是否属于不应当追究刑事责任的；

（十）有无附带民事诉讼；对于国家财产、集体财产遭受损失的，是否需要由人民检察院提起附带民事诉讼；对于破坏生态环境和资源保护，食品药品安全领域侵害众多消费者合法权益，侵害英雄烈士的姓名、肖像、名誉、荣誉等损害社会公共利益的行为，是否需要由人民检察院提起附带民事公益诉讼；

（十一）采取的强制措施是否适当，对于已经逮捕的犯罪嫌疑人，有无继续羁押的必要；

（十二）侦查活动是否合法；

（十三）涉案财物是否查封、扣押、冻结并妥善保管，清单是否齐备；对被害人合法财产的返还和对违禁品或者不宜长期保存的物品的处理是否妥当，移送的证明文件是否完备。

第331条 人民检察院办理审查起诉案件应当讯问犯罪嫌疑人。

第332条 人民检察院认为需要对案件中某些专门性问题进行鉴定而监察机关或者公安机关没有鉴定的，应当要求监察机关或者公安机关进行鉴定。必要时，也可以由人民检察院进行鉴定，或者由人民检察院聘请有鉴定资格的人进行鉴定。

人民检察院自行进行鉴定的，可以商请监察机关或者公安机关派员参加，必要时可以聘请有鉴定资格或者有专门知识的人参加。

第333条 在审查起诉中，发现犯罪嫌疑人可能患有精神病的，人民检察院应当依照本规则的有关规定对犯罪嫌疑人进行鉴定。

犯罪嫌疑人的辩护人或者近亲属以犯罪嫌疑人可能患有精神病而申请对犯罪嫌疑人进行鉴定的，人民检察院也可以依照本规则的有关规定对犯罪嫌疑人进行鉴定。鉴定费用由申请方承担。

第334条 人民检察院对鉴定意见有疑问的，可以询问鉴定人或者有专门知识的人并制作笔录附卷，也可以指派有鉴定资格的检察技术人员或者聘请其他有鉴定资格的人进行补充鉴定或者重新鉴定。

人民检察院对鉴定意见等技术性证据材料需要进行专门审查的，按照有关规定交检察技术人员或者其他有专门知识的人进行审查并出具审查意见。

第335条 人民检察院审查案件时，对监察机关或者公安机关的勘验、检查，认为需要复验、复查的，应当要求其复验、复查，人民检察院可以派员参加；也可以自行复验、复查，商请监察机关或者公安机关派员参加，必要时也可以指派检察技术人员或者聘请其他有专门知识的人参加。

第336条 人民检察院对物证、书证、视听资料、电子数据及勘验、检查、辨认、侦查实验等笔录存在疑问的，可以要求调查人员或者侦查人员提供获取、制作的有关情况，必要时也可以询问提供相关证据材料的人员和见证人并制作笔录附卷，对物证、书证、视听资料、电子数据进行鉴定。

第337条 人民检察院在审查起诉阶段认为需要逮捕犯罪嫌疑人的，应当经检察长决定。

第338条 对于人民检察院正在审查起诉的案件，被逮捕的犯罪嫌疑人及其法定代理人、近亲属或者辩护人认为羁押期限届满，向人民检察院提出释放犯罪嫌疑人或者变更强制措施要求的，人民检察院应当在三日以内审查决定。经审查，认为法定期限届满的，应当决定释放或者依法变更强制措施，并通知公安机关执行；认为法定期限未满的，书面答复申请人。

第339条 人民检察院对案件进行审查后，应当依法作出起诉或者不起诉以及是否提起附带民事诉讼、附带民事公益诉讼的决定。

第340条 人民检察院对监察机关或者公安机关移送的案件进行审查后，在人民法院作出生效判决之前，认为需要补充提供证据材料的，可以书面要求监察机关或者公安机关提供。

第 341 条 人民检察院在审查起诉中发现有应当排除的非法证据，应当依法排除，同时可以要求监察机关或者公安机关另行指派调查人员或者侦查人员重新取证。必要时，人民检察院也可以自行调查取证。

第 342 条 人民检察院认为犯罪事实不清、证据不足或者存在遗漏罪行、遗漏同案犯罪嫌疑人等情形需要补充侦查的，应当制作补充侦查提纲，连同案卷材料一并退回公安机关补充侦查。人民检察院也可以自行侦查，必要时可以要求公安机关提供协助。

第 343 条 人民检察院对于监察机关移送起诉的案件，认为需要补充调查的，应当退回监察机关补充调查。必要时，可以自行补充侦查。

需要退回补充调查的案件，人民检察院应当出具补充调查决定书、补充调查提纲，写明补充调查的事项、理由、调查方向、需补充收集的证据及其证明作用等，连同案卷材料一并送交监察机关。

人民检察院决定退回补充调查的案件，犯罪嫌疑人已被采取强制措施的，应当将退回补充调查情况书面通知强制措施执行机关。监察机关需要讯问的，人民检察院应当予以配合。

第 344 条 对于监察机关移送起诉的案件，具有下列情形之一的，人民检察院可以自行补充侦查：

（一）证人证言、犯罪嫌疑人供述和辩解、被害人陈述的内容主要情节一致，个别情节不一致的；

（二）物证、书证等证据材料需要补充鉴定的；

（三）其他由人民检察院查证更为便利、更有效率、更有利于查清案件事实的情形。

自行补充侦查完毕后，应当将相关证据材料入卷，同时抄送监察机关。人民检察院自行补充侦查的，可以商请监察机关提供协助。

第 345 条 人民检察院负责捕诉的部门对本院负责侦查的部门移送起诉的案件进行审查后，认为犯罪事实不清、证据不足或者存在遗漏罪行、遗漏同案犯罪嫌疑人等情形需要补充侦查的，应当制作补充侦查提纲，连同案卷材料一并退回负责侦查的部门补充侦查。必要时，也可以自行侦查，可以要求负责侦查的部门予以协助。

第 346 条 退回监察机关补充调查、退回公安机关补充侦查的案件，均应当在一个月以内补充调查、补充侦查完毕。

补充调查、补充侦查以二次为限。

补充调查、补充侦查完毕移送起诉后，人民检察院重新计算审查起诉期限。

人民检察院负责捕诉的部门退回本院负责侦查的部门补充侦查的期限、次数按照本条第一款至第三款的规定执行。

第347条 补充侦查期限届满，公安机关未将案件重新移送起诉的，人民检察院应当要求公安机关说明理由。

人民检察院发现公安机关违反法律规定撤销案件的，应当提出纠正意见。

第348条 人民检察院在审查起诉中决定自行侦查的，应当在审查起诉期限内侦查完毕。

第349条 人民检察院对已经退回监察机关二次补充调查或者退回公安机关二次补充侦查的案件，在审查起诉中又发现新的犯罪事实，应当将线索移送监察机关或者公安机关。对已经查清的犯罪事实，应当依法提起公诉。

第350条 对于在审查起诉期间改变管辖的案件，改变后的人民检察院对于符合刑事诉讼法第一百七十五条第二款规定的案件，可以经原受理案件的人民检察院协助，直接退回原侦查案件的公安机关补充侦查，也可以自行侦查。改变管辖前后退回补充侦查的次数总共不得超过二次。

第351条 人民检察院对于移送起诉的案件，应当在一个月以内作出决定；重大、复杂的案件，一个月以内不能作出决定的，可以延长十五日。

人民检察院审查起诉的案件，改变管辖的，从改变后的人民检察院收到案件之日起计算审查起诉期限。

第352条 追缴的财物中，属于被害人的合法财产，不需要在法庭出示的，应当及时返还被害人，并由被害人在发还款物清单上签名或者盖章，注明返还的理由，并将清单、照片附卷。

第353条 追缴的财物中，属于违禁品或者不宜长期保存的物品，应当依照国家有关规定处理，并将清单、照片、处理结果附卷。

第354条 人民检察院在审查起诉阶段，可以适用本规则规定的侦查措施和程序。

2. **《最高人民检察院关于审查起诉期间犯罪嫌疑人脱逃或者患有严重疾病的应当如何处理的批复》**（2013年12月27日　高检发释字〔2013〕4号）

北京市人民检察院：

你院京检字〔2013〕75号《关于审查起诉期间犯罪嫌疑人潜逃或身患

严重疾病应如何处理的请示》收悉。经研究，批复如下：

一、人民检察院办理犯罪嫌疑人被羁押的审查起诉案件，应当严格依照法律规定的期限办结。未能依法办结的，应当根据刑事诉讼法第九十六条的规定予以释放或者变更强制措施。

二、人民检察院对于侦查机关移送审查起诉的案件，如果犯罪嫌疑人脱逃的，应当根据《人民检察院刑事诉讼规则（试行）》第一百五十四条第三款的规定，要求侦查机关采取措施保证犯罪嫌疑人到案后再移送审查起诉。

三、人民检察院在审查起诉过程中发现犯罪嫌疑人脱逃的，应当及时通知侦查机关，要求侦查机关开展追捕活动。

人民检察院应当及时全面审阅案卷材料。经审查，对于案件事实不清、证据不足的，可以根据刑事诉讼法第一百七十一条第二款、《人民检察院刑事诉讼规则（试行）》第三百八十条的规定退回侦查机关补充侦查。

侦查机关补充侦查完毕移送审查起诉的，人民检察院应当按照本批复第二条的规定进行审查。

共同犯罪中的部分犯罪嫌疑人脱逃的，对其他犯罪嫌疑人的审查起诉应当照常进行。

四、犯罪嫌疑人患有精神病或者其他严重疾病丧失诉讼行为能力不能接受讯问的，人民检察院可以依法变更强制措施。对实施暴力行为的精神病人，人民检察院可以商请公安机关采取临时的保护性约束措施。

经审查，应当按照下列情形分别处理：

（一）经鉴定系依法不负刑事责任的精神病人的，人民检察院应当作出不起诉决定。符合刑事诉讼法第二百八十四条规定的条件的，可以向人民法院提出强制医疗的申请；

（二）有证据证明患有精神病的犯罪嫌疑人尚未完全丧失辨认或者控制自己行为的能力，或者患有间歇性精神病的犯罪嫌疑人实施犯罪行为时精神正常，符合起诉条件的，可以依法提起公诉；

（三）案件事实不清、证据不足的，可以根据刑事诉讼法第一百七十一条第二款、《人民检察院刑事诉讼规则（试行）》第三百八十条的规定退回侦查机关补充侦查。

五、人民检察院在审查起诉期间，犯罪嫌疑人脱逃或者死亡，符合刑事诉讼法第二百八十条第一款规定的条件的，人民检察院可以向人民法院提出没收违法所得的申请。

此复。

3.**《人民检察院办理未成年人刑事案件的规定》**（2013年12月27日　高检发研字〔2013〕7号）

第10条　人民检察院办理未成年人刑事案件，可以应犯罪嫌疑人家属、被害人及其家属的要求，告知其审查逮捕、审查起诉的进展情况，并对有关情况予以说明和解释。

第一百七十四条　犯罪嫌疑人认罪认罚不需要签署具结书的情形

犯罪嫌疑人自愿认罪，同意量刑建议和程序适用的，应当在辩护人或者值班律师在场的情况下签署认罪认罚具结书。

犯罪嫌疑人认罪认罚，有下列情形之一的，不需要签署认罪认罚具结书：

（一）犯罪嫌疑人是盲、聋、哑人，或者是尚未完全丧失辨认或者控制自己行为能力的精神病人的；

（二）未成年犯罪嫌疑人的法定代理人、辩护人对未成年人认罪认罚有异议的；

（三）其他不需要签署认罪认罚具结书的情形。

● *司法解释及文件*

1.**《人民检察院刑事诉讼规则》**（2019年12月30日　高检发释字〔2019〕4号）

第272条　犯罪嫌疑人自愿认罪认罚，同意量刑建议和程序适用的，应当在辩护人或者值班律师在场的情况下签署认罪认罚具结书。具结书应当包括犯罪嫌疑人如实供述罪行、同意量刑建议和程序适用等内容，由犯罪嫌疑人及其辩护人、值班律师签名。

犯罪嫌疑人具有下列情形之一的，不需要签署认罪认罚具结书：

（一）犯罪嫌疑人是盲、聋、哑人，或者是尚未完全丧失辨认或者控制自己行为能力的精神病人的；

（二）未成年犯罪嫌疑人的法定代理人、辩护人对未成年人认罪认罚有异议的；

（三）其他不需要签署认罪认罚具结书的情形。

有前款情形，犯罪嫌疑人未签署认罪认罚具结书的，不影响认罪认罚从宽制度的适用。

● 部门规章及文件

2.《全国刑事法律援助服务规范》（2019年2月25日实施）

根据刑诉法、司发通〔2017〕84号和司办通〔2018〕2号文件，值班律师法律帮助要求如下：

a）法律援助机构根据实际需要可在人民法院、看守所等场所派驻值班律师，为没有辩护人的犯罪嫌疑人、刑事被告人提供法律帮助；

b）法律援助值班律师应主要提供以下法律服务：

1）解答法律咨询，提供程序选择建议、申请变更强制措施、对案件处理提出意见；

2）引导和帮助犯罪嫌疑人、刑事被告人及其近亲属申请法律援助，转交申请材料；

3）在审查起诉阶段，依照刑事诉讼法第一百七十三条规定，就案件处理向检察机关提出意见；

4）在认罪认罚案件中，依照刑事诉讼法第一百七十四条规定，在犯罪嫌疑人签署认罪认罚具结书时在场；

5）法律援助机构交办的其他任务。

c）在审查起诉阶段，犯罪嫌疑人认罪认罚的，值班律师可对以下事项提出意见：

1）涉嫌的犯罪事实、罪名及适用的法律规定；

2）从轻、减轻或者免除处罚等从宽处罚的建议；

3）认罪认罚后案件审理适用的程序；

4）其他需要听取意见的事项。

d）值班律师依照刑事诉讼法第一百七十三条规定就案件处理提出意见的，有权要求检察机关依法提前为其了解案件有关情况提供必要的便利；

e）值班律师为犯罪嫌疑人、被告人提供法律咨询时，应持律师执业证书（法律援助机构专职律师持律师工作证），实行挂牌上岗。

f）值班律师在接待当事人时，应现场记录犯罪嫌疑人、被告人涉嫌罪名、咨询的法律问题和提供的法律解答；解释法律援助的条件和范围，对认为符合法律援助条件的当事人引导其申请法律援助。值班律师工作站应建立工作台账。

g）法律援助值班律师不提供出庭辩护服务。符合法律援助条件的，可依犯罪嫌疑人、被告人及其近亲属的申请或者办案机关的通知，由法律援助机构为其指派律师提供辩护。

第一百七十五条　证据收集合法性说明　补充侦查

人民检察院审查案件，可以要求公安机关提供法庭审判所必需的证据材料；认为可能存在本法第五十六条规定的以非法方法收集证据情形的，可以要求其对证据收集的合法性作出说明。

人民检察院审查案件，对于需要补充侦查的，可以退回公安机关补充侦查，也可以自行侦查。

对于补充侦查的案件，应当在一个月以内补充侦查完毕。补充侦查以二次为限。补充侦查完毕移送人民检察院后，人民检察院重新计算审查起诉期限。

对于二次补充侦查的案件，人民检察院仍然认为证据不足，不符合起诉条件的，应当作出不起诉的决定。

● ***司法解释及文件***

1. **《人民检察院刑事诉讼规则》**（2019年12月30日　高检发释字〔2019〕4号）

第257条　对于批准逮捕后要求公安机关继续侦查、不批准逮捕后要求公安机关补充侦查或者审查起诉阶段退回公安机关补充侦查的案件，人民检察院应当分别制作继续侦查提纲或者补充侦查提纲，写明需要继续侦查或者补充侦查的事项、理由、侦查方向、需补充收集的证据及其证明作用等，送交公安机关。

第340条　人民检察院对监察机关或者公安机关移送的案件进行审查

后，在人民法院作出生效判决之前，认为需要补充提供证据材料的，可以书面要求监察机关或者公安机关提供。

第341条 人民检察院在审查起诉中发现有应当排除的非法证据，应当依法排除，同时可以要求监察机关或者公安机关另行指派调查人员或者侦查人员重新取证。必要时，人民检察院也可以自行调查取证。

第342条 人民检察院认为犯罪事实不清、证据不足或者存在遗漏罪行、遗漏同案犯罪嫌疑人等情形需要补充侦查的，应当制作补充侦查提纲，连同案卷材料一并退回公安机关补充侦查。人民检察院也可以自行侦查，必要时可以要求公安机关提供协助。

第343条 人民检察院对于监察机关移送起诉的案件，认为需要补充调查的，应当退回监察机关补充调查。必要时，可以自行补充侦查。

需要退回补充调查的案件，人民检察院应当出具补充调查决定书、补充调查提纲，写明补充调查的事项、理由、调查方向、需补充收集的证据及其证明作用等，连同案卷材料一并送交监察机关。

人民检察院决定退回补充调查的案件，犯罪嫌疑人已被采取强制措施的，应当将退回补充调查情况书面通知强制措施执行机关。监察机关需要讯问的，人民检察院应当予以配合。

第344条 对于监察机关移送起诉的案件，具有下列情形之一的，人民检察院可以自行补充侦查：

（一）证人证言、犯罪嫌疑人供述和辩解、被害人陈述的内容主要情节一致，个别情节不一致的；

（二）物证、书证等证据材料需要补充鉴定的；

（三）其他由人民检察院查证更为便利、更有效率、更有利于查清案件事实的情形。

自行补充侦查完毕后，应当将相关证据材料入卷，同时抄送监察机关。人民检察院自行补充侦查的，可以商请监察机关提供协助。

第345条 人民检察院负责捕诉的部门对本院负责侦查的部门移送起诉的案件进行审查后，认为犯罪事实不清、证据不足或者存在遗漏罪行、遗漏同案犯罪嫌疑人等情形需要补充侦查的，应当制作补充侦查提纲，连同案卷材料一并退回负责侦查的部门补充侦查。必要时，也可以自行侦查，可以要求负责侦查的部门予以协助。

第346条 退回监察机关补充调查、退回公安机关补充侦查的案件，均应当在一个月以内补充调查、补充侦查完毕。

补充调查、补充侦查以二次为限。

补充调查、补充侦查完毕移送起诉后，人民检察院重新计算审查起诉期限。

人民检察院负责捕诉的部门退回本院负责侦查的部门补充侦查的期限、次数按照本条第一款至第三款的规定执行。

第347条 补充侦查期限届满，公安机关未将案件重新移送起诉的，人民检察院应当要求公安机关说明理由。

人民检察院发现公安机关违反法律规定撤销案件的，应当提出纠正意见。

第348条 人民检察院在审查起诉中决定自行侦查的，应当在审查起诉期限内侦查完毕。

第349条 人民检察院对已经退回监察机关二次补充调查或者退回公安机关二次补充侦查的案件，在审查起诉中又发现新的犯罪事实，应当将线索移送监察机关或者公安机关。对已经查清的犯罪事实，应当依法提起公诉。

第350条 对于在审查起诉期间改变管辖的案件，改变后的人民检察院对于符合刑事诉讼法第一百七十五条第二款规定的案件，可以经原受理案件的人民检察院协助，直接退回原侦查案件的公安机关补充侦查，也可以自行侦查。改变管辖前后退回补充侦查的次数总共不得超过二次。

● ***部门规章及文件***

2.《公安机关办理刑事案件程序规定》（2020年7月20日修正　公安部令第159号）

第295条 侦查终结，移送人民检察院审查起诉的案件，人民检察院退回公安机关补充侦查的，公安机关接到人民检察院退回补充侦查的法律文书后，应当按照补充侦查提纲在一个月以内补充侦查完毕。

补充侦查以二次为限。

第296条 对人民检察院退回补充侦查的案件，根据不同情况，报县级以上公安机关负责人批准，分别作如下处理：

（一）原认定犯罪事实不清或者证据不够充分的，应当在查清事实、补充证据后，制作补充侦查报告书，移送人民检察院审查；对确实无法查明的事项或者无法补充的证据，应当书面向人民检察院说明情况；

第二编　第三章

（二）在补充侦查过程中，发现新的同案犯或者新的罪行，需要追究刑事责任的，应当重新制作起诉意见书，移送人民检察院审查；

（三）发现原认定的犯罪事实有重大变化，不应当追究刑事责任的，应当撤销案件或者对犯罪嫌疑人终止侦查，并将有关情况通知退查的人民检察院；

（四）原认定犯罪事实清楚，证据确实、充分，人民检察院退回补充侦查不当的，应当说明理由，移送人民检察院审查。

第297条 对于人民检察院在审查起诉过程中以及在人民法院作出生效判决前，要求公安机关提供法庭审判所必需的证据材料的，应当及时收集和提供。

3.《最高人民检察院、公安部关于加强和规范补充侦查工作的指导意见》
（2020年3月27日 高检发〔2020〕6号）

第2条 补充侦查是依照法定程序，在原有侦查工作的基础上，进一步查清事实，补充完善证据的诉讼活动。

人民检察院审查逮捕提出补充侦查意见，审查起诉退回补充侦查、自行补充侦查，要求公安机关提供证据材料，要求公安机关对证据的合法性作出说明等情形，适用本指导意见的相关规定。

第3条 开展补充侦查工作应当遵循以下原则：

1. 必要性原则。补充侦查工作应当具备必要性，不得因与案件事实、证据无关的原因退回补充侦查。

2. 可行性原则。要求补充侦查的证据材料应当具备收集固定的可行性，补充侦查工作应当具备可操作性，对于无法通过补充侦查收集证据材料的情形，不能适用补充侦查。

3. 说理性原则。补充侦查提纲应当写明补充侦查的理由、案件定性的考虑、补充侦查的方向、每一项补证的目的和意义，对复杂问题、争议问题作适当阐明，具备条件的，可以写明补充侦查的渠道、线索和方法。

4. 配合性原则。人民检察院、公安机关在补充侦查之前和补充侦查过程中，应当就案件事实、证据、定性等方面存在的问题和补充侦查的相关情况，加强当面沟通、协作配合，共同确保案件质量。

5. 有效性原则。人民检察院、公安机关应当以增强补充侦查效果为目标，把提高证据质量、解决证据问题贯穿于侦查、审查逮捕、审查起诉全过程。

第4条 人民检察院开展补充侦查工作，应当书面列出补充侦查提纲。补充侦查提纲应当分别归入检察内卷、侦查内卷。

第5条 公安机关提请人民检察院审查批准逮捕的，人民检察院应当接收。经审查，不符合批捕条件的，应当依法作出不批准逮捕决定。人民检察院对于因证据不足作出不批准逮捕决定，需要补充侦查的，应当制作补充侦查提纲，列明证据体系存在的问题、补充侦查方向、取证要求等事项并说明理由。公安机关应当按照人民检察院的要求开展补充侦查。补充侦查完毕，认为符合逮捕条件的，应当重新提请批准逮捕。对于人民检察院不批准逮捕而未说明理由的，公安机关可以要求人民检察院说明理由。对人民检察院不批准逮捕的决定认为有错误的，公安机关可以依法要求复议、提请复核。

对于作出批准逮捕决定的案件，确有必要的，人民检察院可以根据案件证据情况，就完善证据体系、补正证据合法性、全面查清案件事实等事项，向公安机关提出捕后侦查意见。逮捕之后，公安机关应当及时开展侦查工作。

第6条 人民检察院在审查起诉期间发现案件存在事实不清、证据不足或者存在遗漏罪行、遗漏同案犯罪嫌疑人等情形需要补充侦查的，应当制作补充侦查提纲，连同案卷材料一并退回公安机关并引导公安机关进一步查明案件事实、补充收集证据。

人民检察院第一次退回补充侦查时，应当向公安机关列明全部补充侦查事项。在案件事实或证据发生变化、公安机关未补充侦查到位、或者重新报送的材料中发现矛盾和问题的，可以第二次退回补充侦查。

第7条 退回补充侦查提纲一般包括以下内容：

（一）阐明补充侦查的理由，包括案件事实不清、证据不足的具体表现和问题；

（二）阐明补充侦查的方向和取证目的；

（三）明确需要补充侦查的具体事项和需要补充收集的证据目录；

（四）根据起诉和审判的证据标准，明确补充、完善证据需要达到的标准和必备要素；

（五）有遗漏罪行的，应当指出在起诉意见书中没有认定的犯罪嫌疑人的罪行；

（六）有遗漏同案犯罪嫌疑人需要追究刑事责任的，应当建议补充移送；

（七）其他需要列明的事项。

补充侦查提纲、捕后侦查意见可参照本条执行。

第8条 案件退回补充侦查后，人民检察院和公安机关的办案人员应当加强沟通，及时就取证方向、落实补证要求等达成一致意见。公安机关办案人员对于补充侦查提纲有异议的，双方及时沟通。

对于事实证据发生重大变化的案件，可能改变定性的案件，证据标准难以把握的重大、复杂、疑难、新型案件，以及公安机关提出请求的案件，人民检察院在退回补充侦查期间，可以了解补充侦查开展情况，查阅证据材料，对补充侦查方向、重点、取证方式等提出建议，必要时可列席公安机关的案件讨论并发表意见。

第9条 具有下列情形之一的，一般不退回补充侦查：

（一）查清的事实足以定罪量刑或者与定罪量刑有关的事实已经查清，不影响定罪量刑的事实无法查清的；

（二）作案工具、赃物去向等部分事实无法查清，但有其他证据足以认定，不影响定罪量刑的；

（三）犯罪嫌疑人供述和辩解、证人证言、被害人陈述的主要情节能够相互印证，只有个别情节不一致但不影响定罪量刑的；

（四）遗漏同案犯罪嫌疑人或者同案犯罪嫌疑人在逃，在案犯罪嫌疑人定罪量刑的事实已经查清且符合起诉条件，公安机关不能及时补充移送同案犯罪嫌疑人的；

（五）补充侦查事项客观上已经没有查证可能性的；

（六）其他没有必要退回补充侦查的。

第10条 对于具有以下情形可以及时调取的有关证据材料，人民检察院可以发出《调取证据材料通知书》，通知公安机关直接补充相关证据并移送，以提高办案效率：

（一）案件基本事实清楚，虽欠缺某些证据，但收集、补充证据难度不大且在审查起诉期间内能够完成的；

（二）证据存在书写不规范、漏填、错填等瑕疵，公安机关可以在审查起诉期间补正、说明的；

（三）证据材料制作违反程序规定但程度较轻微，通过补正可以弥补的；

（四）案卷诉讼文书存在瑕疵，需进行必要的修改或补充的；

（五）缺少前科材料、释放证明、抓获经过等材料，侦查人员能够及时提供的；

（六）其他可以通知公安机关直接补充相关证据的。

第11条 人民检察院在审查起诉过程中，具有下列情形之一，自行补充侦查更为适宜的，可以依法自行开展侦查工作：

（一）影响定罪量刑的关键证据存在灭失风险，需要及时收集和固定证据，人民检察院有条件自行侦查的；

（二）经退回补充侦查未达到要求，自行侦查具有可行性的；

（三）有证据证明或者有迹象表明侦查人员可能存在利用侦查活动插手民事、经济纠纷、实施报复陷害等违法行为和刑讯逼供、非法取证等违法行为，不宜退回补充侦查的；

（四）其他需要自行侦查的。

人民检察院开展自行侦查工作应依法规范开展。

第12条 自行侦查由检察官组织实施，必要时可以调配办案人员。开展自行侦查的检察人员不得少于二人。自行侦查过程中，需要技术支持和安全保障的，由检察机关的技术部门和警务部门派员协助。

人民检察院通过自行侦查方式补强证据的，公安机关应当依法予以配合。

人民检察院自行侦查，适用《中华人民共和国刑事诉讼法》规定的讯问、询问、勘验、检查、查封、扣押、鉴定等侦查措施，应当遵循法定程序，在法定期限内侦查完毕。

第13条 人民检察院对公安机关移送的案件进行审查后，在法院作出生效判决前，认为需要补充审判所必需的证据材料的，可以发出《调取证据材料通知书》，要求公安机关提供。人民检察院办理刑事审判监督案件，可以向公安机关发出《调取证据材料通知书》。

第14条 人民检察院在办理刑事案件过程中，发现可能存在《中华人民共和国刑事诉讼法》第五十六条规定的以非法方法收集证据情形的，可以要求公安机关对证据收集的合法性作出书面说明或者提供相关证明材料，必要时，可以自行调查核实。

第15条 公安机关经补充侦查重新移送后，人民检察院应当接收，及时审查公安机关制作的书面补充侦查报告和移送的补充证据，根据补充侦查提纲的内容核对公安机关应补充侦查事项是否补查到位，补充侦查活动是否合法，补充侦查后全案证据是否已确实、充分。经审查，公安机关未能按要求开展补充侦查工作，无法达到批捕标准的，应当依法作出不批捕决定；经二次补充侦查仍然证据不足，不符合起诉条件的，人民检察院应当依法作出不起诉决定。对人民检察院不起诉决定认为错误的，公安机关可以依法复议、复核。

对公安机关要求复议的不批准逮捕案件、不起诉案件，人民检察院应当另行指派检察官办理。人民检察院办理公安机关对不批准逮捕决定和不起诉决定要求复议、提请复核的案件，应当充分听取公安机关的意见，相关意见应当附卷备查。

第16条 公安机关开展补充侦查工作，应当按照人民检察院补充侦查提纲的要求，及时、认真补充完善相关证据材料；对于补充侦查提纲不明确或者有异议的，应当及时与人民检察院沟通；对于无法通过补充侦查取得证据的，应当书面说明原因、补充侦查过程中所做的工作以及采取的补救措施。公安机关补充侦查后，应当单独立卷移送人民检察院，人民检察院应当依法接收案卷。

第17条 对公安机关未及时有效开展补充侦查工作的，人民检察院应当进行口头督促，对公安机关不及时补充侦查导致证据无法收集影响案件处理的，必要时可以发出检察建议；公安机关存在非法取证等情形的，应当依法启动调查核实程序，根据情节，依法向公安机关发出纠正违法通知书，涉嫌犯罪的，依法进行侦查。

公安机关以非法方法收集的犯罪嫌疑人供述、被害人陈述、证人证言等证据材料，人民检察院应当依法排除并提出纠正意见，同时可以建议公安机关另行指派侦查人员重新调查取证，必要时人民检察院也可以自行调查取证。公安机关发现办案人员非法取证的，应当依法作出处理，并可另行指派侦查人员重新调查取证。

第18条 案件补充侦查期限届满，公安机关认为原认定的犯罪事实有重大变化，不应当追究刑事责任而未将案件重新移送审查起诉的，应当以书面形式告知人民检察院，并说明理由。公安机关应当将案件重新移送审查起诉而未重新移送审查起诉的，人民检察院应当要求公安机关说明理由。人民检察院认为公安机关理由不成立的，应当要求公安机关重新移送审查起诉。人民检察院发现公安机关不应当撤案而撤案的，应当进行立案监督。公安机关未重新移送审查起诉，且未及时以书面形式告知并说明理由的，人民检察院应当提出纠正意见。

第19条 人民检察院、公安机关在自行侦查、补充侦查工作中，根据工作需要，可以提出协作要求或者意见、建议，加强沟通协调。

第20条 人民检察院、公安机关应当建立联席会议、情况通报会等工作机制，定期通报补充侦查工作总体情况，评析证据收集和固定上存在的问题及争议。针对补充侦查工作中发现的突出问题，适时组织联合调研检查，共同下发问题通报并督促整改，加强沟通，统一认识，共同提升补充侦查工作质量。

推行办案人员旁听法庭审理机制，了解指控犯罪、定罪量刑的证据要求和审判标准。

第21条 人民检察院各部门之间应当加强沟通，形成合力，提升补充侦查工作质效。人民检察院需要对技术性证据和专门性证据补充侦查的，可以先由人民检察院技术部门或有专门知识的人进行审查，根据审查意见，开展补充侦查工作。

第一百七十六条 提起公诉的条件和程序

人民检察院认为犯罪嫌疑人的犯罪事实已经查清，证据确实、充分，依法应当追究刑事责任的，应当作出起诉决定，按照审判管辖的规定，向人民法院提起公诉，并将案卷材料、证据移送人民法院。

犯罪嫌疑人认罪认罚的，人民检察院应当就主刑、附加刑、是否适用缓刑等提出量刑建议，并随案移送认罪认罚具结书等材料。

● *司法解释及文件*

1. **《人民检察院办理起诉案件质量标准（试行）》**（2007年6月19日修订 高检诉发〔2007〕63号）

为了依法行使起诉权，保证起诉案件的办案质量，根据《中华人民共和国刑法》、《中华人民共和国刑事诉讼法》和《人民检察院刑事诉讼规则》等有关规定，结合检察机关起诉工作实际，制定本标准。

一、符合下列条件的，属于达到起诉案件质量标准

（一）指控的犯罪事实清楚

1. 指控的被告人的身份，实施犯罪的时间、地点、经过、手段、动机、目的、危害后果以及其他影响定罪量刑的事实、情节清楚；

2. 无遗漏犯罪事实；

3. 无遗漏被告人。

（二）证据确实、充分

1. 证明案件事实和情节的证据合法有效，依据法律和有关司法解释排除非法证据；

2. 证明犯罪构成要件的事实和证据确实、充分；

3. 据以定罪的证据之间不存在矛盾或者矛盾能够合理排除；

4. 根据证据得出的结论具有排他性。

（三）适用法律正确

1. 认定的犯罪性质和罪名准确；

2. 认定的一罪或者数罪正确；

3. 认定从重、从轻、减轻或者免除处罚的法定情节准确；

4. 认定共同犯罪的各被告人在犯罪活动中的作用和责任恰当；

5. 引用法律条文准确、完整。

（四）诉讼程序合法

1. 本院有案件管辖权；

2. 符合回避条件的人员依法回避；

3. 适用强制措施正确；

4. 依法讯问犯罪嫌疑人，听取被害人和犯罪嫌疑人、被害人委托的人的意见；

5. 依法告知当事人诉讼权利；

6. 在法定期限内审结，未超期羁押；

7. 遵守法律、法规及最高人民检察院规定的其他办案程序。

（五）依法履行法律监督职责

1. 依法对侦查、审判活动中的违法行为提出纠正意见；

2. 依法向有关单位提出检察意见或书面纠正意见；

3. 对发现的犯罪线索，及时进行初查或移送有关部门处理；

4. 依法追诉漏罪、漏犯；

5. 依法对人民法院确有错误的判决、裁定提出抗诉。

（六）符合宽严相济刑事司法政策的要求

1. 充分考虑起诉的必要性，可诉可不诉的不诉；

2. 正确适用量刑建议，根据具体案情，依法向人民法院提出从宽或者从严处罚的量刑建议；

3. 对符合条件的轻微刑事案件，适用快速办理机制进行处理；

4. 对符合条件的轻微刑事案件，建议或同意人民法院适用简易程序；

5. 对符合条件的被告人认罪的刑事案件，建议或同意人民法院适用普通程序简化审理；

6. 对未成年人刑事案件，办案方式应符合有关特殊规定。

（七）其他情形

1. 犯罪行为造成国家财产、集体财产损失，需要由人民检察院提起附带民事诉讼的，依法提起；

2. 依法应当移送或者作出处理的有关证据材料、扣押款物、非法所得及其孳息等，移送有关机关或者依法作出处理，证明文件完备；

3. 法律文书、工作文书符合有关规范。

二、具有下列情形之一的，属于起诉错误

1. 本院没有案件管辖权而提起公诉的；

2. 对不构成犯罪的人或者具有刑事诉讼法第十五条规定的情形不应当被追究刑事责任的人提起公诉的；

3. 法院作出无罪判决，经审查确认起诉确有错误的；

4. 案件撤回起诉，经审查确认起诉确有错误的；

5. 具有其他严重违反法律规定的情形，造成起诉错误的。

三、具有下列情形之一的，属于起诉质量不高

1. 认定事实、情节有误或者遗漏部分犯罪事实的；

2. 没有依法排除非法证据尚未造成错案的；

3. 遗漏认定从重、从轻、减轻或者免除处罚的法定情节的；

4. 对共同犯罪的各被告人在犯罪活动中的作用和责任认定严重不当的；

5. 没有依法变更起诉、追加起诉，或者适用变更起诉、追加起诉明显不当的；

6. 引用法律条文不准确或者不完整的；

7. 在出庭讯问被告人和举证、质证、辩论中有明显失误的；

8. 依法应当回避的人员没有依法回避的；

9. 没有依法讯问犯罪嫌疑人，或没有依法听取被害人和犯罪嫌疑人、被害人委托的人的意见的；

10. 没有依法告知当事人诉讼权利的；

11. 超过了法定办案期限，或者具有超期羁押情形的；

12. 适用强制措施错误或者明显不当的；

13. 没有依法履行法律监督职责的；

14. 办理案件明显不符合宽严相济刑事司法政策要求的；

15. 依法应当提起附带民事诉讼而没有提起的；

16. 依法应当移送或者作出处理的有关证据材料、扣押款物、非法所得及其孳息等，没有移送有关机关，或者没有依法作出处理，证明文件不完备的；

17. 法律文书、工作文书不符合有关规范的；

18. 具有其他违反法律及最高人民检察院有关规定的情形，影响了起诉质量，但不属于起诉错误的。

2.《人民检察院刑事诉讼规则》（2019 年 12 月 30 日　高检发释字〔2019〕4 号）

第 274 条　认罪认罚案件，人民检察院向人民法院提起公诉的，应当提出量刑建议，在起诉书中写明被告人认罪认罚情况，并移送认罪认罚具结书等材料。量刑建议可以另行制作文书，也可以在起诉书中写明。

第 275 条　犯罪嫌疑人认罪认罚的，人民检察院应当就主刑、附加刑、是否适用缓刑等提出量刑建议。量刑建议一般应当为确定刑。对新类型、不常见犯罪案件，量刑情节复杂的重罪案件等，也可以提出幅度刑量刑建议。

第 276 条　办理认罪认罚案件，人民检察院应当将犯罪嫌疑人是否与被害方达成和解或者调解协议，或者赔偿被害方损失，取得被害方谅解，或者自愿承担公益损害修复、赔偿责任，作为提出量刑建议的重要考虑因素。

犯罪嫌疑人自愿认罪并且愿意积极赔偿损失，但由于被害方赔偿请求明显不合理，未能达成和解或者调解协议的，一般不影响对犯罪嫌疑人从宽处理。

对于符合当事人和解程序适用条件的公诉案件，犯罪嫌疑人认罪认罚的，人民检察院应当积极促使当事人自愿达成和解。和解协议书和被害方出具的谅解意见应当随案移送。被害方符合司法救助条件的，人民检察院应当积极协调办理。

第277条 犯罪嫌疑人认罪认罚，人民检察院拟提出适用缓刑或者判处管制的量刑建议，可以委托犯罪嫌疑人居住地的社区矫正机构进行调查评估，也可以自行调查评估。

第355条 人民检察院认为犯罪嫌疑人的犯罪事实已经查清，证据确实、充分，依法应当追究刑事责任的，应当作出起诉决定。

具有下列情形之一的，可以认为犯罪事实已经查清：

（一）属于单一罪行的案件，查清的事实足以定罪量刑或者与定罪量刑有关的事实已经查清，不影响定罪量刑的事实无法查清的；

（二）属于数个罪行的案件，部分罪行已经查清并符合起诉条件，其他罪行无法查清的；

（三）无法查清作案工具、赃物去向，但有其他证据足以对被告人定罪量刑的；

（四）证人证言、犯罪嫌疑人供述和辩解、被害人陈述的内容主要情节一致，个别情节不一致，但不影响定罪的。

对于符合前款第二项情形的，应当以已经查清的罪行起诉。

第356条 人民检察院在办理公安机关移送起诉的案件中，发现遗漏罪行或者有依法应当移送起诉的同案犯罪嫌疑人未移送起诉的，应当要求公安机关补充侦查或者补充移送起诉。对于犯罪事实清楚，证据确实、充分的，也可以直接提起公诉。

第357条 人民检察院立案侦查时认为属于直接受理侦查的案件，在审查起诉阶段发现属于监察机关管辖的，应当及时商监察机关办理。属于公安机关管辖，案件事实清楚，证据确实、充分，符合起诉条件的，可以直接起诉；事实不清、证据不足的，应当及时移送有管辖权的机关办理。

在审查起诉阶段，发现公安机关移送起诉的案件属于监察机关管辖，或者监察机关移送起诉的案件属于公安机关管辖，但案件事实清楚，证据确实、充分，符合起诉条件的，经征求监察机关、公安机关意见后，没有不同意见的，可以直接起诉；提出不同意见，或者事实不清、证据不足的，应当将案件退回移送案件的机关并说明理由，建议其移送有管辖权的机关办理。

第358条 人民检察院决定起诉的，应当制作起诉书。

起诉书的主要内容包括：

（一）被告人的基本情况，包括姓名、性别、出生年月日、出生地和户籍地、公民身份号码、民族、文化程度、职业、工作单位及职务、住址，是否受过刑事处分及处分的种类和时间，采取强制措施的情况等；如果是单位犯罪，应当写明犯罪单位的名称和组织机构代码、所在地址、联系方式，法定代表人和诉讼代表人的姓名、职务、联系方式；如果还有应当负刑事责任的直接负责的主管人员或其他直接责任人员，应当按上述被告人基本情况的内容叙写；

（二）案由和案件来源；

（三）案件事实，包括犯罪的时间、地点、经过、手段、动机、目的、危害后果等与定罪量刑有关的事实要素。起诉书叙述的指控犯罪事实的必备要素应当明晰、准确。被告人被控有多项犯罪事实的，应当逐一列举，对于犯罪手段相同的同一犯罪可以概括叙写；

（四）起诉的根据和理由，包括被告人触犯的刑法条款、犯罪的性质及认定的罪名、处罚条款、法定从轻、减轻或者从重处罚的情节，共同犯罪各被告人应负的罪责等；

（五）被告人认罪认罚情况，包括认罪认罚的内容、具结书签署情况等。

被告人真实姓名、住址无法查清的，可以按其绰号或者自报的姓名、住址制作起诉书，并在起诉书中注明。被告人自报的姓名可能造成损害他人名誉、败坏道德风俗等不良影响的，可以对被告人编号并按编号制作起诉书，附具被告人的照片，记明足以确定被告人面貌、体格、指纹以及其他反映被告人特征的事项。

起诉书应当附有被告人现在处所，证人、鉴定人、需要出庭的有专门知识的人的名单，需要保护的被害人、证人、鉴定人的化名名单，查封、扣押、冻结的财物及孳息的清单，附带民事诉讼、附带民事公益诉讼情况以及其他需要附注的情况。

证人、鉴定人、有专门知识的人的名单应当列明姓名、性别、年龄、职业、住址、联系方式，并注明证人、鉴定人是否出庭。

第359条 人民检察院提起公诉的案件，应当向人民法院移送起诉书、案卷材料、证据和认罪认罚具结书等材料。

起诉书应当一式八份，每增加一名被告人增加起诉书五份。

关于被害人姓名、住址、联系方式、被告人被采取强制措施的种类、是否在案及羁押处所等问题，人民检察院应当在起诉书中列明，不再单独移送材料；对于涉及被害人隐私或者为保护证人、鉴定人、被害人人身安全，而不宜公开证人、鉴定人、被害人姓名、住址、工作单位和联系方式等个人信息的，可以在起诉书中使用化名。但是应当另行书面说明使用化名的情况并标明密级，单独成卷。

第360条 人民检察院对于犯罪嫌疑人、被告人或者证人等翻供、翻证的材料以及对犯罪嫌疑人、被告人有利的其他证据材料，应当移送人民法院。

第361条 人民法院向人民检察院提出书面意见要求补充移送材料，人民检察院认为有必要移送的，应当自收到通知之日起三日以内补送。

第362条 对提起公诉后，在人民法院宣告判决前补充收集的证据材料，人民检察院应当及时移送人民法院。

第363条 在审查起诉期间，人民检察院可以根据辩护人的申请，向监察机关、公安机关调取在调查、侦查期间收集的证明犯罪嫌疑人、被告人无罪或者罪轻的证据材料。

第364条 人民检察院提起公诉的案件，可以向人民法院提出量刑建议。除有减轻处罚或者免除处罚情节外，量刑建议应当在法定量刑幅度内提出。建议判处有期徒刑、管制、拘役的，可以具有一定的幅度，也可以提出具体确定的建议。

提出量刑建议的，可以制作量刑建议书，与起诉书一并移送人民法院。量刑建议书的主要内容应当包括被告人所犯罪行的法定刑、量刑情节、建议人民法院对被告人判处刑罚的种类、刑罚幅度、可以适用的刑罚执行方式以及提出量刑建议的依据和理由等。

认罪认罚案件的量刑建议，按照本章第二节的规定办理。

3. **《最高人民法院、最高人民检察院、公安部、国家安全部、司法部、全国人大常委会法制工作委员会关于实施刑事诉讼法若干问题的规定》**（2012年12月26日）

23. 上级公安机关指定下级公安机关立案侦查的案件，需要逮捕犯罪嫌疑人的，由侦查该案件的公安机关提请同级人民检察院审查批准；需要提起公诉的，由侦查该案件的公安机关移送同级人民检察院审查起诉。

人民检察院对于审查起诉的案件，按照刑事诉讼法的管辖规定，认为应当由上级人民检察院或者同级其他人民检察院起诉的，应当将案件移送有管辖权的人民检察院。人民检察院认为需要依照刑事诉讼法的规定指定审判管辖的，应当协商同级人民法院办理指定管辖有关事宜。

24. 人民检察院向人民法院提起公诉时，应当将案卷材料和全部证据移送人民法院，包括犯罪嫌疑人、被告人翻供的材料，证人改变证言的材料，以及对犯罪嫌疑人、被告人有利的其他证据材料。

4.**《最高人民法院、最高人民检察院、公安部、司法部关于对判处管制、宣告缓刑的犯罪分子适用禁止令有关问题的规定（试行）》**（2011 年 4 月 28 日 法发〔2011〕9 号）

第 7 条 人民检察院在提起公诉时，对可能判处管制、宣告缓刑的被告人可以提出宣告禁止令的建议。当事人、辩护人、诉讼代理人可以就应否对被告人宣告禁止令提出意见，并说明理由。

公安机关在移送审查起诉时，可以根据犯罪嫌疑人涉嫌犯罪的情况，就应否宣告禁止令及宣告何种禁止令，向人民检察院提出意见。

第一百七十七条 不起诉的情形及处理

犯罪嫌疑人没有犯罪事实，或者有本法第十六条规定的情形之一的，人民检察院应当作出不起诉决定。

对于犯罪情节轻微，依照刑法规定不需要判处刑罚或者免除刑罚的，人民检察院可以作出不起诉决定。

人民检察院决定不起诉的案件，应当同时对侦查中查封、扣押、冻结的财物解除查封、扣押、冻结。对被不起诉人需要给予行政处罚、处分或者需要没收其违法所得的，人民检察院应当提出检察意见，移送有关主管机关处理。有关主管机关应当将处理结果及时通知人民检察院。

● *司法解释及文件*

1. **《人民检察院刑事诉讼规则》**（2019 年 12 月 30 日　高检发释字〔2019〕4 号）

第 365 条　人民检察院对于监察机关或者公安机关移送起诉的案件，发现犯罪嫌疑人没有犯罪事实，或者符合刑事诉讼法第十六条规定的情形之一的，经检察长批准，应当作出不起诉决定。

对于犯罪事实并非犯罪嫌疑人所为，需要重新调查或者侦查的，应当在作出不起诉决定后书面说明理由，将案卷材料退回监察机关或者公安机关并建议重新调查或者侦查。

第 366 条　负责捕诉的部门对于本院负责侦查的部门移送起诉的案件，发现具有本规则第三百六十五条第一款规定情形的，应当退回本院负责侦查的部门，建议撤销案件。

第 367 条　人民检察院对于二次退回补充调查或者补充侦查的案件，仍然认为证据不足，不符合起诉条件的，经检察长批准，依法作出不起诉决定。

人民检察院对于经过一次退回补充调查或者补充侦查的案件，认为证据不足，不符合起诉条件，且没有再次退回补充调查或者补充侦查必要的，经检察长批准，可以作出不起诉决定。

第 368 条　具有下列情形之一，不能确定犯罪嫌疑人构成犯罪和需要追究刑事责任的，属于证据不足，不符合起诉条件：

（一）犯罪构成要件事实缺乏必要的证据予以证明的；

（二）据以定罪的证据存在疑问，无法查证属实的；

（三）据以定罪的证据之间、证据与案件事实之间的矛盾不能合理排除的；

（四）根据证据得出的结论具有其他可能性，不能排除合理怀疑的；

（五）根据证据认定案件事实不符合逻辑和经验法则，得出的结论明显不符合常理的。

第 369 条　人民检察院根据刑事诉讼法第一百七十五条第四款规定决定不起诉的，在发现新的证据，符合起诉条件时，可以提起公诉。

第 370 条　人民检察院对于犯罪情节轻微，依照刑法规定不需要判处刑罚或者免除刑罚的，经检察长批准，可以作出不起诉决定。

第 371 条　人民检察院直接受理侦查的案件，以及监察机关移送起诉的案件，拟作不起诉决定的，应当报请上一级人民检察院批准。

第 372 条　人民检察院决定不起诉的，应当制作不起诉决定书。

不起诉决定书的主要内容包括：

（一）被不起诉人的基本情况，包括姓名、性别、出生年月日、出生地和户籍地、公民身份号码、民族、文化程度、职业、工作单位及职务、住址，是否受过刑事处分，采取强制措施的情况以及羁押处所等；如果是单位犯罪，应当写明犯罪单位的名称和组织机构代码、所在地址、联系方式，法定代表人和诉讼代表人的姓名、职务、联系方式；

（二）案由和案件来源；

（三）案件事实，包括否定或者指控被不起诉人构成犯罪的事实以及作为不起诉决定根据的事实；

（四）不起诉的法律根据和理由，写明作出不起诉决定适用的法律条款；

（五）查封、扣押、冻结的涉案财物的处理情况；

（六）有关告知事项。

第 373 条　人民检察院决定不起诉的案件，可以根据案件的不同情况，对被不起诉人予以训诫或者责令具结悔过、赔礼道歉、赔偿损失。

对被不起诉人需要给予行政处罚、政务处分或者其他处分的，经检察长批准，人民检察院应当提出检察意见，连同不起诉决定书一并移送有关主管机关处理，并要求有关主管机关及时通报处理情况。

第 374 条　人民检察院决定不起诉的案件，应当同时书面通知作出查封、扣押、冻结决定的机关或者执行查封、扣押、冻结决定的机关解除查封、扣押、冻结。

第 375 条　人民检察院决定不起诉的案件，需要没收违法所得的，经检察长批准，应当提出检察意见，移送有关主管机关处理，并要求有关主管机关及时通报处理情况。具体程序可以参照本规则第二百四十八条的规定办理。

2. **《人民检察院办理不起诉案件公开审查规则（试行）》**（2001 年 3 月 5 日〔2001〕高检诉发第 11 号）

第 1 条　为保证不起诉决定的公正性，保障当事人的合法权利，规范不起诉案件公开审查程序，根据《中华人民共和国刑事诉讼法》、《人民检察院刑事诉讼规则》等有关规定，结合人民检察院办理不起诉案件工作实际，制定本规则。

第2条 本规则所称不起诉案件，是指审查起诉过程中拟作不起诉决定的案件。

第3条 不起诉案件公开审查，是为了充分听取侦查机关（部门）和犯罪嫌疑人、被害人以及犯罪嫌疑人、被害人委托的人等对案件处理的意见，为人民检察院对案件是否作不起诉处理提供参考。

第4条 公开审查的不起诉案件应当是存在较大争议并且在当地有较大社会影响的，经人民检察院审查后准备作不起诉的案件。

第5条 对下列案件不进行公开审查：

（一）案情简单，没有争议的案件；

（二）涉及国家秘密或者个人隐私的案件；

（三）十四岁以上不满十六岁未成年人犯罪的案件；

十六岁以上不满十八岁未成年人犯罪的案件，一般也不进行公开审查；

（四）其他没有必要进行公开审查的案件。

第6条 人民检察院对于拟作不起诉处理的案件，可以根据侦查机关（部门）的要求或者犯罪嫌疑人及其法定代理人、辩护人，被害人及其法定代理人、辩护人，被害人及其法定代理人、诉讼代理人的申请，经检察长决定，进行公开审查。

第7条 人民检察院对不起诉案件进行公开审查，应当听取侦查机关（部门），犯罪嫌疑人及其法定代理人、辩护人，被害人及法定代理人、诉讼代理人的意见。听取意见可以分别进行，也可以同时进行。

第8条 公开审查活动应当在人民检察院进行，也可以在人民检察院指定的场所进行。

第9条 公开审查活动应当由案件承办人主持进行，并配备书记员记录。

第10条 不起诉案件公开审查时，允许公民旁听；可以邀请人大代表、政协委员、特约检察员参加；可以根据案件需要或者当事人的请求，邀请有关专家及与案件有关的人参加；经人民检察院许可，新闻记者可以旁听和采访。

对涉及国家财产、集体财产遭受损失的案件，可以通知有关单位派代表参加。

第11条 人民检察院在公开审查三日前，应当向社会公告案由、公开审查的时间和地点，并通知参加公开审查活动的人员。

第12条 人民检察院在公开审查时，应当公布案件承办人和书记员的姓名，宣布案由以及公开审查的内容、目的，告知当事人有关权利和义务，并询问是否申请回避。

第13条 人民检察院主要就案件拟作不起诉处理听取侦查机关（部门），犯罪嫌疑人及其法定代理人，诉讼代理人的意见。

第14条 案件承办人应当根据案件证据，依照法律的有关规定，阐述不起诉的理由，但不需要出示证据。

参加公开审查的侦查人员，犯罪嫌疑人及其法定代理人、辩护人、被害人及其法定代理人、诉讼代理人可以就案件事实、证据、适用的法律以及是否应予不起诉，各自发表意见，但不能直接进行辩护。

第15条 公开审查的活动内容由书记员制作笔录。笔录应当交参加公开审查的侦查人员，犯罪嫌疑人及其法定代理人、辩护人，被害人及其法定代理人、诉讼代理人阅读或者向其宣读，如果认为记录有误或有遗漏的，可以请求补充或更正，确认无误后，应当签名或盖章。

第16条 公开审查活动结束后，应当制作不起诉案件公开审查的情况报告。报告中应当重点写明公开审查过程中各方一致性意见或者存在的主要分歧，并提出起诉或者不起诉的建议，连同公开审查笔录，呈报检察长或者检察委员会，作为案件是否作出不起诉决定的参考。

第17条 人民检察院公开审查不起诉案件应当在审查起诉期限内完成。

第18条 审查不起诉案件的其他有关事项，依照《中华人民共和国刑事诉讼法》和《人民检察院刑事诉讼规则》的有关规定办理。

3. **《人民检察院办理起诉案件质量标准（试行）》**（2007年6月19日　高检诉发〔2007〕63号）

为了依法行使起诉权，保证起诉案件的办案质量，根据《中华人民共和国刑法》、《中华人民共和国刑事诉讼法》和《人民检察院刑事诉讼规则》等有关规定，结合检察机关起诉工作实际，制定本标准。

一、符合下列条件的，属于达到起诉案件质量标准

（一）指控的犯罪事实清楚

1. 指控的被告人的身份，实施犯罪的时间、地点、经过、手段、动机、目的、危害后果以及其他影响定罪量刑的事实、情节清楚；

2. 无遗漏犯罪事实；

3. 无遗漏被告人。

（二）证据确实、充分

1. 证明案件事实和情节的证据合法有效，依据法律和有关司法解释排除非法证据；

2. 证明犯罪构成要件的事实和证据确实、充分；

3. 据以定罪的证据之间不存在矛盾或者矛盾能够合理排除；

4. 根据证据得出的结论具有排他性。

（三）适用法律正确

1. 认定的犯罪性质和罪名准确；

2. 认定的一罪或者数罪正确；

3. 认定从重、从轻、减轻或者免除处罚的法定情节准确；

4. 认定共同犯罪的各被告人在犯罪活动中的作用和责任恰当；

5. 引用法律条文准确、完整。

（四）诉讼程序合法

1. 本院有案件管辖权；

2. 符合回避条件的人员依法回避；

3. 适用强制措施正确；

4. 依法讯问犯罪嫌疑人，听取被害人和犯罪嫌疑人、被害人委托的人的意见；

5. 依法告知当事人诉讼权利；

6. 在法定期限内审结，未超期羁押；

7. 遵守法律、法规及最高人民检察院规定的其他办案程序。

（五）依法履行法律监督职责

1. 依法对侦查、审判活动中的违法行为提出纠正意见；

2. 依法向有关单位提出检察意见或书面纠正意见；

3. 对发现的犯罪线索，及时进行初查或移送有关部门处理；

4. 依法追诉漏罪、漏犯；

5. 依法对人民法院确有错误的判决、裁定提出抗诉。

（六）符合宽严相济刑事司法政策的要求

1. 充分考虑起诉的必要性，可诉可不诉的不诉；

2. 正确适用量刑建议，根据具体案情，依法向人民法院提出从宽或者从严处罚的量刑建议；

3. 对符合条件的轻微刑事案件，适用快速办理机制进行处理；

4. 对符合条件的轻微刑事案件，建议或同意人民法院适用简易程序；

5. 对符合条件的被告人认罪的刑事案件，建议或同意人民法院适用普通程序简化审理；

6. 对未成年人刑事案件，办案方式应符合有关特殊规定。

（七）其他情形

1. 犯罪行为造成国家财产、集体财产损失，需要由人民检察院提起附带民事诉讼的，依法提起；

2. 依法应当移送或者作出处理的有关证据材料、扣押款物、非法所得及其孳息等，移送有关机关或者依法作出处理，证明文件完备；

3. 法律文书、工作文书符合有关规范。

二、具有下列情形之一的，属于起诉错误

1. 本院没有案件管辖权而提起公诉的；

2. 对不构成犯罪的人或者具有刑事诉讼法第十五条规定的情形不应当被追究刑事责任的人提起公诉的；

3. 法院作出无罪判决，经审查确认起诉确有错误的；

4. 案件撤回起诉，经审查确认起诉确有错误的；

5. 具有其他严重违反法律规定的情形，造成起诉错误的。

三、具有下列情形之一的，属于起诉质量不高

1. 认定事实、情节有误或者遗漏部分犯罪事实的；

2. 没有依法排除非法证据尚未造成错案的；

3. 遗漏认定从重、从轻、减轻或者免除处罚的法定情节的；

4. 对共同犯罪的各被告人在犯罪活动中的作用和责任认定严重不当的；

5. 没有依法变更起诉、追加起诉，或者适用变更起诉、追加起诉明显不当的；

6. 引用法律条文不准确或者不完整的；

7. 在出庭讯问被告人和举证、质证、辩论中有明显失误的；

8. 依法应当回避的人员没有依法回避的；

9. 没有依法讯问犯罪嫌疑人，或没有依法听取被害人和犯罪嫌疑人、被害人委托的人的意见的；

10. 没有依法告知当事人诉讼权利的；

11. 超过了法定办案期限，或者具有超期羁押情形的；

12. 适用强制措施错误或者明显不当的；

13. 没有依法履行法律监督职责的；

14. 办理案件明显不符合宽严相济刑事司法政策要求的；

15. 依法应当提起附带民事诉讼而没有提起的；

16. 依法应当移送或者作出处理的有关证据材料、扣押款物、非法所得及其孳息等，没有移送有关机关，或者没有依法作出处理，证明文件不完备的；

17. 法律文书、工作文书不符合有关规范的；

18. 具有其他违反法律及最高人民检察院有关规定的情形，影响了起诉质量，但不属于起诉错误的。

4.《人民检察院办理不起诉案件质量标准（试行）》（2007年6月19日　高检诉发〔2007〕63号）

为了依法行使不起诉权，保证不起诉案件的办案质量，根据《中华人民共和国刑法》、《中华人民共和国刑事诉讼法》和《人民检察院刑事诉讼规则》的有关规定，结合检察机关不起诉工作实际，制定本标准。

一、符合下列条件的，属于达到不起诉案件质量标准

（一）根据刑事诉讼法第一百四十条第四款①决定不起诉的案件

人民检察院对于经过补充侦查并且具有下列情形之一的案件，经检察委员会讨论决定，可以作出不起诉决定：

1. 据以定罪的证据存在疑问，无法查证属实的；

2. 犯罪构成要件事实缺乏必要的证据予以证明的；

3. 据以定罪的证据之间的矛盾不能合理排除的；

4. 根据证据得出的结论具有其他可能性的。

（二）根据刑事诉讼法第一百四十二条②第一款决定不起诉的案件

人民检察院对于犯罪嫌疑人有刑事诉讼法第十五条③规定的六种情形之

---

① 对应《中华人民共和国刑事诉讼法》（2018年修正）第一百七十五条第四款。

② 对应《中华人民共和国刑事诉讼法》（2018年修正）第一百七十七条。

③ 对应《中华人民共和国刑事诉讼法》（2018年修正）第十六条。

一的，经检察长决定，应当作出不起诉决定。

对于犯罪嫌疑人没有违法犯罪行为的，或者犯罪事实并非犯罪嫌疑人所为的案件，人民检察院应当书面说明理由将案件退回侦查机关作撤案处理或者重新侦查；侦查机关坚持移送的，经检察长决定，人民检察院可以根据刑事诉讼法第一百四十二条第一款的规定作不起诉处理。

（三）根据刑事诉讼法第一百四十二条第二款决定不起诉的案件人民检察院对于犯罪情节轻微，依照刑法规定不需要判处刑罚或者免除刑罚的，经检察委员会讨论决定，可以作出不起诉决定。

对符合上述条件，同时具有下列情形之一的，依法决定不起诉：

1. 未成年犯罪嫌疑人、老年犯罪嫌疑人，主观恶性较小、社会危害不大的；

2. 因亲友、邻里及同学同事之间纠纷引发的轻微犯罪中的犯罪嫌疑人，认罪悔过、赔礼道歉、积极赔偿损失并得到被害人谅解或者双方达成和解并切实履行，社会危害不大的；

3. 初次实施轻微犯罪的犯罪嫌疑人，主观恶性较小的；

4. 因生活无着偶然实施盗窃等轻微犯罪的犯罪嫌疑人，人身危险性不大的；

5. 群体性事件引起的刑事犯罪中的犯罪嫌疑人，属于一般参与者的。

具有下列情形之一的，不应适用刑事诉讼法第一百四十二条第二款作不起诉决定：

1. 实施危害国家安全犯罪的；

2. 一人犯数罪的；

3. 犯罪嫌疑人有脱逃行为或者构成累犯的；

4. 犯罪嫌疑人系共同犯罪中的主犯，而从犯已被提起公诉或者已被判处刑罚的；

5. 共同犯罪中的同案犯，一并起诉、审理更为适宜的；

6. 犯罪后订立攻守同盟，毁灭证据，逃避或者对抗侦查的；

7. 因犯罪行为给国家或者集体造成重大经济损失或者有严重政治影响的；

8. 需要人民检察院提起附带民事诉讼的；

9. 其他不应当适用刑事诉讼法第一百四十二条第二款作不起诉处理的。

（四）其他情形

1. 关于案件事实和证据的认定、法律适用、诉讼程序、法律监督等方面的质量标准，参照《人民检察院办理起诉案件质量标准（试行）》中“办理起诉案件质量标准”部分的相关规定执行；

2. 对未成年人犯罪案件，办案方式应符合有关规定；

3. 对需要进行公开审查的不起诉案件，按照有关规定进行公开审查；

4. 根据刑事诉讼法第一百四十条①第四款和第一百四十二条②第二款的规定作不起诉的案件应当报送上一级人民检察院备案；

5. 对检察机关直接受理侦查的案件，拟作不起诉处理的，应由人民监督员提出监督意见；

6. 省级以下人民检察院对直接受理侦查的案件拟作不起诉决定的，应报上一级人民检察院批准；

7. 不起诉的决定应当公开宣布，并将不起诉决定书送达被不起诉人、被不起诉人所在单位、被害人或者其近亲属及其诉讼代理人、侦查机关。如果被不起诉人在押，应当立即释放；

8. 人民检察院决定不起诉的案件，需要对侦查中扣押、冻结的财物解除扣押、冻结的，应当书面通知作出扣押、冻结决定的机关或者执行扣押、冻结决定的机关解除扣押、冻结；

9. 需要对被不起诉人给予行政处罚、处分或者没收其违法所得的，应当提出书面检察意见，连同不起诉决定书一并移送有关主管机关处理；

10. 侦查机关对不起诉决定要求复议或者提请复核的，被不起诉人或者被害人不服不起诉决定提出申诉的，人民检察院应当及时审查并在法定期限内作出决定；

11. 人民检察院收到人民法院受理被害人对被不起诉人起诉的通知后，应当将作出不起诉决定所依据的有关案件材料移送人民法院。

二、有下列情形之一的，属于不起诉错误

1. 本院没有案件管辖权；

2. 对应当提起公诉的案件或者不符合不起诉法定条件的案件作出不起诉决定的；

---

① 对应《中华人民共和国刑事诉讼法》（2018年修正）第一百七十五条。
② 对应《中华人民共和国刑事诉讼法》（2018年修正）第一百七十七条。

3. 对定罪的证据确实、充分，仅是影响量刑的证据不足或者对界定此罪与彼罪有不同认识的案件，依照刑事诉讼法第一百四十条第四款作出不起诉决定的；

4. 适用不起诉法律条文（款）错误的；

5. 经审查确认不起诉决定确有错误，被上级检察机关依法撤销的；

6. 具有其他违反法律规定的情形，造成不起诉错误的。

三、具有下列情形之一的，属于不起诉质量不高

1. 关于案件事实和证据的认定、法律适用、诉讼程序、法律监督以及符合刑事政策要求等方面的不起诉质量不高的情形，参照《人民检察院办理起诉案件质量标准（试行）》中“起诉案件质量不高”部分的相关规定执行；

2. 对检察机关直接受理侦查的案件，拟作不起诉处理，未由人民监督员提出监督意见的；

3. 省级以下人民检察院对直接受理侦查的案件作出不起诉决定，未报上一级人民检察院批准的；

4. 应当报送上一级人民检察院备案而没有报送的；

5. 未按有关规定对不起诉案件进行公开审查的；

6. 没有公开宣布不起诉决定，或者没有向被不起诉人及其所在单位、被害人或者其近亲属及其诉讼代理人、侦查机关送达不起诉决定书，或者没有将在押的被不起诉人立即释放的；

7. 人民检察院决定不起诉的案件，需要对侦查中扣押、冻结的财物解除扣押、冻结的，没有书面通知有关机关解除扣押、冻结，或者直接解除了扣押、冻结的；

8. 需要对被不起诉人给予行政处罚、处分或没收其违法所得的，没有提出书面检察意见连同不起诉决定书一并移送有关主管机关处理的；

9. 侦查机关对不起诉决定要求复议或提请复核，被不起诉人或者被害人不服不起诉决定提出申诉，人民检察院没有及时审查并在法定期限内作出决定的；

10. 人民检察院收到人民法院受理被害人对被不起诉人起诉的通知后，没有将作出不起诉决定所依据的有关案件材料移送人民法院的；

11. 具有其他违反法律及最高人民检察院有关规定的情形，影响了不起诉质量，但不属于不起诉错误的。

第一百七十八条 不起诉决定的宣布与释放被不起诉人

不起诉的决定，应当公开宣布，并且将不起诉决定书送达被不起诉人和他的所在单位。如果被不起诉人在押，应当立即释放。

● 司法解释及文件

1. **《人民检察院刑事诉讼规则》**（2019 年 12 月 30 日 高检发释字〔2019〕4 号）

第 372 条 适用速裁程序审理案件，可以集中开庭，逐案审理。公诉人简要宣读起诉书后，审判人员应当当庭询问被告人对指控事实、证据、量刑建议以及适用速裁程序的意见，核实具结书签署的自愿性、真实性、合法性，并核实附带民事诉讼赔偿等情况。

第 373 条 适用速裁程序审理案件，一般不进行法庭调查、法庭辩论，但在判决宣告前应当听取辩护人的意见和被告人的最后陈述。

第 374 条 适用速裁程序审理案件，裁判文书可以简化。

适用速裁程序审理案件，应当当庭宣判。

第 375 条 适用速裁程序审理案件，在法庭审理过程中，具有下列情形之一的，应当转为普通程序或者简易程序审理：

（一）被告人的行为可能不构成犯罪或者不应当追究刑事责任的；

（二）被告人违背意愿认罪认罚的；

（三）被告人否认指控的犯罪事实的；

（四）案件疑难、复杂或者对适用法律有重大争议的；

（五）其他不宜适用速裁程序的情形。

第 376 条 决定转为普通程序或者简易程序审理的案件，审理期限应当从作出决定之日起计算。

第 377 条 不起诉决定书应当送达被害人或者其近亲属及其诉讼代理人、被不起诉人及其辩护人以及被不起诉人所在单位。送达时，应当告知被害人或者其近亲属及其诉讼代理人，如果对不起诉决定不服，可以自收到不起诉决定书后七日以内向上一级人民检察院申诉；也可以不经申诉，直接向人民法院起诉。依照刑事诉讼法第一百七十七条第二款作出不起诉决定的，应当告知被不起诉人，如果对不起诉决定不服，可以自收到不起诉决定书后七日以内向人民检察院申诉。

第378条 对于监察机关或者公安机关移送起诉的案件，人民检察院决定不起诉的，应当将不起诉决定书送达监察机关或者公安机关。

2.**《人民检察院办理未成年人刑事案件的规定》**（2013年12月27日 高检发研字〔2013〕7号）

第28条 不起诉决定书应当向被不起诉的未成年人及其法定代理人宣布，并阐明不起诉的理由和法律依据。

不起诉决定书应当送达公安机关，被不起诉的未成年人及其法定代理人、辩护人，被害人或者其近亲属及其诉讼代理人。

送达时，应当告知被害人或者其近亲属及其诉讼代理人，如果对不起诉决定不服，可以自收到不起诉决定书后七日以内向上一级人民检察院申诉，也可以不经申诉，直接向人民法院起诉；告知被不起诉的未成年人及其法定代理人，如果对不起诉决定不服，可以自收到不起诉决定书后七日以内向人民检察院申诉。

● ***部门规章及文件***

3.**《公安机关办理刑事案件程序规定》**（2020年7月20日修正 公安部令第159号）

第293条 人民检察院作出不起诉决定的，如果被不起诉人在押，公安机关应当立即办理释放手续。除依法转为行政案件办理外，应当根据人民检察院解除查封、扣押、冻结财物的书面通知，及时解除查封、扣押、冻结。

人民检察院提出对被不起诉人给予行政处罚、处分或者没收其违法所得的检察意见，移送公安机关处理的，公安机关应当将处理结果及时通知人民检察院。

第一百七十九条 公安机关对不起诉决定的异议

对于公安机关移送起诉的案件，人民检察院决定不起诉的，应当将不起诉决定书送达公安机关。公安机关认为不起诉的决定有错误的时候，可以要求复议，如果意见不被接受，可以向上一级人民检察院提请复核。

● *司法解释及文件*

《人民检察院刑事诉讼规则》（2019年12月30日　高检发释字〔2019〕4号）

第378条　对于监察机关或者公安机关移送起诉的案件，人民检察院决定不起诉的，应当将不起诉决定书送达监察机关或者公安机关。

第379条　监察机关认为不起诉的决定有错误，向上一级人民检察院提请复议的，上一级人民检察院应当在收到提请复议意见书后三十日以内，经检察长批准，作出复议决定，通知监察机关。

公安机关认为不起诉决定有错误要求复议的，人民检察院负责捕诉的部门应当另行指派检察官或者检察官办案组进行审查，并在收到要求复议意见书后三十日以内，经检察长批准，作出复议决定，通知公安机关。

第380条　公安机关对不起诉决定提请复核的，上一级人民检察院应当在收到提请复核意见书后三十日以内，经检察长批准，作出复核决定，通知提请复核的公安机关和下级人民检察院。经复核认为下级人民检察院不起诉决定错误的，应当指令下级人民检察院纠正，或者撤销、变更下级人民检察院作出的不起诉决定。

第一百八十条　被害人对不起诉决定的异议

对于有被害人的案件，决定不起诉的，人民检察院应当将不起诉决定书送达被害人。被害人如果不服，可以自收到决定书后七日以内向上一级人民检察院申诉，请求提起公诉。人民检察院应当将复查决定告知被害人。对人民检察院维持不起诉决定的，被害人可以向人民法院起诉。被害人也可以不经申诉，直接向人民法院起诉。人民法院受理案件后，人民检察院应当将有关案件材料移送人民法院。

● *司法解释及文件*

《人民检察院刑事诉讼规则》（2019年12月30日　高检发释字〔2019〕4号）

第381条　被害人不服不起诉决定，在收到不起诉决定书后七日以内提出申诉的，由作出不起诉决定的人民检察院的上一级人民检察院负责捕诉的部门进行复查。

被害人向作出不起诉决定的人民检察院提出申诉的，作出决定的人民检察院应当将申诉材料连同案卷一并报送上一级人民检察院。

第382条 被害人不服不起诉决定，在收到不起诉决定书七日以后提出申诉的，由作出不起诉决定的人民检察院负责控告申诉检察的部门进行审查。经审查，认为不起诉决定正确的，出具审查结论直接答复申诉人，并做好释法说理工作；认为不起诉决定可能存在错误的，移送负责捕诉的部门进行复查。

第383条 人民检察院应当将复查决定书送达被害人、被不起诉人和作出不起诉决定的人民检察院。

上级人民检察院经复查作出起诉决定的，应当撤销下级人民检察院的不起诉决定，交由下级人民检察院提起公诉，并将复查决定抄送移送起诉的监察机关或者公安机关。

第384条 人民检察院收到人民法院受理被害人对被不起诉人起诉的通知后，应当终止复查，将作出不起诉决定所依据的有关案卷材料移送人民法院。

第387条 被害人、被不起诉人对不起诉决定不服提出申诉的，应当递交申诉书，写明申诉理由。没有书写能力的，也可以口头提出申诉。人民检察院应当根据其口头提出的申诉制作笔录。

第一百八十一条 被不起诉人对不起诉决定的异议

对于人民检察院依照本法第一百七十七条第二款规定作出的不起诉决定，被不起诉人如果不服，可以自收到决定书后七日以内向人民检察院申诉。人民检察院应当作出复查决定，通知被不起诉的人，同时抄送公安机关。

● *司法解释及文件*

1.《最高人民检察院、公安部关于适用刑事强制措施有关问题的规定》（2000年8月28日 高检会〔2000〕2号）

第36条 公安机关认为人民检察院的不起诉决定有错误的，应当在收到人民检察院不起诉决定书后7日内制作要求复议意见书，要求同级人民检察院复议。人民检察院应当在收到公安机关要求复议意见书后30日内作出复议决定。

公安机关对人民检察院的复议决定不服的，可以在收到人民检察院复议决定书后7日内制作提请复核意见书，向上一级人民检察院提请复核。上一级人民检察院应当在收到公安机关提请复核意见书后30日内作出复核决定。

2. **《人民检察院办理不起诉案件公开审查规则（试行）》**（2001年3月5日〔2001〕高检诉发第11号）

第1条 为保证不起诉决定的公正性，保障当事人的合法权利，规范不起诉案件公开审查程序，根据《中华人民共和国刑事诉讼法》、《人民检察院刑事诉讼规则》等有关规定，结合人民检察院办理不起诉案件工作实际，制定本规则。

第2条 本规则所称不起诉案件，是指审查起诉过程中拟作不起诉决定的案件。

第3条 不起诉案件公开审查，是为了充分听取侦查机关（部门）和犯罪嫌疑人、被害人以及犯罪嫌疑人、被害人委托的人等对案件处理的意见，为人民检察院对案件是否作不起诉处理提供参考。

第4条 公开审查的不起诉案件应当是存在较大争议并且在当地有较大社会影响的，经人民检察院审查后准备作不起诉的案件。

第5条 对下列案件不进行公开审查：

（一）案情简单，没有争议的案件；

（二）涉及国家秘密或者个人隐私的案件；

（三）十四岁以上不满十六岁未成年人犯罪的案件；

十六岁以上不满十八岁未成年人犯罪的案件，一般也不进行公开审查；

（四）其他没有必要进行公开审查的案件。

第6条 人民检察院对于拟作不起诉处理的案件，可以根据侦查机关（部门）的要求或者犯罪嫌疑人及其法定代理人、辩护人，被害人及其法定代理人、辩护人，被害人及其法定代理人、诉讼代理人的申请，经检察长决定，进行公开审查。

第7条 人民检察院对不起诉案件进行公开审查，应当听取侦查机关（部门），犯罪嫌疑人及其法定代理人、辩护人，被害人及法定代理人、诉讼代理人的意见。听取意见可以分别进行，也可以同时进行。

第8条 公开审查活动应当在人民检察院进行，也可以在人民检察院指定的场所进行。

第9条 公开审查活动应当由案件承办人主持进行，并配备书记员记录。

第10条 不起诉案件公开审查时，允许公民旁听；可以邀请人大代表、政协委员、特约检察员参加；可以根据案件需要或者当事人的请求，邀请有关专家及与案件有关的人参加；经人民检察院许可，新闻记者可以旁听和采访。

对涉及国家财产、集体财产遭受损失的案件，可以通知有关单位派代表参加。

第11条 人民检察院在公开审查三日前，应当向社会公告案由、公开审查的时间和地点，并通知参加公开审查活动的人员。

第12条 人民检察院在公开审查时，应当公布案件承办人和书记员的姓名，宣布案由以及公开审查的内容、目的，告知当事人有关权利和义务，并询问是否申请回避。

第13条 人民检察院主要就案件拟作不起诉处理听取侦查机关（部门），犯罪嫌疑人及其法定代理人，诉讼代理人的意见。

第14条 案件承办人应当根据案件证据，依照法律的有关规定，阐述不起诉的理由，但不需要出示证据。

参加公开审查的侦查人员，犯罪嫌疑人及其法定代理人、辩护人、被害人及其法定代理人、诉讼代理人可以就案件事实、证据、适用的法律以及是否应予不起诉，各自发表意见，但不能直接进行辩护。

第15条 公开审查的活动内容由书记员制作笔录。笔录应当交参加公开审查的侦查人员，犯罪嫌疑人及其法定代理人、辩护人，被害人及其法定代理人、诉讼代理人阅读或者向其宣读，如果认为记录有误或有遗漏的，可以请求补充或更正，确认无误后，应当签名或盖章。

第16条 公开审查活动结束后，应当制作不起诉案件公开审查的情况报告。报告中应当重点写明公开审查过程中各方一致性意见或者存在的主要分歧，并提出起诉或者不起诉的建议，连同公开审查笔录，呈报检察长或者检察委员会，作为案件是否作出不起诉决定的参考。

第17条 人民检察院公开审查不起诉案件应当在审查起诉期限内完成。

第18条 审查不起诉案件的其他有关事项，依照《中华人民共和国刑事诉讼法》和《人民检察院刑事诉讼规则》的有关规定办理。

3. **《人民检察院办理不起诉案件质量标准（试行）》**（2007年6月19日　高检诉发〔2007〕63号）

为了依法行使不起诉权，保证不起诉案件的办案质量，根据《中华人民共和国刑法》、《中华人民共和国刑事诉讼法》和《人民检察院刑事诉讼规则》的有关规定，结合检察机关不起诉工作实际，制定本标准。

一、符合下列条件的，属于达到不起诉案件质量标准

（一）根据刑事诉讼法第一百四十条第四款[①]决定不起诉的案件

人民检察院对于经过补充侦查并且具有下列情形之一的案件，经检察委员会讨论决定，可以作出不起诉决定：

1. 据以定罪的证据存在疑问，无法查证属实的；

2. 犯罪构成要件事实缺乏必要的证据予以证明的；

3. 据以定罪的证据之间的矛盾不能合理排除的；

4. 根据证据得出的结论具有其他可能性的。

（二）根据刑事诉讼法第一百四十二条[②]第一款决定不起诉的案件

人民检察院对于犯罪嫌疑人有刑事诉讼法第十五条[③]规定的六种情形之一的，经检察长决定，应当作出不起诉决定。

对于犯罪嫌疑人没有违法犯罪行为的，或者犯罪事实并非犯罪嫌疑人所为的案件，人民检察院应当书面说明理由将案件退回侦查机关作撤案处理或者重新侦查；侦查机关坚持移送的，经检察长决定，人民检察院可以根据刑事诉讼法第一百四十二条第一款的规定作不起诉处理。

（三）根据刑事诉讼法第一百四十二条第二款决定不起诉的案件人民检察院对于犯罪情节轻微，依照刑法规定不需要判处刑罚或者免除刑罚的，经检察委员会讨论决定，可以作出不起诉决定。

对符合上述条件，同时具有下列情形之一的，依法决定不起诉：

1. 未成年犯罪嫌疑人、老年犯罪嫌疑人，主观恶性较小、社会危害不大的；

2. 因亲友、邻里及同学同事之间纠纷引发的轻微犯罪中的犯罪嫌疑人，认罪悔过、赔礼道歉、积极赔偿损失并得到被害人谅解或者双方达成和解并切实履行，社会危害不大的；

3. 初次实施轻微犯罪的犯罪嫌疑人，主观恶性较小的；

4. 因生活无着偶然实施盗窃等轻微犯罪的犯罪嫌疑人，人身危险性不

---

① 对应《中华人民共和国刑事诉讼法》（2018 年修正）第一百七十五条第四款。
② 对应《中华人民共和国刑事诉讼法》（2018 年修正）第一百七十七条。
③ 对应《中华人民共和国刑事诉讼法》（2018 年修正）第十六条。

大的；

5. 群体性事件引起的刑事犯罪中的犯罪嫌疑人，属于一般参与者的。

具有下列情形之一的，不应适用刑事诉讼法第一百四十二条第二款作不起诉决定：

1. 实施危害国家安全犯罪的；

2. 一人犯数罪的；

3. 犯罪嫌疑人有脱逃行为或者构成累犯的；

4. 犯罪嫌疑人系共同犯罪中的主犯，而从犯已被提起公诉或者已被判处刑罚的；

5. 共同犯罪中的同案犯，一并起诉、审理更为适宜的；

6. 犯罪后订立攻守同盟，毁灭证据，逃避或者对抗侦查的；

7. 因犯罪行为给国家或者集体造成重大经济损失或者有严重政治影响的；

8. 需要人民检察院提起附带民事诉讼的；

9. 其他不应当适用刑事诉讼法第一百四十二条第二款作不起诉处理的。

（四）其他情形

1. 关于案件事实和证据的认定、法律适用、诉讼程序、法律监督等方面的质量标准，参照《人民检察院办理起诉案件质量标准（试行）》中“办理起诉案件质量标准”部分的相关规定执行；

2. 对未成年人犯罪案件，办案方式应符合有关规定；

3. 对需要进行公开审查的不起诉案件，按照有关规定进行公开审查；

4. 根据刑事诉讼法第一百四十条①第四款和第一百四十二条②第二款的规定作不起诉的案件应当报送上一级人民检察院备案；

5. 对检察机关直接受理侦查的案件，拟作不起诉处理的，应由人民监督员提出监督意见；

6. 省级以下人民检察院对直接受理侦查的案件拟作不起诉决定的，应报上一级人民检察院批准；

7. 不起诉的决定应当公开宣布，并将不起诉决定书送达被不起诉人、被不起诉人所在单位、被害人或者其近亲属及其诉讼代理人、侦查机关。如果被不起诉人在押，应当立即释放；

---

① 对应《中华人民共和国刑事诉讼法》（2018 年修正）第一百七十五条。

② 对应《中华人民共和国刑事诉讼法》（2018 年修正）第一百七十七条。

8. 人民检察院决定不起诉的案件，需要对侦查中扣押、冻结的财物解除扣押、冻结的，应当书面通知作出扣押、冻结决定的机关或者执行扣押、冻结决定的机关解除扣押、冻结；

9. 需要对被不起诉人给予行政处罚、处分或者没收其违法所得的，应当提出书面检察意见，连同不起诉决定书一并移送有关主管机关处理；

10. 侦查机关对不起诉决定要求复议或者提请复核的，被不起诉人或者被害人不服不起诉决定提出申诉的，人民检察院应当及时审查并在法定期限内作出决定；

11. 人民检察院收到人民法院受理被害人对被不起诉人起诉的通知后，应当将作出不起诉决定所依据的有关案件材料移送人民法院。

二、有下列情形之一的，属于不起诉错误

1. 本院没有案件管辖权；

2. 对应当提起公诉的案件或者不符合不起诉法定条件的案件作出不起诉决定的；

3. 对定罪的证据确实、充分，仅是影响量刑的证据不足或者对界定此罪与彼罪有不同认识的案件，依照刑事诉讼法第一百四十条第四款作出不起诉决定的；

4. 适用不起诉法律条文（款）错误的；

5. 经审查确认不起诉决定确有错误，被上级检察机关依法撤销的；

6. 具有其他违反法律规定的情形，造成不起诉错误的。

三、具有下列情形之一的，属于不起诉质量不高

1. 关于案件事实和证据的认定、法律适用、诉讼程序、法律监督以及符合刑事政策要求等方面的不起诉质量不高的情形，参照《人民检察院办理起诉案件质量标准（试行)》中“起诉案件质量不高”部分的相关规定执行；

2. 对检察机关直接受理侦查的案件，拟作不起诉处理，未由人民监督员提出监督意见的；

3. 省级以下人民检察院对直接受理侦查的案件作出不起诉决定，未报上一级人民检察院批准的；

4. 应当报送上一级人民检察院备案而没有报送的；

5. 未按有关规定对不起诉案件进行公开审查的；

6. 没有公开宣布不起诉决定，或者没有向被不起诉人及其所在单位、

被害人或者其近亲属及其诉讼代理人、侦查机关送达不起诉决定书，或者没有将在押的被不起诉人立即释放的；

7. 人民检察院决定不起诉的案件，需要对侦查中扣押、冻结的财物解除扣押、冻结的，没有书面通知有关机关解除扣押、冻结，或者直接解除了扣押、冻结的；

8. 需要对被不起诉人给予行政处罚、处分或没收其违法所得的，没有提出书面检察意见连同不起诉决定书一并移送有关主管机关处理的；

9. 侦查机关对不起诉决定要求复议或提请复核，被不起诉人或者被害人不服不起诉决定提出申诉，人民检察院没有及时审查并在法定期限内作出决定的；

10. 人民检察院收到人民法院受理被害人对被不起诉人起诉的通知后，没有将作出不起诉决定所依据的有关案件材料移送人民法院的；

11. 具有其他违反法律及最高人民检察院有关规定的情形，影响了不起诉质量，但不属于不起诉错误的。

4.《**人民检察院刑事诉讼规则**》（2019 年 12 月 30 日　高检发释字〔2019〕4 号）

第 385 条　对于人民检察院依照刑事诉讼法第一百七十七条第二款规定作出的不起诉决定，被不起诉人不服，在收到不起诉决定书后七日以内提出申诉的，应当由作出决定的人民检察院负责捕诉的部门进行复查；被不起诉人在收到不起诉决定书七日以后提出申诉的，由负责控告申诉检察的部门进行审查。经审查，认为不起诉决定正确的，出具审查结论直接答复申诉人，并做好释法说理工作；认为不起诉决定可能存在错误的，移送负责捕诉的部门复查。

人民检察院应当将复查决定书送达被不起诉人、被害人。复查后，撤销不起诉决定，变更不起诉的事实或者法律依据的，应当同时将复查决定书抄送移送起诉的监察机关或者公安机关。

第 386 条　人民检察院复查不服不起诉决定的申诉，应当在立案后三个月以内报经检察长批准作出复查决定。案情复杂的，不得超过六个月。

第 387 条　被害人、被不起诉人对不起诉决定不服提出申诉的，应当递交申诉书，写明申诉理由。没有书写能力的，也可以口头提出申诉。人民检察院应当根据其口头提出的申诉制作笔录。

第 388 条　人民检察院发现不起诉决定确有错误，符合起诉条件的，应当撤销不起诉决定，提起公诉。

第 389 条 最高人民检察院对地方各级人民检察院的起诉、不起诉决定，上级人民检察院对下级人民检察院的起诉、不起诉决定，发现确有错误的，应当予以撤销或者指令下级人民检察院纠正。

第一百八十二条 对特殊犯罪嫌疑人的处理

犯罪嫌疑人自愿如实供述涉嫌犯罪的事实，有重大立功或者案件涉及国家重大利益的，经最高人民检察院核准，公安机关可以撤销案件，人民检察院可以作出不起诉决定，也可以对涉嫌数罪中的一项或者多项不起诉。

根据前款规定不起诉或者撤销案件的，人民检察院、公安机关应当及时对查封、扣押、冻结的财物及其孳息作出处理。

● *司法解释及文件*

《人民检察院刑事诉讼规则》（2019 年 12 月 30 日　高检发释字〔2019〕4 号）

第 279 条 犯罪嫌疑人自愿如实供述涉嫌犯罪的事实，有重大立功或者案件涉及国家重大利益的，经最高人民检察院核准，公安机关可以撤销案件，人民检察院可以作出不起诉决定，也可以对涉嫌数罪中的一项或者多项不起诉。

前款规定的不起诉，应当由检察长决定。决定不起诉的，人民检察院应当及时对查封、扣押、冻结的财物及其孳息作出处理。

第三编　审　　判

第一章　审 判 组 织

第一百八十三条 合议庭与独任审判　合议庭的组成

基层人民法院、中级人民法院审判第一审案件，应当由审判员三人或者由审判员和人民陪审员共三人或者七人组成合议庭进行，但是基层人民法院适用简易程序、速裁程序的案件可以由审判员一人独任审判。

高级人民法院审判第一审案件，应当由审判员三人至七人或者由审判员和人民陪审员共三人或者七人组成合议庭进行。

最高人民法院审判第一审案件，应当由审判员三人至七人组成合议庭进行。

人民法院审判上诉和抗诉案件，由审判员三人或者五人组成合议庭进行。

合议庭的成员人数应当是单数。

● *司法解释及文件*

1. **《关于推进以审判为中心的刑事诉讼制度改革的意见》**（2016 年 7 月 20 日　法发〔2016〕18 号）

为贯彻落实《中共中央关于全面推进依法治国若干重大问题的决定》的有关要求，推进以审判为中心的刑事诉讼制度改革，依据宪法法律规定，结合司法工作实际，制定本意见。

一、未经人民法院依法判决，对任何人都不得确定有罪。人民法院、人民检察院和公安机关办理刑事案件，应当分工负责，互相配合，互相制约，保证准确、及时地查明犯罪事实，正确应用法律，惩罚犯罪分子，保障无罪的人不受刑事追究。

二、严格按照法律规定的证据裁判要求，没有证据不得认定犯罪事实。侦查机关侦查终结，人民检察院提起公诉，人民法院作出有罪判决，都应当做到犯罪事实清楚，证据确实、充分。

侦查机关、人民检察院应当按照裁判的要求和标准收集、固定、审查、运用证据，人民法院应当按照法定程序认定证据，依法作出裁判。

人民法院作出有罪判决，对于证明犯罪构成要件的事实，应当综合全案证据排除合理怀疑，对于量刑证据存疑的，应当作出有利于被告人的认定。

三、建立健全符合裁判要求、适应各类案件特点的证据收集指引。探索建立命案等重大案件检查、搜查、辨认、指认等过程录音录像制度。完善技术侦查证据的移送、审查、法庭调查和使用规则以及庭外核实程序。统一司法鉴定标准和程序。完善见证人制度。

四、侦查机关应当全面、客观、及时收集与案件有关的证据。

侦查机关应当依法收集证据。对采取刑讯逼供、暴力、威胁等非法方法收集的言词证据，应当依法予以排除。侦查机关收集物证、书证不符合法定程序，可能严重影响司法公正，不能补正或者作出合理解释的，应当依法予以排除。

对物证、书证等实物证据，一般应当提取原物、原件，确保证据的真实性。需要鉴定的，应当及时送检。证据之间有矛盾的，应当及时查证。所有证据应当妥善保管，随案移送。

五、完善讯问制度，防止刑讯逼供，不得强迫任何人证实自己有罪。严格按照有关规定要求，在规范的讯问场所讯问犯罪嫌疑人。严格依照法律规定对讯问过程全程同步录音录像，逐步实行对所有案件的讯问过程全程同步录音录像。

探索建立重大案件侦查终结前对讯问合法性进行核查制度。对公安机关、国家安全机关和人民检察院侦查的重大案件，由人民检察院驻看守所检察人员询问犯罪嫌疑人，核查是否存在刑讯逼供、非法取证情形，并同步录音录像。经核查，确有刑讯逼供、非法取证情形的，侦查机关应当及时排除非法证据，不得作为提请批准逮捕、移送审查起诉的根据。

六、在案件侦查终结前，犯罪嫌疑人提出无罪或者罪轻的辩解，辩护律师提出犯罪嫌疑人无罪或者依法不应追究刑事责任的意见，侦查机关应当依法予以核实。

七、完善补充侦查制度。进一步明确退回补充侦查的条件，建立人民检察院退回补充侦查引导和说理机制，明确补充侦查方向、标准和要求。规范补充侦查行为，对于确实无法查明的事项，公安机关、国家安全机关应当书面向人民检察院说明理由。对于二次退回补充侦查后，仍然证据不足、不符合起诉条件的，依法作出不起诉决定。

八、进一步完善公诉机制，被告人有罪的举证责任，由人民检察院承担。对被告人不认罪的，人民检察院应当强化庭前准备和当庭讯问、举证、质证。

九、完善不起诉制度，对未达到法定证明标准的案件，人民检察院应当依法作出不起诉决定，防止事实不清、证据不足的案件进入审判程序。完善撤回起诉制度，规范撤回起诉的条件和程序。

十、完善庭前会议程序，对适用普通程序审理的案件，健全庭前证据展示制度，听取出庭证人名单、非法证据排除等方面的意见。

十一、规范法庭调查程序，确保诉讼证据出示在法庭、案件事实查明在法庭。证明被告人有罪或者无罪、罪轻或者罪重的证据，都应当在法庭上出示，依法保障控辩双方的质证权利。对定罪量刑的证据，控辩双方存在争议的，应当单独质证；对庭前会议中控辩双方没有异议的证据，可以简化举证、质证。

十二、完善对证人、鉴定人的法庭质证规则。落实证人、鉴定人、侦查人员出庭作证制度，提高出庭作证率。公诉人、当事人或者辩护人、诉讼代理人对证人证言有异议，人民法院认为该证人证言对案件定罪量刑有重大影响的，证人应当出庭作证。

健全证人保护工作机制，对因作证面临人身安全等危险的人员依法采取保护措施。建立证人、鉴定人等作证补助专项经费划拨机制。完善强制证人到庭制度。

十三、完善法庭辩论规则，确保控辩意见发表在法庭。法庭辩论应当围绕定罪、量刑分别进行，对被告人认罪的案件，主要围绕量刑进行。法庭应当充分听取控辩双方意见，依法保障被告人及其辩护人的辩论辩护权。

十四、完善当庭宣判制度，确保裁判结果形成在法庭。适用速裁程序审理的案件，除附带民事诉讼的案件以外，一律当庭宣判；适用简易程序审理的案件一般应当当庭宣判；适用普通程序审理的案件逐步提高当庭宣判率。规范定期宣判制度。

十五、严格依法裁判。人民法院经审理，对案件事实清楚，证据确实、充分，依据法律认定被告人有罪的，应当作出有罪判决。依据法律规定认定被告人无罪的，应当作出无罪判决。证据不足，不能认定被告人有罪的，应当按照疑罪从无原则，依法作出无罪判决。

十六、完善人民检察院对侦查活动和刑事审判活动的监督机制。建立健全对强制措施的监督机制。加强人民检察院对逮捕后羁押必要性的审查，规范非羁押性强制措施的适用。进一步规范和加强人民检察院对人民法院确有错误的刑事判决和裁定的抗诉工作，保证刑事抗诉的及时性、准确性和全面性。

十七、健全当事人、辩护人和其他诉讼参与人的权利保障制度。

依法保障当事人和其他诉讼参与人的知情权、陈述权、辩论辩护权、申请权、申诉权。犯罪嫌疑人、被告人有权获得辩护，人民法院、人民检察院、公安机关、国家安全机关有义务保证犯罪嫌疑人、被告人获得辩护。

依法保障辩护人会见、阅卷、收集证据和发问、质证、辩论辩护等权利，完善便利辩护人参与诉讼的工作机制。

十八、辩护人或者其他任何人，不得帮助犯罪嫌疑人、被告人隐匿、毁灭、伪造证据或者串供，不得威胁、引诱证人作伪证以及进行其他干扰司法机关诉讼活动的行为。对于实施上述行为的，应当依法追究法律责任。

十九、当事人、诉讼参与人和旁听人员在庭审活动中应当服从审判长或独任审判员的指挥，遵守法庭纪律。对扰乱法庭秩序、危及法庭安全等违法行为，应当依法处理；构成犯罪的，依法追究刑事责任。

二十、建立法律援助值班律师制度，法律援助机构在看守所、人民法院派驻值班律师，为犯罪嫌疑人、被告人提供法律帮助。

完善法律援助制度，健全依申请法律援助工作机制和办案机关通知辩护工作机制。对未履行通知或者指派辩护职责的办案人员，严格实行责任追究。

二十一、推进案件繁简分流，优化司法资源配置。完善刑事案件速裁程序和认罪认罚从宽制度，对案件事实清楚、证据充分的轻微刑事案件，或者犯罪嫌疑人、被告人自愿认罪认罚的，可以适用速裁程序、简易程序或者普通程序简化审理。

2. **《最高人民法院、最高人民检察院、公安部、国家安全部、司法部关于规范量刑程序若干问题的意见》**（2020 年 11 月 5 日　法发〔2020〕38 号）

为深入推进以审判为中心的刑事诉讼制度改革，落实认罪认罚从宽制度，进一步规范量刑程序，确保量刑公开公正，根据刑事诉讼法和有关司法解释等规定，结合工作实际，制定本意见。

第 1 条　人民法院审理刑事案件，在法庭审理中应当保障量刑程序的相对独立性。

人民检察院在审查起诉中应当规范量刑建议。

第 2 条　侦查机关、人民检察院应当依照法定程序，全面收集、审查、移送证明犯罪嫌疑人、被告人犯罪事实、量刑情节的证据。

第三编　第一章

对于法律规定并处或者单处财产刑的案件，侦查机关应当根据案件情况对被告人的财产状况进行调查，并向人民检察院移送相关证据材料。人民检察院应当审查并向人民法院移送相关证据材料。

人民检察院在审查起诉时发现侦查机关应当收集而未收集量刑证据的，可以退回侦查机关补充侦查，也可以自行侦查。人民检察院退回补充侦查的，侦查机关应当按照人民检察院退回补充侦查提纲的要求及时收集相关证据。

第3条 对于可能判处管制、缓刑的案件，侦查机关、人民检察院、人民法院可以委托社区矫正机构或者有关社会组织进行调查评估，提出意见，供判处管制、缓刑时参考。

社区矫正机构或者有关社会组织收到侦查机关、人民检察院或者人民法院调查评估的委托后，应当根据委托机关的要求依法进行调查，形成评估意见，并及时提交委托机关。

对于没有委托进行调查评估或者判决前没有收到调查评估报告的，人民法院经审理认为被告人符合管制、缓刑适用条件的，可以依法判处管制、宣告缓刑。

第4条 侦查机关在移送审查起诉时，可以根据犯罪嫌疑人涉嫌犯罪的情况，就宣告禁止令和从业禁止向人民检察院提出意见。

人民检察院在提起公诉时，可以提出宣告禁止令和从业禁止的建议。被告人及其辩护人、被害人及其诉讼代理人可以就是否对被告人宣告禁止令和从业禁止提出意见，并说明理由。

人民法院宣告禁止令和从业禁止，应当根据被告人的犯罪原因、犯罪性质、犯罪手段、悔罪表现、个人一贯表现等，充分考虑与被告人所犯罪行的关联程度，有针对性地决定禁止从事特定的职业、活动，进入特定区域、场所，接触特定的人等。

第5条 符合下列条件的案件，人民检察院提起公诉时可以提出量刑建议；被告人认罪认罚的，人民检察院应当提出量刑建议：

（一）犯罪事实清楚，证据确实、充分；

（二）提出量刑建议所依据的法定从重、从轻、减轻或者免除处罚等量刑情节已查清；

（三）提出量刑建议所依据的酌定从重、从轻处罚等量刑情节已查清。

第6条 量刑建议包括主刑、附加刑、是否适用缓刑等。主刑可以具有一定的幅度，也可以根据案件具体情况，提出确定刑期的量刑建议。建议判处财产刑的，可以提出确定的数额。

第7条 对常见犯罪案件，人民检察院应当按照量刑指导意见提出量刑建议。对新类型、不常见犯罪案件，可以参照相关量刑规范提出量刑建议。提出量刑建议，应当说明理由和依据。

第8条 人民检察院指控被告人犯有数罪的，应当对指控的个罪分别提出量刑建议，并依法提出数罪并罚后决定执行的刑罚的量刑建议。

对于共同犯罪案件，人民检察院应当根据各被告人在共同犯罪中的地位、作用以及应当承担的刑事责任分别提出量刑建议。

第9条 人民检察院提出量刑建议，可以制作量刑建议书，与起诉书一并移送人民法院；对于案情简单、量刑情节简单的适用速裁程序的案件，也可以在起诉书中写明量刑建议。

量刑建议书中应当写明人民检察院建议对被告人处以的主刑、附加刑、是否适用缓刑等及其理由和依据。

人民检察院以量刑建议书方式提出量刑建议的，人民法院在送达起诉书副本时，应当将量刑建议书一并送达被告人。

第10条 在刑事诉讼中，自诉人、被告人及其辩护人、被害人及其诉讼代理人可以提出量刑意见，并说明理由，人民检察院、人民法院应当记录在案并附卷。

第11条 人民法院、人民检察院、侦查机关应当告知犯罪嫌疑人、被告人申请法律援助的权利，对符合法律援助条件的，依法通知法律援助机构指派律师为其提供辩护或者法律帮助。

第12条 适用速裁程序审理的案件，在确认被告人认罪认罚的自愿性和认罪认罚具结书内容的真实性、合法性后，一般不再进行法庭调查、法庭辩论，但在判决宣告前应当听取辩护人的意见和被告人的最后陈述意见。

适用速裁程序审理的案件，应当当庭宣判。

第13条 适用简易程序审理的案件，在确认被告人对起诉书指控的犯罪事实和罪名没有异议，自愿认罪且知悉认罪的法律后果后，法庭审理可以直接围绕量刑进行，不再区分法庭调查、法庭辩论，但在判决宣告前应当听取被告人的最后陈述意见。

适用简易程序审理的案件，一般应当当庭宣判。

第14条 适用普通程序审理的被告人认罪案件，在确认被告人了解起诉书指控的犯罪事实和罪名，自愿认罪且知悉认罪的法律后果后，法庭审理主要围绕量刑和其他有争议的问题进行，可以适当简化法庭调查、法庭辩论程序。

第15条 对于被告人不认罪或者辩护人做无罪辩护的案件，法庭调查和法庭辩论分别进行。

在法庭调查阶段，应当在查明定罪事实的基础上，查明有关量刑事实，被告人及其辩护人可以出示证明被告人无罪或者罪轻的证据，当庭发表质证意见。

在法庭辩论阶段，审判人员引导控辩双方先辩论定罪问题。在定罪辩论结束后，审判人员告知控辩双方可以围绕量刑问题进行辩论，发表量刑建议或者意见，并说明依据和理由。被告人及其辩护人参加量刑问题的调查的，不影响作无罪辩解或者辩护。

第16条 在法庭调查中，公诉人可以根据案件的不同种类、特点和庭审的实际情况，合理安排和调整举证顺序。定罪证据和量刑证据分开出示的，应当先出示定罪证据，后出示量刑证据。

对于有数起犯罪事实的案件的量刑证据，可以在对每起犯罪事实举证时分别出示，也可以对同类犯罪事实一并出示；涉及全案综合量刑情节的证据，一般应当在举证阶段最后出示。

第17条 在法庭调查中，人民法院应当查明对被告人适用具体法定刑幅度的犯罪事实以及法定或者酌定量刑情节。

第18条 人民法院、人民检察院、侦查机关或者辩护人委托有关方面制作涉及未成年人的社会调查报告的，调查报告应当在法庭上宣读，并进行质证。

第19条 在法庭审理中，审判人员对量刑证据有疑问的，可以宣布休庭，对证据进行调查核实，必要时也可以要求人民检察院补充调查核实。人民检察院补充调查核实有关证据，必要时可以要求侦查机关提供协助。

对于控辩双方补充的证据，应当经过庭审质证才能作为定案的根据。但是，对于有利于被告人的量刑证据，经庭外征求意见，控辩双方没有异议的除外。

第20条 被告人及其辩护人、被害人及其诉讼代理人申请人民法院调取在侦查、审查起诉阶段收集的量刑证据材料，人民法院认为确有必要的，应当依法调取；人民法院认为不需要调取的，应当说明理由。

第21条 在法庭辩论中，量刑辩论按照以下顺序进行：

（一）公诉人发表量刑建议，或者自诉人及其诉讼代理人发表量刑意见；

（二）被害人及其诉讼代理人发表量刑意见；

（三）被告人及其辩护人发表量刑意见。

第22条 在法庭辩论中，出现新的量刑事实，需要进一步调查的，应当恢复法庭调查，待事实查清后继续法庭辩论。

第23条 对于人民检察院提出的量刑建议，人民法院应当依法审查。对于事实清楚，证据确实、充分，指控的罪名准确，量刑建议适当的，人民法院应当采纳。

人民法院经审理认为，人民检察院的量刑建议不当的，可以告知人民检察院。人民检察院调整量刑建议的，应当在法庭审理结束前提出。人民法院认为人民检察院调整后的量刑建议适当的，应当予以采纳；人民检察院不调整量刑建议或者调整量刑建议后仍不当的，人民法院应当依法作出判决。

第24条 有下列情形之一，被告人当庭认罪，愿意接受处罚的，人民法院应当根据审理查明的事实，就定罪和量刑听取控辩双方意见，依法作出裁判：

（一）被告人在侦查、审查起诉阶段认罪认罚，但人民检察院没有提出量刑建议的；

（二）被告人在侦查、审查起诉阶段没有认罪认罚的；

（三）被告人在第一审程序中没有认罪认罚，在第二审程序中认罪认罚的；

（四）被告人在庭审过程中不同意量刑建议的。

第25条 人民法院应当在刑事裁判文书中说明量刑理由。量刑说理主要包括：

（一）已经查明的量刑事实及其对量刑的影响；

（二）是否采纳公诉人、自诉人、被告人及其辩护人、被害人及其诉讼代理人发表的量刑建议、意见及理由；

（三）人民法院判处刑罚的理由和法律依据。

对于适用速裁程序审理的案件，可以简化量刑说理。

第26条 开庭审理的二审、再审案件的量刑程序，依照有关法律规定进行。法律没有规定的，参照本意见进行。

对于不开庭审理的二审、再审案件，审判人员在阅卷、讯问被告人、听取自诉人、辩护人、被害人及其诉讼代理人的意见时，应当注意审查量刑事实和证据。

第27条 对于认罪认罚案件量刑建议的提出、采纳与调整等，适用最高人民法院、最高人民检察院、公安部、国家安全部、司法部《关于适用认罪认罚从宽制度的指导意见》的有关规定。

第28条 本意见自2020年11月6日起施行。2010年9月13日最高人民法院、最高人民检察院、公安部、国家安全部、司法部《印发〈关于规范量刑程序若干问题的意见（试行）〉的通知》（法发〔2010〕35号）同时废止。

3. **《最高人民法院、最高人民检察院、公安部、司法部关于进一步严格依法办案确保办理死刑案件质量的意见》**（2007年3月9日　法发〔2007〕11号）

31. 人民法院受理案件后，应当告知因犯罪行为遭受物质损失的被害人、已死亡被害人的近亲属、无行为能力或者限制行为能力被害人的法定代理人，有权提起附带民事诉讼和委托诉讼代理人。经济困难的，还应当告知其可以向法律援助机构申请法律援助。在审判过程中，注重发挥附带民事诉讼中民事调解的重要作用，做好被害人、被害人近亲属的安抚工作，切实加强刑事被害人的权益保护。

32. 人民法院应当通知下列情形的被害人、证人、鉴定人出庭作证：（一）人民检察院、被告人及其辩护人对被害人陈述、证人证言、鉴定结论有异议，该被害人陈述、证人证言、鉴定结论对定罪量刑有重大影响的；（二）人民法院认为其他应当出庭作证的。经人民法院依法通知，被害人、证人、鉴定人应当出庭作证；不出庭作证的被害人、证人、鉴定人的书面陈述、书面证言、鉴定结论经质证无法确认的，不能作为定案的根据。

33. 人民法院审理案件，应当注重审查证据的合法性。对有线索或者证据表明可能存在刑讯逼供或者其他非法取证行为的，应当认真审查。人民法院向人民检察院调取相关证据时，人民检察院应当在三日以内提交。人民检察院如果没有相关材料，应当向人民法院说明情况。

34. 第一审人民法院和第二审人民法院审理死刑案件，合议庭应当提请院长决定提交审判委员会讨论。最高人民法院复核死刑案件，高级人民法院复核死刑缓期二年执行的案件，对于疑难、复杂的案件，合议庭认为难以作出决定的，应当提请院长决定提交审判委员会讨论决定。审判委员会讨论案件，同级人民检察院检察长、受检察长委托的副检察长均可列席会议。

35. 人民法院应当根据已经审理查明的事实、证据和有关的法律规定，依法作出裁判。对案件事实清楚，证据确实、充分，依据法律认定被告人有罪的，应当作出有罪判决；对依据法律认定被告人无罪的，应当作出无罪判决；证据不足，不能认定被告人有罪的，应当作出证据不足、指控的犯罪不能成立的无罪判决；定罪的证据确实，但影响量刑的证据存有疑点，处刑时应当留有余地。

36. 第二审人民法院应当及时查明被判处死刑立即执行的被告人是否委托了辩护人。没有委托辩护人的，应当告知被告人可以自行委托辩护人或者通知法律援助机构指定承担法律援助义务的律师为其提供辩护。人民法院应当通知人民检察院、被告人及其辩护人在开庭五日以前提供出庭作证的证人、鉴定人名单，在开庭三日以前送达传唤当事人的传票和通知辩护人、证人、鉴定人、翻译人员的通知书。

37. 审理死刑第二审案件，应当依照法律和有关规定实行开庭审理。人民法院必须在开庭十日以前通知人民检察院查阅案卷。同级人民检察院应当按照人民法院通知的时间派员出庭。

38. 第二审人民法院作出判决、裁定后，当庭宣告的，应当在五日以内将判决书或者裁定书送达当事人、辩护人和同级人民检察院；定期宣告的，应当在宣告后立即送达。

39. 复核死刑案件，应当对原审裁判的事实认定、法律适用和诉讼程序进行全面审查。

40. 死刑案件复核期间，被告人委托的辩护人提出听取意见要求的，应当听取辩护人的意见，并制作笔录附卷。辩护人提出书面意见的，应当附卷。

41. 复核死刑案件，合议庭成员应当阅卷，并提出书面意见存查。对证据有疑问的，应当对证据进行调查核实，必要时到案发现场调查。

42. 高级人民法院复核死刑案件，应当讯问被告人。最高人民法院复核死刑案件，原则上应当讯问被告人。

43. 人民法院在保证办案质量的前提下，要进一步提高办理死刑复核案件的效率，公正、及时地审理死刑复核案件。

44. 人民检察院按照法律规定加强对办理死刑案件的法律监督。

4.《最高人民法院、司法部关于充分保障律师依法履行辩护职责确保死刑案件办理质量的若干规定》（2008 年 5 月 21 日　法发〔2008〕14 号）

为确保死刑案件的办理质量，根据《中华人民共和国刑事诉讼法》及相关法律、法规和司法解释的有关规定，结合人民法院刑事审判和律师辩护、法律援助工作的实际，现就人民法院审理死刑案件，律师依法履行辩护职责的具体问题规定如下：

一、人民法院对可能被判处死刑的被告人，应当根据刑事诉讼法的规定，充分保障其辩护权及其他合法权益，并充分保障辩护律师依法履行辩护职责。司法行政机关、律师协会应当加强对死刑案件辩护工作的指导，积极争取政府财政部门落实并逐步提高法律援助工作经费。律师办理死刑案件应当恪尽职守，切实维护被告人的合法权益。

二、被告人可能被判处死刑而没有委托辩护人的，人民法院应当通过法律援助机构指定律师为其提供辩护。被告人拒绝指定的律师为其辩护，有正当理由的，人民法院应当准许，被告人可以另行委托辩护人；被告人没有委托辩护人的，人民法院应当通知法律援助机构为其另行指定辩护人；被告人无正当理由再次拒绝指定的律师为其辩护的，人民法院应当不予准许并记录在案。

三、法律援助机构在收到指定辩护通知书三日以内，指派具有刑事案件出庭辩护经验的律师担任死刑案件的辩护人。

四、被指定担任死刑案件辩护人的律师，不得将案件转由律师助理办理；有正当理由不能接受指派的，经法律援助机构同意，由法律援助机构另行指派其他律师办理。

五、人民法院受理死刑案件后，应当及时通知辩护律师查阅案卷，并积极创造条件，为律师查阅、复制指控犯罪事实的材料提供方便。

人民法院对承办法律援助案件的律师复制涉及被告人主要犯罪事实并直接影响定罪量刑的证据材料的复制费用，应当免收或者按照复制材料所必须的工本费减收。

律师接受委托或者被指定担任死刑案件的辩护人后，应当及时到人民法院阅卷；对于查阅的材料中涉及国家秘密、商业秘密、个人隐私、证人身份等情况的，应当保守秘密。

六、律师应当在开庭前会见在押的被告人，征询是否同意为其辩护，并听取被告人的陈述和意见。

七、律师书面申请人民法院收集、调取证据，申请通知证人出庭作证，申请鉴定或者补充鉴定、重新鉴定的，人民法院应当及时予以书面答复并附卷。

八、第二审开庭前，人民检察院提交新证据、进行重新鉴定或者补充鉴定的，人民法院应当至迟在开庭三日以前通知律师查阅。

九、律师出庭辩护应当认真做好准备工作，围绕案件事实、证据、适用法律、量刑、诉讼程序等，从被告人无罪、罪轻或者减轻、免除其刑事责任等方面提出辩护意见，切实保证辩护质量，维护被告人的合法权益。

十、律师接到人民法院开庭通知后，应当保证准时出庭。人民法院应当按时开庭。法庭因故不能按期开庭，或者律师确有正当理由不能按期出庭的，人民法院应当在不影响案件审理期限的情况下，另行安排开庭时间，并于开庭三日前通知当事人、律师和人民检察院。

十一、人民法院应当加强审判场所的安全保卫，保障律师及其他诉讼参与人的人身安全，确保审判活动的顺利进行。

十二、法官应当严格按照法定诉讼程序进行审判活动，尊重律师的诉讼权利，认真听取控辩双方的意见，保障律师发言的完整性。对于律师发言过于冗长、明显重复或者与案件无关，或者在公开开庭审理中发言涉及国家秘密、个人隐私，或者进行人身攻击的，法官应当提醒或者制止。

十三、法庭审理中，人民法院应当如实、详细地记录律师意见。法庭审理结束后，律师应当在闭庭三日以内向人民法院提交书面辩护意见。

十四、人民法院审理被告人可能被判处死刑的刑事附带民事诉讼案件，在对赔偿事项进行调解时，律师应当在其职责权限范围内，根据案件和当事人的具体情况，依法提出有利于案件处理、切实维护当事人合法权益的意见，促进附带民事诉讼案件调解解决。

十五、人民法院在裁判文书中应当写明指派律师担任辩护人的法律援助机构、律师姓名及其所在的执业机构。对于律师的辩护意见，合议庭、审判委员会在讨论案件时应当认真进行研究，并在裁判文书中写明采纳与否的理由。

人民法院应当按照有关规定将裁判文书送达律师。

十六、人民法院审理案件过程中，律师提出会见法官请求的，合议庭根据案件具体情况，可以在工作时间和办公场所安排会见、听取意见。会见活动，由书记员制作笔录，律师签名后附卷。

十七、死刑案件复核期间，被告人的律师提出当面反映意见要求或者提交证据材料的，人民法院有关合议庭应当在工作时间和办公场所接待，并制作笔录附卷。律师提出的书面意见，应当附卷。

十八、司法行政机关和律师协会应当加强对律师的业务指导和培训，以及职业道德和执业纪律教育，不断提高律师办理死刑案件的质量，并建立对律师从事法律援助工作的考核机制。

5.**《关于处理自首和立功若干具体问题的意见》**（2010年12月22日　法发〔2010〕60号）

六、关于立功线索的查证程序和具体认定

被告人在一、二审审理期间检举揭发他人犯罪行为或者提供侦破其他案件的重要线索，人民法院经审查认为该线索内容具体、指向明确的，应及时移交有关人民检察院或者公安机关依法处理。

侦查机关出具材料，表明在三个月内还不能查证并抓获被检举揭发的人，或者不能查实的，人民法院审理案件可不再等待查证结果。

被告人检举揭发他人犯罪行为或者提供侦破其他案件的重要线索经查证不属实，又重复提供同一线索，且没有提出新的证据材料的，可以不再查证。

根据被告人检举揭发破获的他人犯罪案件，如果已有审判结果，应当依据判决确认的事实认定是否查证属实；如果被检举揭发的他人犯罪案件尚未进入审判程序，可以依据侦查机关提供的书面查证情况认定是否查证属实。检举揭发的线索经查确有犯罪发生，或者确定了犯罪嫌疑人，可能构成重大立功，只是未能将犯罪嫌疑人抓获归案的，对可能判处死刑的被告人一般要留有余地，对其他被告人原则上应酌情从轻处罚。

被告人检举揭发或者协助抓获的人的行为构成犯罪，但因法定事由不追究刑事责任、不起诉、终止审理的，不影响对被告人立功表现的认定；被告人检举揭发或者协助抓获的人的行为应判处无期徒刑以上刑罚，但因具有法定、酌定从宽情节，宣告刑为有期徒刑或者更轻刑罚的，不影响对被告人重大立功表现的认定。

6.《全国法院民商事审判工作会议纪要》（2019年11月8日　法〔2019〕254号）

十二、关于民刑交叉案件的程序处理

会议认为，近年来，在民间借贷、P2P等融资活动中，与涉嫌诈骗、合同诈骗、票据诈骗、集资诈骗、非法吸收公众存款等犯罪有关的民商事案件的数量有所增加，出现了一些新情况和新问题。在审理案件时，应当依照《最高人民法院关于在审理经济纠纷案件中涉及经济犯罪嫌疑若干问题的规定》《最高人民法院关于审理非法集资刑事案件具体应用法律若干问题的解释》《最高人民法院最高人民检察院公安部关于办理非法集资刑事案件适用法律若干问题的意见》以及民间借贷司法解释等规定，处理好民刑交叉案件之间的程序关系。

128.【分别审理】同一当事人因不同事实分别发生民商事纠纷和涉嫌刑事犯罪，民商事案件与刑事案件应当分别审理，主要有下列情形：

（1）主合同的债务人涉嫌刑事犯罪或者刑事裁判认定其构成犯罪，债权人请求担保人承担民事责任的；

（2）行为人以法人、非法人组织或者他人名义订立合同的行为涉嫌刑事犯罪或者刑事裁判认定其构成犯罪，合同相对人请求该法人、非法人组织或者他人承担民事责任的；

（3）法人或者非法人组织的法定代表人、负责人或者其他工作人员的职务行为涉嫌刑事犯罪或者刑事裁判认定其构成犯罪，受害人请求该法人或者非法人组织承担民事责任的；

（4）侵权行为人涉嫌刑事犯罪或者刑事裁判认定其构成犯罪，被保险人、受益人或者其他赔偿权利人请求保险人支付保险金的；

（5）受害人请求涉嫌刑事犯罪的行为人之外的其他主体承担民事责任的。

审判实践中出现的问题是，在上述情形下，有的人民法院仍然以民商事案件涉嫌刑事犯罪为由不予受理，已经受理的，裁定驳回起诉。对此，应予纠正。

129.【涉众型经济犯罪与民商事案件的程序处理】2014年颁布实施的

《最高人民法院最高人民检察院公安部关于办理非法集资刑事案件适用法律若干问题的意见》和2019年1月颁布实施的《最高人民法院最高人民检察院公安部关于办理非法集资刑事案件若干问题的意见》规定的涉嫌集资诈骗、非法吸收公众存款等涉众型经济犯罪，所涉人数众多、当事人分布地域广、标的额特别巨大、影响范围广，严重影响社会稳定，对于受害人就同一事实提起的以犯罪嫌疑人或者刑事被告人为被告的民事诉讼，人民法院应当裁定不予受理，并将有关材料移送侦查机关、检察机关或者正在审理该刑事案件的人民法院。受害人的民事权利保护应当通过刑事追赃、退赔的方式解决。正在审理民商事案件的人民法院发现有上述涉众型经济犯罪线索的，应当及时将犯罪线索和有关材料移送侦查机关。侦查机关作出立案决定前，人民法院应当中止审理；作出立案决定后，应当裁定驳回起诉；侦查机关未及时立案的，人民法院必要时可以将案件报请党委政法委协调处理。除上述情形人民法院不予受理外，要防止通过刑事手段干预民商事审判，搞地方保护，影响营商环境。

当事人因租赁、买卖、金融借款等与上述涉众型经济犯罪无关的民事纠纷，请求上述主体承担民事责任的，人民法院应予受理。

130.【民刑交叉案件中民商事案件中止审理的条件】人民法院在审理民商事案件时，如果民商事案件必须以相关刑事案件的审理结果为依据，而刑事案件尚未审结的，应当根据《民事诉讼法》第150条第5项的规定裁定中止诉讼。待刑事案件审结后，再恢复民商事案件的审理。如果民商事案件不是必须以相关的刑事案件的审理结果为依据，则民商事案件应当继续审理。

7.《人民检察院开展量刑建议工作的指导意见（试行）》（2010年2月23日〔2010〕高检诉发21号）

第12条 在法庭调查中，公诉人可以根据案件的不同种类、特点和庭审的实际情况，合理安排和调整举证顺序。定罪证据和量刑证据可以分开出示的，应当先出示定罪证据，后出示量刑证据。

对于有数起犯罪事实的案件，其中涉及每起犯罪中量刑情节的证据，应当在对该起犯罪事实举证时出示；涉及全案综合量刑情节的证据，应当在举证阶段的最后出示。

第13条 对于辩护方提出的量刑证据，公诉人应当进行质证。辩护方对公诉人出示的量刑证据质证的，公诉人应当答辩。公诉人质证应紧紧围绕案件事实，证据进行，质证应做到目的明确，重点突出、逻辑清楚，如有必要，可以简要概述已经法庭质证的其他证据，用以反驳辩护方的质疑。

第14条 公诉人应当在法庭辩论阶段提出量刑建议。根据法庭的安排，可以先对定性问题发表意见，后对量刑问题发表意见，也可以对定性与量刑问题一并发表意见。

对于检察机关未提出明确的量刑建议而辩护方提出量刑意见的，公诉人应当提出答辩意见。

第15条 对于公诉人出庭的简易程序案件和普通程序审理的被告人认罪案件，参照相关司法解释和规范性文件的规定开展法庭调查，可以主要围绕量刑的事实、情节、法律适用进行辩论。

第16条 在进行量刑辩论过程中，为查明与量刑有关的重要事实和情节，公诉人可以依法申请恢复法庭调查。

第17条 在庭审过程中，公诉人发现拟定的量刑建议不当需要调整的，可以根据授权作出调整；需要报检察长决定调整的，应当依法建议法庭休庭后报检察长决定。出现新的事实、证据导致拟定的量刑建议不当需要调整的，可以依法建议法庭延期审理。

第18条 对于人民检察院派员出席法庭的案件，一般应将量刑建议书与起诉书一并送达人民法院；对庭审中调整量刑建议的，可以在庭审后将修正后的量刑建议书向人民法院提交。

对于人民检察院不派员出席法庭的简易程序案件，应当将量刑建议书与起诉书一并送达人民法院。

第19条 人民检察院收到人民法院的判决、裁定后，应当对判决，裁定是否采纳检察机关的量刑建议以及量刑理由、依据进行审查，认为判决、裁定量刑确有错误、符合抗诉条件的，经检察委员会讨论决定，依法向人民法院提出抗诉。

人民检察院不能单纯以量刑建议未被采纳作为提出抗诉的理由。人民法院未采纳人民检察院的量刑建议并无不当的，人民检察院在必要时可以向有关当事人解释说明。

第20条 人民检察院办理刑事二审再审案件，可以参照本意见提出量刑建议。

第21条 对于二审或者再审案件，检察机关认为应当维持原审裁判量刑的，可以在出席法庭时直接提出维持意见；认为应当改变原审裁判量刑的，可以另行制作量刑建议书提交法庭审理。

8.**《最高人民法院关于适用〈中华人民共和国刑事诉讼法〉的解释》**（2021年1月26日　法释〔2021〕1号）

第212条　合议庭由审判员担任审判长。院长或者庭长参加审理案件时，由其本人担任审判长。

审判员依法独任审判时，行使与审判长相同的职权。

第213条　基层人民法院、中级人民法院、高级人民法院审判下列第一审刑事案件，由审判员和人民陪审员组成合议庭进行：

（一）涉及群体利益、公共利益的；

（二）人民群众广泛关注或者其他社会影响较大的；

（三）案情复杂或者有其他情形，需要由人民陪审员参加审判的。

基层人民法院、中级人民法院、高级人民法院审判下列第一审刑事案件，由审判员和人民陪审员组成七人合议庭进行：

（一）可能判处十年以上有期徒刑、无期徒刑、死刑，且社会影响重大的；

（二）涉及征地拆迁、生态环境保护、食品药品安全，且社会影响重大的；

（三）其他社会影响重大的。

第214条　开庭审理和评议案件，应当由同一合议庭进行。合议庭成员在评议案件时，应当独立发表意见并说明理由。意见分歧的，应当按多数意见作出决定，但少数意见应当记入笔录。评议笔录由合议庭的组成人员在审阅确认无误后签名。评议情况应当保密。

9.**《中华人民共和国人民法院法庭规则》**（2016年4月13日　法释〔2016〕7号）

第2条　法庭是人民法院代表国家依法审判各类案件的专门场所。

法庭正面上方应当悬挂国徽。

第3条　法庭分设审判活动区和旁听区，两区以栏杆等进行隔离。

审理未成年人案件的法庭应当根据未成年人身心发展特点设置区域和席位。

有新闻媒体旁听或报道庭审活动时，旁听区可以设置专门的媒体记者席。

第4条 刑事法庭可以配置同步视频作证室，供依法应当保护或其他确有保护必要的证人、鉴定人、被害人在庭审作证时使用。

第5条 法庭应当设置残疾人无障碍设施；根据需要配备合议庭合议室，检察人员、律师及其他诉讼参与人休息室，被告人羁押室等附属场所。

第6条 进入法庭的人员应当出示有效身份证件，并接受人身及携带物品的安全检查。

持有效工作证件和出庭通知履行职务的检察人员、律师可以通过专门通道进入法庭。需要安全检查的，人民法院对检察人员和律师平等对待。

第7条 除经人民法院许可，需要在法庭上出示的证据外，下列物品不得携带进入法庭：

（一）枪支、弹药、管制刀具以及其他具有杀伤力的器具；

（二）易燃易爆物、疑似爆炸物；

（三）放射性、毒害性、腐蚀性、强气味性物质以及传染病病原体；

（四）液体及胶状、粉末状物品；

（五）标语、条幅、传单；

（六）其他可能危害法庭安全或妨害法庭秩序的物品。

第8条 人民法院应当通过官方网站、电子显示屏、公告栏等向公众公开各法庭的编号、具体位置以及旁听席位数量等信息。

第9条 公开的庭审活动，公民可以旁听。

旁听席位不能满足需要时，人民法院可以根据申请的先后顺序或者通过抽签、摇号等方式发放旁听证，但应当优先安排当事人的近亲属或其他与案件有利害关系的人旁听。

下列人员不得旁听：

（一）证人、鉴定人以及准备出庭提出意见的有专门知识的人；

（二）未获得人民法院批准的未成年人；

（三）拒绝接受安全检查的人；

（四）醉酒的人、精神病人或其他精神状态异常的人；

（五）其他有可能危害法庭安全或妨害法庭秩序的人。

依法有可能封存犯罪记录的公开庭审活动，任何单位或个人不得组织人员旁听。

依法不公开的庭审活动，除法律另有规定外，任何人不得旁听。

第10条 人民法院应当对庭审活动进行全程录像或录音。

第11条 依法公开进行的庭审活动，具有下列情形之一的，人民法院可以通过电视、互联网或其他公共媒体进行图文、音频、视频直播或录播：

（一）公众关注度较高；

（二）社会影响较大；

（三）法治宣传教育意义较强。

第12条 出庭履行职务的人员，按照职业着装规定着装。但是，具有下列情形之一的，着正装：

（一）没有职业着装规定；

（二）侦查人员出庭作证；

（三）所在单位系案件当事人。

非履行职务的出庭人员及旁听人员，应当文明着装。

第13条 刑事在押被告人或上诉人出庭受审时，着正装或便装，不着监管机构的识别服。

人民法院在庭审活动中不得对被告人或上诉人使用戒具，但认为其人身危险性大，可能危害法庭安全的除外。

第14条 庭审活动开始前，书记员应当宣布本规则第十七条规定的法庭纪律。

第15条 审判人员进入法庭以及审判长或独任审判员宣告判决、裁定、决定时，全体人员应当起立。

第16条 人民法院开庭审判案件应当严格按照法律规定的诉讼程序进行。

审判人员在庭审活动中应当平等对待诉讼各方。

第17条 全体人员在庭审活动中应当服从审判长或独任审判员的指挥，尊重司法礼仪，遵守法庭纪律，不得实施下列行为：

（一）鼓掌、喧哗；

（二）吸烟、进食；

（三）拨打或接听电话；

（四）对庭审活动进行录音、录像、拍照或使用移动通信工具等传播庭审活动；

（五）其他危害法庭安全或妨害法庭秩序的行为。

检察人员、诉讼参与人发言或提问，应当经审判长或独任审判员许可。

旁听人员不得进入审判活动区，不得随意站立、走动，不得发言和提问。

媒体记者经许可实施第一款第四项规定的行为，应当在指定的时间及区域进行，不得影响或干扰庭审活动。

第18条 审判长或独任审判员主持庭审活动时，依照规定使用法槌。

第19条 审判长或独任审判员对违反法庭纪律的人员应当予以警告；对不听警告的，予以训诫；对训诫无效的，责令其退出法庭；对拒不退出法庭的，指令司法警察将其强行带出法庭。

行为人违反本规则第十七条第一款第四项规定的，人民法院可以暂扣其使用的设备及存储介质，删除相关内容。

第20条 行为人实施下列行为之一，危及法庭安全或扰乱法庭秩序的，根据相关法律规定，予以罚款、拘留；构成犯罪的，依法追究其刑事责任：

（一）非法携带枪支、弹药、管制刀具或者爆炸性、易燃性、放射性、毒害性、腐蚀性物品以及传染病病原体进入法庭；

（二）哄闹、冲击法庭；

（三）侮辱、诽谤、威胁、殴打司法工作人员或诉讼参与人；

（四）毁坏法庭设施，抢夺、损毁诉讼文书、证据；

（五）其他危害法庭安全或扰乱法庭秩序的行为。

第21条 司法警察依照审判长或独任审判员的指令维持法庭秩序。

出现危及法庭内人员人身安全或者严重扰乱法庭秩序等紧急情况时，司法警察可以直接采取必要的处置措施。

人民法院依法对违反法庭纪律的人采取的扣押物品、强行带出法庭以及罚款、拘留等强制措施，由司法警察执行。

第22条 人民检察院认为审判人员违反本规则的，可以在庭审活动结束后向人民法院提出处理建议。

诉讼参与人、旁听人员认为审判人员、书记员、司法警察违反本规则的，可以在庭审活动结束后向人民法院反映。

第23条 检察人员违反本规则的，人民法院可以向人民检察院通报情况并提出处理建议。

第24条 律师违反本规则的，人民法院可以向司法行政机关及律师协会通报情况并提出处理建议。

第25条 人民法院进行案件听证、国家赔偿案件质证、网络视频远程审理以及在法院以外的场所巡回审判等，参照适用本规则。

第26条 外国人、无国籍人旁听庭审活动，外国媒体记者报道庭审活动，应当遵守本规则。

10.《最高人民法院关于进一步加强合议庭职责的若干规定》（2010年1月11日 法释〔2010〕1号）

为了进一步加强合议庭的审判职责，充分发挥合议庭的职能作用，根据《中华人民共和国人民法院组织法》和有关法律规定，结合人民法院工作实际，制定本规定。

第1条 合议庭是人民法院的基本审判组织。合议庭全体成员平等参与案件的审理、评议和裁判，依法履行审判职责。

第2条 合议庭由审判员、助理审判员或者人民陪审员随机组成。合议庭成员相对固定的，应当定期交流。人民陪审员参加合议庭的，应当从人民陪审员名单中随机抽取确定。

第3条 承办法官履行下列职责：

（一）主持或者指导审判辅助人员进行庭前调解、证据交换等庭前准备工作；

（二）拟定庭审提纲，制作阅卷笔录；

（三）协助审判长组织法庭审理活动；

（四）在规定期限内及时制作审理报告；

（五）案件需要提交审判委员会讨论的，受审判长指派向审判委员会汇报案件；

（六）制作裁判文书提交合议庭审核；

（七）办理有关审判的其他事项。

第4条 依法不开庭审理的案件，合议庭全体成员均应当阅卷，必要时提交书面阅卷意见。

第5条 开庭审理时，合议庭全体成员应当共同参加，不得缺席、中途退庭或者从事与该庭审无关的活动。合议庭成员未参加庭审、中途退庭或者从事与该庭审无关的活动，当事人提出异议的，应当纠正。合议庭仍不纠正的，当事人可以要求休庭，并将有关情况记入庭审笔录。

第6条 合议庭全体成员均应当参加案件评议。评议案件时，合议庭成员应当针对案件的证据采信、事实认定、法律适用、裁判结果以及诉讼程序等问题充分发表意见。必要时，合议庭成员还可提交书面评议意见。

合议庭成员评议时发表意见不受追究。

第7条 除提交审判委员会讨论的案件外，合议庭对评议意见一致或者形成多数意见的案件，依法作出判决或者裁定。下列案件可以由审判长提请院长或者庭长决定组织相关审判人员共同讨论，合议庭成员应当参加：

（一）重大、疑难、复杂或者新类型的案件；

（二）合议庭在事实认定或法律适用上有重大分歧的案件；

（三）合议庭意见与本院或上级法院以往同类型案件的裁判有可能不一致的案件；

（四）当事人反映强烈的群体性纠纷案件；

（五）经审判长提请且院长或者庭长认为确有必要讨论的其他案件。

上述案件的讨论意见供合议庭参考，不影响合议庭依法作出裁判。

第8条 各级人民法院的院长、副院长、庭长、副庭长应当参加合议庭审理案件，并逐步增加审理案件的数量。

第9条 各级人民法院应当建立合议制落实情况的考评机制，并将考评结果纳入岗位绩效考评体系。考评可采取抽查卷宗、案件评查、检查庭审情况、回访当事人等方式。考评包括以下内容：

（一）合议庭全体成员参加庭审的情况；

（二）院长、庭长参加合议庭庭审的情况；

（三）审判委员会委员参加合议庭庭审的情况；

（四）承办法官制作阅卷笔录、审理报告以及裁判文书的情况；

（五）合议庭其他成员提交阅卷意见、发表评议意见的情况；

（六）其他应当考核的事项。

第10条 合议庭组成人员存在违法审判行为的，应当按照《人民法院审判人员违法审判责任追究办法（试行）》等规定追究相应责任。合议庭审理案件有下列情形之一的，合议庭成员不承担责任：

（一）因对法律理解和认识上的偏差而导致案件被改判或者发回重审的；

（二）因对案件事实和证据认识上的偏差而导致案件被改判或者发回重审的；

（三）因新的证据而导致案件被改判或者发回重审的；

（四）因法律修订或者政策调整而导致案件被改判或者发回重审的；

（五）因裁判所依据的其他法律文书被撤销或变更而导致案件被改判或者发回重审的；

（六）其他依法履行审判职责不应当承担责任的情形。

第 11 条 执行工作中依法需要组成合议庭的，参照本规定执行。

第 12 条 本院以前发布的司法解释与本规定不一致的，以本规定为准。

11.《最高人民法院关于进一步全面落实司法责任制的实施意见》（2018 年 12 月 4 日 法发〔2018〕23 号）

3. 坚持一岗双责、权责一致。加强法院基层党组织建设，以提升组织力、强化政治功能为重点，深入推进人民法院基层党组织组织力提升工程，调整优化基层党组织设置，加强党支部标准化规范化建设，切实把基层党组织建设成为推进人民法院改革发展的坚强战斗堡垒。坚持抓党建带队建促审判，切实加强审判执行机构、审判执行团队的政治建设和业务建设，健全完善审判执行团队的党团组织，提升团队组织力和战斗力。各级人民法院领导干部要在严格落实主体责任上率先垂范，充分尊重独任法官、合议庭法定审判组织地位，除审判委员会讨论决定的案件外，院长、副院长、庭长不再审核签发未直接参加审理案件的裁判文书，不得以口头指示等方式变相审批案件，不得违反规定要求法官汇报案件。严格落实《人民法院落实〈领导干部干预司法活动、插手具体案件处理的记录、通报和责任追究规定〉的实施办法》《人民法院落实〈司法机关内部人员过问案件的记录和责任追究规定〉的实施办法》，法官应当将过问、干预案件情况在网上办案系统如实记录，并层报上级人民法院。

8. 健全专业法官会议制度和审判委员会制度。各级人民法院应当健全专业法官会议制度，切实发挥专业法官会议统一法律适用、为审判组织提供法律咨询的功能。专业法官会议成员不以职务、等级为必要条件，参会人员地位平等。完善专业法官会议会前准备程序和议事规则，完善配套考核机制，提升专业法官会议质量。

健全专业法官会议与合议庭评议、审判委员会讨论的工作衔接机制。判决可能形成新的裁判标准或者改变上级人民法院、本院同类生效案件裁判标准的，应当提交专业法官会议或者审判委员会讨论。合议庭不采纳专业法官会议一致意见或者多数意见的，应当在办案系统中标注并说明理由，并提请庭长、院长予以监督，庭长、院长认为有必要提交审判委员会讨论的，应当按程序将案件提交审判委员会讨论。除法律规定不应当公开的情形外，审判委员会讨论案件的决定及其理由应当在裁判文书中公开。

9. 健全完善法律统一适用机制。各级人民法院应当在完善类案参考、裁判指引等工作机制基础上，建立类案及关联案件强制检索机制，确保类案裁判标准统一、法律适用统一。存在法律适用争议或者“类案不同判”可能的案件，承办法官应当制作关联案件和类案检索报告，并在合议庭评议或者专业法官会议讨论时说明。

12.《最高人民法院关于适用〈中华人民共和国人民陪审员法〉若干问题的解释》（2019年4月24日　法释〔2019〕5号）

为依法保障和规范人民陪审员参加审判活动，根据《中华人民共和国人民陪审员法》等法律的规定，结合审判实际，制定本解释。

第1条　根据人民陪审员法第十五条、第十六条的规定，人民法院决定由人民陪审员和法官组成合议庭审判的，合议庭成员确定后，应当及时告知当事人。

第2条　对于人民陪审员法第十五条、第十六条规定之外的第一审普通程序案件，人民法院应当告知刑事案件被告人、民事案件原告和被告、行政案件原告，在收到通知五日内有权申请由人民陪审员参加合议庭审判案件。

人民法院接到当事人在规定期限内提交的申请后，经审查决定由人民陪审员和法官组成合议庭审判的，合议庭成员确定后，应当及时告知当事人。

第3条　人民法院应当在开庭七日前从人民陪审员名单中随机抽取确定人民陪审员。

人民法院可以根据案件审判需要，从人民陪审员名单中随机抽取一定数量的候补人民陪审员，并确定递补顺序，一并告知当事人。

因案件类型需要具有相应专业知识的人民陪审员参加合议庭审判的，可以根据具体案情，在符合专业需求的人民陪审员名单中随机抽取确定。

第4条　人民陪审员确定后，人民法院应当将参审案件案由、当事人姓名或名称、开庭地点、开庭时间等事项告知参审人民陪审员及候补人民陪审员。

必要时，人民法院可以将参加审判活动的时间、地点等事项书面通知人民陪审员所在单位。

第5条 人民陪审员不参加下列案件的审理：

（一）依照民事诉讼法适用特别程序、督促程序、公示催告程序审理的案件；

（二）申请承认外国法院离婚判决的案件；

（三）裁定不予受理或者不需要开庭审理的案件。

第6条 人民陪审员不得参与审理由其以人民调解员身份先行调解的案件。

第7条 当事人依法有权申请人民陪审员回避。人民陪审员的回避，适用审判人员回避的法律规定。

人民陪审员回避事由经审查成立的，人民法院应当及时确定递补人选。

第8条 人民法院应当在开庭前，将相关权利和义务告知人民陪审员，并为其阅卷提供便利条件。

第9条 七人合议庭开庭前，应当制作事实认定问题清单，根据案件具体情况，区分事实认定问题与法律适用问题，对争议事实问题逐项列举，供人民陪审员在庭审时参考。事实认定问题和法律适用问题难以区分的，视为事实认定问题。

第10条 案件审判过程中，人民陪审员依法有权参加案件调查和调解工作。

第11条 庭审过程中，人民陪审员依法有权向诉讼参加人发问，审判长应当提示人民陪审员围绕案件争议焦点进行发问。

第12条 合议庭评议案件时，先由承办法官介绍案件涉及的相关法律、证据规则，然后由人民陪审员和法官依次发表意见，审判长最后发表意见并总结合议庭意见。

第13条 七人合议庭评议时，审判长应当归纳和介绍需要通过评议讨论决定的案件事实认定问题，并列出案件事实问题清单。

人民陪审员全程参加合议庭评议，对于事实认定问题，由人民陪审员和法官在共同评议的基础上进行表决。对于法律适用问题，人民陪审员不参加表决，但可以发表意见，并记录在卷。

第14条 人民陪审员应当认真阅读评议笔录，确认无误后签名。

第15条 人民陪审员列席审判委员会讨论其参加审理的案件时，可以发表意见。

第16条 案件审结后，人民法院应将裁判文书副本及时送交参加该案审判的人民陪审员。

第17条 中级、基层人民法院应当保障人民陪审员均衡参审，结合本院实际情况，一般在不超过30件的范围内合理确定每名人民陪审员年度参加审判案件的数量上限，报高级人民法院备案，并向社会公告。

第18条 人民法院应当依法规范和保障人民陪审员参加审判活动，不得安排人民陪审员从事与履行法定审判职责无关的工作。

第19条 本解释自2019年5月1日起施行。

本解释公布施行后，最高人民法院于2010年1月12日发布的《最高人民法院关于人民陪审员参加审判活动若干问题的规定》同时废止。最高人民法院以前发布的司法解释与本解释不一致的，不再适用。

第一百八十四条 合议庭评议规则

合议庭进行评议的时候，如果意见分歧，应当按多数人的意见作出决定，但是少数人的意见应当写入笔录。评议笔录由合议庭的组成人员签名。

● 法 律

1. **《人民法院组织法》**（2018年10月26日修订）

第29条 人民法院审理案件，由合议庭或者法官一人独任审理。

合议庭和法官独任审理的案件范围由法律规定。

第30条 合议庭由法官组成，或者由法官和人民陪审员组成，成员为三人以上单数。

合议庭由一名法官担任审判长。院长或者庭长参加审理案件时，由自己担任审判长。

审判长主持庭审、组织评议案件，评议案件时与合议庭其他成员权利平等。

第31条 合议庭评议案件应当按照多数人的意见作出决定，少数人的意见应当记入笔录。评议案件笔录由合议庭全体组成人员签名。

第32条 合议庭或者法官独任审理案件形成的裁判文书，经合议庭组成人员或者独任法官签署，由人民法院发布。

第33条 合议庭审理案件，法官对案件的事实认定和法律适用负责；法官独任审理案件，独任法官对案件的事实认定和法律适用负责。

人民法院应当加强内部监督，审判活动有违法情形的，应当及时调查核实，并根据违法情形依法处理。

第34条 人民陪审员依照法律规定参加合议庭审理案件。

● *司法解释及文件*

2.《最高人民法院关于人民法院合议庭工作的若干规定》（2002年8月12日 法释〔2002〕25号）

第1条 人民法院实行合议制审判第一审案件，由法官或者由法官和人民陪审员组成合议庭进行；人民法院实行合议制审判第二审案件和其他应当组成合议庭审判的案件，由法官组成合议庭进行。

人民陪审员在人民法院执行职务期间，除不能担任审判长外，同法官有同等的权利义务。

第2条 合议庭的审判长由符合审判长任职条件的法官担任。

院长或者庭长参加合议庭审判案件的时候，自己担任审判长。

第3条 合议庭组成人员确定后，除因回避或者其他特殊情况，不能继续参加案件审理的之外，不得在案件审理过程中更换。更换合议庭成员，应当报请院长或者庭长决定。合议庭成员的更换情况应当及时通知诉讼当事人。

第4条 合议庭的审判活动由审判长主持，全体成员平等参与案件的审理、评议、裁判，共同对案件认定事实和适用法律负责。

第5条 合议庭承担下列职责：

（一）根据当事人的申请或者案件的具体情况，可以作出财产保全、证据保全、先予执行等裁定；

（二）确定案件委托评估、委托鉴定等事项；

（三）依法开庭审理第一审、第二审和再审案件；

（四）评议案件；

（五）提请院长决定将案件提交审判委员会讨论决定；

（六）按照权限对案件及其有关程序性事项作出裁判或者提出裁判意见；

（七）制作裁判文书；

（八）执行审判委员会决定；

（九）办理有关审判的其他事项。

第6条 审判长履行下列职责：

（一）指导和安排审判辅助人员做好庭前调解、庭前准备及其他审判业务辅助性工作；

（二）确定案件审理方案、庭审提纲、协调合议庭成员的庭审分工以及做好其他必要的庭审准备工作；

（三）主持庭审活动；

（四）主持合议庭对案件进行评议；

（五）依照有关规定，提请院长决定将案件提交审判委员会讨论决定；

（六）制作裁判文书，审核合议庭其他成员制作的裁判文书；

（七）依照规定权限签发法律文书；

（八）根据院长或者庭长的建议主持合议庭对案件复议；

（九）对合议庭遵守案件审理期限制度的情况负责；

（十）办理有关审判的其他事项。

第7条 合议庭接受案件后，应当根据有关规定确定案件承办法官，或者由审判长指定案件承办法官。

第8条 在案件开庭审理过程中，合议庭成员必须认真履行法定职责，遵守《中华人民共和国法官职业道德基本准则》中有关司法礼仪的要求。

第9条 合议庭评议案件应当在庭审结束后五个工作日内进行。

第10条 合议庭评议案件时，先由承办法官对认定案件事实、证据是否确实、充分以及适用法律等发表意见，审判长最后发表意见；审判长作为承办法官的，由审判长最后发表意见。对案件的裁判结果进行评议时，由审判长最后发表意见。审判长应当根据评议情况总结合议庭评议的结论性意见。

合议庭成员进行评议的时候，应当认真负责，充分陈述意见，独立行使表决权，不得拒绝陈述意见或者仅作同意与否的简单表态。同意他人意见的，也应当提出事实根据和法律依据，进行分析论证。

合议庭成员对评议结果的表决，以口头表决的形式进行。

第11条 合议庭进行评议的时候，如果意见分歧，应当按多数人的意见作出决定，但是少数人的意见应当写入笔录。

评议笔录由书记员制作，由合议庭的组成人员签名。

第12条 合议庭应当依照规定的权限，及时对评议意见一致或者形成多数意见的案件直接作出判决或者裁定。但是对于下列案件，合议庭应当提请院长决定提交审判委员会讨论决定：

（一）拟判处死刑的；

（二）疑难、复杂、重大或者新类型的案件，合议庭认为有必要提交审判委员会讨论决定的；

（三）合议庭在适用法律方面有重大意见分歧的；

（四）合议庭认为需要提请审判委员会讨论决定的其他案件，或者本院审判委员会确定的应当由审判委员会讨论决定的案件。

第13条 合议庭对审判委员会的决定有异议，可以提请院长决定提交审判委员会复议一次。

第14条 合议庭一般应当在作出评议结论或者审判委员会作出决定后的五个工作日内制作出裁判文书。

第15条 裁判文书一般由审判长或者承办法官制作。但是审判长或者承办法官的评议意见与合议庭评议结论或者审判委员会的决定有明显分歧的，也可以由其他合议庭成员制作裁判文书。

对制作的裁判文书，合议庭成员应当共同审核，确认无误后签名。

第16条 院长、庭长可以对合议庭的评议意见和制作的裁判文书进行审核，但是不得改变合议庭的评议结论。

第17条 院长、庭长在审核合议庭的评议意见和裁判文书过程中，对评议结论有异议的，可以建议合议庭复议，同时应当对要求复议的问题及理由提出书面意见。

合议庭复议后，庭长仍有异议的，可以将案件提请院长审核，院长可以提交审判委员会讨论决定。

第18条 合议庭应当严格执行案件审理期限的有关规定。遇有特殊情况需要延长审理期限的，应当在审限届满前按规定的时限报请审批。

3.**《最高人民法院关于完善院长、副院长、庭长、副庭长参加合议庭审理案件制度的若干意见》**（2007年3月30日　法发〔2007〕14号）

为了使人民法院的院长、副院长、庭长、副庭长更好地履行审判职责，结合审判工作实际，特制定本意见。

第1条 各级人民法院院长、副院长、庭长、副庭长除参加审判委员会审理案件以外，每年都应当参加合议庭或者担任独任法官审理案件。

第2条 院长、副院长、庭长、副庭长参加合议庭审理下列案件：

（一）疑难、复杂、重大案件；

（二）新类型案件；

（三）在法律适用方面具有普遍意义的案件；

（四）认为应当由自己参加合议庭审理的案件。

第3条 最高人民法院的院长、副院长、庭长、副庭长办理案件的数量标准，由最高人民法院规定。

地方各级人民法院的院长、副院长、庭长、副庭长办理案件的数量标准，由本级人民法院根据本地实际情况规定。中级人民法院、基层人民法院规定的办案数量应当报高级人民法院备案。

院长、副院长、庭长、副庭长应当选择一定数量的案件，亲自担任承办人办理。

第4条 院长、副院长、庭长、副庭长办理案件，应当起到示范作用。同时注意总结审判工作经验，规范指导审判工作。

第5条 院长、副院长、庭长、副庭长参加合议庭审理案件，依法担任审判长，与其他合议庭成员享有平等的表决权。

院长、副院长参加合议庭评议时，多数人的意见与院长、副院长的意见不一致的，院长、副院长可以决定将案件提交审判委员会讨论。合议庭成员中的非审判委员会委员应当列席审判委员会。

第6条 院长、副院长、庭长、副庭长办理案件，开庭时间一经确定，不得随意变动。

第7条 院长、副院长、庭长、副庭长参加合议庭审理案件，应当作为履行审判职责的一项重要工作，纳入对其工作的考评和监督范围。

第8条 本意见自印发之日起施行。

4.《最高人民法院关于进一步加强合议庭职责的若干规定》（2010年1月11日 法释〔2010〕1号）

为了进一步加强合议庭的审判职责，充分发挥合议庭的职能作用，根据《中华人民共和国人民法院组织法》和有关法律规定，结合人民法院工作实际，制定本规定。

第1条 合议庭是人民法院的基本审判组织。合议庭全体成员平等参与案件的审理、评议和裁判，依法履行审判职责。

第2条 合议庭由审判员、助理审判员或者人民陪审员随机组成。合议庭成员相对固定的，应当定期交流。人民陪审员参加合议庭的，应当从人民陪审员名单中随机抽取确定。

第3条 承办法官履行下列职责：

（一）主持或者指导审判辅助人员进行庭前调解、证据交换等庭前准备工作；

（二）拟定庭审提纲，制作阅卷笔录；

（三）协助审判长组织法庭审理活动；

（四）在规定期限内及时制作审理报告；

（五）案件需要提交审判委员会讨论的，受审判长指派向审判委员会汇报案件；

（六）制作裁判文书提交合议庭审核；

（七）办理有关审判的其他事项。

第4条 依法不开庭审理的案件，合议庭全体成员均应当阅卷，必要时提交书面阅卷意见。

第5条 开庭审理时，合议庭全体成员应当共同参加，不得缺席、中途退庭或者从事与该庭审无关的活动。合议庭成员未参加庭审、中途退庭或者从事与该庭审无关的活动，当事人提出异议的，应当纠正。合议庭仍不纠正的，当事人可以要求休庭，并将有关情况记入庭审笔录。

第6条 合议庭全体成员均应当参加案件评议。评议案件时，合议庭成员应当针对案件的证据采信、事实认定、法律适用、裁判结果以及诉讼程序等问题充分发表意见。必要时，合议庭成员还可提交书面评议意见。

合议庭成员评议时发表意见不受追究。

第7条 除提交审判委员会讨论的案件外，合议庭对评议意见一致或者形成多数意见的案件，依法作出判决或者裁定。下列案件可以由审判长提请院长或者庭长决定组织相关审判人员共同讨论，合议庭成员应当参加：

（一）重大、疑难、复杂或者新类型的案件；

（二）合议庭在事实认定或法律适用上有重大分歧的案件；

（三）合议庭意见与本院或上级法院以往同类型案件的裁判有可能不一致的案件；

（四）当事人反映强烈的群体性纠纷案件；

（五）经审判长提请且院长或者庭长认为确有必要讨论的其他案件。

上述案件的讨论意见供合议庭参考，不影响合议庭依法作出裁判。

第8条 各级人民法院的院长、副院长、庭长、副庭长应当参加合议庭审理案件，并逐步增加审理案件的数量。

第9条 各级人民法院应当建立合议制落实情况的考评机制，并将考评结果纳入岗位绩效考评体系。考评可采取抽查卷宗、案件评查、检查庭审情况、回访当事人等方式。考评包括以下内容：

（一）合议庭全体成员参加庭审的情况；

（二）院长、庭长参加合议庭庭审的情况；

（三）审判委员会委员参加合议庭庭审的情况；

（四）承办法官制作阅卷笔录、审理报告以及裁判文书的情况；

（五）合议庭其他成员提交阅卷意见、发表评议意见的情况；

（六）其他应当考核的事项。

第10条 合议庭组成人员存在违法审判行为的，应当按照《人民法院审判人员违法审判责任追究办法（试行）》等规定追究相应责任。合议庭审理案件有下列情形之一的，合议庭成员不承担责任：

（一）因对法律理解和认识上的偏差而导致案件被改判或者发回重审的；

（二）因对案件事实和证据认识上的偏差而导致案件被改判或者发回重审的；

（三）因新的证据而导致案件被改判或者发回重审的；

（四）因法律修订或者政策调整而导致案件被改判或者发回重审的；

（五）因裁判所依据的其他法律文书被撤销或变更而导致案件被改判或者发回重审的；

（六）其他依法履行审判职责不应当承担责任的情形。

第11条 执行工作中依法需要组成合议庭的，参照本规定执行。

第12条 本院以前发布的司法解释与本规定不一致的，以本规定为准。

5.《最高人民法院关于适用〈中华人民共和国刑事诉讼法〉的解释》（2021年1月26日　法释〔2021〕1号）

第214条　开庭审理和评议案件，应当由同一合议庭进行。合议庭成员在评议案件时，应当独立发表意见并说明理由。意见分歧的，应当按多数意见作出决定，但少数意见应当记入笔录。评议笔录由合议庭的组成人员在审阅确认无误后签名。评议情况应当保密。

第215条　人民陪审员参加三人合议庭审判案件，应当对事实认定、法律适用独立发表意见，行使表决权。

人民陪审员参加七人合议庭审判案件，应当对事实认定独立发表意见，并与审判员共同表决；对法律适用可以发表意见，但不参加表决。

第216条　合议庭审理、评议后，应当及时作出判决、裁定。

对下列案件，合议庭应当提请院长决定提交审判委员会讨论决定：

（一）高级人民法院、中级人民法院拟判处死刑立即执行的案件，以及中级人民法院拟判处死刑缓期执行的案件；

（二）本院已经发生法律效力的判决、裁定确有错误需要再审的案件；

（三）人民检察院依照审判监督程序提出抗诉的案件。

对合议庭成员意见有重大分歧的案件、新类型案件、社会影响重大的案件以及其他疑难、复杂、重大的案件，合议庭认为难以作出决定的，可以提请院长决定提交审判委员会讨论决定。

人民陪审员可以要求合议庭将案件提请院长决定是否提交审判委员会讨论决定。

对提请院长决定提交审判委员会讨论决定的案件，院长认为不必要的，可以建议合议庭复议一次。

独任审判的案件，审判员认为有必要的，也可以提请院长决定提交审判委员会讨论决定。

第一百八十五条　合议庭评议案件与审判委员会讨论决定案件

合议庭开庭审理并且评议后，应当作出判决。对于疑难、复杂、重大的案件，合议庭认为难以作出决定的，由合议庭提请院长决定提交审判委员会讨论决定。审判委员会的决定，合议庭应当执行。

● 司法解释及文件

1.《最高人民法院关于改革和完善人民法院审判委员会制度的实施意见》(2010年1月11日　法发〔2010〕3号)

为改革和完善人民法院审判委员会制度，提高审判工作质量和效率，根据人民法院组织法、刑事诉讼法、民事诉讼法、行政诉讼法等法律的规定，结合人民法院审判工作实际，制定本意见。

一、人民法院审判委员会制度是中国特色社会主义司法制度的重要组成部分。几十年来，各级人民法院审判委员会在总结审判经验，指导审判工作，审理疑难、复杂、重大案件等方面发挥了重要作用。随着我国社会主义市场经济和民主法制建设的发展，人民群众通过法院解决纠纷的意识不断增强，全国法院受理案件的总量和新类型案件逐年增多，对审判质量的要求越来越高。为了适应新形势、新任务的要求，建立公正、高效、权威的社会主义司法制度，实现审判委员会工作机制和工作程序的科学化、规范化，应当不断改革和完善人民法院审判委员会制度。

二、改革和完善审判委员会制度，应当坚持"三个至上"的人民法院工作指导思想，坚持党对人民法院工作的领导，自觉接受人民代表大会监督，自觉维护宪法、法律的尊严和权威，自觉维护人民合法权益，坚持从审判工作实际出发，依法积极稳妥推进。

三、审判委员会是人民法院的最高审判组织，在总结审判经验，审理疑难、复杂、重大案件中具有重要的作用。

四、最高人民法院审判委员会履行审理案件和监督、管理、指导审判工作的职责：

（一）讨论疑难、复杂、重大案件；

（二）总结审判工作经验；

（三）制定司法解释和规范性文件；

（四）听取审判业务部门的工作汇报；

（五）讨论决定对审判工作具有指导性意义的典型案例；

（六）讨论其他有关审判工作的重大问题。

五、地方各级人民法院审判委员会履行审理案件和监督、管理、指导审判工作的职责：

（一）讨论疑难、复杂、重大案件；

第三编　第一章

（二）结合本地区和本院实际，总结审判工作经验；

（三）听取审判业务部门的工作汇报；

（四）讨论决定对本院或者本辖区的审判工作具有参考意义的案例；

（五）讨论其他有关审判工作的重大问题。

六、各级人民法院应当加强审判委员会的专业化建设，提高审判委员会委员的政治素质、道德素质和法律专业素质，增强司法能力，确保审判委员会组成人员成为人民法院素质最好、水平最高的法官。各级人民法院审判委员会除由院长、副院长、庭长担任审判委员会委员外，还应当配备若干名不担任领导职务，政治素质好、审判经验丰富、法学理论水平较高、具有法律专业高等学历的资深法官委员。

中共中央《关于进一步加强人民法院、人民检察院工作的决定》已经明确了审判委员会专职委员的配备规格和条件，各级人民法院应当配备若干名审判委员会专职委员。

七、人民法院审判工作中的重大问题和疑难、复杂、重大案件以及合议庭难以作出裁决的案件，应当由审判委员会讨论或者审理后作出决定。案件或者议题是否提交审判委员会讨论，由院长或者主管副院长决定。

八、最高人民法院审理的下列案件应当提交审判委员会讨论决定：

（一）本院已经发生法律效力的判决、裁定确有错误需要再审的案件；

（二）最高人民检察院依照审判监督程序提出抗诉的刑事案件。

九、高级人民法院和中级人民法院审理的下列案件应当提交审判委员会讨论决定：

（一）本院已经发生法律效力的判决、裁定确有错误需要再审的案件；

（二）同级人民检察院依照审判监督程序提出抗诉的刑事案件；

（三）拟判处死刑立即执行的案件；

（四）拟在法定刑以下判处刑罚或者免于刑事处罚的案件；

（五）拟宣告被告人无罪的案件；

（六）拟就法律适用问题向上级人民法院请示的案件；

（七）认为案情重大、复杂，需要报请移送上级人民法院审理的案件。

十、基层人民法院审理的下列案件应当提交审判委员会讨论决定：

（一）本院已经发生法律效力的判决、裁定确有错误需要再审的案件；

（二）拟在法定刑以下判处刑罚或者免于刑事处罚的案件；

（三）拟宣告被告人无罪的案件；

（四）拟就法律适用问题向上级人民法院请示的案件；

（五）认为应当判处无期徒刑、死刑，需要报请移送中级人民法院审理的刑事案件；

（六）认为案情重大、复杂，需要报请移送上级人民法院审理的案件。

十一、人民法院审理下列案件时，合议庭可以提请院长决定提交审判委员会讨论：

（一）合议庭意见有重大分歧、难以作出决定的案件；

（二）法律规定不明确，存在法律适用疑难问题的案件；

（三）案件处理结果可能产生重大社会影响的案件；

（四）对审判工作具有指导意义的新类型案件；

（五）其他需要提交审判委员会讨论的疑难、复杂、重大案件。

合议庭没有建议提请审判委员会讨论的案件，院长、主管副院长或者庭长认为有必要的，得提请审判委员会讨论。

十二、需要提交审判委员会讨论的案件，由合议庭层报庭长、主管副院长提请院长决定。院长、主管副院长或者庭长认为不需要提交审判委员会的，可以要求合议庭复议。

审判委员会讨论案件，合议庭应当提交案件审理报告。案件审理报告应当符合规范要求，客观、全面反映案件事实、证据以及双方当事人或控辩双方的意见，说明合议庭争议的焦点、分歧意见和拟作出裁判的内容。案件审理报告应当提前发送审判委员会委员。

十三、审判委员会讨论案件时，合议庭全体成员及审判业务部门负责人应当列席会议。对本院审结的已发生法律效力的案件提起再审的，原审合议庭成员及审判业务部门负责人也应当列席会议。院长或者受院长委托主持会议的副院长可以决定其他有必要列席的人员。

审判委员会讨论案件，同级人民检察院检察长或者受检察长委托的副检察长可以列席。

十四、审判委员会会议由院长主持。院长因故不能主持会议时，可以委托副院长主持。

十五、审判委员会讨论案件按照听取汇报、询问、发表意见、表决的顺序进行。案件由承办人汇报，合议庭其他成员补充。审判委员会委员在听取汇报、进行询问和发表意见后，其他列席人员经主持人同意可以发表意见。

十六、审判委员会讨论案件实行民主集中制。审判委员会委员发表意见的顺序，一般应当按照职级高的委员后发言的原则进行，主持人最后发表意见。

审判委员会应当充分、全面地对案件进行讨论。审判委员会委员应当客观、公正、独立、平等地发表意见，审判委员会委员发表意见不受追究，并应当记录在卷。

审判委员会委员发表意见后，主持人应当归纳委员的意见，按多数意见拟出决议，付诸表决。审判委员会的决议应当按照全体委员二分之一以上多数意见作出。

十七、审判委员会以会议决议的方式履行对审判工作的监督、管理、指导职责。

十八、中级以上人民法院可以设立审判委员会日常办事机构，基层人民法院可以设审判委员会专职工作人员。

审判委员会日常办事机构负责处理审判委员会的日常事务，负责督促、检查和落实审判委员会的决定，承担审判委员会交办的其他事项。

2. **《最高人民法院、最高人民检察院关于人民检察院检察长列席人民法院审判委员会会议的实施意见》**（2010 年 1 月 12 日　法发〔2010〕4 号）

为进一步落实和规范人民检察院检察长列席人民法院审判委员会会议制度，根据《中华人民共和国人民法院组织法》等法律的有关规定，提出如下意见：

一、人民检察院检察长可以列席同级人民法院审判委员会会议。

检察长不能列席时，可以委托副检察长列席同级人民法院审判委员会会议。

二、人民检察院检察长列席人民法院审判委员会会议的任务是，对于审判委员会讨论的案件和其他有关议题发表意见，依法履行法律监督职责。

三、人民法院审判委员会讨论下列案件或者议题，同级人民检察院检察长可以列席：

（一）可能判处被告人无罪的公诉案件；

（二）可能判处被告人死刑的案件；

（三）人民检察院提出抗诉的案件；

（四）与检察工作有关的其他议题。

四、人民法院院长决定将本意见第三条所列案件或者议题提交审判委员会讨论的，人民法院应当通过适当方式告知同级人民检察院。人民检察院检察长决定列席审判委员会会议的，人民法院应当将会议议程、会议时间通知人民检察院。

对于人民法院审判委员会讨论的议题，人民检察院认为有必要的，可以向人民法院提出列席审判委员会会议；人民法院认为有必要的，可以邀请人民检察院检察长列席审判委员会会议。

五、人民检察院检察长列席审判委员会会议的，人民法院应当将会议材料在送审判委员会委员的同时送人民检察院检察长。

六、人民检察院检察长列席审判委员会会议，应当在会前进行充分准备，必要时可就有关问题召开检察委员会会议进行讨论。

七、检察长或者受检察长委托的副检察长列席审判委员会讨论案件的会议，可以在人民法院承办人汇报完毕后、审判委员会委员表决前发表意见。

审判委员会会议讨论与检察工作有关的其他议题，检察长或者受检察长委托的副检察长的发言程序适用前款规定。

检察长或者受检察长委托的副检察长在审判委员会会议上发表的意见，应当记录在卷。

八、人民检察院检察长列席审判委员会会议讨论的案件，人民法院应当将裁判文书及时送达或者抄送人民检察院。

人民检察院检察长列席的审判委员会会议讨论的其他议题，人民法院应当将讨论通过的决定文本及时送给人民检察院。

九、出席、列席审判委员会会议的所有人员，对审判委员会讨论内容应当保密。

十、人民检察院检察长列席审判委员会会议的具体事宜由审判委员会办事机构和检察委员会办事机构负责办理。

3.**《最高人民法院关于适用〈中华人民共和国刑事诉讼法〉的解释》**（2021年1月26日　法释〔2021〕1号）

第216条　合议庭审理、评议后，应当及时作出判决、裁定。

对下列案件，合议庭应当提请院长决定提交审判委员会讨论决定：

（一）高级人民法院、中级人民法院拟判处死刑立即执行的案件，以及中级人民法院拟判处死刑缓期执行的案件；

（二）本院已经发生法律效力的判决、裁定确有错误需要再审的案件；

（三）人民检察院依照审判监督程序提出抗诉的案件。

对合议庭成员意见有重大分歧的案件、新类型案件、社会影响重大的案件以及其他疑难、复杂、重大的案件，合议庭认为难以作出决定的，可以提请院长决定提交审判委员会讨论决定。

人民陪审员可以要求合议庭将案件提请院长决定是否提交审判委员会讨论决定。

对提请院长决定提交审判委员会讨论决定的案件，院长认为不必要的，可以建议合议庭复议一次。

独任审判的案件，审判员认为有必要的，也可以提请院长决定提交审判委员会讨论决定。

第217条 审判委员会的决定，合议庭、独任审判员应当执行；有不同意见的，可以建议院长提交审判委员会复议。

4.《最高人民法院关于健全完善人民法院审判委员会工作机制的意见》

(2019年8月2日 法发〔2019〕20号)

为贯彻落实中央关于深化司法体制综合配套改革的总体部署，健全完善人民法院审判委员会工作机制，进一步全面落实司法责任制，根据人民法院组织法、刑事诉讼法、民事诉讼法、行政诉讼法等法律及司法解释规定，结合人民法院工作实际，制定本意见。

一、基本原则

1. 坚持党的领导。坚持以习近平新时代中国特色社会主义思想为指导，增强“四个意识”、坚定“四个自信”、做到“两个维护”，坚持党对人民法院工作的绝对领导，坚定不移走中国特色社会主义法治道路，健全公正高效权威的社会主义司法制度。

2. 实行民主集中制。坚持充分发扬民主和正确实行集中有机结合，健全完善审判委员会议事程序和议事规则，确保审判委员会委员客观、公正、独立、平等发表意见，防止和克服议而不决、决而不行，切实发挥民主集中制优势。

3. 遵循司法规律。优化审判委员会人员组成，科学定位审判委员会职能，健全审判委员会运行机制，全面落实司法责任制，推动建立权责清晰、权责统一、运行高效、监督有力的工作机制。

4. 恪守司法公正。认真总结审判委员会制度改革经验，不断完善工作机制，坚持以事实为根据、以法律为准绳，坚持严格公正司法，坚持程序公正和实体公正相统一，充分发挥审判委员会职能作用，努力让人民群众在每一个司法案件中感受到公平正义。

二、组织构成

5. 各级人民法院设审判委员会。审判委员会由院长、副院长和若干资深法官组成，成员应当为单数。

审判委员会可以设专职委员。

6. 审判委员会会议分为全体会议和专业委员会会议。

专业委员会会议是审判委员会的一种会议形式和工作方式。中级以上人民法院根据审判工作需要，可以召开刑事审判、民事行政审判等专业委员会会议。

专业委员会会议组成人员应当根据审判委员会委员的专业和工作分工确定。审判委员会委员可以参加不同的专业委员会会议。专业委员会会议全体组成人员应当超过审判委员会全体委员的二分之一。

三、职能定位

7. 审判委员会的主要职能是：

(1) 总结审判工作经验；

(2) 讨论决定重大、疑难、复杂案件的法律适用；

(3) 讨论决定本院已经发生法律效力的判决、裁定、调解书是否应当再审；

(4) 讨论决定其他有关审判工作的重大问题。

最高人民法院审判委员会通过制定司法解释、规范性文件及发布指导性案例等方式，统一法律适用。

8. 各级人民法院审理的下列案件，应当提交审判委员会讨论决定：

(1) 涉及国家安全、外交、社会稳定等敏感案件和重大、疑难、复杂案件；

(2) 本院已经发生法律效力的判决、裁定、调解书等确有错误需要再审的案件；

(3) 同级人民检察院依照审判监督程序提出抗诉的刑事案件;

(4) 法律适用规则不明的新类型案件;

(5) 拟宣告被告人无罪的案件;

(6) 拟在法定刑以下判处刑罚或者免予刑事处罚的案件;

高级人民法院、中级人民法院拟判处死刑的案件,应当提交本院审判委员会讨论决定。

9. 各级人民法院审理的下列案件,可以提交审判委员会讨论决定:

(1) 合议庭对法律适用问题意见分歧较大,经专业(主审)法官会议讨论难以作出决定的案件;

(2) 拟作出的裁判与本院或者上级法院的类案裁判可能发生冲突的案件;

(3) 同级人民检察院依照审判监督程序提出抗诉的重大、疑难、复杂民事案件及行政案件;

(4) 指令再审或者发回重审的案件;

(5) 其他需要提交审判委员会讨论决定的案件。

四、运行机制

10. 合议庭或者独任法官认为案件需要提交审判委员会讨论决定的,由其提出申请,层报院长批准;未提出申请,院长认为有必要的,可以提请审判委员会讨论决定。

其他事项提交审判委员会讨论决定的,参照案件提交程序执行。

11. 拟提请审判委员会讨论决定的案件,应当有专业(主审)法官会议研究讨论的意见。

专业(主审)法官会议意见与合议庭或者独任法官意见不一致的,院长、副院长、庭长可以按照审判监督管理权限要求合议庭或者独任法官复议;经复议仍未采纳专业(主审)法官会议意见的,应当按程序报请审判委员会讨论决定。

12. 提交审判委员会讨论的案件,合议庭应当形成书面报告。书面报告应当客观全面反映案件事实、证据、当事人或者控辩双方的意见,列明需要审判委员会讨论决定的法律适用问题、专业(主审)法官会议意见、类案与关联案件检索情况,有合议庭拟处理意见和理由。有分歧意见的,应归纳不同的意见和理由。

其他事项提交审判委员会讨论之前，承办部门应在认真调研并征求相关部门意见的基础上提出办理意见。

13. 对提交审判委员会讨论决定的案件或者事项，审判委员会工作部门可以先行审查是否属于审判委员会讨论范围并提出意见，报请院长决定。

14. 提交审判委员会讨论决定的案件，审判委员会委员有应当回避情形的，应当自行回避并报院长决定；院长的回避，由审判委员会决定。

审判委员会委员的回避情形，适用有关法律关于审判人员回避情形的规定。

15. 审判委员会委员应当提前审阅会议材料，必要时可以调阅相关案卷、文件及庭审音频视频资料。

16. 审判委员会召开全体会议和专业委员会会议，应当有其组成人员的过半数出席。

17. 审判委员会全体会议及专业委员会会议应当由院长或者院长委托的副院长主持。

18. 下列人员应当列席审判委员会会议：

（1）承办案件的合议庭成员、独任法官或者事项承办人；

（2）承办案件、事项的审判庭或者部门负责人；

（3）其他有必要列席的人员。

审判委员会召开会议，必要时可以邀请人大代表、政协委员、专家学者等列席。

经主持人同意，列席人员可以提供说明或者表达意见，但不参与表决。

19. 审判委员会举行会议时，同级人民检察院检察长或者其委托的副检察长可以列席。

20. 审判委员会讨论决定案件和事项，一般按照以下程序进行：

（1）合议庭、承办人汇报；

（2）委员就有关问题进行询问；

（3）委员按照法官等级和资历由低到高顺序发表意见，主持人最后发表意见；

（4）主持人作会议总结，会议作出决议。

21. 审判委员会全体会议和专业委员会会议讨论案件或者事项，一般按照各自全体组成人员过半数的多数意见作出决定，少数委员的意见应当记录在卷。

经专业委员会会议讨论的案件或者事项，无法形成决议或者院长认为有必要的，可以提交全体会议讨论决定。

经审判委员会全体会议和专业委员会会议讨论的案件或者事项，院长认为有必要的，可以提请复议。

22. 审判委员会讨论案件或者事项的决定，合议庭、独任法官或者相关部门应当执行。审判委员会工作部门发现案件处理结果与审判委员会决定不符的，应当及时向院长报告。

23. 审判委员会会议纪要或者决定由院长审定后，发送审判委员会委员、相关审判庭或者部门。

同级人民检察院检察长或者副检察长列席审判委员会的，会议纪要或者决定抄送同级人民检察院检察委员会办事机构。

24. 审判委员会讨论案件的决定及其理由应当在裁判文书中公开，法律规定不公开的除外。

25. 经审判委员会讨论决定的案件，合议庭、独任法官应及时审结，并将判决书、裁定书、调解书等送审判委员会工作部门备案。

26. 各级人民法院应当建立审判委员会会议全程录音录像制度，按照保密要求进行管理。审判委员会议题的提交、审核、讨论、决定等纳入审判流程管理系统，实行全程留痕。

27. 各级人民法院审判委员会工作部门负责处理审判委员会日常事务性工作，根据审判委员会授权，督促检查审判委员会决定执行情况，落实审判委员会交办的其他事项。

五、保障监督

28. 审判委员会委员依法履职行为受法律保护。

29. 领导干部和司法机关内部人员违法干预、过问、插手审判委员会委员讨论决定案件的，应当予以记录、通报，并依纪依法追究相应责任。

30. 审判委员会委员因依法履职遭受诬告陷害或者侮辱诽谤的，人民法院应当会同有关部门及时采取有效措施，澄清事实真相，消除不良影响，并依法追究相关单位或者个人的责任。

31. 审判委员会讨论案件，合议庭、独任法官对其汇报的事实负责，审判委员会委员对其本人发表的意见和表决负责。

32. 审判委员会委员有贪污受贿、徇私舞弊、枉法裁判等严重违纪违法行为的，依纪依法严肃追究责任。

33. 各级人民法院应当将审判委员会委员出席会议情况纳入考核体系，并以适当形式在法院内部公示。

34. 审判委员会委员、列席人员及其他与会人员应严格遵守保密工作纪律，不得泄露履职过程中知悉的审判工作秘密。因泄密造成严重后果的，严肃追究纪律责任和法律责任。

六、附则

35. 本意见关于审判委员会委员的审判责任范围、认定及追究程序，依据《最高人民法院关于完善人民法院司法责任制的若干意见》及法官惩戒相关规定等执行。

36. 各级人民法院可以根据本意见，结合本院审判工作实际，制定工作细则。

37. 本意见自2019年8月2日起施行。最高人民法院以前发布的规范性文件与本意见不一致的，以本意见为准。

第二章　第一审程序

第一节　公 诉 案 件

第一百八十六条　庭前审查

人民法院对提起公诉的案件进行审查后，对于起诉书中有明确的指控犯罪事实的，应当决定开庭审判。

● *司法解释及文件*

1. **《最高人民法院、最高人民检察院、公安部、国家安全部、司法部关于规范量刑程序若干问题的意见》**（2020年11月5日　法发〔2020〕38号）

第2条　侦查机关、人民检察院应当依照法定程序，全面收集、审查、移送证明犯罪嫌疑人、被告人犯罪事实、量刑情节的证据。

对于法律规定并处或者单处财产刑的案件，侦查机关应当根据案件情况对被告人的财产状况进行调查，并向人民检察院移送相关证据材料。人民检察院应当审查并向人民法院移送相关证据材料。

人民检察院在审查起诉时发现侦查机关应当收集而未收集量刑证据的，可以退回侦查机关补充侦查，也可以自行侦查。人民检察院退回补充侦查的，侦查机关应当按照人民检察院退回补充侦查提纲的要求及时收集相关证据。

第5条 符合下列条件的案件，人民检察院提起公诉时可以提出量刑建议；被告人认罪认罚的，人民检察院应当提出量刑建议：

（一）犯罪事实清楚，证据确实、充分；

（二）提出量刑建议所依据的法定从重、从轻、减轻或者免除处罚等量刑情节已查清；

（三）提出量刑建议所依据的酌定从重、从轻处罚等量刑情节已查清。

2.《最高人民法院关于适用〈中华人民共和国刑事诉讼法〉的解释》（2021年1月26日 法释〔2021〕1号）

第218条 对提起公诉的案件，人民法院应当在收到起诉书（一式八份，每增加一名被告人，增加起诉书五份）和案卷、证据后，审查以下内容：

（一）是否属于本院管辖；

（二）起诉书是否写明被告人的身份，是否受过或者正在接受刑事处罚、行政处罚、处分，被采取留置措施的情况，被采取强制措施的时间、种类、羁押地点，犯罪的时间、地点、手段、后果以及其他可能影响定罪量刑的情节；有多起犯罪事实的，是否在起诉书中将事实分别列明；

（三）是否移送证明指控犯罪事实及影响量刑的证据材料，包括采取技术调查、侦查措施的法律文书和所收集的证据材料；

（四）是否查封、扣押、冻结被告人的违法所得或者其他涉案财物，查封、扣押、冻结是否逾期；是否随案移送涉案财物、附涉案财物清单；是否列明涉案财物权属情况；是否就涉案财物处理提供相关证据材料；

（五）是否列明被害人的姓名、住址、联系方式；是否附有证人、鉴定人名单；是否申请法庭通知证人、鉴定人、有专门知识的人出庭，并列明有关人员的姓名、性别、年龄、职业、住址、联系方式；是否附有需要保护的证人、鉴定人、被害人名单；

（六）当事人已委托辩护人、诉讼代理人或者已接受法律援助的，是否列明辩护人、诉讼代理人的姓名、住址、联系方式；

（七）是否提起附带民事诉讼；提起附带民事诉讼的，是否列明附带民事诉讼当事人的姓名、住址、联系方式等，是否附有相关证据材料；

（八）监察调查、侦查、审查起诉程序的各种法律手续和诉讼文书是否齐全；

（九）被告人认罪认罚的，是否提出量刑建议、移送认罪认罚具结书等材料；

（十）有无刑事诉讼法第十六条第二项至第六项规定的不追究刑事责任的情形。

第219条 人民法院对提起公诉的案件审查后，应当按照下列情形分别处理：

（一）不属于本院管辖的，应当退回人民检察院；

（二）属于刑事诉讼法第十六条第二项至第六项规定情形的，应当退回人民检察院；属于告诉才处理的案件，应当同时告知被害人有权提起自诉；

（三）被告人不在案的，应当退回人民检察院；但是，对人民检察院按照缺席审判程序提起公诉的，应当依照本解释第二十四章的规定作出处理；

（四）不符合前条第二项至第九项规定之一，需要补充材料的，应当通知人民检察院在三日以内补送；

（五）依照刑事诉讼法第二百条第三项规定宣告被告人无罪后，人民检察院根据新的事实、证据重新起诉的，应当依法受理；

（六）依照本解释第二百九十六条规定裁定准许撤诉的案件，没有新的影响定罪量刑的事实、证据，重新起诉的，应当退回人民检察院；

（七）被告人真实身份不明，但符合刑事诉讼法第一百六十条第二款规定的，应当依法受理。

对公诉案件是否受理，应当在七日以内审查完毕。

第220条 对一案起诉的共同犯罪或者关联犯罪案件，被告人人数众多、案情复杂，人民法院经审查认为，分案审理更有利于保障庭审质量和效率的，可以分案审理。分案审理不得影响当事人质证权等诉讼权利的行使。

对分案起诉的共同犯罪或者关联犯罪案件，人民法院经审查认为，合并审理更有利于查明案件事实、保障诉讼权利、准确定罪量刑的，可以并案审理。

第335条 人民法院受理单位犯罪案件，除依照本解释第二百一十八条的有关规定进行审查外，还应当审查起诉书是否列明被告单位的名称、住所地、联系方式，法定代表人、实际控制人、主要负责人以及代表被告单位出庭的诉讼代表人的姓名、职务、联系方式。需要人民检察院补充材料的，应当通知人民检察院在三日以内补送。

第336条 被告单位的诉讼代表人，应当是法定代表人、实际控制人或者主要负责人；法定代表人、实际控制人或者主要负责人被指控为单位犯罪直接责任人员或者因客观原因无法出庭的，应当由被告单位委托其他负责人或者职工作为诉讼代表人。但是，有关人员被指控为单位犯罪直接责任人员或者知道案件情况、负有作证义务的除外。

依据前款规定难以确定诉讼代表人的，可以由被告单位委托律师等单位以外的人员作为诉讼代表人。

诉讼代表人不得同时担任被告单位或者被指控为单位犯罪直接责任人员的有关人员的辩护人。

第337条 开庭审理单位犯罪案件，应当通知被告单位的诉讼代表人出庭；诉讼代表人不符合前条规定的，应当要求人民检察院另行确定。

被告单位的诉讼代表人不出庭的，应当按照下列情形分别处理：

（一）诉讼代表人系被告单位的法定代表人、实际控制人或者主要负责人，无正当理由拒不出庭的，可以拘传其到庭；因客观原因无法出庭，或者下落不明的，应当要求人民检察院另行确定诉讼代表人；

（二）诉讼代表人系其他人员的，应当要求人民检察院另行确定诉讼代表人。

第338条 被告单位的诉讼代表人享有刑事诉讼法规定的有关被告人的诉讼权利。开庭时，诉讼代表人席位置于审判台前左侧，与辩护人席并列。

第339条 被告单位委托辩护人的，参照适用本解释的有关规定。

第340条 对应当认定为单位犯罪的案件，人民检察院只作为自然人犯罪起诉的，人民法院应当建议人民检察院对犯罪单位追加起诉。人民检察院仍以自然人犯罪起诉的，人民法院应当依法审理，按照单位犯罪直接负责的主管人员或者其他直接责任人员追究刑事责任，并援引刑法分则关于追究单位犯罪中直接负责的主管人员和其他直接责任人员刑事责任的条款。

第341条 被告单位的违法所得及其他涉案财物，尚未被依法追缴或者查封、扣押、冻结的，人民法院应当决定追缴或者查封、扣押、冻结。

第342条 为保证判决的执行，人民法院可以先行查封、扣押、冻结被告单位的财产，或者由被告单位提出担保。

第343条 采取查封、扣押、冻结等措施，应当严格依照法定程序进行，最大限度降低对被告单位正常生产经营活动的影响。

第344条 审判期间，被告单位被吊销营业执照、宣告破产但尚未完成清算、注销登记的，应当继续审理；被告单位被撤销、注销的，对单位犯罪直接负责的主管人员和其他直接责任人员应当继续审理。

第345条 审判期间，被告单位合并、分立的，应当将原单位列为被告单位，并注明合并、分立情况。对被告单位所判处的罚金以其在新单位的财产及收益为限。

第346条 审理单位犯罪案件，本章没有规定的，参照适用本解释的有关规定。

第十二章　认罪认罚案件的审理

第347条 刑事诉讼法第十五条规定的"认罪"，是指犯罪嫌疑人、被告人自愿如实供述自己的罪行，对指控的犯罪事实没有异议。

刑事诉讼法第十五条规定的"认罚"，是指犯罪嫌疑人、被告人真诚悔罪，愿意接受处罚。

被告人认罪认罚的，可以依照刑事诉讼法第十五条的规定，在程序上从简、实体上从宽处理。

第348条 对认罪认罚案件，应当根据案件情况，依法适用速裁程序、简易程序或者普通程序审理。

第349条 对人民检察院提起公诉的认罪认罚案件，人民法院应当重点审查以下内容：

（一）人民检察院讯问犯罪嫌疑人时，是否告知其诉讼权利和认罪认罚的法律规定；

（二）是否随案移送听取犯罪嫌疑人、辩护人或者值班律师、被害人及其诉讼代理人意见的笔录；

（三）被告人与被害人达成调解、和解协议或者取得被害人谅解的，是否随案移送调解、和解协议、被害人谅解书等相关材料；

（四）需要签署认罪认罚具结书的，是否随案移送具结书。

未随案移送前款规定的材料的，应当要求人民检察院补充。

第350条 人民法院应当将被告人认罪认罚作为其是否具有社会危险性的重要考虑因素。被告人罪行较轻，采用非羁押性强制措施足以防止发生社会危险性的，应当依法适用非羁押性强制措施。

第351条 对认罪认罚案件，法庭审理时应当告知被告人享有的诉讼权利和认罪认罚的法律规定，审查认罪认罚的自愿性和认罪认罚具结书内容的真实性、合法性。

第352条 对认罪认罚案件，人民检察院起诉指控的事实清楚，但指控的罪名与审理认定的罪名不一致的，人民法院应当听取人民检察院、被告人及其辩护人对审理认定罪名的意见，依法作出判决。

第353条 对认罪认罚案件，人民法院经审理认为量刑建议明显不当，或者被告人、辩护人对量刑建议提出异议的，人民检察院可以调整量刑建议。人民检察院不调整或者调整后仍然明显不当的，人民法院应当依法作出判决。

适用速裁程序审理认罪认罚案件，需要调整量刑建议的，应当在庭前或者当庭作出调整；调整量刑建议后，仍然符合速裁程序适用条件的，继续适用速裁程序审理。

第354条 对量刑建议是否明显不当，应当根据审理认定的犯罪事实、认罪认罚的具体情况，结合相关犯罪的法定刑、类似案件的刑罚适用等作出审查判断。

第355条 对认罪认罚案件，人民法院一般应当对被告人从轻处罚；符合非监禁刑适用条件的，应当适用非监禁刑；具有法定减轻处罚情节的，可以减轻处罚。

对认罪认罚案件，应当根据被告人认罪认罚的阶段早晚以及认罪认罚的主动性、稳定性、彻底性等，在从宽幅度上体现差异。

共同犯罪案件，部分被告人认罪认罚的，可以依法对该部分被告人从宽处罚，但应当注意全案的量刑平衡。

第356条 被告人在人民检察院提起公诉前未认罪认罚，在审判阶段认罪认罚的，人民法院可以不再通知人民检察院提出或者调整量刑建议。

对前款规定的案件，人民法院应当就定罪量刑听取控辩双方意见，根据刑事诉讼法第十五条和本解释第三百五十五条的规定作出判决。

第 357 条　对被告人在第一审程序中未认罪认罚，在第二审程序中认罪认罚的案件，应当根据其认罪认罚的具体情况决定是否从宽，并依法作出裁判。确定从宽幅度时应当与第一审程序认罪认罚有所区别。

第 358 条　案件审理过程中，被告人不再认罪认罚的，人民法院应当根据审理查明的事实，依法作出裁判。需要转换程序的，依照本解释的相关规定处理。

第十三章　简易程序

第 359 条　基层人民法院受理公诉案件后，经审查认为案件事实清楚、证据充分的，在将起诉书副本送达被告人时，应当询问被告人对指控的犯罪事实的意见，告知其适用简易程序的法律规定。被告人对指控的犯罪事实没有异议并同意适用简易程序的，可以决定适用简易程序，并在开庭前通知人民检察院和辩护人。

对人民检察院建议或者被告人及其辩护人申请适用简易程序审理的案件，依照前款规定处理；不符合简易程序适用条件的，应当通知人民检察院或者被告人及其辩护人。

第 360 条　具有下列情形之一的，不适用简易程序：

（一）被告人是盲、聋、哑人的；

（二）被告人是尚未完全丧失辨认或者控制自己行为能力的精神病人的；

（三）案件有重大社会影响的；

（四）共同犯罪案件中部分被告人不认罪或者对适用简易程序有异议的；

（五）辩护人作无罪辩护的；

（六）被告人认罪但经审查认为可能不构成犯罪的；

（七）不宜适用简易程序审理的其他情形。

第 361 条　适用简易程序审理的案件，符合刑事诉讼法第三十五条第一款规定的，人民法院应当告知被告人及其近亲属可以申请法律援助。

第 362 条　适用简易程序审理案件，人民法院应当在开庭前将开庭的时间、地点通知人民检察院、自诉人、被告人、辩护人，也可以通知其他诉讼参与人。

通知可以采用简便方式，但应当记录在案。

第363条 适用简易程序审理案件，被告人有辩护人的，应当通知其出庭。

第364条 适用简易程序审理案件，审判长或者独任审判员应当当庭询问被告人对指控的犯罪事实的意见，告知被告人适用简易程序审理的法律规定，确认被告人是否同意适用简易程序。

第365条 适用简易程序审理案件，可以对庭审作如下简化：

（一）公诉人可以摘要宣读起诉书；

（二）公诉人、辩护人、审判人员对被告人的讯问、发问可以简化或者省略；

（三）对控辩双方无异议的证据，可以仅就证据的名称及所证明的事项作出说明；对控辩双方有异议或者法庭认为有必要调查核实的证据，应当出示，并进行质证；

（四）控辩双方对与定罪量刑有关的事实、证据没有异议的，法庭审理可以直接围绕罪名确定和量刑问题进行。

适用简易程序审理案件，判决宣告前应当听取被告人的最后陈述。

第366条 适用简易程序独任审判过程中，发现对被告人可能判处的有期徒刑超过三年的，应当转由合议庭审理。

第367条 适用简易程序审理案件，裁判文书可以简化。

适用简易程序审理案件，一般应当当庭宣判。

第368条 适用简易程序审理案件，在法庭审理过程中，具有下列情形之一的，应当转为普通程序审理：

（一）被告人的行为可能不构成犯罪的；

（二）被告人可能不负刑事责任的；

（三）被告人当庭对起诉指控的犯罪事实予以否认的；

（四）案件事实不清、证据不足的；

（五）不应当或者不宜适用简易程序的其他情形。

决定转为普通程序审理的案件，审理期限应当从作出决定之日起计算。

第十四章 速裁程序

第369条 对人民检察院在提起公诉时建议适用速裁程序的案件，基层人民法院经审查认为案件事实清楚，证据确实、充分，可能判处三年有期徒刑以下刑罚的，在将起诉书副本送达被告人时，应当告知被告人适用速裁程序的法律规定，询问其是否同意适用速裁程序。被告人同意适用速裁程序的，可以决定适用速裁程序，并在开庭前通知人民检察院和辩护人。

对人民检察院未建议适用速裁程序的案件，人民法院经审查认为符合速裁程序适用条件的，可以决定适用速裁程序，并在开庭前通知人民检察院和辩护人。

被告人及其辩护人可以向人民法院提出适用速裁程序的申请。

第370条 具有下列情形之一的，不适用速裁程序：

（一）被告人是盲、聋、哑人的；

（二）被告人是尚未完全丧失辨认或者控制自己行为能力的精神病人的；

（三）被告人是未成年人的；

（四）案件有重大社会影响的；

（五）共同犯罪案件中部分被告人对指控的犯罪事实、罪名、量刑建议或者适用速裁程序有异议的；

（六）被告人与被害人或者其法定代理人没有就附带民事诉讼赔偿等事项达成调解、和解协议的；

（七）辩护人作无罪辩护的；

（八）其他不宜适用速裁程序的情形。

第371条 适用速裁程序审理案件，人民法院应当在开庭前将开庭的时间、地点通知人民检察院、被告人、辩护人，也可以通知其他诉讼参与人。

通知可以采用简便方式，但应当记录在案。

第372条 适用速裁程序审理案件，可以集中开庭，逐案审理。公诉人简要宣读起诉书后，审判人员应当当庭询问被告人对指控事实、证据、量刑建议以及适用速裁程序的意见，核实具结书签署的自愿性、真实性、合法性，并核实附带民事诉讼赔偿等情况。

第373条 适用速裁程序审理案件，一般不进行法庭调查、法庭辩论，但在判决宣告前应当听取辩护人的意见和被告人的最后陈述。

第374条 适用速裁程序审理案件，裁判文书可以简化。

适用速裁程序审理案件，应当当庭宣判。

第375条 适用速裁程序审理案件，在法庭审理过程中，具有下列情形之一的，应当转为普通程序或者简易程序审理：

（一）被告人的行为可能不构成犯罪或者不应当追究刑事责任的；

（二）被告人违背意愿认罪认罚的；

（三）被告人否认指控的犯罪事实的；

（四）案件疑难、复杂或者对适用法律有重大争议的；

（五）其他不宜适用速裁程序的情形。

第376条 决定转为普通程序或者简易程序审理的案件，审理期限应当从作出决定之日起计算。

第377条 适用速裁程序审理的案件，第二审人民法院依照刑事诉讼法第二百三十六条第一款第三项的规定发回原审人民法院重新审判的，原审人民法院应当适用第一审普通程序重新审判。

第十五章 第二审程序

第378条 地方各级人民法院在宣告第一审判决、裁定时，应当告知被告人、自诉人及其法定代理人不服判决和准许撤回起诉、终止审理等裁定的，有权在法定期限内以书面或者口头形式，通过本院或者直接向上一级人民法院提出上诉；被告人的辩护人、近亲属经被告人同意，也可以提出上诉；附带民事诉讼当事人及其法定代理人，可以对判决、裁定中的附带民事部分提出上诉。

被告人、自诉人、附带民事诉讼当事人及其法定代理人是否提出上诉，以其在上诉期满前最后一次的意思表示为准。

第379条 人民法院受理的上诉案件，一般应当有上诉状正本及副本。

上诉状内容一般包括：第一审判决书、裁定书的文号和上诉人收到的时间，第一审人民法院的名称，上诉的请求和理由，提出上诉的时间。被告人的辩护人、近亲属经被告人同意提出上诉的，还应当写明其与被告人的关系，并应当以被告人作为上诉人。

第380条 上诉、抗诉必须在法定期限内提出。不服判决的上诉、抗诉的期限为十日；不服裁定的上诉、抗诉的期限为五日。上诉、抗诉的期限，从接到判决书、裁定书的第二日起计算。

对附带民事判决、裁定的上诉、抗诉期限，应当按照刑事部分的上诉、抗诉期限确定。附带民事部分另行审判的，上诉期限也应当按照刑事诉讼法规定的期限确定。

第381条 上诉人通过第一审人民法院提出上诉的，第一审人民法院应当审查。上诉符合法律规定的，应当在上诉期满后三日以内将上诉状连同案卷、证据移送上一级人民法院，并将上诉状副本送交同级人民检察院和对方当事人。

第382条　上诉人直接向第二审人民法院提出上诉的，第二审人民法院应当在收到上诉状后三日以内将上诉状交第一审人民法院。第一审人民法院应当审查上诉是否符合法律规定。符合法律规定的，应当在接到上诉状后三日以内将上诉状连同案卷、证据移送上一级人民法院，并将上诉状副本送交同级人民检察院和对方当事人。

第383条　上诉人在上诉期限内要求撤回上诉的，人民法院应当准许。

上诉人在上诉期满后要求撤回上诉的，第二审人民法院经审查，认为原判认定事实和适用法律正确，量刑适当的，应当裁定准许；认为原判确有错误的，应当不予准许，继续按照上诉案件审理。

被判处死刑立即执行的被告人提出上诉，在第二审开庭后宣告裁判前申请撤回上诉的，应当不予准许，继续按照上诉案件审理。

第384条　地方各级人民检察院对同级人民法院第一审判决、裁定的抗诉，应当通过第一审人民法院提交抗诉书。第一审人民法院应当在抗诉期满后三日以内将抗诉书连同案卷、证据移送上一级人民法院，并将抗诉书副本送交当事人。

第385条　人民检察院在抗诉期限内要求撤回抗诉的，人民法院应当准许。

人民检察院在抗诉期满后要求撤回抗诉的，第二审人民法院可以裁定准许，但是认为原判存在将无罪判为有罪、轻罪重判等情形的，应当不予准许，继续审理。

上级人民检察院认为下级人民检察院抗诉不当，向第二审人民法院要求撤回抗诉的，适用前两款规定。

第386条　在上诉、抗诉期满前撤回上诉、抗诉的，第一审判决、裁定在上诉、抗诉期满之日起生效。在上诉、抗诉期满后要求撤回上诉、抗诉，第二审人民法院裁定准许的，第一审判决、裁定应当自第二审裁定书送达上诉人或者抗诉机关之日起生效。

第387条　第二审人民法院对第一审人民法院移送的上诉、抗诉案卷、证据，应当审查是否包括下列内容：

（一）移送上诉、抗诉案件函；

（二）上诉状或者抗诉书；

（三）第一审判决书、裁定书八份（每增加一名被告人增加一份）及其电子文本；

（四）全部案卷、证据，包括案件审理报告和其他应当移送的材料。

前款所列材料齐全的，第二审人民法院应当收案；材料不全的，应当通知第一审人民法院及时补送。

第388条 第二审人民法院审理上诉、抗诉案件，应当就第一审判决、裁定认定的事实和适用法律进行全面审查，不受上诉、抗诉范围的限制。

第389条 共同犯罪案件，只有部分被告人提出上诉，或者自诉人只对部分被告人的判决提出上诉，或者人民检察院只对部分被告人的判决提出抗诉的，第二审人民法院应当对全案进行审查，一并处理。

第390条 共同犯罪案件，上诉的被告人死亡，其他被告人未上诉的，第二审人民法院应当对死亡的被告人终止审理；但有证据证明被告人无罪，经缺席审理确认无罪的，应当判决宣告被告人无罪。

具有前款规定的情形，第二审人民法院仍应对全案进行审查，对其他同案被告人作出判决、裁定。

第391条 对上诉、抗诉案件，应当着重审查下列内容：

（一）第一审判决认定的事实是否清楚，证据是否确实、充分；

（二）第一审判决适用法律是否正确，量刑是否适当；

（三）在调查、侦查、审查起诉、第一审程序中，有无违反法定程序的情形；

（四）上诉、抗诉是否提出新的事实、证据；

（五）被告人的供述和辩解情况；

（六）辩护人的辩护意见及采纳情况；

（七）附带民事部分的判决、裁定是否合法、适当；

（八）对涉案财物的处理是否正确；

（九）第一审人民法院合议庭、审判委员会讨论的意见。

第392条 第二审期间，被告人除自行辩护外，还可以继续委托第一审辩护人或者另行委托辩护人辩护。

共同犯罪案件，只有部分被告人提出上诉，或者自诉人只对部分被告人的判决提出上诉，或者人民检察院只对部分被告人的判决提出抗诉的，其他同案被告人也可以委托辩护人辩护。

第393条 下列案件，根据刑事诉讼法第二百三十四条的规定，应当开庭审理：

（一）被告人、自诉人及其法定代理人对第一审认定的事实、证据提出异议，可能影响定罪量刑的上诉案件；

（二）被告人被判处死刑的上诉案件；

（三）人民检察院抗诉的案件；

（四）应当开庭审理的其他案件。

被判处死刑的被告人没有上诉，同案的其他被告人上诉的案件，第二审人民法院应当开庭审理。

第394条 对上诉、抗诉案件，第二审人民法院经审查，认为原判事实不清、证据不足，或者具有刑事诉讼法第二百三十八条规定的违反法定诉讼程序情形，需要发回重新审判的，可以不开庭审理。

第395条 第二审期间，人民检察院或者被告人及其辩护人提交新证据的，人民法院应当及时通知对方查阅、摘抄或者复制。

第396条 开庭审理第二审公诉案件，应当在决定开庭审理后及时通知人民检察院查阅案卷。自通知后的第二日起，人民检察院查阅案卷的时间不计入审理期限。

第397条 开庭审理上诉、抗诉的公诉案件，应当通知同级人民检察院派员出庭。

抗诉案件，人民检察院接到开庭通知后不派员出庭，且未说明原因的，人民法院可以裁定按人民检察院撤回抗诉处理。

第398条 开庭审理上诉、抗诉案件，除参照适用第一审程序的有关规定外，应当按照下列规定进行：

（一）法庭调查阶段，审判人员宣读第一审判决书、裁定书后，上诉案件由上诉人或者辩护人先宣读上诉状或者陈述上诉理由，抗诉案件由检察员先宣读抗诉书；既有上诉又有抗诉的案件，先由检察员宣读抗诉书，再由上诉人或者辩护人宣读上诉状或者陈述上诉理由；

（二）法庭辩论阶段，上诉案件，先由上诉人、辩护人发言，后由检察员、诉讼代理人发言；抗诉案件，先由检察员、诉讼代理人发言，后由被告人、辩护人发言；既有上诉又有抗诉的案件，先由检察员、诉讼代理人发言，后由上诉人、辩护人发言。

第399条 开庭审理上诉、抗诉案件，可以重点围绕对第一审判决、裁定有争议的问题或者有疑问的部分进行。根据案件情况，可以按照下列方式审理：

（一）宣读第一审判决书，可以只宣读案由、主要事实、证据名称和判决主文等；

（二）法庭调查应当重点围绕对第一审判决提出异议的事实、证据以及新的证据等进行；对没有异议的事实、证据和情节，可以直接确认；

（三）对同案审理案件中未上诉的被告人，未被申请出庭或者人民法院认为没有必要到庭的，可以不再传唤到庭；

（四）被告人犯有数罪的案件，对其中事实清楚且无异议的犯罪，可以不在庭审时审理。

同案审理的案件，未提出上诉、人民检察院也未对其判决提出抗诉的被告人要求出庭的，应当准许。出庭的被告人可以参加法庭调查和辩论。

第400条 第二审案件依法不开庭审理的，应当讯问被告人，听取其他当事人、辩护人、诉讼代理人的意见。合议庭全体成员应当阅卷，必要时应当提交书面阅卷意见。

第401条 审理被告人或者其法定代理人、辩护人、近亲属提出上诉的案件，不得对被告人的刑罚作出实质不利的改判，并应当执行下列规定：

（一）同案审理的案件，只有部分被告人上诉的，既不得加重上诉人的刑罚，也不得加重其他同案被告人的刑罚；

（二）原判认定的罪名不当的，可以改变罪名，但不得加重刑罚或者对刑罚执行产生不利影响；

（三）原判认定的罪数不当的，可以改变罪数，并调整刑罚，但不得加重决定执行的刑罚或者对刑罚执行产生不利影响；

（四）原判对被告人宣告缓刑的，不得撤销缓刑或者延长缓刑考验期；

（五）原判没有宣告职业禁止、禁止令的，不得增加宣告；原判宣告职业禁止、禁止令的，不得增加内容、延长期限；

（六）原判对被告人判处死刑缓期执行没有限制减刑、决定终身监禁的，不得限制减刑、决定终身监禁；

（七）原判判处的刑罚不当、应当适用附加刑而没有适用的，不得直接加重刑罚、适用附加刑。原判判处的刑罚畸轻，必须依法改判的，应当在第二审判决、裁定生效后，依照审判监督程序重新审判。

人民检察院抗诉或者自诉人上诉的案件，不受前款规定的限制。

第402条 人民检察院只对部分被告人的判决提出抗诉，或者自诉人只对部分被告人的判决提出上诉的，第二审人民法院不得对其他同案被告人加重刑罚。

第403条 被告人或者其法定代理人、辩护人、近亲属提出上诉，人民检察院未提出抗诉的案件，第二审人民法院发回重新审判后，除有新的犯罪事实且人民检察院补充起诉的以外，原审人民法院不得加重被告人的刑罚。

对前款规定的案件，原审人民法院对上诉发回重新审判的案件依法作出判决后，人民检察院抗诉的，第二审人民法院不得改判为重于原审人民法院第一次判处的刑罚。

第404条 第二审人民法院认为第一审判决事实不清、证据不足的，可以在查清事实后改判，也可以裁定撤销原判，发回原审人民法院重新审判。

有多名被告人的案件，部分被告人的犯罪事实不清、证据不足或者有新的犯罪事实需要追诉，且有关犯罪与其他同案被告人没有关联的，第二审人民法院根据案件情况，可以对该部分被告人分案处理，将该部分被告人发回原审人民法院重新审判。原审人民法院重新作出判决后，被告人上诉或者人民检察院抗诉，其他被告人的案件尚未作出第二审判决、裁定的，第二审人民法院可以并案审理。

第405条 原判事实不清、证据不足，第二审人民法院发回重新审判的案件，原审人民法院重新作出判决后，被告人上诉或者人民检察院抗诉的，第二审人民法院应当依法作出判决、裁定，不得再发回重新审判。

第406条 第二审人民法院发现原审人民法院在重新审判过程中，有刑事诉讼法第二百三十八条规定的情形之一，或者违反第二百三十九条规定的，应当裁定撤销原判，发回重新审判。

第407条 第二审人民法院审理对刑事部分提出上诉、抗诉，附带民事部分已经发生法律效力的案件，发现第一审判决、裁定中的附带民事部分确有错误的，应当依照审判监督程序对附带民事部分予以纠正。

第 408 条 刑事附带民事诉讼案件，只有附带民事诉讼当事人及其法定代理人上诉的，第一审刑事部分的判决在上诉期满后即发生法律效力。

应当送监执行的第一审刑事被告人是第二审附带民事诉讼被告人的，在第二审附带民事诉讼案件审结前，可以暂缓送监执行。

第 409 条 第二审人民法院审理对附带民事部分提出上诉，刑事部分已经发生法律效力的案件，应当对全案进行审查，并按照下列情形分别处理：

（一）第一审判决的刑事部分并无不当的，只需就附带民事部分作出处理；

（二）第一审判决的刑事部分确有错误的，依照审判监督程序对刑事部分进行再审，并将附带民事部分与刑事部分一并审理。

第 410 条 第二审期间，第一审附带民事诉讼原告人增加独立的诉讼请求或者第一审附带民事诉讼被告人提出反诉的，第二审人民法院可以根据自愿、合法的原则进行调解；调解不成的，告知当事人另行起诉。

第 411 条 对第二审自诉案件，必要时可以调解，当事人也可以自行和解。调解结案的，应当制作调解书，第一审判决、裁定视为自动撤销。当事人自行和解的，依照本解释第三百二十九条的规定处理；裁定准许撤回自诉的，应当撤销第一审判决、裁定。

第 412 条 第二审期间，自诉案件的当事人提出反诉的，应当告知其另行起诉。

第 413 条 第二审人民法院可以委托第一审人民法院代为宣判，并向当事人送达第二审判决书、裁定书。第一审人民法院应当在代为宣判后五日以内将宣判笔录送交第二审人民法院，并在送达完毕后及时将送达回证送交第二审人民法院。

委托宣判的，第二审人民法院应当直接向同级人民检察院送达第二审判决书、裁定书。

第二审判决、裁定是终审的判决、裁定的，自宣告之日起发生法律效力。

第十六章　在法定刑以下判处刑罚和特殊假释的核准

第 414 条 报请最高人民法院核准在法定刑以下判处刑罚的案件，应当按照下列情形分别处理：

（一）被告人未上诉、人民检察院未抗诉的，在上诉、抗诉期满后三日以内报请上一级人民法院复核。上级人民法院同意原判的，应当书面层报最高人民法院核准；不同意的，应当裁定发回重新审判，或者按照第二审程序提审；

（二）被告人上诉或者人民检察院抗诉的，上一级人民法院维持原判，或者改判后仍在法定刑以下判处刑罚的，应当依照前项规定层报最高人民法院核准。

第415条 对符合刑法第六十三条第二款规定的案件，第一审人民法院未在法定刑以下判处刑罚的，第二审人民法院可以在法定刑以下判处刑罚，并层报最高人民法院核准。

第416条 报请最高人民法院核准在法定刑以下判处刑罚的案件，应当报送判决书、报请核准的报告各五份，以及全部案卷、证据。

第417条 对在法定刑以下判处刑罚的案件，最高人民法院予以核准的，应当作出核准裁定书；不予核准的，应当作出不核准裁定书，并撤销原判决、裁定，发回原审人民法院重新审判或者指定其他下级人民法院重新审判。

第418条 依照本解释第四百一十四条、第四百一十七条规定发回第二审人民法院重新审判的案件，第二审人民法院可以直接改判；必须通过开庭查清事实、核实证据或者纠正原审程序违法的，应当开庭审理。

第419条 最高人民法院和上级人民法院复核在法定刑以下判处刑罚案件的审理期限，参照适用刑事诉讼法第二百四十三条的规定。

第420条 报请最高人民法院核准因罪犯具有特殊情况，不受执行刑期限制的假释案件，应当按照下列情形分别处理：

（一）中级人民法院依法作出假释裁定后，应当报请高级人民法院复核。高级人民法院同意的，应当书面报请最高人民法院核准；不同意的，应当裁定撤销中级人民法院的假释裁定；

（二）高级人民法院依法作出假释裁定的，应当报请最高人民法院核准。

第421条 报请最高人民法院核准因罪犯具有特殊情况，不受执行刑期限制的假释案件，应当报送报请核准的报告、罪犯具有特殊情况的报告、假释裁定书各五份，以及全部案卷。

第422条 对因罪犯具有特殊情况，不受执行刑期限制的假释案件，最高人民法院予以核准的，应当作出核准裁定书；不予核准的，应当作出不核准裁定书，并撤销原裁定。

3.《最高人民法院、最高人民检察院、公安部、国家安全部、司法部、全国人大常委会法制工作委员会关于实施刑事诉讼法若干问题的规定》（2012 年 12 月 26 日）

25. 刑事诉讼法第一百八十一条[①]规定："人民法院对提起公诉的案件进行审查后，对于起诉书中有明确的指控犯罪事实的，应当决定开庭审判。"对于人民检察院提起公诉的案件，人民法院都应当受理。人民法院对提起公诉的案件进行审查后，对于起诉书中有明确的指控犯罪事实并且附有案卷材料、证据的，应当决定开庭审判，不得以上述材料不充足为由而不开庭审判。如果人民检察院移送的材料中缺少上述材料的，人民法院可以通知人民检察院补充材料，人民检察院应当自收到通知之日起三日内补送。

人民法院对提起公诉的案件进行审查的期限计入人民法院的审理期限。

第一百八十七条 开庭前的准备

人民法院决定开庭审判后，应当确定合议庭的组成人员，将人民检察院的起诉书副本至迟在开庭十日以前送达被告人及其辩护人。

在开庭以前，审判人员可以召集公诉人、当事人和辩护人、诉讼代理人，对回避、出庭证人名单、非法证据排除等与审判相关的问题，了解情况，听取意见。

人民法院确定开庭日期后，应当将开庭的时间、地点通知人民检察院，传唤当事人，通知辩护人、诉讼代理人、证人、鉴定人和翻译人员，传票和通知书至迟在开庭三日以前送达。公开审判的案件，应当在开庭三日以前先期公布案由、被告人姓名、开庭时间和地点。

上述活动情形应当写入笔录，由审判人员和书记员签名。

---

① 对应《中华人民共和国刑事诉讼法》（2018 年修正）第一百八十六条。

● 司法解释及文件

1.《最高人民法院、最高人民检察院、公安部、国家安全部、司法部关于规范量刑程序若干问题的意见》（2020 年 11 月 5 日　法发〔2020〕38 号）

第 9 条　人民检察院提出量刑建议，可以制作量刑建议书，与起诉书一并移送人民法院；对于案情简单、量刑情节简单的适用速裁程序的案件，也可以在起诉书中写明量刑建议。

量刑建议书中应当写明人民检察院建议对被告人处以的主刑、附加刑、是否适用缓刑等及其理由和依据。

人民检察院以量刑建议书方式提出量刑建议的，人民法院在送达起诉书副本时，应当将量刑建议书一并送达被告人。

2.《人民检察院刑事诉讼规则》（2019 年 12 月 30 日　高检发释字〔2019〕4 号）

第 393 条　人民检察院在开庭审理前收到人民法院或者被告人及其辩护人、被害人、证人等送交的反映证据系非法取得的书面材料的，应当进行审查。对于审查逮捕、审查起诉期间已经提出并经查证不存在非法取证行为的，应当通知人民法院、有关当事人和辩护人，并按照查证的情况做好庭审准备。对于新的材料或者线索，可以要求监察机关、公安机关对证据收集的合法性进行说明或者提供相关证明材料。

3.《最高人民法院关于适用〈中华人民共和国刑事诉讼法〉的解释》（2021 年 1 月 26 日　法释〔2021〕1 号）

第 221 条　开庭审理前，人民法院应当进行下列工作：

（一）确定审判长及合议庭组成人员；

（二）开庭十日以前将起诉书副本送达被告人、辩护人；

（三）通知当事人、法定代理人、辩护人、诉讼代理人在开庭五日以前提供证人、鉴定人名单，以及拟当庭出示的证据；申请证人、鉴定人、有专门知识的人出庭的，应当列明有关人员的姓名、性别、年龄、职业、住址、联系方式；

（四）开庭三日以前将开庭的时间、地点通知人民检察院；

（五）开庭三日以前将传唤当事人的传票和通知辩护人、诉讼代理人、法定代理人、证人、鉴定人等出庭的通知书送达；通知有关人员出庭，也可以采取电话、短信、传真、电子邮件、即时通讯等能够确认对方收悉的方式；对被害人人数众多的涉众型犯罪案件，可以通过互联网公布相关文书，通知有关人员出庭；

（六）公开审理的案件，在开庭三日以前公布案由、被告人姓名、开庭时间和地点。

上述工作情况应当记录在案。

第226条 案件具有下列情形之一的，人民法院可以决定召开庭前会议：

（一）证据材料较多、案情重大复杂的；

（二）控辩双方对事实、证据存在较大争议的；

（三）社会影响重大的；

（四）需要召开庭前会议的其他情形。

第228条 庭前会议可以就下列事项向控辩双方了解情况，听取意见：

（一）是否对案件管辖有异议；

（二）是否申请有关人员回避；

（三）是否申请不公开审理；

（四）是否申请排除非法证据；

（五）是否提供新的证据材料；

（六）是否申请重新鉴定或者勘验；

（七）是否申请收集、调取证明被告人无罪或者罪轻的证据材料；

（八）是否申请证人、鉴定人、有专门知识的人、调查人员、侦查人员或者其他人员出庭，是否对出庭人员名单有异议；

（九）是否对涉案财物的权属情况和人民检察院的处理建议有异议；

（十）与审判相关的其他问题。

庭前会议中，人民法院可以开展附带民事调解。

对第一款规定中可能导致庭审中断的程序性事项，人民法院可以在庭前会议后依法作出处理，并在庭审中说明处理决定和理由。控辩双方没有新的理由，在庭审中再次提出有关申请或者异议的，法庭可以在说明庭前会议情况和处理决定理由后，依法予以驳回。

庭前会议情况应当制作笔录，由参会人员核对后签名。

第229条 庭前会议中，审判人员可以询问控辩双方对证据材料有无异议，对有异议的证据，应当在庭审时重点调查；无异议的，庭审时举证、质证可以简化。

第230条 庭前会议由审判长主持，合议庭其他审判员也可以主持庭前会议。

召开庭前会议应当通知公诉人、辩护人到场。

庭前会议准备就非法证据排除了解情况、听取意见，或者准备询问控辩双方对证据材料的意见的，应当通知被告人到场。有多名被告人的案件，可以根据情况确定参加庭前会议的被告人。

第231条 庭前会议一般不公开进行。

根据案件情况，庭前会议可以采用视频等方式进行。

第232条 人民法院在庭前会议中听取控辩双方对案件事实、证据材料的意见后，对明显事实不清、证据不足的案件，可以建议人民检察院补充材料或者撤回起诉。建议撤回起诉的案件，人民检察院不同意的，开庭审理后，没有新的事实和理由，一般不准许撤回起诉。

第233条 对召开庭前会议的案件，可以在开庭时告知庭前会议情况。对庭前会议中达成一致意见的事项，法庭在向控辩双方核实后，可以当庭予以确认；未达成一致意见的事项，法庭可以归纳控辩双方争议焦点，听取控辩双方意见，依法作出处理。

控辩双方在庭前会议中就有关事项达成一致意见，在庭审中反悔的，除有正当理由外，法庭一般不再进行处理。

4.《人民法院办理刑事案件庭前会议规程（试行）》（2017年11月27日 法发〔2017〕31号）

为贯彻落实最高人民法院、最高人民检察院、公安部、国家安全部、司法部《关于推进以审判为中心的刑事诉讼制度改革的意见》，完善庭前会议程序，确保法庭集中持续审理，提高庭审质量和效率，根据法律规定，结合司法实际，制定本规程。

第1条 人民法院适用普通程序审理刑事案件，对于证据材料较多、案情疑难复杂、社会影响重大或者控辩双方对事实证据存在较大争议等情形的，可以决定在开庭审理前召开庭前会议。

控辩双方可以申请人民法院召开庭前会议。申请召开庭前会议的，应当说明需要处理的事项。人民法院经审查认为有必要的，应当决定召开庭前会议；决定不召开庭前会议的，应当告知申请人。

被告人及其辩护人在开庭审理前申请排除非法证据，并依照法律规定提供相关线索或者材料的，人民法院应当召开庭前会议。

第2条 庭前会议中，人民法院可以就与审判相关的问题了解情况，听取意见，依法处理回避、出庭证人名单、非法证据排除等可能导致庭审中断的事项，组织控辩双方展示证据，归纳争议焦点，开展附带民事调解。

第3条 庭前会议由承办法官主持，其他合议庭成员也可以主持或者参加庭前会议。根据案件情况，承办法官可以指导法官助理主持庭前会议。

公诉人、辩护人应当参加庭前会议。根据案件情况，被告人可以参加庭前会议；被告人申请参加庭前会议或者申请排除非法证据等情形的，人民法院应当通知被告人到场；有多名被告人的案件，主持人可以根据案件情况确定参加庭前会议的被告人。

被告人申请排除非法证据，但没有辩护人的，人民法院应当通知法律援助机构指派律师为被告人提供帮助。

庭前会议中进行附带民事调解的，人民法院应当通知附带民事诉讼当事人到场。

第4条 被告人不参加庭前会议的，辩护人应当在召开庭前会议前就庭前会议处理事项听取被告人意见。

第5条 庭前会议一般不公开进行。

根据案件情况，庭前会议可以采用视频会议等方式进行。

第6条 根据案件情况，庭前会议可以在开庭审理前多次召开；休庭后，可以在再次开庭前召开庭前会议。

第7条 庭前会议应当在法庭或者其他办案场所召开。被羁押的被告人参加的，可以在看守所办案场所召开。

被告人参加庭前会议，应当有法警在场。

第8条 人民法院应当根据案件情况，综合控辩双方意见，确定庭前会议需要处理的事项，并在召开庭前会议三日前，将会议的时间、地点、人员和事项等通知参会人员。通知情况应当记录在案。

被告人及其辩护人在开庭审理前申请排除非法证据的，人民法院应当在召开庭前会议三日前，将申请书及相关线索或者材料的复制件送交人民检察院。

第9条 庭前会议开始后，主持人应当核实参会人员情况，宣布庭前会议需要处理的事项。

有多名被告人参加庭前会议，涉及事实证据问题的，应当组织各被告人分别参加，防止串供。

第10条 庭前会议中，主持人可以就下列事项向控辩双方了解情况，听取意见：

（一）是否对案件管辖有异议；

（二）是否申请有关人员回避；

（三）是否申请不公开审理；

（四）是否申请排除非法证据；

（五）是否申请提供新的证据材料；

（六）是否申请重新鉴定或者勘验；

（七）是否申请调取在侦查、审查起诉期间公安机关、人民检察院收集但未随案移送的证明被告人无罪或者罪轻的证据材料；

（八）是否申请向证人或有关单位、个人收集、调取证据材料；

（九）是否申请证人、鉴定人、侦查人员、有专门知识的人出庭，是否对出庭人员名单有异议；

（十）与审判相关的其他问题。

对于前款规定中可能导致庭审中断的事项，人民法院应当依法作出处理，在开庭审理前告知处理决定，并说明理由。控辩双方没有新的理由，在庭审中再次提出有关申请或者异议的，法庭应当依法予以驳回。

第11条 被告人及其辩护人对案件管辖提出异议，应当说明理由。人民法院经审查认为异议成立的，应当依法将案件退回人民检察院或者移送有管辖权的人民法院；认为本院不宜行使管辖权的，可以请求上一级人民法院处理。人民法院经审查认为异议不成立的，应当依法驳回异议。

第12条 被告人及其辩护人申请审判人员、书记员、翻译人员、鉴定人回避，应当说明理由。人民法院经审查认为申请成立的，应当依法决定有关人员回避；认为申请不成立的，应当依法驳回申请。

被告人及其辩护人申请回避被驳回的，可以在接到决定时申请复议一次。对于不属于刑事诉讼法第二十八条、第二十九条规定情形的，回避申请被驳回后，不得申请复议。

被告人及其辩护人申请检察人员回避的，人民法院应当通知人民检察院。

第13条 被告人及其辩护人申请不公开审理，人民法院经审查认为案件涉及国家秘密或者个人隐私的，应当准许；认为案件涉及商业秘密的，可以准许。

第14条 被告人及其辩护人在开庭审理前申请排除非法证据，并依照法律规定提供相关线索或者材料的，人民检察院应当在庭前会议中通过出示有关证据材料等方式，有针对性地对证据收集的合法性作出说明。人民法院可以对有关证据材料进行核实；经控辩双方申请，可以有针对性地播放讯问录音录像。

人民检察院可以撤回有关证据，撤回的证据，没有新的理由，不得在庭审中出示。被告人及其辩护人可以撤回排除非法证据的申请，撤回申请后，没有新的线索或者材料，不得再次对有关证据提出排除申请。

控辩双方在庭前会议中对证据收集的合法性未达成一致意见，人民法院应当开展庭审调查，但公诉人提供的相关证据材料确实、充分，能够排除非法取证情形，且没有新的线索或者材料表明可能存在非法取证的，庭审调查举证、质证可以简化。

第15条 控辩双方申请重新鉴定或者勘验，应当说明理由。人民法院经审查认为理由成立，有关证据材料可能影响定罪量刑且不能补正的，应当准许。

第16条 被告人及其辩护人书面申请调取公安机关、人民检察院在侦查、审查起诉期间收集但未随案移送的证明被告人无罪或者罪轻的证据材料，并提供相关线索或者材料的，人民法院应当调取，并通知人民检察院在收到调取决定书后三日内移交。

被告人及其辩护人申请向证人或有关单位、个人收集、调取证据材料，应当说明理由。人民法院经审查认为有关证据材料可能影响定罪量刑的，应当准许；认为有关证据材料与案件无关或者明显重复、没有必要的，可以不予准许。

第17条 控辩双方申请证人、鉴定人、侦查人员、有专门知识的人出庭，应当说明理由。人民法院经审查认为理由成立的，应当通知有关人员出庭。

控辩双方对出庭证人、鉴定人、侦查人员、有专门知识的人的名单有异议，人民法院经审查认为异议成立的，应当依法作出处理；认为异议不成立的，应当依法驳回。

人民法院通知证人、鉴定人、侦查人员、有专门知识的人等出庭后，应当告知控辩双方协助有关人员到庭。

第18条 召开庭前会议前，人民检察院应当将全部证据材料移送人民法院。被告人及其辩护人应当将收集的有关被告人不在犯罪现场、未达到刑事责任年龄、属于依法不负刑事责任的精神病人等证明被告人无罪或者依法不负刑事责任的全部证据材料提交人民法院。

人民法院收到控辩双方移送或者提交的证据材料后，应当通知对方查阅、摘抄、复制。

第19条 庭前会议中，对于控辩双方决定在庭审中出示的证据，人民法院可以组织展示有关证据，听取控辩双方对在案证据的意见，梳理存在争议的证据。

对于控辩双方在庭前会议中没有争议的证据材料，庭审时举证、质证可以简化。

人民法院组织展示证据的，一般应当通知被告人到场，听取被告人意见；被告人不到场的，辩护人应当在召开庭前会议前听取被告人意见。

第20条 人民法院可以在庭前会议中归纳控辩双方的争议焦点。对控辩双方没有争议或者达成一致意见的事项，可以在庭审中简化审理。

人民法院可以组织控辩双方协商确定庭审的举证顺序、方式等事项，明确法庭调查的方式和重点。协商不成的事项，由人民法院确定。

第21条 对于被告人在庭前会议前不认罪，在庭前会议中又认罪的案件，人民法院核实被告人认罪的自愿性和真实性后，可以依法适用速裁程序或者简易程序审理。

第22条 人民法院在庭前会议中听取控辩双方对案件事实证据的意见后，对于明显事实不清、证据不足的案件，可以建议人民检察院补充材料或者撤回起诉。建议撤回起诉的案件，人民检察院不同意的，人民法院开庭审理后，没有新的事实和理由，一般不准许撤回起诉。

第23条 庭前会议情况应当制作笔录，由参会人员核对后签名。

庭前会议结束后应当制作庭前会议报告，说明庭前会议的基本情况、与审判相关的问题的处理结果、控辩双方的争议焦点以及就相关事项达成的一致意见等。

第24条 对于召开庭前会议的案件，在宣读起诉书后，法庭应当宣布庭前会议报告的主要内容；有多起犯罪事实的案件，可以在有关犯罪事实的法庭调查开始前，分别宣布庭前会议报告的相关内容；对庭前会议处理管辖异议、申请回避、申请不公开审理等事项的，法庭可以在告知当事人诉讼权利后宣布庭前会议报告的相关内容。

第25条 宣布庭前会议报告后，对于庭前会议中达成一致意见的事项，法庭向控辩双方核实后当庭予以确认；对于未达成一致意见的事项，法庭可以归纳控辩双方争议焦点，听取控辩双方意见，依法作出处理。

控辩双方在庭前会议中就有关事项达成一致意见，在庭审中反悔的，除有正当理由外，法庭一般不再进行处理。

第26条 第二审人民法院召开庭前会议的，参照上述规定。

第27条 本规程自2018年1月1日起试行。

第一百八十八条 公开审理与不公开审理[①]

人民法院审判第一审案件应当公开进行。但是有关国家秘密或者个人隐私的案件，不公开审理；涉及商业秘密的案件，当事人申请不公开审理的，可以不公开审理。

不公开审理的案件，应当当庭宣布不公开审理的理由。

● 宪　法

1.《中华人民共和国宪法》（2018年3月11日修正）

第130条 人民法院审理案件，除法律规定的特别情况外，一律公开进行。被告人有权获得辩护。

● 法　律

2.《保守国家秘密法》（2010年4月29日修订）

第2条 国家秘密是关系国家安全和利益，依照法定程序确定，在一定

① “有关国家秘密”的案件是指该案件涉及国家秘密。关于什么是国家秘密，应根据《保守国家秘密法》的规定认定。“个人隐私案件”是指案件涉及个人不愿公开的隐秘，这些隐秘的公开将会给当事人的生活造成不好的后果，心理带来痛苦和压力，如两性关系、生育能力、收养子女等等。涉及商业秘密的案件，“商业秘密”是指不为公众所知悉，能为权利人带来经济利益，具有实用性并经权利人采取保密措施的技术信息和经营信息。

时间内只限一定范围的人员知悉的事项。

第9条 下列涉及国家安全和利益的事项，泄露后可能损害国家在政治、经济、国防、外交等领域的安全和利益的，应当确定为国家秘密：

（一）国家事务重大决策中的秘密事项；

（二）国防建设和武装力量活动中的秘密事项；

（三）外交和外事活动中的秘密事项以及对外承担保密义务的秘密事项；

（四）国民经济和社会发展中的秘密事项；

（五）科学技术中的秘密事项；

（六）维护国家安全活动和追查刑事犯罪中的秘密事项；

（七）经国家保密行政管理部门确定的其他秘密事项。

政党的秘密事项中符合前款规定的，属于国家秘密。

第10条 国家秘密的密级分为绝密、机密、秘密三级。

绝密级国家秘密是最重要的国家秘密，泄露会使国家安全和利益遭受特别严重的损害；机密级国家秘密是重要的国家秘密，泄露会使国家安全和利益遭受严重的损害；秘密级国家秘密是一般的国家秘密，泄露会使国家安全和利益遭受损害。

3.《未成年人保护法》（2020年10月17日修订）

第104条 对需要法律援助或者司法救助的未成年人，法律援助机构或者公安机关、人民检察院、人民法院和司法行政部门应当给予帮助，依法为其提供法律援助或者司法救助。

法律援助机构应当指派熟悉未成年人身心特点的律师为未成年人提供法律援助服务。

法律援助机构和律师协会应当对办理未成年人法律援助案件的律师进行指导和培训。

第113条 对违法犯罪的未成年人，实行教育、感化、挽救的方针，坚持教育为主、惩罚为辅的原则。

对违法犯罪的未成年人依法处罚后，在升学、就业等方面不得歧视。

● ***司法解释及文件***

4.《最高人民法院关于适用〈中华人民共和国刑事诉讼法〉的解释》（2021年1月26日　法释〔2021〕1号）

第222条 审判案件应当公开进行。

案件涉及国家秘密或者个人隐私的，不公开审理；涉及商业秘密，当事人提出申请的，法庭可以决定不公开审理。

不公开审理的案件，任何人不得旁听，但具有刑事诉讼法第二百八十五条规定情形的除外。

第223条 精神病人、醉酒的人、未经人民法院批准的未成年人以及其他不宜旁听的人不得旁听案件审理。

第224条 被害人人数众多，且案件不属于附带民事诉讼范围的，被害人可以推选若干代表人参加庭审。

第225条 被害人、诉讼代理人经传唤或者通知未到庭，不影响开庭审理的，人民法院可以开庭审理。

辩护人经通知未到庭，被告人同意的，人民法院可以开庭审理，但被告人属于应当提供法律援助情形的除外。

5.《最高人民法院关于加强人民法院审判公开工作的若干意见》（2007年6月4日　法发〔2007〕20号）

15. 依法公开审理的案件，我国公民可以持有效证件旁听，人民法院应当妥善安排好旁听工作。因审判场所、安全保卫等客观因素所限发放旁听证的，应当作出必要的说明和解释。

16. 对群众广泛关注、有较大社会影响或者有利于社会主义法治宣传教育的案件，可以有计划地通过相关组织安排群众旁听，邀请人大代表、政协委员旁听，增进广大群众、人大代表、政协委员了解法院审判工作，方便对审判工作的监督。

17. 申请执行人向人民法院提供被执行人财产线索的，人民法院应当在收到有关线索后尽快决定是否调查，决定不予调查的，应当告知申请执行人具体理由。人民法院根据申请执行人提供的线索或依职权调查被执行人财产状况的，应当在调查结束后及时将调查结果告知申请执行人。被执行人向人民法院申报财产的，人民法院应当在收到申报后及时将被执行人申报的财产状况告知申请执行人。

18. 人民法院应当公告选择评估、拍卖等中介机构的条件和程序，公开进行选定，并及时公告选定的中介机构名单。人民法院应当向当事人、利害关系人公开评估、拍卖、变卖的过程和结果；不能及时拍卖、变卖的，应当向当事人、利害关系人说明原因。

19. 对办案过程中涉及当事人或案外人重大权益的事项，法律没有规定办理程序的，各级人民法院应当根据实际情况，建立灵活、方便的听证机制，举行听证。对当事人、利害关系人提出的执行异议、变更或追加被执行人的请求、经调卷复查认为符合再审条件的申诉申请再审案件，人民法院应当举行听证。

20. 人民法院应当建立和公布案件办理情况查询机制，方便当事人及其委托代理人及时了解与当事人诉讼权利、义务相关的审判和执行信息。

21. 有条件的人民法院对于庭审活动和相关重要审判活动可以录音、录像，建立审判工作的声像档案，当事人可以按规定查阅和复制。

22. 各高级人民法院应当根据本辖区内的情况制定通过出版物、局域网、互联网等方式公布生效裁判文书的具体办法，逐步加大生效裁判文书公开的力度。

23. 通过电视、互联网等媒体对人民法院公开审理案件进行直播、转播的，由高级人民法院批准后进行。

四、规范审判公开工作，维护法律权威和司法形象

24. 人民法院公开审理案件，庭审活动应当在审判法庭进行。巡回审理案件，有固定审判场所的，庭审活动应当在该固定审判场所进行；尚无固定审判场所的，可根据实际条件选择适当的场所。

25. 人民法院裁判文书是人民法院公开审判活动、裁判理由、裁判依据和裁判结果的重要载体。裁判文书的制作应当符合最高人民法院颁布的裁判文书样式要求，包含裁判文书的必备要素，并按照繁简得当、易于理解的要求，清楚地反映裁判过程、事实、理由和裁判依据。

26. 人民法院工作人员实施公务活动，应当依据有关规定着装，并主动出示工作证。

27. 人民法院应当向社会公开审判、执行工作纪律规范，公开违法审判、违法执行的投诉办法，便于当事人及社会监督。

第一百八十九条 检察院派员出庭

人民法院审判公诉案件，人民检察院应当派员出席法庭支持公诉。

● *司法解释及文件*

1.《人民检察院刑事诉讼规则》（2019年12月30日　高检发释字〔2019〕4号）

第390条　提起公诉的案件，人民检察院应当派员以国家公诉人的身份出席第一审法庭，支持公诉。

公诉人应当由检察官担任。检察官助理可以协助检察官出庭。根据需要可以配备书记员担任记录。

第391条　对于提起公诉后人民法院改变管辖的案件，提起公诉的人民检察院参照本规则第三百二十八条的规定将案件移送与审判管辖相对应的人民检察院。

接受移送的人民检察院重新对案件进行审查的，根据刑事诉讼法第一百七十二条第二款的规定自收到案件之日起计算审查起诉期限。

第392条　人民法院决定开庭审判的，公诉人应当做好以下准备工作：

（一）进一步熟悉案情，掌握证据情况；

（二）深入研究与本案有关的法律政策问题；

（三）充实审判中可能涉及的专业知识；

（四）拟定讯问被告人、询问证人、鉴定人、有专门知识的人和宣读、出示、播放证据的计划并制定质证方案；

（五）对可能出现证据合法性争议的，拟定证明证据合法性的提纲并准备相关材料；

（六）拟定公诉意见，准备辩论提纲；

（七）需要对出庭证人等的保护向人民法院提出建议或者配合工作的，做好相关准备。

第393条　人民检察院在开庭审理前收到人民法院或者被告人及其辩护人、被害人、证人等送交的反映证据系非法取得的书面材料的，应当进行审查。对于审查逮捕、审查起诉期间已经提出并经查证不存在非法取证行为的，应当通知人民法院、有关当事人和辩护人，并按照查证的情况做好庭审准备。对于新的材料或者线索，可以要求监察机关、公安机关对证据收集的合法性进行说明或者提供相关证明材料。

第394条　人民法院通知人民检察院派员参加庭前会议的，由出席法庭的公诉人参加。检察官助理可以协助。根据需要可以配备书记员担任记录。

人民检察院认为有必要召开庭前会议的，可以建议人民法院召开庭前会议。

第395条 在庭前会议中，公诉人可以对案件管辖、回避、出庭证人、鉴定人、有专门知识的人的名单、辩护人提供的无罪证据、非法证据排除、不公开审理、延期审理、适用简易程序或者速裁程序、庭审方案等与审判相关的问题提出和交换意见，了解辩护人收集的证据等情况。

对辩护人收集的证据有异议的，应当提出，并简要说明理由。

公诉人通过参加庭前会议，了解案件事实、证据和法律适用的争议和不同意见，解决有关程序问题，为参加法庭审理做好准备。

第396条 当事人、辩护人、诉讼代理人在庭前会议中提出证据系非法取得，人民法院认为可能存在以非法方法收集证据情形的，人民检察院应当对证据收集的合法性进行说明。需要调查核实的，在开庭审理前进行。

第397条 人民检察院向人民法院移送全部案卷材料后，在法庭审理过程中，公诉人需要出示、宣读、播放有关证据的，可以申请法庭出示、宣读、播放。

人民检察院基于出庭准备和庭审举证工作的需要，可以取回有关案卷材料和证据。

取回案卷材料和证据后，辩护律师要求查阅案卷材料的，应当允许辩护律师在人民检察院查阅、摘抄、复制案卷材料。

第398条 公诉人在法庭上应当依法进行下列活动：

（一）宣读起诉书，代表国家指控犯罪，提请人民法院对被告人依法审判；

（二）讯问被告人；

（三）询问证人、被害人、鉴定人；

（四）申请法庭出示物证，宣读书证、未到庭证人的证言笔录、鉴定人的鉴定意见、勘验、检查、辨认、侦查实验等笔录和其他作为证据的文书，播放作为证据的视听资料、电子数据等；

（五）对证据采信、法律适用和案件情况发表意见，提出量刑建议及理由，针对被告人、辩护人的辩护意见进行答辩，全面阐述公诉意见；

（六）维护诉讼参与人的合法权利；

（七）对法庭审理案件有无违反法律规定诉讼程序的情况记明笔录；

（八）依法从事其他诉讼活动。

第399条 在法庭审理中，公诉人应当客观、全面、公正地向法庭出示与定罪、量刑有关的证明被告人有罪、罪重或者罪轻的证据。

按照审判长要求，或者经审判长同意，公诉人可以按照以下方式举证、质证：

（一）对于可能影响定罪量刑的关键证据和控辩双方存在争议的证据，一般应当单独举证、质证；

（二）对于不影响定罪量刑且控辩双方无异议的证据，可以仅就证据的名称及其证明的事项、内容作出说明；

（三）对于证明方向一致、证明内容相近或者证据种类相同，存在内在逻辑关系的证据，可以归纳、分组示证、质证。

公诉人出示证据时，可以借助多媒体设备等方式出示、播放或者演示证据内容。

定罪证据与量刑证据需要分开的，应当分别出示。

第400条 公诉人讯问被告人，询问证人、被害人、鉴定人，出示物证，宣读书证、未出庭证人的证言笔录等应当围绕下列事实进行：

（一）被告人的身份；

（二）指控的犯罪事实是否存在，是否为被告人所实施；

（三）实施犯罪行为的时间、地点、方法、手段、结果，被告人犯罪后的表现等；

（四）犯罪集团或者其他共同犯罪案件中参与犯罪人员的各自地位和应负的责任；

（五）被告人有无刑事责任能力，有无故意或者过失，行为的动机、目的；

（六）有无依法不应当追究刑事责任的情况，有无法定的从重或者从轻、减轻以及免除处罚的情节；

（七）犯罪对象、作案工具的主要特征，与犯罪有关的财物的来源、数量以及去向；

（八）被告人全部或者部分否认起诉书指控的犯罪事实的，否认的根据和理由能否成立；

（九）与定罪、量刑有关的其他事实。

第401条 在法庭审理中，下列事实不必提出证据进行证明：

（一）为一般人共同知晓的常识性事实；

（二）人民法院生效裁判所确认并且未依审判监督程序重新审理的事实；

（三）法律、法规的内容以及适用等属于审判人员履行职务所应当知晓的事实；

（四）在法庭审理中不存在异议的程序事实；

（五）法律规定的推定事实；

（六）自然规律或者定律。

2.《人民检察院办理网络犯罪案件规定》（2021年1月22日）

第四章　出庭支持公诉

第46条　人民检察院依法提起公诉的网络犯罪案件，具有下列情形之一的，可以建议人民法院召开庭前会议：

（一）案情疑难复杂的；

（二）跨国（边）境、跨区域案件社会影响重大的；

（三）犯罪嫌疑人、被害人等人数众多、证据材料较多的；

（四）控辩双方对电子数据合法性存在较大争议的；

（五）案件涉及技术手段专业性强，需要控辩双方提前交换意见的；

（六）其他有必要召开庭前会议的情形。

必要时，人民检察院可以向法庭申请指派检察技术人员或者聘请其他有专门知识的人参加庭前会议。

第47条　人民法院开庭审理网络犯罪案件，公诉人出示证据可以借助多媒体示证、动态演示等方式进行。必要时，可以向法庭申请指派检察技术人员或者聘请其他有专门知识的人进行相关技术操作，并就专门性问题发表意见。

公诉人在出示电子数据时，应当从以下方面进行说明：

（一）电子数据的来源、形成过程；

（二）电子数据所反映的犯罪手段、人员关系、资金流向、行为轨迹等案件事实；

（三）电子数据与被告人供述、被害人陈述、证人证言、物证、书证等的相互印证情况；

（四）其他应当说明的内容。

第48条　在法庭审理过程中，被告人及其辩护人针对电子数据的客观性、合法性、关联性提出辩解或者辩护意见的，公诉人可以围绕争议点从证据来源是否合法，提取、复制、制作过程是否规范，内容是否真实完整，与案件事实有无关联等方面，有针对性地予以答辩。

第 49 条 支持、推动人民法院开庭审判网络犯罪案件全程录音录像。对庭审全程录音录像资料，必要时人民检察院可以商请人民法院复制，并将存储介质附检察卷宗保存。

第一百九十条 开庭

开庭的时候，审判长查明当事人是否到庭，宣布案由；宣布合议庭的组成人员、书记员、公诉人、辩护人、诉讼代理人、鉴定人和翻译人员的名单；告知当事人有权对合议庭组成人员、书记员、公诉人、鉴定人和翻译人员申请回避；告知被告人享有辩护权利。

被告人认罪认罚的，审判长应当告知被告人享有的诉讼权利和认罪认罚的法律规定，审查认罪认罚的自愿性和认罪认罚具结书内容的真实性、合法性。

● *司法解释及文件*

1.《最高人民法院关于适用〈中华人民共和国刑事诉讼法〉的解释》（2021年1月26日　法释〔2021〕1号）

第 235 条 审判长宣布开庭，传被告人到庭后，应当查明被告人的下列情况：

（一）姓名、出生日期、民族、出生地、文化程度、职业、住址，或者被告单位的名称、住所地、法定代表人、实际控制人以及诉讼代表人的姓名、职务；

（二）是否受过刑事处罚、行政处罚、处分及其种类、时间；

（三）是否被采取留置措施及留置的时间，是否被采取强制措施及强制措施的种类、时间；

（四）收到起诉书副本的日期；有附带民事诉讼的，附带民事诉讼被告人收到附带民事起诉状的日期。

被告人较多的，可以在开庭前查明上述情况，但开庭时审判长应当作出说明。

第236条 审判长宣布案件的来源、起诉的案由、附带民事诉讼当事人的姓名及是否公开审理；不公开审理的，应当宣布理由。

第237条 审判长宣布合议庭组成人员、法官助理、书记员、公诉人的名单，以及辩护人、诉讼代理人、鉴定人、翻译人员等诉讼参与人的名单。

第238条 审判长应当告知当事人及其法定代理人、辩护人、诉讼代理人在法庭审理过程中依法享有下列诉讼权利：

（一）可以申请合议庭组成人员、法官助理、书记员、公诉人、鉴定人和翻译人员回避；

（二）可以提出证据，申请通知新的证人到庭、调取新的证据，申请重新鉴定或者勘验；

（三）被告人可以自行辩护；

（四）被告人可以在法庭辩论终结后作最后陈述。

第239条 审判长应当询问当事人及其法定代理人、辩护人、诉讼代理人是否申请回避、申请何人回避和申请回避的理由。

当事人及其法定代理人、辩护人、诉讼代理人申请回避的，依照刑事诉讼法及本解释的有关规定处理。

同意或者驳回回避申请的决定及复议决定，由审判长宣布，并说明理由。必要时，也可以由院长到庭宣布。

第240条 审判长宣布法庭调查开始后，应当先由公诉人宣读起诉书；公诉人宣读起诉书后，审判长应当询问被告人对起诉书指控的犯罪事实和罪名有无异议。

有附带民事诉讼的，公诉人宣读起诉书后，由附带民事诉讼原告人或者其法定代理人、诉讼代理人宣读附带民事起诉状。

2. 最高人民法院、公安部关于刑事被告人或上诉人出庭受审时着装问题的通知（2015年2月10日　法〔2015〕45号）

各省、自治区、直辖市高级人民法院、公安厅（局），解放军军事法院，新疆维吾尔自治区高级人民法院生产建设兵团分院、公安局：

为进一步加强刑事被告人人权保障，彰显现代司法文明，人民法院开庭时，刑事被告人或上诉人不再穿着看守所的识别服出庭受审。人民法院到看守所提解在押刑事被告人或上诉人的，看守所应当将穿着正装或便装的在押刑事被告人或上诉人移交人民法院。

特此通知，请遵照执行。

3.《人民法院办理刑事案件第一审普通程序法庭调查规程（试行）》（2017年11月27日　法发〔2017〕31号）

第1条　法庭应当坚持证据裁判原则。认定案件事实，必须以证据为根据。法庭调查应当以证据调查为中心，法庭认定并依法排除的非法证据，不得宣读、质证。证据未经当庭出示、宣读、辨认、质证等法庭调查程序查证属实，不得作为定案的根据。

第2条　法庭应当坚持程序公正原则。人民检察院依法承担被告人有罪的举证责任，被告人不承担证明自己无罪的责任。法庭应当居中裁判，严格执行法定的审判程序，确保控辩双方在法庭调查环节平等对抗，通过法庭审判的程序公正实现案件裁判的实体公正。

第3条　法庭应当坚持集中审理原则。规范庭前准备程序，避免庭审出现不必要的迟延和中断。承办法官应当在开庭前阅卷，确定法庭审理方案，并向合议庭通报开庭准备情况。召开庭前会议的案件，法庭可以依法处理可能导致庭审中断的事项，组织控辩双方展示证据，归纳控辩双方争议焦点。

第4条　法庭应当坚持诉权保障原则。依法保障当事人和其他诉讼参与人的知情权、陈述权、辩护辩论权、申请权、申诉权，依法保障辩护人发问、质证、辩论辩护等权利，完善便利辩护人参与诉讼的工作机制。

二、宣布开庭和讯问、发问程序

第5条　法庭宣布开庭后，应当告知当事人在法庭审理过程中依法享有的诉讼权利。

对于召开庭前会议的案件，在庭前会议中处理诉讼权利事项的，可以在开庭后告知诉讼权利的环节，一并宣布庭前会议对有关事项的处理结果。

第一百九十一条　宣读起诉书与讯问、发问被告人

公诉人在法庭上宣读起诉书后，被告人、被害人可以就起诉书指控的犯罪进行陈述，公诉人可以讯问被告人。

被害人、附带民事诉讼的原告人和辩护人、诉讼代理人，经审判长许可，可以向被告人发问。

审判人员可以讯问被告人。

● *司法解释及文件*

1.**《人民检察院刑事诉讼规则》**（2019年12月30日　高检发释字〔2019〕4号）

第398条　公诉人在法庭上应当依法进行下列活动：

（一）宣读起诉书，代表国家指控犯罪，提请人民法院对被告人依法审判；

（二）讯问被告人；

（三）询问证人、被害人、鉴定人；

（四）申请法庭出示物证，宣读书证、未到庭证人的证言笔录、鉴定人的鉴定意见、勘验、检查、辨认、侦查实验等笔录和其他作为证据的文书，播放作为证据的视听资料、电子数据等；

（五）对证据采信、法律适用和案件情况发表意见，提出量刑建议及理由，针对被告人、辩护人的辩护意见进行答辩，全面阐述公诉意见；

（六）维护诉讼参与人的合法权利；

（七）对法庭审理案件有无违反法律规定诉讼程序的情况记明笔录；

（八）依法从事其他诉讼活动。

第402条　讯问被告人、询问证人不得采取可能影响陈述或者证言客观真实的诱导性发问以及其他不当发问方式。

辩护人向被告人或者证人进行诱导性发问以及其他不当发问可能影响陈述或者证言的客观真实的，公诉人可以要求审判长制止或者要求对该项陈述或者证言不予采纳。

讯问共同犯罪案件的被告人、询问证人应当个别进行。

被告人、证人、被害人对同一事实的陈述存在矛盾的，公诉人可以建议法庭传唤有关被告人、通知有关证人同时到庭对质，必要时可以建议法庭询问被害人。

第403条　被告人在庭审中的陈述与在侦查、审查起诉中的供述一致或者不一致的内容不影响定罪量刑的，可以不宣读被告人供述笔录。

被告人在庭审中的陈述与在侦查、审查起诉中的供述不一致，足以影响定罪量刑的，可以宣读被告人供述笔录，并针对笔录中被告人的供述内容对被告人进行讯问，或者提出其他证据进行证明。

2.《最高人民法院关于适用〈中华人民共和国刑事诉讼法〉的解释》（2021年1月26日　法释〔2021〕1号）

第240条　审判长宣布法庭调查开始后，应当先由公诉人宣读起诉书；公诉人宣读起诉书后，审判长应当询问被告人对起诉书指控的犯罪事实和罪名有无异议。

有附带民事诉讼的，公诉人宣读起诉书后，由附带民事诉讼原告人或者其法定代理人、诉讼代理人宣读附带民事起诉状。

第241条　在审判长主持下，被告人、被害人可以就起诉书指控的犯罪事实分别陈述。

第242条　在审判长主持下，公诉人可以就起诉书指控的犯罪事实讯问被告人。

经审判长准许，被害人及其法定代理人、诉讼代理人可以就公诉人讯问的犯罪事实补充发问；附带民事诉讼原告人及其法定代理人、诉讼代理人可以就附带民事部分的事实向被告人发问；被告人的法定代理人、辩护人，附带民事诉讼被告人及其法定代理人、诉讼代理人可以在控诉方、附带民事诉讼原告方就某一问题讯问、发问完毕后向被告人发问。

根据案件情况，就证据问题对被告人的讯问、发问可以在举证、质证环节进行。

第243条　讯问同案审理的被告人，应当分别进行。

第244条　经审判长准许，控辩双方可以向被害人、附带民事诉讼原告人发问。

第245条　必要时，审判人员可以讯问被告人，也可以向被害人、附带民事诉讼当事人发问。

3.《人民法院办理刑事案件第一审普通程序法庭调查规程（试行）》（2017年11月27日　法发〔2017〕31号）

第6条　公诉人宣读起诉书后，对于召开庭前会议的案件，法庭应当宣布庭前会议报告的主要内容。有多起犯罪事实的案件，法庭可以在有关犯罪事实的法庭调查开始前，分别宣布庭前会议报告的相关内容。

对于庭前会议中达成一致意见的事项，法庭可以向控辩双方核实后当庭予以确认；对于未达成一致意见的事项，法庭可以在庭审涉及该事项的环节归纳争议焦点，听取控辩双方意见，依法作出处理。

第7条 公诉人宣读起诉书后，审判长应当询问被告人对起诉书指控的犯罪事实是否有异议，听取被告人的供述和辩解。对于被告人当庭认罪的案件，应当核实被告人认罪的自愿性和真实性，听取其供述和辩解。

在审判长主持下，公诉人可以就起诉书指控的犯罪事实讯问被告人，为防止庭审过分迟延，就证据问题向被告人的讯问可在举证、质证环节进行。经审判长准许，被害人及其法定代理人、诉讼代理人可以就公诉人讯问的犯罪事实补充发问；附带民事诉讼原告人及其法定代理人、诉讼代理人可以就附带民事部分的事实向被告人发问；被告人的法定代理人、辩护人，附带民事诉讼被告人及其法定代理人、诉讼代理人可以在控诉一方就某一问题讯问完毕后向被告人发问。有多名被告人的案件，辩护人对被告人的发问，应当在审判长主持下，先由被告人本人的辩护人进行，再由其他被告人的辩护人进行。

第8条 有多名被告人的案件，对被告人的讯问应当分别进行。

被告人供述之间存在实质性差异的，法庭可以传唤有关被告人到庭对质。审判长可以分别讯问被告人，就供述的实质性差异进行调查核实。经审判长准许，控辩双方可以向被告人讯问、发问。审判长认为有必要的，可以准许被告人之间相互发问。

根据案件审理需要，审判长可以安排被告人与证人、被害人依照前款规定的方式进行对质。

第9条 申请参加庭审的被害人众多，且案件不属于附带民事诉讼范围的，被害人可以推选若干代表人参加或者旁听庭审，人民法院也可以指定若干代表人。

对被告人讯问、发问完毕后，其他证据出示前，在审判长主持下，参加庭审的被害人可以就起诉书指控的犯罪事实作出陈述。经审判长准许，控辩双方可以在被害人陈述后向被害人发问。

第10条 为解决被告人供述和辩解中的疑问，审判人员可以讯问被告人，也可以向被害人、附带民事诉讼当事人发问。

第11条 有多起犯罪事实的案件，对被告人不认罪的事实，法庭调查一般应当分别进行。

被告人不认罪或者认罪后又反悔的案件，法庭应当对与定罪和量刑有关的事实、证据进行全面调查。

被告人当庭认罪的案件，法庭核实被告人认罪的自愿性和真实性，确认被告人知悉认罪的法律后果后，可以重点围绕量刑事实和其他有争议的问题进行调查。

第一百九十二条 证人出庭 鉴定人出庭

公诉人、当事人或者辩护人、诉讼代理人对证人证言有异议，且该证人证言对案件定罪量刑有重大影响，人民法院认为证人有必要出庭作证的，证人应当出庭作证。

人民警察就其执行职务时目击的犯罪情况作为证人出庭作证，适用前款规定。

公诉人、当事人或者辩护人、诉讼代理人对鉴定意见有异议，人民法院认为鉴定人有必要出庭的，鉴定人应当出庭作证。经人民法院通知，鉴定人拒不出庭作证的，鉴定意见不得作为定案的根据。

● 司法解释及文件

1. **《人民检察院刑事诉讼规则》**（2019 年 12 月 30 日　高检发释字〔2019〕4 号）

第 398 条　公诉人在法庭上应当依法进行下列活动：

（一）宣读起诉书，代表国家指控犯罪，提请人民法院对被告人依法审判；

（二）讯问被告人；

（三）询问证人、被害人、鉴定人；

（四）申请法庭出示物证，宣读书证、未到庭证人的证言笔录、鉴定人的鉴定意见、勘验、检查、辨认、侦查实验等笔录和其他作为证据的文书，播放作为证据的视听资料、电子数据等；

（五）对证据采信、法律适用和案件情况发表意见，提出量刑建议及理由，针对被告人、辩护人的辩护意见进行答辩，全面阐述公诉意见；

（六）维护诉讼参与人的合法权利；

（七）对法庭审理案件有无违反法律规定诉讼程序的情况记明笔录；

（八）依法从事其他诉讼活动。

第404条 公诉人对证人证言有异议，且该证人证言对案件定罪量刑有重大影响的，可以申请人民法院通知证人出庭作证。

人民警察就其执行职务时目击的犯罪情况作为证人出庭作证，适用前款规定。

公诉人对鉴定意见有异议的，可以申请人民法院通知鉴定人出庭作证。经人民法院通知，鉴定人拒不出庭作证的，公诉人可以建议法庭不予采纳该鉴定意见作为定案的根据，也可以申请法庭重新通知鉴定人出庭作证或者申请重新鉴定。

必要时，公诉人可以申请法庭通知有专门知识的人出庭，就鉴定人作出的鉴定意见提出意见。

当事人或者辩护人、诉讼代理人对证人证言、鉴定意见有异议的，公诉人认为必要时，可以申请人民法院通知证人、鉴定人出庭作证。

第405条 证人应当由人民法院通知并负责安排出庭作证。

对于经人民法院通知而未到庭的证人或者出庭后拒绝作证的证人的证言笔录，公诉人应当当庭宣读。

对于经人民法院通知而未到庭的证人的证言笔录存在疑问，确实需要证人出庭作证，且可以强制其到庭的，公诉人应当建议人民法院强制证人到庭作证和接受质证。

2.《最高人民法院关于适用〈中华人民共和国刑事诉讼法〉的解释》（2021年1月26日 法释〔2021〕1号）

第246条 公诉人可以提请法庭通知证人、鉴定人、有专门知识的人、调查人员、侦查人员或者其他人员出庭，或者出示证据。被害人及其法定代理人、诉讼代理人，附带民事诉讼原告人及其诉讼代理人也可以提出申请。

在控诉方举证后，被告人及其法定代理人、辩护人可以提请法庭通知证人、鉴定人、有专门知识的人、调查人员、侦查人员或者其他人员出庭，或者出示证据。

第247条 控辩双方申请证人出庭作证，出示证据，应当说明证据的名称、来源和拟证明的事实。法庭认为有必要的，应当准许；对方提出异议，认为有关证据与案件无关或者明显重复、不必要，法庭经审查异议成立的，可以不予准许。

第248条 已经移送人民法院的案卷和证据材料，控辩双方需要出示的，可以向法庭提出申请，法庭可以准许。案卷和证据材料应当在质证后当庭归还。

需要播放录音录像或者需要将证据材料交由法庭、公诉人或者诉讼参与人查看的，法庭可以指令值庭法警或者相关人员予以协助。

第249条 公诉人、当事人或者辩护人、诉讼代理人对证人证言有异议，且该证人证言对定罪量刑有重大影响，或者对鉴定意见有异议，人民法院认为证人、鉴定人有必要出庭作证的，应当通知证人、鉴定人出庭。

控辩双方对侦破经过、证据来源、证据真实性或者合法性等有异议，申请调查人员、侦查人员或者有关人员出庭，人民法院认为有必要的，应当通知调查人员、侦查人员或者有关人员出庭。

第250条 公诉人、当事人及其辩护人、诉讼代理人申请法庭通知有专门知识的人出庭，就鉴定意见提出意见的，应当说明理由。法庭认为有必要的，应当通知有专门知识的人出庭。

申请有专门知识的人出庭，不得超过二人。有多种类鉴定意见的，可以相应增加人数。

第251条 为查明案件事实、调查核实证据，人民法院可以依职权通知证人、鉴定人、有专门知识的人、调查人员、侦查人员或者其他人员出庭。

第252条 人民法院通知有关人员出庭的，可以要求控辩双方予以协助。

第253条 证人具有下列情形之一，无法出庭作证的，人民法院可以准许其不出庭：

（一）庭审期间身患严重疾病或者行动极为不便的；

（二）居所远离开庭地点且交通极为不便的；

（三）身处国外短期无法回国的；

（四）有其他客观原因，确实无法出庭的。

具有前款规定情形的，可以通过视频等方式作证。

第254条 证人出庭作证所支出的交通、住宿、就餐等费用，人民法院应当给予补助。

第255条 强制证人出庭的，应当由院长签发强制证人出庭令，由法警执行。必要时，可以商请公安机关协助。

第256条 证人、鉴定人、被害人因出庭作证，本人或者其近亲属的人身安全面临危险的，人民法院应当采取不公开其真实姓名、住址和工作单位等个人信息，或者不暴露其外貌、真实声音等保护措施。辩护律师经法庭许可，查阅对证人、鉴定人、被害人使用化名情况的，应当签署保密承诺书。

审判期间，证人、鉴定人、被害人提出保护请求的，人民法院应当立即审查；认为确有保护必要的，应当及时决定采取相应保护措施。必要时，可以商请公安机关协助。

第257条 决定对出庭作证的证人、鉴定人、被害人采取不公开个人信息的保护措施的，审判人员应当在开庭前核实其身份，对证人、鉴定人如实作证的保证书不得公开，在判决书、裁定书等法律文书中可以使用化名等代替其个人信息。

第258条 证人出庭的，法庭应当核实其身份、与当事人以及本案的关系，并告知其有关权利义务和法律责任。证人应当保证向法庭如实提供证言，并在保证书上签名。

第259条 证人出庭后，一般先向法庭陈述证言；其后，经审判长许可，由申请通知证人出庭的一方发问，发问完毕后，对方也可以发问。

法庭依职权通知证人出庭的，发问顺序由审判长根据案件情况确定。

第260条 鉴定人、有专门知识的人、调查人员、侦查人员或者其他人员出庭的，参照适用前两条规定。

3. **《最高人民法院、最高人民检察院、公安部、国家安全部、司法部、全国人大常委会法制工作委员会关于实施刑事诉讼法若干问题的规定》**（2012年12月26日）

28. 人民法院依法通知证人、鉴定人出庭作证的，应当同时将证人、鉴定人出庭通知书送交控辩双方，控辩双方应当予以配合。

29. 刑事诉讼法第一百八十七条[①]第三款规定：“公诉人、当事人或者辩护人、诉讼代理人对鉴定意见有异议，人民法院认为鉴定人有必要出庭的，鉴定人应当出庭作证。经人民法院通知，鉴定人拒不出庭作证的，鉴定意见

① 对应《中华人民共和国刑事诉讼法》（2018年修正）第一百九十二条。

不得作为定案的根据。”根据上述规定，依法应当出庭的鉴定人经人民法院通知未出庭作证的，鉴定意见不得作为定案的根据。鉴定人由于不能抗拒的原因或者有其他正当理由无法出庭的，人民法院可以根据案件审理情况决定延期审理。

4.《人民法院办理刑事案件第一审普通程序法庭调查规程（试行）》（2017年11月27日　法发〔2017〕31号）

第12条　控辩双方可以申请法庭通知证人、鉴定人、侦查人员和有专门知识的人等出庭。

被害人及其法定代理人、诉讼代理人，附带民事诉讼原告人及其诉讼代理人也可以提出上述申请。

第13条　控辩双方对证人证言、被害人陈述有异议，申请证人、被害人出庭，人民法院经审查认为证人证言、被害人陈述对案件定罪量刑有重大影响的，应当通知证人、被害人出庭。

控辩双方对鉴定意见有异议，申请鉴定人或者有专门知识的人出庭，人民法院经审查认为有必要的，应当通知鉴定人或者有专门知识的人出庭。

控辩双方对侦破经过、证据来源、证据真实性或者证据收集合法性等有异议，申请侦查人员或者有关人员出庭，人民法院经审查认为有必要的，应当通知侦查人员或者有关人员出庭。

为查明案件事实、调查核实证据，人民法院可以依职权通知上述人员到庭。

人民法院通知证人、被害人、鉴定人、侦查人员、有专门知识的人等出庭的，控辩双方协助有关人员到庭。

第14条　应当出庭作证的证人，在庭审期间因身患严重疾病等客观原因确实无法出庭的，可以通过视频等方式作证。

证人视频作证的，发问、质证参照证人出庭作证的程序进行。

前款规定适用于被害人、鉴定人、侦查人员。

第15条　人民法院通知出庭的证人，无正当理由拒不出庭的，可以强制其出庭，但是被告人的配偶、父母、子女除外。

强制证人出庭的，应当由院长签发强制证人出庭令，并由法警执行。必要时，可以商请公安机关协助执行。

第16条　证人、鉴定人、被害人因出庭作证，本人或者其近亲属的人身安全面临危险的，人民法院应当采取不公开其真实姓名、住址和工作单位等个人信息，或者不暴露其外貌、真实声音等保护措施。

决定对出庭作证的证人、鉴定人、被害人采取不公开个人信息的保护措施的，审判人员应当在开庭前核实其身份，对证人、鉴定人如实作证的保证书不得公开，在判决书、裁定书等法律文书中可以使用化名等代替其个人信息。

审判期间，证人、鉴定人、被害人提出保护请求的，人民法院应当立即审查，确有必要的，应当及时决定采取相应的保护措施。必要时，可以商请公安机关采取专门性保护措施。

第一百九十三条 强制证人到庭及其例外 对无正当理由拒绝作证的处罚

经人民法院通知，证人没有正当理由不出庭作证的，人民法院可以强制其到庭，但是被告人的配偶、父母、子女除外。

证人没有正当理由拒绝出庭或者出庭后拒绝作证的，予以训诫，情节严重的，经院长批准，处以十日以下的拘留。被处罚人对拘留决定不服的，可以向上一级人民法院申请复议。复议期间不停止执行。

● 司法解释及文件

1. **《人民检察院刑事诉讼规则》**（2019年12月30日　高检发释字〔2019〕4号）

第405条　证人应当由人民法院通知并负责安排出庭作证。

对于经人民法院通知而未到庭的证人或者出庭后拒绝作证的证人的证言笔录，公诉人应当当庭宣读。

对于经人民法院通知而未到庭的证人的证言笔录存在疑问，确实需要证人出庭作证，且可以强制其到庭的，公诉人应当建议人民法院强制证人到庭作证和接受质证。

2. **《最高人民法院关于适用〈中华人民共和国刑事诉讼法〉的解释》**（2021年1月26日　法释〔2021〕1号）

第255条　强制证人出庭的，应当由院长签发强制证人出庭令，由法警执行。必要时，可以商请公安机关协助。

3. **《人民法院办理刑事案件第一审普通程序法庭调查规程（试行）》**（2017年11月27日　法发〔2017〕31号）

第15条　人民法院通知出庭的证人，无正当理由拒不出庭的，可以强制其出庭，但是被告人的配偶、父母、子女除外。

强制证人出庭的，应当由院长签发强制证人出庭令，并由法警执行。必要时，可以商请公安机关协助执行。

第一百九十四条　对出庭证人、鉴定人的发问与询问

证人作证，审判人员应当告知他要如实地提供证言和有意作伪证或者隐匿罪证要负的法律责任。公诉人、当事人和辩护人、诉讼代理人经审判长许可，可以对证人、鉴定人发问。审判长认为发问的内容与案件无关的时候，应当制止。

审判人员可以询问证人、鉴定人。

● 司法解释及文件

1. **《人民检察院刑事诉讼规则》**（2019年12月30日　高检发释字〔2019〕4号）

第400条　公诉人讯问被告人，询问证人、被害人、鉴定人，出示物证，宣读书证、未出庭证人的证言笔录等应当围绕下列事实进行：

（一）被告人的身份；

（二）指控的犯罪事实是否存在，是否为被告人所实施；

（三）实施犯罪行为的时间、地点、方法、手段、结果，被告人犯罪后的表现等；

（四）犯罪集团或者其他共同犯罪案件中参与犯罪人员的各自地位和应负的责任；

（五）被告人有无刑事责任能力，有无故意或者过失，行为的动机、目的；

（六）有无依法不应当追究刑事责任的情况，有无法定的从重或者从轻、减轻以及免除处罚的情节；

（七）犯罪对象、作案工具的主要特征，与犯罪有关的财物的来源、数量以及去向；

（八）被告人全部或者部分否认起诉书指控的犯罪事实的，否认的根据

和理由能否成立；

（九）与定罪、量刑有关的其他事实。

第406条 证人在法庭上提供证言，公诉人应当按照审判长确定的顺序向证人发问。可以要求证人就其所了解的与案件有关的事实进行陈述，也可以直接发问。

证人不能连贯陈述的，公诉人可以直接发问。

向证人发问，应当针对证言中有遗漏、矛盾、模糊不清和有争议的内容，并着重围绕与定罪量刑紧密相关的事实进行。

发问采取一问一答形式，提问应当简洁、清楚。

证人进行虚假陈述的，应当通过发问澄清事实，必要时可以宣读在侦查、审查起诉阶段制作的该证人的证言笔录或者出示、宣读其他证据。

当事人和辩护人、诉讼代理人向证人发问后，公诉人可以根据证人回答的情况，经审判长许可，再次向证人发问。

询问鉴定人、有专门知识的人参照上述规定进行。

2.**《最高人民法院关于适用〈中华人民共和国刑事诉讼法〉的解释》**（2021年1月26日 法释〔2021〕1号）

第257条 决定对出庭作证的证人、鉴定人、被害人采取不公开个人信息的保护措施的，审判人员应当在开庭前核实其身份，对证人、鉴定人如实作证的保证书不得公开，在判决书、裁定书等法律文书中可以使用化名等代替其个人信息。

第258条 证人出庭的，法庭应当核实其身份、与当事人以及本案的关系，并告知其有关权利义务和法律责任。证人应当保证向法庭如实提供证言，并在保证书上签名。

第259条 证人出庭后，一般先向法庭陈述证言；其后，经审判长许可，由申请通知证人出庭的一方发问，发问完毕后，对方也可以发问。

法庭依职权通知证人出庭的，发问顺序由审判长根据案件情况确定。

第260条 鉴定人、有专门知识的人、调查人员、侦查人员或者其他人员出庭的，参照适用前两条规定。

第261条 向证人发问应当遵循以下规则：

（一）发问的内容应当与本案事实有关；

（二）不得以诱导方式发问；

（三）不得威胁证人；

（四）不得损害证人的人格尊严。

对被告人、被害人、附带民事诉讼当事人、鉴定人、有专门知识的人、调查人员、侦查人员或者其他人员的讯问、发问，适用前款规定。

第262条 控辩双方的讯问、发问方式不当或者内容与本案无关的，对方可以提出异议，申请审判长制止，审判长应当判明情况予以支持或者驳回；对方未提出异议的，审判长也可以根据情况予以制止。

第263条 审判人员认为必要时，可以询问证人、鉴定人、有专门知识的人、调查人员、侦查人员或者其他人员。

第264条 向证人、调查人员、侦查人员发问应当分别进行。

3.**《人民法院办理刑事案件第一审普通程序法庭调查规程（试行）》**（2017年11月27日 法发〔2017〕31号）

第18条 证人、鉴定人出庭，法庭应当当庭核实其身份、与当事人以及本案的关系，审查证人、鉴定人的作证能力、专业资质，并告知其有关作证的权利义务和法律责任。

证人、鉴定人作证前，应当保证向法庭如实提供证言、说明鉴定意见，并在保证书上签名。

第19条 证人出庭后，先向法庭陈述证言，然后先由举证方发问；发问完毕后，对方也可以发问。根据案件审理需要，也可以先由申请方发问。

控辩双方向证人发问完毕后，可以发表本方对证人证言的质证意见。控辩双方如有新的问题，经审判长准许，可以再行向证人发问。

审判人员认为必要时，可以询问证人。法庭依职权通知证人出庭的情形，审判人员应当主导对证人的询问。经审判长准许，被告人可以向证人发问。

第20条 向证人发问应当遵循以下规则：

（一）发问内容应当与案件事实有关；

（二）不得采用诱导方式发问；

（三）不得威胁或者误导证人；

（四）不得损害证人人格尊严；

（五）不得泄露证人个人隐私。

第21条 控辩一方发问方式不当或者内容与案件事实无关，违反有关发问规则的，对方可以提出异议。对方当庭提出异议的，发问方应当说明发问理由，审判长判明情况予以支持或者驳回；对方未当庭提出异议的，审判长也可以根据情况予以制止。

第22条 审判长认为证人当庭陈述的内容与案件事实无关或者明显重复的，可以进行必要的提示。

第23条 有多名证人出庭作证的案件，向证人发问应当分别进行。

多名证人出庭作证的，应当在法庭指定的地点等候，不得谈论案情，必要时可以采取隔离等候措施。证人出庭作证后，审判长应当通知法警引导其退庭。证人不得旁听对案件的审理。

被害人没有列为当事人参加法庭审理，仅出庭陈述案件事实的，参照适用前款规定。

第24条 证人证言之间存在实质性差异的，法庭可以传唤有关证人到庭对质。

审判长可以分别询问证人，就证言的实质性差异进行调查核实。经审判长准许，控辩双方可以向证人发问。审判长认为有必要的，可以准许证人之间相互发问。

第25条 证人出庭作证的，其庭前证言一般不再出示、宣读，但下列情形除外：

（一）证人出庭作证时遗忘或者遗漏庭前证言的关键内容，需要向证人作出必要提示的；

（二）证人的当庭证言与庭前证言存在矛盾，需要证人作出合理解释的。

为核实证据来源、证据真实性等问题，或者帮助证人回忆，经审判长准许，控辩双方可以在询问证人时向其出示物证、书证等证据。

第26条 控辩双方可以申请法庭通知有专门知识的人出庭，协助本方就鉴定意见进行质证。有专门知识的人可以与鉴定人同时出庭，在鉴定人作证后向鉴定人发问，并对案件中的专门性问题提出意见。

申请有专门知识的人出庭，应当提供人员名单，并不得超过二人。有多种类鉴定意见的，可以相应增加人数。

第27条 对被害人、鉴定人、侦查人员、有专门知识的人的发问，参照适用证人的有关规定。

同一鉴定意见由多名鉴定人作出，有关鉴定人以及对该鉴定意见进行质证的有专门知识的人，可以同时出庭，不受分别发问规则的限制。

第一百九十五条 调查核实实物证据与未到庭证人、鉴定人的言词证据

公诉人、辩护人应当向法庭出示物证，让当事人辨认，对未到庭的证人的证言笔录、鉴定人的鉴定意见、勘验笔录和其他作为证据的文书，应当当庭宣读。审判人员应当听取公诉人、当事人和辩护人、诉讼代理人的意见。

● *司法解释及文件*

1. **《最高人民法院关于适用〈中华人民共和国刑事诉讼法〉的解释》**（2021年1月26日　法释〔2021〕1号）

第267条　举证方当庭出示证据后，由对方发表质证意见。

第268条　对可能影响定罪量刑的关键证据和控辩双方存在争议的证据，一般应当单独举证、质证，充分听取质证意见。

对控辩双方无异议的非关键证据，举证方可以仅就证据的名称及拟证明的事实作出说明。

召开庭前会议的案件，举证、质证可以按照庭前会议确定的方式进行。

根据案件和庭审情况，法庭可以对控辩双方的举证、质证方式进行必要的指引。

第269条　审理过程中，法庭认为有必要的，可以传唤同案被告人、分案审理的共同犯罪或者关联犯罪案件的被告人等到庭对质。

第270条　当庭出示的证据，尚未移送人民法院的，应当在质证后当庭移交。

2. **《人民法院办理刑事案件第一审普通程序法庭调查规程（试行）》**（2017年11月27日　法发〔2017〕31号）

第28条　开庭讯问、发问结束后，公诉人先行举证。公诉人举证完毕后，被告人及其辩护人举证。

公诉人出示证据后，经审判长准许，被告人及其辩护人可以有针对性地出示证据予以反驳。

控辩一方举证后，对方可以发表质证意见。必要时，控辩双方可以对争议证据进行多轮质证。

被告人及其辩护人认为公诉人出示的有关证据对本方诉讼主张有利的，可以在发表质证意见时予以认可，或者在发表辩护意见时直接援引有关证据。

第29条 控辩双方随案移送或者庭前提交，但没有当庭出示的证据，审判长可以进行必要的提示；对于其中可能影响定罪量刑的关键证据，审判长应当提示控辩双方出示。

对于案件中可能影响定罪量刑的事实、证据存在疑问，控辩双方没有提及的，审判长应当引导控辩双方发表质证意见，并依法调查核实。

第30条 法庭应当重视对证据收集合法性的审查，对证据收集的合法性有疑问的，应当调查核实证明取证合法性的证据材料。

对于被告人及其辩护人申请排除非法证据，依法提供相关线索或者材料，法庭对证据收集的合法性有疑问，决定进行调查的，一般应当先行当庭调查。

第31条 对于可能影响定罪量刑的关键证据和控辩双方存在争议的证据，一般应当单独举证、质证，充分听取质证意见。

对于控辩双方无异议的非关键性证据，举证方可以仅就证据的名称及其证明的事项作出说明，对方可以发表质证意见。

召开庭前会议的案件，举证、质证可以按照庭前会议确定的方式进行。根据案件审理需要，法庭可以对控辩双方的举证、质证方式进行必要的提示。

第32条 物证、书证、视听资料、电子数据等证据，应当出示原物、原件。取得原物、原件确有困难的，可以出示照片、录像、副本、复制件等足以反映原物、原件外形和特征以及真实内容的材料，并说明理由。

对于鉴定意见和勘验、检查、辨认、侦查实验等笔录，应当出示原件。

第33条 控辩双方出示证据，应当重点围绕与案件事实相关的内容或者控辩双方存在争议的内容进行。

出示证据时，可以借助多媒体设备等方式出示、播放或者演示证据内容。

第34条 控辩双方对证人证言、被害人陈述、鉴定意见无异议，有关人员不需要出庭的，或者有关人员因客观原因无法出庭且无法通过视频等方式作证的，可以出示、宣读庭前收集的书面证据材料或者作证过程录音录像。

被告人当庭供述与庭前供述的实质性内容一致的，可以不再出示庭前供述；当庭供述与庭前供述存在实质性差异的，可以出示、宣读庭前供述中存在实质性差异的内容。

第35条 采用技术侦查措施收集的证据，应当当庭出示。当庭出示、辨认、质证可能危及有关人员的人身安全，或者可能产生其他严重后果的，应当采取不暴露有关人员身份、不公开技术侦查措施和方法等保护措施。

法庭决定在庭外对技术侦查证据进行核实的，可以召集公诉人和辩护律师到场。在场人员应当履行保密义务。

第一百九十六条 庭外调查核实证据

法庭审理过程中，合议庭对证据有疑问的，可以宣布休庭，对证据进行调查核实。

人民法院调查核实证据，可以进行勘验、检查、查封、扣押、鉴定和查询、冻结。

● *司法解释及文件*

1.《最高人民法院、最高人民检察院、公安部、国家安全部、司法部关于规范量刑程序若干问题的意见》（2020年11月5日 法发〔2020〕38号）

第17条 在法庭调查中，人民法院应当查明对被告人适用具体法定刑幅度的犯罪事实以及法定或者酌定量刑情节。

第18条 人民法院、人民检察院、侦查机关或者辩护人委托有关方面制作涉及未成年人的社会调查报告的，调查报告应当在法庭上宣读，并进行质证。

第19条 在法庭审理中，审判人员对量刑证据有疑问的，可以宣布休庭，对证据进行调查核实，必要时也可以要求人民检察院补充调查核实。人民检察院补充调查核实有关证据，必要时可以要求侦查机关提供协助。

对于控辩双方补充的证据，应当经过庭审质证才能作为定案的根据。但是，对于有利于被告人的量刑证据，经庭外征求意见，控辩双方没有异议的除外。

第20条 被告人及其辩护人、被害人及其诉讼代理人申请人民法院调取在侦查、审查起诉阶段收集的量刑证据材料，人民法院认为确有必要的，应当依法调取；人民法院认为不需要调取的，应当说明理由。

第21条 在法庭辩论中，量刑辩论按照以下顺序进行：

（一）公诉人发表量刑建议，或者自诉人及其诉讼代理人发表量刑意见；

（二）被害人及其诉讼代理人发表量刑意见；

（三）被告人及其辩护人发表量刑意见。

第22条 在法庭辩论中，出现新的量刑事实，需要进一步调查的，应当恢复法庭调查，待事实查清后继续法庭辩论。

2.《人民检察院刑事诉讼规则》（2019年12月30日　高检发释字〔2019〕4号）

第410条 在法庭审理过程中，被告人及其辩护人提出被告人庭前供述系非法取得，审判人员认为需要进行法庭调查的，公诉人可以通过出示讯问笔录、提讯登记、体检记录、采取强制措施或者侦查措施的法律文书、侦查终结前对讯问合法性进行核查的材料等证据材料，有针对性地播放讯问录音、录像，提请法庭通知调查人员、侦查人员或者其他人员出庭说明情况等方式，对证据收集的合法性加以证明。

审判人员认为可能存在刑事诉讼法第五十六条规定的以非法方法收集其他证据的情形，需要进行法庭调查的，公诉人可以参照前款规定对证据收集的合法性进行证明。

公诉人不能当庭证明证据收集的合法性，需要调查核实的，可以建议法庭休庭或者延期审理。

在法庭审理期间，人民检察院可以要求监察机关或者公安机关对证据收集的合法性进行说明或者提供相关证明材料。必要时，可以自行调查核实。

第411条 公诉人对证据收集的合法性进行证明后，法庭仍有疑问的，可以建议法庭休庭，由人民法院对相关证据进行调查核实。人民法院调查核实证据，通知人民检察院派员到场的，人民检察院可以派员到场。

第416条 人民法院根据申请收集、调取的证据或者在合议庭休庭后自行调查取得的证据，应当经过庭审出示、质证才能决定是否作为判决的依据。未经庭审出示、质证直接采纳为判决依据的，人民检察院应当提出纠正意见。

3.《最高人民法院关于适用〈中华人民共和国刑事诉讼法〉的解释》（2021年1月26日　法释〔2021〕1号）

第79条　人民法院依照刑事诉讼法第一百九十六条的规定调查核实证据，必要时，可以通知检察人员、辩护人、自诉人及其法定代理人到场。上述人员未到场的，应当记录在案。

人民法院调查核实证据时，发现对定罪量刑有重大影响的新的证据材料的，应当告知检察人员、辩护人、自诉人及其法定代理人。必要时，也可以直接提取，并及时通知检察人员、辩护人、自诉人及其法定代理人查阅、摘抄、复制。

第271条　法庭对证据有疑问的，可以告知公诉人、当事人及其法定代理人、辩护人、诉讼代理人补充证据或者作出说明；必要时，可以宣布休庭，对证据进行调查核实。

对公诉人、当事人及其法定代理人、辩护人、诉讼代理人补充的和审判人员庭外调查核实取得的证据，应当经过当庭质证才能作为定案的根据。但是，对不影响定罪量刑的非关键证据、有利于被告人的量刑证据以及认定被告人有犯罪前科的裁判文书等证据，经庭外征求意见，控辩双方没有异议的除外。

有关情况，应当记录在案。

第272条　公诉人申请出示开庭前未移送或者提交人民法院的证据，辩护方提出异议的，审判长应当要求公诉人说明理由；理由成立并确有出示必要的，应当准许。

辩护方提出需要对新的证据作辩护准备的，法庭可以宣布休庭，并确定准备辩护的时间。

辩护方申请出示开庭前未提交的证据，参照适用前两款规定。

4.《人民法院办理刑事案件第一审普通程序法庭调查规程（试行）》（2017年11月27日　法发〔2017〕31号）

第36条　法庭对证据有疑问的，可以告知控辩双方补充证据或者作出说明；必要时，可以在其他证据调查完毕后宣布休庭，对证据进行调查核实。法庭调查核实证据，可以通知控辩双方到场，并将核实过程记录在案。

对于控辩双方补充的和法庭庭外调查核实取得的证据，应当经过庭审质证才能作为定案的根据。但是，对于不影响定罪量刑的非关键性证据和有利于被告人的量刑证据，经庭外征求意见，控辩双方没有异议的除外。

第37条 控辩双方申请出示庭前未移送或提交人民法院的证据，对方提出异议的，申请方应当说明理由，法庭经审查认为理由成立并确有出示必要的，应当准许。

对方提出需要对新的证据作辩护准备的，法庭可以宣布休庭，并确定准备的时间。

第一百九十七条 调取新证据 申请通知专业人士出庭

法庭审理过程中，当事人和辩护人、诉讼代理人有权申请通知新的证人到庭，调取新的物证，申请重新鉴定或者勘验。

公诉人、当事人和辩护人、诉讼代理人可以申请法庭通知有专门知识的人出庭，就鉴定人作出的鉴定意见提出意见。

法庭对于上述申请，应当作出是否同意的决定。

第二款规定的有专门知识的人出庭，适用鉴定人的有关规定。

● ***司法解释及文件***

1.《最高人民法院关于适用〈中华人民共和国刑事诉讼法〉的解释》（2021年1月26日　法释〔2021〕1号）

第250条 公诉人、当事人及其辩护人、诉讼代理人申请法庭通知有专门知识的人出庭，就鉴定意见提出意见的，应当说明理由。法庭认为有必要的，应当通知有专门知识的人出庭。

申请有专门知识的人出庭，不得超过二人。有多种类鉴定意见的，可以相应增加人数。

第272条 公诉人申请出示开庭前未移送或者提交人民法院的证据，辩护方提出异议的，审判长应当要求公诉人说明理由；理由成立并确有出示必要的，应当准许。

辩护方提出需要对新的证据作辩护准备的，法庭可以宣布休庭，并确定准备辩护的时间。

辩护方申请出示开庭前未提交的证据，参照适用前两款规定。

第273条 法庭审理过程中，控辩双方申请通知新的证人到庭，调取新的证据，申请重新鉴定或者勘验的，应当提供证人的基本信息、证据的存放地点，说明拟证明的事项，申请重新鉴定或者勘验的理由。法庭认为有必要的，应当同意，并宣布休庭；根据案件情况，可以决定延期审理。

人民法院决定重新鉴定的，应当及时委托鉴定，并将鉴定意见告知人民检察院、当事人及其辩护人、诉讼代理人。

2. **《最高人民法院、最高人民检察院、公安部、国家安全部、司法部、全国人大常委会法制工作委员会关于实施刑事诉讼法若干问题的规定》**（2012年12月26日）

27. 刑事诉讼法第三十九条[①]规定："辩护人认为在侦查、审查起诉期间公安机关、人民检察院收集的证明犯罪嫌疑人、被告人无罪或者罪轻的证据材料未提交的，有权申请人民检察院、人民法院调取。"第一百九十一条第[②]一款规定："法庭审理过程中，合议庭对证据有疑问的，可以宣布休庭，对证据进行调查核实。"第一百九十二条[③]第一款规定："法庭审理过程中，当事人和辩护人、诉讼代理人有权申请通知新的证人到庭，调取新的物证，申请重新鉴定或者勘验。"根据上述规定，自案件移送审查起诉之日起，人民检察院可以根据辩护人的申请，向公安机关调取未提交的证明犯罪嫌疑人、被告人无罪或者罪轻的证据材料。在法庭审理过程中，人民法院可以根据辩护人的申请，向人民检察院调取未提交的证明被告人无罪或者罪轻的证据材料，也可以向人民检察院调取需要调查核实的证据材料。公安机关、人民检察院应当自收到要求调取证据材料决定书后三日内移交。

3. **《人民法院办理刑事案件第一审普通程序法庭调查规程（试行）》**（2017年11月27日 法发〔2017〕31号）

第38条 法庭审理过程中，控辩双方申请通知新的证人到庭，调取新的证据，申请重新鉴定或者勘验的，应当提供证人的基本信息、证据的存放地点，说明拟证明的案件事实、要求重新鉴定或者勘验的理由。法庭认为有必要的，应当同意，并宣布延期审理；不同意的，应当说明理由并继续审理。

---

① 对应《中华人民共和国刑事诉讼法》（2018年修正）第四十一条。
② 对应《中华人民共和国刑事诉讼法》（2018年修正）第一百九十六条。
③ 对应《中华人民共和国刑事诉讼法》（2018年修正）第一百九十七条。

第一百九十八条　法庭调查、法庭辩论与被告人最后陈述

法庭审理过程中，对与定罪、量刑有关的事实、证据都应当进行调查、辩论。

经审判长许可，公诉人、当事人和辩护人、诉讼代理人可以对证据和案件情况发表意见并且可以互相辩论。

审判长在宣布辩论终结后，被告人有最后陈述的权利。

● *司法解释及文件*

1. **《人民检察院刑事诉讼规则》**（2019 年 12 月 30 日　高检发释字〔2019〕4 号）

第 401 在法庭审理中，下列事实不必提出证据进行证明：

（一）为一般人共同知晓的常识性事实；

（二）人民法院生效裁判所确认并且未依审判监督程序重新审理的事实；

（三）法律、法规的内容以及适用等属于审判人员履行职务所应当知晓的事实；

（四）在法庭审理中不存在异议的程序事实；

（五）法律规定的推定事实；

（六）自然规律或者定律。

第 417 条　在法庭审理过程中，经审判长许可，公诉人可以逐一对正在调查的证据和案件情况发表意见，并同被告人、辩护人进行辩论。证据调查结束时，公诉人应当发表总结性意见。

在法庭辩论中，公诉人与被害人、诉讼代理人意见不一致的，公诉人应当认真听取被害人、诉讼代理人的意见，阐明自己的意见和理由。

第 418 条　人民检察院向人民法院提出量刑建议的，公诉人应当在发表公诉意见时提出。

对认罪认罚案件，人民法院经审理认为人民检察院的量刑建议明显不当向人民检察院提出的，或者被告人、辩护人对量刑建议提出异议的，人民检察院可以调整量刑建议。

2. **《最高人民法院关于适用〈中华人民共和国刑事诉讼法〉的解释》**（2021 年 1 月 26 日　法释〔2021〕1 号）

第 276 条　法庭审理过程中，对与量刑有关的事实、证据，应当进行调查。

人民法院除应当审查被告人是否具有法定量刑情节外，还应当根据案件情况审查以下影响量刑的情节：

（一）案件起因；

（二）被害人有无过错及过错程度，是否对矛盾激化负有责任及责任大小；

（三）被告人的近亲属是否协助抓获被告人；

（四）被告人平时表现，有无悔罪态度；

（五）退赃、退赔及赔偿情况；

（六）被告人是否取得被害人或者其近亲属谅解；

（七）影响量刑的其他情节。

第277条 审判期间，合议庭发现被告人可能有自首、坦白、立功等法定量刑情节，而人民检察院移送的案卷中没有相关证据材料的，应当通知人民检察院在指定时间内移送。

审判期间，被告人提出新的立功线索的，人民法院可以建议人民检察院补充侦查。

第278条 对被告人认罪的案件，在确认被告人了解起诉书指控的犯罪事实和罪名，自愿认罪且知悉认罪的法律后果后，法庭调查可以主要围绕量刑和其他有争议的问题进行。

对被告人不认罪或者辩护人作无罪辩护的案件，法庭调查应当在查明定罪事实的基础上，查明有关量刑事实。

第279条 法庭审理过程中，应当对查封、扣押、冻结财物及其孳息的权属、来源等情况，是否属于违法所得或者依法应当追缴的其他涉案财物进行调查，由公诉人说明情况、出示证据、提出处理建议，并听取被告人、辩护人等诉讼参与人的意见。

案外人对查封、扣押、冻结的财物及其孳息提出权属异议的，人民法院应当听取案外人的意见；必要时，可以通知案外人出庭。

经审查，不能确认查封、扣押、冻结的财物及其孳息属于违法所得或者依法应当追缴的其他涉案财物的，不得没收。

第280条 合议庭认为案件事实已经调查清楚的，应当由审判长宣布法庭调查结束，开始就定罪、量刑、涉案财物处理的事实、证据、适用法律等问题进行法庭辩论。

第281条 法庭辩论应当在审判长的主持下，按照下列顺序进行：

（一）公诉人发言；

（二）被害人及其诉讼代理人发言；

（三）被告人自行辩护；

（四）辩护人辩护；

（五）控辩双方进行辩论。

第282条 人民检察院可以提出量刑建议并说明理由；建议判处管制、宣告缓刑的，一般应当附有调查评估报告，或者附有委托调查函。

当事人及其辩护人、诉讼代理人可以对量刑提出意见并说明理由。

第283条 对被告人认罪的案件，法庭辩论时，应当指引控辩双方主要围绕量刑和其他有争议的问题进行。

对被告人不认罪或者辩护人作无罪辩护的案件，法庭辩论时，可以指引控辩双方先辩论定罪问题，后辩论量刑和其他问题。

第284条 附带民事部分的辩论应当在刑事部分的辩论结束后进行，先由附带民事诉讼原告人及其诉讼代理人发言，后由附带民事诉讼被告人及其诉讼代理人答辩。

第285条 法庭辩论过程中，审判长应当充分听取控辩双方的意见，对控辩双方与案件无关、重复或者指责对方的发言应当提醒、制止。

第286条 法庭辩论过程中，合议庭发现与定罪、量刑有关的新的事实，有必要调查的，审判长可以宣布恢复法庭调查，在对新的事实调查后，继续法庭辩论。

第287条 审判长宣布法庭辩论终结后，合议庭应当保证被告人充分行使最后陈述的权利。

被告人在最后陈述中多次重复自己的意见的，法庭可以制止；陈述内容蔑视法庭、公诉人，损害他人及社会公共利益，或者与本案无关的，应当制止。

在公开审理的案件中，被告人最后陈述的内容涉及国家秘密、个人隐私或者商业秘密的，应当制止。

第288条 被告人在最后陈述中提出新的事实、证据，合议庭认为可能影响正确裁判的，应当恢复法庭调查；被告人提出新的辩解理由，合议庭认为可能影响正确裁判的，应当恢复法庭辩论。

第289条 公诉人当庭发表与起诉书不同的意见，属于变更、追加、补充或者撤回起诉的，人民法院应当要求人民检察院在指定时间内以书面方式提出；必要时，可以宣布休庭。人民检察院在指定时间内未提出的，人民法院应当根据法庭审理情况，就起诉书指控的犯罪事实依法作出判决、裁定。

人民检察院变更、追加、补充起诉的，人民法院应当给予被告人及其辩护人必要的准备时间。

3.《人民法院办理刑事案件第一审普通程序法庭调查规程（试行）》（2017年11月27日 法发〔2017〕31号）

第42条 法庭除应当审查被告人是否具有法定量刑情节外，还应当根据案件情况审查以下影响量刑的情节：

（一）案件起因；

（二）被害人有无过错及过错程度，是否对矛盾激化负有责任及责任大小；

（三）被告人的近亲属是否协助抓获被告人；

（四）被告人平时表现，有无悔罪态度；

（五）退赃、退赔及赔偿情况；

（六）被告人是否取得被害人或者其近亲属谅解；

（七）影响量刑的其他情节。

第43条 审判期间，被告人及其辩护人提出有自首、坦白、立功等法定量刑情节，或者人民法院发现被告人可能有上述法定量刑情节，而人民检察院移送的案卷中没有相关证据材料的，应当通知人民检察院移送。

审判期间，被告人及其辩护人提出新的立功情节，并提供相关线索或者材料的，人民法院可以建议人民检察院补充侦查。

第44条 被告人当庭不认罪或者辩护人作无罪辩护的，法庭对定罪事实进行调查后，可以对与量刑有关的事实、证据进行调查。被告人及其辩护人可以当庭发表质证意见，出示证明被告人罪轻或者无罪的证据。被告人及其辩护人参加量刑事实、证据的调查，不影响无罪辩解或者辩护。

第一百九十九条 对违反法庭秩序的处理

在法庭审判过程中，如果诉讼参与人或者旁听人员违反法庭秩序，审判长应当警告制止。对不听制止的，可以强行带出法庭；情节严重的，处以一千元以下的罚款或者十五日以下的拘留。罚款、拘留必须经院长批准。被处罚人对罚款、拘留的决定不服的，可以向上一级人民法院申请复议。复议期间不停止执行。

对聚众哄闹、冲击法庭或者侮辱、诽谤、威胁、殴打司法工作人员或者诉讼参与人，严重扰乱法庭秩序，构成犯罪的，依法追究刑事责任。

● *司法解释及文件*

1. **《最高人民法院关于适用〈中华人民共和国刑事诉讼法〉的解释》**（2021年1月26日　法释〔2021〕1号）

第306条　庭审期间，全体人员应当服从法庭指挥，遵守法庭纪律，尊重司法礼仪，不得实施下列行为：

（一）鼓掌、喧哗、随意走动；

（二）吸烟、进食；

（三）拨打、接听电话，或者使用即时通讯工具；

（四）对庭审活动进行录音、录像、拍照或者使用即时通讯工具等传播庭审活动；

（五）其他危害法庭安全或者扰乱法庭秩序的行为。

旁听人员不得进入审判活动区，不得随意站立、走动，不得发言和提问。

记者经许可实施第一款第四项规定的行为，应当在指定的时间及区域进行，不得干扰庭审活动。

第307条　有关人员危害法庭安全或者扰乱法庭秩序的，审判长应当按照下列情形分别处理：

（一）情节较轻的，应当警告制止；根据具体情况，也可以进行训诫；

（二）训诫无效的，责令退出法庭；拒不退出的，指令法警强行带出法庭；

（三）情节严重的，报经院长批准后，可以对行为人处一千元以下的罚款或者十五日以下的拘留。

未经许可对庭审活动进行录音、录像、拍照或者使用即时通讯工具等传播庭审活动的，可以暂扣相关设备及存储介质，删除相关内容。

有关人员对罚款、拘留的决定不服的，可以直接向上一级人民法院申请复议，也可以通过决定罚款、拘留的人民法院向上一级人民法院申请复议。通过决定罚款、拘留的人民法院申请复议的，该人民法院应当自收到复议申请之日起三日以内，将复议申请、罚款或者拘留决定书和有关事实、证据材料一并报上一级人民法院复议。复议期间，不停止决定的执行。

第308条 担任辩护人、诉讼代理人的律师严重扰乱法庭秩序，被强行带出法庭或者被处以罚款、拘留的，人民法院应当通报司法行政机关，并可以建议依法给予相应处罚。

第309条 实施下列行为之一，危害法庭安全或者扰乱法庭秩序，构成犯罪的，依法追究刑事责任：

（一）非法携带枪支、弹药、管制刀具或者爆炸性、易燃性、毒害性、放射性以及传染病病原体等危险物质进入法庭；

（二）哄闹、冲击法庭；

（三）侮辱、诽谤、威胁、殴打司法工作人员或者诉讼参与人；

（四）毁坏法庭设施，抢夺、损毁诉讼文书、证据；

（五）其他危害法庭安全或者扰乱法庭秩序的行为。

第310条 辩护人严重扰乱法庭秩序，被责令退出法庭、强行带出法庭或者被处以罚款、拘留，被告人自行辩护的，庭审继续进行；被告人要求另行委托辩护人，或者被告人属于应当提供法律援助情形的，应当宣布休庭。

辩护人、诉讼代理人被责令退出法庭、强行带出法庭或者被处以罚款后，具结保证书，保证服从法庭指挥、不再扰乱法庭秩序的，经法庭许可，可以继续担任辩护人、诉讼代理人。

辩护人、诉讼代理人具有下列情形之一的，不得继续担任同一案件的辩护人、诉讼代理人：

（一）擅自退庭的；

（二）无正当理由不出庭或者不按时出庭，严重影响审判顺利进行的；

（三）被拘留或者具结保证书后再次被责令退出法庭、强行带出法庭的。

2.《最高人民法院、司法部关于依法保障律师诉讼权利和规范律师参与庭审活动的通知》（2018年4月21日　司发通〔2018〕36号）

三、法庭审理过程中，法官应当尊重律师，不得侮辱、嘲讽律师。审判长或者独任审判员认为律师在法庭审理过程中违反法庭规则、法庭纪律的，应当依法给予警告、训诫等，确有必要时可以休庭处置，除当庭攻击党和国家政治制度、法律制度等严重扰乱法庭秩序的，不采取责令律师退出法庭或者强行带出法庭措施。确需司法警察当庭对律师采取措施维持法庭秩序的，有关执法行为要规范、文明，保持必要、合理限度。律师被依法责令退出法庭、强行带出法庭或者被处以罚款后，具结保证书，保证服从法庭指令、不再扰乱法庭秩序的，经法庭许可，可以继续担任同一案件的辩护人、诉讼代理人；具有擅自退庭、无正当理由不按时出庭参加诉讼、被拘留或者具结保证书后再次被依法责令退出法庭、强行带出法庭的，不得继续担任同一案件的辩护人、诉讼代理人。人民法院应当对庭审活动进行全程录像或录音，对律师在庭审活动中违反法定程序的情形应当记录在案。

第二百条　评议与判决

在被告人最后陈述后，审判长宣布休庭，合议庭进行评议，根据已经查明的事实、证据和有关的法律规定，分别作出以下判决：

（一）案件事实清楚，证据确实、充分，依据法律认定被告人有罪的，应当作出有罪判决；

（二）依据法律认定被告人无罪的，应当作出无罪判决；

（三）证据不足，不能认定被告人有罪的，应当作出证据不足、指控的犯罪不能成立的无罪判决。

● ***司法解释及文件***

1. **《最高人民法院关于人民法院合议庭工作的若干规定》**（2002 年 8 月 12 日　法释〔2002〕25 号）

第 9 条　合议庭评议案件应当在庭审结束后五个工作日内进行。

第 10 条　合议庭评议案件时，先由承办法官对认定案件事实、证据是否确实、充分以及适用法律等发表意见，审判长最后发表意见；审判长作为承办法官的，由审判长最后发表意见。对案件的裁判结果进行评议时，由审判长最后发表意见。审判长应当根据评议情况总结合议庭评议的结论性意见。

合议庭成员进行评议的时候，应当认真负责，充分陈述意见，独立行使表决权，不得拒绝陈述意见或者仅作同意与否的简单表态。同意他人意见的，也应当提出事实根据和法律依据，进行分析论证。

合议庭成员对评议结果的表决，以口头表决的形式进行。

第11条 合议庭进行评议的时候，如果意见分歧，应当按多数人的意见作出决定，但是少数人的意见应当写入笔录。

评议笔录由书记员制作，由合议庭的组成人员签名。

第12条 合议庭应当依照规定的权限，及时对评议意见一致或者形成多数意见的案件直接作出判决或者裁定。但是对于下列案件，合议庭应当提请院长决定提交审判委员会讨论决定：

（一）拟判处死刑的；

（二）疑难、复杂、重大或者新类型的案件，合议庭认为有必要提交审判委员会讨论决定的；

（三）合议庭在适用法律方面有重大意见分歧的；

（四）合议庭认为需要提请审判委员会讨论决定的其他案件，或者本院审判委员会确定的应当由审判委员会讨论决定的案件。

第13条 合议庭对审判委员会的决定有异议，可以提请院长决定提交审判委员会复议一次。

第14条 合议庭一般应当在作出评议结论或者审判委员会作出决定后的五个工作日内制作出裁判文书。

2.《最高人民法院关于适用〈中华人民共和国刑事诉讼法〉的解释》（2021年1月26日　法释〔2021〕1号）

第291条 被告人最后陈述后，审判长应当宣布休庭，由合议庭进行评议。

第292条 开庭审理的全部活动，应当由书记员制作笔录；笔录经审判长审阅后，分别由审判长和书记员签名。

第293条 法庭笔录应当在庭审后交由当事人、法定代理人、辩护人、诉讼代理人阅读或者向其宣读。

法庭笔录中的出庭证人、鉴定人、有专门知识的人、调查人员、侦查人员或者其他人员的证言、意见部分，应当在庭审后分别交由有关人员阅读或者向其宣读。

前两款所列人员认为记录有遗漏或者差错的，可以请求补充或者改正；确认无误后，应当签名；拒绝签名的，应当记录在案；要求改变庭审中陈述的，不予准许。

第294条 合议庭评议案件，应当根据已经查明的事实、证据和有关法律规定，在充分考虑控辩双方意见的基础上，确定被告人是否有罪、构成何罪，有无从重、从轻、减轻或者免除处罚情节，应否处以刑罚、判处何种刑罚，附带民事诉讼如何解决，查封、扣押、冻结的财物及其孳息如何处理等，并依法作出判决、裁定。

第295条 对第一审公诉案件，人民法院审理后，应当按照下列情形分别作出判决、裁定：

（一）起诉指控的事实清楚，证据确实、充分，依据法律认定指控被告人的罪名成立的，应当作出有罪判决；

（二）起诉指控的事实清楚，证据确实、充分，但指控的罪名不当的，应当依据法律和审理认定的事实作出有罪判决；

（三）案件事实清楚，证据确实、充分，依据法律认定被告人无罪的，应当判决宣告被告人无罪；

（四）证据不足，不能认定被告人有罪的，应当以证据不足、指控的犯罪不能成立，判决宣告被告人无罪；

（五）案件部分事实清楚，证据确实、充分的，应当作出有罪或者无罪的判决；对事实不清、证据不足部分，不予认定；

（六）被告人因未达到刑事责任年龄，不予刑事处罚的，应当判决宣告被告人不负刑事责任；

（七）被告人是精神病人，在不能辨认或者不能控制自己行为时造成危害结果，不予刑事处罚的，应当判决宣告被告人不负刑事责任；被告人符合强制医疗条件的，应当依照本解释第二十六章的规定进行审理并作出判决；

（八）犯罪已过追诉时效期限且不是必须追诉，或者经特赦令免除刑罚的，应当裁定终止审理；

（九）属于告诉才处理的案件，应当裁定终止审理，并告知被害人有权提起自诉；

（十）被告人死亡的，应当裁定终止审理；但有证据证明被告人无罪，经缺席审理确认无罪的，应当判决宣告被告人无罪。

对涉案财物，人民法院应当根据审理查明的情况，依照本解释第十八章的规定作出处理。

具有第一款第二项规定情形的，人民法院应当在判决前听取控辩双方的意见，保障被告人、辩护人充分行使辩护权。必要时，可以再次开庭，组织控辩双方围绕被告人的行为构成何罪及如何量刑进行辩论。

第296条 在开庭后、宣告判决前，人民检察院要求撤回起诉的，人民法院应当审查撤回起诉的理由，作出是否准许的裁定。

第297条 审判期间，人民法院发现新的事实，可能影响定罪量刑的，或者需要补查补证的，应当通知人民检察院，由其决定是否补充、变更、追加起诉或者补充侦查。

人民检察院不同意或者在指定时间内未回复书面意见的，人民法院应当就起诉指控的事实，依照本解释第二百九十五条的规定作出判决、裁定。

第298条 对依照本解释第二百一十九条第一款第五项规定受理的案件，人民法院应当在判决中写明被告人曾被人民检察院提起公诉，因证据不足，指控的犯罪不能成立，被人民法院依法判决宣告无罪的情况；前案依照刑事诉讼法第二百条第三项规定作出的判决不予撤销。

第299条 合议庭成员、法官助理、书记员应当在评议笔录上签名，在判决书、裁定书等法律文书上署名。

第300条 裁判文书应当写明裁判依据，阐释裁判理由，反映控辩双方的意见并说明采纳或者不予采纳的理由。

适用普通程序审理的被告人认罪的案件，裁判文书可以适当简化。

第301条 庭审结束后、评议前，部分合议庭成员不能继续履行审判职责的，人民法院应当依法更换合议庭组成人员，重新开庭审理。

评议后、宣判前，部分合议庭成员因调动、退休等正常原因不能参加宣判，在不改变原评议结论的情况下，可以由审判本案的其他审判员宣判，裁判文书上仍署审判本案的合议庭成员的姓名。

第302条 当庭宣告判决的，应当在五日以内送达判决书。定期宣告判决的，应当在宣判前，先期公告宣判的时间和地点，传唤当事人并通知公诉人、法定代理人、辩护人和诉讼代理人；判决宣告后，应当立即送达判决书。

第303条 判决书应当送达人民检察院、当事人、法定代理人、辩护人、诉讼代理人，并可以送达被告人的近亲属。被害人死亡，其近亲属申请领取判决书的，人民法院应当及时提供。

判决生效后，还应当送达被告人的所在单位或者户籍地的公安派出所，或者被告单位的注册登记机关。被告人系外国人，且在境内有居住地的，应当送达居住地的公安派出所。

第304条 宣告判决，一律公开进行。宣告判决结果时，法庭内全体人员应当起立。

公诉人、辩护人、诉讼代理人、被害人、自诉人或者附带民事诉讼原告人未到庭的，不影响宣判的进行。

3.《人民法院办理刑事案件第一审普通程序法庭调查规程（试行）》（2017年11月27日 法发〔2017〕31号）

第45条 经过控辩双方质证的证据，法庭应当结合控辩双方质证意见，从证据与待证事实的关联程度、证据之间的印证联系、证据自身的真实性程度等方面，综合判断证据能否作为定案的根据。

证据与待证事实没有关联，或者证据自身存在无法解释的疑问，或者证据与待证事实以及其他证据存在无法排除的矛盾的，不得作为定案的根据。

第46条 通过勘验、检查、搜查等方式收集的物证、书证等证据，未通过辨认、鉴定等方式确定其与案件事实的关联的，不得作为定案的根据。

法庭对鉴定意见有疑问的，可以重新鉴定。

第47条 收集证据的程序、方式不符合法律规定，严重影响证据真实性的，人民法院应当建议人民检察院予以补正或者作出合理解释；不能补正或者作出合理解释的，有关证据不得作为定案的根据。

第48条 证人没有出庭作证，其庭前证言真实性无法确认的，不得作为定案的根据。

证人当庭作出的证言与其庭前证言矛盾，证人能够作出合理解释，并与相关证据印证的，应当采信其庭审证言；不能作出合理解释，而其庭前证言与相关证据印证的，可以采信其庭前证言。

第49条 经人民法院通知，鉴定人拒不出庭作证的，鉴定意见不得作为定案的根据。

有专门知识的人当庭对鉴定意见提出质疑，鉴定人能够作出合理解释，并与相关证据印证的，应当采信鉴定意见；不能作出合理解释，无法确认鉴定意见可靠性的，有关鉴定意见不能作为定案的根据。

第50条 被告人的当庭供述与庭前供述、自书材料存在矛盾，被告人能够作出合理解释，并与相关证据印证的，应当采信其当庭供述；不能作出合理解释，而其庭前供述、自书材料与相关证据印证的，可以采信其庭前供述、自书材料。

法庭应当结合讯问录音录像对讯问笔录进行全面审查。讯问笔录记载的内容与讯问录音录像存在实质性差异的，以讯问录音录像为准。

第51条 对于控辩双方提出的事实证据争议，法庭应当当庭进行审查，经审查后作出处理的，应当当庭说明理由，并在裁判文书中写明；需要庭后评议作出处理的，应当在裁判文书中说明理由。

第52条 法庭认定被告人有罪，必须达到犯罪事实清楚，证据确实、充分，对于定罪事实应当综合全案证据排除合理怀疑。定罪证据不足的案件，不能认定被告人有罪，应当作出证据不足、指控的犯罪不能成立的无罪判决。定罪证据确实、充分，量刑证据存疑的，应当作出有利于被告人的认定。

4.《人民检察院刑事诉讼规则》（2019年12月30日　高检发释字〔2019〕4号）

第423条 人民法院宣告判决前，人民检察院发现被告人的真实身份或者犯罪事实与起诉书中叙述的身份或者指控犯罪事实不符的，或者事实、证据没有变化，但罪名、适用法律与起诉书不一致的，可以变更起诉。发现遗漏同案犯罪嫌疑人或者罪行的，应当要求公安机关补充移送起诉或者补充侦查；对于犯罪事实清楚，证据确实、充分的，可以直接追加、补充起诉。

第424条 人民法院宣告判决前，人民检察院发现具有下列情形之一的，经检察长批准，可以撤回起诉：

（一）不存在犯罪事实的；

（二）犯罪事实并非被告人所为的；

（三）情节显著轻微、危害不大，不认为是犯罪的；

（四）证据不足或证据发生变化，不符合起诉条件的；

（五）被告人因未达到刑事责任年龄，不负刑事责任的；

（六）法律、司法解释发生变化导致不应当追究被告人刑事责任的；

（七）其他不应当追究被告人刑事责任的。

对于撤回起诉的案件，人民检察院应当在撤回起诉后三十日以内作出不起诉决定。需要重新调查或者侦查的，应当在作出不起诉决定后将案卷材料退回监察机关或者公安机关，建议监察机关或者公安机关重新调查或者侦查，并书面说明理由。

对于撤回起诉的案件，没有新的事实或者新的证据，人民检察院不得再行起诉。

新的事实是指原起诉书中未指控的犯罪事实。该犯罪事实触犯的罪名既可以是原指控罪名的同一罪名，也可以是其他罪名。

新的证据是指撤回起诉后收集、调取的足以证明原指控犯罪事实的证据。

第 425 条 在法庭审理过程中，人民法院建议人民检察院补充侦查、补充起诉、追加起诉或者变更起诉的，人民检察院应当审查有关理由，并作出是否补充侦查、补充起诉、追加起诉或者变更起诉的决定。人民检察院不同意的，可以要求人民法院就起诉指控的犯罪事实依法作出裁判。

第 426 条 变更、追加、补充或者撤回起诉应当以书面方式在判决宣告前向人民法院提出。

第 427 条 出庭的书记员应当制作出庭笔录，详细记载庭审的时间、地点、参加人员、公诉人出庭执行任务情况和法庭调查、法庭辩论的主要内容以及法庭判决结果，由公诉人和书记员签名。

第 428 条 人民检察院应当当庭向人民法院移交取回的案卷材料和证据。在审判长宣布休庭后，公诉人应当与审判人员办理交接手续。无法当庭移交的，应当在休庭后三日以内移交。

第 429 条 人民检察院对查封、扣押、冻结的被告人财物及其孳息，应当根据不同情况作以下处理：

（一）对作为证据使用的实物，应当依法随案移送；对不宜移送的，应当将其清单、照片或者其他证明文件随案移送。

（二）冻结在金融机构、邮政部门的违法所得及其他涉案财产，应当向人民法院随案移送该金融机构、邮政部门出具的证明文件。待人民法院作出生效判决、裁定后，由人民法院通知该金融机构上缴国库。

（三）查封、扣押的涉案财物，对依法不移送的，应当随案移送清单、照片或者其他证明文件。待人民法院作出生效判决、裁定后，由人民检察院根据人民法院的通知上缴国库，并向人民法院送交执行回单。

（四）对于被扣押、冻结的债券、股票、基金份额等财产，在扣押、冻结期间权利人申请出售的，参照本规则第二百一十四条的规定办理。

第二百零一条　认罪认罚案件量刑建议的采纳

对于认罪认罚案件，人民法院依法作出判决时，一般应当采纳人民检察院指控的罪名和量刑建议，但有下列情形的除外：

（一）被告人的行为不构成犯罪或者不应当追究其刑事责任的；

（二）被告人违背意愿认罪认罚的；

（三）被告人否认指控的犯罪事实的；

（四）起诉指控的罪名与审理认定的罪名不一致的；

（五）其他可能影响公正审判的情形。

人民法院经审理认为量刑建议明显不当，或者被告人、辩护人对量刑建议提出异议的，人民检察院可以调整量刑建议。人民检察院不调整量刑建议或者调整量刑建议后仍然明显不当的，人民法院应当依法作出判决。

第二百零二条　宣告判决

宣告判决，一律公开进行。

当庭宣告判决的，应当在五日以内将判决书送达当事人和提起公诉的人民检察院；定期宣告判决的，应当在宣告后立即将判决书送达当事人和提起公诉的人民检察院。判决书应当同时送达辩护人、诉讼代理人。

● *司法解释及文件*

《最高人民法院关于适用〈中华人民共和国刑事诉讼法〉的解释》（2021年1月26日　法释〔2021〕1号）

第302条　当庭宣告判决的，应当在五日以内送达判决书。定期宣告判决的，应当在宣判前，先期公告宣判的时间和地点，传唤当事人并通知公诉人、法定代理人、辩护人和诉讼代理人；判决宣告后，应当立即送达判决书。

第303条 判决书应当送达人民检察院、当事人、法定代理人、辩护人、诉讼代理人，并可以送达被告人的近亲属。被害人死亡，其近亲属申请领取判决书的，人民法院应当及时提供。

判决生效后，还应当送达被告人的所在单位或者户籍地的公安派出所，或者被告单位的注册登记机关。被告人系外国人，且在境内有居住地的，应当送达居住地的公安派出所。

第304条 宣告判决，一律公开进行。宣告判决结果时，法庭内全体人员应当起立。

公诉人、辩护人、诉讼代理人、被害人、自诉人或者附带民事诉讼原告人未到庭的，不影响宣判的进行。

第二百零三条 判决书署名与权利告知

判决书应当由审判人员和书记员署名，并且写明上诉的期限和上诉的法院。

● *司法解释及文件*

1.《最高人民法院关于适用〈中华人民共和国刑事诉讼法〉的解释》（2021年1月26日 法释〔2021〕1号）

第299条 合议庭成员、法官助理、书记员应当在评议笔录上签名，在判决书、裁定书等法律文书上署名。

第300条 裁判文书应当写明裁判依据，阐释裁判理由，反映控辩双方的意见并说明采纳或者不予采纳的理由。

适用普通程序审理的被告人认罪的案件，裁判文书可以适当简化。

2.《最高人民法院关于在裁判文书中如何表述修正前后刑法条文的批复》（2012年5月15日 法释〔2012〕7号）

各省、自治区、直辖市高级人民法院，解放军军事法院，新疆维吾尔自治区高级人民法院生产建设兵团分院：

近来，一些法院就在裁判文书中引用修正前后刑法条文如何具体表述问题请示我院。经研究，批复如下：

一、根据案件情况，裁判文书引用1997年3月14日第八届全国人民代表大会第五次会议修订的刑法条文，应当根据具体情况分别表述：

（一）有关刑法条文在修订的刑法施行后未经修正，或者经过修正，但引用的是现行有效条文，表述为“《中华人民共和国刑法》第××条”。

（二）有关刑法条文经过修正，引用修正前的条文，表述为“1997年修订的《中华人民共和国刑法》第××条”。

（三）有关刑法条文经两次以上修正，引用经修正、且为最后一次修正前的条文，表述为“经××××年《中华人民共和国刑法修正案（×）》修正的《中华人民共和国刑法》第××条”。

二、根据案件情况，裁判文书引用1997年3月14日第八届全国人民代表大会第五次会议修订前的刑法条文，应当表述为“1979年《中华人民共和国刑法》第××条”。

三、根据案件情况，裁判文书引用有关单行刑法条文，应当直接引用相应该条例、补充规定或者决定的具体条款。

四、《最高人民法院关于在裁判文书中如何引用修订前、后刑法名称的通知》（法〔1997〕192号）、《最高人民法院关于在裁判文书中如何引用刑法修正案的批复》（法释〔2007〕7号）不再适用。

3.《最高人民法院关于裁判文书引用法律、法规等规范性法律文件的规定》

（2009年10月26日　法释〔2009〕14号）

第1条　人民法院的裁判文书应当依法引用相关法律、法规等规范性法律文件作为裁判依据。引用时应当准确完整写明规范性法律文件的名称、条款序号，需要引用具体条文的，应当整条引用。

第2条　并列引用多个规范性法律文件的，引用顺序如下：法律及法律解释、行政法规、地方性法规、自治条例或者单行条例、司法解释。同时引用两部以上法律的，应当先引用基本法律，后引用其他法律。引用包括实体法和程序法的，先引用实体法，后引用程序法。

第3条　刑事裁判文书应当引用法律、法律解释或者司法解释。刑事附带民事诉讼裁判文书引用规范性法律文件，同时适用本规定第四条规定。

第4条　民事裁判文书应当引用法律、法律解释或者司法解释。对于应当适用的行政法规、地方性法规或者自治条例和单行条例，可以直接引用。

第5条 行政裁判文书应当引用法律、法律解释、行政法规或者司法解释。对于应当适用的地方性法规、自治条例和单行条例、国务院或者国务院授权的部门公布的行政法规解释或者行政规章，可以直接引用。

第二百零四条 延期审理

在法庭审判过程中，遇有下列情形之一，影响审判进行的，可以延期审理：

（一）需要通知新的证人到庭，调取新的物证，重新鉴定或者勘验的；

（二）检察人员发现提起公诉的案件需要补充侦查，提出建议的；

（三）由于申请回避而不能进行审判的。

● *司法解释及文件*

1.《人民检察院刑事诉讼规则》（2019年12月30日 高检发释字〔2019〕4号）

第420条 在法庭审判过程中，遇有下列情形之一的，公诉人可以建议法庭延期审理：

（一）发现事实不清、证据不足，或者遗漏罪行、遗漏同案犯罪嫌疑人，需要补充侦查或者补充提供证据的；

（二）被告人揭发他人犯罪行为或者提供重要线索，需要补充侦查进行查证的；

（三）发现遗漏罪行或者遗漏同案犯罪嫌疑人，虽不需要补充侦查和补充提供证据，但需要补充、追加起诉的；

（四）申请人民法院通知证人、鉴定人出庭作证或者有专门知识的人出庭提出意见的；

（五）需要调取新的证据，重新鉴定或者勘验的；

（六）公诉人出示、宣读开庭前移送人民法院的证据以外的证据，或者补充、追加、变更起诉，需要给予被告人、辩护人必要时间进行辩护准备的；

（七）被告人、辩护人向法庭出示公诉人不掌握的与定罪量刑有关的证据，需要调查核实的；

（八）公诉人对证据收集的合法性进行证明，需要调查核实的。

在人民法院开庭审理前发现具有前款情形之一的，人民检察院可以建议人民法院延期审理。

第421条 法庭宣布延期审理后，人民检察院应当在补充侦查期限内提请人民法院恢复法庭审理或者撤回起诉。

公诉人在法庭审理过程中建议延期审理的次数不得超过两次，每次不得超过一个月。

2.**《最高人民法院关于适用〈中华人民共和国刑事诉讼法〉的解释》**（2021年1月26日 法释〔2021〕1号）

第274条 审判期间，公诉人发现案件需要补充侦查，建议延期审理的，合议庭可以同意，但建议延期审理不得超过两次。

人民检察院将补充收集的证据移送人民法院的，人民法院应当通知辩护人、诉讼代理人查阅、摘抄、复制。

补充侦查期限届满后，人民检察院未将补充的证据材料移送人民法院的，人民法院可以根据在案证据作出判决、裁定。

3.**《最高人民法院、最高人民检察院、公安部、国家安全部、司法部、全国人大常委会法制工作委员会关于实施刑事诉讼法若干问题的规定》**（2012年12月26日）

30. 人民法院审理公诉案件，发现有新的事实，可能影响定罪的，人民检察院可以要求补充起诉或者变更起诉，人民法院可以建议人民检察院补充起诉或者变更起诉。人民法院建议人民检察院补充起诉或者变更起诉的，人民检察院应当在七日以内回复意见。

31. 法庭审理过程中，被告人揭发他人犯罪行为或者提供重要线索，人民检察院认为需要进行查证的，可以建议补充侦查。

第二百零五条 庭审中补充侦查期限

依照本法第二百零四条第二项的规定延期审理的案件，人民检察院应当在一个月以内补充侦查完毕。

● *司法解释及文件*

1.《人民检察院刑事诉讼规则》（2019 年 12 月 30 日　高检发释字〔2019〕4 号）

第 422 条　在审判过程中，对于需要补充提供法庭审判所必需的证据或者补充侦查的，人民检察院应当自行收集证据和进行侦查，必要时可以要求监察机关或者公安机关提供协助；也可以书面要求监察机关或者公安机关补充提供证据。

人民检察院补充侦查，适用本规则第六章、第九章、第十章的规定。

补充侦查不得超过一个月。

第 423 条　人民法院宣告判决前，人民检察院发现被告人的真实身份或者犯罪事实与起诉书中叙述的身份或者指控犯罪事实不符的，或者事实、证据没有变化，但罪名、适用法律与起诉书不一致的，可以变更起诉。发现遗漏同案犯罪嫌疑人或者罪行的，应当要求公安机关补充移送起诉或者补充侦查；对于犯罪事实清楚，证据确实、充分的，可以直接追加、补充起诉。

第 424 条　人民法院宣告判决前，人民检察院发现具有下列情形之一的，经检察长批准，可以撤回起诉：

（一）不存在犯罪事实的；

（二）犯罪事实并非被告人所为的；

（三）情节显著轻微、危害不大，不认为是犯罪的；

（四）证据不足或证据发生变化，不符合起诉条件的；

（五）被告人因未达到刑事责任年龄，不负刑事责任的；

（六）法律、司法解释发生变化导致不应当追究被告人刑事责任的；

（七）其他不应当追究被告人刑事责任的。

对于撤回起诉的案件，人民检察院应当在撤回起诉后三十日以内作出不起诉决定。需要重新调查或者侦查的，应当在作出不起诉决定后将案卷材料退回监察机关或者公安机关，建议监察机关或者公安机关重新调查或者侦查，并书面说明理由。

对于撤回起诉的案件，没有新的事实或者新的证据，人民检察院不得再行起诉。

新的事实是指原起诉书中未指控的犯罪事实。该犯罪事实触犯的罪名既可以是原指控罪名的同一罪名，也可以是其他罪名。

新的证据是指撤回起诉后收集、调取的足以证明原指控犯罪事实的证据。

第425条 在法庭审理过程中，人民法院建议人民检察院补充侦查、补充起诉、追加起诉或者变更起诉的，人民检察院应当审查有关理由，并作出是否补充侦查、补充起诉、追加起诉或者变更起诉的决定。人民检察院不同意的，可以要求人民法院就起诉指控的犯罪事实依法作出裁判。

2.《最高人民法院关于适用〈中华人民共和国刑事诉讼法〉的解释》（2021年1月26日　法释〔2021〕1号）

第277条 审判期间，合议庭发现被告人可能有自首、坦白、立功等法定量刑情节，而人民检察院移送的案卷中没有相关证据材料的，应当通知人民检察院在指定时间内移送。

审判期间，被告人提出新的立功线索的，人民法院可以建议人民检察院补充侦查。

第二百零六条　中止审理

在审判过程中，有下列情形之一，致使案件在较长时间内无法继续审理的，可以中止审理：

（一）被告人患有严重疾病，无法出庭的；

（二）被告人脱逃的；

（三）自诉人患有严重疾病，无法出庭，未委托诉讼代理人出庭的；

（四）由于不能抗拒的原因。

中止审理的原因消失后，应当恢复审理。中止审理的期间不计入审理期限。

● *司法解释及文件*

《最高人民法院关于适用〈中华人民共和国刑事诉讼法〉的解释》（2021年1月26日　法释〔2021〕1号）

第314条 有多名被告人的案件，部分被告人具有刑事诉讼法第二百零六条第一款规定情形的，人民法院可以对全案中止审理；根据案件情况，也可以对该部分被告人中止审理，对其他被告人继续审理。

对中止审理的部分被告人，可以根据案件情况另案处理。

第二百零七条 法庭笔录

法庭审判的全部活动，应当由书记员写成笔录，经审判长审阅后，由审判长和书记员签名。

法庭笔录中的证人证言部分，应当当庭宣读或者交给证人阅读。证人在承认没有错误后，应当签名或者盖章。

法庭笔录应当交给当事人阅读或者向他宣读。当事人认为记载有遗漏或者差错的，可以请求补充或者改正。当事人承认没有错误后，应当签名或者盖章。

● *司法解释及文件*

1.《人民检察院刑事诉讼规则》（2019 年 12 月 30 日　高检发释字〔2019〕4 号）

第 427 条　出庭的书记员应当制作出庭笔录，详细记载庭审的时间、地点、参加人员、公诉人出庭执行任务情况和法庭调查、法庭辩论的主要内容以及法庭判决结果，由公诉人和书记员签名。

2.《最高人民法院关于适用〈中华人民共和国刑事诉讼法〉的解释》（2021 年 1 月 26 日　法释〔2021〕1 号）

第 292 条　开庭审理的全部活动，应当由书记员制作笔录；笔录经审判长审阅后，分别由审判长和书记员签名。

第 293 条　法庭笔录应当在庭审后交由当事人、法定代理人、辩护人、诉讼代理人阅读或者向其宣读。

法庭笔录中的出庭证人、鉴定人、有专门知识的人、调查人员、侦查人员或者其他人员的证言、意见部分，应当在庭审后分别交由有关人员阅读或者向其宣读。

前两款所列人员认为记录有遗漏或者差错的，可以请求补充或者改正；确认无误后，应当签名；拒绝签名的，应当记录在案；要求改变庭审中陈述的，不予准许。

第二百零八条　公诉案件的审限

人民法院审理公诉案件，应当在受理后二个月以内宣判，至迟不得超过三个月。对于可能判处死刑的案件或者附带民事诉讼的案件，以及有本法第一百五十八条规定情形之一的，经上一级人民法院批准，可以延长三个月；因特殊情况还需要延长的，报请最高人民法院批准。

人民法院改变管辖的案件，从改变后的人民法院收到案件之日起计算审理期限。

人民检察院补充侦查的案件，补充侦查完毕移送人民法院后，人民法院重新计算审理期限。

● 司法解释及文件

1.《最高人民法院关于适用〈中华人民共和国刑事诉讼法〉的解释》（2021年1月26日　法释〔2021〕1号）

第209条　指定管辖案件的审理期限，自被指定管辖的人民法院收到指定管辖决定书和案卷、证据材料之日起计算。

第210条　对可能判处死刑的案件或者附带民事诉讼的案件，以及有刑事诉讼法第一百五十八条规定情形之一的案件，上一级人民法院可以批准延长审理期限一次，期限为三个月。因特殊情况还需要延长的，应当报请最高人民法院批准。

申请批准延长审理期限的，应当在期限届满十五日以前层报。有权决定的人民法院不同意的，应当在审理期限届满五日以前作出决定。

因特殊情况报请最高人民法院批准延长审理期限，最高人民法院经审查，予以批准的，可以延长审理期限一至三个月。期限届满案件仍然不能审结的，可以再次提出申请。

第211条　审判期间，对被告人作精神病鉴定的时间不计入审理期限。

● 请示答复

2.《最高人民法院关于执行〈最高人民法院关于严格执行案件审理期限制度的若干规定〉中有关问题的复函》（2001年8月20日　法函〔2001〕46号）

立案庭承担有关法律文书送达、对管辖权异议的审查、诉讼保全、庭前证据交换等庭前程序性工作的，向审判庭移送案卷材料的期限可不受《最高人民法院关于严格执行案件审理期限制度的若干规定》（以下简称《若干规定》）第七条“立案机构应当在决定立案的三日内将案卷材料移送审判庭”规定的限制，但第一审案件移送案卷材料的期限最长不得超过二十日，第二审案件最长不得超过十五日。立案庭未承担上述程序性工作的，仍应执行《若干规定》第七条的规定。

第二百零九条　检察院对法庭审理的法律监督

人民检察院发现人民法院审理案件违反法律规定的诉讼程序，有权向人民法院提出纠正意见。

● 法　律

1. **《人民检察院组织法》**（2018 年 10 月 26 日修订）

第 20 条　人民检察院行使下列职权：

（一）依照法律规定对有关刑事案件行使侦查权；

（二）对刑事案件进行审查，批准或者决定是否逮捕犯罪嫌疑人；

（三）对刑事案件进行审查，决定是否提起公诉，对决定提起公诉的案件支持公诉；

（四）依照法律规定提起公益诉讼；

（五）对诉讼活动实行法律监督；

（六）对判决、裁定等生效法律文书的执行工作实行法律监督；

（七）对监狱、看守所的执法活动实行法律监督；

（八）法律规定的其他职权。

第 21 条　人民检察院行使本法第二十条规定的法律监督职权，可以进行调查核实，并依法提出抗诉、纠正意见、检察建议。有关单位应当予以配合，并及时将采纳纠正意见、检察建议的情况书面回复人民检察院。

抗诉、纠正意见、检察建议的适用范围及其程序，依照法律有关规定。

● *司法解释及文件*

2. **《人民检察院刑事诉讼规则》**（2019 年 12 月 30 日　高检发释字〔2019〕4 号）

第 570 条　人民检察院应当对审判活动中是否存在以下违法行为进行监督：

（一）人民法院对刑事案件的受理违反管辖规定的；

（二）人民法院审理案件违反法定审理和送达期限的；

（三）法庭组成人员不符合法律规定，或者依照规定应当回避而不回避的；

（四）法庭审理案件违反法定程序的；

（五）侵犯当事人、其他诉讼参与人的诉讼权利和其他合法权利的；

（六）法庭审理时对有关程序问题所作的决定违反法律规定的；

（七）违反法律规定裁定发回重审的；

（八）故意毁弃、篡改、隐匿、伪造、偷换证据或者其他诉讼材料，或者依据未经法定程序调查、质证的证据定案的；

（九）依法应当调查收集相关证据而不收集的；

（十）徇私枉法，故意违背事实和法律作枉法裁判的；

（十一）收受、索取当事人及其近亲属或者其委托的律师等人财物或者其他利益的；

（十二）违反法律规定采取强制措施或者采取强制措施法定期限届满，不予释放、解除或者变更的；

（十三）应当退还取保候审保证金不退还的；

（十四）对与案件无关的财物采取查封、扣押、冻结措施，或者应当解除查封、扣押、冻结而不解除的；

（十五）贪污、挪用、私分、调换、违反规定使用查封、扣押、冻结的财物及其孳息的；

（十六）其他违反法律规定的行为。

第571条　人民检察院检察长或者检察长委托的副检察长，可以列席同级人民法院审判委员会会议，依法履行法律监督职责。

第572条　人民检察院在审判活动监督中，发现人民法院或者审判人员审理案件违反法律规定的诉讼程序，应当向人民法院提出纠正意见。

人民检察院对违反程序的庭审活动提出纠正意见，应当由人民检察院在庭审后提出。出席法庭的检察人员发现法庭审判违反法律规定的诉讼程序，应当在休庭后及时向检察长报告。

3. **《最高人民法院关于适用〈中华人民共和国刑事诉讼法〉的解释》**（2021年1月26日　法释〔2021〕1号）

第315条　人民检察院认为人民法院审理案件违反法定程序，在庭审后提出书面纠正意见，人民法院认为正确的，应当采纳。

4.**《人民检察院办理未成年人刑事案件的规定》**（2013 年 12 月 27 日　高检发研字〔2013〕7 号）

第 68 条　对依法不应当公开审理的未成年人刑事案件公开审理的，人民检察院应当在开庭前提出纠正意见。

公诉人出庭支持公诉时，发现法庭审判有下列违反法律规定的诉讼程序的情形之一的，应当在休庭后及时向本院检察长报告，由人民检察院向人民法院提出纠正意见：

（一）开庭或者宣告判决时未通知未成年被告人的法定代理人到庭的；

（二）人民法院没有给聋、哑或者不通晓当地通用的语言文字的未成年被告人聘请或者指定翻译人员的；

（三）未成年被告人在审判时没有辩护人的；对未成年被告人及其法定代理人依照法律和有关规定拒绝辩护人为其辩护，合议庭未另行通知法律援助机构指派律师的；

（四）法庭未告知未成年被告人及其法定代理人依法享有的申请回避、辩护、提出新的证据、申请重新鉴定或者勘验、最后陈述、提出上诉等诉讼权利的；

（五）其他违反法律规定的诉讼程序的情形。

5.**《最高人民法院、最高人民检察院、公安部、国家安全部、司法部、全国人大常委会法制工作委员会关于实施刑事诉讼法若干问题的规定》**（2012 年 12 月 26 日）

32. 刑事诉讼法第二百零三条①规定：“人民检察院发现人民法院审理案件违反法律规定的诉讼程序，有权向人民法院提出纠正意见。”人民检察院对违反法定程序的庭审活动提出纠正意见，应当由人民检察院在庭审后提出。

① 对应《中华人民共和国刑事诉讼法》（2018 年修正）第二百零九条。

第二节 自诉案件

第二百一十条 自诉案件适用范围

自诉案件包括下列案件：

（一）告诉才处理的案件；

（二）被害人有证据证明的轻微刑事案件；

（三）被害人有证据证明对被告人侵犯自己人身、财产权利的行为应当依法追究刑事责任，而公安机关或者人民检察院不予追究被告人刑事责任的案件。

● *司法解释及文件*

1. **《最高人民法院关于适用〈中华人民共和国刑事诉讼法〉的解释》**（2021年1月26日 法释〔2021〕1号）

第316条 人民法院受理自诉案件必须符合下列条件：

（一）符合刑事诉讼法第二百一十条、本解释第一条的规定；

（二）属于本院管辖；

（三）被害人告诉；

（四）有明确的被告人、具体的诉讼请求和证明被告人犯罪事实的证据。

第317条 本解释第一条规定的案件，如果被害人死亡、丧失行为能力或者因受强制、威吓等无法告诉，或者是限制行为能力人以及因年老、患病、盲、聋、哑等不能亲自告诉，其法定代理人、近亲属告诉或者代为告诉的，人民法院应当依法受理。

被害人的法定代理人、近亲属告诉或者代为告诉的，应当提供与被害人关系的证明和被害人不能亲自告诉的原因的证明。

第318条 提起自诉应当提交刑事自诉状；同时提起附带民事诉讼的，应当提交刑事附带民事自诉状。

第319条 自诉状一般应当包括以下内容：

（一）自诉人（代为告诉人）、被告人的姓名、性别、年龄、民族、出生地、文化程度、职业、工作单位、住址、联系方式；

（二）被告人实施犯罪的时间、地点、手段、情节和危害后果等；

（三）具体的诉讼请求；

（四）致送的人民法院和具状时间；

（五）证据的名称、来源等；

（六）证人的姓名、住址、联系方式等。

对两名以上被告人提出告诉的，应当按照被告人的人数提供自诉状副本。

2.《最高人民法院关于审理拒不执行判决、裁定刑事案件适用法律若干问题的解释》（2020年12月23日　法释〔2020〕21号）

第3条　申请执行人有证据证明同时具有下列情形，人民法院认为符合刑事诉讼法第二百一十条第三项规定的，以自诉案件立案审理：

（一）负有执行义务的人拒不执行判决、裁定，侵犯了申请执行人的人身、财产权利，应当依法追究刑事责任的；

（二）申请执行人曾经提出控告，而公安机关或者人民检察院对负有执行义务的人不予追究刑事责任的。

第4条　本解释第三条规定的自诉案件，依照刑事诉讼法第二百一十二条的规定，自诉人在宣告判决前，可以同被告人自行和解或者撤回自诉。

〔请示答复〕

3.《最高人民法院研究室关于重婚案件中受骗的一方当事人能否作为被害人向法院提起诉讼问题的电话答复》（1992年11月7日）

基本同意你院的第二种意见，即：重婚案件中的被害人，既包括重婚者在原合法婚姻关系中的配偶，也包括后来受欺骗而与重婚者结婚的人。鉴于受骗一方当事人在主观上不具有重婚的故意，因此，根据你院《请示》中介绍的案情，陈若容可以作为本案的被害人。根据最高人民法院、最高人民检察院1983年7月26日《关于重婚案件管辖问题的通知》中关于“由被害人提出控告的重婚案件……由人民法院直接受理”的规定，陈若容可以作为自诉人，直接向人民法院提起诉讼。

第二百一十一条　自诉案件审查后的处理

人民法院对于自诉案件进行审查后，按照下列情形分别处理：

（一）犯罪事实清楚，有足够证据的案件，应当开庭审判；

（二）缺乏罪证的自诉案件，如果自诉人提不出补充证据，应当说服自诉人撤回自诉，或者裁定驳回。

自诉人经两次依法传唤，无正当理由拒不到庭的，或者未经法庭许可中途退庭的，按撤诉处理。

法庭审理过程中，审判人员对证据有疑问，需要调查核实的，适用本法第一百九十六条的规定。

● *司法解释及文件*

《最高人民法院关于适用〈中华人民共和国刑事诉讼法〉的解释》（2021年1月26日　法释〔2021〕1号）

第317条　本解释第一条规定的案件，如果被害人死亡、丧失行为能力或者因受强制、威吓等无法告诉，或者是限制行为能力人以及因年老、患病、盲、聋、哑等不能亲自告诉，其法定代理人、近亲属告诉或者代为告诉的，人民法院应当依法受理。

被害人的法定代理人、近亲属告诉或者代为告诉的，应当提供与被害人关系的证明和被害人不能亲自告诉的原因的证明。

第318条　提起自诉应当提交刑事自诉状；同时提起附带民事诉讼的，应当提交刑事附带民事自诉状。

第319条　自诉状一般应当包括以下内容：

（一）自诉人（代为告诉人）、被告人的姓名、性别、年龄、民族、出生地、文化程度、职业、工作单位、住址、联系方式；

（二）被告人实施犯罪的时间、地点、手段、情节和危害后果等；

（三）具体的诉讼请求；

（四）致送的人民法院和具状时间；

（五）证据的名称、来源等；

（六）证人的姓名、住址、联系方式等。

对两名以上被告人提出告诉的，应当按照被告人的人数提供自诉状副本。

第320条　对自诉案件，人民法院应当在十五日以内审查完毕。经审查，符合受理条件的，应当决定立案，并书面通知自诉人或者代为告诉人。

具有下列情形之一的，应当说服自诉人撤回起诉；自诉人不撤回起诉的，裁定不予受理：

（一）不属于本解释第一条规定的案件的；

（二）缺乏罪证的；

（三）犯罪已过追诉时效期限的；

（四）被告人死亡的；

（五）被告人下落不明的；

（六）除因证据不足而撤诉的以外，自诉人撤诉后，就同一事实又告诉的；

（七）经人民法院调解结案后，自诉人反悔，就同一事实再行告诉的；

（八）属于本解释第一条第二项规定的案件，公安机关正在立案侦查或者人民检察院正在审查起诉的；

（九）不服人民检察院对未成年犯罪嫌疑人作出的附条件不起诉决定或者附条件不起诉考验期满后作出的不起诉决定，向人民法院起诉的。

第321条　对已经立案，经审查缺乏罪证的自诉案件，自诉人提不出补充证据的，人民法院应当说服其撤回起诉或者裁定驳回起诉；自诉人撤回起诉或者被驳回起诉后，又提出了新的足以证明被告人有罪的证据，再次提起自诉的，人民法院应当受理。

第322条　自诉人对不予受理或者驳回起诉的裁定不服的，可以提起上诉。

第二审人民法院查明第一审人民法院作出的不予受理裁定有错误的，应当在撤销原裁定的同时，指令第一审人民法院立案受理；查明第一审人民法院驳回起诉裁定有错误的，应当在撤销原裁定的同时，指令第一审人民法院进行审理。

第323条　自诉人明知有其他共同侵害人，但只对部分侵害人提起自诉的，人民法院应当受理，并告知其放弃告诉的法律后果；自诉人放弃告诉，判决宣告后又对其他共同侵害人就同一事实提起自诉的，人民法院不予受理。

共同被害人中只有部分人告诉的，人民法院应当通知其他被害人参加诉讼，并告知其不参加诉讼的法律后果。被通知人接到通知后表示不参加诉讼或者不出庭的，视为放弃告诉。第一审宣判后，被通知人就同一事实又提起自诉的，人民法院不予受理。但是，当事人另行提起民事诉讼的，不受本解释限制。

第324条　被告人实施两个以上犯罪行为，分别属于公诉案件和自诉案件，人民法院可以一并审理。对自诉部分的审理，适用本章的规定。

第 325 条 自诉案件当事人因客观原因不能取得的证据，申请人民法院调取的，应当说明理由，并提供相关线索或者材料。人民法院认为有必要的，应当及时调取。

对通过信息网络实施的侮辱、诽谤行为，被害人向人民法院告诉，但提供证据确有困难的，人民法院可以要求公安机关提供协助。

第 326 条 对犯罪事实清楚，有足够证据的自诉案件，应当开庭审理。

第 327 条 自诉案件符合简易程序适用条件的，可以适用简易程序审理。

不适用简易程序审理的自诉案件，参照适用公诉案件第一审普通程序的有关规定。

第 328 条 人民法院审理自诉案件，可以在查明事实、分清是非的基础上，根据自愿、合法的原则进行调解。调解达成协议的，应当制作刑事调解书，由审判人员、法官助理、书记员署名，并加盖人民法院印章。调解书经双方当事人签收后，即具有法律效力。调解没有达成协议，或者调解书签收前当事人反悔的，应当及时作出判决。

刑事诉讼法第二百一十条第三项规定的案件不适用调解。

第 329 条 判决宣告前，自诉案件的当事人可以自行和解，自诉人可以撤回自诉。

人民法院经审查，认为和解、撤回自诉确属自愿的，应当裁定准许；认为系被强迫、威吓等，并非自愿的，不予准许。

第 330 条 裁定准许撤诉的自诉案件，被告人被采取强制措施的，人民法院应当立即解除。

第 331 条 自诉人经两次传唤，无正当理由拒不到庭，或者未经法庭准许中途退庭的，人民法院应当裁定按撤诉处理。

部分自诉人撤诉或者被裁定按撤诉处理的，不影响案件的继续审理。

第二百一十二条 自诉案件的调解、和解与撤诉　自诉案件的审限

人民法院对自诉案件，可以进行调解；自诉人在宣告判决前，可以同被告人自行和解或者撤回自诉。本法第二百一十条第三项规定的案件不适用调解。

人民法院审理自诉案件的期限，被告人被羁押的，适用本法第二百零八条第一款、第二款的规定；未被羁押的，应当在受理后六个月以内宣判。

● *司法解释及文件*

《最高人民法院关于适用〈中华人民共和国刑事诉讼法〉的解释》（2021年1月26日　法释〔2021〕1号）

第328条　人民法院审理自诉案件，可以在查明事实、分清是非的基础上，根据自愿、合法的原则进行调解。调解达成协议的，应当制作刑事调解书，由审判人员、法官助理、书记员署名，并加盖人民法院印章。调解书经双方当事人签收后，即具有法律效力。调解没有达成协议，或者调解书签收前当事人反悔的，应当及时作出判决。

刑事诉讼法第二百一十条第三项规定的案件不适用调解。

第329条　判决宣告前，自诉案件的当事人可以自行和解，自诉人可以撤回自诉。

人民法院经审查，认为和解、撤回自诉确属自愿的，应当裁定准许；认为系被强迫、威吓等，并非自愿的，不予准许。

第330条　裁定准许撤诉的自诉案件，被告人被采取强制措施的，人民法院应当立即解除。

第二百一十三条　自诉案件中的反诉

自诉案件的被告人在诉讼过程中，可以对自诉人提起反诉。反诉适用自诉的规定。

● *司法解释及文件*

《最高人民法院关于适用〈中华人民共和国刑事诉讼法〉的解释》（2021年1月26日　法释〔2021〕1号）

第334条　告诉才处理和被害人有证据证明的轻微刑事案件的被告人或者其法定代理人在诉讼过程中，可以对自诉人提起反诉。反诉必须符合下列条件：

（一）反诉的对象必须是本案自诉人；

（二）反诉的内容必须是与本案有关的行为；

（三）反诉的案件必须符合本解释第一条第一项、第二项的规定。

反诉案件适用自诉案件的规定，应当与自诉案件一并审理。自诉人撤诉的，不影响反诉案件的继续审理。

第三节　简易程序

第二百一十四条　简易程序的适用条件

基层人民法院管辖的案件，符合下列条件的，可以适用简易程序审判：

（一）案件事实清楚、证据充分的；

（二）被告人承认自己所犯罪行，对指控的犯罪事实没有异议的；

（三）被告人对适用简易程序没有异议的。

人民检察院在提起公诉的时候，可以建议人民法院适用简易程序。

● ***司法解释及文件***

1. **《人民检察院刑事诉讼规则》**（2019 年 12 月 30 日　高检发释字〔2019〕4 号）

第 430 条　人民检察院对于基层人民法院管辖的案件，符合下列条件的，可以建议人民法院适用简易程序审理：

（一）案件事实清楚、证据充分的；

（二）被告人承认自己所犯罪行，对指控的犯罪事实没有异议的；

（三）被告人对适用简易程序没有异议的。

2. **《最高人民法院关于适用〈中华人民共和国刑事诉讼法〉的解释》**（2021 年 1 月 26 日　法释〔2021〕1 号）

第 359 条　基层人民法院受理公诉案件后，经审查认为案件事实清楚、证据充分的，在将起诉书副本送达被告人时，应当询问被告人对指控的犯罪事实的意见，告知其适用简易程序的法律规定。被告人对指控的犯罪事实没有异议并同意适用简易程序的，可以决定适用简易程序，并在开庭前通知人民检察院和辩护人。

对人民检察院建议或者被告人及其辩护人申请适用简易程序审理的案件，依照前款规定处理；不符合简易程序适用条件的，应当通知人民检察院或者被告人及其辩护人。

第二百一十五条　不适用简易程序的情形

有下列情形之一的，不适用简易程序：

（一）被告人是盲、聋、哑人，或者是尚未完全丧失辨认或者控制自己行为能力的精神病人的；

（二）有重大社会影响的；

（三）共同犯罪案件中部分被告人不认罪或者对适用简易程序有异议的；

（四）其他不宜适用简易程序审理的。

● 司法解释及文件

1. **《人民检察院刑事诉讼规则》**（2019 年 12 月 30 日　高检发释字〔2019〕4 号）

第 431 条　具有下列情形之一的，人民检察院不得建议人民法院适用简易程序：

（一）被告人是盲、聋、哑人，或者是尚未完全丧失辨认或者控制自己行为能力的精神病人的；

（二）有重大社会影响的；

（三）共同犯罪案件中部分被告人不认罪或者对适用简易程序有异议的；

（四）比较复杂的共同犯罪案件；

（五）辩护人作无罪辩护或者对主要犯罪事实有异议的；

（六）其他不宜适用简易程序的。

人民法院决定适用简易程序审理的案件，人民检察院认为具有刑事诉讼法第二百一十五条规定情形之一的，应当向人民法院提出纠正意见；具有其他不宜适用简易程序情形的，人民检察院可以建议人民法院不适用简易程序。

2.《最高人民法院关于适用〈中华人民共和国刑事诉讼法〉的解释》（2021年1月26日　法释〔2021〕1号）

第360条　具有下列情形之一的，不适用简易程序：

（一）被告人是盲、聋、哑人的；

（二）被告人是尚未完全丧失辨认或者控制自己行为能力的精神病人的；

（三）案件有重大社会影响的；

（四）共同犯罪案件中部分被告人不认罪或者对适用简易程序有异议的；

（五）辩护人作无罪辩护的；

（六）被告人认罪但经审查认为可能不构成犯罪的；

（七）不宜适用简易程序审理的其他情形。

第二百一十六条　简易程序的审判组织　公诉案件检察院派员出庭

适用简易程序审理案件，对可能判处三年有期徒刑以下刑罚的，可以组成合议庭进行审判，也可以由审判员一人独任审判；对可能判处的有期徒刑超过三年的，应当组成合议庭进行审判。

适用简易程序审理公诉案件，人民检察院应当派员出席法庭。

● *司法解释及文件*

《人民检察院刑事诉讼规则》（2019年12月30日　高检发释字〔2019〕4号）

第433条　适用简易程序审理的公诉案件，人民检察院应当派员出席法庭。

第434条　公诉人出席简易程序法庭时，应当主要围绕量刑以及其他有争议的问题进行法庭调查和法庭辩论。在确认被告人庭前收到起诉书并对起诉书指控的犯罪事实没有异议后，可以简化宣读起诉书，根据案件情况决定是否讯问被告人，询问证人、鉴定人和出示证据。

根据案件情况，公诉人可以建议法庭简化法庭调查和法庭辩论程序。

第二百一十七条　简易程序的法庭调查

适用简易程序审理案件，审判人员应当询问被告人对指控的犯罪事实的意见，告知被告人适用简易程序审理的法律规定，确认被告人是否同意适用简易程序审理。

● *司法解释及文件*

1. **《人民检察院刑事诉讼规则》**（2019 年 12 月 30 日　高检发释字〔2019〕4 号）

第 432 条　基层人民检察院审查案件，认为案件事实清楚、证据充分的，应当在讯问犯罪嫌疑人时，了解其是否承认自己所犯罪行，对指控的犯罪事实有无异议，告知其适用简易程序的法律规定，确认其是否同意适用简易程序。

2. **《最高人民法院关于适用〈中华人民共和国刑事诉讼法〉的解释》**（2021 年 1 月 26 日　法释〔2021〕1 号）

第 361 条　适用简易程序审理的案件，符合刑事诉讼法第三十五条第一款规定的，人民法院应当告知被告人及其近亲属可以申请法律援助。

第 362 条　适用简易程序审理案件，人民法院应当在开庭前将开庭的时间、地点通知人民检察院、自诉人、被告人、辩护人，也可以通知其他诉讼参与人。

通知可以采用简便方式，但应当记录在案。

第 363 条　适用简易程序审理案件，被告人有辩护人的，应当通知其出庭。

第 364 条　适用简易程序审理案件，审判长或者独任审判员应当当庭询问被告人对指控的犯罪事实的意见，告知被告人适用简易程序审理的法律规定，确认被告人是否同意适用简易程序。

第二百一十八条　简易程序的法庭辩论

适用简易程序审理案件，经审判人员许可，被告人及其辩护人可以同公诉人、自诉人及其诉讼代理人互相辩论。

● *司法解释及文件*

《最高人民法院、最高人民检察院、公安部、国家安全部、司法部关于规范量刑程序若干问题的意见》（2020 年 11 月 5 日　法发〔2020〕38 号）

第 13 条　适用简易程序审理的案件，在确认被告人对起诉书指控的犯罪事实和罪名没有异议，自愿认罪且知悉认罪的法律后果后，法庭审理可以直接围绕量刑进行，不再区分法庭调查、法庭辩论，但在判决宣告前应当听取被告人的最后陈述意见。

适用简易程序审理的案件，一般应当当庭宣判。

第二百一十九条　简易程序的程序简化及保留

适用简易程序审理案件，不受本章第一节关于送达期限、讯问被告人、询问证人、鉴定人、出示证据、法庭辩论程序规定的限制。但在判决宣告前应当听取被告人的最后陈述意见。

● *司法解释及文件*

1. **《人民检察院刑事诉讼规则》**（2019 年 12 月 30 日　高检发释字〔2019〕4 号）

第 434 条　公诉人出席简易程序法庭时，应当主要围绕量刑以及其他有争议的问题进行法庭调查和法庭辩论。在确认被告人庭前收到起诉书并对起诉书指控的犯罪事实没有异议后，可以简化宣读起诉书，根据案件情况决定是否讯问被告人，询问证人、鉴定人和出示证据。

根据案件情况，公诉人可以建议法庭简化法庭调查和法庭辩论程序。

2. **《最高人民法院关于适用〈中华人民共和国刑事诉讼法〉的解释》**（2021 年 1 月 26 日　法释〔2021〕1 号）

第 365 条　适用简易程序审理案件，可以对庭审作如下简化：

（一）公诉人可以摘要宣读起诉书；

（二）公诉人、辩护人、审判人员对被告人的讯问、发问可以简化或者省略；

（三）对控辩双方无异议的证据，可以仅就证据的名称及所证明的事项作出说明；对控辩双方有异议或者法庭认为有必要调查核实的证据，应当出示，并进行质证；

（四）控辩双方对与定罪量刑有关的事实、证据没有异议的，法庭审理可以直接围绕罪名确定和量刑问题进行。

适用简易程序审理案件，判决宣告前应当听取被告人的最后陈述。

第二百二十条　简易程序的审限

适用简易程序审理案件，人民法院应当在受理后二十日以内审结；对可能判处的有期徒刑超过三年的，可以延长至一个半月。

第二百二十一条　转化普通程序

人民法院在审理过程中，发现不宜适用简易程序的，应当按照本章第一节或者第二节的规定重新审理。

● 司法解释及文件

1. **《人民检察院刑事诉讼规则》**（2019年12月30日　高检发释字〔2019〕4号）

第435条　适用简易程序审理的公诉案件，公诉人发现不宜适用简易程序审理的，应当建议法庭按照第一审普通程序重新审理。

第436条　转为普通程序审理的案件，公诉人需要为出席法庭进行准备的，可以建议人民法院延期审理。

2. **《最高人民法院关于适用〈中华人民共和国刑事诉讼法〉的解释》**（2021年1月26日　法释〔2021〕1号）

第53条　辩护律师可以查阅、摘抄、复制案卷材料。其他辩护人经人民法院许可，也可以查阅、摘抄、复制案卷材料。合议庭、审判委员会的讨论记录以及其他依法不公开的材料不得查阅、摘抄、复制。

辩护人查阅、摘抄、复制案卷材料的，人民法院应当提供便利，并保证必要的时间。

值班律师查阅案卷材料的，适用前两款规定。

复制案卷材料可以采用复印、拍照、扫描、电子数据拷贝等方式。

第344条　审判期间，被告单位被吊销营业执照、宣告破产但尚未完成清算、注销登记的，应当继续审理；被告单位被撤销、注销的，对单位犯罪直接负责的主管人员和其他直接责任人员应当继续审理。

第368条 适用简易程序审理案件，在法庭审理过程中，具有下列情形之一的，应当转为普通程序审理：

（一）被告人的行为可能不构成犯罪的；

（二）被告人可能不负刑事责任的；

（三）被告人当庭对起诉指控的犯罪事实予以否认的；

（四）案件事实不清、证据不足的；

（五）不应当或者不宜适用简易程序的其他情形。

决定转为普通程序审理的案件，审理期限应当从作出决定之日起计算。

第四节 速裁程序

第二百二十二条 速裁程序的适用范围与条件

基层人民法院管辖的可能判处三年有期徒刑以下刑罚的案件，案件事实清楚，证据确实、充分，被告人认罪认罚并同意适用速裁程序的，可以适用速裁程序，由审判员一人独任审判。

人民检察院在提起公诉的时候，可以建议人民法院适用速裁程序。

● ***司法解释及文件***

1. **《人民检察院刑事诉讼规则》**（2019年12月30日 高检发释字〔2019〕4号）

第437条 人民检察院对基层人民法院管辖的案件，符合下列条件的，在提起公诉时，可以建议人民法院适用速裁程序审理：

（一）可能判处三年有期徒刑以下刑罚；

（二）案件事实清楚，证据确实、充分；

（三）被告人认罪认罚、同意适用速裁程序。

第438条 具有下列情形之一的，人民检察院不得建议人民法院适用速裁程序：

（一）被告人是盲、聋、哑人，或者是尚未完全丧失辨认或者控制自己行为能力的精神病人的；

（二）被告人是未成年人的；

（三）案件有重大社会影响的；

（四）共同犯罪案件中部分被告人对指控的犯罪事实、罪名、量刑建议或者适用速裁程序有异议的；

（五）被告人与被害人或者其法定代理人没有就附带民事诉讼赔偿等事项达成调解或者和解协议的；

（六）其他不宜适用速裁程序审理的。

第439条 公安机关、犯罪嫌疑人及其辩护人建议适用速裁程序，人民检察院经审查认为符合条件的，可以建议人民法院适用速裁程序审理。

公安机关、辩护人未建议适用速裁程序，人民检察院经审查认为符合速裁程序适用条件，且犯罪嫌疑人同意适用的，可以建议人民法院适用速裁程序审理。

第440条 人民检察院建议人民法院适用速裁程序的案件，起诉书内容可以适当简化，重点写明指控的事实和适用的法律。

第441条 人民法院适用速裁程序审理的案件，人民检察院应当派员出席法庭。

2.《最高人民法院关于适用〈中华人民共和国刑事诉讼法〉的解释》（2021年1月26日　法释〔2021〕1号）

第369条 对人民检察院在提起公诉时建议适用速裁程序的案件，基层人民法院经审查认为案件事实清楚，证据确实、充分，可能判处三年有期徒刑以下刑罚的，在将起诉书副本送达被告人时，应当告知被告人适用速裁程序的法律规定，询问其是否同意适用速裁程序。被告人同意适用速裁程序的，可以决定适用速裁程序，并在开庭前通知人民检察院和辩护人。

对人民检察院未建议适用速裁程序的案件，人民法院经审查认为符合速裁程序适用条件的，可以决定适用速裁程序，并在开庭前通知人民检察院和辩护人。

被告人及其辩护人可以向人民法院提出适用速裁程序的申请。

3.《最高人民法院、最高人民检察院、公安部、司法部关于在部分地区开展刑事案件速裁程序试点工作的办法》（2014年8月22日　法〔2014〕220号）

第1条 对危险驾驶、交通肇事、盗窃、诈骗、抢夺、伤害、寻衅滋事、非法拘禁、毒品犯罪、行贿犯罪、在公共场所实施的扰乱公共秩序犯罪情节较轻、依法可能判处一年以下有期徒刑、拘役、管制的案件，或者依法单处罚金的案件，符合下列条件的，可以适用速裁程序：

（一）案件事实清楚、证据充分的；

（二）犯罪嫌疑人、被告人承认自己所犯罪行，对指控的犯罪事实没有异议的；

（三）当事人对适用法律没有争议，犯罪嫌疑人、被告人同意人民检察院提出的量刑建议的；

（四）犯罪嫌疑人、被告人同意适用速裁程序的。

第二百二十三条 不适用速裁程序的情形

有下列情形之一的，不适用速裁程序：

（一）被告人是盲、聋、哑人，或者是尚未完全丧失辨认或者控制自己行为能力的精神病人的；

（二）被告人是未成年人的；

（三）案件有重大社会影响的；

（四）共同犯罪案件中部分被告人对指控的犯罪事实、罪名、量刑建议或者适用速裁程序有异议的；

（五）被告人与被害人或者其法定代理人没有就附带民事诉讼赔偿等事项达成调解或者和解协议的；

（六）其他不宜适用速裁程序审理的。

● 司法解释及文件

1. **《人民检察院刑事诉讼规则》**（2019年12月30日 高检发释字〔2019〕4号）

第438条 具有下列情形之一的，人民检察院不得建议人民法院适用速裁程序：

（一）被告人是盲、聋、哑人，或者是尚未完全丧失辨认或者控制自己行为能力的精神病人的；

（二）被告人是未成年人的；

（三）案件有重大社会影响的；

（四）共同犯罪案件中部分被告人对指控的犯罪事实、罪名、量刑建议或者适用速裁程序有异议的；

（五）被告人与被害人或者其法定代理人没有就附带民事诉讼赔偿等事项达成调解或者和解协议的；

（六）其他不宜适用速裁程序审理的。

2.《最高人民法院关于适用〈中华人民共和国刑事诉讼法〉的解释》（2021年1月26日　法释〔2021〕1号）

第370条　具有下列情形之一的，不适用速裁程序：

（一）被告人是盲、聋、哑人的；

（二）被告人是尚未完全丧失辨认或者控制自己行为能力的精神病人的；

（三）被告人是未成年人的；

（四）案件有重大社会影响的；

（五）共同犯罪案件中部分被告人对指控的犯罪事实、罪名、量刑建议或者适用速裁程序有异议的；

（六）被告人与被害人或者其法定代理人没有就附带民事诉讼赔偿等事项达成调解、和解协议的；

（七）辩护人作无罪辩护的；

（八）其他不宜适用速裁程序的情形。

3.《最高人民法院、最高人民检察院、公安部、司法部关于在部分地区开展刑事案件速裁程序试点工作的办法》（2014年8月22日　法〔2014〕220号）

第2条　具有下列情形之一的，不适用速裁程序：

（一）犯罪嫌疑人、被告人是未成年人，盲、聋、哑人，或者是尚未完全丧失辨认或者控制自己行为能力的精神病人的；

（二）共同犯罪案件中部分犯罪嫌疑人、被告人对指控事实、罪名、量刑建议有异议的；

（三）犯罪嫌疑人、被告人认罪但经审查认为可能不构成犯罪的，或者辩护人作无罪辩护的；

（四）被告人对量刑建议没有异议但经审查认为量刑建议不当的；

（五）犯罪嫌疑人、被告人与被害人或者其法定代理人、近亲属没有就赔偿损失、恢复原状、赔礼道歉等事项达成调解或者和解协议的；

（六）犯罪嫌疑人、被告人违反取保候审、监视居住规定，严重影响刑事诉讼活动正常进行的；

（七）犯罪嫌疑人、被告人具有累犯、教唆未成年人犯罪等法定从重情节的；

（八）其他不宜适用速裁程序的情形。

第二百二十四条 速裁程序的程序简化及保留

适用速裁程序审理案件，不受本章第一节规定的送达期限的限制，一般不进行法庭调查、法庭辩论，但在判决宣告前应当听取辩护人的意见和被告人的最后陈述意见。

适用速裁程序审理案件，应当当庭宣判。

● 司法解释及文件

1. **《人民检察院刑事诉讼规则》**（2019 年 12 月 30 日　高检发释字〔2019〕4 号）

第 442 条　公诉人出席速裁程序法庭时，可以简要宣读起诉书指控的犯罪事实、证据、适用法律及量刑建议，一般不再讯问被告人。

2. **《最高人民法院关于适用〈中华人民共和国刑事诉讼法〉的解释》**（2021 年 1 月 26 日　法释〔2021〕1 号）

第 371 条　适用速裁程序审理案件，人民法院应当在开庭前将开庭的时间、地点通知人民检察院、被告人、辩护人，也可以通知其他诉讼参与人。

通知可以采用简便方式，但应当记录在案。

第 372 条　适用速裁程序审理案件，可以集中开庭，逐案审理。公诉人简要宣读起诉书后，审判人员应当当庭询问被告人对指控事实、证据、量刑建议以及适用速裁程序的意见，核实具结书签署的自愿性、真实性、合法性，并核实附带民事诉讼赔偿等情况。

第 373 条　适用速裁程序审理案件，一般不进行法庭调查、法庭辩论，但在判决宣告前应当听取辩护人的意见和被告人的最后陈述。

第 374 条　适用速裁程序审理案件，裁判文书可以简化。

适用速裁程序审理案件，应当当庭宣判。

3.**《最高人民法院、最高人民检察院、公安部、司法部关于在部分地区开展刑事案件速裁程序试点工作的办法》**（2014年8月22日 法〔2014〕220号）

第11条 人民法院适用速裁程序审理案件，应当当庭询问被告人对被指控的犯罪事实、量刑建议及适用速裁程序的意见，听取公诉人、辩护人、被害人及其诉讼代理人的意见。被告人当庭认罪、同意量刑建议和使用速裁程序的，不再进行法庭调查、法庭辩论。但在判决宣告前应当听取被告人的最后陈述意见。

第16条 人民法院适用速裁程序审理的案件，应当当庭宣判，使用格式裁判文书。

第二百二十五条 速裁程序的期限

适用速裁程序审理案件，人民法院应当在受理后十日以内审结；对可能判处的有期徒刑超过一年的，可以延长至十五日。

第二百二十六条 转化为普通程序或简易程序

人民法院在审理过程中，发现有被告人的行为不构成犯罪或者不应当追究其刑事责任、被告人违背意愿认罪认罚、被告人否认指控的犯罪事实或者其他不宜适用速裁程序审理的情形的，应当按照本章第一节或者第三节的规定重新审理。

● *司法解释及文件*

1.**《人民检察院刑事诉讼规则》**（2019年12月30日 高检发释字〔2019〕4号）

第443条 适用速裁程序审理的案件，人民检察院发现有不宜适用速裁程序审理情形的，应当建议人民法院转为普通程序或者简易程序重新审理。

2.**《最高人民法院关于适用〈中华人民共和国刑事诉讼法〉的解释》**（2021年1月26日 法释〔2021〕1号）

第375条 适用速裁程序审理案件，在法庭审理过程中，具有下列情形之一的，应当转为普通程序或者简易程序审理：

（一）被告人的行为可能不构成犯罪或者不应当追究刑事责任的；

（二）被告人违背意愿认罪认罚的；

（三）被告人否认指控的犯罪事实的；

（四）案件疑难、复杂或者对适用法律有重大争议的；

（五）其他不宜适用速裁程序的情形。

第376条 决定转为普通程序或者简易程序审理的案件，审理期限应当从作出决定之日起计算。

第377条 适用速裁程序审理的案件，第二审人民法院依照刑事诉讼法第二百三十六条第一款第三项的规定发回原审人民法院重新审判的，原审人民法院应当适用第一审普通程序重新审判。

第三章 第二审程序

第二百二十七条 上诉主体及上诉权保障

被告人、自诉人和他们的法定代理人，不服地方各级人民法院第一审的判决、裁定，有权用书状或者口头向上一级人民法院上诉。被告人的辩护人和近亲属，经被告人同意，可以提出上诉。

附带民事诉讼的当事人和他们的法定代理人，可以对地方各级人民法院第一审的判决、裁定中的附带民事诉讼部分，提出上诉。

对被告人的上诉权，不得以任何借口加以剥夺。

● ***司法解释及文件***

1.**《人民检察院刑事诉讼规则》**（2019年12月30日　高检发释字〔2019〕4号）

第445条 对提出抗诉的案件或者公诉案件中人民法院决定开庭审理的上诉案件，同级人民检察院应当指派检察官出席第二审法庭。检察官助理可以协助检察官出庭。根据需要可以配备书记员担任记录。

2.**《最高人民法院关于适用〈中华人民共和国刑事诉讼法〉的解释》**（2021年1月26日　法释〔2021〕1号）

第378条 地方各级人民法院在宣告第一审判决、裁定时，应当告知被告人、自诉人及其法定代理人不服判决和准许撤回起诉、终止审理等裁定的，有权在法定期限内以书面或者口头形式，通过本院或者直接向上一级人民法院提出上诉；被告人的辩护人、近亲属经被告人同意，也可以提出上诉；附带民事诉讼当事人及其法定代理人，可以对判决、裁定中的附带民事部分提出上诉。

被告人、自诉人、附带民事诉讼当事人及其法定代理人是否提出上诉，以其在上诉期满前最后一次的意思表示为准。

第 379 条 人民法院受理的上诉案件，一般应当有上诉状正本及副本。

上诉状内容一般包括：第一审判决书、裁定书的文号和上诉人收到的时间，第一审人民法院的名称，上诉的请求和理由，提出上诉的时间。被告人的辩护人、近亲属经被告人同意提出上诉的，还应当写明其与被告人的关系，并应当以被告人作为上诉人。

第二百二十八条 抗诉主体

地方各级人民检察院认为本级人民法院第一审的判决、裁定确有错误的时候，应当向上一级人民法院提出抗诉。

● *司法解释及文件*

《人民检察院刑事诉讼规则》（2019 年 12 月 30 日 高检发释字〔2019〕4 号）

第 583 条 人民检察院依法对人民法院的判决、裁定是否正确实行法律监督，对人民法院确有错误的判决、裁定，应当依法提出抗诉。

第 584 条 人民检察院认为同级人民法院第一审判决、裁定具有下列情形之一的，应当提出抗诉：

（一）认定的事实确有错误或者据以定罪量刑的证据不确实、不充分的；

（二）有确实、充分证据证明有罪判无罪，或者无罪判有罪的；

（三）重罪轻判，轻罪重判，适用刑罚明显不当的；

（四）认定罪名不正确，一罪判数罪、数罪判一罪，影响量刑或者造成严重社会影响的；

（五）免除刑事处罚或者适用缓刑、禁止令、限制减刑等错误的；

（六）人民法院在审理过程中严重违反法律规定的诉讼程序的。

第二百二十九条 请求抗诉

被害人及其法定代理人不服地方各级人民法院第一审的判决的，自收到判决书后五日以内，有权请求人民检察院提出抗诉。人民检察院自收到被害人及其法定代理人的请求后五日以内，应当作出是否抗诉的决定并且答复请求人。

● 司法解释及文件

《人民检察院刑事诉讼规则》（2019 年 12 月 30 日　高检发释字〔2019〕4 号）

第 558 条　人民检察院负责控告申诉检察的部门受理对公安机关应当立案而不立案或者不应当立案而立案的控告、申诉，应当根据事实、法律进行审查。认为需要公安机关说明不立案或者立案理由的，应当及时将案件移送负责捕诉的部门办理；认为公安机关立案或者不立案决定正确的，应当制作相关法律文书，答复控告人、申诉人。

第二百三十条 上诉、抗诉期限

不服判决的上诉和抗诉的期限为十日，不服裁定的上诉和抗诉的期限为五日，从接到判决书、裁定书的第二日起算。

● 司法解释及文件

1. **《最高人民法院、最高人民检察院关于对死刑判决提出上诉的被告人在上诉期满后宣判前提出撤回上诉人民法院是否准许的批复》**（2010 年 8 月 6 日　法释〔2010〕10 号）

第一审被判处死刑立即执行的被告人提出上诉，在上诉期满后第二审开庭以前申请撤回上诉的，依照《最高人民法院、最高人民检察院关于死刑第二审案件开庭审理程序若干问题的规定（试行）》[①] 第四条的规定处理。在第二审开庭以后宣告裁判前申请撤回上诉的，第二审人民法院应当不准许撤回上诉，继续按照上诉程序审理。

最高人民法院、最高人民检察院以前发布的司法解释、规范性文件与本

---

① 《最高人民法院、最高人民检察院关于死刑第二审案件开庭审理程序若干问题的规定（试行）》已于 2013 年 3 月 1 日废止。

批复不一致的，以本批复为准。

2.《最高人民法院关于适用〈中华人民共和国刑事诉讼法〉的解释》（2021年1月26日　法释〔2021〕1号）

第380条　上诉、抗诉必须在法定期限内提出。不服判决的上诉、抗诉的期限为十日；不服裁定的上诉、抗诉的期限为五日。上诉、抗诉的期限，从接到判决书、裁定书的第二日起计算。

对附带民事判决、裁定的上诉、抗诉期限，应当按照刑事部分的上诉、抗诉期限确定。附带民事部分另行审判的，上诉期限也应当按照刑事诉讼法规定的期限确定。

第二百三十一条　上诉程序

被告人、自诉人、附带民事诉讼的原告人和被告人通过原审人民法院提出上诉的，原审人民法院应当在三日以内将上诉状连同案卷、证据移送上一级人民法院，同时将上诉状副本送交同级人民检察院和对方当事人。

被告人、自诉人、附带民事诉讼的原告人和被告人直接向第二审人民法院提出上诉的，第二审人民法院应当在三日以内将上诉状交原审人民法院送交同级人民检察院和对方当事人。

● ***司法解释及文件***

《最高人民法院关于适用〈中华人民共和国刑事诉讼法〉的解释》（2021年1月26日　法释〔2021〕1号）

第381条　上诉人通过第一审人民法院提出上诉的，第一审人民法院应当审查。上诉符合法律规定的，应当在上诉期满后三日以内将上诉状连同案卷、证据移送上一级人民法院，并将上诉状副本送交同级人民检察院和对方当事人。

第382条　上诉人直接向第二审人民法院提出上诉的，第二审人民法院应当在收到上诉状后三日以内将上诉状交第一审人民法院。第一审人民法院应当审查上诉是否符合法律规定。符合法律规定的，应当在接到上诉状后三日以内将上诉状连同案卷、证据移送上一级人民法院，并将上诉状副本送交同级人民检察院和对方当事人。

第383条 上诉人在上诉期限内要求撤回上诉的，人民法院应当准许。

上诉人在上诉期满后要求撤回上诉的，第二审人民法院经审查，认为原判认定事实和适用法律正确，量刑适当的，应当裁定准许；认为原判确有错误的，应当不予准许，继续按照上诉案件审理。

被判处死刑立即执行的被告人提出上诉，在第二审开庭后宣告裁判前申请撤回上诉的，应当不予准许，继续按照上诉案件审理。

第386条 在上诉、抗诉期满前撤回上诉、抗诉的，第一审判决、裁定在上诉、抗诉期满之日起生效。在上诉、抗诉期满后要求撤回上诉、抗诉，第二审人民法院裁定准许的，第一审判决、裁定应当自第二审裁定书送达上诉人或者抗诉机关之日起生效。

第二百三十二条 抗诉程序

地方各级人民检察院对同级人民法院第一审判决、裁定的抗诉，应当通过原审人民法院提出抗诉书，并且将抗诉书抄送上一级人民检察院。原审人民法院应当将抗诉书连同案卷、证据移送上一级人民法院，并且将抗诉书副本送交当事人。

上级人民检察院如果认为抗诉不当，可以向同级人民法院撤回抗诉，并且通知下级人民检察院。

● 法　律

1.《人民检察院组织法》（2018年10月26日修订）

第21条 人民检察院行使本法第二十条规定的法律监督职权，可以进行调查核实，并依法提出抗诉、纠正意见、检察建议。有关单位应当予以配合，并及时将采纳纠正意见、检察建议的情况书面回复人民检察院。

抗诉、纠正意见、检察建议的适用范围及其程序，依照法律有关规定。

● 司法解释及文件

2.《最高人民检察院关于刑事抗诉工作的若干意见》（2001年3月2日　高检发诉字〔2001〕7号）

一、刑事抗诉工作的原则

刑事抗诉工作应当遵循以下原则：

1. 坚持依法履行审判监督职能与诉讼经济相结合；

2. 贯彻国家的刑事政策；

3. 坚持法律效果与社会效果的统一；

4. 贯彻“慎重、准确、及时”的抗诉方针。

二、刑事抗诉的范围

（一）人民法院刑事判决或裁定在认定事实、采信证据方面确有下列错误的，人民检察院应当提出抗诉和支持抗诉：

1. 刑事判决或裁定认定事实有错误，导致定性或者量刑明显不当的。主要包括：刑事判决或裁定认定的事实与证据不一致；认定的事实与裁判结论有重大矛盾；有新的证据证明刑事判决或裁定认定事实确有错误。

2. 刑事判决或裁定采信证据有错误，导致定性或者量刑明显不当的。主要包括：刑事判决或裁定据以认定案件事实的证据不确实；据以定案的证据不足以认定案件事实，或者所证明的案件事实与裁判结论之间缺乏必然联系；据以定案的证据之间存在矛盾；经审查犯罪事实清楚、证据确实充分，人民法院以证据不足为由判决无罪错误的。

（二）人民法院刑事判决或裁定在适用法律方面确有下列错误的，人民检察院应当提出抗诉和支持抗诉：

1. 定性错误，即对案件进行实体评判时发生错误，导致有罪判无罪，无罪判有罪，或者混淆此罪与彼罪、一罪与数罪的界限，造成适用法律错误，罪刑不相适应的。

2. 量刑错误，即重罪轻判或者轻罪重判，量刑明显不当的。主要包括：未认定有法定量刑情节而超出法定刑幅度量刑；认定法定量刑情节错误，导致未在法定刑幅度内量刑或者量刑明显不当；适用主刑刑种错误；应当判处死刑立即执行而未判处，或者不应当判处死刑立即执行而判处；应当并处附加刑而没有并处，或者不应当并处附加刑而并处；不具备法定的缓刑或免予刑事处分条件，而错误适用缓刑或判处免予刑事处分。

3. 对人民检察院提出的附带民事诉讼部分所作判决、裁定明显不当的。

（三）人民法院在审判过程中严重违反法定诉讼程序，有下列情形之一，影响公正判决或裁定的，人民检察院应当提出抗诉和支持抗诉：

1. 违反有关回避规定的；

2. 审判组织的组成严重不合法的；

3. 除另有规定的以外，证人证言未经庭审质证直接作为定案根据，或者人民法院根据律师申请收集、调取的证据材料和合议庭休庭后自行调查取得的证据材料没有经过庭审辨认、质证直接采纳为定案根据的；

4. 剥夺或者限制当事人法定诉讼权利的；

5. 具备应当中止审理的情形而作出有罪判决的；

6. 当庭审判的案件，合议庭不经过评议直接宣判的；

7. 其他严重违反法律规定的诉讼程序，影响公正判决或裁定的。

（四）审判人员在案件审理期间，有贪污受贿、徇私舞弊、枉法裁判行为，影响公正判决或裁定，造成上述第（一）、（二）、（三）项规定的情形的，人民检察院应当提出抗诉和支持抗诉。

三、不宜抗诉的情形

（一）原审刑事判决或裁定认定事实、采信证据有下列情形之一的，一般不宜提出抗诉：

1. 判决或裁定采信的证据不确实、不充分，或者证据之间存有矛盾，但是支持抗诉主张的证据也不确实、不充分，或者不能合理排除证据之间的矛盾的；

2. 被告人提出罪轻、无罪辩解或者翻供后，有罪证据之间的矛盾无法排除，导致起诉书、判决书对事实的认定分歧较大的；

3. 人民法院以证据不足、指控的犯罪不能成立为由，宣告被告人无罪的案件，人民检察院如果发现新的证据材料证明被告人有罪，应当重新起诉，不能提出抗诉；

4. 刑事判决改变起诉定性，导致量刑差异较大，但没有足够证据——证明人民法院改变定性错误的；

5. 案件基本事实清楚，因有关量刑情节难以查清，人民法院从轻处罚的。

（二）原审刑事判决或裁定在适用法律方面有下列情形之一的，一般不宜提出抗诉：

1. 法律规定不明确、存有争议，抗诉的法律依据不充分的；

2. 刑事判决或裁定认定罪名不当，但量刑基本适当的；

3. 具有法定从轻或者减轻处罚情节，量刑偏轻的；

4. 未成年人犯罪案件量刑偏轻的；

5. 被告人积极赔偿损失，人民法院适当从轻处罚的。

（三）人民法院审判活动违反法定诉讼程序，但是未达到严重程度，不足以影响公正裁判，或者判决书、裁定书存在某些技术性差错，不影响案件实质性结论的，一般不宜提出抗诉。必要时可以以检察建议书等形式，要求人民法院纠正审判活动中的违法情形，或者建议人民法院更正法律文书中的差错。

（四）认为应当判处死刑立即执行而人民法院判处被告人死刑缓期二年执行的案件，具有下列情形之一的，除原判认定事实、适用法律有严重错误或者罪行极其严重、必须判处死刑立即执行，而判处死刑缓期二年执行明显不当的以外，一般不宜按照审判监督程序提出抗诉：

1. 因被告人有自首、立功等法定从轻、减轻处罚情节而判处其死刑缓期二年执行的；

2. 因婚姻家庭、邻里纠纷等民间矛盾激化引发的故意杀人案件，由于被害人一方有明显过错或者对矛盾激化负有直接责任，人民法院根据案件具体情况，判处被告人死刑缓期二年执行的；

3. 被判处死刑缓期二年执行的罪犯入监劳动改造后，考验期将满，认罪服法，狱中表现较好的。

四、刑事抗诉案件的审查

（一）对刑事抗诉案件的事实，应当重点从以下几个方面进行审查：

1. 犯罪的动机、目的是否明确；

2. 犯罪的手段是否清楚；

3. 与定罪量刑有关的情节是否具备；

4. 犯罪的危害后果是否查明；

5. 行为和结果之间是否存在刑法上的因果关系。

（二）对刑事抗诉案件的证据，应当重点从以下几个方面进行审查：

1. 认定主体的证据是否确实充分；

2. 认定犯罪行为和证明犯罪要素的证据是否确实充分；

3. 涉及犯罪性质、决定罪名的证据是否确实充分；

4. 涉及量刑情节的相关证据是否确实充分；

5. 提出抗诉的刑事案件，支持抗诉主张的证据是否具备合法性、客观性和关联性；抗诉主张的每一环节是否均有相应的证据予以证实；抗诉主张与抗诉证据之间、抗诉证据与抗诉证据之间是否不存在矛盾；支持抗诉主张的证据是否形成完整的锁链。

（三）对刑事抗诉案件的适用法律，应当重点从以下几个方面进行审查：

1. 适用的法律和法律条文是否正确；

2. 罪与非罪、此罪与彼罪、一罪与数罪的认定是否正确；

3. 具有法定从轻、减轻、从重、免除处罚情节的，适用法律是否正确；

4. 适用刑种和量刑幅度是否正确；

5. 对人民检察院提出的附带民事诉讼部分的判决或裁定是否符合法律规定。

（四）办理刑事抗诉案件时，应当审查人民法院在案件审理过程中是否存在严重违反法定诉讼程序，影响公正审判的情形。

人民检察院在收到人民法院第一审刑事判决书或者裁定书后，应当指定专人立即进行审查。对确有错误的判决或者裁定，应当及时在法定期限内按照第二审程序依法提出抗诉。

人民检察院对被害人及其法定代理人提出的抗诉请求，应当在法定期限内审查答复；抗诉请求的理由成立的，应当依法及时提出抗诉。

当事人及其法定代理人、近亲属认为人民法院已经发生法律效力的刑事判决、裁定确有错误，向人民检察院申诉的，人民检察院应当依法办理。

人民检察院按照审判监督程序提出抗诉的案件，应当比照第二审程序抗诉案件的标准从严掌握。

提请抗诉的人民检察院应当讯问原审被告人，复核主要证据，必要时上级人民检察院可以到案发地复核主要证据。

人民检察院审查适用审判监督程序的抗诉案件，应当在六个月以内审结；重大、复杂的案件，应当在十个月以内审结。

对终审判处被告人死刑、缓期二年执行的案件，省级人民检察院认为应当判处死刑立即执行的，应当在收到终审判决书后三个月内提请最高人民检察院审查。

五、刑事抗诉工作制度

（一）刑事抗诉案件必须经检察委员会讨论决定。

（二）按照第二审程序提出抗诉的人民检察院，应当及时将检察内卷报送上一级人民检察院。提请上级人民检察院按照审判监督程序抗诉的人民检察院，应当及时将侦查卷、检察卷、检察内卷和人民法院审判卷以及提请抗诉报告书一式二十份报送上级人民检察院。

（三）刑事抗诉书和提请抗诉报告书应当重点阐述抗诉理由，增强说理性。

（四）上级人民检察院对下级人民检察院按照第二审程序提出抗诉的案件，如果是支持或者部分支持抗诉，应当写出支持抗诉的意见和理由。

（五）办理刑事抗诉案件的检察人员应当制作出庭预案和庭审答辩提纲，做好出庭前的准备。

（六）刑事抗诉案件庭审中的示证和答辩，应当针对原审法院判决、裁定中的错误进行重点阐述和论证。

（七）人民法院审判委员会讨论刑事抗诉案件，同级人民检察院检察长依法应当列席。

3. **《人民检察院刑事诉讼规则》**（2019 年 12 月 30 日　高检发释字〔2019〕4 号）

第 448 条　检察人员应当客观全面地审查原审案卷材料，不受上诉或者抗诉范围的限制。应当审查原审判决认定案件事实、适用法律是否正确，证据是否确实、充分，量刑是否适当，审判活动是否合法，并应当审查下级人民检察院的抗诉书或者上诉人的上诉状，了解抗诉或者上诉的理由是否正确、充分，重点审查有争议的案件事实、证据和法律适用问题，有针对性地做好庭审准备工作。

第 585 条　人民检察院在收到人民法院第一审判决书或者裁定书后，应当及时审查。对于需要提出抗诉的案件，应当报请检察长决定。

第 586 条　人民检察院对同级人民法院第一审判决的抗诉，应当在接到判决书后第二日起十日以内提出；对第一审裁定的抗诉，应当在接到裁定书后第二日起五日以内提出。

第 587 条　人民检察院对同级人民法院第一审判决、裁定的抗诉，应当制作抗诉书，通过原审人民法院向上一级人民法院提出，并将抗诉书副本连同案卷材料报送上一级人民检察院。

第 588 条　被害人及其法定代理人不服地方各级人民法院第一审的判决，在收到判决书后五日以内请求人民检察院提出抗诉的，人民检察院应当立即进行审查，在收到被害人及其法定代理人的请求后五日以内作出是否抗诉的决定，并且答复请求人。经审查认为应当抗诉的，适用本规则第五百八十四条至第五百八十七条的规定办理。

被害人及其法定代理人在收到判决书五日以后请求人民检察院提出抗诉的，由人民检察院决定是否受理。

第589条 上一级人民检察院对下级人民检察院按照第二审程序提出抗诉的案件，认为抗诉正确的，应当支持抗诉。

上一级人民检察院认为抗诉不当的，应当听取下级人民检察院的意见。听取意见后，仍然认为抗诉不当的，应当向同级人民法院撤回抗诉，并且通知下级人民检察院。

上一级人民检察院在上诉、抗诉期限内，发现下级人民检察院应当提出抗诉而没有提出抗诉的案件，可以指令下级人民检察院依法提出抗诉。

上一级人民检察院支持或者部分支持抗诉意见的，可以变更、补充抗诉理由，及时制作支持抗诉意见书，并通知提出抗诉的人民检察院。

第590条 第二审人民法院发回原审人民法院按照第一审程序重新审判的案件，如果人民检察院认为重新审判的判决、裁定确有错误的，可以按照第二审程序提出抗诉。

第600条 人民检察院办理按照第二审程序、审判监督程序抗诉的案件，认为需要对被告人采取强制措施的，参照本规则相关规定。决定采取强制措施应当经检察长批准。

4.《最高人民法院关于适用〈中华人民共和国刑事诉讼法〉的解释》（2021年1月26日 法释〔2021〕1号）

第384条 地方各级人民检察院对同级人民法院第一审判决、裁定的抗诉，应当通过第一审人民法院提交抗诉书。第一审人民法院应当在抗诉期满后三日以内将抗诉书连同案卷、证据移送上一级人民法院，并将抗诉书副本送交当事人。

第385条 人民检察院在抗诉期限内要求撤回抗诉的，人民法院应当准许。

人民检察院在抗诉期满后要求撤回抗诉的，第二审人民法院可以裁定准许，但是认为原判存在将无罪判为有罪、轻罪重判等情形的，应当不予准许，继续审理。

上级人民检察院认为下级人民检察院抗诉不当，向第二审人民法院要求撤回抗诉的，适用前两款规定。

第386条 人民检察院复查不服不起诉决定的申诉，应当在立案后三个月以内报经检察长批准作出复查决定。案情复杂的，不得超过六个月。

第二百三十三条 全面审查原则

第二审人民法院应当就第一审判决认定的事实和适用法律进行全面审查，不受上诉或者抗诉范围的限制。

共同犯罪的案件只有部分被告人上诉的，应当对全案进行审查，一并处理。

● *司法解释及文件*

《最高人民法院关于适用〈中华人民共和国刑事诉讼法〉的解释》（2021年1月26日 法释〔2021〕1号）

第387条 第二审人民法院对第一审人民法院移送的上诉、抗诉案卷、证据，应当审查是否包括下列内容：

（一）移送上诉、抗诉案件函；

（二）上诉状或者抗诉书；

（三）第一审判决书、裁定书八份（每增加一名被告人增加一份）及其电子文本；

（四）全部案卷、证据，包括案件审理报告和其他应当移送的材料。

前款所列材料齐全的，第二审人民法院应当收案；材料不全的，应当通知第一审人民法院及时补送。

第388条 第二审人民法院审理上诉、抗诉案件，应当就第一审判决、裁定认定的事实和适用法律进行全面审查，不受上诉、抗诉范围的限制。

第389条 共同犯罪案件，只有部分被告人提出上诉，或者自诉人只对部分被告人的判决提出上诉，或者人民检察院只对部分被告人的判决提出抗诉的，第二审人民法院应当对全案进行审查，一并处理。

第390条 共同犯罪案件，上诉的被告人死亡，其他被告人未上诉的，第二审人民法院应当对死亡的被告人终止审理；但有证据证明被告人无罪，经缺席审理确认无罪的，应当判决宣告被告人无罪。

具有前款规定的情形，第二审人民法院仍应对全案进行审查，对其他同案被告人作出判决、裁定。

第391条 对上诉、抗诉案件，应当着重审查下列内容：

（一）第一审判决认定的事实是否清楚，证据是否确实、充分；

（二）第一审判决适用法律是否正确，量刑是否适当；

（三）在调查、侦查、审查起诉、第一审程序中，有无违反法定程序的情形；

（四）上诉、抗诉是否提出新的事实、证据；

（五）被告人的供述和辩解情况；

（六）辩护人的辩护意见及采纳情况；

（七）附带民事部分的判决、裁定是否合法、适当；

（八）对涉案财物的处理是否正确；

（九）第一审人民法院合议庭、审判委员会讨论的意见。

第二百三十四条 二审开庭审理与不开庭审理

第二审人民法院对于下列案件，应当组成合议庭，开庭审理：

（一）被告人、自诉人及其法定代理人对第一审认定的事实、证据提出异议，可能影响定罪量刑的上诉案件；

（二）被告人被判处死刑的上诉案件；

（三）人民检察院抗诉的案件；

（四）其他应当开庭审理的案件。

第二审人民法院决定不开庭审理的，应当讯问被告人，听取其他当事人、辩护人、诉讼代理人的意见。

第二审人民法院开庭审理上诉、抗诉案件，可以到案件发生地或者原审人民法院所在地进行。

● 司法解释及文件

1.《最高人民法院关于适用〈中华人民共和国刑事诉讼法〉的解释》（2021年1月26日 法释〔2021〕1号）

第390条 共同犯罪案件，上诉的被告人死亡，其他被告人未上诉的，第二审人民法院应当对死亡的被告人终止审理；但有证据证明被告人无罪，经缺席审理确认无罪的，应当判决宣告被告人无罪。

具有前款规定的情形，第二审人民法院仍应对全案进行审查，对其他同案被告人作出判决、裁定。

第 391 条　对上诉、抗诉案件，应当着重审查下列内容：

（一）第一审判决认定的事实是否清楚，证据是否确实、充分；

（二）第一审判决适用法律是否正确，量刑是否适当；

（三）在调查、侦查、审查起诉、第一审程序中，有无违反法定程序的情形；

（四）上诉、抗诉是否提出新的事实、证据；

（五）被告人的供述和辩解情况；

（六）辩护人的辩护意见及采纳情况；

（七）附带民事部分的判决、裁定是否合法、适当；

（八）对涉案财物的处理是否正确；

（九）第一审人民法院合议庭、审判委员会讨论的意见。

第 392 条　第二审期间，被告人除自行辩护外，还可以继续委托第一审辩护人或者另行委托辩护人辩护。

共同犯罪案件，只有部分被告人提出上诉，或者自诉人只对部分被告人的判决提出上诉，或者人民检察院只对部分被告人的判决提出抗诉的，其他同案被告人也可以委托辩护人辩护。

第 393 条　下列案件，根据刑事诉讼法第二百三十四条的规定，应当开庭审理：

（一）被告人、自诉人及其法定代理人对第一审认定的事实、证据提出异议，可能影响定罪量刑的上诉案件；

（二）被告人被判处死刑的上诉案件；

（三）人民检察院抗诉的案件；

（四）应当开庭审理的其他案件。

被判处死刑的被告人没有上诉，同案的其他被告人上诉的案件，第二审人民法院应当开庭审理。

第 394 条　对上诉、抗诉案件，第二审人民法院经审查，认为原判事实不清、证据不足，或者具有刑事诉讼法第二百三十八条规定的违反法定诉讼程序情形，需要发回重新审判的，可以不开庭审理。

第 395 条　第二审期间，人民检察院或者被告人及其辩护人提交新证据的，人民法院应当及时通知对方查阅、摘抄或者复制。

第 396 条　开庭审理第二审公诉案件，应当在决定开庭审理后及时通知人民检察院查阅案卷。自通知后的第二日起，人民检察院查阅案卷的时间不计入审理期限。

第 397 条　开庭审理上诉、抗诉的公诉案件，应当通知同级人民检察院派员出庭。

抗诉案件，人民检察院接到开庭通知后不派员出庭，且未说明原因的，人民法院可以裁定按人民检察院撤回抗诉处理。

第 398 条　开庭审理上诉、抗诉案件，除参照适用第一审程序的有关规定外，应当按照下列规定进行：

（一）法庭调查阶段，审判人员宣读第一审判决书、裁定书后，上诉案件由上诉人或者辩护人先宣读上诉状或者陈述上诉理由，抗诉案件由检察员先宣读抗诉书；既有上诉又有抗诉的案件，先由检察员宣读抗诉书，再由上诉人或者辩护人宣读上诉状或者陈述上诉理由；

（二）法庭辩论阶段，上诉案件，先由上诉人、辩护人发言，后由检察员、诉讼代理人发言；抗诉案件，先由检察员、诉讼代理人发言，后由被告人、辩护人发言；既有上诉又有抗诉的案件，先由检察员、诉讼代理人发言，后由上诉人、辩护人发言。

第 399 条　开庭审理上诉、抗诉案件，可以重点围绕对第一审判决、裁定有争议的问题或者有疑问的部分进行。根据案件情况，可以按照下列方式审理：

（一）宣读第一审判决书，可以只宣读案由、主要事实、证据名称和判决主文等；

（二）法庭调查应当重点围绕对第一审判决提出异议的事实、证据以及新的证据等进行；对没有异议的事实、证据和情节，可以直接确认；

（三）对同案审理案件中未上诉的被告人，未被申请出庭或者人民法院认为没有必要到庭的，可以不再传唤到庭；

（四）被告人犯有数罪的案件，对其中事实清楚且无异议的犯罪，可以不在庭审时审理。

同案审理的案件，未提出上诉、人民检察院也未对其判决提出抗诉的被告人要求出庭的，应当准许。出庭的被告人可以参加法庭调查和辩论。

第 400 条　第二审案件依法不开庭审理的，应当讯问被告人，听取其他当事人、辩护人、诉讼代理人的意见。合议庭全体成员应当阅卷，必要时应当提交书面阅卷意见。

2.《刑事抗诉案件出庭规则（试行）》（2001年3月5日 〔2001〕高检诉发第11号）

第8条 审判长或者审判员宣读原审判决书或者裁定书后，由检察人员宣读刑事抗诉书。宣读刑事抗诉书时应当起立，文号及正文括号内的内容不宣读，结尾读至“此致某某人民法院”止。

按照第二审程序提出抗诉的案件，出庭的检察人员应当在宣读刑事抗诉书后接着宣读支持抗诉意见书，引导法庭调查围绕抗诉重点进行。

第9条 检察人员应当根据抗诉案件的不同情况分别采取以下举证方式：

（一）对于事实清楚，证据确实、充分，只是由于原审判决、裁定定性不准、裁定定性不准、适用法律错误导致量刑明显不当，或者因人民法院审判活动违反法定诉讼程序而提起抗诉的案件，如果原审事实、证据没有变化，在宣读支持抗诉意见书后由检察人员提请，并经审判长许可和辩护方同意，除了对新的辩论观点所依据的证据进行举证、质证以外，可以直接进入法庭辩论。

（二）对于因原审判决、裁定认定部分事实不清、运用部分证据错误，导致定性不准，量刑明显不当而抗诉的案件，出庭的检察人员对经过原审举证、质证并成为判决、裁定依据，且诉讼双方没有异议的证据，不必逐一举证、质证，应当将法庭调查、辩论的焦点放在检察机关认为原审判决、裁定认定错误的事实和运用错误的证据上，并就有关事实和证据进行详细调查、举证和论证。对原审未质证清楚，二审、再审对犯罪事实又有争议的证据，或者在二审、再审期间收集的新的证据，应当进行举证、质证。

（三）对于因原审判决、裁定认定事实不清、证据不足，导致定性不准、量刑明显不当而抗诉的案件，出庭的检察人员应当对案件的事实、证据、定罪、量刑等方面的问题进行全面举证。庭审中应当注意围绕抗诉重点举证、质证、答辩，充分阐明抗诉观点，详实、透彻地论证抗诉理由及其法律依据。

第10条 检察人员在审判长的主持下讯问被告人、讯问应当围绕抗诉理由以及对原审判决、裁定认定事实有争议的部分进行，对没有异议的事实不再全面讯问。

讯问前应当先就原审被告人过去所作的供述是否属实进行讯问。如果被告人回答不属实，应当讯问哪些不属实。针对翻供，可以进行政策攻心和法制教育，或者利用被告人供述的前后矛盾进行讯问，或者适时举出相关证据予以反驳。

讯问时应当注意方式、方法，讲究技巧和策略。对被告人供述不清、不全、前后矛盾，或者供述明显不合情理，或者供述与已查证属实的证据相矛盾的问题，应当讯问。与案件无关、被告人已经供述清楚或者无争议的问题，不应当讯问。

讯问被告人应当有针对性，语言准确、简练、严密。

对辩护人已经提问而被告人作出客观回答的问题，一般不进行重复讯问。辩护人提问后，被告人翻供或者回答含糊不清的，如果涉及案件事实、性质的认定或者影响量刑的，检察人员必须有针对性重复讯问。辩护人提问的内容与案件无关，或者采取不适当的发问语言和态度的，检察人员应当及时请求合议庭予以制止。

在法庭调查结束前，检察人员可以根据辩护人、诉讼代理人、审判长（审判员）发问的情况，进行补充讯问。

第11条 证人、鉴定人应当由人民法院通知并负责安排出庭作证。对证人的询问，应当按照刑事诉讼法第一百五十六条规定的顺序进行，但对辩方提供的证人，公诉人认为由辩护人先行发问更为适当的，可以由辩护人先行发问。

检察人员对证人发问，应当针对证言中有遗漏、矛盾、模糊不清的有争议的内容，并着重围绕与定罪量刑紧密相关的事实进行。发问应当采取一问一答的形式，做到简洁清楚。

证人进行虚假陈述的，应当通过发问澄清事实，必要时还应当出示、宣读证据配合发问。

第12条 询问鉴定人参照第十一条的规定进行。

第13条 检察人员应当在提请合议庭同意宣读有关证言、书证或者出示物证时，说明该证据的证明对象。合议庭同意后，在举证前，检察人员应当说明取证主体、取证对象以及取证时间和地点，说明取证程序合法。

对检察人员收集的新证据，向法庭出示时也应当说明证据的来源和证明作用以及证人的有关情况，提请法庭质证。

第14条 二审期间审判人员通过调查核实取得的新证据，应当由审判人员在法庭上出示，检察人员应当进行质证。

第15条 检察人员对辩护人在法庭上出示的证据材料，无论是新的证据材料还是原审庭审时已经举证、质证的证据材料，均应积极参与质证。既要对辩护人所出示证据材料的真实性发表意见，也要注意辩护人的举证意图。如果辩护人运用该证据材料所说明观点不能成立，应当及时予以反驳。对辩护人、当事人、原审被告人出示的新的证据材料，检察人员认为必要时，可以进行讯问、质证，并就该证据材料的合法性证明力提出意见。

第16条 法庭审理过程中，对证据有疑问或者需要补充新的证据、重新鉴定或勘验现场等，检察人员可以向审判长提出休庭或延期审理的建议。

第17条 审判长宣布法庭调查结束，开始进行法庭辩论时，检察人员应当发表支持抗诉的意见。

出庭支持抗诉的意见包括以下内容：

（一）原审判决、裁定认定的事实、证据及当庭质证的情况进行概括，论证原审判决认定的事实是否清楚，证据是否确实充分；

（二）论证原审判决、裁定定罪量刑、适用法律的错误之处，阐述正确观点，明确表明支持抗诉的意见；

（三）揭露被告人犯罪行为的性质和危害程度。

第18条 检察人员对原审被告人、辩护人提出的观点，认为需要答辩的，应当在法庭上进行答辩。答辩应当抓住重点，主次分明。对与案件无关或者已经辩论过的观点和内容，不再答辩。

第19条 法庭辩论结束后，检察人员应当认真听取原审被告人的最后陈述。

第二百三十五条 二审检察院派员出庭

人民检察院提出抗诉的案件或者第二审人民法院开庭审理的公诉案件，同级人民检察院都应当派员出席法庭。第二审人民法院应当在决定开庭审理后及时通知人民检察院查阅案卷。人民检察院应当在一个月以内查阅完毕。人民检察院查阅案卷的时间不计入审理期限。

● *司法解释及文件*

1.《人民检察院刑事诉讼规则》（2019年12月30日　高检发释字〔2019〕4号）

第445条　对提出抗诉的案件或者公诉案件中人民法院决定开庭审理的上诉案件，同级人民检察院应当指派检察官出席第二审法庭。检察官助理可以协助检察官出庭。根据需要可以配备书记员担任记录。

第446条　检察官出席第二审法庭的任务是：

（一）支持抗诉或者听取上诉意见，对原审人民法院作出的错误判决或者裁定提出纠正意见；

（二）维护原审人民法院正确的判决或者裁定，建议法庭维持原判；

（三）维护诉讼参与人的合法权利；

（四）对法庭审理案件有无违反法律规定诉讼程序的情况记明笔录；

（五）依法从事其他诉讼活动。

第447条　对抗诉和上诉案件，第二审人民法院的同级人民检察院可以调取下级人民检察院与案件有关的材料。

人民检察院在接到第二审人民法院决定开庭、查阅案卷通知后，可以查阅或者调阅案卷材料。查阅或者调阅案卷材料应当在接到人民法院的通知之日起一个月以内完成。在一个月以内无法完成的，可以商请人民法院延期审理。

第448条　检察人员应当客观全面地审查原审案卷材料，不受上诉或者抗诉范围的限制。应当审查原审判决认定案件事实、适用法律是否正确，证据是否确实、充分，量刑是否适当，审判活动是否合法，并应当审查下级人民检察院的抗诉书或者上诉人的上诉状，了解抗诉或者上诉的理由是否正确、充分，重点审查有争议的案件事实、证据和法律适用问题，有针对性地做好庭审准备工作。

第449条　检察人员在审查第一审案卷材料时，应当复核主要证据，可以讯问原审被告人。必要时，可以补充收集证据、重新鉴定或者补充鉴定。需要原侦查案件的公安机关补充收集证据的，可以要求其补充收集。

被告人、辩护人提出被告人自首、立功等可能影响定罪量刑的材料和线索的，可以移交公安机关调查核实，也可以自行调查核实。发现遗漏罪行或者同案犯罪嫌疑人的，应当建议公安机关侦查。

对于下列原审被告人，应当进行讯问：

（一）提出上诉的；

（二）人民检察院提出抗诉的；

（三）被判处无期徒刑以上刑罚的。

第450条 人民检察院办理死刑上诉、抗诉案件，应当进行下列工作：

（一）讯问原审被告人，听取原审被告人的上诉理由或者辩解；

（二）听取辩护人的意见；

（三）复核主要证据，必要时询问证人；

（四）必要时补充收集证据；

（五）对鉴定意见有疑问的，可以重新鉴定或者补充鉴定；

（六）根据案件情况，可以听取被害人的意见。

第451条 出席第二审法庭前，检察人员应当制作讯问原审被告人、询问被害人、证人、鉴定人和出示、宣读、播放证据计划，拟写答辩提纲，并制作出庭意见。

第452条 在法庭审理中，检察官应当针对原审判决或者裁定认定事实或适用法律、量刑等方面的问题，围绕抗诉或者上诉理由以及辩护人的辩护意见，讯问原审被告人，询问被害人、证人、鉴定人，出示和宣读证据，并提出意见和进行辩论。

第453条 需要出示、宣读、播放第一审期间已移交人民法院的证据的，出庭的检察官可以申请法庭出示、宣读、播放。

在第二审法庭宣布休庭后需要移交证据材料的，参照本规则第四百二十八条的规定办理。

2.《最高人民法院关于适用〈中华人民共和国刑事诉讼法〉的解释》（2021年1月26日 法释〔2021〕1号）

第397条 开庭审理上诉、抗诉的公诉案件，应当通知同级人民检察院派员出庭。

抗诉案件，人民检察院接到开庭通知后不派员出庭，且未说明原因的，人民法院可以裁定按人民检察院撤回抗诉处理。

3.《刑事抗诉案件出庭规则（试行）》（2001年3月5日 〔2001〕高检诉发第11号）

第4条 收到刑事抗诉案件开庭通知书后，出席法庭的检察人员应当做好如下准备工作：

（一）熟悉案情和证据情况，了解证人证言、被告人供述等证据材料是否发生变化；

（二）深入研究与本案有关的法律、政策问题，充实相关的专业知识；

（三）拟定出席抗诉法庭提纲；

（四）上级人民检察院对下级人民检察院按照第二审程序提出抗诉的案件决定支持抗诉的，应当制作支持抗诉意见书，并在开庭前送达同级人民法院。

第5条 出席抗诉法庭提纲一般应当包括：

（一）讯问原审被告人提纲；

（二）询问证人、被害人、鉴定人提纲；

（三）出示物证，宣读书证、证人证言、被害人陈述、被告人供述、勘验检查笔录，播放视听资料的举证和质证方案；

（四）支持抗诉的事实、证据和法律意见；

（五）对原审被告人、辩护人辩护内容的预测和答辩要点；

（六）对庭审中可能出现的其他情况的预测和相应的对策。

第6条 上级人民检察院支持下级人民检察院提出的抗诉意见和理由的，支持抗诉意见书应当叙述支持的意见和理由；部分支持的，叙述部分支持的意见和理由，不予支持部分的意见应当说明。

上级人民检察院不支持下级人民检察院提出的抗诉意见和理由，但认为原审判决、裁定确有其他错误的，应当在支持抗诉意见书中表明不同意见和理由，并且提出新的抗诉意见和理由。

第7条 庭审开始前，出席法庭的检察人员应当做好如下预备工作：

（一）核对被告人及其辩护人，附带民事诉讼的原告人及其诉讼代理人，以及其他应当到庭的诉讼参与人是否已经到庭；

（二）审查合议庭的组成是否合法；刑事抗诉书副本等诉讼文书的送达期限是否符合法律规定；被告人是盲、聋、哑、未成年人或者可能被判处死刑而没有委托辩护人的，人民法院是否指定律师为其提供辩护；

（三）审查到庭被告人的身份材料与刑事抗诉书中原审被告人的情况是否相符；审判长告知诉讼参与人的诉讼权利是否清楚、完整；审判长对回避申请的处理是否正确、合法。法庭准备工作结束，审判长征求检察人员对法庭准备工作有无意见时，出庭的检察人员应当就存在的问题提出意见，请审判长予以纠正，或者表明没有意见。

第二百三十六条 二审对一审判决的处理

第二审人民法院对不服第一审判决的上诉、抗诉案件，经过审理后，应当按照下列情形分别处理：

（一）原判决认定事实和适用法律正确、量刑适当的，应当裁定驳回上诉或者抗诉，维持原判；

（二）原判决认定事实没有错误，但适用法律有错误，或者量刑不当的，应当改判；

（三）原判决事实不清楚或者证据不足的，可以在查清事实后改判；也可以裁定撤销原判，发回原审人民法院重新审判。

原审人民法院对于依照前款第三项规定发回重新审判的案件作出判决后，被告人提出上诉或者人民检察院提出抗诉的，第二审人民法院应当依法作出判决或者裁定，不得再发回原审人民法院重新审判。

● *司法解释及文件*

《最高人民法院关于适用〈中华人民共和国刑事诉讼法〉的解释》（2021年1月26日　法释〔2021〕1号）

第405条　原判事实不清、证据不足，第二审人民法院发回重新审判的案件，原审人民法院重新作出判决后，被告人上诉或者人民检察院抗诉的，第二审人民法院应当依法作出判决、裁定，不得再发回重新审判。

第406条　第二审人民法院发现原审人民法院在重新审判过程中，有刑事诉讼法第二百三十八条规定的情形之一，或者违反第二百三十九条规定的，应当裁定撤销原判，发回重新审判。

第407条　第二审人民法院审理对刑事部分提出上诉、抗诉，附带民事部分已经发生法律效力的案件，发现第一审判决、裁定中的附带民事部分确有错误的，应当依照审判监督程序对附带民事部分予以纠正。

第408条　刑事附带民事诉讼案件，只有附带民事诉讼当事人及其法定代理人上诉的，第一审刑事部分的判决在上诉期满后即发生法律效力。

应当送监执行的第一审刑事被告人是第二审附带民事诉讼被告人的，在第二审附带民事诉讼案件审结前，可以暂缓送监执行。

第409条 第二审人民法院审理对附带民事部分提出上诉，刑事部分已经发生法律效力的案件，应当对全案进行审查，并按照下列情形分别处理：

（一）第一审判决的刑事部分并无不当的，只需就附带民事部分作出处理；

（二）第一审判决的刑事部分确有错误的，依照审判监督程序对刑事部分进行再审，并将附带民事部分与刑事部分一并审理。

第410条 第二审期间，第一审附带民事诉讼原告人增加独立的诉讼请求或者第一审附带民事诉讼被告人提出反诉的，第二审人民法院可以根据自愿、合法的原则进行调解；调解不成的，告知当事人另行起诉。

第411条 对第二审自诉案件，必要时可以调解，当事人也可以自行和解。调解结案的，应当制作调解书，第一审判决、裁定视为自动撤销。当事人自行和解的，依照本解释第三百二十九条的规定处理；裁定准许撤回自诉的，应当撤销第一审判决、裁定。

第412条 第二审期间，自诉案件的当事人提出反诉的，应当告知其另行起诉。

第413条 第二审人民法院可以委托第一审人民法院代为宣判，并向当事人送达第二审判决书、裁定书。第一审人民法院应当在代为宣判后五日以内将宣判笔录送交第二审人民法院，并在送达完毕后及时将送达回证送交第二审人民法院。

委托宣判的，第二审人民法院应当直接向同级人民检察院送达第二审判决书、裁定书。

第二审判决、裁定是终审的判决、裁定的，自宣告之日起发生法律效力。

● 案例指引

1. 余某某职务侵占案（湖北省汉江中级人民法院［2010］汉刑再终字第1号）

裁判要旨：江海公司是江汉石油管理局开办的国有公司，余某某是江汉石油管理局任命的该公司总经理，属在国有公司、企业中从事公务的人员，其利用职务之便，以非法占有为目的，侵占国有企业财产数额巨大，其行为已构成贪污罪。原公诉机关指控和原审判决认定余某某行为构成职务侵占罪罪名错误。依据《最高人民法院关于执行〈中华人民共和国刑事诉讼法〉若干问题的解释》第257条第1款第（2）项规定，对原判认定事实清楚、证据充分，只是认定的罪名不当的，在不加重原判刑罚的情况下，可以改变罪名。本案原审认定余某某犯罪的事实清楚，证据确实充分，但认定江海公司性质和余某某身份不清，导致适用法律错误，认定罪名不当，本院予以纠正。

2. 上海市嘉定区人民检察院诉丁某康受贿案（《最高人民法院公报》2014年第9期［总第215期］）

裁判要旨：丁某康身为国有事业单位中从事公务的国家工作人员，利用信息管理的职权，私自向药商提供数据，收受钱款，符合受贿罪钱权交易的特征，其还利用具有单位电脑采购建议权的职务便利，在计算机网络日常维护管理工作中，收取电脑设备供应商的礼券、消费卡，相关金额应与前述收取医药销售代表的贿赂款累计，一并以受贿罪论处。原判认定丁某康收受贿赂的行为及数额正确，但定性错误，导致适用法律及量刑不当，依法应予纠正。抗诉机关及上海市人民检察院第二分院的意见正确。丁某康自动投案，并如实供述自己的罪行，系自首，案发后又退出赃款，具有悔罪表现，采纳指定辩护人提出对丁从轻处罚并宣告缓刑的意见。

第二百三十七条　上诉不加刑原则及其限制

第二审人民法院审理被告人或者他的法定代理人、辩护人、近亲属上诉的案件，不得加重被告人的刑罚。第二审人民法院发回原审人民法院重新审判的案件，除有新的犯罪事实，人民检察院补充起诉的以外，原审人民法院也不得加重被告人的刑罚。

人民检察院提出抗诉或者自诉人提出上诉的，不受前款规定的限制。

● ***司法解释及文件***

《最高人民法院关于适用〈中华人民共和国刑事诉讼法〉的解释》（2021年1月26日　法释〔2021〕1号）

第401条　审理被告人或者其法定代理人、辩护人、近亲属提出上诉的案件，不得对被告人的刑罚作出实质不利的改判，并应当执行下列规定：

（一）同案审理的案件，只有部分被告人上诉的，既不得加重上诉人的刑罚，也不得加重其他同案被告人的刑罚；

（二）原判认定的罪名不当的，可以改变罪名，但不得加重刑罚或者对刑罚执行产生不利影响；

（三）原判认定的罪数不当的，可以改变罪数，并调整刑罚，但不得加重决定执行的刑罚或者对刑罚执行产生不利影响；

（四）原判对被告人宣告缓刑的，不得撤销缓刑或者延长缓刑考验期；

（五）原判没有宣告职业禁止、禁止令的，不得增加宣告；原判宣告职业禁止、禁止令的，不得增加内容、延长期限；

（六）原判对被告人判处死刑缓期执行没有限制减刑、决定终身监禁的，不得限制减刑、决定终身监禁；

（七）原判判处的刑罚不当、应当适用附加刑而没有适用的，不得直接加重刑罚、适用附加刑。原判判处的刑罚畸轻，必须依法改判的，应当在第二审判决、裁定生效后，依照审判监督程序重新审判。

人民检察院抗诉或者自诉人上诉的案件，不受前款规定的限制。

第402条 人民检察院只对部分被告人的判决提出抗诉，或者自诉人只对部分被告人的判决提出上诉的，第二审人民法院不得对其他同案被告人加重刑罚。

第403条 被告人或者其法定代理人、辩护人、近亲属提出上诉，人民检察院未提出抗诉的案件，第二审人民法院发回重新审判后，除有新的犯罪事实且人民检察院补充起诉的以外，原审人民法院不得加重被告人的刑罚。

对前款规定的案件，原审人民法院对上诉发回重新审判的案件依法作出判决后，人民检察院抗诉的，第二审人民法院不得改判为重于原审人民法院第一次判处的刑罚。

第二百三十八条 违反法定诉讼程序的处理

第二审人民法院发现第一审人民法院的审理有下列违反法律规定的诉讼程序的情形之一的，应当裁定撤销原判，发回原审人民法院重新审判：

（一）违反本法有关公开审判的规定的；

（二）违反回避制度的；

（三）剥夺或者限制了当事人的法定诉讼权利，可能影响公正审判的；

（四）审判组织的组成不合法的；

（五）其他违反法律规定的诉讼程序，可能影响公正审判的。

● *司法解释及文件*

《最高人民法院关于审判人员在诉讼活动中执行回避制度若干问题的规定》

（2011年6月10日　法释〔2011〕12号）

为进一步规范审判人员的诉讼回避行为，维护司法公正，根据《中华人民共和国人民法院组织法》、《中华人民共和国法官法》、《中华人民共和国民事诉讼法》、《中华人民共和国刑事诉讼法》、《中华人民共和国行政诉讼法》等法律规定，结合人民法院审判工作实际，制定本规定。

第1条　审判人员具有下列情形之一的，应当自行回避，当事人及其法定代理人有权以口头或者书面形式申请其回避：

（一）是本案的当事人或者与当事人有近亲属关系的；

（二）本人或者其近亲属与本案有利害关系的；

（三）担任过本案的证人、翻译人员、鉴定人、勘验人、诉讼代理人、辩护人的；

（四）与本案的诉讼代理人、辩护人有夫妻、父母、子女或者兄弟姐妹关系的；

（五）与本案当事人之间存在其他利害关系，可能影响案件公正审理的。

本规定所称近亲属，包括与审判人员有夫妻、直系血亲、三代以内旁系血亲及近姻亲关系的亲属。

第2条　当事人及其法定代理人发现审判人员违反规定，具有下列情形之一的，有权申请其回避：

（一）私下会见本案一方当事人及其诉讼代理人、辩护人的；

（二）为本案当事人推荐、介绍诉讼代理人、辩护人，或者为律师、其他人员介绍办理该案件的；

（三）索取、接受本案当事人及其受托人的财物、其他利益，或者要求当事人及其受托人报销费用的；

（四）接受本案当事人及其受托人的宴请，或者参加由其支付费用的各项活动的；

（五）向本案当事人及其受托人借款，借用交通工具、通讯工具或者其他物品，或者索取、接受当事人及其受托人在购买商品、装修住房以及其他方面给予的好处的；

（六）有其他不正当行为，可能影响案件公正审理的。

第3条 凡在一个审判程序中参与过本案审判工作的审判人员，不得再参与该案其他程序的审判。但是，经过第二审程序发回重审的案件，在一审法院作出裁判后又进入第二审程序的，原第二审程序中合议庭组成人员不受本条规定的限制。

第4条 审判人员应当回避，本人没有自行回避，当事人及其法定代理人也没有申请其回避的，院长或者审判委员会应当决定其回避。

第5条 人民法院应当依法告知当事人及其法定代理人有申请回避的权利，以及合议庭组成人员、书记员的姓名、职务等相关信息。

第6条 人民法院依法调解案件，应当告知当事人及其法定代理人有申请回避的权利，以及主持调解工作的审判人员及其他参与调解工作的人员的姓名、职务等相关信息。

第7条 第二审人民法院认为第一审人民法院的审理有违反本规定第一条至第三条规定的，应当裁定撤销原判，发回原审人民法院重新审判。

第8条 审判人员及法院其他工作人员从人民法院离任后二年内，不得以律师身份担任诉讼代理人或者辩护人。

审判人员及法院其他工作人员从人民法院离任后，不得担任原任职法院所审理案件的诉讼代理人或者辩护人，但是作为当事人的监护人或者近亲属代理诉讼或者进行辩护的除外。

本条所规定的离任，包括退休、调离、解聘、辞职、辞退、开除等离开法院工作岗位的情形。

本条所规定的原任职法院，包括审判人员及法院其他工作人员曾任职的所有法院。

第9条 审判人员及法院其他工作人员的配偶、子女或者父母不得担任其所任职法院审理案件的诉讼代理人或者辩护人。

第10条 人民法院发现诉讼代理人或者辩护人违反本规定第八条、

第九条的规定的，应当责令其停止相关诉讼代理或者辩护行为。

第11条 当事人及其法定代理人、诉讼代理人、辩护人认为审判人员有违反本规定行为的，可以向法院纪检、监察部门或者其他有关部门举报。受理举报的人民法院应当及时处理，并将相关意见反馈给举报人。

第12条 对明知具有本规定第一条至第三条规定情形不依法自行回避的审判人员，依照《人民法院工作人员处分条例》的规定予以处分。

对明知诉讼代理人、辩护人具有本规定第八条、第九条规定情形之一，未责令其停止相关诉讼代理或者辩护行为的审判人员，依照《人民法院工作人员处分条例》的规定予以处分。

第13条 本规定所称审判人员，包括各级人民法院院长、副院长、审判委员会委员、庭长、副庭长、审判员和助理审判员。

本规定所称法院其他工作人员，是指审判人员以外的在编工作人员。

第14条 人民陪审员、书记员和执行员适用审判人员回避的有关规定，但不属于本规定第十三条所规定人员的，不适用本规定第八条、第九条的规定。

第15条 自本规定施行之日起，《最高人民法院关于审判人员严格执行回避制度的若干规定》（法发〔2000〕5号）即行废止；本规定施行前本院发布的司法解释与本规定不一致的，以本规定为准。

● ***案例指引***

黄某等抢劫案（宁夏回族自治区高级人民法院刑事附带民事裁定书［2010］宁刑终字第100号）

裁判要旨：一审法院将上诉人黄某的外祖母列为其法定代理人并确定为赔偿义务主体程序违法，可能影响本案的公正审判。

第二百三十九条 重新审判

原审人民法院对于发回重新审判的案件，应当另行组成合议庭，依照第一审程序进行审判。对于重新审判后的判决，依照本法第二百二十七条、第二百二十八条、第二百二十九条的规定可以上诉、抗诉。

● *司法解释及文件*

1.《最高人民法院关于适用〈中华人民共和国刑事诉讼法〉的解释》（2021年1月26日　法释〔2021〕1号）

第406条　第二审人民法院发现原审人民法院在重新审判过程中，有刑事诉讼法第二百三十八条规定的情形之一，或者违反第二百三十九条规定的，应当裁定撤销原判，发回重新审判。

● *请示答复*

2.《最高人民法院关于适用刑事诉讼法第二百二十五条[①]第二款有关问题的批复》（2016年6月23日　法释〔2016〕13号）

河南省高级人民法院：

你院关于适用《中华人民共和国刑事诉讼法》第二百二十五条第二款有关问题的请示收悉。经研究，批复如下：

一、对于最高人民法院依据《中华人民共和国刑事诉讼法》第二百三十九条和《最高人民法院关于适用〈中华人民共和国刑事诉讼法〉的解释》第三百五十三条裁定不予核准死刑，发回第二审人民法院重新审判的案件，无论此前第二审人民法院是否曾以原判决事实不清楚或者证据不足为由发回重新审判，原则上不得再发回第一审人民法院重新审判；有特殊情况确需发回第一审人民法院重新审判的，需报请最高人民法院批准。

二、对于最高人民法院裁定不予核准死刑，发回第二审人民法院重新审判的案件，第二审人民法院根据案件特殊情况，又发回第一审人民法院重新审判的，第一审人民法院作出判决后，被告人提出上诉或者人民检察院提出抗诉的，第二审人民法院应当依法作出判决或者裁定，不得再发回重新审判。

此复。

第二百四十条　二审后对一审裁定的处理

第二审人民法院对不服第一审裁定的上诉或者抗诉，经过审查后，应当参照本法第二百三十六条、第二百三十八条和第二百三十九条的规定，分别情形用裁定驳回上诉、抗诉，或者撤销、变更原裁定。

---

① 对应《中华人民共和国刑事诉讼法》（2018年修正）第二百三十六条。

● *司法解释及文件*

《最高人民法院关于适用〈中华人民共和国刑事诉讼法〉的解释》（2021年1月26日 法释〔2021〕1号）

第628条 没收违法所得裁定生效后，犯罪嫌疑人、被告人到案并对没收裁定提出异议，人民检察院向原作出裁定的人民法院提起公诉的，可以由同一审判组织审理。

人民法院经审理，应当按照下列情形分别处理：

（一）原裁定正确的，予以维持，不再对涉案财产作出判决；

（二）原裁定确有错误的，应当撤销原裁定，并在判决中对有关涉案财产一并作出处理。

人民法院生效的没收裁定确有错误的，除第一款规定的情形外，应当依照审判监督程序予以纠正。

第二百四十一条 发回重审案件审理期限的计算

第二审人民法院发回原审人民法院重新审判的案件，原审人民法院从收到发回的案件之日起，重新计算审理期限。

第二百四十二条 二审法律程序适用

第二审人民法院审判上诉或者抗诉案件的程序，除本章已有规定的以外，参照第一审程序的规定进行。

● *司法解释及文件*

《最高人民法院关于对被判处死刑的被告人未提出上诉、共同犯罪的部分被告人或者附带民事诉讼原告人提出上诉的案件应适用何种程序审理的批复》（2010年3月17日 法释〔2010〕6号）

根据《中华人民共和国刑事诉讼法》第一百八十六条[①]的规定，中级人民法院一审判处死刑的案件，被判处死刑的被告人未提出上诉，共同犯罪的其他被告人提出上诉的，高级人民法院应当适用第二审程序对全案进行审

① 对应《中华人民共和国刑事诉讼法》（2018年修正）第二百三十三条。

查，并对涉及死刑之罪的事实和适用法律依法开庭审理，一并处理。

根据《中华人民共和国刑事诉讼法》第二百条①第一款的规定，中级人民法院一审判处死刑的案件，被判处死刑的被告人未提出上诉，仅附带民事诉讼原告人提出上诉的，高级人民法院应当适用第二审程序对附带民事诉讼依法审理，并由同一审判组织对未提出上诉的被告人的死刑判决进行复核，作出是否同意判处死刑的裁判。

第二百四十三条 二审的审限

第二审人民法院受理上诉、抗诉案件，应当在二个月以内审结。对于可能判处死刑的案件或者附带民事诉讼的案件，以及有本法第一百五十八条规定情形之一的，经省、自治区、直辖市高级人民法院批准或者决定，可以延长二个月；因特殊情况还需要延长的，报请最高人民法院批准。

最高人民法院受理上诉、抗诉案件的审理期限，由最高人民法院决定。

第二百四十四条 终审判决、裁定

第二审的判决、裁定和最高人民法院的判决、裁定，都是终审的判决、裁定。

● 司法解释及文件

1. **《刑事抗诉案件出庭规则（试行）》**（2001年3月5日　〔2001〕高检诉发第11号）

第1条　为了规范刑事抗诉案件的出庭工作程序，根据《中华人民共和国刑事诉讼法》和《人民检察院刑事诉讼规则》等有关规定，制定本规则。

第2条　本规则适用于人民检察院检察人员出席人民法院开庭审理的刑事抗诉案件。

第3条　检察人员出席刑事抗诉案件法庭的任务是：

---

① 对应《中华人民共和国刑事诉讼法》（2018年修正）第二百四十七条。

（一）支持抗诉；

（二）维护诉讼参与人的合法权利；

（三）代表人民检察院对法庭审判活动是否合法进行监督。

第4条 收到刑事抗诉案件开庭通知书后，出席法庭的检察人员应当做好如下准备工作：

（一）熟悉案情和证据情况，了解证人证言、被告人供述等证据材料是否发生变化；

（二）深入研究与本案有关的法律、政策问题，充实相关的专业知识；

（三）拟定出席抗诉法庭提纲；

（四）上级人民检察院对下级人民检察院按照第二审程序提出抗诉的案件决定支持抗诉的，应当制作支持抗诉意见书，并在开庭前送达同级人民法院。

第5条 出席抗诉法庭提纲一般应当包括：

（一）讯问原审被告人提纲；

（二）询问证人、被害人、鉴定人提纲；

（三）出示物证，宣读书证、证人证言、被害人陈述、被告人供述、勘验检查笔录，播放视听资料的举证和质证方案；

（四）支持抗诉的事实、证据和法律意见；

（五）对原审被告人、辩护人辩护内容的预测和答辩要点；

（六）对庭审中可能出现的其他情况的预测和相应的对策。

第6条 上级人民检察院支持下级人民检察院提出的抗诉意见和理由的，支持抗诉意见书应当叙述支持的意见和理由；部分支持的，叙述部分支持的意见和理由，不予支持部分的意见应当说明。

上级人民检察院不支持下级人民检察院提出的抗诉意见和理由，但认为原审判决、裁定确有其他错误的，应当在支持抗诉意见书中表明不同意见和理由，并且提出新的抗诉意见和理由。

第7条 庭审开始前，出席法庭的检察人员应当做好如下预备工作：

（一）核对被告人及其辩护人，附带民事诉讼的原告人及其诉讼代理人，以及其他应当到庭的诉讼参与人是否已经到庭；

（二）审查合议庭的组成是否合法；刑事抗诉书副本等诉讼文书的送达期限是否符合法律规定；被告人是盲、聋、哑、未成年人或者可能被判处死刑而没有委托辩护人的，人民法院是否指定律师为其提供辩护；

（三）审查到庭被告人的身份材料与刑事抗诉书中原审被告人的情况是否相符；审判长告知诉讼参与人的诉讼权利是否清楚、完整；审判长对回避申请的处理是否正确、合法。法庭准备工作结束，审判长征求检察人员对法庭准备工作有无意见时，出庭的检察人员应当就存在的问题提出意见，请审判长予以纠正，或者表明没有意见。

第8条 审判长或者审判员宣读原审判决书或者裁定书后，由检察人员宣读刑事抗诉书。宣读刑事抗诉书时应当起立，文号及正文括号内的内容不宣读，结尾读至“此致某某人民法院”止。

按照第二审程序提出抗诉的案件，出庭的检察人员应当在宣读刑事抗诉书后接着宣读支持抗诉意见书，引导法庭调查围绕抗诉重点进行。

第9条 检察人员应当根据抗诉案件的不同情况分别采取以下举证方式：

（一）对于事实清楚，证据确实、充分，只是由于原审判决、裁定定性不准、裁定定性不准、适用法律错误导致量刑明显不当，或者因人民法院审判活动违反法定诉讼程序而提起抗诉的案件，如果原审事实、证据没有变化，在宣读支持抗诉意见书后由检察人员提请，并经审判长许可和辩护方同意，除了对新的辩论观点所依据的证据进行举证、质证以外，可以直接进入法庭辩论。

（二）对于因原审判决、裁定认定部分事实不清、运用部分证据错误，导致定性不准，量刑明显不当而抗诉的案件，出庭的检察人员对经过原审举证、质证并成为判决、裁定依据，且诉讼双方没有异议的证据，不必逐一举证、质证，应当将法庭调查、辩论的焦点放在检察机关认为原审判决、裁定认定错误的事实和运用错误的证据上，并就有关事实和证据进行详细调查、举证和论证。对原审未质证清楚，二审、再审对犯罪事实又有争议的证据，或者在二审、再审期间收集的新的证据，应当进行举证、质证。

（三）对于因原审判决、裁定认定事实不清、证据不足，导致定性不准、量刑明显不当而抗诉的案件，出庭的检察人员应当对案件的事实、证据、定罪、量刑等方面的问题进行全面举证。庭审中应当注意围绕抗诉重点举证、质证、答辩，充分阐明抗诉观点，详实、透彻地论证抗诉理由及其法律依据。

第10条 检察人员在审判长的主持下讯问被告人、讯问应当围绕抗诉理由以及对原审判决、裁定认定事实有争议的部分进行，对没有异议的事实不再全面讯问。

讯问前应当先就原审被告人过去所作的供述是否属实进行讯问。如果被告人回答不属实，应当讯问哪些不属实。针对翻供，可以进行政策攻心和法制教育，或者利用被告人供述的前后矛盾进行讯问，或者适时举出相关证据予以反驳。

讯问时应当注意方式、方法，讲究技巧和策略。对被告人供述不清、不全、前后矛盾，或者供述明显不合情理，或者供述与已查证属实的证据相矛盾的问题，应当讯问。与案件无关、被告人已经供述清楚或者无争议的问题，不应当讯问。

讯问被告人应当有针对性，语言准确、简练、严密。

对辩护人已经提问而被告人作出客观回答的问题，一般不进行重复讯问。辩护人提问后，被告人翻供或者回答含糊不清的，如果涉及案件事实、性质的认定或者影响量刑的，检察人员必须有针对性重复讯问。辩护人提问的内容与案件无关，或者采取不适当的发问语言和态度的，检察人员应当及时请求合议庭予以制止。

在法庭调查结束前，检察人员可以根据辩护人、诉讼代理人、审判长（审判员）发问的情况，进行补充讯问。

第11条　证人、鉴定人应当由人民法院通知并负责安排出庭作证。对证人的询问，应当按照刑事诉讼法第一百五十六条规定的顺序进行，但对辩方提供的证人，公诉人认为由辩护人先行发问更为适当的，可以由辩护人先行发问。

检察人员对证人发问，应当针对证言中有遗漏、矛盾、模糊不清的有争议的内容，并着重围绕与定罪量刑紧密相关的事实进行。发问应当采取一问一答的形式，做到简洁清楚。

证人进行虚假陈述的，应当通过发问澄清事实，必要时还应当出示、宣读证据配合发问。

第12条　询问鉴定人参照第十一条的规定进行。

第13条　检察人员应当在提请合议庭同意宣读有关证言、书证或者出示物证时，说明该证据的证明对象。合议庭同意后，在举证前，检察人员应当说明取证主体、取证对象以及取证时间和地点，说明取证程序合法。

对检察人员收集的新证据，向法庭出示时也应当说明证据的来源和证明作用以及证人的有关情况，提请法庭质证。

第14条　二审期间审判人员通过调查核实取得的新证据，应当由审判人员在法庭上出示，检察人员应当进行质证。

第15条　检察人员对辩护人在法庭上出示的证据材料，无论是新的证据材料还是原审庭审时已经举证、质证的证据材料，均应积极参与质证。既要对辩护人所出示证据材料的真实性发表意见，也要注意辩护人的举证意图。如果辩护人运用该证据材料所说明观点不能成立，应当及时予以反驳。对辩护人、当事人、原审被告人出示的新的证据材料，检察人员认为必要时，可以进行讯问、质证，并就该证据材料的合法性证明力提出意见。

第16条　法庭审理过程中，对证据有疑问或者需要补充新的证据、重新鉴定或勘验现场等，检察人员可以向审判长提出休庭或延期审理的建议。

第17条　审判长宣布法庭调查结束，开始进行法庭辩论时，检察人员应当发表支持抗诉的意见。

出庭支持抗诉的意见包括以下内容：

（一）原审判决、裁定认定的事实、证据及当庭质证的情况进行概括，论证原审判决认定的事实是否清楚，证据是否确实充分；

（二）论证原审判决、裁定定罪量刑、适用法律的错误之处，阐述正确观点，明确表明支持抗诉的意见；

（三）揭露被告人犯罪行为的性质和危害程度。

第18条　检察人员对原审被告人、辩护人提出的观点，认为需要答辩的，应当在法庭上进行答辩。答辩应当抓住重点，主次分明。对与案件无关或者已经辩论过的观点和内容，不再答辩。

第19条　法庭辩论结束后，检察人员应当认真听取原审被告人的最后陈述。

第20条　书记员应当认真记录庭审情况。庭审笔录应当入卷。

第21条　检察人员发现人民法院审理案件违反法定诉讼程序的，应当在开庭审理结束后报经检察长同意，以人民检察院的名义，向人民法院提出书面纠正的意见。

2.《最高人民法院关于对被判处死刑的被告人未提出上诉、共同犯罪的部分被告人或者附带民事诉讼原告人提出上诉的案件应适用何种程序审理的批复》（2010年3月17日　法释〔2010〕6号）

根据《中华人民共和国刑事诉讼法》第一百八十六条的规定，中级人民法院一审判处死刑的案件，被判处死刑的被告人未提出上诉，共同犯罪的其他被告人提出上诉的，高级人民法院应当适用第二审程序对全案进行审查，并对涉及死刑之罪的事实和适用法律依法开庭审理，一并处理。

根据《中华人民共和国刑事诉讼法》第二百条第一款的规定，中级人民法院一审判处死刑的案件，被判处死刑的被告人未提出上诉，仅附带民事诉讼原告人提出上诉的，高级人民法院应当适用第二审程序对附带民事诉讼依法审理，并由同一审判组织对未提出上诉的被告人的死刑判决进行复核，作出是否同意判处死刑的裁判。

3.《最高人民法院、最高人民检察院关于对死刑判决提出上诉的被告人在上诉期满后宣判前提出撤回上诉人民法院是否准许的批复》（2010年8月6日　法释〔2010〕10号）

第一审被判处死刑立即执行的被告人提出上诉，在上诉期满后第二审开庭以前申请撤回上诉的，依照《最高人民法院、最高人民检察院关于死刑第二审案件开庭审理程序若干问题的规定（试行）》① 第四条的规定处理。在第二审开庭以后宣告裁判前申请撤回上诉的，第二审人民法院应当不准许撤回上诉，继续按照上诉程序审理。

最高人民法院、最高人民检察院以前发布的司法解释、规范性文件与本批复不一致的，以本批复为准。

第二百四十五条　查封、扣押、冻结财物及其孳息的保管与处理

公安机关、人民检察院和人民法院对查封、扣押、冻结的犯罪嫌疑人、被告人的财物及其孳息，应当妥善保管，以供核查，并制作清单，随案移送。任何单位和个人不得挪用或者自行处理。对被害人的合法财产，应当及时返还。对违禁品或者不宜长期保存的物品，应当依照国家有关规定处理。

对作为证据使用的实物应当随案移送，对不宜移送的，应当将其清单、照片或者其他证明文件随案移送。

① 《最高人民法院、最高人民检察院关于死刑第二审案件开庭审理程序若干问题的规定（试行）》已于2013年3月1日废止。

人民法院作出的判决，应当对查封、扣押、冻结的财物及其孳息作出处理。

人民法院作出的判决生效以后，有关机关应当根据判决对查封、扣押、冻结的财物及其孳息进行处理。对查封、扣押、冻结的赃款赃物及其孳息，除依法返还被害人的以外，一律上缴国库。

司法工作人员贪污、挪用或者私自处理查封、扣押、冻结的财物及其孳息的，依法追究刑事责任；不构成犯罪的，给予处分。

● *法　律*

1. **《刑法》**（2020 年 12 月 26 日修正）

第六十四条　犯罪分子违法所得的一切财物，应当予以追缴或者责令退赔；对被害人的合法财产，应当及时返还；违禁品和供犯罪所用的本人财物，应当予以没收。没收的财物和罚金，一律上缴国库，不得挪用和自行处理。

● *司法解释及文件*

2. **《人民检察院刑事诉讼规则》**（2019 年 12 月 30 日　高检发释字〔2019〕4 号）

第 464 条　审查逮捕未成年犯罪嫌疑人，应当重点查清其是否已满十四、十六、十八周岁。

对犯罪嫌疑人实际年龄难以判断，影响对该犯罪嫌疑人是否应当负刑事责任认定的，应当不批准逮捕。需要补充侦查的，同时通知公安机关。

3. **《最高人民法院关于适用〈中华人民共和国刑事诉讼法〉的解释》**（2021 年 1 月 26 日　法释〔2021〕1 号）

第 437 条　人民法院对查封、扣押、冻结的涉案财物及其孳息，应当妥善保管，并制作清单，附卷备查；对人民检察院随案移送的实物，应当根据清单核查后妥善保管。任何单位和个人不得挪用或者自行处理。

查封不动产、车辆、船舶、航空器等财物，应当扣押其权利证书，经拍照或者录像后原地封存，或者交持有人、被告人的近亲属保管，登记并写明财物的名称、型号、权属、地址等详细信息，并通知有关财物的登记、管理部门办理查封登记手续。

扣押物品，应当登记并写明物品名称、型号、规格、数量、重量、质量、成色、纯度、颜色、新旧程度、缺损特征和来源等。扣押货币、有价证券，应当登记并写明货币、有价证券的名称、数额、面额等，货币应当存入银行专门账户，并登记银行存款凭证的名称、内容。扣押文物、金银、珠宝、名贵字画等贵重物品以及违禁品，应当拍照，需要鉴定的，应当及时鉴定。对扣押的物品应当根据有关规定及时估价。

冻结存款、汇款、债券、股票、基金份额等财产，应当登记并写明编号、种类、面值、张数、金额等。

第438条　对被害人的合法财产，权属明确的，应当依法及时返还，但须经拍照、鉴定、估价，并在案卷中注明返还的理由，将原物照片、清单和被害人的领取手续附卷备查；权属不明的，应当在人民法院判决、裁定生效后，按比例返还被害人，但已获退赔的部分应予扣除。

第439条　审判期间，对不宜长期保存、易贬值或者市场价格波动大的财产，或者有效期即将届满的票据等，经权利人申请或者同意，并经院长批准，可以依法先行处置，所得款项由人民法院保管。

涉案财物先行处置应当依法、公开、公平。

第440条　对作为证据使用的实物，应当随案移送。第一审判决、裁定宣告后，被告人上诉或者人民检察院抗诉的，第一审人民法院应当将上述证据移送第二审人民法院。

第441条　对实物未随案移送的，应当根据情况，分别审查以下内容：

（一）大宗的、不便搬运的物品，是否随案移送查封、扣押清单，并附原物照片和封存手续，注明存放地点等；

（二）易腐烂、霉变和不易保管的物品，查封、扣押机关变卖处理后，是否随案移送原物照片、清单、变价处理的凭证（复印件）等；

（三）枪支弹药、剧毒物品、易燃易爆物品以及其他违禁品、危险物品，查封、扣押机关根据有关规定处理后，是否随案移送原物照片和清单等。

上述未随案移送的实物，应当依法鉴定、估价的，还应当审查是否附有鉴定、估价意见。

对查封、扣押的货币、有价证券等，未移送实物的，应当审查是否附有原物照片、清单或者其他证明文件。

第442条 法庭审理过程中，应当依照本解释第二百七十九条的规定，依法对查封、扣押、冻结的财物及其孳息进行审查。

第443条 被告人将依法应当追缴的涉案财物用于投资或者置业的，对因此形成的财产及其收益，应当追缴。

被告人将依法应当追缴的涉案财物与其他合法财产共同用于投资或者置业的，对因此形成的财产中与涉案财物对应的份额及其收益，应当追缴。

第444条 对查封、扣押、冻结的财物及其孳息，应当在判决书中写明名称、金额、数量、存放地点及其处理方式等。涉案财物较多，不宜在判决主文中详细列明的，可以附清单。

判决追缴违法所得或者责令退赔的，应当写明追缴、退赔的金额或者财物的名称、数量等情况；已经发还的，应当在判决书中写明。

第445条 查封、扣押、冻结的财物及其孳息，经审查，确属违法所得或者依法应当追缴的其他涉案财物的，应当判决返还被害人，或者没收上缴国库，但法律另有规定的除外。

对判决时尚未追缴到案或者尚未足额退赔的违法所得，应当判决继续追缴或者责令退赔。

判决返还被害人的涉案财物，应当通知被害人认领；无人认领的，应当公告通知；公告满一年无人认领的，应当上缴国库；上缴国库后有人认领，经查证属实的，应当申请退库予以返还；原物已经拍卖、变卖的，应当返还价款。

对侵犯国有财产的案件，被害单位已经终止且没有权利义务继受人，或者损失已经被核销的，查封、扣押、冻结的财物及其孳息应当上缴国库。

第446条 第二审期间，发现第一审判决未对随案移送的涉案财物及其孳息作出处理的，可以裁定撤销原判，发回原审人民法院重新审判，由原审人民法院依法对涉案财物及其孳息一并作出处理。

判决生效后，发现原判未对随案移送的涉案财物及其孳息作出处理的，由原审人民法院依法对涉案财物及其孳息另行作出处理。

第447条 随案移送的或者人民法院查封、扣押的财物及其孳息，由第一审人民法院在判决生效后负责处理。

实物未随案移送、由扣押机关保管的，人民法院应当在判决生效后十日以内，将判决书、裁定书送达扣押机关，并告知其在一个月以内将执行回单送回，确因客观原因无法按时完成的，应当说明原因。

第448条 对冻结的存款、汇款、债券、股票、基金份额等财产判决没收的，第一审人民法院应当在判决生效后，将判决书、裁定书送达相关金融机构和财政部门，通知相关金融机构依法上缴国库并在接到执行通知书后十五日以内，将上缴国库的凭证、执行回单送回。

第449条 查封、扣押、冻结的财物与本案无关但已列入清单的，应当由查封、扣押、冻结机关依法处理。

查封、扣押、冻结的财物属于被告人合法所有的，应当在赔偿被害人损失、执行财产刑后及时返还被告人。

第450条 查封、扣押、冻结财物及其处理，本解释没有规定的，参照适用其他司法解释的有关规定。

4.《最高人民法院、最高人民检察院、公安部关于办理非法生产光盘案件有关问题的通知》（1997年3月28日 公发〔1997〕6号）

一、公安机关对查获的非法生产光盘案件，经侦查初步认定构成犯罪的，应当对查获的光盘生产线设备作为犯罪工具依法追缴。追缴后，应采取拍照、录像等方式做好物证的保全、固定工作，再变卖给有关部门指定的单位，变卖的价款及其孳息可暂存入银行。制作的原物照片、录像、物品清单、处理凭证以及其他证明文件，作为证据随案移送。

二、对查获的非法生产光盘案件，经侦查认定构不成犯罪的，其光盘生产线设备应当移交有关行政部门依法处理。

三、对主要犯罪嫌疑人未抓获，案情尚未全部查清的案件，其随案查获的光盘生产线设备，由公安机关按照本通知第一条规定做好证据保全、固定及设备的变卖工作。待案件查清后，对构成犯罪的，按照本通知第一条办理；对构不成犯罪的，按照本通知第二条办理。

四、变卖、罚没光盘生产线设备的收入一律上缴国库。

5.《最高人民法院、最高人民检察院、公安部、国家工商行政管理局关于依法查处盗窃、抢劫机动车案件的规定》（1998年5月8日 公通字〔1998〕31号）

十一、对犯罪分子盗窃、抢劫所得的机动车辆及其变卖价款，应当依照

《刑法》第六十四条的规定予以追缴。

十二、对明知是赃车而购买的，应将车辆无偿追缴；对违反国家规定购买车辆，经查证是赃车的，公安机关可以根据《刑事诉讼法》第一百一十条和第一百一十四条规定进行追缴和扣押。对不明知是赃车而购买的，结案后予以退还买主。

十三、对购买赃车后使用非法提供的入户、过户手续或者使用伪造、变造的入户、过户手续为赃车入户、过户的，应当吊销牌证，并将车辆无偿追缴；已将入户、过户车辆变卖的，追缴变卖所得并责令赔偿经济损失。

十四、对直接从犯罪分子处追缴的被盗窃、抢劫的机动车辆，经检验鉴定，查证属实后，可依法先行返还失主，移送案件时附清单、照片及其他证据。在返还失主前，按照赃物管理规定管理，任何单位和个人都不得挪用、损毁或者自行处理。

6.《最高人民法院关于人民法院委托评估、拍卖和变卖工作的若干规定》

(2009 年 11 月 12 日　法释〔2009〕16 号)

为规范人民法院委托评估、拍卖和变卖工作，保障当事人的合法权益，维护司法公正，根据《中华人民共和国民事诉讼法》等有关法律的规定，结合人民法院委托评估、拍卖和变卖工作实际，制定本规定。

第 1 条　人民法院司法技术管理部门负责本院的委托评估、拍卖和流拍财产的变卖工作，依法对委托评估、拍卖机构的评估、拍卖活动进行监督。

第 2 条　根据工作需要，下级人民法院可将评估、拍卖和变卖工作报请上级人民法院办理。

第 3 条　人民法院需要对异地的财产进行评估或拍卖时，可以委托财产所在地人民法院办理。

第 4 条　人民法院按照公开、公平、择优的原则编制人民法院委托评估、拍卖机构名册。

人民法院编制委托评估、拍卖机构名册，应当先期公告，明确入册机构的条件和评审程序等事项。

第 5 条　人民法院在编制委托评估、拍卖机构名册时，由司法技术管理部门、审判部门、执行部门组成评审委员会，必要时可邀请评估、拍卖行业的专家参加评审。

第 6 条　评审委员会对申请加入人民法院委托评估、拍卖名册的机构，应当从资质等级、职业信誉、经营业绩、执业人员情况等方面进行审查、打分，按分数高低经过初审、公示、复审后确定进入名册的机构，并对名册进行动态管理。

第7条 人民法院选择评估、拍卖机构，应当在人民法院委托评估、拍卖机构名册内采取公开随机的方式选定。

第8条 人民法院选择评估、拍卖机构，应当通知审判、执行人员到场，视情况可邀请社会有关人员到场监督。

第9条 人民法院选择评估、拍卖机构，应当提前通知各方当事人到场；当事人不到场的，人民法院可将选择机构的情况，以书面形式送达当事人。

第10条 评估、拍卖机构选定后，人民法院应当向选定的机构出具委托书，委托书中应当载明本次委托的要求和工作完成的期限等事项。

第11条 评估、拍卖机构接受人民法院的委托后，在规定期限内无正当理由不能完成委托事项的，人民法院应当解除委托，重新选择机构，并对其暂停备选资格或从委托评估、拍卖机构名册内除名。

第12条 评估机构在工作中需要对现场进行勘验的，人民法院应当提前通知审判、执行人员和当事人到场，当事人不到场的，不影响勘验的进行，但应当有见证人见证。评估机构勘验现场，应当制作现场勘验笔录。

勘验现场人员、当事人或见证人应当在勘验笔录上签字或盖章确认。

第13条 拍卖财产经过评估的，评估价即为第一次拍卖的保留价；未作评估的，保留价由人民法院参照市价确定。并应当征询有关当事人的意见。

第14条 审判、执行部门未经司法技术管理部门同意擅自委托评估、拍卖，或对流拍财产进行变卖的，按照有关纪律规定追究责任。

第15条 人民法院司法技术管理部门，在组织评审委员会审查评估、拍卖入册机构，或选择评估、拍卖机构，或对流拍财产进行变卖时，应当通知本院纪检监察部门。纪检监察部门可视情况派员参加。

第16条 施行前本院公布的司法解释与本规定不一致的，以本规定为准。

● *部门规章及文件*

7.《公安机关办理刑事案件程序规定》（2020年7月20日　公安部令第159号）

第234条 有关犯罪事实查证属实后，对于有证据证明权属明确且无争议的被害人合法财产及其孳息，且返还不损害其他被害人或者利害关系人的利益，不影响案件正常办理的，应当在登记、拍照或者录音录像和估价后，报经县级以上公安机关负责人批准，开具发还清单返还，并在案卷材料中注明返还的理由，将原物照片、发还清单和被害人的领取手续存卷备查。

领取人应当是涉案财物的合法权利人或者其委托的人；委托他人领取的，应当出具委托书。侦查人员或者公安机关其他工作人员不得代为领取。

查找不到被害人，或者通知被害人后，无人领取的，应当将有关财产及其孳息随案移送。

第235条 对查封、扣押的财物及其孳息、文件，公安机关应当妥善保管，以供核查。任何单位和个人不得违规使用、调换、损毁或者自行处理。

县级以上公安机关应当指定一个内设部门作为涉案财物管理部门，负责对涉案财物实行统一管理，并设立或者指定专门保管场所，对涉案财物进行集中保管。

对价值较低、易于保管，或者需要作为证据继续使用，以及需要先行返还被害人的涉案财物，可以由办案部门设置专门的场所进行保管。办案部门应当指定不承担办案工作的民警负责本部门涉案财物的接收、保管、移交等管理工作；严禁由侦查人员自行保管涉案财物。

第236条 在侦查期间，对于易损毁、灭失、腐烂、变质而不宜长期保存，或者难以保管的物品，经县级以上公安机关主要负责人批准，可以在拍照或者录音录像后委托有关部门变卖、拍卖，变卖、拍卖的价款暂予保存，待诉讼终结后一并处理。

对于违禁品，应当依照国家有关规定处理；需要作为证据使用的，应当在诉讼终结后处理。

8. **《公安部关于办理利用经济合同诈骗案件有关问题的通知》**（1997年1月9日　公通字〔1997〕6号）

五、关于追缴赃款赃物

公安机关办理利用经济合同诈骗案件，在尚未立案前，不得扣押物品或者冻结款项。行为人进行诈骗犯罪活动，案发后扣押、冻结在案的财物及其孳息，应当发还给被害人；如果权属不明确的，可按被害人被骗款物占扣押、冻结在案的财物及其孳息总额的比例发还被害人。

行为人将诈骗财物已用于归还债务、货款或者其他经济活动的，如果对方明知是诈骗财物而收取，属恶意取得，应当一律予以追缴；如确属善意取得，则不再追缴。被害人因此遭受损失的，可依法提起附带民事诉讼解决。

● *案例指引*

1. **马某申请国家赔偿案**（最高人民法院赔偿委员会〔2012〕法委赔字第4号）

裁判要旨：公安机关依据刑事诉讼法的规定，对犯罪嫌疑人以票据诈骗犯罪所得赃款支付给本案赔偿请求人的高息部分予以追缴并返还被骗银行，其行为并无不当，且已被人民法院生效刑事判决予以确认，故不属于《中华人民共和国国家赔偿法》第十八条第（一）项规定情形。赔偿请求人收取高息的行为具有违法性，不符合最高人民法院《关于审理诈骗案件具体应用法律的若干问题的解释》第十一条规定的善意取得情形。

2. **莫某镕申请国家赔偿案**（《最高人民法院公报》2013年第12期［总第206期］〔2012〕法委赔字第3号）

裁判要旨：为了侦查犯罪的需要，公安机关在刑事侦查过程中可能会扣押、收缴犯罪嫌疑人的财产，而犯罪嫌疑人因此主张国家赔偿的，应当符合法定条件。《国家赔偿法》第十八条规定，刑事案件的当事人要求刑事国家赔偿的，其条件是侦查机关违法对财产采取查封、扣押、冻结、追缴等措施。因此，刑事案件的犯罪嫌疑人以公安机关在侦查中扣押其财产为由要求国家赔偿的，必须以该扣押行为构成违法为前提，即不应当扣押的而予以扣押，或未依照法定程序扣押。人民法院在进行审查时，一方面应当坚持生效刑事或民事裁判书中认定的事实，另一方面应通过对现有证据的综合审查判断，对生效刑事或民事裁判书中未有涉及的事实进行认定。

第四章　死刑复核程序

第二百四十六条　死刑核准权

死刑由最高人民法院核准。

● *司法解释及文件*

《最高人民法院关于统一行使死刑案件核准权有关问题的决定》（2006年12月28日　法释〔2006〕12号）

第十届全国人民代表大会常务委员会第二十四次会议通过了《关于修改〈中华人民共和国人民法院组织法〉的决定》，将人民法院组织法原第十三条修改为第十二条："死刑除依法由最高人民法院判决的以外，应当报请最高人民法院核准。"修改人民法院组织法的决定自2007年1月1日起施行。根据修改后的人民法院组织法第十二条的规定，现就有关问题决定如下：

（一）自2007年1月1日起，最高人民法院根据全国人民代表大会常务委员会有关决定和人民法院组织法原第十三条的规定发布的关于授权高级人民法院和解放军军事法院核准部分死刑案件的通知（见附件），一律予以废止。

（二）自2007年1月1日起，死刑除依法由最高人民法院判决的以外，各高级人民法院和解放军军事法院依法判处和裁定的，应当报请最高人民法院核准。

（三）2006年12月31日以前，各高级人民法院和解放军军事法院已经核准的死刑立即执行的判决、裁定，依法仍由各高级人民法院、解放军军事法院院长签发执行死刑的命令。

第二百四十七条　死刑核准程序

中级人民法院判处死刑的第一审案件，被告人不上诉的，应当由高级人民法院复核后，报请最高人民法院核准。高级人民法院不同意判处死刑的，可以提审或者发回重新审判。

高级人民法院判处死刑的第一审案件被告人不上诉的，和判处死刑的第二审案件，都应当报请最高人民法院核准。

● 司法解释及文件

1. **《人民检察院刑事诉讼规则》**（2019年12月30日　高检发释字〔2019〕4号）

第602条　最高人民检察院依法对最高人民法院的死刑复核活动实行法律监督。

省级人民检察院依法对高级人民法院复核未上诉且未抗诉死刑立即执行案件和死刑缓期二年执行案件的活动实行法律监督。

第603条 最高人民检察院、省级人民检察院通过办理下列案件对死刑复核活动实行法律监督：

（一）人民法院向人民检察院通报的死刑复核案件；

（二）下级人民检察院提请监督或者报告重大情况的死刑复核案件；

（三）当事人及其近亲属或者受委托的律师向人民检察院申请监督的死刑复核案件；

（四）认为应当监督的其他死刑复核案件。

第604条 省级人民检察院对于进入最高人民法院死刑复核程序的案件，发现具有下列情形之一的，应当及时向最高人民检察院提请监督：

（一）案件事实不清、证据不足，依法应当发回重新审判或者改判的；

（二）被告人具有从宽处罚情节，依法不应当判处死刑的；

（三）适用法律错误的；

（四）违反法律规定的诉讼程序，可能影响公正审判的；

（五）其他应当提请监督的情形。

第605条 省级人民检察院发现死刑复核案件被告人有自首、立功、怀孕或者被告人家属与被害人家属达成赔偿谅解协议等新的重大情况，影响死刑适用的，应当及时向最高人民检察院报告。

第606条 当事人及其近亲属或者受委托的律师向最高人民检察院提出不服死刑裁判的申诉，由负责死刑复核监督的部门审查。

第607条 对于适用死刑存在较大分歧或者在全国有重大影响的死刑第二审案件，省级人民检察院应当及时报最高人民检察院备案。

第608条 高级人民法院死刑复核期间，设区的市级人民检察院向省级人民检察院报告重大情况、备案等程序，参照本规则第六百零五条、第六百零七条规定办理。

第609条 对死刑复核监督案件的审查可以采取下列方式：

（一）审查人民法院移送的材料、下级人民检察院报送的相关案卷材料、当事人及其近亲属或者受委托的律师提交的材料；

（二）向下级人民检察院调取案件审查报告、公诉意见书、出庭意见书等，了解案件相关情况；

（三）向人民法院调阅或者查阅案卷材料；

（四）核实或者委托核实主要证据；

（五）讯问被告人、听取受委托的律师的意见；

（六）就有关技术性问题向专门机构或者有专门知识的人咨询，或者委托进行证据审查；

（七）需要采取的其他方式。

第610条 审查死刑复核监督案件，具有下列情形之一的，应当听取下级人民检察院的意见：

（一）对案件主要事实、证据有疑问的；

（二）对适用死刑存在较大争议的；

（三）可能引起司法办案重大风险的；

（四）其他应当听取意见的情形。

第611条 最高人民检察院经审查发现死刑复核案件具有下列情形之一的，应当经检察长决定，依法向最高人民法院提出检察意见：

（一）认为适用死刑不当，或者案件事实不清、证据不足，依法不应当核准死刑的；

（二）认为不予核准死刑的理由不成立，依法应当核准死刑的；

（三）发现新的事实和证据，可能影响被告人定罪量刑的；

（四）严重违反法律规定的诉讼程序，可能影响公正审判的；

（五）司法工作人员在办理案件时，有贪污受贿，徇私舞弊，枉法裁判等行为的；

（六）其他需要提出检察意见的情形。

同意最高人民法院核准或者不核准意见的，应当经检察长批准，书面回复最高人民法院。

对于省级人民检察院提请监督、报告重大情况的案件，最高人民检察院认为具有影响死刑适用情形的，应当及时将有关材料转送最高人民法院。

第648条 省级人民检察院负责案件管理的部门收到高级人民法院报请最高人民法院复核的死刑判决书、裁定书副本后，应当在三日以内将判决书、裁定书副本移送本院负责刑事执行检察的部门。

判处死刑的案件一审是由中级人民法院审理的，省级人民检察院应当及时将死刑判决书、裁定书副本移送中级人民法院的同级人民检察院负责刑事执行检察的部门。

人民检察院收到同级人民法院执行死刑临场监督通知后，应当查明同级人民法院是否收到最高人民法院核准死刑的裁定或者作出的死刑判决、裁定和执行死刑的命令。

2.《最高人民法院关于适用〈中华人民共和国刑事诉讼法〉的解释》（2021年1月26日　法释〔2021〕1号）

第423条　报请最高人民法院核准死刑的案件，应当按照下列情形分别处理：

（一）中级人民法院判处死刑的第一审案件，被告人未上诉、人民检察院未抗诉的，在上诉、抗诉期满后十日以内报请高级人民法院复核。高级人民法院同意判处死刑的，应当在作出裁定后十日以内报请最高人民法院核准；认为原判认定的某一具体事实或者引用的法律条款等存在瑕疵，但判处被告人死刑并无不当的，可以在纠正后作出核准的判决、裁定；不同意判处死刑的，应当依照第二审程序提审或者发回重新审判；

（二）中级人民法院判处死刑的第一审案件，被告人上诉或者人民检察院抗诉，高级人民法院裁定维持的，应当在作出裁定后十日以内报请最高人民法院核准；

（三）高级人民法院判处死刑的第一审案件，被告人未上诉、人民检察院未抗诉的，应当在上诉、抗诉期满后十日以内报请最高人民法院核准。

高级人民法院复核死刑案件，应当讯问被告人。

第424条　中级人民法院判处死刑缓期执行的第一审案件，被告人未上诉、人民检察院未抗诉的，应当报请高级人民法院核准。

高级人民法院复核死刑缓期执行案件，应当讯问被告人。

第425条　报请复核的死刑、死刑缓期执行案件，应当一案一报。报送的材料包括报请复核的报告，第一、二审裁判文书，案件综合报告各五份以及全部案卷、证据。案件综合报告，第一、二审裁判文书和审理报告应当附送电子文本。

同案审理的案件应当报送全案案卷、证据。

曾经发回重新审判的案件，原第一、二审案卷应当一并报送。

第426条　报请复核死刑、死刑缓期执行的报告，应当写明案由、简要案情、审理过程和判决结果。

案件综合报告应当包括以下内容：

（一）被告人、被害人的基本情况。被告人有前科或者曾受过行政处罚、处分的，应当写明；

（二）案件的由来和审理经过。案件曾经发回重新审判的，应当写明发回重新审判的原因、时间、案号等；

（三）案件侦破情况。通过技术调查、侦查措施抓获被告人、侦破案件，以及与自首、立功认定有关的情况，应当写明；

（四）第一审审理情况。包括控辩双方意见，第一审认定的犯罪事实，合议庭和审判委员会意见；

（五）第二审审理或者高级人民法院复核情况。包括上诉理由、人民检察院的意见，第二审审理或者高级人民法院复核认定的事实，证据采信情况及理由，控辩双方意见及采纳情况；

（六）需要说明的问题。包括共同犯罪案件中另案处理的同案犯的处理情况，案件有无重大社会影响，以及当事人的反应等情况；

（七）处理意见。写明合议庭和审判委员会的意见。

第427条 复核死刑、死刑缓期执行案件，应当全面审查以下内容：

（一）被告人的年龄，被告人有无刑事责任能力、是否系怀孕的妇女；

（二）原判认定的事实是否清楚，证据是否确实、充分；

（三）犯罪情节、后果及危害程度；

（四）原判适用法律是否正确，是否必须判处死刑，是否必须立即执行；

（五）有无法定、酌定从重、从轻或者减轻处罚情节；

（六）诉讼程序是否合法；

（七）应当审查的其他情况。

复核死刑、死刑缓期执行案件，应当重视审查被告人及其辩护人的辩解、辩护意见。

第428条 高级人民法院复核死刑缓期执行案件，应当按照下列情形分别处理：

（一）原判认定事实和适用法律正确、量刑适当、诉讼程序合法的，应当裁定核准；

（二）原判认定的某一具体事实或者引用的法律条款等存在瑕疵，但判处被告人死刑缓期执行并无不当的，可以在纠正后作出核准的判决、裁定；

（三）原判认定事实正确，但适用法律有错误，或者量刑过重的，应当改判；

（四）原判事实不清、证据不足的，可以裁定不予核准，并撤销原判，发回重新审判，或者依法改判；

（五）复核期间出现新的影响定罪量刑的事实、证据的，可以裁定不予核准，并撤销原判，发回重新审判，或者依照本解释第二百七十一条的规定审理后依法改判；

（六）原审违反法定诉讼程序，可能影响公正审判的，应当裁定不予核准，并撤销原判，发回重新审判。

复核死刑缓期执行案件，不得加重被告人的刑罚。

第429条　最高人民法院复核死刑案件，应当按照下列情形分别处理：

（一）原判认定事实和适用法律正确、量刑适当、诉讼程序合法的，应当裁定核准；

（二）原判认定的某一具体事实或者引用的法律条款等存在瑕疵，但判处被告人死刑并无不当的，可以在纠正后作出核准的判决、裁定；

（三）原判事实不清、证据不足的，应当裁定不予核准，并撤销原判，发回重新审判；

（四）复核期间出现新的影响定罪量刑的事实、证据的，应当裁定不予核准，并撤销原判，发回重新审判；

（五）原判认定事实正确、证据充分，但依法不应当判处死刑的，应当裁定不予核准，并撤销原判，发回重新审判；根据案件情况，必要时，也可以依法改判；

（六）原审违反法定诉讼程序，可能影响公正审判的，应当裁定不予核准，并撤销原判，发回重新审判。

第430条　最高人民法院裁定不予核准死刑的，根据案件情况，可以发回第二审人民法院或者第一审人民法院重新审判。

对最高人民法院发回第二审人民法院重新审判的案件，第二审人民法院一般不得发回第一审人民法院重新审判。

第一审人民法院重新审判的，应当开庭审理。第二审人民法院重新审判的，可以直接改判；必须通过开庭查清事实、核实证据或者纠正原审程序违法的，应当开庭审理。

第431条 高级人民法院依照复核程序审理后报请最高人民法院核准死刑，最高人民法院裁定不予核准，发回高级人民法院重新审判的，高级人民法院可以依照第二审程序提审或者发回重新审判。

第432条 最高人民法院裁定不予核准死刑，发回重新审判的案件，原审人民法院应当另行组成合议庭审理，但本解释第四百二十九条第四项、第五项规定的案件除外。

第433条 依照本解释第四百三十条、第四百三十一条发回重新审判的案件，第一审人民法院判处死刑、死刑缓期执行的，上一级人民法院依照第二审程序或者复核程序审理后，应当依法作出判决或者裁定，不得再发回重新审判。但是，第一审人民法院有刑事诉讼法第二百三十八条规定的情形或者违反刑事诉讼法第二百三十九条规定的除外。

第434条 死刑复核期间，辩护律师要求当面反映意见的，最高人民法院有关合议庭应当在办公场所听取其意见，并制作笔录；辩护律师提出书面意见的，应当附卷。

第435条 死刑复核期间，最高人民检察院提出意见的，最高人民法院应当审查，并将采纳情况及理由反馈最高人民检察院。

第436条 最高人民法院应当根据有关规定向最高人民检察院通报死刑案件复核结果。

3. 最高人民法院关于办理死刑复核案件听取辩护律师意见的办法（2014年12月29日　法〔2014〕346号）

为切实保障死刑复核案件被告人的辩护律师依法行使辩护权，确保死刑复核案件质量，根据《中华人民共和国刑事诉讼法》《中华人民共和国律师法》和有关法律规定，制定本办法。

第1条 死刑复核案件的辩护律师可以向最高人民法院立案庭查询立案信息。辩护律师查询时，应当提供本人姓名、律师事务所名称、被告人姓名、案由，以及报请复核的高级人民法院的名称及案号。

最高人民法院立案庭能够立即答复的，应当立即答复，不能立即答复的，应当在二个工作日内答复，答复内容为案件是否立案及承办案件的审判庭。

第2条 律师接受被告人、被告人近亲属的委托或者法律援助机构的指派，担任死刑复核案件辩护律师的，应当在接受委托或者指派之日起三个工作日内向最高人民法院相关审判庭提交有关手续。

辩护律师应当在接受委托或者指派之日起一个半月内提交辩护意见。

第3条 辩护律师提交委托手续、法律援助手续及辩护意见、证据等书面材料的，可以经高级人民法院同意后代收并随案移送，也可以寄送至最高人民法院承办案件的审判庭或者在当面反映意见时提交；对尚未立案的案件，辩护律师可以寄送至最高人民法院立案庭，由立案庭在立案后随案移送。

第4条 辩护律师可以到最高人民法院办公场所查阅、摘抄、复制案卷材料。但依法不公开的材料不得查阅、摘抄、复制。

第5条 辩护律师要求当面反映意见的，案件承办法官应当及时安排。

一般由案件承办法官与书记员当面听取辩护律师意见，也可以由合议庭其他成员或者全体成员与书记员当面听取。

第6条 当面听取辩护律师意见，应当在最高人民法院或者地方人民法院办公场所进行。辩护律师可以携律师助理参加。当面听取意见的人员应当核实辩护律师和律师助理的身份。

第7条 当面听取辩护律师意见时，应当制作笔录，由辩护律师签名后附卷。辩护律师提交相关材料的，应当接收并开列收取清单一式二份，一份交给辩护律师，另一份附卷。

第8条 当面听取辩护律师意见时，具备条件的人民法院应当指派工作人员全程录音、录像。其他在场人员不得自行录音、录像、拍照。

第9条 复核终结后，受委托进行宣判的人民法院应当在宣判后五个工作日内将最高人民法院裁判文书送达辩护律师。

第10条 本办法自2015年2月1日起施行。

4.《最高人民法院关于死刑复核及执行程序中保障当事人合法权益的若干规定》（2019年8月8日　法释〔2019〕12号）

第1条 高级人民法院在向被告人送达依法作出的死刑裁判文书时，应当告知其在最高人民法院复核死刑阶段有权委托辩护律师，并将告知情况记入宣判笔录；被告人提出由其近亲属代为委托辩护律师的，除因客观原因无法通知的以外，高级人民法院应当及时通知其近亲属，并将通知情况记录在案。

第2条 最高人民法院复核死刑案件，辩护律师应当自接受委托或者受指派之日起十日内向最高人民法院提交有关手续，并自接受委托或者指派之日起一个半月内提交辩护意见。

第3条 辩护律师提交相关手续、辩护意见及证据等材料的，可以经高级人民法院代收并随案移送，也可以寄送至最高人民法院。

第4条 最高人民法院复核裁定作出后，律师提交辩护意见及证据材料的，应当接收并出具接收清单；经审查，相关意见及证据材料可能影响死刑复核结果的，应当暂停交付执行或者停止执行，但不再办理接收委托辩护手续。

第5条 最高人民法院复核裁定下发后，受委托进行宣判的人民法院应当在宣判后五日内将裁判文书送达辩护律师。

对被害人死亡的案件，被害人近亲属申请获取裁判文书的，受委托进行宣判的人民法院应当提供。

第二百四十八条 死刑缓期二年执行核准权

中级人民法院判处死刑缓期二年执行的案件，由高级人民法院核准。

● *司法解释及文件*

《最高人民法院关于适用〈中华人民共和国刑事诉讼法〉的解释》（2021年1月26日 法释〔2021〕1号）

第424条 中级人民法院判处死刑缓期执行的第一审案件，被告人未上诉、人民检察院未抗诉的，应当报请高级人民法院核准。

高级人民法院复核死刑缓期执行案件，应当讯问被告人。

● *案例指引*

1. 周某宏受贿、巨额财产来源不明案（《最高人民检察院公报》2014年第4号［总第141号］）

案例要旨：河南省信阳市中级人民法院将该案件报送河南省高级人民法院核准。河南省高级人民法院依法组成合议庭对案件进行了复核。法庭认为：被告人周某宏身为国家工作人员，利用职务上的便利，为他人谋取利益，收受他人财物，其行为已构成受贿罪；周某宏的财产、支出明显超过合法收入，差额特别巨大，且本人不能说明来源，其行为已构成巨额财产来源不明罪。被告人周某宏犯数罪，应数罪并罚。周某宏受贿数额特别巨大，情节特别严重，依法本应严惩，但鉴于其在被有关部门调查期间主动交代了办案机关未掌握的绝大部分受贿事实，认罪态度较好，案发后赃款已全部追缴，故对其判处死刑，可不立即执行。原判认定事实清楚，适用法律正确，定罪准确，量刑适当，审判程序合法。

2. **宋某光受贿案**（《最高人民检察院公报》2013年第1号［总第132号］）

案例要旨：山东省泰安市中级人民法院将该案件报送山东省高级人民法院核准。山东省高级人民法院依法组成合议庭对案件进行了复核。法庭认为：被告人宋某光身为国家工作人员，利用职务便利为他人谋取利益，索取、非法收受他人财物，其行为构成受贿罪。宋某光受贿数额特别巨大，且部分具有索贿情节，犯罪情节特别严重，论罪应当判处死刑。鉴于宋某光在有关部门调查期间主动交代了组织不掌握的大部分受贿犯罪事实，有坦白情节，案发后赃款赃物已全部追缴，对其判处死刑，可不立即执行。原审判决认定被告人宋某光犯受贿罪的事实清楚，证据确实、充分，定罪准确，量刑适当，审判程序合法。

第二百四十九条　死刑复核合议庭组成

最高人民法院复核死刑案件，高级人民法院复核死刑缓期执行的案件，应当由审判员三人组成合议庭进行。

第二百五十条　最高法院复核后的处理

最高人民法院复核死刑案件，应当作出核准或者不核准死刑的裁定。对于不核准死刑的，最高人民法院可以发回重新审判或者予以改判。

● ***司法解释及文件***

《最高人民法院关于适用〈中华人民共和国刑事诉讼法〉的解释》（2021年1月26日　法释〔2021〕1号）

第429条　最高人民法院复核死刑案件，应当按照下列情形分别处理：

（一）原判认定事实和适用法律正确、量刑适当、诉讼程序合法的，应当裁定核准；

（二）原判认定的某一具体事实或者引用的法律条款等存在瑕疵，但判处被告人死刑并无不当的，可以在纠正后作出核准的判决、裁定；

（三）原判事实不清、证据不足的，应当裁定不予核准，并撤销原判，发回重新审判；

（四）复核期间出现新的影响定罪量刑的事实、证据的，应当裁定不予核准，并撤销原判，发回重新审判；

（五）原判认定事实正确、证据充分，但依法不应当判处死刑的，应当裁定不予核准，并撤销原判，发回重新审判；根据案件情况，必要时，也可以依法改判；

（六）原审违反法定诉讼程序，可能影响公正审判的，应当裁定不予核准，并撤销原判，发回重新审判。

第430条 最高人民法院裁定不予核准死刑的，根据案件情况，可以发回第二审人民法院或者第一审人民法院重新审判。

对最高人民法院发回第二审人民法院重新审判的案件，第二审人民法院一般不得发回第一审人民法院重新审判。

第一审人民法院重新审判的，应当开庭审理。第二审人民法院重新审判的，可以直接改判；必须通过开庭查清事实、核实证据或者纠正原审程序违法的，应当开庭审理。

第431条 高级人民法院依照复核程序审理后报请最高人民法院核准死刑，最高人民法院裁定不予核准，发回高级人民法院重新审判的，高级人民法院可以依照第二审程序提审或者发回重新审判。

第432条 最高人民法院裁定不予核准死刑，发回重新审判的案件，原审人民法院应当另行组成合议庭审理，但本解释第四百二十九条第四项、第五项规定的案件除外。

第433条 依照本解释第四百三十条、第四百三十一条发回重新审判的案件，第一审人民法院判处死刑、死刑缓期执行的，上一级人民法院依照第二审程序或者复核程序审理后，应当依法作出判决或者裁定，不得再发回重新审判。但是，第一审人民法院有刑事诉讼法第二百三十八条规定的情形或者违反刑事诉讼法第二百三十九条规定的除外。

第434条 死刑复核期间，辩护律师要求当面反映意见的，最高人民法院有关合议庭应当在办公场所听取其意见，并制作笔录；辩护律师提出书面意见的，应当附卷。

第435条 死刑复核期间，最高人民检察院提出意见的，最高人民法院应当审查，并将采纳情况及理由反馈最高人民检察院。

第436条 最高人民法院应当根据有关规定向最高人民检察院通报死刑案件复核结果。

第二百五十一条 最高法院复核的程序要求及最高检察院的监督

最高人民法院复核死刑案件，应当讯问被告人，辩护律师提出要求的，应当听取辩护律师的意见。

在复核死刑案件过程中，最高人民检察院可以向最高人民法院提出意见。最高人民法院应当将死刑复核结果通报最高人民检察院。

● *司法解释及文件*

1.《人民检察院刑事诉讼规则》（2019 年 12 月 30 日　高检发释字〔2019〕4 号）

第 602 条　最高人民检察院依法对最高人民法院的死刑复核活动实行法律监督。

省级人民检察院依法对高级人民法院复核未上诉且未抗诉死刑立即执行案件和死刑缓期二年执行案件的活动实行法律监督。

第 603 条　最高人民检察院、省级人民检察院通过办理下列案件对死刑复核活动实行法律监督：

（一）人民法院向人民检察院通报的死刑复核案件；

（二）下级人民检察院提请监督或者报告重大情况的死刑复核案件；

（三）当事人及其近亲属或者受委托的律师向人民检察院申请监督的死刑复核案件；

（四）认为应当监督的其他死刑复核案件。

第 604 条　省级人民检察院对于进入最高人民法院死刑复核程序的案件，发现具有下列情形之一的，应当及时向最高人民检察院提请监督：

（一）案件事实不清、证据不足，依法应当发回重新审判或者改判的；

（二）被告人具有从宽处罚情节，依法不应当判处死刑的；

（三）适用法律错误的；

（四）违反法律规定的诉讼程序，可能影响公正审判的；

（五）其他应当提请监督的情形。

第 605 条　省级人民检察院发现死刑复核案件被告人有自首、立功、怀孕或者被告人家属与被害人家属达成赔偿谅解协议等新的重大情况，影响死刑适用的，应当及时向最高人民检察院报告。

第606条 当事人及其近亲属或者受委托的律师向最高人民检察院提出不服死刑裁判的申诉，由负责死刑复核监督的部门审查。

第607条 对于适用死刑存在较大分歧或者在全国有重大影响的死刑第二审案件，省级人民检察院应当及时报最高人民检察院备案。

第608条 高级人民法院死刑复核期间，设区的市级人民检察院向省级人民检察院报告重大情况、备案等程序，参照本规则第六百零五条、第六百零七条规定办理。

第609条 对死刑复核监督案件的审查可以采取下列方式：

（一）审查人民法院移送的材料、下级人民检察院报送的相关案卷材料、当事人及其近亲属或者受委托的律师提交的材料；

（二）向下级人民检察院调取案件审查报告、公诉意见书、出庭意见书等，了解案件相关情况；

（三）向人民法院调阅或者查阅案卷材料；

（四）核实或者委托核实主要证据；

（五）讯问被告人、听取受委托的律师的意见；

（六）就有关技术性问题向专门机构或者有专门知识的人咨询，或者委托进行证据审查；

（七）需要采取的其他方式。

第610条 审查死刑复核监督案件，具有下列情形之一的，应当听取下级人民检察院的意见：

（一）对案件主要事实、证据有疑问的；

（二）对适用死刑存在较大争议的；

（三）可能引起司法办案重大风险的；

（四）其他应当听取意见的情形。

第611条 最高人民检察院经审查发现死刑复核案件具有下列情形之一的，应当经检察长决定，依法向最高人民法院提出检察意见：

（一）认为适用死刑不当，或者案件事实不清、证据不足，依法不应当核准死刑的；

（二）认为不予核准死刑的理由不成立，依法应当核准死刑的；

（三）发现新的事实和证据，可能影响被告人定罪量刑的；

（四）严重违反法律规定的诉讼程序，可能影响公正审判的；

（五）司法工作人员在办理案件时，有贪污受贿，徇私舞弊，枉法裁判等行为的；

（六）其他需要提出检察意见的情形。

同意最高人民法院核准或者不核准意见的，应当经检察长批准，书面回复最高人民法院。

对于省级人民检察院提请监督、报告重大情况的案件，最高人民检察院认为具有影响死刑适用情形的，应当及时将有关材料转送最高人民法院。

2.《最高人民法院关于适用〈中华人民共和国刑事诉讼法〉的解释》（2021年1月26日　法释〔2021〕1号）

第434条　死刑复核期间，辩护律师要求当面反映意见的，最高人民法院有关合议庭应当在办公场所听取其意见，并制作笔录；辩护律师提出书面意见的，应当附卷。

第435条　死刑复核期间，最高人民检察院提出意见的，最高人民法院应当审查，并将采纳情况及理由反馈最高人民检察院。

第436条　最高人民法院应当根据有关规定向最高人民检察院通报死刑案件复核结果。

第650条　人民法院讯问被告人，宣告判决，审理减刑、假释案件等，可以根据情况采取视频方式。

第五章　审判监督程序

第二百五十二条　申诉的主体和申诉的效力

当事人及其法定代理人、近亲属，对已经发生法律效力的判决、裁定，可以向人民法院或者人民检察院提出申诉，但是不能停止判决、裁定的执行。

● ***司法解释及文件***

1.《最高人民法院关于适用〈中华人民共和国刑事诉讼法〉的解释》（2021年1月26日　法释〔2021〕1号）

第451条　当事人及其法定代理人、近亲属对已经发生法律效力的判决、裁定提出申诉的，人民法院应当审查处理。

案外人认为已经发生法律效力的判决、裁定侵害其合法权益，提出申诉的，人民法院应当审查处理。

申诉可以委托律师代为进行。

第452条 向人民法院申诉，应当提交以下材料：

（一）申诉状。应当写明当事人的基本情况、联系方式以及申诉的事实与理由；

（二）原一、二审判决书、裁定书等法律文书。经过人民法院复查或者再审的，应当附有驳回申诉通知书、再审决定书、再审判决书、裁定书；

（三）其他相关材料。以有新的证据证明原判决、裁定认定的事实确有错误为由申诉的，应当同时附有相关证据材料；申请人民法院调查取证的，应当附有相关线索或者材料。

申诉符合前款规定的，人民法院应当出具收到申诉材料的回执。申诉不符合前款规定的，人民法院应当告知申诉人补充材料；申诉人拒绝补充必要材料且无正当理由的，不予审查。

第453条 申诉由终审人民法院审查处理。但是，第二审人民法院裁定准许撤回上诉的案件，申诉人对第一审判决提出申诉的，可以由第一审人民法院审查处理。

上一级人民法院对未经终审人民法院审查处理的申诉，可以告知申诉人向终审人民法院提出申诉，或者直接交终审人民法院审查处理，并告知申诉人；案件疑难、复杂、重大的，也可以直接审查处理。

对未经终审人民法院及其上一级人民法院审查处理，直接向上级人民法院申诉的，上级人民法院应当告知申诉人向下级人民法院提出。

第454条 最高人民法院或者上级人民法院可以指定终审人民法院以外的人民法院对申诉进行审查。被指定的人民法院审查后，应当制作审查报告，提出处理意见，层报最高人民法院或者上级人民法院审查处理。

第455条 对死刑案件的申诉，可以由原核准的人民法院直接审查处理，也可以交由原审人民法院审查。原审人民法院应当制作审查报告，提出处理意见，层报原核准的人民法院审查处理。

第456条 对立案审查的申诉案件，人民法院可以听取当事人和原办案单位的意见，也可以对原判据以定罪量刑的证据和新的证据进行核实。必要时，可以进行听证。

2. **《人民检察院办理刑事申诉案件规定》**（2020年9月22日）

第2条 本规定所称刑事申诉，是指对人民检察院诉讼终结的刑事处理决定或者人民法院已经发生法律效力的刑事判决、裁定不服，向人民检察院提出的申诉。

第3条 人民检察院通过办理刑事申诉案件，纠正错误的决定、判决和裁定，维护正确的决定、判决和裁定，保护当事人的合法权益，促进司法公正，维护社会和谐稳定，保障国家法律的统一正确实施。

第4条 人民检察院办理刑事申诉案件，应当遵循下列原则：

（一）原案办理与申诉办理相分离；

（二）全案复查，公开公正；

（三）实事求是，依法纠错；

（四）释法说理，化解矛盾。

第5条 人民检察院办理刑事申诉案件，应当根据案件具体情况进行审查和复查，繁简分流，规范有序，切实提高案件办理质效。

第6条 人民检察院办理刑事申诉案件，根据办案工作需要，可以采取公开听证、公开答复等方式，公开、公正处理案件。

第7条 人民检察院办理刑事申诉案件，应当依法保障律师执业权利。

第二章 管 辖

第8条 人民检察院管辖的下列刑事申诉，按照本规定办理：

（一）不服人民检察院因犯罪嫌疑人没有犯罪事实，或者符合《中华人民共和国刑事诉讼法》第十六条规定情形而作出的不批准逮捕决定的申诉；

（二）不服人民检察院不起诉决定的申诉；

（三）不服人民检察院撤销案件决定的申诉；

（四）不服人民检察院其他诉讼终结的刑事处理决定的申诉；

（五）不服人民法院已经发生法律效力的刑事判决、裁定的申诉。

上述情形之外的其他与人民检察院办理案件有关的申诉，不适用本规定，按照《人民检察院刑事诉讼规则》等规定办理。

第9条 不服人民检察院诉讼终结的刑事处理决定的申诉，由作出决定的人民检察院管辖，本规定另有规定的除外。

不服人民法院已经发生法律效力的刑事判决、裁定的申诉，由作出生效判决、裁定的人民法院的同级人民检察院管辖。

不服人民检察院刑事申诉案件审查或者复查结论的申诉，由上一级人民检察院管辖。

第10条 被害人及其法定代理人、近亲属不服人民检察院不起诉决定，在收到不起诉决定书后七日以内提出申诉的，由作出不起诉决定的人民检察院的上一级人民检察院管辖。

第11条 上级人民检察院在必要时，可以将本院管辖的刑事申诉案件交下级人民检察院办理，也可以直接办理由下级人民检察院管辖的刑事申诉案件。

第三章 受 理

第12条 人民检察院对符合下列条件的申诉，应当受理，本规定另有规定的除外：

（一）属于本规定第二条规定的刑事申诉；

（二）符合本规定第二章管辖规定；

（三）申诉人是原案的当事人及其法定代理人、近亲属；

（四）申诉材料符合受理要求。

申诉人委托律师代理申诉，且符合上述条件的，应当受理。

第13条 申诉人向人民检察院提出申诉时，应当递交申诉书、身份证明、相关法律文书及证据材料或者证据线索。

身份证明是指自然人的居民身份证、军官证、士兵证、护照等能够证明本人身份的有效证件；法人或者其他组织的营业执照副本和法定代表人或者主要负责人的身份证明等有效证件。申诉人系正在服刑的罪犯，有效证件由刑罚执行机关保存的，可以提供能够证明本人身份的有效证件的复印件。对身份证明，人民检察院经核对无误留存复印件。

相关法律文书是指人民检察院作出的决定书、刑事申诉审查、复查结论文书，或者人民法院作出的刑事判决书、裁定书等法律文书。

第14条 申诉人递交的申诉书应当写明下列事项：

（一）申诉人的姓名、性别、出生日期、工作单位、住址、有效联系方式，法人或者其他组织的名称、所在地址和法定代表人或者主要负责人的姓名、职务、有效联系方式；

（二）申诉请求和所依据的事实与理由；

（三）申诉人签名、盖章或者捺指印及申诉时间。

申诉人不具备书写能力口头提出申诉的，应当制作笔录，并由申诉人签名或者捺指印。

第15条 自诉案件当事人及其法定代理人、近亲属对人民法院已经发生法律效力的刑事判决、裁定不服提出的申诉，刑事附带民事诉讼当事人及其法定代理人、近亲属对人民法院已经发生法律效力的刑事附带民事判决、裁定不服提出的申诉，人民检察院应当受理，但是申诉人对人民法院因原案当事人及其法定代理人自愿放弃诉讼权利或者没有履行相应诉讼义务而作出的判决、裁定不服的申诉除外。

第16条 刑事申诉由控告申诉检察部门统一接收。控告申诉检察部门对接收的刑事申诉应当在七个工作日以内分别情况予以处理并告知申诉人：

（一）属于本院管辖并符合受理条件的，予以受理；

（二）属于本院管辖的不服生效刑事判决、裁定的申诉，申诉人已向人民法院提出申诉，人民法院已经受理且正在办理程序中的，告知待人民法院处理完毕后如不服再提出申诉；

（三）属于人民检察院管辖但是不属于本院管辖的，移送有管辖权的人民检察院处理；

（四）不属于人民检察院管辖的，移送其他机关处理。

第四章 审 查

第17条 对受理的刑事申诉案件，控告申诉检察部门应当进行审查。

审查刑事申诉案件，应当审查申诉材料、原案法律文书，可以调取相关人民检察院审查报告、案件讨论记录等材料，可以听取申诉人、原案承办人员意见。

对于首次向人民检察院提出的刑事申诉案件，应当调阅原案卷宗进行审查，并听取申诉人或者其委托代理律师意见。必要时可以采用公开听证方式进行审查。

第18条 经审查，具有下列情形之一的，应当审查结案：

（一）原判决、裁定或者处理决定认定事实清楚，证据确实充分，处理适当的；

（二）原案虽有瑕疵，但不足以影响原判决、裁定或者处理决定结论的；

（三）其他经审查认为原判决、裁定或者处理决定正确的。

对已经两级人民检察院审查或者复查，作出的结论正确，且已对申诉人提出的申诉理由作出合法合理答复，申诉人未提出新的理由的刑事申诉案件，可以审查结案。

第19条 控告申诉检察部门经审查，具有下列情形之一的，应当移送刑事检察部门办理：

（一）原判决、裁定或者处理决定存在错误可能的；

（二）不服人民检察院诉讼终结的刑事处理决定首次提出申诉的；

（三）被害人及其法定代理人、近亲属、被不起诉人及其法定代理人、近亲属不服不起诉决定，在收到不起诉决定书后七日以内提出申诉的。

第20条 原判决、裁定或者处理决定是否存在错误可能，应当从以下方面进行审查：

（一）原判决、裁定或者处理决定认定事实是否清楚、适用法律是否正确；

（二）据以定案的证据是否确实、充分，是否存在矛盾或者可能是非法证据；

（三）处理结论是否适当；

（四）是否存在严重违反诉讼程序的情形；

（五）申诉人是否提出了可能改变原处理结论的新的证据；

（六）办案人员在办理该案件过程中是否存在贪污受贿、徇私舞弊、枉法裁判行为。

第21条 对决定移送的刑事申诉案件，应当制作刑事申诉案件移送函，连同申诉书，原判决、裁定、处理决定，人民检察院审查、复查文书等申诉材料移送刑事检察部门。

刑事申诉案件移送函应当载明案件来源、受理时间、申诉理由、审查情况、移送理由等内容。

对决定移送的刑事申诉案件，控告申诉检察部门应当调取原案卷宗，一并移送刑事检察部门。

第22条 对移送的刑事申诉案件，刑事检察部门应当对原案卷宗进行审查。经审查，认为原判决、裁定或者处理决定正确的，经检察官联席会议讨论后决定审查结案；认为原判决、裁定或者处理决定存在错误可能的，决定进行复查。

对不服人民检察院诉讼终结的刑事处理决定首次提出申诉的，或者被害人及其法定代理人、近亲属、被不起诉人及其法定代理人、近亲属不服不起诉决定，在收到不起诉决定书后七日以内提出申诉的，应当决定进行复查。

第23条 控告申诉检察部门审查刑事申诉案件，应当自受理之日起三个月以内作出审查结案或者移送刑事检察部门办理的决定，并告知申诉人。

刑事检察部门对移送的刑事申诉案件，应当自收到案件之日起三个月以内作出审查结案或者进行复查的决定，并告知申诉人。

重大、疑难、复杂案件，报检察长决定，可以适当延长办理期限。

调取卷宗期间不计入办案期限。

第24条 经审查，具有下列情形之一的，上级人民检察院可以交由下级人民检察院重新办理：

（一）首次办理刑事申诉的人民检察院应当调卷审查而未调卷的，或者应当进行复查而未复查的；

（二）对申诉人提出的申诉理由未进行审查，或者未作出合法合理答复的；

（三）其他办案质量不高，认为应当重新办理的。

接受交办的人民检察院应当将重新办理结果向交办的上级人民检察院报告。

第25条 审查刑事申诉案件应当制作刑事申诉审查报告。听取意见、释法说理、公开听证等活动应当制作笔录。

第五章　复　查

第一节　一般规定

第26条 复查刑事申诉案件应当由检察官或者检察官办案组办理，原案承办人员和原申诉案件承办人员不应参与办理。

第27条 复查刑事申诉案件应当全面审查申诉材料和全部案卷。

第28条 经审查，具有下列情形之一，认为需要调查核实的，应当拟定调查提纲进行调查：

（一）原案事实不清、证据不足的；

（二）申诉人提供了新的事实、证据或者证据线索的；

（三）有其他问题需要调查核实的。

第29条 对与案件有关的勘验、检查、辨认、侦查实验等笔录和鉴定意见，认为需要复核的，可以进行复核，也可以对专门问题进行鉴定或者补充鉴定。

第30条 复查刑事申诉案件可以询问原案当事人、证人和其他有关人员。

对原判决、裁定确有错误，认为需要提请抗诉、提出抗诉或者提出再审检察建议的，应当询问或者讯问原审被告人。

第31条 复查刑事申诉案件应当听取申诉人及其委托代理律师意见，核实相关问题。

第32条 复查刑事申诉案件可以听取原申诉案件办理部门或者原案承办人员、原案承办部门意见，全面了解案件办理情况。

第33条 复查刑事申诉案件过程中进行的询问、讯问等调查活动，应当制作调查笔录。调查笔录应当经被调查人确认无误后签名或者捺指印。

第34条 刑事申诉案件经复查，案件事实、证据、适用法律和诉讼程序以及其他可能影响案件公正处理的情形已经审查清楚，能够得出明确复查结论的，应当复查终结。

第35条 复查终结刑事申诉案件，承办检察官应当制作刑事申诉复查终结报告，在规定的职权范围作出决定；重大、疑难、复杂案件，报检察长或者检察委员会决定。

经检察委员会决定的案件，应当将检察委员会决定事项通知书及讨论记录附卷。

第36条 复查刑事申诉案件，应当自决定复查之日起三个月以内办结。三个月以内不能办结的，报检察长决定，可以延长三个月，并告知申诉人。

重大、疑难、复杂案件，在前款规定期限内仍不能办结，确需延长办理期限的，报检察长决定延长办理期限。

第37条 接受交办的人民检察院对上级人民检察院交办的刑事申诉案件应当依法办理并报告结果。对属于本院管辖的刑事申诉案件应当进行复查。

对交办的刑事申诉案件，应当自收到交办文书之日起三个月以内办结。

确需延长办理期限的，应当报检察长决定，延长期限不得超过三个月。延期办理的，应当向交办的上级人民检察院书面说明情况。

第二节　不服人民检察院诉讼终结的刑事处理决定申诉案件的复查

第38条　被害人及其法定代理人、近亲属不服不起诉决定，在收到不起诉决定书后七日以内提出申诉的，由作出不起诉决定的人民检察院的上一级人民检察院进行复查。

第39条　被不起诉人及其法定代理人、近亲属不服不起诉决定，在收到不起诉决定书后七日以内提出申诉的，由作出不起诉决定的人民检察院进行复查。

第40条　被害人及其法定代理人、近亲属、被不起诉人及其法定代理人、近亲属不服不起诉决定，在收到不起诉决定书后七日以内均提出申诉的，由作出不起诉决定的人民检察院的上一级人民检察院进行复查。

第41条　被害人及其法定代理人、近亲属、被不起诉人及其法定代理人、近亲属不服不起诉决定，在收到不起诉决定书后七日以内提出申诉的，控告申诉检察部门应当制作刑事申诉案件移送函，连同申诉材料移送刑事检察部门进行复查。

被害人及其法定代理人、近亲属向作出不起诉决定的人民检察院提出申诉的，作出决定的人民检察院刑事检察部门应当将申诉材料连同案卷一并报送上一级人民检察院刑事检察部门进行复查。

第42条　被害人及其法定代理人、近亲属、被不起诉人及其法定代理人、近亲属不服不起诉决定，在收到不起诉决定书七日以后提出申诉的，由作出不起诉决定的人民检察院控告申诉检察部门进行审查。经审查，认为不起诉决定正确的，应当审查结案；认为不起诉决定存在错误可能的，制作刑事申诉案件移送函，连同申诉材料移送刑事检察部门进行复查。

不服人民检察院其他诉讼终结的刑事处理决定的申诉案件，依照前款规定办理。

第43条　对不服人民检察院诉讼终结的刑事处理决定的申诉案件进行复查后，应当分别作出如下处理：

（一）原处理决定正确的，予以维持；

（二）原处理决定正确，但所认定的部分事实或者适用法律错误的，应当纠正错误的部分，维持原处理决定；

（三）原处理决定错误的，予以撤销；需要重新进入诉讼程序的，将案件移送有管辖权的人民检察院或者本院有关部门依法办理。

第三节　不服人民法院已经发生法律效力的刑事判决、裁定申诉案件的复查

第44条　最高人民检察院对不服各级人民法院已经发生法律效力的刑事判决、裁定的申诉，上级人民检察院对不服下级人民法院已经发生法律效力的刑事判决、裁定的申诉，经复查决定提出抗诉的，应当按照审判监督程序向同级人民法院提出抗诉，或者指令作出生效判决、裁定的人民法院的上一级人民检察院向同级人民法院提出抗诉。

第45条　经复查认为人民法院已经发生法律效力的刑事判决、裁定确有错误，具有下列情形之一的，应当按照审判监督程序向人民法院提出抗诉：

（一）原判决、裁定认定事实、适用法律确有错误致裁判不公或者原判决、裁定的主要事实依据被依法变更或者撤销的；

（二）认定罪名错误且明显影响量刑的；

（三）量刑明显不当的；

（四）据以定罪量刑的证据不确实、不充分，或者主要证据之间存在矛盾，或者依法应当予以排除的；

（五）有新的证据证明原判决、裁定认定的事实确有错误，可能影响定罪量刑的；

（六）违反法律关于追诉时效期限的规定的；

（七）违反法律规定的诉讼程序，可能影响公正审判的；

（八）审判人员在审理案件的时候有贪污受贿、徇私舞弊、枉法裁判行为的。

经复查认为人民法院已经发生法律效力的刑事判决、裁定，符合前款规定情形之一，经检察长决定，可以向人民法院提出再审检察建议。再审检察建议未被人民法院采纳的，可以提请上一级人民检察院抗诉。

第46条　经复查认为需要向同级人民法院提出抗诉或者提出再审检察建议的，承办检察官应当提出意见，报检察长决定。

第47条　地方各级人民检察院对不服同级人民法院已经发生法律效力的刑事判决、裁定的申诉案件复查后，认为需要提出抗诉的，承办检察官应当提出意见，报检察长决定后，提请上一级人民检察院抗诉。提请抗诉的案件，应当制作提请抗诉报告书，连同案卷报送上一级人民检察院。

上一级人民检察院对提请抗诉的案件审查后，承办检察官应当制作审查提请抗诉案件报告，提出处理意见，报检察长决定。对提请抗诉的案件作出决定后，承办检察官应当制作审查提请抗诉通知书，将审查结果通知提请抗诉的人民检察院。

第48条 人民检察院决定抗诉后，承办检察官应当制作刑事抗诉书，向同级人民法院提出抗诉。

以有新的证据证明原判决、裁定认定事实确有错误提出抗诉的，提出抗诉时应当随附相关证据材料。

第49条 上级人民检察院审查提请抗诉的案件，应当自收案之日起三个月以内作出决定。

对事实、证据有重大变化或者特别复杂的刑事申诉案件，可以不受前款规定期限限制。

对不服人民法院已经发生法律效力的死刑缓期二年执行判决、裁定的申诉案件，需要加重原审被告人刑罚的，一般应当在死刑缓期执行期限届满前作出决定。

第50条 地方各级人民检察院经复查提请抗诉的案件，上级人民检察院审查提请抗诉案件的期限不计入提请抗诉的人民检察院的复查期限。

第51条 人民检察院办理按照审判监督程序抗诉的案件，认为需要对原审被告人采取强制措施的，按照《人民检察院刑事诉讼规则》相关规定办理。

第52条 对按照审判监督程序提出抗诉的刑事申诉案件，或者人民法院依据人民检察院再审检察建议决定再审的刑事申诉案件，人民法院开庭审理时，由同级人民检察院刑事检察部门派员出席法庭，并对人民法院再审活动实行法律监督。

第53条 对按照审判监督程序提出抗诉的刑事申诉案件，或者人民法院依据人民检察院再审检察建议决定再审的刑事申诉案件，人民法院经重新审理作出的判决、裁定，由派员出席法庭的人民检察院刑事检察部门审查并提出意见。

经审查认为人民法院作出的判决、裁定仍然确有错误，需要提出抗诉的，报检察长决定。如果案件是依照第一审程序审判的，同级人民检察院应当按照第二审程序向上一级人民法院提出抗诉；如果案件是依照第二审程序审判的，应当提请上一级人民检察院按照审判监督程序提出抗诉。

第六章 其他规定

第54条 人民检察院审查结案和复查终结的刑事申诉案件，应当制作刑事申诉结果通知书，于十日以内送达申诉人，并做好释法说理工作。

下级人民检察院应当协助上级人民检察院做好释法说理、息诉息访工作。

对移送的刑事申诉案件，刑事检察部门应当将刑事申诉结果通知书抄送控告申诉检察部门。

第55条 对提请抗诉的案件，提请抗诉的人民检察院应当在上一级人民检察院作出是否抗诉的决定后制作刑事申诉结果通知书。

第56条 对不服人民检察院诉讼终结的刑事处理决定的申诉案件进行复查后，依照本规定第四十三条第二项、第三项规定变更原处理决定认定事实、适用法律或者撤销原处理决定的，应当将刑事申诉结果通知书抄送相关人民检察院。

第57条 对重大、疑难、复杂的刑事申诉案件，人民检察院可以进行公开听证，对涉案事实、证据、法律适用等有争议问题进行公开陈述、示证、论证和辩论，充分听取各方意见，依法公正处理案件。

第58条 申诉人对处理结论有异议的刑事申诉案件，人民检察院可以进行公开答复，做好解释、说明和教育工作，预防和化解社会矛盾。

第59条 人民检察院对具有下列情形之一的刑事申诉案件，可以中止办理：

（一）人民法院对原判决、裁定正在审查的；

（二）无法与申诉人及其代理人取得联系的；

（三）申诉的自然人死亡，需要等待其他申诉权利人表明是否继续申诉的；

（四）申诉的法人或者其他组织终止，尚未确定权利义务承继人的；

（五）由于其他原因，致使案件在较长时间内无法继续办理的。

决定中止办理的案件，应当制作刑事申诉中止办理通知书，通知申诉人；确实无法通知的，应当记录在案。

中止办理的事由消除后，应当立即恢复办理。中止办理的期间不计入办案期限。

第60条 人民检察院对具有下列情形之一的刑事申诉案件，经检察长决定，应当终止办理：

（一）人民检察院因同一案件事实对撤销案件的犯罪嫌疑人重新立案侦查的，对不批准逮捕的犯罪嫌疑人重新作出批准逮捕决定的，或者对不起诉案件的被不起诉人重新起诉的；

（二）人民检察院收到人民法院受理被害人对被不起诉人起诉的通知的；

（三）人民法院决定再审的；

（四）申诉人自愿撤回申诉，且不损害国家利益、社会公共利益或者他人合法权益的；

（五）申诉的自然人死亡，没有其他申诉权利人或者申诉权利人明确表示放弃申诉的，但是有证据证明原案被告人是无罪的除外；

（六）申诉的法人或者其他组织终止，没有权利义务承继人或者权利义务承继人明确表示放弃申诉的，但是有证据证明原案被告人是无罪的除外；

（七）其他应当终止办理的情形。

决定终止办理的案件，应当制作刑事申诉终止办理通知书，通知申诉人；确实无法通知的，应当记录在案。

终止办理的事由消除后，申诉人再次提出申诉，符合刑事申诉受理条件的，应当予以受理。

第61条 办理刑事申诉案件中发现原案存在执法司法瑕疵等问题的，可以依照相关规定向原办案单位提出检察建议或者纠正意见。

第62条 办理刑事申诉案件中发现原案办理过程中有贪污贿赂、渎职等违法违纪行为的，应当移送有关机关处理。

第63条 办理刑事申诉案件中发现原案遗漏罪行或者同案犯罪嫌疑人的，应当移送有关机关处理。

第64条 刑事申诉案件相关法律文书应当在统一业务应用系统内制作。

3. **《人民检察院办理未成年人刑事案件的规定》**（2013年12月27日　高检发研字〔2013〕7号）

第75条 人民检察院依法受理未成年人及其法定代理人提出的刑事申

诉案件和国家赔偿案件。

人民检察院对未成年人刑事申诉案件和国家赔偿案件，应当指定专人及时办理。

第76条 人民检察院复查未成年人刑事申诉案件，应当直接听取未成年人及其法定代理人的陈述或者辩解，认真审核、查证与案件有关的证据和线索，查清案件事实，依法作出处理。

案件复查终结作出处理决定后，应当向未成年人及其法定代理人当面送达法律文书，做好释法说理和教育工作。

第77条 对已复查纠正的未成年人刑事申诉案件，应当配合有关部门做好善后工作。

第78条 人民检察院办理未成年人国家赔偿案件，应当充分听取未成年人及其法定代理人的意见，对于依法应当赔偿的案件，应当及时作出和执行赔偿决定。

第二百五十三条 对申诉应当重新审判的法定情形

当事人及其法定代理人、近亲属的申诉符合下列情形之一的，人民法院应当重新审判：

（一）有新的证据证明原判决、裁定认定的事实确有错误，可能影响定罪量刑的；

（二）据以定罪量刑的证据不确实、不充分、依法应当予以排除，或者证明案件事实的主要证据之间存在矛盾的；

（三）原判决、裁定适用法律确有错误的；

（四）违反法律规定的诉讼程序，可能影响公正审判的；

（五）审判人员在审理该案件的时候，有贪污受贿，徇私舞弊，枉法裁判行为的。

● *司法解释及文件*

《最高人民法院关于适用〈中华人民共和国刑事诉讼法〉的解释》（2021年1月26日　法释〔2021〕1号）

第457条 对立案审查的申诉案件，应当在三个月以内作出决定，至迟不得超过六个月。因案件疑难、复杂、重大或者其他特殊原因需要延长审查期限的，参照本解释第二百一十条的规定处理。

经审查，具有下列情形之一的，应当根据刑事诉讼法第二百五十三条的规定，决定重新审判：

（一）有新的证据证明原判决、裁定认定的事实确有错误，可能影响定罪量刑的；

（二）据以定罪量刑的证据不确实、不充分、依法应当排除的；

（三）证明案件事实的主要证据之间存在矛盾的；

（四）主要事实依据被依法变更或者撤销的；

（五）认定罪名错误的；

（六）量刑明显不当的；

（七）对违法所得或者其他涉案财物的处理确有明显错误的；

（八）违反法律关于溯及力规定的；

（九）违反法定诉讼程序，可能影响公正裁判的；

（十）审判人员在审理该案件时有贪污受贿、徇私舞弊、枉法裁判行为的。

申诉不具有上述情形的，应当说服申诉人撤回申诉；对仍然坚持申诉的，应当书面通知驳回。

第458条 具有下列情形之一，可能改变原判决、裁定据以定罪量刑的事实的证据，应当认定为刑事诉讼法第二百五十三条第一项规定的“新的证据”：

（一）原判决、裁定生效后新发现的证据；

（二）原判决、裁定生效前已经发现，但未予收集的证据；

（三）原判决、裁定生效前已经收集，但未经质证的证据；

（四）原判决、裁定所依据的鉴定意见，勘验、检查等笔录被改变或者否定的；

（五）原判决、裁定所依据的被告人供述、证人证言等证据发生变化，影响定罪量刑，且有合理理由的。

第459条 申诉人对驳回申诉不服的，可以向上一级人民法院申诉。上一级人民法院经审查认为申诉不符合刑事诉讼法第二百五十三条和本解释第四百五十七条第二款规定的，应当说服申诉人撤回申诉；对仍然坚持申诉的，应当驳回或者通知不予重新审判。

第二百五十四条　提起再审的主体、方式和理由

各级人民法院院长对本院已经发生法律效力的判决和裁定，如果发现在认定事实上或者在适用法律上确有错误，必须提交审判委员会处理。

最高人民法院对各级人民法院已经发生法律效力的判决和裁定，上级人民法院对下级人民法院已经发生法律效力的判决和裁定，如果发现确有错误，有权提审或者指令下级人民法院再审。

最高人民检察院对各级人民法院已经发生法律效力的判决和裁定，上级人民检察院对下级人民法院已经发生法律效力的判决和裁定，如果发现确有错误，有权按照审判监督程序向同级人民法院提出抗诉。

人民检察院抗诉的案件，接受抗诉的人民法院应当组成合议庭重新审理，对于原判决事实不清楚或者证据不足的，可以指令下级人民法院再审。

● 司法解释及文件

1. **《人民检察院刑事诉讼规则》**（2019 年 12 月 30 日　高检发释字〔2019〕4 号）

第 591 条　人民检察院认为人民法院已经发生法律效力的判决、裁定确有错误，具有下列情形之一的，应当按照审判监督程序向人民法院提出抗诉：

（一）有新的证据证明原判决、裁定认定的事实确有错误，可能影响定罪量刑的；

（二）据以定罪量刑的证据不确实、不充分的；

（三）据以定罪量刑的证据依法应当予以排除的；

（四）据以定罪量刑的主要证据之间存在矛盾的；

（五）原判决、裁定的主要事实依据被依法变更或者撤销的；

（六）认定罪名错误且明显影响量刑的；

（七）违反法律关于追诉时效期限的规定的；

（八）量刑明显不当的；

（九）违反法律规定的诉讼程序，可能影响公正审判的；

（十）审判人员在审理案件的时候有贪污受贿，徇私舞弊，枉法裁判行为的。

对于同级人民法院已经发生法律效力的判决、裁定，人民检察院认为可能有错误的，应当另行指派检察官或者检察官办案组进行审查。经审查，认为有前款规定情形之一的，应当提请上一级人民检察院提出抗诉。

对已经发生法律效力的判决、裁定的审查，参照本规则第五百八十五条的规定办理。

第 592 条 对于高级人民法院判处死刑缓期二年执行的案件，省级人民检察院认为确有错误提请抗诉的，一般应当在收到生效判决、裁定后三个月以内提出，至迟不得超过六个月。

第 593 条 当事人及其法定代理人、近亲属认为人民法院已经发生法律效力的判决、裁定确有错误，向人民检察院申诉的，由作出生效判决、裁定的人民法院的同级人民检察院依法办理。

当事人及其法定代理人、近亲属直接向上级人民检察院申诉的，上级人民检察院可以交由作出生效判决、裁定的人民法院的同级人民检察院受理；案情重大、疑难、复杂的，上级人民检察院可以直接受理。

当事人及其法定代理人、近亲属对人民法院已经发生法律效力的判决、裁定提出申诉，经人民检察院复查决定不予抗诉后继续提出申诉的，上一级人民检察院应当受理。

第 594 条 对不服人民法院已经发生法律效力的判决、裁定的申诉，经两级人民检察院办理且省级人民检察院已经复查的，如果没有新的证据，人民检察院不再复查，但原审被告人可能被宣告无罪或者判决、裁定有其他重大错误可能的除外。

第 595 条 人民检察院对已经发生法律效力的判决、裁定的申诉复查后，认为需要提请或者提出抗诉的，报请检察长决定。

地方各级人民检察院对不服同级人民法院已经发生法律效力的判决、裁定的申诉复查后，认为需要提出抗诉的，应当提请上一级人民检察院抗诉。

上级人民检察院对下一级人民检察院提请抗诉的申诉案件进行审查后，认为需要提出抗诉的，应当向同级人民法院提出抗诉。

人民法院开庭审理时，同级人民检察院应当派员出席法庭。

第596条 人民检察院对不服人民法院已经发生法律效力的判决、裁定的申诉案件复查终结后，应当制作刑事申诉复查通知书，在十日以内通知申诉人。

经复查向上一级人民检察院提请抗诉的，应当在上一级人民检察院作出是否抗诉的决定后制作刑事申诉复查通知书。

第597条 最高人民检察院发现各级人民法院已经发生法律效力的判决或者裁定，上级人民检察院发现下级人民法院已经发生法律效力的判决或者裁定确有错误时，可以直接向同级人民法院提出抗诉，或者指令作出生效判决、裁定人民法院的上一级人民检察院向同级人民法院提出抗诉。

第598条 人民检察院按照审判监督程序向人民法院提出抗诉的，应当将抗诉书副本报送上一级人民检察院。

第599条 对按照审判监督程序提出抗诉的案件，人民检察院认为人民法院再审作出的判决、裁定仍然确有错误的，如果案件是依照第一审程序审判的，同级人民检察院应当按照第二审程序向上一级人民法院提出抗诉；如果案件是依照第二审程序审判的，上一级人民检察院应当按照审判监督程序向同级人民法院提出抗诉。

第600条 人民检察院办理按照第二审程序、审判监督程序抗诉的案件，认为需要对被告人采取强制措施的，参照本规则相关规定。决定采取强制措施应当经检察长批准。

第601条 人民检察院对自诉案件的判决、裁定的监督，适用本节的规定。

2.《最高人民法院关于适用〈中华人民共和国刑事诉讼法〉的解释》（2021年1月26日　法释〔2021〕1号）

第460条 各级人民法院院长发现本院已经发生法律效力的判决、裁定确有错误的，应当提交审判委员会讨论决定是否再审。

第461条 上级人民法院发现下级人民法院已经发生法律效力的判决、裁定确有错误的，可以指令下级人民法院再审；原判决、裁定认定事实正确但适用法律错误，或者案件疑难、复杂、重大，或者有不宜由原审人民法院审理情形的，也可以提审。

上级人民法院指令下级人民法院再审的，一般应当指令原审人民法院以外的下级人民法院审理；由原审人民法院审理更有利于查明案件事实、纠正裁判错误的，可以指令原审人民法院审理。

第462条 对人民检察院依照审判监督程序提出抗诉的案件，人民法院应当在收到抗诉书后一个月以内立案。但是，有下列情形之一的，应当区别情况予以处理：

（一）不属于本院管辖的，应当将案件退回人民检察院；

（二）按照抗诉书提供的住址无法向被抗诉的原审被告人送达抗诉书的，应当通知人民检察院在三日以内重新提供原审被告人的住址；逾期未提供的，将案件退回人民检察院；

（三）以有新的证据为由提出抗诉，但未附相关证据材料或者有关证据不是指向原起诉事实的，应当通知人民检察院在三日以内补送相关材料；逾期未补送的，将案件退回人民检察院。

决定退回的抗诉案件，人民检察院经补充相关材料后再次抗诉，经审查符合受理条件的，人民法院应当受理。

第463条 对人民检察院依照审判监督程序提出抗诉的案件，接受抗诉的人民法院应当组成合议庭审理。对原判事实不清、证据不足，包括有新的证据证明原判可能有错误，需要指令下级人民法院再审的，应当在立案之日起一个月以内作出决定，并将指令再审决定书送达抗诉的人民检察院。

3.《最高人民法院关于审理人民检察院按照审判监督程序提出的刑事抗诉案件若干问题的规定》（2011年10月14日　法释〔2011〕23号）

第1条 人民法院收到人民检察院的抗诉书后，应在一个月内立案。经审查，具有下列情形之一的，应当决定退回人民检察院：

（一）不属于本院管辖的；

（二）按照抗诉书提供的住址无法向被提出抗诉的原审被告人送达抗诉书的；

（三）以有新证据为由提出抗诉，抗诉书未附有新的证据目录、证人名单和主要证据复印件或者照片的；

（四）以有新证据为由提出抗诉，但该证据并不是指向原起诉事实的。

人民法院决定退回的刑事抗诉案件，人民检察院经补充相关材料后再次提出抗诉，经审查符合受理条件的，人民法院应当予以受理。

第2条 人民检察院按照审判监督程序提出的刑事抗诉案件，接受抗诉的人民法院应当组成合议庭进行审理。涉及新证据需要指令下级人民法院再审的，接受抗诉的人民法院应当在接受抗诉之日起一个月以内作出决定，并将指令再审决定书送达提出抗诉的人民检察院。

第3条 本规定所指的新证据，是指具有下列情形之一，指向原起诉事实并可能改变原判决、裁定据以定罪量刑的事实的证据：

（一）原判决、裁定生效后新发现的证据；

（二）原判决、裁定生效前已经发现，但由于客观原因未予收集的证据；

（三）原判决、裁定生效前已经收集，但庭审中未予质证、认证的证据；

（四）原生效判决、裁定所依据的鉴定结论，勘验、检查笔录或其他证据被改变或者否定的。

● 请示答复

4.《最高人民法院研究室关于对第二审终审的刑事案件第二审法院进行再审时可否加重刑罚不给上诉权问题的电话答复》（1990年8月16日）

被告人李某某因故意伤害罪被判处有期徒刑十二年，上诉后中级人民法院维持原判。被告人亲属不服提出申诉。中级人民法院经审查认为原判量刑不当，需要改判加重刑罚。对于这种案件，我们认为，如果是需将原判有期徒刑十二年改判加重刑罚二、三年（最多只能加重到十五年），这说明原判量刑偏轻，而不是畸轻，因此可不必再审改判；如果确需将原判改为无期徒刑或者死刑，则中级人民法院应撤销原第一、二审判决、裁定，并根据刑事诉讼法第十五条的规定，由中级人民法院作为第一审，重新审判。对于重新审判后的判决，当事人可以上诉，同级人民检察院可以抗诉。

第二百五十五条 再审法院

上级人民法院指令下级人民法院再审的，应当指令原审人民法院以外的下级人民法院审理；由原审人民法院审理更为适宜的，也可以指令原审人民法院审理。

第二百五十六条　再审的程序及效力

人民法院按照审判监督程序重新审判的案件，由原审人民法院审理的，应当另行组成合议庭进行。如果原来是第一审案件，应当依照第一审程序进行审判，所作的判决、裁定，可以上诉、抗诉；如果原来是第二审案件，或者是上级人民法院提审的案件，应当依照第二审程序进行审判，所作的判决、裁定，是终审的判决、裁定。

人民法院开庭审理的再审案件，同级人民检察院应当派员出席法庭。

● *司法解释及文件*

1.《人民检察院刑事诉讼规则》（2019年12月30日　高检发释字〔2019〕4号）

第454条　人民法院开庭审理再审案件，同级人民检察院应当派员出席法庭。

第455条　人民检察院对于人民法院按照审判监督程序重新审判的案件，应当对原判决、裁定认定的事实、证据、适用法律进行全面审查，重点审查有争议的案件事实、证据和法律适用问题。

第456条　人民检察院派员出席再审法庭，如果再审案件按照第一审程序审理，参照本章第一节有关规定执行；如果再审案件按照第二审程序审理，参照本章第四节有关规定执行。

2.《最高人民法院关于适用〈中华人民共和国刑事诉讼法〉的解释》（2021年1月26日　法释〔2021〕1号）

第465条　依照审判监督程序重新审判的案件，人民法院应当重点针对申诉、抗诉和决定再审的理由进行审理。必要时，应当对原判决、裁定认定的事实、证据和适用法律进行全面审查。

第466条　原审人民法院审理依照审判监督程序重新审判的案件，应当另行组成合议庭。

原来是第一审案件，应当依照第一审程序进行审判，所作的判决、裁定可以上诉、抗诉；原来是第二审案件，或者是上级人民法院提审的案件，应当依照第二审程序进行审判，所作的判决、裁定是终审的判决、裁定。

符合刑事诉讼法第二百九十六条、第二百九十七条规定的，可以缺席审判。

第467条 对依照审判监督程序重新审判的案件，人民法院在依照第一审程序进行审判的过程中，发现原审被告人还有其他犯罪的，一般应当并案审理，但分案审理更为适宜的，可以分案审理。

第468条 开庭审理再审案件，再审决定书或者抗诉书只针对部分原审被告人，其他同案原审被告人不出庭不影响审理的，可以不出庭参加诉讼。

第469条 除人民检察院抗诉的以外，再审一般不得加重原审被告人的刑罚。再审决定书或者抗诉书只针对部分原审被告人的，不得加重其他同案原审被告人的刑罚。

第470条 人民法院审理人民检察院抗诉的再审案件，人民检察院在开庭审理前撤回抗诉的，应当裁定准许；人民检察院接到出庭通知后不派员出庭，且未说明原因的，可以裁定按撤回抗诉处理，并通知诉讼参与人。

人民法院审理申诉人申诉的再审案件，申诉人在再审期间撤回申诉的，可以裁定准许；但认为原判确有错误的，应当不予准许，继续按照再审案件审理。申诉人经依法通知无正当理由拒不到庭，或者未经法庭许可中途退庭的，可以裁定按撤回申诉处理，但申诉人不是原审当事人的除外。

第471条 开庭审理的再审案件，系人民法院决定再审的，由合议庭组成人员宣读再审决定书；系人民检察院抗诉的，由检察员宣读抗诉书；系申诉人申诉的，由申诉人或者其辩护人、诉讼代理人陈述申诉理由。

第472条 再审案件经过重新审理后，应当按照下列情形分别处理：

（一）原判决、裁定认定事实和适用法律正确、量刑适当的，应当裁定驳回申诉或者抗诉，维持原判决、裁定；

（二）原判决、裁定定罪准确、量刑适当，但在认定事实、适用法律等方面有瑕疵的，应当裁定纠正并维持原判决、裁定；

（三）原判决、裁定认定事实没有错误，但适用法律错误或者量刑不当的，应当撤销原判决、裁定，依法改判；

（四）依照第二审程序审理的案件，原判决、裁定事实不清、证据不足的，可以在查清事实后改判，也可以裁定撤销原判，发回原审人民法院重新审判。

原判决、裁定事实不清或者证据不足，经审理事实已经查清的，应当根据查清的事实依法裁判；事实仍无法查清，证据不足，不能认定被告人有罪的，应当撤销原判决、裁定，判决宣告被告人无罪。

第473条 原判决、裁定认定被告人姓名等身份信息有误，但认定事实和适用法律正确、量刑适当的，作出生效判决、裁定的人民法院可以通过裁定对有关信息予以更正。

第474条 对再审改判宣告无罪并依法享有申请国家赔偿权利的当事人，人民法院宣判时，应当告知其在判决发生法律效力后可以依法申请国家赔偿。

3.《最高人民法院关于审理人民检察院按照审判监督程序提出的刑事抗诉案件若干问题的规定》（2011年10月14日　法释〔2011〕23号）

第4条 对于原判决、裁定事实不清或者证据不足的案件，接受抗诉的人民法院进行重新审理后，应当按照下列情形分别处理：

（一）经审理能够查清事实的，应当在查清事实后依法裁判；

（二）经审理仍无法查清事实，证据不足，不能认定原审被告人有罪的，应当判决宣告原审被告人无罪；

（三）经审理发现有新证据且超过刑事诉讼法规定的指令再审期限的，可以裁定撤销原判，发回原审人民法院重新审判。

第5条 对于指令再审的案件，如果原来是第一审案件，接受抗诉的人民法院应当指令第一审人民法院依照第一审程序进行审判，所作的判决、裁定，可以上诉、抗诉；如果原来是第二审案件，接受抗诉的人民法院应当指令第二审人民法院依照第二审程序进行审判，所作的判决、裁定，是终审的判决、裁定。

第6条 在开庭审理前，人民检察院撤回抗诉的，人民法院应当裁定准许。

第7条 在送达抗诉书后被提出抗诉的原审被告人未到案的，人民法院应当裁定中止审理；原审被告人到案后，恢复审理。

第8条 被提出抗诉的原审被告人已经死亡或者在审理过程中死亡的，人民法院应当裁定终止审理，但对能够查清事实，确认原审被告人无罪的案件，应当予以改判。

第9条 人民法院作出裁判后，当庭宣告判决的，应当在五日内将裁判文书送达当事人、法定代理人、诉讼代理人、提出抗诉的人民检察院、辩护人和原审被告人的近亲属；定期宣告判决的，应当在判决宣告后立即将裁判文书送达当事人、法定代理人、诉讼代理人、提出抗诉的人民检察院、辩护人和原审被告人的近亲属。

4.《最高人民法院、最高人民检察院关于办理刑事赔偿案件适用法律若干问题的解释》（2015年12月28日　法释〔2015〕24号）

第2条　解除、撤销拘留或者逮捕措施后虽尚未撤销案件、作出不起诉决定或者判决宣告无罪，但是符合下列情形之一的，属于国家赔偿法第十七条第一项、第二项规定的终止追究刑事责任：

（一）办案机关决定对犯罪嫌疑人终止侦查的；

（二）解除、撤销取保候审、监视居住、拘留、逮捕措施后，办案机关超过一年未移送起诉、作出不起诉决定或者撤销案件的；

（三）取保候审、监视居住法定期限届满后，办案机关超过一年未移送起诉、作出不起诉决定或者撤销案件的；

（四）人民检察院撤回起诉超过三十日未作出不起诉决定的；

（五）人民法院决定按撤诉处理后超过三十日，人民检察院未作出不起诉决定的；

（六）人民法院准许刑事自诉案件自诉人撤诉的，或者人民法院决定对刑事自诉案件按撤诉处理的。

赔偿义务机关有证据证明尚未终止追究刑事责任，且经人民法院赔偿委员会审查属实的，应当决定驳回赔偿请求人的赔偿申请。

第3条　对财产采取查封、扣押、冻结、追缴等措施后，有下列情形之一，且办案机关未依法解除查封、扣押、冻结等措施或者返还财产的，属于国家赔偿法第十八条规定的侵犯财产权：

（一）赔偿请求人有证据证明财产与尚未终结的刑事案件无关，经审查属实的；

（二）终止侦查、撤销案件、不起诉、判决宣告无罪终止追究刑事责任的；

（三）采取取保候审、监视居住、拘留或者逮捕措施，在解除、撤销强制措施或者强制措施法定期限届满后超过一年未移送起诉、作出不起诉决定或者撤销案件的；

（四）未采取取保候审、监视居住、拘留或者逮捕措施，立案后超过两年未移送起诉、作出不起诉决定或者撤销案件的；

（五）人民检察院撤回起诉超过三十日未作出不起诉决定的；

（六）人民法院决定按撤诉处理后超过三十日，人民检察院未作出不起诉决定的；

（七）对生效裁决没有处理的财产或者对该财产违法进行其他处理的。

有前款第三项至六项规定情形之一，赔偿义务机关有证据证明尚未终止追究刑事责任，且经人民法院赔偿委员会审查属实的，应当决定驳回赔偿请求人的赔偿申请。

第4条 赔偿义务机关作出赔偿决定，应当依法告知赔偿请求人有权在三十日内向赔偿义务机关的上一级机关申请复议。赔偿义务机关未依法告知，赔偿请求人收到赔偿决定之日起两年内提出复议申请的，复议机关应当受理。

人民法院赔偿委员会处理赔偿申请，适用前款规定。

第5条 对公民采取刑事拘留措施后终止追究刑事责任，具有下列情形之一的，属于国家赔偿法第十七条第一项规定的违法刑事拘留：

（一）违反刑事诉讼法规定的条件采取拘留措施的；

（二）违反刑事诉讼法规定的程序采取拘留措施的；

（三）依照刑事诉讼法规定的条件和程序对公民采取拘留措施，但是拘留时间超过刑事诉讼法规定的时限。

违法刑事拘留的人身自由赔偿金自拘留之日起计算。

第6条 数罪并罚的案件经再审改判部分罪名不成立，监禁期限超出再审判决确定的刑期，公民对超期监禁申请国家赔偿的，应当决定予以赔偿。

第7条 根据国家赔偿法第十九条第二项、第三项的规定，依照刑法第十七条、第十八条规定不负刑事责任的人和依照刑事诉讼法第十五条、第一百七十三条第二款规定不追究刑事责任的人被羁押，国家不承担赔偿责任。但是，对起诉后经人民法院错判拘役、有期徒刑、无期徒刑并已执行的，人民法院应当对该判决确定后继续监禁期间侵犯公民人身自由权的情形予以赔偿。

第8条 赔偿义务机关主张依据国家赔偿法第十九条第一项、第五项规定的情形免除赔偿责任的，应当就该免责事由的成立承担举证责任。

第9条 受害的公民死亡，其继承人和其他有扶养关系的亲属有权申请国家赔偿。

依法享有继承权的同一顺序继承人有数人时，其中一人或者部分人作为赔偿请求人申请国家赔偿的，申请效力及于全体。

赔偿请求人为数人时，其中一人或者部分赔偿请求人非经全体同意，申请撤回或者放弃赔偿请求，效力不及于未明确表示撤回申请或者放弃赔偿请求的其他赔偿请求人。

第10条 看守所及其工作人员在行使职权时侵犯公民合法权益造成损害的，看守所的主管机关为赔偿义务机关。

第11条 对公民采取拘留措施后又采取逮捕措施，国家承担赔偿责任的，作出逮捕决定的机关为赔偿义务机关。

第12条 一审判决有罪，二审发回重审后具有下列情形之一的，属于国家赔偿法第二十一条第四款规定的重审无罪赔偿，作出一审有罪判决的人民法院为赔偿义务机关：

（一）原审人民法院改判无罪并已发生法律效力的；

（二）重审期间人民检察院作出不起诉决定的；

（三）人民检察院在重审期间撤回起诉超过三十日或者人民法院决定按撤诉处理超过三十日未作出不起诉决定的。

依照审判监督程序再审后作无罪处理的，作出原生效判决的人民法院为赔偿义务机关。

第13条 医疗费赔偿根据医疗机构出具的医药费、治疗费、住院费等收款凭证，结合病历和诊断证明等相关证据确定。赔偿义务机关对治疗的必要性和合理性提出异议的，应当承担举证责任。

第14条 护理费赔偿参照当地护工从事同等级别护理的劳务报酬标准计算，原则上按照一名护理人员的标准计算护理费；但医疗机构或者司法鉴定人有明确意见的，可以参照确定护理人数并赔偿相应的护理费。

护理期限应当计算至公民恢复生活自理能力时止。公民因残疾不能恢复生活自理能力的，可以根据其年龄、健康状况等因素确定合理的护理期限，一般不超过二十年。

第15条 残疾生活辅助器具费赔偿按照普通适用器具的合理费用标准

计算。伤情有特殊需要的，可以参照辅助器具配制机构的意见确定。

辅助器具的更换周期和赔偿期限参照配制机构的意见确定。

第16条 误工减少收入的赔偿根据受害公民的误工时间和国家上年度职工日平均工资确定，最高为国家上年度职工年平均工资的五倍。

误工时间根据公民接受治疗的医疗机构出具的证明确定。公民因伤致残持续误工的，误工时间可以计算至作为赔偿依据的伤残等级鉴定确定前一日。

第17条 造成公民身体伤残的赔偿，应当根据司法鉴定人的伤残等级鉴定确定公民丧失劳动能力的程度，并参照以下标准确定残疾赔偿金：

（一）按照国家规定的伤残等级确定公民为一级至四级伤残的，视为全部丧失劳动能力，残疾赔偿金幅度为国家上年度职工年平均工资的十倍至二十倍；

（二）按照国家规定的伤残等级确定公民为五级至十级伤残的，视为部分丧失劳动能力。五至六级的，残疾赔偿金幅度为国家上年度职工年平均工资的五倍至十倍；七至十级的，残疾赔偿金幅度为国家上年度职工年平均工资的五倍以下。

有扶养义务的公民部分丧失劳动能力的，残疾赔偿金可以根据伤残等级并参考被扶养人生活来源丧失的情况进行确定，最高不超过国家上年度职工年平均工资的二十倍。

第18条 受害的公民全部丧失劳动能力的，对其扶养的无劳动能力人的生活费发放标准，参照作出赔偿决定时被扶养人住所地所属省级人民政府确定的最低生活保障标准执行。

能够确定扶养年限的，生活费可协商确定并一次性支付。不能确定扶养年限的，可按照二十年上限确定扶养年限并一次性支付生活费，被扶养人超过六十周岁的，年龄每增加一岁，扶养年限减少一年；被扶养人年龄超过确定扶养年限的，被扶养人可逐年领取生活费至死亡时止。

第19条 侵犯公民、法人和其他组织的财产权造成损害的，应当依照国家赔偿法第三十六条的规定承担赔偿责任。

财产不能恢复原状或者灭失的，财产损失按照损失发生时的市场价格或者其他合理方式计算。

第20条 返还执行的罚款或者罚金、追缴或者没收的金钱，解除冻结的汇款的，应当支付银行同期存款利息，利率参照赔偿义务机关作出赔偿决定时中国人民银行公布的人民币整存整取定期存款一年期基准利率确定，不计算复利。

复议机关或者人民法院赔偿委员会改变原赔偿决定，利率参照新作出决定时中国人民银行公布的人民币整存整取定期存款一年期基准利率确定。

计息期间自侵权行为发生时起算，至作出生效赔偿决定时止；但在生效赔偿决定作出前侵权行为停止的，计算至侵权行为停止时止。

被罚没、追缴的资金属于赔偿请求人在金融机构合法存款的，在存款合同存续期间，按照合同约定的利率计算利息。

第21条 国家赔偿法第三十三条、第三十四条规定的上年度，是指赔偿义务机关作出赔偿决定时的上一年度；复议机关或者人民法院赔偿委员会改变原赔偿决定，按照新作出决定时的上一年度国家职工平均工资标准计算人身自由赔偿金。

作出赔偿决定、复议决定时国家上一年度职工平均工资尚未公布的，以已经公布的最近年度职工平均工资为准。

第22条 下列赔偿决定、复议决定是发生法律效力的决定：

（一）超过国家赔偿法第二十四条规定的期限没有申请复议或者向上一级人民法院赔偿委员会申请国家赔偿的赔偿义务机关的决定；

（二）超过国家赔偿法第二十五条规定的期限没有向人民法院赔偿委员会申请国家赔偿的复议决定；

（三）人民法院赔偿委员会作出的赔偿决定。

发生法律效力的赔偿义务机关的决定和复议决定，与发生法律效力的赔偿委员会的赔偿决定具有同等法律效力，依法必须执行。

第二百五十七条 再审中的强制措施　中止原判决、裁定执行

人民法院决定再审的案件，需要对被告人采取强制措施的，由人民法院依法决定；人民检察院提出抗诉的再审案件，需要对被告人采取强制措施的，由人民检察院依法决定。

人民法院按照审判监督程序审判的案件，可以决定中止原判决、裁定的执行。

● *司法解释及文件*

《最高人民法院关于适用〈中华人民共和国刑事诉讼法〉的解释》（2021 年 1 月 26 日　法释〔2021〕1 号）

第 464 条　对决定依照审判监督程序重新审判的案件，人民法院应当制作再审决定书。再审期间不停止原判决、裁定的执行，但被告人可能经再审改判无罪，或者可能经再审减轻原判刑罚而致刑期届满的，可以决定中止原判决、裁定的执行，必要时，可以对被告人采取取保候审、监视居住措施。

第二百五十八条　再审的审限

人民法院按照审判监督程序重新审判的案件，应当在作出提审、再审决定之日起三个月以内审结，需要延长期限的，不得超过六个月。

接受抗诉的人民法院按照审判监督程序审判抗诉的案件，审理期限适用前款规定；对需要指令下级人民法院再审的，应当自接受抗诉之日起一个月以内作出决定，下级人民法院审理案件的期限适用前款规定。

第四编　执　　行

第二百五十九条　执行依据

判决和裁定在发生法律效力后执行。

下列判决和裁定是发生法律效力的判决和裁定：

（一）已过法定期限没有上诉、抗诉的判决和裁定；

（二）终审的判决和裁定；

（三）最高人民法院核准的死刑的判决和高级人民法院核准的死刑缓期二年执行的判决。

● *部门规章及文件*

《公安机关办理刑事案件程序规定》（2020 年 7 月 20 日修正　公安部令第 159 号）

第 298 条第 1 款　对被依法判处刑罚的罪犯，如果罪犯已被采取强制措施的，公安机关应当依据人民法院生效的判决书、裁定书以及执行通知书，将罪犯交付执行。

第二百六十条　无罪、免除刑事处罚判决的执行

第一审人民法院判决被告人无罪、免除刑事处罚的，如果被告人在押，在宣判后应当立即释放。

● *部门规章及文件*

《公安机关办理刑事案件程序规定》（2020 年 7 月 20 日修正　公安部令第 159 号）

第 298 条第 2 款　对人民法院作出无罪或者免除刑事处罚的判决，如果被告人在押，公安机关在收到相应的法律文书后应当立即办理释放手续；对人民法院建议给予行政处理的，应当依照有关规定处理或者移送有关部门。

第二百六十一条　执行死刑的命令　死刑缓期执行的处理

最高人民法院判处和核准的死刑立即执行的判决，应当由最高人民法院院长签发执行死刑的命令。

被判处死刑缓期二年执行的罪犯，在死刑缓期执行期间，如果没有故意犯罪，死刑缓期执行期满，应当予以减刑的，由执行机关提出书面意见，报请高级人民法院裁定；如果故意犯罪，情节恶劣，查证属实，应当执行死刑的，由高级人民法院报请最高人民法院核准；对于故意犯罪未执行死刑的，死刑缓期执行的期间重新计算，并报最高人民法院备案。

● *司法解释及文件*

1. **《人民检察院刑事诉讼规则》**（2019 年 12 月 30 日　高检发释字〔2019〕4 号）

第 650 条　判处被告人死刑缓期二年执行的判决、裁定在执行过程中，人民检察院监督的内容主要包括：

（一）死刑缓期执行期满，符合法律规定应当减为无期徒刑、有期徒刑条件的，监狱是否及时提出减刑建议提请人民法院裁定，人民法院是否依法裁定；

（二）罪犯在缓期执行期间故意犯罪，监狱是否依法侦查和移送起诉；罪犯确系故意犯罪，情节恶劣，查证属实，应当执行死刑的，人民法院是否依法核准或者裁定执行死刑。

被判处死刑缓期二年执行的罪犯在死刑缓期执行期间故意犯罪，执行机关向人民检察院移送起诉的，由罪犯服刑所在地设区的市级人民检察院审查决定是否提起公诉。

人民检察院发现人民法院对被判处死刑缓期二年执行的罪犯减刑不当的，应当依照本规则第六百三十九条、第六百四十条的规定，向人民法院提出纠正意见。罪犯在死刑缓期执行期间又故意犯罪，经人民检察院起诉后，人民法院仍然予以减刑的，人民检察院应当依照本规则相关规定，向人民法院提出抗诉。

2. **《最高人民法院关于适用〈中华人民共和国刑事诉讼法〉的解释》**（2021 年 1 月 26 日　法释〔2021〕1 号）

第 497 条　被判处死刑缓期执行的罪犯，在死刑缓期执行期间犯罪的，应当由罪犯服刑地的中级人民法院依法审判，所作的判决可以上诉、抗诉。

认定故意犯罪，情节恶劣，应当执行死刑的，在判决、裁定发生法律效力后，应当层报最高人民法院核准执行死刑。

对故意犯罪未执行死刑的，不再报高级人民法院核准，死刑缓期执行的期间重新计算，并层报最高人民法院备案。备案不影响判决、裁定的生效和执行。

最高人民法院经备案审查，认为原判不予执行死刑错误，确需改判的，应当依照审判监督程序予以纠正。

第 498 条　死刑缓期执行的期间，从判决或者裁定核准死刑缓期执行的法律文书宣告或者送达之日起计算。

死刑缓期执行期满，依法应当减刑的，人民法院应当及时减刑。死刑缓期执行期满减为无期徒刑、有期徒刑的，刑期自死刑缓期执行期满之日起计算。

第499条 最高人民法院的执行死刑命令，由高级人民法院交付第一审人民法院执行。第一审人民法院接到执行死刑命令后，应当在七日以内执行。

在死刑缓期执行期间故意犯罪，最高人民法院核准执行死刑的，由罪犯服刑地的中级人民法院执行。

第500条 下级人民法院在接到执行死刑命令后、执行前，发现有下列情形之一的，应当暂停执行，并立即将请求停止执行死刑的报告和相关材料层报最高人民法院：

（一）罪犯可能有其他犯罪的；

（二）共同犯罪的其他犯罪嫌疑人到案，可能影响罪犯量刑的；

（三）共同犯罪的其他罪犯被暂停或者停止执行死刑，可能影响罪犯量刑的；

（四）罪犯揭发重大犯罪事实或者有其他重大立功表现，可能需要改判的；

（五）罪犯怀孕的；

（六）判决、裁定可能有影响定罪量刑的其他错误的。

最高人民法院经审查，认为可能影响罪犯定罪量刑的，应当裁定停止执行死刑；认为不影响的，应当决定继续执行死刑。

第501条 最高人民法院在执行死刑命令签发后、执行前，发现有前条第一款规定情形的，应当立即裁定停止执行死刑，并将有关材料移交下级人民法院。

第502条 下级人民法院接到最高人民法院停止执行死刑的裁定后，应当会同有关部门调查核实停止执行死刑的事由，并及时将调查结果和意见层报最高人民法院审核。

第503条 对下级人民法院报送的停止执行死刑的调查结果和意见，由最高人民法院原作出核准死刑判决、裁定的合议庭负责审查；必要时，另行组成合议庭进行审查。

● *部门规章及文件*

3. **《公安机关办理刑事案件程序规定》**（2020年7月20日修正　公安部令第159号）

第299条 对被判处死刑的罪犯，公安机关应当依据人民法院执行死刑的命令，将罪犯交由人民法院执行。

● *案例指引*

马某青抢劫死刑复核刑事裁定案（最高人民法院2015年1月5日发布）

裁判要旨：被告人马某青以暴力手段劫取他人财物，并致人死亡，其行为构成抢劫罪。犯罪性质恶劣，情节、后果严重，社会危害极大，应依法惩处。第一审判决、第二审裁定认定的事实清楚，证据确实、充分，定罪准确，量刑适当。审判程序合法。依照《中华人民共和国刑事诉讼法》第二百三十五条、第二百三十九条和《最高人民法院关于适用〈中华人民共和国刑事诉讼法〉的解释》第三百五十条第（一）项的规定，裁定如下：核准河北省高级人民法院（2013）冀刑一终字第111号维持第一审对被告人马某青以抢劫罪判处死刑，剥夺政治权利终身，并处没收个人全部财产的刑事裁定。

第二百六十二条 死刑的停止执行

下级人民法院接到最高人民法院执行死刑的命令后，应当在七日以内交付执行。但是发现有下列情形之一的，应当停止执行，并且立即报告最高人民法院，由最高人民法院作出裁定：

（一）在执行前发现判决可能有错误的；

（二）在执行前罪犯揭发重大犯罪事实或者有其他重大立功表现，可能需要改判的；

（三）罪犯正在怀孕。

前款第一项、第二项停止执行的原因消失后，必须报请最高人民法院院长再签发执行死刑的命令才能执行；由于前款第三项原因停止执行的，应当报请最高人民法院依法改判。

● *司法解释及文件*

1.**《人民检察院刑事诉讼规则》**（2019年12月30日　高检发释字〔2019〕4号）

第649条　执行死刑前，人民检察院发现具有下列情形之一的，应当建议人民法院立即停止执行，并层报最高人民检察院负责死刑复核监督的部门：

（一）被执行人并非应当执行死刑的罪犯的；

（二）罪犯犯罪时不满十八周岁，或者审判的时候已满七十五周岁，依法不应当适用死刑的；

（三）罪犯正在怀孕的；

（四）共同犯罪的其他犯罪嫌疑人到案，共同犯罪的其他罪犯被暂停或者停止执行死刑，可能影响罪犯量刑的；

（五）罪犯可能有其他犯罪的；

（六）罪犯揭发他人重大犯罪事实或者有其他重大立功表现，可能需要改判的；

（七）判决、裁定可能有影响定罪量刑的其他错误的。

在执行死刑活动中，发现人民法院有侵犯被执行死刑罪犯的人身权、财产权或者其近亲属、继承人合法权利等违法情形的，人民检察院应当依法提出纠正意见。

2.**《最高人民法院关于适用〈中华人民共和国刑事诉讼法〉的解释》**（2021年1月26日　法释〔2021〕1号）

第499条　最高人民法院的执行死刑命令，由高级人民法院交付第一审人民法院执行。第一审人民法院接到执行死刑命令后，应当在七日以内执行。

在死刑缓期执行期间故意犯罪，最高人民法院核准执行死刑的，由罪犯服刑地的中级人民法院执行。

第500条　下级人民法院在接到执行死刑命令后、执行前，发现有下列情形之一的，应当暂停执行，并立即将请求停止执行死刑的报告和相关材料层报最高人民法院：

（一）罪犯可能有其他犯罪的；

（二）共同犯罪的其他犯罪嫌疑人到案，可能影响罪犯量刑的；

（三）共同犯罪的其他罪犯被暂停或者停止执行死刑，可能影响罪犯量刑的；

（四）罪犯揭发重大犯罪事实或者有其他重大立功表现，可能需要改判的；

（五）罪犯怀孕的；

（六）判决、裁定可能有影响定罪量刑的其他错误的。

最高人民法院经审查，认为可能影响罪犯定罪量刑的，应当裁定停止执行死刑；认为不影响的，应当决定继续执行死刑。

第501条 最高人民法院在执行死刑命令签发后、执行前，发现有前条第一款规定情形的，应当立即裁定停止执行死刑，并将有关材料移交下级人民法院。

第502条 下级人民法院接到最高人民法院停止执行死刑的裁定后，应当会同有关部门调查核实停止执行死刑的事由，并及时将调查结果和意见层报最高人民法院审核。

第503条 对下级人民法院报送的停止执行死刑的调查结果和意见，由最高人民法院原作出核准死刑判决、裁定的合议庭负责审查；必要时，另行组成合议庭进行审查。

第504条 最高人民法院对停止执行死刑的案件，应当按照下列情形分别处理：

（一）确认罪犯怀孕的，应当改判；

（二）确认罪犯有其他犯罪，依法应当追诉的，应当裁定不予核准死刑，撤销原判，发回重新审判；

（三）确认原判决、裁定有错误或者罪犯有重大立功表现，需要改判的，应当裁定不予核准死刑，撤销原判，发回重新审判；

（四）确认原判决、裁定没有错误，罪犯没有重大立功表现，或者重大立功表现不影响原判决、裁定执行的，应当裁定继续执行死刑，并由院长重新签发执行死刑的命令。

第二百六十三条 死刑的执行程序

人民法院在交付执行死刑前，应当通知同级人民检察院派员临场监督。

死刑采用枪决或者注射等方法执行。

死刑可以在刑场或者指定的羁押场所内执行。

指挥执行的审判人员，对罪犯应当验明正身，讯问有无遗言、信札，然后交付执行人员执行死刑。在执行前，如果发现可能有错误，应当暂停执行，报请最高人民法院裁定。

执行死刑应当公布，不应示众。

执行死刑后，在场书记员应当写成笔录。交付执行的人民法院应当将执行死刑情况报告最高人民法院。

执行死刑后，交付执行的人民法院应当通知罪犯家属。

● *司法解释及文件*

1. **《人民检察院刑事诉讼规则》**（2019年12月30日　高检发释字〔2019〕4号）

第647条　被判处死刑立即执行的罪犯在被执行死刑时，人民检察院应当指派检察官临场监督。

死刑执行临场监督由人民检察院负责刑事执行检察的部门承担。人民检察院派驻看守所、监狱的检察人员应当予以协助，负责捕诉的部门应当提供有关情况。

执行死刑过程中，人民检察院临场监督人员根据需要可以进行拍照、录像。执行死刑后，人民检察院临场监督人员应当检查罪犯是否确已死亡，并填写死刑执行临场监督笔录，签名后入卷归档。

第648条　省级人民检察院负责案件管理的部门收到高级人民法院报请最高人民法院复核的死刑判决书、裁定书副本后，应当在三日以内将判决书、裁定书副本移送本院负责刑事执行检察的部门。

判处死刑的案件一审是由中级人民法院审理的，省级人民检察院应当及时将死刑判决书、裁定书副本移送中级人民法院的同级人民检察院负责刑事执行检察的部门。

人民检察院收到同级人民法院执行死刑临场监督通知后，应当查明同级人民法院是否收到最高人民法院核准死刑的裁定或者作出的死刑判决、裁定和执行死刑的命令。

2. **《最高人民法院关于适用〈中华人民共和国刑事诉讼法〉的解释》**（2021年1月26日　法释〔2021〕1号）

第505条　第一审人民法院在执行死刑前，应当告知罪犯有权会见其近亲属。罪犯申请会见并提供具体联系方式的，人民法院应当通知其近亲属。确实无法与罪犯近亲属取得联系，或者其近亲属拒绝会见的，应当告知罪犯。罪犯申请通过录音录像等方式留下遗言的，人民法院可以准许。

罪犯近亲属申请会见的，人民法院应当准许并及时安排，但罪犯拒绝会见的除外。罪犯拒绝会见的，应当记录在案并及时告知其近亲属；必要时，应当录音录像。

罪犯申请会见近亲属以外的亲友，经人民法院审查，确有正当理由的，在确保安全的情况下可以准许。

罪犯申请会见未成年子女的，应当经未成年子女的监护人同意；会见可能影响未成年人身心健康的，人民法院可以通过视频方式安排会见，会见时监护人应当在场。

会见一般在罪犯羁押场所进行。

会见情况应当记录在案，附卷存档。

第506条 第一审人民法院在执行死刑三日以前，应当通知同级人民检察院派员临场监督。

第507条 死刑采用枪决或者注射等方法执行。

采用注射方法执行死刑的，应当在指定的刑场或者羁押场所内执行。

采用枪决、注射以外的其他方法执行死刑的，应当事先层报最高人民法院批准。

第508条 执行死刑前，指挥执行的审判人员应当对罪犯验明正身，讯问有无遗言、信札，并制作笔录，再交执行人员执行死刑。

执行死刑应当公布，禁止游街示众或者其他有辱罪犯人格的行为。

第509条 执行死刑后，应当由法医验明罪犯确实死亡，在场书记员制作笔录。负责执行的人民法院应当在执行死刑后十五日以内将执行情况，包括罪犯被执行死刑前后的照片，上报最高人民法院。

第510条 执行死刑后，负责执行的人民法院应当办理以下事项：

（一）对罪犯的遗书、遗言笔录，应当及时审查；涉及财产继承、债务清偿、家事嘱托等内容的，将遗书、遗言笔录交给家属，同时复制附卷备查；涉及案件线索等问题的，抄送有关机关；

（二）通知罪犯家属在限期内领取罪犯骨灰；没有火化条件或者因民族、宗教等原因不宜火化的，通知领取尸体；过期不领取的，由人民法院通知有关单位处理，并要求有关单位出具处理情况的说明；对罪犯骨灰或者尸体的处理情况，应当记录在案；

（三）对外国籍罪犯执行死刑后，通知外国驻华使领馆的程序和时限，根据有关规定办理。

3. **《最高人民法院关于死刑复核及执行程序中保障当事人合法权益的若干规定》**（2019年8月8日　法释〔2019〕12号）

第6条　第一审人民法院在执行死刑前，应当告知罪犯可以申请会见其近亲属。

罪犯申请会见并提供具体联系方式的，人民法院应当通知其近亲属。对经查找确实无法与罪犯近亲属取得联系的，或者其近亲属拒绝会见的，应当告知罪犯。罪犯提出通过录音录像等方式留下遗言的，人民法院可以准许。

通知会见的相关情况，应当记录在案。

第7条　罪犯近亲属申请会见的，人民法院应当准许，并在执行死刑前及时安排，但罪犯拒绝会见的除外。

罪犯拒绝会见的情况，应当记录在案并及时告知其近亲属，必要时应当进行录音录像。

第8条　罪犯提出会见近亲属以外的亲友，经人民法院审查，确有正当理由的，可以在确保会见安全的情况下予以准许。

第9条　罪犯申请会见未成年子女的，应当经未成年子女的监护人同意；会见可能影响未成年人身心健康的，人民法院可以采取视频通话等适当方式安排会见，且监护人应当在场。

第10条　会见由人民法院负责安排，一般在罪犯羁押场所进行。

第11条　会见罪犯的人员应当遵守羁押场所的规定。违反规定的，应当予以警告；不听警告的，人民法院可以终止会见。

实施威胁、侮辱司法工作人员，或者故意扰乱羁押场所秩序，妨碍执行公务等行为，情节严重的，依法追究法律责任。

第12条　会见情况应当记录在案，附卷存档。

4. **《最高人民法院、最高人民检察院、公安部、司法部关于进一步严格依法办案确保办理死刑案件质量的意见》**（2007年3月9日　法发〔2007〕11号）

45. 人民法院向罪犯送达核准死刑的裁判文书时，应当告知罪犯有权申请会见其近亲属。罪犯提出会见申请并提供具体地址和联系方式的，人民法院应当准许；原审人民法院应当通知罪犯的近亲属。罪犯近亲属提出会见申请的，人民法院应当准许，并及时安排会见。

46. 第一审人民法院将罪犯交付执行死刑前，应当将核准死刑的裁判文书送同级人民检察院，并在交付执行三日以前通知同级人民检察院派员临场监督。

47. 第一审人民法院在执行死刑前，发现有刑事诉讼法第二百一十一条规定的情形的，应当停止执行，并且立即报告最高人民法院，由最高人民法院作出裁定。临场监督执行死刑的检察人员在执行死刑前，发现有刑事诉讼法第二百一十一条规定的情形的，应当建议人民法院停止执行。

48. 执行死刑应当公布。禁止游街示众或者其他有辱被执行人人格的行为。禁止侮辱尸体。

第二百六十四条　死刑缓期二年执行、无期徒刑、有期徒刑、拘役的执行程序

罪犯被交付执行刑罚的时候，应当由交付执行的人民法院在判决生效后十日以内将有关的法律文书送达公安机关、监狱或者其他执行机关。

对被判处死刑缓期二年执行、无期徒刑、有期徒刑的罪犯，由公安机关依法将该罪犯送交监狱执行刑罚。对被判处有期徒刑的罪犯，在被交付执行刑罚前，剩余刑期在三个月以下的，由看守所代为执行。对被判处拘役的罪犯，由公安机关执行。

对未成年犯应当在未成年犯管教所执行刑罚。

执行机关应当将罪犯及时收押，并且通知罪犯家属。

判处有期徒刑、拘役的罪犯，执行期满，应当由执行机关发给释放证明书。

● *司法解释及文件*

1.《最高人民法院关于适用〈中华人民共和国刑事诉讼法〉的解释》（2021年1月26　法释〔2021〕1号）

第511条　被判处死刑缓期执行、无期徒刑、有期徒刑、拘役的罪犯，第一审人民法院应当在判决、裁定生效后十日以内，将判决书、裁定书、起

诉书副本、自诉状复印件、执行通知书、结案登记表送达公安机关、监狱或者其他执行机关。

第512条 同案审理的案件中，部分被告人被判处死刑，对未被判处死刑的同案被告人需要羁押执行刑罚的，应当根据前条规定及时交付执行。但是，该同案被告人参与实施有关死刑之罪的，应当在复核讯问被判处死刑的被告人后交付执行。

第513条 执行通知书回执经看守所盖章后，应当附卷备查。

2.《最高人民法院关于死刑缓期执行限制减刑案件审理程序若干问题的规定》（2011年4月25日　法释〔2011〕8号）

第1条 根据刑法第五十条第二款的规定，对被判处死刑缓期执行的累犯以及因故意杀人、强奸、抢劫、绑架、放火、爆炸、投放危险物质或者有组织的暴力性犯罪被判处死刑缓期执行的犯罪分子，人民法院根据犯罪情节、人身危险性等情况，可以在作出裁判的同时决定对其限制减刑。

第2条 被告人对第一审人民法院作出的限制减刑判决不服的，可以提出上诉。被告人的辩护人和近亲属，经被告人同意，也可以提出上诉。

第3条 高级人民法院审理或者复核判处死刑缓期执行并限制减刑的案件，认为原判对被告人判处死刑缓期执行适当，但判决限制减刑不当的，应当改判，撤销限制减刑。

第4条 高级人民法院审理判处死刑缓期执行没有限制减刑的上诉案件，认为原判事实清楚、证据充分，但应当限制减刑的，不得直接改判，也不得发回重新审判。确有必要限制减刑的，应当在第二审判决、裁定生效后，按照审判监督程序重新审判。

高级人民法院复核判处死刑缓期执行没有限制减刑的案件，认为应当限制减刑的，不得以提高审级等方式对被告人限制减刑。

第5条 高级人民法院审理判处死刑的第二审案件，对被告人改判死刑缓期执行的，如果符合刑法第五十条第二款的规定，可以同时决定对其限制减刑。

高级人民法院复核判处死刑后没有上诉、抗诉的案件，认为应当改判死刑缓期执行并限制减刑的，可以提审或者发回重新审判。

第6条 最高人民法院复核死刑案件，认为对被告人可以判处死刑缓期执行并限制减刑的，应当裁定不予核准，并撤销原判，发回重新审判。

一案中两名以上被告人被判处死刑，最高人民法院复核后，对其中部分被告人改判死刑缓期执行的，如果符合刑法第五十条第二款的规定，可以同时决定对其限制减刑。

第7条 人民法院对被判处死刑缓期执行的被告人所作的限制减刑决定，应当在判决书主文部分单独作为一项予以宣告。

第8条 死刑缓期执行限制减刑案件审理程序的其他事项，依照刑事诉讼法和有关司法解释的规定执行。

● ***部门规章及文件***

3.**《公安机关办理刑事案件程序规定》**（2020年7月20日修正 公安部令第159号）

第300条 公安机关接到人民法院生效的判处死刑缓期二年执行、无期徒刑、有期徒刑的判决书、裁定书以及执行通知书后，应当在一个月以内将罪犯送交监狱执行。

对未成年犯应当送交未成年犯管教所执行刑罚。

第301条 对被判处有期徒刑的罪犯，在被交付执行刑罚前，剩余刑期在三个月以下的，由看守所根据人民法院的判决代为执行。

对被判处拘役的罪犯，由看守所执行。

第302条 对被判处管制、宣告缓刑、假释或者暂予监外执行的罪犯，已被羁押的，由看守所将其交付社区矫正机构执行。

对被判处剥夺政治权利的罪犯，由罪犯居住地的派出所负责执行。

第303条 对被判处有期徒刑由看守所代为执行和被判处拘役的罪犯，执行期间如果没有再犯新罪，执行期满，看守所应当发给刑满释放证明书。

第304条 公安机关在执行刑罚中，如果认为判决有错误或者罪犯提出申诉，应当转请人民检察院或者原判人民法院处理。

第二百六十五条 暂予监外执行的法定情形和决定程序

对被判处有期徒刑或者拘役的罪犯，有下列情形之一的，可以暂予监外执行：

（一）有严重疾病需要保外就医的；

（二）怀孕或者正在哺乳自己婴儿的妇女；

（三）生活不能自理，适用暂予监外执行不致危害社会的。

对被判处无期徒刑的罪犯，有前款第二项规定情形的，可以暂予监外执行。

对适用保外就医可能有社会危险性的罪犯，或者自伤自残的罪犯，不得保外就医。

对罪犯确有严重疾病，必须保外就医的，由省级人民政府指定的医院诊断并开具证明文件。

在交付执行前，暂予监外执行由交付执行的人民法院决定；在交付执行后，暂予监外执行由监狱或者看守所提出书面意见，报省级以上监狱管理机关或者设区的市一级以上公安机关批准。

● ***法　律***

1.《全国人民代表大会常务委员会关于〈中华人民共和国刑事诉讼法〉第二百五十四条第五款、第二百五十七条第二款的解释》（2014年4月24日）

全国人民代表大会常务委员会根据司法实践中遇到的情况，讨论了刑事诉讼法第二百五十四条第五款、第二百五十七条第二款的含义及人民法院决定暂予监外执行的案件，由哪个机关负责组织病情诊断、妊娠检查和生活不能自理的鉴别和由哪个机关对予以收监执行的罪犯送交执行刑罚的问题，解释如下：

罪犯在被交付执行前，因有严重疾病、怀孕或者正在哺乳自己婴儿的妇女、生活不能自理的原因，依法提出暂予监外执行的申请的，有关病情诊断、妊娠检查和生活不能自理的鉴别，由人民法院负责组织进行。

根据刑事诉讼法第二百五十七条①第二款的规定，对人民法院决定暂予监外执行的罪犯，有刑事诉讼法第二百五十七条第一款规定的情形，依法应当予以收监的，在人民法院作出决定后，由公安机关依照刑事诉讼法第二百五十三条②第二款的规定送交执行刑罚。现予公告。

---

① 对应《中华人民共和国刑事诉讼法》（2018年修正）第二百六十八条。
② 对应《中华人民共和国刑事诉讼法》（2018年修正）第二百六十四条。

● *司法解释及文件*

2.《最高人民法院关于适用〈中华人民共和国刑事诉讼法〉的解释》（2021年1月26日　法释〔2021〕1号）

第514条　罪犯在被交付执行前，因有严重疾病、怀孕或者正在哺乳自己婴儿的妇女、生活不能自理的原因，依法提出暂予监外执行的申请的，有关病情诊断、妊娠检查和生活不能自理的鉴别，由人民法院负责组织进行。

第515条　被判处无期徒刑、有期徒刑或者拘役的罪犯，符合刑事诉讼法第二百六十五条第一款、第二款的规定，人民法院决定暂予监外执行的，应当制作暂予监外执行决定书，写明罪犯基本情况、判决确定的罪名和刑罚、决定暂予监外执行的原因、依据等。

人民法院在作出暂予监外执行决定前，应当征求人民检察院的意见。

人民检察院认为人民法院的暂予监外执行决定不当，在法定期限内提出书面意见的，人民法院应当立即对该决定重新核查，并在一个月以内作出决定。

对暂予监外执行的罪犯，适用本解释第五百一十九条的有关规定，依法实行社区矫正。

人民法院决定暂予监外执行的，由看守所或者执行取保候审、监视居住的公安机关自收到决定之日起十日以内将罪犯移送社区矫正机构。

3.《最高人民法院、最高人民检察院、公安部、国家安全部、司法部、全国人大常委会法制工作委员会关于实施刑事诉讼法若干问题的规定》（2012年12月26日）

33. 刑事诉讼法第二百五十四条①第五款中规定："在交付执行前，暂予监外执行由交付执行的人民法院决定"。对于被告人可能被判处拘役、有期徒刑、无期徒刑，符合暂予监外执行条件的，被告人及其辩护人有权向人民法院提出暂予监外执行的申请，看守所可以将有关情况通报人民法院。人民法院应当进行审查，并在交付执行前作出是否暂予监外执行的决定。

---

① 对应《中华人民共和国刑事诉讼法》（2018年修正）第二百六十五条。

4.《最高人民法院、最高人民检察院、公安部、司法部、国家卫生计生委关于印发〈暂予监外执行规定〉的通知》（2014年10月24日 司发通〔2014〕112号）

各省、自治区、直辖市高级人民法院、人民检察院、公安厅（局）、司法厅（局）、卫生计生委，新疆维吾尔自治区高级人民法院生产建设兵团分院、新疆生产建设兵团人民检察院、公安局、司法局、监狱管理局、卫生局：

为了正确贯彻实施修改后的刑事诉讼法，进一步完善暂予监外执行制度，保障暂予监外执行工作严格依法规范进行，按照中央司法体制改革的要求，最高人民法院、最高人民检察院、公安部、司法部、国家卫生计生委联合制定了《暂予监外执行规定》，现予以印发，请认真贯彻执行。对于实施情况及遇到的问题，请分别及时报告最高人民法院、最高人民检察院、公安部、司法部、国家卫生计生委。

暂予监外执行规定

第1条 为了规范暂予监外执行工作，严格依法适用暂予监外执行，根据刑事诉讼法、监狱法等有关规定，结合刑罚执行工作实际，制定本规定。

第2条 对罪犯适用暂予监外执行，分别由下列机关决定或者批准：

（一）在交付执行前，由人民法院决定；

（二）在监狱服刑的，由监狱审查同意后提请省级以上监狱管理机关批准；

（三）在看守所服刑的，由看守所审查同意后提请设区的市一级以上公安机关批准。

对有关职务犯罪罪犯适用暂予监外执行，还应当依照有关规定逐案报请备案审查。

第3条 对暂予监外执行的罪犯，依法实行社区矫正，由其居住地的社区矫正机构负责执行。

第4条 罪犯在暂予监外执行期间的生活、医疗和护理等费用自理。

罪犯在监狱、看守所服刑期间因参加劳动致伤、致残被暂予监外执行的，其出监、出所后的医疗补助、生活困难补助等费用，由其服刑所在的监狱、看守所按照国家有关规定办理。

第5条 对被判处有期徒刑、拘役或者已经减为有期徒刑的罪犯，有下列情形之一，可以暂予监外执行：

（一）患有属于本规定所附《保外就医严重疾病范围》的严重疾病，需要保外就医的；

（二）怀孕或者正在哺乳自己婴儿的妇女；

（三）生活不能自理的。

对被判处无期徒刑的罪犯，有前款第二项规定情形的，可以暂予监外执行。

第6条 对需要保外就医或者属于生活不能自理，但适用暂予监外执行可能有社会危险性，或者自伤自残，或者不配合治疗的罪犯，不得暂予监外执行。

对职务犯罪、破坏金融管理秩序和金融诈骗犯罪、组织（领导、参加、包庇、纵容）黑社会性质组织犯罪的罪犯适用保外就医应当从严审批，对患有高血压、糖尿病、心脏病等严重疾病，但经诊断短期内没有生命危险的，不得暂予监外执行。

对在暂予监外执行期间因违法违规被收监执行或者因重新犯罪被判刑的罪犯，需要再次适用暂予监外执行的，应当从严审批。

第7条 对需要保外就医或者属于生活不能自理的累犯以及故意杀人、强奸、抢劫、绑架、放火、爆炸、投放危险物质或者有组织的暴力性犯罪的罪犯，原被判处死刑缓期二年执行或者无期徒刑的，应当在减为有期徒刑后执行有期徒刑七年以上方可适用暂予监外执行；原被判处十年以上有期徒刑的，应当执行原判刑期三分之一以上方可适用暂予监外执行。

对未成年罪犯、六十五周岁以上的罪犯、残疾人罪犯，适用前款规定可以适度从宽。

对患有本规定所附《保外就医严重疾病范围》的严重疾病，短期内有生命危险的罪犯，可以不受本条第一款规定关于执行刑期的限制。

第8条 对在监狱、看守所服刑的罪犯需要暂予监外执行的，监狱、看守所应当组织对罪犯进行病情诊断、妊娠检查或者生活不能自理的鉴别。罪犯本人或者其亲属、监护人也可以向监狱、看守所提出书面申请。

监狱、看守所对拟提请暂予监外执行的罪犯，应当核实其居住地。需要调查其对所居住社区影响的，可以委托居住地县级司法行政机关进行调查。

监狱、看守所应当向人民检察院通报有关情况。人民检察院可以派员监督有关诊断、检查和鉴别活动。

第9条 对罪犯的病情诊断或者妊娠检查，应当委托省级人民政府指定的医院进行。医院出具的病情诊断或者检查证明文件，应当由两名具有副高以上专业技术职称的医师共同作出，经主管业务院长审核签名，加盖公章，并附化验单、影像学资料和病历等有关医疗文书复印件。

对罪犯生活不能自理情况的鉴别，由监狱、看守所组织有医疗专业人员参加的鉴别小组进行。鉴别意见由组织鉴别的监狱、看守所出具，参与鉴别的人员应当签名，监狱、看守所的负责人应当签名并加盖公章。

对罪犯进行病情诊断、妊娠检查或者生活不能自理的鉴别，与罪犯有亲属关系或者其他利害关系的医师、人员应当回避。

第10条 罪犯需要保外就医的，应当由罪犯本人或者其亲属、监护人提出保证人，保证人由监狱、看守所审查确定。

罪犯没有亲属、监护人的，可以由其居住地的村（居）民委员会、原所在单位或者社区矫正机构推荐保证人。

保证人应当向监狱、看守所提交保证书。

第11条 保证人应当同时具备下列条件：

（一）具有完全民事行为能力，愿意承担保证人义务；

（二）人身自由未受到限制；

（三）有固定的住处和收入；

（四）能够与被保证人共同居住或者居住在同一市、县。

第12条 罪犯在暂予监外执行期间，保证人应当履行下列义务：

（一）协助社区矫正机构监督被保证人遵守法律和有关规定；

（二）发现被保证人擅自离开居住的市、县或者变更居住地，或者有违法犯罪行为，或者需要保外就医情形消失，或者被保证人死亡的，立即向社区矫正机构报告；

（三）为被保证人的治疗、护理、复查以及正常生活提供帮助；

（四）督促和协助被保证人按照规定履行定期复查病情和向社区矫正机构报告的义务。

第13条 监狱、看守所应当就是否对罪犯提请暂予监外执行进行审议。经审议决定对罪犯提请暂予监外执行的，应当在监狱、看守所内进行公示。对病情严重必须立即保外就医的，可以不公示，但应当在保外就医后三个工作日以内在监狱、看守所内公告。

公示无异议或者经审查异议不成立的，监狱、看守所应当填写暂予监外执行审批表，连同有关诊断、检查、鉴别材料、保证人的保证书，提请省级以上监狱管理机关或者设区的市一级以上公安机关批准。已委托进行核实、调查的，还应当附县级司法行政机关出具的调查评估意见书。

监狱、看守所审议暂予监外执行前，应当将相关材料抄送人民检察院。决定提请暂予监外执行的，监狱、看守所应当将提请暂予监外执行书面意见的副本和相关材料抄送人民检察院。人民检察院可以向决定或者批准暂予监外执行的机关提出书面意见。

第14条 批准机关应当自收到监狱、看守所提请暂予监外执行材料之日起十五个工作日以内作出决定。批准暂予监外执行的，应当在五个工作日以内将暂予监外执行决定书送达监狱、看守所，同时抄送同级人民检察院、原判人民法院和罪犯居住地社区矫正机构。暂予监外执行决定书应当上网公开。不予批准暂予监外执行的，应当在五个工作日以内将不予批准暂予监外执行决定书送达监狱、看守所。

第15条 监狱、看守所应当向罪犯发放暂予监外执行决定书，及时为罪犯办理出监、出所相关手续。

在罪犯离开监狱、看守所之前，监狱、看守所应当核实其居住地，书面通知其居住地社区矫正机构，并对其进行出监、出所教育，书面告知其在暂予监外执行期间应当遵守的法律和有关监督管理规定。罪犯应当在告知书上签名。

第16条 监狱、看守所应当派员持暂予监外执行决定书及有关文书材料，将罪犯押送至居住地，与社区矫正机构办理交接手续。监狱、看守所应当及时将罪犯交接情况通报人民检察院。

第17条 对符合暂予监外执行条件的，被告人及其辩护人有权向人民法院提出暂予监外执行的申请，看守所可以将有关情况通报人民法院。对被告人、罪犯的病情诊断、妊娠检查或者生活不能自理的鉴别，由人民法院依照本规定程序组织进行。

第18条 人民法院应当在执行刑罚的有关法律文书依法送达前，作出是否暂予监外执行的决定。

人民法院决定暂予监外执行的，应当制作暂予监外执行决定书，写明罪犯基本情况、判决确定的罪名和刑罚、决定暂予监外执行的原因、依据等，在判决生效后七日以内将暂予监外执行决定书送达看守所或者执行取保候审、监视居住的公安机关和罪犯居住地社区矫正机构，并抄送同级人民检察院。

人民法院决定不予暂予监外执行的，应当在执行刑罚的有关法律文书依法送达前，通知看守所或者执行取保候审、监视居住的公安机关，并告知同级人民检察院。监狱、看守所应当依法接收罪犯，执行刑罚。

人民法院在作出暂予监外执行决定前，应当征求人民检察院的意见。

第19条 人民法院决定暂予监外执行，罪犯被羁押的，应当通知罪犯居住地社区矫正机构，社区矫正机构应当派员持暂予监外执行决定书及时与看守所办理交接手续，接收罪犯档案；罪犯被取保候审、监视居住的，由社区矫正机构与执行取保候审、监视居住的公安机关办理交接手续。

第20条 罪犯原服刑地与居住地不在同一省、自治区、直辖市，需要回居住地暂予监外执行的，原服刑地的省级以上监狱管理机关或者设区的市一级以上公安机关监所管理部门应当书面通知罪犯居住地的监狱管理机关、公安机关监所管理部门，由其指定一所监狱、看守所接收罪犯档案，负责办理罪犯收监、刑满释放等手续，并及时书面通知罪犯居住地社区矫正机构。

第21条 社区矫正机构应当及时掌握暂予监外执行罪犯的身体状况以及疾病治疗等情况，每三个月审查保外就医罪犯的病情复查情况，并根据需要向批准、决定机关或者有关监狱、看守所反馈情况。

第22条 罪犯在暂予监外执行期间因犯新罪或者发现判决宣告以前还有其他罪没有判决的，侦查机关应当在对罪犯采取强制措施后二十四小时以内，将有关情况通知罪犯居住地社区矫正机构；人民法院应当在判决、裁定生效后，及时将判决、裁定的结果通知罪犯居住地社区矫正机构和罪犯原服刑或者接收其档案的监狱、看守所。

罪犯按前款规定被判处监禁刑罚后，应当由原服刑的监狱、看守所收监执行；原服刑的监狱、看守所与接收其档案的监狱、看守所不一致的，应当由接收其档案的监狱、看守所收监执行。

第23条 社区矫正机构发现暂予监外执行罪犯依法应予收监执行的，应当提出收监执行的建议，经县级司法行政机关审核同意后，报决定或者批准机关。决定或者批准机关应当进行审查，作出收监执行决定的，将有关的法律文书送达罪犯居住地县级司法行政机关和原服刑或者接收其档案的监狱、看守所，并抄送同级人民检察院、公安机关和原判人民法院。

人民检察院发现暂予监外执行罪犯依法应予收监执行而未收监执行的，由决定或者批准机关同级的人民检察院向决定或者批准机关提出收监执行的检察建议。

第24条 人民法院对暂予监外执行罪犯决定收监执行的，决定暂予监外执行时剩余刑期在三个月以下的，由居住地公安机关送交看守所收监执行；决定暂予监外执行时剩余刑期在三个月以上的，由居住地公安机关送交监狱收监执行。

监狱管理机关对暂予监外执行罪犯决定收监执行的，原服刑或者接收其档案的监狱应当立即赴羁押地将罪犯收监执行。

公安机关对暂予监外执行罪犯决定收监执行的，由罪犯居住地看守所将罪犯收监执行。

监狱、看守所将罪犯收监执行后，应当将收监执行的情况报告决定或者批准机关，并告知罪犯居住地县级人民检察院和原判人民法院。

第25条 被决定收监执行的罪犯在逃的，由罪犯居住地县级公安机关负责追捕。公安机关将罪犯抓捕后，依法送交监狱、看守所执行刑罚。

第26条 被收监执行的罪犯有法律规定的不计入执行刑期情形的，社区矫正机构应当在收监执行建议书中说明情况，并附有关证明材料。批准机关进行审核后，应当及时通知监狱、看守所向所在地的中级人民法院提出不计入执行刑期的建议书。人民法院应当自收到建议书之日起一个月以内依法对罪犯的刑期重新计算作出裁定。

人民法院决定暂予监外执行的，在决定收监执行的同时应当确定不计入刑期的期间。

人民法院应当将有关的法律文书送达监狱、看守所，同时抄送同级人民检察院。

第27条 罪犯暂予监外执行后，刑期即将届满的，社区矫正机构应当在罪犯刑期届满前一个月以内，书面通知罪犯原服刑或者接收其档案的监狱、看守所按期办理刑满释放手续。

人民法院决定暂予监外执行罪犯刑期届满的，社区矫正机构应当及时解除社区矫正，向其发放解除社区矫正证明书，并将有关情况通报原判人民法院。

第28条 罪犯在暂予监外执行期间死亡的，社区矫正机构应当自发现之日起五日以内，书面通知决定或者批准机关，并将有关死亡证明材料送达罪犯原服刑或者接收其档案的监狱、看守所，同时抄送罪犯居住地同级人民检察院。

第29条 人民检察院发现暂予监外执行的决定或者批准机关、监狱、看守所、社区矫正机构有违法情形的，应当依法提出纠正意见。

第30条 人民检察院认为暂予监外执行不当的，应当自接到决定书之日起一个月以内将书面意见送交决定或者批准暂予监外执行的机关，决定或者批准暂予监外执行的机关接到人民检察院的书面意见后，应当立即对该决定进行重新核查。

第31条 人民检察院可以向有关机关、单位调阅有关材料、档案，可以调查、核实有关情况，有关机关、单位和人员应当予以配合。

人民检察院认为必要时，可以自行组织或者要求人民法院、监狱、看守所对罪犯重新组织进行诊断、检查或者鉴别。

第32条 在暂予监外执行执法工作中，司法工作人员或者从事诊断、检查、鉴别等工作的相关人员有玩忽职守、徇私舞弊、滥用职权等违法违纪行为的，依法给予相应的处分；构成犯罪的，依法追究刑事责任。

第33条 本规定所称生活不能自理，是指罪犯因患病、身体残疾或者年老体弱，日常生活行为需要他人协助才能完成的情形。

生活不能自理的鉴别参照《劳动能力鉴定－职工工伤与职业病致残等级分级》（GB/T16180－2006）执行。进食、翻身、大小便、穿衣洗漱、自主行动等五项日常生活行为中有三项需要他人协助才能完成，且经过六个月以上治疗、护理和观察，自理能力不能恢复的，可以认定为生活不能自理。六十五周岁以上的罪犯，上述五项日常生活行为有一项需要他人协助才能完成即可视为生活不能自理。

第34条 本规定自2014年12月1日起施行。最高人民检察院、公安部、司法部1990年12月31日发布的《罪犯保外就医执行办法》同时废止。

● *部门规章及文件*

5.《公安机关办理刑事案件程序规定》（2020年7月20日修正　公安部令第159号）

第310条 对暂予监外执行的罪犯，有下列情形之一的，批准暂予监外执行的公安机关应当作出收监执行决定：

（一）发现不符合暂予监外执行条件的；

（二）严重违反有关暂予监外执行监督管理规定的；

（三）暂予监外执行的情形消失后，罪犯刑期未满的。

对暂予监外执行的罪犯决定收监执行的，由暂予监外执行地看守所将罪犯收监执行。

不符合暂予监外执行条件的罪犯通过贿赂等非法手段被暂予监外执行的，或者罪犯在暂予监外执行期间脱逃的，罪犯被收监执行后，所在看守所应当提出不计入执行刑期的建议，经设区的市一级以上公安机关审查同意后，报请所在地中级以上人民法院审核裁定。

第二百六十六条 检察院对暂予监外执行的监督

监狱、看守所提出暂予监外执行的书面意见的，应当将书面意见的副本抄送人民检察院。人民检察院可以向决定或者批准机关提出书面意见。

● 司法解释及文件

1.《**人民检察院刑事诉讼规则**》（2019 年 12 月 30 日　高检发释字〔2019〕4 号）

第 630 条　人民检察院收到监狱、看守所抄送的暂予监外执行书面意见副本后，应当逐案进行审查，发现罪犯不符合暂予监外执行法定条件或者提请暂予监外执行违反法定程序的，应当在十日以内报经检察长批准，向决定或者批准机关提出书面检察意见，同时抄送执行机关。

● 部门规章及文件

2.《**公安机关办理刑事案件程序规定**》（2020 年 7 月 20 日修正　公安部令第 159 号）

第 308 条　公安机关决定对罪犯暂予监外执行的，应当将暂予监外执行决定书交被暂予监外执行的罪犯和负责监外执行的社区矫正机构，同时抄送同级人民检察院。

第二百六十七条 对暂予监外执行的重新核查

决定或者批准暂予监外执行的机关应当将暂予监外执行决定抄送人民检察院。人民检察院认为暂予监外执行不当的，应当自接到通知之日起一个月以内将书面意见送交决定或者批准暂予监外执行的机关，决定或者批准暂予监外执行的机关接到人民检察院的书面意见后，应当立即对该决定进行重新核查。

● *司法解释及文件*

1. **《人民检察院刑事诉讼规则》**（2019 年 12 月 30 日　高检发释字〔2019〕4 号）

第 629 条　人民检察院发现人民法院、监狱、看守所、公安机关暂予监外执行的活动具有下列情形之一的，应当依法提出纠正意见：

（一）将不符合法定条件的罪犯提请、决定暂予监外执行的；

（二）提请、决定暂予监外执行的程序违反法律规定或者没有完备的合法手续，或者对于需要保外就医的罪犯没有省级人民政府指定医院的诊断证明和开具的证明文件的；

（三）监狱、看守所提出暂予监外执行书面意见，没有同时将书面意见副本抄送人民检察院的；

（四）罪犯被决定或者批准暂予监外执行后，未依法交付罪犯居住地社区矫正机构实行社区矫正的；

（五）对符合暂予监外执行条件的罪犯没有依法提请暂予监外执行的；

（六）人民法院在作出暂予监外执行决定前，没有依法征求人民检察院意见的；

（七）发现罪犯不符合暂予监外执行条件，在暂予监外执行期间严重违反暂予监外执行监督管理规定，或者暂予监外执行的条件消失且刑期未满，应当收监执行而未及时收监执行的；

（八）人民法院决定将暂予监外执行的罪犯收监执行，并将有关法律文书送达公安机关、监狱、看守所后，监狱、看守所未及时收监执行的；

（九）对不符合暂予监外执行条件的罪犯通过贿赂、欺骗等非法手段被暂予监外执行以及在暂予监外执行期间脱逃的罪犯，监狱、看守所未建议人民法院将其监外执行期间、脱逃期间不计入执行刑期或者对罪犯执行刑期计算的建议违法、不当的；

（十）暂予监外执行的罪犯刑期届满，未及时办理释放手续的；

（十一）其他违法情形。

第630条 人民检察院收到监狱、看守所抄送的暂予监外执行书面意见副本后，应当逐案进行审查，发现罪犯不符合暂予监外执行法定条件或者提请暂予监外执行违反法定程序的，应当在十日以内报经检察长批准，向决定或者批准机关提出书面检察意见，同时抄送执行机关。

第631条 人民检察院接到决定或者批准机关抄送的暂予监外执行决定书后，应当及时审查下列内容：

（一）是否属于被判处有期徒刑或者拘役的罪犯；

（二）是否属于有严重疾病需要保外就医的罪犯；

（三）是否属于怀孕或者正在哺乳自己婴儿的妇女；

（四）是否属于生活不能自理，适用暂予监外执行不致危害社会的罪犯；

（五）是否属于适用保外就医可能有社会危险性的罪犯，或者自伤自残的罪犯；

（六）决定或者批准机关是否符合刑事诉讼法第二百六十五条第五款的规定；

（七）办理暂予监外执行是否符合法定程序。

第632条 人民检察院经审查认为暂予监外执行不当的，应当自接到通知之日起一个月以内，向决定或者批准暂予监外执行的机关提出纠正意见。下级人民检察院认为暂予监外执行不当的，应当立即层报决定或者批准暂予监外执行的机关的同级人民检察院，由其决定是否向决定或者批准暂予监外执行的机关提出纠正意见。

第633条 人民检察院向决定或者批准暂予监外执行的机关提出不同意暂予监外执行的书面意见后，应当监督其对决定或者批准暂予监外执行的结果进行重新核查，并监督重新核查的结果是否符合法律规定。对核查不符合法律规定的，应当依法提出纠正意见，并向上一级人民检察院报告。

第634条 对于暂予监外执行的罪犯，人民检察院发现罪犯不符合暂予监外执行条件、严重违反有关暂予监外执行的监督管理规定或者暂予监外执行的情形消失而罪犯刑期未满的，应当通知执行机关收监执行，或者建议决定或者批准暂予监外执行的机关作出收监执行决定。

2.《最高人民法院关于适用〈中华人民共和国刑事诉讼法〉的解释》（2021年1月26日　法释〔2021〕1号）

第515条　被判处无期徒刑、有期徒刑或者拘役的罪犯，符合刑事诉讼法第二百六十五条第一款、第二款的规定，人民法院决定暂予监外执行的，应当制作暂予监外执行决定书，写明罪犯基本情况、判决确定的罪名和刑罚、决定暂予监外执行的原因、依据等。

人民法院在作出暂予监外执行决定前，应当征求人民检察院的意见。

人民检察院认为人民法院的暂予监外执行决定不当，在法定期限内提出书面意见的，人民法院应当立即对该决定重新核查，并在一个月以内作出决定。

对暂予监外执行的罪犯，适用本解释第五百一十九条的有关规定，依法实行社区矫正。

人民法院决定暂予监外执行的，由看守所或者执行取保候审、监视居住的公安机关自收到决定之日起十日以内将罪犯移送社区矫正机构。

● ***部门规章及文件***

3.《公安机关办理刑事案件程序规定》（2020年7月20日修正　公安部令第159号）

第309条　批准暂予监外执行的公安机关接到人民检察院认为暂予监外执行不当的意见后，应当立即对暂予监外执行的决定进行重新核查。

第二百六十八条　暂予监外执行的收监、不计入执行刑期的情形及罪犯死亡的通知

对暂予监外执行的罪犯，有下列情形之一的，应当及时收监：

（一）发现不符合暂予监外执行条件的；

（二）严重违反有关暂予监外执行监督管理规定的；

（三）暂予监外执行的情形消失后，罪犯刑期未满的。

对于人民法院决定暂予监外执行的罪犯应当予以收监的，由人民法院作出决定，将有关的法律文书送达公安机关、监狱或者其他执行机关。

不符合暂予监外执行条件的罪犯通过贿赂等非法手段被暂予监外执行的，在监外执行的期间不计入执行刑期。罪犯在暂予监外执行期间脱逃的，脱逃的期间不计入执行刑期。

罪犯在暂予监外执行期间死亡的，执行机关应当及时通知监狱或者看守所。

● 法　律

1. **《监狱法》**（2012 年 10 月 26 日修正）

第 17 条　罪犯被交付执行刑罚，符合本法第十六条规定的，应当予以收监。罪犯收监后，监狱应当对其进行身体检查。经检查，对于具有暂予监外执行情形的，监狱可以提出书面意见，报省级以上监狱管理机关批准。

第 25 条　对于被判处无期徒刑、有期徒刑在监内服刑的罪犯，符合刑事诉讼法规定的监外执行条件的，可以暂予监外执行。

第 26 条　暂予监外执行，由监狱提出书面意见，报省、自治区、直辖市监狱管理机关批准。批准机关应当将批准的暂予监外执行决定通知公安机关和原判人民法院，并抄送人民检察院。

人民检察院认为对罪犯适用暂予监外执行不当的，应当自接到通知之日起 1 个月内将书面意见送交批准暂予监外执行的机关，批准暂予监外执行的机关接到人民检察院的书面意见后，应当立即对该决定进行重新核查。

第 27 条　对暂予监外执行的罪犯，依法实行社区矫正，由社区矫正机构负责执行。原关押监狱应当及时将罪犯在监内改造情况通报负责执行的社区矫正机构。

第 28 条　暂予监外执行的罪犯具有刑事诉讼法规定的应当收监的情形的，社区矫正机构应当及时通知监狱收监；刑期届满的，由原关押监狱办理释放手续。罪犯在暂予监外执行期间死亡的，社区矫正机构应当及时通知原关押监狱。

● *司法解释及文件*

2.《最高人民法院关于适用〈中华人民共和国刑事诉讼法〉的解释》（2021年1月26日　法释〔2021〕1号）

第516条　人民法院收到社区矫正机构的收监执行建议书后，经审查，确认暂予监外执行的罪犯具有下列情形之一的，应当作出收监执行的决定：

（一）不符合暂予监外执行条件的；

（二）未经批准离开所居住的市、县，经警告拒不改正，或者拒不报告行踪，脱离监管的；

（三）因违反监督管理规定受到治安管理处罚，仍不改正的；

（四）受到执行机关两次警告，仍不改正的；

（五）保外就医期间不按规定提交病情复查情况，经警告拒不改正的；

（六）暂予监外执行的情形消失后，刑期未满的；

（七）保证人丧失保证条件或者因不履行义务被取消保证人资格，不能在规定期限内提出新的保证人的；

（八）违反法律、行政法规和监督管理规定，情节严重的其他情形。

第517条　人民法院应当在收到社区矫正机构的收监执行建议书后三十日以内作出决定。收监执行决定书一经作出，立即生效。

人民法院应当将收监执行决定书送达社区矫正机构和公安机关，并抄送人民检察院，由公安机关将罪犯交付执行。

第518条　被收监执行的罪犯有不计入执行刑期情形的，人民法院应当在作出收监决定时，确定不计入执行刑期的具体时间。

3.《最高人民检察院公安部司法部关于不允许暂予监外执行的罪犯外出经商问题的通知》（1988年7月9日　（88）高检会（研）字第11号）

各省、自治区、直辖市人民检察院、公安厅（局）、司法厅（局）：

据一些地方反映，近来发现有一些被准许暂予监外执行的罪犯擅自离开居住地外出经商，有的借此逃避监管，干扰了刑事判决的执行，并给社会治安管理工作带来了困难。为此，特通知如下：

一、对于暂予监外执行的罪犯，不允许离开所在住地域外出经商。被准许暂予监外执行的罪犯，因生活确有困难和谋生需要的，在不影响对其实行监督考察的情况下，经执行机关批准，可以在居住地自谋生计，家在农村的，可以就地从事一些农副业和小商品生产。

二、暂予监外执行的罪犯确因医治疾病或接受护理而离开居住地到本县、市以外地方的，必须经过执行机关批准；离开居住地到本县、市内其他地方的，由监督单位批准。经过批准外出的暂予监外执行罪犯，其外出期间应计入服刑期；对于未经批准，擅自离开居住地的，不能计入服刑期，情节严重的，要严肃处理。

三、对在押的罪犯需要准许暂予监外执行的，应当严格审查，依法办事。对暂予监外执行的罪犯，在其暂予监外执行条件消失时，应当及时收监执行。

4.《最高人民法院、最高人民检察院、公安部、国家安全部、司法部、全国人大常委会法制工作委员会关于实施刑事诉讼法若干问题的规定》（2012年12月26日）

34. 刑事诉讼法第二百五十七条[①]第三款规定："不符合暂予监外执行条件的罪犯通过贿赂等非法手段被暂予监外执行的，在监外执行的期间不计入执行刑期。罪犯在暂予监外执行期间脱逃的，脱逃的期间不计入执行刑期。"对于人民法院决定暂予监外执行的罪犯具有上述情形的，人民法院在决定予以收监的同时，应当确定不计入刑期的期间。对于监狱管理机关或者公安机关决定暂予监外执行的罪犯具有上述情形的，罪犯被收监后，所在监狱或者看守所应当及时向所在地的中级人民法院提出不计入执行刑期的建议书，由人民法院审核裁定。

● *部门规章及文件*

5.《公安机关办理刑事案件程序规定》（2020年7月20日修正　公安部令第159号）

第310条　对暂予监外执行的罪犯，有下列情形之一的，批准暂予监外执行的公安机关应当作出收监执行决定：

（一）发现不符合暂予监外执行条件的；

（二）严重违反有关暂予监外执行监督管理规定的；

（三）暂予监外执行的情形消失后，罪犯刑期未满的。

对暂予监外执行的罪犯决定收监执行的，由暂予监外执行地看守所将罪犯收监执行。

---

① 对应《中华人民共和国刑事诉讼法》（2018年修正）第二百六十八条。

不符合暂予监外执行条件的罪犯通过贿赂等非法手段被暂予监外执行的，或者罪犯在暂予监外执行期间脱逃的，罪犯被收监执行后，所在看守所应当提出不计入执行刑期的建议，经设区的市一级以上公安机关审查同意后，报请所在地中级以上人民法院审核裁定。

第二百六十九条 对管制、缓刑、假释或暂予监外执行罪犯的社区矫正

对被判处管制、宣告缓刑、假释或者暂予监外执行的罪犯，依法实行社区矫正，由社区矫正机构负责执行。

●法　律

1.《社区矫正法》（2019年12月28日通过）

第1条　为了推进和规范社区矫正工作，保障刑事判决、刑事裁定和暂予监外执行决定的正确执行，提高教育矫正质量，促进社区矫正对象顺利融入社会，预防和减少犯罪，根据宪法，制定本法。

第2条　对被判处管制、宣告缓刑、假释和暂予监外执行的罪犯，依法实行社区矫正。

对社区矫正对象的监督管理、教育帮扶等活动，适用本法。

第3条　社区矫正工作坚持监督管理与教育帮扶相结合，专门机关与社会力量相结合，采取分类管理、个别化矫正，有针对性地消除社区矫正对象可能重新犯罪的因素，帮助其成为守法公民。

第4条　社区矫正对象应当依法接受社区矫正，服从监督管理。

社区矫正工作应当依法进行，尊重和保障人权。社区矫正对象依法享有的人身权利、财产权利和其他权利不受侵犯，在就业、就学和享受社会保障等方面不受歧视。

第5条　国家支持社区矫正机构提高信息化水平，运用现代信息技术开展监督管理和教育帮扶。社区矫正工作相关部门之间依法进行信息共享。

第6条　各级人民政府应当将社区矫正经费列入本级政府预算。

居民委员会、村民委员会和其他社会组织依法协助社区矫正机构开展工作所需的经费应当按照规定列入社区矫正机构本级政府预算。

第 7 条 对在社区矫正工作中做出突出贡献的组织、个人，按照国家有关规定给予表彰、奖励。

第二章 机构、人员和职责

第 8 条 国务院司法行政部门主管全国的社区矫正工作。县级以上地方人民政府司法行政部门主管本行政区域内的社区矫正工作。

人民法院、人民检察院、公安机关和其他有关部门依照各自职责，依法做好社区矫正工作。人民检察院依法对社区矫正工作实行法律监督。

地方人民政府根据需要设立社区矫正委员会，负责统筹协调和指导本行政区域内的社区矫正工作。

第 9 条 县级以上地方人民政府根据需要设置社区矫正机构，负责社区矫正工作的具体实施。社区矫正机构的设置和撤销，由县级以上地方人民政府司法行政部门提出意见，按照规定的权限和程序审批。

司法所根据社区矫正机构的委托，承担社区矫正相关工作。

第 10 条 社区矫正机构应当配备具有法律等专业知识的专门国家工作人员（以下称社区矫正机构工作人员），履行监督管理、教育帮扶等执法职责。

第 11 条 社区矫正机构根据需要，组织具有法律、教育、心理、社会工作等专业知识或者实践经验的社会工作者开展社区矫正相关工作。

第 12 条 居民委员会、村民委员会依法协助社区矫正机构做好社区矫正工作。

社区矫正对象的监护人、家庭成员，所在单位或者就读学校应当协助社区矫正机构做好社区矫正工作。

第 13 条 国家鼓励、支持企业事业单位、社会组织、志愿者等社会力量依法参与社区矫正工作。

第 14 条 社区矫正机构工作人员应当严格遵守宪法和法律，忠于职守，严守纪律，清正廉洁。

第 15 条 社区矫正机构工作人员和其他参与社区矫正工作的人员依法开展社区矫正工作，受法律保护。

第 16 条 国家推进高素质的社区矫正工作队伍建设。社区矫正机构应当加强对社区矫正工作人员的管理、监督、培训和职业保障，不断提高社区矫正工作的规范化、专业化水平。

第三章　决定和接收

第17条　社区矫正决定机关判处管制、宣告缓刑、裁定假释、决定或者批准暂予监外执行时应当确定社区矫正执行地。

社区矫正执行地为社区矫正对象的居住地。社区矫正对象在多个地方居住的，可以确定经常居住地为执行地。

社区矫正对象的居住地、经常居住地无法确定或者不适宜执行社区矫正的，社区矫正决定机关应当根据有利于社区矫正对象接受矫正、更好地融入社会的原则，确定执行地。

本法所称社区矫正决定机关，是指依法判处管制、宣告缓刑、裁定假释、决定暂予监外执行的人民法院和依法批准暂予监外执行的监狱管理机关、公安机关。

第18条　社区矫正决定机关根据需要，可以委托社区矫正机构或者有关社会组织对被告人或者罪犯的社会危险性和对所居住社区的影响，进行调查评估，提出意见，供决定社区矫正时参考。居民委员会、村民委员会等组织应当提供必要的协助。

第19条　社区矫正决定机关判处管制、宣告缓刑、裁定假释、决定或者批准暂予监外执行，应当按照刑法、刑事诉讼法等法律规定的条件和程序进行。

社区矫正决定机关应当对社区矫正对象进行教育，告知其在社区矫正期间应当遵守的规定以及违反规定的法律后果，责令其按时报到。

第20条　社区矫正决定机关应当自判决、裁定或者决定生效之日起五日内通知执行地社区矫正机构，并在十日内送达有关法律文书，同时抄送人民检察院和执行地公安机关。社区矫正决定地与执行地不在同一地方的，由执行地社区矫正机构将法律文书转送所在地的人民检察院、公安机关。

第21条　人民法院判处管制、宣告缓刑、裁定假释的社区矫正对象，应当自判决、裁定生效之日起十日内到执行地社区矫正机构报到。

人民法院决定暂予监外执行的社区矫正对象，由看守所或者执行取保候审、监视居住的公安机关自收到决定之日起十日内将社区矫正对象移送社区矫正机构。

监狱管理机关、公安机关批准暂予监外执行的社区矫正对象，由监狱或者看守所自收到批准决定之日起十日内将社区矫正对象移送社区矫正机构。

第22条 社区矫正机构应当依法接收社区矫正对象，核对法律文书、核实身份、办理接收登记、建立档案，并宣告社区矫正对象的犯罪事实、执行社区矫正的期限以及应当遵守的规定。

第四章 监督管理

第23条 社区矫正对象在社区矫正期间应当遵守法律、行政法规，履行判决、裁定、暂予监外执行决定等法律文书确定的义务，遵守国务院司法行政部门关于报告、会客、外出、迁居、保外就医等监督管理规定，服从社区矫正机构的管理。

第24条 社区矫正机构应当根据裁判内容和社区矫正对象的性别、年龄、心理特点、健康状况、犯罪原因、犯罪类型、犯罪情节、悔罪表现等情况，制定有针对性的矫正方案，实现分类管理、个别化矫正。矫正方案应当根据社区矫正对象的表现等情况相应调整。

第25条 社区矫正机构应当根据社区矫正对象的情况，为其确定矫正小组，负责落实相应的矫正方案。

根据需要，矫正小组可以由司法所、居民委员会、村民委员会的人员，社区矫正对象的监护人、家庭成员，所在单位或者就读学校的人员以及社会工作者、志愿者等组成。社区矫正对象为女性的，矫正小组中应有女性成员。

第26条 社区矫正机构应当了解掌握社区矫正对象的活动情况和行为表现。社区矫正机构可以通过通信联络、信息化核查、实地查访等方式核实有关情况，有关单位和个人应当予以配合。

社区矫正机构开展实地查访等工作时，应当保护社区矫正对象的身份信息和个人隐私。

第27条 社区矫正对象离开所居住的市、县或者迁居，应当报经社区矫正机构批准。社区矫正机构对于有正当理由的，应当批准；对于因正常工作和生活需要经常性跨市、县活动的，可以根据情况，简化批准程序和方式。

因社区矫正对象迁居等原因需要变更执行地的，社区矫正机构应当按照有关规定作出变更决定。社区矫正机构作出变更决定后，应当通知社区矫正决定机关和变更后的社区矫正机构，并将有关法律文书抄送变更后的社区矫正机构。变更后的社区矫正机构应当将法律文书转送所在地的人民检察院、公安机关。

第28条 社区矫正机构根据社区矫正对象的表现，依照有关规定对其实施考核奖惩。社区矫正对象认罪悔罪、遵守法律法规、服从监督管理、接受教育表现突出的，应当给予表扬。社区矫正对象违反法律法规或者监督管理规定的，应当视情节依法给予训诫、警告、提请公安机关予以治安管理处罚，或者依法提请撤销缓刑、撤销假释、对暂予监外执行的收监执行。

对社区矫正对象的考核结果，可以作为认定其是否确有悔改表现或者是否严重违反监督管理规定的依据。

第29条 社区矫正对象有下列情形之一的，经县级司法行政部门负责人批准，可以使用电子定位装置，加强监督管理：

（一）违反人民法院禁止令的；

（二）无正当理由，未经批准离开所居住的市、县的；

（三）拒不按照规定报告自己的活动情况，被给予警告的；

（四）违反监督管理规定，被给予治安管理处罚的；

（五）拟提请撤销缓刑、假释或者暂予监外执行收监执行的。

前款规定的使用电子定位装置的期限不得超过三个月。对于不需要继续使用的，应当及时解除；对于期限届满后，经评估仍有必要继续使用的，经过批准，期限可以延长，每次不得超过三个月。

社区矫正机构对通过电子定位装置获得的信息应当严格保密，有关信息只能用于社区矫正工作，不得用于其他用途。

第30条 社区矫正对象失去联系的，社区矫正机构应当立即组织查找，公安机关等有关单位和人员应当予以配合协助。查找到社区矫正对象后，应当区别情形依法作出处理。

第31条 社区矫正机构发现社区矫正对象正在实施违反监督管理规定的行为或者违反人民法院禁止令等违法行为的，应当立即制止；制止无效的，应当立即通知公安机关到场处置。

第32条 社区矫正对象有被依法决定拘留、强制隔离戒毒、采取刑事强制措施等限制人身自由情形的，有关机关应当及时通知社区矫正机构。

第33条 社区矫正对象符合刑法规定的减刑条件的，社区矫正机构应当向社区矫正执行地的中级以上人民法院提出减刑建议，并将减刑建议书抄送同级人民检察院。

人民法院应当在收到社区矫正机构的减刑建议书后三十日内作出裁定，并将裁定书送达社区矫正机构，同时抄送人民检察院、公安机关。

第34条　开展社区矫正工作，应当保障社区矫正对象的合法权益。社区矫正的措施和方法应当避免对社区矫正对象的正常工作和生活造成不必要的影响；非依法律规定，不得限制或者变相限制社区矫正对象的人身自由。

社区矫正对象认为其合法权益受到侵害的，有权向人民检察院或者有关机关申诉、控告和检举。受理机关应当及时办理，并将办理结果告知申诉人、控告人和检举人。

第五章　教育帮扶

第35条　县级以上地方人民政府及其有关部门应当通过多种形式为教育帮扶社区矫正对象提供必要的场所和条件，组织动员社会力量参与教育帮扶工作。

有关人民团体应当依法协助社区矫正机构做好教育帮扶工作。

第36条　社区矫正机构根据需要，对社区矫正对象进行法治、道德等教育，增强其法治观念，提高其道德素质和悔罪意识。

对社区矫正对象的教育应当根据其个体特征、日常表现等实际情况，充分考虑其工作和生活情况，因人施教。

第37条　社区矫正机构可以协调有关部门和单位，依法对就业困难的社区矫正对象开展职业技能培训、就业指导，帮助社区矫正对象中的在校学生完成学业。

第38条　居民委员会、村民委员会可以引导志愿者和社区群众，利用社区资源，采取多种形式，对有特殊困难的社区矫正对象进行必要的教育帮扶。

第39条　社区矫正对象的监护人、家庭成员，所在单位或者就读学校应当协助社区矫正机构做好对社区矫正对象的教育。

第40条　社区矫正机构可以通过公开择优购买社区矫正社会工作服务或者其他社会服务，为社区矫正对象在教育、心理辅导、职业技能培训、社会关系改善等方面提供必要的帮扶。

社区矫正机构也可以通过项目委托社会组织等方式开展上述帮扶活动。国家鼓励有经验和资源的社会组织跨地区开展帮扶交流和示范活动。

第41条　国家鼓励企业事业单位、社会组织为社区矫正对象提供就业岗位和职业技能培训。招用符合条件的社区矫正对象的企业，按照规定享受国家优惠政策。

第42条　社区矫正机构可以根据社区矫正对象的个人特长，组织其参加公益活动，修复社会关系，培养社会责任感。

第43条　社区矫正对象可以按照国家有关规定申请社会救助、参加社会保险、获得法律援助，社区矫正机构应当给予必要的协助。

第六章　解除和终止

第44条　社区矫正对象矫正期满或者被赦免的，社区矫正机构应当向社区矫正对象发放解除社区矫正证明书，并通知社区矫正决定机关、所在地的人民检察院、公安机关。

第45条　社区矫正对象被裁定撤销缓刑、假释，被决定收监执行，或者社区矫正对象死亡的，社区矫正终止。

第46条　社区矫正对象具有刑法规定的撤销缓刑、假释情形的，应当由人民法院撤销缓刑、假释。

对于在考验期限内犯新罪或者发现判决宣告以前还有其他罪没有判决的，应当由审理该案件的人民法院撤销缓刑、假释，并书面通知原审人民法院和执行地社区矫正机构。

对于有第二款规定以外的其他需要撤销缓刑、假释情形的，社区矫正机构应当向原审人民法院或者执行地人民法院提出撤销缓刑、假释建议，并将建议书抄送人民检察院。社区矫正机构提出撤销缓刑、假释建议时，应当说明理由，并提供有关证据材料。

第47条　被提请撤销缓刑、假释的社区矫正对象可能逃跑或者可能发生社会危险的，社区矫正机构可以在提出撤销缓刑、假释建议的同时，提请人民法院决定对其予以逮捕。

人民法院应当在四十八小时内作出是否逮捕的决定。决定逮捕的，由公安机关执行。逮捕后的羁押期限不得超过三十日。

第48条　人民法院应当在收到社区矫正机构撤销缓刑、假释建议书后三十日内作出裁定，将裁定书送达社区矫正机构和公安机关，并抄送人民检察院。

人民法院拟撤销缓刑、假释的，应当听取社区矫正对象的申辩及其委托的律师的意见。

人民法院裁定撤销缓刑、假释的，公安机关应当及时将社区矫正对象送交监狱或者看守所执行。执行以前被逮捕的，羁押一日折抵刑期一日。

人民法院裁定不予撤销缓刑、假释的，对被逮捕的社区矫正对象，公安机关应当立即予以释放。

第49条 暂予监外执行的社区矫正对象具有刑事诉讼法规定的应当予以收监情形的，社区矫正机构应当向执行地或者原社区矫正决定机关提出收监执行建议，并将建议书抄送人民检察院。

社区矫正决定机关应当在收到建议书后三十日内作出决定，将决定书送达社区矫正机构和公安机关，并抄送人民检察院。

人民法院、公安机关对暂予监外执行的社区矫正对象决定收监执行的，由公安机关立即将社区矫正对象送交监狱或者看守所收监执行。

监狱管理机关对暂予监外执行的社区矫正对象决定收监执行的，监狱应当立即将社区矫正对象收监执行。

第50条 被裁定撤销缓刑、假释和被决定收监执行的社区矫正对象逃跑的，由公安机关追捕，社区矫正机构、有关单位和个人予以协助。

第51条 社区矫正对象在社区矫正期间死亡的，其监护人、家庭成员应当及时向社区矫正机构报告。社区矫正机构应当及时通知社区矫正决定机关、所在地的人民检察院、公安机关。

第七章　未成年人社区矫正特别规定

第52条 社区矫正机构应当根据未成年社区矫正对象的年龄、心理特点、发育需要、成长经历、犯罪原因、家庭监护教育条件等情况，采取针对性的矫正措施。

社区矫正机构为未成年社区矫正对象确定矫正小组，应当吸收熟悉未成年人身心特点的人员参加。

对未成年人的社区矫正，应当与成年人分别进行。

第53条 未成年社区矫正对象的监护人应当履行监护责任，承担抚养、管教等义务。

监护人怠于履行监护职责的，社区矫正机构应当督促、教育其履行监护责任。监护人拒不履行监护职责的，通知有关部门依法作出处理。

第54条 社区矫正机构工作人员和其他依法参与社区矫正工作的人员对履行职责过程中获得的未成年人身份信息应当予以保密。

除司法机关办案需要或者有关单位根据国家规定查询外，未成年社区矫正对象的档案信息不得提供给任何单位或者个人。依法进行查询的单位，应当对获得的信息予以保密。

第55条 对未完成义务教育的未成年社区矫正对象，社区矫正机构应当通知并配合教育部门为其完成义务教育提供条件。未成年社区矫正对象的监护人应当依法保证其按时入学接受并完成义务教育。

年满十六周岁的社区矫正对象有就业意愿的，社区矫正机构可以协调有关部门和单位为其提供职业技能培训，给予就业指导和帮助。

第56条 共产主义青年团、妇女联合会、未成年人保护组织应当依法协助社区矫正机构做好未成年人社区矫正工作。

国家鼓励其他未成年人相关社会组织参与未成年人社区矫正工作，依法给予政策支持。

第57条 未成年社区矫正对象在复学、升学、就业等方面依法享有与其他未成年人同等的权利，任何单位和个人不得歧视。有歧视行为的，应当由教育、人力资源和社会保障等部门依法作出处理。

第58条 未成年社区矫正对象在社区矫正期间年满十八周岁的，继续按照未成年人社区矫正有关规定执行。

第八章 法律责任

第59条 社区矫正对象在社区矫正期间有违反监督管理规定行为的，由公安机关依照《中华人民共和国治安管理处罚法》的规定给予处罚；具有撤销缓刑、假释或者暂予监外执行收监情形的，应当依法作出处理。

第60条 社区矫正对象殴打、威胁、侮辱、骚扰、报复社区矫正机构工作人员和其他依法参与社区矫正工作的人员及其近亲属，构成犯罪的，依法追究刑事责任；尚不构成犯罪的，由公安机关依法给予治安管理处罚。

第61条 社区矫正机构工作人员和其他国家工作人员有下列行为之一的，应当给予处分；构成犯罪的，依法追究刑事责任：

（一）利用职务或者工作便利索取、收受贿赂的；

（二）不履行法定职责的；

（三）体罚、虐待社区矫正对象，或者违反法律规定限制或者变相限制社区矫正对象的人身自由的；

（四）泄露社区矫正工作秘密或者其他依法应当保密的信息的；

（五）对依法申诉、控告或者检举的社区矫正对象进行打击报复的；

（六）有其他违纪违法行为的。

第62条 人民检察院发现社区矫正工作违反法律规定的，应当依法提出纠正意见、检察建议。有关单位应当将采纳纠正意见、检察建议的情况书面回复人民检察院，没有采纳的应当说明理由。

● *司法解释及文件*

2.《最高人民法院、最高人民检察院、公安部、国家安全部、司法部、全国人大常委会法制工作委员会关于实施刑事诉讼法若干问题的规定》（2012年12月26日）

35. 被决定收监执行的社区矫正人员在逃的，社区矫正机构应当立即通知公安机关，由公安机关负责追捕。

3.《中华人民共和国社区矫正法实施办法》（2020年6月18日　司发通〔2020〕59号）

第4条 司法行政机关依法履行以下职责：

（一）主管本行政区域内社区矫正工作；

（二）对本行政区域内设置和撤销社区矫正机构提出意见；

（三）拟定社区矫正工作发展规划和管理制度，监督检查社区矫正法律法规和政策的执行情况；

（四）推动社会力量参与社区矫正工作；

（五）指导支持社区矫正机构提高信息化水平；

（六）对在社区矫正工作中作出突出贡献的组织、个人，按照国家有关规定给予表彰、奖励；

（七）协调推进高素质社区矫正工作队伍建设；

（八）其他依法应当履行的职责。

第5条 人民法院依法履行以下职责：

（一）拟判处管制、宣告缓刑、决定暂予监外执行的，可以委托社区矫正机构或者有关社会组织对被告人或者罪犯的社会危险性和对所居住社区的影响，进行调查评估，提出意见，供决定社区矫正时参考；

（二）对执行机关报请假释的，审查执行机关移送的罪犯假释后对所居住社区影响的调查评估意见；

（三）核实并确定社区矫正执行地；

（四）对被告人或者罪犯依法判处管制、宣告缓刑、裁定假释、决定暂予监外执行；

（五）对社区矫正对象进行教育，及时通知并送达法律文书；

（六）对符合撤销缓刑、撤销假释或者暂予监外执行收监执行条件的社区矫正对象，作出判决、裁定和决定；

（七）对社区矫正机构提请逮捕的，及时作出是否逮捕的决定；

（八）根据社区矫正机构提出的减刑建议作出裁定；

（九）其他依法应当履行的职责。

第6条 人民检察院依法履行以下职责：

（一）对社区矫正决定机关、社区矫正机构或者有关社会组织的调查评估活动实行法律监督；

（二）对社区矫正决定机关判处管制、宣告缓刑、裁定假释、决定或者批准暂予监外执行活动实行法律监督；

（三）对社区矫正法律文书及社区矫正对象交付执行活动实行法律监督；

（四）对监督管理、教育帮扶社区矫正对象的活动实行法律监督；

（五）对变更刑事执行、解除矫正和终止矫正的活动实行法律监督；

（六）受理申诉、控告和举报，维护社区矫正对象的合法权益；

（七）按照刑事诉讼法的规定，在对社区矫正实行法律监督中发现司法工作人员相关职务犯罪，可以立案侦查直接受理的案件；

（八）其他依法应当履行的职责。

第7条 公安机关依法履行以下职责：

（一）对看守所留所服刑罪犯拟暂予监外执行的，可以委托开展调查评估；

（二）对看守所留所服刑罪犯拟暂予监外执行的，核实并确定社区矫正执行地；对符合暂予监外执行条件的，批准暂予监外执行；对符合收监执行条件的，作出收监执行的决定；

（三）对看守所留所服刑罪犯批准暂予监外执行的，进行教育，及时通知并送达法律文书；依法将社区矫正对象交付执行；

（四）对社区矫正对象予以治安管理处罚；到场处置经社区矫正机构制

止无效，正在实施违反监督管理规定或者违反人民法院禁止令等违法行为的社区矫正对象；协助社区矫正机构处置突发事件；

（五）协助社区矫正机构查找失去联系的社区矫正对象；执行人民法院作出的逮捕决定；被裁定撤销缓刑、撤销假释和被决定收监执行的社区矫正对象逃跑的，予以追捕；

（六）对裁定撤销缓刑、撤销假释，或者对人民法院、公安机关决定暂予监外执行收监的社区矫正对象，送交看守所或者监狱执行；

（七）执行限制社区矫正对象出境的措施；

（八）其他依法应当履行的职责。

第8条 监狱管理机关以及监狱依法履行以下职责：

（一）对监狱关押罪犯拟提请假释的，应当委托进行调查评估；对监狱关押罪犯拟暂予监外执行的，可以委托进行调查评估；

（二）对监狱关押罪犯拟暂予监外执行的，依法核实并确定社区矫正执行地；对符合暂予监外执行条件的，监狱管理机关作出暂予监外执行决定；

（三）对监狱关押罪犯批准暂予监外执行的，进行教育，及时通知并送达法律文书；依法将社区矫正对象交付执行；

（四）监狱管理机关对暂予监外执行罪犯决定收监执行的，原服刑或者接收其档案的监狱应当立即将罪犯收监执行；

（五）其他依法应当履行的职责。

第9条 社区矫正机构是县级以上地方人民政府根据需要设置的，负责社区矫正工作具体实施的执行机关。社区矫正机构依法履行以下职责：

（一）接受委托进行调查评估，提出评估意见；

（二）接收社区矫正对象，核对法律文书、核实身份、办理接收登记，建立档案；

（三）组织入矫和解矫宣告，办理入矫和解矫手续；

（四）建立矫正小组、组织矫正小组开展工作，制定和落实矫正方案；

（五）对社区矫正对象进行监督管理，实施考核奖惩；审批会客、外出、变更执行地等事项；了解掌握社区矫正对象的活动情况和行为表现；组织查找失去联系的社区矫正对象，查找后依情形作出处理；

（六）提出治安管理处罚建议，提出减刑、撤销缓刑、撤销假释、收监执行等变更刑事执行建议，依法提请逮捕；

（七）对社区矫正对象进行教育帮扶，开展法治道德等教育，协调有关方面开展职业技能培训、就业指导，组织公益活动等事项；

（八）向有关机关通报社区矫正对象情况，送达法律文书；

（九）对社区矫正工作人员开展管理、监督、培训，落实职业保障；

（十）其他依法应当履行的职责。

设置和撤销社区矫正机构，由县级以上地方人民政府司法行政部门提出意见，按照规定的权限和程序审批。社区矫正日常工作由县级社区矫正机构具体承担；未设置县级社区矫正机构的，由上一级社区矫正机构具体承担。省、市两级社区矫正机构主要负责监督指导、跨区域执法的组织协调以及与同级社区矫正决定机关对接的案件办理工作。

第10条 司法所根据社区矫正机构的委托，承担社区矫正相关工作。

第11条 社区矫正机构依法加强信息化建设，运用现代信息技术开展监督管理和教育帮扶。

社区矫正工作相关部门之间依法进行信息共享，人民法院、人民检察院、公安机关、司法行政机关依法建立完善社区矫正信息交换平台，实现业务协同、互联互通，运用现代信息技术及时准确传输交换有关法律文书，根据需要实时查询社区矫正对象交付接收、监督管理、教育帮扶、脱离监管、被治安管理处罚、被采取强制措施、变更刑事执行、办理再犯罪案件等情况，共享社区矫正工作动态信息，提高社区矫正信息化水平。

第12条 对拟适用社区矫正的，社区矫正决定机关应当核实社区矫正对象的居住地。社区矫正对象在多个地方居住的，可以确定经常居住地为执行地。没有居住地，居住地、经常居住地无法确定或者不适宜执行社区矫正的，应当根据有利于社区矫正对象接受矫正、更好地融入社会的原则，确定社区矫正执行地。被确定为执行地的社区矫正机构应当及时接收。

社区矫正对象的居住地是指其实际居住的县（市、区）。社区矫正对象的经常居住地是指其经常居住的，有固定住所、固定生活来源的县（市、区）。

社区矫正对象应如实提供其居住、户籍等情况，并提供必要的证明材料。

第13条 社区矫正决定机关对拟适用社区矫正的被告人、罪犯，需要调查其社会危险性和对所居住社区影响的，可以委托拟确定为执行地的社区矫正机构或者有关社会组织进行调查评估。社区矫正机构或者有关社会组织收到委托文书后应当及时通知执行地县级人民检察院。

第14条 社区矫正机构、有关社会组织接受委托后，应当对被告人或者罪犯的居所情况、家庭和社会关系、犯罪行为的后果和影响、居住地村(居)民委员会和被害人意见、拟禁止的事项、社会危险性、对所居住社区的影响等情况进行调查了解，形成调查评估意见，与相关材料一起提交委托机关。调查评估时，相关单位、部门、村（居）民委员会等组织、个人应当依法为调查评估提供必要的协助。

社区矫正机构、有关社会组织应当自收到调查评估委托函及所附材料之日起十个工作日内完成调查评估，提交评估意见。对于适用刑事案件速裁程序的，应当在五个工作日内完成调查评估，提交评估意见。评估意见同时抄送执行地县级人民检察院。需要延长调查评估时限的，社区矫正机构、有关社会组织应当与委托机关协商，并在协商确定的期限内完成调查评估。因被告人或者罪犯的姓名、居住地不真实、身份不明等原因，社区矫正机构、有关社会组织无法进行调查评估的，应当及时向委托机关说明情况。社区矫正决定机关对调查评估意见的采信情况，应当在相关法律文书中说明。

对调查评估意见以及调查中涉及的国家秘密、商业秘密、个人隐私等信息，应当保密，不得泄露。

第15条 社区矫正决定机关应当对社区矫正对象进行教育，书面告知其到执行地县级社区矫正机构报到的时间期限以及逾期报到或者未报到的后果，责令其按时报到。

第16条 社区矫正决定机关应当自判决、裁定或者决定生效之日起五日内通知执行地县级社区矫正机构，并在十日内将判决书、裁定书、决定书、执行通知书等法律文书送达执行地县级社区矫正机构，同时抄送人民检察院。收到法律文书后，社区矫正机构应当在五日内送达回执。

社区矫正对象前来报到时，执行地县级社区矫正机构未收到法律文书或者法律文书不齐全，应当先记录在案，为其办理登记接收手续，并通知社区矫正决定机关在五日内送达或者补齐法律文书。

第17条 被判处管制、宣告缓刑、裁定假释的社区矫正对象到执行地县级社区矫正机构报到时，社区矫正机构应当核对法律文书、核实身份，办理登记接收手续。对社区矫正对象存在因行动不便、自行报到确有困难等特殊情况的，社区矫正机构可以派员到其居住地等场所办理登记接收手续。

暂予监外执行的社区矫正对象，由公安机关、监狱或者看守所依法移送至执行地县级社区矫正机构，办理交付接收手续。罪犯原服刑地与居住地不在同一省、自治区、直辖市，需要回居住地暂予监外执行的，原服刑地的省级以上监狱管理机关或者设区的市一级以上公安机关应当书面通知罪犯居住地的监狱管理机关、公安机关，由其指定一所监狱、看守所接收社区矫正对象档案，负责办理其收监、刑满释放等手续。对看守所留所服刑罪犯暂予监外执行，原服刑地与居住地在同一省、自治区、直辖市的，可以不移交档案。

第18条 执行地县级社区矫正机构接收社区矫正对象后，应当建立社区矫正档案，包括以下内容：

（一）适用社区矫正的法律文书；

（二）接收、监管审批、奖惩、收监执行、解除矫正、终止矫正等有关社区矫正执行活动的法律文书；

（三）进行社区矫正的工作记录；

（四）社区矫正对象接受社区矫正的其他相关材料。

接受委托对社区矫正对象进行日常管理的司法所应当建立工作档案。

第19条 执行地县级社区矫正机构、受委托的司法所应当为社区矫正对象确定矫正小组，与矫正小组签订矫正责任书，明确矫正小组成员的责任和义务，负责落实矫正方案。

矫正小组主要开展下列工作：

（一）按照矫正方案，开展个案矫正工作；

（二）督促社区矫正对象遵纪守法，遵守社区矫正规定；

（三）参与对社区矫正对象的考核评议和教育活动；

（四）对社区矫正对象走访谈话，了解其思想、工作和生活情况，及时向社区矫正机构或者司法所报告；

（五）协助对社区矫正对象进行监督管理和教育帮扶；

（六）协助社区矫正机构或者司法所开展其他工作。

第20条 执行地县级社区矫正机构接收社区矫正对象后，应当组织或者委托司法所组织入矫宣告。

入矫宣告包括以下内容：

（一）判决书、裁定书、决定书、执行通知书等有关法律文书的主要内容；

（二）社区矫正期限；

（三）社区矫正对象应当遵守的规定、被剥夺或者限制行使的权利、被禁止的事项以及违反规定的法律后果；

（四）社区矫正对象依法享有的权利；

（五）矫正小组人员组成及职责；

（六）其他有关事项。

宣告由社区矫正机构或者司法所的工作人员主持，矫正小组成员及其他相关人员到场，按照规定程序进行。宣告后，社区矫正对象应当在书面材料上签字，确认已经了解所宣告的内容。

第21条 社区矫正机构应当根据社区矫正对象被判处管制、宣告缓刑、假释和暂予监外执行的不同裁判内容和犯罪类型、矫正阶段、再犯罪风险等情况，进行综合评估，划分不同类别，实施分类管理。

社区矫正机构应当把社区矫正对象的考核结果和奖惩情况作为分类管理的依据。

社区矫正机构对不同类别的社区矫正对象，在矫正措施和方法上应当有所区别，有针对性地开展监督管理和教育帮扶工作。

第22条 执行地县级社区矫正机构、受委托的司法所要根据社区矫正对象的性别、年龄、心理特点、健康状况、犯罪原因、悔罪表现等具体情况，制定矫正方案，有针对性地消除社区矫正对象可能重新犯罪的因素，帮助其成为守法公民。

矫正方案应当包括社区矫正对象基本情况、对社区矫正对象的综合评估结果、对社区矫正对象的心理状态和其他特殊情况的分析、拟采取的监督管理、教育帮扶措施等内容。

矫正方案应当根据分类管理的要求、实施效果以及社区矫正对象的表现等情况，相应调整。

第23条 执行地县级社区矫正机构、受委托的司法所应当根据社区矫正对象的个人生活、工作及所处社区的实际情况，有针对性地采取通信联络、信息化核查、实地查访等措施，了解掌握社区矫正对象的活动情况和行为表现。

第24条 社区矫正对象应当按照有关规定和社区矫正机构的要求，定期报告遵纪守法、接受监督管理、参加教育学习、公益活动和社会活动等情况。发生居所变化、工作变动、家庭重大变故以及接触对其矫正可能产生不利影响人员等情况时，应当及时报告。被宣告禁止令的社区矫正对象应当定期报告遵守禁止令的情况。

暂予监外执行的社区矫正对象应当每个月报告本人身体情况。保外就医的，应当到省级人民政府指定的医院检查，每三个月向执行地县级社区矫正机构、受委托的司法所提交病情复查情况。执行地县级社区矫正机构根据社区矫正对象的病情及保证人等情况，可以调整报告身体情况和提交复查情况的期限。延长一个月至三个月以下的，报上一级社区矫正机构批准；延长三个月以上的，逐级上报省级社区矫正机构批准。批准延长的，执行地县级社区矫正机构应当及时通报同级人民检察院。

社区矫正机构根据工作需要，可以协调对暂予监外执行的社区矫正对象进行病情诊断、妊娠检查或者生活不能自理的鉴别。

第25条 未经执行地县级社区矫正机构批准，社区矫正对象不得接触其犯罪案件中的被害人、控告人、举报人，不得接触同案犯等可能诱发其再犯罪的人。

第26条 社区矫正对象未经批准不得离开所居住市、县。确有正当理由需要离开的，应当经执行地县级社区矫正机构或者受委托的司法所批准。

社区矫正对象外出的正当理由是指就医、就学、参与诉讼、处理家庭或者工作重要事务等。

前款规定的市是指直辖市的城市市区、设区的市的城市市区和县级市的辖区。在设区的同一市内跨区活动的，不属于离开所居住的市、县。

第27条 社区矫正对象确需离开所居住的市、县的，一般应当提前三日提交书面申请，并如实提供诊断证明、单位证明、入学证明、法律文书等材料。

申请外出时间在七日内的，经执行地县级社区矫正机构委托，可以由司法所批准，并报执行地县级社区矫正机构备案；超过七日的，由执行地县级社区矫正机构批准。执行地县级社区矫正机构每次批准外出的时间不超过三十日。

因特殊情况确需外出超过三十日的，或者两个月内外出时间累计超过三十日的，应报上一级社区矫正机构审批。上一级社区矫正机构批准社区矫正对象外出的，执行地县级社区矫正机构应当及时通报同级人民检察院。

第28条 在社区矫正对象外出期间，执行地县级社区矫正机构、受委托的司法所应当通过电话通讯、实时视频等方式实施监督管理。

执行地县级社区矫正机构根据需要，可以协商外出目的地社区矫正机构协助监督管理，并要求社区矫正对象在到达和离开时向当地社区矫正机构报告，接受监督管理。外出目的地社区矫正机构在社区矫正对象报告后，可以通过电话通讯、实地查访等方式协助监督管理。

社区矫正对象应在外出期限届满前返回居住地，并向执行地县级社区矫正机构或者司法所报告，办理手续。因特殊原因无法按期返回的，应及时向社区矫正机构或者司法所报告情况。发现社区矫正对象违反外出管理规定的，社区矫正机构应当责令其立即返回，并视情节依法予以处理。

第29条 社区矫正对象确因正常工作和生活需要经常性跨市、县活动的，应当由本人提出书面申请，写明理由、经常性去往市县名称、时间、频次等，同时提供相应证明，由执行地县级社区矫正机构批准，批准一次的有效期为六个月。在批准的期限内，社区矫正对象到批准市、县活动的，可以通过电话、微信等方式报告活动情况。到期后，社区矫正对象仍需要经常性跨市、县活动的，应当重新提出申请。

第30条 社区矫正对象因工作、居所变化等原因需要变更执行地的，一般应当提前一个月提出书面申请，并提供相应证明材料，由受委托的司法所签署意见后报执行地县级社区矫正机构审批。

执行地县级社区矫正机构收到申请后，应当在五日内书面征求新执行地县级社区矫正机构的意见。新执行地县级社区矫正机构接到征求意见函后，应当在五日内核实有关情况，作出是否同意接收的意见并书面回复。执行地县级社区矫正机构根据回复意见，作出决定。执行地县级社区矫正机构对新执行地县级社区矫正机构的回复意见有异议的，可以报上一级社区矫正机构协调解决。

经审核，执行地县级社区矫正机构不同意变更执行地的，应在决定作出之日起五日内告知社区矫正对象。同意变更执行地的，应对社区矫正对象进行教育，书面告知其到新执行地县级社区矫正机构报到的时间期限以及逾期报到或者未报到的后果，责令其按时报到。

第31条 同意变更执行地的，原执行地县级社区矫正机构应当在作出决定之日起五日内，将有关法律文书和档案材料移交新执行地县级社区矫正机构，并将有关法律文书抄送社区矫正决定机关和原执行地县级人民检察院、公安机关。新执行地县级社区矫正机构收到法律文书和档案材料后，在五日内送达回执，并将有关法律文书抄送所在地县级人民检察院、公安机关。

同意变更执行地的，社区矫正对象应当自收到变更执行地决定之日起七日内，到新执行地县级社区矫正机构报到。新执行地县级社区矫正机构应当核实身份、办理登记接收手续。发现社区矫正对象未按规定时间报到的，新执行地县级社区矫正机构应当立即通知原执行地县级社区矫正机构，由原执行地县级社区矫正机构组织查找。未及时办理交付接收，造成社区矫正对象脱管漏管的，原执行地社区矫正机构会同新执行地社区矫正机构妥善处置。

对公安机关、监狱管理机关批准暂予监外执行的社区矫正对象变更执行地的，公安机关、监狱管理机关在收到社区矫正机构送达的法律文书后，应与新执行地同级公安机关、监狱管理机关办理交接。新执行地的公安机关、监狱管理机关应指定一所看守所、监狱接收社区矫正对象档案，负责办理其收监、刑满释放等手续。看守所、监狱在接收档案之日起五日内，应当将有关情况通报新执行地县级社区矫正机构。对公安机关批准暂予监外执行的社区矫正对象在同一省、自治区、直辖市变更执行地的，可以不移交档案。

第32条 社区矫正机构应当根据有关法律法规、部门规章和其他规范性文件，建立内容全面、程序合理、易于操作的社区矫正对象考核奖惩制度。

社区矫正机构、受委托的司法所应当根据社区矫正对象认罪悔罪、遵守有关规定、服从监督管理、接受教育等情况，定期对其考核。对于符合表扬条件、具备训诫、警告情形的社区矫正对象，经执行地县级社区矫正机构决定，可以给予其相应奖励或者处罚，作出书面决定。对于涉嫌违反治安管理行为的社区矫正对象，执行地县级社区矫正机构可以向同级公安机关提出建议。社区矫正机构奖励或者处罚的书面决定应当抄送人民检察院。

社区矫正对象的考核结果与奖惩应当书面通知其本人，定期公示，记入档案，做到准确及时、公开公平。社区矫正对象对考核奖惩提出异议的，执行地县级社区矫正机构应当及时处理，并将处理结果告知社区矫正对象。社区矫正对象对处理结果仍有异议的，可以向人民检察院提出。

第33条 社区矫正对象认罪悔罪、遵守法律法规、服从监督管理、接受教育表现突出的，应当给予表扬。

社区矫正对象接受社区矫正六个月以上并且同时符合下列条件的，执行地县级社区矫正机构可以给予表扬：

（一）服从人民法院判决，认罪悔罪；

（二）遵守法律法规；

（三）遵守关于报告、会客、外出、迁居等规定，服从社区矫正机构的管理；

（四）积极参加教育学习等活动，接受教育矫正的。

社区矫正对象接受社区矫正期间，有见义勇为、抢险救灾等突出表现，或者帮助他人、服务社会等突出事迹的，执行地县级社区矫正机构可以给予表扬。对于符合法定减刑条件的，由执行地县级社区矫正机构依照本办法第四十二条的规定，提出减刑建议。

第34条 社区矫正对象具有下列情形之一的，执行地县级社区矫正机构应当给予训诫：

（一）不按规定时间报到或者接受社区矫正期间脱离监管，未超过十日的；

（二）违反关于报告、会客、外出、迁居等规定，情节轻微的；

（三）不按规定参加教育学习等活动，经教育仍不改正的；

（四）其他违反监督管理规定，情节轻微的。

第35条 社区矫正对象具有下列情形之一的，执行地县级社区矫正机构应当给予警告：

（一）违反人民法院禁止令，情节轻微的；

（二）不按规定时间报到或者接受社区矫正期间脱离监管，超过十日的；

（三）违反关于报告、会客、外出、迁居等规定，情节较重的；

（四）保外就医的社区矫正对象无正当理由不按时提交病情复查情况，经教育仍不改正的；

（五）受到社区矫正机构两次训诫，仍不改正的；

（六）其他违反监督管理规定，情节较重的。

第36条 社区矫正对象违反监督管理规定或者人民法院禁止令，依法应予治安管理处罚的，执行地县级社区矫正机构应当及时提请同级公安机关依法给予处罚，并向执行地同级人民检察院抄送治安管理处罚建议书副本，及时通知处理结果。

第37条 电子定位装置是指运用卫星等定位技术，能对社区矫正对象进行定位等监管，并具有防拆、防爆、防水等性能的专门的电子设备，如电子定位腕带等，但不包括手机等设备。

对社区矫正对象采取电子定位装置进行监督管理的，应当告知社区矫正对象监管的期限、要求以及违反监管规定的后果。

第38条 发现社区矫正对象失去联系的，社区矫正机构应当立即组织查找，可以采取通信联络、信息化核查、实地查访等方式查找，查找时要做好记录，固定证据。查找不到的，社区矫正机构应当及时通知公安机关，公安机关应当协助查找。社区矫正机构应当及时将组织查找的情况通报人民检察院。

查找到社区矫正对象后，社区矫正机构应当根据其脱离监管的情形，给予相应处置。虽能查找到社区矫正对象下落但其拒绝接受监督管理的，社区矫正机构应当视情节依法提请公安机关予以治安管理处罚，或者依法提请撤销缓刑、撤销假释、对暂予监外执行的收监执行。

第39条 社区矫正机构根据执行禁止令的需要，可以协调有关的部门、单位、场所、个人协助配合执行禁止令。

对禁止令确定需经批准才能进入的特定区域或者场所，社区矫正对象确需进入的，应当经执行地县级社区矫正机构批准，并通知原审人民法院和执行地县级人民检察院。

第40条 发现社区矫正对象有违反监督管理规定或者人民法院禁止令等违法情形的，执行地县级社区矫正机构应当调查核实情况，收集有关证据材料，提出处理意见。

社区矫正机构发现社区矫正对象有撤销缓刑、撤销假释或者暂予监外执行收监执行的法定情形的，应当组织开展调查取证工作，依法向社区矫正决定机关提出撤销缓刑、撤销假释或者暂予监外执行收监执行建议，并将建议书抄送同级人民检察院。

第41条 社区矫正对象被依法决定行政拘留、司法拘留、强制隔离戒毒等或者因涉嫌犯新罪、发现判决宣告前还有其他罪没有判决被采取强制措施的，决定机关应当自作出决定之日起三日内将有关情况通知执行地县级社区矫正机构和执行地县级人民检察院。

第42条 社区矫正对象符合法定减刑条件的，由执行地县级社区矫正机构提出减刑建议书并附相关证据材料，报经地（市）社区矫正机构审核同意后，由地（市）社区矫正机构提请执行地的中级人民法院裁定。

依法应由高级人民法院裁定的减刑案件，由执行地县级社区矫正机构提出减刑建议书并附相关证据材料，逐级上报省级社区矫正机构审核同意后，由省级社区矫正机构提请执行地的高级人民法院裁定。

人民法院应当自收到减刑建议书和相关证据材料之日起三十日内依法裁定。

社区矫正机构减刑建议书和人民法院减刑裁定书副本，应当同时抄送社区矫正执行地同级人民检察院、公安机关及罪犯原服刑或者接收其档案的监狱。

第43条 社区矫正机构、受委托的司法所应当充分利用地方人民政府及其有关部门提供的教育帮扶场所和有关条件，按照因人施教的原则，有针对性地对社区矫正对象开展教育矫正活动。

社区矫正机构、司法所应当根据社区矫正对象的矫正阶段、犯罪类型、现实表现等实际情况，对其实施分类教育；应当结合社区矫正对象的个体特征、日常表现等具体情况，进行个别教育。

社区矫正机构、司法所根据需要可以采用集中教育、网上培训、实地参观等多种形式开展集体教育；组织社区矫正对象参加法治、道德等方面的教育活动；根据社区矫正对象的心理健康状况，对其开展心理健康教育、实施心理辅导。

社区矫正机构、司法所可以通过公开择优购买服务或者委托社会组织执行项目等方式，对社区矫正对象开展教育活动。

第44条 执行地县级社区矫正机构、受委托的司法所按照符合社会公共利益的原则，可以根据社区矫正对象的劳动能力、健康状况等情况，组织社区矫正对象参加公益活动。

第 45 条 执行地县级社区矫正机构、受委托的司法所依法协调有关部门和单位，根据职责分工，对遇到暂时生活困难的社区矫正对象提供临时救助；对就业困难的社区矫正对象提供职业技能培训和就业指导；帮助符合条件的社区矫正对象落实社会保障措施；协助在就学、法律援助等方面遇到困难的社区矫正对象解决问题。

第 46 条 社区矫正对象在缓刑考验期内，有下列情形之一的，由执行地同级社区矫正机构提出撤销缓刑建议：

（一）违反禁止令，情节严重的；

（二）无正当理由不按规定时间报到或者接受社区矫正期间脱离监管，超过一个月的；

（三）因违反监督管理规定受到治安管理处罚，仍不改正的；

（四）受到社区矫正机构两次警告，仍不改正的；

（五）其他违反有关法律、行政法规和监督管理规定，情节严重的情形。

社区矫正机构一般向原审人民法院提出撤销缓刑建议。如果原审人民法院与执行地同级社区矫正机构不在同一省、自治区、直辖市的，可以向执行地人民法院提出建议，执行地人民法院作出裁定的，裁定书同时抄送原审人民法院。

社区矫正机构撤销缓刑建议书和人民法院的裁定书副本同时抄送社区矫正执行地同级人民检察院。

第 47 条 社区矫正对象在假释考验期内，有下列情形之一的，由执行地同级社区矫正机构提出撤销假释建议：

（一）无正当理由不按规定时间报到或者接受社区矫正期间脱离监管，超过一个月的；

（二）受到社区矫正机构两次警告，仍不改正的；

（三）其他违反有关法律、行政法规和监督管理规定，尚未构成新的犯罪的。

社区矫正机构一般向原审人民法院提出撤销假释建议。如果原审人民法院与执行地同级社区矫正机构不在同一省、自治区、直辖市的，可以向执行地人民法院提出建议，执行地人民法院作出裁定的，裁定书同时抄送原审人民法院。

社区矫正机构撤销假释的建议书和人民法院的裁定书副本同时抄送社区

矫正执行地同级人民检察院、公安机关、罪犯原服刑或者接收其档案的监狱。

第48条 被提请撤销缓刑、撤销假释的社区矫正对象具备下列情形之一的，社区矫正机构在提出撤销缓刑、撤销假释建议书的同时，提请人民法院决定对其予以逮捕：

（一）可能逃跑的；

（二）具有危害国家安全、公共安全、社会秩序或者他人人身安全现实危险的；

（三）可能对被害人、举报人、控告人或者社区矫正机构工作人员等实施报复行为的；

（四）可能实施新的犯罪的。

社区矫正机构提请人民法院决定逮捕社区矫正对象时，应当提供相应证据，移送人民法院审查决定。

社区矫正机构提请逮捕、人民法院作出是否逮捕决定的法律文书，应当同时抄送执行地县级人民检察院。

第49条 暂予监外执行的社区矫正对象有下列情形之一的，由执行地县级社区矫正机构提出收监执行建议：

（一）不符合暂予监外执行条件的；

（二）未经社区矫正机构批准擅自离开居住的市、县，经警告拒不改正，或者拒不报告行踪，脱离监管的；

（三）因违反监督管理规定受到治安管理处罚，仍不改正的；

（四）受到社区矫正机构两次警告的；

（五）保外就医期间不按规定提交病情复查情况，经警告拒不改正的；

（六）暂予监外执行的情形消失后，刑期未满的；

（七）保证人丧失保证条件或者因不履行义务被取消保证人资格，不能在规定期限内提出新的保证人的；

（八）其他违反有关法律、行政法规和监督管理规定，情节严重的情形。

社区矫正机构一般向执行地社区矫正决定机关提出收监执行建议。如果原社区矫正决定机关与执行地县级社区矫正机构在同一省、自治区、直辖市的，可以向原社区矫正决定机关提出建议。

社区矫正机构的收监执行建议书和决定机关的决定书，应当同时抄送执行地县级人民检察院。

第50条 人民法院裁定撤销缓刑、撤销假释或者决定暂予监外执行收监执行的，由执行地县级公安机关本着就近、便利、安全的原则，送交社区矫正对象执行地所属的省、自治区、直辖市管辖范围内的看守所或者监狱执行刑罚。

公安机关决定暂予监外执行收监执行的，由执行地县级公安机关送交存放或者接收罪犯档案的看守所收监执行。

监狱管理机关决定暂予监外执行收监执行的，由存放或者接收罪犯档案的监狱收监执行。

第51条 撤销缓刑、撤销假释的裁定和收监执行的决定生效后，社区矫正对象下落不明的，应当认定为在逃。

被裁定撤销缓刑、撤销假释和被决定收监执行的社区矫正对象在逃的，由执行地县级公安机关负责追捕。撤销缓刑、撤销假释裁定书和对暂予监外执行罪犯收监执行决定书，可以作为公安机关追逃依据。

第52条 社区矫正机构应当建立突发事件处置机制，发现社区矫正对象非正常死亡、涉嫌实施犯罪、参与群体性事件的，应当立即与公安机关等有关部门协调联动、妥善处置，并将有关情况及时报告上一级社区矫正机构，同时通报执行地人民检察院。

第53条 社区矫正对象矫正期限届满，且在社区矫正期间没有应当撤销缓刑、撤销假释或者暂予监外执行收监执行情形的，社区矫正机构依法办理解除矫正手续。

社区矫正对象一般应当在社区矫正期满三十日前，作出个人总结，执行地县级社区矫正机构应当根据其在接受社区矫正期间的表现等情况作出书面鉴定，与安置帮教工作部门做好衔接工作。

执行地县级社区矫正机构应当向社区矫正对象发放解除社区矫正证明书，并书面通知社区矫正决定机关，同时抄送执行地县级人民检察院和公安机关。

公安机关、监狱管理机关决定暂予监外执行的社区矫正对象刑期届满的，由看守所、监狱依法为其办理刑满释放手续。

社区矫正对象被赦免的，社区矫正机构应当向社区矫正对象发放解除社区矫正证明书，依法办理解除矫正手续。

第54条　社区矫正对象矫正期满，执行地县级社区矫正机构或者受委托的司法所可以组织解除矫正宣告。

解矫宣告包括以下内容：

（一）宣读对社区矫正对象的鉴定意见；

（二）宣布社区矫正期限届满，依法解除社区矫正；

（三）对判处管制的，宣布执行期满，解除管制；对宣告缓刑的，宣布缓刑考验期满，原判刑罚不再执行；对裁定假释的，宣布考验期满，原判刑罚执行完毕。

宣告由社区矫正机构或者司法所工作人员主持，矫正小组成员及其他相关人员到场，按照规定程序进行。

第55条　社区矫正机构、受委托的司法所应当根据未成年社区矫正对象的年龄、心理特点、发育需要、成长经历、犯罪原因、家庭监护教育条件等情况，制定适应未成年人特点的矫正方案，采取有益于其身心健康发展、融入正常社会生活的矫正措施。

社区矫正机构、司法所对未成年社区矫正对象的相关信息应当保密。对未成年社区矫正对象的考核奖惩和宣告不公开进行。对未成年社区矫正对象进行宣告或者处罚时，应通知其监护人到场。

社区矫正机构、司法所应当选任熟悉未成年人身心特点，具有法律、教育、心理等专业知识的人员负责未成年人社区矫正工作，并通过加强培训、管理，提高专业化水平。

第56条　社区矫正工作人员的人身安全和职业尊严受法律保护。

对任何干涉社区矫正工作人员执法的行为，社区矫正工作人员有权拒绝，并按照规定如实记录和报告。对于侵犯社区矫正工作人员权利的行为，社区矫正工作人员有权提出控告。

社区矫正工作人员因依法履行职责遭受不实举报、诬告陷害、侮辱诽谤，致使名誉受到损害的，有关部门或者个人应当及时澄清事实，消除不良影响，并依法追究相关单位或者个人的责任。

对社区矫正工作人员追究法律责任，应当根据其行为的危害程度、造成的后果、以及责任大小予以确定，实事求是，过罚相当。社区矫正工作人员依法履职的，不能仅因社区矫正对象再犯罪而追究其法律责任。

第57条 有关单位对人民检察院的书面纠正意见在规定的期限内没有回复纠正情况的，人民检察院应当督促回复。经督促被监督单位仍不回复或者没有正当理由不纠正的，人民检察院应当向上一级人民检察院报告。

有关单位对人民检察院的检察建议在规定的期限内经督促无正当理由不予整改或者整改不到位的，检察机关可以将相关情况报告上级人民检察院，通报被建议单位的上级机关、行政主管部门或者行业自律组织等，必要时可以报告同级党委、人大，通报同级政府、纪检监察机关。

第58条 本办法所称"以上""内"，包括本数；"以下""超过"，不包括本数。

● 请示答复

3.《公安机关办理刑事案件程序规定》（2020年7月20日　公安部令第159号）

第302条 对被判处管制、宣告缓刑、假释或者暂予监外执行的罪犯，已被羁押的，由看守所将其交付社区矫正机构执行。

对被判处剥夺政治权利的罪犯，由罪犯居住地的派出所负责执行。

4.《最高人民法院关于撤销缓刑时罪犯在宣告缓刑前羁押的时间能否折抵刑期问题的批复》（2002年4月10日　法释〔2002〕11号）

各省、自治区、直辖市高级人民法院，解放军军事法院，新疆维吾尔自治区高级人民法院生产建设兵团分院：

最近，有的法院反映，关于在撤销缓刑时罪犯在宣告缓刑前羁押的时间能否折抵刑期的问题不明确。经研究，批复如下：

根据刑法第七十七条的规定，对被宣告缓刑的犯罪分子撤销缓刑执行原判刑罚的，对其在宣告缓刑前羁押的时间应当折抵刑期。

第二百七十条　剥夺政治权利的执行

对被判处剥夺政治权利的罪犯，由公安机关执行。执行期满，应当由执行机关书面通知本人及其所在单位、居住地基层组织。

● *司法解释及文件*

1.《最高人民法院关于适用〈中华人民共和国刑事诉讼法〉的解释》（2021年1月26日　法释〔2021〕1号）

第520条　对单处剥夺政治权利的罪犯，人民法院应当在判决、裁定生效后十日以内，将判决书、裁定书、执行通知书等法律文书送达罪犯居住地的县级公安机关，并抄送罪犯居住地的县级人民检察院。

● *部门规章及文件*

2.《公安机关办理刑事案件程序规定》（2020年7月20日修正　公安部令第159号）

第311条　负责执行剥夺政治权利的派出所应当按照人民法院的判决，向罪犯及其所在单位、居住地基层组织宣布其犯罪事实、被剥夺政治权利的期限，以及罪犯在执行期间应当遵守的规定。

第312条　被剥夺政治权利的罪犯在执行期间应当遵守下列规定：

（一）遵守国家法律、行政法规和公安部制定的有关规定，服从监督管理；

（二）不得享有选举权和被选举权；

（三）不得组织或者参加集会、游行、示威、结社活动；

（四）不得出版、制作、发行书籍、音像制品；

（五）不得接受采访，发表演说；

（六）不得在境内外发表有损国家荣誉、利益或者其他具有社会危害性的言论；

（七）不得担任国家机关职务；

（八）不得担任国有公司、企业、事业单位和人民团体的领导职务。

第313条　被剥夺政治权利的罪犯违反本规定第三百一十二条的规定，尚未构成新的犯罪的，公安机关依法可以给予治安管理处罚。

第314条　被剥夺政治权利的罪犯，执行期满，公安机关应当书面通知本人及其所在单位、居住地基层组织。

第四节　对又犯新罪罪犯的处理

第315条　对留看守所执行刑罚的罪犯，在暂予监外执行期间又犯新罪的，由犯罪地公安机关立案侦查，并通知批准机关。批准机关作出收监执行决定后，应当根据侦查、审判需要，由犯罪地看守所或者暂予监外执行地看守所收监执行。

● *请示答复*

3.《最高人民法院关于在执行附加刑剥夺政治权利期间犯新罪应如何处理的批复》（2009 年 5 月 25 日　法释〔2009〕10 号）

一、对判处有期徒刑并处剥夺政治权利的罪犯，主刑已执行完毕，在执行附加刑剥夺政治权利期间又犯新罪，如果所犯新罪无须附加剥夺政治权利的，依照刑法第七十一条的规定数罪并罚。

二、前罪尚未执行完毕的附加刑剥夺政治权利的刑期从新罪的主刑有期徒刑执行之日起停止计算，并依照刑法第五十八条规定从新罪的主刑有期徒刑执行完毕之日或者假释之日起继续计算；附加刑剥夺政治权利的效力施用于新罪的主刑执行期间。

三、对判处有期徒刑的罪犯，主刑已执行完毕，在执行附加刑剥夺政治权利期间又犯新罪，如果所犯新罪也剥夺政治权利的，依照刑法第五十五条、第五十七条、第七十一条的规定并罚。

第二百七十一条　罚金的执行

被判处罚金的罪犯，期满不缴纳的，人民法院应当强制缴纳；如果由于遭遇不能抗拒的灾祸等原因缴纳确实有困难的，经人民法院裁定，可以延期缴纳、酌情减少或者免除。

● *司法解释及文件*

1.《人民检察院刑事诉讼规则》（2019 年 12 月 30 日　高检发释字〔2019〕4 号）

第 645 条　人民检察院发现人民法院执行刑事裁判涉财产部分具有下列情形之一的，应当依法提出纠正意见：

（一）执行立案活动违法的；

（二）延期缴纳、酌情减少或者免除罚金违法的；

（三）中止执行或者终结执行违法的；

（四）被执行人有履行能力，应当执行而不执行的；

（五）损害被执行人、被害人、利害关系人或者案外人合法权益的；

（六）刑事裁判全部或者部分被撤销后未依法返还或者赔偿的；

（七）执行的财产未依法上缴国库的；

（八）其他违法情形。

人民检察院对人民法院执行刑事裁判涉财产部分进行监督，可以对公安机关查封、扣押、冻结涉案财物的情况，人民法院审判部门、立案部门、执行部门移送、立案、执行情况，被执行人的履行能力等情况向有关单位和个人进行调查核实。

第646条 人民检察院发现被执行人或者其他人员有隐匿、转移、变卖财产等妨碍执行情形的，可以建议人民法院及时查封、扣押、冻结。

公安机关不依法向人民法院移送涉案财物、相关清单、照片和其他证明文件，或者对涉案财物的查封、扣押、冻结、返还、处置等活动存在违法情形的，人民检察院应当依法提出纠正意见。

2.《最高人民法院关于适用〈中华人民共和国刑事诉讼法〉的解释》（2021年1月26日 法释〔2021〕1号）

第523条 罚金在判决规定的期限内一次或者分期缴纳。期满无故不缴纳或者未足额缴纳的，人民法院应当强制缴纳。经强制缴纳仍不能全部缴纳的，在任何时候，包括主刑执行完毕后，发现被执行人有可供执行的财产的，应当追缴。

行政机关对被告人就同一事实已经处以罚款的，人民法院判处罚金时应当折抵，扣除行政处罚已执行的部分。

第524条 因遭遇不能抗拒的灾祸等原因缴纳罚金确有困难，被执行人申请延期缴纳、酌情减少或者免除罚金的，应当提交相关证明材料。人民法院应当在收到申请后一个月以内作出裁定。符合法定条件的，应当准许；不符合条件的，驳回申请。

第527条 被判处财产刑，同时又承担附带民事赔偿责任的被执行人，应当先履行民事赔偿责任。

第528条 执行刑事裁判涉财产部分、附带民事裁判过程中，当事人、利害关系人认为执行行为违反法律规定，或者案外人对被执行标的书面提出异议的，人民法院应当参照民事诉讼法的有关规定处理。

第529条 执行刑事裁判涉财产部分、附带民事裁判过程中，具有下列情形之一的，人民法院应当裁定终结执行：

（一）据以执行的判决、裁定被撤销的；

（二）被执行人死亡或者被执行死刑，且无财产可供执行的；

（三）被判处罚金的单位终止，且无财产可供执行的；

（四）依照刑法第五十三条规定免除罚金的；

（五）应当终结执行的其他情形。

裁定终结执行后，发现被执行人的财产有被隐匿、转移等情形的，应当追缴。

第530条 被执行财产在外地的，第一审人民法院可以委托财产所在地的同级人民法院执行。

第531条 刑事裁判涉财产部分、附带民事裁判全部或者部分被撤销的，已经执行的财产应当全部或者部分返还被执行人；无法返还的，应当依法赔偿。

第532条 刑事裁判涉财产部分、附带民事裁判的执行，刑事诉讼法及有关刑事司法解释没有规定的，参照适用民事执行的有关规定。

3. **《最高人民法院关于刑事裁判涉财产部分执行的若干规定》**（2014年10月30日 法释〔2014〕13号）

第1条 本规定所称刑事裁判涉财产部分的执行，是指发生法律效力的刑事裁判主文确定的下列事项的执行：

（一）罚金、没收财产；

（二）责令退赔；

（三）处置随案移送的赃款赃物；

（四）没收随案移送的供犯罪所用本人财物；

（五）其他应当由人民法院执行的相关事项。

刑事附带民事裁判的执行，适用民事执行的有关规定。

第2条 刑事裁判涉财产部分，由第一审人民法院执行。第一审人民法院可以委托财产所在地的同级人民法院执行。

第3条 人民法院办理刑事裁判涉财产部分执行案件的期限为六个月。有特殊情况需要延长的，经本院院长批准，可以延长。

第4条 人民法院刑事审判中可能判处被告人财产刑、责令退赔的，刑事审判部门应当依法对被告人的财产状况进行调查；发现可能隐匿、转移财产的，应当及时查封、扣押、冻结其相应财产。

第5条 刑事审判或者执行中，对于侦查机关已经采取的查封、扣押、冻结，人民法院应当在期限届满前及时续行查封、扣押、冻结。人民法院续行查封、扣押、冻结的顺位与侦查机关查封、扣押、冻结的顺位相同。

对侦查机关查封、扣押、冻结的财产，人民法院执行中可以直接裁定处置，无需侦查机关出具解除手续，但裁定中应当指明侦查机关查封、扣押、冻结的事实。

第6条 刑事裁判涉财产部分的裁判内容，应当明确、具体。涉案财物或者被害人人数较多，不宜在判决主文中详细列明的，可以概括叙明并另附清单。

判处没收部分财产的，应当明确没收的具体财物或者金额。

判处追缴或者责令退赔的，应当明确追缴或者退赔的金额或财物的名称、数量等相关情况。

第7条 由人民法院执行机构负责执行的刑事裁判涉财产部分，刑事审判部门应当及时移送立案部门审查立案。

移送立案应当提交生效裁判文书及其附件和其他相关材料，并填写《移送执行表》。《移送执行表》应当载明以下内容：

（一）被执行人、被害人的基本信息；

（二）已查明的财产状况或者财产线索；

（三）随案移送的财产和已经处置财产的情况；

（四）查封、扣押、冻结财产的情况；

（五）移送执行的时间；

（六）其他需要说明的情况。

人民法院立案部门经审查，认为属于移送范围且移送材料齐全的，应当在七日内立案，并移送执行机构。

第8条 人民法院可以向刑罚执行机关、社区矫正机构等有关单位调查被执行人的财产状况，并可以根据不同情形要求有关单位协助采取查封、扣押、冻结、划拨等执行措施。

第9条 判处没收财产的，应当执行刑事裁判生效时被执行人合法所有的财产。

执行没收财产或罚金刑，应当参照被扶养人住所地政府公布的上年度当地居民最低生活费标准，保留被执行人及其所扶养家属的生活必需费用。

第10条 对赃款赃物及其收益，人民法院应当一并追缴。

被执行人将赃款赃物投资或者置业，对因此形成的财产及其收益，人民法院应予追缴。

被执行人将赃款赃物与其他合法财产共同投资或者置业，对因此形成的财产中与赃款赃物对应的份额及其收益，人民法院应予追缴。

对于被害人的损失，应当按照刑事裁判认定的实际损失予以发还或者赔偿。

第11条 被执行人将刑事裁判认定为赃款赃物的涉案财物用于清偿债务、转让或者设置其他权利负担，具有下列情形之一的，人民法院应予追缴：

（一）第三人明知是涉案财物而接受的；

（二）第三人无偿或者以明显低于市场的价格取得涉案财物的；

（三）第三人通过非法债务清偿或者违法犯罪活动取得涉案财物的；

（四）第三人通过其他恶意方式取得涉案财物的。

第三人善意取得涉案财物的，执行程序中不予追缴。作为原所有人的被害人对该涉案财物主张权利的，人民法院应当告知其通过诉讼程序处理。

第12条 被执行财产需要变价的，人民法院执行机构应当依法采取拍卖、变卖等变价措施。

涉案财物最后一次拍卖未能成交，需要上缴国库的，人民法院应当通知有关财政机关以该次拍卖保留价予以接收；有关财政机关要求继续变价的，可以进行无保留价拍卖。需要退赔被害人的，以该次拍卖保留价以物退赔；被害人不同意以物退赔的，可以进行无保留价拍卖。

第13条 被执行人在执行中同时承担刑事责任、民事责任，其财产不足以支付的，按照下列顺序执行：

（一）人身损害赔偿中的医疗费用；

（二）退赔被害人的损失；

（三）其他民事债务；

（四）罚金；

（五）没收财产。

债权人对执行标的依法享有优先受偿权，其主张优先受偿的，人民法院应当在前款第（一）项规定的医疗费用受偿后，予以支持。

第14条 执行过程中，当事人、利害关系人认为执行行为违反法律规定，或者案外人对执行标的主张足以阻止执行的实体权利，向执行法院提出书面异议的，执行法院应当依照民事诉讼法第二百二十五条的规定处理。

人民法院审查案外人异议、复议，应当公开听证。

第15条 执行过程中，案外人或被害人认为刑事裁判中对涉案财物是否属于赃款赃物认定错误或者应予认定而未认定，向执行法院提出书面异议，可以通过裁定补正的，执行机构应当将异议材料移送刑事审判部门处理；无法通过裁定补正的，应当告知异议人通过审判监督程序处理。

第16条 人民法院办理刑事裁判涉财产部分执行案件，刑法、刑事诉讼法及有关司法解释没有相应规定的，参照适用民事执行的有关规定。

4.《最高人民法院关于人民法院立案、审判与执行工作协调运行的意见》
(2018年5月28日　法发〔2018〕9号)

4. 立案部门在对刑事裁判涉财产部分移送执行立案审查时，重点审查《移送执行表》载明的以下内容：

(1) 被执行人、被害人的基本信息；

(2) 已查明的财产状况或者财产线索；

(3) 随案移送的财产和已经处置财产的情况；

(4) 查封、扣押、冻结财产的情况；

(5) 移送执行的时间；

(6) 其他需要说明的情况。

《移送执行表》信息存在缺漏的，应要求刑事审判部门及时补充完整。

13. 刑事裁判涉财产部分的裁判内容，应当明确、具体。涉案财物或者被害人人数较多，不宜在判决主文中详细列明的，可以概括叙明并另附清单。判处没收部分财产的，应当明确没收的具体财物或者金额。判处追缴或者责令退赔的，应当明确追缴或者退赔的金额或财物的名称、数量等有关情况。

三、执行工作

14. 执行标的物为特定物的，应当执行原物。原物已经毁损或者灭失的，经双方当事人同意，可以折价赔偿。双方对折价赔偿不能协商一致的，按照下列方法处理：

(1) 原物毁损或者灭失发生在最后一次法庭辩论结束前的，执行机构应当告知当事人可通过审判监督程序救济；

(2) 原物毁损或者灭失发生在最后一次法庭辩论结束后的，执行机构应当终结执行程序并告知申请执行人可另行起诉。

无法确定原物在最后一次法庭辩论结束前还是结束后毁损或者灭失的，按照前款第二项规定处理。

15. 执行机构发现本院作出的生效法律文书执行内容不明确的，应书面征询审判部门的意见。审判部门应在15日内作出书面答复或者裁定予以补正。审判部门未及时答复或者不予答复的，执行机构可层报院长督促审判部门答复。

执行内容不明确的生效法律文书是上级法院作出的，执行法院的执行机构应当层报上级法院执行机构，由上级法院执行机构向审判部门征询意见。审判部门应在15日内作出书面答复或者裁定予以补正。上级法院的审判部门未及时答复或者不予答复的，上级法院执行机构层报院长督促审判部门答复。

执行内容不明确的生效法律文书是其他法院作出的，执行法院的执行机构可以向作出生效法律文书的法院执行机构发函，由该法院执行机构向审判部门征询意见。审判部门应在15日内作出书面答复或者裁定予以补正。审判部门未及时答复或者不予答复的，作出生效法律文书的法院执行机构层报院长督促审判部门答复。

第二百七十二条 没收财产的执行

没收财产的判决，无论附加适用或者独立适用，都由人民法院执行；在必要的时候，可以会同公安机关执行。

● 司法解释及文件

1.《最高人民法院关于适用财产刑若干问题的规定》（2000年12月13日 法释〔2000〕45号）

为正确理解和执行刑法有关财产刑的规定，现就适用财产刑的若干问题规定如下：

第1条 刑法规定“并处”没收财产或者罚金的犯罪，人民法院在对犯罪分子判处主刑的同时，必须依法判处相应的财产刑；刑法规定“可以并处”没收财产或者罚金的犯罪，人民法院应当根据案件具体情况及犯罪分子的财产状况，决定是否适用财产刑。

第2条 人民法院应当根据犯罪情节，如违法所得数额、造成损失的大小等，并综合考虑犯罪分子缴纳罚金的能力，依法判处罚金。刑法没有明确规定罚金数额标准的，罚金的最低数额不能少于一千元。

对未成年人犯罪应当从轻或者减轻判处罚金，但罚金的最低数额不能少于五百元。

第3条 依法对犯罪分子所犯数罪分别判处罚金的，应当实行并罚，将所判处的罚金数额相加，执行总和数额。

一人犯数罪依法同时并处罚金和没收财产的，应当合并执行；但并处没收全部财产的，只执行没收财产刑。

第4条 犯罪情节较轻，适用单处罚金不致再危害社会并具有下列情形之一的，可以依法单处罚金：

（一）偶犯或者初犯；

（二）自首或者有立功表现的；

（三）犯罪时不满十八周岁的；

（四）犯罪预备、中止或者未遂的；

（五）被胁迫参加犯罪的；

（六）全部退赃并有悔罪表现的；

（七）其他可以依法单处罚金的情形。

第5条 刑法第五十三条规定的"判决指定的期限"应当在判决书中予以确定；"判决指定的期限"应为从判决发生法律效力第二日起最长不超过三个月。

第6条 刑法第五十三条规定的"由于遭遇不能抗拒的灾祸缴纳确实有困难的"，主要是指因遭受火灾、水灾、地震等灾祸而丧失财产；罪犯因重病、伤残等而丧失劳动能力，或者需要罪犯抚养的近亲属患有重病，需支付巨额医药费等，确实没有财产可供执行的情形。

具有刑法第五十三条规定"可以酌情减少或者免除"事由的，由罪犯本人、亲属或者犯罪单位向负责执行的人民法院提出书面申请，并提供相应的证明材料。人民法院审查以后，根据实际情况，裁定减少或者免除应当缴纳的罚金数额。

第7条 刑法第六十条规定的"没收财产以前犯罪分子所负的正当债务"，是指犯罪分子在判决生效前所负他人的合法债务。

第8条 罚金刑的数额应当以人民币为计算单位。

第9条 人民法院认为依法应当判处被告人财产刑的，可以在案件审理过程中，决定扣押或者冻结被告人的财产。

第10条 财产刑由第一审人民法院执行。

犯罪分子的财产在异地的，第一审人民法院可以委托财产所在地人民法院代为执行。

第11条 自判决指定的期限届满第二日起，人民法院对于没有法定减免事由不缴纳罚金的，应当强制其缴纳。

对于隐藏、转移、变卖、损毁已被扣押、冻结财产情节严重的，依照刑法第三百一十四条的规定追究刑事责任。

2.《最高人民法院关于适用〈中华人民共和国刑事诉讼法〉的解释》（2021年1月26日　法释〔2021〕1号）

第522条 刑事裁判涉财产部分和附带民事裁判应当由人民法院执行的，由第一审人民法院负责裁判执行的机构执行。

第523条 罚金在判决规定的期限内一次或者分期缴纳。期满无故不缴纳或者未足额缴纳的，人民法院应当强制缴纳。经强制缴纳仍不能全部缴纳的，在任何时候，包括主刑执行完毕后，发现被执行人有可供执行的财产的，应当追缴。

行政机关对被告人就同一事实已经处以罚款的，人民法院判处罚金时应当折抵，扣除行政处罚已执行的部分。

第524条 因遭遇不能抗拒的灾祸等原因缴纳罚金确有困难，被执行人申请延期缴纳、酌情减少或者免除罚金的，应当提交相关证明材料。人民法院应当在收到申请后一个月以内作出裁定。符合法定条件的，应当准许；不符合条件的，驳回申请。

第525条 判处没收财产的，判决生效后，应当立即执行。

第526条 执行财产刑，应当参照被扶养人住所地政府公布的上年度当地居民最低生活费标准，保留被执行人及其所扶养人的生活必需费用。

第527条 被判处财产刑，同时又承担附带民事赔偿责任的被执行人，应当先履行民事赔偿责任。

第528条 执行刑事裁判涉财产部分、附带民事裁判过程中，当事人、利害关系人认为执行行为违反法律规定，或者案外人对被执行标的书面提出异议的，人民法院应当参照民事诉讼法的有关规定处理。

第529条 执行刑事裁判涉财产部分、附带民事裁判过程中，具有下列情形之一的，人民法院应当裁定终结执行：

（一）据以执行的判决、裁定被撤销的；

（二）被执行人死亡或者被执行死刑，且无财产可供执行的；

（三）被判处罚金的单位终止，且无财产可供执行的；

（四）依照刑法第五十三条规定免除罚金的；

（五）应当终结执行的其他情形。

裁定终结执行后，发现被执行人的财产有被隐匿、转移等情形的，应当追缴。

第530条 被执行财产在外地的，第一审人民法院可以委托财产所在地的同级人民法院执行。

第531条 刑事裁判涉财产部分、附带民事裁判全部或者部分被撤销的，已经执行的财产应当全部或者部分返还被执行人；无法返还的，应当依法赔偿。

第532条 刑事裁判涉财产部分、附带民事裁判的执行，刑事诉讼法及有关刑事司法解释没有规定的，参照适用民事执行的有关规定。

第二百七十三条 对新罪、漏罪的处理及减刑、假释的程序

罪犯在服刑期间又犯罪的，或者发现了判决的时候所没有发现的罪行，由执行机关移送人民检察院处理。

被判处管制、拘役、有期徒刑或者无期徒刑的罪犯，在执行期间确有悔改或者立功表现，应当依法予以减刑、假释的时候，由执行机关提出建议书，报请人民法院审核裁定，并将建议书副本抄送人民检察院。人民检察院可以向人民法院提出书面意见。

● 司法解释及文件

1.《最高人民法院关于死刑缓期执行限制减刑案件审理程序若干问题的规定》（2011年4月25日 法释〔2011〕8号）

为正确适用《中华人民共和国刑法修正案（八）》关于死刑缓期执行限

制减刑的规定，根据刑事诉讼法的有关规定，结合审判实践，现就相关案件审理程序的若干问题规定如下：

第1条 根据刑法第五十条第二款的规定，对被判处死刑缓期执行的累犯以及因故意杀人、强奸、抢劫、绑架、放火、爆炸、投放危险物质或者有组织的暴力性犯罪被判处死刑缓期执行的犯罪分子，人民法院根据犯罪情节、人身危险性等情况，可以在作出裁判的同时决定对其限制减刑。

第2条 被告人对第一审人民法院作出的限制减刑判决不服的，可以提出上诉。被告人的辩护人和近亲属，经被告人同意，也可以提出上诉。

第3条 高级人民法院审理或者复核判处死刑缓期执行并限制减刑的案件，认为原判对被告人判处死刑缓期执行适当，但判决限制减刑不当的，应当改判，撤销限制减刑。

第4条 高级人民法院审理判处死刑缓期执行没有限制减刑的上诉案件，认为原判事实清楚、证据充分，但应当限制减刑的，不得直接改判，也不得发回重新审判。确有必要限制减刑的，应当在第二审判决、裁定生效后，按照审判监督程序重新审判。

高级人民法院复核判处死刑缓期执行没有限制减刑的案件，认为应当限制减刑的，不得以提高审级等方式对被告人限制减刑。

第5条 高级人民法院审理判处死刑的第二审案件，对被告人改判死刑缓期执行的，如果符合刑法第五十条第二款的规定，可以同时决定对其限制减刑。

高级人民法院复核判处死刑后没有上诉、抗诉的案件，认为应当改判死刑缓期执行并限制减刑的，可以提审或者发回重新审判。

第6条 最高人民法院复核死刑案件，认为对被告人可以判处死刑缓期执行并限制减刑的，应当裁定不予核准，并撤销原判，发回重新审判。

一案中两名以上被告人被判处死刑，最高人民法院复核后，对其中部分被告人改判死刑缓期执行的，如果符合刑法第五十条第二款的规定，可以同时决定对其限制减刑。

第7条 人民法院对被判处死刑缓期执行的被告人所作的限制减刑决定，应当在判决书主文部分单独作为一项予以宣告。

第8条 死刑缓期执行限制减刑案件审理程序的其他事项，依照刑事诉讼法和有关司法解释的规定执行。

2.《**最高人民法院关于减刑、假释案件审理程序的规定**》（2014年4月23日 法释〔2014〕5号）

第1条 对减刑、假释案件，应当按照下列情形分别处理：

（一）对被判处死刑缓期执行的罪犯的减刑，由罪犯服刑地的高级人民法院在收到同级监狱管理机关审核同意的减刑建议书后一个月内作出裁定；

（二）对被判处无期徒刑的罪犯的减刑、假释，由罪犯服刑地的高级人民法院在收到同级监狱管理机关审核同意的减刑、假释建议书后一个月内作出裁定，案情复杂或者情况特殊的，可以延长一个月；

（三）对被判处有期徒刑和被减为有期徒刑的罪犯的减刑、假释，由罪犯服刑地的中级人民法院在收到执行机关提出的减刑、假释建议书后一个月内作出裁定，案情复杂或者情况特殊的，可以延长一个月；

（四）对被判处拘役、管制的罪犯的减刑，由罪犯服刑地中级人民法院在收到同级执行机关审核同意的减刑、假释建议书后一个月内作出裁定。

对暂予监外执行罪犯的减刑，应当根据情况，分别适用前款的有关规定。

第2条 人民法院受理减刑、假释案件，应当审查执行机关移送的下列材料：

（一）减刑或者假释建议书；

（二）终审法院裁判文书、执行通知书、历次减刑裁定书的复印件；

（三）罪犯确有悔改或者立功、重大立功表现的具体事实的书面证明材料；

（四）罪犯评审鉴定表、奖惩审批表等；

（五）其他根据案件审理需要应予移送的材料。

报请假释的，应当附有社区矫正机构或者基层组织关于罪犯假释后对所居住社区影响的调查评估报告。

人民检察院对报请减刑、假释案件提出检察意见的，执行机关应当一并移送受理减刑、假释案件的人民法院。

经审查，材料齐备的，应当立案；材料不齐的，应当通知执行机关在三日内补送，逾期未补送的，不予立案。

第3条 人民法院审理减刑、假释案件，应当在立案后五日内将执行机关报请减刑、假释的建议书等材料依法向社会公示。

公示内容应当包括罪犯的个人情况、原判认定的罪名和刑期、罪犯历次减刑情况、执行机关的建议及依据。

公示应当写明公示期限和提出意见的方式。公示期限为五日。

第4条 人民法院审理减刑、假释案件，应当依法由审判员或者由审判员和人民陪审员组成合议庭进行。

第5条 人民法院审理减刑、假释案件，除应当审查罪犯在执行期间的一贯表现外，还应当综合考虑犯罪的具体情节、原判刑罚情况、财产刑执行情况、附带民事裁判履行情况、罪犯退赃退赔等情况。

人民法院审理假释案件，除应当审查第一款所列情形外，还应当综合考虑罪犯的年龄、身体状况、性格特征、假释后生活来源以及监管条件等影响再犯罪的因素。

执行机关以罪犯有立功表现或重大立功表现为由提出减刑的，应当审查立功或重大立功表现是否属实。涉及发明创造、技术革新或者其他贡献的，应当审查该成果是否系罪犯在执行期间独立完成，并经有关主管机关确认。

第6条 人民法院审理减刑、假释案件，可以采取开庭审理或者书面审理的方式。但下列减刑、假释案件，应当开庭审理：

（一）因罪犯有重大立功表现报请减刑的；

（二）报请减刑的起始时间、间隔时间或者减刑幅度不符合司法解释一般规定的；

（三）公示期间收到不同意见的；

（四）人民检察院有异议的；

（五）被报请减刑、假释罪犯系职务犯罪罪犯，组织（领导、参加、包庇、纵容）黑社会性质组织犯罪罪犯，破坏金融管理秩序和金融诈骗犯罪罪犯及其他在社会上有重大影响或社会关注度高的；

（六）人民法院认为其他应当开庭审理的。

第7条 人民法院开庭审理减刑、假释案件，应当通知人民检察院、执行机关及被报请减刑、假释罪犯参加庭审。

人民法院根据需要，可以通知证明罪犯确有悔改表现或者立功、重大立功表现的证人，公示期间提出不同意见的人，以及鉴定人、翻译人员等其他人员参加庭审。

第8条 开庭审理应当在罪犯刑罚执行场所或者人民法院确定的场所进

行。有条件的人民法院可以采取视频开庭的方式进行。

在社区执行刑罚的罪犯因重大立功被报请减刑的，可以在罪犯服刑地或者居住地开庭审理。

第9条 人民法院对于决定开庭审理的减刑、假释案件，应当在开庭三日前将开庭的时间、地点通知人民检察院、执行机关、被报请减刑、假释罪犯和有必要参加庭审的其他人员，并于开庭三日前进行公告。

第10条 减刑、假释案件的开庭审理由审判长主持，应当按照以下程序进行：

（一）审判长宣布开庭，核实被报请减刑、假释罪犯的基本情况；

（二）审判长宣布合议庭组成人员、检察人员、执行机关代表及其他庭审参加人；

（三）执行机关代表宣读减刑、假释建议书，并说明主要理由；

（四）检察人员发表检察意见；

（五）法庭对被报请减刑、假释罪犯确有悔改表现或立功表现、重大立功表现的事实以及其他影响减刑、假释的情况进行调查核实；

（六）被报请减刑、假释罪犯作最后陈述；

（七）审判长对庭审情况进行总结并宣布休庭评议。

第11条 庭审过程中，合议庭人员对报请理由有疑问的，可以向被报请减刑、假释罪犯、证人、执行机关代表、检察人员提问。

庭审过程中，检察人员对报请理由有疑问的，在经审判长许可后，可以出示证据，申请证人到庭，向被报请减刑、假释罪犯及证人提问并发表意见。被报请减刑、假释罪犯对报请理由有疑问的，在经审判长许可后，可以出示证据，申请证人到庭，向证人提问并发表意见。

第12条 庭审过程中，合议庭对证据有疑问需要进行调查核实，或者检察人员、执行机关代表提出申请的，可以宣布休庭。

第13条 人民法院开庭审理减刑、假释案件，能够当庭宣判的应当当庭宣判；不能当庭宣判的，可以择期宣判。

第14条 人民法院书面审理减刑、假释案件，可以就被报请减刑、假释罪犯是否符合减刑、假释条件进行调查核实或听取有关方面意见。

第15条 人民法院书面审理减刑案件，可以提讯被报请减刑罪犯；书面审理假释案件，应当提讯被报请假释罪犯。

第16条 人民法院审理减刑、假释案件，应当按照下列情形分别处理：

（一）被报请减刑、假释罪犯符合法律规定的减刑、假释条件的，作出予以减刑、假释的裁定；

（二）被报请减刑的罪犯符合法律规定的减刑条件，但执行机关报请的减刑幅度不适当的，对减刑幅度作出相应调整后作出予以减刑的裁定；

（三）被报请减刑、假释罪犯不符合法律规定的减刑、假释条件的，作出不予减刑、假释的裁定。

在人民法院作出减刑、假释裁定前，执行机关书面申请撤回减刑、假释建议的，是否准许，由人民法院决定。

第17条 减刑、假释裁定书应当写明罪犯原判和历次减刑情况，确有悔改表现或者立功、重大立功表现的事实和理由，以及减刑、假释的法律依据。

裁定减刑的，应当注明刑期的起止时间；裁定假释的，应当注明假释考验期的起止时间。

裁定调整减刑幅度或者不予减刑、假释的，应当在裁定书中说明理由。

第18条 人民法院作出减刑、假释裁定后，应当在七日内送达报请减刑、假释的执行机关、同级人民检察院以及罪犯本人。作出假释裁定的，还应当送达社区矫正机构或者基层组织。

第19条 减刑、假释裁定书应当通过互联网依法向社会公布。

第20条 人民检察院认为人民法院减刑、假释裁定不当，在法定期限内提出书面纠正意见的，人民法院应当在收到纠正意见后另行组成合议庭审理，并在一个月内作出裁定。

第21条 人民法院发现本院已经生效的减刑、假释裁定确有错误的，应当依法重新组成合议庭进行审理并作出裁定；上级人民法院发现下级人民法院已经生效的减刑、假释裁定确有错误的，应当指令下级人民法院另行组成合议庭审理，也可以自行依法组成合议庭进行审理并作出裁定。

第22条 最高人民法院以前发布的司法解释和规范性文件，与本规定不一致的，以本规定为准。

3. **《最高人民法院关于办理减刑、假释案件具体应用法律的规定》**（2016年11月14日　法释〔2016〕23号）

为确保依法公正办理减刑、假释案件，依据《中华人民共和国刑法》《中华人民共和国刑事诉讼法》《中华人民共和国监狱法》和其他法律规定，结合司法实践，制定本规定。

第1条 减刑、假释是激励罪犯改造的刑罚制度，减刑、假释的适用应当贯彻宽严相济刑事政策，最大限度地发挥刑罚的功能，实现刑罚的目的。

第2条 对于罪犯符合刑法第七十八条第一款规定“可以减刑”条件的案件，在办理时应当综合考察罪犯犯罪的性质和具体情节、社会危害程度、原判刑罚及生效裁判中财产性判项的履行情况、交付执行后的一贯表现等因素。

第3条 “确有悔改表现”是指同时具备以下条件：

（一）认罪悔罪；

（二）遵守法律法规及监规，接受教育改造；

（三）积极参加思想、文化、职业技术教育；

（四）积极参加劳动，努力完成劳动任务。

对职务犯罪、破坏金融管理秩序和金融诈骗犯罪、组织（领导、参加、包庇、纵容）黑社会性质组织犯罪等罪犯，不积极退赃、协助追缴赃款赃物、赔偿损失，或者服刑期间利用个人影响力和社会关系等不正当手段意图获得减刑、假释的，不认定其“确有悔改表现”。

罪犯在刑罚执行期间的申诉权利应当依法保护，对其正当申诉不能不加分析地认为是不认罪悔罪。

第4条 具有下列情形之一的，可以认定为有“立功表现”：

（一）阻止他人实施犯罪活动的；

（二）检举、揭发监狱内外犯罪活动，或者提供重要的破案线索，经查证属实的；

（三）协助司法机关抓捕其他犯罪嫌疑人的；

（四）在生产、科研中进行技术革新，成绩突出的；

（五）在抗御自然灾害或者排除重大事故中，表现积极的；

（六）对国家和社会有其他较大贡献的。

第（四）项、第（六）项中的技术革新或者其他较大贡献应当由罪犯在刑罚执行期间独立或者为主完成，并经省级主管部门确认。

第5条 具有下列情形之一的，应当认定为有“重大立功表现”：

（一）阻止他人实施重大犯罪活动的；

（二）检举监狱内外重大犯罪活动，经查证属实的；

（三）协助司法机关抓捕其他重大犯罪嫌疑人的；

（四）有发明创造或者重大技术革新的；

（五）在日常生产、生活中舍己救人的；

（六）在抗御自然灾害或者排除重大事故中，有突出表现的；

（七）对国家和社会有其他重大贡献的。

第（四）项中的发明创造或者重大技术革新应当是罪犯在刑罚执行期间独立或者为主完成并经国家主管部门确认的发明专利，且不包括实用新型专利和外观设计专利；第（七）项中的其他重大贡献应当由罪犯在刑罚执行期间独立或者为主完成，并经国家主管部门确认。

第6条 被判处有期徒刑的罪犯减刑起始时间为：不满五年有期徒刑的，应当执行一年以上方可减刑；五年以上不满十年有期徒刑的，应当执行一年六个月以上方可减刑；十年以上有期徒刑的，应当执行二年以上方可减刑。有期徒刑减刑的起始时间自判决执行之日起计算。

确有悔改表现或者有立功表现的，一次减刑不超过九个月有期徒刑；确有悔改表现并有立功表现的，一次减刑不超过一年有期徒刑；有重大立功表现的，一次减刑不超过一年六个月有期徒刑；确有悔改表现并有重大立功表现的，一次减刑不超过二年有期徒刑。

被判处不满十年有期徒刑的罪犯，两次减刑间隔时间不得少于一年；被判处十年以上有期徒刑的罪犯，两次减刑间隔时间不得少于一年六个月。减刑间隔时间不得低于上次减刑减去的刑期。

罪犯有重大立功表现的，可以不受上述减刑起始时间和间隔时间的限制。

第7条 对符合减刑条件的职务犯罪罪犯，破坏金融管理秩序和金融诈骗犯罪罪犯，组织、领导、参加、包庇、纵容黑社会性质组织犯罪罪犯，危害国家安全犯罪罪犯，恐怖活动犯罪罪犯，毒品犯罪集团的首要分子及毒品再犯，累犯，确有履行能力而不履行或者不全部履行生效裁判中财产性判项的罪犯，被判处十年以下有期徒刑的，执行二年以上方可减刑，减刑幅度应当比照本规定第六条从严掌握，一次减刑不超过一年有期徒刑，两次减刑之间应当间隔一年以上。

对被判处十年以上有期徒刑的前款罪犯，以及因故意杀人、强奸、抢劫、绑架、放火、爆炸、投放危险物质或者有组织的暴力性犯罪被判处十年以上有期徒刑的罪犯，数罪并罚且其中两罪以上被判处十年以上有期徒刑的罪犯，执行二年以上方可减刑，减刑幅度应当比照本规定第六条从严掌握，一次减刑不超过一年有期徒刑，两次减刑之间应当间隔一年六个月以上。

罪犯有重大立功表现的，可以不受上述减刑起始时间和间隔时间的限制。

第8条 被判处无期徒刑的罪犯在刑罚执行期间，符合减刑条件的，执行二年以上，可以减刑。减刑幅度为：确有悔改表现或者有立功表现的，可以减为二十二年有期徒刑；确有悔改表现并有立功表现的，可以减为二十一年以上二十二年以下有期徒刑；有重大立功表现的，可以减为二十年以上二十一年以下有期徒刑；确有悔改表现并有重大立功表现的，可以减为十九年以上二十年以下有期徒刑。无期徒刑罪犯减为有期徒刑后再减刑时，减刑幅度依照本规定第六条的规定执行。两次减刑间隔时间不得少于二年。

罪犯有重大立功表现的，可以不受上述减刑起始时间和间隔时间的限制。

第9条 对被判处无期徒刑的职务犯罪罪犯，破坏金融管理秩序和金融诈骗犯罪罪犯，组织、领导、参加、包庇、纵容黑社会性质组织犯罪罪犯，危害国家安全犯罪罪犯，恐怖活动犯罪罪犯，毒品犯罪集团的首要分子及毒品再犯，累犯以及因故意杀人、强奸、抢劫、绑架、放火、爆炸、投放危险物质或者有组织的暴力性犯罪的罪犯，确有履行能力而不履行或者不全部履行生效裁判中财产性判项的罪犯，数罪并罚被判处无期徒刑的罪犯，符合减刑条件的，执行三年以上方可减刑，减刑幅度应当比照本规定第八条从严掌握，减刑后的刑期最低不得少于二十年有期徒刑；减为有期徒刑后再减刑时，减刑幅度比照本规定第六条从严掌握，一次不超过一年有期徒刑，两次减刑之间应当间隔二年以上。

罪犯有重大立功表现的，可以不受上述减刑起始时间和间隔时间的限制。

第10条 被判处死刑缓期执行的罪犯减为无期徒刑后，符合减刑条件的，执行三年以上方可减刑。减刑幅度为：确有悔改表现或者有立功表现的，可以减为二十五年有期徒刑；确有悔改表现并有立功表现的，可以减为二十四年以上二十五年以下有期徒刑；有重大立功表现的，可以减为二十三年以上二十四年以下有期徒刑；确有悔改表现并有重大立功表现的，可以减为二十二年以上二十三年以下有期徒刑。

被判处死刑缓期执行的罪犯减为有期徒刑后再减刑时，比照本规定第八条的规定办理。

第11条 对被判处死刑缓期执行的职务犯罪罪犯，破坏金融管理秩序和金融诈骗犯罪罪犯，组织、领导、参加、包庇、纵容黑社会性质组织犯罪罪犯，危害国家安全犯罪罪犯，恐怖活动犯罪罪犯，毒品犯罪集团的首要分子及毒品再犯，累犯以及因故意杀人、强奸、抢劫、绑架、放火、爆炸、投放危险物质或者有组织的暴力性犯罪的罪犯，确有履行能力而不履行或者不全部履行生效裁判中财产性判项的罪犯，数罪并罚被判处死刑缓期执行的罪犯，减为无期徒刑后，符合减刑条件的，执行三年以上方可减刑，一般减为二十五年有期徒刑，有立功表现或者重大立功表现的，可以比照本规定第十条减为二十三年以上二十五年以下有期徒刑；减为有期徒刑后再减刑时，减刑幅度比照本规定第六条从严掌握，一次不超过一年有期徒刑，两次减刑之间应当间隔二年以上。

第12条 被判处死刑缓期执行的罪犯经过一次或者几次减刑后，其实际执行的刑期不得少于十五年，死刑缓期执行期间不包括在内。

死刑缓期执行罪犯在缓期执行期间不服从监管、抗拒改造，尚未构成犯罪的，在减为无期徒刑后再减刑时应当适当从严。

第13条 被限制减刑的死刑缓期执行罪犯，减为无期徒刑后，符合减刑条件的，执行五年以上方可减刑。减刑间隔时间和减刑幅度依照本规定第十一条的规定执行。

第14条 被限制减刑的死刑缓期执行罪犯，减为有期徒刑后再减刑时，一次减刑不超过六个月有期徒刑，两次减刑间隔时间不得少于二年。有重大立功表现的，间隔时间可以适当缩短，但一次减刑不超过一年有期徒刑。

第15条 对被判处终身监禁的罪犯，在死刑缓期执行期满依法减为无期徒刑的裁定中，应当明确终身监禁，不得再减刑或者假释。

第16条 被判处管制、拘役的罪犯，以及判决生效后剩余刑期不满二年有期徒刑的罪犯，符合减刑条件的，可以酌情减刑，减刑起始时间可以适当缩短，但实际执行的刑期不得少于原判刑期的二分之一。

第17条 被判处有期徒刑罪犯减刑时，对附加剥夺政治权利的期限可以酌减。酌减后剥夺政治权利的期限，不得少于一年。

被判处死刑缓期执行、无期徒刑的罪犯减为有期徒刑时，应当将附加剥夺政治权利的期限减为七年以上十年以下，经过一次或者几次减刑后，最终剥夺政治权利的期限不得少于三年。

第18条 被判处拘役或者三年以下有期徒刑，并宣告缓刑的罪犯，一般不适用减刑。

前款规定的罪犯在缓刑考验期内有重大立功表现的，可以参照刑法第七十八条的规定予以减刑，同时应当依法缩减其缓刑考验期。缩减后，拘役的缓刑考验期限不得少于二个月，有期徒刑的缓刑考验期限不得少于一年。

第19条 对在报请减刑前的服刑期间不满十八周岁，且所犯罪行不属于刑法第八十一条第二款规定情形的罪犯，认罪悔罪，遵守法律法规及监规，积极参加学习、劳动，应当视为确有悔改表现。

对上述罪犯减刑时，减刑幅度可以适当放宽，或者减刑起始时间、间隔时间可以适当缩短，但放宽的幅度和缩短的时间不得超过本规定中相应幅度、时间的三分之一。

第20条 老年罪犯、患严重疾病罪犯或者身体残疾罪犯减刑时，应当主要考察其认罪悔罪的实际表现。

对基本丧失劳动能力，生活难以自理的上述罪犯减刑时，减刑幅度可以适当放宽，或者减刑起始时间、间隔时间可以适当缩短，但放宽的幅度和缩短的时间不得超过本规定中相应幅度、时间的三分之一。

第21条 被判处有期徒刑、无期徒刑的罪犯在刑罚执行期间又故意犯罪，新罪被判处有期徒刑的，自新罪判决确定之日起三年内不予减刑；新罪被判处无期徒刑的，自新罪判决确定之日起四年内不予减刑。

罪犯在死刑缓期执行期间又故意犯罪，未被执行死刑的，死刑缓期执行的期间重新计算，减为无期徒刑后，五年内不予减刑。

被判处死刑缓期执行罪犯减刑后，在刑罚执行期间又故意犯罪的，依照第一款规定处理。

第22条 办理假释案件，认定“没有再犯罪的危险”，除符合刑法第八十一条规定的情形外，还应当根据犯罪的具体情节、原判刑罚情况，在刑罚执行中的一贯表现，罪犯的年龄、身体状况、性格特征，假释后生活来源以及监管条件等因素综合考虑。

第23条 被判处有期徒刑的罪犯假释时，执行原判刑期二分之一的时间，应当从判决执行之日起计算，判决执行以前先行羁押的，羁押一日折抵刑期一日。

被判处无期徒刑的罪犯假释时，刑法中关于实际执行刑期不得少于十三年的时间，应当从判决生效之日起计算。判决生效以前先行羁押的时间不予折抵。

被判处死刑缓期执行的罪犯减为无期徒刑或者有期徒刑后，实际执行十五年以上，方可假释，该实际执行时间应当从死刑缓期执行期满之日起计算。死刑缓期执行期间不包括在内，判决确定以前先行羁押的时间不予折抵。

第24条 刑法第八十一条第一款规定的“特殊情况”，是指有国家政治、国防、外交等方面特殊需要的情况。

第25条 对累犯以及因故意杀人、强奸、抢劫、绑架、放火、爆炸、投放危险物质或者有组织的暴力性犯罪被判处十年以上有期徒刑、无期徒刑的罪犯，不得假释。

因前款情形和犯罪被判处死刑缓期执行的罪犯，被减为无期徒刑、有期徒刑后，也不得假释。

第26条 对下列罪犯适用假释时可以依法从宽掌握：

（一）过失犯罪的罪犯、中止犯罪的罪犯、被胁迫参加犯罪的罪犯；

（二）因防卫过当或者紧急避险过当而被判处有期徒刑以上刑罚的罪犯；

（三）犯罪时未满十八周岁的罪犯；

（四）基本丧失劳动能力、生活难以自理，假释后生活确有着落的老年罪犯、患严重疾病罪犯或者身体残疾罪犯；

（五）服刑期间改造表现特别突出的罪犯；

（六）具有其他可以从宽假释情形的罪犯。

罪犯既符合法定减刑条件，又符合法定假释条件的，可以优先适用假释。

第27条 对于生效裁判中有财产性判项，罪犯确有履行能力而不履行或者不全部履行的，不予假释。

第28条 罪犯减刑后又假释的，间隔时间不得少于一年；对一次减去一年以上有期徒刑后，决定假释的，间隔时间不得少于一年六个月。

罪犯减刑后余刑不足二年，决定假释的，可以适当缩短间隔时间。

第29条 罪犯在假释考验期内违反法律、行政法规或者国务院有关部门关于假释的监督管理规定的，作出假释裁定的人民法院，应当在收到报请机关或者检察机关撤销假释建议书后及时审查，作出是否撤销假释的裁定，并送达报请机关，同时抄送人民检察院、公安机关和原刑罚执行机关。

罪犯在逃的，撤销假释裁定书可以作为对罪犯进行追捕的依据。

第30条 依照刑法第八十六条规定被撤销假释的罪犯，一般不得再假释。但依照该条第二款被撤销假释的罪犯，如果罪犯对漏罪曾作如实供述但原判未予认定，或者漏罪系其自首，符合假释条件的，可以再假释。

被撤销假释的罪犯，收监后符合减刑条件的，可以减刑，但减刑起始时间自收监之日起计算。

第31条 年满八十周岁、身患疾病或者生活难以自理、没有再犯罪危险的罪犯，既符合减刑条件，又符合假释条件的，优先适用假释；不符合假释条件的，参照本规定第二十条有关的规定从宽处理。

第32条 人民法院按照审判监督程序重新审理的案件，裁定维持原判决、裁定的，原减刑、假释裁定继续有效。

再审裁判改变原判决、裁定的，原减刑、假释裁定自动失效，执行机关应当及时报请有管辖权的人民法院重新作出是否减刑、假释的裁定。重新作出减刑裁定时，不受本规定有关减刑起始时间、间隔时间和减刑幅度的限制。重新裁定时应综合考虑各方面因素，减刑幅度不得超过原裁定减去的刑期总和。

再审改判为死刑缓期执行或者无期徒刑的，在新判决减为有期徒刑之时，原判决已经实际执行的刑期一并扣减。

再审裁判宣告无罪的，原减刑、假释裁定自动失效。

第33条 罪犯被裁定减刑后，刑罚执行期间因故意犯罪而数罪并罚时，经减刑裁定减去的刑期不计入已经执行的刑期。原判死刑缓期执行减为无期徒刑、有期徒刑，或者无期徒刑减为有期徒刑的裁定继续有效。

第34条 罪犯被裁定减刑后，刑罚执行期间因发现漏罪而数罪并罚的，原减刑裁定自动失效。如漏罪系罪犯主动交代的，对其原减去的刑期，由执行机关报请有管辖权的人民法院重新作出减刑裁定，予以确认；如漏罪系有关机关发现或者他人检举揭发的，由执行机关报请有管辖权的人民法院，在原减刑裁定减去的刑期总和之内，酌情重新裁定。

第35条 被判处死刑缓期执行的罪犯，在死刑缓期执行期内被发现漏罪，依据刑法第七十条规定数罪并罚，决定执行死刑缓期执行的，死刑缓期执行期间自新判决确定之日起计算，已经执行的死刑缓期执行期间计入新判决的死刑缓期执行期间内，但漏罪被判处死刑缓期执行的除外。

第36条 被判处死刑缓期执行的罪犯，在死刑缓期执行期满后被发现漏罪，依据刑法第七十条规定数罪并罚，决定执行死刑缓期执行的，交付执行时对罪犯实际执行无期徒刑，死缓考验期不再执行，但漏罪被判处死刑缓期执行的除外。

在无期徒刑减为有期徒刑时，前罪死刑缓期执行减为无期徒刑之日起至新判决生效之日止已经实际执行的刑期，应当计算在减刑裁定决定执行的刑期以内。

原减刑裁定减去的刑期依照本规定第三十四条处理。

第37条 被判处无期徒刑的罪犯在减为有期徒刑后因发现漏罪，依据刑法第七十条规定数罪并罚，决定执行无期徒刑的，前罪无期徒刑生效之日起至新判决生效之日止已经实际执行的刑期，应当在新判决的无期徒刑减为有期徒刑时，在减刑裁定决定执行的刑期内扣减。

无期徒刑罪犯减为有期徒刑后因发现漏罪判处三年有期徒刑以下刑罚，数罪并罚决定执行无期徒刑的，在新判决生效后执行一年以上，符合减刑条件的，可以减为有期徒刑，减刑幅度依照本规定第八条、第九条的规定执行。

原减刑裁定减去的刑期依照本规定第三十四条处理。

第38条 人民法院作出的刑事判决、裁定发生法律效力后，在依照刑事诉讼法第二百五十三条、第二百五十四条的规定将罪犯交付执行刑罚时，如果生效裁判中有财产性判项，人民法院应当将反映财产性判项执行、履行情况的有关材料一并随案移送刑罚执行机关。罪犯在服刑期间本人履行或者其亲属代为履行生效裁判中财产性判项的，应当及时向刑罚执行机关报告。刑罚执行机关报请减刑时应随案移送以上材料。

人民法院办理减刑、假释案件时，可以向原一审人民法院核实罪犯履行财产性判项的情况。原一审人民法院应当出具相关证明。

刑罚执行期间，负责办理减刑、假释案件的人民法院可以协助原一审人民法院执行生效裁判中的财产性判项。

第39条 本规定所称“老年罪犯”，是指报请减刑、假释时年满六十五周岁的罪犯。

本规定所称“患严重疾病罪犯”，是指因患有重病，久治不愈，而不能正常生活、学习、劳动的罪犯。

本规定所称“身体残疾罪犯”，是指因身体有肢体或者器官残缺、功能不全或者丧失功能，而基本丧失生活、学习、劳动能力的罪犯，但是罪犯犯罪后自伤致残的除外。

对刑罚执行机关提供的证明罪犯患有严重疾病或者有身体残疾的证明文件，人民法院应当审查，必要时可以委托有关单位重新诊断、鉴定。

第40条 本规定所称“判决执行之日”，是指罪犯实际送交刑罚执行机关之日。

本规定所称“减刑间隔时间”，是指前一次减刑裁定送达之日起至本次减刑报请之日止的期间。

第41条 本规定所称“财产性判项”是指判决罪犯承担的附带民事赔偿义务判项，以及追缴、责令退赔、罚金、没收财产等判项。

第42条 本规定自2017年1月1日起施行。以前发布的司法解释与本规定不一致的，以本规定为准。

● *部门规章及文件*

4.《公安机关办理刑事案件程序规定》（2020年7月20日修正 公安部令第159号）

第305条 对依法留看守所执行刑罚的罪犯，符合减刑条件的，由看守所制作减刑建议书，经设区的市一级以上公安机关审查同意后，报请所在地中级以上人民法院审核裁定。

第306条 对依法留看守所执行刑罚的罪犯，符合假释条件的，由看守所制作假释建议书，经设区的市一级以上公安机关审查同意后，报请所在地中级以上人民法院审核裁定。

第315条 对留看守所执行刑罚的罪犯，在暂予监外执行期间又犯新罪的，由犯罪地公安机关立案侦查，并通知批准机关。批准机关作出收监执行决定后，应当根据侦查、审判需要，由犯罪地看守所或者暂予监外执行地看守所收监执行。

第316条 被剥夺政治权利、管制、宣告缓刑和假释的罪犯在执行期间又犯新罪的，由犯罪地公安机关立案侦查。

对留看守所执行刑罚的罪犯，因犯新罪被撤销假释的，应当根据侦查、审判需要，由犯罪地看守所或者原执行看守所收监执行。

● *请示答复*

5. **《最高人民检察院关于对服刑罪犯暂予监外执行期间在异地又犯罪应由何地检察院受理审查起诉问题的批复》**（1998年11月26日　高检发释字〔1998〕5号）

对罪犯在暂予监外执行期间在异地犯罪，如果罪行是在犯罪地被发现、罪犯是在犯罪地被捕获的，由犯罪地人民检察院审查起诉；如果案件由罪犯暂予监外执行地人民法院审判更为适宜的，也可以由罪犯暂予监外执行地的人民检察院审查起诉；如果罪行是在暂予监外执行的情形消失，罪犯被继续收监执行剩余刑期期间发现的，由罪犯服刑地的人民检察院审查起诉。

第二百七十四条　检察院对减刑、假释的监督

人民检察院认为人民法院减刑、假释的裁定不当，应当在收到裁定书副本后二十日以内，向人民法院提出书面纠正意见。人民法院应当在收到纠正意见后一个月以内重新组成合议庭进行审理，作出最终裁定。

● *法　律*

1. **《监狱法》**（2012年10月26日修正）

第29条 被判处无期徒刑、有期徒刑的罪犯，在服刑期间确有悔改或者立功表现的，根据监狱考核的结果，可以减刑。有下列重大立功表现之一的，应当减刑：

（一）阻止他人重大犯罪活动的；

（二）检举监狱内外重大犯罪活动，经查证属实的；

（三）有发明创造或者重大技术革新的；

（四）在日常生产、生活中舍己救人的；

（五）在抗御自然灾害或者排除重大事故中，有突出表现的；

（六）对国家和社会有其他重大贡献的。

第30条 减刑建议由监狱向人民法院提出，人民法院应当自收到减刑建议书之日起1个月内予以审核裁定；案情复杂或者情况特殊的，可以延长1个月。减刑裁定的副本应当抄送人民检察院。

第31条 被判处死刑缓期2年执行的罪犯，在死刑缓期执行期间，符合法律规定的减为无期徒刑、有期徒刑条件的，2年期满时，所在监狱应当及时提出减刑建议，报经省、自治区、直辖市监狱管理机关审核后，提请高级人民法院裁定。

第32条 被判处无期徒刑、有期徒刑的罪犯，符合法律规定的假释条件的，由监狱根据考核结果向人民法院提出假释建议，人民法院应当自收到假释建议书之日起1个月内予以审核裁定；案情复杂或者情况特殊的，可以延长1个月。假释裁定的副本应当抄送人民检察院。

第33条 人民法院裁定假释的，监狱应当按期假释并发给假释证明书。

对被假释的罪犯，依法实行社区矫正，由社区矫正机构负责执行。被假释的罪犯，在假释考验期限内有违反法律、行政法规或者国务院有关部门关于假释的监督管理规定的行为，尚未构成新的犯罪的，社区矫正机构应当向人民法院提出撤销假释的建议，人民法院应当自收到撤销假释建议书之日起一个月内予以审核裁定。人民法院裁定撤销假释的，由公安机关将罪犯送交监狱收监。

第34条 对不符合法律规定的减刑、假释条件的罪犯，不得以任何理由将其减刑、假释。

人民检察院认为人民法院减刑、假释的裁定不当，应当依照刑事诉讼法规定的期间向人民法院提出书面纠正意见。对于人民检察院提出书面纠正意见的案件，人民法院应当重新审理。

2. **《刑法》**（2020年12月26日修正）

第81条第1款 被判处有期徒刑的犯罪分子，执行原判刑期二分之一以上，被判处无期徒刑的犯罪分子，实际执行十三年以上，如果认真遵守监规，接受教育改造，确有悔改表现，没有再犯罪的危险的，可以假释。如果有特殊情况，经最高人民法院核准，可以不受上述执行刑期的限制。

● *司法解释及文件*

3. **《人民检察院刑事诉讼规则》**（2019年12月30日　高检发释字〔2019〕4号）

第635条　人民检察院收到执行机关抄送的减刑、假释建议书副本后，应当逐案进行审查。发现减刑、假释建议不当或者提请减刑、假释违反法定程序的，应当在十日以内报经检察长批准，向审理减刑、假释案件的人民法院提出书面检察意见，同时也可以向执行机关提出书面纠正意见。案情复杂或者情况特殊的，可以延长十日。

第636条　人民检察院发现监狱等执行机关提请人民法院裁定减刑、假释的活动具有下列情形之一的，应当依法提出纠正意见：

（一）将不符合减刑、假释法定条件的罪犯，提请人民法院裁定减刑、假释的；

（二）对依法应当减刑、假释的罪犯，不提请人民法院裁定减刑、假释的；

（三）提请对罪犯减刑、假释违反法定程序，或者没有完备的合法手续的；

（四）提请对罪犯减刑的减刑幅度、起始时间、间隔时间或者减刑后又假释的间隔时间不符合有关规定的；

（五）被提请减刑、假释的罪犯被减刑后实际执行的刑期或者假释考验期不符合有关法律规定的；

（六）其他违法情形。

第637条　人民法院开庭审理减刑、假释案件，人民检察院应当指派检察人员出席法庭，发表意见。

第638条　人民检察院收到人民法院减刑、假释的裁定书副本后，应当及时审查下列内容：

（一）被减刑、假释的罪犯是否符合法定条件，对罪犯减刑的减刑幅度、起始时间、间隔时间或者减刑后又假释的间隔时间、罪犯被减刑后实际执行的刑期或者假释考验期是否符合有关规定；

（二）执行机关提请减刑、假释的程序是否合法；

（三）人民法院审理、裁定减刑、假释的程序是否合法；

（四）人民法院对罪犯裁定不予减刑、假释是否符合有关规定；

（五）人民法院减刑、假释裁定书是否依法送达执行并向社会公布。

第639条　人民检察院经审查认为人民法院减刑、假释的裁定不当，应当在收到裁定书副本后二十日以内，向作出减刑、假释裁定的人民法院提出纠正意见。

第640条 对人民法院减刑、假释裁定的纠正意见，由作出减刑、假释裁定的人民法院的同级人民检察院书面提出。

下级人民检察院发现人民法院减刑、假释裁定不当的，应当向作出减刑、假释裁定的人民法院的同级人民检察院报告。

第641条 人民检察院对人民法院减刑、假释的裁定提出纠正意见后，应当监督人民法院是否在收到纠正意见后一个月以内重新组成合议庭进行审理，并监督重新作出的裁定是否符合法律规定。对最终裁定不符合法律规定的，应当向同级人民法院提出纠正意见。

4. **《人民检察院办理减刑、假释案件规定》**（2014年8月1日　高检发监字〔2014〕8号）

第2条 人民检察院依法对减刑、假释案件的提请、审理、裁定等活动是否合法实行法律监督。

第3条 人民检察院办理减刑、假释案件，应当按照下列情形分别处理：

（一）对减刑、假释案件提请活动的监督，由对执行机关承担检察职责的人民检察院负责；

（二）对减刑、假释案件审理、裁定活动的监督，由人民法院的同级人民检察院负责；同级人民检察院对执行机关不承担检察职责的，可以根据需要指定对执行机关承担检察职责的人民检察院派员出席法庭；下级人民检察院发现减刑、假释裁定不当的，应当及时向作出减刑、假释裁定的人民法院的同级人民检察院报告。

第4条 人民检察院办理减刑、假释案件，依照规定实行统一案件管理和办案责任制。

第5条 人民检察院收到执行机关移送的下列减刑、假释案件材料后，应当及时进行审查：

（一）执行机关拟提请减刑、假释意见；

（二）终审法院裁判文书、执行通知书、历次减刑裁定书；

（三）罪犯确有悔改表现、立功表现或者重大立功表现的证明材料；

（四）罪犯评审鉴定表、奖惩审批表；

第四编

（五）其他应当审查的案件材料。

对拟提请假释案件，还应当审查社区矫正机构或者基层组织关于罪犯假释后对所居住社区影响的调查评估报告。

第6条 具有下列情形之一的，人民检察院应当进行调查核实：

（一）拟提请减刑、假释罪犯系职务犯罪罪犯，破坏金融管理秩序和金融诈骗犯罪罪犯，黑社会性质组织犯罪罪犯，严重暴力恐怖犯罪罪犯，或者其他在社会上有重大影响、社会关注度高的罪犯；

（二）因罪犯有立功表现或者重大立功表现拟提请减刑的；

（三）拟提请减刑、假释罪犯的减刑幅度大、假释考验期长、起始时间早、间隔时间短或者实际执行刑期短的；

（四）拟提请减刑、假释罪犯的考核计分高、专项奖励多或者鉴定材料、奖惩记录有疑点的；

（五）收到控告、举报的；

（六）其他应当进行调查核实的。

第7条 人民检察院可以采取调阅复制有关材料、重新组织诊断鉴别、进行文证鉴定、召开座谈会、个别询问等方式，对下列情况进行调查核实：

（一）拟提请减刑、假释罪犯在服刑期间的表现情况；

（二）拟提请减刑、假释罪犯的财产刑执行、附带民事裁判履行、退赃退赔等情况；

（三）拟提请减刑罪犯的立功表现、重大立功表现是否属实，发明创造、技术革新是否系罪犯在服刑期间独立完成并经有关主管机关确认；

（四）拟提请假释罪犯的身体状况、性格特征、假释后生活来源和监管条件等影响再犯罪的因素；

（五）其他应当进行调查核实的情况。

第8条 人民检察院可以派员列席执行机关提请减刑、假释评审会议，了解案件有关情况，根据需要发表意见。

第9条 人民检察院发现罪犯符合减刑、假释条件，但是执行机关未提请减刑、假释的，可以建议执行机关提请减刑、假释。

第10条 人民检察院收到执行机关抄送的减刑、假释建议书副本后，应当逐案进行审查，可以向人民法院提出书面意见。发现减刑、假释建议不当或者提请减刑、假释违反法定程序的，应当在收到建议书副本后十日以内，依法向审理减刑、假释案件的人民法院提出书面意见，同时将检察意见书副本抄送执行机关。案情复杂或者情况特殊的，可以延长十日。

第11条 人民法院开庭审理减刑、假释案件的，人民检察院应当指派检察人员出席法庭，发表检察意见，并对法庭审理活动是否合法进行监督。

第12条 出席法庭的检察人员不得少于二人，其中至少一人具有检察官职务。

第13条 检察人员应当在庭审前做好下列准备工作：

（一）全面熟悉案情，掌握证据情况，拟定法庭调查提纲和出庭意见；

（二）对执行机关提请减刑、假释有异议的案件，应当收集相关证据，可以建议人民法院通知相关证人出庭作证。

第14条 庭审开始后，在执行机关代表宣读减刑、假释建议书并说明理由之后，检察人员应当发表检察意见。

第15条 庭审过程中，检察人员对执行机关提请减刑、假释有疑问的，经审判长许可，可以出示证据，申请证人出庭作证，要求执行机关代表出示证据或者作出说明，向被提请减刑、假释的罪犯及证人提问并发表意见。

第16条 法庭调查结束时，在被提请减刑、假释罪犯作最后陈述之前，经审判长许可，检察人员可以发表总结性意见。

第17条 庭审过程中，检察人员认为需要进一步调查核实案件事实、证据，需要补充鉴定或者重新鉴定，或者需要通知新的证人到庭的，应当建议休庭。

第18条 检察人员发现法庭审理活动违反法律规定的，应当在庭审后及时向本院检察长报告，依法向人民法院提出纠正意见。

第19条 人民检察院收到人民法院减刑、假释裁定书副本后，应当及时审查下列内容：

（一）人民法院对罪犯裁定予以减刑、假释，以及起始时间、间隔时间、实际执行刑期、减刑幅度或者假释考验期是否符合有关规定；

（二）人民法院对罪犯裁定不予减刑、假释是否符合有关规定；

（三）人民法院审理、裁定减刑、假释的程序是否合法；

（四）按照有关规定应当开庭审理的减刑、假释案件，人民法院是否开庭审理；

（五）人民法院减刑、假释裁定书是否依法送达执行并向社会公布。

第20条 人民检察院经审查认为人民法院减刑、假释裁定不当的，应当在收到裁定书副本后二十日以内，依法向作出减刑、假释裁定的人民法院提出书面纠正意见。

第21条 人民检察院对人民法院减刑、假释裁定提出纠正意见的，应当监督人民法院在收到纠正意见后一个月以内重新组成合议庭进行审理并作出最终裁定。

第22条 人民检察院发现人民法院已经生效的减刑、假释裁定确有错误的，应当向人民法院提出书面纠正意见，提请人民法院按照审判监督程序依法另行组成合议庭重新审理并作出裁定。

第23条 人民检察院收到控告、举报或者发现司法工作人员在办理减刑、假释案件中涉嫌违法的，应当依法进行调查，并根据情况，向有关单位提出纠正违法意见，建议更换办案人，或者建议予以纪律处分；构成犯罪的，依法追究刑事责任。

第24条 人民检察院办理职务犯罪罪犯减刑、假释案件，按照有关规定实行备案审查。

第二百七十五条 刑罚执行中对判决错误和申诉的处理

监狱和其他执行机关在刑罚执行中，如果认为判决有错误或者罪犯提出申诉，应当转请人民检察院或者原判人民法院处理。

● *部门规章及文件*

《公安机关办理刑事案件程序规定》（2020年7月20日 公安部令第159号）

第304条 公安机关在执行刑罚中，如果认为判决有错误或者罪犯提出申诉，应当转请人民检察院或者原判人民法院处理。

第二百七十六条 检察院对执行刑罚的监督

人民检察院对执行机关执行刑罚的活动是否合法实行监督。如果发现有违法的情况，应当通知执行机关纠正。

● 法　律

1.《监狱法》（2012 年 10 月 26 日修正）

第 6 条　人民检察院对监狱执行刑罚的活动是否合法，依法实行监督。

● 司法解释及文件

2.《人民检察院刑事诉讼规则》（2019 年 12 月 30 日　高检发释字〔2019〕4 号）

第 621 条　人民检察院依法对刑事判决、裁定和决定的执行工作以及监狱、看守所等的监管执法活动实行法律监督。

第 622 条　人民检察院根据工作需要，可以对监狱、看守所等场所采取巡回检察、派驻检察等方式进行监督。

第 623 条　人民检察院对监狱、看守所等场所进行监督，除可以采取本规则第五百五十一条规定的调查核实措施外，还可以采取实地查看禁闭室、会见室、监区、监舍等有关场所，列席监狱、看守所有关会议，与有关监管民警进行谈话，召开座谈会，开展问卷调查等方式。

第 624 条　人民检察院对刑罚执行和监管执法活动实行监督，可以根据下列情形分别处理：

（一）发现执法瑕疵、安全隐患，或者违法情节轻微的，口头提出纠正意见，并记录在案；

（二）发现严重违法，发生重大事故，或者口头提出纠正意见后七日以内未予纠正的，书面提出纠正意见；

（三）发现存在可能导致执法不公问题，或者存在重大监管漏洞、重大安全隐患、重大事故风险等问题的，提出检察建议。

对于在巡回检察中发现的前款规定的问题、线索的整改落实情况，通过巡回检察进行督导。

第二节　交付执行监督

第 625 条　人民检察院发现人民法院、公安机关、看守所等机关的交付执行活动具有下列情形之一的，应当依法提出纠正意见：

（一）交付执行的第一审人民法院没有在法定期间内将判决书、裁定书、人民检察院的起诉书副本、自诉状复印件、执行通知书、结案登记表等法律文书送达公安机关、监狱、社区矫正机构等执行机关的；

（二）对被判处死刑缓期二年执行、无期徒刑或者有期徒刑余刑在三个月以上的罪犯，公安机关、看守所自接到人民法院执行通知书等法律文书后三十日以内，没有将成年罪犯送交监狱执行刑罚，或者没有将未成年罪犯送交未成年犯管教所执行刑罚的；

（三）对需要收监执行刑罚而判决、裁定生效前未被羁押的罪犯，第一审人民法院没有及时将罪犯收监送交公安机关，并将判决书、裁定书、执行通知书等法律文书送达公安机关的；

（四）公安机关对需要收监执行刑罚但下落不明的罪犯，在收到人民法院的判决书、裁定书、执行通知书等法律文书后，没有及时抓捕、通缉的；

（五）对被判处管制、宣告缓刑或者人民法院决定暂予监外执行的罪犯，在判决、裁定生效后或者收到人民法院暂予监外执行决定后，未依法交付罪犯居住地社区矫正机构执行，或者对被单处剥夺政治权利的罪犯，在判决、裁定生效后，未依法交付罪犯居住地公安机关执行的，或者人民法院依法交付执行，社区矫正机构或者公安机关应当接收而拒绝接收的；

（六）其他违法情形。

第626条 人民法院判决被告人无罪、免予刑事处罚、判处管制、宣告缓刑、单处罚金或者剥夺政治权利，被告人被羁押的，人民检察院应当监督被告人是否被立即释放。发现被告人没有被立即释放的，应当立即向人民法院或者看守所提出纠正意见。

第627条 人民检察院发现公安机关未依法执行拘役、剥夺政治权利，拘役执行期满未依法发给释放证明，或者剥夺政治权利执行期满未书面通知本人及其所在单位、居住地基层组织等违法情形的，应当依法提出纠正意见。

第628条 人民检察院发现监狱、看守所对服刑期满或者依法应当予以释放的人员没有按期释放，对被裁定假释的罪犯依法应当交付罪犯居住地社区矫正机构实行社区矫正而不交付，对主刑执行完毕仍然需要执行附加剥夺政治权利的罪犯依法应当交付罪犯居住地公安机关执行而不交付，或者对服刑期未满又无合法释放根据的罪犯予以释放等违法行为的，应当依法提出纠正意见。

第654条 人民检察院发现看守所收押活动和监狱收监活动中具有下列情形之一的，应当依法提出纠正意见：

（一）没有收押、收监文书、凭证，文书、凭证不齐全，或者被收押、收监人员与文书、凭证不符的；

（二）依法应当收押、收监而不收押、收监，或者对依法不应当关押的人员收押、收监的；

（三）未告知被收押、收监人员权利、义务的；

（四）其他违法情形。

第655条 人民检察院发现监狱、看守所等执行机关在管理、教育改造罪犯等活动中有违法行为的，应当依法提出纠正意见。

第656条 看守所对收押的犯罪嫌疑人进行身体检查时，人民检察院驻看守所检察人员可以在场。发现收押的犯罪嫌疑人有伤或者身体异常的，应当要求看守所进行拍照或者录像，由送押人员、犯罪嫌疑人说明原因，在体检记录中写明，并由送押人员、收押人员和犯罪嫌疑人签字确认。必要时，驻看守所检察人员可以自行拍照或者录像，并将相关情况记录在案。

第657条 人民检察院发现看守所、监狱等监管场所有殴打、体罚、虐待、违法使用戒具、违法适用禁闭等侵害在押人员人身权利情形的，应当依法提出纠正意见。

第658条 人民检察院发现看守所违反有关规定，有下列情形之一的，应当依法提出纠正意见：

（一）为在押人员通风报信，私自传递信件、物品，帮助伪造、毁灭、隐匿证据或者干扰证人作证、串供的；

（二）违反规定同意侦查人员将犯罪嫌疑人提出看守所讯问的；

（三）收到在押犯罪嫌疑人、被告人及其法定代理人、近亲属或者辩护人的变更强制措施申请或者其他申请、申诉、控告、举报，不及时转交、转告人民检察院或者有关办案机关的；

（四）应当安排辩护律师依法会见在押的犯罪嫌疑人、被告人而没有安排的；

（五）违法安排辩护律师或者其他人员会见在押的犯罪嫌疑人、被告人的；

（六）辩护律师会见犯罪嫌疑人、被告人时予以监听的；

（七）其他违法情形。

第659条 人民检察院发现看守所代为执行刑罚的活动具有下列情形之一的，应当依法提出纠正意见：

（一）将被判处有期徒刑剩余刑期在三个月以上的罪犯留所服刑的；

（二）将留所服刑罪犯与犯罪嫌疑人、被告人混押、混管、混教的；

（三）其他违法情形。

第660条 人民检察院发现监狱没有按照规定对罪犯进行分押分管、监狱人民警察没有对罪犯实行直接管理等违反监管规定情形的，应当依法提出纠正意见。

人民检察院发现监狱具有未按照规定安排罪犯与亲属或者监护人会见、对伤病罪犯未及时治疗以及未执行国家规定的罪犯生活标准等侵犯罪犯合法权益情形的，应当依法提出纠正意见。

第661条 人民检察院发现看守所出所活动和监狱出监活动具有下列情形之一的，应当依法提出纠正意见：

（一）没有出所、出监文书、凭证，文书、凭证不齐全，或者出所、出监人员与文书、凭证不符的；

（二）应当释放而没有释放，不应当释放而释放，或者未依照规定送达释放通知书的；

（三）对提押、押解、转押出所的在押人员，特许离监、临时离监、调监或者暂予监外执行的罪犯，未依照规定派员押送并办理交接手续的；

（四）其他违法情形。

第九节 事故检察

第662条 人民检察院发现看守所、监狱、强制医疗机构等场所具有下列情形之一的，应当开展事故检察：

（一）被监管人、被强制医疗人非正常死亡、伤残、脱逃的；

（二）被监管人破坏监管秩序，情节严重的；

（三）突发公共卫生事件的；

（四）其他重大事故。

发生被监管人、被强制医疗人非正常死亡的，应当组织巡回检察。

第663条 人民检察院应当对看守所、监狱、强制医疗机构等场所或者主管机关的事故调查结论进行审查。具有下列情形之一的，人民检察院应当调查核实：

（一）被监管人、被强制医疗人及其法定代理人、近亲属对调查结论有异议的，人民检察院认为有必要调查的；

（二）人民检察院对调查结论有异议的；

（三）其他需要调查的。

人民检察院应当将调查核实的结论书面通知监管场所或者主管机关和被监管人、被强制医疗人的近亲属。认为监管场所或者主管机关处理意见不当，或者监管执法存在问题的，应当提出纠正意见或者检察建议；认为可能存在违法犯罪情形的，应当移送有关部门处理。

3.《人民检察院办理未成年人刑事案件的规定》（2013年12月27日　高检发研字〔2013〕7号）

第70条　人民检察院依法对未成年犯管教所实行驻所检察。在刑罚执行监督中，发现关押成年罪犯的监狱收押未成年罪犯的，未成年犯管教所违法收押成年罪犯的，或者对年满十八周岁时余刑在二年以上的罪犯留在未成年犯管教所执行剩余刑期的，应当依法提出纠正意见。

第71条　人民检察院在看守所检察中，发现没有对未成年犯罪嫌疑人、被告人与成年犯罪嫌疑人、被告人分别关押、管理或者对未成年犯留所执行刑罚的，应当依法提出纠正意见。

第72条　人民检察院应当加强对未成年犯管教所、看守所监管未成年罪犯活动的监督，依法保障未成年罪犯的合法权益，维护监管改造秩序和教学、劳动、生活秩序。

人民检察院配合未成年犯管教所、看守所加强对未成年罪犯的政治、法律、文化教育，促进依法、科学、文明监管。

第73条　人民检察院依法对未成年人的社区矫正进行监督，发现有下列情形之一的，应当依法向公安机关、人民法院、监狱、社区矫正机构等有关部门提出纠正意见：

（一）没有将未成年人的社区矫正与成年人分开进行的；

（二）对实行社区矫正的未成年人脱管、漏管或者没有落实帮教措施的；

（三）没有对未成年社区矫正人员给予身份保护，其矫正宣告公开进行，矫正档案未进行保密，公开或者传播其姓名、住所、照片等可能推断出该未成年人的其他资料以及矫正资料等情形的；

（四）未成年社区矫正人员的矫正小组没有熟悉青少年成长特点的人员参加的；

（五）没有针对未成年人的年龄、心理特点和身心发育需要等特殊情况采取相应的监督管理和教育矫正措施的；

（六）其他违法情形。

第74条 人民检察院依法对未成年犯的减刑、假释、暂予监外执行等活动实行监督。对符合减刑、假释、暂予监外执行法定条件的，应当建议执行机关向人民法院、监狱管理机关或者公安机关提请；发现提请或者裁定、决定不当的，应当依法提出纠正意见；对徇私舞弊减刑、假释、暂予监外执行等构成犯罪的，依法追究刑事责任。

第五编 特别程序

第一章 未成年人刑事案件诉讼程序

第二百七十七条 对未成年人刑事案件的办案方针、原则及总体要求

对犯罪的未成年人实行教育、感化、挽救的方针，坚持教育为主、惩罚为辅的原则。

人民法院、人民检察院和公安机关办理未成年人刑事案件，应当保障未成年人行使其诉讼权利，保障未成年人得到法律帮助，并由熟悉未成年人身心特点的审判人员、检察人员、侦查人员承办。

● **法 律**

1.《**未成年人保护法**》（2020年10月17日修订）

第113条 对违法犯罪的未成年人，实行教育、感化、挽救的方针，坚持教育为主、惩罚为辅的原则。

对违法犯罪的未成年人依法处罚后，在升学、就业等方面不得歧视。

第114条 公安机关、人民检察院、人民法院和司法行政部门发现有关单位未尽到未成年人教育、管理、救助、看护等保护职责的，应当向该单位提出建议。被建议单位应当在一个月内作出书面回复。

2. **《刑法》**（2020年12月26日修正）

第17条 已满十六周岁的人犯罪，应当负刑事责任。

已满十四周岁不满十六周岁的人，犯故意杀人、故意伤害致人重伤或者死亡、强奸、抢劫、贩卖毒品、放火、爆炸、投放危险物质罪的，应当负刑事责任。

已满十二周岁不满十四周岁的人，犯故意杀人、故意伤害罪，致人死亡或者以特别残忍手段致人重伤造成严重残疾，情节恶劣，经最高人民检察院核准追诉的，应当负刑事责任。

对依照前三款规定追究刑事责任的不满十八周岁的人，应当从轻或者减轻处罚。

因不满十六周岁不予刑事处罚的，责令其父母或者其他监护人加以管教；在必要的时候，依法进行专门矫治教育。

● 司法解释及文件

3. **《人民检察院刑事诉讼规则》**（2019年12月30日 高检发释字〔2019〕4号）

第458条 人民检察院应当指定熟悉未成年人身心特点的检察人员办理未成年人刑事案件。

第464条 审查逮捕未成年犯罪嫌疑人，应当重点查清其是否已满十四、十六、十八周岁。

对犯罪嫌疑人实际年龄难以判断，影响对该犯罪嫌疑人是否应当负刑事责任认定的，应当不批准逮捕。需要补充侦查的，同时通知公安机关。

第489条 本节所称未成年人刑事案件，是指犯罪嫌疑人实施涉嫌犯罪行为时已满十四周岁、未满十八周岁的刑事案件。

本节第四百六十条、第四百六十五条、第四百六十六条、第四百六十七条、第四百六十八条所称的未成年犯罪嫌疑人，是指在诉讼过程中未满十八周岁的人。犯罪嫌疑人实施涉嫌犯罪行为时未满十八周岁，在诉讼过程中已满十八周岁的，人民检察院可以根据案件的具体情况适用上述规定。

4. **《最高人民法院关于适用〈中华人民共和国刑事诉讼法〉的解释》**（2021年1月26日 法释〔2021〕1号）

第546条 人民法院审理未成年人刑事案件，应当贯彻教育、感化、挽救的方针，坚持教育为主、惩罚为辅的原则，加强对未成年人的特殊保护。

第549条 人民法院应当确定专门机构或者指定专门人员，负责审理未成年人刑事案件。审理未成年人刑事案件的人员应当经过专门培训，熟悉未成年人身心特点、善于做未成年人思想教育工作。

参加审理未成年人刑事案件的人民陪审员，可以从熟悉未成年人身心特点、关心未成年人保护工作的人民陪审员名单中随机抽取确定。

第550条 被告人实施被指控的犯罪时不满十八周岁、人民法院立案时不满二十周岁的案件，由未成年人案件审判组织审理。

下列案件可以由未成年人案件审判组织审理：

（一）人民法院立案时不满二十二周岁的在校学生犯罪案件；

（二）强奸、猥亵、虐待、遗弃未成年人等侵害未成年人人身权利的犯罪案件；

（三）由未成年人案件审判组织审理更为适宜的其他案件。

共同犯罪案件有未成年被告人的或者其他涉及未成年人的刑事案件，是否由未成年人案件审判组织审理，由院长根据实际情况决定。

第551条 对分案起诉至同一人民法院的未成年人与成年人共同犯罪案件，可以由同一个审判组织审理；不宜由同一个审判组织审理的，可以分别审理。

未成年人与成年人共同犯罪案件，由不同人民法院或者不同审判组织分别审理的，有关人民法院或者审判组织应当互相了解共同犯罪被告人的审判情况，注意全案的量刑平衡。

第552条 对未成年人刑事案件，必要时，上级人民法院可以根据刑事诉讼法第二十七条的规定，指定下级人民法院将案件移送其他人民法院审判。

第553条 对未成年被告人应当严格限制适用逮捕措施。

人民法院决定逮捕，应当讯问未成年被告人，听取辩护律师的意见。

对被逮捕且没有完成义务教育的未成年被告人，人民法院应当与教育行政部门互相配合，保证其接受义务教育。

第554条 人民法院对无固定住所、无法提供保证人的未成年被告人适用取保候审的，应当指定合适成年人作为保证人，必要时可以安排取保候审的被告人接受社会观护。

第555条 人民法院审理未成年人刑事案件，在讯问和开庭时，应当通知未成年被告人的法定代理人到场。法定代理人无法通知、不能到场或者是共犯的，也可以通知合适成年人到场，并将有关情况记录在案。

到场的法定代理人或者其他人员，除依法行使刑事诉讼法第二百八十一条第二款规定的权利外，经法庭同意，可以参与对未成年被告人的法庭教育等工作。

适用简易程序审理未成年人刑事案件，适用前两款规定。

第556条 询问未成年被害人、证人，适用前条规定。

审理未成年人遭受性侵害或者暴力伤害案件，在询问未成年被害人、证人时，应当采取同步录音录像等措施，尽量一次完成；未成年被害人、证人是女性的，应当由女性工作人员进行。

第557条 开庭审理时被告人不满十八周岁的案件，一律不公开审理。经未成年被告人及其法定代理人同意，未成年被告人所在学校和未成年人保护组织可以派代表到场。到场代表的人数和范围，由法庭决定。经法庭同意，到场代表可以参与对未成年被告人的法庭教育工作。

对依法公开审理，但可能需要封存犯罪记录的案件，不得组织人员旁听；有旁听人员的，应当告知其不得传播案件信息。

第558条 开庭审理涉及未成年人的刑事案件，未成年被害人、证人一般不出庭作证；必须出庭的，应当采取保护其隐私的技术手段和心理干预等保护措施。

第559条 审理涉及未成年人的刑事案件，不得向外界披露未成年人的姓名、住所、照片以及可能推断出未成年人身份的其他资料。

查阅、摘抄、复制的案卷材料，涉及未成年人的，不得公开和传播。

第560条 人民法院发现有关单位未尽到未成年人教育、管理、救助、看护等保护职责的，应当向该单位提出司法建议。

第561条 人民法院应当结合实际，根据涉及未成年人刑事案件的特点，开展未成年人法治宣传教育工作。

第562条 审理未成年人刑事案件，本章没有规定的，适用本解释的有关规定。

5.《人民检察院办理未成年人刑事案件的规定》（2013年12月27日　高检发研字〔2013〕7号）

第2条 人民检察院办理未成年人刑事案件，实行教育、感化、挽救的方针，坚持教育为主、惩罚为辅和特殊保护的原则。在严格遵守法律规定的前提下，按照最有利于未成年人和适合未成年人身心特点的方式进行，充分保障未成年人合法权益。

第3条 人民检察院办理未成年人刑事案件，应当保障未成年人依法行使其诉讼权利，保障未成年人得到法律帮助。

第4条 人民检察院办理未成年人刑事案件，应当在依照法定程序和保证办案质量的前提下，快速办理，减少刑事诉讼对未成年人的不利影响。

第5条 人民检察院办理未成年人刑事案件，应当依法保护涉案未成年人的名誉，尊重其人格尊严，不得公开或者传播涉案未成年人的姓名、住所、照片、图像及可能推断出该未成年人的资料。

人民检察院办理刑事案件，应当依法保护未成年被害人、证人以及其他与案件有关的未成年人的合法权益。

第6条 人民检察院办理未成年人刑事案件，应当加强与公安机关、人民法院以及司法行政机关的联系，注意工作各环节的衔接和配合，共同做好对涉案未成年人的教育、感化、挽救工作。

人民检察院应当加强同政府有关部门、共青团、妇联、工会等人民团体，学校、基层组织以及未成年人保护组织的联系和配合，加强对违法犯罪的未成年人的教育和挽救，共同做好未成年人犯罪预防工作。

第7条 人民检察院办理未成年人刑事案件，发现有关单位或者部门在预防未成年人违法犯罪等方面制度不落实、不健全，存在管理漏洞的，可以采取检察建议等方式向有关单位或者部门提出预防违法犯罪的意见和建议。

第8条 省级、地市级人民检察院和未成年人刑事案件较多的基层人民检察院，应当设立独立的未成年人刑事检察机构。地市级人民检察院也可以根据当地实际，指定一个基层人民检察院设立独立机构，统一办理辖区范围内的未成年人刑事案件；条件暂不具备的，应当成立专门办案组或者指定专人办理。对于专门办案组或者专人，应当保证其集中精力办理未成年人刑事案件，研究未成年人犯罪规律，落实对涉案未成年人的帮教措施等工作。

各级人民检察院应当选任经过专门培训，熟悉未成年人身心特点，具有犯罪学、社会学、心理学、教育学等方面知识的检察人员承办未成年人刑事案件，并加强对办案人员的培训和指导。

第9条 人民检察院根据情况可以对未成年犯罪嫌疑人的成长经历、犯罪原因、监护教育等情况进行调查，并制作社会调查报告，作为办案和教育的参考。

人民检察院开展社会调查，可以委托有关组织和机构进行。开展社会调查应当尊重和保护未成年人名誉，避免向不知情人员泄露未成年犯罪嫌疑人的涉罪信息。

人民检察院应当对公安机关移送的社会调查报告进行审查，必要时可以进行补充调查。

提起公诉的案件，社会调查报告应当随案移送人民法院。

第10条 人民检察院办理未成年人刑事案件，可以应犯罪嫌疑人家属、被害人及其家属的要求，告知其审查逮捕、审查起诉的进展情况，并对有关情况予以说明和解释。

第11条 人民检察院受理案件后，应当向未成年犯罪嫌疑人及其法定代理人了解其委托辩护人的情况，并告知其有权委托辩护人。

未成年犯罪嫌疑人没有委托辩护人的，人民检察院应当书面通知法律援助机构指派律师为其提供辩护。

第12条 人民检察院办理未成年人刑事案件，应当注重矛盾化解，认真听取被害人的意见，做好释法说理工作。对于符合和解条件的，要发挥检调对接平台作用，积极促使双方当事人达成和解。

人民检察院应当充分维护未成年被害人的合法权益。对于符合条件的被害人，应当及时启动刑事被害人救助程序，对其进行救助。对于未成年被害人，可以适当放宽救助条件、扩大救助的案件范围。

人民检察院根据需要，可以对未成年犯罪嫌疑人、未成年被害人进行心理疏导。必要时，经未成年犯罪嫌疑人及其法定代理人同意，可以对未成年犯罪嫌疑人进行心理测评。

在办理未成年人刑事案件时，人民检察院应当加强办案风险评估预警工作，主动采取适当措施，积极回应和引导社会舆论，有效防范执法办案风险。

● *部门规章及文件*

6.**《公安机关办理刑事案件程序规定》**（2020年7月20日修正 公安部令第159号）

第317条 公安机关办理未成年人刑事案件，实行教育、感化、挽救的方针，坚持教育为主、惩罚为辅的原则。

第318条 公安机关办理未成年人刑事案件，应当保障未成年人行使其诉讼权利并得到法律帮助，依法保护未成年人的名誉和隐私，尊重其人格尊严。

第319条 公安机关应当设置专门机构或者配备专职人员办理未成年人刑事案件。

未成年人刑事案件应当由熟悉未成年人身心特点，善于做未成年人思想教育工作，具有一定办案经验的人员办理。

第320条 未成年犯罪嫌疑人没有委托辩护人的，公安机关应当通知法律援助机构指派律师为其提供辩护。

第321条 公安机关办理未成年人刑事案件时，应当重点查清未成年犯罪嫌疑人实施犯罪行为时是否已满十四周岁、十六周岁、十八周岁的临界年龄。

● *案例指引*

上海市长宁区人民检察院诉李某某盗窃案（《最高人民法院公报》2016年第8期［总第238期］）

裁判要旨：未成年人犯罪案件的审理方式与成年人犯罪案件不同，应根据实际情况适用刑事诉讼法“未成年人刑事案件诉讼程序”专章中的相关规定，结合心理疏导、法律援助等方式，对犯罪的未成年人进行教育、感化和挽救，做到教育为主、惩罚为辅。同时通过加强社会调查，了解其个人成长经历、案外犯罪原因、羁押表现情况以及监护落实情况和社区矫治意见等，作为是否适用缓刑的量刑参考依据。

第二百七十八条 法律援助机构指派辩护律师

未成年犯罪嫌疑人、被告人没有委托辩护人的，人民法院、人民检察院、公安机关应当通知法律援助机构指派律师为其提供辩护。

● *司法解释及文件*

1. **《人民检察院刑事诉讼规则》**（2019年12月30日 高检发释字〔2019〕4号）

第460条 人民检察院受理案件后，应当向未成年犯罪嫌疑人及其法定代理人了解其委托辩护人的情况，并告知其有权委托辩护人。

未成年犯罪嫌疑人没有委托辩护人的，人民检察院应当书面通知法律援助机构指派律师为其提供辩护。

对于公安机关未通知法律援助机构指派律师为未成年犯罪嫌疑人提供辩护的，人民检察院应当提出纠正意见。

2.《**最高人民法院关于适用〈中华人民共和国刑事诉讼法〉的解释**》（2021年1月26日　法释〔2021〕1号）

第565条　未成年被害人及其法定代理人因经济困难或者其他原因没有委托诉讼代理人的，人民法院应当帮助其申请法律援助。

● *部门规章及文件*

3.《**公安机关办理刑事案件程序规定**》（2020年7月20日修正　公安部令第159号）

第320条　未成年犯罪嫌疑人没有委托辩护人的，公安机关应当通知法律援助机构指派律师为其提供辩护。

第五编　第一章

第二百七十九条　对未成年犯罪嫌疑人、被告人有关情况的调查

公安机关、人民检察院、人民法院办理未成年人刑事案件，根据情况可以对未成年犯罪嫌疑人、被告人的成长经历、犯罪原因、监护教育等情况进行调查。

● *司法解释及文件*

1.《**人民检察院刑事诉讼规则**》（2019年12月30日　高检发释字〔2019〕4号）

第460条　人民检察院受理案件后，应当向未成年犯罪嫌疑人及其法定代理人了解其委托辩护人的情况，并告知其有权委托辩护人。

未成年犯罪嫌疑人没有委托辩护人的，人民检察院应当书面通知法律援助机构指派律师为其提供辩护。

对于公安机关未通知法律援助机构指派律师为未成年犯罪嫌疑人提供辩护的，人民检察院应当提出纠正意见。

第461条　人民检察院根据情况可以对未成年犯罪嫌疑人的成长经历、犯罪原因、监护教育等情况进行调查，并制作社会调查报告，作为办案和教育的参考。

人民检察院开展社会调查，可以委托有关组织和机构进行。开展社会调查应当尊重和保护未成年人隐私，不得向不知情人员泄露未成年犯罪嫌疑人的涉案信息。

人民检察院应当对公安机关移送的社会调查报告进行审查。必要时，可以进行补充调查。

人民检察院制作的社会调查报告应当随案移送人民法院。

2. **《人民检察院办理未成年人刑事案件的规定》**（2013 年 12 月 27 日　高检发研字〔2013〕7 号）

第 9 条　人民检察院根据情况可以对未成年犯罪嫌疑人的成长经历、犯罪原因、监护教育等情况进行调查，并制作社会调查报告，作为办案和教育的参考。

人民检察院开展社会调查，可以委托有关组织和机构进行。开展社会调查应当尊重和保护未成年人名誉，避免向不知情人员泄露未成年犯罪嫌疑人的涉罪信息。

人民检察院应当对公安机关移送的社会调查报告进行审查，必要时可以进行补充调查。

提起公诉的案件，社会调查报告应当随案移送人民法院。

第二百八十条　严格限制适用逮捕措施　与成年人分别关押、管理和教育

对未成年犯罪嫌疑人、被告人应当严格限制适用逮捕措施。人民检察院审查批准逮捕和人民法院决定逮捕，应当讯问未成年犯罪嫌疑人、被告人，听取辩护律师的意见。

对被拘留、逮捕和执行刑罚的未成年人与成年人应当分别关押、分别管理、分别教育。

● *司法解释及文件*

1. **《人民检察院刑事诉讼规则》**（2019 年 12 月 30 日　高检发释字〔2019〕4 号）

第 462 条　人民检察院对未成年犯罪嫌疑人审查逮捕，应当根据未成年犯罪嫌疑人涉嫌犯罪的性质、情节、主观恶性、有无监护与社会帮教条件、

认罪认罚等情况，综合衡量其社会危险性，严格限制适用逮捕措施。

第463条 对于罪行较轻，具备有效监护条件或者社会帮教措施，没有社会危险性或者社会危险性较小的未成年犯罪嫌疑人，应当不批准逮捕。

对于罪行比较严重，但主观恶性不大，有悔罪表现，具备有效监护条件或者社会帮教措施，具有下列情形之一，不逮捕不致发生社会危险性的未成年犯罪嫌疑人，可以不批准逮捕：

（一）初次犯罪、过失犯罪的；

（二）犯罪预备、中止、未遂的；

（三）防卫过当、避险过当的；

（四）有自首或者立功表现的；

（五）犯罪后认罪认罚，或者积极退赃，尽力减少和赔偿损失，被害人谅解的；

（六）不属于共同犯罪的主犯或者集团犯罪中的首要分子的；

（七）属于已满十四周岁不满十六周岁的未成年人或者系在校学生的；

（八）其他可以不批准逮捕的情形。

对于没有固定住所、无法提供保证人的未成年犯罪嫌疑人适用取保候审的，可以指定合适的成年人作为保证人。

第464条 审查逮捕未成年犯罪嫌疑人，应当重点查清其是否已满十四、十六、十八周岁。

对犯罪嫌疑人实际年龄难以判断，影响对该犯罪嫌疑人是否应当负刑事责任认定的，应当不批准逮捕。需要补充侦查的，同时通知公安机关。

第488条 负责未成年人检察的部门应当依法对看守所、未成年犯管教所监管未成年人的活动实行监督，配合做好对未成年人的教育。发现没有对未成年犯罪嫌疑人、被告人与成年犯罪嫌疑人、被告人分别关押、管理或者违反规定对未成年犯留所执行刑罚的，应当依法提出纠正意见。

负责未成年人检察的部门发现社区矫正机构违反未成年人社区矫正相关规定的，应当依法提出纠正意见。

2.《人民检察院办理未成年人刑事案件的规定》（2013年12月27日 高检发研字〔2013〕7号）

第二章 未成年人刑事案件的审查逮捕

第13条 人民检察院办理未成年犯罪嫌疑人审查逮捕案件，应当根据未成年犯罪嫌疑人涉嫌犯罪的事实、主观恶性、有无监护与社会帮教条件等，综合衡量其社会危险性，严格限制适用逮捕措施，可捕可不捕的不捕。

第14条 审查逮捕未成年犯罪嫌疑人，应当重点审查其是否已满十四、十六、十八周岁。

对犯罪嫌疑人实际年龄难以判断，影响对该犯罪嫌疑人是否应当负刑事责任认定的，应当不批准逮捕。需要补充侦查的，同时通知公安机关。

第15条 审查逮捕未成年犯罪嫌疑人，应当审查公安机关依法提供的证据和社会调查报告等材料。公安机关没有提供社会调查报告的，人民检察院根据案件情况可以要求公安机关提供，也可以自行或者委托有关组织和机构进行调查。

第16条 审查逮捕未成年犯罪嫌疑人，应当注意是否有被胁迫、引诱的情节，是否存在成年人教唆犯罪、传授犯罪方法或者利用未成年人实施犯罪的情况。

第17条 人民检察院办理未成年犯罪嫌疑人审查逮捕案件，应当讯问未成年犯罪嫌疑人，听取辩护律师的意见，并制作笔录附卷。

讯问未成年犯罪嫌疑人，应当根据该未成年人的特点和案件情况，制定详细的讯问提纲，采取适宜该未成年人的方式进行，讯问用语应当准确易懂。

讯问未成年犯罪嫌疑人，应当告知其依法享有的诉讼权利，告知其如实供述案件事实的法律规定和意义，核实其是否有自首、立功、坦白等情节，听取其有罪的供述或者无罪、罪轻的辩解。

讯问未成年犯罪嫌疑人，应当通知其法定代理人到场，告知法定代理人依法享有的诉讼权利和应当履行的义务。无法通知、法定代理人不能到场或者法定代理人是共犯的，也可以通知未成年犯罪嫌疑人的其他成年亲属，所在学校、单位或者居住地的村民委员会、居民委员会、未成年人保护组织的代表等合适成年人到场，并将有关情况记录在案。到场的法定代理人可以代为行使未成年犯罪嫌疑人的诉讼权利，行使时不得侵犯未成年犯罪嫌疑人的合法权益。

未成年犯罪嫌疑人明确拒绝法定代理人以外的合适成年人到场，人民检察院可以准许，但应当另行通知其他合适成年人到场。

到场的法定代理人或者其他人员认为办案人员在讯问中侵犯未成年犯罪

嫌疑人合法权益的，可以提出意见。讯问笔录应当交由到场的法定代理人或者其他人员阅读或者向其宣读，并由其在笔录上签字、盖章或者捺指印确认。

讯问女性未成年犯罪嫌疑人，应当有女性检察人员参加。

询问未成年被害人、证人，适用本条第四款至第七款的规定。

第18条 讯问未成年犯罪嫌疑人一般不得使用械具。对于确有人身危险性，必须使用械具的，在现实危险消除后，应当立即停止使用。

第19条 对于罪行较轻，具备有效监护条件或者社会帮教措施，没有社会危险性或者社会危险性较小，不逮捕不致妨害诉讼正常进行的未成年犯罪嫌疑人，应当不批准逮捕。

对于罪行比较严重，但主观恶性不大，有悔罪表现，具备有效监护条件或者社会帮教措施，具有下列情形之一，不逮捕不致妨害诉讼正常进行的未成年犯罪嫌疑人，可以不批准逮捕：

（一）初次犯罪、过失犯罪的；

（二）犯罪预备、中止、未遂的；

（三）有自首或者立功表现的；

（四）犯罪后如实交待罪行，真诚悔罪，积极退赃，尽力减少和赔偿损失，被害人谅解的；

（五）不属于共同犯罪的主犯或者集团犯罪中的首要分子的；

（六）属于已满十四周岁不满十六周岁的未成年人或者系在校学生的；

（七）其他可以不批准逮捕的情形。

对于不予批准逮捕的案件，应当说明理由，连同案卷材料送达公安机关执行。需要补充侦查的，应当同时通知公安机关。必要时可以向被害方作说明解释。

第20条 适用本规定第十九条的规定，在作出不批准逮捕决定前，应当审查其监护情况，参考其法定代理人、学校、居住地公安派出所及居民委员会、村民委员会的意见，并在审查逮捕意见书中对未成年犯罪嫌疑人是否具备有效监护条件或者社会帮教措施进行具体说明。

第21条 对未成年犯罪嫌疑人作出批准逮捕决定后，应当依法进行羁押必要性审查。对不需要继续羁押的，应当及时建议予以释放或者变更强制措施。

第二百八十一条 讯问、审判、询问未成年诉讼参与人的特别规定

对于未成年人刑事案件，在讯问和审判的时候，应当通知未成年犯罪嫌疑人、被告人的法定代理人到场。无法通知、法定代理人不能到场或者法定代理人是共犯的，也可以通知未成年犯罪嫌疑人、被告人的其他成年亲属，所在学校、单位、居住地基层组织或者未成年人保护组织的代表到场，并将有关情况记录在案。到场的法定代理人可以代为行使未成年犯罪嫌疑人、被告人的诉讼权利。

到场的法定代理人或者其他人员认为办案人员在讯问、审判中侵犯未成年人合法权益的，可以提出意见。讯问笔录、法庭笔录应当交给到场的法定代理人或者其他人员阅读或者向他宣读。

讯问女性未成年犯罪嫌疑人，应当有女工作人员在场。

审判未成年人刑事案件，未成年被告人最后陈述后，其法定代理人可以进行补充陈述。

询问未成年被害人、证人，适用第一款、第二款、第三款的规定。

● 司法解释及文件

1. **《人民检察院刑事诉讼规则》**（2019 年 12 月 30 日　高检发释字〔2019〕4 号）

第 465 条　在审查逮捕、审查起诉中，人民检察院应当讯问未成年犯罪嫌疑人，听取辩护人的意见，并制作笔录附卷。辩护人提出书面意见的，应当附卷。对于辩护人提出犯罪嫌疑人无罪、罪轻或者减轻、免除刑事责任、不适宜羁押或者侦查活动有违法情形等意见的，检察人员应当进行审查，并在相关工作文书中叙明辩护人提出的意见，说明是否采纳的情况和理由。

讯问未成年犯罪嫌疑人，应当通知其法定代理人到场，告知法定代理人依法享有的诉讼权利和应当履行的义务。到场的法定代理人可以代为行使未成年犯罪嫌疑人的诉讼权利，代为行使权利时不得损害未成年犯罪嫌疑人的合法权益。

无法通知、法定代理人不能到场或者法定代理人是共犯的，也可以通知未成年犯罪嫌疑人的其他成年亲属，所在学校、单位或者居住地的村民委员会、居民委员会、未成年人保护组织的代表到场，并将有关情况记录在案。未成年犯罪嫌疑人明确拒绝法定代理人以外的合适成年人到场，且有正当理由的，人民检察院可以准许，但应当在征求其意见后通知其他合适成年人到场。

到场的法定代理人或者其他人员认为检察人员在讯问中侵犯未成年犯罪嫌疑人合法权益提出意见的，人民检察院应当记录在案。对合理意见，应当接受并纠正。讯问笔录应当交由到场的法定代理人或者其他人员阅读或者向其宣读，并由其在笔录上签名或者盖章，并捺指印。

讯问女性未成年犯罪嫌疑人，应当有女性检察人员参加。

询问未成年被害人、证人，适用本条第二款至第五款的规定。询问应当以一次为原则，避免反复询问。

第466条 讯问未成年犯罪嫌疑人应当保护其人格尊严。

讯问未成年犯罪嫌疑人一般不得使用戒具。对于确有人身危险性必须使用戒具的，在现实危险消除后应当立即停止使用。

2.《最高人民法院关于适用〈中华人民共和国刑事诉讼法〉的解释》（2021年1月26日　法释〔2021〕1号）

第555条 人民法院审理未成年人刑事案件，在讯问和开庭时，应当通知未成年被告人的法定代理人到场。法定代理人无法通知、不能到场或者是共犯的，也可以通知合适成年人到场，并将有关情况记录在案。

到场的法定代理人或者其他人员，除依法行使刑事诉讼法第二百八十一条第二款规定的权利外，经法庭同意，可以参与对未成年被告人的法庭教育等工作。

适用简易程序审理未成年人刑事案件，适用前两款规定。

第557条 开庭审理时被告人不满十八周岁的案件，一律不公开审理。经未成年被告人及其法定代理人同意，未成年被告人所在学校和未成年人保护组织可以派代表到场。到场代表的人数和范围，由法庭决定。经法庭同意，到场代表可以参与对未成年被告人的法庭教育工作。

对依法公开审理，但可能需要封存犯罪记录的案件，不得组织人员旁听；有旁听人员的，应当告知其不得传播案件信息。

第570条 开庭前和休庭时，法庭根据情况，可以安排未成年被告人与其法定代理人或者合适成年人会见。

第577条 未成年被告人最后陈述后，法庭应当询问其法定代理人是否补充陈述。

第579条 定期宣告判决的未成年人刑事案件，未成年被告人的法定代理人无法通知、不能到场或者是共犯的，法庭可以通知合适成年人到庭，并在宣判后向未成年被告人的成年亲属送达判决书。

第580条 将未成年罪犯送监执行刑罚或者送交社区矫正时，人民法院应当将有关未成年罪犯的调查报告及其在案件审理中的表现材料，连同有关法律文书，一并送达执行机关。

第581条 犯罪时不满十八周岁，被判处五年有期徒刑以下刑罚以及免予刑事处罚的未成年人的犯罪记录，应当封存。

司法机关或者有关单位向人民法院申请查询封存的犯罪记录的，应当提供查询的理由和依据。对查询申请，人民法院应当及时作出是否同意的决定。

第582条 人民法院可以与未成年犯管教所等服刑场所建立联系，了解未成年罪犯的改造情况，协助做好帮教、改造工作，并可以对正在服刑的未成年罪犯进行回访考察。

第583条 人民法院认为必要时，可以督促被收监服刑的未成年罪犯的父母或者其他监护人及时探视。

第584条 对被判处管制、宣告缓刑、裁定假释、决定暂予监外执行的未成年罪犯，人民法院可以协助社区矫正机构制定帮教措施。

第585条 人民法院可以适时走访被判处管制、宣告缓刑、免予刑事处罚、裁定假释、决定暂予监外执行等的未成年罪犯及其家庭，了解未成年罪犯的管理和教育情况，引导未成年罪犯的家庭承担管教责任，为未成年罪犯改过自新创造良好环境。

第586条 被判处管制、宣告缓刑、免予刑事处罚、裁定假释、决定暂予监外执行等的未成年罪犯，具备就学、就业条件的，人民法院可以就其安置问题向有关部门提出建议，并附送必要的材料。

3. **《最高人民法院关于加强新时代未成年人审判工作的意见》**（2020年12月24日　法发〔2020〕45号）

6. 被告人实施被指控的犯罪时不满十八周岁且人民法院立案时不满二

十周岁的刑事案件，应当由少年法庭审理。

7. 下列刑事案件可以由少年法庭审理：

（1）人民法院立案时不满二十二周岁的在校学生犯罪案件；

（2）强奸、猥亵等性侵未成年人犯罪案件；

（3）杀害、伤害、绑架、拐卖、虐待、遗弃等严重侵犯未成年人人身权利的犯罪案件；

（4）上述刑事案件罪犯的减刑、假释、暂予监外执行、撤销缓刑等刑罚执行变更类案件；

（5）涉及未成年人，由少年法庭审理更为适宜的其他刑事案件。

未成年人与成年人共同犯罪案件，一般应当分案审理。

● *部门规章及文件*

4.《公安机关办理刑事案件程序规定》（2020年7月20日修正　公安部令第159号）

第323条　讯问未成年犯罪嫌疑人，应当通知未成年犯罪嫌疑人的法定代理人到场。无法通知、法定代理人不能到场或者法定代理人是共犯的，也可以通知未成年犯罪嫌疑人的其他成年亲属，所在学校、单位、居住地或者办案单位所在地基层组织或者未成年人保护组织的代表到场，并将有关情况记录在案。到场的法定代理人可以代为行使未成年犯罪嫌疑人的诉讼权利。

到场的法定代理人或者其他人员提出侦查人员在讯问中侵犯未成年人合法权益的，公安机关应当认真核查，依法处理。

第324条　讯问未成年犯罪嫌疑人应当采取适合未成年人的方式，耐心细致地听取其供述或者辩解，认真审核、查证与案件有关的证据和线索，并针对其思想顾虑、恐惧心理、抵触情绪进行疏导和教育。

讯问女性未成年犯罪嫌疑人，应当有女工作人员在场。

第325条　讯问笔录应当交未成年犯罪嫌疑人、到场的法定代理人或者其他人员阅读或者向其宣读；对笔录内容有异议的，应当核实清楚，准予更正或者补充。

第326条　询问未成年被害人、证人，适用本规定第三百二十三条、第三百二十四条、第三百二十五条的规定。

询问未成年被害人、证人，应当以适当的方式进行，注意保护其隐私和名誉，尽可能减少询问频次，避免造成二次伤害。必要时，可以聘请熟悉未成年人身心特点的专业人员协助。

第二百八十二条 附条件不起诉的适用及异议

对于未成年人涉嫌刑法分则第四章、第五章、第六章规定的犯罪，可能判处一年有期徒刑以下刑罚，符合起诉条件，但有悔罪表现的，人民检察院可以作出附条件不起诉的决定。人民检察院在作出附条件不起诉的决定以前，应当听取公安机关、被害人的意见。

对附条件不起诉的决定，公安机关要求复议、提请复核或者被害人申诉的，适用本法第一百七十九条、第一百八十条的规定。

未成年犯罪嫌疑人及其法定代理人对人民检察院决定附条件不起诉有异议的，人民检察院应当作出起诉的决定。

● 法　律

1.《全国人民代表大会常务委员会关于〈中华人民共和国刑事诉讼法〉第二百七十一条第二款的解释》（2014年4月24日）

全国人民代表大会常务委员会根据司法实践中遇到的情况，讨论了刑事诉讼法第二百七十一条[①]第二款的含义及被害人对附条件不起诉的案件能否依照第一百七十六条[②]的规定向人民法院起诉的问题，解释如下：

人民检察院办理未成年人刑事案件，在作出附条件不起诉的决定以及考验期满作出不起诉的决定以前，应当听取被害人的意见。被害人对人民检察院对未成年犯罪嫌疑人作出的附条件不起诉的决定和不起诉的决定，可以向上一级人民检察院申诉，不适用刑事诉讼法第一百七十六条关于被害人可以向人民法院起诉的规定。

现予公告。

---

① 对应《中华人民共和国刑事诉讼法》（2018年修正）第二百八十二条。
② 对应《中华人民共和国刑事诉讼法》（2018年修正）第一百八十条。

● 司法解释及文件

2.《人民检察院刑事诉讼规则》（2019 年 12 月 30 日　高检发释字〔2019〕4 号）

第 469 条　对于符合刑事诉讼法第二百八十二条第一款规定条件的未成年人刑事案件，人民检察院可以作出附条件不起诉的决定。

人民检察院在作出附条件不起诉的决定以前，应当听取公安机关、被害人、未成年犯罪嫌疑人及其法定代理人、辩护人的意见，并制作笔录附卷。

第 471 条　人民检察院作出附条件不起诉的决定后，应当制作附条件不起诉决定书，并在三日以内送达公安机关、被害人或者其近亲属及其诉讼代理人、未成年犯罪嫌疑人及其法定代理人、辩护人。

人民检察院应当当面向未成年犯罪嫌疑人及其法定代理人宣布附条件不起诉决定，告知考验期限、在考验期内应当遵守的规定以及违反规定应负的法律责任，并制作笔录附卷。

3.《人民检察院办理未成年人刑事案件的规定》（2013 年 12 月 27 日　高检发研字〔2013〕7 号）

第 30 条　人民检察院在作出附条件不起诉的决定以前，应当听取公安机关、被害人、未成年犯罪嫌疑人的法定代理人、辩护人的意见，并制作笔录附卷。被害人是未成年人的，还应当听取被害人的法定代理人、诉讼代理人的意见。

第 31 条　公安机关或者被害人对附条件不起诉有异议或争议较大的案件，人民检察院可以召集侦查人员、被害人及其法定代理人、诉讼代理人、未成年犯罪嫌疑人及其法定代理人、辩护人举行不公开听证会，充分听取各方的意见和理由。

对于决定附条件不起诉可能激化矛盾或者引发不稳定因素的，人民检察院应当慎重适用。

第 32 条　适用附条件不起诉的审查意见，应当由办案人员在审查起诉期限届满十五日前提出，并根据案件的具体情况拟定考验期限和考察方案，连同案件审查报告、社会调查报告等，经部门负责人审核，报检察长或者检察委员会决定。

第 33 条　人民检察院作出附条件不起诉的决定后，应当制作附条件不起诉决定书，并在三日以内送达公安机关、被害人或者其近亲属及其诉讼代理人、未成年犯罪嫌疑人及其法定代理人、辩护人。

送达时，应当告知被害人或者其近亲属及其诉讼代理人，如果对附条件不起诉决定不服，可以自收到附条件不起诉决定书后七日以内向上一级人民检察院申诉。

人民检察院应当当面向未成年犯罪嫌疑人及其法定代理人宣布附条件不起诉决定，告知考验期限、在考验期内应当遵守的规定和违反规定应负的法律责任，以及可以对附条件不起诉决定提出异议，并制作笔录附卷。

第34条　未成年犯罪嫌疑人在押的，作出附条件不起诉决定后，人民检察院应当作出释放或者变更强制措施的决定。

第35条　公安机关认为附条件不起诉决定有错误，要求复议的，人民检察院未成年人刑事检察机构应当另行指定检察人员进行审查并提出审查意见，经部门负责人审核，报请检察长或者检察委员会决定。

人民检察院应当在收到要求复议意见书后的三十日以内作出复议决定，通知公安机关。

第36条　上一级人民检察院收到公安机关对附条件不起诉决定提请复核的意见书后，应当交由未成年人刑事检察机构办理。未成年人刑事检察机构应当指定检察人员进行审查并提出审查意见，经部门负责人审核，报请检察长或者检察委员会决定。

上一级人民检察院应当在收到提请复核意见书后的三十日以内作出决定，制作复核决定书送交提请复核的公安机关和下级人民检察院。经复核改变下级人民检察院附条件不起诉决定的，应当撤销下级人民检察院作出的附条件不起诉决定，交由下级人民检察院执行。

第37条　被害人不服附条件不起诉决定，在收到附条件不起诉决定书后七日以内申诉的，由作出附条件不起诉决定的人民检察院的上一级人民检察院未成年人刑事检察机构立案复查。

被害人向作出附条件不起诉决定的人民检察院提出申诉的，作出决定的人民检察院应当将申诉材料连同案卷一并报送上一级人民检察院受理。

被害人不服附条件不起诉决定，在收到附条件不起诉决定书七日后提出申诉的，由作出附条件不起诉决定的人民检察院未成年人刑事检察机构另行指定检察人员审查后决定是否立案复查。

未成年人刑事检察机构复查后应当提出复查意见，报请检察长决定。

复查决定书应当送达被害人、被附条件不起诉的未成年犯罪嫌疑人及其法定代理人和作出附条件不起诉决定的人民检察院。

上级人民检察院经复查作出起诉决定的，应当撤销下级人民检察院的附条件不起诉决定，由下级人民检察院提起公诉，并将复查决定抄送移送审查起诉的公安机关。

第38条 未成年犯罪嫌疑人及其法定代理人对人民检察院决定附条件不起诉有异议的，人民检察院应当作出起诉的决定。

第39条 人民检察院在作出附条件不起诉决定后，应当在十日内将附条件不起诉决定书报上级人民检察院主管部门备案。

上级人民检察院认为下级人民检察院作出的附条件不起诉决定不适当的，应当及时撤销下级人民检察院作出的附条件不起诉决定，下级人民检察院应当执行。

● ***部门规章及文件***

4.《公安机关办理刑事案件程序规定》（2020年7月20日修正 公安部令第159号）

第329条 人民检察院在对未成年人作出附条件不起诉的决定前，听取公安机关意见时，公安机关应当提出书面意见，经县级以上公安机关负责人批准，移送同级人民检察院。

第330条 认为人民检察院作出的附条件不起诉决定有错误的，应当在收到不起诉决定书后七日以内制作要求复议意见书，经县级以上公安机关负责人批准，移送同级人民检察院复议。

要求复议的意见不被接受的，可以在收到人民检察院的复议决定书后七日以内制作提请复核意见书，经县级以上公安机关负责人批准后，连同人民检察院的复议决定书，一并提请上一级人民检察院复核。

第二百八十三条 对附条件不起诉未成年犯罪嫌疑人的监督考察

在附条件不起诉的考验期内，由人民检察院对被附条件不起诉的未成年犯罪嫌疑人进行监督考察。未成年犯罪嫌疑人的监护人，应当对未成年犯罪嫌疑人加强管教，配合人民检察院做好监督考察工作。

附条件不起诉的考验期为六个月以上一年以下，从人民检察院作出附条件不起诉的决定之日起计算。

被附条件不起诉的未成年犯罪嫌疑人，应当遵守下列规定：

（一）遵守法律法规，服从监督；

（二）按照考察机关的规定报告自己的活动情况；

（三）离开所居住的市、县或者迁居，应当报经考察机关批准；

（四）按照考察机关的要求接受矫治和教育。

● *司法解释及文件*

1.《**人民检察院刑事诉讼规则**》（2019 年 12 月 30 日　高检发释字〔2019〕4 号）

第 473 条　人民检察院作出附条件不起诉决定的，应当确定考验期。考验期为六个月以上一年以下，从人民检察院作出附条件不起诉的决定之日起计算。

第 474 条　在附条件不起诉的考验期内，由人民检察院对被附条件不起诉的未成年犯罪嫌疑人进行监督考察。人民检察院应当要求未成年犯罪嫌疑人的监护人对未成年犯罪嫌疑人加强管教，配合人民检察院做好监督考察工作。

人民检察院可以会同未成年犯罪嫌疑人的监护人、所在学校、单位、居住地的村民委员会、居民委员会、未成年人保护组织等的有关人员，定期对未成年犯罪嫌疑人进行考察、教育，实施跟踪帮教。

第 475 条　人民检察院对于被附条件不起诉的未成年犯罪嫌疑人，应当监督考察其是否遵守下列规定：

（一）遵守法律法规，服从监督；

（二）按照规定报告自己的活动情况；

（三）离开所居住的市、县或者迁居，应当报经批准；

（四）按照要求接受矫治和教育。

第 476 条　人民检察院可以要求被附条件不起诉的未成年犯罪嫌疑人接受下列矫治和教育：

（一）完成戒瘾治疗、心理辅导或者其他适当的处遇措施；

（二）向社区或者公益团体提供公益劳动；

（三）不得进入特定场所，与特定的人员会见或者通信，从事特定的活动；

（四）向被害人赔偿损失、赔礼道歉等；

（五）接受相关教育；

（六）遵守其他保护被害人安全以及预防再犯的禁止性规定。

2.《人民检察院办理未成年人刑事案件的规定》（2013 年 12 月 27 日　高检发研字〔2013〕7 号）

第 40 条　人民检察院决定附条件不起诉的，应当确定考验期。考验期为六个月以上一年以下，从人民检察院作出附条件不起诉的决定之日起计算。考验期不计入案件审查起诉期限。

考验期的长短应当与未成年犯罪嫌疑人所犯罪行的轻重、主观恶性的大小和人身危险性的大小、一贯表现及帮教条件等相适应，根据未成年犯罪嫌疑人在考验期的表现，可以在法定期限范围内适当缩短或者延长。

第 44 条　未成年犯罪嫌疑人经批准离开所居住的市、县或者迁居，作出附条件不起诉决定的人民检察院可以要求迁入地的人民检察院协助进行考察，并将考察结果函告作出附条件不起诉决定的人民检察院。

第 50 条　对人民检察院依照刑事诉讼法第一百七十三条第二款①规定作出的不起诉决定和经附条件不起诉考验期满不起诉的，在向被不起诉的未成年人及其法定代理人宣布不起诉决定书时，应当充分阐明不起诉的理由和法律依据，并结合社会调查，围绕犯罪行为对被害人、对本人及家庭、对社会等造成的危害，导致犯罪行为发生的原因及应当吸取的教训等，对被不起诉的未成年人开展必要的教育。如果侦查人员、合适成年人、辩护人、社工等参加有利于教育被不起诉未成年人的，经被不起诉的未成年人及其法定代理人同意，可以邀请他们参加，但要严格控制参与人范围。

对于犯罪事实清楚，但因未达刑事责任年龄不起诉、年龄证据存疑而不起诉的未成年犯罪嫌疑人，参照上述规定举行不起诉宣布教育仪式。

① 对应《中华人民共和国刑事诉讼法》（2018 修正）第 177 条第 2 款。

第二百八十四条 附条件不起诉的撤销与不起诉决定的作出

被附条件不起诉的未成年犯罪嫌疑人，在考验期内有下列情形之一的，人民检察院应当撤销附条件不起诉的决定，提起公诉：

（一）实施新的犯罪或者发现决定附条件不起诉以前还有其他犯罪需要追诉的；

（二）违反治安管理规定或者考察机关有关附条件不起诉的监督管理规定，情节严重的。

被附条件不起诉的未成年犯罪嫌疑人，在考验期内没有上述情形，考验期满的，人民检察院应当作出不起诉的决定。

● ***司法解释及文件***

《人民检察院刑事诉讼规则》（2019 年 12 月 30 日　高检发释字〔2019〕4 号）

第 479 条　被附条件不起诉的未成年犯罪嫌疑人，在考验期内具有下列情形之一的，人民检察院应当撤销附条件不起诉的决定，提起公诉：

（一）实施新的犯罪的；

（二）发现决定附条件不起诉以前还有其他犯罪需要追诉的；

（三）违反治安管理规定，造成严重后果，或者多次违反治安管理规定的；

（四）违反有关附条件不起诉的监督管理规定，造成严重后果，或者多次违反有关附条件不起诉的监督管理规定的。

第 480 条　被附条件不起诉的未成年犯罪嫌疑人，在考验期内没有本规则第四百七十九条规定的情形，考验期满的，人民检察院应当作出不起诉的决定。

第 481 条　人民检察院办理未成年人刑事案件过程中，应当对涉案未成年人的资料予以保密，不得公开或者传播涉案未成年人的姓名、住所、照片、图像及可能推断出该未成年人的其他资料。

第二百八十五条 不公开审理及其例外

审判的时候被告人不满十八周岁的案件，不公开审理。但是，经未成年被告人及其法定代理人同意，未成年被告人所在学校和未成年人保护组织可以派代表到场。

● *司法解释及文件*

《最高人民法院关于适用〈中华人民共和国刑事诉讼法〉的解释》（2021 年 1 月 26 日　法释〔2021〕1 号）

第 557 条　开庭审理时被告人不满十八周岁的案件，一律不公开审理。经未成年被告人及其法定代理人同意，未成年被告人所在学校和未成年人保护组织可以派代表到场。到场代表的人数和范围，由法庭决定。经法庭同意，到场代表可以参与对未成年被告人的法庭教育工作。

对依法公开审理，但可能需要封存犯罪记录的案件，不得组织人员旁听；有旁听人员的，应当告知其不得传播案件信息。

第二百八十六条 犯罪记录封存

犯罪的时候不满十八周岁，被判处五年有期徒刑以下刑罚的，应当对相关犯罪记录予以封存。

犯罪记录被封存的，不得向任何单位和个人提供，但司法机关为办案需要或者有关单位根据国家规定进行查询的除外。依法进行查询的单位，应当对被封存的犯罪记录的情况予以保密。

● *司法解释及文件*

1. **《人民检察院刑事诉讼规则》**（2019 年 12 月 30 日　高检发释字〔2019〕4 号）

第 482 条　犯罪的时候不满十八周岁，被判处五年有期徒刑以下刑罚的，人民检察院应当在收到人民法院生效判决、裁定后，对犯罪记录予以封存。

生效判决、裁定由第二审人民法院作出的，同级人民检察院依照前款规定封存犯罪记录时，应当通知下级人民检察院对相关犯罪记录予以封存。

第484条 除司法机关为办案需要或者有关单位根据国家规定进行查询的以外，人民检察院不得向任何单位和个人提供封存的犯罪记录，并不得提供未成年人有犯罪记录的证明。

司法机关或者有关单位需要查询犯罪记录的，应当向封存犯罪记录的人民检察院提出书面申请。人民检察院应当在七日以内作出是否许可的决定。

第485条 未成年人犯罪记录封存后，没有法定事由、未经法定程序不得解封。

对被封存犯罪记录的未成年人，符合下列条件之一的，应当对其犯罪记录解除封存：

（一）实施新的犯罪，且新罪与封存记录之罪数罪并罚后被决定执行五年有期徒刑以上刑罚的；

（二）发现漏罪，且漏罪与封存记录之罪数罪并罚后被决定执行五年有期徒刑以上刑罚的。

2.《最高人民法院关于适用〈中华人民共和国刑事诉讼法〉的解释》（2021年1月26日　法释〔2021〕1号）

第581条 犯罪时不满十八周岁，被判处五年有期徒刑以下刑罚以及免予刑事处罚的未成年人的犯罪记录，应当封存。

司法机关或者有关单位向人民法院申请查询封存的犯罪记录的，应当提供查询的理由和依据。对查询申请，人民法院应当及时作出是否同意的决定。

3.《人民检察院办理未成年人刑事案件的规定》（2013年12月27日　高检发研字〔2013〕7号）

第62条 犯罪的时候不满十八周岁，被判处五年有期徒刑以下刑罚的，人民检察院应当在收到人民法院生效判决后，对犯罪记录予以封存。

对于二审案件，上级人民检察院封存犯罪记录时，应当通知下级人民检察院对相关犯罪记录予以封存。

第63条 人民检察院应当将拟封存的未成年人犯罪记录、卷宗等相关材料装订成册，加密保存，不予公开，并建立专门的未成年人犯罪档案库，执行严格的保管制度。

第64条 除司法机关为办案需要或者有关单位根据国家规定进行查询的以外，人民检察院不得向任何单位和个人提供封存的犯罪记录，并不得提供未成年人有犯罪记录的证明。

司法机关或者有关单位需要查询犯罪记录的，应当向封存犯罪记录的人民检察院提出书面申请，人民检察院应当在七日以内作出是否许可的决定。

第65条 对被封存犯罪记录的未成年人，符合下列条件之一的，应当对其犯罪记录解除封存：

（一）实施新的犯罪，且新罪与封存记录之罪数罪并罚后被决定执行五年有期徒刑以上刑罚的；

（二）发现漏罪，且漏罪与封存记录之罪数罪并罚后被决定执行五年有期徒刑以上刑罚的。

第66条 人民检察院对未成年犯罪嫌疑人作出不起诉决定后，应当对相关记录予以封存。具体程序参照本规定第六十二条至第六十五条规定办理。

第四章 未成年人刑事案件的法律监督

第67条 人民检察院审查批准逮捕、审查起诉未成年犯罪嫌疑人，应当同时依法监督侦查活动是否合法，发现有下列违法行为的，应当提出纠正意见；构成犯罪的，依法追究刑事责任：

（一）违法对未成年犯罪嫌疑人采取强制措施或者采取强制措施不当的；

（二）未依法实行对未成年犯罪嫌疑人与成年犯罪嫌疑人分别关押、管理的；

（三）对未成年犯罪嫌疑人采取刑事拘留、逮捕措施后，在法定时限内未进行讯问，或者未通知其家属的；

（四）讯问未成年犯罪嫌疑人或者询问未成年被害人、证人时，未依法通知其法定代理人或者合适成年人到场的；

（五）讯问或者询问女性未成年人时，没有女性检察人员参加；

（六）未依法告知未成年犯罪嫌疑人有权委托辩护人的；

（七）未依法通知法律援助机构指派律师为未成年犯罪嫌疑人提供辩护的；

（八）对未成年犯罪嫌疑人威胁、体罚、侮辱人格、游行示众，或者刑讯逼供、指供、诱供的；

（九）利用未成年人认知能力低而故意制造冤、假、错案的；

（十）对未成年被害人、证人以暴力、威胁、诱骗等非法手段收集证据或者侵害未成年被害人、证人的人格尊严及隐私权等合法权益的；

（十一）违反羁押和办案期限规定的；

（十二）已作出不批准逮捕、不起诉决定，公安机关不立即释放犯罪嫌疑人的；

（十三）在侦查中有其他侵害未成年人合法权益行为的。

第68条 对依法不应当公开审理的未成年人刑事案件公开审理的，人民检察院应当在开庭前提出纠正意见。

公诉人出庭支持公诉时，发现法庭审判有下列违反法律规定的诉讼程序的情形之一的，应当在休庭后及时向本院检察长报告，由人民检察院向人民法院提出纠正意见：

（一）开庭或者宣告判决时未通知未成年被告人的法定代理人到庭的；

（二）人民法院没有给聋、哑或者不通晓当地通用的语言文字的未成年被告人聘请或者指定翻译人员的；

（三）未成年被告人在审判时没有辩护人的；对未成年被告人及其法定代理人依照法律和有关规定拒绝辩护人为其辩护，合议庭未另行通知法律援助机构指派律师的；

（四）法庭未告知未成年被告人及其法定代理人依法享有的申请回避、辩护、提出新的证据、申请重新鉴定或者勘验、最后陈述、提出上诉等诉讼权利的；

（五）其他违反法律规定的诉讼程序的情形。

第69条 人民检察院发现有关机关对未成年人犯罪记录应当封存而未封存的，不应当允许查询而允许查询的或者不应当提供犯罪记录而提供的，应当依法提出纠正意见。

第二百八十七条 未成年刑事案件的法律适用

办理未成年人刑事案件，除本章已有规定的以外，按照本法的其他规定进行。

● *司法解释及文件*

《人民检察院刑事诉讼规则》（2019年12月30日　高检发释字〔2019〕4号）

第491条　办理未成年人刑事案件，除本节已有规定的以外，按照刑事诉讼法和其他有关规定进行。

第二章　当事人和解的公诉案件诉讼程序

第二百八十八条　适用范围

下列公诉案件，犯罪嫌疑人、被告人真诚悔罪，通过向被害人赔偿损失、赔礼道歉等方式获得被害人谅解，被害人自愿和解的，双方当事人可以和解：

（一）因民间纠纷引起，涉嫌刑法分则第四章、第五章规定的犯罪案件，可能判处三年有期徒刑以下刑罚的；

（二）除渎职犯罪以外的可能判处七年有期徒刑以下刑罚的过失犯罪案件。

犯罪嫌疑人、被告人在五年以内曾经故意犯罪的，不适用本章规定的程序。

● *司法解释及文件*

1. **《人民检察院刑事诉讼规则》**（2019年12月30日　高检发释字〔2019〕4号）

第492条　下列公诉案件，双方当事人可以和解：

（一）因民间纠纷引起，涉嫌刑法分则第四章、第五章规定的犯罪案件，可能判处三年有期徒刑以下刑罚的；

（二）除渎职犯罪以外的可能判处七年有期徒刑以下刑罚的过失犯罪案件。

当事人和解的公诉案件应当同时符合下列条件：

（一）犯罪嫌疑人真诚悔罪，向被害人赔偿损失、赔礼道歉等；

（二）被害人明确表示对犯罪嫌疑人予以谅解；

（三）双方当事人自愿和解，符合有关法律规定；

（四）属于侵害特定被害人的故意犯罪或者有直接被害人的过失犯罪；

（五）案件事实清楚，证据确实、充分。

犯罪嫌疑人在五年以内曾经故意犯罪的，不适用本节规定的程序。

犯罪嫌疑人在犯刑事诉讼法第二百八十八条第一款规定的犯罪前五年内曾经故意犯罪，无论该故意犯罪是否已经追究，均应当认定为前款规定的五年以内曾经故意犯罪。

第493条 被害人死亡的，其法定代理人、近亲属可以与犯罪嫌疑人和解。

被害人系无行为能力或者限制行为能力人的，其法定代理人可以代为和解。

第494条 犯罪嫌疑人系限制行为能力人的，其法定代理人可以代为和解。

犯罪嫌疑人在押的，经犯罪嫌疑人同意，其法定代理人、近亲属可以代为和解。

第495条 双方当事人可以就赔偿损失、赔礼道歉等民事责任事项进行和解，并且可以就被害人及其法定代理人或者近亲属是否要求或者同意公安机关、人民检察院、人民法院对犯罪嫌疑人依法从宽处理进行协商，但不得对案件的事实认定、证据采信、法律适用和定罪量刑等依法属于公安机关、人民检察院、人民法院职权范围的事宜进行协商。

2.《最高人民法院关于适用〈中华人民共和国刑事诉讼法〉的解释》（2021年1月26日　法释〔2021〕1号）

第587条 对符合刑事诉讼法第二百八十八条规定的公诉案件，事实清楚、证据充分的，人民法院应当告知当事人可以自行和解；当事人提出申请的，人民法院可以主持双方当事人协商以达成和解。

根据案件情况，人民法院可以邀请人民调解员、辩护人、诉讼代理人、当事人亲友等参与促成双方当事人和解。

第588条 符合刑事诉讼法第二百八十八条规定的公诉案件，被害人死亡的，其近亲属可以与被告人和解。近亲属有多人的，达成和解协议，应当经处于最先继承顺序的所有近亲属同意。

被害人系无行为能力或者限制行为能力人的，其法定代理人、近亲属可以代为和解。

● *部门规章及文件*

3.《公安机关办理刑事案件程序规定》（2020 年 7 月 20 日修正　公安部令第 159 号）

第 333 条　下列公诉案件，犯罪嫌疑人真诚悔罪，通过向被害人赔偿损失、赔礼道歉等方式获得被害人谅解，被害人自愿和解的，经县级以上公安机关负责人批准，可以依法作为当事人和解的公诉案件办理：

（一）因民间纠纷引起，涉嫌刑法分则第四章、第五章规定的犯罪案件，可能判处三年有期徒刑以下刑罚的；

（二）除渎职犯罪以外的可能判处七年有期徒刑以下刑罚的过失犯罪案件。

犯罪嫌疑人在五年以内曾经故意犯罪的，不得作为当事人和解的公诉案件办理。

第 334 条　有下列情形之一的，不属于因民间纠纷引起的犯罪案件：

（一）雇凶伤害他人的；

（二）涉及黑社会性质组织犯罪的；

（三）涉及寻衅滋事的；

（四）涉及聚众斗殴的；

（五）多次故意伤害他人身体的；

（六）其他不宜和解的。

第二百八十九条　对当事人和解的审查　主持制作和解协议书

双方当事人和解的，公安机关、人民检察院、人民法院应当听取当事人和其他有关人员的意见，对和解的自愿性、合法性进行审查，并主持制作和解协议书。

● *司法解释及文件*

1.《人民检察院刑事诉讼规则》（2019 年 12 月 30 日　高检发释字〔2019〕4 号）

第 496 条　双方当事人可以自行达成和解，也可以经人民调解委员会、村民委员会、居民委员会、当事人所在单位或者同事、亲友等组织或者个人调解后达成和解。

人民检察院对于本规则第四百九十二条规定的公诉案件，可以建议当事人进行和解，并告知相应的权利义务，必要时可以提供法律咨询。

第497条 人民检察院应当对和解的自愿性、合法性进行审查，重点审查以下内容：

（一）双方当事人是否自愿和解；

（二）犯罪嫌疑人是否真诚悔罪，是否向被害人赔礼道歉，赔偿数额与其所造成的损害和赔偿能力是否相适应；

（三）被害人及其法定代理人或者近亲属是否明确表示对犯罪嫌疑人予以谅解；

（四）是否符合法律规定；

（五）是否损害国家、集体和社会公共利益或者他人的合法权益；

（六）是否符合社会公德。

审查时，应当听取双方当事人和其他有关人员对和解的意见，告知刑事案件可能从宽处理的法律后果和双方的权利义务，并制作笔录附卷。

第498条 经审查认为双方自愿和解，内容合法，且符合本规则第四百九十二条规定的范围和条件的，人民检察院应当主持制作和解协议书。

和解协议书的主要内容包括：

（一）双方当事人的基本情况；

（二）案件的主要事实；

（三）犯罪嫌疑人真诚悔罪，承认自己所犯罪行，对指控的犯罪没有异议，向被害人赔偿损失、赔礼道歉等。赔偿损失的，应当写明赔偿的数额、履行的方式、期限等；

（四）被害人及其法定代理人或者近亲属对犯罪嫌疑人予以谅解，并要求或者同意公安机关、人民检察院、人民法院对犯罪嫌疑人依法从宽处理。

和解协议书应当由双方当事人签字，可以写明和解协议书系在人民检察院主持下制作。检察人员不在当事人和解协议书上签字，也不加盖人民检察院印章。

和解协议书一式三份，双方当事人各持一份，另一份交人民检察院附卷备查。

2.《最高人民法院关于适用〈中华人民共和国刑事诉讼法〉的解释》（2021年1月26日　法释〔2021〕1号）

第590条 对公安机关、人民检察院主持制作的和解协议书，当事人提出异议的，人民法院应当审查。经审查，和解自愿、合法的，予以确认，无需重新制作和解协议书；和解违反自愿、合法原则的，应当认定无效。和解协议被认定无效后，双方当事人重新达成和解的，人民法院应当主持制作新的和解协议书。

第591条 审判期间，双方当事人和解的，人民法院应当听取当事人及其法定代理人等有关人员的意见。双方当事人在庭外达成和解的，人民法院应当通知人民检察院，并听取其意见。经审查，和解自愿、合法的，应当主持制作和解协议书。

第592条 和解协议书应当包括以下内容：

（一）被告人承认自己所犯罪行，对犯罪事实没有异议，并真诚悔罪；

（二）被告人通过向被害人赔礼道歉、赔偿损失等方式获得被害人谅解；涉及赔偿损失的，应当写明赔偿的数额、方式等；提起附带民事诉讼的，由附带民事诉讼原告人撤回起诉；

（三）被害人自愿和解，请求或者同意对被告人依法从宽处罚。

和解协议书应当由双方当事人和审判人员签名，但不加盖人民法院印章。

和解协议书一式三份，双方当事人各持一份，另一份交人民法院附卷备查。

对和解协议中的赔偿损失内容，双方当事人要求保密的，人民法院应当准许，并采取相应的保密措施。

● 部门规章及文件

3.《公安机关办理刑事案件程序规定》（2020年7月20日修正　公安部令第159号）

第335条 双方当事人和解的，公安机关应当审查案件事实是否清楚，被害人是否自愿和解，是否符合规定的条件。

公安机关审查时，应当听取双方当事人的意见，并记录在案；必要时，可以听取双方当事人亲属、当地居民委员会或者村民委员会人员以及其他了解案件情况的相关人员的意见。

第336条 达成和解的，公安机关应当主持制作和解协议书，并由双方当事人及其他参加人员签名。

当事人中有未成年人的，未成年当事人的法定代理人或者其他成年亲属应当在场。

第337条 和解协议书应当包括以下内容：

（一）案件的基本事实和主要证据；

（二）犯罪嫌疑人承认自己所犯罪行，对指控的犯罪事实没有异议，真诚悔罪；

（三）犯罪嫌疑人通过向被害人赔礼道歉、赔偿损失等方式获得被害人谅解；涉及赔偿损失的，应当写明赔偿的数额、方式等；提起附带民事诉讼的，由附带民事诉讼原告人撤回附带民事诉讼；

（四）被害人自愿和解，请求或者同意对犯罪嫌疑人依法从宽处罚。

和解协议应当及时履行。

第二百九十条 对达成和解协议案件的从宽处理

对于达成和解协议的案件，公安机关可以向人民检察院提出从宽处理的建议。人民检察院可以向人民法院提出从宽处罚的建议；对于犯罪情节轻微，不需要判处刑罚的，可以作出不起诉的决定。人民法院可以依法对被告人从宽处罚。

● ***司法解释及文件***

1. **《人民检察院刑事诉讼规则》**（2019年12月30日　高检发释字〔2019〕4号）

第499条 和解协议书约定的赔偿损失内容，应当在双方签署协议后立即履行，至迟在人民检察院作出从宽处理决定前履行。确实难以一次性履行的，在提供有效担保并且被害人同意的情况下，也可以分期履行。

第500条 双方当事人在侦查阶段达成和解协议，公安机关向人民检察院提出从宽处理建议的，人民检察院在审查逮捕和审查起诉时应当充分考虑公安机关的建议。

第501条 人民检察院对于公安机关提请批准逮捕的案件，双方当事人达成和解协议的，可以作为有无社会危险性或者社会危险性大小的因素予以考虑。经审查认为不需要逮捕的，可以作出不批准逮捕的决定；在审查起诉阶段可以依法变更强制措施。

第502条 人民检察院对于公安机关移送起诉的案件，双方当事人达成和解协议的，可以作为是否需要判处刑罚或者免除刑罚的因素予以考虑。符合法律规定的不起诉条件的，可以决定不起诉。

对于依法应当提起公诉的，人民检察院可以向人民法院提出从宽处罚的量刑建议。

第 503 条 人民检察院拟对当事人达成和解的公诉案件作出不起诉决定的，应当听取双方当事人对和解的意见，并且查明犯罪嫌疑人是否已经切实履行和解协议、不能即时履行的是否已经提供有效担保，将其作为是否决定不起诉的因素予以考虑。

当事人在不起诉决定作出之前反悔的，可以另行达成和解。不能另行达成和解的，人民检察院应当依法作出起诉或者不起诉决定。

当事人在不起诉决定作出之后反悔的，人民检察院不撤销原决定，但有证据证明和解违反自愿、合法原则的除外。

第 504 条 犯罪嫌疑人或者其亲友等以暴力、威胁、欺骗或者其他非法方法强迫、引诱被害人和解，或者在协议履行完毕之后威胁、报复被害人的，应当认定和解协议无效。已经作出不批准逮捕或者不起诉决定的，人民检察院根据案件情况可以撤销原决定，对犯罪嫌疑人批准逮捕或者提起公诉。

2.《最高人民法院关于适用〈中华人民共和国刑事诉讼法〉的解释》（2021 年 1 月 26 日　法释〔2021〕1 号）

第 593 条 和解协议约定的赔偿损失内容，被告人应当在协议签署后即时履行。

和解协议已经全部履行，当事人反悔的，人民法院不予支持，但有证据证明和解违反自愿、合法原则的除外。

第 594 条 双方当事人在侦查、审查起诉期间已经达成和解协议并全部履行，被害人或者其法定代理人、近亲属又提起附带民事诉讼的，人民法院不予受理，但有证据证明和解违反自愿、合法原则的除外。

第 595 条 被害人或者其法定代理人、近亲属提起附带民事诉讼后，双方愿意和解，但被告人不能即时履行全部赔偿义务的，人民法院应当制作附带民事调解书。

第 596 条 对达成和解协议的案件，人民法院应当对被告人从轻处罚；符合非监禁刑适用条件的，应当适用非监禁刑；判处法定最低刑仍然过重的，可以减轻处罚；综合全案认为犯罪情节轻微不需要判处刑罚的，可以免予刑事处罚。

共同犯罪案件，部分被告人与被害人达成和解协议的，可以依法对该部分被告人从宽处罚，但应当注意全案的量刑平衡。

第597条 达成和解协议的，裁判文书应当叙明，并援引刑事诉讼法的相关条文。

● ***部门规章及文件***

3. **《公安机关办理刑事案件程序规定》**（2020年7月20日修正 公安部令第159号）

第338条 对达成和解协议的案件，经县级以上公安机关负责人批准，公安机关将案件移送人民检察院审查起诉时，可以提出从宽处理的建议。

第三章 缺席审判程序

第二百九十一条 缺席审判的适用案件

对于贪污贿赂犯罪案件，以及需要及时进行审判，经最高人民检察院核准的严重危害国家安全犯罪、恐怖活动犯罪案件，犯罪嫌疑人、被告人在境外，监察机关、公安机关移送起诉，人民检察院认为犯罪事实已经查清，证据确实、充分，依法应当追究刑事责任的，可以向人民法院提起公诉。人民法院进行审查后，对于起诉书中有明确的指控犯罪事实，符合缺席审判程序适用条件的，应当决定开庭审判。

前款案件，由犯罪地、被告人离境前居住地或者最高人民法院指定的中级人民法院组成合议庭进行审理。

● ***司法解释及文件***

1. **《最高人民法院关于适用〈中华人民共和国刑事诉讼法〉的解释》**（2021年1月26日 法释〔2021〕1号）

第598条 对人民检察院依照刑事诉讼法第二百九十一条第一款的规定

提起公诉的案件，人民法院应当重点审查以下内容：

（一）是否属于可以适用缺席审判程序的案件范围；

（二）是否属于本院管辖；

（三）是否写明被告人的基本情况，包括明确的境外居住地、联系方式等；

（四）是否写明被告人涉嫌有关犯罪的主要事实，并附证据材料；

（五）是否写明被告人有无近亲属以及近亲属的姓名、身份、住址、联系方式等情况；

（六）是否列明违法所得及其他涉案财产的种类、数量、价值、所在地等，并附证据材料；

（七）是否附有查封、扣押、冻结违法所得及其他涉案财产的清单和相关法律手续。

前款规定的材料需要翻译件的，人民法院应当要求人民检察院一并移送。

第599条 对人民检察院依照刑事诉讼法第二百九十一条第一款的规定提起公诉的案件，人民法院审查后，应当按照下列情形分别处理：

（一）符合缺席审判程序适用条件，属于本院管辖，且材料齐全的，应当受理；

（二）不属于可以适用缺席审判程序的案件范围、不属于本院管辖或者不符合缺席审判程序的其他适用条件的，应当退回人民检察院；

（三）材料不全的，应当通知人民检察院在三十日以内补送；三十日以内不能补送的，应当退回人民检察院。

第600条 对人民检察院依照刑事诉讼法第二百九十一条第一款的规定提起公诉的案件，人民法院立案后，应当将传票和起诉书副本送达被告人，传票应当载明被告人到案期限以及不按要求到案的法律后果等事项；应当将起诉书副本送达被告人近亲属，告知其有权代为委托辩护人，并通知其敦促被告人归案。

第601条 人民法院审理人民检察院依照刑事诉讼法第二百九十一条第一款的规定提起公诉的案件，被告人有权委托或者由近亲属代为委托一至二名辩护人。委托律师担任辩护人的，应当委托具有中华人民共和国律师资格并依法取得执业证书的律师；在境外委托的，应当依照本解释第四百八十六条的规定对授权委托进行公证、认证。

被告人及其近亲属没有委托辩护人的，人民法院应当通知法律援助机构指派律师为被告人提供辩护。

被告人及其近亲属拒绝法律援助机构指派的律师辩护的，依照本解释第五十条第二款的规定处理。

第602条 人民法院审理人民检察院依照刑事诉讼法第二百九十一条第一款的规定提起公诉的案件，被告人的近亲属申请参加诉讼的，应当在收到起诉书副本后、第一审开庭前提出，并提供与被告人关系的证明材料。有多名近亲属的，应当推选一至二人参加诉讼。

对被告人的近亲属提出申请的，人民法院应当及时审查决定。

第603条 人民法院审理人民检察院依照刑事诉讼法第二百九十一条第一款的规定提起公诉的案件，参照适用公诉案件第一审普通程序的有关规定。被告人的近亲属参加诉讼的，可以发表意见，出示证据，申请法庭通知证人、鉴定人等出庭，进行辩论。

第604条 对人民检察院依照刑事诉讼法第二百九十一条第一款的规定提起公诉的案件，人民法院审理后应当参照本解释第二百九十五条的规定作出判决、裁定。

作出有罪判决的，应当达到证据确实、充分的证明标准。

经审理认定的罪名不属于刑事诉讼法第二百九十一条第一款规定的罪名的，应当终止审理。

适用缺席审判程序审理案件，可以对违法所得及其他涉案财产一并作出处理。

第605条 因被告人患有严重疾病导致缺乏受审能力，无法出庭受审，中止审理超过六个月，被告人仍无法出庭，被告人及其法定代理人、近亲属申请或者同意恢复审理的，人民法院可以根据刑事诉讼法第二百九十六条的规定缺席审判。

符合前款规定的情形，被告人无法表达意愿的，其法定代理人、近亲属可以代为申请或者同意恢复审理。

第606条 人民法院受理案件后被告人死亡的，应当裁定终止审理；但有证据证明被告人无罪，经缺席审理确认无罪的，应当判决宣告被告人无罪。

前款所称“有证据证明被告人无罪，经缺席审理确认无罪”，包括案件事实清楚，证据确实、充分，依据法律认定被告人无罪的情形，以及证据不足，不能认定被告人有罪的情形。

第607条 人民法院按照审判监督程序重新审判的案件，被告人死亡的，可以缺席审理。有证据证明被告人无罪，经缺席审理确认被告人无罪的，应当判决宣告被告人无罪；虽然构成犯罪，但原判量刑畸重的，应当依法作出判决。

第608条 人民法院缺席审理案件，本章没有规定的，参照适用本解释的有关规定。

2.《人民检察院刑事诉讼规则》（2019年12月30日 高检发释字〔2019〕4号）

第505条 对于监察机关移送起诉的贪污贿赂犯罪案件，犯罪嫌疑人、被告人在境外，人民检察院认为犯罪事实已经查清，证据确实、充分，依法应当追究刑事责任的，可以向人民法院提起公诉。

对于公安机关移送起诉的需要及时进行审判的严重危害国家安全犯罪、恐怖活动犯罪案件，犯罪嫌疑人、被告人在境外，人民检察院认为犯罪事实已经查清，证据确实、充分，依法应当追究刑事责任的，经最高人民检察院核准，可以向人民法院提起公诉。

前两款规定的案件，由有管辖权的中级人民法院的同级人民检察院提起公诉。

人民检察院提起公诉的，应当向人民法院提交被告人已出境的证据。

第506条 人民检察院对公安机关移送起诉的需要报请最高人民检察院核准的案件，经检察委员会讨论提出提起公诉意见的，应当层报最高人民检察院核准。报送材料包括起诉意见书、案件审查报告、报请核准的报告及案件证据材料。

第507条 最高人民检察院收到下级人民检察院报请核准提起公诉的案卷材料后，应当及时指派检察官对案卷材料进行审查，提出核准或者不予核准的意见，报检察长决定。

第508条 报请核准的人民检察院收到最高人民检察院核准决定书后，应当提起公诉，起诉书中应当载明经最高人民检察院核准的内容。

第二百九十二条 传票和起诉书副本的送达

人民法院应当通过有关国际条约规定的或者外交途径提出的司法协助方式，或者被告人所在地法律允许的其他方式，将传票和人民检察院的起诉书副本送达被告人。传票和起诉书副本送达后，被告人未按要求到案的，人民法院应当开庭审理，依法作出判决，并对违法所得及其他涉案财产作出处理。

● *司法解释及文件*

《最高人民法院关于适用〈中华人民共和国刑事诉讼法〉的解释》（2021年1月26日 法释〔2021〕1号）

第600条 对人民检察院依照刑事诉讼法第二百九十一条第一款的规定提起公诉的案件，人民法院立案后，应当将传票和起诉书副本送达被告人，传票应当载明被告人到案期限以及不按要求到案的法律后果等事项；应当将起诉书副本送达被告人近亲属，告知其有权代为委托辩护人，并通知其敦促被告人归案。

第二百九十三条 缺席审判程序的权利保障

人民法院缺席审判案件，被告人有权委托辩护人，被告人的近亲属可以代为委托辩护人。被告人及其近亲属没有委托辩护人的，人民法院应当通知法律援助机构指派律师为其提供辩护。

● *司法解释及文件*

《最高人民法院关于适用〈中华人民共和国刑事诉讼法〉的解释》（2021年1月26日 法释〔2021〕1号）

第601条 人民法院审理人民检察院依照刑事诉讼法第二百九十一条第一款的规定提起公诉的案件，被告人有权委托或者由近亲属代为委托一至二名辩护人。委托律师担任辩护人的，应当委托具有中华人民共和国律师资格并依法取得执业证书的律师；在境外委托的，应当依照本解释第四百八十六条的规定对授权委托进行公证、认证。

被告人及其近亲属没有委托辩护人的，人民法院应当通知法律援助机构指派律师为被告人提供辩护。

被告人及其近亲属拒绝法律援助机构指派的律师辩护的，依照本解释第五十条第二款的规定处理。

第602条 人民法院审理人民检察院依照刑事诉讼法第二百九十一条第一款的规定提起公诉的案件，被告人的近亲属申请参加诉讼的，应当在收到起诉书副本后、第一审开庭前提出，并提供与被告人关系的证明材料。有多名近亲属的，应当推选一至二人参加诉讼。

对被告人的近亲属提出申请的，人民法院应当及时审查决定。

第二百九十四条 缺席审判案件的上诉

人民法院应当将判决书送达被告人及其近亲属、辩护人。被告人或者其近亲属不服判决的，有权向上一级人民法院上诉。辩护人经被告人或者其近亲属同意，可以提出上诉。

人民检察院认为人民法院的判决确有错误的，应当向上一级人民法院提出抗诉。

第二百九十五条 缺席审判案件的重新审理

在审理过程中，被告人自动投案或者被抓获的，人民法院应当重新审理。

罪犯在判决、裁定发生法律效力后到案的，人民法院应当将罪犯交付执行刑罚。交付执行刑罚前，人民法院应当告知罪犯有权对判决、裁定提出异议。罪犯对判决、裁定提出异议的，人民法院应当重新审理。

依照生效判决、裁定对罪犯的财产进行的处理确有错误的，应当予以返还、赔偿。

● ***司法解释及文件***

《人民检察院刑事诉讼规则》（2019年12月30日 高检发释字〔2019〕4号）

第509条 审查起诉期间，犯罪嫌疑人自动投案或者被抓获的，人民检察院应当重新审查。

对严重危害国家安全犯罪、恐怖活动犯罪案件报请核准期间，犯罪嫌疑人自动投案或者被抓获的，报请核准的人民检察院应当及时撤回报请，重新审查案件。

第510条 提起公诉后被告人到案，人民法院拟重新审理的，人民检察院应当商人民法院将案件撤回并重新审查。

第二百九十六条 缺席审判案件的中止审理

因被告人患有严重疾病无法出庭，中止审理超过六个月，被告人仍无法出庭，被告人及其法定代理人、近亲属申请或者同意恢复审理的，人民法院可以在被告人不出庭的情况下缺席审理，依法作出判决。

● *司法解释及文件*

1. **《人民检察院刑事诉讼规则》**（2019年12月30日　高检发释字〔2019〕4号）

第511条 因被告人患有严重疾病无法出庭，中止审理超过六个月，被告人仍无法出庭，被告人及其法定代理人、近亲属申请或者同意恢复审理的，人民检察院可以建议人民法院适用缺席审判程序审理。

2. **《最高人民法院关于适用〈中华人民共和国刑事诉讼法〉的解释》**（2021年1月26日　法释〔2021〕1号）

第605条 因被告人患有严重疾病导致缺乏受审能力，无法出庭受审，中止审理超过六个月，被告人仍无法出庭，被告人及其法定代理人、近亲属申请或者同意恢复审理的，人民法院可以根据刑事诉讼法第二百九十六条的规定缺席审判。

符合前款规定的情形，被告人无法表达意愿的，其法定代理人、近亲属可以代为申请或者同意恢复审理。

第二百九十七条 被告人死亡案件的缺席审判

被告人死亡的，人民法院应当裁定终止审理，但有证据证明被告人无罪，人民法院经缺席审理确认无罪的，应当依法作出判决。

人民法院按照审判监督程序重新审判的案件，被告人死亡的，人民法院可以缺席审理，依法作出判决。

● *司法解释及文件*

《最高人民法院关于适用〈中华人民共和国刑事诉讼法〉的解释》（2021年1月26日　法释〔2021〕1号）

第606条　人民法院受理案件后被告人死亡的，应当裁定终止审理；但有证据证明被告人无罪，经缺席审理确认无罪的，应当判决宣告被告人无罪。

前款所称“有证据证明被告人无罪，经缺席审理确认无罪”，包括案件事实清楚，证据确实、充分，依据法律认定被告人无罪的情形，以及证据不足，不能认定被告人有罪的情形。

第四章　犯罪嫌疑人、被告人逃匿、死亡案件违法所得的没收程序

第二百九十八条　适用范围、申请程序及保全措施

对于贪污贿赂犯罪、恐怖活动犯罪等重大犯罪案件，犯罪嫌疑人、被告人逃匿，在通缉一年后不能到案，或者犯罪嫌疑人、被告人死亡，依照刑法规定应当追缴其违法所得及其他涉案财产的，人民检察院可以向人民法院提出没收违法所得的申请。

公安机关认为有前款规定情形的，应当写出没收违法所得意见书，移送人民检察院。

没收违法所得的申请应当提供与犯罪事实、违法所得相关的证据材料，并列明财产的种类、数量、所在地及查封、扣押、冻结的情况。

人民法院在必要的时候，可以查封、扣押、冻结申请没收的财产。

● *司法解释及文件*

1.《人民检察院刑事诉讼规则》（2019 年 12 月 30 日　高检发释字〔2019〕4 号）

第 512 条　对于贪污贿赂犯罪、恐怖活动犯罪等重大犯罪案件，犯罪嫌疑人、被告人逃匿，在通缉一年后不能到案，依照刑法规定应当追缴其违法所得及其他涉案财产的，人民检察院可以向人民法院提出没收违法所得的申请。

对于犯罪嫌疑人、被告人死亡，依照刑法规定应当追缴其违法所得及其他涉案财产的，人民检察院也可以向人民法院提出没收违法所得的申请。

第 513 条　犯罪嫌疑人、被告人为逃避侦查和刑事追究潜逃、隐匿，或者在刑事诉讼过程中脱逃的，应当认定为“逃匿”。

犯罪嫌疑人、被告人因意外事故下落不明满二年，或者因意外事故下落不明，经有关机关证明其不可能生存的，按照前款规定处理。

第 514 条　公安机关发布通缉令或者公安部通过国际刑警组织发布红色国际通报，应当认定为“通缉”。

第 515 条　犯罪嫌疑人、被告人通过实施犯罪直接或者间接产生、获得的任何财产，应当认定为“违法所得”。

违法所得已经部分或者全部转变、转化为其他财产的，转变、转化后的财产应当视为前款规定的“违法所得”。

来自违法所得转变、转化后的财产收益，或者来自已经与违法所得相混合财产中违法所得相应部分的收益，也应当视为第一款规定的违法所得。

第 516 条　犯罪嫌疑人、被告人非法持有的违禁品、供犯罪所用的本人财物，应当认定为“其他涉案财产”。

第 517 条　刑事诉讼法第二百九十九条第三款规定的“利害关系人”包括犯罪嫌疑人、被告人的近亲属和其他对申请没收的财产主张权利的自然人和单位。

刑事诉讼法第二百九十九条第二款、第三百条第二款规定的“其他利害关系人”是指前款规定的“其他对申请没收的财产主张权利的自然人和单位”。

第 518 条　人民检察院审查监察机关或者公安机关移送的没收违法所得意见书，向人民法院提出没收违法所得的申请以及对违法所得没收程序中调查活动、审判活动的监督，由负责捕诉的部门办理。

第519条 没收违法所得的申请，应当由有管辖权的中级人民法院的同级人民检察院提出。

第520条 人民检察院向人民法院提出没收违法所得的申请，应当制作没收违法所得申请书。没收违法所得申请书应当载明以下内容：

（一）犯罪嫌疑人、被告人的基本情况，包括姓名、性别、出生年月日、出生地、户籍地、公民身份号码、民族、文化程度、职业、工作单位及职务、住址等；

（二）案由及案件来源；

（三）犯罪嫌疑人、被告人的犯罪事实及相关证据材料；

（四）犯罪嫌疑人、被告人逃匿、被通缉或者死亡的情况；

（五）申请没收的财产种类、数量、价值、所在地以及查封、扣押、冻结财产清单和相关法律手续；

（六）申请没收的财产属于违法所得及其他涉案财产的相关事实及证据材料；

（七）提出没收违法所得申请的理由和法律依据；

（八）有无近亲属和其他利害关系人以及利害关系人的姓名、身份、住址、联系方式；

（九）其他应当写明的内容。

上述材料需要翻译件的，人民检察院应当随没收违法所得申请书一并移送人民法院。

第521条 监察机关或者公安机关向人民检察院移送没收违法所得意见书，应当由有管辖权的人民检察院的同级监察机关或者公安机关移送。

第522条 人民检察院审查监察机关或者公安机关移送的没收违法所得意见书，应当审查下列内容：

（一）是否属于本院管辖；

（二）是否符合刑事诉讼法第二百九十八条第一款规定的条件；

（三）犯罪嫌疑人基本情况，包括姓名、性别、国籍、出生年月日、职业和单位等；

（四）犯罪嫌疑人涉嫌犯罪的事实和相关证据材料；

（五）犯罪嫌疑人逃匿、下落不明、被通缉或者死亡的情况，通缉令或者死亡证明是否随案移送；

（六）违法所得及其他涉案财产的种类、数量、所在地以及查封、扣押、冻结的情况，查封、扣押、冻结的财产清单和相关法律手续是否随案移送；

（七）违法所得及其他涉案财产的相关事实和证据材料；

（八）有无近亲属和其他利害关系人以及利害关系人的姓名、身份、住址、联系方式。

对于与犯罪事实、违法所得及其他涉案财产相关的证据材料，不宜移送的，应当审查证据的清单、复制件、照片或者其他证明文件是否随案移送。

第523条 人民检察院应当在接到监察机关或者公安机关移送的没收违法所得意见书后三十日以内作出是否提出没收违法所得申请的决定。三十日以内不能作出决定的，可以延长十五日。

对于监察机关或者公安机关移送的没收违法所得案件，经审查认为不符合刑事诉讼法第二百九十八条第一款规定条件的，应当作出不提出没收违法所得申请的决定，并向监察机关或者公安机关书面说明理由；认为需要补充证据的，应当书面要求监察机关或者公安机关补充证据，必要时也可以自行调查。

监察机关或者公安机关补充证据的时间不计入人民检察院办案期限。

第524条 人民检察院发现公安机关应当启动违法所得没收程序而不启动的，可以要求公安机关在七日以内书面说明不启动的理由。

经审查，认为公安机关不启动理由不能成立的，应当通知公安机关启动程序。

第525条 人民检察院发现公安机关在违法所得没收程序的调查活动中有违法情形的，应当向公安机关提出纠正意见。

第526条 在审查监察机关或者公安机关移送的没收违法所得意见书的过程中，在逃的犯罪嫌疑人、被告人自动投案或者被抓获的，人民检察院应当终止审查，并将案卷退回监察机关或者公安机关处理。

第527条 人民检察院直接受理侦查的案件，犯罪嫌疑人死亡而撤销案件，符合刑事诉讼法第二百九十八条第一款规定条件的，负责侦查的部门应当启动违法所得没收程序进行调查。

负责侦查的部门进行调查应当查明犯罪嫌疑人涉嫌的犯罪事实，犯罪嫌疑人死亡的情况，以及犯罪嫌疑人的违法所得及其他涉案财产的情况，并可以对违法所得及其他涉案财产依法进行查封、扣押、查询、冻结。

负责侦查的部门认为符合刑事诉讼法第二百九十八条第一款规定条件的，应当写出没收违法所得意见书，连同案卷材料一并移送有管辖权的人民检察院负责侦查的部门，并由有管辖权的人民检察院负责侦查的部门移送本院负责捕诉的部门。

负责捕诉的部门对没收违法所得意见书进行审查，作出是否提出没收违法所得申请的决定，具体程序按照本规则第五百二十二条、第五百二十三条的规定办理。

第528条 在人民检察院审查起诉过程中，犯罪嫌疑人死亡，或者贪污贿赂犯罪、恐怖活动犯罪等重大犯罪案件的犯罪嫌疑人逃匿，在通缉一年后不能到案，依照刑法规定应当追缴其违法所得及其他涉案财产的，人民检察院可以直接提出没收违法所得的申请。

在人民法院审理案件过程中，被告人死亡而裁定终止审理，或者被告人脱逃而裁定中止审理，人民检察院可以依法另行向人民法院提出没收违法所得的申请。

第529条 人民法院对没收违法所得的申请进行审理，人民检察院应当承担举证责任。

人民法院对没收违法所得的申请开庭审理的，人民检察院应当派员出席法庭。

第530条 出席法庭的检察官应当宣读没收违法所得申请书，并在法庭调查阶段就申请没收的财产属于违法所得及其他涉案财产等相关事实出示、宣读证据。

第531条 人民检察院发现人民法院或者审判人员审理没收违法所得案件违反法律规定的诉讼程序，应当向人民法院提出纠正意见。

人民检察院认为同级人民法院按照违法所得没收程序所作的第一审裁定确有错误的，应当在五日以内向上一级人民法院提出抗诉。

最高人民检察院、省级人民检察院认为下级人民法院按照违法所得没收程序所作的已经发生法律效力的裁定确有错误的，应当按照审判监督程序向同级人民法院提出抗诉。

第532条 在审理案件过程中，在逃的犯罪嫌疑人、被告人自动投案或者被抓获，人民法院按照刑事诉讼法第三百零一条第一款的规定终止审理的，人民检察院应当将案卷退回监察机关或者公安机关处理。

第 533 条 对于刑事诉讼法第二百九十八条第一款规定以外需要没收违法所得的，按照有关规定执行。

2.**《最高人民法院关于适用〈中华人民共和国刑事诉讼法〉的解释》**（2021 年 1 月 26 日 法释〔2021〕1 号）

第 626 条 在审理案件过程中，被告人脱逃或者死亡，符合刑事诉讼法第二百九十八条第一款规定的，人民检察院可以向人民法院提出没收违法所得的申请；符合刑事诉讼法第二百九十一条第一款规定的，人民检察院可以按照缺席审判程序向人民法院提起公诉。

人民检察院向原受理案件的人民法院提出没收违法所得申请的，可以由同一审判组织审理。

第 627 条 审理申请没收违法所得案件的期限，参照公诉案件第一审普通程序和第二审程序的审理期限执行。

公告期间和请求刑事司法协助的时间不计入审理期限。

第 628 条 没收违法所得裁定生效后，犯罪嫌疑人、被告人到案并对没收裁定提出异议，人民检察院向原作出裁定的人民法院提起公诉的，可以由同一审判组织审理。

人民法院经审理，应当按照下列情形分别处理：

（一）原裁定正确的，予以维持，不再对涉案财产作出判决；

（二）原裁定确有错误的，应当撤销原裁定，并在判决中对有关涉案财产一并作出处理。

人民法院生效的没收裁定确有错误的，除第一款规定的情形外，应当依照审判监督程序予以纠正。

第 629 条 人民法院审理申请没收违法所得的案件，本章没有规定的，参照适用本解释的有关规定。

3.**《最高人民法院、最高人民检察院、公安部、国家安全部、司法部、全国人大常委会法制工作委员会关于实施刑事诉讼法若干问题的规定》**（2012 年 12 月 26 日）

38. 犯罪嫌疑人、被告人死亡，现有证据证明存在违法所得及其他涉案财产应当予以没收的，公安机关、人民检察院可以进行调查。公安机关、人民检察院进行调查，可以依法进行查封、扣押、查询、冻结。

人民法院在审理案件过程中，被告人死亡的，应当裁定终止审理；被告人脱逃的，应当裁定中止审理。人民检察院可以依法另行向人民法院提出没收违法所得的申请。

● *部门规章及文件*

4.《公安机关办理刑事案件程序规定》（2020 年 7 月 20 日修正　公安部令第 159 号）

第 339 条　有下列情形之一，依照刑法规定应当追缴其违法所得及其他涉案财产的，经县级以上公安机关负责人批准，公安机关应当写出没收违法所得意见书，连同相关证据材料一并移送同级人民检察院：

（一）恐怖活动犯罪等重大犯罪案件，犯罪嫌疑人逃匿，在通缉一年后不能到案的；

（二）犯罪嫌疑人死亡的。

犯罪嫌疑人死亡，现有证据证明其存在违法所得及其他涉案财产应当予以没收的，公安机关可以进行调查。公安机关进行调查，可以依法进行查封、扣押、查询、冻结。

第 340 条　没收违法所得意见书应当包括以下内容：

（一）犯罪嫌疑人的基本情况；

（二）犯罪事实和相关的证据材料；

（三）犯罪嫌疑人逃匿、被通缉或者死亡的情况；

（四）犯罪嫌疑人的违法所得及其他涉案财产的种类、数量、所在地；

（五）查封、扣押、冻结的情况等。

第 341 条　公安机关将没收违法所得意见书移送人民检察院后，在逃的犯罪嫌疑人自动投案或者被抓获的，公安机关应当及时通知同级人民检察院。

第二百九十九条　对没收违法所得及其他涉案财产的审理程序

没收违法所得的申请，由犯罪地或者犯罪嫌疑人、被告人居住地的中级人民法院组成合议庭进行审理。

人民法院受理没收违法所得的申请后，应当发出公告。公告期间为六个月。犯罪嫌疑人、被告人的近亲属和其他利害关系人有权申请参加诉讼，也可以委托诉讼代理人参加诉讼。

人民法院在公告期满后对没收违法所得的申请进行审理。利害关系人参加诉讼的，人民法院应当开庭审理。

● *司法解释及文件*

1. **《人民检察院刑事诉讼规则》**（2019 年 12 月 30 日　高检发释字〔2019〕4 号）

第 519 条　没收违法所得的申请，应当由有管辖权的中级人民法院的同级人民检察院提出。

第 529 条　人民法院对没收违法所得的申请进行审理，人民检察院应当承担举证责任。

人民法院对没收违法所得的申请开庭审理的，人民检察院应当派员出席法庭。

第 530 条　出席法庭的检察官应当宣读没收违法所得申请书，并在法庭调查阶段就申请没收的财产属于违法所得及其他涉案财产等相关事实出示、宣读证据。

2. **《最高人民法院关于适用〈中华人民共和国刑事诉讼法〉的解释》**（2021 年 1 月 26 日　法释〔2021〕1 号）

第 613 条　对没收违法所得的申请，人民法院应当在三十日以内审查完毕，并按照下列情形分别处理：

（一）属于没收违法所得申请受案范围和本院管辖，且材料齐全、有证据证明有犯罪事实的，应当受理；

（二）不属于没收违法所得申请受案范围或者本院管辖的，应当退回人民检察院；

（三）没收违法所得申请不符合“有证据证明有犯罪事实”标准要求的，应当通知人民检察院撤回申请；

（四）材料不全的，应当通知人民检察院在七日以内补送；七日以内不能补送的，应当退回人民检察院。

人民检察院尚未查封、扣押、冻结申请没收的财产或者查封、扣押、冻结期限即将届满，涉案财产有被隐匿、转移或者毁损、灭失危险的，人民法院可以查封、扣押、冻结申请没收的财产。

第614条 人民法院受理没收违法所得的申请后，应当在十五日以内发布公告。公告应当载明以下内容：

（一）案由、案件来源；

（二）犯罪嫌疑人、被告人的基本情况；

（三）犯罪嫌疑人、被告人涉嫌犯罪的事实；

（四）犯罪嫌疑人、被告人逃匿、被通缉、脱逃、下落不明、死亡等情况；

（五）申请没收的财产的种类、数量、价值、所在地等以及已查封、扣押、冻结财产的清单和法律手续；

（六）申请没收的财产属于违法所得及其他涉案财产的相关事实；

（七）申请没收的理由和法律依据；

（八）利害关系人申请参加诉讼的期限、方式以及未按照该期限、方式申请参加诉讼可能承担的不利法律后果；

（九）其他应当公告的情况。

公告期为六个月，公告期间不适用中止、中断、延长的规定。

第615条 公告应当在全国公开发行的报纸、信息网络媒体、最高人民法院的官方网站发布，并在人民法院公告栏发布。必要时，公告可以在犯罪地、犯罪嫌疑人、被告人居住地或者被申请没收财产所在地发布。最后发布的公告的日期为公告日期。发布公告的，应当采取拍照、录像等方式记录发布过程。

人民法院已经掌握境内利害关系人联系方式的，应当直接送达含有公告内容的通知；直接送达有困难的，可以委托代为送达、邮寄送达。经受送达人同意的，可以采用传真、电子邮件等能够确认其收悉的方式告知公告内容，并记录在案。

人民法院已经掌握境外犯罪嫌疑人、被告人、利害关系人联系方式，经受送达人同意的，可以采用传真、电子邮件等能够确认其收悉的方式告知公告内容，并记录在案；受送达人未表示同意，或者人民法院未掌握境外犯罪嫌疑人、被告人、利害关系人联系方式，其所在国、地区的主管机关明确提出应当向受送达人送达含有公告内容的通知的，人民法院可以决定是否送达。决定送达的，应当依照本解释第四百九十三条的规定请求所在国、地区提供司法协助。

第616条 刑事诉讼法第二百九十九条第二款、第三百条第二款规定的"其他利害关系人"，是指除犯罪嫌疑人、被告人的近亲属以外的，对申请没收的财产主张权利的自然人和单位。

第617条 犯罪嫌疑人、被告人的近亲属和其他利害关系人申请参加诉讼的，应当在公告期间内提出。犯罪嫌疑人、被告人的近亲属应当提供其与犯罪嫌疑人、被告人关系的证明材料，其他利害关系人应当提供证明其对违法所得及其他涉案财产主张权利的证据材料。

利害关系人可以委托诉讼代理人参加诉讼。委托律师担任诉讼代理人的，应当委托具有中华人民共和国律师资格并依法取得执业证书的律师；在境外委托的，应当依照本解释第四百八十六条的规定对授权委托进行公证、认证。

利害关系人在公告期满后申请参加诉讼，能够合理说明理由的，人民法院应当准许。

第618条 犯罪嫌疑人、被告人逃匿境外，委托诉讼代理人申请参加诉讼，且违法所得或者其他涉案财产所在国、地区主管机关明确提出意见予以支持的，人民法院可以准许。

人民法院准许参加诉讼的，犯罪嫌疑人、被告人的诉讼代理人依照本解释关于利害关系人的诉讼代理人的规定行使诉讼权利。

第619条 公告期满后，人民法院应当组成合议庭对申请没收违法所得的案件进行审理。

利害关系人申请参加或者委托诉讼代理人参加诉讼的，应当开庭审理。没有利害关系人申请参加诉讼的，或者利害关系人及其诉讼代理人无正当理由拒不到庭的，可以不开庭审理。

人民法院确定开庭日期后，应当将开庭的时间、地点通知人民检察院、利害关系人及其诉讼代理人、证人、鉴定人、翻译人员。通知书应当依照本解释第六百一十五条第二款、第三款规定的方式，至迟在开庭审理三日以前送达；受送达人在境外的，至迟在开庭审理三十日以前送达。

第620条 开庭审理申请没收违法所得的案件，按照下列程序进行：

（一）审判长宣布法庭调查开始后，先由检察员宣读申请书，后由利害关系人、诉讼代理人发表意见；

（二）法庭应当依次就犯罪嫌疑人、被告人是否实施了贪污贿赂犯罪、恐怖活动犯罪等重大犯罪并已经通缉一年不能到案，或者是否已经死亡，以及申请没收的财产是否依法应当追缴进行调查；调查时，先由检察员出示证据，后由利害关系人、诉讼代理人出示证据，并进行质证；

（三）法庭辩论阶段，先由检察员发言，后由利害关系人、诉讼代理人发言，并进行辩论。

利害关系人接到通知后无正当理由拒不到庭，或者未经法庭许可中途退庭的，可以转为不开庭审理，但还有其他利害关系人参加诉讼的除外。

第三百条 裁定的作出

人民法院经审理，对经查证属于违法所得及其他涉案财产，除依法返还被害人的以外，应当裁定予以没收；对不属于应当追缴的财产的，应当裁定驳回申请，解除查封、扣押、冻结措施。

对于人民法院依照前款规定作出的裁定，犯罪嫌疑人、被告人的近亲属和其他利害关系人或者人民检察院可以提出上诉、抗诉。

● *司法解释及文件*

1.《人民检察院刑事诉讼规则》（2019年12月30日　高检发释字〔2019〕4号）

第531条　人民检察院发现人民法院或者审判人员审理没收违法所得案件违反法律规定的诉讼程序，应当向人民法院提出纠正意见。

人民检察院认为同级人民法院按照违法所得没收程序所作的第一审裁定确有错误的，应当在五日以内向上一级人民法院提出抗诉。

最高人民检察院、省级人民检察院认为下级人民法院按照违法所得没收程序所作的已经发生法律效力的裁定确有错误的，应当按照审判监督程序向同级人民法院提出抗诉。

2.《最高人民法院关于适用〈中华人民共和国刑事诉讼法〉的解释》（2021年1月26日　法释〔2021〕1号）

第621条　对申请没收违法所得的案件，人民法院审理后，应当按照下列情形分别处理：

（一）申请没收的财产属于违法所得及其他涉案财产的，除依法返还被害人的以外，应当裁定没收；

（二）不符合刑事诉讼法第二百九十八条第一款规定的条件的，应当裁定驳回申请，解除查封、扣押、冻结措施。

申请没收的财产具有高度可能属于违法所得及其他涉案财产的，应当认定为前款规定的“申请没收的财产属于违法所得及其他涉案财产”。巨额财产来源不明犯罪案件中，没有利害关系人对违法所得及其他涉案财产主张权利，或者利害关系人对违法所得及其他涉案财产虽然主张权利但提供的证据没有达到相应证明标准的，应当视为“申请没收的财产属于违法所得及其他涉案财产”。

第622条 对没收违法所得或者驳回申请的裁定，犯罪嫌疑人、被告人的近亲属和其他利害关系人或者人民检察院可以在五日以内提出上诉、抗诉。

第623条 对不服第一审没收违法所得或者驳回申请裁定的上诉、抗诉案件，第二审人民法院经审理，应当按照下列情形分别处理：

（一）第一审裁定认定事实清楚和适用法律正确的，应当驳回上诉或者抗诉，维持原裁定；

（二）第一审裁定认定事实清楚，但适用法律有错误的，应当改变原裁定；

（三）第一审裁定认定事实不清的，可以在查清事实后改变原裁定，也可以撤销原裁定，发回原审人民法院重新审判；

（四）第一审裁定违反法定诉讼程序，可能影响公正审判的，应当撤销原裁定，发回原审人民法院重新审判。

第一审人民法院对发回重新审判的案件作出裁定后，第二审人民法院对不服第一审人民法院裁定的上诉、抗诉，应当依法作出裁定，不得再发回原审人民法院重新审判；但是，第一审人民法院在重新审判过程中违反法定诉讼程序，可能影响公正审判的除外。

第624条 利害关系人非因故意或者重大过失在第一审期间未参加诉讼，在第二审期间申请参加诉讼的，人民法院应当准许，并撤销原裁定，发回原审人民法院重新审判。

3. **《最高人民法院、最高人民检察院、公安部、国家安全部、司法部、全国人大常委会法制工作委员会关于实施刑事诉讼法若干问题的规定》**（2012 年 12 月 26 日）

39. 对于人民法院依法作出的没收违法所得的裁定，犯罪嫌疑人、被告人的近亲属和其他利害关系人或者人民检察院可以在五日内提出上诉、抗诉。

第三百零一条　本程序的终止　没收错误的返还与赔偿

在审理过程中，在逃的犯罪嫌疑人、被告人自动投案或者被抓获的，人民法院应当终止审理。

没收犯罪嫌疑人、被告人财产确有错误的，应当予以返还、赔偿。

● *司法解释及文件*

1. **《人民检察院刑事诉讼规则》**（2019 年 12 月 30 日　高检发释字〔2019〕4 号）

第 532 条　在审理案件过程中，在逃的犯罪嫌疑人、被告人自动投案或者被抓获，人民法院按照刑事诉讼法第三百零一条第一款的规定终止审理的，人民检察院应当将案卷退回监察机关或者公安机关处理。

2. **《最高人民法院关于适用〈中华人民共和国刑事诉讼法〉的解释》**（2021 年 1 月 26 日　法释〔2021〕1 号）

第 625 条　在审理申请没收违法所得的案件过程中，在逃的犯罪嫌疑人、被告人到案的，人民法院应当裁定终止审理。人民检察院向原受理申请的人民法院提起公诉的，可以由同一审判组织审理。

第 628 条　没收违法所得裁定生效后，犯罪嫌疑人、被告人到案并对没收裁定提出异议，人民检察院向原作出裁定的人民法院提起公诉的，可以由同一审判组织审理。

人民法院经审理，应当按照下列情形分别处理：

（一）原裁定正确的，予以维持，不再对涉案财产作出判决；

（二）原裁定确有错误的，应当撤销原裁定，并在判决中对有关涉案财产一并作出处理。

人民法院生效的没收裁定确有错误的，除第一款规定的情形外，应当依照审判监督程序予以纠正。

第五章　依法不负刑事责任的精神病人的强制医疗程序

第三百零二条　强制医疗的适用范围

实施暴力行为，危害公共安全或者严重危害公民人身安全，经法定程序鉴定依法不负刑事责任的精神病人，有继续危害社会可能的，可以予以强制医疗。

● *司法解释及文件*

1. **《人民检察院刑事诉讼规则》**（2019年12月30日　高检发释字〔2019〕4号）

第534条　对于实施暴力行为，危害公共安全或者严重危害公民人身安全，已经达到犯罪程度，经法定程序鉴定依法不负刑事责任的精神病人，有继续危害社会可能的，人民检察院应当向人民法院提出强制医疗的申请。

提出强制医疗的申请以及对强制医疗决定的监督，由负责捕诉的部门办理。

第543条　在审查起诉中，犯罪嫌疑人经鉴定系依法不负刑事责任的精神病人的，人民检察院应当作出不起诉决定。认为符合刑事诉讼法第三百零二条规定条件的，应当向人民法院提出强制医疗的申请。

2. **《最高人民法院关于适用〈中华人民共和国刑事诉讼法〉的解释》**（2021年1月26日　法释〔2021〕1号）

第630条　实施暴力行为，危害公共安全或者严重危害公民人身安全，社会危害性已经达到犯罪程度，但经法定程序鉴定依法不负刑事责任的精神病人，有继续危害社会可能的，可以予以强制医疗。

第631条　人民检察院申请对依法不负刑事责任的精神病人强制医疗的案件，由被申请人实施暴力行为所在地的基层人民法院管辖；由被申请人居住地的人民法院审判更为适宜的，可以由被申请人居住地的基层人民法院管辖。

● *部门规章及文件*

3.《公安机关办理刑事案件程序规定》（2020年7月20日修正　公安部令第159号）

第342条　公安机关发现实施暴力行为，危害公共安全或者严重危害公民人身安全的犯罪嫌疑人，可能属于依法不负刑事责任的精神病人的，应当对其进行精神病鉴定。

● *案例指引*

徐某富强制医疗案（四川省武侯区人民法院〔2013〕武侯刑强初字第1号）

裁判要旨：法院认为，在强制医疗中如何认定被申请人是否有继续危害社会的可能，需要根据以往被申请人的行为及本案的证据进行综合判断，而医疗机构对其评估也只是对其病情痊愈的评估，法律没有赋予医疗机构对患者是否有继续危害社会可能性方面的评估权利。本案被申请人的病症是被害幻觉妄想症，经常假想要被他人杀害，外出害怕被害必带刀等防卫工具。如果不加约束治疗，被申请人不可能不外出，其外出必携带刀的行为，具有危害社会的可能，故诉讼代理人的意见不予采纳。

第三百零三条　强制医疗的决定程序　临时保护性约束措施

根据本章规定对精神病人强制医疗的，由人民法院决定。

公安机关发现精神病人符合强制医疗条件的，应当写出强制医疗意见书，移送人民检察院。对于公安机关移送的或者在审查起诉过程中发现的精神病人符合强制医疗条件的，人民检察院应当向人民法院提出强制医疗的申请。人民法院在审理案件过程中发现被告人符合强制医疗条件的，可以作出强制医疗的决定。

对实施暴力行为的精神病人，在人民法院决定强制医疗前，公安机关可以采取临时的保护性约束措施。

● *司法解释及文件*

1.《**人民检察院刑事诉讼规则**》（2019 年 12 月 30 日　高检发释字〔2019〕4 号）

第 534 条　对于实施暴力行为，危害公共安全或者严重危害公民人身安全，已经达到犯罪程度，经法定程序鉴定依法不负刑事责任的精神病人，有继续危害社会可能的，人民检察院应当向人民法院提出强制医疗的申请。

提出强制医疗的申请以及对强制医疗决定的监督，由负责捕诉的部门办理。

第 535 条　强制医疗的申请由被申请人实施暴力行为所在地的基层人民检察院提出；由被申请人居住地的人民检察院提出更为适宜的，可以由被申请人居住地的基层人民检察院提出。

第 536 条　人民检察院向人民法院提出强制医疗的申请，应当制作强制医疗申请书。强制医疗申请书的主要内容包括：

（一）涉案精神病人的基本情况，包括姓名、性别、出生年月日、出生地、户籍地、公民身份号码、民族、文化程度、职业、工作单位及职务、住址，采取临时保护性约束措施的情况及处所等；

（二）涉案精神病人的法定代理人的基本情况，包括姓名、住址、联系方式等；

（三）案由及案件来源；

（四）涉案精神病人实施危害公共安全或者严重危害公民人身安全的暴力行为的事实，包括实施暴力行为的时间、地点、手段、后果等及相关证据情况；

（五）涉案精神病人不负刑事责任的依据，包括有关鉴定意见和其他证据材料；

（六）涉案精神病人继续危害社会的可能；

（七）提出强制医疗申请的理由和法律依据。

第 537 条　人民检察院审查公安机关移送的强制医疗意见书，应当查明：

（一）是否属于本院管辖；

（二）涉案精神病人身份状况是否清楚，包括姓名、性别、国籍、出生年月日、职业和单位等；

（三）涉案精神病人实施危害公共安全或者严重危害公民人身安全的暴力行为的事实；

（四）公安机关对涉案精神病人进行鉴定的程序是否合法，涉案精神病人是否依法不负刑事责任；

（五）涉案精神病人是否有继续危害社会的可能；

（六）证据材料是否随案移送，不宜移送的证据的清单、复制件、照片或者其他证明文件是否随案移送；

（七）证据是否确实、充分；

（八）采取的临时保护性约束措施是否适当。

第538条 人民检察院办理公安机关移送的强制医疗案件，可以采取以下方式开展调查，调查情况应当记录并附卷：

（一）会见涉案精神病人，听取涉案精神病人的法定代理人、诉讼代理人意见；

（二）询问办案人员、鉴定人；

（三）向被害人及其法定代理人、近亲属了解情况；

（四）向涉案精神病人的主治医生、近亲属、邻居、其他知情人员或者基层组织等了解情况；

（五）就有关专门性技术问题委托具有法定资质的鉴定机构、鉴定人进行鉴定。

第539条 人民检察院应当在接到公安机关移送的强制医疗意见书后三十日以内作出是否提出强制医疗申请的决定。

对于公安机关移送的强制医疗案件，经审查认为不符合刑事诉讼法第三百零二条规定条件的，应当作出不提出强制医疗申请的决定，并向公安机关书面说明理由。认为需要补充证据的，应当书面要求公安机关补充证据，必要时也可以自行调查。

公安机关补充证据的时间不计入人民检察院办案期限。

第540条 人民检察院发现公安机关应当启动强制医疗程序而不启动的，可以要求公安机关在七日以内书面说明不启动的理由。

经审查，认为公安机关不启动理由不能成立的，应当通知公安机关启动强制医疗程序。

公安机关收到启动强制医疗程序通知书后，未按要求启动强制医疗程序的，人民检察院应当提出纠正意见。

第541条 人民检察院对公安机关移送的强制医疗案件，发现公安机关对涉案精神病人进行鉴定违反法律规定，具有下列情形之一的，应当依法提出纠正意见：

（一）鉴定机构不具备法定资质的；

（二）鉴定人不具备法定资质或者违反回避规定的；

（三）鉴定程序违反法律或者有关规定，鉴定的过程和方法违反相关专业规范要求的；

（四）鉴定文书不符合法定形式要件的；

（五）鉴定意见没有依法及时告知相关人员的；

（六）鉴定人故意作虚假鉴定的；

（七）其他违反法律规定的情形。

人民检察院对精神病鉴定程序进行监督，可以要求公安机关补充鉴定或者重新鉴定。必要时，可以询问鉴定人并制作笔录，或者委托具有法定资质的鉴定机构进行补充鉴定或者重新鉴定。

第542条 人民检察院发现公安机关对涉案精神病人不应当采取临时保护性约束措施而采取的，应当提出纠正意见。

认为公安机关应当采取临时保护性约束措施而未采取的，应当建议公安机关采取临时保护性约束措施。

第543条 在审查起诉中，犯罪嫌疑人经鉴定系依法不负刑事责任的精神病人的，人民检察院应当作出不起诉决定。认为符合刑事诉讼法第三百零二条规定条件的，应当向人民法院提出强制医疗的申请。

2.《最高人民法院关于适用〈中华人民共和国刑事诉讼法〉的解释》（2021年1月26日　法释〔2021〕1号）

第631条 人民检察院申请对依法不负刑事责任的精神病人强制医疗的案件，由被申请人实施暴力行为所在地的基层人民法院管辖；由被申请人居住地的人民法院审判更为适宜的，可以由被申请人居住地的基层人民法院管辖。

第632条 对人民检察院提出的强制医疗申请，人民法院应当审查以下内容：

（一）是否属于本院管辖；

（二）是否写明被申请人的身份，实施暴力行为的时间、地点、手段、所造成的损害等情况，并附证据材料；

（三）是否附有法医精神病鉴定意见和其他证明被申请人属于依法不负刑事责任的精神病人的证据材料；

（四）是否列明被申请人的法定代理人的姓名、住址、联系方式；

（五）需要审查的其他事项。

● *部门规章及文件*

3.《公安机关办理刑事案件程序规定》（2020 年 7 月 20 日修正　公安部令第 159 号）

第 343 条　对经法定程序鉴定依法不负刑事责任的精神病人，有继续危害社会可能，符合强制医疗条件的，公安机关应当在七日以内写出强制医疗意见书，经县级以上公安机关负责人批准，连同相关证据材料和鉴定意见一并移送同级人民检察院。

第 344 条　对实施暴力行为的精神病人，在人民法院决定强制医疗前，经县级以上公安机关负责人批准，公安机关可以采取临时的保护性约束措施。必要时，可以将其送精神病医院接受治疗。

第 345 条　采取临时的保护性约束措施时，应当对精神病人严加看管，并注意约束的方式、方法和力度，以避免和防止危害他人和精神病人的自身安全为限度。

对于精神病人已没有继续危害社会可能，解除约束后不致发生社会危险性的，公安机关应当及时解除保护性约束措施。

第三百零四条　强制医疗的审理及诉讼权利保障

人民法院受理强制医疗的申请后，应当组成合议庭进行审理。

人民法院审理强制医疗案件，应当通知被申请人或者被告人的法定代理人到场。被申请人或者被告人没有委托诉讼代理人的，人民法院应当通知法律援助机构指派律师为其提供法律帮助。

● 司法解释及文件

1. **《人民检察院刑事诉讼规则》**（2019 年 12 月 30 日　高检发释字〔2019〕4 号）

第 544 条　人民法院对强制医疗案件开庭审理的，人民检察院应当派员出席法庭。

第 545 条　人民检察院发现人民法院强制医疗案件审理活动具有下列情形之一的，应当提出纠正意见：

（一）未通知被申请人或者被告人的法定代理人到场的；

（二）被申请人或者被告人没有委托诉讼代理人，未通知法律援助机构指派律师为其提供法律帮助的；

（三）未组成合议庭或者合议庭组成人员不合法的；

（四）未经被申请人、被告人的法定代理人请求直接作出不开庭审理决定的；

（五）未会见被申请人的；

（六）被申请人、被告人要求出庭且具备出庭条件，未准许其出庭的；

（七）违反法定审理期限的；

（八）收到人民检察院对强制医疗决定不当的书面纠正意见后，未另行组成合议庭审理或者未在一个月以内作出复议决定的；

（九）人民法院作出的强制医疗决定或者驳回强制医疗申请决定不当的；

（十）其他违反法律规定的情形。

第 546 条　出席法庭的检察官发现人民法院或者审判人员审理强制医疗案件违反法律规定的诉讼程序，应当记录在案，并在休庭后及时向检察长报告，由人民检察院在庭审后向人民法院提出纠正意见。

2. **《最高人民法院关于适用〈中华人民共和国刑事诉讼法〉的解释》**（2021 年 1 月 26 日　法释〔2021〕1 号）

第 634 条　审理强制医疗案件，应当通知被申请人或者被告人的法定代理人到场；被申请人或者被告人的法定代理人经通知未到场的，可以通知被申请人或者被告人的其他近亲属到场。

被申请人或者被告人没有委托诉讼代理人的，应当自受理强制医疗申请或者发现被告人符合强制医疗条件之日起三日以内，通知法律援助机构指派律师担任其诉讼代理人，为其提供法律帮助。

第635条 审理强制医疗案件，应当组成合议庭，开庭审理。但是，被申请人、被告人的法定代理人请求不开庭审理，并经人民法院审查同意的除外。

审理强制医疗案件，应当会见被申请人，听取被害人及其法定代理人的意见。

第636条 开庭审理申请强制医疗的案件，按照下列程序进行：

（一）审判长宣布法庭调查开始后，先由检察员宣读申请书，后由被申请人的法定代理人、诉讼代理人发表意见；

（二）法庭依次就被申请人是否实施了危害公共安全或者严重危害公民人身安全的暴力行为、是否属于依法不负刑事责任的精神病人、是否有继续危害社会的可能进行调查；调查时，先由检察员出示证据，后由被申请人的法定代理人、诉讼代理人出示证据，并进行质证；必要时，可以通知鉴定人出庭对鉴定意见作出说明；

（三）法庭辩论阶段，先由检察员发言，后由被申请人的法定代理人、诉讼代理人发言，并进行辩论。

被申请人要求出庭，人民法院经审查其身体和精神状态，认为可以出庭的，应当准许。出庭的被申请人，在法庭调查、辩论阶段，可以发表意见。

检察员宣读申请书后，被申请人的法定代理人、诉讼代理人无异议的，法庭调查可以简化。

第637条 对申请强制医疗的案件，人民法院审理后，应当按照下列情形分别处理：

（一）符合刑事诉讼法第三百零二条规定的强制医疗条件的，应当作出对被申请人强制医疗的决定；

（二）被申请人属于依法不负刑事责任的精神病人，但不符合强制医疗条件的，应当作出驳回强制医疗申请的决定；被申请人已经造成危害结果的，应当同时责令其家属或者监护人严加看管和医疗；

（三）被申请人具有完全或者部分刑事责任能力，依法应当追究刑事责任的，应当作出驳回强制医疗申请的决定，并退回人民检察院依法处理。

第638条 第一审人民法院在审理刑事案件过程中，发现被告人可能符合强制医疗条件的，应当依照法定程序对被告人进行法医精神病鉴定。经鉴定，被告人属于依法不负刑事责任的精神病人的，应当适用强制医疗程序，对案件进行审理。

开庭审理前款规定的案件，应当先由合议庭组成人员宣读对被告人的法医精神病鉴定意见，说明被告人可能符合强制医疗的条件，后依次由公诉人和被告人的法定代理人、诉讼代理人发表意见。经审判长许可，公诉人和被告人的法定代理人、诉讼代理人可以进行辩论。

第639条 对前条规定的案件，人民法院审理后，应当按照下列情形分别处理：

（一）被告人符合强制医疗条件的，应当判决宣告被告人不负刑事责任，同时作出对被告人强制医疗的决定；

（二）被告人属于依法不负刑事责任的精神病人，但不符合强制医疗条件的，应当判决宣告被告人无罪或者不负刑事责任；被告人已经造成危害结果的，应当同时责令其家属或者监护人严加看管和医疗；

（三）被告人具有完全或者部分刑事责任能力，依法应当追究刑事责任的，应当依照普通程序继续审理。

第640条 第二审人民法院在审理刑事案件过程中，发现被告人可能符合强制医疗条件的，可以依照强制医疗程序对案件作出处理，也可以裁定发回原审人民法院重新审判。

第649条 审理强制医疗案件，本章没有规定的，参照适用本解释的有关规定。

第三百零五条 强制医疗决定的作出及复议

人民法院经审理，对于被申请人或者被告人符合强制医疗条件的，应当在一个月以内作出强制医疗的决定。

被决定强制医疗的人、被害人及其法定代理人、近亲属对强制医疗决定不服的，可以向上一级人民法院申请复议。

● ***司法解释及文件***

《最高人民法院关于适用〈中华人民共和国刑事诉讼法〉的解释》（2021年1月26日　法释〔2021〕1号）

第641条 人民法院决定强制医疗的，应当在作出决定后五日以内，向公安机关送达强制医疗决定书和强制医疗执行通知书，由公安机关将被决定强制医疗的人送交强制医疗。

第642条 被决定强制医疗的人、被害人及其法定代理人、近亲属对强制医疗决定不服的，可以自收到决定书第二日起五日以内向上一级人民法院申请复议。复议期间不停止执行强制医疗的决定。

第643条 对不服强制医疗决定的复议申请，上一级人民法院应当组成合议庭审理，并在一个月以内，按照下列情形分别作出复议决定：

（一）被决定强制医疗的人符合强制医疗条件的，应当驳回复议申请，维持原决定；

（二）被决定强制医疗的人不符合强制医疗条件的，应当撤销原决定；

（三）原审违反法定诉讼程序，可能影响公正审判的，应当撤销原决定，发回原审人民法院重新审判。

第644条 对本解释第六百三十九条第一项规定的判决、决定，人民检察院提出抗诉，同时被决定强制医疗的人、被害人及其法定代理人、近亲属申请复议的，上一级人民法院应当依照第二审程序一并处理。

第三百零六条 定期评估与强制医疗的解除程序

强制医疗机构应当定期对被强制医疗的人进行诊断评估。对于已不具有人身危险性，不需要继续强制医疗的，应当及时提出解除意见，报决定强制医疗的人民法院批准。

被强制医疗的人及其近亲属有权申请解除强制医疗。

● *司法解释及文件*

《最高人民法院关于适用〈中华人民共和国刑事诉讼法〉的解释》（2021年1月26日 法释〔2021〕1号）

第645条 被强制医疗的人及其近亲属申请解除强制医疗的，应当向决定强制医疗的人民法院提出。

被强制医疗的人及其近亲属提出的解除强制医疗申请被人民法院驳回，六个月后再次提出申请的，人民法院应当受理。

第646条 强制医疗机构提出解除强制医疗意见，或者被强制医疗的人及其近亲属申请解除强制医疗的，人民法院应当审查是否附有对被强制医疗的人的诊断评估报告。

强制医疗机构提出解除强制医疗意见，未附诊断评估报告的，人民法院应当要求其提供。

被强制医疗的人及其近亲属向人民法院申请解除强制医疗，强制医疗机构未提供诊断评估报告的，申请人可以申请人民法院调取。必要时，人民法院可以委托鉴定机构对被强制医疗的人进行鉴定。

第647条 强制医疗机构提出解除强制医疗意见，或者被强制医疗的人及其近亲属申请解除强制医疗的，人民法院应当组成合议庭进行审查，并在一个月以内，按照下列情形分别处理：

（一）被强制医疗的人已不具有人身危险性，不需要继续强制医疗的，应当作出解除强制医疗的决定，并可责令被强制医疗的人的家属严加看管和医疗；

（二）被强制医疗的人仍具有人身危险性，需要继续强制医疗的，应当作出继续强制医疗的决定。

对前款规定的案件，必要时，人民法院可以开庭审理，通知人民检察院派员出庭。

人民法院应当在作出决定后五日以内，将决定书送达强制医疗机构、申请解除强制医疗的人、被决定强制医疗的人和人民检察院。决定解除强制医疗的，应当通知强制医疗机构在收到决定书的当日解除强制医疗。

第648条 人民检察院认为强制医疗决定或者解除强制医疗决定不当，在收到决定书后二十日以内提出书面纠正意见的，人民法院应当另行组成合议庭审理，并在一个月以内作出决定。

第三百零七条 检察院对强制医疗程序的监督

人民检察院对强制医疗的决定和执行实行监督。

● ***司法解释及文件***

1.《**最高人民法院关于适用〈中华人民共和国刑事诉讼法〉的解释**》（2021年1月26日 法释〔2021〕1号）

第648条 人民检察院认为强制医疗决定或者解除强制医疗决定不当，在收到决定书后二十日以内提出书面纠正意见的，人民法院应当另行组成合议庭审理，并在一个月以内作出决定。

2.《人民检察院刑事诉讼规则》（2019 年 12 月 30 日　高检发释字〔2019〕4 号）

第 547 条　人民检察院认为人民法院作出的强制医疗决定或者驳回强制医疗申请的决定，具有下列情形之一的，应当在收到决定书副本后二十日以内向人民法院提出纠正意见：

（一）据以作出决定的事实不清或者确有错误的；

（二）据以作出决定的证据不确实、不充分的；

（三）据以作出决定的证据依法应当予以排除的；

（四）据以作出决定的主要证据之间存在矛盾的；

（五）有确实、充分的证据证明应当决定强制医疗而予以驳回的，或者不应当决定强制医疗而决定强制医疗的；

（六）审理过程中严重违反法定诉讼程序，可能影响公正审理和决定的。

第 548 条　人民法院在审理案件过程中发现被告人符合强制医疗条件，适用强制医疗程序对案件进行审理的，人民检察院应当在庭审中发表意见。

人民法院作出宣告被告人无罪或者不负刑事责任的判决和强制医疗决定的，人民检察院应当进行审查。对判决确有错误的，应当依法提出抗诉；对强制医疗决定不当或者未作出强制医疗的决定不当的，应当提出纠正意见。

第 549 条　人民法院收到被决定强制医疗的人、被害人及其法定代理人、近亲属复议申请后，未组成合议庭审理，或者未在一个月以内作出复议决定，或者有其他违法行为的，人民检察院应当提出纠正意见。

第 550 条　人民检察院对于人民法院批准解除强制医疗的决定实行监督，发现人民法院解除强制医疗的决定不当的，应当提出纠正意见。

第 651 条　人民检察院发现人民法院、公安机关、强制医疗机构在对依法不负刑事责任的精神病人的强制医疗的交付执行、医疗、解除等活动中违反有关规定的，应当依法提出纠正意见。

第 652 条　人民检察院在强制医疗执行监督中发现被强制医疗的人不符合强制医疗条件或者需要依法追究刑事责任，人民法院作出的强制医疗决定可能错误的，应当在五日以内将有关材料转交作出强制医疗决定的人民法院的同级人民检察院。收到材料的人民检察院负责捕诉的部门应当在二十日以内进行审查，并将审查情况和处理意见反馈负责强制医疗执行监督的人民检察院。

第653条　人民检察院发现公安机关在对涉案精神病人采取临时保护性约束措施时有违法情形的，应当依法提出纠正意见。

附　　则

第三百零八条　军队保卫部门、中国海警局、监狱的侦查权

军队保卫部门对军队内部发生的刑事案件行使侦查权。

中国海警局履行海上维权执法职责，对海上发生的刑事案件行使侦查权。

对罪犯在监狱内犯罪的案件由监狱进行侦查。

军队保卫部门、中国海警局、监狱办理刑事案件，适用本法的有关规定。

● *司法解释及文件*

《人民检察院刑事诉讼规则》（2019年12月30日　高检发释字〔2019〕4号）

第680条　人民检察院办理国家安全机关、海警机关、监狱移送的刑事案件以及对国家安全机关、海警机关、监狱立案、侦查活动的监督，适用本规则关于公安机关的规定。

第681条　军事检察院等专门人民检察院办理刑事案件，适用本规则和其他有关规定。

本书所涉文件目录

宪法

2018 年 3 月 11 日修正　中华人民共和国宪法

法律

2001 年 2 月 28 日修正　中华人民共和国民族区域自治法
2010 年 4 月 29 日修订　中华人民共和国保守国家秘密法
2012 年 10 月 26 日修正　中华人民共和国监狱法
2012 年 10 月 26 日修正　中华人民共和国人民警察法
2012 年 10 月 26 日修正　中华人民共和国治安管理处罚法
2014 年 4 月 24 日修订　全国人大常委会关于《中华人民共和国刑事诉讼法》第七十九条第三款的解释
2014 年 4 月 24 日修订　全国人大常委会关于《中华人民共和国刑事诉讼法》第二百七十一条第二款的解释
2014 年 4 月 24 日修订　全国人大常委会关于《中华人民共和国刑事诉讼法》第二百五十四条第五款、第二百五十七条第二款的解释
2015 年 4 月 24 日　全国人民代表大会常务委员会关于司法鉴定管理问题的决定
2015 年 7 月 1 日修订　中华人民共和国国家安全法
2015 年 8 月 29 日修正　中华人民共和国地方各级人民代表大会和地方各级人民政府组织法
2015 年 8 月 29 日修正　中华人民共和国全国人民代表大会和地方各级人民代表大会代表法
2017 年 9 月 1 日修正　中华人民共和国律师法
2018 年 10 月 26 日修订　中华人民共和国人民检察院组织法
2018 年 10 月 26 日修订　中华人民共和国人民法院组织法
2018 年 10 月 26 日修正　中华人民共和国刑事诉讼法

2019 年 4 月 23 日修订　中华人民共和国法官法
2019 年 4 月 23 日修订　中华人民共和国检察官法
2020 年 10 月 17 日修正　中华人民共和国未成年人保护法
2020 年 12 月 26 日修正　中华人民共和国预防未成年人犯罪法
2020 年 12 月 26 日修正　中华人民共和国刑法

行政法规及文件

2003 年 7 月 21 日　法律援助条例

部门规章及文件

1997 年 1 月 9 日　公安部关于办理利用经济合同诈骗案件有关问题的通知
1999 年 8 月 4 日　最高人民法院、最高人民检察院、公安部、国家安全部关于取保候审若干问题的规定
2006 年 1 月 27 日　公安机关适用刑事羁押期限规定
2008 年 6 月 25 日　最高人民检察院、公安部关于公安机关管辖的刑事案件立案追诉标准的规定（一）
2016 年 3 月 2 日　司法鉴定程序通则
2016 年 6 月 16 日　公安机关受理行政执法机关移送涉嫌犯罪案件规定
2020 年 7 月 20 日　公安机关办理刑事案件程序规定
2020 年 9 月 17 日　最高人民检察院、公安部关于公安机关管辖的刑事案件立案追诉标准的规定（二）

司法解释及文件

1988 年 1 月 28 日　人民检察院文件检验工作细则（试行）
1988 年 7 月 9 日　最高人民检察院、公安部、司法部关于不允许暂予监外执行的罪犯外出经商问题的通知
1989 年 7 月 11 日　最高人民法院、最高人民检察院、公安部、司法部、卫生部关于精神疾病司法鉴定暂行规定
1993 年 12 月 11 日　中国人民银行、最高人民法院、最高人民检察院、公安部关于查询、冻结、扣划企业事业单位、机关、团体银行存款的通知
1997 年 3 月 28 日　最高人民法院、最高人民检察院、公安部关于办理非法生产光盘案件有关问题的通知

1997 年 4 月 22 日　扣押、追缴、没收物品估价管理办法

1997 年 4 月 23 日　最高人民检察院关于检察机关办理司法协助案件有关问题的通知

1998 年 5 月 8 日　最高人民法院、最高人民检察院、公安部、国家工商行政管理局关于依法查处盗窃、抢劫机动车案件的规定

1998 年 5 月 12 日　最高人民检察院关于对报请批准逮捕的案件可否侦查问题的批复

1998 年 8 月 12 日　中国人民解放军总政治部、军事法院、军事检察院关于《中华人民共和国刑法》第十章所列刑事案件管辖范围的通知

1998 年 10 月 19 日　最高人民检察院、最高人民法院、公安部关于严格执行刑事诉讼法关于对犯罪嫌疑人、被告人羁押期限的规定坚决纠正超期羁押问题的通知

1998 年 12 月 3 日　最高人民法院、最高人民检察院、公安部、司法部、海关总署关于走私犯罪侦查机关办理走私犯罪案件适用刑事诉讼程序若干问题的通知

1999 年 2 月 3 日　最高人民检察院关于走私犯罪侦查机关提请批准逮捕和移送审查起诉的案件由分、州、市级人民检察院受理的通知

1999 年 3 月 8 日　最高人民法院关于严格执行公开审判制度的若干规定

2000 年 7 月 17 日　检察人员任职回避和公务回避暂行办法

2000 年 8 月 28 日　最高人民检察院、公安部关于适用刑事强制措施有关问题的规定

2000 年 12 月 13 日　最高人民法院关于适用财产刑若干问题的规定

2001 年 1 月 21 日　最高人民检察院关于进一步清理和纠正案件超期羁押问题的通知

2001 年 3 月 2 日　最高人民检察院关于刑事抗诉工作的若干意见

2001 年 3 月 5 日　人民检察院办理不起诉案件公开审查规则（试行）

2001 年 3 月 5 日　刑事抗诉案件出庭规则（试行）

2001 年 6 月 21 日　最高人民检察院关于新疆生产建设兵团各级人民检察院案件管辖权的规定

2001年8月6日	最高人民检察院、公安部关于依法适用逮捕措施有关问题的规定
2001年8月23日	最高人民法院、最高人民检察院、公安部关于旅客列车上发生的刑事案件管辖问题的通知
2001年11月5日	最高人民法院案件审限管理规定
2001年11月16日	人民法院司法鉴定工作暂行规定
2001年12月3日	人民检察院办理行政执法机关移送涉嫌犯罪案件的规定
2001年12月26日	最高人民法院关于刑事再审案件开庭审理程序的具体规定（试行）
2002年8月12日	最高人民法院关于人民法院合议庭工作的若干规定
2002年9月10日	最高人民法院关于规范人民法院再审立案的若干意见（试行）
2003年11月12日	最高人民法院、最高人民检察院、公安部关于严格执行刑事诉讼法，切实纠防超期羁押的通知
2004年12月13日	最高人民法院、司法部关于人民陪审员选任、培训、考核工作的实施意见
2005年1月6日	最高人民法院关于人民陪审员管理办法（试行）
2006年1月11日	最高人民法院关于审理未成年人刑事案件具体应用法律若干问题的解释
2006年7月26日	最高人民检察院关于渎职侵权犯罪案件立案标准的规定
2006年12月23日	最高人民法院关于人民法院执行公开的若干规定
2006年12月23日	最高人民法院关于人民法院办理执行案件若干期限的规定
2006年12月28日	最高人民法院关于统一行使死刑案件核准权有关问题的决定
2007年3月30日	最高人民法院关于完善院长、副院长、庭长、副庭长参加合议庭审理案件制度的若干意见
2007年6月4日	最高人民法院关于加强人民法院审判公开工作的若干意见
2007年6月19日	人民检察院办理起诉案件质量标准（试行）

2007 年 6 月 19 日	人民检察院办理不起诉案件质量标准（试行）
2008 年 5 月 21 日	最高人民法院、司法部关于充分保障律师依法履行辩护职责确保死刑案件办理质量的若干规定
2009 年 11 月 12 日	最高人民法院关于人民法院委托评估、拍卖和变卖工作的若干规定
2010 年 1 月 11 日	最高人民法院关于改革和完善人民法院审判委员会制度的实施意见
2010 年 1 月 11 日	最高人民法院关于进一步加强合议庭职责的若干规定
2010 年 1 月 12 日	最高人民法院、最高人民检察院关于人民检察院检察长列席人民法院审判委员会会议的实施意见
2010 年 3 月 17 日	最高人民法院关于对被判处死刑的被告人未提出上诉、共同犯罪的部分被告人或者附带民事诉讼原告人提出上诉的案件应适用何种程序审理的批复
2010 年 6 月 13 日	最高人民法院、最高人民检察院、公安部、国家安全部、司法部关于办理刑事案件排除非法证据若干问题的规定
2010 年 6 月 13 日	最高人民法院、最高人民检察院、公安部、国家安全部、司法部关于办理死刑案件审查判断证据若干问题的规定
2010 年 7 月 26 日	最高人民检察院、公安部关于刑事立案监督有关问题的规定（试行）
2010 年 8 月 6 日	最高人民法院、最高人民检察院关于对死刑判决提出上诉的被告人在上诉期满后宣判前提出撤回上诉人民法院是否准许的批复
2011 年 4 月 25 日	最高人民法院关于死刑缓期执行限制减刑案件审理程序若干问题的规定
2011 年 6 月 10 日	最高人民法院关于审判人员在诉讼活动中执行回避制度的若干问题的规定
2012 年 12 月 26 日	最高人民法院、最高人民检察院、公安部、国家安全部、司法部、全国人大常委会法制工作委员会关于实施刑事诉讼法若干问题的规定

2013年2月4日	最高人民法院、最高人民检察院、公安部司法部关于刑事诉讼法律援助工作的规定
2013年12月27日	人民检察院办理未成年人刑事案件的规定
2014年4月23日	最高人民法院关于减刑、假释案件审理程序的规定
2014年10月24日	最高人民法院、最高人民检察院、公安部、司法部、国家卫生计生委关于印发《暂予监外执行规定》的通知
2014年12月29日	最高人民法院关于办理死刑复核案件听取辩护律师意见的办法
2015年2月10日	最高人民法院、公安部关于刑事被告人或上诉人出庭受审时着装问题的通知
2015年3月6日	人民检察院刑事诉讼涉案财物管理规定
2015年6月1日	人民检察院司法警察执行职务规则
2015年9月16日	最高人民法院、最高人民检察院、公安部、国家安全部、司法部关于依法保障律师执业权利的规定
2016年7月20日	最高人民法院、最高人民检察院、公安部、国家安全部、司法部关于推进以审判为中心的刑事诉讼制度改革的意见
2016年9月9日	最高人民法院、最高人民检察院、公安部关于办理刑事案件收集提取和审查判断电子数据若干问题的规定
2016年11月14日	最高人民法院关于办理减刑、假释案件具体应用法律的规定
2017年2月17日	最高人民法院印发《关于全面推进以审判为中心的刑事诉讼制度改革的实施意见》的通知
2019年12月30日	人民检察院刑事诉讼规则
2020年11月5日	最高人民法院、最高人民检察院、公安部、国家安全部、司法部关于规范量刑程序若干问题的意见
2021年1月26日	最高人民法院关于适用《中华人民共和国刑事诉讼法》的解释

请示答复

1983 年 3 月 15 日	最高人民法院关于人民法院应保障被告人辩护律师依法享有的诉讼权利的函
1989 年 8 月 16 日	最高人民法院研究室关于重婚案件的被告人长期外逃法院能否中止审理和是否受追诉时效限制问题的电话答复
1990 年 8 月 16 日	最高人民法院研究室关于对第二审终审的刑事案件第二审法院进行再审时可否加重刑罚不给上诉权问题的电话答复
1992 年 11 月 7 日	最高人民法院研究室关于重婚案件中受骗的一方当事人能否作为被害人向法院提起诉讼问题的电话答复
1993 年 6 月 19 日	最高人民检察院关于对由军队保卫部门军事检察院立案的地方人员可否采取强制措施问题的批复
1998 年 5 月 12 日	最高人民法院关于对报请批准逮捕的案件可否侦查问题的批复
1998 年 5 月 12 日	最高人民检察院关于“人民检察院发出《通知立案书》时，应当将有关证明应该立案的材料移送公安机关”问题的批复
1998 年 11 月 26 日	最高人民检察院关于对服刑罪犯暂予监外执行期间在异地又犯罪应由何地检察院受理审查起诉问题的批复
1999 年 9 月 10 日	最高人民检察院关于 CPS 多道心理测试鉴定结论能否作为诉讼证据使用问题的批复
2000 年 2 月 21 日	最高人民检察院关于“骨龄鉴定”能否作为确定刑事责任年龄证据使用的批复
2000 年 12 月 12 日	公安部关于监视居住期满后能否对犯罪嫌疑人采取取保候审强制措施问题的批复
2001 年 8 月 20 日	最高人民法院关于执行《最高人民法院关于严格执行案件审理期限制度的若干规定》中有关问题的复函
2002 年 4 月 10 日	最高人民法院关于撤销缓刑时罪犯在宣告缓刑前羁押的时间能否折抵刑期问题的批复

2002 年 5 月 29 日	最高人民检察院法律政策研究室关于对同案犯罪嫌疑人在逃对解除强制措施的在案犯罪嫌疑人如何适用《人民检察院刑事诉讼规则》有关问题的答复
2004 年 3 月 4 日	公安部关于刑事拘留时间可否折抵行政拘留时间问题的批复
2006 年 12 月 22 日	最高人民检察院关于人民检察院立案侦查的案件改变定性后可否直接提起公诉问题的批复
2009 年 5 月 25 日	最高人民法院关于在执行附加刑剥夺政治权利期间犯新罪应如何处理的批复
2010 年 3 月 17 日	最高人民法院关于对被判处死刑的被告人未提出上诉、共同犯罪的部分被告人或者附带民事诉讼原告人提出上诉的案件应适用何种程序审理的批复
2010 年 8 月 6 日	最高人民法院、最高人民检察院关于对死刑判决提出上诉的被告人在上诉期满后宣判前提出撤回上诉人民法院是否准许的批复
2011 年 1 月 25 日	最高人民检察院关于对涉嫌盗窃的不满 16 周岁未成年人采取刑事拘留强制措施是否违法问题的批复
2016 年 6 月 23 日	最高人民法院关于适用刑事诉讼法第二百二十五条第二款有关问题的批复

图书在版编目（CIP）数据

刑事诉讼法一本通 / 法规应用研究中心编 . —8 版
. —北京：中国法制出版社，2021. 6
（法律一本通；16）
ISBN 978 - 7 - 5216 - 1887 - 7

Ⅰ. ①刑… Ⅱ. ①法… Ⅲ. ①刑事诉讼法 - 基本知识
- 中国 Ⅳ. ①D925. 2

中国版本图书馆 CIP 数据核字（2021）第 095963 号

责任编辑　谢雯　　　　封面设计　杨泽江

刑事诉讼法一本通
XINGSHI SUSONGFA YIBENTONG

编者/法规应用研究中心
经销/新华书店
印刷/三河市国英印务有限公司
开本/880 毫米 ×1230 毫米　32 开　　　　印张/ 29. 75　字数/ 818 千
版次/2021 年 6 月第 8 版　　　　2021 年 6 月第 1 次印刷

中国法制出版社出版
书号 ISBN 978 - 7 - 5216 - 1887 - 7　　　　定价：65. 00 元

北京西单横二条 2 号
邮政编码 100031　　　　传真：010 - 66031119
网址：http：//www. zgfzs. com　　　　**编辑部电话：010 - 63141792**
市场营销部电话：010 - 66033393　　　　**邮购部电话：010 - 66033288**

（如有印装质量问题，请与本社印务部联系调换。电话：010 - 66032926）